KB169100

2025

PATENT
ATTORNEY

변리사 1차

한권으로 끝내기

자연과학개론

시대에듀

저자약력

김학균 물리

- (현) 해커스공무원 7급 물리학개론 강의
- (현) 해커스임용 임용물리(전공) 및 물리교육론 강의
- (전) EBSi 물리 강의
- (전) 메가엠디 MEET, DEET(의학전문대학원, 치의학전문대학원 입학시험)일반물리학 강의
- (전) 메가 UT 편입 일반물리학 강의
- (전) 메가엠디 PEET(약학대학입문자격시험) 물리추론(일반물리학) 강의

박상일 화학

- (현) 차의과학대학교 유기화학, 일반화학 강사
- (현) 해커스임용 유기화학 강사
- (전) 동국대학교 화학과 강사
- (전) 한국공학대학교 강사
- (전) 한국방송통신대학교 환경보건학과 강사
- (전) 한양여자대학교 식품영양과 강사
- (전) 한국체육대학교 강사
- (전) 메가엠디 유기화학 강사
- (전) 김영편입 의대계열 강사
- (전) 바이오리플라 선임연구원
- (전) 수양켐텍 산업소재팀장
- (전) 한국화학연구원 신약개발팀
- (전) 유유제약 중앙연구소 연구원
    한양대학교 화학과 박사수료

조효진 생물

- (현) G스쿨 중등임용고시 전공생물학 강의
- (현) 에듀윌 기술직, 간호/보건직 공무원 생물학 강의
- 고려대학교 생명공학과 박사과정 수료
- (전) 홍익대학교, 경원대학교(현 가천대학교), 한양대학교 : 생명공학, 일반생물학 강의
- 홍익대학교 최우수 강사 총장 표창
- (전) PMS : M/DEET 일반생물학 강의
- (전) 웅진 패스원(현 KG 패스원) : PEET 일반생물학, 간호직/보건직 공무원시험 생물학 강의
- (전) 메가엠디 : PEET 일반생물학 강의

이윤희 지구과학

- (현) 자양고등학교
- (현) 강남구청 인터넷수능방송 고등 지구과학 강사
- (전) 디지털교육연구센터 과학탐구영역 강사

Always with you

사람의 인연은 길에서 우연하게 만나거나 함께 살아가는 것만을 의미하지는 않습니다.
책을 펴내는 출판사와 그 책을 읽는 독자의 만남도 소중한 인연입니다.
시대에듀는 항상 독자의 마음을 헤아리기 위해 노력하고 있습니다. 늘 독자와 함께하겠습니다.

머리말

변리사 1차 시험의 자연과학개론은 매년 평균점수가 가장 낮고 과락자 또한 가장 많이 나오는 과목입니다. 범위도 넓은 편에 속하기 때문에 수험생분들이 특히 어려워하는 과목입니다. 따라서 과락을 피한 전 과목 평균 60점 이상인 사람 중 고득점자로 선발이 되는 1차 시험에 합격하기 위해서는 자연과학개론에서 최대한 점수를 많이 받는 것이 유리합니다.

본 교재는 이러한 수험생들의 고충을 덜어주고자 출간하게 되었습니다. 자연과학개론의 시험과목인 물리, 화학, 생물, 지구과학의 핵심이론만을 추려 수록하였으며, 2011년부터 2024년까지 총 14개년의 기출문제를 자세한 해설과 함께 구성하였습니다.

효율적인 독학을 할 수 있도록 구성된 책이지만, 단기 합격을 위한 시험맞춤 학습 서비스를 제공받고 싶은 분들을 시대에듀 유료 동영상 강의도 활용하실 수 있도록 하였습니다.

변리사 시험을 준비하시는 수험생 여러분들에게 본서가 합격에 도움이 되기를 소망하겠습니다.

편저자 일동

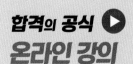

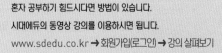

혼자 공부하기 힘드시다면 방법이 있습니다.
시대에듀의 동영상 강의를 이용하시면 됩니다.
www.sdedu.co.kr ➜ 회원가입(로그인) ➜ 강의 살펴보기

시험안내

변리사란?

산업재산권에 관한 상담 및 권리취득이나 분쟁해결에 관련된 제반 업무를 수행하는 산업재산권에 관한 전문자격사로서, 산업재산권의 출원에서 등록까지의 모든 절차를 대리하는 역할을 하는 사람

수행직무

- 산업재산권 분쟁사건 대리[무효심판 · 취소심판 · 권리범위확인심판 · 정정심판 · 통상실시권허여심판 · 거절(취소)결정불복심판 등]
- 심판의 심결에 대해 특허법원 및 대법원에 소 제기하는 경우 그 대리
- 권리의 이전 · 명의변경 · 실시권 · 사용권 설정 대리
- 기업 등에 대한 산업재산권 자문 또는 관리업무 등 담당

시행처

한국산업인력공단

2024년 시험일정

구 분	원서접수	시험일자	합격자 발표
1차 시험	2024.01.15~2024.01.19	2024.02.24	2024.03.27
2차 시험	2024.04.22~2024.04.26	2024.07.26~2024.07.27	2024.10.30

※ 시험일정은 반드시 한국산업인력공단 홈페이지(https://www.q-net.or.kr/)를 다시 확인하시기 바랍니다.

시험과목

구 분		시험과목	시험시간	문항수	시험방법
1차	1교시	산업재산권법(특허법, 실용신안법, 상표법, 디자인보호법 및 조약 포함)	70분	과목당 40문항	객관식 (필기)
	2교시	민법개론(친족편 및 상속편 제외)			
	3교시	자연과학개론(물리, 화학, 생물 및 지구과학 포함)	60분		

합격기준

구 분	합격결정기준
1차 시험	영어능력검정시험의 해당 기준점수 이상 취득자로서, 영어과목을 제외한 나머지 과목에 대하여 매 과목 100점을 만점으로 하여 매 과목 40점 이상, 전 과목 평균 60점 이상을 득점한 자 중에서 전 과목 총득점에 의한 고득점자 순으로 결정
2차 시험	• 일반응시자 : 과목당 100점을 만점으로 하여 선택과목에서 50점 이상을 받고, 필수과목의 각 과목 40점 이상, 필수과목 평균 60점 이상을 받은 사람을 합격자로 결정 • 특허청경력자 　– 특허법을 포함하여 필수과목 2과목을 응시하는 경우 : 과목당 100점을 만점으로 하여 각 과목 40점 이상을 받은 사람으로서 응시과목 평균점수가 60점(변리사법 시행령 제4조 제2항 단서에 따라 합격자를 결정하는 경우에는 합격자 중 최종 순위 합격자의 필수과목 평균점수) 이상인 사람을 합격자로 결정 　– 특허법과 선택과목 1과목을 응시하는 경우 : 과목당 100점을 만점으로 하여 선택과목에서 50점 이상을 받은 사람으로서 특허법 점수가 60점(변리사법 시행령 제4조 제2항 단서에 따라 합격자를 결정하는 경우에는 합격자 중 최종 순위 합격자의 필수과목 평균점수) 이상인 사람을 합격자로 결정

공인어학성적 기준점수

시험명	TOEFL		TOEIC	TEPS	G–TELP	FLEX	IELTS
	PBT	IBT					
일반 응시자	560	83	775	385	77(level-2)	700	5
청각 장애인	373	41	387	245	51(level-2)	350	-

응시현황

구 분	1차 시험				2차 시험			
	대 상	응 시	합 격	합격률(%)	대 상	응 시	합 격	합격률(%)
2024년도	3,465	3,071	607	19.76	-	-	-	-
2023년도	3,640	3,312	665	20.07	1,184	1,116	209	18.72
2022년도	3,713	3,349	602	17.97	1,160	1,093	210	19.21
2021년도	3,380	3,305	613	20.20	1,193	1,111	201	18.09
2020년도	3,055	2,724	647	23.75	1,209	1,157	210	18.15

이 책의 구성과 특징

핵심이론

자연과학개론의 물리, 화학, 생물, 지구과학을 기출문제를 바탕으로 핵심이론만 모아 수록하였습니다. 또한 그림 설명이 수록되어 있어, 수험생분들이 좀 더 이해하기 쉽도록 구성하였습니다.

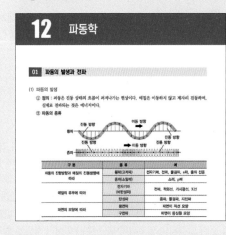

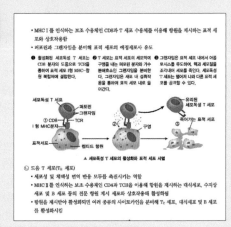

14개년 기출문제 & 해설

각 과목별로 14개년 기출문제와 해설을 수록하였습니다. 기출문제를 풀어보며 시험의 최근 경향을 파악하고, 자세한 해설을 통해 이론을 완벽하게 숙지하시길 바랍니다.

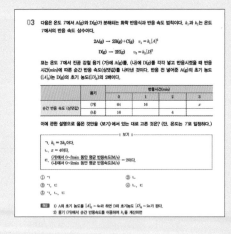

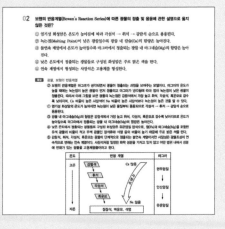

동영상 강의 교재

본 교재는 (유료)동영상 강의가 진행되는 교재입니다. 독학이 충분히 가능하도록 기획·제작되었으나, 혹여 내용 이해가 어려운 수험생 여러분은 동영상 강의를 수강하실 수 있습니다.

이 책의 목차

이 책의 목차

2025 시대에듀
변리사 1차
자연과학개론
한권으로 끝내기

Patent Attorney Series 03

1과목

물 리

지식에 대한 투자가 가장 이윤이 많이 남는 법이다.

– 벤자민 프랭클린 –

자격증 · 공무원 · 금융/보험 · 면허증 · 언어/외국어 · 검정고시/독학사 · 기업체/취업
이 시대의 모든 합격! 시대에듀에서 합격하세요!
www.youtube.com → 시대에듀 → 구독

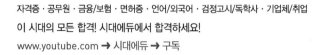

01 | 운동의 기술

01 벡 터

(1) 벡터와 스칼라

모든 물리량은 벡터와 스칼라로 구분할 수 있으며, 크기만 갖는 물리량은 스칼라, 크기와 방향을 모두 갖는 물리량은 벡터이다. 물리 계산에서 주의해야 할 물리량은 벡터이다. 벡터를 표기할 때에는 일반적으로 볼드체 또는 문자 위에 화살표로 표현한다(예 $\boldsymbol{A}$ or $\vec{A}$).

(2) 좌표계

① **직각 좌표계** : 벡터의 방향과 크기를 x축, y축, z축을 이용하여 기술한다.

② **평면 극 좌표계** : 벡터의 방향과 크기를 r과 θ를 이용해서 기술한다.

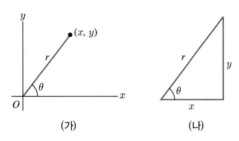

③ **직각 좌표계와 평면 극 좌표계의 관계** : $x = r\cos\theta$, $y = r\sin\theta$, $\tan\theta = \dfrac{y}{x}$

(3) 벡터의 연산

① **벡터의 동등성** : 두 벡터의 방향과 크기가 동일하면 두 벡터는 동일하다. 이 성질은 벡터의 평행이동을 가능하게 한다.

② **벡터의 덧셈**

　㉠ 평행사변형법 : 두 벡터를 양변으로 하는 평행사변형을 그리면 대각선에 해당하는 벡터가 두 벡터의 합이다.

　㉡ 삼각형법 : 하나의 벡터 끝에 다른 벡터를 연결하여 서로 연결되지 않은 처음 부분과 끝 부분을 연결한 직선이 두 벡터의 합이다.

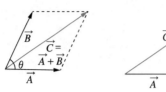

▲ 평행사변형법

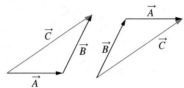

▲ 삼각형법

$$C = \sqrt{A^2 + B^2 + 2AB\cos\theta}$$

③ **교환법칙** : 차원이 동일한 두 벡터는 교환법칙이 성립한다.

$$\vec{A} + \vec{B} = \vec{B} + \vec{A}$$

④ **결합법칙** : 차원이 동일한 벡터의 덧셈이나 **뺄셈**은 결합법칙이 성립한다.

$$\vec{A} + (\vec{B} + \vec{C}) = (\vec{A} + \vec{B}) + \vec{C}$$

⑤ **음(−)의 벡터** : 벡터 앞의 부호는 방향을 나타낸다. 다음과 같이 표현되면 크기는 동일하고 방향이 반대인 벡터이다.

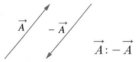

⑥ **벡터의 뺄셈** : 벡터 앞의 부호가 '−'임을 이용하여 방향을 바꾼 뒤 벡터의 덧셈을 이용하면 된다.

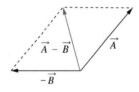

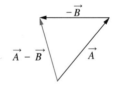

(4) 벡터의 성분과 단위벡터

① **벡터의 성분** : 모든 벡터는 직각좌표계와 극 좌표계를 이용하여 표현할 수 있고 각각 성분별로 표현과 계산을 할 수 있다.

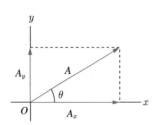

$$\vec{A} = \vec{A_x} + \vec{A_y}$$

$$\cos\theta = \frac{A_x}{A} \qquad \sin\theta = \frac{A_y}{A}$$

$$A_x = A\cos\theta \qquad A_y = A\sin\theta$$

$$A = \sqrt{A_x^2 + A_y^2} \qquad \theta = \tan^{-1}\left(\frac{A_y}{A_x}\right)$$

② 단위벡터 : 차원이 없고 크기가 1인 벡터이다. 단위벡터를 이용하면 성분별로 계산하기 편리하다 (방향을 알려주는 벡터).

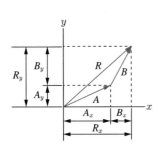

$$|\hat{i}| = |\hat{j}| = 1$$
$$\vec{A} = A_x \hat{i} + A_y \hat{j}$$
$$\vec{r} = x \hat{i} + y \hat{j}$$
$$\vec{R} = (A_x \hat{i} + A_y \hat{j}) + (B_x \hat{i} + B_y \hat{j}) = (A_x + B_x)\hat{i} + (A_y + B_y)\hat{j}$$
$$|\vec{R}| = \sqrt{R_x^2 + R_y^2} = \sqrt{(A_x + B_x)^2 + (A_y + B_y)^2}$$
$$\tan\theta = \frac{R_y}{R_x} = \frac{|A_y + B_y|}{|A_x + B_x|}$$

(5) 두 벡터의 스칼라 곱(내적)

① **의미** : 두 벡터를 스칼라 곱을 해서 새로운 스칼라 물리량이 나오는 계산이다. 대표적인 예로 한 일의 양이나 일률 등이 있다. 스칼라 곱의 계산은 두 벡터의 같은 방향 성분끼리 곱한 것으로 특별한 방향이 정해지지 않는 스칼라 물리량이 된다.

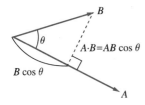

$$\vec{A} \cdot \vec{B} = |\vec{A}||\vec{B}|\cos\theta$$

② **스칼라 곱의 활용**

㉠ 교환법칙과 배분법칙이 성립한다.
$$\vec{A} \cdot \vec{B} = \vec{B} \cdot \vec{A} \qquad \vec{A} \cdot (\vec{B} + \vec{C}) = \vec{A} \cdot \vec{B} + \vec{A} \cdot \vec{C}$$

㉡ 단위벡터의 스칼라 곱 : 직각 좌표계에서의 단위벡터는 서로 수직이므로 서로 다른 단위벡터의 스칼라 곱은 항상 0이 된다.

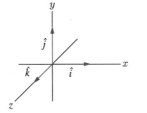

$$\hat{i} \cdot \hat{i} = \hat{j} \cdot \hat{j} = \hat{k} \cdot \hat{k} = 1$$
$$\hat{i} \cdot \hat{j} = \hat{j} \cdot \hat{k} = \hat{k} \cdot \hat{i} = 0$$

㉢ 두 벡터의 스칼라 곱 : 방향과 크기가 다른 두 벡터의 스칼라 곱은 각각 같은 성분의 곱만 남게 된다.

$$\vec{A} = A_x \hat{i} + A_y \hat{j} + A_z \hat{k}$$
$$\vec{B} = B_x \hat{i} + B_y \hat{j} + B_z \hat{k}$$
$$\vec{A} \cdot \vec{B} = A_x B_x + A_y B_y + A_z B_z$$

(6) 두 벡터의 벡터 곱(외적)

① 의미 : 두 벡터를 벡터 곱을 하면 특정한 방향의 어떤 벡터가 나오는 곱의 방법으로 정의한다. 우리가 살고 있는 자연은 오른손 규칙을 만족하는 방향으로 벡터 곱의 방향이 결정된다. 대표적인 예로 회전력, 각운동량, 자기력 등이 있다.

$$\vec{A} \times \vec{B} = |\vec{A}||\vec{B}|\sin\theta$$

② 벡터 곱의 활용

㉠ 교환법칙이 성립하지 않으며, 단위벡터의 벡터 곱은 유의하면서 계산해야 한다.

$$\hat{i} \times \hat{j} = \hat{k} \qquad \hat{j} \times \hat{i} = -\hat{k}$$
$$\hat{j} \times \hat{k} = \hat{i} \qquad \hat{k} \times \hat{j} = -\hat{i}$$
$$\hat{k} \times \hat{i} = \hat{j} \qquad \hat{i} \times \hat{k} = -\hat{j}$$

㉡ 벡터 곱의 각 성분의 크기

$$\vec{A} \times \vec{B} = \begin{vmatrix} \hat{i} & \hat{j} & \hat{k} \\ A_x & A_y & A_z \\ B_x & B_y & B_z \end{vmatrix} = (A_yB_z - A_zB_y)\hat{i} + (A_zB_x - A_xB_z)\hat{j} + (A_xB_y - A_yB_x)\hat{k}$$

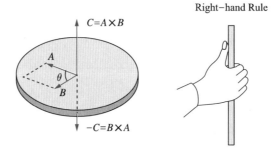

02 1차원 직선운동

(1) 속력과 속도

① 속력 : 단위 시간 동안에 이동한 거리. 크기만을 갖는다. 이동거리는 물체가 실제로 이동한 거리를 의미한다.

$$속력 = \frac{이동거리}{시간}$$

② 속도 : 단위 시간 동안의 변위를 나타내며, 크기와 방향을 갖는다. 변위는 출발점에서 도착점까지의 최단거리 또는 직선거리 또는 위치의 변화량($\Delta x = x_2 - x_1$)을 의미한다. 즉, 변위는 방향성을 갖는 물리량이다. 또한 속도의 크기는 속력의 크기보다 절대 클 수 없는 특징을 갖는다. 왜냐하면 물체가 임의의 위치에서 다른 임의의 위치로 이동했을 때 이동거리가 변위의 크기보다 항상 큰 값

을 가지기 때문이다. 변위와 이동거리 또는 속도의 크기와 속력의 크기가 같은 경우는 방향이 변하지 않는 1차원 직선운동뿐이다.

$$속도 = \frac{변위}{시간}$$

③ 속력과 속도의 단위 : m/s, cm/s, km/h

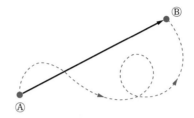

(2) 평균속도, 순간속도

① **평균속도** : 임의의 시간 동안 위치의 변화량을 의미한다. 위치-시간 그래프에서 두 점을 잇는 선분의 기울기가 평균속도이다.

$$\bar{v} = \frac{\Delta x}{\Delta t} = \frac{x_2 - x_1}{t_2 - t_1}$$

② **순간속도** : 임의의 순간 물체의 속도를 의미하며, 위치-시간 그래프에서 어느 한 순간 접선의 기울기가 순간속도이다. 수학적으로는 위치의 시간에 대한 1차도함수를 의미한다.

$$v = \lim_{\Delta t \to 0} \frac{\Delta x}{\Delta t} = \frac{dx}{dt}$$

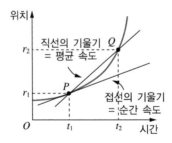

(3) 평균가속도, 순간가속도

① **평균가속도** : 임의의 시간동안 속도의 변화량을 의미한다. 속도-시간 그래프에서 두 점을 잇는 선분의 기울기가 평균가속도이다.

$$\bar{a} \equiv \frac{\Delta v}{\Delta t} = \frac{v_2 - v_1}{t_2 - t_1}$$

② 순간가속도 : 임의의 순간 물체의 가속도를 의미하며, 속도-시간 그래프에서 어느 한 순간 접선의 기울기가 순간가속도이다. 수학적으로는 위치의 시간에 대한 2차도함수를 의미한다.

$$a \equiv \lim_{\Delta t \to 0} \frac{\Delta v}{\Delta t} = \frac{dv}{dt} \qquad a = \frac{dv}{dt} = \frac{d}{dt}\left(\frac{dx}{dt}\right) = \frac{d^2 x}{dt^2}$$

③ 주의해야 할 점 : 가속도는 단위 시간당 속도의 변화량이다. 하지만 많은 수험생들은 속도의 변화량을 빠르기의 변화만으로 생각하고 있는 경우가 많다. 가속도는 빠르기의 변화뿐만이 아니라 방향의 변화도 일으킨다. 예를 들면, 어떤 자동차가 동쪽으로 $10\mathrm{m/s}$의 속도로 움직이다가 10초 후 북쪽 방향으로 $10\mathrm{m/s}$로 이동했을 때의 평균가속도를 구하면 벡터의 뺄셈을 이용하여 가속도의 크기는 $\sqrt{2}\,\mathrm{m/s^2}$이 되고 방향은 북서 방향이 된다.

(4) 등가속도 운동

① 정의 : 물체에 작용하는 가속도의 크기와 방향이 일정한 운동이다. 즉, 물체에 작용하는 합력이 일정할 때 속도가 일정하게 증가하거나 일정하게 감소하는 운동을 등가속도 운동이라고 한다. 대표적인 운동으로 중력장 내의 운동이 있다. 우리가 자연에서 운동하는 물체를 수학적으로 기술할 때 가속도는 매우 중요한 의미를 갖는다. 왜냐하면 어떤 물체의 가속도와 초기 조건(초기 속도의 크기와 방향)이 결정되면 물체는 임의의 어느 시간에 어느 위치에 있을지, 어떤 상태(속도와 방향)에 있을지가 결정되기 때문이다.

② 그래프 분석 : 가속도-시간 그래프, 속도-시간 그래프, 변위-시간 그래프 등 3종류의 그래프는 물체의 운동을 분석하기 위한 필수 그래프이다. 각 그래프에서 면적과 기울기가 어떤 의미가 있는지 꼭 알아 두어야 한다.

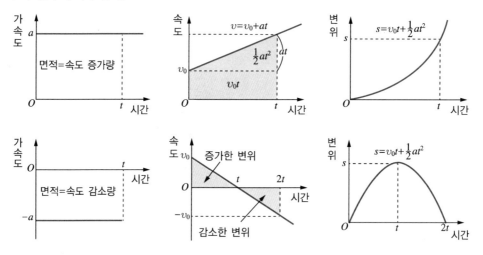

③ 등가속도 운동 공식 : 등가속도 운동 공식에서 유의해야 할 것은 시간 t를 제외한 나머지 물리량이 모두 벡터이므로 방향에 따라 부호를 잘 결정해서 사용하여야 한다는 것이다.

$$\vec{v}(t) = \vec{v_0} + \vec{a}t \qquad \vec{s}(t) = \vec{v_0}t + \frac{1}{2}\vec{a}t^2 \qquad 2\vec{a}\,\vec{s} = v^2 - v_0^2$$

03 중력장 내의 운동 및 2차원 운동

(1) 자유낙하 운동

초속도가 0이고, 가속도의 크기가 g인 등가속도 운동이다. 자유낙하 운동은 방향이 바뀌지 않으므로 아래방향을 '+'로 잡는 것이 편리하다.

 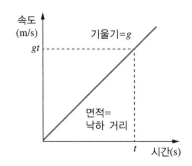 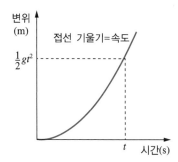

$$\vec{v}(t) = \vec{g}t \qquad \vec{h}(t) = \frac{1}{2}\vec{g}t^2 \qquad v^2 = 2\vec{g}\vec{h}$$

(2) 연직하방 운동

초속도가 0이 아니고 가속도의 크기가 g인 등가속도 운동이다. 연직하방 운동 또한 방향이 바뀌지 않으므로 아래 방향을 '+'로 잡는 것이 편리하다.

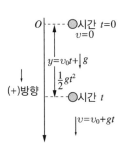 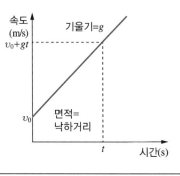 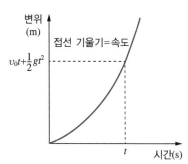

$$\vec{v}(t) = \vec{v_0} + \vec{g}t \qquad \vec{y} = \vec{v_0}t + \frac{1}{2}\vec{g}t^2 \qquad v^2 - v_0^2 = 2\vec{g}\vec{y}$$

(3) 연직상방 운동

지면에 수직 방향으로 v_0의 속력으로 발사한 물체의 운동이다. 등가속도 운동에서 주의해야 할 점은 방향이 바뀌는 운동이라는 것이다. 이때 방향을 ± 부호를 이용해 설정해 주어야 한다. 일반적으로 처음에 발사된 방향을 +방향으로 잡는다.

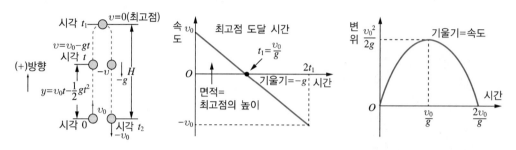

$$\vec{v}(t) = \vec{v_0} - \vec{g}t \qquad \vec{y}(t) = \vec{v_0}t - \frac{1}{2}\vec{g}t^2 \qquad v^2 - v_0^2 = -2\vec{g}\,\vec{y}$$

- 최고점 도달 시간 : $t_1 = \dfrac{v_0}{g}$

- 최고점 도달 높이 : $H = \dfrac{v_0^2}{2g}$

(4) 수평으로 던진 물체의 운동 분석

모든 2차원 운동은 항상 x성분의 운동과 y성분의 운동으로 나누어서 분석한다. 특히 중력장 내의 운동에서는 물체가 운동하는 동안 x방향으로 작용하는 힘이 0이므로 등속 운동을 하고, y축 방향으로는 일정한 크기의 중력이 작용하므로 등가속도 운동을 한다. 추후에 정리하겠지만 모든 2차원 공간상의 벡터 즉 힘, 운동량, 충격량, 전기장, 자기장 등은 항상 x성분과 y성분으로 나누어서 분석한다.

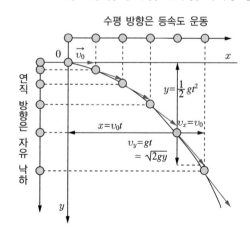

- 수평 방향으로의 위치 : $x = v_0 t$

- 수직 방향으로의 위치 : $y = \dfrac{1}{2}gt^2$

- 여기서 t를 소거하면,

$y = \dfrac{g}{2v_0^2}x^2$ ($y = Ax^2$의 형태이므로 포물선 모양)

$$t = \sqrt{\frac{2y}{g}} \qquad\qquad x = v_0 t = v_0 \sqrt{\frac{2y}{g}}$$

(5) 비스듬히 던진 물체의 운동 분석

x축 성분의 운동은 등속직선 운동, y축 성분의 운동은 연직상방 운동으로 기술된다.

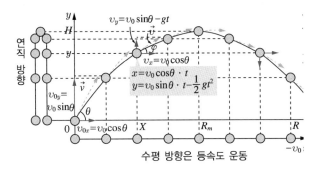

수평 방향은 등속도 운동

① 운동의 분석

　㉠ 수평 방향 : 등속도 운동

　㉡ 수직 방향 : 연직 위로 던진 물체의 운동

② t초 후의 위치

$$x = v_{0x} \cdot t = v_0 \cos\theta \cdot t \qquad y = v_{0y} \cdot t - \frac{1}{2}gt^2 = v_0 \sin\theta \cdot t - \frac{1}{2}gt^2$$

③ 최고점에서의 속도 : 최고점에서는 연직속도 성분이 0이 된다.

$$v = v_x = v_{0x} = v_0 \cos\theta$$

④ 최고점의 도달시간(t_1) : 최고점에서 연직 방향의 속도가 0이 된다.

$0 = (v_0 \sin\theta) - gt_1$에서 $t_1 = \dfrac{v_0 \sin\theta}{g}$ 이 되고 체공시간은 $T = \dfrac{v_0 \sin\theta}{g} \times 2$이다.

⑤ 최고점의 높이(H) : 최고점에서 연직 방향의 속도가 0이 된다.

$-2gH = 0^2 - (v_0 \sin\theta)^2$에서

$$H = \frac{v_0^2 \sin^2\theta}{2g} = \frac{v_{0y}^2}{2g}$$

⑥ 수평도달 거리(지면에 도달할 때의 수평방향의 변위)

$R = v_0 \cos\theta \cdot t = v_0 \cos\theta \times (\dfrac{2v_0 \sin\theta}{g})$ 에서

$$R = \frac{v_0^2 \sin 2\theta}{g}$$

(위 식에서 $\theta = 45°$일 때, 수평 도달거리가 최대가 된다)

포물선 운동의 주요 포인트

- 수평도달 거리의 최대 조건 : $\theta = 45°$
- 수평도달 거리가 동일할 조건(v_0가 동일할 때) : $\theta_1 + \theta_2 = 90°$
- 최고점의 높이 동일 = 체공시간 동일 = 초기 연직속도 성분 동일

(6) 상대속도, 상대가속도

① **상대속도** : 운동하고 있는 A가 운동하고 있는 B를 보았을 때의 속도이다. 여기서도 부호를 설정해서 방향을 결정할 수 있다.

$$\vec{v}_{AB} = \vec{v}_B - \vec{v}_A$$

② **상대가속도** : 가속운동하고 있는 A가 가속운동하고 있는 B를 보았을 때의 가속도이다. 여기서도 부호를 설정해서 방향을 결정할 수 있다. 특히 중력장 내의 운동처럼 가속도의 크기와 방향이 동일한 경우 상대가속도는 0이 되어서 등속운동이 관찰된다.

$$\vec{a}_{AB} = \vec{a}_B - \vec{a}_A$$

02 | 힘과 운동의 법칙

01 힘

(1) 힘의 정의

힘이란 물체의 운동 상태나 모양을 변화시키는 원인을 의미한다. 눈에 보이지 않는 힘을 표현하기 위해 화살표를 이용해 나타내는데 화살표의 시작점은 작용점, 가리키는 방향은 힘이 작용하는 방향, 화살표의 크기는 힘의 크기를 나타낸다(단위 : N, kgf).

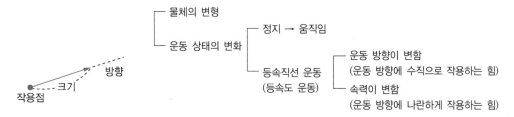

아래 그림처럼 물체가 운동하고 있고 운동 방향에 θ의 각으로 F의 힘이 작용하고 있는 경우 운동 방향과 나란한 성분인 $F\cos\theta$는 빠르기의 변화를, 운동 방향과 수직 성분인 $F\sin\theta$는 방향의 변화를 일으키는 힘의 성분이 된다.

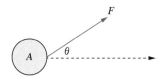

(2) 알짜힘(= 합력 = ΣF)

한 물체에 작용하는 여러 가지 힘의 합을 말하며 알짜힘이 0이면 물체는 정지하거나 등속직선 운동을 하며, 합력이 0이 아닌 경우 물체는 빠르기가 변하거나 방향이 변하는 가속운동을 하게 된다.

(3) 힘의 평형

동일직선상의 크기가 같고 방향이 반대인 두 힘과 작용점이 한 물체에 있어야 한다.

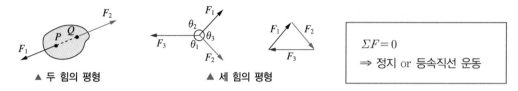

▲ 두 힘의 평형　　　　　▲ 세 힘의 평형

$$\Sigma F = 0$$
$$\Rightarrow 정지 \ or \ 등속직선 \ 운동$$

(4) 여러 힘의 평형

x성분과 y성분으로 분해하여 각 성분별로 총합이 모두 0이어야 한다.

02 뉴턴의 운동 법칙

(1) 뉴턴의 첫 번째 운동법칙 : 관성의 법칙(제1법칙)

① 의미 : 물체에 힘이 작용하지 않으면 물체의 속도는 변하지 않는다. 즉, 물체의 현재 상태를 유지하려는 성질을 관성이라 하며 정지한 물체는 계속 정지하려 하고 운동하는 물체는 계속 운동하려는 성질을 말한다.

② 관성계(관성 기준계) : 뉴턴의 법칙이 만족하는 기준계를 의미한다. 쉽게 말하면 정지한 관측자 또는 등속운동하는 관측자가 물체의 운동을 관측할 때 적용되는 기준틀을 말한다. 관성계에서는 관성력이 등장하지 않는다.

③ 비관성계(비관성 기준계) : 가속이 되는 물체의 입장에서 물체의 운동을 분석하는 기준계이다. 비관성 기준계에서는 관성력의 분석이 중요하다. 즉, 버스나 엘리베이터에서 느끼는 가상의 힘을 관성력이라고 한다. 예를 들어, 버스가 출발하는 순간 몸이 뒤쪽으로 쏠리는 힘을 느끼게 되는데 실제로 몸에 버스 뒤로 작용하는 힘이 작용하는 것이 아니라, 원래 제자리에 정지하려는 관성 때문에 느껴지는 힘이 작용하는 것이다.

[엘리베이터 안에서의 예]

가속도의 방향	가속도 : 위쪽	가속도 : 0	가속도 : 아래쪽
엘리베이터의 운동 상태	• 위로 속력 증가 • 아래로 속력 감소	• 위로 등속 운동 • 아래로 등속 운동	• 위로 속력 감소 • 아래로 속력 증가
관성력(ma)	아래로 작용	0	위로 작용
몸무게 (중력 + 관성력)	증가	원래의 몸무게와 동일	감소

▲ 버스 밖에서 본 추의 운동

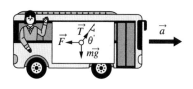

▲ 버스 안에서 본 추의 운동

(a) 지상에 있는 사람이 볼 때의 추의 운동 : 실의 장력과 중력의 합력이 추를 가속시킨다고 생각한다. 즉, $m\vec{a} = m\vec{g} + \vec{T}$ 가 되며, $ma = mg\tan\theta$ 가 되므로, 가속도의 크기는 $a = g\tan\theta$ 가 된다.

(b) 가속도 운동을 하고 있는 차 내의 사람이 볼 때 : 추가 정지해 있는 것으로 관측한다. 즉, 가상적인 힘 (관성력)을 가정해야만 한다. $m\vec{g}$와 $\vec{T}$와 가상적인 힘 $\vec{F}$가 평형을 이룬다고 생각한다. 즉, $m\vec{g} + \vec{T} + \vec{F} = 0$ $\vec{F} = -(m\vec{g} + \vec{T}) = -m\vec{a}$를 '관성력'이라고 한다.

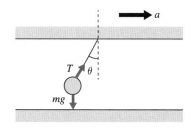

▲ 가속되는 버스 안의 실에 매달린 물체

(2) 뉴턴의 두 번째 운동법칙 : 가속도의 법칙(제2법칙)

① 의미 : 힘과 가속도와의 관계를 정리한 것으로 수식으로는 다음과 같다. 물리에서 가장 유명한 이 방정식은 간단하지만 매우 주의해야 한다. 첫째, 힘과 가속도는 벡터이므로 방향을 유의해야 한다. 그래서 방정식을 세울 때 x축, y축, z축 성분으로 나누어서 식을 세워야 한다. 둘째, 여기서 $\Sigma\vec{F}$ 는 합력을 의미한다. 즉, 한 물체에 작용하는 모든 힘의 합으로 나타낸다. 셋째, 가속도와 힘은 항상 같이 다니는 물리량인 것이다. 물체에 작용하는 합력이 일정하면 가속도도 일정하고, 합력이 0이면 가속도도 0이다. 또한 합력이 증가하면 가속도도 증가하고, 합력의 방향이 $+x$방향이면 가속도의 방향도 $+x$방향이다.

$$a = \left(\frac{1}{m}\right)(\Sigma F) \Leftrightarrow (\Sigma\vec{F}) = m\vec{a} \quad \text{운동방정식}$$
$$(\Sigma\vec{F}x) = m\vec{a}_x \qquad (\Sigma\vec{F}_y) = m\vec{a}_y \qquad (\Sigma\vec{F}_z) = m\vec{a}_z$$

② 단 위

계	힘	질 량	가속도
SI	뉴턴(N)	킬로그램(kg)	m/s^2
CGS	다인(dyne)	그램(g)	cm/s^2

(3) 뉴턴의 세 번째 법칙 : 작용 반작용의 법칙(제3법칙)

  ① 의미 : 두 물체가 상호작용할 때 서로에게 작용하는 힘은 항상 크기가 같고 방향은 반대이다. 또한 작용점은 반드시 각각의 물체에 존재한다. 즉, A가 B에 작용하는 힘의 반작용에 해당하는 힘은 B가 A에 작용하는 힘이다.

$$F_{AB} = -F_{BA}$$

  ② 작용 반작용과 두 힘의 평형의 차이와 공통점

구 분	작용 반작용	두 힘의 평형
공통점	두 힘의 크기가 같고, 방향이 반대이며, 동일 작용선상에 있다.	
차이점	서로 상대방 물체에 작용하는 힘으로, 작용점이 상대방 물체에 있다.	한 물체에 작용하는 두 힘으로, 두 힘의 작용점이 한 물체에 있다.
예	작용 반작용의 관계인 두 힘 : F_1과 F_2, F_3와 F_4	힘의 평형 관계인 두 힘 : F_1과 F_4
		• F_1 : 지구가 책을 잡아당기는 힘 • F_2 : 책이 지구를 잡아당기는 힘 • F_3 : 책이 책상 면을 누르는 힘 • F_4 : 책상 면이 책을 떠받치는 힘

03　힘의 종류

(1) 중 력

지구가 물체를 당기는 힘을 말한다. 다르게는 무게라고도 말할 수 있다.

$$F = mg$$

  ① 뉴턴의 중력 법칙 : 질량이 있는 모든 물체는 서로를 당기는데 이 힘을 만유인력의 법칙 또는 뉴턴의 중력 법칙이라고 한다.

$$F = G\frac{m_1 m_2}{r^2} \quad (\text{만유인력 상수 } G = 6.67 \times 10^{-11} \text{Nm}^2/\text{kg}^2)$$

  ② 지표면에서의 중력 : 지구와 지구 표면에 존재하는 물체 사이의 거리는 근사적으로 지구 반지름에 해당한다. 그러므로 지구와 물체 사이의 거리는 지구 반지름으로 근사할 수 있다.

$$F = G\frac{mM}{R^2} = mg_{지표면} \quad (R : \text{지구반지름}, \ M : \text{지구질량}, \ m : \text{물체의 질량})$$

  ③ 뉴턴의 공 껍질 정리 : 지구는 껍질이 여러 겹으로 싸여 있는 것으로 볼 수 있고, 각 껍질은 지표면 바깥의 입자를 마치 껍질의 모든 질량이 중심에 있는 것처럼 당긴다. 그러므로 지구 내부에서의 중력은 물체가 있는 구면을 경계면으로 안쪽에 있는 지구의 질량 M'이 물체의 중력에 영향을 준다. 지구 중심에서의 중력은 0이 된다. 지구의 밀도가 균일하다면 다음과 같은 식을 만족한다.

$$F = G\frac{mM'}{r^2} = G\frac{mM}{R^3}r \left(\because \frac{M}{\frac{4}{3}\pi R^3} = \frac{M'}{\frac{4}{3}\pi r^3} \right)$$

(2) 수직 항력

물체가 다른 표면에 힘을 가하면 그 표면에서는 물체의 접촉면에 수직 방향으로 밀어내는 힘이 작용한다.

$$\Sigma F = N + W = N + mg = 0$$

(3) 마찰력

물체가 다른 물체와 접촉한 채 움직일 때 받는 저항력을 말하며 마찰력의 종류에는 물체가 정지 상태에 있을 때의 정지마찰력, 정지마찰력의 최댓값에 해당하는 최대 정지 마찰력, 물체가 접촉면과 미끄러지는 상황에서 작용하는 운동 마찰력 등이 있다.

정지 마찰력 = 외력

$$f_s = \mu_s N$$

$$f_k = \mu_k N$$

① 움직이기 시작하는 순간 : 최대 정지 마찰력이 작용 → 최대 정지 마찰계수 : $\mu_s = \tan\theta$

② 등속운동 : 운동 마찰력과 외력이 같음 → 운동 마찰계수 : $\mu_k = \tan\theta'$

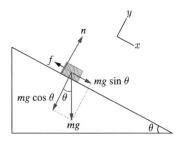

▲ 빗면에 물체가 있는 경우 작용하는 힘 분석

③ 마찰력의 방향 : 우리가 흔히 '마찰력의 방향은 운동 방향과 반대 방향이다.'라고 알고 있는 경우가 있다. 하지만 자동차의 바퀴와 지면과의 마찰력, 달리기 선수의 발과 바닥 사이의 마찰력은 자동차와 운동선수가 운동하도록 해주는 역할을 한다. 기억해야 할 부분은 마찰력의 방향은 항상 운동 방향과 반대가 아니라는 것이다.

(4) 장 력

물체에 줄을 달아 팽팽히 당길 때 물체가 실로부터 받는 힘. 흔히 장력이라고 함은 '실이 물체를 당기는 힘'을 말한다. 하지만 장력은 물체를 잡아당기는 실의 힘만을 의미하는 것이 아니고 실이 천장을 당기는 힘을 말하기도 하고, 실의 질량을 무시할 때 실 자체의 장력을 의미하기도 한다. 또한 실 중간에 용수철저울이 연결되어 있다면 장력의 크기는 용수철의 눈금 즉, 탄성력과 같은 값을 갖는다. 특징 중의 하나는 장력은 당기는 힘만 존재하지 줄이 물체나 천장을 미는 힘은 존재하지 않는 것이다.

$$\sum F = ma = 0 \rightarrow \sum F_y = ma_y$$
$$\rightarrow \sum F_y = T - F_g = 0$$
$$\therefore \ T = F_g$$

(5) 탄성력

원래의 상태로 되돌아가려는 힘(훅의 법칙)이다. 용수철과 장력이 많이 비교가 되는데, 차이점은 장력은 당기는 힘만 존재한다면 탄성력은 원래 길이보다 늘어나면 당기는 장력이 원래 길이보다 줄어들면서 물체를 미는 힘이 작용한다는 것이다.

$$F = -kx \ (k : 탄성계수, \ x : 변형된 길이)$$

① **용수철의 직렬연결** : 일렬로 연결된 용수철은 모든 용수철의 탄성력이 동일하고 전체 늘어난 길이가 각 용수철의 늘어난 길이의 합이므로 다음과 같은 식을 만족한다.

② **용수철의 병렬연결** : 각각의 용수철이 물체에 작용하는 탄성력이 독립적인 경우이다. 변형된 길이가 동일한 경우 각각의 탄성력의 합이 전체 탄성력에 해당하므로 다음과 같은 식을 만족한다.

직렬연결	병렬연결
$\dfrac{1}{k} = \dfrac{1}{k_1} + \dfrac{1}{k_2}$	$k = k_1 + k_2$

③ **용수철의 절단** : 용수철 상수가 k이고 길이가 l_0인 용수철을 절반으로 자르면 동일한 물체를 매달았을 때의 늘어난 길이도 절반 $\dfrac{l_0}{2}$이 된다. 그러므로 용수철 상수는 $2k$가 된다. 일반화시키면 용수철 상수는 용수철 원래 길이에 반비례하는 특징을 갖는다.

$$k \propto \dfrac{1}{l_0}$$

(1) 운동방정식 세우는 연습

① **작용하는 힘들을 찾고 물체에 표시한다.** : 힘 분석은 뉴턴역학에서 가장 중요한 역할을 한다. 또한 아직 우리는 물체의 크기를 고려하지 않기 때문에 모든 물체를 하나의 질점으로 다룰 수 있다. 그러면 모든 물체를 한 점으로 생각하고 힘 분석을 한다. 이렇게 분석하는 것을 '자유 물체도'라고 한다.

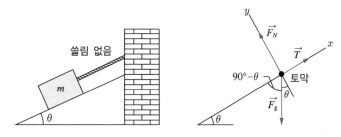

② 가속도가 0이라면 즉, 물체가 정지하거나 등속직선 운동을 하고 있는 상황이라면 $\Sigma F = 0$이다. 그렇지 않으면 힘 분석을 통하여 $\Sigma F = ma$로 운동방정식을 세운다.

③ 물체의 개수대로 운동방정식을 다음과 같이 세운다. 특히 여러 물체가 실이나 용수철에 연결되어 움직인다면 모든 물체의 가속도의 크기는 동일하다. 일반적으로 물체가 움직이는 방향을 +부호로 결정해서 식을 세운다.

$$T_1 = m_1 a \qquad T_2 - T_1 = m_2 a \qquad T_3 - T_2 = m_3 a$$

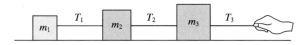

$$T = m_1 a \qquad m_2 g - T = m_2 a$$

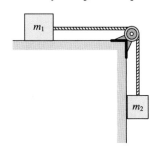

$$T = m_1 a \qquad F - T = m_2 a$$

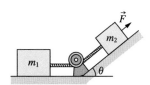

④ 각 방정식으로부터 미지수 값을 구하고 방정식이 충분해야 한다.

⑤ 우리가 다루는 대부분의 운동은 물체에 작용하는 합력이 일정한 등가속도 운동을 다루지만 자연계에서 그런 경우는 흔치 않다. 등가속도 운동이 아닌 대표적인 운동으로 저항력이 등장하는 경우를 다루어 보자. 공기의 저항력이나 물의 저항력은 물체의 빠르기, 모양, 유체의 점성과 밀도에 의존한다. 하지만 일반적으로 속력에 관한 상황을 주로 다루게 된다. 저항력은 대개 다음과 같이 주어진다.

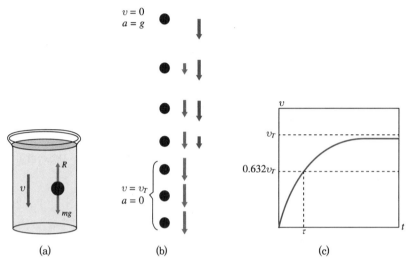

(a)　　　　　(b)　　　　　(c)

$$ma = mg - kv \Rightarrow a = \frac{dv}{dt} = g - \frac{k}{m}v \text{의 방정식의 해 } v(t) = \frac{mg}{k}(1 - e^{-\frac{k}{m}t})$$

종단속도 $v_t = \dfrac{mg}{k}$

03 | 충돌과 에너지

01 운동량과 충격량

(1) 운동량

질량(m), 속도(v)를 지닌 물체의 운동량 $\therefore \vec{P} = m\vec{v}$ [kgm/s]

$$F = ma = m\frac{dv}{dt} = \frac{d(mv)}{dt} = \frac{dP}{dt}$$

물체의 운동량의 변화율은 그 물체에 작용하는 힘과 같다.

(2) 충격량

일정시간 동안에 물체에 주어진 힘의 총량 $\therefore \vec{I} = \vec{F}t$ [Nm = kgm/s]

충격력 : 충격에 의해 물체에 순간적으로 작용하는 힘 $\vec{F}$를 충격력이라고 하고, $\vec{F} = \Delta\frac{\overrightarrow{(mv)}}{\Delta t}$ 이다.

(3) 운동량과 충격량과의 관계

운동량과 충격량은 뉴턴의 제2법칙으로부터 정의된 물리량이다. 뉴턴의 가속도의 법칙은 물체에 작용하는 힘이 일정할 때 유용하게 쓸 수 있는 법칙이다. 하지만 물체에 작용하는 힘이 매우 짧거나 일정하지 않으면 뉴턴의 가속도 법칙을 이용하기 어려운 경우들이 많다. 특히 두 물체 이상의 물체가 충돌하거나 하나의 물체가 여러 물체로 분리될 때가 그러하다. 이럴 때 운동량과 충격량의 관계를 이용하면 충돌 후 또는 분리 후 물체의 운동을 분석할 때 편리하다.

① 운동량과 충격량 $\therefore I = \Delta P$ (충격량 = 운동량의 변화량)

$$F\Delta t = mv - mv_0 = \Delta P$$

② 운동량의 변화량과 충격량의 방향

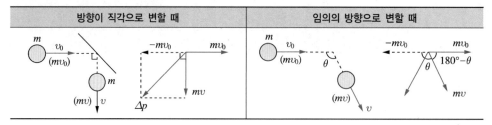

방향이 직각으로 변할 때	임의의 방향으로 변할 때

③ 힘-시간 그래프에서 면적의 의미는 충격량이다.

힘이 일정할 때	힘의 변화율이 일정할 때	힘이 임의로 변할 때
$I = Ft$	$I = \dfrac{1}{2}Ft$	$I = \displaystyle\int Fdt$

(4) 충격력과 충돌시간과의 관계

① **충격량이 일정한 경우** : 접촉시간이 길어질수록 충격력이 감소한다.

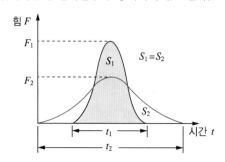

$$F{-}t \text{ 그래프의 면적} = S_1 = S_2 = \text{충격량} = F \cdot t = mv - mv_0$$

② **충격력이 일정한 경우** : 접촉시간이 길어질수록 충격량(= 운동량의 변화량)이 증가한다.

(5) 운동량 보존의 법칙

① 의체에 작용하는 외력이 0일 때 성립하는 법칙으로 모든 물체들의 충돌이나 한 물체가 여러 물체로 분리될 때 성립하는 법칙이다. 물체들이 충돌할 때 서로에게 작용하는 힘은 물체들을 하나의 계로 다룰 때 내력에 해당하므로 상쇄되어 외력은 0이 된다.

② **증명** : 두 물체가 일직선상에서 충돌하는 경우 서로에게 작용한 힘의 크기와 접촉시간이 동일하므로 운동량과 충격량과의 관계를 이용하면 다음과 같은 관계식을 얻을 수 있다.

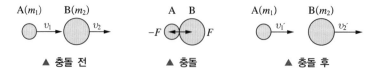

▲ 충돌 전   ▲ 충돌   ▲ 충돌 후

$$\text{"고립"} \Leftrightarrow \sum F_{i,\text{바깥}} = 0$$

$$\Downarrow$$

$$\text{운동방정식} : \frac{dP}{dt} = \sum F_{i,\text{바깥}} = 0$$

$$\Downarrow$$

$$P_{\text{처음}} = P_{\text{나중}} (\text{고립계})$$

$$(\text{총선운동량은 시간에 대해 불변})$$

$$mv_1 + mv_2 = mv'_1 + mv'_2 \Rightarrow \text{충돌 전 } \Sigma P = \text{충돌 후 } \Sigma P$$

(6) 반발계수와 충돌의 종류

① 반발계수 : 충돌 전과 후의 상대속도의 차이이다. 앞에 −부호는 반발계수 값이 항상 +부호가 나오도록 하는 역할을 한다.

$$e = \frac{\text{충돌 후의 속도차}}{\text{충돌 전의 속도차}} = -\frac{\vec{v_1'} - \vec{v_2'}}{\vec{v_1} - \vec{v_2}}$$

② 충돌의 종류

구 분	완전 탄성 충돌	비탄성 충돌	완전 비탄성 충돌
운동량	보 존	보 존	보 존
운동 에너지	보 존	보존되지 않음	보존되지 않음
반발계수	$e = 1$	$0 < e < 1$	$e = 0$
예	당구공의 충돌	대부분의 충돌	진흙과 벽의 충돌

③ 다음과 같이 완전 탄성 충돌($e = 1$)일 경우 충돌 후 각 물체의 속력을 표현해보자.

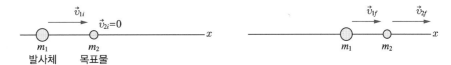

▲ 충돌 전   ▲ 충돌 후

구 분	충돌 후 m_1의 속도	충돌 후 m_2의 속도
$m_1 \gg m_2$인 경우	$v_{1f} = v_{1i}$	$v_{2f} = 2v_{1i}$
$m_1 = m_2$인 경우	$v_{1f} = 0$	$v_{2f} = v_{1i}$
$m_1 \ll m_2$인 경우	$v_{1f} = -v_{1i}$	$v_{2f} = 0$

증명 : 운동량보존과 반발계수를 이용하여 설명할 수 있다.

$m_1 v_1 = m_1 v_1' + m_2 v_2'$ 과 $e = 1 = -\dfrac{v_1' - v_2'}{v_1 - v_2}$ 를 이용하여 식을 정리해 보자.

(7) 2차원 충돌

1차원 충돌에서뿐만 아니라 2차원 충돌에서도 운동량 보존의 법칙은 성립한다. 우리가 운동의 분석에서 2차원 운동은 x축 운동과 y축 운동으로 나누어서 분석한 것처럼 운동량 보존의 법칙도 x축과 y축으로 나누어서 각 성분별로 운동량 보존식을 만든다.

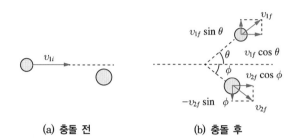

(a) 충돌 전	(b) 충돌 후

선운동량 보존	운동에너지 보존(탄성충돌일 경우)
$m_1 v_{1i} = m_1 v_{1f}\cos\theta + m_2 v_{2f}\cos\phi$ $0 = m_1 v_{1f}\sin\theta - m_2 v_{2f}\sin\phi$	$\dfrac{1}{2}m_1 v_{1i}^2 = \dfrac{1}{2}m_1 v_{1f}^2 + \dfrac{1}{2}m_2 v_{2f}^2$

(8) 지면과의 충돌

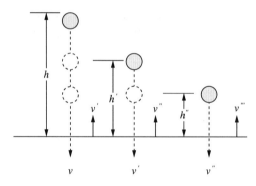

① 처음 충돌 속도 : $v = \sqrt{2gh}$

② 두 번째 충돌 속도 : $v' = \sqrt{2gh'}$

③ 세 번째 충돌 속도 : $v'' = \sqrt{2gh''}$

④ 반발계수 $= \dfrac{\text{충돌 후 속도차}}{\text{충돌 전 속도차}} = \dfrac{\text{충돌 후 높이차}}{\text{충돌 전 높이차}}$

$\therefore\ e = \dfrac{v'}{v} = \dfrac{v''}{v'} = \sqrt{\dfrac{h'}{h}} = \sqrt{\dfrac{h''}{h'}} = \cdots$

$$\therefore\ v' = ev,\ v'' = e^2 v,\ \cdots \qquad \therefore\ h' = e^2 h,\ h'' = e^4 h,\ \cdots$$

(9) 질량이 변하는 계

대표적인 운동이 질량이 감소하는 로켓이다.

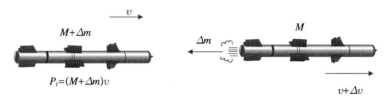

$$P_i = (M + \Delta m)v = P_f = M(v + \Delta v) + \Delta m(v - v_e)$$

$$M\Delta v = \Delta m v_e$$

$$\Delta t \to 0 : \Delta v \to dv, \ \Delta m \to dm = -dM(\text{분사질량} = \text{로켓의 감소질량})$$

$$Mdv = v_e dm = -v_e dM$$

$$v_f - v_i = v_e \ln\left(\frac{M_i}{M_f}\right) \quad \text{추진력} = M\frac{dv}{dt} = \left|v_e\frac{dM}{dt}\right|$$

02 질량중심

(1) 의 미

물체나 물체들로 이루어진 계의 질량중심은 모든 질량이 그 점에 모여 있고 외부 힘이 모두 그 점에 작용하는 것처럼 움직이는 특별한 점이다.

(2) 입자계의 질량중심

① 질량이 각각 m_1과 m_2인 두 입자가 거리 d만큼 떨어져 있다. 질량이 m_1인 입자와 m_2인 두 입자계의 질량중심 좌표를 다음과 정의한다.

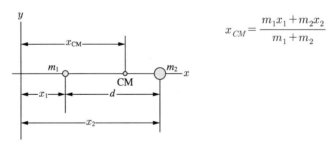

$$x_{CM} = \frac{m_1 x_1 + m_2 x_2}{m_1 + m_2}$$

② N개의 물체로 이루어진 경우의 표현은 다음과 같다(1차원).

$$x_{CM} = \frac{m_1 x_1 + m_2 x_2 + m_3 x_3 + \cdots + m_n x_n}{m_1 + m_2 + \cdots + m_n} = \frac{1}{M}\sum_{i=1}^{n} m_i x_i$$

③ 입자들이 3차원으로 분포되어 있다면 질량중심은 세 좌표로 표시하여야 한다. 위의 식을 확장하여 다음과 같이 일반화할 수 있다.

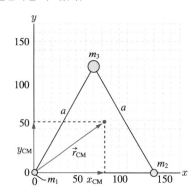

$$x_{CM} = \frac{1}{M}\sum_{i=1}^{n} m_i x_i$$

$$y_{CM} = \frac{1}{M}\sum_{i=1}^{n} m_i y_i$$

$$z_{CM} = \frac{1}{M}\sum_{i=1}^{n} m_i z_i$$

(3) 질량이 연속으로 이루어진 물체

① 물체가 대칭점, 대칭선 또는 대칭면을 갖는다면 이 물체의 질량중심은 대칭점, 대칭선 또는 대칭면 위에 있다. 예컨대 점대칭을 갖는 균일한 공의 질량중심은 대칭점인 공의 중심점에 있다. 중심축에 대칭인 균일한 원뿔의 질량중심은 원뿔의 중심축에 위에 있다. 그러나 물체의 질량중심이 반드시 물체의 내부에 있을 필요는 없다. 도넛의 질량중심은 빵 덩어리 속에 있지 않고 말굽의 질량중심도 쇠의 내부에 있지 않다.

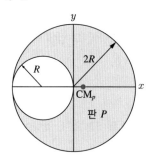

$$x_{CM} = \frac{1}{M}\int x\,dm$$

$$y_{CM} = \frac{1}{M}\int y\,dm$$

$$z_{CM} = \frac{1}{M}\int z\,dm$$

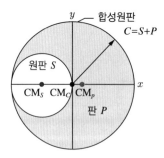

② 위와 같은 상황을 고려해서 밀도가 균일한 원판의 일부가 제거된 전체 원판의 질량중심점을 구해보자. 먼저 대칭성에 의해 전체 질량중심점은 x축 상에 위치할 것이다. 하지만 질량중심의 정의를 이용해서 계산하는 것은 수학적으로 매우 복잡할 것이므로 각각의 질량중심점을 이용해서 구하는 방법이 편리하다. 먼저 잘라낸 원판을 S라고 하면 질량중심점은 $x_S = -R$이다. 합성원판을 $C = S + P$라 하면 합성원판의 질량중심점은 $x_C = 0$이다. 원판 P만의 질량중심을 x_P라 놓으면 두 원판 S와 P의 질량중심점은 원점이 된다. 식으로 정리하면 다음과 같다.

$$x_C = \frac{m_S x_S + m_P x_P}{m_S + m_P} \qquad x_P = -\frac{m_S}{m_P} x_S = \frac{1}{3} R$$

(4) 질량중심의 운동

① 결론부터 말하자면 외력이 작용하지 않는 경우 질량중심의 운동은 충돌 전과 후가 변화가 없다. 충돌 전 질량중심이 정지해 있으면 충돌 후에도 질량중심의 위치는 변하지 않고 충돌 전 질량중심의 속력이 v_{CM}이면 충돌 이후에도 질량중심의 속력은 계속 v_{CM}을 유지한다. 외력이 작용하지 않는 모든 경우에 성립하는데 다음과 같이 1차원 완전 비탄성 충돌인 경우를 살펴보자.

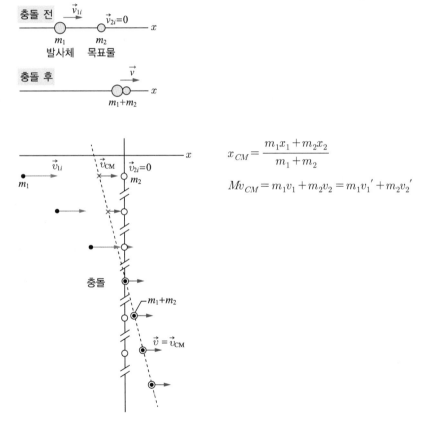

$$x_{CM} = \frac{m_1 x_1 + m_2 x_2}{m_1 + m_2}$$

$$M v_{CM} = m_1 v_1 + m_2 v_2 = m_1 v_1' + m_2 v_2'$$

② 충돌뿐만 아니라 불꽃 폭죽이 날아가다가 터지는 모습에서도 성립한다. 공기저항이 없을 때 파편들의 질량중심은 지면에 닿기 전까지 원래의 포물선 경로를 따라간다.

(1) 일

① 정의 : 과학에서의 일은 물체에 힘을 가해 힘을 준 방향과 나란하게 이동한 것을 의미한다. 물체는 힘 또는 열의 교환을 통해 주위환경과 에너지를 주고받고, 이에 따라 운동 상태가 바뀐다. 일이란 힘을 주어 물체를 움직일 때 전달되는 에너지이다.

$$W = \Delta E \ : \ \text{일} - \text{에너지 등가의 원리}$$

$$W = F\cos\theta \Delta r \quad W \equiv \int_{x_{처음}}^{x_{끝}} F(x)\,dx$$

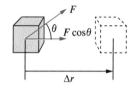 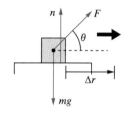

② 단위 : $\mathrm{J} = \mathrm{Nm} = \mathrm{kgm^2/s^2}$ 스칼라량(크기만 존재)

③ 일이 0이 되는 경우

    ㉠ 알짜힘이 0인 경우

    ㉡ 물체가 이동하지 않은 경우

    ㉢ 힘의 방향과 물체의 이동 방향의 각이 90°인 경우

④ $F - s$ 그래프 : 넓이는 한 일의 양

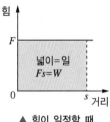 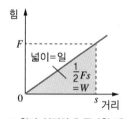 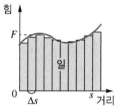

▲ 힘이 일정할 때   ▲ 힘이 일정하게 증가할 때   ▲ 힘이 임의로 변할 때

(2) 일 률

① 정의 : 단위 시간 동안 일을 해내는 능력을 일률이라 한다.

$$\text{평균일률} \ \overline{P} = \frac{\Delta W}{\Delta t} \qquad\qquad \text{순간일률} \ P = \lim_{\Delta t \to 0} \frac{\Delta W}{\Delta t} = \frac{dW}{dt}$$

② 평균일률 $\overline{P}$: Δt 동안 ΔW만큼 일한 경우 $\overline{P} = \dfrac{\Delta W}{\Delta t} = \dfrac{\Delta E}{\Delta t} = Fv$

③ 순간일률 P : $P = \lim_{\Delta t \to 0} \dfrac{\Delta W}{\Delta t} = \dfrac{dW}{dt}$

④ 단위 : $1\text{watt} = 1\text{W} = 1\text{J/s}$ 1마력$(\text{HP}) = 1\text{HP} = 746\text{W}$

⑤ 흔히 쓰는 일-에너지 단위 : $1\text{kWh} = (10^3\text{W})(3,600\text{s}) = 3.60 \times 10^6 = 3.6\text{MJ}$

(3) 에너지

운동에너지		$E_k = \dfrac{1}{2}mv^2 = \dfrac{p^2}{2m} = \dfrac{GMm}{2r}$
위치에너지	중력에 의한 E_p	$E_p = mgh$
	만유인력에 의한 E_p	$E_p = -\dfrac{GMm}{r}$
	탄성력에 의한 E_p	$E_p = \dfrac{1}{2}kx^2$
	전기력에 의한 E_p	$E_p = -k\dfrac{q_1 q_2}{r}$
열에너지(마찰력이 한 일)		$E = fs$

(4) 일-에너지 등가의 원리

물체에 한 일만큼의 에너지 변화량과 같다. 그런데 누가 한 일이냐에 따라 어떤 에너지가 변하는지 정해져 있다. 예를 들면, 마찰력이 한 일은 반드시 열에너지의 증가량과 같다. 열에너지는 감소한 역학적 에너지라고 부른다. 중력이 한 일의 양은 중력 퍼텐셜에너지의 변화량과 같고 탄성력이 한 일의 양은 탄성력 퍼텐셜에너지의 변화량과 같다.

(5) 역학적 에너지 보존

① 정의 : E(역학적 에너지) $\equiv K$(운동에너지) $+ U$(퍼텐셜에너지)

② 보존력(중력, 탄성력, 전기력 등)을 받는 물체가 움직일 때의 역학적 에너지의 변화를 의미한다. 보존력이란 $W_1 = -W_2$ 가 성립하는 힘이고, 보존력이 한 일의 양은 경로의 무관함을 말한다. 보존력만 작용하는 경우에는 물체의 운동에 관한 어려운 문제들을 매우 간단하게 풀 수 있다. 비보존력의 대표적인 예는 마찰력이 있는데, 마찰력이 작용하는 경우에는 역학적 에너지가 보존되지 않는다.

$$\therefore \ K_2 + U_2 = K_1 + U_1 \ ---\ \text{역학적 에너지 보존}$$

역학적 에너지의 감소량 = 역학적 에너지의 증가량

③ 자유낙하운동에서의 역학적 에너지 보존 : 물체가 낙하하는 동안 각 지점에서 역학적 에너지는 언제나 일정하게 보존된다.

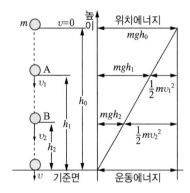

h_0에서 역학적 에너지 : mgh_0

$= h_1$에서 역학적 에너지 : $mgh_1 + \dfrac{1}{2}mv_1^2$

$= h_2$에서 역학적 에너지 : $mgh_2 + \dfrac{1}{2}mv_2^2$

$=$ 기준면에서 역학적 에너지 : $\dfrac{1}{2}mv^2$

위치에너지의 감소량 = 운동에너지의 증가량

낙하거리와 에너지의 관계	낙하시간과 에너지의 관계

④ 용수철에 매달린 물체의 운동에너지와 용수철의 탄성력에 의한 위치에너지의 관계

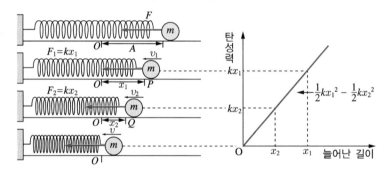

탄성력에 의한 위치에너지의 감소량 = 운동에너지의 증가량

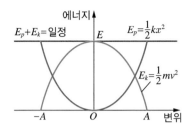

- 최대 속력 V와 진폭 A의 관계 : A지점의 탄성력에 의한 위치에너지와 O지점의 운동에너지는 서로 같으므로 $\frac{1}{2}mv^2 = \frac{1}{2}kx^2$에서 $V = A\sqrt{\dfrac{k}{m}}$ 이다. 즉 최대 속력 V는 진폭 A에 비례한다.
- 운동에너지와 탄성력에 위치 에너지가 같은 지점은 $\dfrac{A}{\sqrt{2}}$ 이며, 최대 변위의 중간 지점($x = \dfrac{A}{2}$)인 곳의 탄성력에 의한 위치 에너지와 운동에너지는 각각 $\dfrac{1}{8}kA^2$ 과 $\dfrac{3}{8}kA^2$이다.

(6) 에너지 보존

① 정의 : 열역학 제1법칙이라고도 하며 고립된 계의 총에너지는 항상 일정하다.

② 계의 총에너지가 일정하다는 말은 고립된 계의 어떤 물체의 감소한 에너지의 양은 반드시 증가한 에너지의 양과 같다는 것을 의미한다.

$$K + U + \text{열 } E = \text{일정}$$

$$\text{에너지의 감소량} = \text{에너지의 증가량}$$

③ 마찰이 있는 면을 지나는 물체의 운동일 경우의 에너지 보존 : 물체가 운동하는 동안 마찰을 받으면 열이 발생하므로 역학적 에너지는 열에너지로 전환된다. 즉, 역학적 에너지는 보존되지 않는다. 이때 마찰에 의해 발생한 열에너지는 감소한 역학적 에너지의 양과 같다.

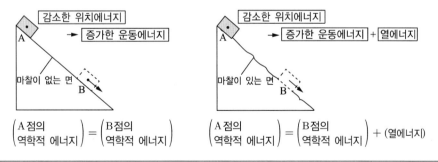

$$\text{위치에너지의 감소량} = \text{운동에너지의 증가량} + \text{마찰에 의한 일(열에너지)}$$

(7) 퍼텐셜에너지 곡선

① **그래프 해석** : 일차원 운동에서 입자가 거리 x만큼 움직일 때 입자에 작용하는 힘이 한 일 W는 Fx이다. 따라서

$$\Delta U = -W = -Fx$$

로 표현할 수 있고 위 식을 미분형태로 표현하면

$$F(x) = -\frac{dU(x)}{dx}$$

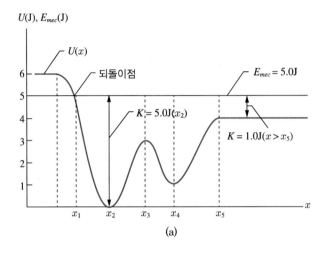

(a)

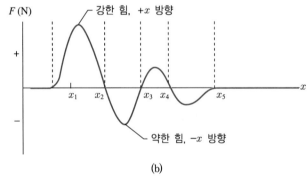

(b)

(a) x축 위에서만 움직이는 입자의 퍼텐셜에너지 함수 $U(x)$. 마찰이 없다고 가정하면 역학적 에너지는 보존된다.

(b) 여러 위치에서 퍼텐셜에너지 함수의 기울기는 $F(x)$를 의미한다.

$$\frac{dU}{dx} = 0 \ : \ \text{평형점}$$

$$x_2, \ x_4 \ : \ \text{안정 평형점}$$

$$x_3 \ : \ \text{불안정 평형점}$$

04 | 원운동과 단진동

01 원운동

(1) 등속 원운동

① **정의** : 원둘레를 따라 일정한 속력으로 움직이는 운동

② **등속(력) 원운동의 주요 물리량**

㉠ 선속력 : $v = \dfrac{s}{t} = \dfrac{2\pi r}{T} = 2\pi rf$ (선속도(력) = 단위 시간 동안 이동한 거리)

㉡ 각속도 : $\omega = \dfrac{\theta}{t} = \dfrac{2\pi}{T} = 2\pi f$ (각속도 = 단위 시간 동안 회전한 각) [단위 : rad/s]

$$v = r\omega$$

㉢ 주기 : $T = \dfrac{1}{f} = \dfrac{2\pi r}{v} = \dfrac{2\pi}{\omega}$

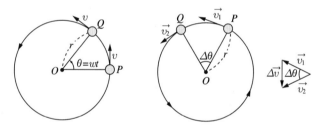

▲ 속력 v, 반지름 r인 등속(력) 운동

㉣ 구심가속도 : $\Delta\vec{v}$의 방향과 같으므로 원의 중심을 향하는 방향이 된다. 따라서 등속 원운동하는 물체의 가속도를 구심가속도라고 한다.

$$a_r = \frac{\Delta v}{\Delta t} = \frac{v\Delta\theta}{\Delta t} = \frac{v}{\Delta t}\left(\frac{v\Delta t}{r}\right) = \frac{v^2}{r} = r\omega^2$$

㉤ 구심력 : 합력(ΣF)의 개념(구심가속도의 방향과 같으므로 원의 중심으로 향하는 방향이다)

$$\Sigma F_r = ma_r = m\frac{v^2}{r} = mr\omega^2 = \frac{4\pi^2}{T^2}mr$$

③ 구심력의 역할

원운동의 조건	:	구심력	=	원심력
행성 운동	:	만유인력		
커브길의 자동차	:	마찰력	=	$\dfrac{mv^2}{r}=mrw^2$
실에 매인 물체	:	장 력		
핵 주위 전자	:	전기력		

(2) 관성력과 원심력

① 원심력 : 원운동도 가속도 운동에 포함된다. 가속 운동을 하고 있는 관측자는 실제로 작용하는 힘 이외의 가상적인 힘을 느끼는데 이를 '관성력'이라 불렀다. 이 중 원운동을 하고 있는 관측자가 느끼는 힘을 '원심력'이라 부른다. 원심력도 관성력이므로 다음과 같은 성질이 있다.

㉠ 원심력은 원운동을 하고 있는 관측자에게만 느껴지는 힘이다.

㉡ 원심력은 관측자의 가속도 방향(즉, 구심가속도의 방향)과 정반대 방향으로 작용한다.

㉢ 원심력은 가상적인 힘(힘의 원인인 물체가 없다)이므로 작용·반작용의 법칙은 성립하지 않는다.

㉣ 원심력은 구심력과 크기가 같고 방향이 반대이다.

: 원심력의 크기 $F=m\dfrac{v^2}{r}=mr\omega^2=\dfrac{4\pi^2}{T^2}mr$(원의 바깥쪽으로 향하는 방향)

② 정지 좌표계(관성계)와 회전 좌표계(비관성계)에서 본 물체의 운동

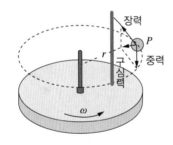
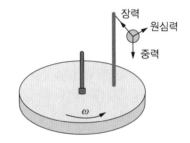

(a) 정지 좌표계에서 본 물체의 운동 물체에 작용하는 힘은 구심력밖에 없다. 이 힘으로 원운동을 한다고 생각한다.

(b) 원운동하는 관측자가 본 물체의 운동 물체와 같이 회전하므로 구심력과 다른 힘이 평형을 이루었다고 생각한다.

비관성계에서는 구심력과 크기가 같고 방향이 반대인 힘, 즉 원심력을 이용하여 물체의 운동을 설명해야 한다. 원심력은 관성력의 일종이다.

③ 등속 원운동의 대표적인 예

ⓐ 원뿔 모양의 빗면에서 원운동하는 물체의 운동 : 아래 그림과 같이 질량이 m인 물체가 기울기가 θ인 마찰이 없는 빗면에서 물체가 원운동하고 있을 때 물체에 작용하는 힘은 중력과 수직항력이 있다. 두 힘의 합력이 원의 중심방향으로 구심력을 만들고 다음과 같은 식을 만족한다.

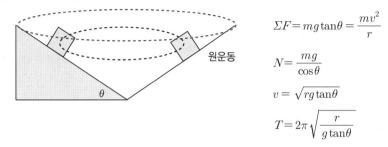

원운동

$$\Sigma F = mg\tan\theta = \frac{mv^2}{r}$$

$$N = \frac{mg}{\cos\theta}$$

$$v = \sqrt{rg\tan\theta}$$

$$T = 2\pi\sqrt{\frac{r}{g\tan\theta}}$$

ⓑ 원뿔진자 : 실의 길이가 L이고 원운동의 반지름이 R, 높이가 h인 원뿔 모양의 실 끝에 질량이 m인 물체가 수평면상에서 원운동하고 있을 때 물체에 작용하는 힘은 중력과 장력이 작용한다. 중력과 장력의 합력이 원의 중심 방향으로 작용하는 구심력의 역할을 한다.

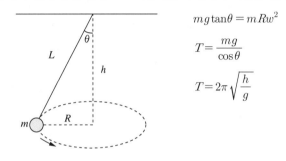

$$mg\tan\theta = mRw^2$$

$$T = \frac{mg}{\cos\theta}$$

$$T = 2\pi\sqrt{\frac{h}{g}}$$

(3) 부등속 원운동

① 일반적으로 연직면상의 운동에 해당한다. 특히 중력을 반드시 고려해야 한다.

② 각 지점에서 힘을 분석(운동 방향의 수직 성분)하여 구심력에 대한 운동방정식을 세운다.

③ 규 칙

힘 분석	부 호
원의 중심 방향으로 작용하는 힘	+
원의 중심과 반대 방향으로 작용하는 힘	−
접선 방향으로 작용하는 힘	0

④ 다음과 같이 반지름이 R인 마찰이 없는 원형트랙에 질량이 m인 물체가 v_1으로 입사할 때 각 지점에서 물체에 작용하는 힘을 분석할 수 있다. 작용하는 힘은 중력과 수직항력만 작용하지만 힘의 방향을 주의해야 한다.

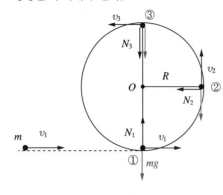

최하점을 ①번 위치, 중간을 지나는 순간을 ②번 위치, 최고점을 지나는 순간을 ③번 위치라고 하면 옆과 같은 힘 분석이 된다. 그러면 다음과 같은 구심력에 대한 운동방정식을 세울 수 있다.

① $N_1 - mg = \dfrac{mv_1^2}{R}$

② $N_2 = \dfrac{mv_2^2}{R}$

③ $N_3 + mg = \dfrac{mv_3^2}{R}$

이때 ③번 위치인 최고점에서 운동방정식으로부터 중요한 원운동을 하기 위한 조건을 유도할 수 있다. 물체의 속력이 충분하지 않으면 최고점까지 올라가지 못하고 중간에 원형트랙으로부터 분리가 되는 일이 벌어질 것이다. 물체가 반지름이 R인 연직면상의 원형트랙을 원운동하기 위해서는 반드시 최고점에서도 원형트랙과 접촉되어 운동을 해야 한다. 그러면 최고점에서 수직항력 N_3가 0보다 크거나 같아야 한다. 즉, $N_3 = \dfrac{mv_3^2}{R} - mg \geqq 0$인 조건으로부터 $v_3 \geqq \sqrt{gR}$일 조건을 만족해야 한다. 여기서 $N_3 = 0$인 조건은 물체가 최고점에서 스치듯이 지나는 조건이다. 그러면 최하점에서의 속력 v_1과 중간 지점을 지나는 속력인 v_2를 역학적 에너지 보존을 통해 구할 수 있다. $v_1 = \sqrt{5gR}$, $v_2 = \sqrt{3gR}$이 된다.

⑤ **구심가속도** a_r과 **접선가속도** a_t : 부등속 원 운동하는 물체의 임의 지점에서 작용하는 가속도에는 두 종류의 가속도가 존재한다. 두 가속도의 벡터 합이 전체 가속도이다. 여기서 α는 각 가속도로 정의하며 단위 시간당 θ의 변화량을 나타낸다.

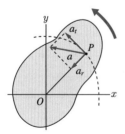

$a_r = \dfrac{v^2}{r} = rw^2$

$a_t = \dfrac{dv}{dt} = r\dfrac{dw}{dt} = r\alpha$

$a = \sqrt{a_t^2 + a_r^2} = \sqrt{r^2\alpha^2 + r^2w^4} = r\sqrt{\alpha^2 + w^4}$

(4) 케플러의 법칙 : 태양계의 행성 운동에 대한 규칙

    ① 타원궤도의 법칙 : 태양계 행성의 궤도는 모두 태양을 한 초점으로 하는 타원

    ② 면적속도 일정의 법칙 : 행성과 태양을 잇는 선이 단위 시간에 쓸어가는 면적은 일정

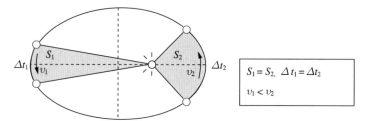

$$S_1 = S_2, \ \Delta t_1 = \Delta t_2$$
$$v_1 < v_2$$

    ③ 조화의 법칙 : $T^2 \propto R^3$ 행성의 주기의 제곱은 궤도의 긴 반지름의 세제곱에 비례(실질적 내용은 뉴턴의 중력 법칙)

(5) 인공위성의 원운동

    ① 인공위성의 중력가속도 : $\dfrac{GMm}{r^2} = mg \rightarrow g = \dfrac{GM}{r^2}$

    ② 인공위성이 등속 원운동하기 위한 속력

       : $\dfrac{GMm}{r^2} = \dfrac{mv^2}{r} \rightarrow v = \sqrt{\dfrac{GM}{r}}$

       → 제1우주속도 : 지표 근처에서 등속 원운동하기 위한 속도

       $v = \sqrt{gR} = \sqrt{\dfrac{GM}{R}}$

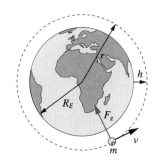

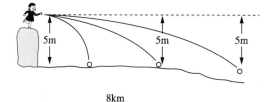

수평 속력을 다르게 하여 돌멩이를 던져 보라. 1초 후에는 돌멩이에 중력이 작용하지 않을 때 운동하게 될 직선 경로의 아래쪽으로 5m 떨어질 것이다.

지표면 근처에서 원운동하는 인공위성의 접선 방향의 속력은 8km/s이다. 인공위성은 매초마다 접선 방향으로 8km 진행할 때 5m씩 떨어진다.

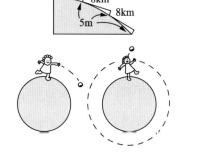

돌멩이를 적당한 속력으로 던지면 돌멩이의 경로는 소행성의 표면 곡률과 같아질 것이다.

③ 인공위성의 주기 : $\dfrac{2\pi r}{T} = \sqrt{\dfrac{GM}{r}} \rightarrow T^2 = \dfrac{4\pi^2}{GM}r^3$

④ 만유인력에 의한 위치에너지(중력에 의한 퍼텐셜에너지) : 지구 중심으로부터 거리 $r(r=R+h)$만큼 떨어진 점 P에, 질량 m인 물체를 지구의 중력이 작용하지 않는 무한원까지 옮기는 데 필요한 일의 양(만유인력 $F=G\dfrac{Mm}{r^2}$)

$$U = \int_{\infty}^{r} \frac{GMm}{r^2}dr = -\frac{GMm}{r}$$

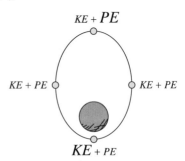

※ 그래프에서 색칠한 면적에 해당된다.

지구의 중심으로부터 r만큼 떨어진 지점에 위치한 물체를 무한원까지 옮기는 데 필요한 일 : 위치에너지의 변화량 = 해준 일, 즉

$$E_p(\infty) - E_p(r) = 0 - E_p(r) = G\frac{Mm}{r}$$

$$\therefore\ E_p(r) = -G\frac{Mm}{r}$$

(위치에너지가 (−) : 물체가 지구에 속박되어 있음을 나타낸다)

⑤ 인공위성의 역학적 에너지 : 위성의 운동에너지와 위치에너지의 합은 타원 궤도상의 모든 점에서 일정하다. 지구에 가까울수록 운동에너지가 크며, 멀수록 운동에너지가 작다. 속력이 클수록 운동에너지가 크며, 거리가 멀수록 위치에너지가 크다.

∴ 운동에너지 + 위치에너지 = 일정

역학적 에너지의 보존 : 인공위성의 운동에너지와 위치에너지의 합은 항상 일정하다.

$$E = E_k + E_p = \frac{1}{2}mv^2 - G\frac{mM}{r} = \text{일정}$$

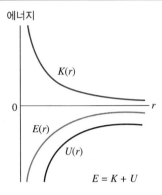

에너지

$K(r)$

$E(r)$

$U(r)$

$E = K + U$

$$K(r) = \frac{GMm}{2r}$$

$$U(r) = -G\frac{Mm}{r}$$

$$E(r) = -\frac{GMm}{2r}$$

⑥ 인공위성의 역학적 에너지와 탈출 속도

㉠ $\frac{1}{2}mv^2 \geqq G\frac{mM}{r}$ 이면 인공위성이 지구 인력권을 벗어난다 ($\because$ 역학적 에너지 $E > 0$).

㉡ $\frac{1}{2}mv^2 < \frac{mM}{r}$ 이면 인공위성이 지표면에 떨어지거나 지구 주위를 공전한다($\because$ 역학적 에너지 $E < 0$: 인공위성이 지구에 구속되어 있다).

㉢ 탈출 속도 : 물체의 역학적 에너지가 0보다 커야 인력권을 벗어날 수 있으므로

$$-G\frac{Mm}{r} + \frac{1}{2}mv^2 \geqq 0, \;\; \therefore \; v \geqq \sqrt{\frac{2GM}{r}}$$

→ 제2우주속도 : 지구 중력장을 탈출하기 위한 최소 속력

$$: v = \sqrt{\frac{2GM}{R}} \approx 11.2\text{km/s}$$

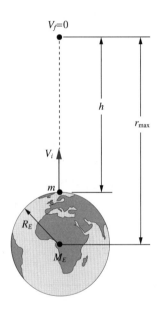

$V_f = 0$

h

r_{max}

V_i

m

R_E

M_E

(1) 단진동

① 정의 : 등속 원운동하는 물체에 수평 방향으로 평행 광선을 비추면 물체의 그림자가 일직선상에서 주기적인 왕복운동을 한다. 이와 같이 일직선상의 주기적인 왕복운동을 '단진동'이라고 한다.

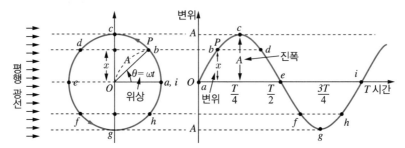

② 단진동의 변위(x) : $x = A\sin\omega t\,(\theta = \omega t)$ x의 최댓값 A : 단진동의 진폭

$T = \dfrac{2\pi}{\omega} = \dfrac{1}{f}$ (원운동에서의 관계와 같다)

③ 단진동의 속도(v) : P'의 속도 $v = A\omega\cos\omega t\,(\theta = \omega t)$

의미 : $t = 0$일 때(즉, 변위 $x = 0$, $\theta = \omega t = 0$일 때), 가장 큰 값 $A\omega$를 갖고, 양 끝(즉, 변위가 A, $-A$)에서 속도가 0이 된다.

④ 단진동의 가속도(a) : $a = -A\omega^2\sin\omega t\,(\theta = \omega t)$, 변위 $x = A\sin\omega t$이므로, $a = -\omega^2 x$

의미 : 단진동하는 물체의 가속도의 크기는 변위의 크기에 비례한다.

∴ 양끝에서 최댓값, 중심에서 0이 된다. 가속도의 방향 – 변위와 반대 방향으로 진동 중심을 향한다.

⑤ 단진동하는 물체에 작용하는 힘(복원력) : 단진동하는 물체는 항상 진동 중심으로 향하는 복원력을 받으며 복원력은 다음과 같이 나타낼 수 있다.

$$F = ma = -m\omega^2 x$$

⑥ 단진동의 특징 : 작용하는 힘의 크기가 변위의 크기에 비례, 방향이 진동 중심을 향한다.

(2) 용수철 진자

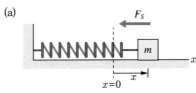

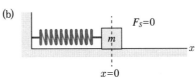

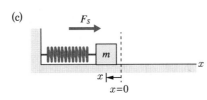

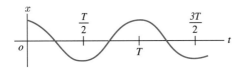

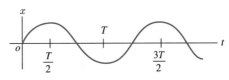

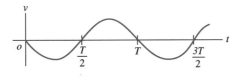

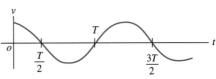

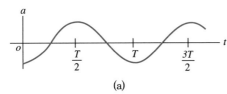

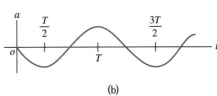

(a)   (b)

$$x = A\sin\omega t \qquad v = A\omega\cos\omega t \qquad a = -A\omega^2\sin\omega t$$

① 복원력 : $F = ma = -mA\omega^2\sin\omega t = -m\omega^2 x = -kx$

② 각진동수(ω) : $\therefore\ \omega = \sqrt{\dfrac{k}{m}} = \dfrac{2\pi}{T}$

③ 주기(T)

$$\therefore\ T = 2\pi\sqrt{\dfrac{m}{k}}$$

④ 용수철 진자에서의 에너지 분석 : 마찰력이 존재하지 않으면 보존력인 탄성력만 작용하므로 역학적 에너지가 보존된다.

$$K = \frac{1}{2}mv^2 = \frac{1}{2}mw^2A^2\sin^2 wt$$

$$U = \frac{1}{2}kx^2 = \frac{1}{2}kA^2\cos^2 wt$$

$$E = K + U = \frac{1}{2}kA^2(\sin^2 wt + \cos^2 wt) = \frac{1}{2}kA^2$$

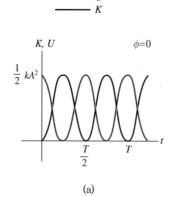

(a)

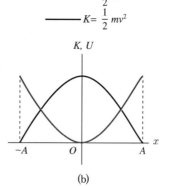

(b)

(3) 단진자

① 실에 매달려 있는 물체의 크기는 무시한다.

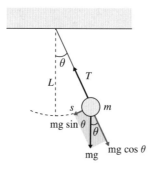

② 복원력 : $F = ma = -mg\sin\theta = -m\omega^2 x = -\dfrac{mg}{l}x = -kx$ $\qquad \theta \simeq 0° \rightarrow \sin\theta \fallingdotseq \dfrac{x}{l}$

③ 각진동수(ω) : $\therefore \omega = \dfrac{2\pi}{T} = \sqrt{\dfrac{g}{l}}$

④ 주 기

$$\therefore\ T = 2\pi\sqrt{\dfrac{l}{g}}$$

의미 : 단진자의 주기는 진폭이나 추의 질량에 무관하고, 진자의 길이와 중력 가속도와 관계가 있다.

⑤ **단진자에서의 에너지 분석** : 저항이 존재하지 않으면 보존력인 중력만 작용하므로 역학적 에너지가 보존된다. 장력은 항상 운동 방향의 수직으로 작용하므로 장력이 한 일의 양은 항상 0이 된다. 길이가 l인 실에 질량이 m인 물체가 연직면으로부터 θ만큼 진폭으로 놓았을 때 최하점을 지나는 순간의 속력을 역학적 에너지 보존으로부터 얻을 수 있다.

$$mgl(1-\cos\theta) = \frac{1}{2}mv^2$$

$$v = \sqrt{2gl(1-\cos\theta)}$$

⑥ 단진자는 중력에 영향을 받으므로 가속이 되는 엘리베이터 안에서나 지구와 중력가속도가 다른 달에서는 동일한 단진자라 하더라도 주기의 값이 변하게 된다.

㉠ 가속이 되는 엘리베이터 안에서의 용수철 진자와 단진자

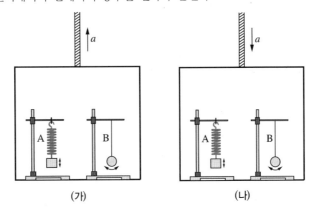

(가)에서와 같이 위로 가속운동을 하고 있는 엘리베이터 안에서 $g' = g+a$가 되고, (나)에서는 $g' = g-a$가 된다. 그러면 단진자의 주기가 (가)에서는 $T_1 = 2\pi\sqrt{\dfrac{l}{g+a}}$ 가 되고, (나)에서는 $T_2 = 2\pi\sqrt{\dfrac{l}{g-a}}$ 가 된다. 하지만 용수철진자의 주기는 중력과 무관하므로 (가)에서나 (나)에서나 동일하게 $T = 2\pi\sqrt{\dfrac{m}{k}}$ 가 된다.

㉡ 가속되는 버스 안에서의 단진자 주기

오른쪽 방향으로 등가속도 운동하는 버스 안에서 천장에 매달린 물체는 연직면에 대해 θ만큼 일정하게 기울어진 채 정지해 있다(비관성계 기준). 이 상태에서 살짝 물체를 오른쪽이나 왼쪽으로 들었다가 놓으면 단진동을 하게 된다. 그러면 버스 안에서 물체에 작용하는 가속도는 중력에 의한 가속도와 관성력에 의한 가속도가 수직으로 작용하게 된다. 그러면 가속도의 크기와 주기는 다음과 같이 된다.

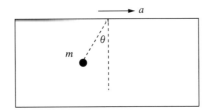

$$a = \sqrt{g^2 + g^2\tan^2\theta} = g\sec\theta = \frac{g}{\cos\theta}$$

$$T' = 2\pi\sqrt{\frac{l\cos\theta}{g}}$$

05 | 회전역학

01 회전운동의 기술

(1) 강체의 운동

① **강체** : 물체를 구성하는 입자의 상호위치가 변하지 않는 물체를 말한다. 쉽게는 변형이 되지 않는 단단한 물체를 의미한다.

② **순수 병진운동** : 물체를 이루는 모든 부분이 같은 속도(크기, 방향)로 운동한다. 흔히 질량중심의 운동으로 기술한다.

③ **순수 회전운동** : 강체를 이루는 모든 부분이 한 축을 중심으로 같은 각속도로 운동을 한다. 회전운동을 기술할 때 주로 등장하는 물리량은 각변위, 각속도, 각가속도 등이 있다.

④ **복합운동** : 순수 병진운동과 순수 회전운동의 결합으로, 대표적인 복합운동으로는 공이나 바퀴의 굴림 운동, 요요의 운동이 있다. 원운동과 회전운동의 차이점은 원운동에서는 물체가 원둘레를 따라 움직이고, 회전운동에서는 크기가 고려되는 큰 물체가 축을 중심으로 돈다는 것이다.

(2) 회전운동의 변수

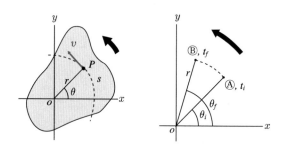

① **기준좌표계** : 강체의 회전운동 → 각 부분이 회전축을 중심으로 원운동

② **회전각** : 호도(radian) 단위의 회전각 θ

$\theta \equiv \dfrac{s}{r}$ (1회전 = 360° = 2πrad ⇔ 1rad = 57.3° = 0.159회전)

③ **각변위** $\Delta\theta \equiv \theta_f - \theta_i$ 단위 : [rad, 회전]

④ **각속도** $w \equiv \lim\limits_{\Delta t \to 0} \dfrac{\Delta\theta}{\Delta t} = \dfrac{d\theta}{dt}$ [rad/s, rev(회전)/s]

⑤ **각속력** = 각속도의 크기 $|w|$ (∵ ≥ 0)

⑥ **각가속도** $\alpha \equiv \lim\limits_{\Delta t \to 0} \dfrac{\Delta w}{\Delta t} = \dfrac{dw}{dt}$ [rad/s², 회전/s²]

(3) 각가속도가 일정한 회전운동(등각가속도 운동)

① 등각가속도 운동은 앞에서 배운 등가속도 운동에 그대로 대입하면 된다.

② 등가속도 운동 공식과 등각가속도 운동 공식이 대응되고 가속도-시간, 속도-시간, 변위-시간 그래프도 그대로 각가속도-시간, 각속도-시간, 각변위-시간 그래프에 대응된다.

$a=$일정(등가속도 운동)	$\alpha=$일정(등각가속도 운동)
$\bullet\ v=v_0+at$	$\bullet\ w=w_0+\alpha t$
$\bullet\ x=x_0+v_0t+\dfrac{1}{2}at^2$	$\bullet\ \theta=\theta_0+w_0t+\dfrac{1}{2}\alpha t^2$
$\bullet\ v^2=v_0^2+2a(x-x_0)$	$\bullet\ w^2=w_0^2+2\alpha(\theta-\theta_0)$
$\bullet\ x-x_0=\dfrac{1}{2}(v+v_0)t$	$\bullet\ \theta-\theta_0=\dfrac{1}{2}(w+w_0)t$

(4) 회전운동에너지와 회전관성모멘트

① 정의 : 회전하는 물체를 이루는 각 부분의 운동에너지를 모두 더한 것이다.

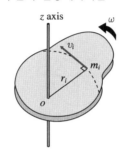

② 공식 : 강체의 i번째 질점의 운동에너지를 $K_i=\dfrac{1}{2}m_iv_i^2$라 놓으면 강체의 회전운동에너지는 각 질점의 병진운동에너지의 합이 된다.

$$\Sigma K_i=\frac{1}{2}\Sigma\,m_iv_i^2=\frac{1}{2}\Sigma\,m_ir_i^2\,w^2=\frac{1}{2}I\omega^2$$

③ 질량이 연속적으로 분포된 물체의 회전관성모멘트 : $I=\displaystyle\int r^2dm$

회전관성모멘트가 클수록 회전시키기 어렵다.

④ 여러 가지 물체들의 질량중심에 대한 회전관성모멘트 – 절대 암기하지 말 것!!!

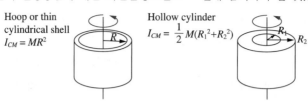

Hoop or thin cylindrical shell
$I_{CM} = MR^2$

Hollow cylinder
$I_{CM} = \frac{1}{2}M(R_1{}^2 + R_2{}^2)$

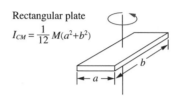

Solid cylinder or disk
$I_{CM} = \frac{1}{2}MR^2$

Rectangular plate
$I_{CM} = \frac{1}{12}M(a^2 + b^2)$

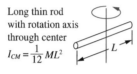
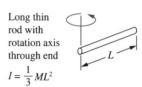

Long thin rod with rotation axis through center
$I_{CM} = \frac{1}{12}ML^2$

Long thin rod with rotation axis through end
$I = \frac{1}{3}ML^2$

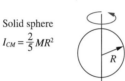
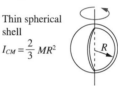

Solid sphere
$I_{CM} = \frac{2}{5}MR^2$

Thin spherical shell
$I_{CM} = \frac{2}{3}MR^2$

회전관성모멘트의 계산	입자계 : $I = \sum m_i r_i^2$
	크기가 고려되는 물체 : $I = \int r^2 dm = \beta m r^2$

⑤ 평행축 정리 : 회전축이 질량중심으로부터 거리 d만큼 평행하게 이동시켰을 때의 회전관성모멘트로 I_{CM}보다 항상 큰 값을 가진다.

$$I = I_{CM} + Md^2$$

M : 물체의 질량, d : 회전축에서 질량중심까지의 거리

▶ 질량중심을 지나는 축($h = 0$)에 대한 회전관성이 가장 작다.

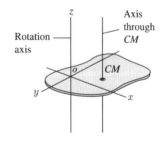

회전관성모멘트의 물리적인 의미

• 질량의 의미 : 덧셈과 뺄셈이 가능

• 질량의 분포가 넓을수록 I 증가

• I의 최솟값 $= I_{CM}$(회전축이 질량중심에 위치)

(1) 회전력(토크, 돌림힘)

마찰이 없는 고정 축으로부터 r만큼 떨어진 곳에서 r방향과 θ만큼 각을 이루고 있는 임의의 힘 F가 작용하고 있을 때 회전력의 정의는 다음과 같다.

$$\tau = rF\sin\theta$$

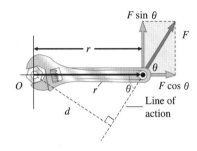

① 물체를 회전시키려면 다음 두 가지를 지키며 힘을 주어야 한다.

ㄱ 작용점 : 회전축 O에서 r만큼 떨어진 곳

ㄴ 힘의 방향 : 벡터 r에 대해 수직 방향

② 회전력(토크)의 크기는 다음 두 가지가 결정한다.

ㄱ 회전축에서 작용점까지의 거리 r

ㄴ 벡터 r에 수직 방향으로 작용하는 힘

③ 두 개 이상의 힘이 강체에 작용할 때 : 두 힘에 의한 회전력은 벡터 합성을 한다.

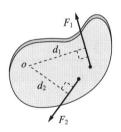

$$\Sigma\tau = \tau_1 + \tau_2 = F_1d_1 + F_2d_2$$

④ **정적평형(Static Equilibrium)** : 크기가 고려되는 물체가 정지상태로 있을 때를 말한다. 크기가 고려되는 물체가 정지해 있으려면 다음을 만족하면 된다.

$$\Sigma F = 0, \ \Sigma\tau = 0$$

다음 그림과 같이 질량이 m인 사다리가 마찰이 없는 벽에 세워져 있다. 지면과의 정지마찰계수를 μ라고 한다면 사다리에 작용하는 힘을 분석해 보자. 길이가 l인 막대의 질량중심은 가운데이고, 벽이 사다리에 작용하는 수직항력을 N_1, 바닥이 사다리에 작용하는 수직항력을 N_2, 바닥이 사다리 오른쪽 방향으로 작용하는 정지마찰력을 f라 하면 다음과 같은 방정식을 만족하게 된다. 회전력에 대한 방정식은 사다리와 바닥이 닿는 부분을 회전축으로 설정하였다.

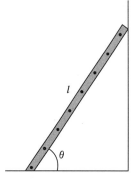

$$\Sigma F_x = 0 : mg = N_2$$
$$\Sigma F_y = 0 : f = N_1$$
$$\Sigma \tau = 0 : \frac{l}{2}mg\cos\theta = lN_1\sin\theta$$

⑤ 회전운동에 관한 뉴턴의 두 번째 운동법칙

㉠ 회전하는 강체 : 회전 운동방정식

$$\Sigma \tau = I\alpha$$

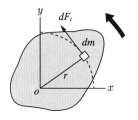

㉡ 병진운동과 회전운동의 물리량 비교

병진운동		회전운동	
위 치	$\vec{x}$	각	$\vec{\theta}$
속 도	$\vec{v} = \dfrac{dx}{dt}$	각속도	$\vec{w} = \dfrac{d\theta}{dt}$
질 량	m	회전관성모멘트	$I = \beta mr^2$
가속도	$\vec{a} = \dfrac{dv}{dt} = \dfrac{d^2\vec{x}}{dt^2}$	각가속도	$\vec{\alpha} = \dfrac{d\vec{w}}{dt} = \dfrac{d^2\theta}{dt^2}$
힘	$\vec{F}$	회전력	$\vec{\tau} = \vec{r} \times \vec{F}$

⑥ 실린더의 힘을 분석하고 h만큼 이동했을 때 나중속력을 구해 보자. 도르래의 질량을 M이라 하고, 중력가속도는 g이다. m_1과 m_2는 병진운동을 하므로 병진 운동방정식을 세우고, 질량이 M이고 반지름이 R인 도르래에 대해서는 회전 운동방정식을 세운다. 여기서 조심해야 할 부분은 하나의 줄에 두 물체가 연결되어 있어서, 앞에서 장력을 배울 때는 양끝 장력의 크기가 동일했지만 지금은 도르래의 회전운동을 고려해야 하기 때문에 도르래 양쪽의 장력이 다르게 된다는 점이다. m_1에 연결된 실의 장력을 T_1, m_2에 연결된 실의 장력을 T_2라 하고 도르래의 회전관성모멘트를 βMR^2이라 놓으면 운동방정식은 다음과 같다.

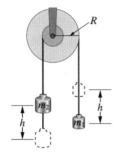

$$m_1 : T_1 - m_1 g = m_1 a$$

$$m_2 : m_2 g - T_2 = m_2 a$$

$$\text{도르래} : RT_2 - RT_1 = \beta MR^2 \frac{a}{R}$$

위의 식을 이용하면 가속도나 장력 등을 구할 수 있다.

(2) 각운동량

① 정의 : 속도 v이고 질량 m인 입자가 임의의 원점 O를 중심으로 운동할 때의 운동량 $\vec{L}$

$$\vec{L} \equiv \vec{r} \times \vec{p} = m(\vec{r} \times \vec{v}) \quad L_z = Iw$$

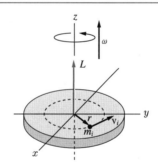

② 각운동량 보존 법칙 : 처음 각운동량의 합 = 나중 각운동량의 합

$$L_i = L_f \qquad r_i m v_i = r_f m v_f \qquad I_i \omega_i = I_f \omega_f$$

각운동량의 운동방정식 : $\sum_i \tau_{i,\text{바깥}} = \dfrac{dL}{dt}$

$\sum_i \tau_{i,\text{바깥}} = 0$(바깥회전력 = 0) ▶ $\left(\dfrac{dL}{dt} = 0\right) \Leftrightarrow L(t) = L_0$(일정)

③ 현 상

ⓐ 회전의자 : $\sum_i \tau_{i,\text{바깥}} = 0$ 각운동량이 보존되므로, 아령을 든 팔을 굽혀 회전관성을 줄이면 회전관성이 감소하므로 회전속도가 커진다. 즉, $w_i < w_f$

ⓑ 다이빙 선수 : 다이빙 선수가 공중 도약 중 몸을 구부리면 회전관성모멘트가 감소하여 각속도가 증가하게 된다.

ⓒ 우주선의 방향 제어장치 : 우주선 안의 바퀴를 시계 방향으로 돌리면 작용 반작용에 의해 우주선 전체가 반시계 방향으로 회전하게 된다.

ⓓ 질량이 M이고 길이가 d인 막대에 질량이 m인 물체가 v_i로 수평으로 날아와 충돌한 다음 한 덩어리가 되어 고정된 회전축을 중심으로 회전하는 상황을 분석해 보자. 물체와 막대가 충돌할 때 서로에게 가하는 힘은 내력이므로 상쇄가 되어서 외력이 0이 되어 각운동량 보존이 성립한다. 그러면 다음과 같은 식을 만족하게 된다. 단, 막대는 처음 정지 상태이고, 회전축에 작용하는 마찰은 무시한다. 막대의 회전관성모멘트는 $I_{CM} = \frac{1}{12}md^2$이다.

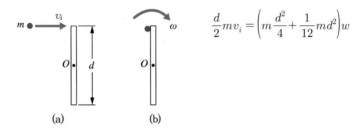

$$\frac{d}{2}mv_i = \left(m\frac{d^2}{4} + \frac{1}{12}md^2\right)w$$

(a)　　　　(b)

(3) 일과 회전운동에너지

① 회전운동에 관한 일-운동에너지 정리 : 질점역학에서 알짜힘이 한 일의 양이 운동에너지의 변화량과 같은 것처럼 회전역학에서도 회전력이 한 일은 회전운동에너지의 변화량과 동일한 값을 갖는다.

$$K_{\text{끝}} - K_{\text{처음}} = W = \int \tau d\theta$$

$$K_{\text{끝}} - K_{\text{처음}} = \frac{1}{2}mv_{\text{끝}}^2 - \frac{1}{2}mv_{\text{처음}}^2 \ (v = rw)$$

$$= \frac{1}{2}mr^2 w_{\text{끝}}^2 - \frac{1}{2}mr^2 w_{\text{처음}}^2 \ (mr^2 = I)$$

$$= \frac{1}{2}Iw_{\text{끝}}^2 - \frac{1}{2}Iw_{\text{처음}}^2$$

② 회전력이 해주는 일과 일률 : 힘 F를 주어 ds만큼 이동시켰을 때 해준 일 dW에서 일률 P인 것처럼 단위 시간당 회전력 τ로 고정된 회전축에 대해 $d\theta$만큼 회전시키면 회전력에 대한 일률도 다음과 같이 정리할 수 있다.

$$W = Fs = \tau\theta$$
$$P = Fv = \tau\omega$$

(4) 굴림 운동

① 바퀴나 공처럼 바닥면에서 미끄러지지 않고 구르는 물체는 병진운동과 회전운동이 결합된 운동을
한다. 그래서 구르는 물체의 운동에너지에는 반드시 병진운동에너지와 회전운동에너지를 포함한다.

굴러가는 물체 = 병진운동 E + 회전운동 E

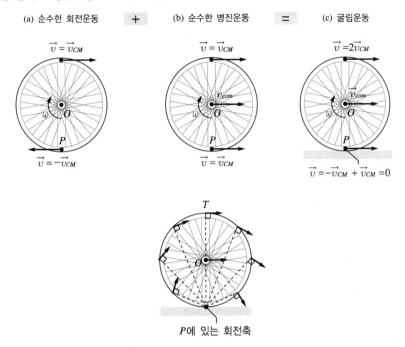

(a) 순수한 회전운동 + (b) 순수한 병진운동 = (c) 굴림운동

P에 있는 회전축

$$K = \frac{1}{2}mv^2 + \frac{1}{2}Iw^2 \ (\text{회전운동 } E + \text{병진운동 } E)$$

② 굴림 운동의 분석방법 : 운동방정식, 에너지보존의 이용

㉠ 물체에 작용하는 힘을 분석한다.

㉡ 굴림 운동에서 작용하는 마찰력은 정지마찰력이고, 마찰에 의한 에너지 손실은 무시한다.

㉢ 병진운동에 대한 방정식과 회전운동에 대한 방정식을 한 물체에 대해서 세운다.

㉣ 운동에너지는 병진운동에너지($\frac{1}{2}mv^2$)와 회전운동에너지($\frac{1}{2}I\omega^2$)를 동시에 고려한다.

③ 요요의 운동(원판의 회전관성모멘트 $I_{CM} = \frac{1}{2}MR^2$)

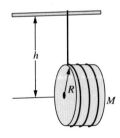

병진운동방정식	$Mg - T = Ma$
회전운동방정식	$RT = I\alpha = \frac{1}{2}MR^2 \times \frac{a}{R}$
결 과	$a = \frac{2}{3}g$
에너지보존의 이용	$Mgh = \frac{1}{2}mv^2 + \frac{1}{2}I\omega^2$

④ 빗면에서 굴러 떨어지는 물체의 운동(속이 찬 구의 회전관성모멘트 $I_{CM} = \frac{2}{5}MR^2$)

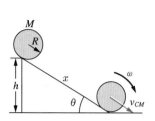

병진운동방정식	$Mg\sin\theta - f = Ma$
회전운동방정식	$Rf = I\alpha = \frac{2}{5}MR^2 \times \frac{a}{R}$
결 과	$a = \frac{5}{7}g$
에너지보존의 이용	$Mgh = \frac{1}{2}mv^2 + \frac{1}{2}I\omega^2$

– 굴림 운동에서 질량중심의 속력(가속도)과 접선속력(가속도)과의 관계

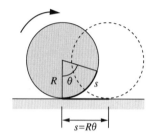

- 질량중심의 속도 = 접선속도

  $v_{CM} = v_{접선}$

- 질량중심의 가속도 = 접선가속도

  $a_{CM} = a_{접선}$

구르는 바퀴의 질량중심은 바퀴가 각도 θ를 도는 동안 속도 v_{CM}으로 거리 s만큼 이동한다. 지표면과 바퀴가 접하는 점도 같은 거리 s만큼 이동한다.

⑤ **역학적 에너지 보존의 활용** : 굴림 운동에서의 운동에너지는 병진운동에너지와 회전운동에너지를 포함한다. 때문에 역학적 에너지 보존을 이용할 때 감소한 위치에너지와 증가한 병진운동에너지, 회전운동에너지의 합이 같다. 하지만 순수 회전운동에서는 회전운동에너지만 등장하게 된다.

> 굴림 운동인 경우 → 위치에너지의 감소량 = 병진운동 E + 회전운동 E

> 순수회전운동인 경우 → 위치에너지의 감소량 = 회전운동 E

⑥ 순수회전운동에서는 다음과 같은 식을 만족하게 된다. 막대의 질량은 모두 질량중심점에 있는 것으로 간주할 수 있다. 그래서 위치에너지의 감소량이 최하점을 지날 때 $Mg\frac{L}{2}$이 된다.

$$Mg\frac{L}{2} = \frac{1}{2}I\omega^2$$

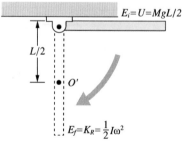

(5) 물리진자(Physical Pendulum)의 의미

단진자는 실 끝에 매달린 물체의 크기를 고려하지 않았다. 하지만 질량이 동일하다고 하더라도 물체의 크기에 따라 주기가 다르게 측정되는 것을 실험적으로 확인할 수 있다. 이와 같이 물체의 크기까지 고려해서 단진동하는 물체를 물리진자라고 한다. 식으로는 다음과 같이 확인할 수 있다.

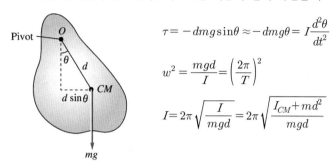

$$\tau = -dmg\sin\theta \approx -dmg\theta = I\frac{d^2\theta}{dt^2}$$

$$w^2 = \frac{mgd}{I} = \left(\frac{2\pi}{T}\right)^2$$

$$I = 2\pi\sqrt{\frac{I}{mgd}} = 2\pi\sqrt{\frac{I_{CM}+md^2}{mgd}}$$

06 | 유체역학

01 유체 정역학

(1) 유 체

고체와 달리 유체는 흐르는 성질을 갖는 물질이고, 유체를 담을 수 있는 그릇의 모양에 따라 달라질 수 있는 물질을 말한다. 유체의 상태로는 액체, 기체, 플라즈마(이온화된 기체) 등이 있다.

(2) 밀도와 압력

① 밀도 : 단위 부피 물질의 질량을 의미한다. 단위로는 kg/m^3, g/cm^3 등이 사용된다.

$$\rho \equiv \frac{\Delta m}{\Delta V}$$

② 압력 : 단위 면적에 수직 방향으로 작용하는 힘의 크기(스칼라)를 의미한다. 단위로는 N/m^2, Pa (파스칼), atm (대기압) 등을 사용한다. 1기압을 나타낼 때 다음과 같은 단위로 나타낸다.

$$p \equiv \frac{\Delta F}{\Delta A}$$

$$1atm(atmosphere, \ 기압) = 1.01 \times 10^5 Pa = 760 \, torr$$

(3) 정지 유체의 깊이에 따른 압력 변화

정적 평형 상태인 유체 내 한 점에서의 압력은 그 깊이에만 의존하고 그 유체나 유체가 담겨 있는 그릇의 수평적 크기나 위치와는 상관이 없다.

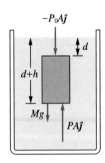

$$\Sigma F = pA - p_0 A - Mg = 0$$
$$Mg = \rho Ahg$$
$$pA - p_0 A - \rho Ahg = 0$$
$$\therefore \ p = p_0 + \rho gh$$

① 다음과 같이 동일한 액체가 모양이 다른 그릇에 담겨 있다. 모양이 다르더라도 액체에 의한 압력은 깊이에만 영향을 받으므로 수면으로부터 h만큼 들어간 곳에서의 압력은 동일하다.

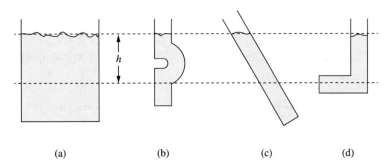

(a)   (b)   (c)   (d)

② 다음 그림과 같이 U관 안에 두 종류의 섞이지 않은 액체가 정적평형을 이루고 있다. 밀도가 ρ_W인 물이 오른쪽에 있고, 밀도를 알 수 없는 기름이 왼쪽에 있다. 이런 경우 경계면을 기준으로 왼쪽 기름기둥이 누르는 힘과 오른쪽 물기둥이 누르는 힘의 크기가 같다. 그러면 기름의 밀도 ρ_0를 구할 수 있다.

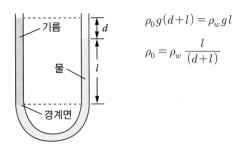

$$\rho_0 g(d+l) = \rho_w g l$$

$$\rho_0 = \rho_w \frac{l}{(d+l)}$$

(4) 파스칼의 원리

비압축성 유체에서 한 부분의 압력 변화는 유체의 모든 부분과 그릇의 벽면으로 똑같이 전달된다. 대표적인 예로 수압 프레스의 이용이 있다.

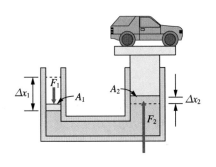

F_1이 유체에 한 일 : $F_1 \Delta x_1$

유체가 자동차를 밀어 올리면서 한 일 : $F_2 \Delta x_2$

왼쪽 액체 기둥의 부피 변화량 : $A_1 \Delta x_1$

오른쪽 액체 기둥의 부피 변화량 : $A_2 \Delta x_2$

$$F_1 \Delta x_1 = F_2 \Delta x_2 \qquad A_1 \Delta x_1 = A_2 \Delta x_2$$

$$\Delta P = \frac{F_1}{A_1} = \frac{F_2}{A_2}$$

(5) 부력(아르키메데스의 원리)

① 정의 : 어떤 물체의 전부 또는 일부가 유체에 잠기게 되면 잠긴 물체가 밀어낸 유체의 무게와 같은 크기의 부력이 위쪽으로 작용한다. 엄밀하게 이야기를 하면 물체가 액체 속에 잠겨 있을 때 물체의 위쪽에서 아래 방향으로 작용하는 압력에 의한 힘과 물체의 아래쪽에서 위쪽으로 작용하는 힘의 차이를 의미한다. 물체의 위쪽보다 아래쪽의 압력이 항상 크기 때문에 부력의 방향은 항상 위쪽 즉, 중력가속도의 반대 방향으로 결정된다.

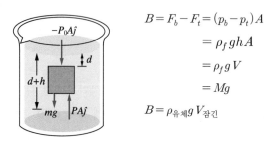

$$B = F_b - F_t = (p_b - p_t)A$$
$$= \rho_f g h A$$
$$= \rho_f g V$$
$$= Mg$$
$$B = \rho_{유체} g V_{잠긴}$$

② 완전히 잠겨 있는 물체 : 물체의 밀도와 액체의 밀도에 대소 관계에 의한 가속도의 방향이 결정된다. 액체의 밀도를 ρ_f, 물체의 밀도를 ρ_0, 부피를 V라고 하면 다음과 같은 방정식을 만족한다.

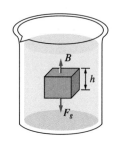

$$\Sigma F = B - mg = (\rho_f - \rho_0)gV$$

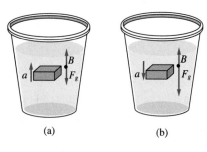

$\rho_f > \rho_0$이면 가속도의 방향은 위쪽 방향

$\rho_f < \rho_0$이면 가속도의 방향은 아래쪽 방향

③ 떠 있는 물체 : 액체 위에 떠 있는 물체는 당연히 액체의 밀도보다 작은 물체이다. 그런데 물체와 액체의 밀도 비율을 알면 물체의 전체 부피 중 몇 % 액체 속에 잠겨있는지 또는 몇 % 떠 있는지를 알 수 있다. 물체의 전체 부피를 V_0, 잠긴 부피를 V_1이라 하면 다음을 만족한다.

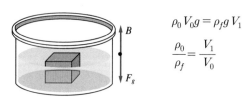

$$\rho_0 V_0 g = \rho_f g V_1$$
$$\frac{\rho_0}{\rho_f} = \frac{V_1}{V_0}$$

④ 유체의 종류가 다른 경우 : 아래 그림처럼 유체의 종류가 두 가지인 경우에는 부력의 종류가 두 개 등장한다. 조심해야 할 부분은 물체의 위쪽에 있는 액체의 부력 방향도 항상 위쪽으로 향한다는 것이다. 왜냐하면 위쪽 액체에 의해 아래쪽 액체의 압력이 더 커지기 때문이다. A액체에 잠긴 부피를 V_A, B액체에 잠긴 부피를 V_B, 전체 부피를 V라 하면 다음과 같은 방정식을 만족한다.

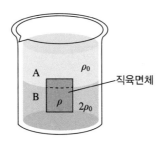

$$\rho V g = \rho_0 g V_A + 2\rho_0 g V_B$$

02 유체 동역학

(1) 유선과 연속 방정식

① 유선 : 유체를 이루는 입자들이 흘러가는 자취를 말하며 유체 순간속도의 방향은 유선의 접선 방향이다(유선은 서로 교차하지 않는다).

② 유관 : 유선으로 이루어진 관을 말하며 유체입자는 유관의 벽면을 빠져나가지 않는다.

③ 연속 방정식(질량보존의 법칙) : 비압축성 유체가 단위 시간 동안 유관의 단면을 지나가는 양은 항상 일정하다.

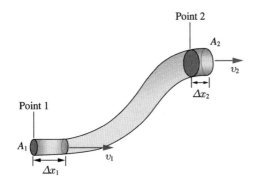

$$m_1 = \rho A_1 \Delta x_1 = \rho A_1 v_1 \Delta t$$

$$m_2 = \rho A_2 \Delta x_2 = \rho A_2 v_2 \Delta t$$

$$m_1 = m_2$$

$$\therefore A_1 v_1 = A_2 v_2 = \text{Constant}$$

: 연속방정식(Equation of Continuity)

$$A v \left(\frac{dV}{dt} \right) : \text{Volume Flux}$$

: 부피 흐름률

(2) 베르누이 방정식(유체역학의 에너지 보존)

① **정의** : 밀도가 ρ로 일정한 이상유체의 흐름에서는 어느 곳에서나 다음과 같은 식을 만족하게 되는 데 이러한 관계식을 베르누이 방정식 또는 베르누이 정리라고 한다. 또 유선을 따라 유체요소가 움직이면서 속력이 빨라지면 유체의 압력은 감소하고 그 역도 성립한다.

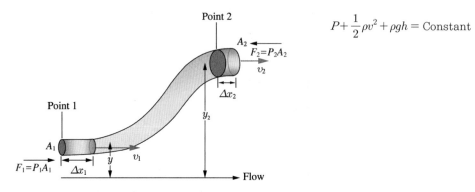

$$P + \frac{1}{2}\rho v^2 + \rho g h = \text{Constant}$$

힘 $P_1 A_1$가 한 일	$W_1 = F_1 \Delta x_1 = P_1 A_1 \Delta x_1 = P_1 \Delta V$
힘 $P_2 A_2$가 한 일	$W_2 = F_2 \Delta x_2 = -P_2 A_2 \Delta x_2 = -P_2 \Delta V$
Δt 시간 동안 알짜일	$W = (P_1 - P_2)\Delta V$
유체의 운동에너지 변화	$\Delta K = \frac{1}{2}\Delta m v_2^2 - \frac{1}{2}\Delta m v_1^2$
중력 위치에너지 변화	$\Delta U = \Delta m g y_2 - \Delta m g y_1$

② **토리첼리 정리** : 넓은 수조에 물을 가득 채우고 수면으로부터 h 깊이에 구멍을 뚫어 놓았을 때 구멍에서 나오는 유체의 속력이라든가 물줄기의 수평도달거리 등을 베르누이 방정식을 이용해서 구할 수 있다. 일단 수면 위 압력을 P_1, 구멍의 외부압력을 P_2, 수면의 단면적을 A_1, 구멍의 단면적을 A_2, 수면이 내려가는 속력을 v_1, 구멍에서 나오는 물줄기의 속력을 v_2, 지면에서 수면까지의 높이를 h_1, 지면에서 구멍까지의 높이를 h_2라고 놓는다. 대기압은 P_0이다. 그러면 다음과 같은 식을 만족한다.

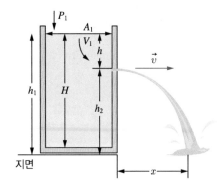

수면에서의 베르누이 방정식 : $P_1 + \rho g h_1 + \frac{1}{2}\rho v_1^2$

구멍에서의 베르누이 방정식 : $P_2 + \rho g h_2 + \frac{1}{2}\rho v_2^2$

$$P_1 + \rho g h_1 + \frac{1}{2}\rho v_1^2 = P_2 + \rho g h_2 + \frac{1}{2}\rho v_2^2$$

$A_1 \gg A_2$에서 $v_1 \ll v_2$ $P_1 = P_2 = P_0$이면

$$v_2 = \sqrt{2g(h_1 - h_2)} = \sqrt{2gh}$$

③ **벤투리관** : 밀도가 ρ인 액체가 수평하고 단면적이 다른 관을 지나면 단면적에 따라 유속이 결정된다. 그러면 압력의 변화 때문에 U자관 속에 있는 유체의 좌우 높낮이가 달라진다. 이를 이용하여 유체의 유속을 측정하는 장치이다.

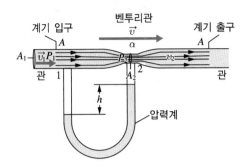

연속방정식 : $A_1 v_1 = A_2 v_2$

베르누이 방정식 : $P_1 + \dfrac{1}{2}\rho v_1^2 = P_2 + \dfrac{1}{2}\rho v_2^2$

U자관의 높이차 이용 : $P_1 = P_2 + \rho' g h$

07 | 열역학

01 열 현상과 기체 분자 운동

(1) 온도와 열

① **온도** : 정성적인 온도는 사람의 감각에 의지한다. 냉장고 속의 금속과 종이상자는 사람의 손에 마치 다른 온도인 것처럼 느껴진다. 정량적인 온도는 온도계로 측정하게 된다.

> 섭씨온도(℃) + 273 = 절대온도(K)

② **열** : 주어진 계와 주위 환경 사이의 온도 차이로 인하여 계의 경계를 넘어가는 에너지의 전달을 의미한다. 열에너지의 전달 방법에는 복사, 전도 등이 있다. 온도가 다른 두 물체가 접촉되어 있을 때 두 물체 사이에 열이나 전자기 복사에 의한 에너지 교환이 일어나게 되는데 더 이상 에너지의 교환이 일어나게 되지 않았을 때를 열평형 상태라고 한다.

(2) 열량 보존의 법칙

① **열용량** : 물질의 온도를 1℃ 올리는 데 필요한 열에너지의 양

$$C = cm$$

② **비열** : 단위 질량당 열용량이다. 질량 m인 물질과 주위와의 상호작용에 의해 ΔT만큼 온도 변화를 시키기 위해 전달된 열에너지, 즉 1kg의 물질을 1℃만큼 온도를 올리는 데 필요한 열량을 의미한다. 물질마다의 고유한 물질의 특성 값이다.

$$c = \frac{Q}{m \Delta T}$$

③ **열량 보존의 법칙** : 에너지 보존의 법칙이다. 온도가 다른 두 물체를 접촉시켰을 때 두 물체 사이에서만 열이 교환된다면 두 물체의 잃은 열량과 얻은 열량은 항상 동일하다.

$$Q_{잃은\ 열량} = Q_{얻은\ 열량}$$
$$c_1 m_1 (T_1 - T) = c_2 m_2 (T - T_2)$$

측정하고자 하는 물체를 어떤 온도 T로 가열하여 질량과 온도를 알고 있는 물이 담겨 있는 용기 속에 넣어서 열평형에 도달시킨 후 온도를 측정한다.

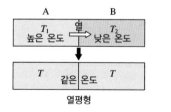 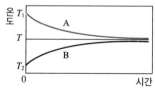

▲ 열평형

⊙ 숨은열(잠열) : 물체에 열을 가했을 때 상태가 변화되면 온도의 변화 없이 공급된 열은 모두 상태 변화에만 쓰이는 상태가 지속된다. 이때 물질의 종류의 따라 가열곡선의 모양이 달라진다.

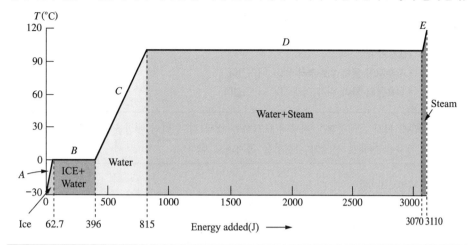

$$A, \ C구간에서 \ 흡수한 \ 열량 = cm\Delta T$$
$$B, \ D구간에서 \ 흡수한 \ 열량 = mL$$

※ L = 융해열 or 기화열 $[J/kg]$

ⓛ 열량계의 열용량을 고려하는 경우 : 열량계가 열을 흡수하거나 방출하는 상황에서는 반드시 열량계에 의한 열의 흡수 방출을 계산한다. 예를 들면, 찬물이 열량계 속에 들어 있고, 고온의 물을 섞이게 하여 열평형에 도달했다면 '고온의 물 잃은 열량 = 찬물의 얻은 열량 + 열량계가 흡수한 열량'과 같이 방정식을 세워야 한다.

④ **열의 일당량** : 1kcal = 4,200J

Joule의 실험 : 추의 낙하로 일 → 마찰로 인해 온도 상승

$$2mgh = cm\Delta T$$

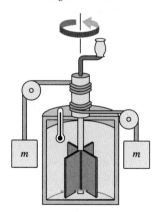

(3) 열의 이동

① 대류 : 유체를 가열하면 열을 받은 유체는 팽창해 밀도가 작아져서 위로 올라가고 찬 부분이 들어와
데워지면 다시 위로 올라가게 되어 열이 이동하게 되는데 이러한 현상을 대류라고 한다.

〈대류의 예〉
• 저수지의 물이 위로부터 얼어 내려간다.
• 목욕탕의 물이 위가 아래보다 더 뜨겁다.

② (흑체) 복사 : 태양열이 지구에 도달하는 것과 같이 열이 매질을 통하지 않고 전자기파의 일종인
열복사선 형태로 전달되는 현상을 복사라고 한다.

〈복사의 예〉
• 보온병의 벽은 반사경으로 되어 있다.
• 겨울에 검은 옷을 입는 것이 더 따뜻하다.

㉠ 슈테판–볼츠만의 법칙 : 입사하는 복사에너지를 모두 흡수하는 이상적인 물체를 흑체(Black
Body)라고 한다. 뜨거운 물체가 단위 시간당, 단위 면적당 방출하는 에너지는 다음과 같다.

$$E \propto T^4$$

㉡ 빈의 변위법칙 : 복사체의 절대온도는 최대 에너지를 내는 복사파의 파장과 반비례한다.

$$T\lambda_{max} = 일정$$

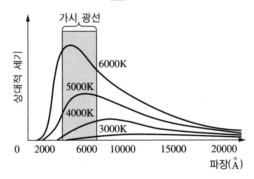

③ 전도 : 물체의 한 끝을 고온으로 하고 다른 끝을 저온으로 할 때 분자들의 상호작용에 의하여 온도
가 높은 쪽에서 낮은 쪽으로 열이 이동하는 현상을 열의 전도라고 한다. 이때 이동하는 열량 Q는
물체의 단면적 A와 온도 $T_1 - T_2$, 시간 t에 비례하며, 길이 l에 반비례한다.

〈열전도의 예〉
• 겨울날 문 밖 손잡이의 금속이 나무보다 차다.
• 얼음을 보존할 때 겨를 사용한다.

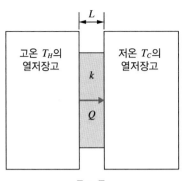

$$\frac{dQ}{dt} = kA\left(\frac{T_h - T_c}{L}\right)$$

$T_H > T_C$

(k = 열전도율, A = 면적, L = 열전도체 길이, t = 열전달시간)

※ 두 판으로 이루어진 복합 판에서의 열전도(정상상태의 과정 : 온도와 에너지 전달률이 판의 모든 곳에서 시간에 따라 변하지 않는다는 뜻)

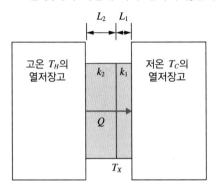

$$\frac{dQ_1}{dt} = \frac{dQ_2}{dt}$$

$$k_2 A\left(\frac{T_h - T_X}{L_2}\right) = k_1 A\left(\frac{T_X - T_c}{L_1}\right)$$

(4) 열팽창

① 선팽창 : 길이 방향으로만 늘어나는 어떤 물체가 존재한다. 원래 길이 l_0, 선팽창 계수 α, 온도의 변화량 ΔT라고 하면 총 나중길이와 변화량은 다음과 같다.

$$l = l_0(1 + \alpha \Delta T) \qquad \Delta l = \alpha l_0 \Delta T$$

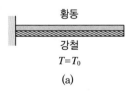

(a) 온도 T_0에서 황동과 강철이 용접되어 붙어 있는 금속

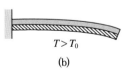

(b) 기준온도보다 온도가 올라가면 띠는 그림처럼 휘어진다. 황동의 선팽창계수가 강철보다 크다(바이메탈의 원리).

② 부피팽창 : 일반적인 물체는 열을 받으면 3차원 공간의 부피가 증가한다. 부피팽창계수 β라고 놓으면 선팽창의 식과 동일하다. 일반적으로 동일한 물질일 경우 선팽창의 3배가 부피팽창계수가 된다.

$$\Delta V = \beta V_0 \Delta T \qquad \beta \fallingdotseq 3\alpha$$

③ 열팽창의 예외 : 물(물은 4℃에서 체적 최소, 밀도 최대)

(1) 이상기체 상태 방정식

① 기체의 상태를 나타낼 때 많이 쓰이는 물리량은 압력 P, 부피 V, 온도 T, 몰수 n 등이 있다. 이러한 물리량의 관계를 잘 정리한 법칙이 보일–샤를의 법칙이고, 이를 통해 이상기체 상태 방정식을 유도한다.

$$\frac{PV}{T} = \frac{P'V'}{T'}$$

$$PV = NkT = nRT$$

R : 기체 상수 $k = \dfrac{R}{N_A}$: 볼츠만 상수

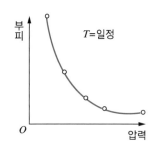

온도일정 : 압력 $\propto \dfrac{1}{\text{부피}}$ (보일의 법칙)

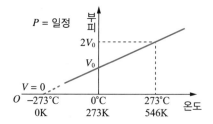

압력일정 : 부피 $\propto$ 온도(샤를의 법칙)

② 기체의 양 : 몰수 n으로 다음과 같이 정의한다.

$$n = \frac{N}{N_A} \,(N : \text{기체분자의 수}, \ N_A : \text{아보가드로 수})$$

$$1mol : N_A \text{만큼의 구성 물질(원자나 분자)의 질량}$$

$$N_A = 6.02 \times 10^{23}$$

③ **기체상수** : 1몰의 이상기체가 대기압(1기압), 부피는 22.4L, 온도는 0℃ = 273K 일 때의 값을 의미한다. 대기압 하에 있고 온도가 0℃(273K)인 1몰의 기체는 기체의 종류와 관계없이 22.4L의 부피를 차지한다.

$$R = \frac{PV}{T} = \frac{(1.013 \times 10^5) \times (22.4 \times 10^{-3})}{273} = 8.31 J/mol \cdot K$$

(2) 기체분자 운동론

① **이상기체의 가정**

㉠ 기체의 분자 수가 많고 분자 사이의 평균 거리는 분자의 크기보다 훨씬 크다.

㉡ 각 분자들은 뉴턴의 운동법칙을 따르지만 분자들은 무작위로 움직인다.

㉢ 탄성 충돌이 일어나는 동안 분자 사이에는 근거리 힘만 작용한다.

② 분자들은 용기의 벽과 탄성 충돌한다.

⑩ 여기서 생각하는 기체는 순수한 단일 물질이다. 즉 모든 분자들이 동일하다(평균적으로 분자의 회전 운동이나 진동 운동이 여기서 다루는 운동에는 아무런 영향을 주지 않는다).

② 단원자 이상기체의 평균 운동에너지

㉠ 단원자 분자 1개의 평균 병진운동에너지 : 온도에만 의존한다(단원자 분자).

$$E_k = \frac{1}{2}mv_{rms}^2 = \frac{3}{2}kT$$

$$v_{rms} = \sqrt{\overline{v^2}} = \sqrt{\frac{3kT}{m}}$$

㉡ N개 기체 분자의 전체 병진운동에너지 = 내부에너지 : 온도와 개수에 의존한다.

$$U = N \times \frac{1}{2}mv_{rms}^2 = \frac{3}{2}NkT = \frac{3}{2}nRT$$

㉢ 열적 평형 상태에 있는 기체 분자에 대해 관찰한 속력 분포 : 볼츠만 분포 함수이다.

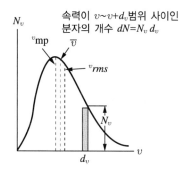

$$N_v = 4\pi N\left(\frac{m}{2\pi k_B T}\right)^{3/2}v^2 e^{-mv^2/2k_B T}$$

N_v = Velocity Density Fuction

N = Total Number of Molecules

m = Molecular Mass

k = Boltzmann Constant

T = Temperature

v = Velocity

㉣ 온도에 따른 기체 분자의 속도분포 곡선 : 온도가 올라갈수록 평균속력은 증가한다.

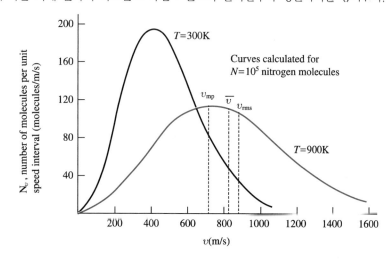

(1) 열역학 제1법칙(에너지 보존)

① **기체가 한 일** : 실린더 안에 있는 기체에 열을 공급하면 기체의 압력과 외부압력이 같아질 때까지 피스톤이 이동한다. 이때 기체는 외부에 일을 한다고 할 수 있다.

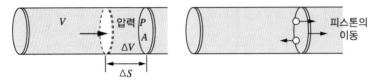

$$W = F\Delta S = P\Delta V = \int_{i}^{f} P dV$$

㉠ 반드시 부피의 변화가 있을 것

㉡ $P - V$ 그래프에서 면적 = 기체의 한 일

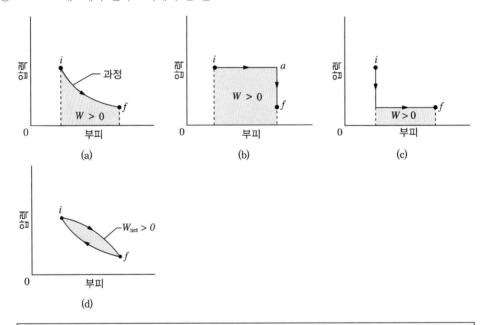

처음 상태와 나중 상태가 동일하더라도 한 일의 양이 달라질 수 있다. (a)계의 부피가 증가하므로 일은 양의 값이다. (b) 일은 양의 값이지만 (a)보다 크다. (c) 한 일의 양은 여전히 양의 값이고 (a)보다 작다. (d) 한 번의 순환과정 동안 계가 한 알짜일 W_{net}는 색칠한 부분의 면적이다.

㉢ 부피가 감소하면 기체가 열을 받아 W는 음(−)의 값

㉣ 이동 경로에 관계 : $W = \int P dV$(경로함수)

② 내부에너지의 변화량

    ㉠ 내부에너지 = 기체 분자의 총 평균 운동에너지

$$U = \frac{3}{2}NkT = \frac{3}{2}nRT = \frac{1}{2}Nmv_{rms}^2$$

    ㉡ 온도의 변화가 있을 때만 내부 에너지가 변화($\Delta U = \frac{3}{2}nR\Delta T$)

    ㉢ 처음과 마지막의 위치에만 관여, 경로(팽창 과정)에 무관(상태 함수)

③ **열역학 제1법칙** : 기체에 공급된 열은 기체 내부 에너지 변화량과 기체가 한 일의 양의 합과 같은 값을 가진다.

$$Q = \Delta U + W$$

④ **부호의 의미**

$Q > 0$	기체가 열을 흡수
$Q < 0$	기체가 열을 방출
$\Delta U > 0$	기체의 내부 에너지 증가 – 온도 증가
$\Delta U < 0$	기체의 내부 에너지 감소 – 온도 감소
$W > 0$	기체가 양의 일을 함(외부에 일을 함) – 부피 증가
$W < 0$	기체가 음의 일을 함(외부로부터 일을 받음) – 부피 감소

(2) 열역학 제2법칙(엔트로피)

① **정의** : 무질서도라는 엔트로피를 이용한 열역학 제2법칙 표현은 여러 가지가 있다. 그중에서 열에 관한 정의는 다음과 같다.

$$\Delta S = \frac{\Delta Q}{T} = \int \frac{dQ}{T} \ (dQ : \text{이동한 열량}, \ T : \text{절대온도})$$

    ㉠ 열은 고온에서 저온으로 흘러가고 스스로 저온에서 고온으로 이동하지 않는다.

    ㉡ 물체로부터 열을 빼앗아 이것을 모두 일로 바꾸는 장치는 존재하지 않는다.

    ㉢ 제2종 영구 기관은 존재하지 않는다.

    ㉣ 닫힌계의 비가역 변화에서 엔트로피(무질서도)의 총합은 항상 증가한다.

       총 $\Delta S = \Delta S_1 + \Delta S_2 + \cdots \geq 0$

② **가역** : PV 도표상에서 같은 경로를 따라 처음 조건으로 되돌아갈 수 있고 이 경로의 모든 점에서 평형 상태에 있다.

③ 비가역 : 이 요구를 만족하지 않는 과정 → 자연에서 일어나는 모든 과정은 비가역 과정

　예 단열 자유 팽창 : 비가역 과정

④ (준) 가역과정 : 실제 과정들이 매우 느리게 일어나서 그 계가 항상 거의 평형 상태에 있는 경우

모래

에너지 저장고

에너지 저장고에 열 접촉을 하고 있는 기체가 피스톤 위에 모래알이 한 알 한 알 떨어질 때마다 아주 느리게 압축된다. 이러한 압축은 등온 가역과정이다(모래알을 하나씩 매우 느리게 집어냄으로써 가역).

(3) 열역학적 과정

① 정적(등적)변화 : 부피가 일정한 변화($\Delta V = 0$)

$$Q = \Delta U = \frac{3}{2} Nk\Delta T = \frac{3}{2} nR\Delta T = \frac{3}{2}\Delta PV \qquad \Delta S = \frac{3}{2} nR \ln \frac{T_2}{T_1}$$

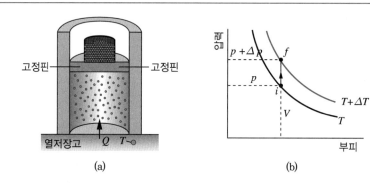

고정핀　　　　　고정핀

열저장고　　Q　T

(a)

$p + \Delta p$　f

p　i

V

$T + \Delta T$

T

압력

부피

(b)

	Q	$=$	ΔU	$+$	W
과정 $i \to f$	+		+		0
과정 $f \to i$	−		−		0

② 등온변화 : 온도가 일정한 변화($\Delta T = 0$)

$$Q = W = P\Delta V \qquad \Delta S = nR\ln\frac{V_2}{V_1}$$

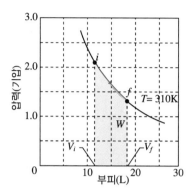

등온과정에서의 한 일의 양

$$PV = nRT \implies P = \frac{nRT}{V}$$

$$W = \int_{V_0}^{V} \frac{nRT}{V}dV = nRT\ln\frac{V}{V_0}$$

	Q	$=$	ΔU	$+$	W
과정 $i \to f$	+		0		+
과정 $f \to i$	−		0		−

③ 정압변화 : 압력이 일정(P = 일정) $Q = W + \Delta U$

$$Q = \Delta U + W = \frac{3}{2}nR\Delta T + P\Delta V = \frac{5}{2}\Delta PV = \frac{5}{2}nR\Delta T \qquad \Delta S = \frac{5}{2}nR\ln\frac{V_2}{V_1}$$

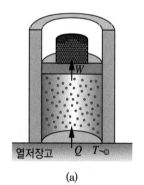

(a)

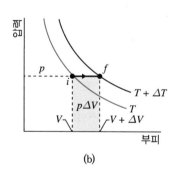

(b)

	Q	$=$	ΔU	$+$	W
과정 $i \to f$	+		l		+
과정 $f \to i$	−		−		−

④ 단열변화 : 외부와의 열 출입이 없는 기체의 변화($Q=0$)

$$W=-\Delta U \Rightarrow P\Delta V=-\frac{3}{2}nR\Delta T \qquad \Delta S=0$$

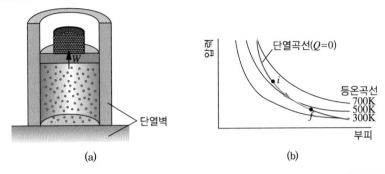

(a)   (b)

		Q	$=$	ΔU	$+$	W
단열팽창	과정 $i \rightarrow f$	0		$-$		$+$
단열압축	과정 $f \rightarrow i$	0		$+$		$-$

$$PV^{\gamma} = 일정$$
$$TV^{\gamma-1} = 일정$$

⑤ 단열 자유 팽창 : 기체가 외부의 압력 없이 진공인 공간으로 퍼져 나가는 현상(비가역)

$$P=0, \ W=0, \ \Delta U=0 \qquad \Delta S=nR\ln\frac{V_2}{V_1}$$

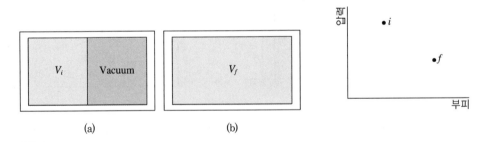

(a)   (b)

중간 상태는 평형 상태가 아니므로 나타낼 수 없다.

	Q	$=$	ΔU	$+$	W
과정 $i \rightarrow f$	0		0		0
과정 $f \rightarrow i$	0		0		0

(4) 열기관과 카르노 기관

① **열기관** : 좁은 의미로는 열에너지를 역학적인 일로 바꾸어 주는 장치이지만 넓은 의미로는 에너지 전환이 일어나는 모든 장치를 말한다.

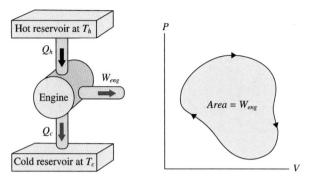

㉠ 한 일 : $W = Q_1 - Q_2$

㉡ 효 율

$$e = \frac{W}{Q_h} = \frac{Q_h - Q_c}{Q_h} = 1 - \frac{Q_c}{Q_h}$$

② **카르노 기관** : 이상적인 열기관을 의미하며 카르노 기관의 효율도 절대로 100%(영구기관)가 될 수 없다. 열효율의 최댓값을 낼 수 있는 어떤 장치도 카르노 기관이라고 할 수 있다. $p-V$ 그래프에서 면적이 한 일의 양을 의미했던 것처럼 $S-T$ 그래프에서 닫힌 도형의 면적은 한 순환 과정에서의 한 일의 양이 된다.

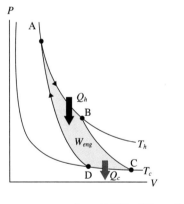

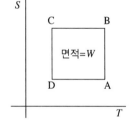

$$
\begin{array}{ll}
A \rightarrow B(\text{등온 팽창}) & Q_{\text{흡수}} = W > 0 \\
B \rightarrow C(\text{단열 팽창}) & \Delta U_{\text{감소}} = W > 0 \\
C \rightarrow D(\text{등온 압축}) & Q_{\text{방출}} = W < 0 \\
D \rightarrow A(\text{단열 압축}) & \Delta U_{\text{증가}} = W < 0
\end{array}
$$

㉠ 카르노의 정리 : 두 열원 사이에서 작동하는 열기관 중 같은 두 열원 사이에서 작동하는 카르노 기관보다 더 효율적인 실제 기관은 없다.

$$\text{카르노 효율 } e_{c=}\frac{T_h - T_c}{T_h} = 1 - \frac{T_c}{T_h} = 1 - \frac{Q_c}{Q_h}$$

㉡ 카르노 순환에서는 다음과 같은 부피에 대한 관계식이 성립한다.

$$\mathrm{B-C} : T_h(V_\mathrm{B})^{\gamma-1} = T_c(V_\mathrm{C})^{\gamma-1}$$

$$\mathrm{A-D} : T_h(V_\mathrm{A})^{\gamma-1} = T_c(V_\mathrm{D})^{\gamma-1}$$

$$\therefore \ \frac{V_\mathrm{B}}{V_\mathrm{A}} = \frac{V_\mathrm{C}}{V_\mathrm{D}}$$

08 | 전기장과 전위

01 전기장

(1) 전하와 전기력

① **전하(량)** : 물질의 전기적인 고유한 양. 단위(C : 쿨롱)

⊙ 대전 : 물체가 전기를 띠는 현상

ⓒ 대전체 : 전기를 띠고 있는 물체

ⓒ 전하의 종류

- (+) 전하 : 전자를 잃음
- (−) 전하 : 전자를 얻음
- 전하의 양자화 : 모든 전하량은 전자 전하량($e = 1.6 \times 10^{-19}$C)의 정수배

    $Q = Ne$ (N은 정수)

② **마찰전기(정전기)** : 물체를 마찰시켰을 때 전자의 이동으로 인해 생기는 전기

③ **대전열** : 마찰 시 전자를 잃거나 얻어 (+)전기 또는 (−)전기를 띠는 물질을 순서대로 나열한 것

(+) 털가죽 − 상아 − 유리 − 명주 − 나무 − 솜 − 고무 − 유황 − 에보나이트 (−)

---

④ **전하량 보존의 법칙** : 전하는 한쪽 물체에서 다른 쪽 물체로 이동할 뿐 어떤 경우에도 소멸되거나 생성되지 않는다.

⑤ **자유전자** : 전자는 대부분 원자핵의 인력에 의해 속박되어 있지만, 일부는 속박되어 있지 않아 원자들 사이를 자유롭게 돌아다닐 수 있다. 이러한 전자를 자유전자라 한다.

⑥ **도체와 부도체, 반도체**

⊙ 도체 : 자유전자가 많아 전기가 잘 통하는 물체

- 도체의 정전기 유도 : 대전체를 도체 가까이 가져가면 자유전자의 이동에 의해 대전체에 가까운 쪽은 대전체와 반대전기가, 먼 쪽은 대전체와 같은 전기가 유도되는 현상

ⓒ 부도체(절연체) : 자유전자가 없어 전기가 통하지 않는 물체

- 부도체의 정전기 유도(유전분극) : 부도체에는 자유전자가 없으나 대전체를 가까이 하면 분자 내의 전자가 영향을 받아 분자들이 극성을 띠게 되고, 이 극성을 띤 분자(전기쌍극자)들이 대전체에서 힘을 받아 부도체 가까이 가져가면 유전 분극에 의해 대전체에 가까운 쪽은 대전체와 반대 극을 띠고 먼 쪽은 대전체와 같은 전기가 유도되는 현상
- 외부 전기장을 유전체에 가하면 유전분극 현상이 일어나 가해진 외부 전기장에 반대 방향으로 분극에 의한 전기장이 생긴다. 그 결과 유전체 내 전기장 세기가 작아진다. 이때 작아진 비율이 유전율이다.

$$\text{진공유전율} = \epsilon_0, \ \text{유전체의 유전율} = \epsilon, \ \text{유전상수} \ \kappa = \frac{\epsilon}{\epsilon_0} > 1$$

ⓒ 반도체 : 4족 원소(Si, Ge)에 13족 원소(Al)나 15족 원소(As)를 약간 첨가한 물체

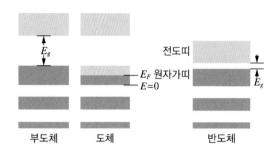

부도체   도체   반도체

• 에너지띠 : 전자들이 존재할 수 있는 공간

• 에너지 간격 : 전자들이 존재할 수 없는 공간

• 전도띠 : 전자가 전도띠로 이동하면 자유전자가 되어 전류를 흐르게 한다.

• 원자가띠 : 원자의 가장 바깥 껍질에 있는 전자가 위치한 공간

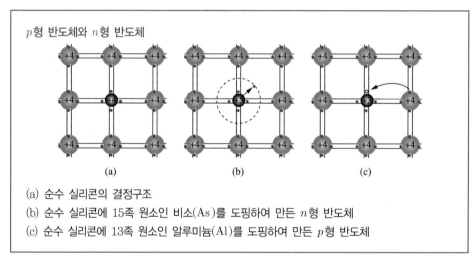

p형 반도체와 n형 반도체

(a)   (b)   (c)

(a) 순수 실리콘의 결정구조
(b) 순수 실리콘에 15족 원소인 비소(As)를 도핑하여 만든 n형 반도체
(c) 순수 실리콘에 13족 원소인 알루미늄(Al)를 도핑하여 만든 p형 반도체

⑦ 전기력(쿨롱의 법칙) : 두 점 전하 사이에 작용하는 전기력은 두 전하량 q_1, q_2의 곱에 비례하고 전하 사이의 거리 r의 제곱에 반비례한다.

$$F = qE = k\frac{q_1 q_2}{r^2} = \frac{1}{4\pi\epsilon_0} \frac{q_1 q_2}{r^2} \quad \left(k = \frac{1}{4\pi\epsilon_0} = 9 \times 10^9 \text{Nm}^2/\text{C}^2\right)$$

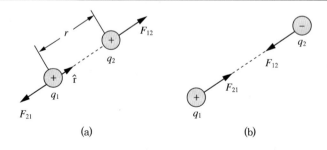

(a)   (b)

ㄱ 같은 극의 전하일 때는 척력이, 다른 극의 전하일 때는 인력이 작용한다.

ㄴ 전하의 단위 : C(쿨롱)(1C : 1A 흐르는 도선의 단면을 1초 동안 흐르는 전하량)

(2) 전기장

① **전기장** : 대전체 주위의 전기력이 미치는 공간이다. 전기장은 중력장($\vec{g}$)와 매우 흡사한 성질을 가지고 있다. 중력장 $\vec{g}$가 있는 공간에 질량이 m인 물체가 중력 mg를 받는 것처럼 전기장 $\vec{E}$가 있는 공간에 점전하 q가 있으면 전기력 qE를 받는다.

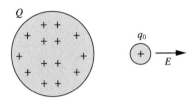

ㄱ 방향 : (+)전하가 받는 힘의 방향

ㄴ 세기 : 단위 양전하(+1C)가 받는 힘의 크기

$$E = \frac{F}{q} = \frac{Q}{4\pi\epsilon_0 r^2} \ (\text{N/C, V/m}) \ [F = qE]$$

② **전기력선** : 눈에 보이지 않는 전기장을 선으로 나타낸 것이다.

ㄱ 전기력선은 (+)전하에서 나와 (-)전하로 들어간다.

ㄴ 전기력선 위의 한 점에서의 접선 방향이 그 점에서의 전기장의 방향이다.

ㄷ 전기력선의 밀도는 전기장의 세기에 비례한다.

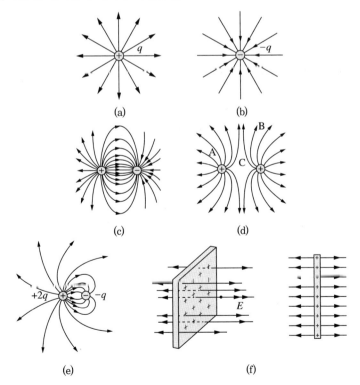

③ 정전기적 평형 상태의 도체(도체 내부에서 전하의 알짜 운동이 없는 상태)

　　㉠ 도체 내부의 어느 위치에서나 전기장은 $E=0$이다.

　　㉡ 고립된 도체에 과잉전하는 도체 표면에 분포한다.

　　㉢ 도체 표면 바로 밖의 전기장은 $\dfrac{\sigma}{\epsilon_0}$이다.

　　㉣ 불규칙한 모양을 가지는 도체인 경우에 표면 전하밀도는 면의 곡률 반지름이 가장 작은 곳, 뾰족한 점에서 가장 높다.

　　㉤ 도체 내부의 어느 위치에서나 전기장은 $E=0$이다.

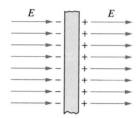

　　㉥ 고립된 도체의 과잉전하는 도체 표면에 분포 : 정전기적 평형 상태에선 도체 내부의 전기장은 0이므로 가우스 면 상 어디서나 전기장이 0이 되고 가우스 면을 통과하는 알짜 전기선속도 0이 된다. 존재한다면 표면에 존재한다.

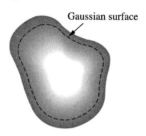

④ 전기장에 관한 가우스의 법칙

　　㉠ 전기선속 : 어떤 면을 통과하는 전기력선의 수에 비례한다.

　　　• 면적 A인 단면을 수직으로 통과하는 균일한 전기력선 : 면적 벡터 A와 전기장 벡터 E의 나란한 성분끼리 계산한다. 다르게 말하면 면에 대해 수직으로 지나는 전기장만 계산한다는 것이다.

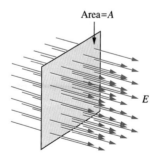

$$\Phi_E = E\,A\cos\theta\,[\mathrm{N\,m^2/C}]$$

($E \propto$ 단위 면적당 통과하는 전기력선의 수)

- 면이 전기장에 각(θ)을 이룰 때

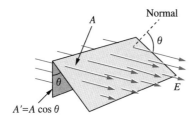

$\theta = 0°$인 경우 : $\Phi_E = EA\cos\theta = EA(\max)$

$\theta = 90°$인 경우 : $\Phi_E = EA\cos\theta = 0$

- 폐곡면을 통과하는 전기선속 : 3차원 공간에 임의의 곡면(가우스 면)을 잡았을 때 면의 미소 면적에 대해 전기력선이 들어가거나 나오는 모든 전기선속을 계산한다.

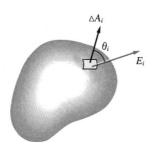

작은 수평면적소 : $\Delta\Phi_E = E_i\Delta A_i\cos\theta$

전체 선속 : $\Phi_E = \displaystyle\int_{surface} EdA$

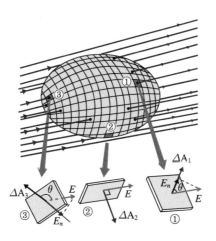

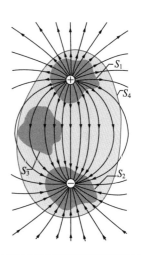

$$\Phi_E = \oint_{surface} E \cdot dA = \oint E_n \cdot dA = \frac{Q_{enc}}{\epsilon_0}$$

닫힌 면에 대해 나오는 경우	+ 부호
닫힌 면에 대해 들어가는 경우	− 부호
닫힌 면에 대해 스치는 경우	0

ⓛ 전기선속의 계산 : 전기선속을 수학적으로 엄밀하게 계산할 수도 있지만 폐곡면(가우스 면) 속의 알짜전하만 계산해서 간단히 구할 수 있다.

• 아래 그림과 같이 면 S_1, S_2, S_3에 대한 알짜 전기선속은 모두 $\dfrac{q}{\epsilon_0}$가 된다.

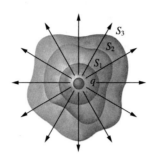

• 아래 그림에서는 전기력선이 폐곡면을 통과하지만 폐곡면 속에 알짜전하가 존재하지 않는다. 즉, 폐곡면에 대해 들어오는 전기력선의 양과 나오는 전기력선의 양이 같으므로 알짜 전기 선속은 0이 된다.

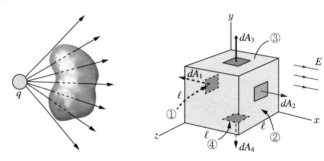

ⓒ 전기장에 관한 가우스의 법칙

$$\Phi_E = \oint_S E \cdot T dA = \frac{Q_{enc}}{\epsilon_0} \qquad \Phi_E = \frac{Q_{enc}}{\epsilon_0}$$

• 물리적 의미

가우스면 속의 알짜 전하가 0이면 $\Phi_E = 0$이다.

가우스면 속의 알짜전하가 Q이라면, 알짜 전기선속의 합은 $\Phi_E = \dfrac{Q_{enc}}{\epsilon_0}$이다.

– 선전하 밀도 $\quad \lambda = \dfrac{Q}{L} = \dfrac{q}{l} = \dfrac{dq}{dl} \, [\mathrm{C/m}]$

– 면전하 밀도 $\quad \sigma = \dfrac{Q}{A} = \dfrac{q}{A} = \dfrac{dq}{dA} \, [\mathrm{C/m^2}]$

– 부피 전하 밀도 $\quad \rho = \dfrac{Q}{V} = \dfrac{q}{V} = \dfrac{dq}{dV} \, [\mathrm{C/m^3}]$

- 가우스 법칙의 활용 : 임의의 전하가 만드는 전기장을 계산하려면 수학적으로 매우 복잡한 경우가 많다. 하지만 대칭성이 주어지는 점전하, 선전하, 면전하, 대전된 구가 만드는 전기장이라면 가우스의 법칙을 이용하여 전기장을 계산하는 것이 매우 단순하다. 가장 많이 등장하는 5종류의 전기장에 대해 알아보자.
  - 점전하에 의한 전기장

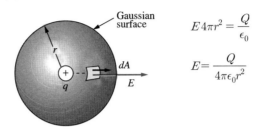

$$E 4\pi r^2 = \frac{Q}{\epsilon_0}$$

$$E = \frac{Q}{4\pi\epsilon_0 r^2}$$

  - 선전하에 의한 전기장

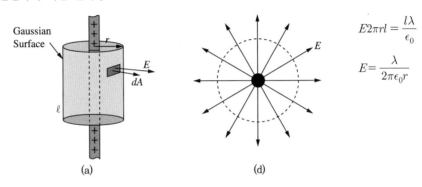

$$E 2\pi r l = \frac{l\lambda}{\epsilon_0}$$

$$E = \frac{\lambda}{2\pi\epsilon_0 r}$$

(a) (d)

  - 면전하에 의한 전기장

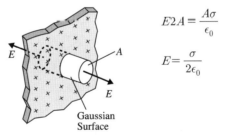

$$E 2A = \frac{A\sigma}{\epsilon_0}$$

$$E = \frac{\sigma}{2\epsilon_0}$$

  - 대전된 도체구 내부와 외부에서의 전기장

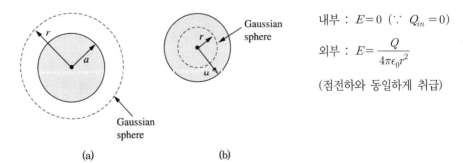

내부 : $E = 0$ ($\because Q_{in} = 0$)

외부 : $E = \frac{Q}{4\pi\epsilon_0 r^2}$

(점전하와 동일하게 취급)

(a) (b)

– 균일하게 대전된 부도체구 내부와 외부에서의 전기장

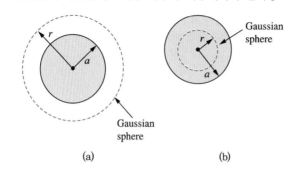

(a)　　　　　(b)

내부 : $E4\pi r^2 = \dfrac{Q_{in}}{\epsilon_0}$

$Q_{in} = \dfrac{r^3}{a^3} Q$

$E = \dfrac{Q}{4\pi\epsilon_0 a^3} r$

외부 : $E = \dfrac{Q}{4\pi\epsilon_0 r^2}$

(점전하와 동일하게 취급)

점전하	$E = \dfrac{Q}{4\pi\epsilon_0 r^2}$	
선전하	$E = \dfrac{\lambda}{2\pi\epsilon_0 r}$	
면전하	$E = \dfrac{\sigma}{2\epsilon_0}$ (거리에 무관)	
도체구	내부 $r < R$	$E = 0$
	외부 $r > R$	$E = \dfrac{Q}{4\pi\epsilon_0 r^2}$
부도체구	내부 $r < R$	$E = \dfrac{Q}{4\pi\epsilon_0 R^3} r$
	외부 $r > R$	$E = \dfrac{Q}{4\pi\epsilon_0 r^2}$

02 전 위

(1) 전 위

무한히 먼 곳으로부터 어떤 위치까지 단위전하(+1C)를 가져오는 데 필요한 일

(2) 전위차

전기장 내의 어느 두 점 사이에서 단위 (+)전하를 옮기는 데 필요한 일(전압)

$$\Delta V \equiv \dfrac{W}{q_0} = -Ed = -\int_A^B E \cdot dr \quad [\text{단위} : \text{V(볼트)}]$$

➡ (+) 전하에 가까울수록 전위가 높다.

시험전하 q_0가 전기장 E 속에 놓여 있을 때 $F = q_0 E$

전기장이 전하에 한 일

$$W = Fd = q_0 Ed$$

위치에너지 감소

$$\Delta U = -W = -q_0 Ed$$

(3) 균일한 전기장 속에서의 전위차

균일한 전기장에서 전위차 :
전기력선은 전위가 감소하는 방향

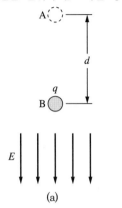

(a)

균일한 중력장에서 질량 m의 위치에너지 :
중력이 한 일 = 위치에너지의 감소

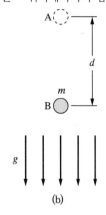

(b)

$$\Delta V = -\int_A^B Eds = -Ed$$

$$\Delta U = -mgd$$

① 전하 q가 전기장 내에서 일정한 속도로 움직이도록 외력이 한 일

$$W = \Delta U = q\Delta V = qEd$$

② 용어의 차이

전기 퍼텐셜(전위)	대전된 물체가 전기장 안에 있든 없든 상관이 없는 전기장의 고유특성이다. 단위로는 [J/C]이나 [V]를 사용한다.
전기 퍼텐셜에너지	외부전기장 안에 있는 대전된 물체의 에너지이다. 단위로는 [J]을 사용한다.

(4) 전기장에 의한 전위(차)

① **점전하에 의한 전위** : 양의 점전하 q가 점 P에서 전기장 $\vec{E}$와 전기퍼텐셜 V를 형성한다. 이 시험전하 q_0를 점 P에서 무한대까지 이동함으로써 전기퍼텐셜을 구할 수 있다. $V_f - V_i = -\int_r^\infty \vec{E}dr$이고, $E = \dfrac{q}{4\pi\epsilon_0 r^2}$이다. 한편, $V_f = 0$(무한대)와 $V_i = V$라고 하면 다음을 만족한다.

$$V_i = \frac{q}{4\pi\epsilon_0 r}$$

여러 점전하에 의한 전체 전위는 스칼라 합으로 계산된다.

$$V = \sum_i \frac{q_i}{4\pi\epsilon_0 r_i} \ \text{(스칼라 합)} \qquad \boxed{\text{Cf}} \ \text{전기장}(E) : \text{벡터 합}$$

→ 경로에 무관, 시작점과 끝점에만 의존한다.

② 선전하에 의한 전위차

$$\Delta V = \int \frac{\lambda}{2\pi\epsilon_0 r} dr = \frac{\lambda}{2\pi\epsilon_0} ln \frac{r_1}{r_2}$$

③ 면전하에 의한 전위차

$$\Delta V = \frac{\sigma}{2\epsilon_0} d$$

④ 대전된 도체에 의한 전위

　㉠ 외부에서의 전위 : 점전하 취급

$$V = \frac{q}{4\pi\epsilon_0 r}$$

　㉡ 내부에서의 전위 : $\Delta V = V_A - V_{표면} = \int E_{내부} dr$ 인데 $E_{내부} = 0$ 이므로 $V_A = V_{표면}$ 가 된다.

　즉, 도체 구 내부에서의 전위는 표면에서의 전위 값으로 일정하다.

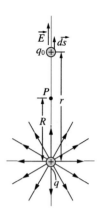

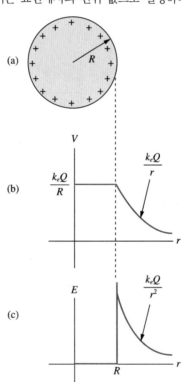

⑤ 균일하게 대전된 부도체구의 전위

   ⑦ 외부에서의 전위 : 점전하 취급

$$V = \frac{q}{4\pi\epsilon_0 r}$$

   ⓒ 내부에서의 전위

$$V = -\int_{\infty}^{r} E dr = -\int_{\infty}^{R} \frac{Q}{4\pi\epsilon_0 r^2} dr - \int_{R}^{r} \frac{Q}{4\pi\epsilon_0 R^3} r\, dr = = \frac{Q}{8\pi\epsilon_0 R}\left(3 - \frac{r^2}{R^2}\right)$$

$r = 0$에서의 전위 $V = \dfrac{3}{2}\dfrac{Q}{4\pi\epsilon_0 R}$

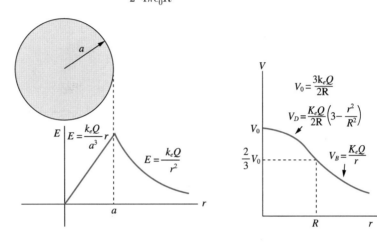

(5) 등전위면(선)

전기장에 대해 항상 수직으로 그리며 전위가 같은 지점을 연결한 면. 등전위면을 따라 전하를 움직일 때 한 일의 양은 0이다

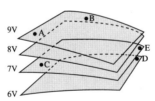

전위 : A = B > C = E > D

(a) 균일한 전기장에 의한 등전위면

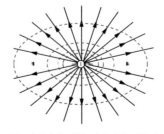

(b) 점전하에 의한 전기장 등전위면

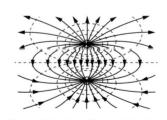

(c) 전기쌍극자에 의한 전기장 등전위면

(6) 균일한 전기장 속에서 대전입자의 운동

균일한 전기장 속에서 대전입자의 운동은 지면 근처 중력장 내의 물체의 운동과 매우 흡사하다. $qE = ma$가 성립하므로 대전입자는 $a = \dfrac{qE}{m}$인 등가속도 운동을 하게 되고 등가속도 운동 공식을 그대로 적용할 수 있다.

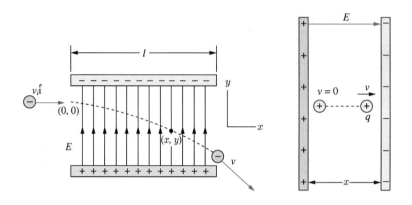

(7) 전기력에 의한 퍼텐셜에너지

대전입자 q를 기준점($r = \infty$)에서 임의의 지점까지 가져오는 데 든 일을 의미한다. 점전하로 이루어진 계의 전기 퍼텐셜에너지를 구하는 방법은 다음과 같다.

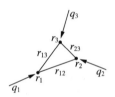

q_1을 끌어 오는 데 든 에너지	$W_1 = 0$
q_2를 끌어 오는 데 든 에너지	$W_2 = \dfrac{1}{4\pi\epsilon_0} q_2 \left(\dfrac{q_1}{r_{12}} \right)$
q_3을 끌어 오는 데 든 에너지	$W_3 = \dfrac{1}{4\pi\epsilon_0} q_3 \left(\dfrac{q_1}{r_{13}} + \dfrac{q_2}{r_{23}} \right)$

세 입자로 이루어진 계의 전기 퍼텐셜에너지는 위의 한 일의 합과 같다.

09 | 전기회로와 축전기

01 전기회로

(1) 전 류

임의의 단면적을 단위시간당 통과한 알짜 전하의 흐름이다.

① 일반적으로 전류는 (+)극에서 (−)방향으로 흐른다고 정의한다. 하지만 실제로 도선 내에서 운동 가능한 입자는 금속인 경우는 전자이고 전자의 이동방향은 (−)극에서 (+)극으로 이동한다. 이러한 전자를 전하 운반자(체)라고 한다.

② 도선 내부의 전지가 연결되지 않은 폐회로에서는 같은 전위, 전기장이 0이므로 전류가 흐르지 않지만 전지가 연결된 회로에서는 전위차가 형성되고, 전기장에 의한 전기력이 발생하여 유동성 전하 운반자가 이동하여 전류가 흐르게 된다.

$$I = \frac{\Delta Q}{\Delta t} = S e v_d n$$

③ **유도속력(Drift Velocity)** : 실제 도선에서 운동하는 입자는 전자인 경우가 대부분인데 복잡한 운동을 한다. 이때 전자의 실제 속도가 중요한 것이 아니라 (+)극 쪽으로 이동하는 속도 또는 속력을 유동속도라 하는 것이 중요하다.

④ **전류밀도(벡터)** : 단위면적당 흐르는 전류이며 방향은 (+)전하가 이동하는 방향이다. 옴의 법칙을 전류밀도와 전기장으로 표현할 수 있다.

$$J = \frac{I}{A} = n q v_d [\mathrm{A/m^2}] \qquad \vec{J} = n q \vec{v_d}$$

$$\vec{J} = \sigma \vec{E} \ (\text{옴의 법칙}) \quad \sigma : \text{전기전도도}$$

(2) 전기저항

전류의 흐름을 방해하는 정도를 나타내는 물리량으로, 단위는 Ω(옴)을 사용한다.

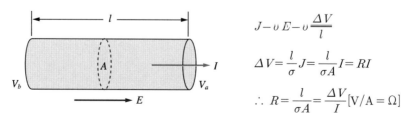

$$J - \upsilon E - \upsilon \frac{\Delta V}{l}$$

$$\Delta V = \frac{l}{\sigma} J = \frac{l}{\sigma A} I = R I$$

$$\therefore R = \frac{l}{\sigma A} = \frac{\Delta V}{I} [\mathrm{V/A} = \Omega]$$

① 전기저항은 물질의 특성 값으로 길이와 단면적 그리고 물질의 전기적인 성질이 결정한다.

$$R = \rho \frac{l}{A} = \frac{l}{\sigma A}$$

ρ : 비저항, σ : 전기전도도, $\rho = \frac{1}{\sigma}$

② 온도와 전기저항

　　㉠ 대부분의 금속 : 온도가 상승하면 원자의 진동이 활발해져 충돌 횟수가 증가한다.

　　㉡ 반도체, 부도체 : 온도가 상승하면 원자에 묶인 전자가 에너지를 얻어 자유전자가 돼서 전기저항이 감소한다.

　　㉢ 표준온도 T_0(보통 0℃나 20℃)에서 비저항값 ρ_0, 온도 T에서 비저항값 ρ, 저항온도 계수 α 라 하면 다음과 같은 식을 만족한다.

$$\rho = \rho_0 [1 + \alpha \Delta T]$$

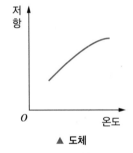

▲ 도체

▲ 반도체

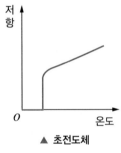

▲ 초전도체

③ 저항의 연결 : 옴의 법칙을 통해 전류·전압·저항과의 관계를 알 수 있다.

$$V = IR$$

　　㉠ 직렬연결 : 각 저항에 흐르는 전류가 일정하고 각 저항에 걸리는 전압의 합이 전체 전압과 동일하다.

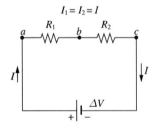

$I = I_1 = I_2$

$V = V_1 + V_2$

$R = R_1 + R_2$

ⓛ 병렬연결 : 각 저항에 걸리는 전압이 일정하고 각 저항에 흐르는 전류의 합이 전체 전류와 동일
하다.

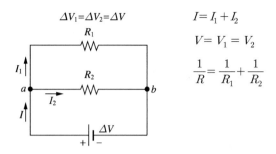

$$\Delta V_1 = \Delta V_2 = \Delta V \qquad I = I_1 + I_2$$

$$V = V_1 = V_2$$

$$\frac{1}{R} = \frac{1}{R_1} + \frac{1}{R_2}$$

(3) 전기에너지

① 전기에너지 : 저항에 전류가 t초간 흐를 때 전류가 한 일(E)

$$E = qV = VIt = I^2Rt = \frac{V^2}{R}t \ (단위 : \text{J})$$

② 소비전력 : 저항에서 전류가 단위 시간 동안 한 일(전기 에너지의 일률)

$$P = \frac{W}{t} = IV = I^2R = \frac{V^2}{R} \ (단위 : \text{W})$$

③ 소비전력량 : 저항에서 전류가 단위 시간(h)당 한 일

$$W = qV = VIt = I^2Rt = \frac{V^2}{R}t \ (단위 : \text{Wh, kWh})$$

④ 저항의 연결과 소비전력

ㄱ 저항의 직렬연결 시 : 각 저항에 흐르는 전류가 같으므로 $P = I^2R$로 계산 ⇒ 전력은 저항에
비례

ㄴ 저항의 병렬연결 시 : 각 저항에 걸리는 전압이 같으므로 $P = \frac{V^2}{R}$로 계산 ⇒ 전력은 저항에
반비례

⑤ **가변저항과 스위치 연결** : 저항을 변화시킬 수 있는 전기장치가 가변저항이다. 가변저항이 증가하
거나 감소함에 따라 회로에 있는 저항 또는 전구 등의 소비전력이 변하게 된다. 스위치는 저항이
없는 전기장치로 저항이 연결되지 않은 스위치를 닫으면 항상 스위치 쪽으로만 전류가 흐른다.

(4) 기전력과 내부 저항

① **기전력**(= **전위차** = **전압강하**) : 전지가 전류를 흐르게 하는 능력으로 다음 그림에서 펌프는 전지, 물은 전류, 물레방아는 전구에 비유할 수 있다. 특히 기전력은 전기퍼텐셜 차이로 설명할 수 있는데 펌프가 물의 중력퍼텐셜을 높여주는 역할을 한다면 전지는 전기퍼텐셜을 높여 주어서 전류를 흐르게 한다. 전위차는 어느 임의의 두 지점의 전위차를 의미하며 전류가 저항을 지나면서 저항에 일을 하게 되는데, 이때 전압이 낮아지게 되는 것을 전압강하라고 한다. 모두 단위는 V(볼트)를 사용한다.

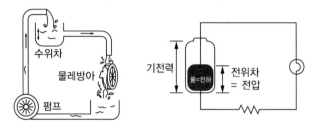

$$\Delta V_{ab} = V_a - V_b = IR$$
$$\Delta V_{cd} = V_c - V_d = IR$$

② **전지의 내부저항** : 실제로 전지자체의 저항을 고려해야 하는 경우가 있다. 특히 정교한 실험에서는 내부저항 r을 고려해야 정확한 측정값을 얻을 수 있다.

$$E = I(R+r) = IR + Ir$$
$$V = E - Ir = IR$$
$$I = \frac{\epsilon}{R+r}$$

전지를 통하여 전류가 흐르면 전지의 내부저항에 일어나는 전압강하 때문에 단자 전압은 기전력과 다른 값을 갖는다.

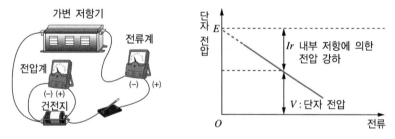

$V = E - Ir = IR$의 그래프 기울기의 크기 = 내부저항(r)

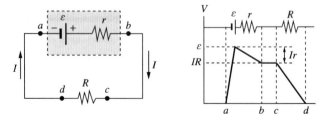

a점의 전위를 0V로 정하고 각각의 저항을 지날 때 전압강하가 이루어진다.

(5) 키르히호프의 법칙

복잡한 회로를 분석할 때 사용한다. 회로를 분석하는 것은 각 저항에 어느 방향으로 얼마만큼의 전류가 흐르는 것을 알아내는 것이다. 그래야 저항에서의 소비전력, 양단의 전위차 등을 알 수 있다.

① 접점규칙(전하량 보존의 법칙) : 분기점에 들어오는 전류의 합과 나가는 전류의 합은 같다.

$$\sum I_{in} = \sum I_{out}$$

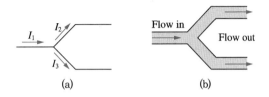

(a)　　　　　　(b)

② 전압규칙(에너지 보존의 법칙) : 닫힌회로에서의 전위차 대수합은 0이다. 여기서 주의해야 할 부분은 +, −부호를 결정하는 것이다. 전지는 (+)극과 (−)극이 중요하며 저항은 전류의 방향에 따라 부호가 결정된다.

$$\sum_{닫힌고리} \Delta V = 0$$

예를 들어 다음과 같은 회로를 참고하자. 일단 d점을 접점으로 잡으면 들어오는 전류와 나가는 전류의 세기가 같아야 하므로 $i_1 + i_3 = i_2$가 성립한다. 왼쪽 폐회로에 대해 시계 방향으로 전압규칙을 사용하면 $-\varepsilon_1 - i_3 R_3 + i_1 R_1 = 0$이 되고, 오른쪽 폐회로에 대해 시계 방향으로 전압규칙을 사용하면 $\varepsilon_2 + i_2 R_2 + i_3 R_3 = 0$이 된다. 위 3개의 식을 연립하면 i_1, i_2, i_3를 구할 수 있다.

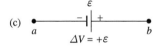

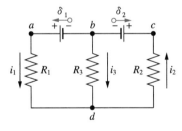

③ 휘트스톤 브리지(미지의 저항 측정) : 전기저항은 보다 정밀하게 측정하는 장치로서 R_1, R_2는 값을 알고, R_3는 저항값을 자유로이 바꿀 수 있는 가변저항이다. 저항값을 측정하려는 저항 R_x를 검류계 ⓖ와 연결하고, 가변저항 R_3의 값을 변화시키면 검류계에 전류가 흐르지 않게 할 수 있다. ⓖ에 전류가 흐르지 않으면 B점과 D점의 전위가 같아진다. 이때 $I_1 = I_x$, $I_2 = I_3$이므로 다음과 같은 식을 만족한다.

（ⅰ） $V_{AB} = V_{AD} \implies I_1 R_1 = I_2 R_2$

（ⅱ） $V_{BC} = V_{DC} \implies I_x R_x = I_3 R_3$

$$\therefore R_1 R_3 = R_2 R_x$$

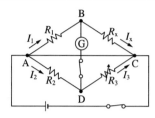

02 축전기

(1) 전기 용량(C)

도체판 사이의 전위차를 1V 높이는 데 필요한 전하량이다.

① 정의 : $C = \dfrac{Q}{V}$ (Q : 축전기의 전하량, V : 축전기에 걸린 전압)

$$Q = C \Delta V$$

② 단위 : F [패럿], $1\mu F = 10^{-6}F$, $1pF = 10^{-12}F$

③ 여러 축전기의 전기용량 : 가우스의 법칙을 이용해 전기장을 구한 다음 전위차를 구하고 전기용량을 마지막으로 구한다.

$$\Phi_E = \oint E \cdot dA = \dfrac{Q_{enc}}{\epsilon_0}$$

$$\Delta V = V_f - V_i = -\int_i^f E \cdot ds$$

$$C = \dfrac{Q}{\Delta V}$$

㉠ 평행판 축전기

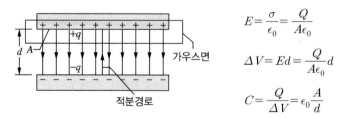

$$E = \dfrac{\sigma}{\epsilon_0} = \dfrac{Q}{A\epsilon_0}$$

$$\Delta V = Ed = \dfrac{Q}{A\epsilon_0}d$$

$$C = \dfrac{Q}{\Delta V} = \epsilon_0 \dfrac{A}{d}$$

ⓛ 원통형 축전기

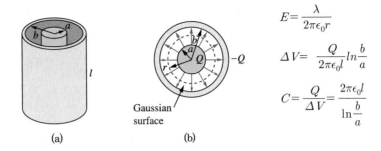

$$E = \frac{\lambda}{2\pi\epsilon_0 r}$$

$$\Delta V = \frac{Q}{2\pi\epsilon_0 l} ln \frac{b}{a}$$

$$C = \frac{Q}{\Delta V} = \frac{2\pi\epsilon_0 l}{ln \frac{b}{a}}$$

(a)　　　　　　　　　　(b)

ⓒ 구형 축전기

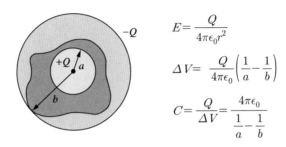

$$E = \frac{Q}{4\pi\epsilon_0 r^2}$$

$$\Delta V = \frac{Q}{4\pi\epsilon_0}\left(\frac{1}{a} - \frac{1}{b}\right)$$

$$C = \frac{Q}{\Delta V} = \frac{4\pi\epsilon_0}{\dfrac{1}{a} - \dfrac{1}{b}}$$

(2) 축전기의 원리

절연된 도체가 하나만 있을 때는 그 전기 용량은 도체의 크기, 모양에 따라 정해진다. 그러나 이 도체 부근에 다른 절연된 도체 또는 접지된 도체를 접근시키면 처음 도체의 전기 용량은 증가된다. 이와 같이 정전 유도를 이용하여 많은 전기량을 저장하기 위해 만든 장치를 축전기라 한다.

(3) 평행판 **축전기**(미주보고 있는 두 도체 판 사이에 유전체를 넣어숨)의 전기 용량

두 도체판의 넓이(A)에 비례하고, 판 사이의 거리(d)에 반비례한다.

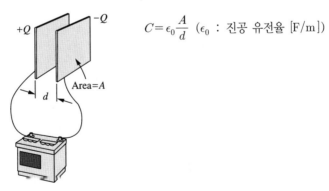

$$C = \epsilon_0 \frac{A}{d} \ \ (\epsilon_0 : \text{진공 유전율 } [\mathrm{F/m}])$$

(4) 유전체

부도체 물질로 두 극판 사이에서 방전을 막기 위해 도체판 사이에 넣어주는 물질이며, 축전기 사이에 유전체를 넣으면 같은 전위차로 많은 전하량을 축적시킬 수 있다.

$$유전상수 \ \kappa = \frac{\epsilon}{\epsilon_0} > 1$$

유전체를 도체판 사이에 삽입하였을 경우 전기용량 $C = \kappa\epsilon_0 \dfrac{A}{d} = \epsilon \dfrac{A}{d}$ → 전기용량이 κ배만큼 증가한다.

(5) 축전기에 저장되는 에너지

축전기에 전기장의 형태로 저장된 에너지를 정전 에너지라 하며, 저장되어 있던 전하가 방전되어 전위 차가 0이 될 때까지 전하가 할 수 있는 일과 같다.

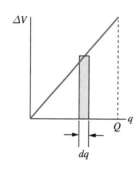

$$W = \frac{1}{2}QV = \frac{1}{2}CV^2 = \frac{1}{2}\frac{Q^2}{C}$$

(6) 축전기의 연결

① **직렬연결** : 각 축전기에 대전된 전하량이 일정하다.

$$Q = Q_1 = Q_2$$

㉠ 전체 전압은 각 축전기에 걸린 전압의 합과 같다.

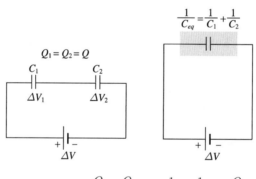

$$V = V_1 + V_2 = \frac{Q}{C_1} + \frac{Q}{C_2} = Q\left(\frac{1}{C_1} + \frac{1}{C_2}\right) = \frac{Q}{C}$$

㉡ 합성 전기용량(판 사이의 거리가 넓어지는 효과)

$$\frac{1}{C} = \frac{1}{C_1} + \frac{1}{C_2}$$

② **병렬연결** : 각 축전기에 걸리는 전압이 일정하다.

$$V = V_1 = V_2$$

㉠ 전체 전하량은 각각의 전하량의 합과 같다.

$$\Delta V_1 = \Delta V_2 = \Delta V$$

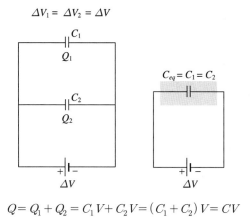

$$Q = Q_1 + Q_2 = C_1 V + C_2 V = (C_1 + C_2) V = CV$$

㉡ 합성 전기용량(판의 넓이가 넓어지는 효과)

$$C = C_1 + C_2$$

㉢ 유전체가 삽입되어 있을 때 전기용량 : 아래 그림처럼 도체판의 면적이 A이고, 도체판 사이의 거리가 d, 빈 공간이었을 때 유전율이 ϵ_0라면 유전체가 채워져 있지 않았을 때의 전기용량은 $C_0 = \epsilon_0 \dfrac{A}{d}$ 이다. 그러면 유전체를 삽입했을 때는 다음과 같이 계산된다.

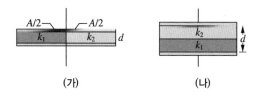

(가)   (나)

- (가) : 왼쪽 부분을 C_1이라 하고 유전체의 유전율을 ϵ_1이라고 하면 $\kappa_1 = \dfrac{\epsilon_1}{\epsilon_0}$ 가 되고 $C_1 = \epsilon_1 \dfrac{A}{2d}$ 이다. C_0로 표현하면 $C_1 = \kappa_1 \dfrac{C_0}{2}$ 가 된다. 오른쪽 부분도 동일하게 계산하면 $C_2 = \kappa_2 \dfrac{C_0}{2}$ 가 되면서 두 부분의 병렬로 계산이 가능하다. 즉, $C = C_1 + C_2 = \dfrac{C_0}{2}(\kappa_1 + \kappa_2)$ 이다.

- (나) : 아래쪽 부분을 C_1이라 하고 유전체의 유전율을 ϵ_1이라고 하면 $\kappa_1 = \dfrac{\epsilon_1}{\epsilon_0}$ 가 되고 $C_1 = \epsilon_1 \dfrac{2A}{d}$ 이다. C_0로 표현하면 $C_1 = \kappa_1 2 C_0$가 된다. 오른쪽 부분도 동일하게 계산하면 $C_2 = \kappa_2 2 C_0$가 되면서 두 부분의 직렬로 계산이 가능하다. 즉, $C = \dfrac{C_1 C_2}{C_1 + C_2} = 2C_0 \dfrac{\kappa_1 \kappa_2}{(\kappa_1 + \kappa_2)}$ 이다.

(7) R-C 직렬 충전/방전 회로

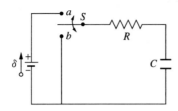

- $S : a \rightarrow$ on : 충전회로
- $S : b \rightarrow$ on : 방전회로

스위치 S가 a에 연결되면 축전기는 충전된다. 그 후 스위치가 b에 연결되면 저항을 통해 축전기는 방전된다.

① $S : a \rightarrow$ on : 충전회로에서 키르히호프법칙

$$\varepsilon - IR - \frac{Q}{C} = 0 \quad \left(I = \frac{dQ}{dt} \right)$$

$$\frac{dQ}{dt} = -\frac{Q - C\varepsilon}{RC}$$

$$\int_0^Q \frac{dQ}{Q - C\varepsilon} = -\int_0^t \frac{dt}{RC}$$

$$Q(t) = C\varepsilon(1 - e^{-\frac{1}{RC}t})$$

$$I(t) = \frac{\varepsilon}{R} e^{-\frac{1}{RC}t}$$

시상수 : $\tau = RC$ 최대 충전되는 양의 63%가 충전되는 데 걸린 시간이다.

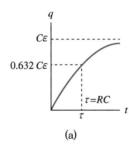

(a)

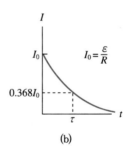

(b)

② $S : b \rightarrow$ on : 방전회로에서 키르히호프법칙

$$-IR - \frac{Q}{C} = 0 \quad \left(I = \frac{dQ}{dt} \right)$$

$$\frac{dQ}{dt} = -\frac{Q}{RC}$$

$$\int_{Q_0}^Q \frac{dQ}{Q} = -\int_0^t \frac{dt}{RC}$$

$$Q(t) = Q_0 e^{-\frac{1}{RC}t}$$

$$I(t) = -\frac{Q}{RC} e^{-\frac{1}{RC}t}$$

10 | 자기장과 자기력

01 자기장

(1) 자기장

자기력이 미치는 공간을 자기장이라고 한다. 전기장과 비슷하게 방향과 크기를 고려하는 벡터이다. 방향은 자침의 N극이 가리키는 방향이다.

① **자기력선** : 자기장에서 자침의 N극이 가리키는 방향을 연속적으로 연결하여 생긴 가상적인 선

　㉠ 자석 외부에서 N극에서 나와 S극으로 들어간다.

　㉡ 자기력선은 도중에 끊어지거나 교차하지 않는다.

　㉢ 접선 방향이 그 점에서의 자기장의 방향이다.

　㉣ 자기력선이 조밀할수록 자기장이 강하다.

② **자속밀도** : 단위 면적당 지나는 자기력선의 양이다. 면에 대해 수직으로 지나는 자기장만을 계산한다.

$$\text{자속밀도}(B) = \frac{\text{자속}(\Phi)}{\text{넓이}(A)}\,[\text{단위 : Wb/m}^2,\ \text{T(테슬라)}] \qquad \Phi = BA\cos\theta$$

③ **자기상에 관한 가우스의 법칙** : 임의의 닫힌곡면을 통과한 알짜 자기선속은 항상 0이라는 것을 말한다. 자기 단극은 존재하지 않는다.

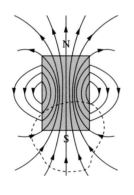
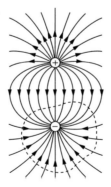

$$\Phi_B = \oint \vec{B} \cdot d\vec{A} = 0$$

(2) 전류에 의한 자기장

전류가 만드는 자기장을 계산하는 방법으로는 두 가지가 있다. 하나는 수학적으로 정교한 비오-사바르의 법칙이 있고, 또 하나는 자기장이 대칭성을 가질 때 사용하는 앙페르의 법칙이 있다.

① 비오-사바르의 법칙 : 전류요소 $i\vec{ds}$ 는 P점에 미소자기장 $\vec{dB}$ 를 만든다. ×표시는 $\vec{dB}$ 의 방향이 지면으로 들어간다는 뜻이다.

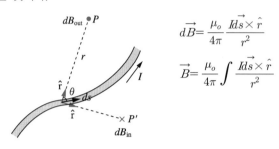

$$\vec{dB} = \frac{\mu_o}{4\pi} \frac{I\vec{ds} \times \hat{r}}{r^2}$$

$$\vec{B} = \frac{\mu_o}{4\pi} \int \frac{I\vec{ds} \times \hat{r}}{r^2}$$

비오-사바르의 개념적 의미 : 미소도선 $\vec{ds}$ 에 의한 미소자기장 $\vec{dB}$ 이다.

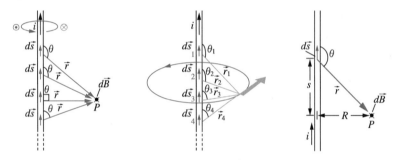

② 앙페르의 법칙 : 대칭성을 가지는 전류 분포에서 쉽게 자기장을 구할 수 있다. 닫힌 경로를 따라 자기장을 선적분한다. 직선도선이나 솔레노이드와 같이 대칭성을 갖는 전류 주변의 자기장을 구할 때 사용할 수 있다. 만약 도선 외부에 경로가 있다면 적분 값은 0이다.

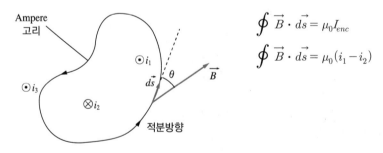

$$\oint \vec{B} \cdot \vec{ds} = \mu_0 I_{enc}$$

$$\oint \vec{B} \cdot \vec{ds} = \mu_0 (i_1 - i_2)$$

③ 여러 가지 도선에 의한 자기장

㉠ 직선전류에 의한 자기장

• 비오-사바르의 법칙 이용

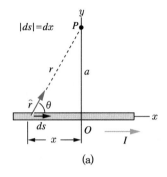

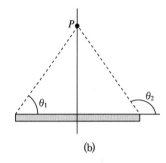

(a)   (b)

$$B(r) = = \frac{\mu_0}{4\pi} I \int \frac{ds \times \hat{r}}{r^2}$$

$dx \times \hat{r}$ 방향 : 지면 위쪽

$dx \times \hat{r} = dx \sin\theta$

$r = \dfrac{a}{\sin\theta} = a \csc\theta$

$x = -a\cot\theta$, $dx = a\csc^2\theta\,d\theta$

$dB = \dfrac{\mu_0 I}{4\pi} \dfrac{a\csc^2\theta\sin\theta\,d\theta}{a^2\csc^2\theta} = \dfrac{\mu_0 I}{4\pi}\sin\theta\,d\theta$

$B = \dfrac{\mu_0 I}{4\pi a}\displaystyle\int_{\theta_1}^{\theta_2}\sin\theta\,d\theta = \dfrac{\mu_0 I}{4\pi a}(\cos\theta_1 - \cos\theta_2)$

※ 한없이 긴 도선이 만드는 자기장 : $B = \dfrac{\mu_0 I}{2\pi a}$

• 앙페르의 법칙 이용

$$B2\pi a = \mu_0 I$$

$$B = \frac{\mu_0 I}{2\pi a}$$

• 자기장의 방향 : 오른손의 엄지손가락을 네 손가락과 수직으로 편 다음, 전류의 방향으로 엄지손가락을 향하게 하고 나머지 네 손가락으로 도선을 감싸 쥐었을 때 네 손가락이 감기는 방향이 자기장의 방향이다.

• 직선전류에 의한 자기장의 세기

$$B = \frac{\mu_0 I}{2\pi r}\,[\text{T}]$$

ⓛ 원형전류 중심의 자기장

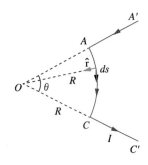

$$B(r) = = \frac{\mu_0}{4\pi} I \int \frac{ds \times \hat{r}}{r^2}$$

$$ds \times \hat{r} = ds$$

$$dB = \frac{\mu_0 I}{4\pi} \frac{ds}{R^2}$$

$$B = \frac{\mu_0 I}{4\pi R^2} \int ds = \frac{\mu_0 I}{4\pi R} \theta$$

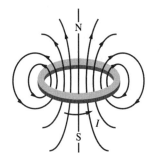

• 자기장의 방향 : 원형 도선은 매우 짧은 직선도선의 모임이
  므로 직선전류에 의한 자기장의 방향을 찾아보면 된다.
• 중심에서의 자기장의 세기

$$B = \frac{\mu_0 I}{2r} \,[\text{T}]$$

ⓒ 솔레노이드 내부에서의 균일한 자기장

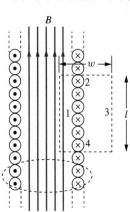

앙페르의 법칙 활용

1에서 $Bl = \mu_0 NI$ $B = \mu_0 \frac{N}{l} I = \mu_0 nI$

2와 3에서 $B = 0$ ∵ $ds \perp B$

3에서 $B = 0$ ∵ $B = 0$

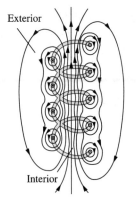

• 자기장의 방향 : 오른손의 네 손가락이 전류의 방향을 가리
  키도록 코일을 감아쥔 다음 엄지손가락을 직각으로 뻗으면
  엄지손가락이 가리키는 방향이 코일 내부에서의 자기장의
  방향이다.
• 솔레노이드 내부의 자기장의 세기

$$B = \mu_0 \frac{N}{l} I = \mu_0 nI$$

(n : 단위 길이당 코일의 감은 수)

ⓔ 굵은 직선도선 내부와 외부에서의 자기장

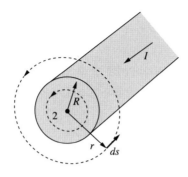

- 외부에서의 자기장

$B\,2\pi r = \mu_0 I$에서 $B = \dfrac{\mu_0 I}{2\pi r}$

- 내부에서의 자기장

$B\,2\pi r = \mu_0 I_{in}$

균일한 전류이므로

$$\dfrac{I}{\pi R^2} = \dfrac{I_{in}}{\pi r^2} \qquad B = \dfrac{\mu_0 I}{2\pi R^2} r$$

ⓜ 토로이드 내부에서의 자기장

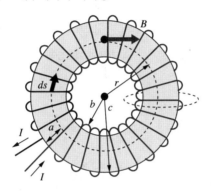

$$B2\pi r = \mu_0 NI \qquad\qquad B = \dfrac{\mu_0 NI}{2\pi r}$$

ⓗ 꼭 기억해야 할 자기장 공식

직선도선에 의한 자기장		$B = \dfrac{\mu_0\,I}{2\pi r}$
원형도선의 중심에서의 자기장		$B = \dfrac{\mu_0\,I}{2\,r}$
솔레노이드 내부에서의 자기장		$B = \mu_0\,n\,I$
반지름이 R인 도선 내부와 외부에서의 자기장	내부 $r < R$	$B = \dfrac{\mu_0\,I}{2\pi R^2}\,r$
	외부 $r > R$	$B = \dfrac{\mu_0\,I}{2\pi r}$
토로이드 내부와 외부에서의 자기장	내 부	$B = \dfrac{\mu_0\,NI}{2\pi r}$
	외 부	$B = 0$

02 자기력

(1) 직선전류가 자기장에서 받는 힘

① **힘의 방향** : 왼손의 엄지, 집게, 중지를 서로 직각이 되게 편 후 집게손가락을 자기장의 방향에 맞추고 중지를 전류의 방향에 맞추면 엄지손가락의 방향이 도선이 받은 힘의 방향이 된다.

② **힘의 크기**

$$F = BIl\sin\theta(\text{N}) \ (\theta : \text{자기장과 전류의 사이 각})$$

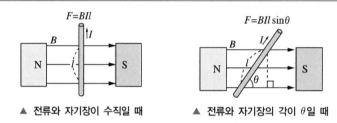

▲ 전류와 자기장이 수직일 때 　　　▲ 전류와 자기장의 각이 θ일 때

(2) 평행한 직선전류 사이에 작용하는 힘

① **힘의 방향** : 두 직선전류의 방향이 같을 때에는 인력, 반대일 때에는 척력이 작용한다.

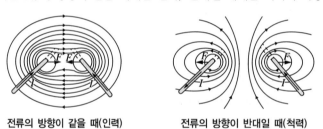

전류의 방향이 같을 때(인력) 　　　전류의 방향이 반대일 때(척력)

② **힘의 크기**

$$F = \frac{\mu_0 I_1 I_2}{2\pi r} l$$

(3) 자기장 속을 운동하는 대전 입자가 받는 힘(로렌츠 힘)

① **힘의 방향** : (+)입자의 운동 방향과 전류의 방향이 같고 (−)입자의 운동인 경우에는 반대이다.

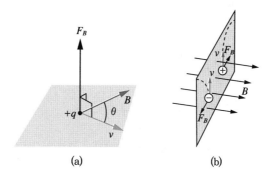

(a)　　　　　　　(b)

② 힘의 크기

$$F = qvB\sin\theta$$

③ 로렌츠 힘과 원운동

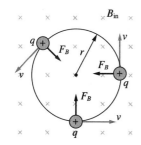

$$qvB = m\frac{v^2}{r}$$

㉠ 반지름(r) · $r = \dfrac{mv}{qB}$ ($r \propto m$) ⇦ 질량분석기의 원리

㉡ 주기(T) : $T = \dfrac{2\pi r}{v} = \dfrac{2\pi m}{qB}$ (T는 반경에 무관)

④ 로렌츠 힘의 응용

㉠ 속도 선택기

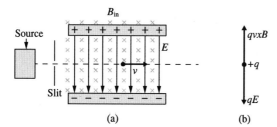

(a)　　　　　　　(b)

$$qvB = qE \implies v = \frac{E}{B}$$

ⓛ 질량 분석기

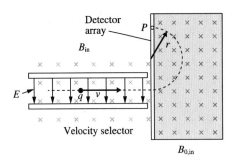

$$qvB = \frac{mv^2}{r} \quad \Rightarrow \quad r = \frac{mv}{qB}$$

ⓒ 홀 효과 : 도체 속의 전류를 이루는 전하운반자의 종류(+, −), 유동속력(v_d), 밀도 등을 알 수
있다.

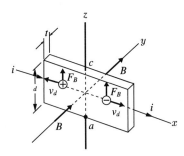

- 홀 전위차

 $\Delta V = Ed$: 전하의 극성에 따라 좌우 전위차의 부하가 달라짐

- 전하밀도

 – 전기력/자기력 평형조건 : $eE = evB \Rightarrow v_d = \dfrac{E}{B} = \dfrac{V}{Bd}$

 – 전류밀도 정의 : $v_{\text{유동}} = \dfrac{J}{ne} = \dfrac{i}{neA}$

 – 위 두 결과를 묶어서 $n = \dfrac{Bi}{Vle}\ (le = \dfrac{A}{d}\ \text{두께})$

ⓔ 나선운동 : 자기장과 수직 성분으로는 원운동을 하고, 자기장과 나란한 속도 성분으로는 등속운동을 한다.

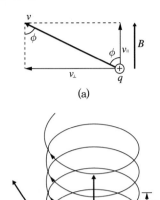

(a)

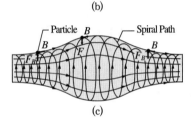

(b)

• v와 B의 수직성분 : 등속 원운동

$$q(v\sin\phi)B = \frac{m(v\sin\phi)^2}{r}$$

$$r = \frac{mv\sin\phi}{qB}$$

$$T = \frac{2\pi m}{qB}$$

• v와 B의 나란한 성분 : 등속운동

$$p = v\cos\phi\, T = v\cos\phi\frac{2\pi m}{qB}$$

(c)

• 속도가 v인 대전 입자가 균일한 자기장과 각도 ϕ를 이루면서 움직인다.
• 입자는 반지름이 r이고 피치가 x인 나선운동을 한다.

ⓜ 사이클로트론(입자 가속기)

• 자기장 영역 속에서는 로렌츠의 힘을 받아 등속 원운동을 한다.
• D_1과 D_2 사이의 영역을 지날 때는 전기장에 의해 가속된다.
• 속도가 증가할수록 원운동의 반지름이 증가하게 된다.
• 반지름은 증가하지만 주기는 일정해서 교류전원의 진동수와 일치하게 된다.

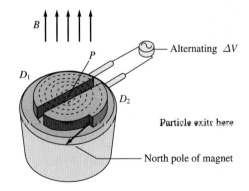

11 │ 전자기유도와 교류회로

01 전자기유도

(1) 현 상

① **전자기유도 현상** : 자속의 변화에 의해 전류가 생기는 현상으로, 세 단계로 이루어져 있다. '첫째–
자속의 변화, 둘째–유도 기전력의 형성, 셋째–유도 전류의 형성'이다. 전자기유도 현상은 두 가지
의 법칙으로 잘 설명된다.

   ㉠ 유도 전류의 방향(렌츠의 법칙) : 유도 전류의 방향은 코일 속을 지나는 자속의 변화를 방해하는
방향이다. 또는 자석의 운동을 방해하는 방향으로 유도 기전력 또는 유도 전류가 만들어진다.

   ㉡ 유도 기전력의 크기(패러데이 법칙) : 유도 기전력은 임의의 폐 경로를 통과하는 자속의 시간
변화율에 비례한다. (−)부호는 자속 변화의 반대 방향으로 유도 기전력이 발생됨을 의미한다.
여기서 자속의 변화라는 것은 자기력선의 양이 변한다는 것을 의미한다. 즉, 자기장의 세기가
변하거나 자기력선이 지나는 면적이 변화하는 것이다.

$$\therefore \ \epsilon = -N\frac{\Delta\Phi_B}{\Delta t} = -N\frac{\Delta(BA)}{\Delta t}[\mathrm{V}] \quad (N : \text{코일의 감긴 횟수})$$

자기장 B의 변화 $E = \dfrac{dB}{dt}A$, 면적 A의 변화 $E = B\dfrac{dA}{dt}$

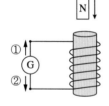

N극이 코일에 접근하면 코일에서는 N극을 밀어내는 방향으로 전
류가 유도되므로 (②) 방향으로 전류가 흐른다.

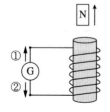

N극이 코일에서 멀어지면 코일에서는 N극을 끌어당기는 방향으
로 전류가 유도되므로 (①) 방향으로 전류가 흐른다.

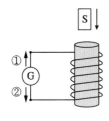

S극이 코일에 접근하면 코일에서는 S극을 밀어내는 방향으로 전류가 유도되므로 (①) 방향으로 전류가 흐른다.

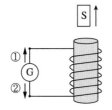

S극이 코일에서 멀어지면 코일에서는 S극을 끌어당기는 방향으로 전류가 유도되므로 (②) 방향으로 전류가 흐른다.

② 활용

㉠ 금속 고리의 이동 : 다음 그림과 같이 지면 안으로 들어가는 균일한 자기장 속을 코일이 일정한 속력으로 자기장과 수직하게 통과하고 있다. 유도 전류의 방향을 살펴보면 왼쪽에서 오른쪽으로 자기장 영역으로 들어가는 동안은 금속 고리 내부에 종이 면에 들어가는 방향의 자기장이 증가하므로 그것을 방해하는 방향 즉, 종이 면에 나오는 방향으로 자기장이 형성된다. 그러면 오른손 법칙에 의해 반시계 방향의 유도전류가 형성된다. 완전히 자기장 영역으로 금속 고리가 들어가면 이동하더라도 자속의 변화가 생기지 않아 유도전류는 형성되지 않는다. 마지막으로 금속 고리가 자기장 영역을 나오는 동안에는 금속 고리 내부에 종이 면에 들어가는 자기력선의 양이 감소한다. 그러면 그것을 방해하는 방향 즉, 종이 면에 들어가는 방향으로 자기장이 형성된다. 그러면 오른손 법칙에 의해 시계 방향의 유도 전류가 형성된다.

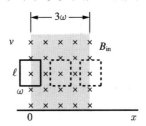

㉡ 'ㄷ자형' 도선 : 균일한 자기장이 형성된 공간에 'ㄷ자형' 도선 위에 도체 막대를 오른쪽으로 등속 이동시키면 자속의 변화에 의해 유도 기전력, 유도 전류가 형성된다.

• 유도 전류의 방향 : 반시계 방향

• 유도 기전력의 크기 : $E = B\dfrac{dA}{dt} = Blv(dA = lvdt)$

• 유노 선류의 크기 : $I_\text{유} = \dfrac{Blv}{R}$

• 구리막대가 받는 자기력의 방향 : 왼쪽(도체 막대 운동의 반대 방향)

• 구리막대가 받는 자기력의 크기 : $F = BI_\text{유}l = \dfrac{B^2l^2v}{R}$

- 이 막대를 등속으로 당기기 위한 힘의 크기 : $F = F_{외력} = BI_{유}l = \dfrac{B^2l^2v}{R}$

- 이 회로가 소비하는 전력 : $P = \dfrac{E^2}{R} = \dfrac{B^2l^2v^2}{R}$

- 외력의 일률 : $P = F_{외력}v = \dfrac{B^2l^2v^2}{R}$

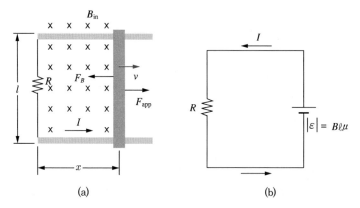

(a)   (b)

ⓒ 도체 막대의 이동 : 도체 막대가 균일한 자기장 속에서 등속으로 운동할 때 도체 막대 내부의 전자가 자기력(로렌츠 힘)을 받아 이동하게 된다. 도체 내의 전자는 자기력과 전기장에 의한 전기력이 같아질 때까지 이동하여 도체 막대 양단에 전위차가 형성된다.

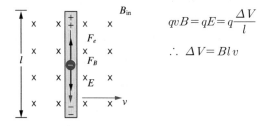

$$qvB = qE = q\dfrac{\Delta V}{l}$$

$$\therefore \ \Delta V = Blv$$

ⓓ 유도전류에 의한 자기력 : 수평면에 'ㄷ자형' 도선 위에 질량이 m인 추가 연결된 도체 막대가 있는 경우 처음 운동을 시작할 때는 가속운동을 하지만 시간이 지나면 유도전류에 의한 자기력이 도체운동 방향의 반대 방향으로 작용하게 된다. 도체 막대에 형성되는 자기력의 세기가 추의 중력과 같아지게 되면 추와 도체 막대는 등속운동을 하게 된다. 이때 속력을 종단속력이라고 할 수 있다.

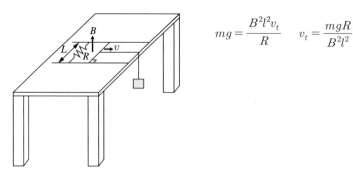

$$mg = \dfrac{B^2l^2v_t}{R} \qquad v_t = \dfrac{mgR}{B^2l^2}$$

(2) 자체유도(RL 회로)와 상호유도

① **자체유도** : 인덕터(비교적 큰 자체 인덕턴스를 갖는 코일)에 흐르는 전류의 변화에 의해서 그 인덕터 자체에 유도 기전력이 생기고, 유도 전류가 흐르는 현상이다.

　㉠ 자체유도의 원리

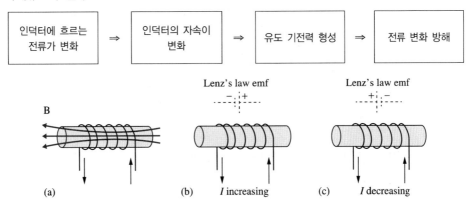

| 인덕터에 흐르는 전류가 변화 | ⇒ | 인덕터의 자속이 변화 | ⇒ | 유도 기전력 형성 | ⇒ | 전류 변화 방해 |

　㉡ 유도 기전력 : 자체 유도 기전력(V_L)은 인덕터에 흐르는 전류의 시간적 변화율($\frac{\Delta I}{\Delta t}$)에 비례하며 렌츠의 법칙에 따라 전류의 변화를 방해하는 방향으로 유도된다.

$$V_L = -N\frac{\Delta\Phi}{\Delta t} = -L\frac{\Delta I}{\Delta t} \quad (L : \text{자체 인덕턴스, 단위 : H「헨리」})$$

　㉢ 코일에 저장되는 에너지 : 자기장의 형태로 에너지를 저장한다.

$$U = \frac{1}{2}LI^2$$

　• 스위치를 닫는 순간 : 키르히호프의 법칙

$$\epsilon - IR - L\frac{dI}{dt} = 0 \;\Rightarrow\; I = \frac{\epsilon}{R}(1 - e^{-\frac{t}{\tau}}) \;\text{ where }\; \tau = \frac{L}{R} : \text{시간 상수} \Rightarrow \frac{dI}{dt} = \frac{\epsilon}{L}e^{-\frac{t}{\tau}}$$

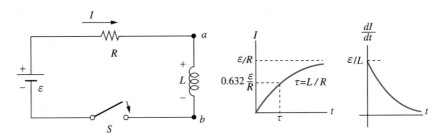

　• 방전회로 : 키르히호프의 법칙(a on 후 $\rightarrow$ b on)

$$IR + L\frac{dI}{dt} = 0 \qquad I(t) = \frac{\epsilon}{R}e^{-\frac{R}{L}t} = I_0 e^{-\frac{R}{L}t} \qquad \text{시상수} : \tau = \frac{L}{R}$$

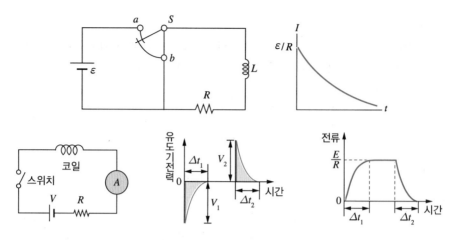

② **상호 유도** : 두 개의 코일을 가까이 놓고 한쪽 코일의 전류의 세기를 변화시키면 다른 코일에 유도 기전력이 생긴다.

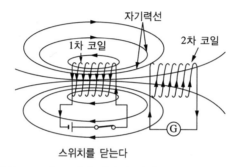

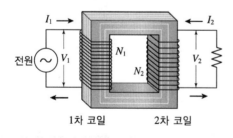

스위치를 닫는다

㉠ 1차 코일의 전류가 변화 ⇒ 2차 코일의 자속의 변화 ⇒ 2차 코일에 유도 기전력 형성

㉡ 상호 유도 기전력

$$\therefore \ \varepsilon_2 = -M\frac{\Delta I_1}{\Delta t}$$

㉢ 변압기 : 상호 유도를 이용하여 전압 변화

$$\frac{n_1}{n_2} = \frac{V_1}{V_2} = \frac{I_2}{I_1}$$

(P : 전력, V : 전압,

I : 전류, n : 코일의 감은 수)

- $V_1 : V_2 = N_1 : N_2$

- $P_1 = P_2 \ \Leftrightarrow \ I_1 V_1 : I_2 V_2$

- 전력 수송 시 소비 전력 : $P_{소비} = I^2 R = (\frac{P_1}{V_2})^2 R$

- 즉, 전압은 n배 높여 수송하면 소비 전력은 $\frac{1}{n^2}$로 줄어든다.

(1) 교류의 발생과 실효값

① **교류의 발생** : 자기장 내에서 코일을 회전시키면 코일을 지나는 자속이 주기적으로 변하면서 코일에 유도 기전력이 생긴다. 이러한 기전력을 교류 기전력 또는 교류전원이라 한다.

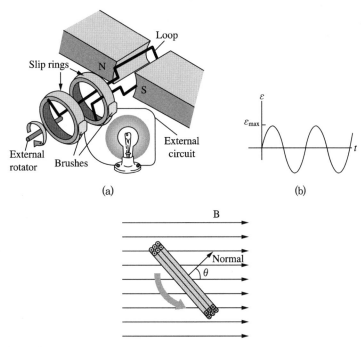

(a)   (b)

$$\Phi = BA\cos\theta = BA\cos wt$$

$$E = -N\frac{d\Phi}{dt} = -NBA\frac{d}{dt}(\cos wt) = wNBA\sin wt = V_0\sin\omega t$$

② **교류의 실효값** : 한 주기에 대한 전류의 평균값은 0이므로 의미가 없다. 수학적인 방법을 통해 제곱평균제곱근(rms)의 값을 구한다.

$$V_e = \frac{V_0}{\sqrt{2}} \qquad\qquad I_e = \frac{I_0}{\sqrt{2}} \qquad\qquad P_e = V_e I_e = \frac{1}{2}V_0 I_0$$

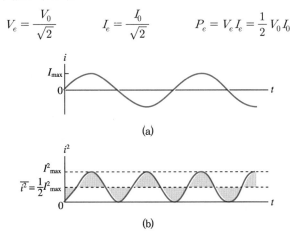

(a)

(b)

(2) 교류회로

① 저항만 있는 경우

$$V_R = IR = I_0 \sin wt R$$

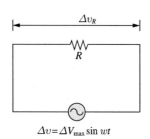

$$\Delta v = \Delta V_{\max} \sin wt$$

- 저항 : R
- 전류와 전압의 위상관계 : I와 V_R의 위상이 동일하다.

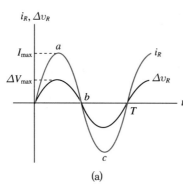

(a)

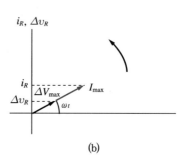

(b)

② 코일만 있는 경우

$$V_L = L\frac{dI}{dt} = L\frac{d}{dt}(I_0 \sin wt) = wLI_0 \cos wt$$

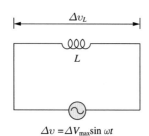

$$\Delta v = \Delta V_{\max} \sin \omega t$$

- 코일의 저항 : 유도 리액턴스 $X_L = \omega L = 2\pi f L\,[\Omega]$
- 전류와 전압의 위상관계 : V_L의 위상이 I보다 $90°$만큼 빠르다.

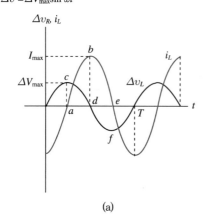

(a)

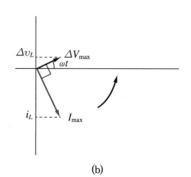

(b)

③ 축전기만 있는 경우

$$V_C = \frac{Q}{C} \qquad I = \frac{dQ}{dt} = I_0 \sin wt$$

$$\int I_0 \sin wt\, dt = \int dQ \qquad Q = \frac{I_0}{w}(-\cos wt)$$

$$V_C = -\frac{I_0}{wC}\cos wt$$

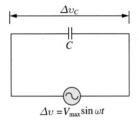

- 축전기의 저항 : 용량 리액턴스 $X_C = \dfrac{1}{\omega L} = \dfrac{1}{2\pi f C}[\Omega]$
- 전류와 전압의 위상관계 : V_C의 위상이 I보다 $90°$만큼 느리다.

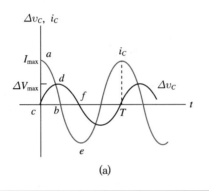

(a)

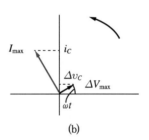

(b)

구 분	저항(R)	코일(L)	축전기(C)
리액턴스	R	$X_L = wL = 2\pi fL$	$X_C = \dfrac{1}{wC} = \dfrac{1}{2\pi wC}$
전압의 크기	$V_R = IR$	$V_L = IX_L = IwL$	$V_C = IX_C = \dfrac{I}{wC}$
전류와 전압의 위상	동 일	V_L이 I보다 $90°$빠름	V_C가 I보다 $90°$느림
소비전력	$P_e = I_e V_e$	없 음	없 음
저장되는 에너지	없 음	$U_L = \dfrac{1}{2}LI^2$	$U_C = \dfrac{1}{2}QV = \dfrac{1}{2}CV^2 = \dfrac{Q^2}{2C}$

④ *RLC* 직렬 교류회로

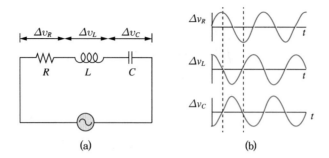

(a) (b)

㉠ 위상자(벡터) : 위상이 다른 파동함수의 합성에서는 위상자의 활용이 효율적으로 사용된다. 위
  상자 벡터는 파동함수를 벡터적으로 표현한 화살표를 말한다. 위상자를 반시계 방향(또는 시계
  방향)으로 돌리면서 y축에 투영된 값을 읽으면 파동함수와 동일한 해석을 갖는다. 전류는 직렬
  교류 회로의 모든 점에서 같은 진폭과 위상을 가진다. 각 요소의 양단 전압은 다른 진폭과 위상
  을 가진다.

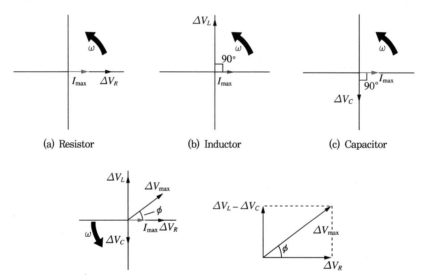

(a) Resistor (b) Inductor (c) Capacitor

㉡ 교류회로(RLC)에서의 전체 전압 : 위상자의 벡터 합을 이용한다. 위상각 ϕ의 값을 탄젠트 값으
  로 나타내는데 $\tan\phi = \dfrac{V_L - V_C}{V_R} = \dfrac{X_L - X_C}{R}$ 로 정의한다. 부호에 따라 V_L과 V_C의 대소 관계를
  판단할 수 있다.

$$V = \sqrt{V_R^2 + (V_L - V_C)^2}$$

ⓒ 교류회로(RLC)에서의 전체 저항 : 임피던스라고 하며, 임피던스는 교류전원의 진동수 또는 각진동수에 의해 결정된다.

$$V = \sqrt{(IR)^2 + (IX_L - IX_C)^2} = I\sqrt{R^2 + (X_L - X_C)^2}$$

$$Z = \sqrt{R^2 + (X_L - X_C)^2}$$

임피던스(Z)의 최솟값 $Z = R$이 되는 조건은 다음과 같다.

$X_C = X_L$

$\rightarrow w_0 = \dfrac{1}{\sqrt{LC}}$: 고유 각진동수(공진 or 공명)

$\rightarrow f_0 = \dfrac{1}{2\pi\sqrt{LC}}$: 고유진동수(공진 or 공명주파수)

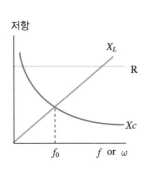

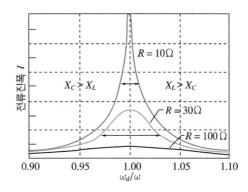

(3) LC 진동

① 의미 : 회로의 내부 저항을 무시하면 줄열과 같은 에너지 손실이 없으므로 진동이 무한히 계속된다. 축전기에 저장된 에너지 U_C와 코일에 저장되는 에너지 U_L의 합이 언제나 일정하게 유지되는데, 에너지 보존의 법칙이 성립한다.

$$\frac{Q^2}{2C} + \frac{1}{2}LI^2 = \text{일정} \qquad \frac{Q_0^2}{2C} = \frac{1}{2}LI_0^2$$

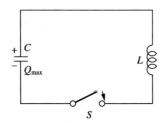

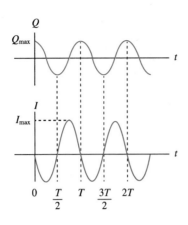

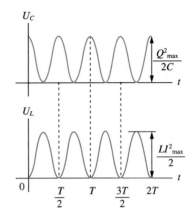

② 용수철 진동자와 LC 발진회로 대응관계

추−용수철 역학계		LC 진동기	
요 소	에너지	요 소	에너지
용수철	위치에너지 $\dfrac{1}{2}kx^2$	축전기	전기에너지 $\dfrac{q^2}{2C}$
추	운동에너지 $\dfrac{1}{2}mv^2$	유도코일	자기에너지 $\dfrac{1}{2}LI^2$
x		q	
$v=\dfrac{dx}{dt}$		$I=\dfrac{dq}{dt}$	
k		$\dfrac{1}{C}$	
m		L	
$w=\sqrt{\dfrac{k}{m}}$		$w=\dfrac{1}{\sqrt{LC}}$	

③ 전자기파의 발생

㉠ 전기장의 변화(변위 전류)가 자기장을 유도하고 자기장의 변화가 전기장을 유도한다.

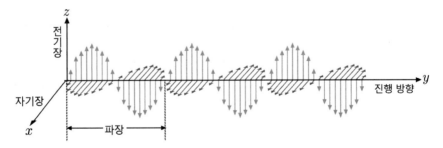

ⓛ 앙페르-맥스웰 법칙 : 자기장은 전류와 전기장의 변화에 의해 형성된다.

$$\oint B \cdot ds = \mu_0 (I_{in} + I_d) \qquad 변위전류 : I_d = \epsilon_0 \frac{d\Phi_E}{dt}$$

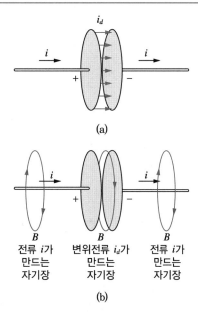

(a)

전류 i가   변위전류 i_d가   전류 i가
만드는   만드는   만드는
자기장   자기장   자기장

(b)

• 두 도체판이 충전되는 과정에서 도체판 사이의 전기장 변화를 변위전류(I_d)라 한다.

• 도체판 사이의 자기장의 방향은 변위 전류에 의한 자기장에 의해 형성된다(오른손 법칙).

• 변위전류에 의해 형성된 도체판 사이의 자기장 세기

$$B = \frac{\mu_0 I_d}{2\pi R^2} r$$

• 도체판 외부의 자기장 세기

$$B = \frac{\mu_0 I_d}{2\pi r}$$

12 | 파동학

01 파동의 발생과 전파

(1) 파동의 발생

① 정의 : 파동은 진동 상태의 흐름이 퍼져나가는 현상이다. 매질은 이동하지 않고 제자리 진동하며,
실제로 전파되는 것은 에너지이다.

② 파동의 종류

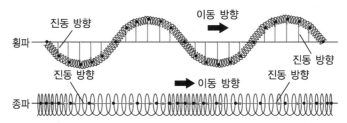

구 분	종 류	예
파동의 진행방향과 매질의 진동방향에 따라	횡파(고저파)	전자기파, 전파, 물결파, s파, 줄의 진동
	종파(소밀파)	소리, p파
매질의 유무에 따라	전자기파 (비탄성파)	전파, 적외선, 가시광선, X선
	탄성파	음파, 물결파, 지진파
파면의 모양에 따라	평면파	파면이 직선 모양
	구면파	파면이 동심원 모양

③ 파동의 기술

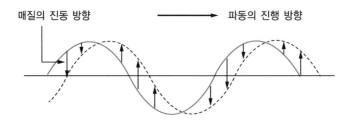

ⓐ 파동의 주요 물리량

요 소	의 미
마 루	매질의 진동 폭이 위로 최대인 곳
골	매질의 진동 폭이 아래로 최대인 곳
파장 λ	인접한 마루와 마루 또는 인접한 골과 골 사이의 거리
진폭 A	진동 중심에서 마루나 골까지의 거리
주기 T	매질의 한 점이 한 번 진동하는 데 걸리는 시간
진동수 f or v	매질의 한 점이 1초 동안 진동하는 횟수
속력 v	파동이 진행 방향으로 이동하는 속력 $v = \dfrac{\lambda}{T} = f\lambda$
모 양	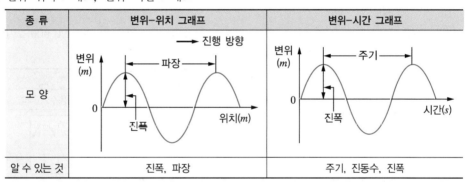

ⓑ 변위–위치 그래프, 변위–시간 그래프

종 류	변위–위치 그래프	변위–시간 그래프
모 양		
알 수 있는 것	진폭, 파장	주기, 진동수, 진폭

ⓒ 파동함수의 수학적 표현 : 임의의 매질의 위치와 시간에 따른 변위를 나타낸 식이다. A는 진폭, k는 파수, w는 각진동수이다. w 앞의 부호에 따라 파동이 어느 방향으로 진행하는지를 판단할 수 있다. +부호이면 $-x$방향으로 진행하는 파동, −부호이면 $+x$방향으로 진행하는 파동을 나타낸다.

$$y(x, t) = A\sin(kx \pm \omega t)$$
$$k = \frac{2\pi}{\lambda}, \ \ \omega = \frac{2\pi}{T}, \ \ v = \frac{\lambda}{T} = f\lambda = \frac{w}{k}$$

(2) 파동의 전파

① **파동의 속도**

㉠ 전파 속도(v) : 매질의 물리적 성질이 동일하면 파동의 전파속도는 동일하다.

$$\text{파동의 속력} = \frac{\text{거리}}{\text{시간}} = \frac{\text{파장}}{\text{주기}} = \text{파장} \times \text{진동수} = \frac{\lambda}{T} = f\lambda$$

㉡ 매질에 따른 파동의 속도 : 속도가 빠를수록 소한매질, 속도가 느릴수록 밀한매질이다.

• 수면파 : 일반적으로 깊을수록 빠르게 전파된다.

$$v \propto \sqrt{h}$$

• 줄 따라 진행 : 장력이 클수록 밀도가 작을수록 빠르게 전파된다.

$$v = \sqrt{\frac{T}{\rho}}$$

• 음파 : 기체인 경우 온도가 높을수록 빠르게 전파된다(고체 > 액체 > 기체).
• 전자기파 : 진공에서 약 30만km/s 매질 통과 시 진공보다 느리다(진공 > 기체 > 액체 > 고체).

② **음파** : 물체의 진동에 의해 발생하며, 사람이 들을 수 있는 진동수는 20~20,000Hz이다. 소리의 구별은 진동수, 진폭, 파형에 따라 달라진다.

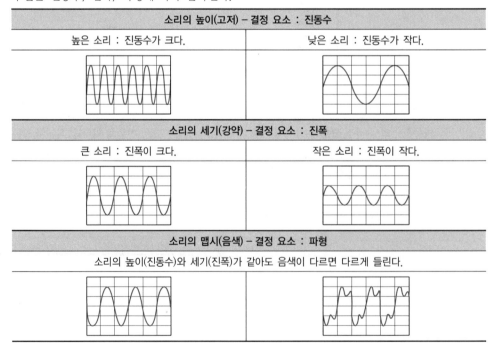

소리의 높이(고저) – 결정 요소 : 진동수	
높은 소리 : 진동수가 크다.	낮은 소리 : 진동수가 작다.

소리의 세기(강약) – 결정 요소 : 진폭	
큰 소리 : 진폭이 크다.	작은 소리 : 진폭이 작다.

소리의 맵시(음색) – 결정 요소 : 파형	
소리의 높이(진동수)와 세기(진폭)가 같아도 음색이 다르면 다르게 들린다.	

③ 파동의 세기
  ㉠ 파동 에너지의 세기 : 파동의 진행 방향에 수직한 단위 면적을 단위 시간 동안에 지나는 파동
  에너지로 나타낸다.

$$\text{파동 에너지의 세기 } I = \frac{P}{A} [\text{W/m}^2], \text{ 구면파인 경우 } I \propto \frac{f^2 A^2}{r^2}$$

  ㉡ 거리에 따른 파동 에너지의 세기

종 류	평면파	구면파
의 미	파면이 직선이거나 평면인 파동	파면이 원이거나 구인 파동
파동 에너지의 세기	파동 에너지의 세기는 거리에 관계없이 일정	• 파동 에너지의 세기는 거리의 제곱에 반비례 • 파동 에너지의 세기 $\propto 1/\text{거리}^2$

| | 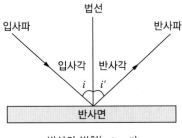 | 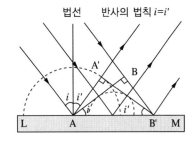 |

02 파동의 성질

(1) 파동의 반사
  ① 반사의 법칙 : 파동이 입사할 때 경계면의 수직인 법선에 대해 입사각과 반사각은 항상 동일한 값을
  갖는다.

반사의 법칙($\angle i = \angle i'$)

호이겐스 원리에 의한 반사의 법칙

1) $AA' = BB'$, $AA'B = ABB' = 90°$
2) AB' 는 공통 $\triangle ABB' \equiv \triangle AA'B$ ∴ $\angle i = \angle i'$
3) 반사할 때 속도, 파장, 진동수 불변

② 반사의 종류와 위상변화

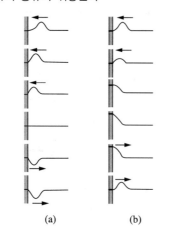

(a)   (b)

(a) 오른쪽에서 입사한 펄스가 벽에 고정되어 있는 왼쪽 끝에서 반사된다. 반사펄스는 입사 펄스와 위상이 반대가 된다. (b) 줄의 왼쪽 끝이 마찰 없이 막대의 아래위로 움직일 수 있는 고리에 묶여 있다. 이때 반사펄스는 뒤집히지 않고 위상은 변하지 않는다.

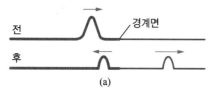

(a)

선밀도가 다른 두 줄의 경계에서 펄스가 반사될 때 위상이 변한다. 파동의 속력은 선밀도가 작은 줄에서 더 크다. (a) 선밀도가 큰 줄에서 펄스가 입사한다. (b) 선밀도가 작은 줄에서 펄스가 입사한다. 이때만 반사된 펄스의 위상이 변한다.

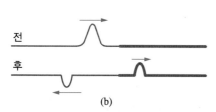

(b)

구 분	고정단 반사	자유단 반사
방 향	소한매질 → 밀한매질 (속력 빠름) (속력 느림)	밀한매질 → 소한매질 (속력 느림) (속력 빠름)
반사파 위상	반대(180°)로 바뀜	불 변
투과파 위상	불 변	

(2) 파동의 간섭

① 중첩의 원리

ⓐ 파동의 독립성 : 파동이 겹치고 난 이후에는 서로가 아무런 영향을 주지 않는다.

ⓑ 파동의 간섭 : 서로 다른 파동이 진행하다 서로 겹쳐지면 위상이 커지거나 작아지는데 이러한 현상을 간섭이라고 한다. 간섭에는 진폭이 커지는 보강 간섭과 진폭이 작아지는 상쇄 간섭이 있다.

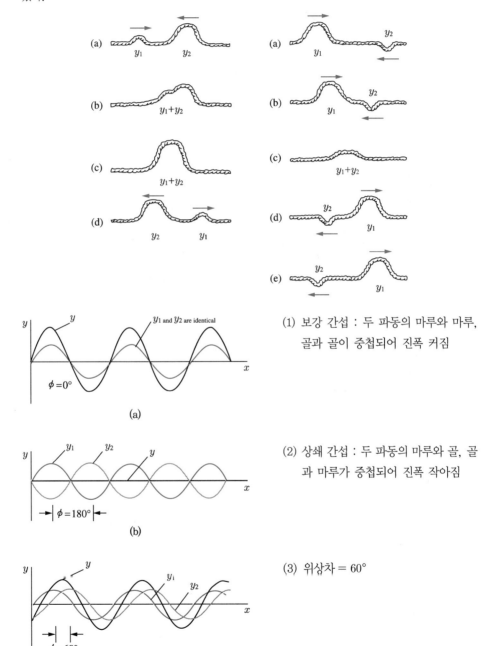

(1) 보강 간섭 : 두 파동의 마루와 마루, 골과 골이 중첩되어 진폭 커짐

(2) 상쇄 간섭 : 두 파동의 마루와 골, 골과 마루가 중첩되어 진폭 작아짐

(3) 위상차 = 60°

ⓒ 파동의 위상 : 어느 순간 어떠한 운동 상태에 있는가를 나타낸 것이다.

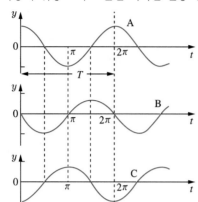

- 파동 A와 파동 B는 $\frac{\pi}{2}$(90°)만큼의 위상차
- 파동 A와 파동 C는 π(180°)만큼의 위상차

② 수면파의 간섭

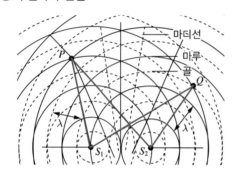

- 간섭의 주요 물리량 : 경로차 Δ
- 실선 : 마루
- 점선 : 골
- 중심선 부분 : 보강 간섭(위상이 동일한 파동을 발생)
- 간섭무늬 : 좌우 대칭
- 마디선 위의 점 : 항상 상쇄 간섭

㉠ 보강 간섭 : 밝기가 주기적으로 변하는 곳

$$경로차\ \Delta = |S_1P - S_2P| = \frac{\lambda}{2}(2m)\,(m = 0, 1, 2, 3 \cdots)$$

㉡ 상쇄 간섭 : 밝기가 변하지 않는 곳(마디, 마디선)

$$경로차\ \Delta = |S_1Q - S_2Q| = \frac{\lambda}{2}(2m+1)\,(m = 0, 1, 2, 3 \cdots)$$

③ 정상파

㉠ 정의 : 주기와 파장, 진폭이 동일한 두 파동이 서로 반대 방향으로 진행하다가 겹쳐지면 꼭 제자리에서 진동하는 것처럼 보이게 되는데 이러한 파동을 정상파 또는 정지파라고 한다.

- 마디 : 진동하지 않는 점. 마디와 마디·배와 배 사이 거리 = $\frac{\lambda}{2}$
- 배 : 진폭이 2배가 되는 지점. 배와 마디 사이의 거리 = $\frac{\lambda}{4}$
- 정상파의 진폭은 한 진행파 진폭의 2배이다.

• 정상파의 파장과 주기는 진행파와 같다.

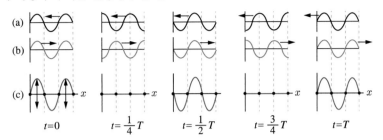

(ⓐ) 아래 표시된 시간에 왼쪽으로 이동하는 파동의 순간그림(T는 진동의 주기)

(ⓑ) 같은 시간에 오른쪽으로 이동하는 동일한 파동의 순간그림

(ⓒ) 같은 줄에서 두 파동의 중첩에 대한 순간그림

- $t = \dfrac{T}{4}, \dfrac{3}{4}T$에서는 골과 마루가 같게 배열되어 완전 상쇄 간섭이 일어난다. 어떤 점들(마디)은 전혀 진동하지 않고 어떤 점들(배)은 최대로 진동한다.

ⓛ 활 용

• 현의 정상파 : 양 끝을 고정시켜 당긴 줄에서 정상파가 발생하도록 줄이 진동한다.

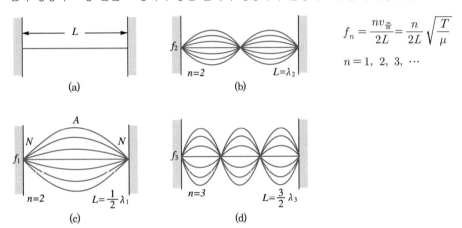

$$f_n = \frac{nv_{\text{줄}}}{2L} = \frac{n}{2L}\sqrt{\frac{T}{\mu}}$$

$$n = 1, \ 2, \ 3, \ \cdots$$

• 개관에서의 정상파 : 관의 양 끝이 열려 있으므로 어떤 조화모드도 존재할 수 있다.

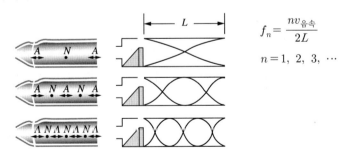

$$f_n = \frac{nv_{\text{음속}}}{2L}$$

$$n = 1, \ 2, \ 3, \ \cdots$$

• 폐관에서의 정상파 : 한 끝만 열려 있으면 홀수 차수의 조화모드만 생긴다.

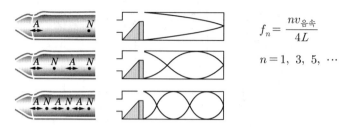

$$f_n = \frac{nv_{음속}}{4L}$$

$$n = 1, \ 3, \ 5, \ \cdots$$

• 기주공명 실험 : 대표적인 폐관에 의한 공명 장치이다. 위쪽은 열려있고 소리굽쇠 밑에 있는 관 수면의 높이를 조절하면 특정한 위치에서마다 소리굽쇠와 동일한 진동수가 공기 기둥에서 발생한다. 수면의 높이가 마디의 위치에 도달할 때마다 공명 현상이 일어나므로 눈에 보이지 않는 음파의 파장을 알아낼 수 있다. 첫 번째 공명의 수면위치를 y_1, 두 번째 공명의 수면위치를 y_2라고 하면 $\lambda = 2(y_2 - y_1)$이 된다.

④ 파동의 회절

 ㉠ 정의 : 파동이 진행하는 도중에 장애물을 만나면 파동의 일부가 원래의 진행 방향과는 다른 방향으로 넓게 퍼져서 전달되는 현상이다.

 ㉡ 회절 정도

> • 파장이 같을 때 슬릿의 폭이 좁을수록 회절하는 정도가 크다.
> • 슬릿의 폭이 일정할 때 파장이 길수록 회절하는 정도가 크다.

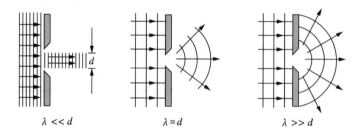

(1) 맥놀이 현상

① 의미 : 진동수가 약간 다른 음파가 관측자에 도달하면 시간에 따라 보강 간섭과 상쇄 간섭이 반복적으로 일어난다. 진폭은 $\dfrac{(f_1 - f_2)}{2}$ 진동수로 변하기 때문에 맥놀이 수 즉, 맥놀이 진동수는 이 값의 두 배가 된다.

② 수학적 표현

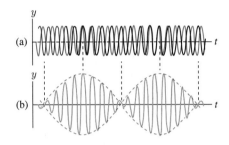

$$y_1 = A \cos w_1 t \qquad y_2 = A \cos w_2 t$$

$$y = y_1 + y_2 = A(\cos w_1 + \cos w_2 t)$$

$$\cos A + \cos B = 2 \cos \left[\frac{1}{2}(A - B) \right] \cos \left[\frac{1}{2}(A + B) \right]$$

$$y = 2A \cos \frac{1}{2}(w_1 - w_2)t \cos \frac{1}{2}(w_1 + w_2)$$

$$w' = \frac{1}{2}(w_1 - w_2) \qquad w = \frac{1}{2}(w_1 + w_2)$$

$$y = [2A \cos w't] \cos wt$$

$$w_{beat} = 2w' \, 2\frac{1}{2}(w_1 - w_2) = w_1 - w_2$$

$$f_{beat} = |f_1 - f_2|$$

(2) 도플러 효과

① 정의 : 자동차가 경적을 울리며 지나갈 때 정지해 있는 사람이 듣는 경적 진동수는 자동차가 접근하면 실제보다 높아지고, 멀어지면 낮아진다. 이처럼 음원이나 관측자가 이동하면서 음원에서 나오는 진동수를 들으면 원래 음원의 진동수와 다른 진동수를 관측하게 되는데, 이를 도플러 효과라고 한다.

② 여기에서는 음파의 진동수 변화만 다룬다. $v_{사}$는 관측자의 속력, $v_{자}$는 음원의 속력이다. 일직선상의 속력이며 부호를 결정하는 기준은 가까워지는 방향이면 $f > f_0$, 멀어지는 방향이면 $f < f_0$가 되도록 부호를 결정한다.

$$f - f_0 \left(\frac{V \pm v_{사}}{V \pm v_{자}} \right)$$

㉠ 음원은 정지하고 관측자가 이동할 때 : 음속의 상대속도가 변하고 파장의 변화는 생기지 않는다.

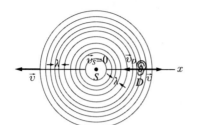

음속 $V = f_0 \lambda_0$

관측자의 음속의 상대속도 $V \pm v = f \lambda_0$

$$f = f_0 \frac{V+v}{V}$$

㉡ 관측자는 정지하고 음원이 이동할 때 : 파장의 변화가 생기고 음속의 변화는 없다.

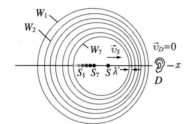

파장의 변화 $\lambda = \lambda_0 \pm \dfrac{v}{f_0}$

$$\lambda_0 = \frac{V}{f_0} \qquad \lambda = \frac{V}{f}$$

$$f = f_0 \frac{V}{V \pm v}$$

㉢ 초음속, 충격파 : 음원이 이동하는데 음속을 넘어가면 파면의 겹쳐진 부분을 지날 때 충격파가 발생한다.

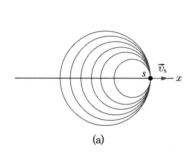

(a)

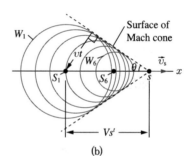

(b)

$$\sin\theta = \frac{vt}{v_s t} = \frac{v}{v_s} \qquad \text{마하수} : \frac{1}{\sin\theta} = \frac{v_s}{v}$$

13 | 광 학

01 기하광학

(1) 전자기파의 성질

① **전자기파** : 전기장과 자기장의 진동에 의해 전파해 나가는 파동으로, 매질이 없이도 전파가 가능하다. 전자기파는 파장에 따라 구분한다.

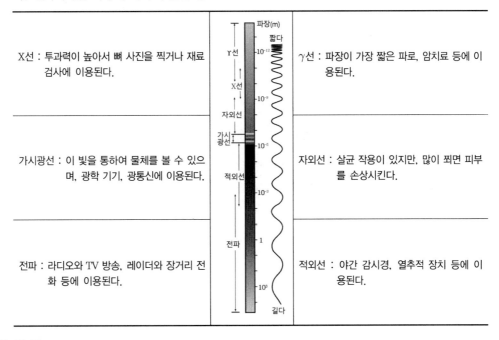

X선 : 투과력이 높아서 뼈 사진을 찍거나 재료 검사에 이용된다.		γ선 : 파장이 가장 짧은 파로, 암치료 등에 이용된다.
가시광선 : 이 빛을 통하여 물체를 볼 수 있으며, 광학 기기, 광통신에 이용된다.		자외선 : 살균 작용이 있지만, 많이 쬐면 피부를 손상시킨다.
전파 : 라디오와 TV 방송, 레이더와 장거리 전화 등에 이용된다.		적외선 : 야간 감시경, 열추적 장치 등에 이용된다.

② **특 징**

㉠ 빛은 파장에 관계없이 진공 중에서의 속력이 c(광속)로 항상 일정하다.

㉡ 매질이 다르면 빛의 속력도 변한다. 밀한매질에서는 빛의 속력이 느려진다.

㉢ 매질이 달라져도 각 빛의 진동수는 불변이다.

㉣ 매질이 달라지면 파장이 다른 빛은 굴절하는 정도가 달라진다.

(2) 빛의 굴절

① 굴절의 법칙(= 스넬의 법칙 = 페르마의 원리)

㉠ 절대 굴절률 : 진공에 대한 매질의 굴절률 $v = \dfrac{c}{n}$ 을 의미하며 절대 굴절률이 큰 매질일수록 빛의 속력이 느려진다.

진 공	공 기	물	기 름	특수유리	다이아몬드
1	1.00029	1.33	1.52	1.65	2.42

㉡ 상대 굴절률 : 매질 1에 대한 매질 2의 굴절률 = n_{12}을 상대 굴절률이라고 하며, 굴절할 때 전파속도와 파장은 변해도 진동수는 불변이다. 매질 I과 매질 II에서 굴절률 n, 빛의 속력 v, 파장 λ, 입사각과 굴절각의 관계를 정리한 것을 굴절의 법칙이라고 한다.

$$n_{12} = \frac{n_2(\text{매질 2의 절대굴절률})}{n_1(\text{매질 1의 절대굴절률})} = \frac{V_1}{V_2} = \frac{\lambda_1}{\lambda_2} = \frac{\sin i(\text{입사각})}{\sin r(\text{굴절각})}$$

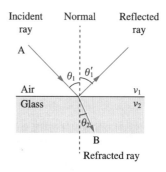

㉢ 활 용

- 아래 그림처럼 매질들의 경계면이 평행할 때 처음 입사하는 매질에서의 굴절률과 마지막 매질의 굴절률이 동일하면 처음 입사각 θ_1과 마지막 굴절각 θ_3 또는 θ_4는 동일한 값을 갖는다.

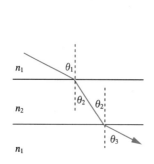
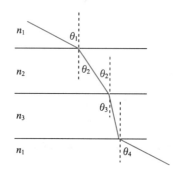

• 아래 그림처럼 매질들의 경계면이 평행할 때 중간의 매질을 제거하더라도 처음 입사각 θ_1과 마지막 굴절각 θ_3값은 변함이 없다.

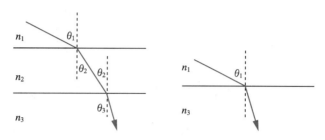

② **최소시간경로(= 페르마의 원리 = 스넬의 법칙 = 굴절의 법칙)** : 빛이 매질이 다른 두 지점을 이동할 때는 가장 짧은 시간 경로로 진행한다. 굴절의 법칙에서 상대 굴절률을 구하는 식과 동일한 결과가 나오게 된다. P점에서 y축에 수직으로 법선을 긋고 입사각을 θ_1, 굴절각을 θ_2라 놓으면 다음과 같은 식을 만족한다.

$$\frac{\sin\theta_1}{\sin\theta_2} = \frac{\dfrac{y}{\sqrt{y^2+d_1^2}}}{\dfrac{s-y}{\sqrt{(s-y)^2+d_2^2}}} = \frac{v_1}{v_2}$$

또한 육지에서 이동시간을 t_1, 바다에서 이동시간을 t_2라 하면 총 걸린 시간 $T=t_1+t_2$이 최소가 되는 $\dfrac{dT}{dy}=0$을 이용하여 위와 동일한 식을 얻을 수도 있다. 여기서 $t_1=\dfrac{\sqrt{y^2+d_1^2}}{v_1}$이고, $t_2=\dfrac{\sqrt{(s-y)^2+d_2^2}}{v_2}$이다.

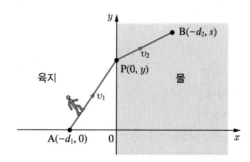

③ **겉보기 깊이** : 굴절에 의해서 물체가 실제보다 떠 보이는 현상(소한매질에서 밀한매질 속의 물체를 보면 물체가 떠 보인다)

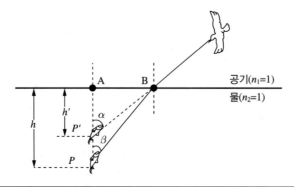

$$\text{겉보기 깊이 } h' = \frac{h}{n}$$

④ **전반사** : 굴절률이 큰 매질에서 굴절률이 작은 매질로 입사될 때, 입사각이 두 매질에 의한 임계각 θ_c보다 큰 각으로 입사되면 매질의 경계면에서 전부 반사되는 현상이다. 반사율이 100%이므로 먼 곳까지 정보를 전달하는 광통신이나 잠수함의 잠망경, 위내시경 등에 사용된다.

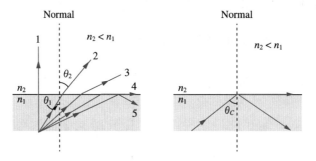

㉠ 전반사가 일어날 조건
- 밀한매질 → 소한매질
- 입사각 > 임계각(θ_c)

㉡ 임계각(θ_c) : 굴절각(θ_r)이 90°가 되는 입사각의 크기

$$\therefore \ \sin\theta_c = \frac{n_2}{n_1} = \frac{1}{n}$$

⑤ **빛의 분산**

㉠ 의미 : 매질 내에서 빛의 속도는 파장에 따라 다르기 때문에 굴절되는 정도가 달라 여러 가지 색으로 나뉘는 현상을 의미한다. 가시광선의 스펙트럼이 대표적인 현상으로 색깔의 파장에 따라 다르기 때문에 나타난다.

㉡ 무지개 : 분산의 가장 좋은 예

(3) 광학기기(거울, 렌즈)

① 상의 종류

　ⓞ 실상과 허상 : 빛이 실제로 모여서 생기는 상을 실상, 반사(굴절) 광선의 연장선이 모여서 맺힌 상을 허상이라고 한다. 거울인 경우는 거울 앞에 생기는 상이 실상, 거울 뒤에 생기는 상이 허상 이다. 렌즈인 경우는 반대로 렌즈 뒤에 생기는 상이 실상, 렌즈 앞에 생기는 상이 허상이다. 부호로도 결정하는데 실상은 +부호로, 허상은 −부호로 약속한다.

　ⓛ 도립상과 정립상 : 거꾸로 보이는 상을 도립상, 똑바로 보이는 상을 정립상이라고 한다.

　ⓒ 확대상과 축소상 : 물체보다 크게 보이는 상, 물체보다 작게 보이는 상을 각각 일컫는다.

② 거울에 의한 상

　ⓞ 평면거울에 의한 상

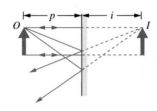

- 상은 실물과 동일한 크기의 허상
- 상은 거울 뒤로 물체와 대칭
- 거울에 직각으로 운동(상대속력) : 물체의 속력 v → 상의 속력 $2v$
- 전신을 볼 수 있는 거울크기 : 전신의 $\frac{1}{2}$

　ⓛ 볼록거울에 의한 상

거울(렌즈) 공식　$\dfrac{1}{u}+\dfrac{1}{b}=\dfrac{1}{f}=\dfrac{2}{r}$　배율 $m=\left|\dfrac{b}{u}\right|$

- a : 물체와 렌즈 사이의 거리
- b : 상의 거리 ($b > O$: 도립실상, $b < O$: 정립허상)
- f : 초점거리($f > O$: 볼록렌즈 오목거울, $f < O$: 볼록거울 오목렌즈)

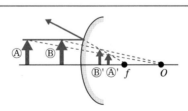

- 상의 위치 : 항상 축소된 정립허상이 거울 뒤에 생긴다.
- 상의 작도법
  - 거울의 중심을 향하여 입사한 광선을 같은 경로로 반사한다.
  - 거울 축에 나란하게 입사된 광선을 반사 후 허초점에서 나온 빛처럼 반사한다.
  - 허초점을 향하여 입사한 광선은 반사 축과 나란하다.
  - 거울 중심으로 입사한 광선은 같은 각으로 반사한다.

- $\dfrac{1}{a} - \dfrac{1}{b} = -\dfrac{1}{f}$

- 배율(m) : $m = \dfrac{b}{a}$

ⓒ 오목거울에 의한 상

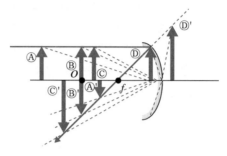

- 물체의 위치에 따른 상의 위치

물체의 위치	거울~f	f	$f \sim O$	O	$O \sim$
상의 종류	확대 허상	상이 생기지 않음	확대 실상	실 상	축소 실상
상의 위치	거울 뒤	상이 생기지 않음	거울 앞 ~O	O	$O \sim$

- 상의 작도법
  - 경심을 통과한 입사 광선을 같은 경로로 반사한다.
  - 구면 축에 나란하게 입사된 광선을 반사 후 초점을 지난다.
  - 초점을 통과한 광선은 반사 후 광축에 나란하다.
  - 거울 중심으로 입사한 광선은 같은 각으로 반사한다.

- $\dfrac{1}{a} + \dfrac{1}{b} = \dfrac{1}{f}$ (허상일 때 : $b < 0$)

- 배율(m) : $m = \dfrac{b}{a}$

③ 렌즈에 의한 상

ⓐ 오목렌즈 : 볼록거울과 같은 결과

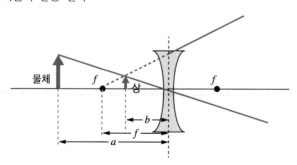

- 허초점(f) : 평행광선의 연장선이 보이는 점
- 상의 종류 : 언제나 축소된 정립허상

- 오목렌즈에 의한 상의 작도법
  - 렌즈를 지나는 광선은 두꺼운 쪽으로 굴절한다.
  - 축에 평행하게 압사한 빛은 초점에서 나오는 빛처럼 진행한다.
  - 렌즈의 중심을 지나는 빛은 그대로 직행한다.
  - 초점을 향하여 입사한 빛은 광축에 나란하게 진행한다.

- $\dfrac{1}{a} - \dfrac{1}{b} = -\dfrac{1}{f}$

- 배율(m) : $m = \dfrac{b}{a}$ (거울과 동일)

ⓛ 볼록렌즈 : 오목거울과 같은 결과

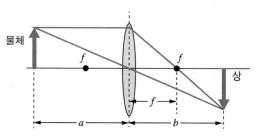

- 실 초점(f) : 평행 광선이 굴절하여 지나는 점
- 볼록렌즈에 의한 상의 작도법
  - 렌즈를 지나는 광선을 두꺼운 쪽으로 굴절한다.
  - 축에 평행하게 압사한 빛은 굴절 후 초점을 지난다.
  - 렌즈의 중심을 지나는 빛은 그대로 직진한다.
  - 초점을 지난 빛은 굴절 후 광축에 평행하게 나간다.

- $\dfrac{1}{a} + \dfrac{1}{b} = \dfrac{1}{f}$

- 배율(m) : $m = \dfrac{b}{a}$ (거울과 동일)

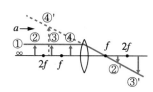
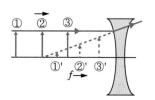

구 분	$a=\infty$	$\infty > a > r$	$a = r$	$r > a > f$	$a = f$	$f > a$
볼록렌즈	점	축소 도립 실상	같은 크기 도립 실상	확대 도립 실상	상이 생기지 않음	확대 정립 허상
오목렌즈	항상 축소 정립 허상					

ⓒ 실제로 렌즈에서 굴절은 두 번 일어난다. 렌즈로 들어갈 때 한 번, 렌즈에서 나올 때 또 한 번
일어난다.

(1) 빛의 회절 간섭(빛이 파동임을 증명)

① 이중슬릿에 의한 간섭무늬 : 회절과 간섭현상을 통해 빛의 파동성을 증명하는 실험이다.

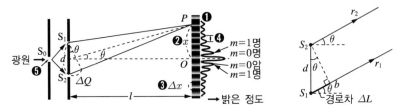

㉠ 스크린에 나타난 간섭무늬 사이 간격(Δx)

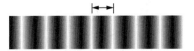
▲ 무늬 사이 간격이 넓은 경우

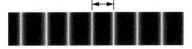
▲ 무늬 사이 간격이 좁은 경우

㉡ 스크린의 위치(x)에 따른 밝기($l \gg d$)

• 보강 간섭(밝은 무늬)

$$경로차(광로차)\ \Delta = |S_1 P - S_2 P| = \frac{\lambda}{2}(2m)\,(m = 0,\ 1,\ 2,\ 3 \cdots)$$

• 상쇄 간섭(어두운 무늬)

$$경로차(광로차)\ \Delta = |S_1 P - S_2 P| = \frac{\lambda}{2}(2m+1)\,(m = 0,\ 1,\ 2,\ 3 \cdots)$$

㉢ 이웃한 밝은 무늬 사이의 간격

$$무늬\ 사이\ 간격\ \Delta x = \frac{L\lambda}{d}$$

㉣ 빛의 파장 구하기 : $\lambda = d\dfrac{\Delta x}{L}$

㉤ 단일슬릿의 역할 : 단일슬릿은 이중슬릿에 도달하는 두 빛의 위상을 같게 하여 시간에 따라 변하지 않는 간섭무늬를 얻게 해준다. 레이저광은 이중슬릿에 바로 비추어도 일정한 간섭무늬를 얻을 수 있다.

㉥ 간섭무늬 사이 거리 증명 : $L \gg d$인 경우 r_1의 빛과 r_2의 빛이 평행하고 중심축과 θ의 각도를 이룬다고 근사할 수 있다. 또한 θ가 굉장히 작은 경우 $\sin\theta \approx \tan\theta$로 근사할 수 있다. $\Delta L = d\sin\theta \approx d\tan\theta = d\dfrac{\Delta x}{L}$이고, 중앙으로부터 첫 번째 밝은 무늬의 위치를 P점으로 놓는다면 $\Delta L = \lambda$이다. 위 식을 정리하면 $\Delta x = \dfrac{L\lambda}{d}$을 얻을 수 있다.

② 단일슬릿에 의한 회절무늬

　㉠ 단일슬릿에 의한 무늬 형성

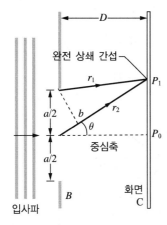

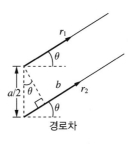

너비가 $\dfrac{a}{2}$ 인 두 영역의 끝점에서 나오는 파동들은 화면 C 위의 점 P_1에서 완전 상쇄 간섭을 일으킨다. 위의 그림에서 $D \gg a$인 경우 빛 r_1과 r_2는 중심축에 대해 θ의 각도를 이루며 거의 나란하다.

　㉡ 단일슬릿의 무늬가 이중슬릿과 다른 점
　　• 중앙의 밝은 무늬의 폭이 이중슬릿 무늬의 두 배가 된다.
　　• 이중슬릿에서 밝은 무늬와 어두운 무늬의 위치가 반대가 된다.

③ 이중슬릿과 단일슬릿의 두 가지 효과

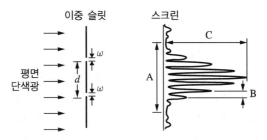

　㉠ 무늬 간격 : 이중슬릿에 의한 경로차는 $\Delta = d\sin\theta$이고, 단일슬릿에 의한 경로차는 $\Delta = w\sin\theta$ 이다. 두 무늬 중 작은 무늬간격 B와 큰 무늬 사이 간격 A가 있는데 B는 이중슬릿에 의한 간섭무늬가 되고, A는 단일슬릿에 의한 무늬로 결정된다. 그러면 다음과 같은 식을 만족한다.

$$\mathrm{B} = \frac{L\lambda}{d} \qquad \frac{\mathrm{A}}{2} = \frac{L\lambda}{w}$$

　㉡ d와 w의 관계 : 단일슬릿에 의한 첫 번째 극소점은 경로차 $\Delta = w\sin\theta = \lambda$가 되고 이중슬릿에 의한 N번째 보강 간섭의 경로차는 $\Delta = d\sin\theta = N\lambda$가 된다. 단일슬릿에 의한 첫 번째 무늬와 이중슬릿에 의한 N번째 보강 간섭 무늬가 일치한다면 다음과 같은 식이 만족된다.

$$\frac{d}{w} = N$$

④ 얇은 막에 의한 간섭 : 햇빛이 비눗방울이나 기름박막에 비칠 때 보이는 색깔들은 투명한 박막의 앞면과 뒷면으로부터 반사되는 빛들의 간섭에 의한 것이다.

⊙ 공기의 굴절률 = 1, $n_A < n_B$, $\theta = 0°$인 경우 : 첫 번째 경계면에서 반사되는 R_1은 고정단 반사, 두 번째 경계면에서 반사되는 R_2도 고정단 반사를 하게 된다. $\Delta = 2d = \dfrac{\lambda}{2}(2m)$인 경우는 보강 간섭을 하고, $\Delta = 2d = \dfrac{\lambda}{2}(2m-1)$이면 상쇄 간섭을 한다.

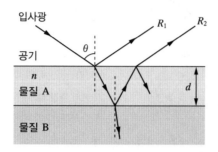

ⓛ 공기의 굴절률 = 1, $n_A > n_B$, $\theta = 0°$인 경우 : 첫 번째 경계면에서 반사되는 R_1은 고정단 반사, 두 번째 경계면에서 반사되는 R_2는 자유단 반사를 하게 된다. $\Delta = 2d = \dfrac{\lambda}{2}(2m)$인 경우는 상쇄 간섭을 하고, $\Delta = 2d = \dfrac{\lambda}{2}(2m-1)$이면 보강 간섭을 한다.

(2) 빛의 편광(빛이 횡파임을 증명)

① 의미 : 자연광(빛)은 모든 가능한 방향으로 진동한다. 그러나 얇은 전기 석판이나 폴라로이드판은 그 내부구조에 의해 정해지는 결정축 방향으로 진동하는 빛만을 통과시키는 성질이 있다. 이와 같이 어떤 특정한 한 방향으로 진동하는 빛만 통과시키는 판을 편광판이라 하고, 하나의 편광판을 통과한 빛은 어느 특정한 방향으로만 진동하는 빛이 되며 이와 같은 빛을 편광이라 한다.

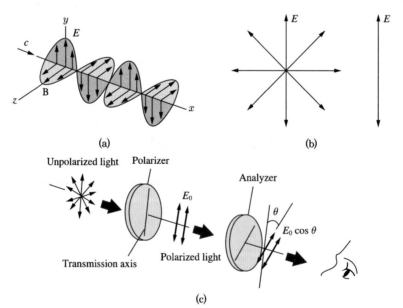

편광과 자연광은 맨 눈으로는 구별이 불가능하다. 다음 그림과 같이 편광판을 회전시키면서 빛을 관측하면 자연광과 편광의 구분이 가능하다. 임의의 빛에 대해 편광판을 놓고 회전시켰을 때 빛의 세기가 일정하면 자연광이고, 빛의 세기가 주기적으로 변하면 편광이 된다.

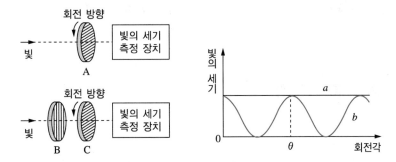

② **반사광과 굴절광의 편광** : 편광을 만드는 방법으로 편광판을 통과시키는 것 외에 반사가 될 때 편광을 만들 수 있다. 이때 반사광이 편광이 될 때의 입사각을 브루스터 각(θ_B)이라고 한다. 반사각과 굴절각의 합이 90°를 만족할 때 반사광의 편광이 만들어진다. 그러면 굴절의 법칙을 이용하면 다음과 같은 식을 만족한다.

$$\tan\theta_B = \frac{n_2}{n_1}$$

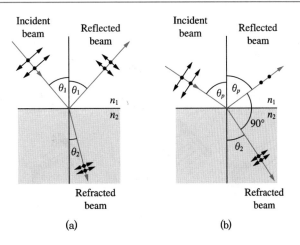

14 | 현대물리

01 빛과 물질의 이중성

(1) 광전효과

1905년 아인슈타인이 플랑크의 양자설을 도입하여 인류 최초로 빛이 입자적인 성질을 지닌다는 것을 증명한 실험이다.

① 광전효과 이론

　㉠ 현상 : 빛에 의해 금속 내부 전자가 방출되는 현상

　㉡ 검전기를 이용한 광전효과의 확인

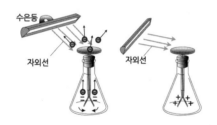

(−)로 대전된 검전기	(+)로 대전된 검전기
금속박 오므라듦	변화 없음

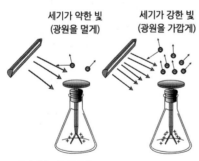

세기가 약한 빛
(광원을 멀게)

세기가 강한 빛
(광원을 가깝게)

금속박이 조금 벌어짐
(튀어나가는 광전자의 수가 적음)

금속박이 많이 벌어짐
(튀어나가는 광전자의 수가 많음)

(가) 빛의 세기를 변화시킬 때

한계 진동수 이하
(긴 파장)

금속박이 벌어지지 않음
(광전자가 튀어나가지 않음)

한계 진동수 이상
(짧은 파장)

금속박이 벌어짐
(광전자가 튀어나감)

(나) 빛의 진동수를 변화시킬 때

ⓒ 광전효과의 특징 : 빛의 입자성 증명

구 분	빛이 파동일 경우 예상	광전효과 결과
빛의 진동수	방출 광전자수∝빛의 세기	어떤 특정 진동수보다 작으면 아무리 강한 빛이라도 방출이 안 된다.
광전자 최대운동 E	$E_k ∝$ 빛의 세기	빛의 세기와 관계없다. $E_k ∝$ 빛의 진동수
빛의 세기	빛의 세기가 약하면 광전자 방출 시 시간이 필요하다.	세기가 약해도 한계 진동수보다 크면 즉시 방출된다. 단위시간당 광전자의 수∝빛의 세기

ⓔ 광양자설 : 빛을 파동이 아니라 입자로 생각해서 광전효과를 잘 설명할 수 있다.

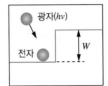 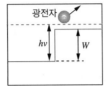 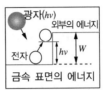 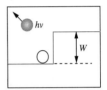

에너지 $hv(>W)$인 광자가 금속 표면으로 입사하고 있다.

광자의 에너지를 흡수한 광전자가 금속 표면에서 탈출한다.

에너지 $hv(<W)$인 광자가 금속 표면으로 입사하고 있다.

광전자가 광자를 방출하면서 다시 원래의 상태로 되돌아간다.

▲ 한계 진동수 이상의 빛이 입사한 경우   ▲ 한계 진동수 이하의 빛이 입사한 경우

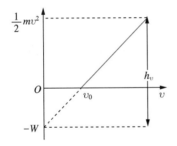

광자가 갖는 에너지	$E = hf$
광전자의 최대운동 E	$hf = W + E_k$
일함수	$W = hf_0 = h\dfrac{c}{\lambda_0}$

ⓕ 1eV(전자볼트) : 전위차가 1V인 두 점 사이에서 전자 또는 양성자 1개가 갖는 위치 에너지의 차이. $1\text{eV} = 1.6 \times 10^{-19}\text{C} \times 1\text{V} = 1.6 \times 10{-19}\text{J}$

② 광전효과 실험

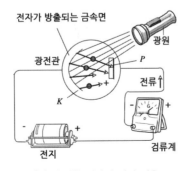 

(가) 순방향 전압이 걸린 경우   (나) 역방향 전압이 걸린 경우

순방향 전압	역방향 전압
• 어느 전압에 이르면 광전류 일정 • 광전류 최댓값 ∝ 빛의 세기	전기장이 광전자에 한 일(eV_0) = 광전자 최대운동에너지($\frac{1}{2}mv^2$)

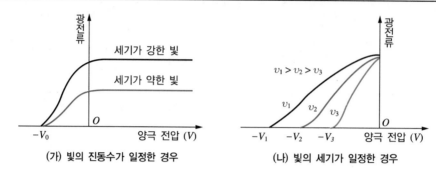

(가) 빛의 진동수가 일정한 경우   (나) 빛의 세기가 일정한 경우

- 정지전압(V_0) : 광전류가 더 이상 흐르지 않을 때의 전압
- 정지전압이 한 일 = 광전자의 최대운동에너지

$$eV_0 = \frac{1}{2}mv_{\max}^2$$

(2) 드브로이의 물질파

1923년 드브로이는 파동이라고 생각했던 빛이 입자성을 나타낸다면, 반대로 전자와 같은 물질 입자도 파동성을 나타낼 수 있을 것이라는 가설을 제안하였다.

① 입자가 가지는 파동

$$\lambda = \frac{h}{p} = \frac{h}{mv}$$

플랑크 상수($h = 6.6 \times 10^{-34} J \cdot s$)

② 전자의 물질파 파장

$$eV = \frac{1}{2}mv^2 \qquad mv = \sqrt{2meV} \qquad v = \sqrt{\frac{2eV}{m}}$$

$$\lambda = \frac{h}{mv} = \frac{h}{\sqrt{2meV}} = \frac{h}{\sqrt{2mE_k}}$$

③ 전자의 파동성 실험 : 데이비슨–거머의 전자선 회절 간섭 실험

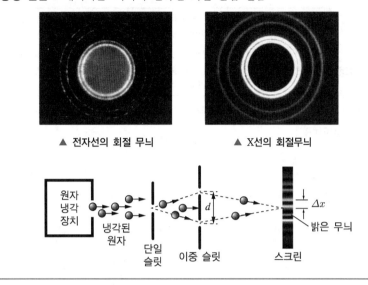

▲ 전자선의 회절 무늬   ▲ X선의 회절무늬

$$\lambda = \frac{h}{mv} \text{ 와 } \Delta x = \frac{L\lambda}{d} \text{ 을 이용}$$

(3) 콤프턴 효과

① 의미 : 1923년 콤프턴은 그림과 같은 장치로 파장이 짧은 X선을 탄소로 만들어 흑연판에 쪼이는 실험을 하였다. 이때 X선은 탄소 안에 있는 전자들에 의해 산란된다. 전자기파 이론에 의하면 산란된 X선의 파장은 처음 입사된 X선의 파장과 같아야 한다. 그러나 실제 실험의 결과는 산란된 X선의 파장이 더 길게 나타났으며, 산란된 각도가 더 클수록 더 길어진다는 것이 발견되었다. 이러한 현상을 콤프턴 효과라고 한다.

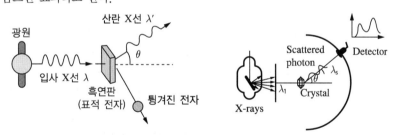

$$\Delta\lambda = \lambda' - \lambda = \frac{h}{mc}(1-\cos\theta)$$

② 콤프턴 효과의 설명

파동설에 의한 설명	빛의 본성을 파동이라고 생각하면 입사되는 X선이나 산란되어 나오는 X선의 파장이 같아야 하므로 모순된다.
광량자설에 의한 설명	빛의 본성을 광량자로 보고 그 광량자가 금속의 전자와 충돌할 때 전자의 운동에너지를 준 만큼 광량의 운동에너지가 작아졌다고 생각하면 빛의 파장이 길어지는 효과를 설명할 수 있다.

③ 광자와 전자와의 이차원 탄성충돌로 해석함으로써 X선 산란실험을 성공적으로 설명했다(상대론적 효과는 무시한다).

   ㉠ 에너지 보존 : $h\dfrac{c}{\lambda} = h\dfrac{c}{\lambda'} + K$

   ㉡ 운동량 보존 : $\dfrac{h}{\lambda} = \dfrac{h}{\lambda'}\cos\theta + p\cos\phi$ $\qquad$ $\dfrac{h}{\lambda'}\sin\theta = p\sin\phi$

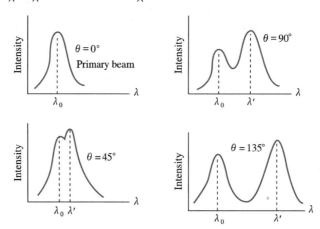

   $\theta = 0°$, $45°$, $90°$, $135°$에서 콤프턴 산란에 대한 산란된 X선 강도와 파장 그래프 : 산란된 X선의 파장은 θ(산란각)가 클수록 길어진다.

④ 빛의 이중성

   ㉠ 빛의 파동성 : 이중 슬릿에 의한 빛의 간섭, 단일 슬릿에 의한 빛의 회절 등 간섭과 회절은 파동에서만 일어날 수 있는 특성으로 파장이 긴 빛일수록 잘 나타난다.

   ㉡ 빛의 입자성 : 자외선을 금속에 비추었을 때 광전자가 튀어나오는 광전효과, 흑연판에 쪼인 X선이 산란 후 파장이 긴 X선이 되는 과정을 설명한 콤프턴 효과는 빛을 운동량을 갖는 입자(광량자)로 가정해야 설명할 수 있으며, 이 두 효과는 파장이 짧은 빛일수록 잘 나타난다.

   ㉢ 빛의 이중성 : 모든 광학적 현상은 전자기파 이론과 빛의 광량자 이론 중 어느 하나로는 설명이 가능하다. 그러나 이 두 가지 이론을 동시에 적용해야 설명이 가능한 광학적 현상은 없다. 따라서 빛은 파동의 성질과 입자의 성질을 모두 가지고 있다고 보아야 하며, 이것을 빛의 이중성이라고 한다.

(1) 전자의 발견

① **음극선(Cathode ray)** : 진공 방전관의 (−)극으로부터 어떤 종류의 입자들이 방출

② **음극선의 성질**

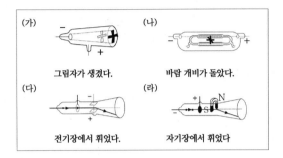

③ **톰슨의 비전하($\frac{e}{m}$) 측정** : 속도선택기를 이용하여 비전하값을 측정

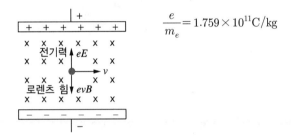

$$\frac{e}{m_e} = 1.759 \times 10^{11} \text{C/kg}$$

④ **기본 전하량 측정(밀리컨)** : 중력과 전기력의 힘의 평형 관계

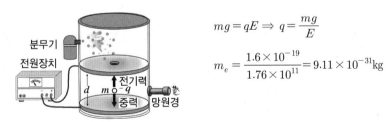

$$mg = qE \Rightarrow q = \frac{mg}{E}$$

$$m_e = \frac{1.6 \times 10^{-19}}{1.76 \times 10^{11}} = 9.11 \times 10^{-31} \text{kg}$$

(2) 원자 모형

① **톰슨의 원자 모형** : 원자는 지름 $10^{-10}m$ 정도의 구형으로 전체에 양전하가 골고루 분포하고 그 속에 음(−)전하를 가진 전자가 박혀 있다(러더퍼드의 α입자 산란실험으로 부정된다).

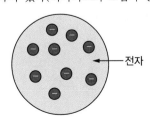

② 러더퍼드 원자 모형 : α입자 산란 실험으로 원자핵을 발견했다. 얇은 금박에 α입자 $_2^4He$를 입사시켰더니 대부분의 α입자는 통과하고 일부 α입자들이 튕겨 나오는 현상이 나타났는데, 이에 따라 대부분의 원자는 빈 공간이며 원자의 대부분의 질량이 (+)성질을 띤 원자핵이 존재함을 예언했다.

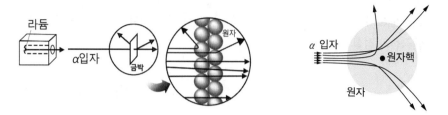

③ 러더퍼드 원자 모형의 모순
  ㉠ 원자의 안전성 : 전자가 가속운동하면 전자기파를 방출하기 때문에 에너지가 줄어 전자는 원자핵 속으로 끌려 들어간다(원자의 존재가 불가능하다).
  ㉡ 선스펙트럼 : 연속스펙트럼이 예측되나 선스펙트럼이 관찰된다.

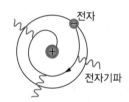

(3) 보어의 원자 모형

새로운 양자가설을 원자에 도입하여 러더퍼드 원자 모형의 모순점들을 해결하였다.

① 제1가설(양자조건) : 전자의 궤도 둘레가 전자의 물질파 파장의 정수배가 되어야 전자는 안정된 궤도를 유지한다.

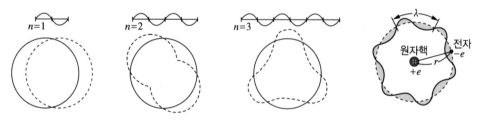

$$2\pi r = n\lambda = n\left(\frac{h}{mv}\right)[n = 1, \ 2, \ 3, \ 4, \ \cdots]$$

$rmv = \dfrac{nh}{2\pi}$ → 각운동량의 양자화

② 제2가설(진동수 조건) : 전자가 한 궤도에서 다른 궤도로 이동할 때, 두 궤도에서 전자가 갖고 있는 에너지의 차이에 해당하는 광양자를 방출 또는 흡수한다.

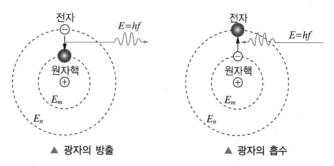

▲ 광자의 방출　　▲ 광자의 흡수

$$E_n - E_m = hf = \frac{hc}{\lambda}$$

③ 수소원자 모형

　㉠ 수소원자 내에서 전자는 원자핵의 정전기력을 구심력으로 원궤도 운동을 한다. 또한 양자조건의 식을 사용하면 전자의 n번째 궤도 반지름을 구할 수 있다.

$$\frac{mv^2}{r} = \frac{e^2}{4\pi\epsilon_0 r^2} \qquad 2\pi r_n = n\lambda = n\frac{h}{m_e v}$$

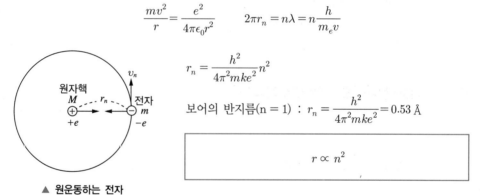

▲ 원운동하는 전자

$$r_n = \frac{h^2}{4\pi^2 mke^2}n^2$$

보어의 반지름(n = 1) : $r_n = \dfrac{h^2}{4\pi^2 mke^2} = 0.53 \, \text{Å}$

$$r \propto n^2$$

　㉡ 에너지 준위

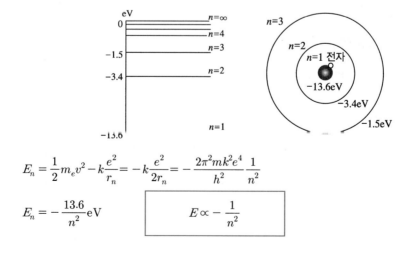

$$E_n = \frac{1}{2}m_e v^2 - k\frac{e^2}{r_n} = -k\frac{e^2}{2r_n} = -\frac{2\pi^2 mk^2 e^4}{h^2}\frac{1}{n^2}$$

$$E_n = -\frac{13.6}{n^2}\text{eV} \qquad \boxed{E \propto -\frac{1}{n^2}}$$

ⓒ 수소원자 선스펙트럼

- 에너지 준위가 E_n인 궤도에서 E_m인 궤도로 전자가 이동할 때 방출하는 에너지

$$hf = h\frac{c}{\lambda} = E_n - E_m = \frac{2\pi^2 mk^2 e^4}{h^2}\left(\frac{1}{m^2} - \frac{1}{n^2}\right) \rightarrow \frac{1}{\lambda} = \frac{E_n - E_m}{hc} = R\left(\frac{1}{m^2} - \frac{1}{n^2}\right)$$

$$\left[R = \frac{13.6}{hc} = 1.097 \times 10^7 m^{-1}\right](n = m+1,\ m+2,\ \cdots)$$

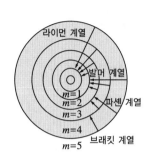
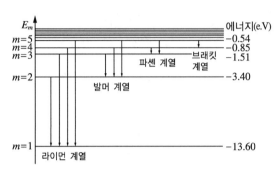

- $m = 1$: 라이먼 계열(자외선)
- $m = 2$: 발머 계열(자외선~가시광선)
- $m = 3$: 파셴 계열(적외선)
- $m = 4$: 브래킷 계열(적외선)

03 파동함수(ψ)와 확률밀도함수(ψ^2)

(1) 무한한 깊이의 우물에 갇힌 입자

① 상자 밖에서 입자를 발견할 확률은 0이고 상자 내부의 파동함수는 다음을 만족하게 된다.

$\Psi(x = 0) = 0$

$\Psi(x = L) = 0$

$\lambda = \dfrac{2L}{n}$

$\Rightarrow \Psi(x) = A\sin\left(\dfrac{2\pi}{\lambda}x\right) = A\sin\left(\dfrac{n\pi}{L}x\right)$

- $0 < x < L$인 공간에서 입자의 에너지

$\lambda = \dfrac{h}{p} = \dfrac{h}{\sqrt{2mE}}$ 와 $\lambda = \dfrac{2L}{n}$를 이용하면

$$p = \frac{nh}{2L}$$

$$E = \frac{h^2}{8mL^2}n^2$$

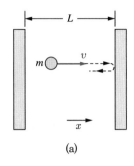
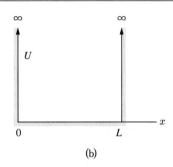

(a)   (b)

(a) 질량 m, 속도 v인 입자가 두 개의 투과할 수 없는 벽 사이에 갇혀 있다.

(b) 계의 위치에너지 함수

② **파동함수와 확률밀도함수** : 1차원 상자에 갇힌 입자의 첫 번째 세 개의 허용된 상태들. (a) $n = 1, 2, 3$인 경우의 파동함수. (b) $n = 1, 2, 3$인 경우의 파동함수의 제곱. 파동함수와 확률밀도는 명시성을 높이기 위해서 수직으로 분리된 축에 따라 그려져 있다. 위치에너지를 나타내는 이 축의 상대적인 위치는 각 상태에서의 에너지 차이를 나타낸다.

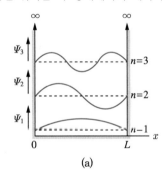
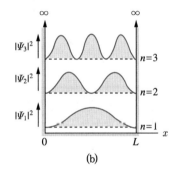

(a)   (b)

– 규격화 $\displaystyle\int_0^L |\psi|^2 \, dx = 1 \;\rightarrow\;$ 입자가 $0 < x < L$인 공간에서만 존재한다는 의미이다.

(2) 유한한 깊이의 우물에 갇힌 입자

① **터널링 효과** : 높이 U와 폭 L의 장벽을 왼쪽으로부터 입사하는 입자의 파동함수. 파동함수는 영역 I과 Ⅲ에서 삼각함수이지만 영역 Ⅱ에서는 지수함수적으로 감소한다.

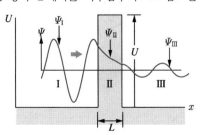

② 유한한 깊이 U와 길이 L의 우물에서의 위치 에너지. 입자가 우물에 갇혀 있다. 입자-우물계의
전체 에너지는 U보다 작다.

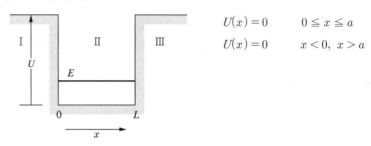

$$U(x) = 0 \qquad 0 \leq x \leq a$$
$$U(x) = 0 \qquad x < 0, \ x > a$$

③ 파동함수와 확률밀도함수 : (a) 파동함수와 (b) 파동함수의 제곱이 유한한 깊이의 위치. 우물에 갇
혀 있는 입자의 세 가지 에너지 상태에 대해서 표시되어 있다.

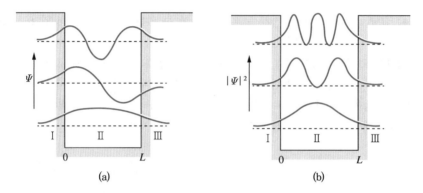

(a) (b)

(1) 구성 입자

중성자와 양성자는 통틀어서 핵자라고 부른다.

① **양성자** : (+)전하를 띠고 있으며 전자 질량의 약 1,836배인 1.6726×10^{-27}kg이다.

② **중성자** : 전기적으로 중성이며 1.6749×10^{-27}kg이다.

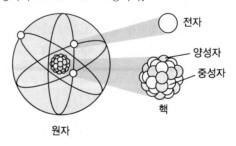

(2) 원자핵의 질량

① 원자번호(Z) : 원자핵을 구성하는 양성자의 개수

② 질량수(A) : 원자핵의 질량은 양성자의 정수배에 가까운 값이 되는데, 이러한 정수를 질량수라고 한다(질량수 = 양성자수 + 중성자수).

$$A = Z + N \qquad {}_{Z}^{A}X$$

③ 원자 질량 단위(u) : 탄소원자 ${}_{6}^{12}\text{C}$ 의 질량의 1/12을 기준으로 정한다.

$$1u = \frac{12 \times 10^{-3}\text{kg}}{6.02 \times 10^{-23}} \times \frac{1}{12} = 1.6606 \times 10^{-27}\text{kg}$$

(3) 동위원소

원자번호가 같아서 화학적 성질은 같으나 질량수가 다른 원소이다.

예 ${}_{1}^{1}\text{H}$, ${}_{1}^{3}\text{H}$ or ${}_{92}^{235}\text{U}$, ${}_{92}^{238}\text{U}$

(4) 원자핵의 인공 변환

안정한 원자핵에 α입자, 양성자 등을 충돌시켜 다른 원자핵으로 변화시킬 수 있다.

핵 반응식의 규칙 : 질량수 보존, 전하량 보존

$${}_{7}^{14}\text{N} + {}_{2}^{4}\text{He}(\alpha\text{선}) \quad \rightarrow \quad {}_{8}^{17}\text{O} + {}_{1}^{1}\text{H}(\text{양성자})$$

(5) 방사선

① 방사능 : 방사선을 방출하는 성질

② 방사선 : α, β, γ의 3종류가 있으며 다음과 같이 전기장, 자기장에 의해 분리된다.

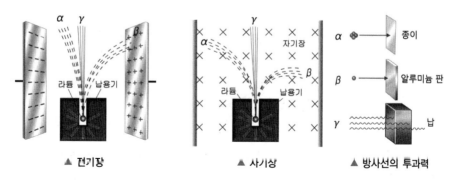

▲ 전기장 　　▲ 자기장 　　▲ 방사선의 투과력

③ 방사선의 성질

성 질 ＼ 종 류	α 선	β 선	γ 선
본 질	$_2^4$He 입자	전 자	전자기파
전하량	$+2e$	$-e$	중 성
정지질량	양성자 질량의 4배	양성자 질량의 1/1,840배	0
투과력	약	중	강
전기장과 자기장에 의한 진로	작게 휜다	크게 휜다	직진한다
방사선의 차단	종이 1장	알루미늄 4mm	납 5cm 두꺼운 콘크리트

(6) 방사능 붕괴

① α 붕괴 : 헬륨원자핵을 방출하기 때문에 원자번호는 2, 질량수는 4만큼 감소한다.

$$_{88}^{226}\text{Ra} \rightarrow \ _{86}^{222}\text{Rn} + _2^4\text{He}$$

② β⁻ 붕괴 : 원자핵 안의 중성자 1개가 양성자로 변하면서 전자 1개를 방출하기 때문에 원자번호는 1이 증가하나 질량수는 변하지 않는다.

$$_6^{14}\text{C} \rightarrow \ _7^{14}\text{N} + _{-1}^0\text{e}$$

③ **양전자 방출** : 원자핵 안의 양성자 1개가 중성자로 변하면서 양전자 1개를 방출하기 때문에 원자번호는 1이 감소하나 질량수는 변하지 않는다.

$$_6^{11}\text{C} \rightarrow \ _5^{11}\text{B} + _{+1}^0\text{e}$$

④ γ 붕괴 : 전자기파 방출(원자번호, 질량수 변화 없다)

(7) 반감기

① 반감기 : 모원소의 개수가 반으로 줄어들 때까지 걸리는 시간

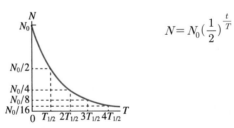

$$N = N_0 \left(\frac{1}{2}\right)^{\frac{t}{T}}$$

② 위의 식은 단위 시간당 붕괴되는 원자의 수가 현재의 방사성 원자의 수에 비례한다는 다음 식으로부터 유도된 것이다.

$$\frac{dN}{dt} = -\alpha N$$

(8) 결합 에너지

① **질량과 에너지의 등가 관계** : 핵반응에서는 반응 후 질량이 반응 전보다 감소하는 경우가 있는데 이를 질량 결손이라고 하고 질량이 결손된 만큼 에너지를 방출한다.

$$E = \Delta m c^2$$

② **질량결손(Δm)** : 원자핵 반응에서 반응 전후의 질량 차이다.

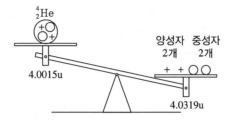

③ **결합에너지** : 핵자들을 따로따로 떼어 놓거나, 떨어져 있는 핵들이 결합할 때 흡수 또는 방출하는 에너지이다.

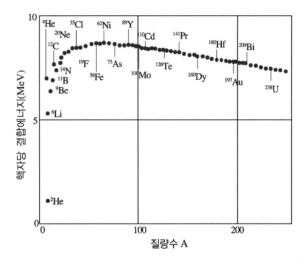

④ **핵분열과 핵융합**

　㉠ **핵분열** : 하나의 원자핵이 여러 개의 다른 원자핵으로 분열되는 현상이다.

$$^{235}_{92}U + ^{1}_{0}n \ \rightarrow \ ^{139}_{56}Ba + ^{94}_{36}Kr + 3^{1}_{0}n + 약200MeV$$

　㉡ **핵융합** : 질량이 작은 원자핵들이 반응하여 그보다 질량이 큰 원자핵으로 되는 현상이다.

$$4^{1}_{1}H \ \rightarrow \ ^{4}_{2}He + 2^{0}_{1}e + 24.7MeV$$

　㉢ **화학반응과 핵반응의 차이** : 화학반응은 원자 내의 전자의 재배치에 의해 반응하기 때문에 원자 당 수 전자볼트 정도의 에너지가 방출되지만 핵분열과 핵융합반응은 핵자당 수백만 전자볼트 정도의 막대한 에너지가 방출된다.

2024년 기출문제

01 그림과 같이 반지름이 R인 반구 모양의 면을 따라 움직이던 물체가 점 q에서 반구면으로부터 이탈된다. 점 p, q에서 물체의 운동에너지는 각각 E, $3E$이고, 반구의 중심 O와 q를 잇는 선분이 수평면과 이루는 각은 θ이다. $\sin\theta$는? (단, p, q는 반구면 상의 점이며, 물체의 크기와 모든 마찰은 무시한다)

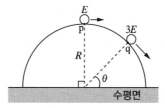

① $\dfrac{3}{5}$

② $\dfrac{13}{20}$

③ $\dfrac{7}{10}$

④ $\dfrac{3}{4}$

⑤ $\dfrac{4}{5}$

해설 원운동, 운동방정식

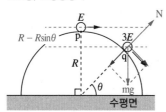

p와 q에서 운동에너지가 E, $3E$이므로 속력은 v와 $\sqrt{3}\,v$로 놓을 수 있다.

q에서의 속력은 에너지 보존에 의해 $mgR(1-\sin\theta)=\dfrac{1}{2}m3v^2-\dfrac{1}{2}mv^2=mv^2$ 이다. q점까지 원운동을 하

므로 구심력에 대한 운동방정식은 $mg\sin\theta - N = \dfrac{3mv^2}{R}$ 이고 두 식을 연립하면 $\sin\theta = \dfrac{3}{4}$ 이다.

02 그림 (가)와 같이 두 실 p, q로 연결된 물체 A, B, C가 도르래를 통하여 일정한 가속력 a로 운동하다가, (나)와 같이 어느 순간 p가 끊겨 B, C가 $2a$의 가속력으로 운동한다. A, C의 질량은 각각 $5m$, $2m$이고, (가), (나)에서 q가 B에 작용하는 장력은 각각 $T_{(가)}$, $T_{(나)}$이다. $\dfrac{T_{(나)}}{T_{(가)}}$는? (단, 실의 질량과 모든 마찰은 무시한다)

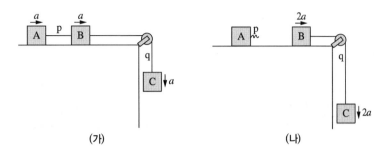

(가)   (나)

① $\dfrac{1}{2}$ ② $\dfrac{5}{3}$

③ $\dfrac{3}{4}$ ④ $\dfrac{7}{8}$

⑤ 1

해설 운동방정식

B의 질량을 M으로 놓고 운동방정식을 세우면

(가) (A + B + C) : $2mg = (7m + M)a$

(나) (B + C) : $2mg = (2m + M)2a$

에서 $M = 3m$이고, $a = \dfrac{1}{5}g$이다. 다시 각각 C에 대해 운동방정식을 세우면

(가) C : $2mg - T_{(가)} = 2m\dfrac{1}{5}g$에서 $T_{(가)} = \dfrac{8}{5}mg$이고,

(나) C : $2mg - T_{(나)} = \dfrac{6}{5}mg$에서 $T_{(나)} = \dfrac{6}{5}mg$이다. 그러므로 $\dfrac{T_{(나)}}{T_{(가)}} = \dfrac{3}{4}$이다.

03 서로 같은 속력으로 각각 등속운동을 하던 물체 A, B가 시간 $t=0$인 순간부터 서로 다른 가속도로 등가속도 운동하여 각각 $t=t_0$, $t=2t_0$인 순간에 정지하였다. A, B가 $t=0$인 순간부터 정지할 때까지 이동한 거리는 각각 s_A, s_B이다. $\dfrac{s_B}{s_A}$는?

① $\sqrt{2}$

② $\dfrac{3}{2}$

③ $\sqrt{3}$

④ 2

⑤ 4

> **해설** 등가속도 운동 공식
> 등가속도 운동 공식 $v = v_0 - at$에서 나중속력 $v=0$이고, 초기 속력이 같으며 정지할 때까지 걸린 시간이 1:2이므로 a는 2:1 이다. 그러므로 $2as = v^2 - v_0^2$에서 $v=0$이고, 초기 속력이 같고 a가 2:1이므로 s는 1:2가 된다.

04 그림은 길이가 L이고 선폭이 d인 직사각형 모양의 두께가 일정한 도체 띠에 직류 전류 I가 흐르고 있는 것을 나타낸 것이다. 도체 띠 평면에 수직으로 크기가 B인 균일한 자기장을 걸었을 때 선폭 양단 사이의 홀(Hall) 전압은 V_H이다. 다른 조건은 동일하고 선폭이 $2d$인 도체 띠에 직류 전류 I가 흐르고, 크기가 $4B$인 균일한 자기장을 걸었을 때 선폭 양단 사이의 홀(Hall) 전압은?

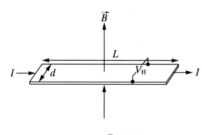

① V_H

② $2V_H$

③ $3V_H$

④ $4V_H$

⑤ $5V_H$

> **해설** 홀전압, 로렌츠힘
> 홀전압은 전하가 도체를 통해 운동할 때 전기력과 로렌츠힘이 같아져서 전압이 일정하게 유지될 때의 전압을 말한다.
> $q\dfrac{\Delta V_H}{d} = qv_dB$이므로 $V_H = Bv_d d$이다.
> 그런데 $v_d = \dfrac{I}{neS}$에서 S가 도체의 단면적이고 도체의 두께를 t라고 놓으면 $S = td$이다.
> 그러면 $V_H \propto B$이므로 4배가 된다.

05 시간에 따라 변하는 폐곡선 내부의 전기장 선속은 자기장을 유도하고, 폐곡선 내부에 변위전류를 유도한다. 반지름이 R인 원형 평행판 축전기가 시간에 따라 변하는 전류 i로 충전될 때, 평행판 사이 중심축으로부터 r만큼 떨어진 위치에 유도되는 자기장의 크기를 옳게 나타낸 것은? (단, μ_0는 진공의 투자율이며, 평행판 사이의 전기장은 매 순간 균일하고 가장자리 효과는 무시한다)

① $\dfrac{\mu_0 i}{2\pi R}$

② $\dfrac{\mu_0 i}{2\pi R^2}r$

③ $\dfrac{\mu_0 i}{\pi R^2}r$

④ $\dfrac{\mu_0 i}{2\pi R^3}r^2$

⑤ $\dfrac{\mu_0 i}{\pi R^3}r^2$

해설 자기력, 앙페르 맥스웰 방정식

앙페르 맥스웰 방정식에 의해 두 도체판이 충전되는 과정에서 도체판 사이의 전기장 변화를 변위전류(I_d)라 한다. 도체판 사이의 자기장의 방향은 변위 전류에 의한 자기장에 의해 형성된다(오른손 법칙). 변위전류에 의해 형성된 도체판 사이의 자기장 세기는 다음과 같이 결정된다.

$$B = \frac{\mu_0 I_d}{2\pi R^2}r$$

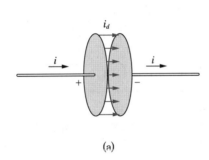

(a)

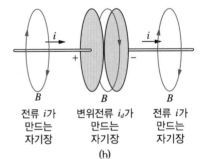

| 전류 i가 만드는 자기장 | 변위전류 i_d가 만드는 자기장 | 전류 i가 만드는 자기장 |

(h)

06 그림에서 회로에 흐르는 전류 I_1과 I_2로 옳은 것은?

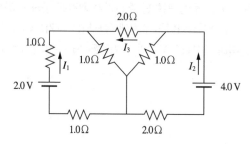

① $I_1 = 0.4A$, $I_2 = 1.2A$

② $I_1 = 0.4A$, $I_2 = 1.4A$

③ $I_1 = 0.4A$, $I_2 = 1.6A$

④ $I_1 = 0.6A$, $I_2 = 1.2A$

⑤ $I_1 = 0.6A$, $I_2 = 1.4A$

해설 키르히호프 전압규칙

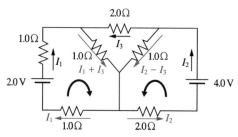

각 저항에 흐르는 전류를 그림과 같이 설정한 다음 키르히호프의 전압규칙을 적용한다.

왼쪽 폐회로를 시계방향으로 돌리면 $2 - 3I_1 - I_3 = 0$이고, 오른쪽 폐회로를 반시계방향으로 돌리면 $4 - 3I_2 + I_3 = 0$이고, 가장 바깥 폐회로를 반시계 방향으로 돌리면 $2 - 2I_3 + 2I_1 - 2I_2 = 0$이 된다. 세 식을 연립하면 $I_1 = 0.6A$, $I_2 = 1.4A$이다.

07 그림은 1 mol의 단원자 이상 기체의 상태가 A → B → C → A로 변하는 순환과정에서의 압력 P와 부피 V를 그래프로 나타낸 것이다. A → B, B → C, C → A는 각각 등압, 등적, 등온 과정이다. 이 순환과정에서 기체가 외부에 한 총 일은 W이다. $|W|$는?

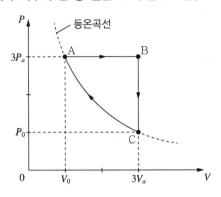

① $(6-3\ln3)P_0V_0$

② $(8-4\ln3)P_0V_0$

③ $(6-2\ln3)P_0V_0$

④ $(8-3\ln3)P_0V_0$

⑤ $(6-\ln3)P_0V_0$

해설 일의 양

한 순환 과정에서 한일의 양은 폐회로의 면적이다. A → B 과정에서 아래 면적은 $3P_0 2V_0$이고, C → D 과정에서 아래 면적은 $RT_0\ln3$이다. A점에서 온도를 T_0로 설정하면 $3P_0V_0 = RT_0$이므로 닫힌 도형의 면적은 $6P_0V_0 - 3P_0V_0\ln3 = P_0V_0(6-3\ln3)$이다.

08 다음은 팽팽한 두 줄에 생긴 가로 파동 P, Q의 높이 변화 y_P, y_Q를 위치 x와 시간 t의 함수로 각각 나타낸 것이다.

$$y_P(x,t) = a\sin(bx - ct), \quad y_Q(x,t) = 2a\sin(3bx - 2ct)$$

이에 관한 설명으로 옳은 것만을 〈보기〉에서 있는 대로 고른 것은? (단, a, b, c는 모두 양의 상수이다)

─────────── | 보기 | ───────────

ㄱ. 진폭은 Q가 P의 2배이다.

ㄴ. 파장은 Q가 P의 $\dfrac{1}{3}$배이다.

ㄷ. 속력은 Q가 P의 $\dfrac{3}{2}$배이다.

① ㄱ   ② ㄷ

③ ㄱ, ㄴ   ④ ㄴ, ㄷ

⑤ ㄱ, ㄴ, ㄷ

해설   파동함수

ㄷ. 파동의 속력은 $v = \dfrac{\lambda}{T} = \dfrac{w}{k} = \dfrac{각진동수}{파수}$이다. x앞의 계수가 파수, t앞의 계수가 각진동수이고 P의 속력은 $\dfrac{c}{b}$, Q의 속력은 $\dfrac{2c}{3b}$이므로 속력은 Q가 P의 $\dfrac{2}{3}$배이다.

ㄱ. $\sin$ 앞의 계수가 진폭이므로 Q가 P의 2배이다.

ㄴ. x앞의 계수가 파수이다. 파수는 $\dfrac{2\pi}{\lambda}$이므로 Q가 P의 $\dfrac{1}{3}$배이다.

09 원자핵에 갇힌 전자를 무한 퍼텐셜에 갇힌 자유 전자로 가정하여 공간에 갇힌 자유 입자의 양자화 현상을 정성적으로 이해할 수 있다. 폭이 $0.31nm$인 1차원 무한 퍼텐셜 장벽에 갇힌 자유 전자가 세 번째 에너지 준위의 들뜬 상태에서 첫 번째 에너지 준위(바닥상태)로 전이할 때 방출하는 광자의 에너지는? (단, m_e는 전자의 질량, h는 플랑크 상수, c는 빛의 속도일 때 $m_e c^2 = 0.50 MeV$이며, $hc = 1.24 \times 10^3 eV \cdot nm$이다)

① $12eV$ ② $24eV$

③ $32eV$ ④ $48eV$

⑤ $60eV$

> **해설** 양자 역학, 무한 우물
>
> 1차원 무한 우물속에 갇힌 입자의 양자화된 에너지는 $E_n = \dfrac{h^2}{8mL^2} n^2$이다. 그런데 문제에서 주어진 정보를 이용하면 $\dfrac{(hc)^2}{m_e c^2} = \dfrac{h^2}{m_e} = \dfrac{(1.24 \times 10^3)^2}{0.5 \times 10^6}$이므로 E_1을 구하면 $E_1 = \dfrac{(1.24 \times 10^3)^2}{8 \times 0.5 \times 10^6 \times (0.31)^2} \times 1 = 4eV$이다.
>
> 그러면 $E \propto n^2$이므로 $E_2 = 16eV$ $E_3 = 36eV$이다. 즉, 세 번째 들뜬 상태에서 바닥상태로 전이될 때 방출되는 에너지는 $E_3 - E_1 = 32eV$이다.

10 반도체 소자의 선폭이 $6.2nm$일 때 이 선폭과 동일한 파장을 가진 광자의 에너지는 E_γ이다. 진공 중에서 앞의 선폭과 동일한 파장의 드브로이(de Broglie) 물질파로 구현된 전자의 운동에너지는 E_e이다. E_γ와 E_e의 값으로 옳은 것은? (단, m_e는 전자의 질량, h는 플랑크 상수, c는 빛의 속도일 때 $m_e c^2 = 0.50 MeV$이며, $hc = 1.24 \times 10^3 eV \cdot nm$이다)

① $E_\gamma = 1.0 \times 10^{-2} eV, \ E_e = 4.0 \times 10^2 eV$

② $E_\gamma = 2.0 \times 10^{-2} eV, \ E_e = 2.0 \times 10^2 eV$

③ $E_\gamma = 1.0 \times 10^1 eV, \ E_e = 4.0 \times 10^{-2} eV$

④ $E_\gamma = 2.0 \times 10^2 eV, \ E_e = 2.0 \times 10^{-2} eV$

⑤ $E_\gamma = 2.0 \times 10^2 eV, \ E_e = 4.0 \times 10^{-2} eV$

> **해설** 드브로이의 물질파
>
> 반도체 소자의 선폭과 같은 파장의 광자 에너지는 $E_\gamma = \dfrac{hc}{\lambda} = \dfrac{1.24 \times 10^3}{6.2} = 2 \times 10^2 eV$이다. 문제에서 주어진 정보를 이용하면 $\dfrac{(hc)^2}{m_e c^2} = \dfrac{h^2}{m_e} = \dfrac{(1.24 \times 10^3)^2}{0.5 \times 10^6}$이므로 전자의 물질파 파장과 운동에너지와의 관계식 $\lambda = \dfrac{h}{\sqrt{2mE_e}}$에서 $E_e = \dfrac{h^2}{2m\lambda^2} = \dfrac{(1.24 \times 10^3)^2}{2 \times 0.5 \times 10^6 \times 6.2^2} = 4 \times 10^{-2} eV$이다.

2023년 기출문제

01 그림 (가)와 같이 실에 매달린 물체 A는 수평면에서 반지름 $\dfrac{l}{2}$ 인 등속 원운동을 하고, 물체 B는 수평면에서 정지해 있다. (가)의 실이 끊어져 그림 (나)와 같이 A가 B와 충돌한 후 한 덩어리가 되어 속력 v로 운동한다. A와 B의 질량은 각각 m과 $3m$이고, (가)에서 실과 수직축 사이의 각도는 30°이다. (가)에서 A에 작용하는 수직항력의 크기는? (단, 중력 가속도는 g이고, 실의 질량과 모든 마찰은 무시한다)

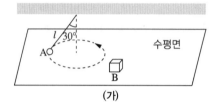
(가)

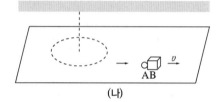
(나)

① $mg - 2\sqrt{3}\,\dfrac{mv^2}{l}$

② $mg - 4\sqrt{3}\,\dfrac{mv^2}{l}$

③ $mg - 8\sqrt{3}\,\dfrac{mv^2}{l}$

④ $mg - 16\sqrt{3}\,\dfrac{mv^2}{l}$

⑤ $mg - 32\sqrt{3}\,\dfrac{mv^2}{l}$

해설 원운동과 충돌

충돌 전 A의 속력 v_0는 운동량 보존에 의해 $mv_0 = 4mv$에서 $v_0 = 4v$이다. 실이 끊어지기 전 물체에 작용하는 힘 중에 장력의 원의 중심 방향 성분이 구심력의 역할을 하므로 구심력에 대한 운동방정식은 $T\cos60° = \dfrac{m(4v)^2}{\dfrac{l}{2}}$에서 $T = \dfrac{64mv^2}{l}$이다. A에 작용하는 y축성분의 힘의 합은 0이므로 $N + T\sin60° = mg$

에서 $N = mg - 32\sqrt{3}\,\dfrac{mv^2}{l}$이다.

02 그림과 같이 벽에 닿아 있는 길이 $3L$, 무게 mg인 막대를 두 사람이 당겨 수평을 유지한다. 두 사람이 당기는 힘의 크기의 비 $\dfrac{F_1}{F_2}$는? (단, 막대의 밀도는 불균일하고, 막대의 굵기와 벽의 마찰은 무시한다)

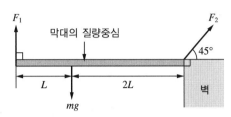

① $\dfrac{1}{2\sqrt{2}}$

② $\dfrac{1}{\sqrt{2}}$

③ 1

④ $\sqrt{2}$

⑤ $2\sqrt{2}$

해설 회전력, 정적평형

막대의 질량중심을 회전축으로 잡으면 $LF_1 = 2LF_2 \times \dfrac{1}{\sqrt{2}}$에서 $\dfrac{F_1}{F_2} = \sqrt{2}$이다.

03 그림 (가)와 같이 질량 72kg의 사람이 짐을 들고 수면과 동일한 높이의 얼음 위에 서 있다. 그림 (나)와 같이 짐을 물에 던졌더니 얼음 부피의 $\dfrac{1}{48}$이 수면 위로 떠올랐다. 짐의 질량(kg)은? (단, 물과 얼음의 밀도는 각각 ρ_w, $\dfrac{11}{12}\rho_w$이고, 얼음은 녹지 않는다)

(가) (나)

① 12

② 18

③ 24

④ 36

⑤ 48

해설 회전력, 정적평형

짐을 던지기 전 얼음과 사람과 짐의 중력에 부력과 힘의 평형상태이므로 얼음의 부피를 V로, 짐의 질량을 m으로 설정하면 $\dfrac{11}{12}\rho_W Vg + (72+m)g = \rho_W g V$이다. 짐을 던진 후에는 얼음과 사람의 중력의 새로운 부력과 힘의 평형을 이루므로 $\dfrac{11}{12}\rho_W Vg + 72g = \rho_W g \dfrac{47}{48} V$이므로 두 식을 정리하면 $m = 24$kg이다.

04 그림과 같이 고온저장고에서 열 $|Q_h|$를 흡수하여 W_1의 일을 하는 열기관1의 열효율이 0.4이다. 열기관1의 배기열 $|Q_m|$을 활용하기 위하여 $|Q_m|$을 다른 열기관2에 공급하였더니, 열기관2는 W_2의 일을 하고 열효율이 0.3이었다. 전체 열효율 $(W_1 + W_2)/|Q_h|$는?

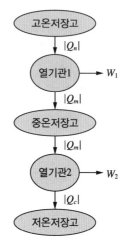

① 0.52

② 0.58

③ 0.63

④ 0.69

⑤ 0.75

해설 열역학, 열기관

열기관1 : $e = 0.4 = \dfrac{W_1}{Q_h} = 1 - \dfrac{Q_m}{Q_h}$ 에서 $Q_m = 0.6Q_h$ 이다.

열기관2 : $e = 0.3 = \dfrac{W_2}{Q_m} = 1 - \dfrac{Q_c}{Q_m}$

전체 열효율은 $\dfrac{(W_1 + W_2)}{Q_h} = \dfrac{W_1}{Q_h} + \dfrac{W_2}{Q_h} = 0.4 + \dfrac{W_2}{Q_m} \times 0.6 = 0.58$ 이다.

05 그림 (가)와 같이 전기용량 C_A, C_B인 축전기에 각각 전하량 Q_{A0}, Q_{B0}이 저장되어 있다. 그림 (나)와 같이 두 축전기의 단자 1과 2가 연결되고, 기전력 ε 인 전지와 연결되어 평형을 이룬 후 전기용량 C_A인 축전기에 저장된 전하량 Q_A는?

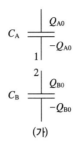

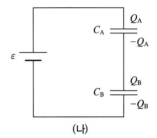

(가)   (나)

① $\dfrac{C_A C_B}{C_A + C_B}\varepsilon + \dfrac{(Q_{A0} - Q_{B0})C_A}{C_A + C_B}$

② $\dfrac{C_A C_B}{C_A + C_B}\varepsilon - \dfrac{(Q_{A0} - Q_{B0})C_A}{C_A + C_B}$

③ $\dfrac{C_A C_B}{C_A + C_B}\varepsilon + \dfrac{(Q_{A0} - Q_{B0})C_B}{C_A + C_B}$

④ $\dfrac{C_A C_B}{C_A + C_B}\varepsilon - \dfrac{(Q_{A0} - Q_{B0})C_B}{C_A + C_B}$

⑤ $\dfrac{C_A C_B}{C_A + C_B}\varepsilon$

해설 축전기

일단 C_A와 C_B가 반대 부호의 극판이 연결되었기 때문에 총 전하량은 $Q_{B0} - Q_{A0}$가 되고 이 총전하량을 전기용량의 비율대로 나누어 갖는다. 그러므로 C_A에 저장되는 전하량은 $(Q_{B0} - Q_{A0}) \times \dfrac{C_A}{C_A + C_B}$ 이고, 전원 장치 ε에 연결하면 두 축전기가 직렬이므로 공급되는 전하량은 동일하다. 합성전기용량이 $\dfrac{C_A C_B}{C_A + C_B}$ 이므로 $Q = \dfrac{C_A C_B}{C_A + C_B}\varepsilon$ 이다. 그러므로 C_A에 저장되는 최종 총 전하량은 $Q_{총} = \dfrac{C_A C_B}{C_A + C_B}\varepsilon + (Q_{B0} - Q_{A0}) \times$ $\dfrac{C_A}{C_A + C_B}$ 이다. $-$부호를 밖으로 꺼내면 $Q_{총} = \dfrac{C_A C_B}{C_A + C_B}\varepsilon + (Q_{A0} - Q_{B0}) \times \dfrac{C_A}{C_A + C_B}$ 가 된다.

06 그림과 같이 질량 3kg, 전하량 2C인 물체가 전위차 △V인 무한 평행판의 한쪽 판에서 정지해 있다가 직선 가속운동을 하고 다른 쪽 판을 통과한 후, 크기 4T로 균일한 자기장 영역에서 반지름 3m인 등속 원운동을 한다. 이때 △V는? (단, 중력은 무시한다)

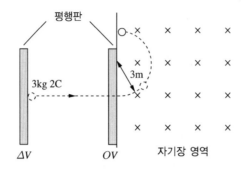

① 6V

② 12V

③ 16V

④ 32V

⑤ 48V

해설 자기력, 로렌츠힘

평행판 사이에서 전위차에 의해 가속되므로 $q\Delta V = \frac{1}{2}mv^2$ 이고 자기장내에서 로렌츠힘이 구심력의 역할을 하므로 $qvB = \frac{mv^2}{r}$ 이 된다.

즉, $\Delta V = 48\,V$이다.

07 그림과 같이 x축에 수직한 면을 경계로 하여 크기가 일정한 값 B로 균일한 자기장이 $\pm z$축 방향으로 나오고 들어가며, 한 변의 길이가 L인 정사각형 금속고리가 $+x$축 방향으로 등속도 운동하고 있다. 금속고리에 전류가 유도되지 않다가 시간 Δt 동안만 일정한 전류 I가 유도될 때, 금속고리의 저항은?

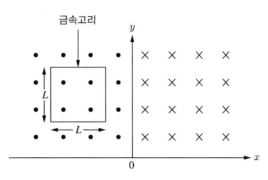

① $\dfrac{BL^2}{4I\Delta t}$

② $\dfrac{BL^2}{2I\Delta t}$

③ $\dfrac{BL^2}{I\Delta t}$

④ $\dfrac{2BL^2}{I\Delta t}$

⑤ $\dfrac{4BL^2}{I\Delta t}$

해설 자기력, 로렌츠 힘

유도전류는 자기장의 변화 $\Delta B = 2B$이므로 $I = \dfrac{2BLv}{R}$ 이고, 금속고리 내 자속이 변화될 때만 유도전류가 생기므로 $v = \dfrac{L}{\Delta t}$ 이다. 그러므로 $R = \dfrac{2BL^2}{I\Delta t}$ 이다.

08 그림과 같이 물체 O로부터 10cm 떨어진 곳에 두께 3cm, 굴절률 1.5인 평면유리가 놓여 있다. 평면유리에 의한 상의 위치로 옳은 것은? (단, 중심축과 이루는 각도 θ가 작을 때 $\sin\theta \simeq \tan\theta \simeq \theta$이다)

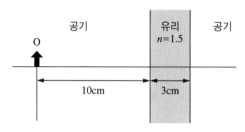

① O에서 평면유리 반대쪽으로 2cm

② O에서 평면유리 반대쪽으로 1cm

③ O에서 평면유리 쪽으로 1cm

④ O에서 평면유리 쪽으로 2cm

⑤ O에서 평면유리 쪽으로 3cm

[해설] 결상방정식

결상방정식 $\dfrac{n_1}{p} + \dfrac{n_2}{i} = \dfrac{n_2 - n_1}{r}$ 을 사용하는 문제이다. 경계면이 평면이면 $r = \infty$이고, 상까지의 거리 i는 (+)부호이면 물체와 반대편에, (−)부호이면 물체가 있는 쪽에 상이 생긴다. 물체로부터 첫 번째 면에 대한 식은 $\dfrac{1}{10} + \dfrac{1.5}{i_1} = 0$에서 $i_1 = -15$cm이므로 첫 번째 면에 대해 왼쪽으로 15cm인 곳에 상이 생기고, 이 상은 두 번째 면으로부터 18cm 떨어진 곳이다. 두 번째 면에 대한 식은 $\dfrac{1.5}{18} + \dfrac{1}{i_2} = 0$에서 $i_2 = -12$cm이다.

최종상은 두 번째 면으로부터 왼쪽으로 12cm인 곳에 생긴다. 그러므로 O에서 평면유리 쪽으로 1cm인 곳에 최종상이 생긴다.

09 관측자 A에 대한 관측자 B의 상대속도는 $\frac{12}{13}c$다. 이에 관한 설명으로 옳지 않은 것은?

(단, Lorentz 인자 $\gamma = \frac{13}{5}$ 이고, c는 진공에서의 빛의 속력이다)

① A와 B가 진공에서 각각 측정한 빛의 속력은 같다.

② B가 측정한 시간 τ가 고유시간일 때, A가 측정한 시간은 $\frac{5}{13}\tau$이다.

③ 상대속도 방향의 길이만을 고려하면 A가 측정한 길이 L_p가 고유길이일 때, B가 측정한 길이는 $\frac{5}{13}L_p$이다.

④ A와 B가 각각 측정한 물체의 속력은 c보다 클 수 없다.

⑤ A와 B가 관측하는 물리현상에 적용되는 물리법칙은 동일하다.

해설 ② $t = \gamma t_0$에서 B가 고유시간이므로 A의 시간이 빠르게 간다. $\frac{13}{5}\tau$이다.

① 광속 불변의 원리(관성계에 따라 빛의 속력이 다르지 않다)
③ 길이수축
④ 속도의 한계는 광속이다.
⑤ 상대성의 원리이다.

10 그림은 콤프턴 실험에서 파장 λ인 빛이 입사하면서 정지해 있던 전자와 충돌하고 각도 $\varnothing$인 방향으로 파장 λ'인 빛이 산란하는 모습을 나타낸 것이다. 충돌 후 운동량의 크기가 p인 전자가 튕겨 나간다. 알려진 관계식 $\lambda' - \lambda = \lambda_C(1 - \cos\varnothing)$ 와 운동량 보존법칙으로 구한 p^2은?

(단, $\lambda_c = \dfrac{h}{mc}$, h는 플랑크 상수이고, c는 진공에서의 빛의 속력이며, m은 전자의 질량이다)

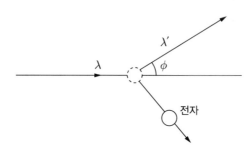

① $(\dfrac{h}{\lambda} + \dfrac{h}{\lambda'} + \dfrac{h}{\lambda_C})^2 - (\dfrac{h}{\lambda_C})^2$

② $(\dfrac{h}{\lambda} + \dfrac{h}{\lambda'} - \dfrac{h}{\lambda_C})^2 + (\dfrac{h}{\lambda_C})^2$

③ $(\dfrac{h}{\lambda} - \dfrac{h}{\lambda'} + \dfrac{h}{\lambda_C})^2 - (\dfrac{h}{\lambda_C})^2$

④ $(\dfrac{h}{\lambda} - \dfrac{h}{\lambda'} - \dfrac{h}{\lambda_C})^2 + (\dfrac{h}{\lambda_C})^2$

⑤ $(\dfrac{h}{\lambda} - \dfrac{h}{\lambda'} - \dfrac{h}{\lambda_C})^2 - (\dfrac{h}{\lambda_C})^2$

해설 콤프턴 효과
운동량이 x, y축에 대해 보존되므로 전자의 운동방향과 x축과 이루는 각을 θ라 놓으면

x성분 운동량 보존 : $\dfrac{h}{\lambda} = \dfrac{h}{\lambda'}\cos\phi + p\cos\theta$에서 $\dfrac{h}{\lambda} - \dfrac{h}{\lambda'}\cos\phi = p\cos\theta$이고

y성분 운동량 보존 : $\dfrac{h}{\lambda'}\sin\phi = p\sin\theta$이다.

양변을 제곱해서 더하면 $p^2 = \dfrac{h^2}{\lambda^2} - \dfrac{2h^2}{\lambda\lambda'}\cos\phi + \dfrac{h^2}{\lambda'^2}$이고, 문제에서 $\lambda' - \lambda = \lambda_C(1 - \cos\varnothing)$에서 $\cos\phi = \dfrac{\lambda_C - \lambda + \lambda}{\lambda_C}$를 대입해서 정리하면 $p^2 = h^2\left(\dfrac{1}{\lambda} - \dfrac{1}{\lambda'}\right)\left(\dfrac{1}{\lambda} - \dfrac{1}{\lambda'} + \dfrac{2}{\lambda_C}\right)$가 되고, 곱셈공식 합차공식을 적용하면 $(\dfrac{h}{\lambda} - \dfrac{h}{\lambda'} + \dfrac{h}{\lambda_C})^2 - (\dfrac{h}{\lambda_C})^2$이 된다.

2022년 기출문제

01 그림과 같이 곡선과 반지름 R인 원으로 구성되어있는 궤도의 높이 h인 곳에 구슬을 가만히 놓으면 구슬은 궤도를 따라 미끄러지며 운동하여 원궤도의 두 지점 A와 B를 지난다. A, B에서 원궤도가 구슬에 작용하는 수직항력은 각각 n_A, n_B이다.

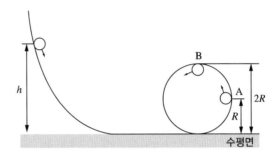

$\dfrac{n_A}{n_B}=2$일 때, h는? (단, 중력 가속도는 일정하고, 구슬의 크기, 공기 저항과 모든 마찰은 무시한다)

① $\dfrac{5}{2}R$ ② $3R$

③ $\dfrac{7}{2}R$ ④ $4R$

⑤ $\dfrac{9}{2}R$

해설 부등속 원운동, 에너지보존

문제의 조건에서 B에서 수직항력이 N이면 A에서 수직항력은 $2N$이다. 구심력에 대한 운동방정식은 A : $2N=\dfrac{mv_A^2}{R}$, B : $N+mg=\dfrac{mv_B^2}{R}$ 이고, 에너지 보존에 의해 각 지점에서의 속력은 $mg(h-R)=\dfrac{1}{2}mv_A^2$, $mg(h-2R)=\dfrac{1}{2}mv_B^2$가 되어서 식을 정리하면 $h=4R$이 된다.

02 지면으로부터 높이 H인 곳에서 가만히 놓인 물체가 자유 낙하하여 지면에 도달했다. 물체가 지면에 도달할 때까지 걸린 시간이 t_0일 때, 이 물체의 운동 에너지가 중력 퍼텐셜 에너지의 2배인 지점까지 낙하하는 데 걸린 시간은? (단, 중력 가속도는 일정하고, 물체의 크기는 무시하며, 지면에서 중력 퍼텐셜 에너지는 0이다)

① $\dfrac{1}{3}t_0$

② $\dfrac{1}{\sqrt{3}}t_0$

③ $\dfrac{2}{3}t_0$

④ $\sqrt{\dfrac{2}{3}}\,t_0$

⑤ $\dfrac{\sqrt{3}}{2}t_0$

> **해설** 중력장 내의 운동
>
> H지점에서 자유낙하했을 때 운동 에너지가 중력 퍼텐셜 에너지의 2배인 곳은 지면으로부터 $\dfrac{H}{3}$인 곳이다.
>
> 처음 위치에서 H만큼 자유낙하하는데 걸리는 시간이 t_0이므로 $\dfrac{2}{3}H$만큼 낙하하는데 걸리는 시간은
>
> $t = \sqrt{\dfrac{2h}{g}}$ 로부터 $t_0 = \sqrt{\dfrac{2H}{g}}$ 이므로 $t = \sqrt{\dfrac{2\frac{2}{3}H}{g}} = \sqrt{\dfrac{2}{3}}\,t_0$ 이다.

03 그림은 수평면상의 한 지점에 정지해 있던 질량 2kg인 물체에 시간 $t=0$에서 $+x$ 방향으로 작용하는 알짜힘의 크기를 F를 시간 t에 따라 나타낸 것이다.

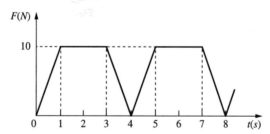

$t=8$s인 순간, 물체의 속력은?

① 20m/s

② 30m/s

③ 40m/s

④ 60m/s

⑤ 80m/s

> **해설** 운동량과 충격량
>
> 힘-시간 그래프에서 면적은 충격량이므로 0~8초까지의 면적이 60이므로, $F\Delta t = mv - mv_0$에서 $v_0 = 0$이고 $60 = 2v$에서 $v = 30$m/s 이다.

04 그림과 같이 학생 A가 진동수 f_0으로 진동하는 소리굽쇠를 가지고 v_A의 속력으로 벽을 향해 움직이고 있다. A의 뒤쪽에 정지해 있는 학생 B는 소리굽쇠로부터 나는 소리와 벽에서 반사되어 오는 메아리의 맥놀이를 측정한다.

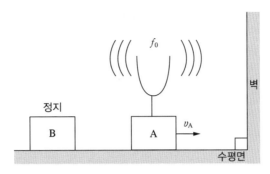

$v_A = \dfrac{1}{5}v_0$ 일 때, B가 측정한 맥놀이의 진동수는? (단, v_0은 공기 중에서 소리의 속력이다)

① $\dfrac{1}{3}f_0$ ② $\dfrac{5}{12}f_0$

③ $\dfrac{1}{2}f_0$ ④ $\dfrac{7}{12}f_0$

⑤ $\dfrac{2}{3}f_0$

해설 도플러 효과, 맥놀이 현상

A에서 직접 B에 도달하는 진동수를 f_1이라 하면 음원이 멀어지므로 도플러 효과에 의해 $f_1 = f_0 \dfrac{v_0}{v_0 + \dfrac{1}{5}v_0} = \dfrac{5}{6}f_0$

이고, 벽에 반사되어 측정되는 소리를 f_2라 하면 반사될 때는 진동수의 변화가 없으므로 음파의 파장이 짧아져서

$f_2 = f_0 \dfrac{v_0}{v_0 - \dfrac{1}{5}v_0} = \dfrac{5}{4}f_0$가 된다. 맥놀이 진동수는 $f_b = |f_1 - f_2| = \dfrac{5}{12}f_0$가 된다.

05 그림과 같이 수평면의 y축 상에 놓여 있는 무한히 긴 직선도선에 세기 I인 전류가 $+y$ 방향으로 흐르고 있고, 저항 R가 연결된 직사각형 회로가 동일한 수평면의 $x > 0$인 영역에서 $+x$ 방향으로 운동하고 있다.

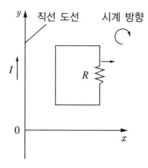

이에 관한 설명으로 옳은 것만을 〈보기〉에서 있는 대로 고른 것은?

─────┤ 보기 ├─────

ㄱ. 직선도선에 흐르는 전류에 의한 자기장의 방향은 직사각형 회로를 뚫고 들어가는 방향이다.

ㄴ. 저항 R에는 시계 방향으로 유도 전류가 흐른다.

ㄷ. 직선도선과 직사각형 회로 사이에는 인력이 작용한다.

① ㄱ   ② ㄷ

③ ㄱ, ㄴ   ④ ㄴ, ㄷ

⑤ ㄱ, ㄴ, ㄷ

해설 ㄱ. 직선도선에 의한 자기장의 방향은 앙페르의 오른 나사법칙에 의해 면에 들어가는 방향이다.

ㄴ. $+x$방향으로 이동시키면 회로 내부의 자기장의 세기가 약해지므로 다시 들어가는 방향으로 자기장이 형성되어 시계 방향으로 유도 전류가 생긴다.

ㄷ. 유도 전류에 의한 자기력의 방향은 항상 운동 방향의 반대 방향이다. 오른쪽으로 움직이면 왼쪽 방향으로 자기력이 작용하므로 인력이다.

06 그림은 저항값이 R인 4개의 저항으로 구성된 어느 회로의 일부를 나타낸 것이다. 두 지점 A와 B 사이의 등가(합성) 저항값은?

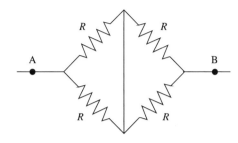

① $\dfrac{1}{4}R$ ② $\dfrac{1}{2}R$

③ R ④ $2R$

⑤ $4R$

> **해설** 전기회로, 휘트스톤 브릿지
> 휘트스톤 브릿지에서 대각선의 저항이 동일하면 마름모 위쪽과 아래쪽의 전위가 같아져서 중간회로에는 전류가 흐르지 않는다. 그러므로 $2R$의 병렬과 동일하다. 합성저항은 R이다.

07 그림과 같이 저항 R, 코일 L, 축전기 C를 전압의 최댓값이 100V이고 진동수가 f_0으로 일정한 교류 전원에 연결하였다. 저항의 저항값은 40Ω이고, 저항 양단과 코일 양단에 걸리는 전압의 최댓값은 각각 80V와 60V이다. 이 회로의 공명 진동수는?

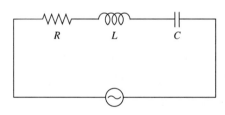

① $\dfrac{1}{2}f_0$ ② $\dfrac{1}{\sqrt{2}}f_0$

③ f_0 ④ $\sqrt{2}f_0$

⑤ $2f_0$

> **해설** 교류회로
> $V = 100$이고 $V_R = 80$, $V_L = 60$이므로 $V = \sqrt{V_R^2 + (V_L - V_C)^2}$ 에서 $V_C = 120$이다. $R = 40$이므로 전류는 $I = 2A$이다. $X_L = 2\pi f_0 L = 30\Omega$이고 $X_C = \dfrac{1}{2\pi f_0 C} = 60\Omega$이어서 두 식으로부터 공명 진동수는 $\dfrac{1}{2\pi\sqrt{LC}} = \sqrt{2}f_0$이다.

08 절대 온도 T_0에 있던 1몰의 단원자 분자 이상 기체에 열을 가했더니, 기체가 등압 팽창을 하여 온도 $2T_0$인 상태가 되었다. 이 과정에서 기체에 공급된 열량은? (단, R는 기체 상수이다)

① $\dfrac{1}{2}RT_0$ ② RT_0

③ $\dfrac{3}{2}RT_0$ ④ $2RT_0$

⑤ $\dfrac{5}{2}RT_0$

> **해설** 열역학 제1법칙
>
> 단원자 분자가 등압팽창할 때 흡수한 열량은 $Q = \Delta U + W = \dfrac{3}{2}nR\Delta T + nR\Delta T = \dfrac{5}{2}RT_0$가 된다.

09 문턱 진동수가 각각 f_0과 f_X인 금속관 A와 X에 진동수가 $3f_0$인 빛을 비추었더니 A와 X에서 모두 광전자가 방출되었다. A에서 방출된 광전자의 최대 운동 에너지가 X에서 방출된 광전자의 최대 운동 에너지의 1.5배일 때, f_X는?

① $\dfrac{5}{3}f_0$ ② $2f_0$

③ $\dfrac{7}{3}f_0$ ④ $\dfrac{8}{3}f_0$

⑤ $3f_0$

> **해설** 광전효과
>
> 문제의 조건으로부터 X금속판에서 방출된 광전자의 최대 운동 에너지를 E_0라고 설정하면 A금속판으로부터
>
> 방출된 광전자의 최대 운동 에너지는 $\dfrac{3}{2}E_0$이다. 광전효과의 에너지 방정식을 세우면 A : $h3f_0 = hf_0 + \dfrac{3}{2}E_0$이
>
> 고, B : $h3f_0 = hf_X + E_0$이므로 두 식에서 E_0를 소거하면 $f_X = \dfrac{5}{3}f_0$가 된다.

10 그림은 폭 L인 무한 우물 퍼텐셜에 속박되어있는 입자의 에너지 준위 E_n과 파동 함수 $\psi(x)$를 양자수 n에 따라 나타낸 것이다. 이에 관한 설명으로 옳지 않은 것은?

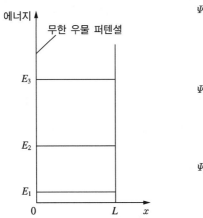
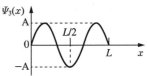
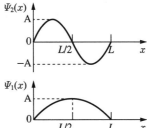

① 파동 함수의 파장은 $n=1$인 상태에서가 $n=3$인 상태에서보다 더 길다.

② 입자가 $n=1$인 상태에 있을 때, 위치에 따라 입자를 발견할 확률 밀도는 $x=\dfrac{L}{2}$에서 최대이다.

③ 입자가 $n=2$인 상태에 있을 때, 입자를 발견한 확률은 $0<x<\dfrac{L}{2}$에서가 $\dfrac{L}{2}<x<L$에서 보다 크다.

④ 퍼텐셜에 속박된 입자가 가질 수 있는 에너지는 불연속적이다.

⑤ 퍼텐셜에 속박된 입자는 퍼텐셜 바닥에 정지해 있을 수 없다.

> **해설** 양자역학, 무한우물
>
> $n=?$인 상태의 확률밀도함수 $|\psi|^2$의 개형은 다음과 같다.
>
>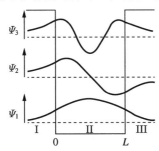
>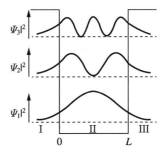
>
> 그러므로 입자가 $n=2$인 상태에 있을 때, 입자를 발견한 확률은 $0<x<\dfrac{L}{2}$에서와 $\dfrac{L}{2}<x<L$에서 동일하다.

2021년 기출문제

01 경사진 면을 질량 m 인 물체가 마찰 없이 미끄러져 내려오고 있다. 물체는 높이 h 에서 정지 상태로부터 출발하였다. 물체가 $\frac{h}{2}$ 인 지점을 통과하는 순간의 속력은?

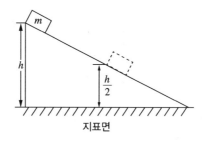

지표면

① $\frac{1}{4}\sqrt{gh}$

② $\frac{1}{2}\sqrt{gh}$

③ $\sqrt{\dfrac{gh}{2}}$

④ $\sqrt{gh}$

⑤ $\sqrt{2gh}$

해설 위치에너지의 감소량이 운동에너지의 증가량과 같으므로 $mg\dfrac{h}{2} = \dfrac{1}{2}mv^2$ 에서 $v = \sqrt{gh}$ 이다.

02 균일한 자기장 B에 수직한 방향으로 속력 v로 입사한 질량 m인 전하 $+q$는 반지름 r인 원운동을 한다. 전하의 운동을 설명한 것으로 옳지 않은 것은?

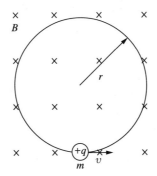

① 전하의 가속도 크기는 $\dfrac{qvB}{r}$ 이다.

② 원운동의 주기는 $\dfrac{2\pi m}{qB}$ 이다.

③ 원운동의 반지름은 $\dfrac{mv}{qB}$ 이다.

④ 전하의 운동에너지는 $\dfrac{1}{2}mv^2$ 이다.

⑤ 전하가 받는 힘의 크기는 qvB이다.

해설

① 로렌츠 힘이 구심력의 역할을 하므로 $qvB = \dfrac{mv^2}{r} = ma$에서 $a = \dfrac{qvB}{m}$

② $qvB = \dfrac{mv^2}{r}$ 에서 $r = \dfrac{mv}{qB}$ 이고 원운동이므로 $v = \dfrac{2\pi r}{T}$ 를 대입하면 $T = \dfrac{2\pi m}{qB}$ 이다.

③ $qvB = \dfrac{mv^2}{r}$ 에서 $r = \dfrac{mv}{qB}$ 이다.

④ $K = \dfrac{1}{2}mv^2$

⑤ $F = qvB$

03 그림은 전지와 부하 저항이 연결된 회로이다. 부하 저항은 5Ω인 저항과 R'인 가변 저항이 병렬로 연결되어있다. 전지의 기전력(ε)은 $3V$이고, 내부 저항(r)은 4Ω이다. 부하 저항에 최대 전력(Electric Power)을 전달하기 위한 R'은?

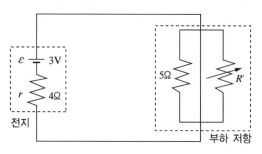

① 1Ω

② 4Ω

③ 5Ω

④ 9Ω

⑤ 20Ω

해설 회로의 전체 저항은 $4+\dfrac{5R'}{5+R'}=\dfrac{(20+9R')}{5+R'}$ 이고 전체 전류는 $I=\dfrac{3}{\dfrac{(20+9R')}{5+R'}}$ 이다. 그러면 부하 저항의

소비 전력은 $P=I^2\dfrac{5R'}{5+R'}=\dfrac{9(25R'+5R'^2)}{(20+9R')^2}$ 이다. 소비 전력이 최대가 되는 조건으로 $\dfrac{dP}{dR'}=0$을 만족하

면 된다. 계산을 하면 $R'=20\Omega$이다.

04 그림 (가)는 질량이 M이고 반지름이 R인 속이 꽉 찬 균일한 강체 구를, (나)는 질량이 m이고 반지름이 R인 가늘고 균일한 고리를 (가)의 구에 수평으로 끼워 고정한 강체를 나타낸 것이다. 정지해 있던 (가)와 (나)의 강체에 동일한 토크를 동일한 각도까지 각각 가했더니, (가)와 (나)의 강체는 제자리에서 각각 각속도 2ω와 ω로 회전한다.

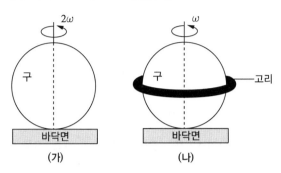

(가)　　　　　(나)

질량비 $\dfrac{M}{m}$은? (단, 구의 관성모멘트는 $\dfrac{2}{5}MR^2$이고, 고리는 수평을 유지하며 회전하고, 고리의 두께, 강체와 바닥면 사이의 마찰, 공기 마찰은 무시한다)

① $\dfrac{3}{5}$ 　　　　　　　　　　② $\dfrac{5}{6}$

③ $\dfrac{6}{5}$ 　　　　　　　　　　④ $\dfrac{5}{4}$

⑤ $\dfrac{5}{3}$

해설 동일한 토크로 동일한 각도까지 작용했으므로 $W = \int \tau\, d\theta$에서 토크가 한 일의 양은 동일하다. 한 일의 양은 회전운동에너지의 변화량과 같으므로 (가)에서 회전운동에너지는 $K_{가} = \dfrac{1}{2}\dfrac{2}{5}MR^2(2\omega)^2 = \dfrac{4}{5}MR^2\omega^2$이고 $K_{나} = \dfrac{1}{2}\left(\dfrac{2}{5}MR^2 + mR^2\right)\omega^2$이다. $K_{가} = K_{나}$이므로 정리하면 $\dfrac{M}{m} = \dfrac{5}{6}$이다.

05 그림은 줄에 매달린 물체가 수평면에서 등속 원운동을 하는 모습을 나타낸 것이다. 물체의 질량은 m이고, 줄과 수직축 사이의 각도는 $30°$이다.

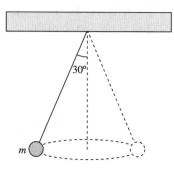

물체의 구심 가속도의 크기는? (단, 중력 가속도는 g이고, 모든 마찰은 무시한다)

① $\dfrac{1}{2}g$

② $\dfrac{1}{\sqrt{3}}g$

③ $\dfrac{\sqrt{3}}{2}g$

④ $\sqrt{3}\,g$

⑤ $2g$

해설 힘 분석을 하면 $mg\tan30° = \dfrac{mv^2}{r} = ma_r$ 이므로 구심가속도 $a_r = g\tan30° = \dfrac{1}{\sqrt{3}}g$이다.

06 그림과 같이 xy평면의 일사분면에 놓인 한 변의 길이가 d인 정사각형의 한 꼭짓점은 원점에 있고, 점전하 $+q$는 원점에서 d만큼 떨어져 z축 상에 고정되어 있다.

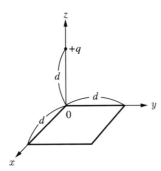

정사각형을 통과하는 전기 선속(Electric Flux)은? (단, ϵ_0은 진공의 유전율이다)

① $\dfrac{q}{2\epsilon_0}$

② $\dfrac{q}{3\epsilon_0}$

③ $\dfrac{q}{6\epsilon_0}$

④ $\dfrac{q}{12\epsilon_0}$

⑤ $\dfrac{q}{24\epsilon_0}$

해설 전기선속을 구하는 방법으로 대칭성을 이용하면 편리하다. 점전하 $+q$를 중심으로 하는 한 변의 길이가 $2d$인 정육면체를 생각하자. 그러면 점전하는 정육면체의 중심에 있기 때문에 6개의 면 전기선속이 균등하게 나누어 지나간다. 그러면 정육면체의 한 면을 통과하는 전기선속은 $\varPhi = \dfrac{q}{6\epsilon_0}$이다. 그런데 문제에서 요구하는 면은 정육면체의 한 면의 $\dfrac{1}{4}$이다. 그러므로 문제의 면을 통과하는 전기선속은 $\dfrac{\varPhi}{4} = \dfrac{q}{24\epsilon_0}$이다.

07 그림 (가)는 길이가 L인 한쪽이 막힌 관이고, (나)는 양쪽이 열린 관이다. (가)의 관에서 가장 낮은 음의 정상 음파가 (나)의 관에서 정상 음파가 되기 위한 관의 최소 길이는? (단, 관의 가장자리 효과는 무시한다)

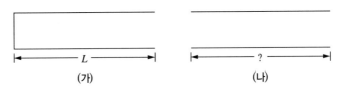

① $\dfrac{1}{2}L$

② L

③ $\dfrac{3}{2}L$

④ $2L$

⑤ $3L$

해설 (가) 폐관에서 가장 낮은 음의 정상파는 $f_1 = \dfrac{V}{4L}$이다.

V는 음속이다. (나) 개관에서 가장 낮은 음의 정상파는 개관의 길이가 L'이라고 할 때, $f'_1 = \dfrac{V}{2L'}$이다. 두 진동수가 동일하려면 $L' = 2L$이다.

08 그림은 어떤 각도 θ로 산란된 X선의 세기를 파장에 따라 측정한 콤프턴 실험 결과이다. 세기 분포는 파장 λ_0, λ_1에서 두 개의 봉우리를 갖는다.

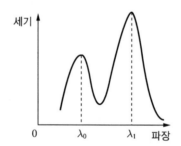

이에 관한 설명으로 옳은 것만을 〈보기〉에서 있는 대로 고른 것은?

| 보기 |

ㄱ. 산란각 θ가 커지면 두 봉우리에 해당하는 파장의 차는 커진다.
ㄴ. 산란된 X선의 광자 한 개 당 에너지는 λ_1일 때가 λ_0일 때보다 크다.
ㄷ. 광자와 전자의 총운동량은 충돌 전과 후가 동일하다.

① ㄱ
② ㄴ
③ ㄷ
④ ㄱ, ㄷ
⑤ ㄱ, ㄴ, ㄷ

해설 ㄱ. 콤프턴 효과(X선 산란 실험)에서 산란 전과 산란 후 X선 파장의 변화량은 $\Delta\lambda = \lambda - \lambda_0 = \dfrac{h}{mc}(1-\cos\theta)$에서 θ가 클수록($0° \leq \theta \leq 180°$) 파장이 더 많이 길어진다.

ㄷ. 콤프턴 효과는 X선 광자와 전자와의 탄성충돌로 해석해서 얻어진 결과이다. 탄성충돌이므로 운동량과 에너지가 보존된다.

ㄴ. X선 광자 한 개의 에너지는 $E = h\dfrac{c}{\lambda}$에서 파장이 길수록 광자 한 개의 에너지는 작다.

09 그림은 힘의 평형을 이루며 정지해 있는 연결된 피스톤과 단원자 이상기체 A와 B가 각각 실린더에 들어 있는 모습을 나타낸 것이다. A와 B의 압력, 부피, 절대 온도는 각각 P, V, T로 같다. A가 들어 있는 실린더는 단열되어 있고, B가 들어있는 실린더는 외부와 열적 평형을 이룬다. 이때 A에 열량 $Q_{in}(>0)$을 서서히 공급하면, A의 나중 온도는 $4T$가 되고 B에서 열량 $Q_{out}(>0)$이 외부로 방출된다.

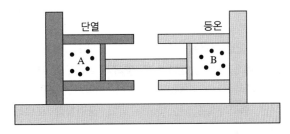

열량의 차($Q_{in} - Q_{out}$)는? (단, 외부의 온도는 T로 일정하고, 대기압은 일정하며 마찰은 무시한다)

① $\frac{1}{2}PV$

② $\frac{3}{2}PV$

③ $\frac{5}{2}PV$

④ $\frac{7}{2}PV$

⑤ $\frac{9}{2}PV$

해설 열역학 제1법칙에 의해 A에 공급한 열량은 $Q_{in} = \Delta U_A + W_A$이고, B는 등온변화이므로 $Q_{out} = W_B$이다. 그런데 A와 B는 피스톤으로 연결되어 있으므로 평형상태에서는 압력이 동일하다. 그러면 A가 피스톤을 밀면서 한 일의 양은 B가 피스톤으로부터 받은 일의 양과 같다. $W_A = W_B$이다. $Q_{in} - Q_{out} = \Delta U_A = \frac{3}{2}nR\Delta T$

$= \frac{3}{2}nR3T = \frac{9}{2}PV$이다.

10 다음의 핵융합 반응식에 해당하는 것은? (단, n은 중성자이다)

$${}^2\text{H} + {}^x\text{H} \rightarrow {}^4\text{He} + \text{n} + 17.6\text{MeV}$$

① 1

② 2

③ 3

④ 4

⑤ 5

해설 핵 반응식에서는 질량수와 원자번호가 보존되어야 한다. 좌변의 질량수는 $2+x$이고, 우변의 질량수는 5이다. 중성자도 질량수가 1이다. 그러므로 $x = 3$이다.

2020년 기출문제

01 그림은 도르래에 한 줄로 연결된 질량에 각각 1kg, 2kg인 물체 A, B가 힘 F에 의해 정지해 있는 모습을 나타낸 것이다. F를 없앴더니 두 물체가 $4m/s^2$의 가속도를 가지고 A는 오른쪽으로, B는 연직 아래로 각각 0.1m 이동하였다. 0.1m 이동하는 동안 A에 작용되는 마찰력이 한 일(J)의 절댓값은? (단, 중력가속도 g는 $10m/s^2$이고, 공기저항, 도르래의 회전 마찰력과 질량, 줄의 질량은 무시한다)

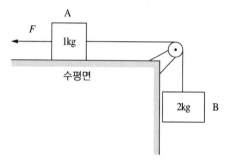

① 0.6   ② 0.8

③ 1.0   ④ 1.2

⑤ 1.4

> **해설** F를 제거했을 때, A와 B를 한 덩어리로 보았을 때의 운동방정식은 $20-f=3\times4$에서 $f=8N$이다. 마찰력이 한 일은 $W_f=fs=8\times0.1=0.8J$이다.

02 질량이 각각 60kg, 90kg인 갑과 을이 마찰이 없는 평면 위에 정지해 있다. 갑은 x축의 원점에 있고, 을은 $x=+10\text{m}$ 지점에 있다. 갑과 을은 줄의 양끝을 잡고 있다가 어느 순간 줄을 마주잡고 끌어당겨서 갑과 을이 가까워지고 있다. 다음 물음에 답하시오. (단, 공기 저항과 줄의 질량은 무시하고, 줄의 길이는 늘어나지 않는다)

> ㄱ. 갑의 속도가 $+0.30\,\hat{x}\,\text{m/s}$일 때, 을의 속도 $\overrightarrow{v_{\text{을}}}$는? (단, $\hat{x}$는 $+x$방향의 단위 벡터이다)
>
> ㄴ. 갑과 을이 처음 만나는 지점의 x좌표는?

① ㄱ : $\overrightarrow{v_{\text{을}}}=-0.15\,\hat{x}\,[\text{m/s}]$　ㄴ : $+6.0[\text{m/s}]$

② ㄱ : $\overrightarrow{v_{\text{을}}}=-0.15\,\hat{x}\,[\text{m/s}]$　ㄴ : $+8.0[\text{m/s}]$

③ ㄱ : $\overrightarrow{v_{\text{을}}}=-0.20\,\hat{x}\,[\text{m/s}]$　ㄴ : $+6.0[\text{m/s}]$

④ ㄱ : $\overrightarrow{v_{\text{을}}}=-0.20\,\hat{x}\,[\text{m/s}]$　ㄴ : $+8.0[\text{m/s}]$

⑤ ㄱ : $\overrightarrow{v_{\text{을}}}=-0.25\,\hat{x}\,[\text{m/s}]$　ㄴ : $+8.0[\text{m/s}]$

해설 외력이 존재하지 않으므로 운동량이 보존된다. 줄을 당기기 전의 운동량이 0이므로 줄을 당기는 동안에도 갑과 을의 운동량의 합도 0이다. $(60\times0.3)+(90\times v_{\text{을}})=0$에서 $v_{\text{을}}=-0.2\,\hat{x}\,\text{m/s}$이다. 또한 외력이 0이면 질량 중심점의 위치도 변하지 않으므로 $x_{CM}=\dfrac{60\times0+90\times10}{60+90}=+6\text{m}$에서 갑과 을은 만나게 된다.

03 길이가 l이고 질량이 m인 균일한 사다리가 바닥면과 θ의 각도를 이루며 마찰이 없는 벽면에 기대어 있다. 질량 M인 남자는 사다리의 질량 중심에 서 있다. 사다리와 바닥면 사이의 최대 정지 마찰계수는 μ_s이다. 사다리가 미끄러지지 않기 위한 최소 각도를 $\theta_{\min}$이라고 할 때, $\tan\theta_{\min}$은?

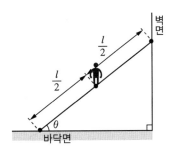

① $\dfrac{1}{2\mu_s}$

② $\dfrac{\mu_s}{2}$

③ $\dfrac{2}{3\mu_s}$

④ $\dfrac{\mu_s m}{2(M+m)}$

⑤ $\dfrac{M}{2\mu_2(M+m)}$

해설 막대에 작용하는 힘을 분석하여 $\Sigma F_x = 0$, $\Sigma F_y = 0$, $\Sigma \tau = 0$을 만족해야 한다.

$\Sigma F_x : f = N_2$, $\Sigma F_y : Mg + mg = N_1$ 이고 막대와 바닥면이 닿는 부분을 회전축으로 잡으면

$\Sigma \tau : \dfrac{l}{2}(Mg + mg)\cos\theta = lN_2\sin\theta$ 이 성립하여 $N_2 = \dfrac{Mg + mg}{2\tan\theta}$ 이 된다. 미끄러지지 않기 위한 최소각도

$\theta_{\min}$ 은 최대 정지 마찰력과 관련이 있으므로 위 세 식을 연립하면 $\tan\theta_{\min} = \dfrac{1}{2\mu_s}$ 이다.

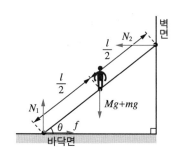

04 그림의 회로에서 스위치 S_1과 스위치 S_2를 동시에 닫은 순간에 충전되지 않은 축전기 C를 지나는 전류는 I_i이다. 또한 S_1과 S_2를 닫은 후 충분히 오랜 시간이 흘렀을 때 코일 L을 지나는 전류는 I_f에 가까워진다. 이때 $\dfrac{I_f}{I_i}$로 옳은 것은?

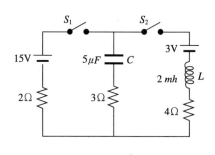

① 0

② $\dfrac{2}{3}$

③ 1

④ $\dfrac{3}{2}$

⑤ ∞

해설 스위치 S_1과 스위치 S_2를 동시에 닫은 순간에 코일이 있는 회로에는 전류가 흐르지 않는다. 또한 축전기는 스위치를 닫는 순간 도선처럼 취급할 수 있기 때문에 스위치를 닫는 순간 축전기가 있는 왼쪽 회로에만 전류가 흐르게 된다. 따라서 $I_i = \dfrac{15}{5} = 3A$가 된다. 또 S_1과 S_2를 닫은 후 충분히 오랜 시간이 흘렀을 때, 즉 축전기가 완충되었을 때는 축전기에는 전류가 흐르지 않고 코일은 도선 취급을 하면 된다. 그러면 회로의 바깥 부분 회로에만 전류가 흐르기 때문에 $I_f = \dfrac{12}{6} = 2A$가 된다. 그 결과 $\dfrac{I_f}{I_i} = \dfrac{2}{3}$ 가 된다.

05 그림과 같이 반지름이 각각 $2r$, r인 원형 도선 A, B가 원점 O를 중심으로 같은 평면에 고정되어 있다. A, B에 흐르는 일정한 전류의 세기는 각각 I_A, I_B이고, O에서 A와 B에 의한 자기장의 세기는 0이다. 이에 관한 설명으로 옳은 것만을 〈보기〉에서 있는 대로 고른 것은? (단, 도선의 두께는 무시한다)

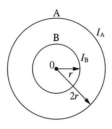

─────── | 보기 | ───────

ㄱ. 전류의 방향은 A와 B가 다르다.
ㄴ. $I_A : I_B = 2 : 1$이다.
ㄷ. 자기모멘트의 크기는 A가 B의 4배이다.

① ㄱ
② ㄷ
③ ㄱ, ㄴ
④ ㄴ, ㄷ
⑤ ㄱ, ㄴ, ㄷ

해설 ㄱ. O에서 자기장의 세기가 0이 되려면 두 원형도선에 의한 중심에서의 자기장의 방향이 반대여야 한다. 그러면 전류의 방향도 반대가 된다.

ㄴ. 원형도선 중심에서의 자기장의 세기는 $B = \dfrac{\mu_0 I}{2\pi r}$에서 자기장의 세기가 같으려면 반지름 $r = 2 : 1$이므로 $I = 2 : 1$이다.

ㄷ. 자기모멘트는 $\vec{\mu} = I\vec{A}$이다. $I = 2 : 1$이고, 면적은 A = 4 : 1이므로 자기모멘트는 8 : 1이 된다. 따라서 8배이다.

06 잔잔한 수면 위에서 퍼져나가는 어떤 물결파의 경우, 높이 변화 y는 위치 x와 시간 t의 함수로 다음과 같이 표시된다.

$$y(x,\,t) = 0.10\sin(3x - 4t)[\text{m}]$$

이 식에서 x의 단위는 미터[m]이고, t의 단위는 초[s]이다. 이 물결파의 파장(λ)과 속도(v)는?

① $\dfrac{2\pi}{3}[\text{m}]$, $\dfrac{4}{3}[\text{m/s}]$

② $\dfrac{1}{3}[\text{m}]$, $\dfrac{4}{3}[\text{m/s}]$

③ $3[\text{m}]$, $12[\text{m/s}]$

④ $\dfrac{3}{2\pi}[\text{m}]$, $\dfrac{3}{4}[\text{m/s}]$

⑤ $3[\text{m}]$, $\dfrac{3\pi}{2}[\text{m/s}]$

해설 파동함수는 매질의 변위를 x와 t에 따라 나타낸 것이다. 파동함수의 기본 형태는 다음과 같다. $y(x,\,t) = A\sin(kx - wt)[\text{m}]$ A는 진폭, k는 파수로 $k = \dfrac{2\pi}{\lambda}$이고, w는 각진동수로 $w = \dfrac{2\pi}{T}$이다. 그러면 문제에서 $k = \dfrac{2\pi}{\lambda} = 3$에서 $\lambda = \dfrac{2\pi}{3}$이 되고, $w = \dfrac{2\pi}{T} = 4$에서 $T = \dfrac{\pi}{2}$가 된다. 파동의 진행속력은 $v = \dfrac{\lambda}{T} = \dfrac{w}{k} = \dfrac{4}{3}\text{m/s}$가 된다. 참고로 w앞의 부호 '–'는 $+x$방향으로 진행하는 파동임을 의미한다.

07 그림과 같이 지면으로부터 나오는 방향의 균일한 자기장 영역 Ⅰ, Ⅱ에 가로, 세로의 길이가 각각 $3l$, l인 직사각형 모양의 도선이 고정되어 있다. 자기장 영역 Ⅰ과 Ⅱ에서 시간 t에 따라 변하는 자기장의 세기는 각각 $2at$, $at + b$이다. 도선에 유도되는 기전력의 크기는? (단, a, b는 상수이고, 도선의 두께는 무시한다)

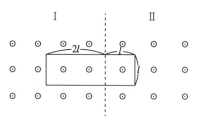

① al^2

② $2al^2$

③ $3al^2$

④ $4al^2$

⑤ $5al^2$

해설 Ⅰ영역에서 유도 기전력은 $\epsilon_1 = A\dfrac{dB}{dt} = 2l^2 \times 2a$이 되고, Ⅱ영역에서 유도 기전력은 $\epsilon_2 = A\dfrac{dB}{dt} = l^2 \times a$이 된다. 그런데 두 영역 모두 종이면의 나오는 방향으로 자기장이 증가하고 있으므로 유도 기전력의 방향은 시계방향으로 $5al^2$이 된다.

08 그림은 1몰의 단원자 이상기체의 상태가 A → B → C → A로 변하는 순환과정에서의 압력 P와 부피 V를 나타낸 것이다. A → B 과정에서 기체가 흡수한 열량 Q_{AB}와 이 순환과정에서 기체가 외부에 한 총일 W의 비 $\left|\dfrac{W}{Q_{AB}}\right|$는?

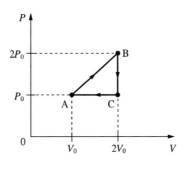

① $\dfrac{1}{24}$

② $\dfrac{1}{16}$

③ $\dfrac{1}{12}$

④ $\dfrac{1}{8}$

⑤ $\dfrac{1}{6}$

해설 A에서의 온도를 T_0라고 설정하면 B의 온도는 $4T_0$, C의 온도는 $2T_0$가 된다. 그러면 A → B 과정에서 흡수한 열량은 열역학 제1법칙에 따라 $Q_{AB} = \Delta U + W_{AB}$에서 1몰의 단원자 이상기체이므로 $\Delta U = \dfrac{3}{2}R(4T_0 - T_0)$ $= \dfrac{9}{2}P_0 V_0$이고 한 일의 양은 면적에 해당하므로 $W_{AB} = \dfrac{(P_0 + 2P_0)V_0}{2} = \dfrac{3}{2}P_0 V_0$가 돼서 $Q_{AB} = 6P_0 V_0$이다. 순환과정에서 기체가 외부에 한 총 일은 닫힌 도형의 면적에 해당하므로 $W = \dfrac{1}{2}P_0 V_0$이다. $\left|\dfrac{W}{Q_{AB}}\right| = \dfrac{1}{12}$를 만족한다.

09 어떤 레이저가 4.0×10^5W의 출력으로 1.0×10^{-7}s 동안 빛 에너지를 방출한다. 레이저 파장이 500nm일 때, 방출되는 총 광자 수(개)는? (단, 플랑크 상수는 6.6×10^{-34}J/s이고, 광속은 3.0×10^8m/s 이다)

① 1.0×10^{16}

② 5.0×10^{16}

③ 1.0×10^{17}

④ 5.0×10^{17}

⑤ 1.0×10^{18}

해설 레이저의 출력은 4.0×10^5W $= 4.0 \times 10^5$ J/s 이기 때문에 초당 4.0×10^5J의 에너지를 방출한다는 의미이다. 그러면 1.0×10^{-7}s 동안 방출하는 에너지는 4.0×10^{-2}J이 된다. 빛에너지는 광자 1개의 에너지에 광자의 개수를 곱한 값으로 표현할 수 있다. $E = nh\dfrac{c}{\lambda}$에서 $4.0 \times 10^{-2} = n 6.6 \times 10^{-34} \times \dfrac{3 \times 10^8}{500 \times 10^{-9}}$가 된다. 그러면 $n \approx 1 \times 10^{17}$이 된다.

10 폭이 각각 L, $2L$인 일차원 무한 퍼텐셜 우물에 전자 A, B가 각각 어떤 양자상태로 갇혀 있다. A는 바닥상태에 있고, A와 B의 에너지는 같다. 이때 B의 드브로이 파장(λ)은?

① $\dfrac{L}{4}$

② $\dfrac{L}{2}$

③ L

④ $2L$

⑤ $4L$

해설 폭이 각각 L, 2L인 일차원 무한 퍼텐셜 우물이므로 A, B가 갖는 양자화된 고유 에너지는 각각 다음과 같다. $E_{n_A} = \dfrac{n_A^2 h^2}{8mL^2}$ 과 $E_{n_B} = \dfrac{n_B^2 h^2}{8m(2L)^2}$ 이다. A가 바닥상태에 있으므로 $n_A = 1$이고, $E_A = \dfrac{h^2}{8mL^2}$, B의 에너지가 A와 같으려면 $n_B = 2$이어야 한다. 그러므로 B의 드브로이 파장은 2L가 된다.

2019년 기출문제

01 그림과 같이 질량이 같은 물체 A, B, C를 수평면과 이루는 각이 각각 $30°$, $45°$, $60°$가 되도록 동시에 던졌더니 3개의 물체는 각각의 포물선 운동을 하였다. A, B, C의 초기 속력은 모두 같다. 동시에 던져진 A, B, C가 최고점에 도달할 때까지 걸린 시간을 T_A, T_B, T_C 라 할 때 이 크기를 비교한 것으로 옳은 것은?

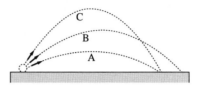

① $T_A < T_B < T_C$

② $T_A < T_C < T_B$

③ $T_B < T_C < T_A$

④ $T_C < T_A < T_B$

⑤ $T_C < T_B < T_A$

> **해설** 최고점 도달시간은 연직운동성분과 관련이 있다. 최고점 도달시간을 T라고 하면 $T = \dfrac{v_0 \sin\theta}{g}$ 에서 v_0와 g는 동일하므로 $\sin\theta$가 클수록 최고점 도달시간이 크다. $T_A < T_B < T_C$가 된다.

02 그림 (가)는 마찰이 없는 xy 평면에서 질량이 각각 m, $2m$인 물체 A, B가 x축을 따라 서로 반대 방향으로 등속 운동하는 것을 나타낸 것이다. A, B의 속력은 각각 v, $v/2$이다. $t=0$일 때 A와 B는 원점에서 탄성 충돌한 후, 그림 (나)와 같이 y축을 따라 등속 직선 운동한다.

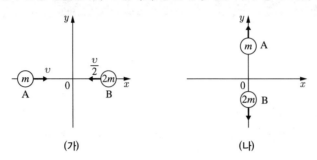

(가)   (나)

$t=t_1$일 때, A와 B 사이의 거리는? (단, 물체의 크기는 무시한다)

① vt_1

② $\sqrt{2}\,vt_1$

③ $\dfrac{3}{2}vt_1$

④ $\dfrac{\sqrt{10}}{2}vt_1$

⑤ $3vt_1$

해설 2차원 충돌에서도 운동량은 각각 x성분과 y성분이 보존된다. x성분의 운동량은 충돌 전과 충돌 후 모두 0으로 보존이 되고, y성분의 운동량도 충돌 전과 충돌 후 모두 0으로 보존돼야 한다. 충돌 후 A의 속력을 v_A, B의 속력을 v_B라고 놓으면 $mv_A = 2mv_B$이고, 탄성충돌이므로 충돌 전후 운동에너지가 보존되어 $\dfrac{1}{2}mv^2 + \dfrac{1}{2}2m\left(\dfrac{v}{2}\right)^2 = \dfrac{1}{2}mv_A^2 + \dfrac{1}{2}2mv_B^2$ 이다. 위 두 식을 연립하면 $v_A = v$, $v_B = \dfrac{1}{2}v$가 된다. 그러면 충돌 후 A의 $+y$방향의 이동거리는 vt_1이 되고, B의 $-y$방향의 이동거리는 $\dfrac{1}{2}vt_1$이 되어서 충돌 직후부터 t_1까지 A와 B 사이의 거리는 $\dfrac{3}{2}vt_1$이 된다.

03 그림 (가)와 (나)는 수평면에서 한쪽 끝이 고정된 두 개의 용수철에 각각 질량이 m, $2m$인 물체 A, B를 평형 위치에서 같은 길이 d만큼 늘어난 곳에서 잡고 있는 모습을 나타낸 것이다. 두 용수철의 용수철 상수는 같고, 물체를 가만히 놓았을 때 A와 B는 단진동을 한다.

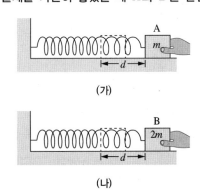

(가)

(나)

(가)와 (나)의 단진동에서 값이 같은 물리량만을 〈보기〉에서 있는 대로 고른 것은?

| 보기 |

ㄱ. 주 기
ㄴ. 진 폭
ㄷ. 운동에너지의 최댓값

① ㄱ   ② ㄴ
③ ㄱ, ㄷ   ④ ㄴ, ㄷ
⑤ ㄱ, ㄴ, ㄷ

해설　ㄴ. 역학적 에너지가 보존되므로 진폭은 (가)와 (나)의 경우 동일하다.
　　　　ㄷ. 역학적 에너지가 보존되므로 탄성력 퍼텐셜에너지의 최댓값은 운동에너지의 최댓값과 동일하다.
　　　　ㄱ. 용수철 진자의 주기는 $T = 2\pi\sqrt{\dfrac{m}{k}}$ 에서 k는 동일하고 m은 (나)에서가 2배이므로 주기는 $1 : \sqrt{2}$ 가 된다.

04 그림과 같이 전하량이 q_1, q_2, q_3인 점전하가 xy평면상의 세 점 P_1, P_2, P_3에 고정되어 있다. 원점에서 세 점전하에 의한 전기장의 방향은 $+y$방향이다. P_1, P_2, P_3의 좌표는 $(0, d)$, $(-d, 0)$, $(d, 0)$이고 q_3은 양(+)전하이다.

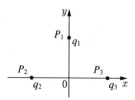

이에 관한 설명으로 옳은 것만을 〈보기〉에서 있는 대로 고른 것은?

| 보기 |

ㄱ. q_1은 양(+)전하이다.
ㄴ. q_2은 양(+)전하이다.
ㄷ. 전하량은 q_2와 q_3이 같다.

① ㄱ
② ㄴ
③ ㄱ, ㄴ
④ ㄱ, ㄷ
⑤ ㄴ, ㄷ

해설 ㄴ. 원점에서 세 점전하에 의한 전기장의 방향이 $+y$방향이 되려면 q_2에 의한 전기장과 q_3에 의한 전기장이 상쇄되고 $-q_1$에 의한 전기장만 존재해야 한다. 그러므로 q_2와 q_3 모두 양(+)전하이다.

ㄷ. 원점에서 세 점전하에 의한 전기장의 방향이 $+y$방향이 되려면 q_2에 의한 전기장과 q_3에 의한 전기장의 세기가 같아야 한다. 두 점전하에 의한 거리가 같으므로 전하량도 같다.

ㄱ. 원점에서 세 점전하에 의한 전기장의 방향이 $+y$방향이 되려면 q_1은 음(−)전하이어야 한다.

05 그림 (가), (나)와 같이 정사각형 도선 P, Q가 각각 무한 직선도선과 동일 평면에 고정되어 있고, P와 Q의 한 변은 각각 무한 직선도선과 평행하다. (가)와 (나)에서 무한 직선도선에 흐르는 전류는 일정한 세기로 같고, P, Q에 흐르는 전류의 세기는 각각 I_P, I_Q이다.

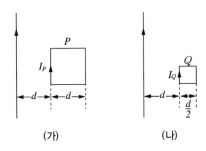

(가)   (나)

P와 Q에 작용하는 직선도선에 의한 자기력의 크기가 같을 때, $\dfrac{I_P}{I_Q}$는? (단, 도선의 굵기는 무시한다)

① $\dfrac{1}{3}$

② $\dfrac{2}{3}$

③ 1

④ $\dfrac{3}{2}$

⑤ 3

해설 (가)와 (나)에서 도선의 위쪽과 아래쪽 도선이 받는 힘은 서로 상쇄되므로 옆 도선이 받는 힘만 계산하면 된다. (가)에서 P도선의 왼쪽에서 받는 힘을 F_1, 오른쪽 부분이 받는 힘을 F_2라 하면 P도선의 알짜 자기력은

$\Sigma F_P = F_1 - F_2 = BI_Pd - \dfrac{B}{2}I_Pd = \dfrac{1}{2}BI_Pd$가 된다. 같은 방법으로 Q도선의 알짜 자기력은

$\Sigma F_Q = F'_1 - F'_2 = BI_Q\dfrac{d}{2} - \dfrac{2}{3}BI_Q\dfrac{d}{2} = \dfrac{1}{6}BI_Qd$가 된다. $\dfrac{1}{2}BI_Pd = \dfrac{1}{6}BI_Qd$이므로 $\dfrac{I_P}{I_Q} = \dfrac{1}{3}$이다.

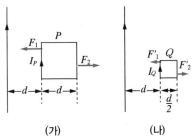

(가)   (나)

06 그림과 같이 진동수가 f이고 전압의 최댓값이 일정한 교류 전원, 저항값이 R인 저항, 자체유도계수가 L인 코일, 전기 용량이 C인 축전기, 스위치로 회로를 구성하였다. 스위치를 a에 연결하였을 때와 b에 연결하였을 때 저항에서 소모되는 평균 전력은 같다. f는?

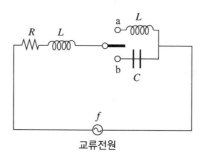

교류전원

① $\dfrac{1}{2\pi}\dfrac{1}{\sqrt{3LC}}$　　　　　　　　② $\dfrac{1}{2\pi}\dfrac{1}{\sqrt{2LC}}$

③ $\dfrac{1}{2\pi}\dfrac{1}{\sqrt{LC}}$　　　　　　　　④ $\dfrac{1}{2\pi}\dfrac{2}{\sqrt{3LC}}$

⑤ $\dfrac{1}{2\pi}\dfrac{2}{\sqrt{LC}}$

해설 코일이 직렬로 연결되었을 때 합성 인덕턴스는 축전기의 합성 전기용량을 구하는 방법과 반대로 그냥 더하면 된다. 스위치를 a에 연결하였을 때와 b에 연결하였을 때 저항에서 소모되는 평균 전력은 같으므로 전류의 세기가 같아야 한다. 그러면 임피던스도 동일해야 하므로 스위치 a에 on했을 때 임피던스를 Z_1이라 하면 $Z_1 = \sqrt{R^2 + (2\pi f 2L)^2}$이고, b에 on했을 때 임피던스 $Z_2 = \sqrt{R^2 + \left(2\pi f L - \dfrac{1}{2\pi f C}\right)^2}$가 같아야 한다. 그러면 $\left|4\pi f L\right| = \left|2\pi f L - \dfrac{1}{2\pi f C}\right|$이 된다. 그런데 우변이 (+)값을 가지면 (−)부호가 등장하므로 우변을 (−)값으로 결정해야 한다. 즉, $4\pi f L = -2\pi f L + \dfrac{1}{2\pi f C}$이다. f에 대해 정리를 하면 $f = \dfrac{1}{2\pi}\dfrac{1}{\sqrt{3LC}}$이다.

07 그림과 같이 단열된 피스톤으로 나누어진 단열된 실린더의 두 부분 A, B에 각각 2몰, 1몰의 단원자 분자 이상 기체가 들어있다. 마찰이 없는 피스톤은 평형상태로 정지해 있다. A와 B의 부피는 V로 같고, A와 B에 들어있는 이상 기체분자 한 개의 질량은 각각 m, $2m$이다.

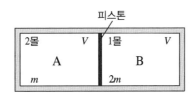

A와 B에서 값이 같은 물리량만을 〈보기〉에서 있는 대로 고른 것은?

─────── | 보기 | ───────

ㄱ. 기체의 압력
ㄴ. 기체의 온도
ㄷ. 기체 분자 한 개의 제곱평균제곱근 속력(Root−mean−square Speed)

① ㄱ
② ㄴ
③ ㄱ, ㄴ
④ ㄱ, ㄷ
⑤ ㄴ, ㄷ

해설 ㄱ. 마찰이 없는 피스톤이 평형상태로 정지해 있으므로 압력이 같아야 한다.

ㄷ. 단원자 기체 분자 평균 운동에너지 식에서 $\frac{1}{2}mv_s^2 = \frac{3}{2}kT$ 온도는 $1:2$이고 질량이 $1:2$이므로 제곱평균제곱근 속력은 $1:1$이 된다.

ㄴ. 이상기체 상태 방정식에서 $PV = nRT$ 압력과 부피는 동일한데 몰수가 $2:1$이므로 온도가 $1:2$이어야 한다.

08 그림 (가)는 $+x$방향으로 일정한 속력으로 진행하는 사인파 A의 $t=0$일 때의 모습을 나타낸 것이고, (나)는 $t=1/8$초일 때 (가)에서 A가 $+x$방향으로 진행한 모습을 나타낸 것이다.

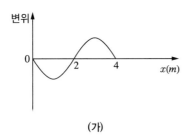

(가)

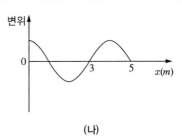

(나)

파동 A의 진동수(Hz)는?

① 1
② 2
③ 3
④ 4
⑤ 5

해설 1/8초 동안 파동은 $+x$방향으로 $1m$를 이동했다. 파장이 $\lambda = 4m$이고, 파동은 한 주기 동안 한 파장을 이동하므로 주기는 $T = 1/2$초가 된다. 그러므로 진동수는 $f = \dfrac{1}{T} = 2\mathrm{Hz}$이다.

09 그림과 같이 물체 A, B가 각각 다른 시간에 양극판에서 수직으로 출발해 음극판을 향해 등가속도 직선 운동을 하여 동시에 음극판에 도달하였다. 두 극판은 평행하고 두 극판 사이의 전기장은 일정하다. A, B의 질량은 각각 m, $2m$이고 전하량은 각각 $2q$, q이다.

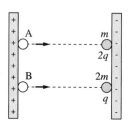

A와 B가 음극판에 도달한 순간, 이에 관한 설명으로 옳은 것만을 〈보기〉에서 있는 대로 고른 것은? (단, 물체의 크기와 상대론적 효과는 무시한다)

――――| 보기 |――――
ㄱ. 양극판에서 음극판까지 이동하는 데 걸린 시간은 B가 A보다 길다.
ㄴ. A의 운동에너지는 B의 운동에너지보다 크다.
ㄷ. 드브로이 파의 파장은 A와 B가 같다.

① ㄱ
② ㄷ
③ ㄱ, ㄴ
④ ㄴ, ㄷ
⑤ ㄱ, ㄴ, ㄷ

해설 ㄱ. 두 대전입자가 받는 알짜힘이 전기력이므로 $qE = ma$에서 $q = 2 : 1$, $E = 1 : 1$, $m = 1 : 2$이므로 $a = 4 : 1$이 된다. 가속도가 큰 A가 먼저 도달한다. $s = \dfrac{1}{2}at^2$에서 도달하는 시간의 비는 $1 : 2$이다.

ㄴ. 전기력이 대전 입자에 한 일이 운동에너지의 변화량과 같으므로 $qEd = \Delta K$에서 $q = 2 : 1$이고 전기장과 거리는 동일하므로 $\Delta K = 2 : 1$이다.

ㄷ. 드브로이 파의 파장은 $\lambda = \dfrac{h}{\sqrt{2mK}}$에서 $m = 1 : 2$, $\Delta K = 2 : 1$이므로 $\lambda = 1 : 1$이 된다.

10 그림 (가)와 (나)는 보어(Bohr)의 수소 원자 모형에서 전자의 원운동 궤도와 물질파 파형을 각각 실선과 점선을 이용하여 모식적으로 나타낸 것이다. 전자의 주양자수 $n(=1,\ 2,\ 3,\ \cdots)$에 따른 에너지 준위는 $E_n = -\dfrac{|E_1|}{n^2}$ 이다.

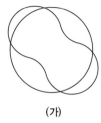 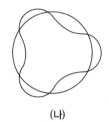

(가)　　　　　　　(나)

전자가 (나)의 상태에서 (가)의 상태로 전이할 때 방출되는 광자의 에너지는?

① $\dfrac{5}{36}|E_1|$　　　　　　　　　　② $\dfrac{3}{16}|E_1|$

③ $\dfrac{3}{4}|E_1|$　　　　　　　　　　④ $\dfrac{8}{9}|E_1|$

⑤ $\dfrac{15}{16}|E_1|$

해설　(가)는 $n=2$인 상태이고, (나)는 $n=3$인 상태이다. 그러면 진동수 조건에 의해 전자가 (나)의 상태에서 (가)의 상태로 전이할 때 방출되는 광자의 에너지는 $E_3 - E_2 = -\dfrac{|E_1|}{3^2} - \left(-\dfrac{|E_1|}{2^2}\right) = \dfrac{5}{36}|E_1|$가 된다.

2018년 기출문제

01 그림과 같이 밀도가 균일하며 한 변의 길이가 8cm인 정사각형 철판이 xy 평면에 놓여 있다. 이 철판 면적의 1/4인 A 부분을 잘라냈을 때, 남아 있는 B 부분의 질량 중심의 좌표는? (단, 철판의 두께는 무시한다)

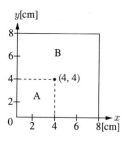

① $(4, 4)$

② $(\frac{13}{3}, \frac{13}{3})$

③ $(\frac{9}{2}, \frac{9}{2})$

④ $(\frac{14}{3}, \frac{14}{3})$

⑤ $(5, 5)$

해설 B의 절반 위 부분의 질량을 $2m$이라 하고 그 부분의 질량 중심은 $(4, 6)$이다. B의 아래 부분은 질량이 m이고 질량 중심은 $(6, 2)$이다. 질량 중심을 구하는 식에 대입하면 $x_{CM} = \dfrac{2m \times 4 + m \times 6}{2m + m} = \dfrac{14}{3}$이고, $y_{CM} = \dfrac{2m \times 6 + m \times 2}{2m + m}$이다. 그러므로 전체 질량중심은 $\left(\dfrac{14}{3}, \dfrac{14}{3}\right)$가 된다.

02 그림과 같이 진공인 3차원 공간상의 네 지점에 각각 $+5Q$, $-Q$, $-Q$, $-3Q$의 전하가 놓여 있다.

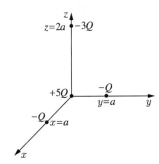

중심이 원점에 있고 한 변의 길이가 $3a$인 정육면체 가우스(Gauss) 면을 통과하는 알짜 전기 선속(Electric Flux)은? (단, 진공의 유전율은 ϵ_0이다)

① $-\dfrac{5Q}{\epsilon_0}$ ② $-\dfrac{3Q}{\epsilon_0}$

③ 0 ④ $+\dfrac{3Q}{\epsilon_0}$

⑤ $+\dfrac{5Q}{\epsilon_0}$

해설   임의의 폐곡면을 잡았을 때 알짜 전기 선속은 $\Phi=\dfrac{Q_{in}}{\epsilon_0}$ 에서 Q_{in} 은 폐곡면(가우스 면)속의 알짜 전하이다. 중심이 원점에 있고 한 변의 길이가 $3a$인 정육면체를 가우스 면으로 잡으면 각 축에 대해 $1.5a$까지만 가우스 면 안에 포함된다. 그러므로 $Q_{in}=+5Q-Q-Q=+3Q$가 된다. $\Phi=+\dfrac{3Q}{\epsilon_0}$이다.

03 그림과 같이 입자 A와 B가 균일한 자기장 안에서 반지름이 각각 R, $2R$인 원운동을 하고 있다. A와 B의 전하량, 질량, 회전 주기는 모두 같다.

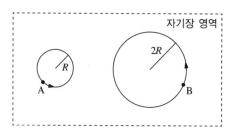

A와 B의 드브로이 물질파 파장을 각각 λ_A와 λ_B라고 할 때, $\dfrac{\lambda_A}{\lambda_B}$는?

① 1/4

② 1/2

③ 1

④ 2

⑤ 4

해설 로렌츠 힘이 구심력의 역할을 하므로 $qvB = \dfrac{mv^2}{r}$에서 $v = \dfrac{qBr}{m}$이다. 전하량, 질량, 자기장이 같으므로 $r = 1 : 2$이면 $v = 1 : 2$이다. 드브로이 파장 $\lambda = \dfrac{h}{mv}$에서 v는 $1 : 2$이므로 $\lambda = 2 : 1$이 된다. 따라서 $\dfrac{\lambda_A}{\lambda_B} = 2$ 이다.

04 반감기가 1.41×10^{10}년인 $^{232}_{90}Th$이 x번의 알파 붕괴와 y번의 베타-마이너스(β^-) 붕괴를 거치는 자연 방사성 붕괴를 통해 안정한 최종 생성물인 $^{208}_{82}Pb$이 되었다. 이때, $x + y$의 값은?

① 6

② 8

③ 10

④ 12

⑤ 14

해설 원자핵이 알파 붕괴를 한 번 하면 질량수는 4개, 원자번호는 2개 감소한다. 또 베타-마이너스 붕괴를 하면 질량수는 변함이 없고 원자번호만 1개 증가한다. 알파 붕괴만 질량수의 변화에 관련이 있으므로 알파 붕괴가 x번 일어났다면 $232 - 4x = 208$에서 $x = 6$이다. 알파 붕괴는 6번 일어났다. 원자번호는 90에서 82가 되었으므로 $90 - 2x + y = 82$가 되어서 $y = 4$가 된다. 그러므로 $x + y = 10$이다.

05 그림은 물의 상(Phase) 도표를 나타낸 것이다. 점 P는 물의 삼중점이다.

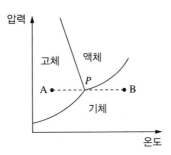

등압 가열 과정을 통해 상태 A에 있던 얼음이 P를 지나 상태 B가 될 때, 공급되는 열량 Q에 따른 물의 온도 T 그래프로 가장 적절한 것은?

①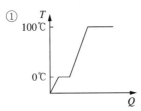

②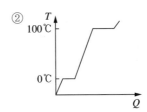

③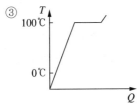

④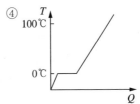

⑤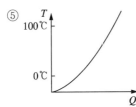

> **해설** 상태 변화가 일어날 때는 공급된 열이 모두 상태 변화에만 쓰이기 때문에 온도가 일정하게 된다. 상태 A에 있던 얼음이 P를 지나 상태 B가 될 때는 고체에서 바로 기체가 되므로 상태 변화가 한 번만 일어난다.

06 그림은 밀도가 ρ로 균일한 유체 속에서 질량 m, 부피 V인 물체 1과 질량 $4m$, 부피 $3V$인 물체 2가 실로 연결된 채 정지해 있는 모습을 나타낸 것이다.

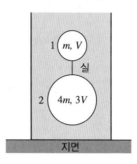

실에 걸리는 장력은? (단, 중력 가속도는 g이고, 실의 질량은 무시한다)

① $\dfrac{1}{4}mg$

② $\dfrac{1}{2}mg$

③ $\dfrac{3}{4}mg$

④ $\dfrac{5}{4}mg$

⑤ $\dfrac{3}{2}mg$

해설 물체가 정지해 있으므로 힘의 평형상태이다. 각 물체의 합력이 0이 된다. 물체 1에 작용하는 힘은 $mg+T=\rho gV$이고 물체 2에 작용하는 힘의 관계는 $4mg=T+\rho g3V$가 된다. 두 식을 연립하면 $\dfrac{1}{4}mg$이다.

07 그림은 공기 중에 있는 한 쪽이 닫힌 관에 형성되는 정상파의 한 예를 나타낸 것이다. 관의 길이는 L이다.

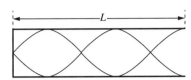

이 관에 형성되는 정상파의 진동수를 갖는 두 음파가 중첩되어 맥놀이 현상이 나타날 때, 맥놀이 진동수의 최솟값은? (단, 공기 중에서 음파의 속력은 v이다)

① $\dfrac{v}{4L}$

② $\dfrac{v}{2L}$

③ $\dfrac{3v}{4L}$

④ $\dfrac{5v}{4L}$

⑤ $\dfrac{7v}{4L}$

해설 폐관에서 만들 수 있는 정상파의 일반식은 $f_n = \dfrac{nv_{음속}}{4L}$ 이고 $n = 1, 3, 5, \cdots$ 이다. 그러면 $f_1 = \dfrac{v}{4L}$, $f_2 = \dfrac{3v}{4L}$, $f_5 = \dfrac{5v}{4L}$, $\cdots$ 이다. 맥놀이 진동수는 $f_b = |f - f'|$ 이므로 맥놀이 진동수의 최솟값은 $\dfrac{v}{2L}$ 이 된다.

08 그림과 같이 xy 평면상에서, v_0의 속력으로 $+x$방향으로 운동하던 질량 m, 전하량 q인 입자가 길이 l, 판 사이 간격 d인 평행판 축전기를 지난다. 입자는 $(0, 0)$인 지점으로 들어와 (l, d)인 지점을 통과하여 나간다.

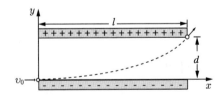

축전기 내부의 전기장 세기는? (단, 축전기 내부는 진공이고, 축전기 내에서 전기장은 균일하며, 입자의 크기와 전자기파 발생은 무시한다)

① $\dfrac{mdv_0^2}{2ql^2}$

② $\dfrac{mdv_0^2}{\sqrt{2}\,ql^2}$

③ $\dfrac{mdv_0^2}{ql^2}$

④ $\dfrac{\sqrt{2}\,mdv_0^2}{ql^2}$

⑤ $\dfrac{2mdv_0^2}{ql^2}$

해설 균일한 전기장 속에서의 대전입자의 운동은 지면 근처 중력장 내의 운동에 그대로 적용이 가능하다. 대전입자는 $+y$방향으로 일정한 전기력을 받으므로 y축 방향의 가속도는 $qE = ma_y$에서 $a_y = \dfrac{qE}{m}$가 된다. x축 방향으로는 등속 운동, y 방향으로는 등가속도 운동을 하므로 (ℓ, d)인 지점에 도착할 때까지 걸린 시간을 t라 하면 수평 방향의 식은 $l = v_0 t$이고, 수직 방향의 식은 $d = \dfrac{1}{2}\dfrac{qE}{m}t^2$이 돼서 두 식에서 t를 소거하고 E에 대해 정리하면 $E = \dfrac{2mdv_0^2}{ql^2}$가 된다.

09 $+x$방향으로 $10.0\,\mathrm{m/s}$로 등속도 운동을 하던 자동차가 원점을 지나는 순간($t = 0$)부터 3초 동안 그림과 같은 가속도로 운동한다. 가속도 방향은 $+x$방향이다.

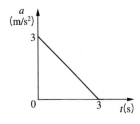

$t = 3$초일 때 원점으로부터 자동차의 위치는?

① 14.5m   ② 25.5m

③ 31.7m   ④ 39.0m

⑤ 53.5m

해설 이 문제에서 조심해야 될 부분은 등가속도 운동이 아니기 때문에 등가속도 공식을 사용할 수 없다는 것이다. 그래프에서 $\dfrac{da}{dt} = -1$이다. $\displaystyle\int_{a_0}^{a} da = -\int dt$에서 $a = 3 - t$가 된다. $a = \dfrac{dv}{dt}$이므로 $\displaystyle\int (3-t)dt = \int_{v_0}^{v} dv$에서 $v_0 = 10\,\mathrm{m/s}$이므로 $v = 10 + 3t - \dfrac{1}{2}t^2$이다. 또 $v = \dfrac{ds}{dt}$에서 $\displaystyle\int_0^3 (10 + 3t - \dfrac{1}{2}t^2)dt = \int ds$이므로 $s = 10t + \dfrac{3}{2}t^2 - \dfrac{1}{6}t^3$가 된다. $t = 3$을 대입하면 $s = 39\mathrm{m}$가 나온다.

10 공진(공명) 진동수가 f_0인 RLC 직렬 회로에서, 진동수가 $2f_0$일 때의 임피던스는 진동수가 f_0일 때의 임피던스의 2배이다. 진동수가 $2f_0$일 때, 저항에 대한 유도 리액턴스의 비 $\dfrac{X_L}{R}$은?

① $\dfrac{3}{4}$

② $\dfrac{4}{3}$

③ $\dfrac{3}{2}$

④ $\dfrac{3}{\sqrt{2}}$

⑤ $\dfrac{4}{\sqrt{3}}$

해설 공진(공명) 진동수가 f_0일 때 임피던스는 R이다. 문제의 조건에서 $2f_0$이면 $2R$이다. f_0일 때는 $2\pi f_0 L = \dfrac{1}{2\pi f_0 C}$ 이고, $2f_0$일 때 $2R$이 되려면 $2R = \sqrt{R^2 + \left(2\pi 2f_0 - \dfrac{1}{2\pi 2f_0 C}\right)^2}$ 이어야 하므로 $\left(2\pi 2f_0 - \dfrac{1}{2\pi 2f_0 C}\right)^2 = 3R^2$을 만족하면 된다. 양변에 제곱근을 씌우고 $\dfrac{1}{2\pi f_0 C} = 2\pi f_0 L$을 대입하고 정리하면 $\dfrac{4\pi f_0 L}{R} = \dfrac{4}{\sqrt{3}}$ 이다.

2017년 기출문제

01 그림 (가)는 수평 방향으로 놓인 균일한 줄이 진동자와 도르래 사이에서 진동하는 모습을 나타낸 것이다. 줄의 한 쪽 끝에는 도르래를 통해 질량 m인 추가 매달려 있고, 줄은 n_1개의 배를 가지는 정상파를 만든다. 그림 (나)와 같이 (가)의 장치를 이용하여 추가 물에 완전히 잠기도록 하면, 줄은 n_2개의 배를 가지는 정상파를 만든다.

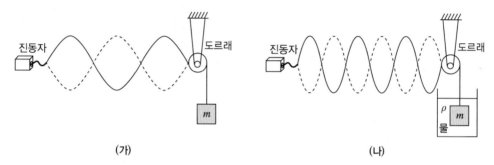

(가)   (나)

줄에 연결되어 있는 추의 부피는? (단, 줄의 부력과 무게는 무시하고, 물의 밀도는 ρ이며, 중력가속도는 일정하다)

① $\dfrac{m}{\rho}\left[1+\dfrac{n_2}{n_1}\right]$

② $\dfrac{m}{\rho}\left[1-\left(\dfrac{n_1}{n_2}\right)^2\right]$

③ $\dfrac{m}{\rho}\left[1+\left(\dfrac{n_1}{n_2}\right)^2\right]$

④ $\dfrac{2m}{\rho}\left[1+\left(\dfrac{n_2}{n_1}\right)^2\right]$

⑤ $\dfrac{2m}{\rho}\left[1+\left(\dfrac{n_1}{n_2}\right)^2\right]$

해설 동일한 진동자이므로 (가)와 (나)에서 진동수가 같고 줄의 장력도 동일하다. 현의 정상파의 일반식 $f_n=\dfrac{n}{2L}\sqrt{\dfrac{T}{\mu}}$에서 장력만 다르게 된다. $f=\dfrac{n_1}{2L}\sqrt{\dfrac{mg}{\mu}}=\dfrac{n_2}{2L}\sqrt{\dfrac{mg-\rho g V}{\mu}}$를 이용해 V에 대해 정리하면 $V=\dfrac{m}{\rho}\left[1-\left(\dfrac{n_1}{n_2}\right)^2\right]$가 된다.

02 그림과 같이 단열용기에 가득 채워진 $10.0℃$의 물 $1.0kg$을 히터를 이용하여 10분간 가열한 결과, 용기의 부피변화 없이 물이 $60.0℃$의 평형상태에 도달하였다. 히터 양단에 걸리는 전압이 100V일 때 히터의 저항값은 얼마인가? (단, 온도 증가에 따른 히터의 저항값 변화는 무시하고, 히터의 열은 모두 물로 전달되며, 물의 등적 비열은 $4,000J/kg \cdot ℃$로 가정한다)

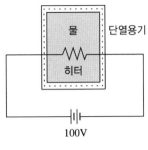

① 20Ω ② 25Ω

③ 30Ω ④ 35Ω

⑤ 40Ω

해설 히터에서 소비되는 전기에너지가 모두 물의 온도를 올리는 데 사용되므로 $\dfrac{V^2}{R}t = cm\Delta T$에 대입을 하면

$\dfrac{100^2}{R}600 = 4,000 \times 1 \times (60.0 - 10.0)$이 되고, 정리하면 $R = 30\Omega$이다.

03 그림과 같이 시간 $t(\sec)$에 따라 증가하는 자기장 $B(t) = 2t(\mathrm{Tesla})$를 반지름 $R = 1m$인 원형도체의 단면에 수직하게 가힐 경우, 원형 도체에 유도전류 I가 흐른다.

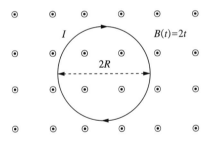

원형 도체의 총 저항값이 8Ω일 경우, 유도전류 $I(\mathrm{Ampere})$의 세기는? (단, 자기장은 공간적으로 균일하며, 원형 도체의 두께와 전자기파 발생은 무시한다)

① $\dfrac{\pi}{4}$ ② $\dfrac{\pi}{2}$

③ π ④ 2π

⑤ 4π

해설 유도전류 $I = \dfrac{\epsilon}{R}$에서 ϵ은 유도 기전력이다. $\epsilon = A\dfrac{dB}{dt} = \pi R^2 \times 2 = 2\pi$가 된다. 그러면 $I = \dfrac{\epsilon}{R} = \dfrac{2\pi}{8} = \dfrac{\pi}{4}$이다.

04 그림과 같이 마찰이 있는 경사면에 놓인 물체 A가 도르래를 통해 실로 연결된 물체 B에 의해 등속운동하고 있다. A와 B의 질량은 각각 $4m$, m이고 경사면이 수평면과 이루는 각은 $30°$이다. 등속운동하는 동안 경사면과 물체 A 사이의 운동 마찰 계수는? (단, 물체 A는 정지하지 않고 있으며, A와 도르래 사이의 실은 경사면과 나란하고 공기저항, 실의 질량, 도르래 마찰은 무시한다)

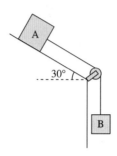

① $\dfrac{1}{3}$

② $\dfrac{1}{2}$

③ $\dfrac{1}{\sqrt{3}}$

④ $\dfrac{1}{\sqrt{2}}$

⑤ $\dfrac{\sqrt{3}}{2}$

해설 등속운동을 하고 있으므로 합력이 0인 힘의 평형상태이다. A와 B를 한 덩어리로 보고 힘 분석을 하면 $mg + 4mg\sin30° = \mu 4mg\cos30°$에서 $\mu = \dfrac{\sqrt{3}}{2}$이 된다.

05 그림 (가)는 질량이 m인 인공위성 A가 질량이 M_A인 행성을 중심으로 반지름 r의 등속 원운동을 하는 것을 나타낸 것이고, 그림 (나)는 질량이 m인 인공위성 B가 질량이 M_B인 행성을 중심으로 반지름 $2r$의 등속 원운동을 하는 것을 나타낸 것이다.

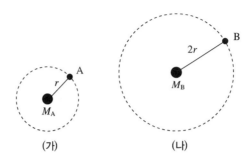

(가)　　　　　　　(나)

인공위성 A, B의 등속 원운동에 대한 각속도의 크기가 같을 때, $\dfrac{M_B}{M_A}$는? (단, $M_A \gg m$, $M_B \gg m$이고, 인공위성과 행성의 크기는 무시한다)

① $\dfrac{1}{4}$　　　　　　　② $\dfrac{1}{2}$

③ 2　　　　　　　④ 4

⑤ 8

해설 각속도 w가 동일하고, 만유인력이 구심력의 역할을 하므로 A: $G\dfrac{M_A m}{r^2}=mrw^2$, B: $G\dfrac{M_B m}{4r^2}=m2rw^2$가 된다. 두 식을 양변을 나누어서 정리하면 $\dfrac{M_B}{M_A}=8$이다.

06 그림과 같이 실온에서 밀도가 ρ_0인 물에 완전히 잠긴 물체 A는 물체 B와 실로 연결되어 있다. A의 밀도는 $\dfrac{3}{2}\rho_0$이고, B의 부피는 A의 2배이다. B가 물에 완전히 잠기기 위한 B의 최소밀도는? (단, A와 B의 밀도는 균일하며, 실의 부피와 질량은 무시한다)

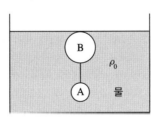

① $\dfrac{1}{8}\rho_0$　　　　　　　② $\dfrac{1}{4}\rho_0$

③ $\dfrac{1}{2}\rho_0$　　　　　　　④ $\dfrac{3}{4}\rho_0$

⑤ $\dfrac{4}{5}\rho_0$

해설 A의 부피를 V라고 하면 B의 부피는 $2V$라고 할 수 있다. 그러면 두 물체를 한 덩어리처럼 보았을 때 중력과 부력이 힘의 평형을 이룰 때가 B가 물에 완전히 잠기기 위한 최소 조건이 된다. $m_A g + m_B g = B_A + B_B$ 임을 만족하므로 $\frac{3}{2}\rho_0 Vg + \rho_B 2Vg = \rho_0 g 3V$에서 $\rho_B = \frac{3}{4}\rho_0$를 만족하게 된다.

07 그림과 같이 4개의 저항과 2개의 전지로 회로를 구성하였다. 회로상의 점 p에 흐르는 전류의 세기는?

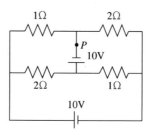

① $\frac{10}{3}$A

② 5A

③ $\frac{20}{3}$A

④ 10A

⑤ 15A

해설 아래 그림처럼 전류를 잡고 전압법칙의 식을 세운다. 먼저 왼쪽 위 폐회로에 대해 시계방향으로 돌리면서 식을 세우면 $10 - I_1 + 2I_2 = 0$이고, 오른쪽 위 폐회로에 대해 반시계방향으로 돌리면서 식을 세우면 $10 - I_2 - I_3 + 2I_1 - 2I_3 = 0$이다. 또한 아래 폐회로에 대해 시계방향으로 돌리면서 식을 세우면 $10 - 2I_2 - I_2 - I_3 = 0$이 되어서 위의 세 식을 연립하면 $I_3 = 10$A 가 된다.

08 그림 (가)는 폭 a, 간격 b인 이중슬릿을 나타낸 것이고, 그림 (나)는 단색광이 (가)의 이중슬릿으로 수직입사할 때 스크린에 생긴 회절무늬의 세기분포를 나타낸 것이다. 다른 조건들은 그대로 유지한 채 슬릿의 간격만 $b/2$로 줄일 경우, 스크린에 보이는 회절무늬의 세기분포를 나타낸 것으로 가장 적절한 것은? (단, 스크린은 슬릿으로부터 수 미터 떨어져 있다)

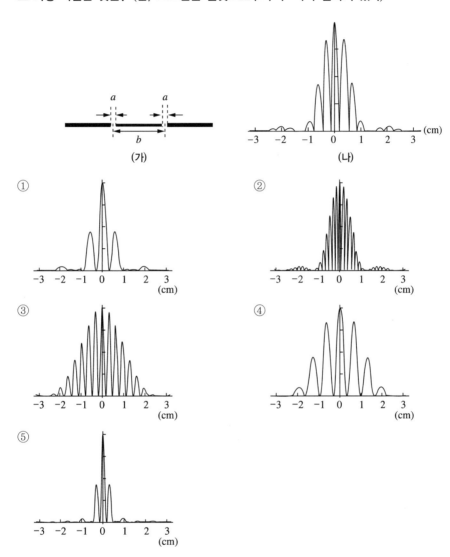

해설 단일슬릿에 의한 회절무늬는 $\dfrac{L\lambda}{a}$로 큰 무늬이고, 이중슬릿에 의한 간섭무늬는 $\dfrac{L\lambda}{b}$로 작은 무늬 사이의 간격이다. b를 $\dfrac{b}{2}$로 감소시키면 이중슬릿에 의한 작은 무늬 간격만 두 배로 넓어신다. 난일슬릿에 의한 칫 빈째 극소점의 위치는 변하지 않는다.

09 그림 (가)는 금속판 X에 단색광을 비추어 방출된 광전자에 의한 전류를 가변전원의 전압에 따라 측정하는 장치이다. 그림 (나)는 (가)의 장치를 이용하여 색깔이 다른 두 빛 a, b의 광전효과로 발생되는 전류를 가변전원의 전압에 따라 각각 나타낸 것이다. 빛 a 진동수가 금속판 X의 문턱진동수의 2배일 때, 빛 b 진동수는 빛 a 진동수의 몇 배인가? (단, X에 비추어진 빛은 모두 광전자를 발생시킨다)

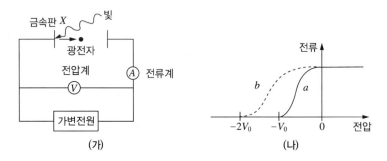

(가)　　　　　　(나)

① $\dfrac{1}{2}$　　　　　　　　　　② 1

③ $\dfrac{3}{2}$　　　　　　　　　　④ 2

⑤ $\dfrac{5}{2}$

해설 광전효과에서 에너지 방정식은 $hf = W + K_{\max}$ 이고 $W = hf_0$, $K_{\max} = eV_0$를 만족한다. 금속판 X의 문턱 진동수를 f_0라고 하면 빛 a의 진동수는 $2f_0$가 되면서 빛 a를 비추어 주었을 때 $h2f_0 = hf_0 + eV_0$에서 $h2f_0 = 2eV_0$가 된다. 빛 b의 진동수를 f라고 하면 $hf = hf_0 + 2eV_0$에서 $hf = 3eV_0$가 된다. a의 진동수는 $2f_0 = \dfrac{2eV_0}{h}$ 이고 b의 진동수는 $f = \dfrac{3eV_0}{h}$ 가 되어 b의 진동수는 a의 진동수의 $\dfrac{3}{2}$ 배가 된다.

10 그림 (가)는 우물 깊이가 U_0이고 폭이 $2L$인 일차원 유한 우물 퍼텐셜 $U(x)$를 위치 x에 따라 나타낸 것이다. 그림 (나)는 (가)의 퍼텐셜에 속박된 입자 Y의 파동함수 ψ_A와 ψ_B를 각각 나타낸 것이다. ψ_A, ψ_B는 에너지가 각각 E_A, E_B인 Y의 고유상태함수이다.

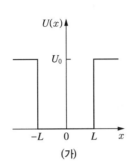

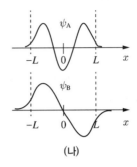

(가)   (나)

이에 관한 설명으로 옳은 것만을 〈보기〉에서 있는 대로 고른 것은?

| 보기 |

ㄱ. Y가 ψ_B인 상태에 있을 때 $x=0$에서 Y를 발견할 확률은 0이다.

ㄴ. E_A는 E_B보다 크다.

ㄷ. Y가 (가)에서 가질 수 있는 바닥상태의 에너지는 E_B이다.

① ㄱ

② ㄷ

③ ㄱ, ㄴ

④ ㄴ, ㄷ

⑤ ㄱ, ㄴ, ㄷ

해설 ㄱ. 확률밀도함수는 파동함수의 제곱이므로 ψ_B를 제곱하면 $x=0$에서 Y를 발견할 확률은 0이다.

ㄴ. ψ_A는 $n=3$인 양자상태, ψ_B는 $n=2$인 양자 상태이다. n값이 큰 E_A가 E_B보다 크다.

ㄷ. 바닥상태의 에너지는 $x=0$에서 진폭이 최대가 되는 파동함수이어야 한다.

2016년 기출문제

01 그림과 같이 질량이 4kg와 2kg인 물체가 도르래를 통해 실로 연결된 채 정지해 있다. 4kg인 물체와 수평면 사이의 마찰력의 크기는? (단, 중력 가속도의 크기는 $10\text{m}/\text{s}^2$이고, 도르래의 마찰과 실의 질량은 무시한다)

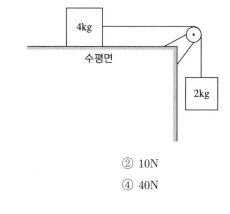

① 0N   ② 10N

③ 20N   ④ 40N

⑤ 60N

> **해설** 물체가 정지해 있으므로 합력이 0인 힘의 평형상태이다. 두 물체를 하나의 물체로 보면 2kg의 물체에 작용하는 중력 20N과 같은 크기의 마찰력이 4kg의 물체 왼쪽 방향으로 작용하고 있어야 한다.

02 그림과 같이 질량이 같은 물체 A와 B가 수평면 상에서 회전축을 중심으로 동일한 각속도로 원운동을 하고 있다. B가 A보다 큰 물리량만을 〈보기〉에서 있는 대로 고른 것은?

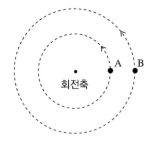

| 보기 |

ㄱ. 선속도의 크기
ㄴ. 구심력의 크기
ㄷ. 각운동량의 크기

① ㄱ

② ㄷ

③ ㄱ, ㄴ

④ ㄴ, ㄷ

⑤ ㄱ, ㄴ, ㄷ

해설 구심력은 mrw^2인데 w와 m이 동일하다.

ㄱ. 선속도 $v_t = rw$에서 r이 클수록 v_t가 크다.

ㄴ. mrw^2에서 r이 클수록 구심력의 크기가 크다.

ㄷ. 각운동량 $L = rmv$에서 v와 r이 모두 B가 크다.

03 그림과 같이 수평면 상에서 일정한 각속력 ω로 회전하던 질량 M, 길이 L인 가늘고 균일한 막대가 일정한 속력으로 운동하던 질량 m인 입자와 충돌한다. 충돌하는 순간 막대는 입자의 운동 방향에 수직이고, 충돌 직후 두 물체는 정지하였다. 충돌 전 입자의 속력은? (단, 입자의 크기는 무시한다)

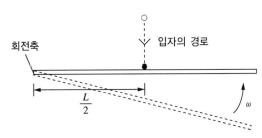

① $\dfrac{MLw}{3m}$

② $\dfrac{2MLw}{3m}$

③ $\dfrac{MLw}{m}$

④ $\dfrac{3MLw}{2m}$

⑤ $\dfrac{3MLw}{m}$

해설 회전하는 물체에 대해 외력이 작용하지 않으면 각운동량이 충돌 전후 보존된다. 회전축에 대해 막대의 각운동량을 반시계 방향으로 Iw라 하고, 입자의 속력을 v, 각운동량은 시계 방향으로 $\dfrac{L}{2}mv$라 놓으면, 충돌 후에 정지하였으므로 충돌 전 각운동량의 합은 0이다. 즉 $Iw = \dfrac{L}{2}mv$이다. 질량이 M이고 길이가 L인 막대의 한 쪽 끝을 회전축으로 했을 때, 회전관성모멘트는 $I = \dfrac{1}{3}ML^2$이다. 그러므로 $\dfrac{1}{3}ML^2w = \dfrac{L}{2}mv$가 되어서 v에 대해 정리하면 $v = \dfrac{2MLw}{3m}$가 된다.

04 그림과 같이 전기 용량이 모두 C_0이고 충전되지 않은 세 축전기 A, B, C와 기전력이 V_0인 전지로 회로를 구성하였다. 스위치를 a에 연결하여 A를 충전한 후, 스위치를 b에 연결하였을 때 A의 전하량은?

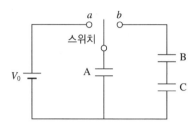

① $\dfrac{1}{3} C_0 V_0$

② $\dfrac{1}{2} C_0 V_0$

③ $\dfrac{2}{3} C_0 V_0$

④ $\dfrac{3}{4} C_0 V_0$

⑤ $C_0 V_0$

해설　스위치 a에 연결되면 A축전기 양단의 전위차가 V_0가 되므로 A축전기에 저장되는 전하량을 Q_0라고 하면 $Q_0 = C_0 V_0$이다. 이 상태에서 스위치를 b에 연결하고 B와 C축전기를 하나의 축전기로 보면 두 축전기의 합성 전기용량이 $\dfrac{1}{2} C_0$가 된다. A축전기와 B, C축전기는 양단의 전위차가 같으므로 $Q = CV$에서 Q는 C에 비례한다. A축전기와 B, C축전기는 전기용량의 비가 2 : 1이므로 A축전기에 저장된 전하량 $C_0 V_0$를 2 : 1로 나누어 갖는다. 결국 A축전기에 저장되는 전하량은 $\dfrac{2}{3} C_0 V_0$이다.

05 그림과 같은 회로에 1A의 전류가 흐르고 있다. V_0은?

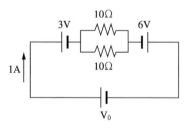

① 1V

② 2V

③ 3V

④ 4V

⑤ 5V

해설　10Ω의 병렬연결이므로 전체 합성저항은 5Ω이다. 그러면 전류는 $1 = \dfrac{\Sigma V}{5}$에서 $\Sigma V = 5V$가 된다. $\Sigma V = V_0 - 3 + 6 = 5$에서 $V_0 = 2V$가 된다.

06 그림 (가), (나)와 같이 반지름이 R와 $2R$인 동심 반원과 직선으로 이루어진 고리에 각각 전류 I_1, I_2가 흐르고 있다. p와 q는 각각 동심 반원의 중심점이다. p에서 I_1에 의한 자기장의 세기와 q에서 I_2에 의한 자기장의 세기가 같을 때, I_2/I_1는?

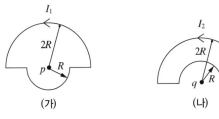

(가)   (나)

① 3

② 2

③ 1

④ 1/2

⑤ 1/3

해설 비오-사바르의 법칙에 의하면 (가)와 (나) 모두 직선도선 부분은 p와 q에 아무런 자기장 영향을 주지 않는다.

p에서의 자기장은 두 반원형 도선에 의한 자기장의 방향이 같으므로 $B_p = \left(\dfrac{\mu_0 I_1}{2\pi 2R} + \dfrac{\mu_0 I_1}{2\pi R} \right) \times \dfrac{1}{2}$ 이고, q에서

의 자기장은 두 반원형 도선에 의한 자기장의 방향이 반대이므로 $B_q = \left(\dfrac{\mu_0 I_2}{2\pi R} - \dfrac{\mu_0 I_2}{2\pi 2R} \right) \times \dfrac{1}{2}$ 가 된다.

$B_p = B_q$ 이므로 $\dfrac{I_2}{I_1} = 3$이 된다.

07 계의 엔트로피가 증가하는 경우만을 〈보기〉에서 있는 대로 고른 것은?

─────── | 보기 | ───────

ㄱ. 등온 팽창하는 이상 기체

ㄴ. 단열 팽창하는 이상 기체

ㄷ. 온도가 다르고 열 접촉된 두 물체로만 이루어진 계

① ㄱ

② ㄷ

③ ㄱ, ㄴ

④ ㄱ, ㄷ

⑤ ㄱ, ㄴ, ㄷ

해설 엔트로피가 증가하는 경우는 열을 흡수하는 경우와 비가역 과정이다.

　　ㄱ. 등온 팽창은 $\Delta U = 0$이지만 $W > 0$이어서 열을 흡수하므로 엔트로피가 증가한다.

　　ㄷ. 열이 고온에서 저온으로 이동하는 경우는 대표적인 비가역이므로 엔트로피가 증가한다.

　　ㄴ. 단열팽창은 열의 출입이 없고 가역적이므로 엔트로피의 변화량이 0이다.

08 그림은 파장 λ인 단색광을 이용한 영의 이중슬릿 실험 장치와 스크린에 나타나는 간섭무늬의 세기를 모식적으로 나타낸 것이다. 슬릿 사이의 거리는 d, 슬릿과 스크린 사이의 거리는 L, 간섭무늬의 어두운 부분 사이의 거리는 y이다. 표의 ㄱ~ㄷ과 같이 실험 조건을 변화시켰을 때, y가 작아지는 경우만을 있는 대로 고른 것은?

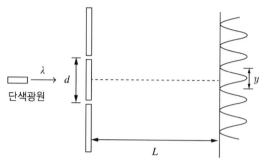

구 분	파 장	슬릿 사이 거리	슬릿과 스크린 사이 거리
ㄱ	$1/2\lambda$	d	L
ㄴ	λ	$2d$	L
ㄷ	λ	d	$2L$

① ㄱ

② ㄴ

③ ㄷ

④ ㄱ, ㄴ

⑤ ㄱ, ㄷ

해설 이중슬릿에 의한 간섭무늬 간격은 $y = \dfrac{L\lambda}{d}$ 이다. y가 작아지는 경우는 ㄱ, ㄴ이 해당된다.

09 파장 λ인 광자가 정지해 있던 전자와 탄성 충돌을 한 후 파장이 2λ가 되었다. 충돌 후 전자의 에너지는? (단, 플랑크 상수는 h이며, 빛의 속도는 c이다)

① $\dfrac{hc}{2\lambda}$

② $\dfrac{hc}{\sqrt{2}\,\lambda}$

③ $\dfrac{hc}{\lambda}$

④ $\dfrac{\sqrt{2}\,hc}{\lambda}$

⑤ $\dfrac{2hc}{\lambda}$

해설 에너지 보존에 의해 충돌 전 광자의 에너지는 충돌 후 광자와 전자의 에너지의 합과 동일하다. 전자의 운동에너지를 K라 하면 $h\dfrac{c}{\lambda} = h\dfrac{c}{2\lambda} + K$에서 $K = \dfrac{hc}{2\lambda}$ 이다.

10 그림 (가), (나)는 각각 폭이 L_1, L_2인 일차원 무한 퍼텐셜 우물에 갇혀 있는 전자의 에너지 준위를 개략적으로 나타낸 것이다. (가)의 바닥상태($n=1$) 에너지와 (나)의 두 번째 들뜬 상태($n=3$)의 에너지가 같을 때, L_2/L_1는?

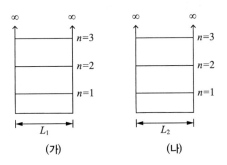

(가)   (나)

① 9   ② 3

③ 1   ④ 1/3

⑤ 1/9

해설 폭이 L인 일차원 무한 퍼텐셜 우물에 갇혀 있는 전자의 에너지 준위는 $\dfrac{n^2 h^2}{8mL^2}$ 이다. (가)의 바닥상태($n=1$)

에너지와 (나)의 두 번째 들뜬 상태($n=3$)의 에너지가 같으므로 $\dfrac{1^2 h^2}{8mL_1^2} = \dfrac{3^2 h^2}{8mL_2^2}$ 에서 $\dfrac{L_2}{L_1} = 3$이다.

2015년 기출문제

01 동일한 물체 A, B, C가 그림과 같이 줄로 도르래를 통해 연결되어 일정한 속력으로 움직인다. 물체와 수평면 사이의 운동마찰계수는 일정하다. 어느 순간 물체 A와 B 사이의 줄이 끊겨, 물체 B와 C만 연결되어 운동한다. 줄이 끊어진 후 물체 C의 가속도 크기는? (단, 줄의 질량, 공기 저항, 도르래의 관성모멘트와 회전 마찰력은 무시한다. 중력가속도는 $\vec{g}$이다)

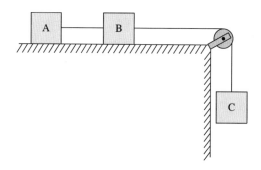

① $\dfrac{1}{2}g$

② $\dfrac{1}{4}g$

③ $\dfrac{1}{5}g$

④ $\dfrac{1}{\sqrt{2}}g$

⑤ $\dfrac{1}{\sqrt{5}}g$

해설 실이 끊어지기 전 등속운동을 하면 합력이 0이므로 A, B, C를 한 덩어리로 보고, A와 B에 작용하는 마찰력을 각각 f라고 하면 $mg = 2f$이고 $f = \mu mg$이다. $\mu = \dfrac{1}{2}$이 된다. 물체 A와 B 사이의 줄이 끊어지면 $mg - f = 2ma$에서 $f = \dfrac{1}{2}mg$이므로 $a = \dfrac{1}{4}g$이다.

02 반지름 $R=0.6\text{m}$ 이고 관성모멘트 $I=3\text{kg·m}^2$ 인 원통형 도르래에 그림과 같이 줄이 감겨있고, 줄의 끝에 질량 $m=5\text{kg}$ 인 물체가 매달려 있다. 정지해 있던 물체가 자유낙하 하여 도르래를 회전시킬 때, 도르래가 10회 회전하는 데 걸리는 시간(초)은? (단, 줄은 늘어나지 않고, 줄의 질량 및 굵기, 공기 저항, 도르래의 회전 마찰력은 무시한다. 중력가속도 크기 g는 10m/s^2이다)

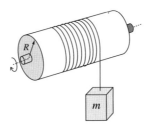

① $\sqrt{2}$

② $\sqrt{\pi}$

③ π

④ $2\sqrt{\pi}$

⑤ 2π

해설 원통형 도르래에 대해 작용하는 힘이 물체의 무게인 mg가 아닌 실의 장력 T이기 때문에 물체와, 원통형 도르래의 2가지로 나누어 운동방정식을 세워야 한다.

물체의 운동방정식은 $mg-T=ma$이고 원통형 도르래의 운동방정식은 $TR=I\alpha=I\dfrac{a}{R}$ 이므로 $T=\dfrac{aI}{R^2}$ 가

되고 $a=\dfrac{mg}{m+\dfrac{I}{R^2}}=\dfrac{15}{4}\text{m/s}^2$ 이며, $R=\dfrac{3}{5}$ 이므로 $\alpha=\dfrac{25}{4}\text{rad/s}^2$ 이 된다.

원통은 등각가속도 운동을 하므로 $20\pi=\dfrac{1}{2}\times\dfrac{25}{4}\times t^2$ 에서 $t=\sqrt{\dfrac{32}{5}\pi}$ 가 되어 보기에는 정답이 없다.

03 그림과 같이 반지름이 R인 원형 고리에 막대기로 된 정삼각형이 내접한 모양의 구조물이 있다. 이 구조물이 원형 고리의 중심을 지나는 수직 축에 대하여 각속도 $\vec{w}$로 회전하고 있을 때 회전축에 대한 각운동량의 크기는? (단, 원형 고리와 막대기의 폭과 두께는 무시할 정도로 얇고, 원형 고리와 막대기의 선 질량밀도는 μ로 균질하다)

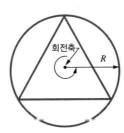

① $\left(\pi+\dfrac{3\sqrt{3}}{2}\right)\mu R^3 w$

② $(\pi+3\sqrt{3})\mu R^3 w$

③ $3\sqrt{3}\,\pi\mu R^3 w$

④ $\left(2\pi+\dfrac{3\sqrt{3}}{2}\right)\mu R^3 w$

⑤ $(2\pi+3\sqrt{3})\mu R^3 w$

해설 각운동량은 $L = Iw$이다. 여기서 회전관성모멘트 I는 원형 고리와 막대기로 된 정삼각형이 내접한 모양의 구조물이다.

먼저 $I = mR^2$이고, 원의 선밀도 $\mu = \dfrac{m}{2\pi R}$이므로 원형 고리의 $I = \mu 2\pi R R^2 = 2\pi \mu R^3$이고, 막대 하나의 회전 관성모멘트는 $I = I_{cm} + md^2$에서 $I = \dfrac{1}{12}\mu\sqrt{3}R3R^2 + \mu\sqrt{3}R\dfrac{R^2}{4} = \dfrac{\sqrt{3}}{2}\mu R^3$이다. 여기서 막대 한 개의 길이는 $\sqrt{3}R$이어서 $m = \mu l = \mu\sqrt{3}R$이고, 막대 한 개의 질량 중심에서 회전축까지의 거리는 $\dfrac{R}{2}$이다.

그러면 막대 세 개의 회전 관성모멘트는 $\dfrac{3\sqrt{3}}{2}\mu R^3$이 되어서 $I = I_{도르래} + I_{막대3개} = \left(2\pi + \dfrac{3\sqrt{3}}{2}\right)\mu R^3$이다.

그러므로 각운동량은 $L = \left(2\pi + \dfrac{3\sqrt{3}}{2}\right)\mu R^3 w$이다.

04 그림과 같이 저항 R이 연결되어 있는 폭 l인 평행한 두 금속 레일 위에 질량이 m인 금속막대가 오른쪽으로 미끄러져 간다. 자기장($\vec{B}$)은 금속막대와 레일이 놓여 있는 지면에 수직하게 들어가는 방향으로 균일하게 지난다. 금속막대의 속력은 $t = 0$초에서 $3\mathrm{m/s}$, $t = 3$초에서 $1\mathrm{m/s}$이다. 자기장의 세기 B는? (단, 막대와 레일 사이의 마찰과 접촉 저항은 무시한다)

① $B = \sqrt{\dfrac{mR\ln 3}{4l^2}}$

② $B = \sqrt{\dfrac{mR\ln 4}{3l^2}}$

③ $B = \sqrt{\dfrac{mR\ln 2}{3l^2}}$

④ $B = \sqrt{\dfrac{mR\ln 3}{2l^2}}$

⑤ $B = \sqrt{\dfrac{mR\ln 3}{3l^2}}$

해설 막대가 받는 힘은 유도전류에 의한 자기력이 운동 방향과 반대 방향의 알짜힘이다. 운동방정식은 $-\dfrac{B^2 l^2 v}{R} = ma = m\dfrac{dv}{dt}$에서 $-\int_0^3 \dfrac{B^2 l^2}{mR}dt = \int_3^1 \dfrac{1}{v}dv$이 되고 $\dfrac{3B^2 l^2}{mR} = \ln 3$이 된다. B에 대해 정리하면 $B = \sqrt{\dfrac{mR\ln 3}{3l^2}}$이다.

05 그림과 같이 내부 전극의 반지름이 r_1, 외부 전극의 반지름이 r_3인 이상적 금속으로 이루어진 동심원 구형 축전기가 있다. 두 전극 사이에 유전율이 ϵ_1인 유전체 A와 유전율이 ϵ_2인 유전체 B가 각각 채워져 있다. 이 축전기의 전기용량 C는?

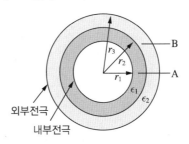

① $C = \dfrac{4\pi\epsilon_1\epsilon_2 r_1 r_2 r_3}{\epsilon_1(r_1 r_3 - r_1 r_2) + \epsilon_2(r_2 r_3 - r_1 r_3)}$

② $C = \dfrac{4\pi\epsilon_1\epsilon_2 r_1 r_3}{\epsilon_1(r_1 - r_2) + \epsilon_2(r_3 - r_2)}$

③ $C = \dfrac{4\pi}{\epsilon_1(r_1 - r_2) + \epsilon_2(r_2 - r_3)}$

④ $C = \dfrac{4\pi\epsilon_1\epsilon_2 r_1 r_2 r_3}{\epsilon_2(r_1 r_3 - r_1 r_2) + \epsilon_1(r_2 r_3 - r_1 r_3)}$

⑤ $C = \dfrac{4\pi\epsilon_1\epsilon_2 r_1 r_2}{\epsilon_1(r_3 - r_2) + \epsilon_2(r_2 - r_1)}$

해설 전기용량은 $C = \dfrac{Q}{\Delta V_C}$ 이다. 여기서 ΔV_C는 구형 축전기의 외부전극과 내부전극 양단의 전위차이다. 전위차의 정의에 의해 $\Delta V_C = -\displaystyle\int_{r_3}^{r_2} \dfrac{Q}{4\pi\epsilon_2 r^2}dr - \int_{r_2}^{r_1} \dfrac{Q}{4\pi\epsilon_1 r^2}dr$에서 $\Delta V_C = \dfrac{Q}{4\pi\epsilon_2}\left(\dfrac{1}{r_2} - \dfrac{1}{r_3}\right) + \dfrac{Q}{4\pi\epsilon_1}\left(\dfrac{1}{r_1} - \dfrac{1}{r_2}\right)$

가 되어 $C = \dfrac{Q}{\Delta V_C}$ 에 대입을 하면 $C = \dfrac{4\pi\epsilon_1\epsilon_2 r_1 r_2 r_3}{\epsilon_1(r_1 r_3 - r_1 r_2) + \epsilon_2(r_2 r_3 - r_1 r_3)}$ 이 된다.

06 같은 저항값 R을 갖는 두 저항기를 병렬로 연결한 회로 양단에 내부 저항이 0.05Ω이고 전압이 15V인 전지를 연결하면 저항기 1개에 흐르는 전류가 I_P이다. 또한, 이들 저항기를 직렬로 연결한 회로 양단에 같은 전지를 연결하면 저항기 1개에 흐르는 전류가 I_S이다. $\dfrac{I_P}{I_S} = \dfrac{3}{2}$ 일 때 R값은?

① $\dfrac{1}{5}\Omega$

② $\dfrac{1}{2}\Omega$

③ 1Ω

④ 2Ω

⑤ 5Ω

해설 저항값 R을 갖는 두 저항기를 병렬로 연결한 회로 양단에 내부 저항이 0.05Ω이고 전압이 15V인 전지를 연결하면 전체 합성저항이 $\dfrac{R}{2} + 0.05$가 되어 저항기 한 개에 흐르는 전류는 $I_p = \dfrac{15}{\dfrac{R}{2} + 0.05} \times \dfrac{1}{2}$이다. 또한 저항기를 직렬로 연결한 회로 양단에 같은 전지를 연결하면 전체 합성저항이 $2R + 0.05$가 되어 저항기 한 개에 흐르는 전류가 $I_s = \dfrac{15}{2R + 0.05}$이다. 문제 $\dfrac{I_P}{I_S} = \dfrac{3}{2}$인 조건에 대입을 해보면 $R = 0.2$이다.

07 늘어나지 않는 길이가 L인 줄의 양끝이 고정되어 있다. 줄의 장력이 T_1일 때의 제2조화 진동수가 장력을 T_2로 하였을 때의 제1조화 진동수와 같다면, 장력 T_1과 T_2 관계식은?

① $T_2 = T_1/4$

② $T_2 = T_1/2$

③ $T_2 = T_1$

④ $T_2 = 2T_1$

⑤ $T_2 = 4T_1$

해설 현에서의 정상파 일반식 $f = \dfrac{n}{2L}\sqrt{\dfrac{T}{\mu}}$ 에서 장력이 T_1일 때의 제2조화 진동수는 장력을 T_2로 하였을 때의

제1조화 진동수와 같다고 했으므로 $\dfrac{2}{2L}\sqrt{\dfrac{T_1}{\mu}} = \dfrac{1}{2L}\sqrt{\dfrac{T_2}{\mu}}$ 에서 $T_2 = 4T_1$ 이다.

08 1몰 단원자 이상기체 상태가 압력−부피($P-V$) 그림의 a에서 b까지 직선 경로를 따라 변할 때, 기체의 엔트로피(Entropy) 변화량은? (단, 이상기체 상수는 R이다)

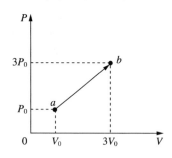

① $3R \cdot \ln3$

② $4R \cdot \ln2$

③ $4R \cdot \ln3$

④ $4R \cdot \ln4$

⑤ $4R \cdot \ln5$

해설 엔트로피 변화량은 $\Delta S = \displaystyle\int \dfrac{dQ}{T}$ 이다. 여기서 $dQ = dU + dW = \dfrac{3}{2}nRdT + nRdT$이다. a의 온도를 T_0으

로 잡으면 b의 온도는 $9T_0$가 된다. 그러므로 $\Delta S = \displaystyle\int_{T_0}^{9T_0} \dfrac{\dfrac{3}{2}RdT}{T} + \int_{T_0}^{9T_0} \dfrac{RdT}{T} = 4R\ln3$이다.

09 폭이 L인 일차원 무한 퍼텐셜 우물 내에 있는 질량 m인 입자가 갖는 바닥상태 에너지(Ground-state Energy)는 E_1이다. 우물의 폭과 입자의 질량이 각각 2배로 증가한다면 이 입자가 갖는 바닥상태의 에너지는? (단, 입자는 비 상대론적으로 취급하며, 우물 내의 퍼텐셜 에너지는 0이다)

① $E_1/16$

② $E_1/8$

③ $E_1/4$

④ $E_1/2$

⑤ E_1

해설 폭이 L인 무한 우물에서의 양자화된 고유에너지는 $E_n = \dfrac{n^2 h^2}{8mL^2}$ 이다. $E_1 = \dfrac{h^2}{8mL^2}$ 에서 m이 2배, L이 2배이면 E_1의 $\dfrac{1}{8}$ 이 된다.

10 비 상대론적으로 움직이는 질량 m_A, 속력 v_A인 입자 A와 질량 m_B, 속력 v_B인 입자 B가 있다. A, B 입자의 드브로이(de Broglie) 파장을 각각 λ_A, λ_B라 하고, 질량의 비 $\left(\dfrac{m_B}{m_A}\right)$는 k_m으로, 속력의 비 $\left(\dfrac{v_B}{v_A}\right)$는 k_v라고 하면 $\dfrac{\lambda_B}{\lambda_A}$의 관계식은?

① $k_m k_v^2$

② $k_m k_v$

③ $\dfrac{1}{k_m k_v}$

④ $\sqrt{k_m k_v^2}$

⑤ $\dfrac{1}{k_m k_v^2}$

해설 $\lambda_A = \dfrac{h}{m_A v_A}$ 이고, $\lambda_B = \dfrac{h}{m_B v_B}$ 이다. 양변을 나누면 $\dfrac{\lambda_B}{\lambda_A} = \dfrac{m_A v_A}{m_B v_B} = \dfrac{1}{k_m k_v}$ 가 된다.

2014년 기출문제

01 그림은 기전력이 $5V$로 일정하게 유지되는 건전지 E에 10Ω의 저항 R과 $3H$의 인덕터 L을 직렬 연결한 회로를 나타낸 것이다.

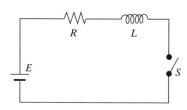

스위치 S를 닫은 후 10분이 경과했을 때 이 회로에 흐르는 전류의 값으로 가장 가까운 것은?

① 0.5A

② 1.5A

③ 2.0A

④ 3.0A

⑤ 6.0A

해설 10분이라는 시간은 스위치를 닫고 오랜 시간이 지났을 때를 의미한다. 그러면 전류의 세기가 일정한데 코일에서의 자체 유도 기전력 $L\dfrac{dI}{dt}$은 전류의 변화가 없으므로 생기지 않는다. 즉, 코일은 아무런 의미가 없이 도선 취급을 하면 된다. $I=\dfrac{V}{R}=\dfrac{5}{10}=0.5A$ 이다.

02 그림과 같이 균일하게 대전되어 있는 가는 막대가 X축을 따라 놓여있다. 이 막대의 길이는 $1\mathrm{m}$ 이고 단위 길이당 전하(전하밀도)는 $3C/\mathrm{m}$ 이다.

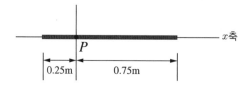

막대 왼쪽 끝으로부터 $0.25\mathrm{m}$ 떨어진 P점에서 전기장의 크기는? (단, 쿨롱 상수는 $K_e=\dfrac{1}{4\pi\epsilon_0}$ $=9.0\times10^9\mathrm{N}\cdot\mathrm{m}^2\mathrm{C}^2$ 이다)

① $2.7\times10^{10}\mathrm{N/C}$

② $3.6\times10^{10}\mathrm{N/C}$

③ $5.4\times10^{10}\mathrm{N/C}$

④ $7.2\times10^{10}\mathrm{N/C}$

⑤ $8.1\times10^{10}\mathrm{N/C}$

해설 P점을 기준으로 왼쪽 0.25m의 선전하부분과 오른쪽 0.25m의 선전하부분이 상쇄가 된다. 그러면 P점 오른쪽으로 0.25m에서 0.75m부분의 선전하만 P점에 전기장을 형성한다. P점 오른쪽으로 0.25m에서 0.75m부분의 선전하에 의한 전기장만 계산하면 된다. 그러면 전기장 E는 다음과 같이 계산된다.

$$E = \int_{\frac{1}{4}}^{\frac{3}{4}} k \frac{\lambda dx}{x^2} = 9 \times 10^9 \times 3 \times \left(4 - \frac{4}{3}\right) = 7.2 \times 10^{10} \, N/C$$

03 그림은 줄에 매달려 있는 공 A를 기준선에서 높이 h_0만큼 당겼다가 놓은 후 공 B와 충돌하는 모습을 나타낸 것이다. A와 B의 질량은 각각 M과 $3M$이고, 줄의 길이는 1이다.

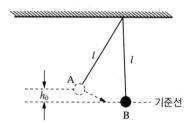

두 공이 완전비탄성충돌 후 공은 기준선으로부터 최고높이 h까지 올라간다. h를 h_0의 함수로 표시한 것 중 옳은 것은? (단, 공의 크기, 공기의 저항 및 줄의 질량은 무시한다)

① $\dfrac{1}{16}h_0$ ② $\dfrac{1}{8}h_0$

③ $\dfrac{1}{4}h_0$ ④ $\dfrac{1}{3}h_0$

⑤ $\dfrac{1}{2}h_0$

해설 A를 가만히 놓았을 때 B와 충돌하기 직전의 속력은 $\sqrt{2gh_0}$ 이다. 충돌 직후 한 덩어리(완전비탄성충돌)가 되었을 때의 속력 V는 운동량보존에 의해 $M\sqrt{2gh_0} = 4MV$에서 $V = \dfrac{1}{4}\sqrt{2gh_0}$ 가 되고, 충돌 직후 역학적 에너지 보존에 의해 $\dfrac{1}{2}4MV^2 = 4Mgh$가 된다. 따라서 $h = \dfrac{1}{16}h_0$ 가 된다.

04 그림은 카르노 기관(시스템)의 순환과정을 나타내는 $P-V$도표이다. 순환과정에서 $K\,(\rightarrow)\,L$과 $M\,(\rightarrow)\,N$은 등온과정이고, $L\,(\rightarrow)\,M$과 $N\,(\rightarrow)\,K$는 가역적 단열과정이다. 이 시스템은 높은 온도 T_H인 열저장고로부터 열량 Q_H를 흡수하며, 낮은 온도 T_L인 열저장고로 열량 Q_L을 방출한다.

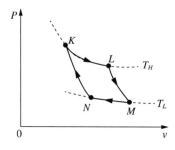

이 순환과정에 대한 설명으로 옳지 않은 것은?

① $\dfrac{|Q_H|}{T_H}=\dfrac{|Q_L|}{T_L}$ 이다.

② T_H열저장고의 엔트로피는 감소한다.

③ 순환 결과 이 시스템의 엔트로피는 증가한다.

④ 이 시스템이 순환당 한 일의 크기는 $|Q_H-Q_L|$이다.

⑤ 이 시스템의 효율은 $\dfrac{|Q_H-Q_L|}{|Q_H|}$ 이다.

해설 ③ 카르노 기관은 이상적인 열기관이므로 한 순환 과정에서 엔트로피의 변화량은 0이다.

① 일반적인 열기관인 열효율과 카르노 효율이 동일할 때 카르노 기관이라고 한다. 즉 $e=e_c$에서

$\quad 1-\dfrac{Q_L}{Q_H}=1-\dfrac{T_L}{T_H}$ 이므로 $\dfrac{|Q_H|}{T_H}=\dfrac{|Q_L|}{T_L}$ 가 성립한다.

② 고열원인 T_H는 열을 방출하므로 엔트로피도 감소한다.

④ 열기관은 Q_H의 열을 흡수해서 W의 일을 하고 Q_L의 열을 방출한다. 즉 $Q_H=W+Q_L$에서 $W=Q_H-Q_L$ 이다.

⑤ 카르노 효율과 열효율이 동일하다. $e=e_c$에서 $1-\dfrac{Q_L}{Q_H}=1-\dfrac{T_L}{T_H}=\dfrac{Q_H-Q_L}{Q_H}$ 이다.

05 그림은 수평면에 놓인 질량이 M인 물체를 수평면과 임의의 예각 θ를 이루어 힘 F로 당기는 것을 나타낸 것이다.

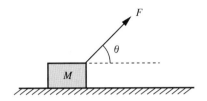

힘 F를 점점 증가시켜서 $F = Mg$일 때 물체가 움직이기 시작한다면, 이때 θ의 함수로 나타낸 정지마찰계수는? (단, g는 중력가속도이다)

① $\cos\theta$

② $\sin\theta$

③ $\cot\theta$

④ $\dfrac{\cos\theta}{1-\sin\theta}$

⑤ $\dfrac{\tan\theta}{1+\sin\theta}$

해설 물체가 움직이는 순간의 외력의 크기는 최대정지마찰력과 같다. 외력은 물체에 작용한 힘 중에서 미끄러지는 방향의 성분으로 $F\cos\theta$이고, 최대정지마찰력은 $f_s = \mu N$인데, 수직항력이 외력 $F = Mg$의 영향으로 $N = Mg - F\sin\theta = Mg - Mg\sin\theta$이다. 그러므로 $Mg\cos\theta = \mu(Mg - Mg\sin\theta)$을 정리하면 $\mu = \dfrac{\cos\theta}{1-\sin\theta}$ 이다.

06 반감기가 10분인 방사성 원소로 된 물질이 있다. 이 원소에 의한 방사능을 1차 측정을 한 후 60분이 지나 2차 측정을 하였다. 1차 측정 방사능은 2차 측정 방사능의 몇 배인가?

① 6

② 18

③ 32

④ 64

⑤ 128

해설 반감기는 원래 물질의 양에서 반이 될 때까지의 시간이다. 반감기가 두 번 지나면 원래 양의 $\dfrac{1}{4}$, 세 번 지나면 $\dfrac{1}{8}$, 네 번 지나면 $\dfrac{1}{16}$ 등 반감기가 지날 때마다 원래 양의 $\dfrac{1}{2}$씩 줄어든다. 식으로는 $N(t) = N_0\left(\dfrac{1}{2}\right)^{\frac{t}{T}}$ 이다. 60분이면 반감기가 6번 지난 시간이므로 $N_o\left(\dfrac{1}{2}\right)^6 = N_0\dfrac{1}{64}$ 가 된다.

07 그림과 같이 질량이 m인 입자가 일정한 길이 l인 줄에 매달려 회전하고 있다. 회전 반지름은 r이고 각속도는 ω이다.

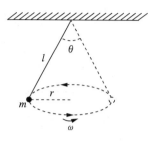

이때 줄에 가해지는 장력은? (단, g는 중력가속도이다)

① $mg\left(\dfrac{l}{r}\right)$

② $mg\cos\left(\dfrac{\theta}{2}\right)$

③ $\dfrac{mw^2r}{\sin\left(\dfrac{\theta}{2}\right)}$

④ $\dfrac{mw^4r^2}{\sqrt{w^4r^2+g^2}}$

⑤ $m\sqrt{w^4r^2+g^2}$

> **해설** 질량이 m인 물체에 작용하는 힘을 분석하면 중력과 장력의 합력이 구심력의 역할을 한다.
>
> 즉, $\dfrac{mw^2r}{T}=\sin\left(\dfrac{\theta}{2}\right)$가 되어 장력 T에 대해 정리하면 $\dfrac{mw^2r}{\sin\left(\dfrac{\theta}{2}\right)}$ 이다.

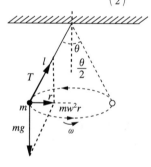

08 다음 식은 공기 중에서 속력 v로 진행하는 음파의 파동식이다.

$$A(x, t) = A_0 \cos(bx - wt)$$

그림은 마찰이 없는 수평면에서 질량 m인 물체가 용수철 상수 k인 용수철에 연결되어 단조화진동하는 모습을 나타낸 것이다.

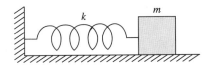

이 음파의 진동수와 단조화진동의 진동수가 같다면, 이때 위 식에 있는 ω와 b를 v, m, k의 함수로 표현한 것으로 옳은 것은?

① $w = \left(\dfrac{m}{k}\right)^{1/2}$, $b = \left(\dfrac{m}{k}\right)^{1/2} \dfrac{1}{v}$

② $w = \left(\dfrac{m}{k}\right)^{1/2}$, $b = \left(\dfrac{k}{m}\right)^{1/2} \dfrac{1}{v}$

③ $w = \left(\dfrac{k}{m}\right)^{1/2}$, $b = \left(\dfrac{k}{m}\right)^{1/2} \dfrac{1}{v}$

④ $w = \left(\dfrac{k}{m}\right)^{1/2}$, $b = \left(\dfrac{m}{k}\right)^{1/2} \dfrac{1}{v}$

⑤ $w = \left(\dfrac{2k}{m}\right)^{1/2}$, $b = \left(\dfrac{m}{2k}\right)^{1/2} \dfrac{1}{v}$

해설 음파의 진동수는 $w = 2\pi f$에서 $f = \dfrac{w}{2\pi}$ 이고, 단조화진동의 진동수는 $f = \dfrac{1}{T} = \dfrac{1}{2\pi}\sqrt{\dfrac{k}{m}}$ 이므로 두 식으로부터 $w = \left(\dfrac{k}{m}\right)^{1/2}$ 이 된다. x 앞의 계수 $b = k = \dfrac{2\pi}{\lambda}$ 이고, $v = \dfrac{w}{k} = f\lambda$에서 $b = k = \dfrac{2\pi}{\frac{v}{f}} = \dfrac{w}{v} = \left(\dfrac{k}{m}\right)^{1/2}\dfrac{1}{v}$ 가 된다.

09 어떤 금속 표면에 파장 λ의 전자기파를 쏘인다. 이때 λ가 λ_c보다 클 경우 이 금속 표면에서 전자가 튀어 나오지 않는다. 이 금속에 파장이 $\lambda_{c/2}$인 전자기파를 쏘인 경우 이 금속에서 튀어 나오는 전자의 드브로이 파장 λ_d의 최솟값으로 가장 적절한 표현은? (단, 전자기파의 속력은 c, 전자의 질량은 m, 플랑크상수는 h이다)

① $\left(\dfrac{h\lambda_c}{4mc}\right)^{1/2}$ ② $\left(\dfrac{h\lambda_c}{2mc}\right)^{1/2}$

③ $\left(\dfrac{h\lambda_c}{mc}\right)^{1/2}$ ④ $\left(\dfrac{2h\lambda_c}{mc}\right)^{1/2}$

⑤ $\left(\dfrac{4h\lambda_c}{mc}\right)^{1/2}$

해설 금속의 임계(한계)파장이 λ_c이다. 금속에 $\dfrac{\lambda_c}{2}$인 빛을 비추어 주었을 때 광전효과에서 에너지방정식은

$h\dfrac{2c}{\lambda_c}=h\dfrac{c}{\lambda_c}+K$이다. $K=h\dfrac{c}{\lambda_c}$ 는 광전자의 최대운동에너지이다.

이때 광전자의 물질파 파장은 $\lambda_d=\dfrac{h}{\sqrt{2mK}}=\dfrac{h}{\sqrt{2m\dfrac{hc}{\lambda_c}}}=\sqrt{\dfrac{h\lambda_c}{2mc}}$ 가 된다.

10 그림 (가)는 반지름이 a인 원형 도선에 전류 I가 흐를 때, 도선에 흐르는 전류에 의한 자기장의 세기가 원의 중심에서 B_0인 것을 나타낸 것이다. 그림 (나)는 저항이 각각 R, $3R$이고 반지름이 a인 두 반원형 도선을 직선도선 사이에 연결한 후, 직선도선에 전류 I가 흐르는 것을 나타낸 것이다.

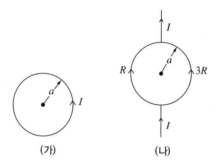

(나)의 원의 중심에서 도선에 흐르는 전류에 의한 자기장의 세기와 방향은? (단, 모든 도선은 동일 지면상에 있으며, 도선의 굵기는 무시한다)

① $B_0/4$, 지면 안으로 들어가는 방향

② $B_0/4$, 지면에서 나오는 방향

③ 0, 방향이 없음

④ $B_0/2$, 지면에서 나오는 방향

⑤ $B_0/2$, 지면 안으로 들어가는 방향

해설 (가)의 도선 중심에서 자기장의 세기는 종이면에 튀어나오는 방향으로 $B_0=\dfrac{\mu_0 I}{2a}$ 이다. (나)에서 아래에서 위로 흐르는 전류 I가 원형도선의 반으로 나누어지는데 R와 $3R$은 병렬연결로 간주한다. 그러면 저항이 R에는 $\dfrac{3}{4}I$가 흐르고, $3R$에는 $\dfrac{1}{4}I$가 흐르게 된다. $\dfrac{3}{4}I$에 의한 중심에서의 자기장의 세기는 종이면에 들어가는 방향으로 $\dfrac{\mu_0 \frac{3}{4}I}{2a}\times\dfrac{1}{2}$ 이 되고, $\dfrac{1}{4}I$에 의한 중심에서의 자기장은 종이면에 튀어 나오는 방향으로 $\dfrac{\mu_0 \frac{1}{4}I}{2a}\times\dfrac{1}{2}$ 가 된다. 벡터 합성을 하면 $\dfrac{\mu_0 I}{8a}=\dfrac{1}{4}B_0$이다.

2013년 기출문제

01 질량 20kg인 물체가 길이 3.0m인 늘어나지 않는 강체 줄에 연결되어 단진자 운동을 하고 있다. 이 물체가 가장 낮은 위치를 통과할 때, 줄의 장력이 260N이다. 이 물체가 운동하는 최고점과 최저점의 높이(m) 차이는? (단, 공기의 마찰력과 줄의 질량은 무시하고, 중력가속도 크기는 10m/s^2이다)

① 0.20

② 0.31

③ 0.45

④ 0.62

⑤ 0.80

해설 최하점에서의 속력은 역학적 에너지보존에 의해 $mgh = \dfrac{1}{2}mv^2$에서 $v = \sqrt{2gh}$이다. 단진자는 원운동의 일부로 볼 수 있기 때문에 최하점에서 구심력에 대한 운동방정식은 $T - mg = \dfrac{mv^2}{r}$에서 $260 - 200 = \dfrac{20v^2}{3}$이므로 $v = 3\text{m/s}$가 된다. 따라서 $3 = \sqrt{2 \times 10 \times h}$에서 $h = \dfrac{9}{20} = 0.45\text{m}$이다.

02 그림은 도선의 단면적이 A인 무한히 긴 직선도선과 도선의 단면적이 $A/2$인 직사각형 도선 고리가 d만큼 떨어져 한 평면상에 놓여 있는 것을 보인 것이다. 직선도선과 직사각형 도선 고리에 흐르는 전류밀도($\vec{J}$)는 같고, 직사각형 도선 고리의 각 변의 길이는 각각 a와 l이다. 직선도선과 직사각형 도선 고리 사이에 작용하는 알짜힘을 나타낸 것은? (단, μ_0는 투자율(Permeability)이고, 두 도선은 이상적인 도선이다)

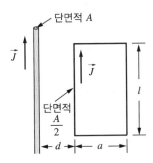

① 인력, $\dfrac{\mu_0 laA^2 J^2}{4\pi d(d+a)}$

② 척력, $\dfrac{\mu_0 laA^2 J^2}{4\pi d(d+a)}$

③ 인력, $\dfrac{\mu_0 laA^2 J^2}{4\pi a(d+a)}$

④ 척력, $\dfrac{\mu_0 laA^2 J^2}{4\pi a(d+a)}$

⑤ 인력, $\dfrac{\mu_0 laA^2 J^2}{8\pi a(d+a)}$

해설 직사각형 도선의 윗부분과 아래 부분에 작용하는 자기력은 방향이 반대이고 세기가 같으므로 상쇄가 된다. 또한 전류밀도 $\vec{J} = \dfrac{I}{A}$ 이므로 $I = JA$로 쓸 수 있다. 직사각형 도선의 왼쪽 부분이 받는 자기력의 방향은 왼쪽으로 F_1이라고 하면 $F_1 = \mu_0 \dfrac{JI}{2\pi d}\left(\dfrac{A}{2}Jl\right)$이고, 직사각형 도선의 오른쪽 부분이 받는 자기력의 방향은 오른쪽으로 F_2이라고 하면 $F_2 = \mu_0 \dfrac{JI}{2\pi(d+a)}\left(\dfrac{A}{2}Jl\right)$이다. 따라서 두 힘의 벡터 합성은 $F_1 - F_2 = \dfrac{\mu_0 laA^2 J^2}{4\pi d(d+a)}$가 된다.

03 질량 $M = 1.00\text{kg}$인 나무토막이 높이가 $h = 1.25\text{m}$인 탁자 끝에 놓여있다. 질량 $m = 10.0\text{g}$인 총알이 발사되어 바닥에 평행한 방향으로 나무토막에 박힌 후 탁자로부터 거리 $L = 8.00\text{m}$인 지점에 떨어졌다. 나무토막에 입사되기 직전 총알의 속력(m/s)은? (단, 나무토막과 탁자 사이의 마찰은 무시하고, 충돌 후 나무토막과 총알의 운동은 질점운동으로 가정한다. 중력가속도의 크기는 10m/s^2이다)

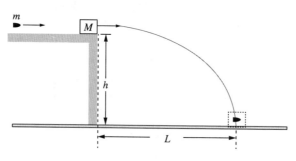

① 202

② 404

③ 808

④ 1,616

⑤ 3,232

해설 충돌 전 총알의 속력을 v, 충돌 직후 나무토막과 총의 속력을 V라고 하면, 운동량 보존에 의해 $mv = (m+M)V$이고, $V = \dfrac{mv}{(m+M)}$가 된다. 수평도달거리는 $L = V\sqrt{\dfrac{2h}{g}} = \dfrac{m}{(m+M)}v\sqrt{\dfrac{2h}{g}}$에서 $v = \dfrac{m+M}{m}L\sqrt{\dfrac{g}{2h}} = \dfrac{1.01}{0.01} \times 8 \times \sqrt{\dfrac{10}{2 \times 1.25}} = 1,616$이 된다.

04 길이가 L이고 질량이 M인 균질한 막대가 수직 벽에 박혀있는 못을 회전축으로 하여 진동할 수 있도록 설치되어 있다. 그림과 같이 막대를 수평으로 하여 가만히 놓았을 때, 회전축의 반대편에 있는 막대 끝의 최초 접선가속도($\vec{a_t}$)의 크기는? (단, 막대와 못, 공기 및 벽면 사이의 마찰력은 무시하고, 회전축은 막대의 끝에 위치해 있다. 중력가속도의 크기는 g이다)

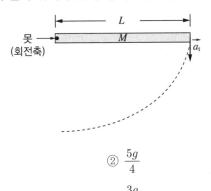

① $\dfrac{2g}{3}$

② $\dfrac{5g}{4}$

③ $\dfrac{4g}{3}$

④ $\dfrac{3g}{2}$

⑤ $\dfrac{5g}{2}$

[해설] 질량이 M이고 길이가 L인 회전축이 한 쪽 끝인 막대의 회전관성 모멘트는 $I = \dfrac{1}{3}ML^2$이다. 막대를 놓는 순간 회전축에 대한 회전운동방정식은 $\dfrac{L}{2}Mg = \dfrac{1}{3}ML^2\dfrac{a_t}{L}$ 이므로 $a_t = \dfrac{3}{2}g$이다.

05 그림의 회로에서 점 a와 b 사이의 전위차($|\Delta V_{ab}|$)와 $3\,\Omega$의 저항에서 5초 동안 소모되는 에너지(E)는?

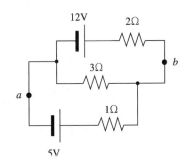

① $|\Delta V_{ab}| = 3\text{V}$, $E = 15\text{J}$

② $|\Delta V_{ab}| = 3\text{V}$, $E = 30\text{J}$

③ $|\Delta V_{ab}| = 6\text{V}$, $\text{E} = 60\text{J}$

④ $|\Delta V_{ab}| = 9\text{V}$, $E = 135\text{J}$

⑤ $|\Delta V_{ab}| = 12\text{V}$, $E = 240\text{J}$

해설 각 저항에 흐르는 전류를 아래 그림과 같이 잡고, 아래 부분의 폐회로에 대한 키르히호프 전압법칙을 반시계 방향으로 돌리면서 쓰면 $5-I_1-3I_1-3I_2=0$이고 윗부분의 폐회로에 대한 시계 방향으로 돌리면서 전압법칙을 쓰면 $12-2I_2-3I_1-3I_2=0$이 되어서 $I_1=-1A$, $I_2=3A$가 된다. a점의 전위를 0V로 잡으면 b점의 전위는 $V_b=+12-6=6V$가 된다. 3Ω에서 전류는 $2A$이고 5초 동안 소비되는 에너지는 $E=I^2Rt=2^2\times3\times5=60J$이다.

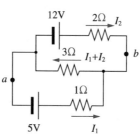

06 반지름이 R인 원형 고리에 전하량 Q가 균일하게 분포해 있다. 원의 중심을 지나는 대칭축을 따라 중심점에서 $2R$만큼 떨어진 P점에서 전기장의 크기는? (단, 쿨롱상수는 k로 표기한다)

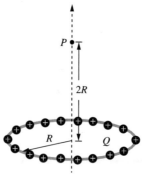

① $\dfrac{\sqrt{3}}{12}\dfrac{kQ}{R^2}$

② $\dfrac{2\sqrt{3}}{12}\dfrac{kQ}{R^2}$

③ $\dfrac{2\sqrt{3}}{15}\dfrac{kQ}{R^2}$

④ $\dfrac{2\sqrt{5}}{25}\dfrac{kQ}{R^2}$

⑤ $\dfrac{3\sqrt{5}}{25}\dfrac{kQ}{R^2}$

해설 대전된 고리의 일부 dQ가 P에 만드는 전기장 $dE = k\dfrac{dQ}{5R^2}$ 이다. 그런데 이 전기장의 벡터합성을 하면 수평

성분은 상쇄가 되고 $\cos\theta$ 성분만 남게 된다. 그러면 $\displaystyle\int dQ = Q$이고 $\displaystyle\int dE\cos\theta = \int k\dfrac{dQ}{5R^2}\dfrac{2}{\sqrt{5}} = \dfrac{2\sqrt{5}}{25}\dfrac{kQ}{R^2}$

가 된다.

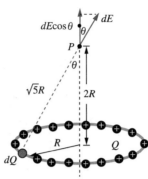

07 그림과 같이 온도 $T_h = 125℃$인 고온 열원과 온도 $T_C = 27℃$인 저온 열원 사이에서 작동하여
외부에 일(W)을 하는 Carnot 열기관이 있다. 이 열기관의 사용 가능한 출력 일률은 2.0kW이다.
이 열기관이 매 순환 과정마다 15kJ의 열을 배출할 때, 한 번의 순환 과정에서 소요되는 시간(s)
은? (단, $0℃$의 절대 온도는 273K이다)

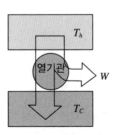

① 2.0
② 2.5
③ 3.0
④ 3.5
⑤ 4.0

해설 섭씨온도 단위를 절대온도 단위로 전환하면 $127℃ = 400\text{K}$이고 $27℃ = 300\text{K}$이다. 카르노기관의 열효율은

$e_c = 1 - \dfrac{T_c}{T_h} = 1 - \dfrac{300}{400} = \dfrac{1}{4} = 0.25$ 이다. 출력일률이 $2.0\text{kW} = 2,000\text{W} = 2,000\text{J/s}$인 것은 1초에 $2,000\text{J}$

의 일을 한다는 의미를 가진다. 열효율이 $\dfrac{1}{4}$ 이기 때문에 배출(방출)하는 열이 $15\text{kJ} = 15,000\text{J}$이므로 한 일은

$5,000\text{J}$이다. 그러면 1초에 $2,000\text{J}$을 하므로 $5,000\text{J}$은 2.5초가 걸린다.

08 그림은 실리콘(Si) 결정의 표면 위에 일산화실리콘(SiO) 박막을 코팅하여 제작한 태양전지에 입사 각이 θ로 태양광이 입사되고 반사되는 것을 보인 것이다. Si와 SiO의 굴절률은 각각 $n_{Si} = 3.50$, $n_{SiO} = 1.45$이다.

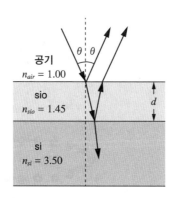

입사되는 빛의 중심 파장이 580nm일 때, 입사각이 $\theta = 0°$로 입사되는 빛의 반사가 최소로 되는 SiO 박막의 최소 두께 $d(\text{nm})$는?

① 25.0

② 50.0

③ 60.0

④ 80.0

⑤ 100

> **해설** 첫 번째 경계면과 두 번째 경계면에 의한 반사가 최소인 것은 상쇄 간섭의 조건을 이용하는 것이다. 박막간섭에서는 반사의 종류를 결정하는 것을 가장 먼저 해야 한다. 첫 번째 경계면에서 반사되는 빛은 소에서 밀로 진행하다 반사되므로 고정단 반사이고, 두 번째 경계면에서 반사되는 빛도 동일한 경우가 된다. 그러면 두 빛의 경로차는 $\Delta = 2d = \dfrac{\frac{\lambda}{1.45}}{2}(2m-1)$에서 $m = 1$에 대입하고 d에 대해 정리하면 $d = 100\text{nm}$가 된다.

09 폭이 L인 1차원 무한 퍼텐셜우물에 갇힌 전자의 파동함수에서 확률의 규격화(Normalization)로부터 구한 진폭을 A라 할 때, 폭을 절반으로 줄인 우물의 파동함수 진폭은?

① A

② $2A$

③ $\dfrac{A}{2}$

④ $\dfrac{A}{\sqrt{2}}$

⑤ $\sqrt{2}A$

> **해설** 폭이 L인 1차원 무한 퍼텐셜우물에 갇힌 전자의 규격화된 파동함수는 $\psi_n = \sqrt{\dfrac{2}{L}}\sin\dfrac{n\pi}{L}x$에서 진폭 $A = \sqrt{\dfrac{2}{L}}$이다. L이 $\dfrac{L}{2}$이면 $\sqrt{2}A$가 된다.

10 일함수가 $2.14\mathrm{eV}$인 세슘(Cs) 금속 표면에 파장이 $310\mathrm{nm}$인 자외선을 조사하였을 때, 방출되는 광전자의 최대 운동에너지(eV)는? (단, 플랑크상수 h와 빛의 속력 c의 곱은 $1{,}240\mathrm{eV} \cdot \mathrm{nm}$로 한다)

① 1.68

② 1.86

③ 2.08

④ 2.58

⑤ 2.79

해설 광전효과 에너지 방정식 $\dfrac{hc}{\lambda} = W + K$에서 $hc = 1{,}240$이므로 $\dfrac{1{,}240}{310} = 2.14 + K$를 정리하면 $K = 1.86\mathrm{eV}$ 이다.

2012년 기출문제

01 폭이 L인 1차원 무한퍼텐셜 우물에 전자가 존재한다. 전자의 물질파는 정상파가 되는 상태로만 존재할 수 있다. 이 전자가 가질 수 있는 운동에너지의 최솟값은? (단, 전자의 질량은 m이며 플랑크 상수는 h이다)

① $\dfrac{h^2}{16mL^2}$

② $\dfrac{h^2}{8mL^2}$

③ $\dfrac{h^2}{4mL^2}$

④ $\dfrac{h^2}{2mL^2}$

⑤ $\dfrac{h^2}{mL^2}$

해설 폭이 L인 1차원 무한퍼텐셜 우물에 전자의 양자화된 고유에너지는 $E_n = \dfrac{n^2 h^2}{8mL^2}$ 에 운동에너지의 최솟값 즉,

바닥상태의 에너지는 $n=1$을 대입을 하면 $E_1 = \dfrac{h^2}{8mL^2}$ 이 된다.

02 두께가 2nm이고, 높이가 4eV인 포텐셜 장벽에 에너지가 0.1eV인 입자가 입사한다. 이 입자가 양자 터널링(Tunneling) 효과에 의하여 이 장벽을 투과할 확률이 T_0이다. 동일 조건에서 장벽의 두께를 3nm로 하였을 때, 입자가 장벽을 투과할 확률을 T_0의 함수로 표시한 것은?

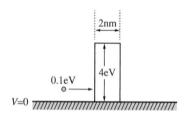

① T_0^2

② $T_0^{2/3}$

③ $T_0^{3/4}$

④ $T_0^{3/2}$

⑤ $T_0^{5/4}$

해설 터널링 효과에서 입자가 장벽의 두께가 L일 때 투과계수 $T \approx e^{-2kL}$이다. 장벽의 두께만 2nm에서 3nm가 되면 L이 $\frac{3}{2}$배가 되므로 $T_0 \approx e^{-2kL}$에서 $T \approx e^{-2k\frac{3}{2}L} = T_0^{3/2}$이 된다. 즉, L값이 클수록 투과계수가 작아져서 터널링이 잘 일어나지 않는다. 여기서 $k = \sqrt{\dfrac{8\pi^2 m(V-E)}{h^2}}$ 이다. 즉, 퍼텐셜 에너지 장벽의 높이 V가 클수록, 입자의 에너지 E가 작을수록 투과계수는 작아진다.

03 직선과 반원 모양이 연결된 관을 통해 진동수가 680Hz인 소리굽쇠의 음파가 진행해 나가고 있다. 이 관의 반대편에서 수신자가 듣는 소리의 세기를 최대한 크게 하기 위한 반원 모양 관의 반지름 r의 최솟값은? (단, π값은 3으로 하며, 관내의 모든 지점에서 음파의 속도는 340m/s로 균일하다. 수신자는 관을 통해서 전파된 소리만 들을 수 있고, 음파의 감쇠는 무시한다)

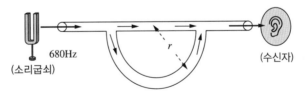

① 30cm
② 50cm
③ 60cm
④ 75cm
⑤ 80cm

해설 관의 반원 부분을 통과하는 음파와 직선 부분을 통과하는 음파의 경로 차는 $\Delta = \pi r - 2r$이고 경로차가 반파장의 짝수 배가 될 때 소리의 세기가 최대가 되는 보강 간섭의 조건이 된다. $\Delta = \pi r - 2r = \dfrac{\lambda}{2}(2m)$에서 $m = 1$을 대입하여 $\lambda = \dfrac{V}{f} = \dfrac{1}{2}$가 되고, $r = \dfrac{\frac{1}{2}}{\pi - 2} = 0.5\text{m} = 50\text{cm}$이다.

04 외부로부터 단열시킨 이상적인 용기를 칸막이로 아래 그림과 같은 비율로 나누었다. 한쪽에는 이상 기체를 채우고 다른 쪽은 진공 상태로 된 계(System)를 구성하였다. 칸막이를 순간적으로 제거했을 때 이 계에서 나타나는 현상을 설명한 것으로 옳은 것만을 〈보기〉에서 있는 대로 고른 것은?

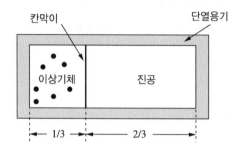

―| 보기 |―

ㄱ. 계의 엔트로피는 증가한다.
ㄴ. 계의 온도는 변하지 않는다.
ㄷ. 계가 외부에 대해 일을 한다.
ㄹ. 계의 내부에너지는 증가한다.

① ㄱ, ㄴ
② ㄱ, ㄷ, ㄹ
③ ㄱ, ㄹ
④ ㄴ, ㄷ
⑤ ㄷ, ㄹ

해설 ㄱ. 자유팽창은 $Q=0$이지만 비가역이므로 엔트로피는 증가한다. $\Delta S = nR\ln 2$가 된다.
ㄴ. ㄷ. ㄹ. 자유팽창에서는 $Q=0$, $W=0$, $\Delta U=0$이므로 $\Delta T=0$이다.

05 질량이 m이고, 전하량이 q인 하전입자가 그림과 같이 자기장 B와 수직하게 속도 v로 입사되어 반지름 r인 반원궤도를 그리며 운동한다. 이에 대한 설명으로 옳은 것만을 〈보기〉에서 있는 대로 고른 것은? (단, 자기장 B는 시험지면 안으로 들어가는 방향이며 균일하다)

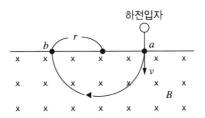

| 보기 |

ㄱ. 이 하전입자는 양(+) 전하를 갖는다.

ㄴ. 궤도 반지름은 $\dfrac{mv}{qB}$이다.

ㄷ. 하전입자가 지점 a에서 b까지 원운동할 때 하전입자의 각 진동수는 $\dfrac{m}{qB}$이다.

ㄹ. 하전입자가 궤도를 따라 지점 a에서 b까지 가는 데 걸리는 시간은 $\dfrac{\pi m}{qB}$이다.

① ㄱ, ㄴ   ② ㄱ, ㄷ

③ ㄴ, ㄷ   ④ ㄴ, ㄹ

⑤ ㄷ, ㄹ

해설

ㄴ. 로렌츠 힘이 구심력의 역할을 하므로 $qvB = \dfrac{mv^2}{r}$에서 $r = \dfrac{mv}{qB}$ 이다.

ㄹ. 한 바퀴를 온전히 원운동하는 데 걸리는 시간은 $T = \dfrac{2\pi m}{qR}$ 이다. a에서 b까지는 절반에 해당하는 시간이

므로 $\dfrac{T}{2} = \dfrac{\pi m}{qB}$ 가 된다.

ㄱ. 오른손 법칙에 의해 대전입자는 음(−) 전하이다.

ㄷ. 위 식 $r = \dfrac{m}{qB}rw$에서 $w = \dfrac{qB}{m}$ 이다.

06 반지름 $0.2\mathrm{m}$인 원형 고리가 $3C$의 전하로 균일하게 대전되어 있다. 이 고리가 중심을 지나며 고리 평면에 수직한 축에 대해 각속도 $400\mathrm{rad/s}$로 돌고 있을 때 발생하는 자기쌍극자 모멘트의 크기(Am^2)는?

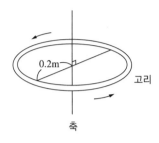

0.2m

고리

축

① 12

② 24

③ 48

④ 75

⑤ 150

> **해설** 자기쌍극자 모멘트의 정의는 $\vec{\mu}=IA$이다. 여기서 $I=\dfrac{dQ}{dt}=\dfrac{Q}{T}$이고, $Q=3C$, $w=400=\dfrac{2\pi}{T}$에서 $T=\dfrac{\pi}{200}$이다. $A=\pi\times0.2^2$이다. 그러므로 자기쌍극자 모멘트는 $\mu=\dfrac{3}{\dfrac{\pi}{200}}\times\pi\times0.04=24Am^2$이 된다.

07 양(+)과 음(−)으로 대전된 두 평행 극판 면 앞에 양성자 p와 전자 e를 그림과 같이 각각 1개씩 정지 상태로 놓았다. 이때 각 입자에서 반대 극판까지의 거리는 동일하고, 양성자의 질량은 전자보다 약 1,800배 크다. 두 극판 사이의 전기장은 균일하다고 가정한다. 이 전기장에 의해 두 입자는 각각 가속되어 맞은 편 판에 도달하였다. 두 입자의 운동에 대한 설명으로 옳은 것만을 〈보기〉에서 있는 대로 고른 것은? (단, 전자와 양성자 간의 전자기력은 무시하고 중력은 고려하지 않는다. 전자 전하량은 $-e$이고 양성자 전하량은 $+e$이다. $e=1.60219\times10^{-19}C$)

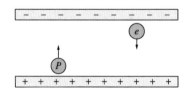

─ − − − − − − − − − ─

e

P

＋ ＋ ＋ ＋ ＋ ＋ ＋ ＋ ＋ ＋

─────────── **| 보기 |** ───────────

ㄱ. 두 입자가 받는 전기력의 크기는 서로 다르다.
ㄴ. 전자가 양성자보다 맞은편 극판에 먼저 도달한다.
ㄷ. 맞은편 극판에 도달했을 때 운동에너지는 양성자가 전자보다 더 크다.

① ㄱ

② ㄱ, ㄴ

③ ㄱ, ㄴ, ㄷ

④ ㄴ

⑤ ㄴ, ㄷ

해설 ㄴ. 대전입자가 받는 알짜힘이 전기력이어서 $qE=ma$에서 양성자가 전자질량의 1,800배 크기 때문에 가속
도가 전자가 1,800배 크다. 따라서 전자가 먼저 반대편 극판에 도달한다.

ㄱ. 대전입자가 받는 전기력은 $F=qE$에서 q와 E의 크기가 동일하므로 전기력의 크기도 동일하다. 방향이
반대이다.

ㄷ. 전기력이 대전입자에 한 일의 양이 운동에너지로 전환된다. $qEd=\Delta K$에서 q, E, d가 동일하므로 운동
에너지의 변화량도 동일하다.

08 물(비중 $=1.00$)과 기름(비중 $=0.80$)이 층을 이루고 있는 수조에 원통형 나무기둥이 잠겨서 그림
과 같이 평형을 이루고 있다. 나무의 비중이 0.98일 때, 원통형 나무기둥의 전체 높이(h) 중 몇
%가 물에 잠기는가? (단, 물, 기름, 나무기둥은 모두 균질하고 열적 평형상태에 있다)

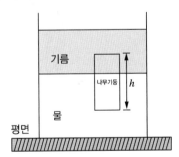

① 75%
② 80%
③ 90%
④ 95%
⑤ 98%

해설 나무기둥 전체 부피를 V, 물에 잠긴 부분의 부피를 V_1이라고 하면 기름에 잠긴 부분의 부피는 $V-V_1$이다.
나무기둥은 힘의 평형상태로 정지해 있으므로 합력이 0이다. 나무기둥의 중력과 물과 기름에 의한 부력이
힘의 평형상태를 이루고 있으므로 $mg=B_물+B_{기름}$이 성립한다. 비중을 밀도로 바꾸어 대입하면
$0.98Vg=1V_1g+0.8(V-V_1)g$에서 $V_1=\frac{9}{10}V=0.9V$가 되어서 나무기둥의 90%가 잠겨있게 된다.

09 평면 위에 수직으로 고정된 반지름이 r인 원형 궤도를 따라 움직이는 질량 m인 물체가 있다. 이 물체가 원형 궤도를 따라 돌기 위해 필요한 제일 낮은 위치 a지점에서의 최소 속력 v는 얼마인가? (단, g는 중력가속도이고, 물체와 원형 궤도 간의 마찰은 무시한다. 물체는 질점으로 가정한다)

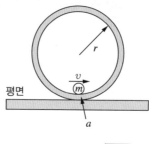

① $\sqrt{gr}$

② $\sqrt{\dfrac{3}{2}gr}$

③ $\sqrt{\dfrac{5}{2}gr}$

④ $\sqrt{3gr}$

⑤ $\sqrt{5gr}$

해설 물체가 반지름이 R인 연직면상의 원형트랙을 원운동하기 위해서는 반드시 최고점에서도 원형트랙과 접촉되어 운동을 해야 한다. 그러면 최고점에서 수직항력 N_3가 0보다 크거나 같아야 한다.

즉, $N_3 = \dfrac{mv_3^2}{R} - mg \geqq 0$인 조건으로부터 $v_3 \geqq \sqrt{gR}$일 조건을 만족해야 한다. 여기서 $N_3 = 0$인 조건은 물체가 최고점에서 스치듯이 지나는 조건이다. 그러면 최하점에서의 속력 v_1을 역학적 에너지 보존법칙인 $\dfrac{1}{2}mv_1^2 = \dfrac{1}{2}mv_3^2 + 2Rmg$를 통해 구할 수 있다. $v_1 = \sqrt{\dfrac{r}{m}(N+mg) + 4gR}$이 되고 최소속력은 $N = 0$ 일 때 이므로 $v_1 = \sqrt{5gR}$이 된다.

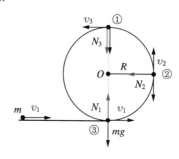

10 길이 1m인 막대 양 끝에 질량이 1kg인 동일한 구슬이 달려있다. 막대는 가운데 지점 O를 지나는 축을 중심으로 자유롭게 회전할 수 있다. 그림과 같이 높이 2.5m에서 질량 1kg인 진흙 덩어리가 언덕을 따라 내려와 막대와 수직으로 구슬에 모두 들러붙으면서 막대와 진흙덩어리가 함께 O를 중심으로 수평면 상에서 회전운동을 한다. 이때 각속도(rad/s)는 약 얼마인가? (단, $g=9.8\text{m/s}^2$ 이다. 막대의 질량 및 변형, 진흙 자체의 회전, 운동에서의 마찰 및 저항은 무시한다)

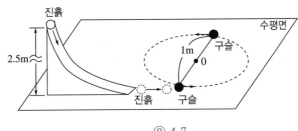

① 3.8

② 4.7

③ 5.6

④ 6.3

⑤ 7.8

해설 진흙이 2.5m 내려와서 구슬과 충돌하기 직전 속력은 역학적 에너지 보존에 의해 $v=\sqrt{2\times9.8\times2.5}=7\text{m/s}$ 이다. 충돌 직전 진흙의 각 운동량과 충돌 후 진흙과 구슬의 각 운동량이 보존되어야 하므로 $v=I_{\text{진흙}+\text{구슬}}\times w$ 이다. $0.5\times1\times7=1\times0.5^2\times3\times w$ 에서 $w=\frac{14}{3}\approx4.7\text{rad/s}$ 이다.

2011년 기출문제

01 그림과 같이 한쪽 끝이 열린 실린더 위에서 소리굽쇠를 쳤다. 실린더에 담긴 물의 수위를 낮추며 실린더의 울림소리와 소리굽쇠가 공명할 때마다 실린더 공기 부분의 길이를 측정하였다.

소리굽쇠

실린더

첫 번째, 두 번째 공명에서 그 길이가 각각 14.2cm와 44.2cm일 때, 이에 대한 설명으로 옳은 것만을 〈보기〉에서 있는 대로 고른 것은? (단, 공기 중에서 음속은 340m/s이다)

─────── | 보기 | ───────

ㄱ. 소리굽쇠의 진동수는 600Hz보다 작다.
ㄴ. 물의 수위를 더 낮추어 세 번째 공명이 일어난다면 공기 부분의 길이가 70cm보다 작다.
ㄷ. 소리의 크기를 두 배로 할 때, 첫 번째 공명이 일어나는 공기 부분의 길이가 7.1cm로 작아진다.

① ㄱ
② ㄴ
③ ㄱ, ㄴ
④ ㄱ, ㄷ
⑤ ㄴ, ㄷ

해설 ㄱ. 기주공명실험에서 수면의 위치가 마디와 동일할 때마다 공명이 일어나므로 소리굽쇠에서 발생한 음파의
　　파장은 $\lambda = 2(44.2 - 14.2) = 60\text{cm} = 0.6\text{m}$이다. 진동수는 $f = \dfrac{V}{\lambda} = \dfrac{340}{0.6} \approx 566.7\text{Hz}$이므로 600Hz보
　　다 작다.
　　ㄴ. 44.2cm보다 반 파장 아래 위치한 곳이 마디가 되므로 공명이 일어나는 수면의 위치는 74.2cm이므로
　　70cm보다 크다.
　　ㄷ. 소리의 크기와 진동수는 관련이 없으므로 공명이 일어나는 위치는 변화가 없다.

02 그림과 같이 질량 M, 반지름 R인 원형 고리가 정지 상태에서 높이 h인 경사면을 따라 마찰력에 의해 미끄러지지 않고 굴러 내려간다.

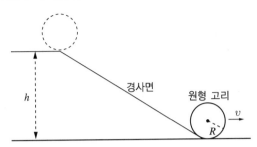

원형 고리가 바닥에 도달한 순간 질량중심의 속도를 v라 할 때, 이에 대한 설명으로 옳은 것만을 〈보기〉에서 있는 대로 고른 것은? (단, 중력가속도는 g이고, 공기저항은 무시한다)

─────── Ⅰ 보기 Ⅰ ───────

ㄱ. 원형 고리의 관성모멘트는 $\frac{1}{2}MR^2$이다.

ㄴ. $v = \sqrt{gh}$이다.

ㄷ. 마찰력이 한 일은 0이다.

① ㄱ   ② ㄴ

③ ㄷ   ④ ㄱ, ㄴ

⑤ ㄴ, ㄷ

해설   ㄴ. 원형 고리의 역학적 에너지 보존은 감소한 위치에너지가 병진운동에너지와 회전운동에너지로 전환된다.

$$Mgh = \frac{1}{2}Mv^2 + \frac{1}{2}Iw^2 = \frac{1}{2}Mv^2 + \frac{1}{2}MR^2\left(\frac{v}{R}\right)^2 \text{에서 } v = \sqrt{gh} \text{ 이다.}$$

ㄷ. 굴림 운동에서 마찰력은 정지 마찰력이다. 정지 마찰력이 한 일의 양은 0이다. 열에너지는 운동 마찰력에 의한 일이다.

ㄱ. 원형 고리(굴렁쇠)의 회전관성모멘트는 MR^2이다.

03 그림은 A에서 B 방향으로 0.5A의 전류가 흐르고 있는 회로의 일부를 나타낸 것이다. 저항은 10Ω이고, 전지의 기전력은 2V이다.

두 점 A, B의 전위를 각각 V_A, V_B라고 할 때, $V_A - V_B$는? (단, 전지의 내부저항은 무시한다)

① 2V

② 3V

③ 5V

④ 6V

⑤ 7V

해설 A점의 전위를 0V으로 설정하면 건전지를 지나면서 $-2V$가 되고 저항을 지나면서 $-5V$가 되므로 B전의 전위는 $-7V$가 되므로 $V_A - V_B = 7V$가 된다.

04 그림과 같이 공기 중에 전하량 $+Q$인 점전하와 한 변의 길이가 L인 가상의 정사각형이 있다. 점전하와 정사각형의 중심 사이의 거리가 $\frac{L}{2}$일 때, 이 정사각형 내부를 통과하는 전기장 선속(또는 전기장 다발)의 크기는? (단, 공기의 유전율은 ϵ_0이다)

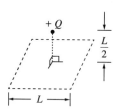

① $\dfrac{Q}{8\epsilon_0}$

② $\dfrac{Q}{6\epsilon_0}$

③ $\dfrac{Q}{4\epsilon_0}$

④ $\dfrac{Q}{2\epsilon_0}$

⑤ $\dfrac{Q}{\epsilon_0}$

해설 점전하를 중심으로 한 변의 길이가 L인 정육면체를 잡으면 정육면체 전체 면을 통과하는 전기선속의 총합은 $\dfrac{Q}{\epsilon_0}$이다. 그중에 한 면만 통과하는 전기선속은 $\dfrac{1}{6}$에 해당하므로 $\dfrac{Q}{6\epsilon_0}$가 된다.

05 그림과 같이 한 변의 길이가 $1m$인 정사각형의 단면을 갖는 기둥에 도선을 200회 감아 코일을 만들었다. 이 코일에 z축 방향으로 시간 t에 따라 변하는 자기장 $B(t) = 10^{-3} \times (10t - t^2)$를 가했을 때, $t = 1$인 순간 기전력의 크기는 얼마인가? (단, t의 단위는 초(s), 자기장의 단위는 테슬라(T)이고, 기둥은 자성체가 아니다)

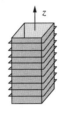

① 0.8V
② 1.2V
③ 1.6V
④ 2.0V
⑤ 2.4V

해설 전자기 유도에 의한 유도 기전력은 $\epsilon = NA\dfrac{dB}{dt} = 200 \times 1 \times 10^{-3}(10 - 2t)$에서 $t = 1$을 대입하면 $\epsilon = 1.6$V이다.

06 그림과 같이 피스톤이 달린 단열된 실린더 안에 온도 $100℃$, 질량 $60g$인 액체상태의 물이 있다. 실린더 내부 압력을 1기압으로 유지한 채 열을 공급하여 액체상태의 물이 모두 $100℃$의 기체상태가 되었다. 물의 밀도는 액체상태일 때 $1.0 \times 10^3 kg/m^3$, 기체상태일 때 $0.6 kg/m^3$이고, 물의 기화열은 1기압 하에서 $2.3 \times 10^6 J/kg$이다.

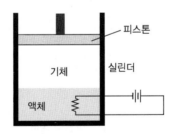

이 과정에 대한 설명으로 옳은 것만을 〈보기〉에서 있는 대로 고른 것은? (단, 1기압은 $1.0 \times 10^5 N/m^2$이고, 피스톤의 마찰력은 무시한다)

───── | 보기 | ─────

ㄱ. 실린더에 가한 열은 10^5J보다 크나.
ㄴ. 기체가 한 일의 양은 내부에너지의 변화량보다 크다.
ㄷ. 물의 엔트로피 증가량은 100J/K보다 크다.

① ㄱ
② ㄴ
③ ㄱ, ㄴ
④ ㄱ, ㄷ
⑤ ㄴ, ㄷ

해설 ㄱ. 공급한 열량이 모두 상태변화에 쓰였으므로 $Q= \text{mL} =0.06 \times 2.3 \times 10^6 =1.38 \times 10^5 \text{J}$이므로 10^5J보다 크다.

ㄷ. 엔트로피 변화량은 $\Delta S = \dfrac{dQ}{T} = \dfrac{1.38 \times 10^5}{373} \approx 3.7 \times 10^2 \text{J/K}$이므로 100J/K보다 크다.

ㄴ. 등압과정이므로 한 일의 양의 압력은 $1.0 \times 10^5 \text{N/m}^2$으로 일정하고 부피가 물의 부피 $V_{\text{물}} = \dfrac{6}{100,000} \text{m}^3$,

기체의 부피는 $V_{\text{수증기}} = \dfrac{1}{10} \text{m}^3$이어서 $\Delta V \approx \dfrac{1}{10} \text{m}^3$이다.

$W = P\Delta V = 1.0 \times 10^5 \text{N/m}^2 \times \dfrac{1}{10} \text{m}^3 = 10^4 \text{J}$이고, 열역학 제1법칙에 의해 $\Delta U = Q - W = 12.8 \times 10^4 \text{J}$

이 된다. 그러므로 W보다 ΔU가 큰 값을 가진다.

07 폭이 10nm인 일차원 무한 퍼텐셜 우물에 갇힌 전자의 바닥상태 에너지는 E_0이다. 우물의 폭을 20nm로 바꾼 경우, 전자가 첫 번째 들뜬 상태에서 바닥상태로 전이할 때 방출되는 광자의 에너지를 E_0으로 옳게 나타낸 것은?

① $\dfrac{1}{4} E_0$

② $\dfrac{1}{2} E_0$

③ $\dfrac{3}{4} E_0$

④ E_0

⑤ $\dfrac{5}{4} E_0$

해설 폭이 L인 무한 우물 속에 갇힌 입자의 양자화된 에너지는 $E_n = \dfrac{n^2 h^2}{8mL^2}$이다. $E_1 = \dfrac{h^2}{8mL^2}$에서 폭이 두 배

가 되면 바닥상태의 에너지 $E_1' = \dfrac{h^2}{32mL^2}$이 된다. 폭이 두 배가 되었을 때 첫 번째 들뜬 상태에서의 에너지

$E_2' = \dfrac{4h^2}{32mL^2}$가 되어서 첫 번째 들뜬 상태에서 바닥상태로 전이될 때 방출되는 에너지는

$E_2' - E_1' = \dfrac{3h^2}{32mL^2} = \dfrac{h^2}{8mL^2} \times \dfrac{3}{4} = E_0 \dfrac{3}{4}$가 된다.

08 건물 옥상에서 속력 40m/s로 수평으로 던져진 물체가 지표면에 닿는 순간, 속력이 50m/s였다. 옥상으로부터 지표면에 도달하기까지 걸리는 시간은 얼마인가? (단, 공기의 저항은 무시하며, 중력가속도는 10m/s^2이다)

① $2s$

② $3s$

③ $4s$

④ $5s$

⑤ $6s$

해설 역학적 에너지 보존에 의해 처음 발사한 순간의 운동에너지와 위치에너지의 합은 물체가 바닥에 도달했을 때의 운동에너지와 같으므로 $\dfrac{1}{2} m 40^2 + m 10 h = \dfrac{1}{2} m 50^2$에서 $h = 45\text{m}$이다. 수평투사운동은 연직방향으로 자유낙하운동을 하므로 $t = \sqrt{\dfrac{2 \times 45}{10}} = 3s$이다.

09 사람 A, B가 같은 속도 v로 날아가는 질량이 같은 2개의 테니스공에 각각 시간 $\triangle t$, $2\triangle t$ 동안 라켓으로 일정한 힘 F_A, F_B를 가하여 두 공 모두 $-2v$의 속도로 날아가게 하였다. 이에 대해 옳은 것만을 〈보기〉에서 있는 대로 고른 것은? (단, 공기의 마찰력과 중력에 의한 영향은 무시한다)

─────────────| 보기 |─────────────

ㄱ. F_A의 크기는 F_B의 크기의 두 배이다.

ㄴ. F_A와 F_B의 방향은 서로 다르다.

ㄷ. 테니스공이 A의 라켓에 가한 힘의 크기는 F_A의 크기와 같다.

① ㄱ   ② ㄷ

③ ㄱ, ㄴ   ④ ㄱ, ㄷ

⑤ ㄴ, ㄷ

해설 ㄱ. 충격량은 운동량의 변화량과 같다. 처음 날아오는 방향을 +방향으로 설정을 하면 $F_A \Delta t = m(-2v)$ $-mv = -3mv$, $F_B 2\Delta t = m(-2v) - mv = -3mv$이므로 F_A가 F_B의 두 배이다.

ㄷ. 작용 반작용에 의해 테니스공이 라켓에 가한 힘과 라켓이 테니스공에 가한 힘의 크기는 동일하다.

ㄴ. F_A와 F_B 모두 운동방향의 반대방향으로 동일하다.

10 수소 원자의 보어모형에서 에너지는 주양자수 n에 대하여 $E_n = -\dfrac{13.6}{n^2}$eV로 주어진다. 바닥상태에 있는 수소 원자가 12.75eV의 광자를 흡수하여 들뜬 상태가 되었다고 한다. 이때 들뜬 상태에 있는 수소 원자의 전자의 궤도 각운동량은 얼마인가? (단, $\hbar = \dfrac{h}{2\pi}$이고, h는 플랑크상수이다)

① $2\hbar$ ② $3\hbar$

③ $4\hbar$ ④ $9\hbar$

⑤ $16\hbar$

해설 수소원자에서 각운동량의 크기는 $L_n = r_n m v_n = \dfrac{nh}{2\pi} = n\hbar$이다. 에너지준위는 $E_1 = -13.6$eV, $E_2 = -3.4$eV, $E_3 \approx -1.51$eV, $E_4 = -0.85$eV 등이 되는데 바닥상태의 수소원자가 12.75eV의 광자를 흡수하면 세 번째 들뜬 상태인 E_4가 된다. 그러면 각운동량도 $L_4 = 4\hbar$가 된다.

합격의 공식
시대에듀
S D E D U

우리 인생의 가장 큰 영광은
결코 넘어지지 않는 데 있는 것이 아니라
넘어질 때마다 일어서는 데 있다.

- 넬슨 만델라 -

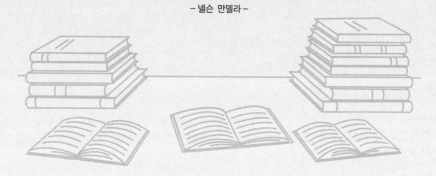

2과목

화 학

아이들이 답이 있는 질문을 하기 시작하면
그들이 성장하고 있음을 알 수 있다.

- 존 J. 플롬프 -

합격의 공식 ▶ 시대에듀

자격증 · 공무원 · 금융/보험 · 면허증 · 언어/외국어 · 검정고시/독학사 · 기업체/취업
이 시대의 모든 합격! 시대에듀에서 합격하세요!
www.youtube.com → 시대에듀 → 구독
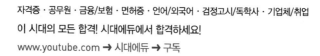

01 | 화학의 기초

01 물 질

(1) 물질의 구성

① 원 자

㉠ 원 자

- 물질을 구성하는 가장 작은 입자
- 원자의 구성 : 원자핵(양성자 + 중성자) + 전자

㉡ 원자의 표시법

- 원자 번호 : 양성자 수(= 중성 원자의 전자 수)
- 질량 수 : 양성자 수 + 중성자 수
- 상대 전하량 : 양성자 수 − 전자 수

$$\begin{array}{c}\text{질량 수 = 양성자 수 + 중성자 수}\\ \downarrow\\ {}^{12}_{6}\text{C} \leftarrow \text{원소기호}\\ \uparrow\\ \text{원자 번호 = 양성자 수 = 중성자 원자의 전자 수}\end{array}$$

② 동위 원소

㉠ 동위 원소

- 양성자 수는 같지만 중성자 수는 다름
- 원자 번호는 같지만 질량 수는 다름
- 화학적 성질은 같지만 물리적 성질은 다름

㉡ 동위 원소의 예

▲ 수소($^{1}_{1}\text{H}$)　　　▲ 중수소($^{2}_{1}\text{H}$)　　　▲ 삼중수소($^{3}_{1}\text{H}$)

③ 분 자

　　㉠ 분 자

　　　• 비금속 원자들이 공유 결합한 물질

　　　• 물질의 고유 성질을 나타냄

　　　　예 CO_2, NH_3

　　㉡ 화학식

$$\underline{H_2\; O}\;\overset{\text{산소원자 1은 생략}}{}$$

　　　H(수소원자)가 2개　O(산소원자)가 1개

　　　• 물질을 구성하는 원소들의 조성을 원소 기호와 개수로 나타낸 식

　　　• 화학식의 종류

　　　　– 분자식 : 하나의 분자를 구성하는 원자의 종류와 개수를 표시

　　　　– 실험식 : 물질을 구성하는 원자의 종류를 간단한 정수비로 나타낸 식

　　　　– 시성식 : 작용기를 표시한 식

　　　　– 구조식 : 구조를 나타낸 식(Lewis 구조식, VSEPR 구조식 등)

(2) 주기율표

족\주기	1	2	3	4	5	6	7	8	9	10	11	12	13	14	15	16	17	18
1	1 H 수소																	2 He 헬륨
2	3 Li 리튬	4 Be 베릴륨											5 B 붕소	6 C 탄소	7 N 질소	8 O 산소	9 F 플루오린	10 Ne 네온
3	11 Na 나트륨	12 Mg 마그네슘											13 Al 알루미늄	14 Si 규소	15 P 인	16 S 황	17 Cl 염소	18 Ar 아르곤
4	19 K 포타슘	20 Ca 칼슘	21 Sc 스칸듐	22 Ti 타이타늄	23 V 바나듐	24 Cr 크로뮴	25 Mn 망가니즈	26 Fe 철	27 Co 코발트	28 Ni 니켈	29 Cu 구리	30 Zn 아연	31 Ga 갈륨	32 Ge 저마늄	33 As 비소	34 Se 셀레늄	35 Br 브로민	36 Kr 크립톤
5	37 Rb 루비듐	38 Sr 스트론튬	39 Y 이트륨	40 Zr 지르코늄	41 Nb 나이오븀	42 Mo 몰리브데넘	43 Tc 테크네튬	44 Ru 루테늄	45 Rh 로듐	46 Pd 팔라듐	47 Ag 은	48 Cd 카드뮴	49 In 인듐	50 Sn 주석	51 Sb 안티모니	52 Te 텔루륨	53 I 아이오딘	54 Xe 제논
6	55 Cs 세슘	56 Ba 바륨	57~71 란타넘족	72 Hf 하프늄	73 Ta 탄탈럼	74 W 텅스텐	75 Re 레늄	76 Os 오스뮴	77 Ir 이리듐	78 Pt 백금	79 Au 금	80 Hg 수은	81 Tl 탈륨	82 Pb 납	83 Bi 비스무트	84 Po 폴로늄	85 At 아스타틴	86 Rn 라돈
7	87 Fr 프랑슘	88 Ra 라듐	89~103 악티늄족	104 Rf 러더포듐	105 Db 드브늄	106 Sg 시보귬	107 Bh 보륨	108 Hs 하슘	109 Mt 마이트너륨	110 Ds 다름슈타튬	111 Rg 뢴트게늄							

범례

1 — 원자 번호
H — 원소 기호
수소 — 이름

금속 원소
비금속 원소
란타넘족, 악티늄족

※ 회색 글자 – 기체
파란색 글자 – 액체
검은색 글자 – 고체

란타넘족 원소	57 La 란타넘	58 Ce 세륨	59 Pr 프라세오디뮴	60 Nd 네오디뮴	61 Pm 프로메튬	62 Sm 사마륨	63 Eu 유로퓸	64 Gd 가돌리늄	65 Tb 터븀	66 Dy 디스프로슘	67 Ho 홀뮴	68 Er 어븀	69 Tm 툴륨	70 Yb 이터븀	71 Lu 루테튬
악티늄족 원소	89 Ac 악티늄	90 Th 토륨	91 Pa 프로트악티늄	92 U 우라늄	93 Np 넵투늄	94 Pu 플루토늄	95 Am 아메리슘	96 Cm 퀴륨	97 Bk 버클륨	98 Cf 캘리포늄	99 Es 아인슈타이늄	100 Fm 페르뮴	101 Md 멘델레븀	102 No 노벨륨	103 Lr 로렌슘

(1) 몰과 몰질량

① 원자량과 화학식량

㉠ 원자량
- 원자의 상대적인 질량을 단위 없이 숫자로 나타냄
- 기준 : $^{12}_{6}\text{C} = 12$

㉡ 평균 원자량
- 동위 원소의 존재 비율을 고려하여 구한 원자량의 평균 값

  예 탄소의 평균 원자량

  > 존재 비율 : $^{12}_{6}\text{C} = 99\%$ $^{13}_{6}\text{C} = 1\%$
  >
  > ⇨ C의 평균 원자량 $= 12 \times \dfrac{99}{100} + 13 \times \dfrac{1}{100} = 12.01$

㉢ 화학식량
- 화학식을 구성하는 원자들의 원자량을 모두 합한 값

  예 H_2O의 화학식량 : 2개의 H의 원자량 + 1개의 O의 원자량 $= (2 \times 1) + 16 = 18$

  NaCl의 화학식량 : Na의 원자량 + Cl의 원자량 $= 23 + 35.5 = 58.5$

② 몰

㉠ 몰
- 1몰 = 입자 6.02×10^{23} 개
- 아보가드로 수$(N_A) = 6.02 \times 10^{23}$

  예 H_2O 3mol에 존재하는 H의 총 질량과 H원자의 총 개수는?

  총 질량 : 6g, 원자의 총 개수 : $6 \times N_A$ 개

㉡ 몰 질량
- 1몰의 질량으로 원자량이나 화학식량(분자량, 실험식량)에 g/mol을 붙임
- 몰수 구하기

  > • $n = \dfrac{m(\text{질량})}{M_w(\text{몰 질량})}$
  >
  > • $n = \dfrac{N(\text{개수})}{N_A(\text{아보가드로 수})}$

(2) 질량 백분율과 실험식

① 질량 조성 백분율

$$질량 \ 백분율 = \frac{원자량 \times 원자의 \ 개수}{화합물의 \ 화학식량} \times 100\%$$

② 질량 백분율의 계산

ㄱ. 실험식이나 분자식으로 질량 백분율 구하기

예 CO_2

$C : \dfrac{12 \times 1}{44} \times 100 = 27.3\%$

$O : \dfrac{16 \times 2}{44} \times 100 = 72.7\%$

ㄴ. 질량 백분율로 실험식 구하기

예 $C : 60\%$, $H : 5\%$, $N : 35\%$ (분자의 몰질량은 160g/mol)

분자 1몰당 C의 질량 $= 160 \times 0.6 = 96g$

H의 질량 $= 160 \times 0.05 = 8g$

N의 질량 $= 160 \times 0.35 = 56g$

분자 1몰당 C의 개수 $= \dfrac{96}{12} = 8mol$

H의 개수 $= \dfrac{8}{1} = 8mol$

N의 개수 $= \dfrac{56}{14} = 4mol$

∴ 분자식 : $C_8H_8N_4$, 실험식 : C_2H_2N

(3) 화학 반응식과 화학량론

① 화학 반응식

ㄱ. 화학 반응식 만들기

1. 반응물은 왼쪽 → 생성물은 오른쪽
2. 계수는 가장 간단한 정수
3. 반응물에 있던 원자의 종류와 총 개수는 생성물에서도 일치해야 함
4. 고체(s), 액체(l), 기체(g), 수용액(aq)
5. 비가역적 반응 : 100% 진행되는 반응, 가역적 반응 : 일부만 진행되는 반응

예 $CH_4(g) + 2O_2(g) \rightarrow CO_2(g) + 2H_2O(g)$

	반응물		생성물	
	CH₄	O₂	CO₂	H₂O
분자의 수	1분자	2분자	1분자	2분자
	1mol	2mol	1mol	2mol
질 량	16g	64g	44g	36g
총 질량	80g		80g	

- 화학 반응식의 계수비 = 몰수비 = 분자수비 = 부피비(기체 반응)

ⓒ 화학 반응식 계수 맞추기

$$aCH_4(g) + bO_2(g) \rightarrow cCO_2(g) + dH_2O(g)$$

1. 화합물의 계수를 미지수 a, b, c, d
2. 반응물과 생성물의 원자와 종류와 수를 같게 식 세우기
   C : a = c
   H : 4a = 2d
   O : 2b = 2c + d
3. 가장 복잡한 화학식의 계수를 1로 가정하고 나머지 미지수를 찾음
   CH₄의 계수를 1(a = 1)로 가정
   b = 2, c = 1, d = 2
4. 분수일 경우는 가장 작은 정수로 바꿈

$$CH_4(g) + 2O_2(g) \rightarrow CO_2(g) + 2H_2O(g)$$

---

② 화학 양론 계산

㉠ 한계 반응물

반응 중에 가장 먼저 모두 소모되어 생성물의 양을 제한하는 반응물

	A	+	2B	→	C
초 기	10mol		10mol		
반 응	−5mol		−10mol		+5mol
남은 양	5mol		0mol		5mol

⇨ 한계 반응물은 B이고 이론적 수득량은 C 5mol이다.

㉡ 퍼센트 수득률(수득 백분율)

- 이론적 수득량 : 한계 반응물이 완전히 없어질 때 이론적으로 생성되는 생성물의 양
- 퍼센트 수득률(수득 백분율) = $\dfrac{\text{실제 수득량}}{\text{이론적 수득량}} \times 100\,(\%)$

01 보어 모형

(1) 빛의 성질

① 빛의 파동성

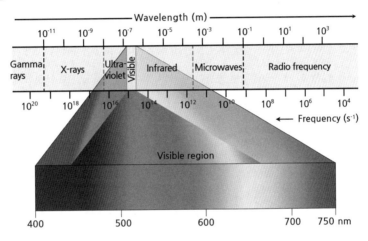

② 빛의 입자성

$$E = h\nu = h\frac{c}{\lambda}$$

- h : 플랑크 상수(6.626×10^{-34}J · s)
- ν : 진동수(s^{-1})
- c : 광속(3.00×10^8m/s)
- λ : 파장(m)

(2) 수소 원자의 선 스펙트럼

① 스펙트럼

ⓐ 방출 스펙트럼 : 시료가 방출하는 빛을 관찰한다. ⇨ 밝은 부분
ⓑ 흡수 스펙트럼 : 시료가 흡수하는 빛을 관찰한다. ⇨ 검은 부분

▲ 방출 스펙트럼　　　　　　▲ 흡수 스펙트럼

② 수소 원자의 방출 스펙트럼(선 스펙트럼)

유리관에 수소 기체를 넣은 수소 기체 방전관을 통해 나온 빛을 프리즘으로 분리하면 측정한 파장의 선 스펙트럼을 얻는다.

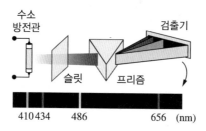

(3) 보어 모형

① 보어 모형의 가설

㉠ 가설 1

- 수소 원자 속 전자는 일정한 궤도만을 점유한다. 즉, 전자의 위치가 양자화되어 있다.

- 수소 원자 속 전자는 각 운동량이 $\dfrac{h}{2\pi}$ 의 정수배인 궤도만을 안정한 상태로 돈다.

- 수소 원자 속 전자는 허용된 에너지만을 가진다.

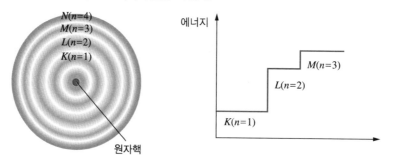

에너지 준위 : 궤도의 에너지

$$E_n = -k\frac{Z^2}{n^2}$$

- E_n : n번째 껍질 전자의 에너지 준위
- Z : 원자 번호 = 양성자 수 = 핵전하
- k : 바닥 상태의 수소 원자의 IE

ⓛ 가설 2

• 전자의 궤도를 옮길 때 그 궤도의 차이에 해당하는 에너지 값을 가지는 광자를 방출하거나 흡수한다.

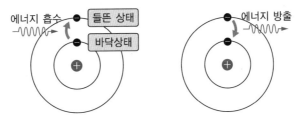

– 바닥상태 : 가장 낮은 에너지 상태($n=1$)
– 들뜬 상태 : 바닥 상태보다 에너지가 큰 상태($n \geq 2$)

전자 전이($n_i \rightarrow n_f$) 시 에너지 변화값

$$\triangle E = E_f - E_i = -kZ^2\left(\frac{1}{n_f^2} - \frac{1}{n_i^2}\right) = h\nu = h\frac{c}{\lambda}$$

• $\triangle E$가 음수이면 $|\triangle E|$ 만큼 에너지 방출
• $\triangle E$가 양수이면 $|\triangle E|$ 만큼 에너지 흡수

[예] 수소 원자에서 $n=1 \rightarrow n=2$로 전이할 때

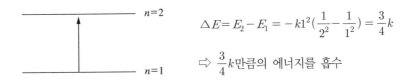

$$\triangle E = E_2 - E_1 = -k1^2\left(\frac{1}{2^2} - \frac{1}{1^2}\right) = \frac{3}{4}k$$

⇨ $\frac{3}{4}k$만큼의 에너지를 흡수

② 수소 원자 선 스펙트럼 해석

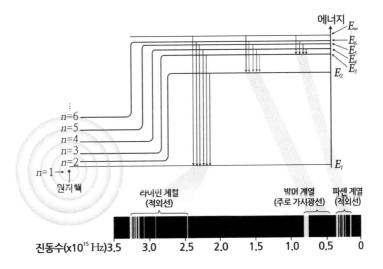

○ 라이먼 계열

- 전자가 $n(\geq 2) \rightarrow 1$로 전이할 때 자외선을 방출한다.

- $\triangle E = -k(1 - \dfrac{1}{n^2})$

○ 발머 계열

- 전자가 $n(\geq 3) \rightarrow 2$로 전이할 때 가시광선을 방출한다.

- $\triangle E = -k(\dfrac{1}{2^2} - \dfrac{1}{n^2})$

○ 파셴 계열

- 전자가 $n(\geq 4) \rightarrow 3$으로 전이할 때 적외선을 방출한다.

- $\triangle E = -k(\dfrac{1}{3^2} - \dfrac{1}{n^2})$

실전 예제 | **02-01**

그림은 수소 원자의 에너지 준위와 전자 전이를 나타낸 것이다.

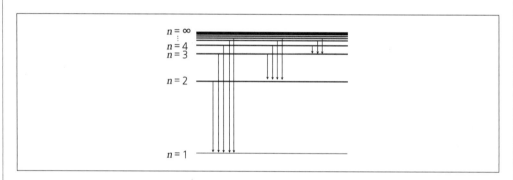

수소 원자의 바닥상태 전자가 이온화하는 데 필요한 에너지의 크기를 E_i라고 할 때, 첫 번째 들뜬 상태에서 두 번째 들뜬 상태로 전자가 전이할 때 흡수하는 에너지는? | 2013년

① $\dfrac{5}{36}E_i$ 　　　　　　　　② $\dfrac{1}{6}E_i$

③ $\dfrac{4}{9}E_i$ 　　　　　　　　④ $\dfrac{1}{2}E_i$

⑤ $\dfrac{3}{4}E_i$

해설

첫 번째 들뜬 상태는 $n = 2$인 궤도일 때이고 두 번째 들뜬 상태는 $n = 3$인 궤도이다. 또한 수소 원자의 이온화 에너지를 E_i라고 하였으므로 k 대신 E_i로 생각하면 된다.

$\triangle E = E_3 - E_2 = -E_i(\dfrac{1}{3^2} - \dfrac{1}{2^2}) = -E_i(\dfrac{4}{36} - \dfrac{9}{36}) = -E_i(-\dfrac{5}{36}) = \dfrac{5}{36}E_i$

답 ①

(1) 양자수

① 주양자수(n)

ㄱ 원자핵으로부터의 평균 거리를 뜻한다.

ㄴ $n = 1, 2, 3, \cdots$

ㄷ n값이 커질수록 에너지가 높아진다.

② 각 운동량 양자수(l)

ㄱ 오비탈의 모양, 종류를 나타낸다.

ㄴ $l = 0, 1, 2, 3, \cdots, (n-1)$

ㄷ $l = 0 \rightarrow s$오비탈, $l = 1 \rightarrow p$오비탈, $l = 2 \rightarrow d$오비탈, $l = 3 \rightarrow f$오비탈

③ 자기 양자수(m_l)

ㄱ 오비탈의 공간적 상대적인 배향을 뜻한다.

ㄴ $m_l = -l, \cdots, 0, \cdots, +l \Rightarrow (2l+1)$개

$s =$ ☐
　　　　0

$p =$ ☐☐☐
　　 −1　0　1

$d =$ ☐☐☐☐☐
　 −2　−1　0　1　2

$f =$ ☐☐☐☐☐☐☐
−3　−2　−1　0　1　2　3

④ 스핀 양자수(m_s)

ㄱ 전자의 자전 방향(스핀)

ㄴ $m_s = +\dfrac{1}{2}$ or $-\dfrac{1}{2}$

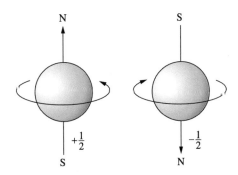

껍 질 (주양자수)	부껍질 (각 운동량 양자수)		오비탈 (자기 양자수)					
$n=3$	$l=2$	→ d	−2	−1	0	+1	+2	→ 3d
	$l=1$	→ p	−1	0	1	→ 3p		
	$l=0$	→ s	0	→ 3s				
$n=2$	$l=1$	→ p	−1	0	+1	→ 2p		
	$l=0$	→ s	0	→ 2s				
$n=1$	$l=0$	→ s	0	→ 1s				

(2) 오비탈

① 오비탈의 모양

㉠ s 오비탈

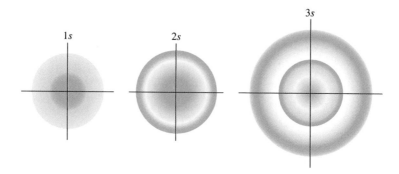

- $l=0,\ m_l=0$
- 구형 대칭의 모양을 가지며 각 전자껍질에 한 개씩만 존재한다.

㉡ p 오비탈

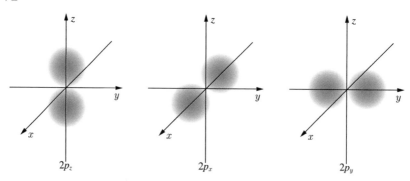

- $l=1,\ m_l=-1,\ 0,\ 1$
- 각 전자껍질에 3개씩 존재한다.

© d오비탈

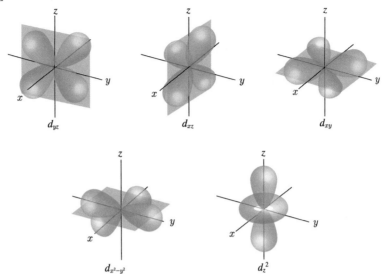

d_{yz} d_{xz} d_{xy}

$d_{x^2-y^2}$ d_z^2

- $l = 2$, $m_l = -2$, -1, 0, 0, 1, 2
- 각 전자껍질에 5개씩 존재한다.

② 오비탈의 마디(Node)

  ㉠ 전자가 발견되지 않는 면
  ㉡ 전체 마디의 개수($n-1$개) = 각 마디(l개) + 방사상 마디($n-1-l$개)

  예 $4p$의 전체 마디 : 3개

      각 마디 : 1개 + 방사상 마디 : 2개

③ 에너지 준위

  ㉠ 단전자계
  - 에너지 준위는 n값에만 의존
  - $1s < 2s = 2p < 3s = 3p = 3d < 4s = 4p = 4d = 4f \cdots$

    예 H, He^+, $Li^{2+} \cdots$

  ㉡ 다전자 원자
  - 주양자수와 각운동량 양자수에 의존한다.
  - $1s < 2s < 2p < 3s < 3p < 4s < 3d < 4p \cdots$

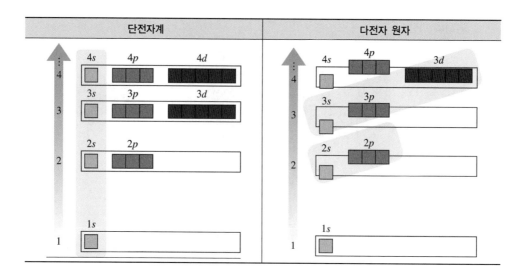

(3) 전자 배치

① 오비탈과 전자의 표기

기호로 표현		그림으로 표현

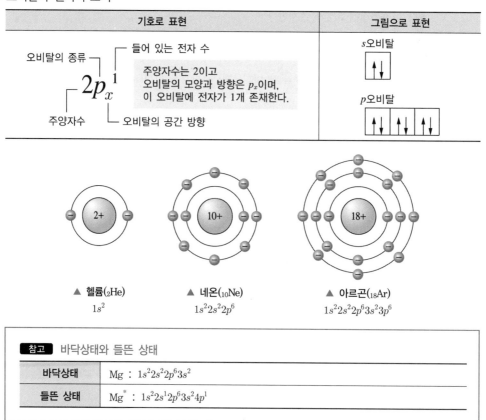

▲ 헬륨($_2$He)
$1s^2$

▲ 네온($_{10}$Ne)
$1s^2 2s^2 2p^6$

▲ 아르곤($_{18}$Ar)
$1s^2 2s^2 2p^6 3s^2 3p^6$

참고 바닥상태와 들뜬 상태	
바닥상태	Mg : $1s^2 2s^2 2p^6 3s^2$
들뜬 상태	Mg* : $1s^2 2s^1 2p^6 3s^2 4p^1$

② 전자 배치 법칙

  ㉠ 파울리의 배타 원리

  • 한 원자 내에서 4개의 양자수가 같은 전자는 존재할 수 없다.

  • n, l, m_l, m_s이 각각 모두 다른 값을 가져야 한다.

  • 한 오비탈에는 오직 2개의 전자가 수용되며 이들은 서로 다른 반대의 스핀을 가져야 한다.

▲ 불가능   ▲ 불가능   ▲ 가 능

  ㉡ 훈트의 규칙

  • 에너지가 동일한 오비탈에 전자가 채워질 때에는 홀전자가 많도록 전자 배치를 한다.

  • 에너지가 동일한 오비탈에 전자가 채워질 때 쌍을 이루지 않는 상태가 더 낮은 에너지를 가진다.

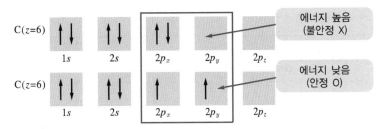

  ㉢ 축조 원리 : 에너지가 낮은 오비탈부터 순서대로 전자를 채운다. 이를 축조 원리 혹은 쌓음 원리
     라 한다.

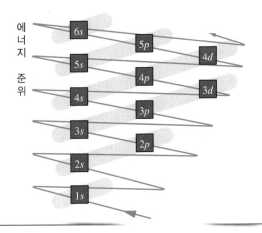

┌───┐
│ **참고** 전자 배치에 따른 자기적 성질   │
│ • 상자기성 물질 : 홀전자가 있으면 자석에 끌리는 물질이 됨   │
│ • 반자기성 물질 : 홀전자가 없이 전자가 모두 쌍을 이루고 있으면 자기장에 약하게 반발하는 물 │
│   질이 됨   │
└───┘

③ 전자 배치

Main Group Elements (s Block) ... **Main Group Elements (p Block)**

Period number, highest occupied energy level

	1A (1) ns^1	2A (2) ns^2		Transition Elements (d Block)										3A (13) ns^2np^1	4A (14) ns^2np^2	5A (15) ns^2np^3	6A (16) ns^2np^4	7A (17) ns^2np^5	8A (18) ns^2np^6
1	1 H $1s^1$																		2 He $1s^2$
2	3 Li $2s^1$	4 Be $2s^2$												5 B $2s^22p^1$	6 C $2s^22p^2$	7 N $2s^22p^3$	8 O $2s^22p^4$	9 F $2s^22p^5$	10 Ne $2s^22p^6$
3	11 Na $3s^1$	12 Mg $3s^2$	3B (3)	4B (4)	5B (5)	6B (6)	7B (7)	(8)	8B (9)	(10)	1B (11)	2B (12)		13 Al $3s^23p^1$	14 Si $3s^23p^2$	15 P $3s^23p^3$	16 S $3s^23p^4$	17 Cl $3s^23p^5$	18 Ar $3s^23p^6$
4	19 K $4s^1$	20 Ca $4s^2$	21 Sc $4s^23d^1$	22 Ti $4s^23d^2$	23 V $4s^23d^3$	24 Cr $4s^13d^5$	25 Mn $4s^23d^5$	26 Fe $4s^23d^6$	27 Co $4s^23d^7$	28 Ni $4s^23d^8$	29 Cu $4s^13d^{10}$	30 Zn $4s^23d^{10}$	31 Ga $4s^24p^1$	32 Ge $4s^24p^2$	33 As $4s^24p^3$	34 Se $4s^24p^4$	35 Br $4s^24p^5$	36 Kr $4s^24p^6$
5	37 Rb $5s^1$	38 Sr $5s^2$	39 Y $5s^24d^1$	40 Zr $5s^24d^2$	41 Nb $5s^14d^4$	42 Mo $5s^14d^5$	43 Tc $5s^24d^5$	44 Ru $5s^14d^7$	45 Rh $5s^14d^8$	46 Pd $4d^{10}$	47 Ag $5s^14d^{10}$	48 Cd $5s^24d^{10}$	49 In $5s^25p^1$	50 Sn $5s^25p^2$	51 Sb $5s^25p^3$	52 Te $5s^25p^4$	53 I $5s^25p^5$	54 Xe $5s^25p^6$
6	55 Cs $6s^1$	56 Ba $6s^2$	57 La* $6s^25d^1$	72 Hf $6s^25d^2$	73 Ta $6s^25d^3$	74 W $6s^25d^4$	75 Re $6s^25d^5$	76 Os $6s^25d^6$	77 Ir $6s^25d^7$	78 Pt $6s^15d^9$	79 Au $6s^15d^{10}$	80 Hg $6s^25d^{10}$	81 Tl $6s^26p^1$	82 Pb $6s^26p^2$	83 Bi $6s^26p^3$	84 Po $6s^26p^4$	85 At $6s^26p^5$	86 Rn $6s^26p^6$
7	87 Fr $7s^1$	88 Ra $7s^2$	89 Ac** $7s^26d^1$	104 Rf $7s^26d^2$	105 Db $7s^26d^3$	106 Sg $7s^26d^4$	107 Bh $7s^26d^5$	108 Hs $7s^26d^6$	109 Mt $7s^26d^7$	110 Ds $7s^26d^8$	111 Rg $7s^26d^9$	112 $7s^26d^{10}$	113 $7s^27p^1$	114 $7s^27p^2$	115 $7s^27p^3$	116 $7s^27p^4$		

㉠ 전형 원소의 전자 배치

주기	원소 기호	원자 번호	K ($n=1$) $1s$	L ($n=2$) $2s$	$2p(x, y, z)$	M ($n=3$) $3s$	$3p(x, y, z)$	N ($n=4$) $4s$	전자 배치	원자가 전자 수
1	H	1	↑						$1s^1$	1
	He	2	↑↓						$1s^2$	0
2	Li	3	↑↓	↑					$1s^22s^1$	1
	Be	4	↑↓	↑↓					$1s^22s^2$	2
	B	5	↑↓	↑↓	↑ □ □				$1s^22s^22p^1$	3
	C	6	↑↓	↑↓	↑ ↑ □				$1s^22s^22p^2$	4
	N	7	↑↓	↑↓	↑ ↑ ↑				$1s^22s^22p^3$	5
	O	8	↑↓	↑↓	↑↓ ↑ ↑				$1s^22s^22p^4$	6
	F	9	↑↓	↑↓	↑↓ ↑↓ ↑				$1s^22s^22p^5$	7
	Ne	10	↑↓	↑↓	↑↓ ↑↓ ↑↓				$1s^22s^22p^6$	0
3	Na	11	↑↓	↑↓	↑↓ ↑↓ ↑↓	↑			$1s^22s^22p^63s^1$	1
	Mg	12	↑↓	↑↓	↑↓ ↑↓ ↑↓	↑↓			$1s^22s^22p^63s^2$	2
	Al	13	↑↓	↑↓	↑↓ ↑↓ ↑↓	↑↓	↑ □ □		$1s^22s^22p^63s^23p^1$	3
	Si	14	↑↓	↑↓	↑↓ ↑↓ ↑↓	↑↓	↑ ↑ □		$1s^22s^22p^63s^23p^2$	4
	P	15	↑↓	↑↓	↑↓ ↑↓ ↑↓	↑↓	↑ ↑ ↑		$1s^22s^22p^63s^23p^3$	5
	S	16	↑↓	↑↓	↑↓ ↑↓ ↑↓	↑↓	↑↓ ↑ ↑		$1s^22s^22p^63s^23p^4$	6
	Cl	17	↑↓	↑↓	↑↓ ↑↓ ↑↓	↑↓	↑↓ ↑↓ ↑		$1s^22s^22p^63s^23p^5$	7
	Ar	18	↑↓	↑↓	↑↓ ↑↓ ↑↓	↑↓	↑↓ ↑↓ ↑↓		$1s^22s^22p^63s^23p^6$	0
4	K	19	↑↓	↑↓	↑↓ ↑↓ ↑↓	↑↓	↑↓ ↑↓ ↑↓	↑	$[Ne]3s^23p^64s^1$	1
	Ca	20	↑↓	↑↓	↑↓ ↑↓ ↑↓	↑↓	↑↓ ↑↓ ↑↓	↑↓	$[Ne]3s^23p^64s^2$	2

ⓛ 전이 금속의 전자 배치

- 21~30번 원자들은 $4s$에 전자가 채워진 뒤 $3d$에 전자가 채워진다.
- 원자가 전자 수는 1 또는 2이다($\because 4s^1$ or $4s^2$).
- 전자 배치의 예외

$$_{24}\text{Cr}\,[\text{Ar}]4\text{s}^13\text{d}^5 \qquad \underset{4s}{\uparrow}\quad \underset{3d}{\uparrow\ \uparrow\ \uparrow\ \uparrow\ \uparrow}$$

$$_{29}\text{Cu}\,[\text{Ar}]4\text{s}^13\text{d}^{10} \qquad \underset{4s}{\uparrow}\quad \underset{3d}{\uparrow\downarrow\ \uparrow\downarrow\ \uparrow\downarrow\ \uparrow\downarrow\ \uparrow\downarrow}$$

ⓒ 이온의 전자 배치

- 전형 원소 : 18족(비활성 기체)의 전자 배치가 되도록 전자를 잃거나 얻게 된다.

원소	양이온		음이온	
	Na	Na$^+$	F	F$^-$
모형				
전자 배치	$1s^22s^22p^63s^1$ K(2)L(8)M(1)	$1s^22s^22p^6$ K(2)L(8)	$1s^22s^22p^5$ K(2)L(7)	$1s^22s^22p^6$ K(2)L(8)

- 전이 금속 : 양이온이 될 때 $4s$의 전자를 먼저 잃는다.

$$_{24}\text{Cr}\,[\text{Ar}]4s^13d^5 \qquad \rightarrow \qquad _{24}\text{Cr}^{3+}[\text{Ar}]3d^3$$

$$_{24}\text{Mn}\,[\text{Ar}]4s^23d^5 \qquad \rightarrow \qquad _{24}\text{Mn}^{2+}[\text{Ar}]3d^5$$

$$_{29}\text{Cr}\,[\text{Ar}]4s^13d^{10} \qquad \rightarrow \qquad _{29}\text{Cr}^{2+}[\text{Ar}]3d^9$$

원자의 오비탈은 주양자수(n), 각운동량 양자수(l), 자기 양자수(m_l)로 표시할 수 있다. 바닥 상태의 원자 A에 $n+l=3$인 전자 수가 7일 때, A에 관한 설명으로 옳은 것은? ❙2016년

① 2주기 원소이다.

② 홀전자 수는 2이다.

③ $n+l=2$인 전자 수는 3이다.

④ $m_l=0$인 전자 수는 7이다.

⑤ 전자가 채워져 있는 오비탈 중 가장 큰 n은 4이다.

해설

$n+l=3$인 경우의 수는 $n=2$, $l=1 / n=3$, $l=0$이다.

바닥 상태의 원자에서 $n+l=3$을 만족하는 전자가 총 7개라면 $n=2$, $l=1$, 즉 $2p$오비탈에 6개의 전자가 다 채워지고, $n=3$, $l=0$ 즉 $3s$오비탈에 1개의 전자가 채워진 경우이다. 이 원자는 $1s^2 2s^2 2p^6 3s^1$의 전자 배치를 가지는 Na이라는 것을 알 수 있다.

① 3주기 원소이다.

② 홀전자 수는 1개이다.

③ $n+l=2$를 만족하는 경우는 $n=2$, $l=0$밖에 없으므로 $2s$를 채우는 전자의 수는 2개이다.

④ $m_l=0$을 만족하는 오비탈은 $1s$, $2s$, $2p$ 중 1개, $3s$이므로 총 7개의 전자가 채워진다.

⑤ 전자가 채워진 오비탈 중 가장 큰 n은 3이다.

답 ④

03 원자의 주기적 성질

(1) 유효핵 전하

① 유효핵 전하

$$Z_{eff} = Z - \sigma$$

- Z : 핵 전하(원자 번호)
- σ : 가리움 상수(안쪽 껍질의 전자와 같은 껍질의 전자의 반발력을 고려한 값)

㉠ 같은 주기에서 비교할 때 사용한다.

㉡ 오른쪽으로 갈수록 원자가 전자의 유효핵 전하가 커진다.

㉢ 유효핵 전하가 큰 전자일수록 에너지가 낮으며, 오비탈의 크기는 작아진다.

② 중성 원자에서의 유효핵 전하

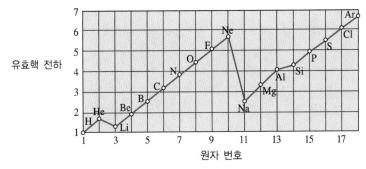

- ㉠ 같은 족 : 원자 번호가 증가할수록 원자가 전자의 유효핵 전하가 증가한다.

  $_3Li < _{11}Na < _{19}K$

- ㉡ 같은 주기 : 원자 번호가 증가할수록 원자가 전자의 유효핵 전하가 증가한다.

  ($2p$ 전자의 유효핵 전하) $_5B < _6C < _7N < _8O < _9F$

③ 이온에서의 유효핵 전하
- ㉠ 중성 원자 → 양이온 : 전자들의 유효핵 전하는 증가한다.
- ㉡ 중성 원자 → 음이온 : 전자들의 유효핵 전하는 감소한다.

(2) 원자, 이온의 반지름

① 중성 원자 반지름

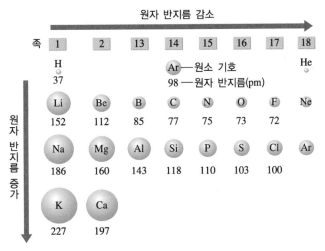

- ㉠ 같은 족 : 원자 번호가 증가할수록 전자껍질 수가 증가하므로 원자 반지름이 증가한다.
- ㉡ 같은 주기 : 원자 번호가 증가할수록 유효핵 전하가 증가하므로 원자 반지름이 감소한다.

② 이온 반지름
　　㉠ 양이온 : 전자껍질이 감소하므로 중성 원자보다 양이온의 반지름이 작다.
　　㉡ 음이온 : 유효핵 전하가 감소하므로 중성 원자보다 음이온의 반지름이 크다.

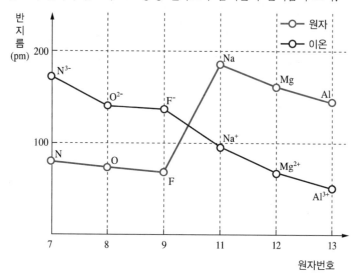

③ 등전자 이온 반지름 비교
　　㉠ 같은 수의 전자를 가지고 있는 원자나 이온은 원자 번호가 증가할수록 유효핵 전하가 증가하게
　　　되어 반지름이 작아진다.
　　㉡ $N^{3-} > O^{2-} > F^{-} > Na^{+} > Mg^{2+} > Al^{3+}$

(3) 이온화 에너지

① 이온화 에너지

$$M(g) \rightarrow M^{+}(g) + e^{-} \qquad \triangle H = IE > 0 \text{ (흡열)}$$

　　㉠ 기체 상태의 원자가 전자를 하나 잃을 때 흡수하는 에너지
　　㉡ IE가 작으면 전자를 떼어내기 쉽고, 산화되기 쉬우며, 환원력이 큼
② 이온화 에너지의 주기적 경향성

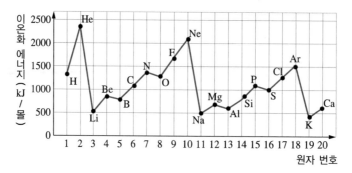

ⓐ 같은 족 : 원자 번호가 증가하면 전자껍질이 증가하므로 이온화 에너지는 감소한다.

ⓑ 같은 주기 : 일반적으로 유효핵 전하가 증가하므로 이온화 에너지는 증가한다.

③ 이온화 에너지 주기적 경향성의 예외

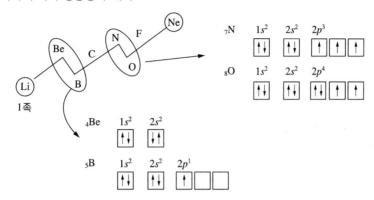

ⓐ 2족 → 13족 : p오비탈이 s오비탈보다 에너지가 더 높기 때문에 전자를 잃게 되면 에너지가 줄어들게 되어 이온화 에너지가 감소한다.

ⓑ 15족 → 16족 : 홀전자보다 짝지은 전자가 전자 간의 반발력이 커져 1개의 전자를 잃기 더 쉬워 진다. 따라서 이온화 에너지는 감소하게 된다.

④ 순차적 이온화 에너지

$$M(g) \rightarrow M^+(g) + e^- \qquad \triangle H = IE_1 \text{ : 제1이온화 에너지}$$

$$M^+(g) \rightarrow M^{2+}(g) + e^- \qquad \triangle H = IE_2 \text{ : 제2이온화 에너지}$$

$$M^{2+}(g) \rightarrow M^{3+}(g) + e^- \qquad \triangle H = IE_3 \text{ : 제3이온화 에너지}$$

ⓐ 떼면 뗄수록 많은 에너지가 필요하기 때문에 떼기 어려워진다($IE_1 < IE_2 < IE_3 \cdots$).

ⓑ 급격한 에너지 증가를 보이는 곳이 전자껍질이 바뀌는 경우이다. 따라서 원자가 전자수를 알 수 있으므로 족을 알 수 있다.

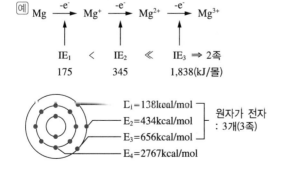

족	원소	순차적 이온화 에너지(kJ/mol)						이온화 에너지 급증 단계	원자가 전자 수(개)
		E_1	E_2	E_3	E_4	E_5	E_6		
1	$_3Li$	520	7298	11815				$E_1 \ll E_2$	1
2	$_4Be$	900	1757	14849	21007			$E_2 \ll E_3$	2
13	$_5B$	801	2427	3660	25026	32827		$E_3 \ll E_4$	3
14	$_6C$	1087	2353	4621	6223	37831	47277	$E_4 \ll E_5$	4
15	$_7N$	1402	2866	4578	7475	9445	53267	$E_5 \ll E_6$	5

(4) 전자 친화도

① 전자 친화도

$$X(g) + e^- \rightarrow X^-(g) \qquad \triangle H = EA$$

ㄱ 기체 상태의 원자가 전자를 얻을 때 방출하는 에너지이다.

ㄴ 실험적으로 $X^-(g)$에서 전자를 떼어낼 때 필요한 에너지로 구한다.

ㄷ 대부분 발열 과정으로 대부분 음수로 많이 표현한다.

ㄹ EA가 크면 전자를 잘 얻고, 환원을 잘하며 산화력이 크다.

ㅁ 항상 $IE > |EA|$이다.

② 주기적 경향성

ㄱ 같은 족 : 17족 할로겐족(Cl > F > Br)

• F의 원자 크기가 작아 전자 반발이 커서 전자를 얻기 힘들기 때문이다.

• 대체로 주기적 성질이 분명하지 않으므로 17족만 기억해 둔다.

ㄴ 같은 주기 : EA의 절대값은 IE와 같이 원자 번호가 증가할수록 커지는 경향을 보인다. 그러나 많은 예외가 존재한다.

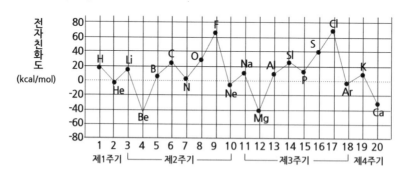

• 비활성 기체는 전자 친화도가 양의 값을 갖는 흡열 과정이다.

• 두 번째 전자를 받아들이는 2차 전자 친화도는 흡열 과정이다.

(5) 전기 음성도

① 전기 음성도

ⓐ 결합에서 원자가 전자를 당기는 능력

ⓑ IE와 EA의 평균값

ⓒ IE가 크면 자신의 전자를 잘 안 잃어버리며 EA가 클수록 다른 원자의 전자를 잘 받는다. 따라서 전기 음성도가 커진다.

② 주기적 경향성

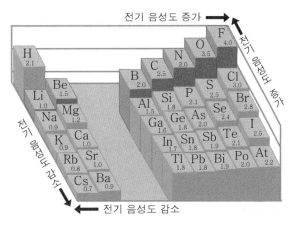

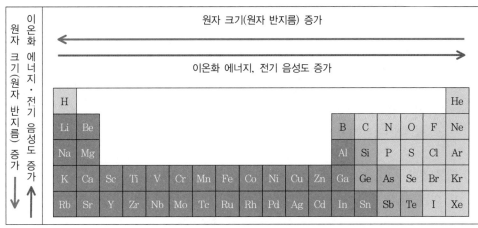

03 | 분 자

01 이온 결합

(1) 화학 결합의 종류

    ① 이온 결합

        ㉠ 금속 원자와 비금속 원자의 결합

        ㉡ 인력의 근원 : 양이온 – 음이온

        ㉢ 고체상은 전기 전도도가 없지만 용융되거나 물에 용해되면 전기 전도도가 있다.

        ㉣ 녹는점, 끓는점이 매우 높다.

    ② 공유 결합

        ㉠ 비금속 원자끼리의 결합

        ㉡ 인력의 근원 : 핵 – 공유된 전자쌍

        ㉢ 전기 전도도가 대체로 없다.

    ③ 금속 결합

        ㉠ 금속 원자끼리의 결합

        ㉡ 인력의 근원 : 핵 – 자유전자

        ㉢ 전기 전도도가 있다.

        ㉣ 끓는점, 녹는점이 높으며 연성, 전성이 있다.

(2) 이온 결합

    ① 이온 결합의 형성

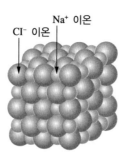

$$\boxed{예}\ Na(s) + \frac{1}{2}Cl_2(g) \rightarrow NaCl(s) \qquad \triangle H_f^\circ = -411kJ$$

⊙ 이온성 물질의 특징
  • 일반적으로 녹는점이 높다.
  • 결정성 물질로 쉽게 결정면을 따라 부서진다.
  • 고체에서는 전기 전도도가 없지만 수용액이 되거나 용융되면 이온화 현상에 의해 전기 전도도가 생긴다.
ⓒ 이온 결합의 세기
  • 전하량의 곱이 클수록 이온 결합의 세기가 크다.
  • 이온 반지름의 합이 작을수록 이온 결합의 세기가 크다.
  • 이온 결합 세기가 클수록 녹는점, 격자 에너지 등이 크다.

② 격자 에너지

$$NaCl(s) \rightarrow Na^+(g) + Cl^-(g) \qquad \triangle H_{격자} = +788kJ/mol$$

$$|격자\ 에너지| = \triangle H_{격자} = k\frac{Q_+ Q_-}{r}$$

⊙ 고체 이온 결합 화합물 1몰을 기체 상태의 이온으로 완전히 분리해 내는데 필요한 에너지이다.
ⓒ 이온 결합의 세기가 셀수록, 전하량의 곱이 클수록, 그리고 이온 반지름의 합이 작을수록 격자 에너지가 크다.

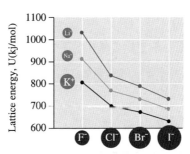

02 공유 결합

(1) 공유 결합
  ① 공유 결합의 형성

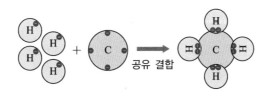

ⓐ 원자가 다른 원자와 전자를 공유하여 형성되는 결합이다.

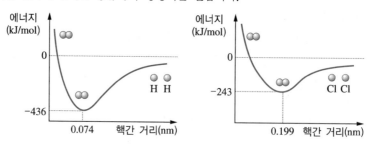

ⓑ 단일 결합일 때, 원자 반지름을 구할 수 있다.

ⓒ 평균 결합 길이(두 핵 간의 거리)

  • 결합 차수가 증가하면 결합 길이는 짧아진다.

    [예] $C - C > C = C > C \equiv C$

  • 동일한 결합 차수일 때, 원자의 크기가 커질수록 결합 길이는 길어진다.

    [예] $F - F < Cl - Cl < Br - Br$

② 결합 에너지

  ⓐ 결합 에너지(결합 해리 에너지, 결합 엔탈피) : 1mol의 기체상 물질에서 결합을 끊을 때 필요한 에너지 혹은 엔탈피(흡열 과정)

    [예] $Cl_2(g) \rightarrow Cl(g) + Cl(g)$ 　　결합 엔탈피 = 242kJ/mol

    ⇨ 균일 분해

  ⓑ 결합 에너지의 경향성

  • 결합 차수가 증가할수록 결합의 세기가 증가하여 결합 에너지가 증가한다.

결 합	결합 차수	결합 길이(pm)	결합 에너지(kJ/mol)
$C - C$	1	154	347
$C = C$	2	134	614
$C \equiv C$	3	121	839

  • 동일한 결합 차수를 가지는 경우 결합 길이가 짧을수록 결합 에너지가 증가한다.

결 합	결합 차수	결합 길이(pm)	결합 에너지(kJ/mol)
$H - F$	1	93	565
$H - Cl$	1	128	429
$H - Br$	1	142	363

③ 무극성 분자와 극성 분자

　㉠ 쌍극자 모멘트

　　극성 공유 결합하는 경우 양전하 중심과 음전하 중심을 갖는 분자를 쌍극자라고 하고, 이 분자는 쌍극자 모멘트($\mu \neq 0$)를 가졌다고 한다.

$$\overset{\delta^+}{H} - \overset{\delta^-}{Cl}$$

$$\xrightarrow{\hspace{3cm}}$$

　㉡ 무극성 분자와 극성 분자

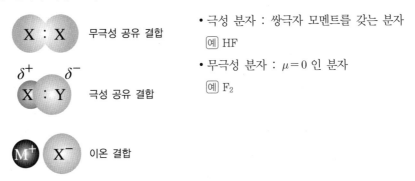

X : X　무극성 공유 결합

$\overset{\delta^+}{X} : \overset{\delta^-}{Y}$　극성 공유 결합

M^+ X^-　이온 결합

• 극성 분자 : 쌍극자 모멘트를 갖는 분자

　예 HF

• 무극성 분자 : $\mu = 0$ 인 분자

　예 F_2

(2) 루이스 구조

① 루이스 구조

　㉠ 루이스 구조 : 공유 전자쌍들을 원자 사이에 선으로 표시하며, 고립 전자쌍은 각 원자에 쌍을 이룬 점으로 나타낸 것이다.

```
                    ┌─ 비공유 전자쌍(고립 전자쌍)
        : O :
          ‖ ←── 이중 결합
   H ─ N ─ C ─ N ─ H
        H      H
 단일 결합     └─ 공유 전자쌍(결합 전자쌍)
```

　㉡ 옥텟 규칙

　　• 원자가 전자 : 최외각 전자껍질의 전자

주기＼족	1	2	13	14	15	16	17	18
1	+1 H			전자, 원자핵				+2 He
2	+3 Li	+4 Be	+5 B	+6 C	+7 N	+8 O	+9 F	+10 Ne
3	+11 Na	+12 Mg	+13 Al	+14 Si	+15 P	+16 S	+17 Cl	+18 Ar

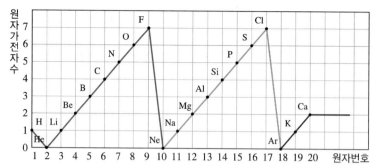

- 옥텟 규칙 : 원자가 전자가 전자껍질에 8개의 전자 배치를 하는 것이 가장 안정하다. 단, 첫 번째 전자껍질은 2개를 채우는 것이 가장 안정하다(듀엣 규칙).

ⓒ 형식 전하

$$\text{형식 전하} = \text{원자가 전자 수} - \text{비공유 전자 수} - \frac{1}{2} \times (\text{공유 전자 수})$$

- 모든 원자가 동일한 전기 음성도를 가진다고 가정하고 그 분자 내 원자가 각각 가지는 전하
- 결합 전자를 각각 양쪽 원자에 반으로 나누어 골고루 배치한 전하

구 분	형식 전하 : −1	형식 전하 : 0	형식 전하 : +1
C	$-\overset{..}{\underset{\vert}{C}}\ominus$ $-\underset{..}{C}=$ $:C\equiv$	$-\overset{\vert}{\underset{\vert}{C}}-$ $\diagdown C=$ $-C\equiv$ $=C=$	$-\overset{\vert}{\underset{\vert}{C}}\oplus$ $-\underset{}{C}=\oplus$
N	$-\underset{..}{N}\ominus$ $:N=\ominus$	$-\overset{..}{\underset{\vert}{N}}-$ $\diagdown \underset{}{N}=$ $:N\equiv$	$-\overset{\vert}{\underset{\vert}{N}}\oplus$ $-N\equiv\oplus$ $\diagdown \underset{}{N}=\oplus$
O	$:\overset{..}{\underset{..}{O}}\ominus$	$-\overset{..}{\underset{..}{O}}-$ $\overset{..}{\underset{..}{O}}=$	$-\overset{..}{\underset{\vert}{O}}\oplus$ $\oplus\overset{..}{O}=$ $:\overset{}{O}\equiv\oplus$
할로젠	$:\overset{..}{\underset{..}{X}}:\ominus$	$:\overset{..}{\underset{..}{X}}-$	$-\overset{..}{\underset{..}{X}}\oplus$

• 0에 가까운 형식 전하를 가지는 원자들이 많도록 결합을 만든다.

	$\overset{..}{O}=C=\overset{..}{O}$			⇦	$:\overset{..}{O}-C\equiv O:$		
원자가 전자 수	6	4	6		6	4	6
(비공유 전자 수) $-\dfrac{1}{2}\times$ (공유 전자 수)	6	4	6		7	4	5
형식 전하	0	0	0	⇦	−1	0	+1

• 음의 형식 전하가 생길 때는 전기 음성도가 큰 원자에 위치하도록 결합을 만든다.

	$[\overset{..}{N}=C=\overset{..}{O}]^-$			⇨	$[:N\equiv C-\overset{..}{O}:]^-$		
원자가 전자 수	5	4	6		5	4	6
(비공유 전자 수) $-\dfrac{1}{2}\times$ (공유 전자 수)	6	4	6		5	4	7
형식 전하	−1	0	0	⇨	0	0	−1

> **참고** 산화수
> 결합 전자를 전기 음성도가 조금이라도 큰 원자에 몰아 모두 배치한 전하

② 루이스 구조 그리기

㉠ 가장 타당한 루이스 구조 그리기

> 1. 전기 음성도가 가장 작은 원자를 중심 원자로 둔다(단, H 제외).
> 2. 말단의 원자는 옥텟 규칙을 만족하면서 형식 전하가 0이 되도록 결합한다.
> 3. 중심 원자에 남은 비공유 전자를 표시한다.
> 4. 중심 원자가 3주기 이상이면 마무리하고 중심 원자가 2주기 원자이면 옥텟 규칙을 초과한 다중 결합을 1개씩 풀어 말단 원자의 비공유 전자쌍으로 옮겨준다.
> 5. 중심 원자의 (−) 형식 전하를 전기 음성도가 큰 말단 원자로 옮길 수 있으면 다중 결합늘 풀어 말단 원자의 비공유 전자쌍으로 옮긴다.

㉡ 루이스 구조 그리기 연습

• NF_3

1	F F N F	N의 전기 음성도가 작으므로 중심원자로 둔다.
2	$:\overset{..}{F}:$ | $:\overset{..}{F}-\overset{..}{N}-\overset{..}{F}:$	말단의 F는 옥텟 규칙을 만족하게 결합시킨다.
3	$:\overset{..}{F}:$ | $:\overset{..}{F}-\overset{..}{N}-\overset{..}{F}:$	중심 원자에 비공유 전자쌍을 표시한다. ⇨ 모든 조건을 만족하므로 가장 타당한 루이스 구조이다.

• N_2O

1	O N N	전기 음성도가 작은 N을 중심 원자로 둔다.
2	$:\ddot{O}=N\equiv N:$	말단 원자들을 형식 전하가 0이 되도록 결합을 연결한다.
3	$:\ddot{O}=N\equiv N:$	중심 원자 N의 전자가 원자가 전자 수인 5개인지 확인한다.
4	$^-:\ddot{\ddot{O}}-\overset{+}{N}\equiv N:$ or $:\ddot{O}=\overset{+}{N}=\ddot{N}:^-$	중심 원자가 2주기인데 옥텟을 초과하였으므로 다중 결합을 풀어 준다. → 2가지 경우의 수가 나온다.
5	$^-:\ddot{\ddot{O}}-\overset{+}{N}\equiv N:$	그 중 전기 음성도가 더 큰 O의 형식 전하가 −1이 되는 경우가 더 적합한 루이스 구조이다.

ⓒ 공명 구조 그리기

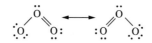

• 공명 구조는 가상적인 것일 뿐 실제는 각 공명 구조의 혼성체이다.
• 하나의 루이스 구조로 표현할 수 없을 때 '↔' 표시를 하여 2개 이상의 가능한 구조를 나타내는 방법이다.

③ 옥텟 규칙의 예외
ⓐ 홀전자를 가지는 경우

NO	NO_2
$\ddot{N}=\ddot{O}$	$:\ddot{O}-\dot{N}=\ddot{O}:$

• 원자가 전자의 총수가 홀수로 옥텟 규칙에 위배된다.
• 홀전자를 가진 분자를 라디칼이라고 한다. 라디칼은 다른 라디칼과 공유 결합을 형성할 수 있다.

예
$$\begin{array}{c} .\ddot{O} \quad\quad .\ddot{O} \\ \diagdown \quad\quad \diagup \\ N-N \\ \diagup \quad\quad \diagdown \\ :\ddot{O}: \quad\quad \ddot{O}: \end{array}$$

ⓑ 8개 이하 전자를 가지는 경우
• Be이나 B가 중심원자로 분자를 형성할 경우 옥텟 규칙을 만족하지 않고 형식 전하를 0이 되는 안정한 분자로 만든다.

예 $:\ddot{Cl}-Be-\ddot{Cl}:$ $\begin{array}{c} :\ddot{F}: \\ | \\ B \\ \diagup\diagdown \\ :\ddot{F} \quad \ddot{F}: \end{array}$

ⓒ 원자가 껍질이 확장된 경우
• 중심 원자가 3주기 이상일 경우 옥텟 규칙 이상의 결합을 할 수 있다.

예

$$H-\overset{..}{\underset{..}{O}}-\overset{\overset{\displaystyle :\overset{..}{O}:}{\|}}{\underset{\underset{\displaystyle H}{|}}{\underset{\displaystyle :\overset{..}{O}:}{\underset{|}{P}}}}-\overset{..}{\underset{..}{O}}-H \qquad :\overset{..}{\underset{..}{F}}-\overset{\overset{\displaystyle :\overset{..}{F}:}{|}}{\underset{\underset{\displaystyle :\overset{..}{F}:}{|}}{\overset{..}{Xe}}}-\overset{..}{\underset{..}{F}}:$$

실전 예제 03-01

다음은 세 가지 분자의 루이스 점 구조식을 나타낸 것이다.

$$\overset{..}{\underset{..}{O}}=\overset{..}{X}-\overset{..}{\underset{..}{O}}: \qquad \overset{..}{\underset{..}{O}}=\overset{.}{Y}-\overset{..}{\underset{..}{O}}: \qquad \overset{..}{\underset{..}{O}}=Z=\overset{..}{\underset{..}{O}}$$

X~Z에 대한 설명으로 옳은 것은? (단, X~Z는 각각 C, N, O 중의 하나를 나타내는 임의의 원소 기호이다) | 2012년

① 전기음성도는 Y가 가장 크다.
② 원자 반지름은 X가 Z보다 크다.
③ 제1이온화 에너지는 X가 Y보다 크다.
④ 바닥상태에서 홀전자 수는 X와 Z가 동일하다.
⑤ 이원자 분자 XO, YO, ZO 중 결합차수는 YO가 가장 크다.

해설

모두 분자 상태이므로 한 분자에 속하는 원자의 형식 전하의 합은 0이 되어야 한다. 산소의 형식 전하를 알 수 있으므로 X, Y, Z의 형식 전하를 구할 수 있다.

구 분	$\overset{..}{\underset{..}{O}}=\overset{..}{X}-\overset{..}{\underset{..}{O}}:$			$\overset{..}{\underset{..}{O}}=\overset{.}{Y}-\overset{..}{\underset{..}{O}}:$			$\overset{..}{\underset{..}{O}}=Z=\overset{..}{\underset{..}{O}}$		
형식 전하	0	+1	−1	0	+1	−1	0	0	0

X는 O, Y는 N, Z는 C임을 알 수 있다.

답 ④

(1) 분자의 입체 구조와 극성

① VSEPR 이론

⊙ 원자가 전자쌍은 서로 반발하므로 가장 멀리 배치하는 것이 안정한 기하 구조이다.

ⓒ 반발력 : 비공유 전자쌍 > 결합 전자쌍 > 홀전자

ⓒ 입체수(SN) : 비공유 전자쌍 수 + 결합 원자 수

입체수(SN)	5	5	6

② 입체수에 따른 분자의 구조

SN = 2	SN = 3	SN = 4	SN = 5	SN = 6
H—Be—H				

③ 비공유 전자쌍수에 따라 달라지는 입체 구조

SN	기하 구조	결합 원자수	비공유 전자쌍수	입체 구조	예
2	 선형	2	0	 180° 선형	$\overset{..}{\underset{..}{O}}=C=\overset{..}{\underset{..}{O}}$
3	 평면 삼각형	3	0	 120° 평면 삼각형	
		2	1	 120°보다 작다. 굽은형	$\left[\;\overset{..}{\underset{..}{O}}\overset{\overset{..}{N}}{}\overset{..}{\underset{..}{O}}\;\right]^{-}$
4	 사면체	4	0	 109.5° 사면체	
		3	1	 109.5°보다 작다. 삼각 피라미드	
		2	2	 109.5°보다 작다. 굽은형	
5	 삼각쌍뿔	5	0	 90° 반발력 ↑ → 전체 길이 ↑ 120° 삼각쌍뿔	PCl_6
		4	1	 90°보다 작다. 120°보다 작다. 시소형	SF_4

		3	2	T자형	CIF$_3$
		2	3	선형	XeF$_2$
6	팔면체	6	0	팔면체	SF$_6$
		5	1	사각 피라미드	BrF$_5$
		4	2	평면 사각형	XeF$_4$

(T자형: 90°보다 작다. / 선형: 180° / 사각 피라미드: 90°보다 작다.)

(2) 결합 이론

① VBT(원자가 결합 이론)

㉠ 결합의 종류

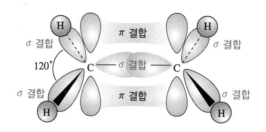

- $\sigma-$결합 : 핵과 핵 사이에 한 영역에서 겹치는 결합으로 모든 단일 공유 결합은 $\sigma-$결합이다.
- $\pi-$결합 : 두 원자를 잇는 위 아래 공간 두 영역에서 겹쳐 전자를 공유하는 결합이다.

구 분	단일 결합	이중 결합	삼중 결합
σ-결합	1	1	1
π-결합	0	1	2

ⓛ 혼성 오비탈

SN(입체수)	2	3	4	5	6
혼 성	sp	sp^2	sp^3	sp^3d	sp^3d^2

• sp^3

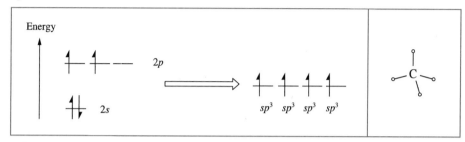

• sp^2

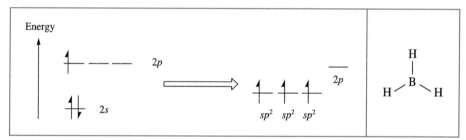

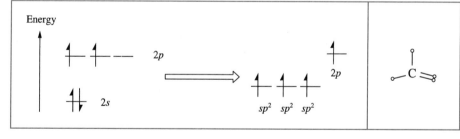

- *sp*

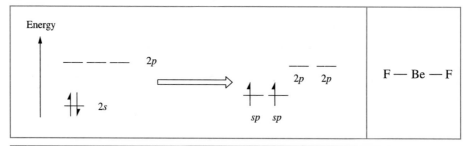

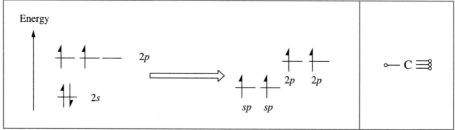

- sp^3d

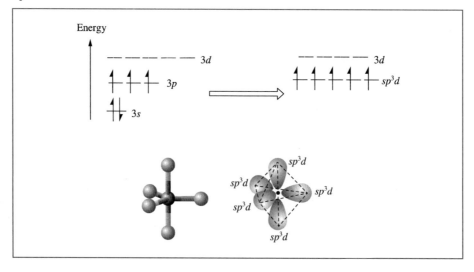

- sp^3d^2

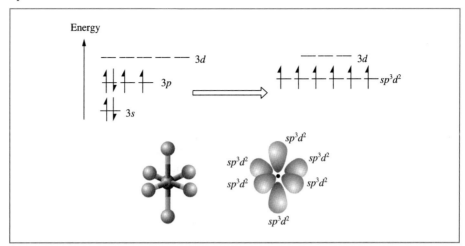

ㄷ) 성분 비교

구 분	s오비탈 성분비율	p오비탈 성분비율	d오비탈 성분비율
sp	$\dfrac{1}{2}$	$\dfrac{1}{2}$	–
sp^2	$\dfrac{1}{3}$	$\dfrac{2}{3}$	–
sp^3	$\dfrac{1}{4}$	$\dfrac{3}{4}$	–
sp^3d	$\dfrac{1}{5}$	$\dfrac{3}{5}$	$\dfrac{1}{5}$
sp^3d^2	$\dfrac{1}{6}$	$\dfrac{3}{6}$	$\dfrac{2}{6}$

② 분자 궤도 함수(MO, 분자 오비탈)

ㄱ) 분자 오비탈의 형성

보강 간섭 ⇨ 결합성 분자 궤도 함수	상쇄 간섭 ⇨ 반결합성 분자 궤도 함수
• 원자 오비탈보다 낮은 에너지 상태 　ㄴ 안전 • 결합 형성에 도움을 준다.	• 원자 오비탈보다 더 높은 에너지 상태 　⇨ 불안정 • 결합 형성을 방해한다.

• $s + s$

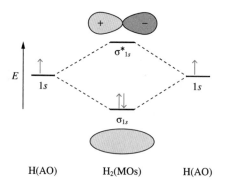

H(AO)　　　　H₂(MOs)　　　　H(AO)

• $p + p$

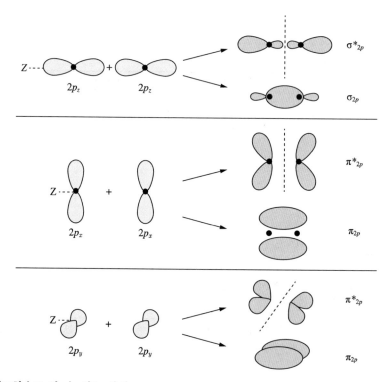

ⓛ 분자 궤도함수로 알 수 있는 사실

• 결합 차수 = $\left(\dfrac{결합\ 전자의\ 총합 - 반결합\ 전자의\ 총합}{2}\right)$

　결합 차수가 크면 결합 에너지가 커서 안정성이 크고 결합 세기가 강하며 결합 길이가 짧다.

• 자기적 성질 : 홀전자가 있으면 상자기성, 없으면 반자기성

• 이온화 에너지 비교 : 전자가 제거되는 오비탈의 에너지 준위가 낮을수록 이온화 에너지가 크다.

• 전자 친화도 비교 : 전자가 첨가되는 오비탈의 에너지 준위가 낮을수록 전자 친화도가 크다.

ⓒ 2주기 동핵 이원자 분자

　예 B_2 ⇨ 상자기성, 결합 차수 1차

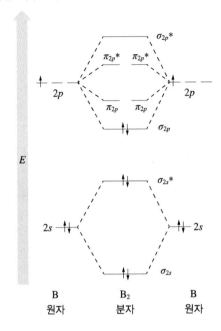

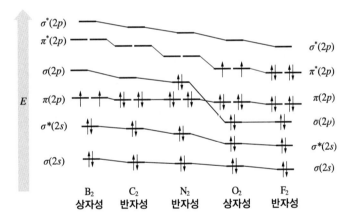

ㄹ 이핵 이원자 분자

- NO
  - 결합 차수 : 2.5차
  - 상자기성
  - 이온화 에너지 : N > NO, O > NO

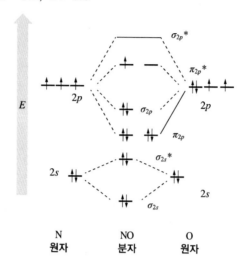

N
원자

NO
분자

O
원자

- HF
  - 결합 차수 : 1차
  - 상자기성
  - 이온화 에너지 : HF > H, F > H

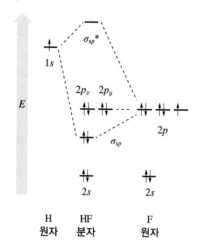

H
원자

HF
분자

F
원자

04 | 기체와 고체

01 기 체

(1) 이상 기체 상태론

① 기체 상태의 기초 개념

㉠ 여러 가지 변수들

- 몰수 : $n(\mathrm{mol}) = \dfrac{w}{M}$
- 온도(T) : K
- 부피(V) : L
- 압력(P) : atm or 기압(1atm = 760mmHg = 1기압)

㉡ 기체 관련 법칙들

- 보일 법칙
  - 일정한 온도와 몰수에서 기체의 부피는 압력에 반비례한다.
  - $P_1 V_1 = P_2 V_2$
- 샤를 법칙
  - 일정 압력 : 기체의 부피는 온도에 비례한다.

    $\dfrac{V_1}{T_1} = \dfrac{V_2}{T_2}$

  - 일정 부피 : 기체의 압력은 온도에 비례한다.

    $\dfrac{P_1}{T_1} = \dfrac{P_2}{T_2}$

- 아보가드로 법칙
  - 일정한 온도와 압력에서 기체의 부피는 기체 몰수에 비례한다.
  - 0℃ 1atm 조건(STP)에서 모든 기체 1몰의 부피는 22.4L이다.

② 이상 기체 상태론

㉠ 이상 기체 상태 방정식

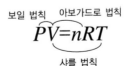

보일 법칙   아보가드로 법칙

$$PV = nRT$$

샤를 법칙

기체 상수 R : $R = 0.082\,\mathrm{atm} \cdot \mathrm{L/K} \cdot \mathrm{mol}$

- 이상 기체 상태 방정식은 모든 기체에서 성립한다.
- P, V, n, T 로 표현한다.

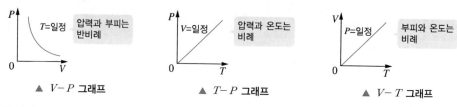

▲ $V-P$ **그래프**   ▲ $T-P$ **그래프**   ▲ $V-T$ **그래프**

ⓒ 돌턴의 부분 압력 법칙 : 두 가지 이상의 기체가 혼합되어 있을 때

$$P_{total} = P_1 + P_2 + P_3 \cdots$$

- 기체가 혼합되어 있어도 서로 상호 작용을 하지는 않는다.
- 혼합 기체는 모두 부피와 온도가 동일하다.
- $P_1 = \dfrac{n_1 RT}{V} = x_1 \cdot P_{total}$ $x_1(몰분율) = \dfrac{n_1}{n_{total}} = \dfrac{P_1}{P_{total}}$

ⓒ 이상 기체에서만 사용할 수 있는 변형 공식

- 몰수$(n) = \dfrac{w}{M} = \dfrac{PV}{RT}$ · 밀도$(\rho) = \dfrac{w}{V} = \dfrac{PM}{RT}$ · 몰농도$(M) = \dfrac{n}{V} = \dfrac{P}{RT}$

③ **기체의 화학량론**

- 계수비 = 반응의 몰수비
  - 온도가 일정할 때 : 계수비 = 반응의 몰수비 $\propto PV$
  - 온도와 부피가 모두 일정할 때 : 계수비 = 반응의 몰수비 $\propto P$
- 혼합 기체의 양론 계산

$$n = \dfrac{PV}{RT}, \; P = \dfrac{nRT}{V}, \; V = \dfrac{nRT}{P}$$

주어진 조건의 자료를 이용하여 각 기체의 몰수를 구함

→ 변화 후 각 기체들의 몰수를 구함

→ 기체의 부피와 압력을 계산함

예 그림과 같이 피스톤 1과 2로 분리된 용기에 He, Ne, Ar 기체가 있다. 고정장치 1과 피스톤 2를 제거하였다(단, 이상 기체).

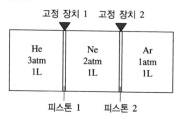

※ He의 부피

n의 비 = He : Ne : Ar = 3 : 2 : 1

고정 장치 1, 피스톤 2를 제거하게 되면 모든 기체의 온도와 압력이 동일해지므로 부피는 몰수에 비례한다. 따라서 V의 비는 He : Ne : Ar = 3 : 2 : 1이다. 따라서 He의 부피는 1.5L이다.

※ Ne의 분압

Ne과 Ar의 혼합 기체가 차지하는 부피는 1.5L이며 전체 압력은 2atm이다. Ne과 Ar의 몰수비가 2 : 1이므로 차지하는 Ne의 분압은 $2\text{atm} \times \dfrac{2}{3} = \dfrac{4}{3}\text{atm}$ 이다.

실전 예제 **04-01**

이상 기체 A와 B는 다음과 같은 반응을 한계 반응물이 모두 소모될 때까지 진행한다.

$$A(g) + 2B(g) \rightarrow 2C(g)$$

다음과 같은 4L의 강철 용기에서 반응이 일어났다면 반응 후 C의 분압은?

A (0.5기압)

B (0.5기압)

4L

해설

V와 T가 일정하므로 $n \propto P$이다. 따라서 n 대신 P의 비율로 계산해도 된다.

	A	+	2B	→	2C
초기 P	0.5		0.5		
반응 P	−0.25		−0.5		+0.5
완결 P	0.25		0		0.5

∴ C의 분압 = 0.5atm

이상 기체 A와 B는 다음과 같은 반응을 한계 반응물이 모두 소모될 때까지 진행한다.

$$A(g) + 2B(g) \rightarrow 2C(g)$$

다음과 같은 압력이 1기압으로 일정하게 유지되는 용기에서 반응이 일어났다면 반응 후 C의 분압은?

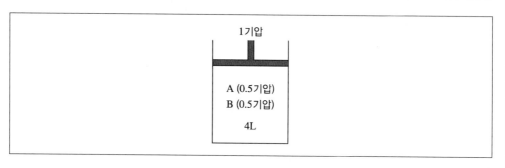

1기압

A (0.5기압)
B (0.5기압)

4L

해설

T가 일정하므로 $n \propto PV$이다. 따라서 n 대신 PV의 비율로 계산해도 된다.

	A	+	2B	→	2C
초기 PV	2		2		
반응 PV	-1		-2		+2
완결 PV	1		0		+2

∴ C 기체의 몰분율은 $x_c = \dfrac{2}{3}$ 이다. 따라서 C의 분압 $= 1\text{atm} \times \dfrac{2}{3} = \dfrac{2}{3}\text{atm}$ 이다.

(2) 기체 분자 운동론

① 이상 기체의 가정

ㄱ 기체 분자의 부피는 무시한다(분자 자체의 부피를 0으로 생각한다).

ㄴ 기체 분자 사이의 상호 작용은 없다(인력과 반발력을 무시한다).

ㄷ 기체는 연속적인 무질서한 방향으로 끊임없이 움직인다.

ㄹ 기체 분자들은 온도에만 의존하여 평균 운동에너지를 계산할 수 있다.

② 평균 운동에너지와 평균 제곱근 속력

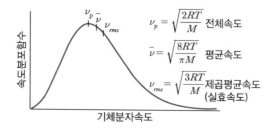

$\nu_p = \sqrt{\dfrac{2RT}{M}}$ 전체속도

$\bar{\nu} = \sqrt{\dfrac{8RT}{\pi M}}$ 평균속도

$\nu_{rms} = \sqrt{\dfrac{3RT}{M}}$ 제곱평균속도 (실효속도)

㉠ 평균 운동에너지(1몰당) $= \dfrac{3}{2}RT \Rightarrow$ 평균 운동에너지 $\propto T$

㉡ 평균 제곱근 속력(V_{rms}) $= \sqrt{\dfrac{3RT}{M}} \Rightarrow (V_{rms}) \propto \sqrt{\dfrac{T}{M}}$

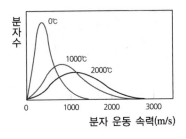

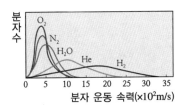

③ 확산과 분출

㉠ 확 산

같은 온도와 압력에서 두 기체의 확산 속도는 분자량의 제곱근에 반비례한다.

$$\dfrac{v_a}{v_b} = \sqrt{\dfrac{M_b}{M_a}}$$

㉡ 분 출

• 분출 속력 : 단위 시간당 분출되는 입자의 양

− 분출 속력 $\propto$ 단위 시간당 충돌 빈도 × 구멍의 면적

− 단위 면적당 충돌 빈도 $\propto \sqrt{\dfrac{T}{M}} \times \dfrac{n}{V}$

− 분출 속력 $\propto \sqrt{\dfrac{T}{M}} \times \dfrac{n}{V} \times$ 구멍의 면적

• 분출 속도는 벽면에 대한 충돌 빈도와 비례관계이다.

$$\dfrac{v_a}{v_b} = \dfrac{N_a}{N_b} \sqrt{\dfrac{M_b}{M_a}}$$

(3) 실제 기체

① 압축 인자(Z)

㉠ 실제 기체 : 실제 기체는 기체 분자의 자체 부피를 가지고 반발력이 있으며 기체 분자 사이의 상호 작용을 한다. 따라서 온도가 높고 압력이 낮을수록 실제 기체는 이상 기체와 비슷한 거동을 보인다.

㉡ 압축 인자

압축 인자 $Z = \dfrac{PV}{nRT} = \dfrac{V_{실제}}{V_{이상}} = \dfrac{P_{실제}}{P_{이상}}$

(압축 인자(Z)가 1일 경우 이상 기체와 같은 거동을 한다)

• 압력에 따른 압축 인자

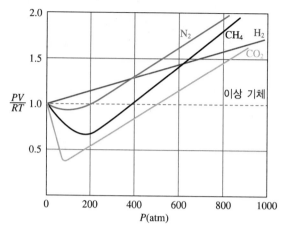

- 저압 : $Z < 1$ ⇨ 인력이 크다.
- 고압 : $Z > 1$ ⇨ 기체 자체의 부피가 크다.
- $P \rightarrow 0$: $Z ≒ 1$ ⇨ 인력, 기체 자체의 부피를 무시한다.

• 온도에 따른 압축 인자(예 N_2)

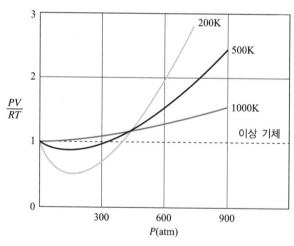

- 온도가 높을수록 이상 기체에 가깝다.
- 온도가 높아질수록 인력에 의한 영향이 줄어들게 된다.

ⓒ 반 데르 발스 기체 방정식

$$(P + \text{인력보정})(V - \text{부피보정}) = nRT$$

$$\left(P + a\frac{n^2}{V^2}\right)(V - nb) = nRT$$

• $Z < 1$: a 값이 크다.
• $Z > 1$: b 값이 크다.

(4) 분자 간 힘

① 분자 간 힘과 물질의 물리적 성질

ⓐ 분자 간의 힘이 클수록 끓는점, 증발열, 점성도, 표면 장력이 증가한다.

ⓑ 분자 간의 힘이 작을수록 증기압, 휘발성은 증가한다.

② 분자 간의 힘의 종류

ⓐ 쌍극자 – 쌍극자 힘

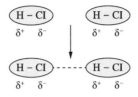

- 쌍극자 모멘트($\mu \neq 0$)를 가지는 극성 분자 사이에서 존재하는 힘
- 영구 쌍극자와 영구 쌍극자 사이에 작용하는 힘
- 일반적으로 쌍극자 모멘트 값이 클수록 쌍극자 – 쌍극자 힘이 큼

ⓑ 분산력

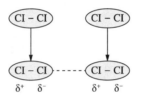

- 원자나 이온의 전하 분포가 한쪽으로 몰려지는 편극현상에 의해 생기는 힘
- 모든 분자, 이온, 원자에 존재하는 힘
- 유발 쌍극자와 유발 쌍극자 사이에 작용하는 힘
- 분산력의 크기 : 전자의 개수가 많을수록(분자량이 클수록), 접촉 면적이 넓을수록 분산력이 커진다.

ⓒ 수소 결합

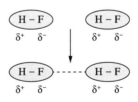

- 수소 결합은 F, O, N에 결합된 수소와 F, O, N이 가지고 있는 비공유 전자쌍 사이의 힘을 뜻한다.
- 전기 음성도가 큰 F, O, N와 결합된 수소가 있는 극성 분자는 쌍극자 – 쌍극자 힘이 굉장히 강하다.
- 수소 결합을 할수록 끓는점이 높다.

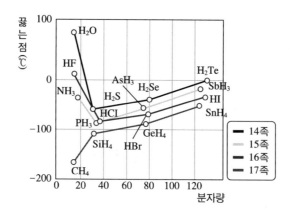

02 고 체

(1) 고체의 분류

구 분	구 성	힘	성 질	예
이온성	양이온 + 음이온	이온 결합	녹는점 높음	NaCl
분자성	분 자	분자 간 힘	녹는점 낮음	H_2O
그물형	비금속 원자	공유 결합	녹는점 높음	다이아몬드, 흑연
금 속	금속 원자	공유 결합	전기 전도도	Fe

① C동소체 중 다이아몬드는 sp^3혼성이고 나머지는 sp^2혼성이다.

② 금속은 액체 상태에서 전기 전도성이 있고 이온성 고체는 액체 상태와 수용액 상태에서 전기 전도
성이 있다.

(2) 금속성 고체

① 입방 결정 단위 세포

ㄱ 단순 입방

ㄴ 체심 입방

ⓒ 면심 입방

구 분	단순 입방	체심 입방	면심 입방
단위 세포 내 입자 수	1	2	4
배위수(가장 가까운 입자 수)	6	8	12
두 번째로 가까운 입자 수	12	6	6
a와 r의 관계	$a = 2r$	$\sqrt{3}\,a = 4r$	$\sqrt{2}\,a = 4r$
채우기 비율(공간 점유율)	$\dfrac{\pi}{6} = 0.52$	$\dfrac{\sqrt{3}\pi}{8} = 0.68$	$\dfrac{\sqrt{2}\pi}{6} = 0.74$
밀 도	$\dfrac{(\frac{M}{N_A}) \times 1}{a^3}$ N_A : 아보가드로수	$\dfrac{(\frac{M}{N_A}) \times 2}{a^3}$	$\dfrac{(\frac{M}{N_A}) \times 4}{a^3}$

② 최조밀 쌓임(밀집 구조)

구 분	육방 밀집 구조(hcp)	면심 입방 구조(fcc)
배위수	12	12
채우기 비율(공간 점유율)	$\dfrac{\sqrt{2}}{6}\pi = 0.74$	$\dfrac{\sqrt{2}}{6}\pi = 0.74$
단위 세포 내 입자	2	4
단위 세포 내 사면체 구멍	4	8
단위 세포 내 팔면체 구멍	2	4
쌓임 방식	abab⋯	abcabc⋯

ⓐ 채우기 비율이 74%로 같다.

ⓑ 배위수가 12개로 같다.

③ 틈새 자리

사면체 구멍	사면체 구멍		팔면체 구멍	팔면체 구멍	

(3) 이온성 고체

① CsCl형 이온성 고체

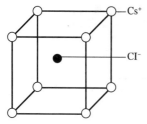

구 분	Cs⁺	Cl⁻
배 열	단순 입방	단순 입방
틈새 자리	단순 입방 틈새 자리	단순 입방 틈새 자리
단위 세포당 이온 수	1	1
최인접 이온 수	8	8

② NaCl형 이온성 고체

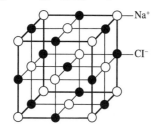

구 분	Na⁺	Cl⁻
배 열	면심 입방	면심 입방
틈새 자리	팔면체 틈새 자리	팔면체 틈새 자리
단위 세포당 이온 수	4	4
최인접 이온 수	6	6

③ ZnS형 이온성 고체

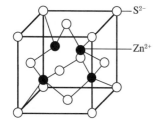

구 분	Zn²⁺	S²⁻
배 열	면심 입방	면심 입방
틈새 자리	사면체 틈새 자리	사면체 틈새 자리
단위 세포당 이온 수	4	4
최인접 이온 수	4	4

④ CaF₂형 이온성 고체

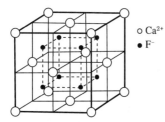

구 분	Ca²⁺	F⁻
배 열	면심 입방	단순 입방
틈새 자리	단순 입방 틈새 자리	사면체 틈새 자리
단위 세포당 이온 수	4	8
최인접 이온 수	8	4

구 분	CsCl형	NaCl형	ZnS형	CaF₂형
단위 세포 내 화학식 단위의 수	1	4	4	4
양이온의 배위수	8	6	4	8
음이온의 배위수	8	6	4	4
구 조	단순입방 구조 + 단순 입방 구조	면심 입방 구조 + 면심 입방 구조	면심 입방 구조 + 면심 입방 구조	면심 입방 구조 + 단순 입방 구조
	입방체 구멍	팔면체 구멍 → 4개 중 4개 채움	사면체 구멍 → 8개 중 4개 채움	사면체 구멍 → 8개 중 8개 채움

CHAPTER

05 | 열역학

01 열역학 법칙

(1) 열역학의 기초

① 에너지

㉠ 에너지 : 일을 하거나 열을 발생하는 능력

㉡ 에너지 보존 법칙 : 에너지는 다른 형태로 바뀔 수는 있으나 생성 or 소멸은 안 됨

㉢ 퍼텐셜 에너지(E_p) : 위치 또는 조성 변화에 따른 에너지

㉣ 운동에너지(E_k) : 운동하는 물체가 가지는 에너지

㉤ 내부 에너지(E) : 퍼텐셜 에너지(E_p) + 운동에너지(E_k)

⇨ 이상 기체는 퍼텐셜 에너지가 0이다.

② 열 : 두 물체 사이의 온도 차이에 의한 에너지의 전달

③ 일 : 힘 × 힘이 작용하는 방향으로 이동한 거리

④ 상태 함수 vs 경로 함수

㉠ 상태 함수 : 경로에 무관한 함수

예 압력, 온도, 내부 에너지, 엔탈피 등

㉡ 경로 함수 : 경로에 의존하여 값이 달라지는 함수

예 일, 열

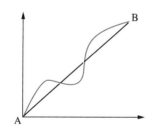

• 상태 함수 : A상태에서 B상태로 갈 때 에너지 변화는?

• 경로 함수 : A에서 B로 가는 과정에 변화하는 값은 얼마인가?

⑤ 크기 성질과 세기 성질

㉠ 크기 성질 : 물질의 양에 의존

예 질량, 부피, E, H, S, G 등

㉡ 세기 성질 : 물질의 양과 무관

예 온도, 밀도, 농도, ε° 등

참고

앞으로 반응식을 n배 할 경우에 $\triangle E$, $\triangle H$, $\triangle S$, $\triangle G$는 n배가 되고, $\triangle \varepsilon^\circ$는 그대로이다.

⑥ 계와 주위

　　㉠ 계 : 관심을 가지는 대상 ⇨ 화학 반응에서 반응물과 생성물

　　㉡ 주위 : 계를 제외한 나머지 모든 부분

　　㉢ 우주 : 계 + 주위

구 분	열린계	닫힌계	고립계
물질 출입	○	×	×
에너지 출입	○	○	×

⑦ + 부호와 − 부호

　　㉠ + : 흐름의 방향이 주위 → 계인 반응

　　㉡ − : 흐름의 방향이 계 → 주위인 반응

⑧ 가역 과정과 비가역 과정

　　㉠ 가역 과정 : 중간 단계들이 모두 평형을 유지하면서 진행되는 이상적인 과정으로 아주 작은 변화를 통해서 진행 방향을 바꿀 수 있는 과정

　　㉡ 비가역 과정 : 가역 과정이 아닌 과정 → 급격한 변화가 생기는 과정

참고

가역 반응, 비가역 반응과 가역 과정, 비가역 과정은 절대 같은 의미가 아님

(2) 열역학 법칙

① 열역학 제1법칙

　　㉠ 열역학 제1법칙

　　　• 우주의 내부 에너지는 일정하다.

　　　• 에너지는 다른 형태로 바뀔 수 있다.

　　　• 에너지는 새로 생성되거나 소멸되지 않는다.

$$\triangle E = q + w$$

　　　• 계의 내부 에너지가 변했다면 일이나 열이 들어오거나 나간 것이다.

　　㉡ 열(q)

+	계(이상 기체)가 열을 흡수함 → 흡열
−	계(이상 기체)가 열을 방출함 → 발열

　　㉢ 일(w) → 경로 함수

+	계(이상 기체)가 일을 받음 → 압축
−	계(이상 기체)가 일을 함 → 팽창

② 열역학 제2법칙

　㉠ 열역학 제2법칙

　　• 자발적 과정이란 어떤 과정이 외부 간섭 없이 스스로 일어나는 과정을 의미한다.

　　• 자발적 과정에서 우주의 엔트로피는 항상 증가한다.

$$\triangle S_{우주} = \triangle S_{계} + \triangle S_{주위} > 0$$

　㉡ 엔트로피(무질서도)

　　• 크기 성질, 상태 함수, 단위 : J/K

　　• 자발성 예측 : 반응물(A) → 생성물(B)

　　　－ $\triangle S_{우주} > 0$: A → B 과정은 자발적, 비가역 과정

　　　－ $\triangle S_{우주} = 0$: A ⇌ B 과정은 평형 상태, 가역 과정

　　　－ $\triangle S_{우주} < 0$: A → B 과정은 비자발적

　　　※ B → A 과정은 자발적, 비가역 과정

③ 열역학 제3법칙

　㉠ 열역학 제3법칙

　　• 엔트로피 변화는 절대 영도에 접근함에 따라 0에 가까워진다.

　　• $T → 0K$일 때, $S → 0$

　㉡ 표준 몰 엔트로피, 표준 반응 엔트로피

　　• 표준 몰 엔트로피 : $S_m^\circ(T) = S(0K) + \int_0^T \frac{1}{T} dq$

　　• 표준 반응 엔트로피 : $\triangle S^\circ = \sum v S_m^\circ(생성물) - \sum v S_m^\circ(반응물)$

02　열역학 함수

(1) 내부 에너지(E, U)

① 내부 에너지

　㉠ 계의 구성 성분들의 모든 포텐셜 에너지 + 운동에너지

　㉡ 단위 : J

$$\triangle E = q + w$$

② 내부 에너지의 특징

　㉠ 크기 함수 → 물질의 양에 의존

　㉡ 부호는 변화의 방향을 의미

　㉢ 상태 함수

　㉣ 일정 부피 조건 : $\triangle E = q$

(2) 엔탈피(H)

① 엔탈피

ⓐ 내부 에너지에 PV를 결합시킨 에너지

ⓑ 단위 : J

$$H = E + PV$$

② 엔탈피의 특징

ⓐ 크기 함수 → 물질의 양에 의존

ⓑ 상태 함수

ⓒ 일정 압력 조건 : $\triangle H = q$

(3) 일(w)

$$w = -\int_{V_1}^{V_2} P_{외부} dV$$

+	계(이상 기체)가 일을 받음 → 압축
−	계(이상 기체)가 일을 함 → 팽창

(4) 열(q)

① 열

$$q = n \cdot C \cdot \triangle T$$

ⓐ 일정 압력 조건에서의 열 : $\triangle H$

$$q_p = nC_p \triangle T$$

ⓑ 일정 부피 조건에서의 열 : $\triangle E$

$$q_v = nC_v \triangle T$$

② 이상 기체 몰열용량(C) : 1몰의 시료를 1K 올릴 때 필요한 열

구 분	단원자	선 형	비선형
C_v	$\frac{3}{2}R$	$\frac{5}{2}R$	$\frac{6}{2}R$
C_p	$\frac{5}{2}R$	$\frac{7}{2}R$	$\frac{8}{2}R$

ⓐ C_v(정적 몰비열) : 부피가 일정할 때 1몰의 물질의 온도를 1K 올릴 때 필요한 열량

ⓑ C_p(정압 몰비열) : 압력이 일정할 때 1몰의 물질의 온도를 1K 올릴 때 필요한 열량

$$C_p = C_v + R$$

(5) 엔트로피(S)

   ① 엔트로피 : 무질서도, 단위 : J/K

   ② 엔트로피 변화($\triangle S$)

$$\triangle S = nR\ln\frac{V_2}{V_1} + nC_v\ln\frac{T_2}{T_1}\,(\text{항상 성립})$$

우주의 엔트로피 변화($\triangle S_{우주}$)	$\triangle S_{우주} = \triangle S_{계} + \triangle S_{주위}$
계의 엔트로피 변화($\triangle S_{계} = \triangle S$)	$\triangle S = \dfrac{q_{가역}}{T}$, $\triangle S = \displaystyle\int_{T_1}^{T_2}\frac{1}{T}dq$
주위의 엔트로피 변화($\triangle S_{주위}$)	$\triangle S_{주위} = -\dfrac{q_{계}}{T}$

   ③ 엔트로피의 특징

      ㉠ 고체 < 액체 ≪ 기체

        • 증가 예시

          – 고체 → 액체 → 기체

          – 순수한 액체나 고체가 용매에 녹을 때

          – 물질의 가열

        • 감소 예시 : 기체가 액체에 녹을 때

(6) 깁스 에너지(G)

   ① 깁스 에너지 : $\triangle H$와 $\triangle S$를 분리하지 않고 계에서 반응이 자발성인지 비자발성인지 예측하기 위한 함수이다.

$$G = H - TS$$
$$\triangle G = \triangle H - T\triangle S$$

   ② 자발성 예측 : 주어진 온도와 압력(농도)에서 구한 $\triangle G$의 부호로 자발성을 예측할 수 있다.

$\triangle G < 0$	정반응이 자발적임
$\triangle G = 0$	평 형
$\triangle G > 0$	역반응이 자발적임 → 정반응은 비자발적임

   ③ 최대 할 수 있는 일 확인

      ㉠ 일정한 온도와 압력에서의 깁스 에너지 변화량은 비팽창 최대 할 수 있는 일과 같다.

$$\text{비팽창 최대일} = w_{\max} = \triangle G = \triangle H - T\triangle S$$

④ 깁스 에너지 예

㉠ 300K, 일정한 압력

$$A(g) + B(g) \rightarrow 2C(g) \qquad \triangle H = -100\text{kJ}, \ \triangle S = -200\text{J/K}$$
$$\rightarrow \triangle G = -40\text{kJ}$$

[알 수 있는 것]
• 음수이므로 정반응이 자발적
• 주위로 행하는 최대 일은 40kJ

㉡ 300K, 일정한 압력

$$A(g) + B(g) \rightarrow 2C(g) \qquad \triangle H = 50\text{kJ}, \ \triangle S = -100\text{J/K}$$
$$\rightarrow \triangle G = 80\text{kJ}$$

[알 수 있는 것]
• 양수이므로 정반응은 비자발적, 역반응은 자발적
• 주위로부터 80kJ보다 큰 에너지를 공급받아야 정반응을 일으킴

㉢ 300K, 일정한 압력

$$A(g) + B(g) \rightarrow 2C(g) \qquad \triangle H = -30\text{kJ}, \ \triangle S = -100\text{J/K}$$
$$\rightarrow \triangle G = 0\text{kJ}$$

[알 수 있는 것]
• 0이므로 평형 상태 → 겉보기로는 반응 종결
• 주위로 행하는 일이 없음

03 이상 기체 열역학

(1) 이상 기체 열역학 기본

① 내부 에너지는 운동에너지만 고려

→ 이상 기체는 분자 간에 힘이 없으므로 위치에너지가 없다.

② C_v와 C_p

구 분	단원자	선 형	비선형
C_v	$\dfrac{3}{2}R$	$\dfrac{5}{2}R$	$\dfrac{6}{2}R$
C_p	$\dfrac{5}{2}R$	$\dfrac{7}{2}R$	$\dfrac{8}{2}R$

③ $PV = nRT$

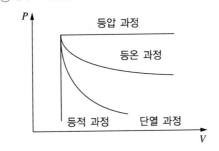

등압 과정 : $V \propto T$

등적 과정 : $P \propto T$

등온 과정 : $P \propto \dfrac{1}{V}$

단열 과정 : $P, V, T \to$ 다 변함

(2) 다양한 상태의 열역학

구 분	$\triangle E$	$\triangle H$	w	q	$\triangle S$
등압 과정	$nC_v \triangle T$	$nC_p \triangle T$	$-nR\triangle T$	$\triangle H$	$nC_p \ln \dfrac{T_2}{T_1}$
등적 과정	$nC_v \triangle T$	$nC_p \triangle T$	0	$\triangle E$	$nC_v \ln \dfrac{T_2}{T_1}$
등온 가역	0	0	$-nRT\ln \dfrac{V_2}{V_1}$	$nRT\ln \dfrac{V_2}{V_1}$	$nR\ln \dfrac{V_2}{V_1}$
등온 비가역	0	0	$-P_{외부}\triangle V$	$P_{외부}\triangle V$	$nR\ln \dfrac{V_2}{V_1}$
단열 과정	$nC_v \triangle T$	$nC_p \triangle T$	$nC_v \triangle T$	0	0
기체 혼합	0	0	0	0	$nR\ln \dfrac{V_2}{V_1}$

① 등압 과정

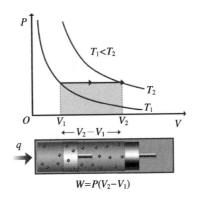

$W = P(V_2 - V_1)$

㉠ $\triangle E = nC_v \triangle T$

㉡ $\triangle H = nC_p \triangle T$

㉢ $w = \triangle E - q = \triangle E - \triangle H = nC_v \triangle T - nC_p \triangle T = -nR\triangle T = -P\triangle V$

㉣ $q = nC_p \triangle T = \triangle H$

㉤ $\triangle S = \displaystyle\int_{T_1}^{T_2} \dfrac{dq}{T} = \int_{T_1}^{T_2} \dfrac{nC_p}{T} dT = nC_p \ln \dfrac{T_2}{T_1}$

예 1atm, 1몰의 He 기체

처음 상태 : 300K, 24.6L → 나중 상태 : 600K, 49.2L

$\triangle E$	$nC_v \triangle T = 1 \cdot \dfrac{3}{2}R \cdot 300 = 450R$
$\triangle H$	$nC_p \triangle T = 1 \cdot \dfrac{5}{2}R \cdot 300 = 750R$
w	$w = -P\triangle V = -nR\triangle T = -1 \cdot R \cdot 300 = -300R$
q	$nC_p \triangle T = \triangle H = 750R$
$\triangle S$	$\triangle S = nC_p \ln \dfrac{T_2}{T_1} = \dfrac{5}{2}R\ln 2$

② 등적 과정

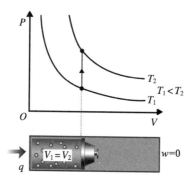

㉠ $\triangle E = nC_v \triangle T$

㉡ $\triangle H = nC_p \triangle T$

㉢ w

- 부피의 변화가 없다. → $\triangle V = 0$

- $w = -P\triangle V = 0$

㉣ $q = nC_v \triangle T = \triangle E$

㉤ $\triangle S = \displaystyle\int_{T_1}^{T_2} \dfrac{dq}{T} = \int_{T_1}^{T_2} \dfrac{nC_v}{T}dT = nC_v \ln \dfrac{T_2}{T_1}$

예 1몰의 He(g), 49.2L

처음 상태 : 600K, 1atm → 나중 상태 : 300K, 0.5atm

$\triangle E$	$nC_v \triangle T = \dfrac{3}{2}R \cdot (-300) = -450R$
$\triangle H$	$nC_p \triangle T = \dfrac{5}{2}R \cdot (-300) = -750R$
w	0
q	$nC_v \triangle T = \triangle E = -450R$
$\triangle S$	$\triangle S = nC_v \ln \dfrac{T_2}{T_1} = \dfrac{3}{2}R\ln \dfrac{1}{2} = -\dfrac{3}{2}R\ln 2$

③ 등온 과정(가역)

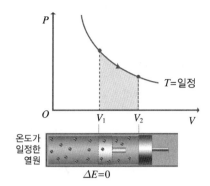

$\Delta E = 0$

외부 압력과 내부 기체 압력이 거의 비슷한 상태에서 팽창한다는 가상적인 과정이다. 또한 보일
법칙이 성립한다.

㉠ ΔE
- 기체의 화학적 변화나 상변화가 일어나지 않았으므로 $\Delta E = nC_v\Delta T$ 이다.
- $\Delta T = 0$ 이므로 내부 에너지는 변화가 없다.
- $\Delta E = nC_v\Delta T = 0$

㉡ ΔH
- $\Delta H = \Delta E + \Delta(PV) = nC_v\Delta T + nR\Delta T = n(C_v + R)\Delta T = nC_p\Delta T$
- $\Delta T = 0$ 이므로 엔탈피는 변화가 없다.
- $\Delta H = nC_p\Delta T = 0$

㉢ w
- $w = -nRT\ln\dfrac{V_2}{V_1}$

- 외부 압력과 기체 내부의 압력은 거의 비슷하므로 $P_{외부} \approx P_{기체} = \dfrac{nRT}{V}$ 로 생각한다.

- $w = -\displaystyle\int_{V_1}^{V_2} P_{외부}dV = -\int_{V_1}^{V_2}\dfrac{nRT}{V}dV = -nRT\int_{V_1}^{V_2}\dfrac{1}{V}dV = -nRT\ln\dfrac{V_2}{V_1}$

㉣ q
- $q = nRT\ln\dfrac{V_2}{V_1}$

- 열역학 제1법칙에 의하여 $\Delta E = w + q = 0$ 이므로 $q = -w$

㉤ ΔS
- $\Delta S = \dfrac{q_{가역}}{T} = nR\ln\dfrac{V_2}{V_1}$

ⓑ $\triangle G$

- $\triangle G = -nRT\ln\dfrac{V_2}{V_1}$

- $\triangle G = \triangle H - T\triangle S = 0 - TnR\ln\dfrac{V_2}{V_1} = -nRT\ln\dfrac{V_2}{V_1}$

예 300K, 1몰의 He(g), 처음부피 : 49.1L → 나중 부피 : 24.6L로 가역적 등온 과정

$\triangle E$	0
$\triangle H$	0
w	$w = -nRT\ln\dfrac{V_2}{V_1} = -nRT\ln\dfrac{1}{2} = 300R\ln 2$
q	$q = nRT\ln\dfrac{V_2}{V_1} = nRT\ln\dfrac{1}{2} = -300R\ln 2$
$\triangle S$	$\triangle S = \dfrac{q_{가역}}{T} = nR\ln\dfrac{V_2}{V_1} = 300\ln\dfrac{1}{2} = -300\ln 2$
$\triangle G$	$\triangle G = -nRT\ln\dfrac{V_2}{V_1} = -300R\ln\dfrac{1}{2} = 300R\ln 2 > 0$

④ 등온 비가역

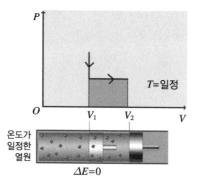

일정한 외부 압력에서 실린더 내 기체가 팽창한다. 대표적인 문제 유형으로는 추를 제거하거나 콕을 열어서 순간적으로 외부 압력과 기체 내부 압력을 같게 한 등온 팽창이 있다.

㉠ $\triangle E$

$\triangle E = nC_v\triangle T = 0$

㉡ $\triangle H$

$\triangle H = nC_p\triangle T = 0$

㉢ w

- 외부 압력이 일정하므로 $w = -\displaystyle\int_{V_1}^{V_2} P_{외부}\,dV = -P_{외부}\triangle V$

- 동일한 기체의 팽창에서 일은 비가역적 팽창이 가역적 팽창보다 작다.

ⓔ q

$$q_{\text{비가역}} = -w = P_{\text{외부}}\triangle V$$

ⓜ $\triangle S$

$$\triangle S = nR\ln\frac{V_2}{V_1}$$

ⓑ 우주의 엔트로피 변화($\triangle S_{\text{우주}}$)

- $\triangle S_{\text{계}} = \dfrac{q_{\text{가역}}}{T}$, $\triangle S_{\text{주위}} = -\dfrac{q_{\text{비가역}}}{T}$

- $\triangle S_{\text{우주}} = \triangle S_{\text{계}} + \triangle S_{\text{주위}} = \dfrac{q_{\text{가역}}}{T} + (-\dfrac{q_{\text{비가역}}}{T}) > 0$

- 기체의 팽창에서 가역적인 열이 비가역적인 열보다 항상 크므로 $\triangle S_{\text{우주}} > 0$이다. 따라서 비가역적 팽창은 자발적 과정이다.

ⓢ $\triangle G$

- $\triangle G = \triangle H - T\triangle S = 0 - nRT\ln\dfrac{V_2}{V_1}$

[예] 400K, 이상 기체가 들어있는 피스톤의 고정장치를 제거하여 팽창시켰다. 외부 대기압은 1atm으로 일정하다.

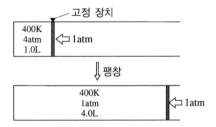

$\triangle E$	0
$\triangle H$	0
w	$-P_{\text{외부}}\triangle V = -1\text{atm} \times 3\text{L} = -3\text{atm} \cdot \text{L}$
q	$3\text{atm} \cdot \text{L}$
$\triangle S$	$nR\ln\dfrac{V_2}{V_1} = nR\ln 4 = 2nR\ln 2$
$\triangle G$	$\triangle G = -400nR\ln 4 = -800nR\ln 2$

⑤ 단열 과정

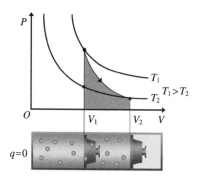

- P, V, T 모두 다 변함
- 단열 압축 : T 증가 / 단열 팽창 : T 감소

㉠ $\triangle E = nC_v \triangle T$

㉡ $\triangle H = nC_p \triangle T$

㉢ $w = nC_v \triangle T$

㉣ $q = 0$

㉤ $\triangle S = 0$ ⇨ 엔트로피 일정

⑥ 기체 단순 혼합 과정(등온 조건)

각각의 기체를 진공 팽창으로 생각해서 외부 압력이 0인 비가역 등온 팽창이어야 하며, 외부 압력이 0인 상태에서의 자유 팽창이어야 한다. 대표적인 문제 유형으로는 기체 중간에 칸막이를 제거하는 문제가 있다.

㉠ $\triangle E = nC_v \triangle T = 0$

㉡ $\triangle H = nC_p \triangle T = 0$

㉢ $w = 0$: 외부 압력이 0이므로 진공으로 여긴다. 혼합 과정에서 기체가 주위로 하는 일은 없다.

㉣ $q = 0$ → w가 0이므로

㉤ $\triangle S = nR\ln\dfrac{V_2}{V_1} > 0$

㉥ $\triangle G = -nRT\ln\dfrac{V_2}{V_1} < 0$

예 300K, 각각 1L 공간에 1몰의 A기체와 1몰의 B기체를 넣고 중간의 칸막이를 제거하였다(단, $RT = 2.5\text{kJ/mol}$).

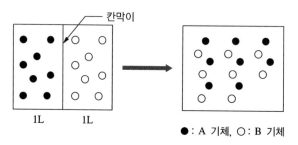

● : A 기체, ○ : B 기체

구 분	A기체	B기체
$\triangle E$	0	0
$\triangle H$	0	0
w	0	0
q	0	0
$\triangle S$	$\triangle S_A = n_A R \ln \dfrac{V_2}{V_1} = R \ln 2$	$\triangle S_B = n_B R \ln \dfrac{V_2}{V_1} = R \ln 2$
$\triangle G$	$\triangle G_A = -n_A RT \ln \dfrac{V_2}{V_1}$ $= -RT \ln 2 = -2.5 \ln 2 < 0$	$\triangle G_B = -n_B RT \ln \dfrac{V_2}{V_1}$ $= -RT \ln 2 = -2.5 \ln 2 < 0$

- $\triangle S_{mix} = \triangle S_A + \triangle S_B = 2R \ln 2 \, \text{J/K} \rightarrow$ 엔트로피 증가
- $\triangle G_{mix} = \triangle H_{mix} - T \triangle S_{mix} = -2RT \ln 2 = -5 \ln 2 \, \text{kJ} < 0$

04 화학 반응의 열화학

(1) 화학 반응의 열역학

구 분	$A(g) \rightarrow B(g)$ (등압, 등온 조건)	
$\triangle E$	$\triangle H - P \triangle V = q + w$	그냥 계산으로 구할 수 있음
q	$\triangle H$ ∵ 등압조건이므로	
w	$-P \triangle V$ ∵ 등압 조건이므로	
$\triangle H_{반응}$	$\triangle H_{생성물} - \triangle H_{반응물}$	상댓값
$\triangle S_{반응}$	$S_{생성물} - S_{반응물}$	절댓값
$\triangle G_{반응}$	$\triangle G_{생성물} - \triangle G_{반응물}$	상댓값

(표 오른쪽 병합 셀: 상댓값/절댓값/상댓값 → 실험 자료로 구함)

(2) $\triangle H$(화학 반응의 엔탈피)

① 엔탈피(H)

   ㉠ $H = E + PV$

   ㉡ 엔탈피는 상태 함수이기 때문에 $\triangle H$는 경로에 무관하다.

   ㉢ 엔탈피는 크기 성질을 만족하기 때문에 계수가 n배이면 $\triangle H$도 n배이다.

   ㉣ $\triangle H = \triangle E + \triangle (PV)$

② **열화학 반응식** : 정반응과 역반응은 엔탈피 변화의 설냇값이 끝고, 부호는 반대로 표시한다.

   예 $A(g) \rightleftharpoons B(g)$ $\triangle H° = +20 \text{kJ}$ $\triangle G° = +5 \text{kJ}$

   - 표준 상태에서 흡열 반응이다.
   - 표준 상태에서 흡열 반응이 진행되지 않는다.

③ 흡열 반응과 발열 반응

　⊙ $\triangle H > 0$: 흡열 반응, $\triangle H < 0$: 발열 반응

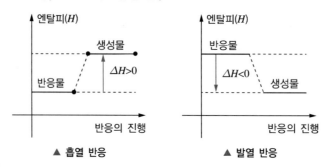

▲ 흡열 반응　　　　　▲ 발열 반응

　ⓒ 발열 반응의 여러 가지 표현
　　• 계가 열을 방출
　　• $\triangle H < 0$ 반응
　　• 온도를 높였을 때 평형 상수(K)가 감소하는 반응
　　• 평형 상태에서 온도를 감소시킬 때 진행되는 반응
　　• $\triangle S_{주위} > 0$ 반응

④ 표준 상태와 원소의 표준 엔탈피
　⊙ 엔탈피의 절댓값은 알 수 없고 상대적인 변화량을 측정한다.
　ⓒ 엔탈피 변화량을 구하기 위해 표준 상태를 정의한다.
　　• 기체의 표준 상태 : 압력이 1atm인 기체
　　• 수용액의 표준 상태 : 몰농도가 1M인 용액
　　• 액체, 고체의 표준 상태 : 순수한 액체 또는 고체 상태

(3) 여러 가지 엔탈피(반응열)[1mol 기준]

① 표준 생성 엔탈피($\triangle H_f^{\circ}$)
　⊙ 기준 : 가장 안정한 홑원소 물질($\triangle H_f^{\circ} = 0$)
　ⓒ 298K, 1atm 표준 상태에 있는 가장 안정한 원소는 엔탈피를 0으로 기준

구 분	기준 물질	구 분	기준 물질	구 분	기준 물질
H_2	기 체	F_2	기 체	Fe	고 체
O_2	기 체	Cl_2	기 체	Al	고 체
N_2	기 체	Br_2	액 체	Hg	액 체
C	고 체	I_2	고 체	H^+	수용액 상태

　ⓒ 표준 생성 엔탈피($\triangle H_f^{\circ}$) : 298K, 표준 상태에서 기준 물질로부터 1몰의 화합물이 생성되는 반응에 대한 엔탈피 변화량

　　예 $H_2(g) + \dfrac{1}{2}O_2(g) \rightarrow H_2O(l)$ 　　　　　$\triangle H^{\circ} = H_2O(l)$의 $\triangle H_f^{\circ}$

　　　　$C_{흑연}(s) + O_2(g) \rightarrow CO_2(g)$ 　　　　$\triangle H^{\circ} = CO_2(g)$의 $\triangle H_f^{\circ}$

② 연소 엔탈피($\triangle H_{연소}$)[발열 반응] : $O_2(g)$와 반응해서 안정한 연소 생성물을 만들어 내는 발열 과정에서의 엔탈피 변화

$$예\ H_2(g) + \frac{1}{2}O_2(g) \rightarrow H_2O(l) \qquad\qquad \triangle H° = H_2(g)의 \triangle H°_{연소}$$

$$C_{흑연}(s) + O_2(g) \rightarrow CO_2(g) \qquad\qquad \triangle H° = C_{흑연}(s)의 \triangle H°_{연소}$$

③ 결합 엔탈피(결합 에너지)[흡열 반응]

　㉠ 기체 상태 결합을 균일 분해하는 과정의 엔탈피 변화이다. 예 $H_2(g) \rightarrow 2H(g)$

　㉡ 결합 차수가 클수록 결합 에너지는 크다.

　㉢ 결합 차수가 동일할 때 결합 길이가 짧을수록 결합 에너지는 크다.

H–H	436[a]	C–H	410	N–H	390	O–H	460	F–F	159[a]
H–H	410	C–C	350	N–C	300	O–C	350	Cl–Cl	243[a]
H–F	570[a]	C–F	450	N–F	270	O–F	10	Br–Br	193[a]
H–Cl	432[a]	C–Cl	330	N–Cl	200	O–Cl	200	I–I	151[a]
H–Br	366[a]	C–Br	270	N–Br	240	O–Br	210	S–F	310
H–I	298[a]	C–I	240	N–I	–	O–I	220	S–Cl	250
H–N	390	C–N	300	N–N	240	O–N	200	S–Br	210
H–O	460	C–O	350	N–O	200	O–O	180	S–S	225
H–S	340	C–S	260	N–S	–	O–S	–		

Multiple covalent bonds

C = C	611	C≡C	835	C = O	732	O = O	498[a]	N≡N	945[a]

④ 증발 엔탈피 : $l \rightarrow g$

⑤ 융해 엔탈피 : $s \rightarrow l$

⑥ 승화 엔탈피 : $s \rightarrow g$

⑦ 용해 엔탈피

　㉠ 흡열 반응 혹은 발열 반응

　㉡ 용질이 용매에 녹을 때의 엔탈피 변화

$$예\ NaCl(s) \rightarrow Na^+(aq) + Cl^-(aq)$$

⑧ 수화 엔탈피

　㉠ 발열 반응

　㉡ 기체 상태의 이온이 물분자에 둘러싸이는 과정의 엔탈피 변화

$$예\ Na^+(g) \rightarrow Na^+(aq) \Rightarrow 용질의 분리 과정은 비포함$$

⑨ 격자 엔탈피(격자 에너지)

　㉠ 고체 상태의 이온 결합 화합물이 기체 상태의 이온으로 끊어지는 과정에서의 엔탈피 변화 혹은 기체 상태의 이온이 고체 상태의 이온 결합 화합물이 되는 과정에서의 엔탈피 변화

　㉡ 고체 → 기체 : 흡열 반응, 기체 → 고체 : 발열 반응

$$예\ NaCl(s) \rightarrow Na^+(g) + Cl^-(g)$$

⑩ 이온화 에너지

    ㉠ 흡열 반응 → 중성 원자 기준

    ㉡ 기체 상태에서 전자를 제거하는 과정의 엔탈피 변화

⑪ 전자 친화도 : 기체 상태에서 전자를 얻는 과정의 엔탈피 변화

(4) 엔탈피(반응열, $\triangle H$) 구하기

① 표준 생성 엔탈피를 이용한 반응열 구하기

$$\triangle H\degree = \sum n \triangle H_f\degree (\text{생성물}) - \sum n \triangle H_f\degree (\text{반응물})$$

⇨ n은 반응물, 생성물의 계수를 의미한다.

예 $CH_4(g) + 2O_2(g) \rightarrow CO_2(g) + 2H_2O(l)$

$$\triangle H\degree = [\triangle H_f\degree(CO_2(g)) + 2\triangle H_f\degree(H_2O(l))] - [\triangle H_f\degree(CH_4(g))]$$

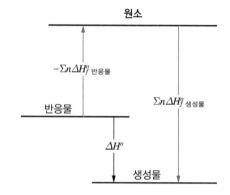

② 결합 에너지를 이용한 반응열 구하기

    ㉠ $\triangle H = \sum$ 끊어지는 결합 에너지 $- \sum$ 생성되는 결합 에너지

         $=$ 반응물의 결합 에너지 총합 $-$ 생성물의 결합 에너지의 총합

    ㉡ 생성물의 결합 에너지 총합 > 반응물의 결합 에너지 총합 : 발열 반응

         생성물의 결합 에너지 총합 < 반응물의 결합 에너지 총합 : 흡열 반응

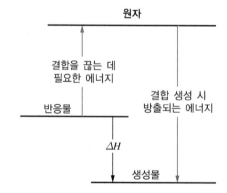

③ 연소 엔탈피를 이용한 반응열 구하기

ΔH=반응물의 연소 엔탈피 총합 − 생성물의 연소 엔탈피 총합

예 $C_2H_5OH(l) \rightarrow CH_3OCH_3(g)$

$\Delta H^\circ = C_2H_5OH(l)$의 연소 엔탈피 − $CH_3OCH_3(g)$의 연소 엔탈피

$= -1370 - (-1460)$

$= 90$

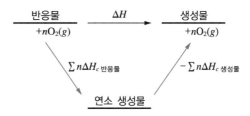

④ **헤스의 법칙** : 경로가 다르더라도 출발점(반응물)과 도착점(생성물)이 같으면 변화량($\triangle H$)이 동일함을 이용한다.

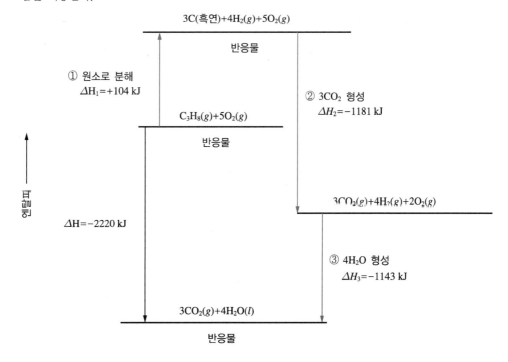

$\Delta H = \Delta H_1 + \Delta H_2 + \Delta H_3$

06 | 화학 평형

01 평형 상수

(1) 평형 상태

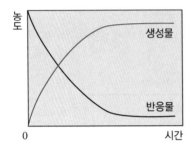 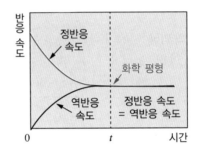

① 거시적으로 어떠한 변화도 일어나지 않는 상태

② 정반응 속도 = 역반응 속도(동적 평형)

③ **평형** : 계의 자유 에너지가 최소인 상태

④ **자발 과정** : 계의 자유 에너지가 감소하는 방향으로 진행

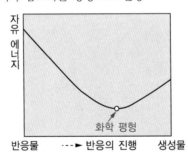

(2) 평형 상수

① 평형 상수

㉠ 평형 상수식 : 평형 상태에서 반응물들의 활동도곱과 생성물들의 활동도곱의 비

$$A + 2B \rightleftarrows 2C \qquad K = \frac{a_C^2}{a_A \cdot a_B^2}$$

> **참고** 약 속
> 1. 기체 화학종은 압력(atm/기압)으로
> 2. 용액 중 화학종은 농도(M)로
> 3. 순수한 액체, 고체는 무시 ⇨ 1 대입
> 4. 화살표(⇄) 왼쪽에 있는 화학종은 분모에 오른쪽에 있는 화학종은 분자에
> 5. +로 연결된 관계는 곱하기로, 계수는 지수로 올림

㉡ 평형 상수식에 평형 조건을 대입하면 평형 상수(K)이고, 임의의 반응 조건을 대입하면 반응 지수(Q)이다.

- K_c : 농도로 표현한 평형 상수
- K_p : 압력으로 표현한 평형 상수

② 수용액 반응에서 평형 상수(K_c)

$$aA(aq) + bB(aq) \rightleftarrows cC(aq)$$

$$K_c = \frac{[C]_{eq}^c}{[A]_{eq}^a [B]_{eq}^b}$$

실제 평형 농도를 평형 상수식에 넣어 얻은 K

③ 기체 반응에서의 평형 상수(K_p)

$$aA(y) + bB(g) \rightleftarrows cC(g)$$

$$K_p = \frac{P_C^c}{P_A^a P_B^b}$$

화학 반응에서 반응물과 생성물이 기체인 경우 몰농도 대신 부분 압력으로 구한 K

④ K_c와 K_p

기체 반응에서 몰농도와 부분 압력을 모두 알고 있다면 K_c와 K_p를 모두 구할 수 있음

$$K_p = \frac{P_C^c}{P_A^a P_B^b} = \frac{[C]_{eq}^c}{[A]_{eq}^a [B]_{eq}^b} \times (RT)^{\Delta n} = K_c (RT)^{\Delta n}$$

Δn = 기체 생성물의 총 몰수 - 기체 반응물의 총 몰수

⑤ 여러 상이 관여된 반응

　　㉠ 반응물이나 생성물이 기체 ⇨ 분압을 사용

　　㉡ 반응물이나 생성물이 수용액 ⇨ 몰농도를 사용

　　㉢ 반응물이나 생성물이 고체나 순수한 액체인 경우 ⇨ 1로 생각

$$a\mathrm{A}(s) + b\mathrm{B}(aq) \rightleftarrows c\mathrm{C}(g)$$

$$K = \frac{P_{\mathrm{C}}^{c}}{[\mathrm{B}]_{eq}^{b}}$$

(3) 평형 상수의 응용

① 평형 상수에 영향을 미치는 조건

　　㉠ 온도 : 평형 상수의 온도 의존성

$$\ln K = -\frac{\triangle H^{\circ}}{R}\left(\frac{1}{T}\right) + \frac{\triangle S^{\circ}}{R}$$

　　　• T가 증가하면 K가 증가하는 반응 ⇨ 흡열 반응

　　　• T가 감소하면 K가 감소하는 반응 ⇨ 발열 반응

　　㉡ 반응식 : 계수가 n배이면, 평형 상수는 n의 제곱배를 한다. 반응식끼리 더하면, 평형 상수는 곱한다. 역반응이면, 평형 상수는 역수이다.

반응식	K, Q	$\triangle E$, $\triangle H$, $\triangle S$, $\triangle G$
n배	n의 제곱배	n배
더 함	곱 함	더 함
역반응	역 수	반대 부호

예 $\mathrm{A} + \mathrm{B} \rightleftarrows \mathrm{C} + \mathrm{D}$　　　$K_{\mathrm{C1}} = \dfrac{[\mathrm{C}][\mathrm{D}]}{[\mathrm{A}][\mathrm{B}]}$

　　$\mathrm{C} + \mathrm{D} \rightleftarrows \mathrm{E} + \mathrm{F}$　　　$K_{\mathrm{C2}} = \dfrac{[\mathrm{E}][\mathrm{F}]}{[\mathrm{C}][\mathrm{D}]}$

　　　　　　　　　$\mathrm{A} + \mathrm{B} \rightleftarrows \mathrm{C} + \mathrm{D}$　　　K_{C1}

　　＋　　　　　$\mathrm{C} + \mathrm{D} \rightleftarrows \mathrm{E} + \mathrm{F}$　　　K_{C2}

　　전체 반응　　　$\mathrm{A} + \mathrm{B} \rightleftarrows \mathrm{E} + \mathrm{F}$　　　K_{C}

$\therefore K_{\mathrm{C1}} \times K_{\mathrm{C2}} = \dfrac{[\mathrm{C}][\mathrm{D}]}{[\mathrm{A}][\mathrm{B}]} \times \dfrac{[\mathrm{E}][\mathrm{F}]}{[\mathrm{C}][\mathrm{D}]} = \dfrac{[\mathrm{E}][\mathrm{F}]}{[\mathrm{A}][\mathrm{B}]} = K_{\mathrm{C}}$

② 평형 상수 응용

　　㉠ 반응의 정도 파악

　　　　• $K < 10^{-3}$: 역반응이 거의 완결된다. 정반응은 거의 진행되지 않는다.

　　　　• $K > 10^3$: 정반응이 거의 완결된다. 역반응은 거의 진행되지 않는다.

　　㉡ Q(반응 지수)와 K(평형 상수)

　　　　• $Q < K$(정반응 진행)

　　　　• $Q > K$(역반응 진행)

　　　　• $Q = K$(평행상태가 될 때까지 진행한다)

실전 예제　06-01

$A(g) \rightleftarrows 2B(g)$(단, 온도는 T로 일정, T에서 $K_p = 2$)

표준 상태에서 반응의 진행 방향은?

해설

$Q = 1$이다. 따라서 $Q < K$이므로 정반응이 자발적으로 진행된다.

실전 예제　06-02

$A(g) \rightleftarrows 2B(g)$(단, 온도는 T로 일정, T에서 $K_p = 2$)

진공의 강철 용기에 $A(g)$, 3atm을 첨가하였다. 반응이 평형에 도달했을 때 A와 B의 분압의 크기를 비교해보라.

	$A(g)$	$\rightarrow$	$2B(g)$
초 기	3		0
반 응	$-x$		$+2x$
남은 양	$3-x$		$2x$

해설

$P_A = P_B$로 가정하면 $x = 1$이고, $P_A = P_B = 2$atm이다.

이렇게 가정한 뒤 Q값을 구해보면 분압이 어느 기체가 더 큰지 비교할 수 있다.

$Q = \dfrac{2^2}{2} = 2$가 나오므로 $Q = K$이다. 현재 평형 상태이므로 A와 B의 분압이 2atm으로 같은 것을 알 수 있다.

$\therefore P_A = P_B$

(4) 평형의 계산

① 평형 농도가 주어진 경우

평형 농도를 평형 상수식에 넣어 평형 상수를 구한다.

실전 예제　06-03

$A(g) + 2B(g) \rightleftharpoons C(g)$ (단, 온도는 일정)

평형 상태의 부분압력이 각각 $P_A = 0.5\text{atm}$, $P_B = 1\text{atm}$, $P_C = 0.5\text{atm}$ **이다. 평형 상수는?**

해설

$$K_p = \frac{0.5}{0.5 \times 1^2} = 1$$

---

② 평형 농도의 화학 양론 계산을 해야 하는 경우

화학 반응식의 양적 관계를 이용해 평형 농도를 구하고 그 농도에 평형 상수식을 넣어 구한다.

실전 예제　06-04

$A(aq) + 2B(aq) \rightleftharpoons 2C(aq)$ (단, 온도는 일정)

A 1.0M, B 2.0M을 넣고 반응을 일으켰을 때 평형 상태의 전체 몰농도가 2.8M가 되었다. 각각의 평형 농도와 평형 상수를 구하라.

	A(aq)	+	2B(aq)	$\rightleftharpoons$	2C(aq)
초 기	1.0		2.0		
반 응	$-x$		$-2x$		$+2x$
남은 양	$1-x$		$2-2x$		$2x$

해설

$\Rightarrow 2.8\text{M} = (1-x) + (2-2x) + 2x$

$x = 0.2\text{M}$

∴ 평형 농도 : [A] = 0.8M, [B] = 1.6M, [C] = 0.4M

$$K_C = \frac{0.4^2}{0.8 \times 1.6^2} = \frac{5}{64}$$

---

③ 평형 상수가 $10^{-3} < K < 10^3$ 사이인 경우

계수비대로 반응한 양에 미지수를 도입하고 평형 상수식에 대입해서 방정식을 푼다.

실전 예제 **06-05**

$A+B \rightleftarrows 2C$ 반응에서 A, B, C의 농도가 각각 2.0M이고, $K_C = 100$라면 평형 상태에서의 각각의 농도는?

	A	+	B	$\rightleftarrows$	2C
초 기	2.0		2.0		2.0
반 응	$-x$		$-x$		$+2x$
평형 상태	$2-x$		$2-x$		$2+2x$

해설

⇨ 초기 상태에서 Q를 구하면 $\dfrac{2^2}{2 \times 2} = 1$이다. $Q < K$이므로 정반응 진행이다.

⇨ 반응이 끝난 평형 상태에서의 K를 구한다.

$$K_C = \frac{(2+2x)^2}{(2-x)(2-x)} = 100$$
$$= \frac{(2+2x)^2}{(2-x)^2} = 10^2$$
$$\Rightarrow \frac{2+2x}{2-x} = 10$$
$$\Rightarrow 2+2x = 20 - 10x$$
$$\Rightarrow 12x = 18$$
$$\therefore x = 1.5$$

따라서 $x = 1.5$이므로 평형 상태에서의 [A], [B]는 0.5M이고, [C]는 5M이다.

$A(g) \rightleftarrows B(g) + C(g)$ 반응에서 전체 압력이 1기압이 유지되는 실린더에 A기체 1.0mol을 첨가한 다음 평형에 도달했을 때 각각의 평형 압력은? (단, $K = \frac{1}{3}$ 이고, 온도는 일정하다)

	$A(g)$	$\rightleftarrows$	$B(g)$	$+$	$C(g)$
초 기	1				
반 응	$-x$		$+x$		$+x$
평 형	$1-x$		$+x$		$+x$

해설

⇨ 평형이 되었을 때 전체 몰수는 $1+x$이다. 이것을 이용하여 압력을 생각한다.

$$K_P = \frac{(\frac{x}{1+x})^2}{\frac{(1-x)}{(1+x)}} = \frac{1}{3}$$

$$\Rightarrow (1-x)(1+x) = 3x^2$$

$$\Rightarrow 1 - x^2 = 3x^2$$

$$\Rightarrow 4x^2 = 1$$

$$\therefore x = \frac{1}{2}$$

결론적으로 A, B, C 기체의 평형 상태의 몰수는 모두 0.5mol이므로 $P_A = P_B = P_C = \frac{1}{3}$atm이다.

④ 평형 상수가 $10^3 < K$인 경우

모든 반응이 일어난다고 생각하면 정반응 근사이다.

㉠ 1차로 한계 반응물이 모두 생성물로 변했다고 생각한다.

㉡ 2차로 조금 역반응을 일으킨다고 가정한다.

실전 예제 **06-07**

$A(aq) \rightleftharpoons 2B(aq) + C(aq)$, $K = 2.5 \times 10^{14}$ **반응에서 초기 농도가** $[A] = 1.0M$, $[B] = 2.0M$**일 때 각 화학종의 평형 농도는?**

	$A(aq)$	$+$	$2B(aq)$	$\rightarrow$	$C(aq)$
초 기	1		2		0
반 응	-1		-2		$+1$
남은 양	≈ 0		≈ 0		1

해설

⇨ 반응이 다 일어났다고 근사하여 구한 C의 농도 [C]는 1M이다. 일부만 조금 역반응이 일어나는 것으로 생각한다.

	$A(aq)$	$+$	$2B(aq)$	$\rightarrow$	$C(aq)$
초 기	0		0		1
반 응	$+x$		$+2x$		$-x$
평 형	x		$2x$		$1-x$ ≈ 1 ⇨ 1로 근사

$$K' = \frac{1}{x \times (2x)^2} = 2.5 \times 10^{14}$$

$$\Rightarrow x = 10^{-5}$$

$$\therefore [B] = 2 \times 10^{-5}M, \ [A] = 10^{-5}M$$

---

⑤ 평형 상수가 $K < 10^{-3}$인 경우

반응물이 거의 반응하지 않는다고 생각하면 역반응 근사이다.

㉠ 1차로 생성물을 다 반응물로 역반응 시킨다.

㉡ 2차로 조금 정반응을 일으킨다고 가정한다.

$2A(g) \rightleftharpoons 2B(g)+C(g)$, $K=4\times10^{-6}$ 반응에서 B와 C의 초기 압력을 각각 2.0atm으로 첨가할 때 각 화학정의 평형 압력은? (단, 온도와 부피 일정)

	2A(g)	$\rightleftharpoons$	2B(g)	+	C(g)
초 기	0		2		2
반 응	+2		−2		−1
남은 양	2		≈ 0		1

해설

※ 1차로 역반응을 완결했다고 생각하고, 2차로 조금 정반응이 진행된다고 가정하고 근사한다.

	2A(g)	$\rightleftharpoons$	2B(g)	+	C(g)
초 기	2		0		1
반 응	$-2x$		$+2x$		$+x$
평 형	$2-2x \approx 2$		$2x$		$1+x \approx 1$

$K=\dfrac{(y)^2}{2^2}=4\times10^{-6}$

$\Rightarrow y=4\times10^{-3}$

∴ A의 압력 : 2atm, B의 압력 : 4×10^{-3}atm, C의 압력 : 1atm

(5) 평형의 이동

① 르샤틀리에의 원리 : 이미 평형인 계에 외부 자극이 주어지면 반응계는 변화를 감소시키는 방향으로 반응을 진행한다.

> 초기 평형 상태 → 자극이 주어짐 → 평형 이동 → 새로운 평형 상태

② 시약의 변화(첨가, 제거)

　㉠ 반응물 첨가나 생성물 제거 시에는 정반응 진행 쪽으로 평형 이동

　㉡ 반응물 제거나 생성물 첨가 시에는 역반응 진행 쪽으로 평형 이동

　㉢ 단, 순수한 액체나 고체는 평형에 영향을 주지 않음

　예 $A(s) + B(aq) \rightleftharpoons 2C(aq)$

　　평형 상태에서 → A첨가 : 평형에 영향을 주지 않음

　　　　　　　　→ B첨가 : 정반응 진행

　　　　　　　　→ C첨가 : 역반응 진행

③ 온도의 변화

ㄱ 온도가 올라가면 흡열 반응을 진행한다.

ㄴ 온도가 내려가면 발열 반응을 진행한다.

- 정반응이 발열 반응이면 평형 상태에서 온도가 올라가면 $Q > K$가 되어 역반응이 진행된다.
- 정반응이 흡열 반응이면 평형 상태에서 온도가 올라가면 $Q < K$가 되어 정반응이 진행된다.

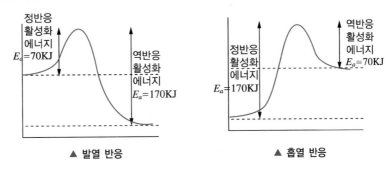

▲ 발열 반응　　　　　　　▲ 흡열 반응

④ 부피(압력, 농도)의 변화

ㄱ 평형 상태에서 부피가 증가하면 입자 수가 증가하는 반응 쪽이 일어남

ㄴ 평형 상태에서 부피가 감소하면 입자 수가 감소하는 반응 쪽이 일어남

ㄷ 기체를 포함한 반응 : 용기 압축이나 팽창으로 조절

- 부피 증가 : 기체 분자 수가 증가하는 반응이 진행
- 부피 감소 : 기체 분자 수가 감소하는 반응이 진행

ㄹ 용액상 반응 : 희석으로 조절

용매를 첨가하면 용액 속에 녹아있는 입자 수가 증가하는 반응이 진행

ㅁ 비활성 기체의 첨가

- 일정 부피 조건(강철 용기 등) : 평형에 영향 없음
- 일정 압력 조건(움직이는 피스톤 등) : 비활성 기체가 첨가되면 부피가 증가되어 기체 분자 수가 증가하는 반응이 진행

예 $A(g) \rightleftarrows 2B(g)$

부피가 증가하면 오른쪽으로 반응이 진행하고, 부피가 감소하면 왼쪽으로 반응이 진행한다.

⑤ 촉 매

ㄱ 촉매의 사용은 평형의 위치에는 영향을 주지 않음

ㄴ 단지 평형에 도달하는 시간의 변화만 생김

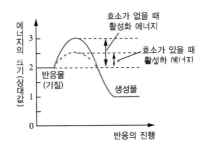
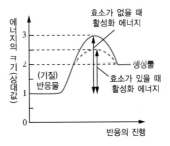

(1) 엔트로피

① 자발 과정과 엔트로피

　㉠ 자발 과정

　　• 평형 쪽으로 진행되는 과정

　　• 우주의 엔트로피가 증가되는 과정

　　• 계의 자유 에너지가 감소하는 과정(T, P가 일정할 시)

　㉡ 자발 과정과 엔트로피

　　• 자연은 무질서한 상태로 나아가려는 경향이 있다.

　　• 우주의 엔트로피는 증가한다.

　　　－ $\triangle S_{우주} > 0$: 정반응이 자발적이다.

　　　－ $\triangle S_{우주} = 0$: 평형이다.

　　　－ $\triangle S_{우주} < 0$: 역반응이 자발적이다.

② 반응 과정에서 엔트로피 변화

　㉠ 반응 과정에서 엔트로피 변화의 기초

　　• 열역학 제3법칙 : 0K에서 물질의 엔트로피는 0

　　• 표준 엔트로피($S°$) : 표준 조건에서 물질 1mol의 엔트로피

　　• 표준 반응 엔트로피($\triangle S°$) : $\sum nS°$(생성물) $-$ $\sum nS°$(반응물)

　　• 기체 분자 수가 증가하는 반응 : 엔트로피 증가

　　　기체 분자 수가 감소하는 반응 : 엔트로피 감소

　㉡ 주위의 엔트로피

　　• $\triangle S_{주위} = \int \dfrac{1}{T} dq_{주위} = \dfrac{q_{주위}}{T} = -\dfrac{q_{계}}{T}$

　　• 온도와 압력이 일정할 때 : $\triangle S_{주위} = -\dfrac{\triangle H}{T}$

　　• 온도와 부피가 일정할 때 : $\triangle S_{주위} = -\dfrac{\triangle E}{T}$

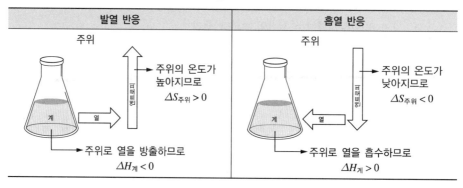

(2) 자유 에너지

① 자발 과정과 자유 에너지

 ㉠ 자유 에너지와 자유 에너지 변화

  • 자유 에너지(G) : $G = H - TS$

  • 자유 에너지 변화 : $\triangle G = \triangle H - T \triangle S$($T$ 일정)

 ㉡ 자유 에너지 변화($\triangle G$)와 자발성(일정한 온도와 압력 조건)

  • $\triangle G > 0$: 역반응이 자발적, 정반응이 비자발적

   $\triangle S_{우주} < 0$

  • $\triangle G = 0$: 평형 상태

   $\triangle S_{우주} = 0$

  • $\triangle G < 0$: 정반응이 자발적, 역반응이 비자발적

   $\triangle S_{우주} > 0$

② 자발성의 온도 의존성

$$\triangle G = \triangle H - T \triangle S$$

 ㉠ $\triangle S > 0$, $\triangle H < 0$인 반응

  • 표준 상태, 모든 온도에서 정반응이 자발적이다.

  • 온도가 증가하면 자발성이 증가한다.

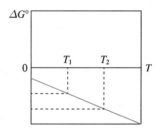

 ㉡ $\triangle S > 0$, $\triangle H > 0$인 반응

  • 표준 상태, 고온에서 정반응이 자발적 과정이고 저온에서는 역반응이 자발적 과정이다.

  • 온도가 증가하면 자발성이 증가한다.

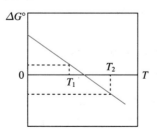

ⓒ $\triangle S < 0$, $\triangle H < 0$인 반응

 • 표준 상태, 저온에서 정반응이 자발적 과정이고 고온에서는 역반응이 자발적 과정이다.
 • 온도가 증가하면 자발성이 감소한다.

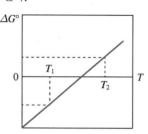

ⓓ $\triangle S < 0$, $\triangle H > 0$인 반응

 • 표준 상태, 모든 온도에서 정반응은 비자발적 과정이다.
 • 온도가 증가하면 자발성이 감소한다.

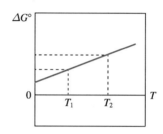

③ 자발성의 압력(농도 의존성)

$$\triangle G = \triangle G° + RT\ln Q$$

ⓐ 표준 조건에서 자발성 판단 : $\triangle G°$
 • 표준 조건에서 계수 몰수에 해당하는 (생성물의 자유 에너지의 합) − (반응물의 자유 에너지의 합)

$\triangle G° < 0$	$\triangle G° = 0$	$\triangle G° > 0$
표준 조건에서 정반응이 자발적	표준 조건에서 평형	표준 조건에서 역반응이 자발적

 • 표준 조건(1M, 1atm)의 자유에너지 변화값
 • 일정한 온도에서 반응 조건에 관계없이 일정한 값을 가짐

ⓑ 표준 자유 에너지 변화($\triangle G°$) 구하기
 • $\triangle G° = \triangle H° - T\triangle S°$
 • 상태 함수 이용해 Hess 법칙 이용
 • 표준 생성 자유 에너지($\triangle G_f°$)이용

   $\triangle G° = \sum n\triangle G_f° (생성물) - \sum n\triangle G_f° (반응물)$

   $\triangle G_f°$: 표준 조건에서 가장 안정한 상태의 원소로부터 생성물 1몰을 만들 때 자유 에너지 변화

 • 평형 상수 이용 : $\triangle G° = -RT\ln K$
 • 표준 전지 전위($E°$) 이용 : $\triangle G° = -nF\varepsilon°$

ⓒ 자유 에너지 변화와 압력, 농도 조건($\Delta G°$ 기준)

반응물의 압력이나 농도가 높으면	Q 감소 → $\triangle G$ 감소	정반응의 추진력 증가
생성물의 압력이나 농도가 낮으면		
반응물의 압력이나 농도가 낮으면	Q 증가 → $\triangle G$ 증가	정반응의 추진력 감소
생성물의 압력이나 농도가 높으면		

ⓓ 평형에서 $\triangle G = \triangle G° + RT\ln Q$

$\triangle G = 0$, $Q = K$ 이므로 $\triangle G° = -RT\ln K$

(3) 화학 평형과 열역학

① 평형 상수

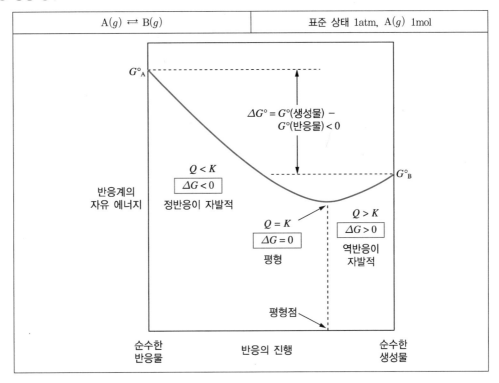

A(g) ⇌ B(g)	표준 상태 1atm, A(g) 1mol

$G°_A$

$\Delta G° = G°$(생성물) $-$ $G°$(반응물) < 0

$G°_B$

반응계의 자유 에너지

$Q < K$
$\boxed{\Delta G < 0}$
정반응이 자발적

$Q = K$
$\boxed{\Delta G = 0}$
평형

$Q > K$
$\boxed{\Delta G > 0}$
역반응이 자발적

평형점

순수한 반응물 · 반응의 진행 · 순수한 생성물

• $\triangle G = \triangle G° + RT\ln Q$ 의 변형

– 평형에서 $\triangle G = 0$, $Q = K$ 이므로 $\triangle G° = -RT\ln K$

– $\triangle G° = -RT\ln K$ 를 대입하면 $\triangle G = -RT\ln K + RT\ln Q$

$$= RT\ln \frac{Q}{K}$$

② 평형 상수의 온도 의존성

$$\ln K = -\frac{\triangle H^\circ}{R}\left(\frac{1}{T}\right) + \frac{\triangle S^\circ}{R}$$

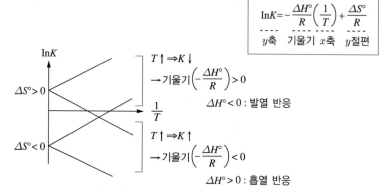

ⓐ 발열 반응 : 온도가 증가하면 K는 감소하고 평형은 왼쪽으로 이동한다. 온도가 감소하면 K는 증가하고 평형은 오른쪽으로 이동한다.

ⓑ 흡열 반응 : 온도가 증가하면 K는 증가하고 평형은 오른쪽으로 이동한다. 온도가 감소하면 K는 감소하고 평형은 왼쪽으로 이동한다.

07 | 물리 평형

01 상평형

(1) 증기압

① 증기 압력

㉠ 증기 압력(평형 증기압)
- 주어진 온도에서 기체상과 액체상이 평형 상태에서 공존할 수 있는 압력
- 증발과 응축이 물리적 평형을 이루었을 때의 기체의 압력
- 분자 간 힘이 작을수록 액체의 증기압이 큼

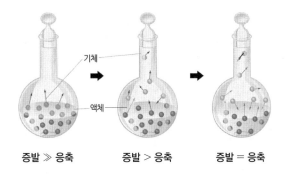

증발 ≫ 응축 　　　증발 > 응축 　　　증발 = 응축

㉡ 증발 속도와 응축 속도(동적 평형)
- 평형 : 증발 속도 = 응축 속도
- 단위 면적당 증발 속도 : 온도가 일정한 경우에는 변화 없음
- 온도에만 의존하고 액체의 양, 용기의 크기 등과는 무관함

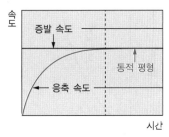

㉢ 일정한 온도에서 평형 증기압
- 기체 공간의 부피의 변화
  - 부피를 변화시키면 증기의 몰수가 부피에 정비례로 변화하여 증기압은 변하지 않는다.
  - 부피가 2배가 증가하면 기체의 몰수가 2배로 증가하게 되어 증기압은 일정하다.
- 다른 기체의 존재 : 다른 기체의 존재 유무는 해당 물질의 증기압에 전혀 영향을 미치지 않는다.

- 외부 압력의 변화 : 외부 압력을 바꾸더라도 액체의 평형 증기압은 변하지 않는다.

예 아르곤 기체와 함께 있으며 외부 압력이 1.0atm에서 2.0atm으로 증가할 때
  (단, 물의 부피 변화 무시, Ar의 용해 무시)

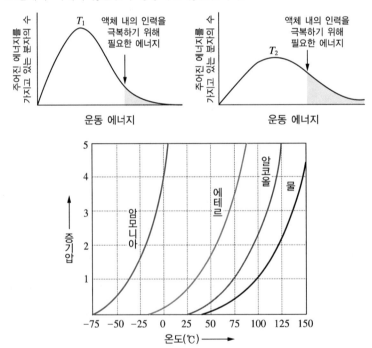

T에서 $H_2O(l)$의 증기압=0.2atm

	a		b
P_{H_2O}	0.2atm	=	0.2atm
P_{Ar}	0.8atm	<	1.8atm

② 증기압의 온도 의존성

㉠ 끓는점

- 외부 압력과 증기압이 같을 때 끓는다. 이때의 온도를 끓는점이라 한다.
- 온도 증가 : 액체 분자의 움직임이 빨라져 증발 속도 증가 → 액체의 평형 증기압 증가
- 대기압 조건에서 액체의 끓는점이 정상적인 끓는점이다.

한 물질 내에서 비교	다른 물질끼리 비교
• 온도가 높아지면 증기압이 증가함 • 외부 압력이 커지면 끓는점이 높아짐	• 분자 간의 힘이 셀수록 끓는점이 높아짐 • 분자 간의 힘이 셀수록 증기압이 감소함

ⓛ 몰증발열($\triangle H_{증발}^{\circ}$, 표준 증발 엔탈피) : 액체 1몰을 기화시키는 데 필요한 에너지

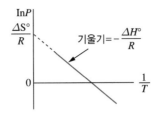

$$\ln P_{증기} = -\frac{\triangle H_{증발}^{\circ}}{R}\left(\frac{1}{T}\right) + \frac{\triangle S_{증발}^{\circ}}{R}$$

- $\triangle H_{증발}^{\circ}$가 클수록 같은 온도에서 증기압은 낮고, 정상 끓는점은 높고, 분자 간 인력은 크다.
- $\triangle H_{증발}^{\circ}$가 클수록 온도 변화에 따른 증기압의 변화율이 크다.

$$\ln\frac{P_2}{P_1} = -\frac{\triangle H_{증발}^{\circ}}{R}\left(\frac{1}{T_2} - \frac{1}{T_1}\right)$$

(2) 상태 변화

① 물질의 세가지 상태

융해(고체 → 액체) 기화(액체 → 기체) 승화(고체 → 기체)	⇨	$\triangle H > 0$ $\triangle S > 0$ 엔트로피, 엔탈피 증가
응고(액체 → 고체) 액화(기체 → 액체) 승화(기체 → 고체)	⇨	$\triangle H < 0$ $\triangle S < 0$ 엔트로피, 엔탈피 감소

② 끓는점, 녹는점, 승화점

ⓐ 끓는점 : 주어진 압력에서 액체상과 기체상이 평형 상태인 온도
ⓑ 녹는점 : 주어진 압력에서 고체상과 액체상이 평형 상태인 온도
ⓒ 승화점 : 주어진 압력에서 고체상과 기체상이 평형 상태인 온도

③ 온도와 상태 변화

ⓐ 가열 곡선

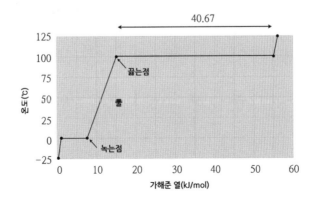

- 융해 엔탈피 : $\triangle H_{융해} = 6.01 \text{kJ/mol}$
- 증발 엔탈피 : $\triangle H_{증발} = 40.67 \text{kJ/mol}$

ⓛ 자유 에너지

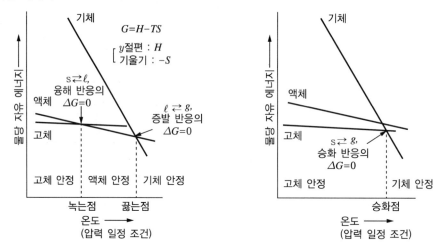

ⓒ 엔트로피

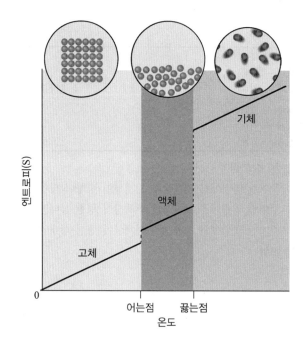

(3) 상평형

① **상평형도** : 닫힌 계 조건에서 하나의 물질에 대한 결과

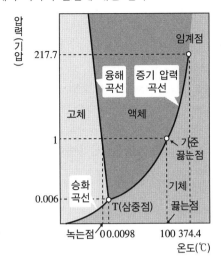

- ㉠ 증기 압력 곡선의 모든 지점
  - $l \leftrightarrows g$, $\triangle G = 0$
  - T는 각 기압상태에서의 끓는점
  - P는 각 온도에서의 액체의 증기압
- ㉡ 승화 곡선상의 모든 지점
  - $g \leftrightarrows s$, $\triangle G = 0$
  - T는 각 기압상태에서의 승화점
  - P는 각 온도에서의 고체의 증기압
- ㉢ 융해 곡선상의 모든 지점
  - $s \leftrightarrows l$, $\triangle G = 0$
  - T는 각 기압상태에서의 녹는점
- ㉣ 삼중점
  - 세 가지 상태가 평형 상태에서 공존함
  - 몰 당 자유 에너지가 세 가지 상태 모두 같다.

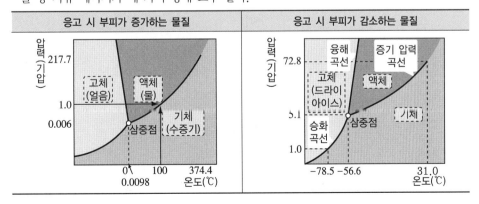

(1) 용 해

① 물질의 용해

　㉠ 용 액

　　• 용액 = 용매(녹이는 물질) + 용질(녹는 물질)

　　• 서로 다른 순물질이 균일하게 녹아 섞여 있는 혼합물

　　• 용매 : 용액과 상태가 동일하며, 만약 용매와 용질의 상태가 같으면 과량인 것이 용매임

　　• 용매화 : 용매 입자들이 용질 입자를 둘러싸서 안정한 상태로 되는 현상

　㉡ 용 해

　　• 분자성 물질의 용해

　　　– 분자 단위로 수화됨

　　　– 극성 용질은 극성 용매에, 무극성 용질은 무극성 용매에 잘 녹음

　　　예 $C_6H_{12}O_6(s) \rightarrow C_6H_{12}O_6(aq)$

　　• 이온성 고체의 용해

　　　– 이온 단위로 수화됨

　　　– 물과의 이온 – 쌍극자 힘에 의하여 수화됨

　　　예 $NaCl(s) \rightarrow Na^+(aq) + Cl^-(aq)$

② 용해도

　㉠ 용액의 형성

　　• $\triangle H_{용해} = \triangle H_1 + \triangle H_2 + \triangle H_3$

　　• $\triangle H_{용매화} = \triangle H_2 + \triangle H_3 \rightarrow$ 용매가 물이면 수화엔탈피

　　　$\triangle H_1$: 용질의 분리($\triangle H_1 > 0$, 흡열)

　　　$\triangle H_2$: 용매의 분리($\triangle H_2 > 0$, 흡열)

　　　$\triangle H_3$: 용매와 용질의 혼합($\triangle H_3 < 0$, 발열)

　㉡ 용해도(s) : 포화 용액에서 녹은 용질의 양을 농도 단위로 표현한 값

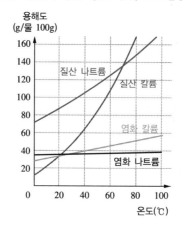

ⓒ 용해도에 영향을 미치는 요인
- 구 조
  - 극성 + 극성 / 비극성 + 비극성 : 자발적으로 잘 녹음
  - 극성 + 비극성 : 잘 녹지 않음
- 온 도
  - 고체와 액체의 경우는 대부분 온도가 높아지면 용해도가 증가함
  - 기체의 경우는 온도가 높아지면 용해도가 감소함

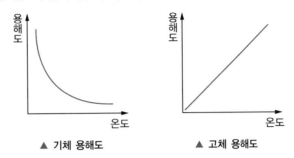

▲ 기체 용해도   ▲ 고체 용해도

- 압 력
  - 고체나 액체의 경우는 압력의 영향이 거의 없음
  - 기체의 용해도는 그 기체의 분압에 비례함(헨리의 법칙)

$$\text{기체의 용해도(c)} = k \cdot P$$
$$(k : 헨리\ 상수)$$

  - 헨리 상수는 기체의 종류, 용매의 종류, 온도에 의존함
  - 헨리 상수는 온도가 증가하면 감소함

(2) 용액의 조성(농도)

① 몰농도

ⓐ 용액 1L에 들어 있는 용질의 몰수

ⓑ 단위 : M

ⓒ 삼투압에 사용

$$\text{몰농도}(M, mol/L, [\quad]) = \frac{\text{용질의 몰수(mol)}}{\text{용액의 부피(L)}} = \frac{n}{V}$$

② 질량 백분율

$$\text{질량 백분율}(\%) = \frac{\text{용질의 질량}}{\text{용액의 질량}} \times 100$$

$$(\text{ppm}) = \frac{\text{용질의 질량}}{\text{용액의 질량}} \times 10^6$$

$$(\text{ppb}) = \frac{\text{용질의 질량}}{\text{용액의 질량}} \times 10^9$$

(단위 : %, ppm, ppb)

③ 몰분율
- ㉠ 단위 없음
- ㉡ 증기압 내림에 사용

$$\text{A의 몰분율}(x_A) = \frac{\text{A의 몰수}}{\text{전체 몰수}}$$

④ 몰랄 농도
- ㉠ 용매 1kg에 들어 있는 용질의 몰수
- ㉡ 단위 : m
- ㉢ 끓는점 오름, 어는점 내림에 사용

$$\text{몰랄 농도}(m) = \frac{\text{용질의 몰수}(\text{mol})}{\text{용매의 질량}(\text{kg})}$$

(3) 증기압
- ① 두 용액의 증기압
  - ㉠ 비휘발성 용질

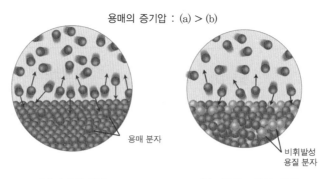

용매의 증기압 : (a) > (b)

(a) 순수한 용매   (b) 용매 + 용질, 용액

- 비휘발성 용질의 증기압은 0이다.
- 비휘발성 용질이 첨가되면 용매의 증발 속도는 감소하고 평형에 도달하기 위한 응축 속도가 감소한다.
- 비휘발성 용질을 용해시키면 용매의 증기압은 감소한다.

○ 휘발성 용질

$$P_A = P_A° \cdot x_A$$

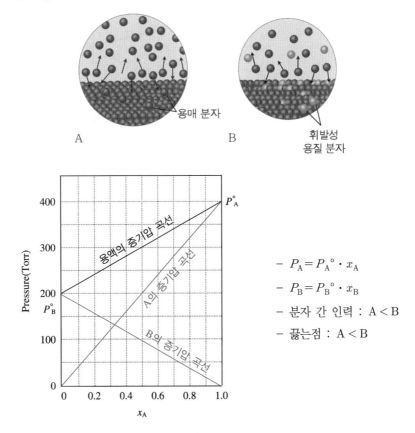

– $P_A = P_A° \cdot x_A$

– $P_B = P_B° \cdot x_B$

– 분자 간 인력 : A < B

– 끓는점 : A < B

② 이상 용액과 비이상 용액

○ 이상 용액

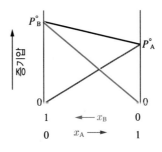

- 라울의 법칙 만족
- $P_{용액} = P_A{}^\circ x_A + P_B{}^\circ x_B$
- 혼합 전 인력 = 혼합 후 인력
- $\triangle H_{용해} = 0$

  예 벤젠과 톨루엔

ⓛ 비이상 용액 – 양의 편차

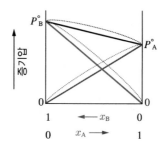

- 잘 날아감 → 휘발성이 크다.
- $P_{용액} > P_A{}^\circ x_A + P_B{}^\circ x_B$(실제 증기압이 더 크다)
- 혼합 전 인력 > 혼합 후 인력
- $\triangle H_{용해} > 0$

  예 에탄올과 헥산

ⓒ 비이상 용액 – 음의 편차

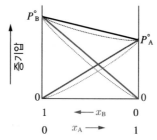

- 잘 안 날아감 → 휘발성이 작다.
- $P_{용액} < P_A{}^\circ x_A + P_B{}^\circ x_B$(실제 증기압이 더 작다)
- 혼합 전 인력 < 혼합 후 인력

  예 아세톤과 물

(4) 용액의 총괄성

끓는점, 어는점, 증기압, 삼투는 용질의 화학종에 상관없이 용질과 용매의 상대적인 양에만 의존해 변화한다. 이를 용액의 총괄성이라고 한다. 총괄성은 용매에 적용되는 법칙으로 용매가 라울의 법칙을 따라야 한다. 이상 용액 또는 이상적으로 행동하는 묽은 용액에서만 용액의 총괄성이 적용된다.

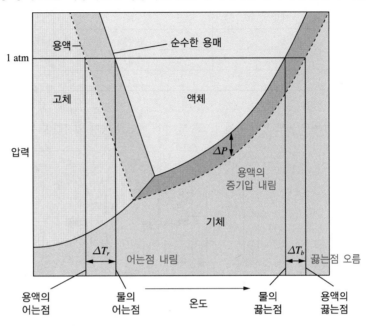

① 증기압 내림

$$\triangle P_{증기} = P_{용매}^{\circ} \cdot x_{용질}$$

② 끓는점 오름

$$\triangle T_b = m \cdot K_b$$

(m : 몰랄 농도 / K_b : 끓는점 오름 상수)

분자량 구하기에 응용

$$\triangle T_b = m \cdot K_b = \dfrac{\dfrac{w}{M}}{W} \cdot K_b \,(w : 용질의\ 질량(g),\ W : 용매의\ 질량(kg))$$

$$\therefore \ M = \dfrac{K_b \cdot w}{\triangle T_b \cdot W}$$

---

③ 어는점 내림

$\triangle T_f = m \cdot K_f$

(m : 몰랄 농도 / K_f : 어는점 내림 상수)

구 분	K_b	K_f
벤 젠	2.53	5.12
페 놀	3.04	7.12
물	0.52	1.86
아세트산	3.07	3.90

④ 삼투압

삼투 현상은 저농도 용액 쪽에서 고농도 용액 쪽으로 용매 입자가 반투막을 통과해서 이동하는 현상을 말한다.

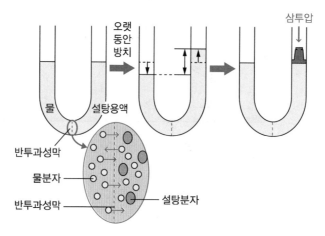

$\Pi = M \cdot R \cdot T$

M : 몰농도

㉠ 삼투압만큼의 압력이 가해지면 삼투 현상이 일어나지 않는다.

㉡ 삼투압보다 작은 압력이 가해지면 삼투 현상은 진행된다.

㉢ 삼투압보다 더 큰 압력이 가해지면 역삼투가 일어난다.

㉣ 분자량 구하기에 응용

$$\Pi = M(몰농도) \cdot R \cdot T = \frac{n}{V}RT = \frac{\dfrac{w}{M(분자량)}}{V}RT$$

$$\therefore \ M(분자량) = \frac{wRT}{\Pi V}$$

(5) 용액의 평형 상태

① 증발 평형

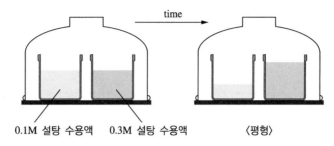

0.1M 설탕 수용액　　0.3M 설탕 수용액　　　〈평형〉

평형에 도달하게 되면 다음과 같다.

㉠ 모든 경우 증기압이 같다.

㉡ 모든 경우 몰분율이 같다.

㉢ 모든 경우 몰랄 농도가 같다.

㉣ 모든 경우 어는점, 끓는점이 같다.

㉤ 몰농도, 질량백분율, 삼투압 등은 용질이 동일한 경우에만 같아진다.

② 삼투 평형

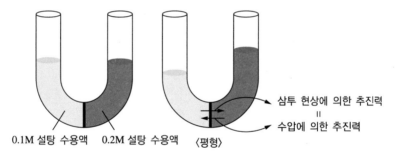

0.1M 설탕 수용액　　0.2M 설탕 수용액　　〈평형〉

삼투 현상에 의한 추진력
=
수압에 의한 추진력

평형에 도달하게 되면 다음과 같다.

㉠ 높이가 높은 쪽이 고농도가 된다.

㉡ 높이가 낮은 쪽이 저농도가 된다.

(6) 묽은 용액의 총괄성(전해질 용액, 비휘발성 용질)

① 반트 호프 인자와 이온화도

㉠ 반트 호프 인자(i) = 용액 속에 있는 입자의 총 몰수/용질의 몰수

= 전해질 용액의 측정치/비전해질로 계산된 값

• 농도가 높아지면 이온쌍이 증가하여 반트 호프 인자가 작아진다.

• 농도가 낮아지면(희석) 부피가 증가하는 효과가 나타나 반트 호프 인자가 커진다.

㉡ 이온화도(α) = 용질이 해리된 몰수/용질의 초기 몰수

$AB_2(aq)$ $\alpha = 0.8$일 때, 반트호프 인자는?

	AB_2	$\rightleftarrows$	A^{2+}	$+$	B^-
초 기	1				
반 응	-0.8		$+0.8$		$+1.6$
평 형	0.2		0.8		1.6

해설

$$\therefore \ i = \frac{0.2 + 0.8 + 1.6}{1} = 2.6$$

② 반트 호프 인자와 용액의 총괄성

㉠ 증기압 내림

$$\triangle P_{증기} = P_{용매}{}^\circ \cdot x_{용질} = P_{용매}{}^\circ \cdot \frac{i \cdot n_{용질}}{n_{용매} + i \cdot n_{용질}}$$

㉡ 끓는점 오름

$$\triangle T_b = i \cdot m \cdot K_b$$

㉢ 어는점 내림

$$\triangle T_f = i \cdot m \cdot K_f$$

㉣ 삼투압

$$\Pi = i \cdot M \cdot R \cdot T$$

08 | 화학 반응 속도론

01 반응 속도와 속도식

(1) 반응 속도

① 반응 속도

ㄱ 단위 시간당 반응물 또는 생성물의 농도 변화

ㄴ 시간이 흐르면 반응물의 농도가 낮아지므로 반응 속도는 느려짐

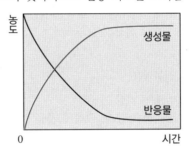

$$반응속도 = -\frac{\triangle[반응물]}{\triangle t} \quad or \quad \frac{\triangle[생성물]}{\triangle t}$$

실전 예제 08-01

$2N_2O_5 \rightarrow O_2 + 4NO_2$ 반응에서 각 물질의 속도는?

- N_2O_5의 소멸 속도 : $-\dfrac{\triangle[N_2O_5]}{\triangle t}$

- O_2의 생성 속도 : $\dfrac{\triangle[O_2]}{\triangle t}$

- NO_2의 생성 속도 : $\dfrac{\triangle[NO_2]}{\triangle t}$

해설

⇨ 한 반응이지만 물질 각각의 반응 속도는 다르다.

⇨ 반응물의 소멸 속도 또는 생성물의 생성 속도는 계수비와 같다.

구 분	N_2O_5의 소멸 속도	O_2의 생성 속도	NO_2의 생성 속도
속도 비	2	1	4

② 고유 반응 속도 : 계수로 나눈 반응 속도

$$화학 \, 반응 \, 속도 = \frac{1}{계수} \times 반응물의 \, 소멸속도 \; or \; \frac{1}{계수} \times 생성물의 \, 생성속도$$

예 $2N_2O_5 \rightarrow O_2 + 4NO_2$ 반응의 고유 반응 속도는?

$$\Rightarrow 고유 \, 반응 \, 속도(rate) = -\frac{1}{2}\frac{\triangle[N_2O_5]}{\triangle t} = \frac{\triangle[O_2]}{\triangle t} = \frac{1}{4}\frac{\triangle[NO_2]}{\triangle t}$$

(2) 속도식

① 반응 차수와 속도 상수

$$aA + bB \rightarrow cC + dD$$
$$r(반응 \, 속도) = k[A]^m[B]^n$$

㉠ 반응 차수
- 반응물의 계수와 관계없이 주어진 실험값이다.
- 전체 반응 차수 : $(m + n)$차

㉡ 속도 상수
- 반응물의 농도와 상관없음
- 온도 증가 시 속도 상수 증가
- 정촉매 사용 시 속도 상수 증가, 부촉매 사용 시 속도 상수 감소
- 단위를 알면 전체 반응 차수를 알 수 있다.

속도 상수 단위	s^{-1}	$M^{-2}S^{-1}$	$M^{-(n-1)}S^{-1}$
전체 차수	1차	3차	n차

② 속도식 구하기

반응 차수를 구하고 속도 상수를 구한다.

$BrO_3^-(aq) + 5Br^-(aq) + 6H^+(aq) \rightarrow 3Br_2(l) + 3H_2O(l)$ **반응 차수와**

$[BrO_3^-] = [Br^-] = [H^+] = 1.0M$**인 조건에서** Br^-**의 소모 속도는?**

구 분	$[BrO_3^-]$(mol/L)	$[Br^-]$(mol/L)	$[H^+]$(mol/L)	BrO_3^-의 초기 소멸 속도(M/s)
실험1	0.10	0.10	0.10	8.0×10^{-4}
실험2	0.20	0.10	0.10	1.6×10^{-3}
실험3	0.20	0.20	0.10	3.2×10^{-3}
실험4	0.10	0.10	0.20	3.2×10^{-3}

해설

⇨ 먼저 주어진 실험 자료를 보고 반응 차수를 구한다.

$$-\frac{d[BrO_3^-]}{dt} = k[BrO_3^-]^1[Br^-]^1[H^+]^2$$

⇨ 실험 중 1개의 값을 넣어 속도 상수를 구한다.

$$k = 8.0M^{-3}s^{-1}$$

⇨ $[BrO_3^-] = [Br^-] = [H^+] = 1.0M$인 조건에서 BrO_3^-의 소멸 속도를 구한다.

BrO_3^-의 초기 소멸 속도(M/s) $= 8.0 \times 1 \times 1 \times 1^2 = 8.0M/s$

⇨ Br^-의 소모 속도를 구한다.

$5 \times 8.0 = 4.0 \times 10 M/s$

(3) 적분 속도식

반응물의 농도가 시간에 따라 어떻게 변화하는가를 확인하는 식이다. 속도식이 한 종류의 반응물로만 표현되는 경우에 분석이 가능하다. 이때, 반감기$(t_{\frac{1}{2}})$는 반응물의 농도가 초기 농도의 $\frac{1}{2}$로 감소하는 시간이다.

① 0차 반응

$$A \rightarrow P \qquad -\frac{d[A]}{dt} = k$$

적분 속도식	반감기
$[A] \quad [A]_0 - \quad kt$	$t_{\frac{1}{2}} = \frac{[A]_0}{2k}$

㉠ 반감기가 농도에 비례한다.

㉡ 반감기가 시간이 지남에 따라 짧아진다.

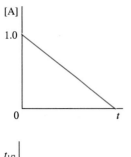

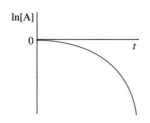

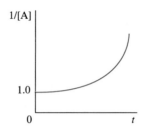

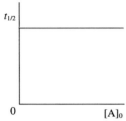

② 1차 반응

$$A \to P \qquad -\frac{d[A]}{dt} = k[A]$$

적분 속도식	반감기
$\ln[A] = -kt + \ln[A]_0$	$t_{\frac{1}{2}} = \frac{\ln 2}{k}$

㉠ 반감기가 농도에 무관하다

㉡ 반감기가 시간이 지나도 일정하다.

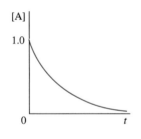

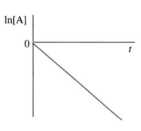

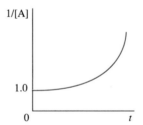

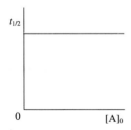

③ 2차 반응

$$\mathrm{A} \to P \qquad -\frac{d[\mathrm{A}]}{dt} = k[\mathrm{A}]^2$$

적분 속도식	반감기
$\dfrac{1}{[\mathrm{A}]} = kt + \dfrac{1}{[\mathrm{A}]_0}$	$t_{\frac{1}{2}} = \dfrac{1}{k[\mathrm{A}]_0}$

㉠ 반감기가 농도에 반비례한다.
㉡ 반감기가 시간이 지남에 따라 길어진다.

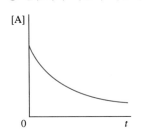 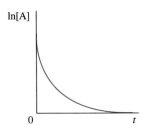 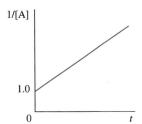

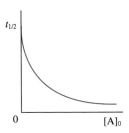

(4) 적분 속도식의 응용(유사 반응 속도식)

두 종류 이상의 반응물일 경우 적용하는 적분 속도식

① $[\mathrm{A}]_0 \ll [\mathrm{B}]_0$: $[\mathrm{B}]_0$를 상수 취급한다.

예 $\mathrm{A} + \mathrm{B} \to P \qquad rate = k[\mathrm{A}]^2[\mathrm{B}]$

유사 2차 속도식 : $rate = k'[\mathrm{A}]^2$

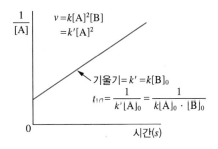

② $[A]_0 \gg [B]_0$: $[A]_0$를 상수 취급한다.

예 $A + B \rightarrow P$ $rate = k[A]^2[B]$

유사 2차 속도식 : $rate = k''[B]$

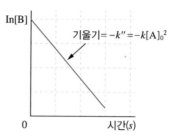

02 반응 메커니즘

(1) 반응 메커니즘

① 반응 메커니즘

㉠ 반응 메커니즘 : 전체 반응을 단일 단계 반응으로 풀어서 자세히 나타낸 것

㉡ 중간체

• 반응이 진행되는 동안 생성되었다가 사라지는 화학종

• 최종 생성물에는 없음

㉢ 촉매

• 반응 초기에 소모되었다가 반응 후기에 다시 생성되는 화학종

• 최종 생성물에 포함되어 있음

• 정촉매 : 활성화 에너지를 낮춰준다. → 정반응과 역반응 속도가 모두 증가한다.

• 부촉매 : 활성화 에너지를 높여준다. → 정반응과 역반응 속도가 모두 감소한다.

• 균일 촉매 : 반응물과 동일한 상의 촉매 → 활성이 좋다.

• 불균일 촉매 : 반응물과 다른 상의 촉매 → 제거 분리가 손쉽다.

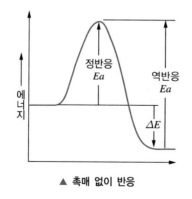

▲ 촉매 없이 반응

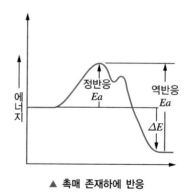

▲ 촉매 존재하에 반응

ⓔ 활성화 에너지 : 반응이 일어나기 위한 최소한의 에너지

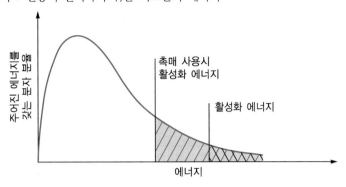

② 분자도

　　㉠ 단일 단계 반응의 단계에서 반응을 일으키기 위해 충돌해야 하는 화학종의 수

　　㉡ 반응에 참여하는 반응 분자 수

　　　• 분자도 1 → 단분자 반응 [예] A → B

　　　• 분자도 2 → 이분자 반응 [예] A + B → C, 2A → B

　　　• 분자도 3 → 삼분자 반응 [예] A + B + C → D, 3A → B + D

(2) 반응 메카니즘과 속도식

① 단일 단계 반응

　　㉠ 단일 단계 반응

$$A+2B \underset{k_r}{\overset{k_f}{\rightleftharpoons}} 2C$$

　• 정반응 속도식 : $r = k[A][B]^2$
　• 역반응 속도식 : $r_{-1} = k_{-1}[C]^2$

• 분자 수준에서 반응물들이 직접 충돌하여 실제 반응을 일으킨 것이다.

• 계수가 반응차수가 된다.

• 평형 상수와 속도 상수

$$K = \frac{k_1(정반응 속도 상수)}{k_{-1}(역반응 속도 상수)}$$

ⓛ 단일 단계 경쟁 반응

B의 생성 속도	$r_B = k_B[A]$
C의 생성 속도	$r_C = k_C[A]$

- A의 소멸 속도 = 반응 속도 = $r = (k_B + k_C)[A]$

- A의 반감기 = $\dfrac{\ln 2}{k_B + k_C}$

② 여러 단계 반응

ⓐ 속도 결정 단계(r.d.s)

- 가장 느린 단계
- 속도 상수가 가장 작은 단계
- 활성화 에너지가 가장 큰 단계

ⓛ 1단계가 속도 결정 단계인 반응

$$1단계 : 2NO \xrightarrow{k_1} N_2O_2 \qquad 느림 \Rightarrow 속도 결정 단계$$

$$2단계 : N_2O_2 + O_2 \xrightarrow{k_2} 2NO_2 \qquad 빠름$$

$$전체 : 2NO + O_2 \xrightarrow{k} 2NO_2$$

- 1단계가 속도 결정 단계이므로 전체 반응 속도가 1단계의 속도라고 생각한다.
  - 1단계 속도식 : $r_1 = k_1[NO]^2$
  - 2단계 속도식 : $r_2 = k_2[N_2O_2][O_2]$
  - 전체 반응 속도 : $r = r_1 = k_1[NO]^2$

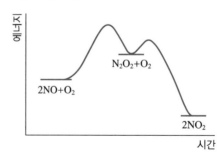

ⓒ 2단계 이후가 속도 결정 단계인 반응(사전 평형 반응)

- 사전 평형 근사 : 속도 결정 단계 이전의 단계들을 모두 평형 상태로 가정한 것
- 속도식에 중간체가 포함될 수도 있다.

ㄲ 전체 반응 : $2NO + O_2 \xrightarrow{k} 2NO_2$

    1단계 : $NO + NO \underset{k_{-1}}{\overset{k_1}{\rightleftharpoons}} N_2O_2$ 빠름

    2단계 : $N_2O_2 + O_2 \xrightarrow{k_2} 2NO_2$ 느림 ⇒ 속도 결정 단계

- 속도 결정 단계의 속도식 $= k_2[N_2O_2][O_2]$
- 1단계를 평형으로 가정함 → 정반응과 역반응의 속도가 같다고 생각함
  - $k_1[NO]^2 = k_{-1}[N_2O_2]$

  - $[N_2O_2] = \dfrac{k_1}{k_{-1}}[NO]^2$

- 전체 속도식을 두 식을 이용하여 나타낼 수 있다.

  $$\therefore \ r = \frac{k_1 \cdot k_2}{k_{-1}}[NO]^2[O_2] = k[NO]^2[O_2]$$

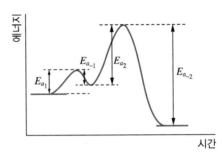

ㄹ 빠름과 느림을 알 수 없는 반응(정류 상태 근사법)
- 중간체의 생성 속도와 중간체의 소모 속도가 같다고 생각한다.
- 반응성이 큰 중간체의 농도가 반응이 진행될 때 거의 일정하다고 가정한다.

    ㄲ 전체 반응 : $2NO + O_2 \xrightarrow{k} 2NO_2$

       1단계 : $NO + NO \underset{k_{-1}}{\overset{k_1}{\rightleftharpoons}} N_2O_2$

       2단계 : $N_2O_2 + O_2 \xrightarrow{k_2} 2NO_2$

- NO_2의 중간 속도 $= 2k_2[O_2][N_2O_2]$
- 중간체 (N_2O_2)의 생성 속도 $=$ 소모 속도
  - $k_1[NO]^2 = k_{-1}[N_2O_2] + k_2[O_2][N_2O_2]$

  - $[N_2O_2] = \dfrac{k_1[NO]^2}{k_{-1} + k_2[O_2]}$

- 두 식을 이용하여 구한다.

  NO_2의 생성 속도 $= 2k_2[O_2][N_2O_2] = \dfrac{2k_1k_2[NO]^2[O_2]}{k_{-1} + k_2[O_2]}$

(1) 아레니우스 식

$$\ln k = -\frac{E_a}{RT} + \ln A$$

① 속도 상수와 활성화 에너지와의 관계식을 아레니우스 식이라 한다.

② 대부분의 반응은 온도가 올라가면 충돌 빈도가 높아지므로 속도 상수가 크다.

③ 일반적으로 온도가 10℃가 증가하면 속도는 2배가 된다.

④ 활성화 에너지가 작은 반응은 속도 상수가 크다.

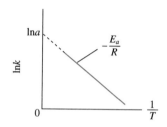

(2) 아레니우스 식의 활용

① 활성화 에너지가 클수록 속도 상수의 온도 의존성이 크다. 따라서 k의 변화량이 크다.

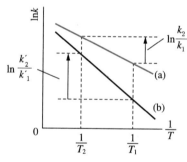

② 두 온도에서의 k를 비교하여 활성화 에너지 구하기

두 온도에서 속도 상수 비를 구한다.

$$\ln \frac{k_2}{k_1} = -\frac{E_a}{R}\left(\frac{1}{T_2} - \frac{1}{T_1}\right)$$

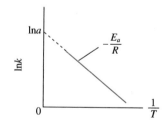

09 | 산과 염기

01 산과 염기

(1) 정의

① 아레니우스 정의

ⓐ 수용액상에서만 정의된다.

ⓑ 산이란 물에 녹아 H^+의 농도를 증가시키는 물질을 뜻한다.

ⓒ 염기란 물에 녹아 OH^-의 농도를 증가시키는 물질을 뜻한다.

② 브렌스테드 – 로우리 정의

ⓐ 산 : H^+ 주개

ⓑ 염기 : H^+ 받개

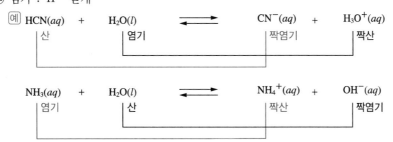

③ 루이스 정의

ⓐ 루이스 산 : 전자쌍 받개

ⓑ 루이스 염기 : 전자쌍 주개

(2) 산–염기 기초

① pH와 pOH

ⓐ $pH = -\log[H^+] \Leftrightarrow [H^+] = 10^{-pH}$

ⓑ $pOH = -\log[OH^-] \Leftrightarrow [OH^-] = 10^{-pOH}$

ⓒ 25℃에서의 $pH + pOH = 14.00$

② 해리도(이온화도) : 해리되는 정도

$$\alpha = \frac{\text{평형의 이온화된 산의 농도}}{\text{초기 농도}} = \frac{[\text{HA}]}{[\text{HA}]_0}$$

③ 중화 반응

　　㉠ 산과 염기가 만나 염과 물을 생성시키는 반응

　　㉡ 염 : 산-염기 반응에서 H^+를 제외한 다른 양이온과 음이온이 만드는 이온 결합 화합물

　　㉢ 중화점 : 중화가 모두 일어난 지점

(3) 양쪽성 물질 : 산이나 염기로 모두 작용할 수 있는 물질

① 물의 자동 이온화

　　㉠ 물의 자동 이온화 : 물 분자끼리도 H^+를 주고받는다.

$$H_2O(l) + H_2O(l) \rightleftharpoons H_3O^+(aq) + OH^-(aq)$$

　　㉡ 물의 자동 이온화 반응은 흡열 반응이다.

　　　예 $K_w = [H^+][OH^-] = 10^{-14} \,(25℃에서)$

　　　　$pK_w = pH + pOH = 14 \,(25℃에서)$

② 순수한 물만 존재할 때(25℃에서)

	$H_2O(l)$	$\rightleftharpoons$	$H^+(aq)$	$+$	$OH^-(aq)$
초 기	∞		0		0
반 응	$-x$		$+x$		$+x$
평 형			x		x

　　▷ $K_w = 1.0 \times 10^{-14} = x \cdot x$

　　　∴ $x = 10^{-7}(M)$

③ 수용액의 액성(25℃에서)

　　㉠ 산성 용액 : $[H^+] > [OH^-]$ ▷ pH < 7.0

　　㉡ 중성 용액 : $[H^+] = [OH^-]$ ▷ pH = 7.0

　　㉢ 염기성 용액 : $[H^+] < [OH^-]$ ▷ pH > 7.0

(1) K_a(산 이온화 상수)와 K_b(염기 이온화 상수)

① K_a(산 이온화 상수)

$$HA(aq) \rightleftarrows H^+(aq) + A^-(aq)$$

㉠ $K_a = \dfrac{[H^+][A^-]}{[HA]}$

㉡ K_a가 클수록 산의 세기는 증가하고 짝염기의 세기는 감소한다.

㉢ 강산의 기준 : $K_a \geq 1$

㉣ 약산의 기준 : $10^{-14} < K_a < 1$

예 약산($K_a < 10^{-3}$) ⇨ 근사해서 해결함

	$HA(aq)$	$\rightleftarrows$	$H^+(aq)$	$+$	$A^-(aq)$
초 기	c		≈ 0		0
반 응	$-x$		$+x$		$+x$
평 형	$(c-x) \approx c$		x		x

⇨ $K_a = \dfrac{x \cdot x}{c-x} \approx \dfrac{x^2}{c}$

② K_b(염기 이온화 상수)

$B(aq) + H_2O(l) \rightleftarrows BH^+(aq) + OH^-(aq)$

• $K_b = \dfrac{[BH^+][OH^-]}{[B]}$

• K_b가 정의되는 반응은 물과 염기의 반응이다.

• K_b가 클수록 염기의 세기가 증가하고 짝산의 세기는 감소한다.

• 강염기의 기준 : $K_b \geq 1$

• 약염기의 기준 : $10^{-14} < K_b < 1$

예 약염기 ($K_b < 10^{-3}$) ⇨ 근사해서 해결한다.

	$B(aq)$	$+$	$H_2O(l)$	$\rightleftarrows$	$BH^+(aq)$	$+$	$OH^-(aq)$
초 기	c				0		≈ 0 ⇨ 근사
반 응	$-x$				$+x$		$+x$
평 형	$(c-x) \approx c$				x		x

⇨ $K_b = \dfrac{x \cdot x}{c-x} \approx \dfrac{x^2}{c}$

③ K_a(산 이온화 상수)와 K_b(염기 이온화 상수)의 관계 : 산과 그 짝염기 사이에서만 생각한다.

$$K_a \times K_b = K_w = 10^{-14}$$
$$pK_a + pK_b = 14.0$$

(2) 강산/강염기의 pH

① 강산의 pH

㉠ $K_a \gg 1$이므로 100% 이온화된다. → $\alpha = 1$

㉡ $[HA]_0 = [H^+] = [A^-]$

㉢ $pH = -\log[H^+] = -\log[HA]_0$

⟮예⟯ HCl, HBr, HI, HNO_3, SO_4, $HClO_4$, $HClO_3$

실전 예제 09-01

0.1M의 HNO_3 수용액의 pH는?

해설

$[H^+] = 0.1M$이므로 pH는 1이다.

② 강염기의 pH

㉠ $K_b \gg 1$이므로 100% 이온화된다. → $\alpha = 1$

㉡ $[B]_0 = [OH^-]$

㉢ $pOH = -\log[OH^-] = -\log[B]_0$

㉣ $pH = 14 - pOH$

⟮예⟯ 알칼리 금속 수산화물, 알칼리 토금속 수산화물 일부 등

실전 예제 09-02

0.01M의 NaOH 수용액의 pH는?

해설

$[OH^-] = 10^{-2}$이므로 pOH = 2이다.

∴ pH = 12

(3) 약산/약염기의 pH

① **약산의 pH**

㉠ 평형 계산을 통한 pH

- $K_a \ll 1$이므로 $\alpha < 1$
- 평형 계산을 통해 pH를 구한다.
- 해리된 농도가 초기 농도의 5% 이내로 적은 경우에는 근사식을 이용하여 구한다.
- 초기 농도가 K_a보다 20배 이상 큰 경우 근사식을 이용하여 구하면 된다.

$\boxed{예}$ 0.1M HA 수용액의 $pH(K_a = 1.0 \times 10^{-5})$

	HA(aq)	$\rightleftharpoons$	H$^+$(aq)	$+$	A$^-$(aq)
초 기	0.1		≈ 0		0
반 응	$-x$		$+x$		$+x$
평 형	$(0.1-x) \approx 0.1$		x		x

$$\Rightarrow K_a = \frac{[\text{A}^-][\text{H}^+]}{[\text{HA}]} = \frac{x^2}{0.1-x} \approx \frac{x^2}{0.1}$$

$$[\text{H}^+] = [\text{A}^-] = \sqrt{K_a \times 0.1} = 1.0 \times 10^{-3}(\text{M})$$

$$pH = 3.0$$

> HA의 초기 농도를 c라고 하면
> - $[\text{H}^+] = \sqrt{c \cdot K_a}$
> - $pH = -\log[\text{H}^+] \fallingdotseq \dfrac{pK_a - \log c}{2}$

㉡ 약산 수용액의 해리도

- 해리도 : $\dfrac{\text{평형에서 이온화된 산의 농도}}{\text{산의 초기 농도}} = \dfrac{[\text{A}^-]}{[\text{HA}]_0}$

- 약산 수용액에서 해리도 : $\alpha = \sqrt{\dfrac{K_a}{c}}$ (c : 초기 농도)

- 희석을 시키면 해리도는 증가하지만 이온화 상수는 일정하다.

② **약염기의 pH**

㉠ 평형 계산을 통한 pH

- $K_b \ll 1$이므로 $\alpha < 1$
- 평형 계산을 통해 pH를 구한다.
- 해리된 농도가 초기 농도의 5% 이내로 적은 경우에는 근사식을 이용하여 구한다.
- 초기 농도가 K_b보다 20배 이상 큰 경우 근사식을 이용하여 구하면 된다.

$\boxed{예}$ 0.1MB 수용액의 $pH(K_b = 1.0 \times 10^{-5})$

	B(aq)	+	H$_2$O(l)	$\rightleftharpoons$	BH$^+$(aq)	+	OH$^-$(aq)
초 기	0.1				0		$\approx 0 \Rightarrow$ 근사
반 응	$-x$				$+x$		$+x$
평 형	$(0.1-x) \approx 0.1$				x		x

$$\Rightarrow K_b = \frac{[\text{HB}^+][\text{OH}^-]}{[\text{B}]} = \frac{x^2}{0.1-x} \approx \frac{x^2}{0.1}$$

$$\Rightarrow [\text{OH}^-] = [\text{HB}^+] = \sqrt{K_b \times 0.1} = 1.0 \times 10^{-3}(\text{M})$$

$$\Rightarrow \text{pOH} = 3.0$$

$$\Rightarrow \text{pH} = 11.0$$

> B의 초기 농도를 c라고 하자
> - $[\text{OH}^-] = \sqrt{c \cdot K_b}$
> - $\text{pOH} = -\log[\text{OH}^-] \fallingdotseq \dfrac{\text{p}K_b - \log c}{2}$

ⓛ 약염기 수용액의 해리도

- 해리도 $= \dfrac{\text{평형에서 이온화된 산의 농도}}{\text{산의 초기 농도}} = \dfrac{[\text{OH}^-]}{[\text{B}]_0}$

- 약염기 수용액에서 해리도 : $\alpha = \sqrt{\dfrac{K_b}{c}}$ (c : 초기 농도)

- 희석을 시키면 해리도는 증가하지만 이온화 상수는 일정하다.

(4) 염의 성질

① 구경꾼 이온

㉠ 센산의 짝염기인 음이온, 센염기의 양이온은 물보다 약한 산, 약한 염기로 물을 가수 분해하지 못하는 이온이다.

ⓛ 양이온 : 알칼리 금속 양이온, 알칼리 토금속 양이온, +1 전이금속 양이온 …

ⓒ 음이온 : Cl$^-$, Br$^-$, I$^-$, NO$_3^-$, ClO$_4^-$, ClO$_3^-$, …

구 분	양이온	음이온	예
중성염	구경꾼 이온	구경꾼 이온	NaCl, NaI
염기성염	구경꾼 이온	F$^-$, RCOO$_3^-$, NO$_2^-$, CN$^-$, …	NaF, NaCN
산성염	NH$_4^+$, RNH$_3^+$, …	구경꾼 이온	NH$_4$Cl

- 중성염
  - 강산 + 강염기 중화 반응에 의해 생긴 모든 염
  - 양이온과 음이온이 모두 구경꾼 이온
  - pH = 7.0

    예 $NaNO_3$, $NaCl$, $NaBr$, NaI, KCl, KBr, KI, …

강염기의 짝산으로 구경꾼 이온

$$NaCl(aq) \rightarrow Na^+(aq) + Cl^-(aq)$$

강산의 짝염기로 구경꾼 이온

- 염기성염
  - 약산 + 강염기 중화 반응에 의해 생성된 염
  - 양이온 : 구경꾼 이온
  - 음이온 : 약산의 짝염기(약염기)
  - pH > 7.0

강염기의 짝산으로 구경꾼 이온

$$NaCN(aq) \rightarrow Na^+(aq) + CN^-(aq)$$

약산의 짝염기로 약염기 : 물을 가수분해시킨다.

- 산성염
  - 강산 + 약염기 중화에 의해 생성된 염
  - 양이온 : 약염기의 짝산(약산)
  - 음이온 : 구경꾼 이온
  - pH < 7.0

약염기의 짝산으로 약산 : 물을 가수분해시킨다.

$$NH_4Cl(aq) \rightarrow NH_4^+(aq) + Cl^-(aq)$$

강산의 짝염기로 구경꾼이온

② 큰 전하를 가진 금속 양이온

물에 녹아 산성을 띤다.

예 Al^{3+}, Fe^{3+}, Cr^{3+}, Cu^{2+}, …

③ 산성 양이온과 염기성 음이온이 함께 존재하는 경우 수용액의 액성

구 분	양이온	음이온	액 성
NaCl	구경꾼	구경꾼	중 성
NaCN	구경꾼	CN^-	염기성
NH_4Br	NH_4^+	구경꾼	산 성
NH_4CN	NH_4^+	CN^-	NH_4^+의 K_a와 CN^-의 K_b를 비교하여 결정 NH_4^+의 $K_a = 5.6 \times 10^{-10}$ CN^-의 $K_b = 1.6 \times 10^{-5}$ 따라서 염기성

- 양이온(짝산) K_a > 음이온(짝염기) K_b → 산성염
- 양이온(짝산) K_a = 음이온(짝염기) K_b → 중성염
- 양이온(짝산) K_a < 음이온(짝염기) K_b → 염기성염

(5) 특별한 구조의 산

짝염기의 안정도가 클수록 산의 세기가 세다.

① 수소가 결합한 원자의 종류에 따른 영향(HaX_b)

    ㉠ X가 같은 족에서는 크기가 클수록 산의 세기가 증가한다.

    ㉡ X가 같은 주기에서는 전기 음성도가 클수록 산의 세기가 증가한다.

CH_4 Neither acid nor base	NH_3 Weak base $K_b=1.8\times10^{-5}$	H_2O	HF Weak acid $K_a=6.8\times10^{-4}$
SiH_4 Neither acid nor base	PH_3 Very weak base $K_b=4\times10^{-28}$	H_2S Weak acid $K_a=9.5\times10^{-8}$	HCl Strong acid
		H_2Se Weak acid $K_a=1.3\times10^{-4}$	HBr Strong acid

산의 세기 증가 (세로 방향: 산의 세기 증가)

산의 세기 증가 (가로 방향)

② 산소산($HaXO_b$)

    ㉠ X의 산화수가 동일한 경우 X의 전기 음성도가 클수록 산의 세기가 커진다.

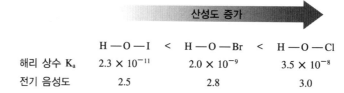

산성도 증가

	$H-O-I$	<	$H-O-Br$	<	$H-O-Cl$
해리 상수 K_a	2.3×10^{-11}		2.0×10^{-9}		3.5×10^{-8}
전기 음성도	2.5		2.8		3.0

    ㉡ X의 종류가 같을 경우 산소의 수가 많을수록 산의 세기가 커진다.

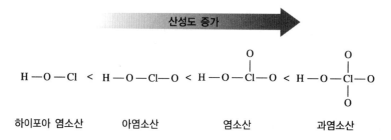

산성도 증가

하이포아 염소산	아염소산	염소산	과염소산

(1) 완충 용액

① 완충 용액

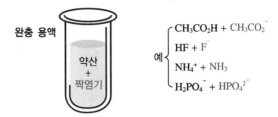

완충 용액

약산
+
짝염기

예 $\begin{cases} CH_3CO_2H + CH_3CO_2^- \\ HF + F^- \\ NH_4^+ + NH_3 \\ H_2PO_4^- + HPO_4^{2-} \end{cases}$

㉠ 약산과 그 약산의 짝염기가 혼합된 용액

㉡ 산 또는 염기를 가해도 pH 변화가 크지 않은 용액

㉢ 원하는 pH와 가장 가까운 pK_a값을 가지는 산을 이용해서 완충 용액을 만들어 사용한다.

예 pH 4.3인 완충 용액을 만들 때 어떤 산을 사용하는 게 적당한가?

프로판산 $K_a = 10^{-4}$, 하이포아염소산 $K_a = 10^{-8}$

② 완충 용액 제법

㉠ HA에 A^-를 가한 경우

예 CH_3COOH 1몰 + $NaCH_3COO$ 1몰

㉡ HA에 강염기를 가해 중화 전까지 중화시킨 경우

예 $CHCOOH$ 1몰 + NaOH 0.4몰 → $CH_3COOH : CH_3COO^- = 0.6$몰 : 0.4몰

㉢ A^-에 강산을 가해 중화 전까지 중화시킨 경우

예 $NaCH_3COO$ 1.0몰 + HCl 0.4몰 → $CH_3COOH : CH_3COO^- = 0.4$몰 : 0.6몰

③ 완충 용액 pH

$$pH = pK_a + \log\frac{[A^-]}{[HA]} \quad : \text{헨더슨 하셀바흐식}$$

㉠ 짝 관계인 산과 염기의 비율을 알면 pH를 알 수 있다.

㉡ pH를 알면 짝 관계인 산과 염기의 비율을 알 수 있다.

㉢ $pOH = pK_b + \log\dfrac{[HB^+]}{[B]}$

(2) 완충 작용

① 완충 작용의 원리

완충 용액에 강산(H^+)이나 강염기(OH^-)를 소량 첨가한 경우 → H^+를 첨가하면 산(HA)이 많아지고, OH^-를 첨가하면 염기(A^-)가 많아진다.

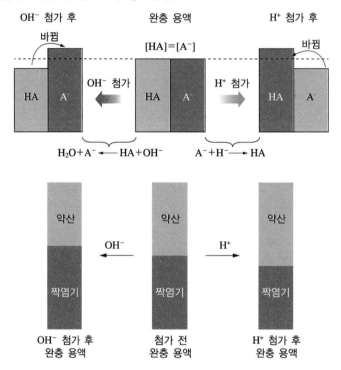

⊙ HA : 가해진 OH^-에 대해 완충 작용을 한다. 그 양을 염기에 대한 완충 용량이라고 한다.

ⓒ A^- : 가해진 H^+에 대해 완충 작용을 한다. 그 양을 산에 대한 완충 용량이라고 한다.

② 완충 용량

⊙ (1L 기준당) 강산이나 강염기가 첨가되었을 때 pH를 유지하는 능력을 말한다.

ⓒ 1L당 pH를 1만큼 바꾸는 데 필요한 H^+ or OH^- 몰수를 말한다.

ⓒ HA와 A^-의 농도가 클수록, HA와 A^-의 농도가 같아질수록 완충 용량은 크다.

ⓔ 염기에 대한 완충 용량이 크므로 산이 더 많이 들어 있다.

ⓜ 산에 대한 완충 용량이 크므로 염기가 더 많이 들어 있다.

[예]

구 분	HA	A^-
(가) 1L	1M	1M
(나) 1L	0.5M	0.5M
(다) 2L	0.5M	0.5M

구 분	HA	A^-
(가) 1L	8mol	2mol
(나) 1L	2mol	8mol
(다) 1L	5mol	5mol

완충 용량 : (가) > (나) = (다) • HCl을 0.1mol 첨가 시 　pH (가) = (다) > (나) 　|ΔpH| (가) = (다) < (나) • NaOH를 0.1mol 첨가 시 　pH (가) = (다) < (나) 　|ΔpH| (가) = (다) < (나)	완충 용량 : (가) = (나) < (다) • HCl을 0.1mol 첨가 시 　|ΔpH| (다) < (나) < (가) • NaOH를 0.1mol 첨가 시 　|ΔpH| (다) < (가) < (나)

04 산/염기의 적정

(1) 적 정

① **적정의 목표** : 미지 용액 속에 들어 있는 시료의 몰수를 알아내기 위함이다.

② 적정의 용어

- 표준 용액 : 농도를 정확하게 알고 있는 용액
  - 부피를 측정하면 들어 있는 몰수를 알 수 있다.
  - 표준 용액은 강산이나 강염기를 사용한다.
- 당량점 : 미지 용액 내 시료(산이나 염기)가 모두 반응하는 지점
- 종말점
  - 실험자가 당량점이라고 판단하고 실험을 멈추는 지점이다.
  - 당량점은 이론값이고 종말점은 실험값이다.
  - 종말점에서는 용액의 성질(지시약 색깔, 적정 곡선의 기울기가 수직 등)이 급변한다.
- 적정 곡선 : 산 – 염기 적정 중 분석하는 용액의 pH를 첨가하는 적정시약의 양에 대한 함수로 그린 그래프로, 당량점 직전과 직후에 pH가 급격히 변화한다.

(2) 적정 곡선의 해석

> **참고** 적정 곡선의 해석 방법
> 1. 당량점을 찾고 적정시약의 사용 부피를 확인한다.
> 2. 반당량점을 해석한다.
> 3. 중화 적정 시작점을 확인한다.

① 강산 – 강염기 적정

㉠ 강산 – 강염기 적정 곡선

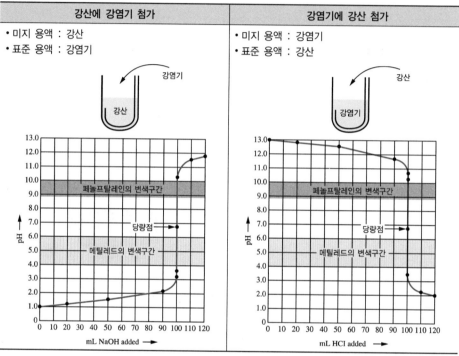

강산에 강염기 첨가	강염기에 강산 첨가
• 미지 용액 : 강산 • 표준 용액 : 강염기	• 미지 용액 : 강염기 • 표준 용액 : 강산

㉡ 중화점

- 알짜 이온 반응식 : $H^+(aq) + OH^-(aq) \rightarrow H_2O(l)$

- $K = \dfrac{1}{K_w} = 1.0 \times 10^{14}$

- H^+의 몰 수 = OH^-의 몰 수

- 생성물 : 중성염 → $pH = 7.0$

② 약산 – 강염기 적정
　ⓒ 약산 적정 곡선
　　• 미지 용액 : 약산
　　• 표준 용액 : 강염기
　　• 약산을 약염기로 바꾸는 과정(HA → A⁻)
　　　예 HA(pK$_a$ = 5.0) 100.0mL를 0.1M NaOH로 적정

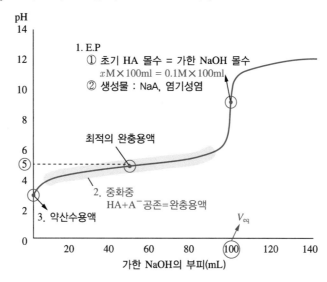

　ⓛ 중화점
　　• HA + OH⁻ → A⁻ + H₂O
　　• $K = \dfrac{1}{K_b} = \dfrac{K_a}{K_w}$
　　• 중화점까지 사용된 NaOH는 100mL임 → $[HA]_0 = 0.1M$
　　• 생성물 : 염기성염
　　• $pOH = \dfrac{1}{2}(pK_b - \log[A^-])$
　　• $K_b = \dfrac{x^2}{c'(부피 변화를 고려한 농도)}$
　　• $x = [OH^-] = \sqrt{c' \cdot K_b}$

ⓒ 완충 용액

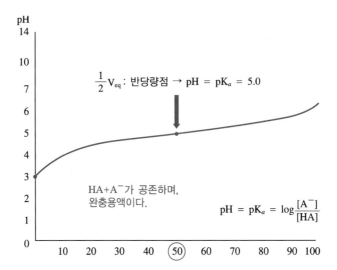

- 반당량점 : $[HA] = [A^-]$
- $pH = pK_a + \log\dfrac{[A^-]}{[HA]}$ 이므로 $pH = pK_a$

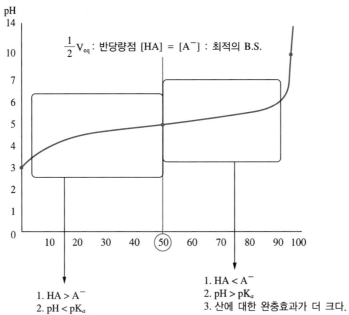

1. $HA > A^-$
2. $pH < pK_a$
3. 염기에 대한 완충효과가 더 크다.

1. $HA < A^-$
2. $pH > pK_a$
3. 산에 대한 완충효과가 더 크다.

② 초기 약산 수용액

• $HA + H_2O \rightleftharpoons A^- + H_3O^+$

• $pH = \dfrac{1}{2}(pK_a - \log[HA]_0)$

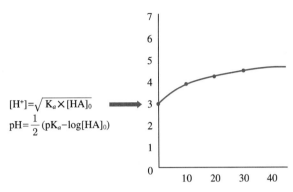

$$[H^+] = \sqrt{K_a \times [HA]_0}$$
$$pH = \frac{1}{2}(pK_a - \log[HA]_0)$$

③ 약염기 – 강산 적정

㉠ 약염기 적정 곡선

• 미지 용액 : 약염기

• 표준 용액 : 강산

• 약염기를 약산으로 바꾸는 과정($B \rightarrow BH^+$)

예 $B(pK_b = 5.0)$ 100.0mL를 0.1M HCl로 적정

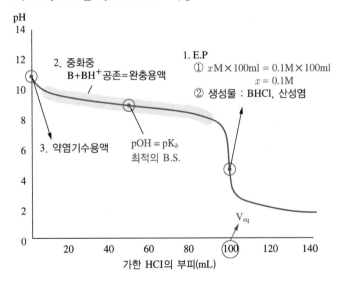

ⓛ 중화점

- $B + H^+ \rightarrow BH^+$

- 중화점까지 사용된 HCl는 100mL임

　　$\rightarrow [B]_0 = 0.1M$

- $pH = \dfrac{1}{2}(pK_a - \log[BH^+])$

- $K = \dfrac{1}{K_a} = \dfrac{K_b}{K_w}$

- 생성물 : 산성염

- $K_a = \dfrac{x^2}{c'\,(\text{부피 변화를 고려한 농도})}$

- $x = [H^+] = \sqrt{c' \cdot K_a}$

ⓒ 완충 용액

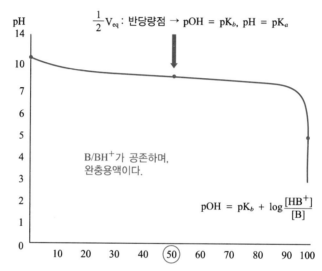

- 반당량점 : $[B] = [BH^+]$

- $pOH = pK_b + \log\dfrac{[HB^+]}{[B]}$ 이므로 $pOH = pK_b$

ⓓ 초기 약염기 수용액

- $B + H_2O \rightleftarrows BH^+ + OH^-$

- $pOH = \dfrac{1}{2}(pK_b - \log[B]_0)$

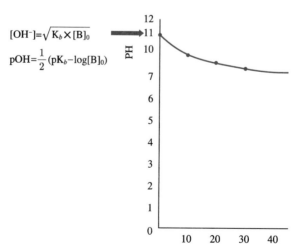

(3) 지시약

① 지시약은 약산, 약염기이다.

② 적정 실험을 진행할 때는 당량점에서 변색이 가능한 지시약을 선택한다.

③ 변색 범위 $\subset$ 지시약의 $pK_a \pm 1$

구 분	변색 범위(pH)	산성색	염기성색
메틸오렌지	3.1 ~ 4.4	붉은색	노란색
메틸레드	4.8 ~ 6.0	붉은색	노란색
리트머스	5.0 ~ 8.0	붉은색	파란색
크레졸레드	7.2 ~ 8.8	노란색	붉은색
페놀프탈레인	8.0 ~ 9.6	무 색	붉은색

05 용해도 평형

(1) 용해도

① 용해도

㉠ 포화 용액에서 녹은 용질의 양을 농도 단위로 표현한다.

㉡ (몰) 용해도(s) : 포화 용액에서 녹은 용질의 양을 몰농도(mol/L)단위로 표현한다.

㉢ 불용성 염(이온성 고체)이란 물에서의 용해도가 매우 낮은 이온성 고체, 몰 용해도가 $1.0 \times 10^{-5}M$ 이하인 염을 의미한다.

② 용해도 규칙

㉠ 가용성 $\Rightarrow$ 가용성 규칙이 우선임

• 1족 금속 양이온

• NH_4^+

• ClO_4^-, NO_3^-

• Cl^-, Br^-, I^-(단, Ag^+, Pb^{2+}, Hg_2^{2+}와 만나면 침전 생성)

㉡ 불용성

• CO_3^{2-}, PO_4^{3-}, CrO_4^{2-}

• S^{2-}, OH^-(단, Ca^{2+}, Sr^{2+}, Ba^{2+}와 만나면 녹는다)

③ K_{sp}(용해도곱상수)

㉠ K_{sp}(용해도곱상수)

• 용해 반응의 평형 상수

• 불용성 염과 용해된 이온 사이의 용해 평형에 대한 평형 상수

브로민화 구리(Ⅰ)의 용해도는 $2.0 \times 10^{-4} \text{mol/L}$, K_{sp}(용해도곱상수)는?

	CuBr	$\rightarrow$	Cu^+	+	Br^-
초 기					
반 응	$-s$		$+s$		$+s$
평 형			s		s

해설

$\Rightarrow K_{sp} = s^2 = (2 \times 10^{-4})^2 = 4.0 \times 10^{-8}$

$Fe(OH)_2$의 K_{sp}(용해도곱상수)가 4.0×10^{-15}일 때 용해도는?

	$Fe(OH)_2$	$\rightarrow$	Fe^{2+}	+	$2OH^-$
초 기					
반 응	$-s$		$+s$		$+2s$
평 형			s		$2s$

해설

$\Rightarrow K_{sp} = s \cdot (2s)^2 = 4s^3 = 4.0 \times 10^{-15}$

$s = 1.0 \times 10^{-5} \text{M}$

ⓛ 침전의 예측

- $Q < K_{sp}$: 불포화 용액
- $Q = K_{sp}$: 포화 용액
- $Q > K_{sp}$: 과포화 용액

(2) 침전 평형과 르 샤틀리에 원리

① 공통 이온 효과

- 공통 이온이 존재하는 경우 순수한 물에 녹인 경우보다 용해도가 작다.
- 원하지 않는 이온을 용액에서 제거할 때 공통 이온 효과를 이용한다.

예 AgCl의 $K_{sp} = 1.0 \times 10^{-10}$

$$AgCl \; \rightleftharpoons \; Ag^+ \; + \; Cl^-$$

초 기			
반 응	$-s$	$+s$	$+s$
평 형		s	s

$\Rightarrow K_{sp} = s^2 = 10^{-10}$

$\quad s = [Ag^+] = [Cl^-] = 10^{-5}$

$$AgCl \; \rightleftharpoons \; Ag^+ \; + \; Cl^-$$

초 기		0	1
반 응	$-s$	$+s$	$+s$
평 형		s	$(1+s) \approx 1$

$\Rightarrow K_{sp} = 1 \times s = 10^{-10}$

$\quad s = [Ag^+] = 10^{-10}$

② 착이온의 형성

㉠ 금속 양이온 다수가 루이스 산으로 리간드인 루이스 염기와 반응하면 배위 공유 결합을 형성하고 배위 착물을 형성한다.

㉡ 형성 상수(K_f)는 착물 이온의 형성에 대한 평형 상수이다.

예 $Ag^+(aq) + 2NH_3(aq) \rightarrow Ag(NH_3)_2^+(aq)$ 의 $K_f = \dfrac{[Ag(NH_3)_2^+]}{[Ag^+][NH_3]^2}$

$\Rightarrow AgCl(s)$가 침전된 용액을 NH_3를 가하면 $Ag(NH_3)_2^+$가 생성되어 용해도가 증가한다.

③ pH

㉠ 산성염은 산성 수용액에서는 용해도가 감소하고 염기성 수용액에서는 용해도가 증가한다.

㉡ 중성염은 산성 수용액과 염기성 수용액에 따른 용해도 변화가 없다.

㉢ 염기성염은 산성 수용액에서는 용해도가 증가하고, 염기성 수용액에서는 용해도가 감소한다.

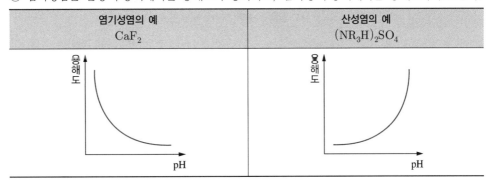

염기성염의 예 CaF_2	산성염의 예 $(NR_3H)_2SO_4$

10 전기 화학

01 산화-환원 반응

(1) 산화와 환원

① 산화수

㉠ 결합된 원자들 중 전자에 대한 친화력이 큰 원자가 결합에 참여한 전자를 모두 가진다고 정의하고 가지게 되는 전하량 값

$$+1 + -1 = 0 \qquad -2 + +4 + -2 = 0$$
$$H \ : \ F \qquad\qquad O = C = O$$

㉡ 산화수 결정 규칙

- 전체 전하량 = 산화수의 합
- 1족 금속 : +1 / 2족 금속 : +2 / Al : +3
- F : -1
- H : +1(단, 금속 화합물인 경우는 -1)
- O : -2(단, H_2O_2, O_2^{2-}에서는 -1)
- 산화수 규칙을 적용하여 산화수를 매길 수 없는 경우 : 산화수 = 근사적인 전하량을 이용한다.
- 평균 산화수가 아닌 각 원자별 산화수를 정확히 구하기 위해서는 루이스 구조를 이용하여 전자를 배치하고 원자가 전자 수를 기준으로 주어진 구조에서 원자의 전하량을 계산한다.
- 주족 원소의 최대 산화수는 원자가 전자 수, 전이 금속의 최대 산화수는 4주기 +7, 4주기 이상은 +8이다.

② 산화와 환원

㉠ 산화는 전자를 잃는 과정이고, 환원은 전자를 얻는 과정이다.
㉡ 산화는 산화수가 증가하고, 환원은 산화수가 감소한다.
㉢ 산화와 환원은 동시에 진행되기 때문에 주고받은 전자 수가 같다.

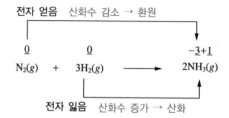

(2) 산화-환원 반응식

① 균형 맞추기

　　㉠ 맞춰야 하는 것 : 원자의 종류와 개수, 전자의 이동, 전하량

　　㉡ 산화-환원 반응식 완성하기

> 1. 산화수를 적는다.
> 2. 산화되는 물질과 환원되는 물질을 알아내어 반쪽 반응식을 만든다.
> 3. 수소, 산소를 제외한 모든 원소의 균형을 맞춘다(단, 수소나 산소가 산화 또는 환원되는 경우 반응에 참여하는 수소와 산소의 균형도 맞춘다).
> 4. 산화수를 지교하여 전자를 맞춘다. 이때 산화반응은 생성물 쪽에, 환원반응은 반응물 쪽에 전자가 나타난다(전자의 수는 산화수 차이를 원자 수만큼 곱한 것이다).
> 5. 반응물과 생성물의 전하 균형을 맞춘다(산성 용액에서는 H^+, 염기성 용액에서는 OH^-를 이용하여 전하 균형을 맞춘다).
> 6. H_2O를 이용하여 수소와 산소의 균형을 맞춘다.
> 7. 산화-환원 반쪽 반응에 도입된 전자의 개수가 같아지도록 n배한다.
> 8. 두 반쪽 반응식을 더해서 전체 반응식을 만든다.

　　㉠ $CuSO_4(aq)+I^-(aq) \rightarrow CuI(s)+I_3^-(aq)+SO_4^{2-}(aq)$

　　　산화 : $3I^- \rightarrow I_3^- + 2e^-$

　　　환원 : $(CuSO_4 + e^- + I^- \rightarrow CuI + SO_4^{2-}) \times 2$

　　　⇨ 전체 반응식 : $2CuSO_4(aq)+5I^-(aq) \rightarrow 2CuI(s)+I_3^-(aq)+2SO_4^{2-}(aq)$

② 이동한 전자 수

　　㉠ 산화수 차이 × 산화수가 변한 원자 수

　　㉡ 산화-환원 반응에서 주고받은 전자 수는 같다.

　　㉢ 반응 과정에서 이동한 전자 수를 맞는 경우에는 전체 반응식의 계수와 전자의 계수를 기준으로 비교한다.

　　　㉠ 5몰의 $C_2O_4^{2-}$가 반응할 때 이동시키는 전자의 몰수 = 10몰

③ 산화제와 환원제

　　㉠ 산화제 : 자신은 환원되면서 남을 산화시키는 물질로 환원을 잘할수록 산화력이 크다.

　　㉡ 환원제 : 자신은 산화되면서 남을 환원시키는 물질로 산화를 잘할수록 환원력이 크다.

④ 반응식과 전지 전위

　　㉠ 산화-환원 반응의 추진력을 나타낸다.

　　㉡ 열역학 변수와 다르게 크기 성질이 아니고, 또한 상태 함수도 아니다.

　　㉢ 계수를 n배해도 전지 전위는 일정하나.

　　㉣ 반응식을 더하거나 뺄 때 그대로 전지 전위를 더하거나 빼면 안 된다.

　　㉤ 산화 반쪽 반응과 환원 반쪽 반응을 더해 전체 반응을 만드는 경우 전지 전위를 그냥 더하거나 빼고, 나머지 경우는 전자의 계수를 전지 전위에 곱한 값으로 계산한다.

(1) 갈바니 전지

① 표준 조건에서 갈바니 전지 만들기

$$Zn(s) + Cu^{2+}(aq) \rightarrow Zn^{2+}(aq) + Cu(s)$$

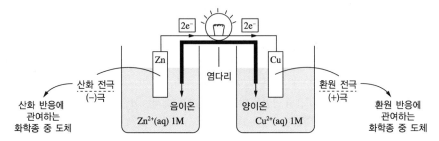

㉠ 자발적인 산화-환원 반응

㉡ 반응이 진행될 때 자유 에너지 감소 : $\triangle G < 0$

㉢ 반응이 진행될 때 전지 전위는 양의 값 : $G > 0$

㉣ 환원 전위가 큰 화학종은 환원 반응을, 산화 전위가 큰 화학종은 산화 반응을 진행함

㉤ 전자는 산화 전극(-)에서 환원 전극(+)로 이동

㉥ 염다리 : 반응이 진행되는 동안 용액이 전기적 중성을 유지하게 해 줌

② 선 표시도(전지도)

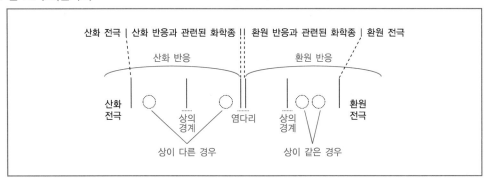

예 $Zn(s) + Cu^{2+}(aq) \rightarrow Zn^{2+}(aq) + Cu(s)$

$Zn(s) | Zn^{2+}(aq) \| Cu^{2+}(aq) | Cu(s)$

(2) 전지 전위

① 전지 전위

㉠ 산화 전극에서 환원 전극으로 전자가 이동하는 반응의 추진력

㉡ 산화 전위와 환원 전위의 합

$$E_{전지} = E_{산화}(산화\ 전극) + E_{환원}(환원\ 전극)$$

ⓒ 환원 전위의 차이

$$E_{전지} = E_{환원}(환원\ 전극) - E_{환원}(산화\ 전극)$$

ⓔ 산화 전위의 차이

$$E_{전지} = E_{산화}(산화\ 전극) - E_{산화}(환원\ 전극)$$

② 표준 전지 전위

ⓐ 표준 조건에서 산화 전극에서 환원 전극으로 전자가 이동하는 반응의 추진력

$$E°_{전지} = E°_{산화}(산화\ 전극) + E°_{환원}(환원\ 전극)$$
$$E°_{전지} = E°_{환원}(환원\ 전극) - E°_{환원}(산화\ 전극)$$
$$E°_{전지} = E°_{산화}(산화\ 전극) - E°_{산화}(환원\ 전극)$$

ⓑ 온도에만 의존하는 상수임

표준 환원 전위가 크다	⇨	• 환원을 잘한다. • 강한 산화제이다. • 산화력이 크다.
표준 산화 전위가 크다	⇨	• 산화를 잘한다. • 강한 환원제이다. • 환원력이 크다.

③ 표준 수소 전극

수소의 표준 산화 전위와 수소 이온의 표준 환원 전위 : 0V(표준 상태에서)

$2H^+(aq,\ 1.0M) + 2e^- \rightarrow H_2(g,\ 1.0atm)$ $E° = 0.00V$

(3) 전지 전위의 의존성

① 전지 전위의 압력, 농도 의존성

ⓐ 농도와 압력은 반응물이 증가하거나 생성물이 감소하면 전지 전위가 증가한다.

ⓑ 농도와 압력은 반응물이 감소하거나 생성물이 증가하면 전지 전위가 감소한다.

ⓒ 전지 전위가 증가하면 정반응을 선호하고, 전지 전위가 감소하면 역반응을 선호한다.

ⓔ 침전의 형성, 산-염기 반응, 착이온의 형성 등에 의해 전지 반응에 참여하는 화학종의 농도가 바뀔 수 있다.

ⓜ 산화 전극과 환원 전극을 동시에 같은 비율로 묽히는 경우 전체 반응에서 수용액에 녹아 있는 입자 수에 따라 정반응에서 입자 수가 증가하면 전지 전위가 증가하고, 역반응에서 입자 수가 증가하면 전지 전위가 감소한다.

② 전지 전위의 압력 농도 의존성

$$E = E° - \frac{RT}{nF} \ln Q = E° - \frac{0.0592}{n} \log Q$$

$$(25℃에서 \frac{RT}{F} \times \ln 10 = 0.0592)$$

　ⓐ 전체 반응식, 반쪽 반응식(환원, 산화) 모두 적용할 수 있다.

　ⓑ 전지를 구성하는 화학종의 압력과 농도를 알 수 있을 때 전지 전위를 계산할 수 있고, 전지 전위가 주어지면 전지를 구성하는 화학종의 압력과 농도 중 하나를 구할 수 있다.

　ⓒ 전지 전위의 변화는 Q값의 변화에 의해 나타나며 Q값이 a배 변하면 전지 전위의 변화량은 $-\frac{0.0592}{n}\log$이다.

　ⓓ Q값이 10배 또는 $\frac{1}{10}$배 바뀔 때마다 전지 전위는 $\frac{0.0592}{n}$V씩 바뀐다.

(4) 농도차 전지

① 두 전극이 담긴 용액의 농도가 같아지는 방향으로 반응이 진행됨

② $E° = 0$

③ 고농도 : 반응물, 저농도 : 생성물

④ $E = \frac{0.0592}{n} \log 농도비 \, (at \, 25℃)$

⑤ 농도가 같아지면 평형에 도달함

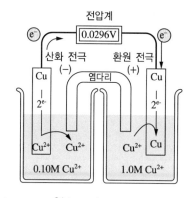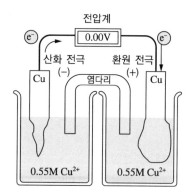

산화 : $Cu \rightarrow Cu^{2+}(0.1M) + 2e^-$

환원 : $Cu^{2+}(1.0M) + 2e^- \rightarrow Cu$

전체 : $Cu(산화 전극) + Cu^{2+}(환원 전극) \rightarrow Cu^{2+}(산화 전극) + Cu(환원 전극)$

⇨ $E = 0 - \frac{0.0592}{2} \log \frac{0.1}{1} = 0.0296V$

(5) $E°$, $\triangle G°$, K

$$\triangle G° = -nFE°, \ \triangle G° = -RT\ln K$$
$$E° = \frac{RT}{nF}\ln K = \frac{0.0592}{n}\log K\,(at\,25℃)$$

온도에만 의존하고 반응이 진행되는 과정에서 각 화학종의 농도나 압력 변화에 의해서 영향을 받지 않는다.

03 전해 전지

(1) 전해 전지

① 갈바니 전지와 비교

갈바니 전지	전해 전지
자발적 반응(전지 없음)	비자발적 반응(외부 전원 있음)
화학 E를 전기 E로	전기 E를 화학 E로
$\triangle G < 0$	$\triangle G > 0$
$E > 0$	$E < 0$

② 전해 전지

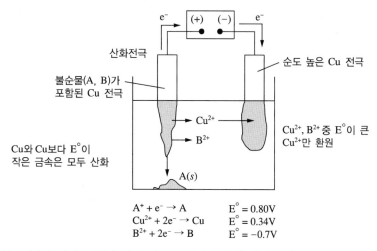

산화전극

불순물(A, B)가
포함된 Cu 전극

순도 높은 Cu 전극

Cu^{2+}, B^{2+} 중 $E°$이 큰
Cu^{2+}만 환원

Cu^{2+}
B^{2+}

Cu와 Cu보다 $E°$이
작은 금속은 모두 산화

$A(s)$

$A^+ + e^- \rightarrow A$ $E° = 0.80V$
$Cu^{2+} + 2e^- \rightarrow Cu$ $E° = 0.34V$
$B^{2+} + 2e^- \rightarrow B$ $E° = -0.7V$

㉠ 관심 있는 반응의 산화 전위와 환원 전위를 더하여 구한 전기 전압이 음수인 경우의 비자발적 반응

㉡ 외부 전원을 연결함

㉢ 외부 전원과 전지 전압의 합이 양수가 되도록 해야 함

ⓔ 외부 전원의 (+)극과 연결된 전극에서는 산화 반응이, (−)극과 연결된 전극에서는 환원 반응이 진행됨

ⓜ 산화 반응과 환원 반응에서 이동한 전자의 몰수는 같음

$$n = \frac{I \times t}{F} \, (F : \text{페러데이상수 } 96500\text{C/mol})$$

(2) 전기 분해

① 물의 전기 분해

산화 전극(+) : $2\text{H}_2\text{O}(l) \rightleftarrows \text{O}_2(g) + 4\text{H}^+(aq) + 4\text{e}^-$

환원 전극(−) : $2\text{H}_2\text{O}(l) + 2\text{e}^- \rightleftarrows \text{H}_2(g) + 2\text{OH}^-(aq)$

㉠ 산소 기체 1몰당 전자 4몰

㉡ 수소 기체 1몰당 전자 2몰

② 수용액에서 전기 분해

㉠ 산화 전극(+) : 물과 음이온이 경쟁한다. 산화 전위가 가장 큰 화학종이 산화한다.

㉡ 환원 전극(−) : 물과 양이온의 경쟁한다. 환원 전위가 가장 큰 화학종이 환원한다.

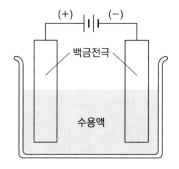

11 | 배위 화학(착화합물)

01 착화합물

(1) 착화합물의 구성

  ① 착화합물

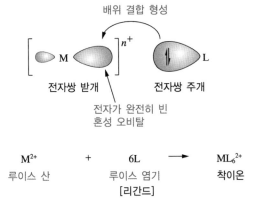

$$M^{2+} \quad + \quad 6L \quad \longrightarrow \quad ML_6{}^{2+}$$

루이스 산   루이스 염기   착이온

                 [리간드]

  ② 리간드

    ㉠ 중심 금속 이온에 전자쌍을 제공하여 배위 결합을 하는 물질

    ㉡ 리간드 : 루이스 염기

    ㉢ 중심 금속 : 루이스 산

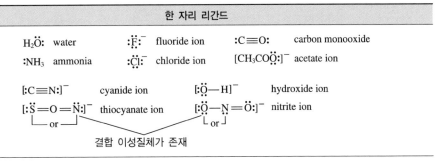

한 자리 리간드

두 자리 리간드(Cis)

H₂C — CH₂
H₂N   NH₂
ethylenediamine(en)

oxalate ion

carbonate ion

glycinate ion(gly)

Bipyridine
(bipy)

Ortho−phenanthroline
(*o*−phen)

여러 자리 리간드

H₂C — CH₂   CH₂ — CH₂
H₂N   NH   NH₂
diethylenetriamine(dien)

H₂C — CH₂   CH₂ — CH₂   CH₂ — CH₂
H₂N   NH   NH   NH₂
triethylenetetramine(trien)

ethylenediaminetetraacetate ion(EDTA⁴⁻) 6자리 리간드

└─► M−EDTA 착물은 거울상 이성질체가 존재한다.

③ 중심 금속

㉠ 산화수

● 일반적인 산화수

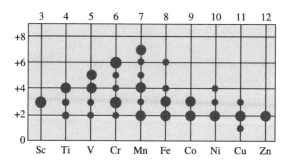

전이 금속은 여러 가지 산화수를 가질 수 있음

    ⓛ 금속 이온의 d오비탈 전자 수
     • d오비탈 전자 수 = 족 번호 − 산화수
     • 4주기 전이 금속의 d오비탈 전자 수 = 원자 번호 − 18 − 산화수
    ⓒ 배위수와 입체 구조
     • 배위수 : 중심 금속 이온의 배위 결합 수
      − 배위수 2 : 선형
      − 배위수 4 : 평면 사각형 또는 사면체
      − 배위수 6 : 팔면체
      [예] $[Fe(H_2O)_6]^{2+}$: 중심 금속 Fe^{2+}와 H_2O 리간드 6개 → 배위수 = 6

(2) 킬레이트 효과

 ① 형성 상수(K_f)
  ⊙ 금속 이온과 리간드가 결합되어 착물을 형성할 때의 평형 상수이다.
  ⓛ 형성 상수가 클수록 착물의 안정도가 크고, 리간드의 배위 능력이 크다.
  ⓒ 형성 상수는 1보다 크다.
   [예] $Ag^+(aq) + 2NH_3(aq) \rightleftarrows [Ag(NH_3)_2]^+(aq)$

$$K_f = \frac{[Ag(NH_3)_2]^+}{[Ag^+][NH_3]^2} > 1$$

 ② 킬레이트 효과
  ⊙ 한 자리가 결합할 때보다 비슷한 구조의 여러 자리 리간드가 결합할 때 형성 상수가 크다.
  ⓛ 여러 자리 리간드가 결합하는 경우 $\triangle S°$가 더 큰 값을 가진다(엔트로피 효과).
  ⓒ 끊어지려는 결합과 생성되려는 결합이 동일하므로 $\triangle H°$는 거의 비슷하다.

(3) 착화합물 구조

 ① 이성질체

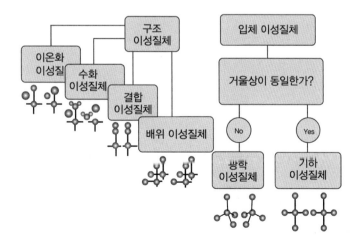

⊙ 구조 이성질체 : 원자의 종류와 수는 같지만 결합이 다른 이성질체
- 이온화 이성질체 : 리간드와 상대 이온이 바뀐 경우
- 배위 이성질체 : 리간드와 리간드가 바뀐 경우

$[Pt(NH_3)_4Cl_2][PtCl_4]$	$[Pt(NH_3)_4][PtCl_6]$
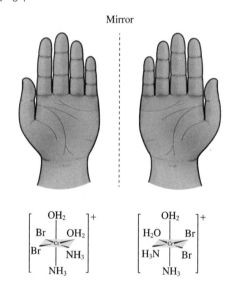	

- 수화 이성질체 : 물이 리간드에서 결정수(수화물)로 바뀐 경우
- 결합 이성질체 : 같은 리간드에서 배위 원자가 바뀌는 경우

$[Co(NH_3)_5NO_2]Cl_2$	$[Co(NH_3)_5ONO]Cl_2$

ⓒ 입체 이성질체 : 결합 관계는 같지만 입체적 배향이 다른 이성질체
- 광학 이성질체 : 착화합물 내 대칭면이 존재하지 않을 때 → 광학 활성
- 거울상과 겹치지 않는 경우

Mirror

- 기하 이성질체 : 거울상이 아닌 입체 이성질체

cis	trans

② 사면체 구조의 입체 이성질체

• 혼성 오비탈 : sp^3

	기하 이성질체	광학 이성질체(쌍)	입체 이성질체(개)
MABCD	×	1	2
$M(ab)_2$	×	1	2

• 기하 이성질체가 존재하지 않는다.

MABCD	$M(ab)_2$
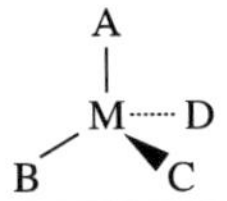	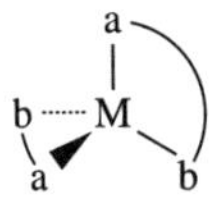

③ 평면 사각형 구조의 입체 이성질체

㉠ 혼성 오비탈 : dsp^2

㉡ 광학 이성질체가 존재하지 않는다.

구 분	기하 이성질체(개)	광학 이성질체(쌍)	입체 이성질체(개)
MA_2B_2	2	×	2
MA_2BC	2	×	2
$MA_2(en)$	×	×	×
$M(ab)_2$	2	×	2
MABCD	3	×	3

MA_2BC	$MA_2(en)$
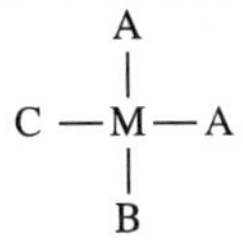 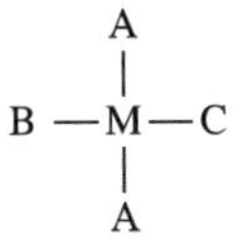	 cis만 가능

$M(ab)_2$	MABCD
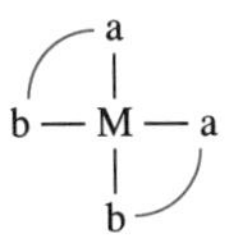 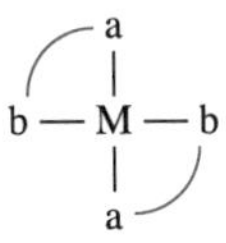	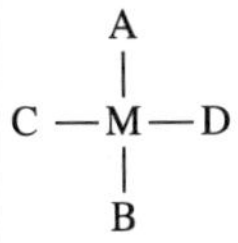 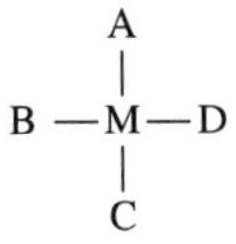 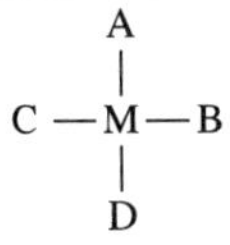

④ 팔면체 구조의 입체 이성질체

혼성 오비탈 : sp^3d^2 or d^2sp^3

구 분	기하 이성질체(개)	광학 이성질체(쌍)	입체 이성질체(개)
MA_2B_4	2	×	2
MA_3B_3	2	×	2
$MA_2B_2C_2$	5	1	6
$MA_2B_2(en)$	3	1	4
$MA_2(en)_2$	2	1	3
$M(en)_3$	×	1	2
$M(ab)_3$	2	2	4
MA_3B_2C	3	×	3
$M(dien)_2$	3	1	4
$MA_2(trien)$	3	2	5
$M(EDTA)$	×	1	2

MA_2B_4

<cis>   <trans>

MA_3B_3

<fac->   <mer->

$MA_2B_2C_2$

<all trans>   <A trans>   <all cis>   <all cis의
                <B trans>   광학 이성질체>
                <C trans>

(1) 결정장 갈라짐

① d오비탈 갈라짐

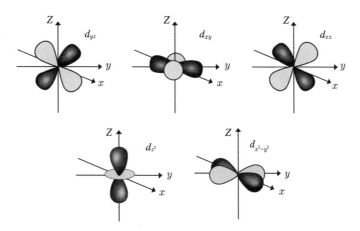

축에 존재하는 d_{z^2}, $d_{x^2-y^2}$은 리간드 전자가 가깝게 접근하므로 궤도함수의 에너지가 높다.

② 결정장 갈라짐

㉠ 팔면체 구조

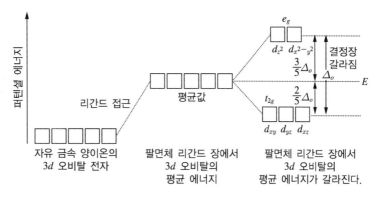

㉡ 사면체 구조

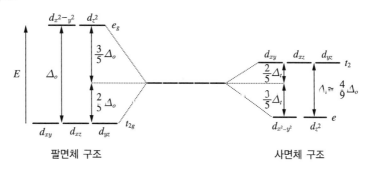

ⓒ 평면 사각형 구조

    • Pt^{2+}, Pd^{2+}, Au^{3+} → 배위수가 4이면 평면 사각형 구조

    • Ni^{2+} → 배위수가 4이면서 강한 리간드가 결합한 경우이면 평면 사각형 구조

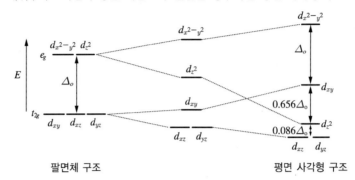

팔면체 구조　　　　　　　　　　　　　평면 사각형 구조

ⓓ 선형 구조

Au^+, Ag^+, Cu^+ : 1가 양이온

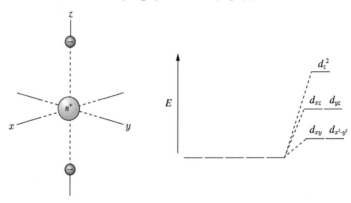

(2) 결정장 갈라짐 에너지에 영향을 미치는 요인

   ① 리간드 : $I^- < Br^- < Cl^- < F^- < OH^- < H_2O < NH_3 < en < CN^- < CO$

   ② 중심 금속의 산화수가 크고, 중심 금속의 크기가 클수록 결정장 갈라짐 에너지가 크다.

   ③ 일반적으로 평면 사각형 구조는 팔면체 구조에 비하여 결정장 갈라짐 에너지가 크다.

     → 금속과 리간드의 영향에 의하여

(3) 전자 배치

① 전자 배치

　　㉠ PE : 짝지음 에너지

　　㉡ Δ : 결정장 갈라짐 에너지

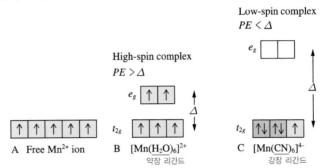

② 자기적 성질

　㉠ 상자기성 : 홀전자가 존재하는 경우 자기장에 끌리는 성질이다. 홀전자의 수가 많을수록 상자기
　　성이 크다.

　㉡ 반자기성 : 홀전자가 존재하지 않는 경우 자기장에 밀려나는 성질이다.

구 분	고스핀의 자기적 성질	저스핀의 자기적 성질
d^1	상자성	상자성
d^2	상자성	상자성
d^3	상자성	상자성
d^4	상자성	상자성
d^5	상자성	상자성
d^6	상자성	반자성
d^7	상자성	상자성
d^8	상자성	상자성
d^9	상자성	상자성
d^{10}	반자성	반자성

(4) 착이온의 색

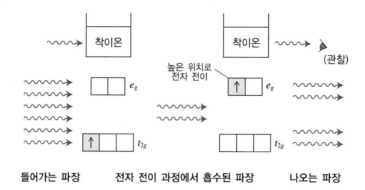

들어가는 파장   전자 전이 과정에서 흡수된 파장   나오는 파장

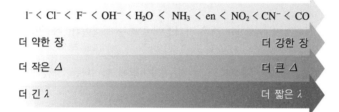

$I^- < Cl^- < F^- < OH^- < H_2O < NH_3 < en < NO_2 < CN^- < CO$

더 약한 장   더 강한 장

더 작은 Δ 더 큰 Δ

더 긴 λ 더 짧은 λ

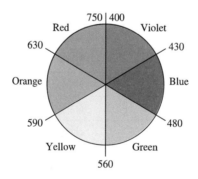

12 | 유기 화합물

01 유기 분자 작용기

(1) 작용기

① 작용기 : 특징적인 물리, 화학적 성질을 나타내는 원자나 원자들

② 작용기의 종류

  ㉠ 탄화 수소 : 탄소와 수소만으로 이루어진 화합물

   • 알케인 : 탄소와 탄소의 단일 결합으로 이루어진 탄화 수소

   • 알켄 : 탄소와 탄소의 이중 결합을 포함한 탄화 수소

   • 알카인 : 탄소와 탄소의 삼중 결합을 포함한 탄화 수소

   • 방향족 화합물 : 벤젠 고리를 포함한 탄화 수소

알케인	알 켄
H H | | H – C — C – H | | H H	H H – C = C – H H H
알카인	**방향족**
H – C ≡ C – H	(벤젠 고리 구조)

  ㉡ 할로젠화 알킬

   • R–X(X : F, Cl, Br, I)

   • 할로젠이 결합한 탄소의 차수에 따라 메틸, 1차, 2차, 3차로 분류

   • 탄소의 차수 : sp^3 혼성 탄소 주위에 결합된 탄소 수에 의하여 결정

ⓒ 알코올

　• R－OH

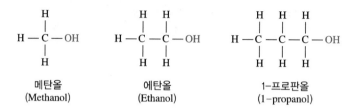

| 메탄올
(Methanol) | 에탄올
(Ethanol) | 1-프로판올
(1-propanol) |

　• 알코올이 결합한 탄소의 차수에 따라 메틸, 1차, 2차, 3차로 분류

ⓔ 에 터

　• $R_1 - O - R_2$

ⓜ 아 민

　• $R - NH(R)_2$

(2) 카보닐기 : 탄소-산소 이중결합을 포함하는 작용기

① 특징($C = O$ 결합)

　ⓐ 유발효과와 공명효과 때문에 탄소는 전자를 빼앗긴다.

　ⓑ 카보닐기에 포함된 탄소는 전자가 부족하므로 친전자체이다.

② 카보닐기의 종류

　ⓐ 알데하이드

　　• $-CHO$

Formaldehyde　　Acetaldehyde

　ⓑ 케톤($R_1 - CO - R_2$)

Acetone

ⓒ 카복실산(R – COOH)

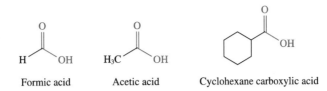

Formic acid   Acetic acid   Cyclohexane carboxylic acid

ⓐ 에스터(R₁ – COOR₂)

Ethyl acetate

ⓜ 아마이드(R₁ – CONH₂)

Formamide   Acetamide

02 명명법

(1) 명명의 기본

① 탄소 수 접두어

탄소 수	접두어	탄소 수	접두어
1	Meth–	6	Hex–
2	Eth–	7	Hept–
3	Prop–	8	Oct–
4	But–	9	Non–
5	Pent–	10	Dec–

② 모 체

ⓐ 가장 긴 탄화수소이다.

ⓑ 같은 수를 가지는 경우에는 치환기수를 더 많이 가지는 모체를 결정한다.

ⓒ 첫 번째 치환기(곁가지)가 더 가까운 쪽부터 번호를 붙이고, 첫 번째 치환기가 같은 지점에 위치하면 두 번째 치환기가 가까운 쪽부터 번호를 붙인다.

ⓓ 양쪽 말단에서 동일한 위치에 치환기가 존재하면 치환기 이름의 알파벳 순서가 낮은 쪽에 이름을 붙인다.

③ 작용기

작용기	접미어	접두어
카복실산	−oic acid(사슬) −Carboxylic acid(고리)	Carboxy−
알데하이드	−al(사슬) −Carbaldehyde(고리)	Oxo−
케 톤	−one	
알코올	−ol	Hydroxy−
아 민	−amine	Amino−
알 켄	−ene	Alkenyl−
알카인	−yne	Alkynyl−
알케인	−ane	Alkyl−
에 터		Alkoxy−
아자이드		Azido−
할로젠화물		Halo−
나이트로 화합물		Nitro−

(2) 명명법

① 알케인

㉠ 가장 긴 체인을 모체로 찾고 접미어는 'ane'로 끝낸다.

㉡ 치환기는 '−yl'을 붙인다.

㉢ 번호는 작게 만든다.

㉣ 치환기 : 2개 → di, 3개 → tri, 4개 → tetra

㉤ 알파벳 먼저 나온 것을 먼저 쓴다.

㉥ Iso, Neo는 알파벳에 고려한다.

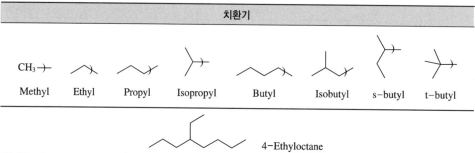

② 알 켄

㉠ 이중 결합이 포함된 가장 긴 체인을 찾고 접미에는 'ene'로 끝낸다.

㉡ 치환기는 '−yl'을 붙인다.

㉢ 치환기 : 2개 → di, 3개 → tri, 4개 → tetra

㉣ 알파벳 먼저 나온 것을 먼저 써준다.

㉤ Iso, Neo는 알파벳에 고려한다.

ㅂ 우선 순위 : -OH > 이중 = 삼중 > -R > -X

　→ 우선 순위가 큰 것의 번호를 작게 만든다.

　　　　2-Butene　　　　　　　　3-Methylbut-1-ene
　　　(개정된 명명 : But-2-ene)

③ 알카인

　㉠ 삼중 결합이 포함된 가장 긴 체인을 찾고 접미어는 yne로 끝낸다.

　㉡ 삼중 결합 탄소 원자에 낮은 번호가 오도록 번호를 부여한다.

　　　　Propyne　　　　　　　But-2-yne

03　이성질체

(1) 구조 이성질체

　① C_nH_{2n+2}(알케인)

　② 구조 이성질체 : 같은 분자식을 가지지만 원자들의 결합 순서가 다른 이성질체

　　butane　　isobutane　　pentane　　isopentane　　neopentane

(2) 입체 이성질체 : 원자들의 연결 순서는 같지만 공간적 배열에 차이가 나는 이성질체

　① 기하 이성질체

H₃C
　　　＼
　　　　　　VS　　　H₃C　　CH₃
　　　　CH₃

　② 거울상 이성질체(광학 이성질체)

COOH
H₃C⁣ᐟᐟᐟ H
　　　OH

COOH
H ᐟᐟᐟ
HO　　CH₃

　※ 카이탈 중심(Chiral Center) : 4개의 서로 다른 치환기를 가진 sp^3 혼성 원자

예

OH
O
OH
O
H
H
H
O

단 체		고분자
화학식	이 름	이름과 구조식
$H_2C = CH_2$	에틸렌	폴리에틸렌 $+H_2C - CH_2\mathbin{\rlap{/}{)_n}}$
$H_2C = \overset{\displaystyle H}{\underset{\displaystyle CH_3}{C}}$	프로필렌	폴리프로필렌 $\left[\overset{}{\underset{\displaystyle CH_3}{CH}} - CH_2 - \overset{}{\underset{\displaystyle CH_3}{CH}} - CH_2\right]_n$
$H_2C = \overset{\displaystyle H}{\underset{\displaystyle Cl}{C}}$	염화 바이닐	폴리(염화 바이닐, PVC) $\left[CH_2 - \underset{\displaystyle CN}{CH}\right]_n$
$H_2C = \overset{\displaystyle H}{\underset{\displaystyle CN}{C}}$	아크릴로나이트릴	폴리아크릴로나이트릴(PAN) $\left[CH_2 - \underset{\displaystyle CN}{CH}\right]_n$
$F_2C = CF_2$	테트라플루오로에틸렌	폴리테트라플루오로에틸(테플론) $+CF_2 - CF_2\mathbin{\rlap{/}{)_n}}$
$H_2C = \overset{\displaystyle COOCH_3}{\underset{\displaystyle CH_3}{C}}$	메타크릴산메틸	폴리(메타크릴산 메틸)(플렉시글라스) $COOCH_3$ $+CH_2 - \overset{}{\underset{\displaystyle CH_3}{C}}\mathbin{\rlap{/}{)_n}}$
$H_2C = \overset{\displaystyle H}{C}$ ⬡	스타이렌	폴리스타이렌 $+CH_2 - \overset{\displaystyle H}{C}\mathbin{\rlap{/}{)_n}}$ ⬡
$H_2C = \overset{\displaystyle H}{C} - \overset{\displaystyle H}{C} = CH_2$	뷰타다이엔	폴리뷰타다이엔 $+CH_2CH = CHCH_2\mathbin{\rlap{/}{)_n}}$
위의 구조 참조	뷰타다이엔과 스타이렌	스타이렌-뷰타다이엔 고무(SBR) $+CH - CH_2 - CH_2 - CH = CH_2\mathbin{\rlap{/}{)_n}}$ ⬡

13 | 분자 분광학

01 분자 분광학 방법

(1) 적외선 분광법(IR Spectroscopy)

　① 분자의 진동을 연구하는 방법

　② 분자 내 작용기에 관한 정보를 알 수 있음

(2) 핵 자기 공명 분광법(NMR Spectroscopy)

　① 원자핵의 핵스핀을 확인하는 방법

　② 라디오파를 이용하여 C−H 골격 정보를 알 수 있음

(3) 질량 분석법(Mass Spectroscopy)

　① 양이온의 병진 운동 속도를 이용하는 방법

　② 분자량을 확인함

02 적외선 분광법(IR Spectroscopy)

IR 스펙트럼은 모든 진동 운동에서 발생하는 에너지 흡수띠의 겹침으로 나타내진다. 작용기별 IR흡수가 서로 다르다.

N−H / O−H	$3300 \sim 3600 cm^{-1}$
C−H	$3000 cm^{-1}$
$C \equiv C$ / $C \equiv N$	$2200 cm^{-1}$
$C = O$	$1650 \sim 1750 cm^{-1}$
$C = C$	$1640 \sim 1680 cm^{-1}$

원자핵의 회전 운동에서 생기는 자기장과 외부 자기장의 상호 작용으로 인하여 에너지 차이가 발생한다. 이 에너지 차이에 해당하는 라디오파가 흡수되는 현상을 이용하여 구조를 확인한다.

(1) 화학적 이동

원자의 결합 상태에 따라 원자핵이 받는 가리움 효과가 달라져 공명 주파수가 달라진다.
전자가 부족한 수소일 경우 x축의 왼쪽에 나타난다.

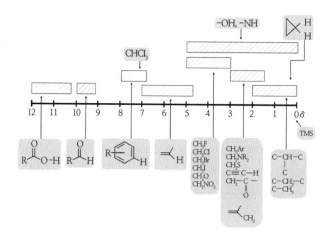

(2) 화학적 동등한 수소

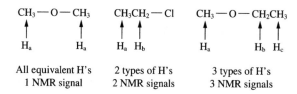

(3) Peak

Peak의 면적은 해당 수소의 개수 비율임

(4) 짝지음과 Peak의 갈라짐

$$X-CH-CH-Y$$
$$(X \neq Y)$$

$$-CH_2-CH$$

$$X-CH_2-CH_2-Y$$
$$(X \neq Y)$$

$$CH_3-CH$$

$$CH_3-CH_2-$$

$$\begin{cases} CH_3 \\ CH_3 \end{cases} CH-$$

2024년 기출문제

01 그림 (가)는 온도 T_1K, 외부압력 1atm에서 실린더에 1mol He(g)와 1mol H_2O을 넣어 도달한 평형을, (나)는 (가)에서 온도를 T_2K, 외부압력을 0.5atm으로 변화시켜 도달한 새로운 평형을 나타낸 것이다.

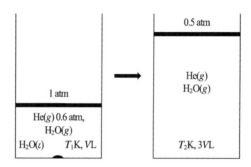

이에 관한 설명으로 옳은 것만을 〈보기〉에서 있는 대로 고른 것은? (단, He(g)의 용해, $H_2O(l)$의 부피는 무시한다. 피스톤의 질량과 마찰은 무시하며, 모든 기체는 이상 기체로 거동한다. He 과 H_2O의 몰질량(g/mol)은 각각 4와 18이다. (가)와 (나)에서 외부 압력은 각각 1atm과 0.5atm으로 일정하다)

| 보기 |

ㄱ. (가)에서 $H_2O(g)$ 양(g)은 $H_2O(l)$ 양(g)의 2배이다.

ㄴ. (나)에서 He(g)의 부분 압력은 0.3atm이다.

ㄷ. $4T_1 = 3T_2$이다.

① ㄱ   ② ㄷ

③ ㄱ, ㄴ   ④ ㄴ, ㄷ

⑤ ㄱ, ㄴ, ㄷ

해설   그림 (가)에서 He의 부분압은 0.6atm이므로 $H_2O(g)$의 부분압은 0.4atm이다.

그림 (나)에서 $H_2O(l)$이 모두 기화하므로 He과 $H_2O(g)$는 각각 1mol씩 존재한다.

따라서 각 기체들의 부분압력은 0.25atm이다.

그림 (가)에서 H_2O의 부분압이 0.4atm이므로 전체 압력 × 몰분율 = 0.4atm이 된다. 이때, He의 몰수가 1mol이므로

$$0.4atm = 1atm \times \chi_{H_2O} = 1atm \times (1 - \chi_{He}) = 1atm \times \left(1 - \frac{1}{1 + H_2O(g)몰수}\right)$$

$H_2O(g)$몰수 $= \dfrac{2}{3}$ 이므로 $H_2O(l)$몰수 $= \dfrac{1}{3}$ 이다.

T_1과 T_2의 관계는 이상 기체 방정식을 이용하여 계산이 가능하다.

$T_1 = \dfrac{0.6\text{atm} \times V}{1\text{mol} \times R}$, $T_2 = \dfrac{0.25\text{atm} \times 3V}{1\text{mol} \times R} = \dfrac{0.75\text{atmV}}{1\text{mol} \times R}$ 이므로

$T_1 : T_2 = 4 : 5$

따라서 $5T_1 = 4T_2$ 이다.

02 다음은 A(g)가 B(g)를 생성하는 반응식과 압력으로 정의되는 평형 상수(K_p)이다.

$$A(g) \rightleftharpoons 2B(g) \qquad K_p$$

그림은 T_1K에서 닫힌 콕으로 연결되어 있는 실린더 (가)에 A(g)를, (나)에 A(g)와 B(g)를 각각 넣은 초기 상태를 나타낸 것이다.

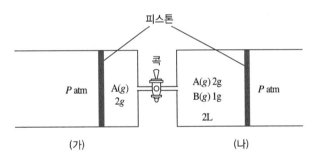

표는 콕을 열어 반응이 일어날 때, 서로 다른 평형 I과 II에 대한 자료이다.

상 태	온도(K)	실린더 (가) 속 기체의 밀도(g/L)	평형 상수(K_p)
평형 I	T_1	$\dfrac{3}{2}$	a
평형 II	T_2	$\dfrac{10}{9}$	$\dfrac{9}{2}a$

$\dfrac{\text{평형 II에서}[B]}{\text{평형 I에서}[B]}$는? (단, 외부 압력은 Patm으로 일정하다. 피스톤의 마찰과 연결관의 부피는 무시하며, 모든 기체는 이상 기체로 거동한다)

① $\dfrac{5}{4}$ ② $\dfrac{4}{3}$

③ $\dfrac{3}{2}$ ④ $\dfrac{5}{3}$

⑤ 2

해설 1) A분자 1몰이 B분자 2몰로 변하므로 분자량비는 $A:B=2:1$이다.

2) (가)실린더에 2g의 A, (나)실린더에 2g의 A와 1g의 B기체가 들어 있으므로 B 1g이 n mol이라 하면 A 2g이 n mol에 해당한다.

3) 이때, (나)실린더에 A 2g과 B 1g이 2L의 부피를 가지므로 T_1에서 2n mol 기체의 부피는 2L이고, (가)실린더의 부피는 1L가 된다.

4) 콕을 열고 새로운 평형이 되었을 때, 기체의 밀도가 $\frac{3}{2}$이므로 전체 질량은 5 g이고 부피는 $\frac{10}{3}$L가 된다.

새로운 평형에 도달하였을 때, 부피가 $\frac{10}{3}$L이므로 아보가드로의 법칙에 따라 비례식을 세우면 다음과 같다.

$$
\begin{array}{llll}
& A & \to & B \\
처\ 음 & 2n & & n \\
반\ 응 & -m & & 2m \\
최\ 종 & 2n-m & & +n+2m = 3n+m
\end{array}
$$

$3n:3n+m=3L:\frac{10}{3}L$

$m=\frac{1}{3}n \to$ 반응한 A의 몰수

5) 평형 I의 부피가 $\frac{10}{3}$L이고, 평형에서 B의 몰수는 $n+\frac{2}{3}n$ mol이므로 $[B]=\dfrac{\frac{5}{3}n}{\frac{10}{3}L}=\frac{1}{2}nM$

6) T_2에서 새로운 평형의 밀도가 $\frac{10}{9}$이므로 밀도를 이용해 부피로 환산하면 $\frac{9}{2}$L가 된다.

$$
\begin{array}{llll}
& A & \to & B \\
처\ 음 & 2n & & n \\
반\ 응 & -m & & 2m \\
최\ 종 & 2n-m & & +n+2m = 3n+m
\end{array}
$$

$3n:3n+m=3L:\frac{9}{2}L$

$m=\frac{3}{2}n \to$ 반응한 A의 몰수

7) 평형 II의 부피가 $\frac{9}{2}$L이고 B의 몰수는 $n+\frac{6}{2}n$ mol이므로 $[B]=\dfrac{\frac{6}{2}n}{\frac{9}{2}L}=\frac{2}{3}nM$

8) $\dfrac{평행\ II의\ [B]}{평행\ I의\ [B]}=\dfrac{\frac{2}{3}}{\frac{1}{2}}=\frac{4}{3}$

03 다음은 온도 T에서 A(g)와 D(g)가 분해되는 화학 반응식과 반응 속도 법칙이다. k_1과 k_2는 온도 T에서의 반응 속도 상수이다.

$$2A(g) \rightarrow 2B(g) + C(g) \quad v_1 = k_1[A]^2$$

$$D(g) \rightarrow 2E(g) \quad v_2 = k_2[D]^2$$

표는 온도 T에서 진공 강철 용기 (가)에 A(g)를, (나)에 D(g)를 각각 넣고 반응시켰을 때 반응 시간(min)에 따른 순간 반응 속도(상댓값)를 나타낸 것이다. 반응 전 넣어준 A(g)의 초기 농도 $([A]_0)$는 D(g)의 초기 농도$([D]_0)$의 2배이다.

순간 반응 속도 (상댓값)	용기	반응 시간(min)			
		0	1	2	3
	(가)	64	16		x
	(나)	16		4	

이에 관한 설명으로 옳은 것만을 〈보기〉에서 있는 대로 고른 것은? (단, 온도는 T로 일정하다)

─────────── | 보기 | ───────────

ㄱ. $k_1 = 2k_2$이다.

ㄴ. $x = 4$이다.

ㄷ. $\dfrac{\text{(가)에서 0\~3min 동안 평균 반응 속도(M/s)}}{\text{(나)에서 0\~2min 동안 평균 반응 속도(M/s)}} = 2$이다.

① ㄱ   ② ㄴ

③ ㄱ, ㄷ   ④ ㄴ, ㄷ

⑤ ㄱ, ㄴ, ㄷ

해설 1) A의 초기 농도를 $[A]_0 = 4a$라 하면 D의 초기 농도 $[D]_0 = 2a$가 된다.

2) 용기 (가)에서 순간 반응 속도를 이용하여 k_1을 계산하면

$$64 = \kappa_1[4a]^2 = \kappa_1 \times 16a^2 \Rightarrow \kappa_1 = \frac{4}{a^2}$$

용기 (나)에서 순간 반응 속도를 이용하여 k_2를 계산하면

$$16 = \kappa_2[2a]^2 = \kappa_2 \times 4a^2 \Rightarrow \kappa_2 = \frac{4}{a^2} \qquad k_1 = k_2$$

3) 용기 (가)에서 1분 후 속도가 용기 (나)의 초기 속도와 같고 속도 상수 $k_1 = k_2$이므로, $[A] = \dfrac{[A]_0}{2} = 2a$

처음 농도의 절반이 되었음을 알 수 있다.

4) 용기 (나)에서 처음 농도가 $[D]_0 = 2a$이고 2분 후 순간 속도가 4이므로

$$4 = \frac{4}{a^2} \times [D]^2 \Rightarrow [D] = a \text{ 역시 처음 농도의 절반이 된다.}$$

따라서 용기 (가)에서 1\~3분 사이에 반응 속도가 $16 \rightarrow x$로 변했으므로 $x = 4$

5) 0\~3분 동안 변화된 (가)용기 내의 [A] : $4a \rightarrow a$

0\~2분 동안 변화된 (나)용기 내의 [D] : $2a \rightarrow a$

$$\frac{\text{(가)에서 0\~3min 동안 평균 반응 속도}}{\text{(나)에서 0\~2min 동안 평균 반응 속도}} = \frac{\dfrac{3a}{3}}{\dfrac{a}{2}} = 2$$

04 그림은 미녹시딜($C_9H_{15}N_5O$)의 구조식이다.

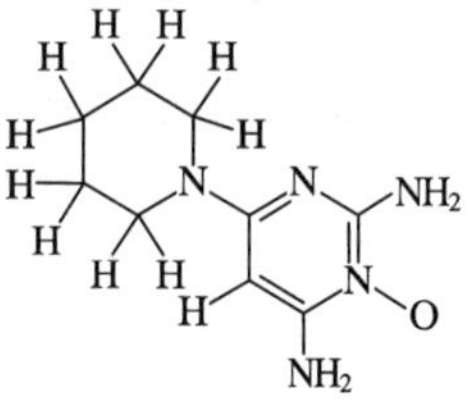

이 구조의 미녹시딜 한 분자에는 x개의 고립(비공유) 전자쌍과 y개의 시그마(σ) 결합이 있다. $x+y$는?

① 27
② 28
③ 31
④ 35
⑤ 38

해설

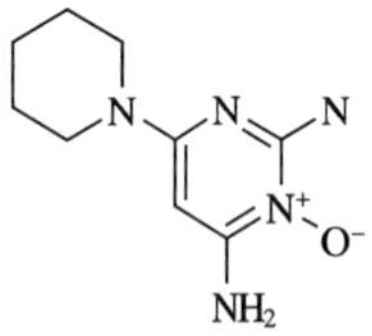

화학식 : $C_9H_{15}N_5O$

우선 H원자는 항상 단일 결합이므로 σ 결합 15개
모든 원자와 원자 사이에는 무조건 1개씩의 σ 결합이 존재하므로 σ 결합 16개
N+를 제외한 질소원자에 비공유 전자쌍 1개씩, O−에 비공유 전자쌍 3쌍 → 합 7쌍
σ 결합 31개 + 비공유 7쌍 = 38

04 ⑤ 정답

05 그림은 원자 A~D의 제2 이온화 에너지(상댓값)와 제1 이온화 에너지(상댓값)를 나타낸 것이다. A~D는 각각 N, F, Na, Mg 중 하나이다.

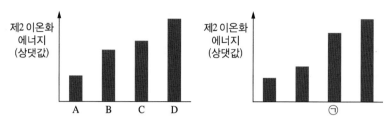

이에 관한 설명으로 옳은 것만을 〈보기〉에서 있는 대로 고른 것은? (단, A~D는 임의의 원소 기호이다)

───── | 보기 | ─────

ㄱ. ㉠은 B이다.
ㄴ. 전기음성도는 C > B 이다.
ㄷ. 원자 반지름은 A > D 이다.

① ㄱ   ② ㄷ
③ ㄱ, ㄴ   ④ ㄴ, ㄷ
⑤ ㄱ, ㄴ, ㄷ

해설 1) 제2 이온화 에너지는 Na, F, N, Mg 중 Na가 가장 크다. 따라서 D = Na
제2 이온화 에너지는 Mg가 가장 작음(3주기원소). 따라서 A = Mg
제2 이온화 에너지는 N과 F중 F가 더 큼. 따라서 B = N, C = F
2) 제1 이온화 에너지의 크기 순서는 Na < Mg < N < F ⇒ D < A < B < C
3) 전기음성도는 F > N ⇒ C > B
4) 원자 반지름은 Na > Mg ⇒ D > A

다음은 분자 궤도함수 이론에 근거한 바닥상태의 3가지 화학종 XY, ZY^-, Z_2^{2-}에 관한 자료이다. $X \sim Z$는 각각 C, N, O 중 하나이다.

XY의 전자 배치는 $(\sigma_{1s})^2(\sigma_{1s}^*)^2(\sigma_{2s})^2(\sigma_{2s}^*)^2(\pi_{2p})^4(\sigma_{2p})^2$ 이다.

ZY^-의 결합 차수는 2이다.

Z_2^{2-}은 상자기성이다.

분자 궤도함수 이론에 근거하여 다음 화학종에 관한 설명으로 옳은 것만을 〈보기〉에서 있는 대로 고른 것은? (단, $X \sim Z$는 임의의 원소 기호이고, 모든 화학종은 바닥상태이다)

| 보기 |

ㄱ. $\dfrac{Z_2^+$의 결합 차수$}{Z_2$의 결합 차수$} < \dfrac{Y_2^-$의 결합 차수$}{Y_2$의 결합 차수$}$이다.

ㄴ. 홀전자 수는 ZY와 X_2^-이 같다.

ㄷ. XZ^-은 반자기성이다.

---

① ㄱ

② ㄷ

③ ㄱ, ㄴ

④ ㄴ, ㄷ

⑤ ㄱ, ㄴ, ㄷ

해설 1) 우선 C, N, O 원자들의 전자 배치를 판단한다.

C : $1s^2 2s^2 2p^2$

N : $1s^2 2s^2 2p^3$

O : $1s^2 2s^2 2p^4$

2) 보기에 나와있는 XY의 분자 오비탈 전자 배치는 $(\sigma_{1s})^2(\sigma^*_{1s})^2(\sigma_{2s})^2(\sigma^*_{2s})^2(\pi_{2p})^4(\pi^*_{2p})^2$이므로 $\pi2p$이상의 오비탈만 자세히 살펴보면

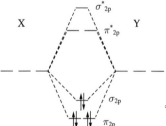

⇒ 2p 오비탈 전자 수의 합 = 6, 따라서 XY분자는 $C \equiv O$

3) ZY^-의 결합 차수 = 2이므로 ZY^-는 NO^-

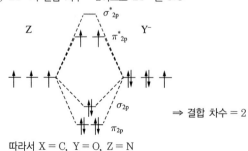

⇒ 결합 차수 = 2

따라서 X = C, Y = O, Z = N

4) Z_2의 결합 차수 = 3, Z_2^+의 결합 차수 = 2.5

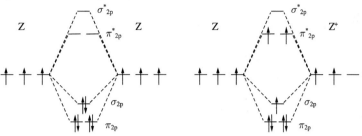

Y_2의 결합 차수 = 2, Z_2^-의 결합 차수 = 1.5

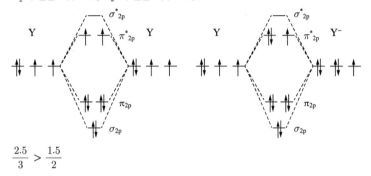

$$\frac{2.5}{3} > \frac{1.5}{2}$$

5) ZY의 홀전자 수 1개, X_2^-의 홀전자 수 1개

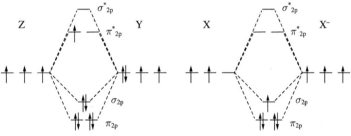

6) XZ^-는 반자기성

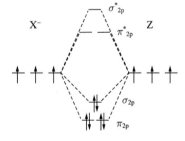

07 그림은 화합물 (가)~(다)의 가장 안정한 루이스 구조에서 중심 원자 아이오딘 (I)의 $\dfrac{\text{비공유 전자쌍 수}}{\text{공유 전자쌍 수}}$ 를 나타낸 것이다. (가)~(다)는 각각 IF_4^-, IBr_3, ICl_2^+ 중 하나이다.

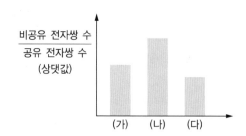

루이스 구조, 원자가 껍질 전자쌍 반발 이론, 원자가 결합 이론에 근거하여 (가)~(다)를 설명한 것으로 옳은 것만을 〈보기〉에서 있는 대로 고른 것은?

─────── | 보기 | ───────

ㄱ. (나)는 굽은형 구조이다.
ㄴ. I의 형식 전하는 (나) > (가)이다.
ㄷ. I의 혼성 궤도함수에서 s 오비탈의 기여도는 (가) > (다)이다.

① ㄱ
② ㄷ
③ ㄱ, ㄴ
④ ㄴ, ㄷ
⑤ ㄱ, ㄴ, ㄷ

해설 1) IF_4^-

$\overset{\displaystyle ..}{\underset{\displaystyle ..}{F}}{>}I{<}F$ 중심 원자 공유 전자쌍 = 4, 중심 원자 비공유 전자쌍 = 2

IBr_3

$Br{-}\overset{..}{\underset{..}{I}}{<}\overset{Br}{Br}$ 중심 원자 공유 전자쌍 = 3, 중심 원자 비공유 전자쌍 = 2

ICl_2^+

$Cl{\diagup}\overset{.. \, ..}{I}{\diagdown}Cl$ 중심 원자 공유 전자쌍 = 2, 중심 원자 비공유 전자쌍 = 2

2) 세 화합물 모두 비공유 전자쌍 수가 같다. 따라서 (가) = IBr_3, (나) = ICl_2^+, (다) = IF_4^-
3) ICl_2^+는 입체 수가 4이고, 비공유 전자쌍이 두 쌍이므로 굽은형 구조.
4) I의 형식 전하는 (가) = -1, (나) = $+1$, (다) = 0 이므로 (나) > (가)
5) (가)의 혼성은 dsp^3, (다)의 혼성은 d^2sp^3이므로 s 오비탈의 기여도는 (가) = 1/5 > (다) = 1/6

08 표는 결정장 이론에 근거한 바닥상태의 3가지 착이온에 대한 자료이다. X~Z는 각각 Fe, Co, Ni 중 하나이다.

화학식	$[XCl_4]^{2-}$	$[YCl_4]^{2-}$	$[ZCl_6]^{3-}$
홀전자 수	2	3	5
입체 구조	정사면체	정사면체	정팔면체

결정장 이론에 근거하여 바닥상태의 다음 착이온에 관한 설명으로 옳은 것만을 〈보기〉에서 있는 대로 고른 것은? (단, Fe, Co, Ni의 원자 번호는 각각 26, 27, 28이고, $\triangle_0$는 정팔면체 착화합물의 결정장 갈라짐 에너지이다. X~Z는 임의의 원소 기호이다.)

─────── | 보기 | ───────

ㄱ. X는 Ni 이다.
ㄴ. $[YI_6]^{3-}$의 결정장 안정화 에너지의 절댓값은 $0.4\triangle_0$이다.
ㄷ. $[Z(CN)_6]^{4-}$은 반자기성이다.

① ㄱ   ② ㄴ
③ ㄱ, ㄷ   ④ ㄴ, ㄷ
⑤ ㄱ, ㄴ, ㄷ

해설 1) Fe, Co, Ni의 전자 배치는 다음과 같다.
Fe : $[Ar]4s^2 3d^6$
Co : $[Ar]4s^2 3d^7$
Ni : $[Ar]4s^2 3d^8$
또한 Cl^- 리간드는 약한장 리간드이다.

2) 착화합물의 구조가 정사면체인 경우 각 축상에 존재하는 d 오비탈보다 축과 축 사이에 존재하는 d 오비탈들의 에너지가 더 높아진다.
이와는 반대로 팔면체 착화합물에서는 각 축상에 존재하는 d 오비탈들이 축 사이에 존재하는 오비탈들보다 에너지가 높아진다.

3) $[XCl_4]^{2-}$: X^{2+}이온 + Cl^- 4개, 홀전자 수 = 2개, 정사면체
$[YCl_4]^{2-}$: Y^{2+}이온 + Cl^- 4개, 홀전자 수 = 3개, 정사면체
$[ZCl_6]^{3-}$: Z^{3+}이온 + Cl^- 6개, 홀전자 수 = 5개, 정팔면체

4) X와 Y는 2+, Z는 3+ 이므로
Fe^{2+} : $[Ar]3d^6$

⇒ 홀전자가 4개이므로 해당없음

Fe^{3+} : $[Ar]3d^5$

d ↑ ↑ ↑ ↑ ↑

$d_{x^2-y^2}$ d_{z^2} : ↑ ↑

정팔면체

d_{xy} d_{xy} d_{xz} : ↑ ↑ ↑

⇒ 홀전자 5개, 따라서 $Z = Fe^{3+}$

Co^{2+} : $[Ar]3d^7$

d ↑↓ ↑↓ ↑ ↑ ↑

d_{xy} d_{yz} d_{xz} : ↑ ↑ ↑

정사면체

$d_{x^2-y^2}$ d_{z^2} : ↑↓ ↑↓

⇒ 홀전자 3개, 따라서 $Y = Co^{2+}$

Ni^{2+} : $[Ar]3d^8$

d ↑↓ ↑↓ ↑↓ ↑ ↑

d_{xy} d_{yz} d_{xz} : ↑ ↑ ↑

정사면체

$d_{x^2-y^2}$ d_{z^2} : ↑↓ ↑↓

⇒ 홀전자 2개, 따라서 $X = Ni^{2+}$

5) 팔면체 착화합물의 안정화 에너지는 다음과 같다.

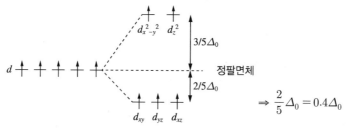

$d_{x^2-y^2}$ d_{z^2} : ↑ ↑

$3/5\Delta_0$

정팔면체

$2/5\Delta_0$

d ↑ ↑ ↑ ↑ ↑

d_{xy} d_{yz} d_{xz} : ↑ ↑ ↑

⇒ $\dfrac{2}{5}\Delta_0 = 0.4\Delta_0$

6) $[Z(CN)_6]^{4-}$는 Fe^{2+}로 구성되었으며, d 오비탈에 6개의 전자를 가졌다. 또한, CN^-는 강한 장 리간드이므로

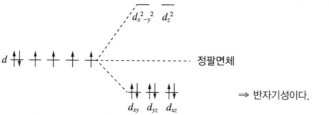

$d_{x^2-y^2}$ d_{z^2}

d ↑↓ ↑ ↑ ↑ ↑

정팔면체

d_{xy} d_{yz} d_{xz} : ↑↓ ↑↓ ↑↓

⇒ 반자기성이다.

09 다음은 산화–환원 반응에서 불균형 알짜 이온 반응식을 나타낸 것이다.

$$Fe(OH)_2(s) + MnO_4^-(aq) \rightarrow MnO_2(s) + Fe(OH)_3(s)$$

염기성 수용액에서 이 반응의 균형을 맞추었을 때, 1mol의 $Fe(OH)_2(s)$가 모두 반응하여 생성되는 $OH^-(aq)$의 양(mol)은?

① $\dfrac{1}{3}$ ② $\dfrac{2}{3}$

③ 1   ④ $\dfrac{4}{3}$

⑤ 2

해설

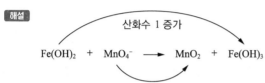

1) 산화 반쪽 반응식
$$Fe(OH)_2 \rightarrow Fe(OH)_3 + e^-$$
환원 반쪽 반응식
$$MnO_4^- + 3e^- \rightarrow MnO_2$$

2) 전자 수를 맞춰 계수 결정
$$3Fe(OH)_2 \rightarrow 3Fe(OH)_3 + 3e^-$$
$$MnO_4^- + 3e^- \rightarrow MnO_2 \Rightarrow 3Fe(OH)_2 + MnO_4^- \rightarrow 3Fe(OH)_3 + MnO_2$$

3) 산소 수를 맞춰 계수 결정
$$3Fe(OH)_2 + MnO_4^- \rightarrow 3Fe(OH)_3 + MnO_2 \Rightarrow$$ 반응물 중 산소 수 : 10, 생성물 중 산소 수 : 11
산소 수를 맞추기 위해 반응물에 H_2O 추가
$$3Fe(OH)_2 + MnO_4^- + H_2O \rightarrow 3Fe(OH)_3 + MnO_2$$

4) 수소 수를 맞춰 계수 결정
반응물의 수소 수 : 8, 생성물의 수소 수 : 9 이므로 양변에 2를 곱하고 반응물에 H_2O 추가
$$6Fe(OH)_2 + 2MnO_4^- + 2H_2O \rightarrow 6Fe(OH)_3 + 2MnO_2$$

5) 염기성 조건에서 균형 맞춘 반응식 만들기
반응물에 $2H_2O$ 추가하고, 생성물에 $2OH^-$ 추가
$$6Fe(OH)_2 + 2MnO_4^- + 4H_2O \rightarrow 6Fe(OH)_3 + 2MnO_2 + 2OH^-$$

6) 균형 맞춘 반응식에서 $Fe(OH)_2$와 OH^-의 비율은 3:1

10 다음은 $T\,^\circ\!C$에서 $XF_2(s)$와 $HF(aq)$에 대한 수용액에서의 평형 반응식과 용해도 곱 상수(K_{sp}) 및 산 해리 상수(K_a)이다.

$$XF_2(s) \rightleftarrows X^{2+}(aq) + 2F^-(aq) \quad K_{sp} = 8.0 \times 10^{-10}$$

$$HF(aq) \rightleftarrows H^+(aq) + F^-(aq) \quad K_a = 7.0 \times 10^{-4}$$

표는 $T\,^\circ\!C$에서 $XF_2(s)$를 순수한 물과 산성 완충 용액에서 녹여 도달한 평형 Ⅰ과 Ⅱ에 대한 자료이다.

상태	$[H^+]$(M)	$\dfrac{[HF]}{[F^-]}$	$[X^{2+}]$(M)
평형 Ⅰ	1.0×10^{-7}		y
평형 Ⅱ	4.9×10^{-3}	x	z

$\dfrac{x \times z}{y}$는? (단, 온도는 $T\,^\circ\!C$로 일정하고, 평형 Ⅰ에서의 F^-이 염기로 작용하는 것은 무시한다. 평형 Ⅱ에서 $XF_2(s)$의 용해는 주어진 평형 반응들만을 고려한다. X는 임의의 금속이다)

① 28
② 35
③ 42
④ 49
⑤ 56

해설

1) 평형 Ⅰ에서 F^-의 염기 작용을 무시하므로
$$K_{sp} = 8.0 \times 10^{-10} = [X^{2+}][F^-]^2$$
이때, $[X^{2+}] = y$라 하면 $[F^-] = 2y$
$$K_{sp} = 4y^3 = 8.0 \times 10^{-10} \Rightarrow y = (2.0 \times 10^{-10})^{\frac{1}{3}}$$

2) 평형 Ⅱ에서 F^-는 H^+와 결합하여 HF가 되고, 완충 용액이면 H^+ 농도가 일정하다.
$$K_a = \frac{[H^+][F^-]}{[HF]} = 7.0 \times 10^{-4} \Rightarrow [HF] = \frac{(4.9 \times 10^{-3})[F^-]}{7.0 \times 10^{-4}} = 7[F^-]$$
여기서 F^-은 오직 XF_2에 의해서만 발생하므로 용액 내 용해된 F^-의 전체 농도는
$$[HF] + [F^-] = 8[F^-] \Rightarrow \text{따라서 } \frac{[HF]}{[F^-]} = 7 = x$$

3) 용액 내의 X^{2+} 이온 농도는 HF와 F^- 농도의 합의 절반에 해당하므로
$$\frac{[HF] + [F^-]}{2} = 4[F^-] = z$$
여기서 $[X^{2+}] = 4[F^-]$이므로 K_{sp} 식에 대입하면
$$K_{sp} = 8.0 \times 10^{-10} = [X^{2+}][F^-]^2 = 4[F^-][F^-]^2 = 4[F^-]^3$$
따라서 $[F^-] = (2.0 \times 10^{-10})^{\frac{1}{3}}$ 이고, $z = 4[F^-] = 4(2.0 \times 10^{-10})^{\frac{1}{3}}$

4) $\dfrac{x \times z}{y} = \dfrac{7 \times 4(2.0 \times 10^{-10})^{\frac{1}{3}}}{(2.0 \times 10^{-10})^{\frac{1}{3}}} = 7 \times 4 = 28$

2023년 기출문제

01 25℃에서 밀도가 d_1g/mL인 aM의 A 수용액 100mL를 20℃로 냉각하였더니, 밀도가 d_2g/mL인 A 수용액이 되었다. 20℃에서 A 수용액의 몰농도와 질량 퍼센트농도를 각각 xM과 y%라고 할 때, $\dfrac{x}{y}$는? (단, A의 몰질량은 100g/mol 이고, A는 물에 모두 용해되며, 물의 증발은 무시한다)

① $\dfrac{d_1}{10}$ 　　　　　　　　　　　② $\dfrac{d_2}{10}$

③ $\dfrac{d_1}{5}$ 　　　　　　　　　　　④ $\dfrac{d_2}{5}$

⑤ $\dfrac{d_1 d_2}{5}$

해설 온도가 변하면 몰농도는 변하지만 %농도는 변하지 않음을 기억해야 한다.

	25℃	20℃
수용액 부피	0.1L	$d_2 = \dfrac{0.1 d_1}{V}$　$v = \dfrac{0.1 d_1}{d_2}$
수용액 질량	$0.1 d_1$ (kg)	$0.1 d_1$ (kg)
용질의 몰수	$0.1a$ mol	$0.1a$ mol
용질의 질량	$0.1a \times 100 = 10a$(g)	$0.1a \times 100 = 10a$(g)
몰농도	aM	$\dfrac{0.1a\,(\text{mol})}{\dfrac{0.1 d_1}{d_2}} = \dfrac{a d_2}{d_1}$
%농도	$\dfrac{0.01a}{0.1 d_1} \times 100 = \dfrac{10a}{d_1}$	$\dfrac{0.01a}{0.1 d_1} \times 100 = \dfrac{10a}{d_1}$
		$\dfrac{x}{y} = \dfrac{\dfrac{a d_2}{d_1}}{\dfrac{10a}{d_1}} = \dfrac{d_2}{10}$

02 다음은 기체 A와 B가 반응하여 기체 C가 생성되는 반응의 화학 반응식이다.

$$aA(g) + B(g) \rightleftharpoons cC(g) \quad (a, c는 반응 계수)$$

표는 이 반응의 평형 (가)~(다)에 관한 자료이다. 이에 관한 설명으로 옳은 것만을 〈보기〉에서 있는 대로 고른 것은? [단, $RT_1 = 25L \cdot atm/mol$, $RT_2 = 50L \cdot atm/mol$(R는 기체 상수)이고, K_c와 K_p는 각각 농도로 정의된 평형 상수와 압력으로 정의된 평형 상수이다. 기체는 이상 기체와 같은 거동을 한다]

평 형	온 도	농도(M)	평형 상수
(가)	T_1	[A] = 0.1, [B] = 0.4, [C] = 0.2	$K_c = 100$
(나)	T_2	[A] = 1, [B] = 0.01, [C] = ?	$K_p = 0.0016$
(다)	T_2	[A] = 0.5, [B] = ?, [C] = 0.2	$K_c = 4$

| 보기 |

ㄱ. [C]는 (다)에서가 (나)에서보다 크다.
ㄴ. 이 반응의 정반응은 발열 반응이다.
ㄷ. K_p는 (가)에서가 (다)에서의 100배이다.

① ㄱ
② ㄷ
③ ㄱ, ㄴ
④ ㄴ, ㄷ
⑤ ㄱ, ㄴ, ㄷ

해설

(가)에서 $K_c = 100 = \dfrac{(0.2)^c}{(0.1)^a(0.4)}$ 이므로 a=3, c=2이다. $3A(g) + B(g) \rightleftharpoons 2C(g)$

ㄴ.

T_1	$RT_1 = 25L \cdot atm/mol$	$K_c = 100$
T_2	$RT_2 = 50L \cdot atm/mol$	$K_c = 4$

T_1에서 T_2가 될 때 온도가 올라가고, 그때 K_c값이 감소하므로 정반응은 발열반응이다.

ㄷ. $K_p = K_c(RT_1)^{-2} = 100(25)^{-2}$이고, $K_p = 0.16$이다.

ㄱ. (나)에서 $K_p = 0.0016$가 주어졌지만 (다)와 온도가 같으므로 $K_c = 4$임을 알 수 있다.
따라서 (나)의 [C]를 구하면 0.2M임을 알 수 있다.

$$K_c = 4 = \frac{(x)^2}{(1)^3(0.01)}$$

03 다음은 기체 A가 분해되는 반응의 화학 반응식이다.

$$A(g) \xrightarrow{k} B(g) + C(g) \ (k는 \ 반응 \ 속도 \ 상수)$$

그림은 강철 용기에서 온도를 달리하면서 이 반응을 진행시킬 때 반응 시간에 따른 A 농도의 역수 $\left(\dfrac{1}{[A]}\right)$를 나타낸 것이며, (가)와 (나)의 온도는 TK와 $1.2\,T$K를 순서 없이 나타낸 것이다. 이에 관한 설명으로 옳은 것만을 〈보기〉에서 있는 대로 고른 것은? (단, 기체 상수(R)는 bJ/K·mol이다)

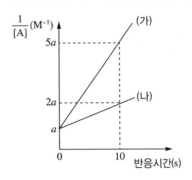

| 보기 |

ㄱ. 이 반응의 속도 법칙은 $v = k[A]^2$ 이다.
ㄴ. 이 반응의 활성화 에너지는 $6bT\ln4$J/mol이다.
ㄷ. 동일한 [A]까지 걸린 반응 시간이 (나)가 (가)보다 112.5s 더 길다면 이 [A]에서의 반감기는 (나)가 (가)보다 120s 더 길다.

① ㄱ   ② ㄷ
③ ㄱ, ㄴ   ④ ㄴ, ㄷ
⑤ ㄱ, ㄴ, ㄷ

해설 ㄱ. x축이 t이고, y축이 $\dfrac{1}{[A]}$인 그래프가 직선형이므로 2차 속도식이다.

ㄴ.

	(가)	(나)
k(k는 그래프의 기울기이다)	$\dfrac{4a}{10}$	$\dfrac{a}{10}$
온도(k값이 클수록 온도는 높다)	1.2TK	TK

아레니우스 식에 의하여 계산하여 활성화 에너지를 구한다.

$$\ln k_1 - \ln k_2 = \frac{Ea}{R}\left(\frac{1}{T_2} - \frac{1}{T_1}\right)$$

$$\ln \frac{a}{10} - \ln \frac{4a}{10} = \frac{Ea}{R}\left(\frac{1}{1.2T} - \frac{1}{T}\right)$$

$Ea = 6RT\ln4$

문제에서 $R=b$로 주어졌으므로 이 반응의 활성화 에너지는 $6bT\ln4$J/mol이다.

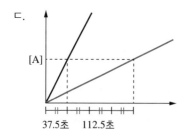

ㄷ.

37.5초   112.5초

그래프의 기울기인 k 값이 a와 b가 각각 $\frac{4a}{10}$, $\frac{a}{10}$ 이므로 같은 농도인 [A]까지 도달하는데 걸리는 시간의 비는 1:4이다. 따라서 같은 농도인 [A]까지 도달하는데 걸리는 시간은 $t_a = 37.5$초, $t_b = 150$초이다.

$\frac{1}{[A]} = kt + \frac{1}{[A]_0} = \frac{4a}{10} \times 37.5 + a = 16a$이다.

(가)와 (나)의 반감기($t_{1/2} = \frac{1}{k[A]}$)를 각각 구하면 (가)는 40s, (나)는 160c이다.

04 다음은 아세틸렌 분자의 구조식이다. 이에 관한 설명으로 옳은 것만을 〈보기〉에서 있는 대로 고른 것은?

$$H—C≡C—H$$

──────── | 보기 | ────────

ㄱ. 분자의 C원자 간에는 2개의 π결합이 존재한다.
ㄴ. π-콘쥬게이션(Conjugation)된 trans-폴리아세틸렌은 전도성 고분자이다.
ㄷ. 산촉매에서 물의 첨가 반응으로 생성된 물질의 IR 스펙트럼은 1,730cm⁻¹ 부근에서 강한 피크를 나타낸다.

① ㄱ   ② ㄷ
③ ㄱ, ㄴ   ④ ㄴ, ㄷ
⑤ ㄱ, ㄴ, ㄷ

해설 ㄱ. 삼중 결합이므로 분자의 C원자 간에는 2개의 π 결합이 존재한다.
ㄴ. π-콘쥬게이션(Conjugation)된 trans-폴리아세틸렌은 전자들의 이동이 가능하므로 전도성 고분자이다.
ㄷ. 산촉매에서 물의 첨가 반응을 하면 에놀형이 만들어지고 이때 자리옮김(케토 에놀 토토메리)에 의하여 케토형인 아세트알데히드가 만들어진다. 이때 카보닐기의 IR 스펙트럼은 1,730cm⁻¹ 부근에서 강한 피크를 나타낸다.

05 분자식이 C_4H_8O인 화합물의 구조 이성질체 중 알코올을 제외한 고리형 구조 이성질체의 수는?

① 4　　　　　　　　　　　　　② 5

③ 6　　　　　　　　　　　　　④ 7

⑤ 8

해설 불포화도는 1인 화합물이다(불포화도 계산에서 O는 제외한다). 따라서 이중 결합이 1개 있거나 고리가 1개인 형태이다. 문제에서 고리형이라고 주어졌으므로 가능한 구조 이성질체는 다음과 같다.

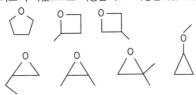

06 다음은 원소 A~D와 관련된 설명이다. A, B, C, D는 Na, Cl, Ne, Ar을 순서 없이 나타낸 것이다. 이에 관한 설명으로 옳은 것만을 〈보기〉에서 있는 대로 고른 것은?

- A는 B, C, D와 다른 주기를 갖는다.
- C^-와 D는 등전자 배치를 갖는다.

| 보기 |

ㄱ. 원자 반지름 또는 이온 반지름은 $B^+ < A < D < C^-$이다.
ㄴ. 제1 이온화 에너지는 $B < C < D < A$이다.
ㄷ. 중성 기체 상태의 원자 1mol이 전자 1mol을 받아들일 때 방출하는 에너지는 $C < B$이다.

① ㄱ　　　　　　　　　　　　　② ㄷ

③ ㄱ, ㄴ　　　　　　　　　　　④ ㄴ, ㄷ

⑤ ㄱ, ㄴ, ㄷ

해설 이 문제는 시행처에서 전항정답으로 발표했습니다. 그에 따라 해설은 수록하지 않습니다.
A : Ne, B : Na, C : Cl, D : Ar이다.

07 바닥상태 정사면체 착화합물 $[MCl_4]^{2-}$에 관한 설명으로 옳지 않은 것은? (단, M은 원자 번호가 25인 임의의 원소 기호이며, $\triangle_t$는 정사면체 결정장 갈라짐 에너지이다)

① 중심 이온의 산화수는 +2이다.

② 중심 이온의 $3d_{xy}$ 오비탈의 에너지가 $3d_{z^2}$ 오비탈 에너지보다 높다.

③ 가상적인 정육면체에서 중심 이온의 $3d$ 오비탈 중 $3d_{z^2}$과 $3d_{x^2-y^2}$ 오비탈은 면심을 향하고 있다.

④ 중심 이온의 홀전자 수는 5이다.

⑤ 결정장 안정화 에너지는 $-2\triangle_t$이다.

해설 ⑤ 결정장 안정화 에너지는 0이다.

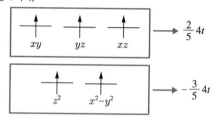

결정장 안정화 에너지는 $(\frac{2}{5}\triangle_t)\times3 + (-\frac{3}{5}\triangle_t)\times2 = 0$이다.

① $M^{+2} \Rightarrow Mn^{2+}$: $[Ar]3d^5$이므로 중심 이온의 산화수는 +2이다.

② 정사면체 착화합물이므로 중심 이온의 $3d_{xy}$ 오비탈의 에너지가 $3d_{z^2}$ 오비탈 에너지보다 높다.

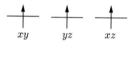

③ 가상적인 정육면체를 생각하면 중심 이온의 $3d$ 오비탈 중 $3d_{z^2}$과 $3d_{x^2-y^2}$ 오비탈은 가상 정육면체의 면의 중심을 향하고 있다.

④ 고스핀이므로 중심 이온의 홀전자 수는 5이다.

08 다음은 2주기 원소의 동종핵 2원자 분자를 나타낸 것이다. 분자 오비탈(MO) 이론에 근거하여, 이 분자에 관한 설명으로 옳지 않은 것은? (단, 모든 분자는 바닥 상태이다)

B_2, C_2, N_2, O_2, F_2

① 모든 분자들의 결합 차수 총합은 9이다.
② 상자기성 분자는 3개이다.
③ 결합성 π_{2p} MO 에너지 준위에 비해 결합성 σ_{2p} MO 에너지 준위가 낮은 분자는 2개이다.
④ 결합 에너지가 가장 큰 분자는 N_2이다.
⑤ 모든 분자들의 홀전자 수 총합은 4이다.

해설 ② 상자기성 분자는 2개(B_2, O_2)이다.

①

	B_2	C_2	N_2	O_2	F_2
자기성	상자기성	반자기성	반자기성	상자기성	반자기성
결합 차수	1	2	3	2	1

③ 결합성 π_{2p} MO 에너지 준위에 비해 결합성 σ_{2p} MO 에너지 준위가 낮은 분자는 2개(O_2, F_2)이다.
④ 결합 에너지가 가장 큰 분자는 N_2이다.
⑤ 모든 분자들의 홀전자 수 총합은 4(B_2 2개 + O_2 2개)이다.

09 다음은 금속 A를 이용한 갈바니 전지이고, 이 전지의 전위는 25℃에서 0.82V이다.

$$A(s) \mid A^{2+}(0.001M) \parallel H^+(0.1M) \mid H_2(0.1atm)$$

이에 관한 설명으로 옳은 것만을 〈보기〉에서 있는 대로 고른 것은? [단, 25℃에서
$\dfrac{RF}{F}\ln Q = \dfrac{2.303RT}{F}\log Q = 0.06V\log Q$($R$는 기체 상수, F는 패러데이 상수, Q는 반응 지수)
이고, A는 임의의 원소 기호이며, 온도는 25℃로 일정하다]

┤ 보기 ├

ㄱ. H^+는 산화제이다.
ㄴ. $A^{2+}(aq) + 2e^- \rightarrow A(s)$의 표준 환원 전위($E°$)는 -0.70V이다.
ㄷ. 용액의 pH가 3이 되면 전지의 전위는 0.76V보다 커진다.

① ㄱ   ② ㄴ
③ ㄱ, ㄷ   ④ ㄴ, ㄷ
⑤ ㄱ, ㄴ, ㄷ

해설 산화 : $A(s) \rightarrow A^{2+}(0.001M) + 2e$ $E°_{환원} = x$

환원 : $2H^+(0.1M) + 2e \rightarrow H_2(0.1atm)$ $E°_{환원} = 0$

$$A_{(s)} + 2H^+(0.1M) \rightarrow A^{2+}(0.001M) + H_2(0.1atm)$$

ㄱ. H^+는 자기 자신은 환원되는 산화제이다.

ㄴ. $A^{2+}(aq) + 2e^- \rightarrow A(s)$의 표준 환원 전위$(E°)$를 구하기 위해 표준 산화 전위를 구한다.

$$E = E° - \frac{0.06}{n} \log \frac{[A^{2+}]P_{H_2}}{[H^+]^2}$$

$$0.82 = E° - \frac{0.06}{2} \log \frac{0.001 \times 0.1}{(0.1)^2}$$

$$E° = 0.76$$

따라서 표준 환원 전위는 -0.76V이다.

ㄷ. 용액의 pH가 3이 되면 $[H^+] = 0.001$이다.

$$E = E° - \frac{0.06}{n} \log \frac{[A^{2+}]P_{H_2}}{[H^+]^2}$$

$$E = 0.76 - \frac{0.06}{2} \log \frac{0.001 \times 0.1}{(0.001)^2}$$

$$E = 0.70 \ V 이다.$$

10 어떤 약산 HA의 산 해리 상수(K_a)가 25℃에서 1×10^{-5}일 때, 다음 중 pH가 6에 가장 가까운 용액은? (단, 용액의 온도는 25℃로 일정하다)

① HA가 1% 해리된 용액

② HA가 9% 해리된 용액

③ HA가 50% 해리된 용액

④ HA가 91% 해리된 용액

⑤ HA가 99% 해리된 용액

해설 $pH = pKa + \log \frac{[A^-]}{[HA]}$

$6 = 5 + \log \frac{[A^-]}{[HA]}$ 이므로 $\log \frac{[A^-]}{[HA]} = 1$ 이고 $\frac{[A^-]}{[HA]} = 10$이다.

따라서 $[A^-] : [HA] = 10 : 1$이므로 HA 중 $\frac{10}{11}$ 가 해리된 용액인 91% 해리된 용액이 pH 6에 가장 가깝다.

2022년 기출문제

01 표는 X(l)와 Y(l)에 대하여 절대 온도 (K)의 역수($\frac{1}{T}$)에 따른 $P_{증기}$ 값을 자연로그의 음수 값 ($-\ln P_{증기}$)으로 나타낸 것이다. $P_{증기}$는 평형 증기압(atm)이다.

$\frac{1}{T}$(K-1)	$-\ln P_{증기}$	
	X(l)	Y(l)
$4a$	$-2b$	$-4b$
$5a$	0	$-3b$
$6a$	$2b$	$-2b$
$7a$	$4b$	$-b$
$8a$	$6b$	0
$9a$	$8b$	b
$10a$	$10b$	$2b$

정상 끓는 점(Normal Boiling Point)에서 $\frac{\Delta S_{증발}^{\circ}(X)}{\Delta H_{증발}^{\circ}(Y)}$ 는? (단, 액체의 표준 증발 엔탈피 ($\Delta H_{증발}^{\circ}$)는 온도에 무관하고, $\Delta S_{증발}^{\circ}$(X)와 $\Delta S_{증발}^{\circ}$(Y)는 각각 X(l)와 Y(l)의 표준 증발 엔트로피(J/K · mol)이다. a와 b는 양수이다)

① $\frac{5}{4}$ 　　　　　　　　　　② $\frac{4}{3}$

③ $\frac{3}{2}$ 　　　　　　　　　　④ $\frac{5}{3}$

⑤ 2

해설 주어진 표의 값을 이용하여 구할 수 있다.

$-\ln P = \frac{\Delta H_{증발}^{\circ}}{R}(\frac{1}{T}) - \frac{\Delta S_{증발}^{\circ}}{R}$ 이므로 $-\ln P$와 $\frac{1}{T}$ 축으로 그래프를 그렸을 때 $-\frac{\Delta S_{증발}^{\circ}}{R}$ 은 Y축 ($-\ln P$축)의 절편이다. 따라서 표를 이용해서 그 값의 비율을 알 수 있다.

$\frac{1}{T}$	$-\ln P$	
	X(l)	Y(l)
0	-10b	-8b
1a	-8b	-7b
⋮	⋮	⋮
⋮	⋮	⋮

4a	$-2b$	$-4b$
5a	0	$-3b$

$\dfrac{1}{T} = 0$인 $-\ln P$의 값을 이용하면 $\dfrac{-10b}{-8b} = \dfrac{5}{4}$ 이다.

02 다음은 A와 B가 반응하여 C와 D를 생성하는 화학 반응식과 반응 속도 법칙이다.

$$A + 2B \rightarrow C + 2D$$

$$-\dfrac{d[A]}{dt} = k[A][B]^m \quad (k\text{는 반응 속도 상수, } m\text{은 반응 차수})$$

표는 두 강철 용기에서 온도와 반응물의 초기 농도를 달리하여 반응시켰을 때, 반응 시간(min)에 따른 B의 농도 변화를 나타낸 자료이다.

온도(K)	$[A]_0$(M)	[B](mM)						
		0min	1min	2min	3min	4min	5min	6min
T_1	20.0	20.0	13.3	10.0	8.00	6.67	5.72	5.00
T_2	10.0	10.0	5.00	3.33	2.50	2.00	1.67	1.43

이에 관한 설명으로 옳은 것만을 〈보기〉에서 있는 대로 고른 것은? (단, 반응이 진행되는 동안 A의 농도는 각 반응의 초기 농도($[A]_0$)로 일정하다고 가정한다. 반응에서 온도는 T_1과 T_2로 각각 일정하다)

─────── | 보기 | ───────

ㄱ. $m = 2$이다.

ㄴ. $\dfrac{T_2\text{에서 반응 속도 상수}(k_2)}{T_1\text{에서 반응 속도 상수}(k_1)} = 4$이다.

ㄷ. $\dfrac{T_1\text{에서 2min일 때 C의 생성 속도(M/s)}}{T_2\text{에서 4min일 때 D의 생성 속도(M/s)}} = \dfrac{25}{4}$이다.

① ㄱ

② ㄴ

③ ㄱ, ㄷ

④ ㄴ, ㄷ

⑤ ㄱ, ㄴ, ㄷ

해설 T_1의 온도에서 B의 반감기는 2초, 4초이고, T_2에서는 1초, 2초 이렇게 2배로 증가하므로 반응 차수는 2차이다.

$k = \dfrac{1}{2t_{\text{B의 반감기}}[\text{A}]_0[\text{B}]_0}$ 이므로 T_1에서 A의 초기 농도 20M, B의 초기 농도 20M, B의 반감기 2분과 T_2의

A의 초기 농도 10M, B의 초기 농도 10M, B의 반감기 1분을 이용하면 $\dfrac{k_2}{k_1} = 8$이다.

$$\dfrac{T_1\text{에서 2분일 때 C의 생성 속도}}{T_2\text{에서 4분일 때 D의 생성 속도}} = \dfrac{T_1\text{에서 2분일 때 B의 소멸 속도} \times \dfrac{1}{2}}{T_2\text{에서 4분일 때 B의 생성 속도}} \text{ 이므로}$$

$$\dfrac{\dfrac{1}{2 \times 20 \times 10^{-3}} \times (10 \times 10^{-3})^2 \times \dfrac{1}{2}}{\dfrac{1}{1 \times 10 \times 10^{-3}} \times (2 \times 10^{-3})^2} = \dfrac{25}{8} \text{ 이다.}$$

03 다음은 A(g)와 B(g)가 반응하여 C(g)가 생성되는 반응의 평형 반응식과 압력으로 정의되는 평형 상수(K_P)이다.

$$\text{A(g)} + 2\text{B(g)} \rightleftarrows 2\text{C(g)} \qquad K_P$$

표는 반응 전 C(g) 1mol만이 들어 있는 피스톤이 달린 실린더에서 반응이 일어날 때, 서로 다른 온도에서 도달한 평형에 대한 자료이다.

평형 상태	온도(K)	실린더 속 혼합 기체의 부피(L)	K_P
I	T	$8V$	1
II	$\dfrac{4}{5}T$	$6V$	a

a는? (단, 대기압은 1atm으로 일정하고 피스톤의 질량과 마찰은 무시한다. 모든 기체는 이상 기체와 같은 거동을 한다)

① 4

② 5

③ 6

④ 8

⑤ 10

해설 평형 상태 I에서 전체 몰수를 계산하면 4/3mol이다(A : 1/3mol, B : 2/3mol, C : 1/3mol)

$$\rightarrow K_p = \dfrac{(\dfrac{1}{4})^2}{(\dfrac{1}{4})(\dfrac{2}{4})^2} = 1$$

평형 상태 I에서 II가 될 때 전체 부피는 3/4배, 온도는 4/5배가 되므로 전체 몰수는 15/16배가 된다. 따라서 평형 상태 II의 전체 몰수는 5/4mol임을 알 수 있다. 평형 상태 II일 때 몰분율은 각각 A : 1/5, B : 2/5, C : 2/5로 구할 수 있으므로 a의 값을 계산하면 5이다.

04 분자식이 C_5H_{10}인 탄화수소의 구조 이성질체 중 고리형 탄화수소의 개수는?

① 2
② 3
③ 4
④ 5
⑤ 6

해설 다음과 같이 5개의 고리형 탄화수소를 만들 수 있다.

---

05 다음은 4가지 분자 (가)~(라)를 나타낸 것이다.

(가)	(나)	(다)	(라)
NH_3	CS_2	CH_2O	SiH_4

루이스 구조와 원자가 껍질 전자쌍 반발 이론에 근거하여 이에 관한 설명으로 옳지 않은 것은?

① $\dfrac{\text{공유 전자쌍 수}}{\text{비공유 전자쌍 수}}$ 는 (가)가 (나)의 3배이다.

② 분자의 쌍극자 모멘트는 (가)가 (나)보다 크다.

③ 모든 원자가 같은 평면에 존재하는 분자는 (가)와 (다)이다.

④ 다중 결합을 갖는 분자는 (나)와 (다)이다.

⑤ 결합각은 (나)가 (라)보다 크다.

해설

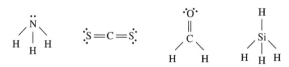

③ (가)는 비공유 전자쌍을 1개 가지고 있는 삼각 피라미드 모양이다. 평면의 구조는 선형의 (나), 평면 삼각형의 (다)이다.

① $\dfrac{\text{공유 전자쌍 수}}{\text{비공유 전자쌍 수}}$ 는 (가)는 3, (나)는 1이다.

② 쌍극자 모멘트는 극성 분자인 (가)가 더 크다. (나)는 대칭의 구조를 가지고 있다.

④ (나)와 (다)에 이중 결합이 있다.

⑤ (나)의 결합각은 $180°$, (라)의 결합각은 $109.5°$이다.

06 그림은 원자 W~Z의 제1 이온화 에너지(상댓값)를 나타낸 것이다. W~Z는 C, N, F, Na 중 하나이다.

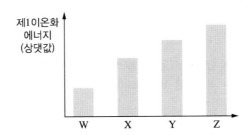

이에 관한 설명으로 옳은 것만을 〈보기〉에서 있는 대로 고른 것은? (단, W~Z는 임의의 원소 기호이다)

─────────────────────── | 보기 | ───────────────────────

ㄱ. 원자 반지름은 W > X이다.
ㄴ. 2p 전자의 유효 핵전하는 Y > Z이다.
ㄷ. 제2 이온화 에너지는 W > Z이다.

───

① ㄱ   ② ㄴ
③ ㄱ, ㄷ   ④ ㄴ, ㄷ
⑤ ㄱ, ㄴ, ㄷ

해설   제1 이온화 에너지에 따라서 W-Na, X-C, Y-N, Z-F 이다. 반지름은 주기가 큰 Na가 가장 크고, 같은 주기에서 2p 전자의 유효핵 전하는 원자번호가 클수록 증가하므로 N보다 F가 크다. 제2 이온화 에너지는 1족인 Na가 F보다 크다.

07 표는 분자 궤도함수 이론에 근거한 바닥상태의 두 가지 화학종에 관한 자료이다. X와 Y는 N과 O 중 하나이다.

구 분	XY^+	Y_2
결합 차수	3	(가)
자기적 성질	(나)	상자기성

분자 궤도함수 이론에 근거한 다음 화학종에 관한 설명으로 옳지 않은 것은? (단, X와 Y는 임의의 원소 기호이고, 모든 화학종은 바닥상태이다)

① Y_2^+의 결합 차수는 (가)보다 크다.

② (나)는 반자기성이다.

③ X_2와 XY^+은 등전자이다.

④ Y_2^-에서 $\dfrac{\pi_{2p}\text{*에 채워진 홀전자 수}}{\pi_{2p}\text{에 채워진 전자 수}} = \dfrac{1}{4}$이다.

⑤ XY^-의 홀전자 수는 1이다.

> **해설** X와 Y는 N과 O 중 하나이다. 주어진 표에서 Y_2이 상자성이므로 Y는 O임을 알 수 있다. 따라서 X는 N이다.
> ⑤ NO^-의 홀전자 수는 2개이다.
> ① O_2^+의 결합 차수는 2.5, O_2의 결합 차수는 2이다.
> ② (나)는 NO^+로 반자기성이다.
> ③ N_2와 NO^+는 총 전자의 수가 14개로 등전자에 해당한다.
> ④ O_2^-는 총 17개로 $\dfrac{\pi_{2p}\text{*에 채워진 홀전자 수}}{\pi_{2p}\text{에 채워진 전자 수}} = \dfrac{1}{4}$이다.

07 ⑤ 정답

08 표는 결정장 이론에 근거한 바닥상태의 3가지 착이온 (가)~(다)에 관한 자료이다. 각 착이온의 배위 구조는 정사면체, 사각 평면, 정팔면체 중 하나이다.

구 분	(가)	(나)	(다)
화학식	$[Fe(CN)_6]^{4-}$	$[CoCl_4]^{2-}$	$[Ni(CN)_4]^{2-}$
홀전자 수	0	3	0

이에 관한 설명으로 옳은 것만을 〈보기〉에서 있는 대로 고른 것은? (단, Fe, Co, Ni의 원자 번호는 25, 26, 27이다)

─────────── **| 보기 |** ───────────

ㄱ. (나)에서 Co 이온의 $3d_{z^2}$ 오비탈에 전자가 2개 있다.

ㄴ. (다)에서 Ni 이온의 에너지 준위는 $3d_{xy} > 3d_{x^2}$이다.

ㄷ. 중심 금속이온의 $3d_{xy}$ 오비탈에 있는 전자 수는 (가) > (나)이다.

① ㄱ
② ㄴ
③ ㄱ, ㄷ
④ ㄴ, ㄷ
⑤ ㄱ, ㄴ, ㄷ

해설 (가)는 $d6$이면서 배위수 6이므로 정팔면체, (나)는 $d7$이면서 홀전자 수가 3개이므로 정사면체, (다)는 $d8$이면서 홀전자 수가 없으므로 평면사각형의 구조이다. 다음과 같은 전자 배치를 하게 된다.

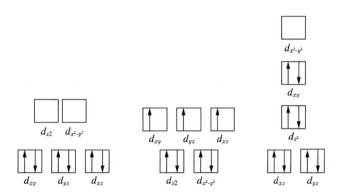

09 다음은 $T℃$의 염기 완충 수용액에서 $M(OH)_3(s)$의 용해 평형과 관련된 평형 반응식이고, $T℃$에서 K_{sp}와 K는 각각 용해도곱 상수와 평형 상수이다.

$$M(OH)_3(s) \rightleftharpoons M^{3+}(aq) + 3OH^-(aq) \qquad K_{sp} = 2.0 \times 10^{-32}$$
$$M(OH)_3(s) + OH^-(aq) \rightleftharpoons M(OH)_4^-(aq) \qquad K = x$$

$T℃$, $pH = 10.0$인 염기 완충 수용액에서 $M(OH)_3(s)$의 용해도(S)가 4.0×10^{-3}mol/L일 때, x는? (단, 온도는 $T℃$로 일정하고, $T℃$에서 물의 이온곱 상수(K_W)는 1.0×10^{-14}이다. $M(OH)_3(s)$의 용해는 주어진 평형 반응들만 고려하며, M은 임의의 금속이다)

① 10

② 20

③ 30

④ 40

⑤ 50

> **해설** pH가 10인 염기 완충 수용액에서 반응을 시킬 경우 1번째 반응식은 s의 값이 굉장히 작기 때문에 2번째 반응이 진행될 것을 예상할 수 있다.
>
> 2번째 반응을 이용하면 $K = x = \dfrac{[M(OH)_4^-]}{[OH^-]} = \dfrac{4.0 \times 10^{-3}}{10^{-4}} = 40$이다.

10 다음은 산성 수용액에서 산화 환원 반응의 균형 화학 반응식이다. $a \sim d$는 반응 계수이다.

$$a\text{Fe}^{2+}(aq) + b\text{H}_2\text{O}_2(aq) + 2\text{H}^+(aq) \rightarrow c\text{Fe}^{3+}(aq) + d\text{H}_2\text{O}(l)$$

이에 관한 설명으로 옳은 것만을 〈보기〉에서 있는 대로 고른 것은?

──────────| 보기 |──────────

ㄱ. $a + b < c + d$ 이다.

ㄴ. O의 산화수는 증가한다.

ㄷ. Fe^{2+} 1mol이 반응할 때 전자 2mol을 잃는다.

① ㄱ

② ㄴ

③ ㄷ

④ ㄱ, ㄴ

⑤ ㄱ, ㄷ

> **해설** 화학반응식을 완성하면
> $2Fe^{2+}(aq) + H_2O_2(aq) + 2H^+(aq) \rightarrow 2Fe^{3+}(aq) + 2H_2O(l)$이다.
> O의 산화수는 −1에서 −2로 감소하며 Fe^{2+} 1mol이 반응하면 전자 1mol을 잃는다.

2021년 기출문제

01 다음은 온도 T에서 A(s) 분해 반응의 화학 반응식과 압력으로 정의되는 평형 상수(K_P)이다.

$$A(s) \rightleftarrows B(g) + C(g) \quad K_P$$

T에서, 1기압의 B(g)가 들어 있는 용기에 A(s)를 넣은 후 A(s)의 분해 반응이 일어나 도달한 평형 상태의 전체 기체 압력이 2기압이었다. K_p는? (단, 기체는 이상 기체로 거동하고, A(s)의 증기 압력은 무시한다)

① $\dfrac{1}{4}$

② $\dfrac{1}{2}$

③ $\dfrac{3}{4}$

④ 1

⑤ $\dfrac{5}{4}$

> **해설** 평형이 된 상태의 전체 기압이 2기압이므로 기존에 있던 1기압의 B를 제외하고 생각하면 A(s)가 분해되어 B와 C기체를 각각 0.5기압씩 생성함을 알 수 있다. 그렇다면 평형이 되었을 때 B는 1.5기압, C는 0.5기압이다. 평형 상수를 계산할 때는 순수한 액체나 고체는 무시하고 1로 대입하여 계산한다.
>
> 따라서 $K_p = \dfrac{\dfrac{3}{2} \times \dfrac{1}{2}}{1} = \dfrac{3}{4}$ 이다.

02 표는 기체의 분해 반응 (가)~(다)의 반응 속도 실험 자료이다.

반 응	화학 반응식	온 도	초기($t = 0$) 농도	속도 법칙
(가)	$2A \rightarrow 4B + C$	T_1	$[A]_0 = 1M$	$-\dfrac{d[A]}{dt} = 1h^{-1}[A]$
(나)	$2D \rightarrow 2E + F$	T_2	$[D]_0 = 1M$	$-\dfrac{d[D]}{dt} = 1M^{-1}h^{-1}[D]^2$
(다)	$2G \rightarrow 3H + I$	T_3	$[G]_0 = 1M$	$-\dfrac{d[G]}{dt} = 0.8Mh^{-1}$

$t = 1h$일 때, C, E, I의 농도를 비교한 것으로 옳은 것은? (단, $\ln 2 = 0.69$이고, 반응 용기의 부피는 일정하다)

① $[C] < [E] < [I]$

② $[C] < [I] < [E]$

③ $[E] < [C] < [I]$

④ $[E] < [I] < [C]$

⑤ $[I] < [C] < [E]$

해설 속도 법칙식을 이용하여 (가)는 A에 대한 1차 반응, (나)는 D에 대한 2차 반응, (다)는 G에 대한 0차 반응임을 알 수 있다. (나)와 (다)는 $t = 1h$의 직접 농도를 구하여 볼 수 있다.

구 분	k	1h의 반응물 농도	생성물의 농도
(나)	1	$\dfrac{1}{[D]} = kt + \dfrac{1}{[D]_0} = 1 + \dfrac{1}{1} = 2$ $[D] = 0.5$	$[E] = 0.5$
(다)	0.8	$[G] = -kt + [G]_0 = -0.8 + 1 = 0.2$	$[I] = 0.4$

(가)는 주어진 조건을 이용하여 반감기를 구할 수 있다. 반감기는 0.69h이다.

비교를 위해 만약 2번의 반감기를 거쳤다고 생각했을 때 생성된 [C] = 0.375로 가장 작은 값이 된다. 더군다나 걸리는 시간은 1.38로 1h가 넘으므로 실제로 1h이 되었을 때는 이보다도 작은 값을 가지게 되므로 [C] < [I] < [E]의 순이다.

03 그림은 1기압에서 1몰 H_2O의 가열 곡선이다.

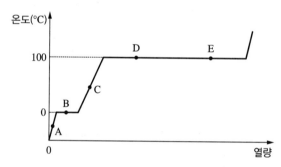

상태가 A~E인 1몰 H_2O에 관한 설명으로 옳은 것은?

① 열용량은 A > C이다.
② 내부 에너지는 B > C이다.
③ 엔트로피는 C > D이다.
④ 깁스 자유 에너지는 D = E이다.
⑤ 엔탈피는 A가 가장 크다.

해설 열용량은 어떤 물질을 1℃ 높이는 데 필요한 열량으로 물(C) 상태가 얼음(A) 상태보다 크다. 그래프의 기울기로 확인할 수 있다. 열용량이 작을수록 그래프의 기울기가 급하게 된다.
내부에너지는 분자의 모양에 따라 값이 달라지지만 모든 경우 내부 에너지 $\propto nT$는 성립한다. 현재 $n = 1$몰로 모두 같으므로 온도와 내부에너지는 비례 관계이다. 엔트로피는 기체의 분자가 많아질수록 증가하게 된다.
엔탈피(H = E + PV)는 고체 상태인 A가 가장 작다.

04 다음은 3가지 탄화수소의 구조식이다.

$$\equiv \qquad \equiv \qquad \equiv\equiv$$

에틸렌   아세틸렌   알렌

이에 관한 설명으로 옳은 것만을 〈보기〉에서 있는 대로 고른 것은?

───────────── | 보기 | ─────────────

ㄱ. sp 혼성 궤도함수를 갖는 탄소가 포함된 탄화수소는 2가지이다.
ㄴ. H의 질량 백분율이 가장 큰 것은 에틸렌이다.
ㄷ. 알렌에서 모든 원자는 같은 평면에 있다.

① ㄱ   ② ㄷ
③ ㄱ, ㄴ   ④ ㄴ, ㄷ
⑤ ㄱ, ㄴ, ㄷ

해설   에틸렌은 sp^2, 아세틸렌은 sp, 알렌은 sp, sp^2의 혼성 궤도함수를 가진다.
      H의 질량 백분율은 탄소 2개와 수소 4개로 이루어진 에틸렌이 가장 크다. 알렌은 다음과 같은 구조를 가진다.

05 표는 화학식이 $C_4H_{10}O$인 두 이성질체 A와 B의 적외선(IR)과 ^{13}C 핵자기 공명(NMR) 분광학 자료이다.

구 분	IR 주요 특성 봉우리($\tilde{\nu}$, cm^{-1})	^{13}C NMR 봉우리(δ, ppm)
A	2950, 1130	80, 57, 22
B	3368, 2973, 1202	69, 31

A와 B의 구조식을 순서대로 옳게 나타낸 것은?

① 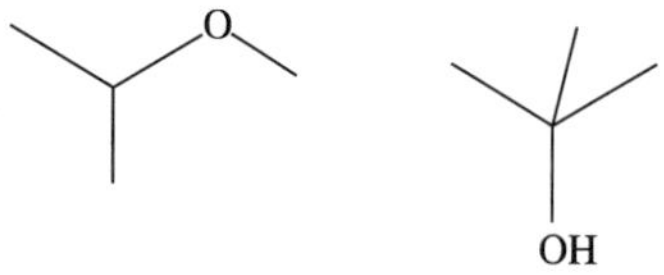

② 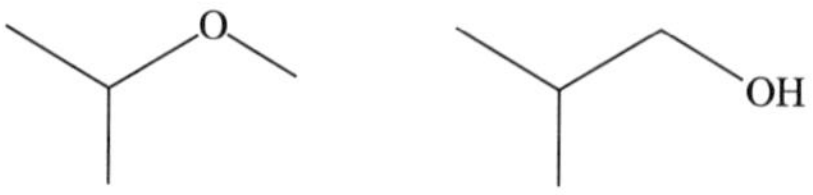

③ 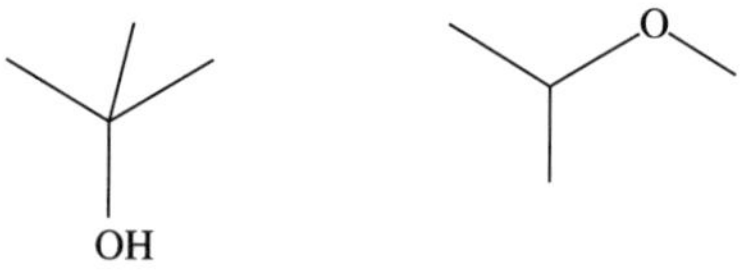

④ 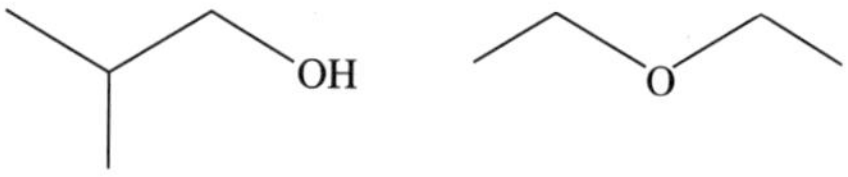

⑤ 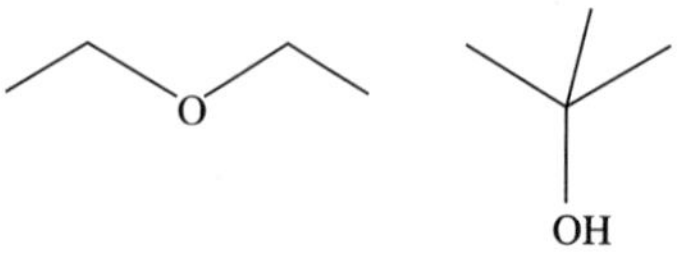

해설 IR 값을 이용해서는 작용기를 알 수 있다. B를 보면 3700~3100cm^{-1} 값을 가지므로 OH 작용기가 있음을 알 수 있다. 그리고 NMR 자료를 통하여 봉우리를 3개 가지는 A는 C(탄소)를 3가지로, 봉우리를 2개 가지는 B는 C(탄소)를 2가지로 나눌 수 있어야 한다.

06 다음은 H_2O, Br^-, 두 자리 리간드 phen이 배위 결합한 정팔면체 Co(III) 착이온 (가)와 (나)의 화학식이다. phen은 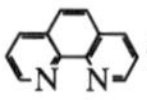이다.

(가) $[Co(H_2O)_3(phen)Br]^{2+}$ (나) $[Co(H_2O)_2(phen)Br_2]^+$

이에 관한 설명으로 옳은 것만을 〈보기〉에서 있는 대로 고른 것은?

| 보기 |

ㄱ. (가)의 모든 기하이성질체는 광학 비활성이다.
ㄴ. 기하이성질체의 수는 (나)가 (가)보다 크다.
ㄷ. (나)의 기하이성질체 중 광학 비활성인 것이 있다.

① ㄱ
② ㄷ
③ ㄱ, ㄴ
④ ㄴ, ㄷ
⑤ ㄱ, ㄴ, ㄷ

06 ⑤ 05 ① 정답

해설 phen은 대칭형의 두 자리 리간드이다. 따라서 (가)는 phen의 두 자리와 H_2O 2개가 마주한 경우와 H_2O 1개와 Br 1개가 각각 마주한 경우로 2가지 기하이성질체를 가지게 되고 모두 대칭면에 존재하므로 광학 비활성이다.

(나)는 기하 이성질체가 3개이며 그 중 1개는 대칭면이 없어 광학 이성질체를 가지게 된다. 따라서 총 입체 이성질체 수는 4개이다.

07 표는 원자 X의 오비탈 A와 B에 관한 자료이다.

오비탈	주양자수	방사 방향 마디 수	각마디 수
A	n	0	x
B	$n + 1$	0	2

이에 관한 설명으로 옳은 것만을 〈보기〉에서 있는 대로 고른 것은?

―――――| 보기 |―――――

ㄱ. $x = 1$이다.
ㄴ. $n = 3$이다.
ㄷ. A의 각운동량 양자수(l)는 0이다.

① ㄱ

② ㄷ

③ ㄱ, ㄴ

④ ㄴ, ㄷ

⑤ ㄱ, ㄴ, ㄷ

해설

	방사 방향 마디 수	각 마디 수	총 마디 수		주양자수
A	0	x	x	→	$2(n)$
B	0	2	2	→	$3(n + 1)$

B의 주양자수가 3임을 이용하여 A의 주양자수가 2이고 각마디 수가 1개임을 알 수 있다. A는 각마디 수가 1인 p오비탈이므로 각운동량 양자수(l)은 1이다.

08 분자 궤도함수 이론에 근거하여 바닥상태 이원자 분자에 관한 설명으로 옳지 않은 것은?

① Li_2의 결합 차수는 1이다.

② C_2는 반자기성이다.

③ O_2에는 2개의 홀전자가 있다.

④ N_2의 최고 점유 분자 궤도함수(HOMO)는 σ 궤도함수이다.

⑤ B_2의 최저 비점유 분자 궤도함수(LUMO)는 이중 축퇴된 한 쌍의 반결합성 궤도함수이다.

해설

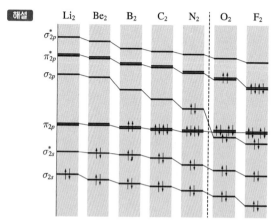

B_2의 최저 비점유 분자 궤도함수(LUMO)는 결합성 궤도함수 σ이다.

09 다음의 산화 환원 반응을 염기성 용액에서 균형을 맞추었을 때 $OH^-(aq)$의 반응 계수는 a, $H_2O(l)$의 반응 계수는 b이다. $\dfrac{b}{a}$는?

$$Cl_2O_7(aq) + H_2O_2(aq) \rightarrow ClO_2^-(aq) + O_2(g)$$

① $\dfrac{3}{2}$ ② 2

③ $\dfrac{5}{2}$ ④ 3

⑤ $\dfrac{7}{2}$

해설 Cl_2O_7에서 Cl의 산화수는 +7이고 ClO_2^-의 Cl의 산화수는 +3이므로 Cl은 환원되었다. H_2O_2의 O의 산화수는 −1, O_2의 산화수는 0이므로 산화되었다. 전자의 수를 맞추고 OH^-로 전하 균형을 맞춘다. 그 이후에 H_2O로 수소와 산소의 수를 맞춘다.

$Cl_2O_7 + 4H_2O_2 + 2OH^- \rightarrow 2ClO_2^- + 4O_2 + 5H_2O$

10 25℃에서 1.0×10^{-8}M 염산(HCl(aq))에 들어 있는 H^+, OH^-, Cl^-의 농도를 비교한 것으로 옳은 것은? (단, 25℃에서 H_2O의 이온곱 상수(K_w)는 1.0×10^{-14}이다)

① $[H^+] < [OH^-] < [Cl^-]$

② $[H^+] = [Cl^-] < [OH^-]$

③ $[OH^-] = [Cl^-] < [H^+]$

④ $[OH^-] < [Cl^-] < [H^+]$

⑤ $[Cl^-] < [OH^-] < [H^+]$

해설 HCl은 강산으로 물에서 모두 이온화된다. 따라서 이온화된 농도는 $[H^+] = [Cl^-] = 10^{-8}$이다. 물의 자동 이온화도 고려해보면 25℃에서 $K_w = 1.0 \times 10^{-14}$이므로 $[H^+] > 1.0 \times 10^{-7}$, $[OH^-] < 1.0 \times 10^{-7}$이다.

2020년 기출문제

01 다음은 원자 및 이온의 바닥상태 전자배치를 나타낸 것이다. 옳은 것만을 〈보기〉에서 있는 대로 고른 것은?

――――――――| 보기 |――――――――

ㄱ. $_{24}Cr$: $1s^2 2s^2 2p^6 3s^2 3p^6 4s^1 3d^5$
ㄴ. $_{25}Mn$: $1s^2 2s^2 2p^6 3s^2 3p^6 4s^2 3d^5$
ㄷ. $_{26}Fe^{2+}$: $1s^2 2s^2 2p^6 3s^2 3p^6 3d^6$
ㄹ. $_{29}Cu$: $1s^2 2s^2 2p^6 3s^2 3p^6 4s^1 3d^{10}$

① ㄱ, ㄴ   ② ㄱ, ㄷ
③ ㄴ, ㄷ   ④ ㄱ, ㄴ, ㄷ
⑤ ㄱ, ㄴ, ㄷ, ㄹ

해설 전이 원소와 전이 원소의 이온의 전자 배치가 모두 옳다.

02 배위화합물 A는 $[Co(en)_2Cl_2]Cl$이고, 배위화합물 B는 $[Co(en)_3]Cl_3$(en = ethylenediamine, $H_2NCH_2CH_2NH_2$)이다. 이에 관한 설명으로 옳은 것만을 〈보기〉에서 있는 대로 고른 것은?

――――――――| 보기 |――――――――

ㄱ. A는 기하 이성질체와 광학 이성질체를 가진다.
ㄴ. B는 광학 이성질체만 가진다.
ㄷ. 결정장 갈라짐 에너지($\triangle_0$)는 A가 B보다 크다.

① ㄱ   ② ㄷ
③ ㄱ, ㄴ   ④ ㄴ, ㄷ
⑤ ㄱ, ㄴ, ㄷ

해설 A의 착이온 : $[Co(en)_2Cl_2]^+$
B의 착이온 : $[Co(en)_3]^{3+}$

ㄱ. A는 $MA_2(en)_2$형으로 기하 이성질체와 광학 이성질체를 모두 가진다.
ㄴ. B는 $M(M(en)_3$형으로 cis형으로만 존재하여 기하 이성질체는 없고 광학 이성질체만 가진다.
ㄷ. 바닥 en은 강한 장 리간드이고 Cl^-는 약한 장 리간드이므로 결정장 갈라짐 에너지는 A보다 B가 크다.

03 다음은 분자식이 C_2H_6O인 유기 화합물의 ^1H–NMR 스펙트럼을 나타낸 것이다. 스펙트럼 봉우리의 면적비는 A : B : C = 2 : 1 : 3이다.

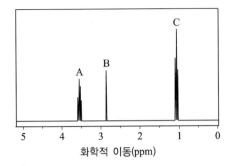

화학적 이동(ppm)

이 화합물과 스펙트럼의 설명으로 옳은 것만을 〈보기〉에서 있는 대로 고른 것은?

┤ 보기 ├

ㄱ. 물에 잘 혼합된다.
ㄴ. 아세트산과 반응하여 에스터를 형성한다.
ㄷ. 봉우리 A와 C의 수소는 커플링(Coupling)되어 있다.

① ㄱ
② ㄱ, ㄴ
③ ㄱ, ㄷ
④ ㄴ, ㄷ
⑤ ㄱ, ㄴ, ㄷ

해설 에터는 두 메틸기가 화학적으로 동일하므로 하나의 봉우리만 나와야 한다. 주어진 조건의 화합물은 에탄올인 것을 알 수 있다. 에탄올은 물과 수소 결합하는 극성이고, 에탄올은 아세트산과 반응하여 에스터를 형성하는 반응을 한다. 봉우리들의 커플링 규칙에 따라 A와 C 수소들은 서로 커플링되어 있다.

04 분자식이 C_4H_8인 탄화수소의 구조 이성질체에 관한 설명이다. 다음 설명으로 옳은 것만을 〈보기〉에서 있는 대로 고른 것은?

┤ 보기 ├

ㄱ. 고리형 탄화수소는 2가지이다.
ㄴ. 불포화 탄화수소는 2가지이다.
ㄷ. *sp* 혼성 궤도함수를 가지는 탄소가 있다.

① ㄱ
② ㄴ
③ ㄱ, ㄷ
④ ㄴ, ㄷ
⑤ ㄱ, ㄴ, ㄷ

해설 다음과 같은 구조가 가능하다.

05 그림은 이핵 이원자 분자 XY의 바닥상태 분자 궤도함수를 나타낸 것이다. 바닥상태의 XY 화합물에 관한 설명으로 옳지 않은 것은?

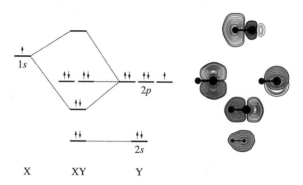

① XY 결합 차수는 1이다.

② 반자성이다.

③ 쌍극자 모멘트가 있다.

④ 전기음성도는 X가 Y보다 작다.

⑤ 최고 점유 분자 궤도함수(HOMO)는 반결합(Antibonding) 분자 궤도함수이다.

해설 이 화합물은 HF이다. 비결합 분자 궤도함수는 결합 차수에 영향을 주지 않으므로 결합성 분자 궤도함수 내의 전자만 고려하면 결합 차수가 1차임을 알 수 있다. 반결합 분자 궤도함수에는 전자가 채워지지 않았다.

06 숟가락의 은(Ag) 전기도금에서 숟가락은 환원 전극으로, 순수 은(Ag) 조각은 산화 전극으로 작용한다. 이 둘을 시안화은(AgCN) 용액 속에 담그고 9.65A의 전류를 흐르게 하여 표면적이 54cm^{2}인 숟가락의 표면을 40μm의 평균 두께로 도금하였다. 전기도금 하는 데 소요된 시간(초)는? (단, 은의 밀도는 10g/cm^{3}으로 가정하고 원자량은 108g/mol이다. 페러데이 상수는 $F =$ 96,500C/mol, 1μm $= 10^{-4}$cm이다)

① 100

② 200

③ 300

④ 400

⑤ 500

해설 은 도금 과정의 환원 전극 : $Ag^+(aq) + e^- \to Ag(s)$

전자 1몰당 은 이온 1몰이 환원된다. 따라서 환원된 은의 몰수와 이동한 전자의 몰수는 같다. 부피를 구한 후 밀도를 이용하여 환원된 은의 질량을 구할 수 있다. 은은 총 0.02몰이 환원된 것을 알 수 있고, 이는 전자의 몰수도 0.02몰임을 나타낸다.

$$\frac{Q}{F} = \frac{I \times t}{F} = \frac{9.65A \times t}{96500C/mol} = 0.02$$

따라서 t는 200초이다.

07 다음은 탄소(C)와 $CO_2(g)$가 반응하여 $CO(g)$를 생성하는 평형 반응식과 압력으로 정의되는 평형 상수이다.

$$C(s) + CO_2(g) \rightleftharpoons 2CO(g), \ K_p$$

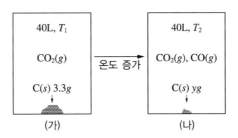

그림 (가)는 온도 T_1에서 부피가 40L로 일정한 진공용기에 탄소 가루 $C(s)$와 $CO_2(g)$를 넣은 반응 초기 상태를, (나)는 온도를 T_2로 올려 반응이 진행된 후 평형에 도달한 상태를 나타낸다. 표는 (가)와 (나)에서의 자료이다.

상 태	온도(K)	용기 안의 $C(s)$ 질량(g)	용기 안의 기체 밀도(g/L)	평형 상수(K_p)
(가)	T_1	3.3	0.550	
(나)	T_2	y	0.625	x

$\dfrac{x}{y}$는? (단, 모든 기체는 이상 기체와 같은 거동을 하고 $RT_2 = 84atm \cdot L/mol$로 주어진다. CO_2의 분자량은 44g/mol이고 CO의 분자량은 28g/mol이다. $C(s)$의 부피와 증기압은 무시한다)

① 7 　　　　　　　　　　　② 8

③ 9 　　　　　　　　　　　④ 10

⑤ 12

해설 화학 반응 전후의 질량이 같음을 이용한다. (가)의 질량의 합은 25.3g이므로 (나)에서 기체 혼합물이 25g 존재하므로 C(s)는 0.3g이 존재해야 한다. 즉 $y = 0.30$이다.

$$x = K_p = \frac{P_{co}^2}{P_{co_2}} = \frac{(\frac{21}{20})^2}{\frac{21}{40}} = 2.1$$

$$\frac{x}{y} = \frac{2.1}{0.3} = 7$$

08 다음은 A와 B가 반응하여 C와 D를 생성하는 화학 반응식이다.

$$2A + B \rightarrow C + D$$

표는 반응 차수가 1차인 반응물 B의 서로 다른 초기 농도($[B]_0$)에서 반응 시간(초)에 따른 반응물 A의 농도 변화를 나타낸 실험 Ⅰ과 Ⅱ의 자료이다. 실험 Ⅰ에서 $[B]_0 = 10.0M$이고, 실험 Ⅱ에서는 $[B]_0 = 20.0M$이다. 반응이 진행되는 동안 B의 농도는 일정하다고 가정한다.

시간(초)	실험 Ⅰ	실험 Ⅱ
	[A] (mM)	[A] (mM)
0	10.0	10.0
10	6.67	5.00
20	5.00	3.33
30	4.00	2.50
40	3.33	2.00
50	2.86	1.67
60	2.50	1.43

실험 Ⅰ에서, 반응 시간 30초일 때 C의 생성속도($mmolL^{-1}s^{-1}$)는? (단, 온도는 일정하다. $1mM = 10^{-3}M$이고, $1mmol = 10^{-3}mol$이다)

① 1.0×10^{-2} ② 2.0×10^{-2}

③ 4.0×10^{-2} ④ 8.0×10^{-2}

⑤ 1.0×10^{-1}

해설   B에 대한 차수는 2, A에 대한 차수는 1이다.

실험 Ⅰ의 반감기를 이용하면 $20s = \dfrac{1}{2k'[A]_0} = \dfrac{1}{2k'(10mM)}$ 이다.

$$k' = \frac{1}{400}mM^{-1}s^{-1}$$

$k' = k[B]_0$ 이므로 $k = \dfrac{k'}{[B]_0} = \dfrac{\frac{1}{400}}{10^4} = \dfrac{1}{4 \times 10^6}(mM)^{-2}s^{-1}$ 이다.

30초일 때 A와 B의 농도를 이용하여 $\dfrac{d[C]}{dt} = k[A]_0^2[B]_0 = 4 \times 10^{-2}mMs^{-1}$ 이다.

09 다음에서 옳은 것만을 〈보기〉에서 있는 대로 고른 것은?

─────────────── | 보기 | ───────────────

ㄱ. SF_4는 비극성이다.

ㄴ. PCl_5는 사각 피라미드 구조를 가진다.

ㄷ. I_3^-의 중심 원자는 dsp^3 혼성 궤도 함수를 가진다.

① ㄱ   ② ㄷ

③ ㄱ, ㄴ   ④ ㄴ, ㄷ

⑤ ㄱ, ㄴ, ㄷ

해설

구 분	SF_4	PCl_5	I_3^-
중심 원자	S	P	I
SN	5	5	5
중심 원자의 비공유 전자쌍	1쌍	0쌍	3쌍
분자 구조	시소형	삼각쌍뿔	직선형

10 T℃에서 부피가 일정한 용기에 두 휘발성 액체 A와 B로만 구성된 혼합 용액이 기체-액체 평형을 이루고 있다. T℃의 평형 상태에서, 기체상에서 A의 몰분율은 액체상에서 A의 몰분율의 2배이다. T℃의 평형 상태에서 순수한 A의 증기압은 400torr이고 순수한 B의 증기압은 150torr이다. T℃ 평형 상태에서, 액체상에서 B의 몰분율은? (단, 온도는 T℃로 일정하고, 혼합 용액은 라울의 법칙을 따른다)

① 0.5   ② 0.6

③ 0.7   ④ 0.8

⑤ 0.9

해설 액체상에서 A의 몰분율은 x_A, B의 몰분율은 $1-x_A$ 이다. 주어진 온도에서 각 성분의 증기압은 $P_A{}^\circ x_A = 400x_A$, $P_B{}^\circ x_A = 150(1-x_A)$ 이다. 이상 기체 혼합물에서 분압의 비는 각 성분 기체 몰분율 비와 같다. 기체상의 A의 몰분율이 액체상의 A의 몰분율의 2배이므로 계산하게 되면 $x_A = 0.2$ 이므로 액체상의 B의 몰분율은 0.80이다.

2019년 기출문제

01 포타슘의 동위원소 $^{39}_{19}K$에 관한 설명으로 옳지 않은 것은?

① 원자 번호는 19이다.
② 질량수는 39이다.
③ 원자당 양성자의 개수는 19이다.
④ 원자당 중성자의 개수는 20이다.
⑤ 중성 원자에서 원자당 전자의 개수는 20이다.

[해설] 중성 원자에서 원자당 전자의 개수는 양성자의 개수와 동일하므로 19개이다.

02 분자식이 $C_5H_{12}O$인 에테르(Ether)의 구조 이성질체 개수는?

① 3   ② 4
③ 5   ④ 6
⑤ 7

[해설]

```
C—O—C—C—C—C
```
```
C—O—C—C—C
        |
        C
```
```
C—O—C—C—C
      |
      C
```
```
C—C—O—C—C—C
```
```
C—C—O—C—C
        |
        C
```
```
    C
    |
C—C—O—C
    |
    C
```

03 다음은 25℃에서 산소에 대한 자료이다.

> • $O_2(g)$의 결합 엔탈피 : 498kJ/mol
> • $O_2(g) + O(g) \rightarrow O_3(g)$ 　　　$\triangle H° = -106$kJ

이 자료로부터 구한 25℃에서의 $O_3(g)$의 표준 생성 엔탈피($\triangle H_f^0$, kJ/mol)는?

① 90 　　　　　　　　　　　　　　② 102

③ 143 　　　　　　　　　　　　　　④ 286

⑤ 392

해설 1번째 조건을 정리하면 $O_2(g) \rightarrow 2O(g)$ $\triangle H° = 498$kJ이고
2번째 조건에서 $2O_2(g) + 2O(g) \rightarrow 2O_3(g)$ $\triangle H = -212$kJ의 식을 얻을 수 있다.
두 식을 더하면 $3O_2(g) \rightarrow 2O_3(g)$ $\triangle H = 286$kJ이다.
따라서 $O_3(g)$ 1몰에 대한 값인 표준 생성 엔탈피는 $\triangle H° = 143$kJ이다.

04 그림은 아데닌($C_5H_5N_5$)의 구조식이다.

아데닌 한 분자에 관한 설명으로 옳은 것만을 〈보기〉에서 있는 대로 고른 것은?

──────── Ⅰ 보기 Ⅰ ────────

> ㄱ. 고립(비공유) 전자쌍은 5개이다.
> ㄴ. 시그마(σ) 결합은 12개이다.
> ㄷ. sp^2 혼성 궤도함수를 결합에 사용하는 탄소 원자는 5개이다.

① ㄱ 　　　　　　　　　　　　　　② ㄴ

③ ㄱ, ㄷ 　　　　　　　　　　　　　④ ㄴ, ㄷ

⑤ ㄱ, ㄴ, ㄷ

해설 고립 전자쌍을 가지는 원소는 질소로, 모든 질소가 고립 전자쌍을 가지고 있으므로 총 5개의 고립 전자쌍을 가진다. 모든 결합은 1개가 σ 결합을 하므로 모든 결합의 수를 세어보면 총 15개이다. 입체수가 2인 탄소는 총 5개이다.

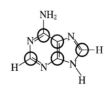

05 다음은 A와 B가 반응하여 C를 생성하는 반응의 화학 반응식과 온도 T에서 압력으로 정의되는 평형 상수(K_P)이다.

$A(s) + B(g) \rightleftharpoons C(g)$	$K_P = 4$

진공 용기에 $A(s)$ 1몰과 $B(g)$ 1몰을 넣어 반응시켜 도달한 평형 상태에서 용기 속 기체의 온도는 T이고 압력은 5기압이다. 평형 상태에서 용기 속 $A(s)$의 몰수는? (단, 기체는 이상 기체로 거동하고, $A(s)$의 증기 압력은 무시한다)

① 0.2

② 0.3

③ 0.4

④ 0.5

⑤ 0.6

해설 $K_p = \dfrac{P_C}{P_B} = 4$ 이므로 B와 C의 분압의 비는 1:4임을 알 수 있다.

	$A(s)$	+	$B(g)$	$\rightleftharpoons$	$C(g)$
초 기	1		1		0
반 응	$-x$		$-x$		$+x$
평 형	$1-x$		$1-x$		x

$\dfrac{x}{1-x} = 4$ 이고 $x = \dfrac{4}{5}$ 이다. 따라서 평형 상태의 $A(s)$는 0.2몰이다.

06 그림은 M과 X의 이온으로 이루어진 이온 화합물의 결정 구조이다. 그림에서 ○는 M의 양이온을, ●는 X의 음이온을 나타낸다.

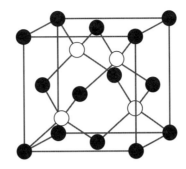

이에 대한 설명으로 옳은 것만을 〈보기〉에서 있는 대로 고른 것은? (단, M, X는 임의의 원소 기호이다)

―――――――― | 보기 | ――――――――

ㄱ. 화학식은 M_2X_7이다.
ㄴ. 양이온의 배위수는 4이다.
ㄷ. 음이온은 면심입방체의 격자점을 차지하고 있다.

① ㄱ
② ㄴ
③ ㄱ, ㄷ
④ ㄴ, ㄷ
⑤ ㄱ, ㄴ, ㄷ

해설 음이온이 면심입방 구조이므로 단위세포당 4개 존재한다. 양이온은 사면체 구멍 자리 중 $\frac{1}{2}$을 차지하고 있기 때문에 단위세포당 4개가 존재한다. 따라서 이 화합물의 화학식은 MX이다. 양이온은 사면체 구멍에 존재하며 이 자리는 4개의 음이온이 최인접 거리에서 둘러싸고 있어 배위수는 4이다. 음이온의 구조만 고려하면 면심입방 구조이다.

07 다음은 약산 HA의 해리 반응식과 25℃에서의 산 해리 상수이다.

$HA + H_2O \rightleftharpoons A^- + H_3O^+$	$K_a = 1.0 \times 10^{-4}$

25℃에서 0.1M HA와 0.05M NaA를 포함하는 수용액 pH는? (단, log2 = 0.3이다)

① 2.3
② 3.7
③ 4.0
④ 4.3
⑤ 5.0

해설 $\mathrm{pH} = \mathrm{p}K_a + \log\frac{[A^-]}{[HA]} = 4 + \log\frac{0.05}{0.1} = 4 - \log2 = 3.7$

08 다음은 25℃에서 구리와 관련된 반응의 표준 환원 전위($E°$)이다. x는?

- $Cu^{2+}(aq) + e^- \rightarrow Cu^+(aq)$ $E° = 0.16V$
- $Cu^+(aq) + e^- \rightarrow Cu(s)$ $E° = 0.52V$
- $Cu^{2+}(aq) + 2e^- \rightarrow Cu(s)$ $E° = xV$

① 0.34
② 0.42
③ 0.60
④ 0.68
⑤ 1.34

해설 $Cu^{2+}(aq) + e^- \rightarrow Cu^+(aq)$ $E_1°, \triangle G_1°$

$Cu^+(aq) + e^- \rightarrow Cu(s)$ $E_2°, \triangle G_2°$

$Cu^{2+}(aq) + 2e^- \rightarrow Cu(s)$ $E_3°, \triangle G_3°$

라고 하면 $\triangle G_3° = \triangle G_1° + \triangle G_2°$이다. $\triangle G° = -nFE°$임을 이용하면

$E_3° = \dfrac{E_1° + E_2°}{2} = \dfrac{0.16 + 0.52}{2} = 0.34V$ 이다.

09 다음 화합물의 적외선 흡수 스펙트럼에서 (가), (나), (다)에 해당하는 봉우리의 파수(Wavenumber)를 비교한 것으로 옳은 것은?

(가) CH_2의 C–H 신축운동
(나) C–O 신축운동
(다) C = O 신축운동

① (가) > (나) > (다)
② (가) > (다) > (나)
③ (나) > (다) > (가)
④ (다) > (가) > (나)
⑤ (다) > (나) > (가)

해설 적외선 스펙트럼은 각 결합에 신축운동을 일으키는 데 필요한 적외선 파장을 측정하여 유기 분자에 존재하는 주로 특정 작용기 존재 유무를 판단하는 분광법이다. 결합의 세기와 원자 질량에 따라 흡수 파장이 다음과 같이 결정된다.

- C–H 결합은 2500~4000cm^{-1}
- C = O 이중결합은 1500~2000cm^{-1}
- C–O 단일결합은 400~1500cm^{-1}

따라서 (가) > (다) > (나) 이다.

10 그림은 반응 (가) A → X와 반응 (나) B → 2Y의 반응 시간 t에 따른 ln[A] 또는 ln[B]를 나타낸 것이다.

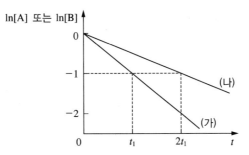

이에 관한 설명으로 옳은 것만을 〈보기〉에서 있는 대로 고른 것은? (단, 온도는 일정하다)

| 보기 |

ㄱ. (가)는 1차 반응이다.
ㄴ. (가)의 반응 속도 상수는 (나)의 2배이다.
ㄷ. t_1일 때 X의 생성 속도는 $2t_1$일 때 Y의 생성 속도의 2배이다.

① ㄱ
② ㄷ
③ ㄱ, ㄴ
④ ㄴ, ㄷ
⑤ ㄱ, ㄴ, ㄷ

해설 그래프가 직선형임을 통하여 모두 1차 반응임을 알 수 있다. 직선 그래프의 절댓값은 속도 상수에 해당하므로 (가)의 기울기가 (2)의 기울기보다 2배이므로 속도 상수도 2배이다. t_1에서 X의 생성 속도와 $2t_1$일 때 Y의 생성 속도는 같다.

2018년 기출문제

01 그림은 이원자 분자 A_2의 전자 이온화 질량 스펙트럼 중 어미 피크(Parent Peak) 부분을 나타낸 것이다. 이때, M은 질량수가 작은 동위원소 A의 원자량이다.

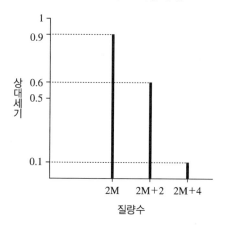

이 질량 스펙트럼에 관한 설명으로 옳지 않은 것은?

① A의 동위원소는 2가지이다.

② A의 동위원소 중 자연계 존재량이 많은 것은 질량수가 작은 동위원소이다.

③ A의 평균 원자량은 $\left\{M \times \dfrac{3}{4} + (M+2) \times \dfrac{1}{4}\right\}$이다.

④ A의 동위원소 간 질량수 차는 2이다.

⑤ $(2M+2)$에 해당하는 피크는 질량수가 같은 A의 동위원소에서 발생한 것이다.

> **해설** 질량수가 M과 $(M+2)$인 2가지 종류의 동위원소로 구성됨을 알 수 있다. 상대적으로 질량수가 작은 2M이 가장 많이 존재하는 것으로 보아 질량수가 작은 동위원소가 자연계에 많이 존재함을 알 수 있다. 질량수가 M인 동위원소 A와 질량수가 M + 2인 동위원소 A의 상대적인 존재 비율은 $0.9 + 0.3 : 0.3 + 0.1 = 1.2 : 0.4 = 3 : 1$로 생각할 수 있다. 따라서 A의 평균 원자량은 $\left[M \times \dfrac{3}{4} + (M+2) \times \dfrac{1}{4}\right]$이다. $(2M+2)$에 해당하는 피크는 질량수 M인 A와 질량수가 M + 2인 A가 결합하여 만들어진 분자이다.

02 다음은 질소(N)와 산소(O)로 이루어진 세 가지 화학종이다.

NO_2^+	NO_2	NO_2^-

이에 관한 설명으로 옳은 것만을 〈보기〉에서 있는 대로 고른 것은? (단, N과 O의 원자 번호는 각각 7과 8이다)

──────── | 보기 | ────────

ㄱ. NO_2^+의 질소 원자는 sp 혼성화되어 있다.

ㄴ. 결합각(∠O–N–O)이 큰 순서는 $NO_2^+ > NO_2 > NO_2^-$이다.

ㄷ. 세 가지 화학종은 모두 반자기성이다.

① ㄱ
② ㄷ
③ ㄱ, ㄴ
④ ㄴ, ㄷ
⑤ ㄱ, ㄴ, ㄷ

해설

NO_2^+	NO_2	NO_2^-
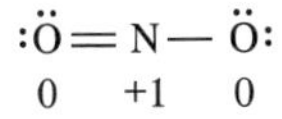 $:\ddot{O}=N—\ddot{O}:$ 0　+1　0	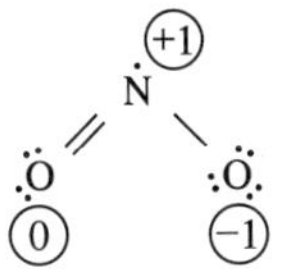	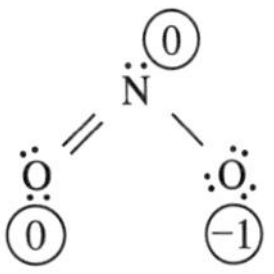

03 그림은 AB 분자의 분자 오비탈 에너지 준위의 일부를 나타낸 것이며, A와 B의 원자가 전자 (Valence Electron)수의 합은 11이다.

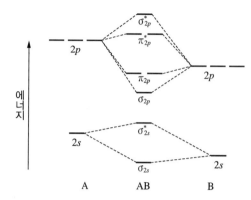

이에 관한 설명으로 옳은 것만을 〈보기〉에서 있는 대로 고른 것은?

| 보기 |

ㄱ. 전기음성도는 A가 B보다 작다.
ㄴ. AB분자는 상자기성이다.
ㄷ. 결합 길이는 AB가 AB⁺보다 길다.

① ㄱ
② ㄷ
③ ㄱ, ㄴ
④ ㄴ, ㄷ
⑤ ㄱ, ㄴ, ㄷ

해설 주어진 분자궤도 함수를 보면 원자 B가 A보다 오비탈의 에너지가 낮은 것을 알 수 있다. 이를 통해 B의 전기음성도가 더 크다는 것도 알 수 있다. A와 B의 원자가 전자 수의 합이 11이다. 문제에서 그려진 분자 궤도함수에 11개의 전자를 넣어보면 π_{2P}^{*}에 1개의 전자가 채워짐을 알 수 있다. 따라서 상자기성이다. 결합 길이는 AB는 2.5차이고, AB⁺는 3차이다.

04 다음은 에탄올(C_2H_5OH)이 분해되는 반응의 반쪽 반응식이다.

반응 1 : $C_2H_5OH(aq) + 3H_2O(l) \rightarrow 2CO_2(g) + 12H^+(aq) + 12e^-$
반응 2 : $Cr_2O_7^{2-} + H^+(aq) + e^- \rightarrow Cr^{3+}(aq) + H_2O(l)$

혈장 시료 50.0g에 함유된 C_2H_5OH을 적정하는데, 0.050M $K_2Cr_2O_7$ 40.0mL가 소모되었다. 혈장 시료 속의 C_2H_5OH 무게 %는? (단, 이 적정에서 반응 1과 2만 고려하며, 반응 2는 균형이 이루어지지 않았다. 반응 온도는 일정하고 에탄올의 분자량은 46.0g/mol이다)

① 0.023
② 0.046
③ 0.069
④ 0.092
⑤ 0.13

해설 반응 1 : $C_2H_5OH(aq) + 3H_2O(l) \rightarrow 2CO_2(g) + 12H^+(aq) + 12e^-$

반응 2 : $Cr_2O_7^{2-} + H^+(aq) + e^- \rightarrow Cr^{3+}(aq) + H_2O(l)$

반응한 $Cr_2O_7^{2-}$는 $0.05M \times 40mL = 2mmol$이므로 50g 시료에 C_2H_5OH에는 1mmol이 존재한다.

따라서 시료 속 C_2H_5OH의 질량 %는 $\dfrac{0.046g}{50g} \times 100 = 0.092$이다.

05 결정장 이론에 근거한 착이온들에 관한 설명으로 옳은 것만을 〈보기〉에서 있는 대로 고른 것은? (단, Cr, Co, Ni의 원자 번호는 각각 24, 27, 28이다)

―――――――――――――――――― | 보기 | ――――――――――――――――――

ㄱ. z축상에 중심 금속이온과 리간드들이 놓여 있는 선형 $Ag(NH_3)_2^+$에서 d_{z^2} 궤도 함수가 d_{xz} 궤도 함수보다 낮은 에너지 준위에 있다.

ㄴ. 평면 사각형 구조를 가지는 $[Ni(CN)_4]^{2-}$는 반자기성이다.

ㄷ. 정팔면체 $Cr(CN)_6^{4-}$와 사면체 $CoCl_4^{2-}$에 대하여 바닥상태 전자 배치에서 각각의 홀전자 수는 같다.

① ㄱ
② ㄴ
③ ㄱ, ㄷ
④ ㄴ, ㄷ
⑤ ㄱ, ㄴ, ㄷ

해설 z축상에 리간드가 존재하면 d_z 오비탈 전자들이 리간드와 강한 반발을 하므로 항상 가장 높은 에너지 상태에 있게 된다.

$[Ni(CN)_4]^{2-}$는 평면 사각형 구조로 다음과 같은 전자 배치로 항상 반자기성 착이온이다.

06 수용액 (가)는 0.10몰 $CaF_2(s)$를 순수한 물에 녹인 용액 1.0L로, $Ca^{2+}(aq)$의 평형 농도는 xM이다. 수용액 (나)는 0.10몰 $CaF_2(s)$를 $[H^+] = 5.0 \times 10^{-3}$M인 산성 완충 용액에 녹인 용액 1.0L로, $Ca^{2+}(aq)$의 평형 농도는 yM이다.

$CaF_2(s) \rightleftarrows Ca^{2+}(aq) + 2F^-(aq)$	$K_{sp} = 4.0 \times 10^{-11}$
$HF(aq) \rightleftarrows H^+(aq) + F^-(aq)$	$K_a = 7.2 \times 10^{-4}$

이에 관한 설명으로 옳은 것만을 〈보기〉에서 있는 대로 고른 것은? (단, 온도는 T로 일정하고 수용액 (가)에서 F^-가 염기로 작용하는 것은 무시하며, 주어진 평형 반응만 고려한다)

─────── | 보기 | ───────

ㄱ. $y > x$이다.
ㄴ. $x < 1.0 \times 10^{-4}$이다.
ㄷ. 수용액 (가)에 0.010몰 NaF를 녹이면 CaF_2의 몰 용해도는 증가한다.

① ㄱ
② ㄴ
③ ㄱ, ㄷ
④ ㄴ, ㄷ
⑤ ㄱ, ㄴ, ㄷ

해설

	CaF_2	$\rightleftarrows$	$Ca^{2+}(aq)$	+	$2F^-$
초 기	0.1				
반 응	$-x$		$+x$		$+x$
남은 양	0.1로 근사		x		x

산성 수용액에서 $F^-(aq) + H^+(aq) \rightarrow HF(aq)$반응이 진행되므로 F^-가 감소하게 된다. 따라서 정반응이 더 진행되고 $Ca^{2+}(aq)$의 농도가 증가하게 된다. 그에 따라 $CaF_2(s)$의 용해도가 증가하므로 $y > x$이다. 또한, $K_{sp} = [Ca^{2+}][F^-]^2 = x(2x)^2 = 4x^3 = 4 \times 10^{-11}$이므로 $x > 10^{-4}$이다.

수용액(가)에 NaF를 녹이면 F^-가 발생한다. 공통이온 효과로 역반응이 진행되어 $CaF_2(s)$의 용해도가 감소 하게 된다.

07 온도 T에서 산 HA의 농도가 1×10^{-4}M인 수용액 1,000mL가 있다. 온도 T일 때, 평형 상태의 수용액에서 $\dfrac{[A^-]}{[HA]} = \dfrac{1}{4}$이 되기 위해 제거(증발)시켜야 할 물의 부피(mL)는? (단, HA는 비휘발성 이며, 온도 T에서 HA의 해리 상수는 $K_a = \dfrac{5}{4} \times 10^{-5}$이다)

① 200
② 300
③ 400
④ 500
⑤ 600

해설

$$
\text{HA} \quad \rightleftharpoons \quad \text{A}^- \quad + \quad \text{H}^+
$$

	HA	A⁻	H⁺
초 기	0.1mmol		
반 응	−0.02mmol	+0.02mmol	+0.02mmol
남은 양	0.08mmol	0.02mmol	0.02mmol

물의 증발이 일어난 후 수소 이온의 농도를 구하면 $K_a = \dfrac{[\text{A}^-]}{[\text{HA}]}[\text{H}^+] = \dfrac{1}{4}[\text{H}^+] = \dfrac{5}{4}10^{-5}$이므로

$[\text{H}^+] = 5 \times 10^{-5}$이다. 생성된 수소 이온의 몰수는 0.02mmol이므로 수용액의 부피가 400mL가 되어야 수소 이온의 농도를 $[\text{H}^+] = 5 \times 10^{-5}$로 맞출 수 있다. 따라서 600mL의 물이 증발되어야 한다.

08 그림은 1몰의 He(g)이 열이 잘 전달되는 금속판으로 분리된 실린더 A와 B에 각각 들어 있는 것을 나타낸 것이고, A와 B에서 기체의 압력(P_0)과 절대 온도(T_0)는 같다. 실린더 B에 열량 q를 서서히 가하여 평형에 도달하였을 때, 실린더 B의 기체 압력은 $\dfrac{5}{3}P_0$가 되었다.

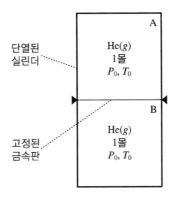

단열된 실린더

He(g)
1몰
P_0, T_0

A

B

He(g)
1몰
P_0, T_0

고정된 금속판

$\dfrac{q}{RT_0}$는? (단, 고정된 금속판의 두께, 열용량은 무시하고 휘어짐은 없다. 기체는 이상 기체로 거동하고 기체의 몰 정적열용량(C_V)은 $\dfrac{3}{2}R$이며, R은 기체 상수이다)

① 1

② $\dfrac{4}{3}$

③ $\dfrac{3}{2}$

④ 2

⑤ $\dfrac{5}{2}$

해설
기체 압력이 $\dfrac{5}{3}$ 증가하였다면 온도도 역시 $\dfrac{5}{3}$ 증가했다. $\triangle T = \dfrac{5}{3}T_0 - T_0 = \dfrac{2}{3}T_0$이다.

$q = nC_v \triangle T = 2 \cdot \dfrac{3}{2}R \cdot \dfrac{2}{3}\triangle T = 2RT_0$이므로 $\dfrac{q}{RT_0} = 2$이다.

09 그림은 A(g)가 B(g)를 생성하는 반응에서 반응 시간에 따른 $\dfrac{1}{[A]}$ 의 변화를 절대 온도 T와 $\dfrac{4}{3}T$에서 나타낸 것이다. 이 반응의 활성화 에너지(kJ/mol)는? (단, R은 기체 상수이고, $RT =$ 2.5kJ/mol, ln2 = 0.70이다)

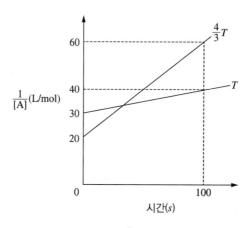

① 7

② 10

③ 12

④ 14

⑤ 21

해설 A의 2차 반응이므로 직선의 기울기는 각 온도에서의 속도 상수이다.

T의 기울기를 k_1, $\dfrac{4}{3}T$의 기울기를 k_2라고 하면 $k_1 = \dfrac{1}{10}$, $k_2 = \dfrac{4}{10}$ 이다.

절대온도 T와 $\dfrac{4}{3}T$의 속도 상수비는 1 : 4 이므로 아레니우스 속도식에 대입하여 활성화 에너지를 구한다.

$$\ln\frac{k_2}{k_1} = -\frac{E_a}{R}\left(\frac{1}{T_2} - \frac{1}{T_1}\right)$$

$$\ln 4 = -\frac{E_a}{R}\left(\frac{1}{\frac{4}{3}T} - \frac{1}{T}\right)$$

$$2\ln 2 = -\frac{E_a}{R}\left(-\frac{1}{4T}\right)$$

$$1.4 = \frac{1}{4} \times \frac{E_a}{RT}$$

$$E_a = 1.4 \times 4 \times 2.5$$
$$\quad = 14$$

10 다음은 A(g)가 B(g)를 생성하는 반응식과 농도로 정의되는 평형 상수(K)이다.

A(g) $\rightleftharpoons$ 2B(g)	K

표는 피스톤이 있는 실린더에 기체 A와 B가 들어 있는 초기 상태와 평형 상태 1과 2에 대한 자료이다.

상 태	온도(K)	$\dfrac{\text{A의 질량}}{\text{B의 질량}}$	평형 상수(K)
초 기	T_1	14	
평형 1	T_1	4	K_1
평형 2	T_2	$\dfrac{2}{3}$	$12K_1$

$\dfrac{T_2}{T_1}$ 는? (단, 대기압은 일정하고 피스톤의 질량과 마찰은 무시하며, 모든 기체는 이상 기체로 거동한다)

① $\dfrac{9}{8}$ ② $\dfrac{6}{5}$

③ $\dfrac{5}{4}$ ④ $\dfrac{4}{3}$

⑤ $\dfrac{3}{2}$

해설 $K_2 = 12K_1$ 이므로 K_2는 $\dfrac{9}{4RT_2} = \dfrac{12}{6RT_1}$ 이다.

따라서 $\dfrac{T_2}{T_1} = \dfrac{9}{8}$ 이다.

2017년 기출문제

01 다음은 $AB_3(g)$가 분해되는 반응의 화학 반응식이다.

$$AB_3(g) \rightleftarrows AB(g) + B_2(g)$$

2.0L 밀폐 용기에 $AB_3(g)$ 0.10mol을 넣어 분해 반응시켰더니, $AB_3(g)$가 20% 분해되어 평형에 도달하였다. 이 평형 상태에 관한 설명으로 옳지 않은 것은? (단, A와 B는 임의의 원소 기호이고 기체는 이상 기체로 거동하며, 온도는 T로 일정하고 $RT = 80$ L · atm/mol이다)

① $B_2(g)$의 몰분율은 $\frac{1}{6}$이다.

② $AB(g)$의 부분 압력은 0.8atm이다.

③ $[AB_3]$는 0.04M이다.

④ 평형 상수 K_P는 0.2이다.

⑤ 평형 상수 K_C는 $\frac{1}{200}$이다.

해설

	AB_3	$\rightleftarrows$	AB	$+$	B_2
초 기	4기압		0기압		0기압
반 응	−0.8기압		+0.8기압		+0.8기압
평 형	3.2기압		0.8기압		0.8기압

$$X_{B_2} = \frac{0.8}{4.8} = \frac{1}{6}$$

AB기체의 분압 : 0.8

평형 상태에서 0.08몰이 2L에 있으므로 $[AB_3] = 0.04M$이다.

$$K_p = \frac{0.8 \times 0.8}{3.2} = 0.2$$

$$K_c = \frac{0.01 \times 0.01}{0.04} = 0.0025$$

다음은 298K에서 반응 $2A(g) \rightarrow B(g)$에 관한 자료이다.

표준 반응 엔탈피($\triangle H_r^0$)	$-110kJ/mol$
B(g)의 표준 생성 엔탈피($\triangle H_f^0$)	$-10kJ/mol$
A(g)의 표준 연소 엔탈피($\triangle H_c^0$)	$-750kJ/mol$

298K에서 이에 관한 설명으로 옳은 것만을 〈보기〉에서 있는 대로 고른 것은? (단, q_P와 q_V는 각각 일정 압력과 일정 부피에서 진행되는 반응의 열이고, 기체는 이상 기체로 거동한다)

─| 보기 |─

ㄱ. A(g)의 표준 생성 엔탈피는 50kJ/mol이다.

ㄴ. B(g)의 표준 연소 엔탈피는 -1390kJ/mol이다.

ㄷ. A(g) 2mol이 등온 반응하여 B(g) 1mol이 생성되었을 때, $q_P > q_V$이다.

① ㄱ

② ㄷ

③ ㄱ, ㄴ

④ ㄴ, ㄷ

⑤ ㄱ, ㄴ, ㄷ

해설 $\triangle H_r° = -110 = -10 - 2 \times \triangle H_f°(A(g))$이므로 A($g$)의 표준 생성 엔탈피는 50이다.

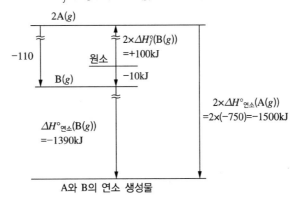

A와 B의 연소 생성물

03 그림은 반응 $X \underset{k_r}{\overset{k_f}{\rightleftharpoons}} Y$에 대한 퍼텐셜 에너지를 나타낸 것이다. 정반응과 역반응은 각각 X와 Y의 1차 반응이며, k_f와 k_r은 각각 정반응과 역반응의 속도 상수이다.

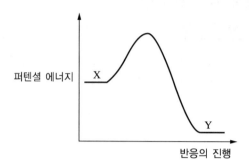

이 반응에 관한 설명으로 옳은 것만을 〈보기〉에서 있는 대로 고른 것은? (단, k_f와 k_r은 아레니우스 식을 만족하며 정반응과 역반응의 아레니우스 상수 A는 서로 같다)

| 보기 |

ㄱ. 평형 상수(K_C)는 1보다 작다.
ㄴ. 온도를 높이면 k_r은 커진다.
ㄷ. 온도를 높이면 K_C는 작아진다.

① ㄱ
② ㄴ
③ ㄷ
④ ㄱ, ㄹ
⑤ ㄴ, ㄷ

해설 발열 반응이므로 정반응보다 역반응 활성화 에너지가 크다. 정반응 속도 상수보다 역반응 속도 상수가 작으므로 $K_c = \dfrac{[Y]}{[X]} = \dfrac{k_f}{k_r} > 1$이다.

온도가 높아지면 정반응과 역반응 모두 속도 상수가 커진다. 역반응이 흡열 반응이므로 온도를 높여 역반응이 진행된 후 새로운 평형에 도달하면 평형 상수는 작아진다. 따라서 정반응의 자발성이 감소한다.

04 분자식이 C_6H_{14}인 탄화수소의 구조 이성질체 개수는?

① 3
② 4
③ 5
④ 6
⑤ 7

해설

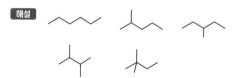

05 원자의 유효 핵전하에 관한 설명으로 옳은 것만을 〈보기〉에서 있는 대로 고른 것은?

─────────────| 보기 |─────────────

ㄱ. $1s$ 전자의 유효 핵전하는 헬륨이 수소의 2배이다.
ㄴ. $2p$ 전자의 유효 핵전하는 산소가 질소보다 크다.
ㄷ. 플루오르에서 $1s$ 전자의 유효 핵전하는 $2p$ 전자의 유효 핵전하보다 크다.

① ㄱ   ② ㄴ
③ ㄱ, ㄷ   ④ ㄴ, ㄷ
⑤ ㄱ, ㄴ, ㄷ

해설 유효 핵전하는 $Z_{eff} = Z - \sigma$이다.
ㄱ. 핵전하는 헬륨이 수소의 2배이지만 가리움 상수가 있기 때문에 유효 핵전하는 수소의 2배보다 작은 값이다.
ㄴ. 같은 주기에서 원자 번호가 클수록 핵전하(양성자수)가 증가하므로 유효 핵전하는 증가한다.
ㄷ. F에서 $1s$ 전자는 $2p$ 전자보다 가리움 상수가 작기 때문에 유효 핵전하가 크다.

06 다음 화학종에 대한 설명으로 옳은 것은?

| ClF_3 | SF_4 | PBr_5 | I_3^+ |

① ClF_3는 삼각 평면 구조이다.
② SF_4는 정사면체 구조이다.
③ PBr_5은 사각뿔 구조이다.
④ I_3^+은 굽은 구조이다.
⑤ 중심 원자는 모두 같은 혼성 오비탈을 사용한다.

해설

구 분	ClF_3	SF_4	PBr_5	I_3^+
중심 원자	Cl	S	P	I
SN	5	5	5	4
중심 원자의 비공유 전자쌍	2쌍	1쌍	0쌍	2쌍
분자 구조	T자형	시소형	삼각쌍뿔	굽은형

07 다음은 Ni^{2+}이 암모니아(NH_3), 에틸렌디아민(en)과 각각 6배위 착화합물을 생성하는 반응의 화학 반응식과 착화합물의 구조를 나타낸 것이다. K_f와 $\triangle S^0$는 각각 25℃에서의 생성 상수와 표준 반응 엔트로피이다.

$$[Ni(H_2O)_6]^{2+}(aq) + 6NH_3(aq) \rightleftharpoons [Ni(NH_3)_6]^{2+}(aq) + 6H_2O(l) \quad K_{f,1}, \quad \triangle S_1^0$$
$$[Ni(H_2O)_6]^{2+}(aq) + 3en(aq) \rightleftharpoons [Ni(en)_3]^{2+}(aq) + 6H_2O(l) \quad K_{f,2}, \quad \triangle S_2^0$$

$[Ni(NH_3)_6]^{2+}$ $[Ni(en)_3]^{2+}$

이에 관한 설명으로 옳은 것만을 〈보기〉에서 있는 대로 고른 것은?

| 보기 |

ㄱ. $K_{f,1} < K_{f,2}$이다.
ㄴ. $\triangle S_2^0 > 0$이다.
ㄷ. $[Ni(en)_3]^{2+}$은 2가지 광학 이성질체로 존재한다.

① ㄱ

② ㄴ

③ ㄱ, ㄷ

④ ㄴ, ㄷ

⑤ ㄱ, ㄴ, ㄷ

해설 암모니아는 1자리 리간드, 에틸렌디아민은 2자리 킬레이트이므로 2번째 반응의 생성물이 평형 상태에서 더 안정한 형태로 존재하고 평형 상수가 더 크다. 2번째 반응의 결과 4개의 에틸렌다이아민이 착이온을 형성하면서 6개의 물 분자가 방출되었으므로 계의 엔트로피는 증가한다. 두 자리 킬레이트와만 결합한 착이온은 대칭면이 없고 겹치지 않으므로 거울상 이성질체가 있다.

08 다음 혼합 수용액 중 완충 용량이 가장 큰 것은?

① 0.2M $CH_3COOH(aq)$ 1L + 0.2M $CH_3COONa(aq)$ 1L

② 0.1M $CH_3COOH(aq)$ 5L + 0.1M $CH_3COONa(aq)$ 5L

③ 0.2M $HCl(aq)$ 1L + 0.2M $CH_3COONa(aq)$ 1L

④ 0.1M $HCl(aq)$ 5L + 0.1M $CH_3COONa(aq)$ 5L

⑤ 0.2M $HCl(aq)$ 1L + 0.2M $NaCl(aq)$ 1L

해설 완충 용액은 약산과 그 짝염기의 양이 많으면서 서로 비슷한 양을 가지고 있을 때 크다. ③·④·⑤는 완충용액이 아니고 ①은 아세트산과 짝염기가 각각 0.2몰씩, ②는 아세트산과 짝염기가 0.5몰씩 존재한다.

09 다음은 2가지 금속과 관련된 반응의 25℃에서의 표준 환원 전위(E^0)이다.

$$Al^{3+}(aq) + 3e^- \rightarrow Al(s) \qquad\qquad E^0 = -1.66V$$
$$Mg^{2+}(aq) + 2e^- \rightarrow Mg(s) \qquad\qquad E^0 = -2.37V$$

25℃에서 반응 $2Al^{3+}(aq) + 3Mg(s) \rightleftharpoons 2Al(s) + 3Mg^{2+}(aq)$의 표준 자유 에너지 변화($\triangle G^0$)는?
(단, 패러데이 상수 $F = aJ/V \cdot mol$ 이다)

① $-0.71aJ/mol$ ② $-1.42aJ/mol$

③ $-2.13aJ/mol$ ④ $-3.79aJ/mol$

⑤ $-4.26aJ/mol$

> **해설** $n = 6$, $E° = -1.66 - (-2.37) = 0.71V$
> $\therefore \triangle G° = -nFE° = -6 \times a \times 0.71 = -4.26a$

10 다음은 어떤 화합물의 구조와 ^{1}H-NMR 스펙트럼을 나타낸 것이다.

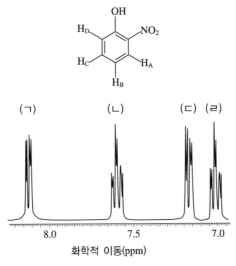

스펙트럼에서 $H_A \sim H_D$에 해당하는 봉우리를 골라 H_A, H_B, H_C, H_D 순서로 옳게 나열한 것은?

① ㄱ - ㄴ - ㄹ - ㄷ   ② ㄱ - ㄹ - ㄴ - ㄷ

③ ㄴ - ㄷ - ㄹ - ㄱ   ④ ㄷ - ㄹ - ㄴ - ㄱ

⑤ ㄹ - ㄷ - ㄴ - ㄱ

> **해설** H_A는 이중선이면서 전자를 끄는 작용기인 나이트로기에 근접하므로 (ㄱ)이다.
> H_D는 이중선이므로 (ㄷ)이다.
> H_B는 삼중선이면서 비공유 전자쌍이 존재할 수 있으므로 상대적으로 화학적 이동이 작아야 하므로 (ㄹ)이다.

2016년 기출문제

01 그림 (가)는 온도가 300K인 실린더에 He(g)과 Ne(g)이 들어있는 것을, (나)는 (가)의 피스톤에 추를 올려놓고 200K로 낮춘 것을 나타낸 것이다.

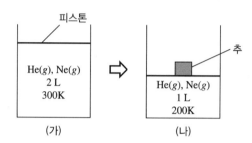

(가) (나)

이에 관한 설명으로 옳은 것만을 〈보기〉에서 있는 대로 고른 것은? (단, He과 Ne의 원자량은 각 각 4와 20이다. 대기압은 일정하고 피스톤의 질량과 마찰은 무시하며, 모든 기체는 이상 기체로 거동한다)

| 보기 |

ㄱ. He의 부분 압력은 (가) < (나)이다.
ㄴ. (가)에서 평균 운동 에너지는 He과 Ne이 같다.
ㄷ. 제곱 평균근 속력(Root Mean Square Speed)은 (가)의 Ne이 (나)의 He보다 빠르다.

① ㄱ
② ㄷ
③ ㄱ, ㄴ
④ ㄴ, ㄷ
⑤ ㄱ, ㄴ, ㄷ

해설 비활성기체로 몰분율은 일정하지만 외부 압력이 증가했으므로 분압 역시 증가하였다. 운동에너지는 온도가 일정하다면 He와 Ne은 동일하다. 제곱 평균근 속력은 분자량이 작은 He가 더 빠르다.

02 표는 25℃에서 에틸렌글리콜($C_2H_6O_2$)과 물(H_2O)을 혼합하여 만든 부동액 (가)~(다)에 관한 자료이다. 25℃에서 $C_2H_6O_2$와 H_2O의 밀도는 각각 1.1g/mL와 1.0g/mL이다.

부동액	조 성	
	$C_2H_6O_2$	H_2O
(가)	100mL	500mL
(나)	100g	500g
(다)	100mL	550mL

25℃의 용액 (가)~(다)에 관한 설명으로 옳은 것만을 〈보기〉에서 있는 대로 고른 것은? (단, 에틸렌글리콜은 비전해질, 비휘발성이고, (가)~(다)는 이상 용액으로 거동한다)

─────── | 보기 | ───────

ㄱ. 몰랄 농도(m)는 (가)가 (나)의 1.1배이다.
ㄴ. 용액의 증기압은 (가)가 (다)보다 작다.
ㄷ. 어는점은 (나)와 (다)가 같다.

① ㄱ
② ㄷ
③ ㄱ, ㄴ
④ ㄴ, ㄷ
⑤ ㄱ, ㄴ, ㄷ

해설 ㄱ. 500g의 물에 (가) 용질의 양은 110g, (나) 용질의 양은 100g이므로 몰랄 농도는 (가)가 (나)의 1.1배이다.
ㄴ. 비휘발성 물질은 몰랄 농도가 클수록 증기압이 낮아진다. 따라서 증기압은 (가) < (나) = (다) 순이다.
ㄷ. 몰랄 농도가 같으면 어는점 내림은 같다. 따라서 (나)와 (다)의 어는점은 같다.

03 다음은 반응차수가 각각 1차 반응인 (가)와 (나)의 화학 반응식이고, k_A와 k_B는 반응 속도 상수이다.

(가) : A $\xrightarrow{k_A}$ P

(나) : B $\xrightarrow{k_B}$ P

그림은 절대 온도의 역수($\frac{1}{T}$)에 따른 반응 속도 상수($\log_{10}k$)를, 표는 서로 다른 실험 조건 I ~ III을 나타낸 것이다.

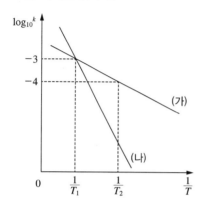

실 험	반 응	온 도	초기 농도
I	(가)	T_2	$[A]_0 = 0.10M$
II	(가)	T_1	$[A]_0 = 0.10M$
III	(나)	T_1	$[B]_0 = 0.20M$

이에 관한 설명으로 옳은 것만을 〈보기〉에서 있는 대로 고른 것은?

───── I 보기 I ─────

ㄱ. 활성화 에너지는 (나)가 (가)보다 크다.

ㄴ. 반응의 반감기는 II가 I의 $\frac{4}{3}$배이다.

ㄷ. 반응이 시작되고 1분 동안 생성된 P의 양은 III > II > I이다.

① ㄱ   ② ㄴ

③ ㄱ, ㄷ   ④ ㄴ, ㄷ

⑤ ㄱ, ㄴ, ㄷ

해설 ㄱ. 기울기가 클수록 활성화 에너지는 크다. 따라서 (나)의 활성화 에너지가 (가)보다 크다.
ㄷ. 1차 반응이므로 생성된 P의 양은 속도 상수와 초기 농도에 비례한다. 따라서 생성된 양은 III > II > I 순서이다.
ㄴ. 1차 반응이므로 반감기는 속도 상수의 역수에 비례하게 된다. 따라서 II가 I 보다 10배 빠른 반응이므로 반감기는 10배 짧아진다.

04 원자의 오비탈은 주양자수(n), 각운동량 양자수(l), 자기 양자수(m_l)로 표시할 수 있다. 바닥상태 원자 A에 $n+l=3$인 전자 수가 7일 때, A에 관한 설명으로 옳은 것은?

① 2주기 원소이다.

② 홀전자 수는 2이다.

③ $n+l=2$인 전자 수는 3이다.

④ $m_l=0$인 전자 수는 7이다.

⑤ 전자가 채워져 있는 오비탈 중 가장 큰 n은 4이다.

> **해설** $n+l=3$인 경우의 수는 $(n=2,\ l=1)$, $(n=3,\ l=0)$이다.
> 바닥상태의 원자에서 $n+l=3$을 만족하는 전자가 총 7개라면 $n=2$, $l=1$ 즉 $2p$오비탈에 6개의 전자가 다 채워지고, $n=3$, $l=0$ 즉 $3s$오비탈에 1개의 전자가 채워진 경우이다.
> 이 원자는 $1s^2\,2s^2\,2p^6\,3s^1$의 전자 배치를 가지는 Na이라는 것을 알 수 있다.
> ④ $m_l=0$을 만족하는 오비탈은 $1s$, $2s$, $2p$ 중 1개, $3s$이므로 총 7개의 전자가 채워진다.
> ① 3주기 원소이다.
> ② 홀전자 수는 1개이다.
> ③ $n+l=2$를 만족하는 경우는 $n=2$, $l=0$밖에 없으므로 $2s$를 채우는 전자의 수는 2개이다.
> ⑤ 전자가 채워진 오비탈 중 가장 큰 n은 3이다.

05 다음은 착이온 $[CoL_n(NH_3)Cl]^{2+}$에 관한 설명이다.

> • 정팔면체 또는 정사면체 입체 구조 중 하나이다.
> • L은 중성의 두 자리 리간드이다.
> • 반자기성이다.

이에 관한 설명으로 옳지 않은 것은? (단, Co의 원자번호는 27이며, n은 자연수이다)

① Co의 산화수는 +3이다.

② $n=2$이다.

③ 기하 이성질체가 있다.

④ 배위수는 6이다.

⑤ 고스핀 착물이다.

> **해설** Cl^-와 결합한 착물의 전체 전하가 +2이다. 따라서 중심 원자 금속 Co는 +3인 d^6 착물임을 알 수 있다. 또한 반자기성이므로 정팔면체 구조로 저스핀임을 알 수 있다.

06 다음은 SCN⁻(싸이오사이안산 이온)의 서로 다른 3가지 루이스 점 구조식 (가)~(다)에 관한 설명이다.

> • (가)에는 단일 결합이 없다.
> • (나)에서 C의 형식 전하는 0이다.
> • (다)에서 S의 형식 전하는 −1이다.

이에 관한 설명으로 옳은 것만을 〈보기〉에서 있는 대로 고른 것은? (단, (가)~(다)에서 모든 원자는 옥텟 규칙을 만족한다)

─── | 보기 | ───

ㄱ. (가)에서 S의 형식 전하는 −1이다.
ㄴ. 가장 안전한 구조는 (나)이다.
ㄷ. (가), (나), (다) 모두에서 C의 혼성 궤도함수는 sp 혼성 궤도함수이다.

① ㄴ   ② ㄷ
③ ㄱ, ㄴ   ④ ㄱ, ㄷ
⑤ ㄴ, ㄷ

해설 (가) :S̈=C=N̈:   (나) :S≡C—N̈:   (다) :S̈—C≡N:
            0   0   −1   +1   0   −2   −1   0   0
가장 안정한 구조는 (다)이다.

07 분자식이 $C_5H_{12}O$인 화합물의 구조 이성질체 중 2차 알코올의 개수는?

① 0   ② 1
③ 2   ④ 3
⑤ 4

 해설

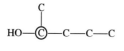   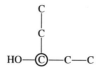

08 그림은 동위원소 ^{X}A와 ^{Y}A로 구성된 A$_2$의 전자 이온화 질량 스펙트럼을 나타낸 것이다.

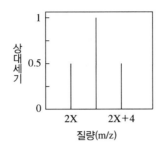

A의 평균 원자량은? (단, 자연계에 존재하는 A의 동위원소는 ^{X}A와 ^{Y}A뿐이다)

① X + 0.5

② X + 1

③ X + 1.5

④ X + 2

⑤ X + 2.5

> **해설** ^{X}A를 원자량이 작은 경우로, ^{Y}A를 원자량이 큰 경우로 생각해 본다.
> A$_2$는 ^{X}A^{X}A, ^{X}A^{Y}A, ^{Y}A^{Y}A의 조합으로 만들어질 수 있으며 그 중 가장 질량이 작은 ^{X}A^{X}A가 2X이고, 가장 질량이 큰 ^{Y}A^{Y}A 가 2X + 4라고 볼 수 있다.
> 중간의 질량을 가지는 경우는 ^{X}A^{Y}A이다. 따라서 자연계에 존재하는 ^{X}A와 ^{Y}A의 비율은 50% : 50%임을 알 수 있다. 1개의 ^{X}A의 질량은 X이고 1개의 ^{Y}A의 질량은 X + 20다.
> ∴ 평균 원자량 : $X \times \dfrac{50}{100} + (X+2) \times \dfrac{50}{100} = (2X+2)\dfrac{1}{2} = X+1$

09 다음은 평형 반응의 반응식과 평형 상수(K_1), 관련된 반쪽 반응의 25℃에서의 표준환원 전위($E°$)이다.

- $5Fe^{2+}(aq) + 2Mn^{2+}(aq) + 8H_2O(l) \rightleftarrows 2MnO_4^-(aq) + 5Fe(s) + 16H^+(aq)$ K_1
- $Fe^{2+}(aq) + 2e^- \rightarrow Fe(s)$
  $E° = -0.44V$
- $MnO_4^-(aq) + 8H^+(aq) + 5e^- \rightarrow Mn^{2+}(aq) + 4H_2O(l)$
  $E° = +1.51V$

25℃에서 K_1은? (단, 25℃에서 $\dfrac{RT}{F} = a(V)$이고, F는 패러데이 상수이다)

① $e^{-52.2/a}$

② $e^{-19.5/a}$

③ $e^{-9.75/a}$

④ $e^{19.5/a}$

⑤ $e^{52.2/a}$

> **해설** $K = e^{-\frac{\triangle G°}{RT}}$, $\triangle G° = -nFE°$이므로 $K = e^{\frac{nFE°}{RT}}$ 이다.
> $\dfrac{RT}{F} = a$로 주어졌으므로 $nE°$만 구해내면 된다.
> $nE° = n_1 E_1° + n_2 E_2° = 2 \times (5 \times -0.44) + 5 \times (2 \times -1.51) = -19.5$ 이다.

10 다음은 온도 T에서 기체 A의 화학 반응식과 압력으로 정의되는 평형 상수(K_p)이다.

$$2A(g) \rightleftharpoons 2B(g) + C(g) \quad K_p$$

표는 피스톤이 달린 실린더에 기체 A를 넣은 초기 상태와 반응이 진행된 후 평형 상태에 관한 자료이다.

구 분	온도(K)	실린더 속 기체 부피(L)	A(g)의 몰분율
초기 상태	T	V	1
평형 상태	T	$\dfrac{5}{4}V$	x

온도 T에서 $\dfrac{K_p}{x}$의 값은? (단, 대기압은 1atm으로 일정하고 피스톤의 질량과 마찰은 무시하며, 모든 기체는 이상 기체로 거동한다)

① $\dfrac{1}{2}$ 　　　　　　　　② $\dfrac{5}{8}$

③ $\dfrac{3}{4}$ 　　　　　　　　④ 1

⑤ $\dfrac{5}{4}$

해설 같은 온도에서 피스톤이 달린 실린더 안에서 일어나는 화학 반응이므로 전체 압력은 대기압 1atm으로 동일할 것이다.

초기 상태에는 A기체만 들어 있었고 시간이 지나 평형 상태가 되었을 때 부피가 $\dfrac{5}{4}$가 되었음을 통해 다음과 같이 몰수의 비로 반응을 나타낼 수 있다.

	2A(g)	$\rightleftharpoons$	2B(g)	+	C(g)
초 기	1		0		0
반 응	−0.5		+0.5		+0.25
평 형	0.5		0.5		0.25

이를 통해 평형이 이루어진 후 A와 B의 몰분율(기압)은 $\dfrac{2}{5}$(atm)이고, C의 몰분율(분압)은 $\dfrac{1}{5}$(atm)이다.

$$\frac{K_p}{x} = \frac{\dfrac{(\frac{2}{5})^2(\frac{1}{5})}{(\frac{2}{5})^2}}{(\frac{2}{5})} = \frac{1}{2} \text{이다.}$$

2015년 기출문제

01 그림은 분자식이 C_3H_6인 단량체가 반응하여 생성된 고분자의 구조 일부를 나타낸 것이다.

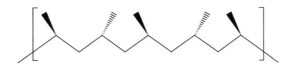

이 고분자에 관한 설명으로 옳은 것만을 〈보기〉에서 있는 대로 고른 것은?

| 보기 |

ㄱ. 열경화성이다.
ㄴ. 첨가 중합 반응으로 형성된다.
ㄷ. 단량체는 프로필렌(CH_3CHCH_2)이다.

---

① ㄱ   ② ㄷ

③ ㄱ, ㄴ   ④ ㄴ, ㄷ

⑤ ㄱ, ㄴ, ㄷ

> **해설** 프로필렌(C_3H_6)이 단량체인 폴리프로필렌(PP)이다.
> 폴리프로필렌은 대표적인 열가소성 플라스틱이면서 산촉매조건하에서 이중결합에 첨가가 반복되어 생성된다.

02 문제 오류로 수록하지 않음

03 다음의 25℃ 수용액 중에서 이온화 백분율(%)이 가장 작은 것은? (단, 25℃ 수용액에서 CH_3COOH과 $HCOOH$의 산 이온화 상수(K_a)는 각각 1.8×10^{-5}, 1.7×10^{-4}이다)

① 0.01 M HCl   ② 0.01 M HCOOH

③ 0.01 M CH_3COOH ④ 0.10 M HCOOH

⑤ 0.10 M CH_3COOH

> **해설** 농도가 같다면 산 이온화 상수로 비교할 수 있다. K_a가 클수록 센 산이므로 이온화 백분율이 크다.
> 이온화 백분율 : ① > ② > ③, ④ > ⑤
> 가장 이온화 백분율이 작은 것을 고르는 것이므로 ③과 ⑤를 비교한다.
> 농도가 커질수록 이온화 백분율이 작아지므로 0.1M의 CH_3COOH가 가장 이온화 백분율이 작다.

정답 01 ④   02 문제 그림 오류   03 ⑤

04 그림은 주기율표의 일부를 나타낸 것이다.

1																	18
H	2																He
Li	Be											13	14	15	16	17	
												B	C	N	O	F	Ne
Na	Mg	3	4	5	6	7	8	9	10	11	12	Al	Si	P	S	Cl	Ar
K	Ca				Cr	Mn											Kr

이에 관한 설명으로 옳은 것은?

① 전기음성도는 C가 O보다 크다.

② 이온 반지름은 Na^+가 F^-보다 크다.

③ 제1차 이온화 에너지는 O가 N보다 크다.

④ 최외각 전자가 느끼는 유효 핵전하는 Al이 Cl보다 크다.

⑤ 바닥상태 원자에서 홀전자의 수는 Cr이 Mn보다 크다.

해설   ⑤ 바닥상태에서 전자 배치는 예외적으로 $24Cr$이 $[Ar]4s^1 3d^5$이므로 6개의 홀전자를 가지게 된다.
① 전기 음성도는 같은 주기에서 원자 번호가 클수록 커진다(C < O).
② 등전자 이온에서 원자 번호가 클수록 이온 반지름이 작아진다.
③ 제1차 이온화 에너지는 O가 N보다 작다.
④ 같은 주기에서 최외각 전자가 느끼는 유효 핵전하는 원자 번호가 증가할수록 커진다.

05 그림은 어떤 온도에서 벤젠의 몰분율($X_{벤젠}$)에 따른 용액의 증기 압력을 나타낸 것이다. (가)는 톨루엔의 증기 압력을, (나)는 벤젠과 톨루엔의 혼합 용액의 전체 증기 압력($P_{벤젠}$ + $P_{톨루엔}$)을 나타낸 것이다. 벤젠과 톨루엔의 혼합 용액은 이상 용액이다.

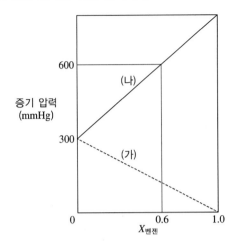

벤젠의 몰분율($X_{벤젠}$)이 0.6인 혼합 용액에서 벤젠의 부분 증기 압력(mmHg)은?

① 180

② 300

③ 360

④ 480

⑤ 540

해설 (가)는 톨루엔의 압력이고 (나)는 톨루엔과 벤젠 혼합 용액의 압력이다.
　　　벤젠 몰분율 0.6에서 (나) = 톨루엔 + 벤젠 = 600이다.
　　　(가)에서 0.6의 톨루엔의 압력이 120이므로 벤젠의 부분 증기 압력은 480이다.

06 자료는 Cl_2와 H_2S가 반응하여 S과 HCl가 형성될 때 제안된 반응 메커니즘과 전체 반응의 반응 속도 법칙(v)이다. 그림은 반응 진행에 따른 에너지를 나타낸 것이며, E_{a1}, E_{a2}, E_{a3}는 각각 단계 Ⅰ, Ⅱ, Ⅲ의 활성화 에너지이다.

[반응 메커니즘]
- 단계 Ⅰ : $Cl_2 \rightleftarrows 2Cl$
- 단계 Ⅱ : $Cl + H_2S \rightleftarrows HCl + HS$
- 단계 Ⅲ : $HS + Cl \rightarrow HCl + S$

[반응 속도 법칙]
$v = k[Cl_2][H_2S]$ (k는 반응 속도 상수)

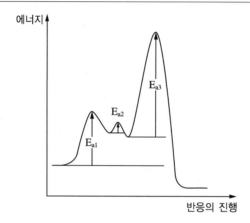

전체 반응에 관한 설명으로 옳은 것만을 〈보기〉에서 있는 대로 고른 것은?

| 보기 |

ㄱ. 중간체는 2종류이다.
ㄴ. 속도 결정 단계는 단계 Ⅲ이다.
ㄷ. H_2S에 대해 반응 차수는 1이다.

---

① ㄱ 　　　　　　　　　② ㄷ
③ ㄱ, ㄴ 　　　　　　　④ ㄴ, ㄷ
⑤ ㄱ, ㄴ, ㄷ

해설 중간체는 HS와 Cl이고 RDS(속도 결정 단계)는 활성화 에너지가 가장 큰 단계 Ⅲ이다. RDS인 단계 Ⅲ의 속도식은 $v = k_3[HS][Cl]$ 이다. 다음 두 식을 넣어준다.

$$k_1[Cl_2] = k_{-1}[Cl]^2 \rightarrow [Cl] = \sqrt{\frac{k_1[Cl_2]}{k_{-1}}}$$

$$k_2[H_2S][Cl] = k_{-2}[HCl][HS] \rightarrow [HS] = \frac{k_2[H_2S][Cl]}{k_{-2}[HCl]}$$

[Cl]과 [HS] 자리에 위의 두 식을 넣으면 $v = k_3 \dfrac{k_2[H_2S][Cl]}{k_{-2}[HCl]} \cdot \sqrt{\dfrac{k_1[Cl_2]}{k_{-1}}}$ 이다.

따라서 H_2S에 대한 반응 차수는 1이다.

07 그림은 C, H, O로 구성된 어떤 화합물(분자량 = 88g/mol)의 ¹H−NMR 스펙트럼을 나타낸 것이다. 스펙트럼 봉우리의 면적비는 A : B : C = 2 : 3 : 3 이다.

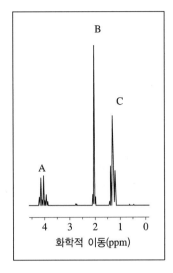

이에 관한 설명으로 옳은 것만을 〈보기〉에서 있는 대로 고른 것은?

———————————————————— ┃ 보기 ┃ ————————————————————

ㄱ. 봉우리 A와 C의 수소는 서로 커플링(Coupling)되어 있다.
ㄴ. 봉우리 B의 수소가 결합한 탄소는 수소가 없는 탄소와 인접해 있다.
ㄷ. 봉우리 C는 3개로 갈라져 있으므로 CH_3이다.
ㄹ. $CH_3COOCH_2CH_3$의 스펙트럼이다.

① ㄱ
② ㄱ, ㄴ
③ ㄴ, ㄷ
④ ㄱ, ㄴ, ㄹ
⑤ ㄴ, ㄷ, ㄹ

해설 C는 쉴딩된 피크로 메틸기(CH_3)이고, A는 3.5 근처의 OCH_2이다. C는 3개의 피크가 있어 수소가 옆에 2개, A는 4개의 피크가 있어 수소가 옆에 3개, B는 단일 피크로 옆에 커플링된 수소가 없다.
봉우리의 면적비로 알 수 있는 것은 A는 2개의 수소 피크이고, B와 C는 3개의 피크라는 것이다. A수소가 붙어있는 탄소와 C수소가 붙어있는 탄소는 서로 붙어있고 A수소가 붙어있는 탄소 옆에는 산소가 붙어있다. 가장 끝에는 B수소가 붙어있는 탄소가 달려있어 $CH_3(\ )OCH_2CH_3$와 같은 구조일 것이다. 분자량을 맞추면 $CH_3COOCH_2CH_3$임을 알 수 있다.

08 그림은 Zn|Zn²⁺(0.10M)||Cu²⁺(0.50M)|Cu 전지를 나타낸 것이고, 자료는 이 전지와 관련된 반응의 표준 환원 전위($E°$)이다.

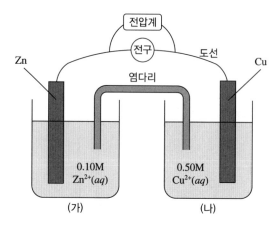

| $Cu^{2+}(aq) + 2e^- \rightarrow Cu(s)$ | $E° = +0.34V$ |
| $Zn^{2+}(aq) + 2e^- \rightarrow Zn(s)$ | $E° = -0.76V$ |

이에 관한 설명으로 옳은 것은? (단, Cu와 Zn의 원자량은 각각 64와 65이다)

① 이 전지의 초기 전압은 1.10V보다 작다.

② (가)의 Zn 전극의 전자는 염다리를 통하여 이동한다.

③ (나)의 용액에 0.50M EDTA를 소량 첨가하면 전지 전압이 감소한다.

④ 전지를 사용하면 (나)의 용액 색은 파랑색이 진해진다.

⑤ 전지를 사용하면 두 금속 전극의 질량의 합은 증가한다.

해설 르샤틀리의 원리에 따라 반응물이 더 많으면 정반응이 유리하고, 생성물이 많으면 역반응이 유리하다. 따라서 반응물이 많으면 전지 전위는 표준환원전위보다 높고, 생성물이 많으면 전지 전위는 표준환원전위가 낮아진다. $[Cu^{2+}] = 0.5M$, $[Zn^{2+}] = 0.1M$로 정반응 물질이 많아 전압은 1.10V보다 크다.
EDTA를 사용하면 Cu^{2+}의 농도를 감소시킨다. 그 결과 역반응이 유리하게 되어 전지 전위가 감소하게 된다.

09 다음은 백금 배위 화합물의 합성 과정이다.

(가) 사염화백금 포타슘(K_2PtCl_4) 수용액에 적당량의 암모니아수를 첨가하여 시스 이성질체인 배위 화합물 A를 합성한다.
(나) A 수용액에 충분한 양의 암모니아수를 첨가하여 배위 화합물 B를 합성한다.
(다) B 수용액에 적당량의 HCl(aq)를 첨가하여 트랜스 이성질체인 배위 화합물 C를 합성한다.

이에 관한 설명으로 옳은 것만을 〈보기〉에서 있는 대로 고른 것은?

┤ 보기 ├

ㄱ. 배위 화합물 A는 항암 효과가 있다.
ㄴ. 배위 화합물 B의 구조는 정사면체이다.
ㄷ. 배위 화합물 C는 $K_2[Pt(NH_3)_3Cl]$이다.

① ㄱ
② ㄴ
③ ㄱ, ㄷ
④ ㄴ, ㄷ
⑤ ㄱ, ㄴ, ㄷ

해설   A는 시스플라틴으로 항암 효과가 있다(시스플라틴 : $Pt(NH_3)_2Cl_2$). d^8화합물로 평면사각형 구조이다. C는 A와 입체 이성질체 관계이다.

10 다음은 어떤 평형 반응식과 아레니우스(Arrhenius) 식이다.

[평형 반응식]

$A + B \overset{k_f}{\underset{k_r}{\rightleftharpoons}} 2C$($k_f$와 k_r은 각각 정반응과 역반응의 속도 상수)

[아레니우스 식]

$k = Ae^{-E_a/RT}$

k는 반응 속도 상수, A는 아레니우스 상수, E_a는 활성화 에너지, R은 기체 상수, T는 절대 온도이다.

그림은 아레니우스 식을 이용하여 절대 온도(T)에 따른 k_f와 k_r을 나타낸 것이다.

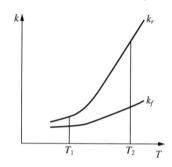

이에 대한 설명으로 옳지 않은 것은?

① T_1에서 평형 상수는 1보다 작다.

② 평형 상수는 T_1에서가 T_2에서보다 크다.

③ 활성화 에너지는 정반응이 역반응보다 크다.

④ $1/T$(x축)에 따른 $\ln k_f$(y축)을 도시하였을 때 직선의 기울기값은 $-E_{a정반응}/R$이다.

⑤ 정반응의 표준 깁스 자유 에너지 변화($\triangle G°$)는 T_2에서가 T_1에서보다 크다.

해설 역반응이 빠르므로 평형 상수는 1보다 작다. T_2에서 역반응이 더욱 빠르기 때문에 정반응의 생성물이 T_1에 서보다 더 많다. T_2에서 평형 상수는 작아진다. 발열 반응은 역반응의 활성화 에너지가 정반응보다 더 크다. 생성물인 C보다 반응물인 A와 B의 비율이 높아지므로 $\triangle G°$는 T_2에서 더 큰 값을 가진다.

2014년 기출문제

01 그림은 입방 격자 구조를 갖는 알루미늄(Al)의 단위세포에서 두 단면 (가)와 (나)를 나타낸 것이다.

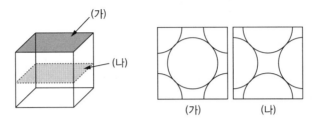

이 단위세포에 대한 설명으로 옳은 것만을 〈보기〉에서 모두 고른 것은?

| 보기 |

ㄱ. 단위세포당 원자 수는 4이다.
ㄴ. 단위세포에서 원자의 배위수는 4이다.
ㄷ. 단위세포에는 두 종류의 구멍(Hole)이 존재한다.

① ㄱ
② ㄱ, ㄴ, ㄷ
③ ㄱ, ㄷ
④ ㄴ
⑤ ㄴ, ㄷ

해설 면심입방 구조의 모습이다. 면심입방체는 단위세포당 원자 수가 4개이고, 원자의 배위수는 12이다. 또한 팔면체 구멍과 사면체 구멍이 모두 존재한다.

02 그림은 밀폐된 용기에서 일어나는 A_2B와 C_2의 반응에서 반응 전후의 화학종의 종류와 양을 나타낸 것이다.

A$_2$B(g) 0.8몰	→	A$_2$B(g) x몰
		AC$_2$(g) y몰
C$_2$(g) 0.4몰		B$_2$(g) z몰
반응 전		반응 후

이에 대한 설명으로 옳은 것은? (단, 온도는 일정하고, A~C는 임의의 원소기호이다)

① 이 반응의 한계 반응물은 A_2B이다.
② 반응 후 A_2B의 몰수 x는 0.4이다.
③ 반응 후 $y : z$는 4 : 1이다.
④ 반응 후 몰수가 가장 큰 물질은 B_2이다.
⑤ 반응이 진행하면 용기 내의 압력은 증가한다.

먼저 화학 반응식을 완성한다.

$aA_2B(g) + bC_2 \rightarrow cAC_2(g) + dB_2(g)$

$\Rightarrow 2a = c,\ a = 2d,\ 2b = 2c$

$d = 1$로 가정하면 $a = 2,\ c = 4,\ b = 4$이다.

	$2A_2B(g)$	+	$4C_2$	$\rightarrow$	$4AC_2(g)$	+	$B_2(g)$
초 기	0.8mol		0.4mol				
반 응	0.2mol		0.4mol		0.4mol		0.1mol
남은 양	0.6mol		0		0.4mol		0.1mol

③ 반응 후 $y : z$는 0.4mol : 0.1mol = 4 : 1이다.

① 한계 반응물은 C_2이다.

② 반응 후 A_2B의 몰수 x는 0.6이다.

④ 반응 후 몰수가 가장 큰 물질은 A_2B이다.

⑤ 반응 전 용기 안에는 총 1.2mol의 기체가, 반응 후에는 용기 안에 총 1.1mol의 기체가 존재하므로 기체의 수가 줄어드는 반응이다. 따라서 반응이 진행될수록 용기 내의 압력은 감소하게 된다.

03 분자식이 $C_4H_{10}O$이고 알코올인 구조 이성질체의 수와 1차 알코올의 수를 순서대로 옳게 나열한 것은?

① 2, 2   ② 3, 1

③ 3, 2   ④ 4, 1

⑤ 4, 2

해설 다음과 같은 4가지 구조가 가능하다.

04 그림은 미완성 갈바니 전지를, 표는 25℃에서 표준 환원 전위를 나타낸 것이다.

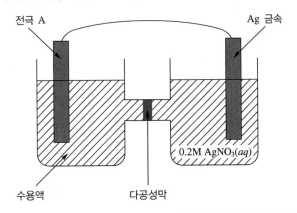

$Ag^+ (aq) + e^- \rightarrow Ag(s)$	$E° = 0.80V$
$Cu^{2+} (aq) + 2e^- \rightarrow Cu(s)$	$E° = 0.34V$

25℃에서 전극 A가 산화 전극으로 작동하는 전지를 구성하려 할 때, 산화전극 쪽에 사용할 수 있는 전극과 수용액으로 적당한 것만을 〈보기〉에서 모두 고른 것은?

─────┤ 보기 ├─────

ㄱ. 전극 A : $Ag(s)$, 수용액 : 0.02M $AgNO_3$ (aq)
ㄴ. 전극 A : $Cu(s)$, 수용액 : 0.1M $Cu(NO_3)_2$ (aq)
ㄷ. 전극 A : $Cu(s)$, 수용액 : 0.2M $Cu(NO_3)_2$ (aq)

① ㄱ

② ㄱ, ㄴ, ㄷ

③ ㄱ, ㄷ

④ ㄴ

⑤ ㄴ, ㄷ

해설 ㄱ. 농도차 전지이므로 표준 전지 전위는 0이다.

$$n = 1, \ 반응지수(Q) : \frac{[Ag^+ (A전극)]}{[Ag^+ (B전극)]} = \frac{0.02}{0.2} = \frac{1}{10}$$

$$E = 0 - \frac{0.0592}{1} \log \frac{1}{10} = 0.0592V > 0$$

ㄴ. $n = 2$, 반응지수 : $\frac{[Cu^{2+}]}{[Ag^+]^2} = \frac{0.1}{(0.2)^2}$

$$E = 0.46 - \frac{0.0592}{2} \log \frac{0.1}{0.2^2} = 0.46 + \frac{0.0592}{2} \log \frac{0.2^2}{0.1} > 0$$

ㄷ. $E = 0.46 - \frac{0.0592}{2} \log \frac{0.2}{0.2^2} = 0.46 + \frac{0.0592}{2} \log 0.2 > 0$

05 다음은 착이온 $[CoCl_2L_2]^+$에 대한 자료이다.

- 홀전자 수 : 0
- 입체 구조 : 정사면체나 정팔면체 중 하나
- L : 중성 분자

$[CoCl_2L_2]^+$에 대한 설명으로 옳은 것만을 〈보기〉에서 모두 고른 것은? (단, Co의 원자 번호는 27이다)

─── | 보기 | ───

ㄱ. L은 두 자리 리간드이다.
ㄴ. L은 강한 장 리간드이다.
ㄷ. 기하 이성질체가 존재한다.

① ㄱ
② ㄱ, ㄴ, ㄷ
③ ㄱ, ㄷ
④ ㄴ, ㄷ
⑤ ㄷ

해설 리간드 L은 중성 분자이다. 그러므로 Co는 +3이다.
Co의 산화수가 +3이면서 d^6 전자 배치이면서 홀전자 수가 0인 반자기성인 경우는 정팔면체 구조이다. 따라서 배위 결합이 6인 경우이므로 L은 두 자리 리간드이며 L은 강한 장 리간드이다(Cl^-는 약한 장 리간드이다).

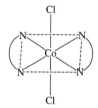 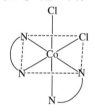

06 다음은 암모니아 합성에 대한 화학 반응식이다. 25℃에서의 $NH_3(g)$의 표준 생성 엔탈피($\Delta H_f°$)와 표준 생성 자유 에너지($\Delta G_f°$)는 각각 −46kJ/mol, −16kJ/mol이다.

$$N_2(g) + 3H_2(g) \rightleftharpoons 2NH_3(g)$$

이에 대한 설명으로 옳지 않은 것은?

① 25℃, 표준 상태에서 정반응은 발열 반응이다.
② 25℃, 표준 상태에서 반응의 평형 상수는 1보다 작다.
③ 온도가 올라갈수록 반응의 평형 상수는 감소한다.
④ 25℃, 표준 상태에서 정반응은 자발적이다.
⑤ 25℃, 표준 상태에서 정반응의 엔트로피는 감소한다.

해설 표준 생성 엔탈피가 음수이므로 발열 반응이다. 표준 생성 자유 에너지가 음수이므로 표준 상태에서 반응의 평형 상수는 1보다 크고, 정반응은 자발적이다. 온도가 올라가면 평형 상수가 감소하며, 정반응이 일어나면 기체 몰수가 감소하게 되어 엔트로피가 감소한다.

07 다음은 이원자 분자 A~C에 대한 자료이며, A~C는 CO, NO, O_2 중 하나이다.

- 결합 차수 : A > B
- π^* + 분자 궤도함수에 들어있는 전자 수 : C > B

분자 궤도함수 이론에 근거하여 A~C를 설명한 것으로 옳은 것만을 〈보기〉에서 모두 고른 것은?

| 보기 |

ㄱ. A의 홀전자 수는 1이다.
ㄴ. B^-와 C는 등전자 화학종이다.
ㄷ. 결합 길이는 $B^+ > B^-$이다.

① ㄱ

② ㄱ, ㄴ, ㄷ

③ ㄱ, ㄷ

④ ㄴ

⑤ ㄴ, ㄷ

해설 먼저 CO, NO, O_2의 분자 궤도함수를 그려보자.
그러면 결합 차수와 전자 수의 정보를 알 수 있다.

구 분	CO	NO	O_2
결합 차수	2차	1.5차	1차
π^*분자 궤도의 전자 수	2	3	4

주어진 자료와 이 정보를 조합해 보면 A는 CO, B는 NO, C는 O_2임을 알 수 있다. 결합 차수가 크면 결합 길이는 짧아진다.

08 다음은 분자식이 $C_4H_8O_2$인 어떤 화합물의 ^1H NMR 스펙트럼 특성이다.

> • 1개의 단일선, 1개의 삼중선, 1개의 사중선이 나타난다.
> • 화학적 이동(δ)의 크기 순서는 단일선 > 사중선 > 삼중선이다.

이 화합물로 적절한 것은?

① $CH_3O\overset{O}{\overset{\|}{C}}CH_2CH_3$

② $CH_3CH_2OC\overset{O}{\overset{\|}{C}}H$

③ $CH_3\overset{O}{\overset{\|}{C}}OCH_2CH_3$

④ $CH_3\overset{O}{\overset{\|}{C}}CH_2OCH_3$

⑤ $CH_3\overset{O}{\overset{\|}{C}}CH_2CH_2OH$

해설 세 개의 선이 있으므로 서로 다른 화학적 환경을 가지는 수소의 종류가 3개이다.
화학적 이동의 순서가 단일선 > 사중선 > 삼중선이다.

09 그림은 단량체 A로부터 합성된 중합체의 구조를 나타낸 것이다.

A에 대한 설명으로 옳은 것은?

① 분자식은 C_9H_{12}이다.

② 카이랄 탄소를 가지고 있다.

③ 모든 탄소는 sp^2 혼성궤도 함수를 가진다.

④ Br_2 첨가 반응을 한다.

⑤ H_2O가 제거되는 축합반응에 의해 중합체를 형성한다.

해설 분자식은 C_9H_{11}이고, 카이랄 탄소는 없다. 메틸 탄소는 sp^3혼성이다. $C=C$는 Br_2 첨가 반응을 한다. 탈수 반응이 아니다.

10 다음은 부피가 일정한 용기에서 기체 A로부터 B가 생성되는 반응의 화학 반응식이다.

$$A(g) \rightleftharpoons 2B(g)$$

표는 온도 25℃와 50℃에서 A의 초기 농도와 반응의 평형 상수를 나타낸 것이다.

온도(℃)	A의 초기 농도(M)	평형 상수
25	1	2
50	2	4

이에 대한 설명으로 옳지 않은 것은?

① 25℃에서 A의 평형 농도는 0.5M이다.
② 흡열 반응이다.
③ A의 평형 농도는 50℃에서가 25℃에서의 2배이다.
④ 25℃에서 촉매를 넣어 주면 평형 상수는 2보다 크다.
⑤ 25℃의 평형 상태에서 용기에 A를 첨가하면 평형은 정반응 방향으로 이동한다.

해설 ④ 평형 상수는 온도 변화에만 의존한다.

① 25℃에서 $K = \dfrac{[B]^2}{[A]} = \dfrac{1^2}{0.5} = 2$이다.

② 온도가 증가하면 K도 증가하므로 흡열 반응이다.

③ 50℃에서 $K = \dfrac{[B]^2}{[A]} = \dfrac{2^2}{1} = 4$

⑤ A 농도가 증가하면 정반응 쪽으로 평형이 이동한다.

2013년 기출문제

01 다음 중 고분자가 합성될 때 물이 빠져나오면서 형성되는 것은?

① 폴리에틸렌 $-(CH_2CH_2)_n$

② 폴리염화비닐 $-(CH_2CH)_n$ (Cl)

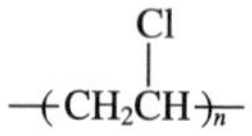

③ 폴리스티렌 $-(CH_2CH)_n$

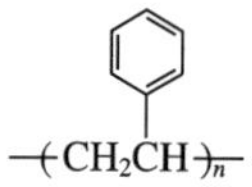

④ 폴리아세트산비닐 $-(CH_2CH)_n$ (COOCH₃)

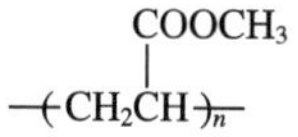

⑤ 폴리에스터 $-(OCH_2CH_2O-C-\bigcirc-C-)_n$

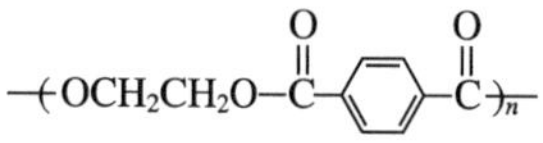

해설 폴리에스터는 고분자로 합성될 때 탈수축합반응이다.

02 다음 화합물 중 카이랄 중심(Chiral Center)이 있으면서 끓는점이 가장 높은 것은?

① CH_3CH_2CHFCl

② $CH_3CH = CFCl$

③ $(CH_3)_3CCH_2CHFCl$

④ $CH_3CH_2CH_2CH_2CH_2CHFCl$

⑤ $(CH_3)_2CFCH_2CH_2CH_2Cl$

해설

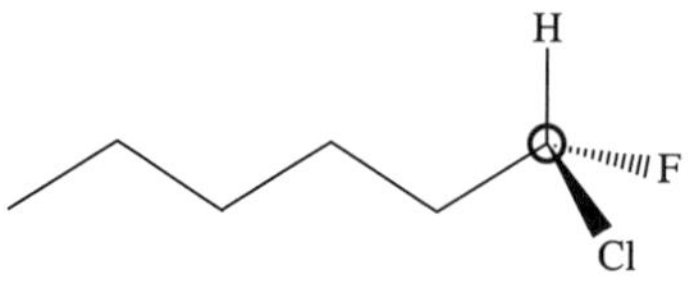

4개의 서로 다른 치환기를 가진 sp^3 혼성(카이랄 중심)이면서 분자량, 분자크기가 가장 큰 경우 끓는점이 높다.

03 그림은 3가지 화합물 디에틸에터(CH₃CH₂OCH₂CH₃), 아세톤(CH₃COCH₃), 일산화탄소(CO)에 대하여 탄소(C)와 산소(O) 결합의 신축(Stretching) 진동의 저분해능 적외선 분광스펙트럼(Low Resolution IR Spectrum)을 각각 도식적으로 나타낸 것이다.

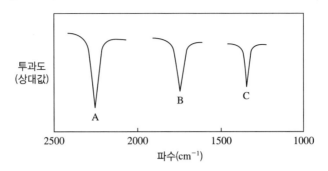

스펙트럼 A, B, C에 해당하는 화합물을 순서대로 옳게 나열한 것은? (단, 파수(cm⁻¹)는 파장의 역수이다)

① 아세톤-디에틸에터-일산화탄소

② 디에틸에터-아세톤-일산화탄소

③ 디에틸에터-일산화탄소-아세톤

④ 일산화탄소-아세톤-디에틸에터

⑤ 일산화탄소-디에틸에터-아세톤

> **해설** 탄소와 산소 사이의 결합 차수가 클수록 신축 진동의 진동수가 커지므로, 3차 결합인 일산화탄소가 가장 큰 진동수를 나타낸다. 또한 디메틸에터(에터 화합물)는 1차 결합으로 가장 작은 진동수의 IR을 흡수한다.

04 배위 화합물 A, B, C는 각각 [Cr(H₂O)₆]Cl₃, [Cr(H₂O)₅Cl]Cl₂, [Cr(H₂O)₄Cl₂]Cl 중 하나이고, 표는 각 배위 화합물 1mol의 실험 결과를 나타낸 것이다.

배위 화합물	색 깔	수용액에서 AgNO₃와 반응할 때 침전되는 AgCl의 mol 수
A	보라색	3mol
B	청록색	2mol
C	진녹색	1mol

이에 대한 설명으로 옳지 않은 것은? (단, Cr의 원자 번호는 24이다)

① A는 6개의 동일한 리간드를 갖는다.

② B의 Cr은 3개의 d전자를 지닌다.

③ C는 기하 이성질체를 갖는다.

④ 수용액에서 전기 전도도는 A가 B보다 크다.

⑤ 결정장 갈라짐 에너지(△₀)는 A가 C보다 작다.

해설 다음과 같이 이온화된다.

$[Cr(H_2O)_6]Cl_3 \rightarrow [Cr(H_2O)_6]^{3+} + 3Cl^-$

$[Cr(H_2O)_5Cl]Cl_2 \rightarrow [Cr(H_2O)_5Cl]^{2+} + 2Cl^-$

$[Cr(H_2O)_4Cl_2]Cl \rightarrow [Cr(H_2O)_4Cl_2]^+ + Cl^-$

이온화된 Cl^-의 양에 따라 침전되는 AgCl의 몰수가 결정된다.

따라서 A는 $[Cr(H_2O)_6]Cl_3$, B는 $[Cr(H_2O)_5Cl]Cl_2$, C는 $[Cr(H_2O)_4Cl_2]Cl$이다.

05 그림은 온도 T에서 $aA(g) \rightleftharpoons bB(g)$ 반응을 강철 용기에서 진행시켜 평형 상태에 도달한 후, t_1에서 온도를 2배($2T$)로 증가시켜 새로운 평형에 도달할 때의 시간에 따른 A와 B의 농도를 나타낸 것이다.

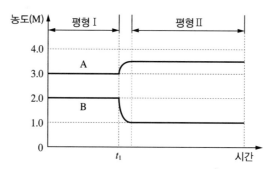

이에 대한 설명으로 옳은 것은? (단, a와 b는 반응 계수이다)

① $a = 2b$이다.

② 평형 Ⅱ에서 평형 상수는 2/7이다.

③ 정반응은 흡열 반응이다.

④ 평형 Ⅰ에서 A를 첨가하면 정반응의 활성화 에너지가 증가한다.

⑤ 평형 Ⅰ에서 아르곤(Ar)을 첨가하면 정반응이 우세해진다.

해설 평형 Ⅰ에서 평형 Ⅱ로 갈 때 A가 생성되는 역반응이 진행되었고, A는 0.5M이 생성, B는 1M이 반응하여 소멸되었다. 따라서 A와 B의 반응의 비는 1 : 2임을 알 수 있다.

② 평형 Ⅱ에서 $K = \dfrac{[B]^2}{[A]} = \dfrac{1^2}{3.5} = \dfrac{2}{7}$ 이다.

① $A(g) \rightleftharpoons 2B(g)$

③ 온도가 2배로 증가되었는데 역반응이 일어났으므로 발열반응이다.

④ 활성화 에너지는 촉매에 의해서 변화된다. A를 더 첨가하면 정반응이 더 일어나지만 활성화 에너지는 동일하다.

⑤ 강철 용기(동일 부피)에서 첨가된 Ar 기체는 아무런 영향을 주지 않는다.

06 일정한 외부 압력에서 그림과 같은 단열 장치에 이상 기체가 들어있다.

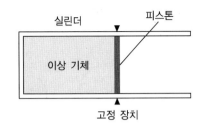

고정 장치를 풀었더니 이상 기체가 팽창하여 피스톤이 오른쪽으로 이동하였다. 이 과정에서 이상 기체의 w, $\triangle T$, $\triangle S$, $\triangle U$, $\triangle G$로 옳은 것은? (단, 피스톤의 질량과 마찰은 무시한다. w는 이상기체가 한 일, T는 절대 온도, S는 엔트로피, U는 내부 에너지, G는 깁스 자유 에너지이다)

① $w = 0$

② $\triangle T = 0$

③ $\triangle S < 0$

④ $\triangle U < 0$

⑤ $\triangle G > 0$

해설 ④ $\triangle U = q + w$에서 $q = 0$(단열 팽창이므로)이므로 $\triangle U < 0$이다.

① 일정압력에서 계가 팽창하였으므로($\triangle V > 0$)$w = -P\triangle V < 0$이다.

② $\triangle U = \triangle E_k = \dfrac{3}{2} R\triangle T < 0$이므로 $\triangle T < 0$이다.

③ 기체의 팽창이므로 $\triangle S > 0$이다.

⑤ 자발적 반응이므로 $\triangle G < 0$이다.

07 그림 (가)는 메테인(CH₄)과 질소(N₂)가 각각 0.4기압과 0.8기압인 1L의 강철 용기 A와 CH₄의 압력이 0.1기압인 2L의 강철 용기 B가 콕으로 연결된 것을, (나)는 (가)의 콕을 열어 평형에 도달한 상태를 나타낸 것이다.

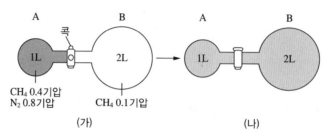

(가)   (나)

이에 대한 설명으로 옳은 것만을 〈보기〉에서 있는 대로 고른 것은? (단, 기체는 이상 기체이며, 연결관과 콕의 부피는 무시하고 온도 변화는 없다)

---| 보기 |---
ㄱ. (나)에서 CH_4의 부분 압력은 0.2기압이다.
ㄴ. N_2의 몰분율은 (가)에서가 (나)에서의 3배이다.
ㄷ. CH_4 분자의 평균 속력은 (나)에서가 (가)에서의 2배이다.

① ㄱ
② ㄱ, ㄴ
③ ㄱ, ㄴ, ㄷ
④ ㄴ
⑤ ㄷ

해설   ㄱ. $(0.4 \times 1) + (0.1 \times 2) = P \times 3 \rightarrow P = 0.2$

ㄴ. (가)에서 N_2의 몰분율 : $\dfrac{0.8}{0.8+0.4} = \dfrac{2}{3}$

(나)에서 N_2의 몰분율 : $\dfrac{0.8}{1.4} = \dfrac{4}{7}$

ㄷ. 온도 변화가 없으므로 $\triangle E_k = 0$이고 평균속력의 변화가 없다.

08 그림은 수소 원자의 에너지 준위와 전자 전이를 나타낸 것이다.

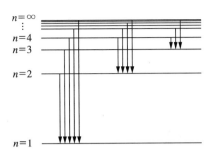

수소 원자의 바닥상태 전자가 이온화하는데 필요한 에너지의 크기를 E_i라고 할 때, 첫 번째 들뜬 상태에서 두 번째 들뜬 상태로 전자가 전이할 때 흡수하는 에너지는?

① $\dfrac{5}{36}E_i$　　　　　　　　　　　② $\dfrac{1}{6}E_i$

③ $\dfrac{4}{9}E_i$　　　　　　　　　　　④ $\dfrac{1}{2}E_i$

⑤ $\dfrac{3}{4}E_i$

해설 첫 번째 들뜬 상태는 $n = 2$인 궤도일 때이고 두 번째 들뜬 상태는 $n = 3$인 궤도이다. 또한 수소 원자의 이온화 에너지를 E_i라고 하였으므로 k 대신 E_i로 생각하면 된다.

$$\triangle E = E_3 - E_2 = -E_i \left(\frac{1}{3^2} - \frac{1}{2^2} \right) = -E_i \left(\frac{4}{36} - \frac{9}{36} \right) = -E_i \left(-\frac{5}{36} \right) = \frac{5}{36}E_i$$

09 그림은 갈바니 전지를 나타낸 것이고, 표는 25℃에서 전극 금속과 관련된 반쪽 반응의 표준 환원 전위($E°$)이다.

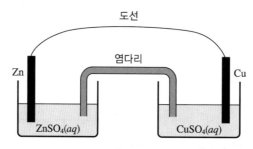

환원 반쪽 반응	표준 환원 전위($E°$)
$Cu^+(aq) + e^- \rightarrow Cu(s)$	0.52V
$Cu^{2+}(aq) + e^- \rightarrow Cu^+(aq)$	0.16V
$Zn^{2+}(aq) + 2e^- \rightarrow Zn(s)$	−0.76V

전지가 작동할 때, 이에 대한 설명으로 옳지 않은 것은? (단, Cu와 Zn의 원자량은 각각 63과 65 이다)

① 전지가 작동할수록 환원 전극이 들어있는 용액의 푸른색이 옅어진다.

② 환원 전극의 표준 환원 전위는 0.36V이다.

③ 전지의 표준 전위는 1.10V이다.

④ 염다리를 통해 이동하는 양이온의 총 전하량과 음이온의 총 전하량의 각 절대값은 같다.

⑤ 산화 전극에서 감소한 금속의 질량은 환원 전극에서 석출된 금속의 질량보다 크다.

> **해설** 환원 전극 : $Cu^{2+}(aq) + 2e^- \rightarrow Cu(s)$ 이다.
> $\rightarrow Cu^+(aq) + e^- \rightarrow Cu(s) \quad E_1° = 0.52V$
> $\quad Cu^{2+}(aq) + e^- \rightarrow Cu^+(aq) \quad E_2° = 0.16V$
> 환원 전극의 $E°$를 구하기 위해서는 $\triangle G° = -nFE°$를 이용한다.
> $\triangle G° = \triangle G_1° + \triangle G_2° \rightarrow -nFE° = (-n_1 FE_1°) + (-n_2 FE_2°)$
> $n = 2, \ n_1 = 1, \ n_2 = 1$이므로 $E° = 0.34V$이다.

10 일정한 온도에서 $A(g) + B(g) \rightarrow 2C(g)$ 반응의 실험을 수행하였다. 그림 (가)는 $[B]_0 \gg [A]_0$일 때 시간에 따른 $[A]$를, (나)는 $[A]_0 \gg [B]_0$일 때 시간에 따른 $1/[B]$를 나타낸 것이다. $[A]_0$와 $[B]_0$는 각각 A와 B의 초기 농도이다.

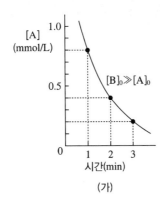

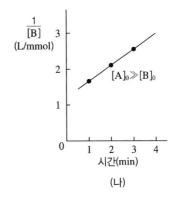

(가)   (나)

이에 대한 설명으로 옳은 것은?

① A의 반감기는 2분(min)이다.

② B에 대하여 1차 반응이다.

③ B의 반감기는 B의 농도에 반비례한다.

④ C의 생성 속도는 A의 소멸 속도의 1/2이다.

⑤ 전체 반응의 반응 차수는 2이다.

해설 (가)에서 B의 농도는 거의 일정하므로 무시하고 A에 대한 반응 차수가 1차임을 알 수 있다. (나)에서 A의 농도는 거의 일정하므로 B에 대한 반응 차수는 2차임을 알 수 있다.

③ 반감기는 $t_{\frac{1}{2}} = \dfrac{1}{k[B]_0}$ 이다.

① A의 반감기는 1분이다.

② B에 대한 2차 반응이다.

④ C의 생성 속도는 A와 B의 소멸 속도의 2배이다.

⑤ 전체 반응 차수는 3차이다.

2012년 기출문제

01 그림은 어떤 펩타이드의 구조를 나타낸 것이다.

이 펩타이드에 대한 설명으로 옳은 것만을 〈보기〉에서 있는 대로 고른 것은?

| 보기 |

ㄱ. 세 개의 카이랄(Chiral) 중심이 있다.
ㄴ. 두 개의 아마이드(Amide) 결합을 갖는다.
ㄷ. 완전히 가수분해하면 세 종류의 아미노산이 생성된다.

① ㄱ   ② ㄱ, ㄴ, ㄷ
③ ㄱ, ㄷ   ④ ㄴ
⑤ ㄴ, ㄷ

해설   3개의 카이랄 중심을 가지고 있고 3개의 아마이드 결합을 가지고 있다.
         이 펩타이드를 가수분해하면 본체의 아마이드 결합이 끊어져 3종류의 아미노산이 생성될 것이다.

02 다음은 세 가지 분자의 루이스 점 구조식을 나타낸 것이다.

$$\ddot{O}=\ddot{X}-\ddot{O}: \qquad \ddot{O}=\dot{Y}-\ddot{O}: \qquad \ddot{O}=Z=\ddot{O}$$

X~Z에 대한 설명으로 옳은 것은? (단, X~Z는 각각 C, N, O 중의 하나를 나타내는 임의의 원소 기호이다)

① 전기음성도는 Y가 가장 크다.
② 원자 반지름은 X가 Z보다 크다.
③ 제1이온화 에너지는 X가 Y보다 크다.
④ 바닥 상태에서 홀전자 수는 X와 Z가 동일하다.
⑤ 이원화 분자 XO, YO, ZO 중 결합차수는 YO가 가장 크다.

해설 모두 분자 상태이므로 한 분자에 속하는 원자의 형식 전하의 합은 0이 되어야 한다. 산소의 형식 전하를 알 수 있으므로 X, Y, Z의 형식 전하를 구할 수 있다.

	$\ddot{O}=\ddot{X}-\ddot{O}:$			$\ddot{O}=\dot{Y}-\ddot{O}:$			$\ddot{O}=Z=\ddot{O}$		
형식 전하	0	+1	−1	0	+1	−1	0	0	0

X는 O, Y는 N, Z는 C임을 알 수 있다.

03 그림은 단일단계 반응 2A → B에서 A의 초기 농도가 2.00M일 때 시간에 따른 생성물 B의 농도를 나타낸 것이다.

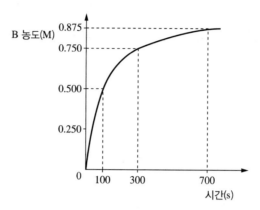

이에 대한 설명으로 옳은 것만을 〈보기〉에서 있는 대로 고른 것은?

┤ 보기 ├

ㄱ. 정반응의 반응 차수는 2차이다.
ㄴ. 반응속도상수 k는 $1.25 \times 10^{-3}M^{-1}s^{-1}$이다.
ㄷ. A가 0.10M에서 0.05M로 감소하는 데 필요한 시간은 1,500초이다.

① ㄱ
② ㄱ, ㄴ
③ ㄱ, ㄴ, ㄷ
④ ㄴ, ㄷ
⑤ ㄷ

해설 단일 단계 반응으로 2A → B이다. 또한 A의 초기 농도가 2.0M일 때의 생성물의 농도를 나타내고 있다. 반감기가 100초, 200초, 400초로 증가하고 있으므로 정반응의 반응 차수는 2차이다.

04 다음 열화학 반응식에 대한 설명으로 옳은 것만을 〈보기〉에서 있는 대로 고른 것은?

$N_2(g) + 2H_2(g) \rightarrow N_2H_4(g)$	$\triangle H_1 = 95kJ$
$N_2H_4(g) + H_2(g) \rightarrow 2NH_3(g)$	$\triangle H_2 = -187kJ$
$4NH_3(g) + O_2(g) \rightarrow 2N_2H_4(g) + 2H_2O(g)$	$\triangle H_3 = -110kJ$

┤ 보기 ├

ㄱ. $NH_3(g)$의 생성열은 −92kJ/mol이다.
ㄴ. $H_2O(g)$의 생성열은 −242kJ/mol이다.
ㄷ. $N_2H_4(l)$의 생성열은 95kJ/mol보다 작다.

① ㄱ
② ㄱ, ㄴ, ㄷ
③ ㄱ, ㄷ
④ ㄴ
⑤ ㄴ, ㄷ

해설 ㄱ. 1번째 식과 2번째 식을 이용하여 구할 수 있다. $NH_3(g)$ 1몰을 기준으로 생성을 계산하면 $-46kJ/mol$이다.

ㄴ. 2번째 식과 3번째 식을 이용하여 구할 수 있다. $H_2O(g)$ 1몰을 기준으로 생성열을 계산하면 $-242kJ/mol$이다.

ㄷ. 1번째 식을 통하여 기체 상태의 N_2H_4의 생성열이 95임을 이용한다. 액체 상태의 에너지는 기체 상태일 때보다 낮으므로 액체 상태 N_2H_4의 생성열은 95보다 작음을 알 수 있다.

05 표는 탄화수소 (가)~(다)의 화학식과 각 화합물의 sp^2 혼성 탄소 수를 나타낸 것이다.

탄화수소	(가)	(나)	(다)
화학식	C_3H_6	C_3H_4	C_4H_6
sp^2 혼성 탄소 수	0	2	4

탄화수소 (가)~(다)에 대한 설명으로 옳은 것만을 〈보기〉에서 있는 대로 고른 것은? (단, (가)~(다)는 라디칼이 아니다)

―――――――――――| 보기 |―――――――――――

ㄱ. (가)에서 C-C-C 결합각은 109.5°보다 작다.

ㄴ. (나)는 방향족 화합물이다.

ㄷ. 화합물의 종류가 가장 많은 것은 (나)이다.

① ㄱ 　　　　　　　　　　② ㄱ, ㄴ

③ ㄱ, ㄴ 　　　　　　　　　④ ㄴ

⑤ ㄴ, ㄷ

해설 ㄱ. 수소가 탄소보다 전기 음성도가 작기 때문에 전자들이 탄소 쪽으로 쏠려 반발이 커 결합각이 증가하는 결과를 가져온다. 따라서 탄소와 탄소 사이의 결합각은 109.5°보다 작아진다.

ㄷ. (나)는 가장 많은 이성질체를 만들 수 있다.

ㄴ. 방향족 화합물은 벤젠 고리를 가지고 있어야 한다.

06 어떤 고체 A 100g을 용매 B 100g에 용해시켰을 때, 용액의 밀도가 1.0g/mL이었다. 이 용액에 대한 설명으로 옳은 것만을 〈보기〉에서 있는 대로 고른 것은? (단, A와 B의 화학식량은 각각 100과 50이고, A와 B는 서로 반응하지 않는다)

─────┤ 보기 ├─────

ㄱ. 용질의 몰분율은 1/3이다.
ㄴ. 용액의 몰농도는 1M이다.
ㄷ. 용액의 % 농도는 10%이다.
ㄹ. 용액의 몰랄 농도는 10m이다.

① ㄱ, ㄴ
② ㄱ, ㄴ, ㄷ
③ ㄱ, ㄹ
④ ㄴ, ㄷ, ㄹ
⑤ ㄷ, ㄹ

해설

- 용질의 몰분율 $= \dfrac{\text{용질의 몰수}}{\text{전체 몰수}} = \dfrac{1}{1+2} = \dfrac{1}{3}$

- 몰농도(M, mol/L, [ ]) $= \dfrac{\text{용질의 몰수(mol)}}{\text{용액의 부피(L)}} = \dfrac{n}{V} = \dfrac{1}{200}$

- 질량 백분율(%) $= \dfrac{\text{용질의 질량}}{\text{용액의 질량}} \times 100 = \dfrac{100}{200} \times 100 = 50\%$

- 몰랄 농도(m) $= \dfrac{\text{용질의 몰수(mol)}}{\text{용매의 질량(kg)}} = \dfrac{1}{0.1} = 10m$

07 표는 배위 화합물 (가)~(다)의 구조식과 착이온의 입체 구조를 나타낸 것이다.

배위 화합물	(가)	(나)	(다)
구조식	$K_2[MnCl_4]$	$Ca[Ni(CN)_4]$	$[Co(NH_3)_5Cl]SO_4$
착이온의 입체 구조	사면체	평면 사각형	팔면체

이에 대한 설명으로 옳은 것만을 〈보기〉에서 있는 대로 고른 것은? (단, Mn, Co, Ni의 원자번호는 각각 25, 27, 28이고, 수용액에서 (가)~(다)는 완전히 이온화된다)

─────┤ 보기 ├─────

ㄱ. 중심 금속의 산화수는 (다)가 가장 크다.
ㄴ. 중심 금속의 홀전자 수는 (가)가 가장 많다.
ㄷ. 같은 몰수의 화합물을 물에 녹였을 때 수용액의 전체 이온수는 (가)가 가장 많다.

① ㄱ, ㄴ
② ㄱ, ㄴ, ㄷ
③ ㄱ, ㄷ
④ ㄴ
⑤ ㄷ

해설 ㄱ. Mn의 산화수는 +2, Ni의 산화수는 +2, Co의 산화수는 +3이다.

ㄴ. Mn은 $[Ar]3d^5 4S^2$의 전자 배치로 홀전자가 5개이다.

ㄷ. 같은 몰수의 화합물을 물에 녹였을 때 전체 이온수의 비는 (가) : (나) : (다) = 3 : 2 : 2이다.

08 다음은 기체 A와 B가 반응하여 기체 C가 생성되는 화학 반응식이고, x와 y는 반응계수이다.

$$A(g) + xB(g) \rightleftharpoons yC(g)$$

(가)는 반응 시작 전에 용기에 들어 있는 기체 A, B, C의 입자 수를, (나)와 (다)는 반응이 진행되어 평형 상태에 도달하였을 때의 입자 수를 각각 모형으로 나타낸 것이다.

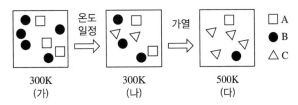

이에 대한 설명으로 옳은 것만을 〈보기〉에서 있는 대로 고른 것은? (단, 반응에서 용기의 부피는 동일하다)

─────── | 보기 | ───────

ㄱ. 정반응은 흡열 반응이다.

ㄴ. (나)의 평형 상수는 1/3이다.

ㄷ. (다)에서 용기의 부피를 1/2로 줄이면 정반응이 우세해진다.

① ㄱ, ㄴ   ② ㄱ, ㄴ, ㄷ

③ ㄱ, ㄷ   ④ ㄴ

⑤ ㄷ

해설 ㄱ. 화학 반응식을 완성시켜 본다.

$A(g) + 2B(g) \rightleftharpoons 2C(g)$

가열을 하였더니 정반응이 더 진행되었으므로 흡열 반응이다.

ㄷ. (다)에서 용기의 부피를 반으로 줄이면 기체의 몰수가 줄어드는 정반응이 우세해진다.

ㄴ. (나)에서 평형 상수는 $K = \dfrac{2^2}{2 \times 3^2} = \dfrac{2}{9}$이다.

09 그림은 화학식이 C_3H_8O인 알코올의 ^1H NMR 스펙트럼이고 a, b, c, d의 상대면적(Integral) 비는 2 : 1 : 2 : 3이다.

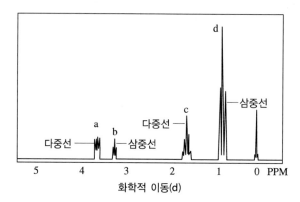

이에 대한 설명으로 옳은 것만을 〈보기〉에서 있는 대로 고른 것은?

| 보기 |

ㄱ. 이 화합물은 1차 알코올이다.
ㄴ. b는 OH 작용기의 수소이다.
ㄷ. c는 a, d와 상호 작용(Spin-spin Coupling)을 한다.

① ㄱ, ㄴ   ② ㄱ, ㄴ, ㄷ
③ ㄱ, ㄷ   ④ ㄴ
⑤ ㄷ

해설 상대면적의 비가 1인 b는 OH의 수소임을 알 수 있다. 이 화합물은 1차 알코올이며 a와 d는 서로 커플링을 하고 있다.

10 다음은 산화 · 환원 반응에 대한 불균형 화학 반응식이다.

$$HNO_3 + H_3AsO_3 \rightarrow NO + H_3AsO_4 + H_2O$$

균형 화학 반응식을 완성하였을 때, 반응물의 반응계수 합(A)과 생성물의 반응계수 합(B)의 비(A : B)는?

① 1 : 2   ② 2 : 3
③ 3 : 4   ④ 4 : 5
⑤ 5 : 6

해설 화학 반응식을 완성하면 $4HNO_3 + 6H_3AsO_3 \rightarrow 4NO + 6H_3AsO_4 + 2H_2O$이다.

2011년 기출문제

01 다음은 임의의 중성 원자 A~D의 각 전자 껍질에 채워진 전자의 수를 나타낸 것이다.

> A : K(2) L(8)
> B : K(2) L(8) M(1)
> C : K(2) L(8) M(7)
> D : K(2) L(8) M(8) N(1)

기체 상태인 바닥상태의 원자 A~D에 대한 설명으로 옳은 것은? (단, K, L, M, N은 전자 껍질이다)

① 음이온이 되기 가장 쉬운 것은 A이다.

② 양이온이 되기 가장 쉬운 것은 D이다.

③ 원자 반지름은 B가 C보다 작다.

④ B와 C에 존재하는 홀전자 수는 다르다.

⑤ B와 D는 같은 주기 원소이다.

해설 A : $1s^2 2s^2 2p^6$ 이므로 2주기 18족이다.

B : $1s^2 2s^2 2p^6 3s^1$ 이므로 3주기 1족이다.

C : $1s^2 2s^2 2p^6 3s^2 3p^5$ 이므로 3주기 17족이다.

D : $1s^2 2s^2 2p^6 3s^2 3p^6 4s^1$ 이므로 4주기 1족이나.

② 양이온이 되기 가장 쉬운 것은 1족 중 전자껍질이 더 많은 4주기 D이다.

① 음이온이 되기 가장 쉬운 것은 17족인 C이다.

③ 같은 주기에서 원자 번호가 클수록 원자 반지름은 작아진다(B > C).

④ B는 $3s$에, C에는 $3p$에 홀전자가 1개씩 있다.

⑤ B는 3주기, D는 4주기 원소이다.

02 다음은 바닐린(Vanillin)의 구조식이다.

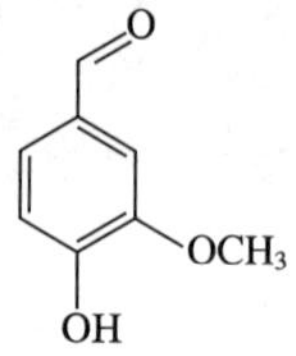

바닐린에 포함되어 있는 작용기로 옳은 것만을 〈보기〉에서 있는 대로 고른 것은?

보기
ㄱ. 알데하이드(Aldehyde) ㄴ. 케톤(Ketone) ㄷ. 에스터(Ester) ㄹ. 에테르(Ether) ㅁ. 알코올(Alcohol)

① ㄱ, ㄹ
② ㄴ, ㄷ
③ ㄱ, ㄹ, ㅁ
④ ㄴ, ㄷ, ㅁ
⑤ ㄷ, ㄹ, ㅁ

해설

알데하이드	에테르	알코올
R–CHO	R–O–R'	R–OH

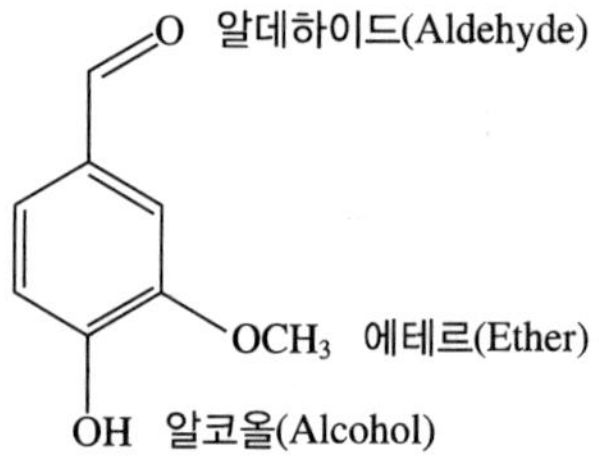

02 ③ 정답

03 다음은 계수를 맞추지 않은 프로페인(C_3H_8)의 연소 반응식이다.

$$C_3H_8(g) + O_2(g) \rightarrow CO_2(g) + H_2O(g)$$

273℃, 1atm에서 0.2mol의 프로페인을 완전히 연소시키기 위해 필요한 산소의 최소 부피는?
(단, 산소는 이상 기체 방정식을 따르고, 0℃에서 $RT = 22.4$L · atm/mol이다)

① 11.2L

② 22.4L

③ 33.6L

④ 44.8L

⑤ 56.0L

해설 먼저 화학 반응식의 계수를 완성한다.
$aC_3H_8(g) + bO_2(g) \rightarrow cCO_2(g) + dH_2O(g)$
⇨ $3a = c$, $8a = 2d$, $2b = 2c + d$
a = 1로 가정하면 c = 3, d = 4, b = 5이다.
$C_3H_8(g) + 5O_2(g) \rightarrow 3CO_2(g) + 4H_2O(g)$
∴ 0.2mol의 프로페인을 연소하기 위해서 필요한 산소는 1mol이다.
0℃에서 $RT = 22.4$이므로 0℃에서 1몰의 기체의 부피는 22.4L이다. 문제에서는 273℃이므로 1몰의 기체의 부피는 44.8L가 된다.

04 다음은 저스핀인 $Co(NH_3)_6^{3+}$에서 Co^{3+} 이온의 바닥 상태에서의 d−전자 배치와 d−d 전이의 흡수선 파장을 나타낸 것이다.

착이온	$Co(NH_3)_6^{3+}$
d−전자 배치	— — e_g ↿⇂ ↿⇂ ↿⇂ t_{2g}
흡수선 파장	220nm

고스핀인 CoF_6^{3-}에서 Co^{3+} 이온의 바닥 상태에서의 홀전자수와 d−d 전이의 흡수선 파장을 옳게
나타낸 것은? (순서대로 홀전자수, 흡수선 파장)

① 0, 220nm보다 길다.

② 2, 220nm보다 짧다.

③ 2, 220nm보다 길다.

④ 1, 220nm보다 짧다.

⑤ 4, 220nm보다 길다.

해설 고스핀이기 때문에 다음과 같은 전자 배치를 하게 되고 흡수선의 파장은 220nm보다 길다.

↿ ↿ e_g
↿⇂ ↿ ↿ t_{2g}

05 수용액에서 포도당(D-glucose)은 그림과 같이 사슬형과 고리형으로 존재할 수 있다.

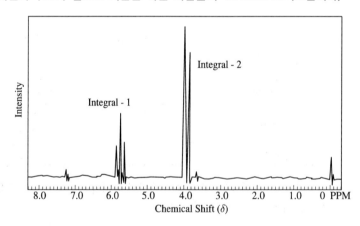

수용액에서 사슬형 포도당이 고리형으로 바뀌면서 새로운 화학 결합이 만들어질 때, 결합하는 탄소(번호)와 산소(알파벳)로 옳은 것은?

① 탄소 – 1, 산소 – e
② 탄소 – 2, 산소 – f
③ 탄소 – 4, 산소 – b
④ 탄소 – 5, 산소 – a
⑤ 탄소 – 6, 산소 – c

해설 알데하이드의 1번 탄소와 5번 탄소에 연결된 O(e)가 결합하여 사슬형 포도당이 고리형 포도당으로 바뀐다.

06 다음은 에테인의 수소가 염소로 치환된 어떤 화합물의 ^{1}H NMR 스펙트럼이다.

이에 해당하는 화합물로 옳은 것은?

① CH_3CH_2Cl
② $CHCl_2CH_3$
③ CH_2ClCH_2Cl
④ $CHCl_2CH_2Cl$
⑤ $CHCl_2CHCl_2$

해설 2개의 선이 있으므로 화학적 환경이 다른 2가지 종류의 수소를 가지고 있다. 각각 3개, 2개의 피크를 가지고 있으므로 주변에 커플링된 수소가 각각 2개와 1개임을 알 수 있다. 따라서 주어진 화합물은 $CHCl_2CH_2Cl$이다.

07 표는 25℃에서 세 가지 물질의 1.0M 수용액을 각각 그림과 같이 전기 분해하였을 때 각 전극에서 얻어진 물질을 나타낸 것이다.

물 질 \ 전 극	(+) 전극	(−) 전극
ASO_4	(가)	A
BCl	Cl_2	H_2
B_2SO_4	O_2	H_2

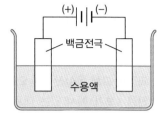

이에 대한 설명으로 옳은 것만을 〈보기〉에서 있는 대로 고른 것은? (단, A, B는 임의의 금속 원소이다)

───── | 보기 | ─────

ㄱ. (가)는 O_2이다.
ㄴ. 표준 환원 전위는 A가 B보다 크다.
ㄷ. BCl 수용액을 전기 분해하면 수용액의 pH가 증가한다.

① ㄱ
② ㄴ
③ ㄱ, ㄷ
④ ㄴ, ㄷ
⑤ ㄱ, ㄴ, ㄷ

해설 ASO_4와 B_2SO_4를 살펴보면 (−)전극에서 A가 생성되는 A가 표준 환원 전위가 더 큰 것을 알 수 있다. (가)는 O_2임을 확인할 수 있다. BCl 수용액을 전기 분해시키면 H_2가 발생하여 수소 이온의 감소로 pH는 증가한다.

08 다음은 25℃에서 옥살산 칼슘(CaC_2O_4)의 용해 평형과 관련된 반응식과 평형 상수이다.

$$CaC_2O_4(s) \rightleftarrows Ca^{2+}(aq) + C_2O_4^{2-}(aq) \qquad K_{sp} = 1.3 \times 10^{-8}$$
$$H_2C_2O_4(aq) \rightleftarrows H^+(aq) + HC_2O_4^-(aq) \qquad K_{a1} = 5.4 \times 10^{-2}$$
$$HC_2O_4^-(aq) \rightleftarrows H^+(aq) + C_2O_4^{2-}(aq) \qquad K_{a2} = 5.4 \times 10^{-5}$$

과량의 고체 옥살산 칼슘으로 포화된 수용액에서 옥살산 칼슘의 용해도에 대한 설명으로 옳은 것만을 〈보기〉에서 있는 대로 고른 것은? (단, 용해도의 단위는 mol/L이다)

─────────| 보기 |─────────

ㄱ. 물을 첨가하면 용해도가 증가한다.
ㄴ. $Na_2C_2O_4$를 첨가하면 용해도가 증가한다.
ㄷ. 묽은 질산을 첨가하면 용해도가 증가한다.

① ㄱ   ② ㄷ
③ ㄱ, ㄴ   ④ ㄱ, ㄷ
⑤ ㄴ, ㄷ

해설 $Na_2C_2O_4$를 첨가하면 생성물이 증가하는 공통이온효과로 용해도가 감소하고, 묽은 질산을 첨가하면 생성물인 $C_2O_4^{2-}$가 감소하는 효과로 용해도는 증가하게 된다.

09 그림은 포도당 수용액 500g을 1atm 상태에서 가열할 때 시간에 따른 수용액의 온도 변화를 나타낸 것이다.

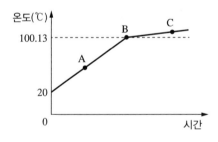

이에 대한 설명으로 옳은 것만을 〈보기〉에서 있는 대로 고른 것은? (단, 물의 몰랄 오름 상수 K_b는 0.52℃/m이다)

─────────| 보기 |─────────

ㄱ. 수용액의 % 농도는 상태 A에서보다 상태 C에서 더 크다.
ㄴ. 상태 B에서 수용액의 증기 압력은 1atm보다 크다.
ㄷ. 가열 전 수용액의 몰랄 농도는 0.5m이다.

① ㄱ   ② ㄷ
③ ㄱ, ㄴ   ④ ㄴ, ㄷ
⑤ ㄱ, ㄴ, ㄷ

해설 수용액에서 % 농도는 C상태에서 물의 끓음이 일어나 그 양이 줄었기 때문에 C에서 더 높다. 상태 B에서의 수용액의 증기 압력은 1atm이다.

10 다음은 산화철(Ⅲ)(Fe_2O_3)을 열분해하여 철(Fe)을 얻는 화학 반응식과 그와 관련된 열화학 자료이다.

$$2Fe_2O_3(s) \longrightarrow 4Fe(s) + 3O_2(g)$$

이 자료로부터 산화철(Ⅲ)을 열분해하여 철(Fe)을 얻을 수 있는 가장 낮은 온도는? (단, 온도에 따른 표준 생성 엔탈피와 표준 엔트로피의 변화는 무시한다)

구 분	표준 생성 엔탈피 $\triangle H_f^0$ (kJ/mol)	표준 엔트로피 S^0 (J/K · mol)
Fe(s)	0	30
Fe_2O_3(s)	−810	90
O_2(g)	0	200

① 1500K ② 2000K

③ 2500K ④ 3000K

⑤ 3500K

해설 $\triangle G = \triangle H - TS$를 이용하여 온도를 구한다.
이 반응의 $\triangle H = 1620$이고 $S = 0.54$이므로 최소 온도는 $\triangle G = 0$일 때이다. 이를 계산하면 온도는 3000K이다.

합 격 의
공 식
시대에듀
S D E D U

남에게 이기는 방법의 하나는 예의범절로 이기는 것이다.

- 조쉬 빌링스 -

3과목

생 물

많이 보고 많이 겪고 많이 공부하는 것은 배움의 세 기둥이다.

– 벤자민 디즈라엘리 –

자격증 · 공무원 · 금융/보험 · 면허증 · 언어/외국어 · 검정고시/독학사 · 기업체/취업
이 시대의 모든 합격! 시대에듀에서 합격하세요!
www.youtube.com → 시대에듀 → 구독

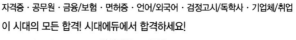
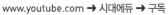

01 생명체의 특성과 생명 현상의 탐구

01 생명체의 특성

(1) 세포로 구성

생물의 구조 및 기능의 기본단위

(2) 성장과 발생

발생이란 수정란(접합자)으로부터 태아가 형성되기까지의 형태형성 과정

(3) 물질대사 및 항상성 유지

① **물질대사** : 생체 내의 모든 화학반응

② **항상성** : 외부 환경변화에 대항해 내부 환경의 변화를 최소화하려는 조절 현상

(4) 자극에 대한 반응

내외부의 변화에 대해 단시간 내로 반응하여 위험으로부터의 생존력을 높임

예 식물의 굴광성, 동물의 움츠림 반사 등

(5) 생 식

① **무성 생식** : 한 개체가 유전적으로 동일한 새로운 개체를 형성(빠르나 다양한 환경 변화에 불리)

② **유성 생식** : 암수의 다양한 생식세포가 융합해 유전적으로 다양한 자손을 번식(시간과 에너지가 더 소모되나, 환경 변화에 유리)

(6) 환경에의 적응

특정 환경에서의 생존능력을 높임

예 추운 지역에 사는 동물들이 크고 둥근 형태의 몸을 지니는 형태적 적응

(1) 생물의 구성수준

원자 < 분자 < 세포소기관 < 세포 < 조직 < 조직계(식물만 지님) < 기관 < 기관계(동물만 지님) < 다세포 개체

(2) 생태계의 구성수준

개체군(동일 종 생물 개체들의 집합) < 군집(개체군들의 집합) < 생태계(군집 + 무생물적 환경) < 지구 생물권

개체
여러 기관계들이 함께 작용하여 기능을 갖는 생명체(개체)를 이룬다.

기관계
조직들과 기관들이 모여 기관계를 이룬다.

기관
조직들은 뼈와 같은 기관을 형성한다.

조직
구조와 기능이 같은 세포들이 모여 골 조직과 같은 조직을 형성한다.

세포 수준
원자들과 분자들이 세포의 핵이나 미토콘드리아(에너지 전환의 장소)와 같은 세포소기관을 형성한다. 세포소기관들은 다양한 세포기능을 갖는다.

화학물 수준
원자는 결합하여 분자를 형성하고, 이들 분자들이 단백질이나 DNA와 같은 고분자들을 만든다.

개체군
같은 종의 생물들이 모여 개체군을 이룬다.

군집
특정 지역에 함께 서식하는 여러 종류의 개체군들이 군집을 이룬다.

생태계
각 군집들이 무생물적 환경과 더불어 생태계를 형성한다.

생물권
지구에 존재하는 여러 군집들이 모여 생물권을 형성한다.

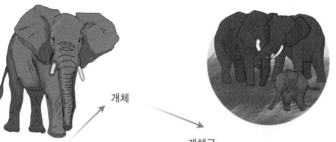
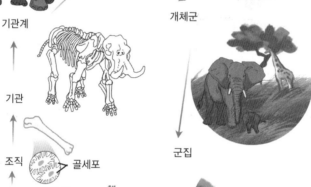

개체 / 개체군 / 기관계 / 기관 / 조직 / 골세포 / 세포 / 핵 / 세포소기관 / 고분자 / 분자 / 산소원자 / 수소 원자들 / 물 / 군집 / 생태계 / 생물권

▲ 생물학적 구성의 단계들

03 생물의 분류체계

(1) 분류체계

① 3영역 : 진정세균영역, 고세균영역, 진핵생물영역

② 5계 : 원핵생물계(진정세균, 고세균), 원생생물계, (진)균계, 식물계, 동물계

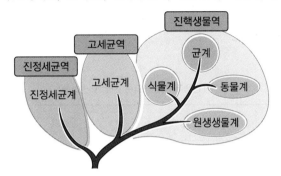

③ 베타 분류학(계층적 분류) : 종 < 속 < 과 < 목 < 강 < 문 < 5계 < 3영역

(2) 생물의 명명법[린네(Linnaeus)의 2명법]

속명(이탤릭, 첫 자는 대문자) + 종명(이탤릭) (+ 명명자)

[생물의 계층적 분류 예시]

범 주	고양이	인 간	흰참나무
생물계영역	진핵생물	진핵생물	진핵생물
계	동물계	동물계	식물계
문	척삭동물문	척삭동물문	현화식물문
아 문	척추동물아문	척추동물아문	무
강	포유류강	포유류강	쌍자엽식물강
목	고양이목	영장류목	참나무목
과	고양이과	사람과	참나무과
속 및 종명	고양이 Felis catus	사람 Homo sapiens	흰참나무 Quercus alba

02 | 생명의 화학적 이해

01 생명체의 구성 원소

[인체에서 발견되는 자연계 원소들]

기 호	원 소	원자 번호	인간의 체중에서 차지하는 비율(%)
O	산 소	8	65.0
C	탄 소	6	18.5
H	수 소	1	9.5
N	질 소	7	3.3
Ca	칼 슘	20	1.5
P	인	15	1.0
K	포타슘	19	0.4
S	황	16	0.3
Na	소 듐	11	0.2
Cl	염 소	17	0.2
Mg	마그네슘	12	0.1

미량 원소(0.01% 미만) : 붕소(B), 크롬(Cr), 코발트(Co), 구리(Cu), 플루오르(F), 요오드(I), 철(Fe), 망간(Mn), 몰리브덴(Mo), 셀레늄(Se), 규소(Si), 주석(Sn), 바나듐(V), 아연(Zn)

02 원자와 분자

(1) 원 자

① 원자 : 특정 원소의 특성을 갖는 물질의 가장 작은 단위

② 아원자 입자 : 양성자(원자 번호 결정), 중성자, 전자 등

③ 원자량(Dalton, 질량수) : 양성자 수와 중성자 수의 합

아원자 입자					
입 자	전 하	질 량	기 능	기 호	위 치
전 자	−	0	결 합	e^-	궤 도
중성자	0	1	핵안정	n	핵
양성자	+	1	동일성	p	핵

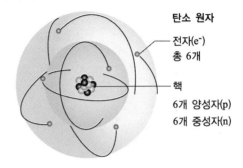

탄소 원자
전자(e^-)
총 6개
핵
6개 양성자(p)
6개 중성자(n)

▲ 원자의 구조

(2) 동위 원소

① 중성자의 수가 달라, 원자 번호는 같으나 다른 질량수를 가지는 원소

수소의 동위 원소들

^1H
1 양성자

원자 번호 = 1
질량 번호 = 1

^2H(중수소)
1 양성자
1 중성자

원자 번호 = 1
질량 번호 = 2

^3H(중수소)
1 양성자
2 중성자

원자 번호 = 1
질량 번호 = 3

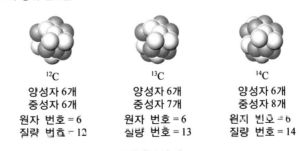

탄소의 동위 원소들

^{12}C
양성자 6개
중성자 6개
원자 번호 = 6
질량 번호 = 12

^{13}C
양성자 6개
중성자 7개
원자 번호 = 6
질량 번호 = 13

^{14}C
양성자 6개
중성자 8개
원자 번호 = 6
질량 번호 = 14

▲ 동위 원소의 예

② 방사성 동위 원소 : ^3H, ^{14}C, ^{32}P, ^{35}S, ^{125}I

(3) 전자 배치와 화학적 특징

① 원자 내의 전자는 전자껍질(전자각)에 정렬되는데, 전자각마다 에너지 준위가 다름

공이 계단의 한 계단씩 튀어 내려가는 것은
전자의 에너지 준위를 잘 보여준다. 왜냐하면
전자와 마찬가지로 공은 계단의 각 층에만 놓을 수
있으며 층과 층 사이에는 놓일 수 없기 때문이다.

제3껍질(이 모형에서 가장 높은
에너지 준위)

제2껍질(높은 에너지 준위)

제1껍질(가장 낮은 에너지 준위)

에너지 방출

원자핵

▲ 전자의 에너지 준위

② 원자의 화학적 반응성은 최외각(가장 바깥 껍질)에 존재하는 전자의 수에 의해 결정됨

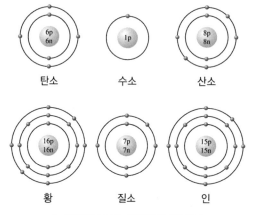

탄소　　　　수소　　　　산소

황　　　　질소　　　　인

▲ 생명체의 주요 구성원자들의 구조

③ **옥테트 규칙(Octet Rule)** : 원자는 최외각 전자의 수를 최대로 함유할 때 가장 안정하기 때문에
화학 결합이 형성됨

(4) 화학 결합

① 공유 결합

ⓐ 최외각에 존재하는 하나 이상의 전자쌍을 두 개의 원자가 나누어 가지며 분자를 형성하는 결합
  → 생체 내에서 가장 강한 화학 결합

ⓑ 원자가 형성 가능한 공유 결합의 개수 : 원자가

  예 탄소의 원자가 : 4, 산소의 원자가 : 2

  • 비극성 공유 결합 : 분자 내 공유 결합된 원자들 사이의 전자에 대한 친화도 차이(전기음성도)
    가 작아 전자가 균등하게 공유됨

    예 C-H 사이

  • 극성 공유 결합 : 분자 내의 공유 결합된 원자들 사이의 전자에 대한 전기음성도 차이가 커
    전자가 불균등하게 공유됨 → 분자 내에 부분적인 양전하(δ+) 부위와 부분적인 음전하 부위
    가 형성(δ-) 됨

    예 전기음성도 큰 원소(O, N 등) - 전기음성도 작은 원소(C, H 등) 사이

  ※ 다중 결합 : 두 쌍 이상의 전자를 서로 공유하는 결합 예 이중 결합, 삼중 결합

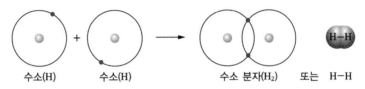

수소(H) + 수소(H) → 수소 분자(H₂) 또는 H-H

(a) **단일 공유 결합** 형성. 수소 원자 2개는 1쌍의 전자를 공유하여 안정한 수소 분자를
형성한다. 오른쪽에 제시된 구조식에서 수소 원자 사이의 직선은 단일 공유 결합을
나타낸다.

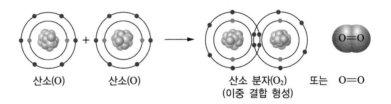

산소(O) + 산소(O) → 산소 분자(O₂) 또는 O=O
                          (이중 결합 형성)

(b) **이중 공유 결합** 형성. 산소 분자에서 산소 원자 2개는 2개의 전자쌍을 공유함으로써
이중 공유 결합을 형성한다. 구조식에서 1쌍의 평행선은 이중 공유 결합을 나타낸다.

▲ **공유 결합 화합물에서의 전자 공유**

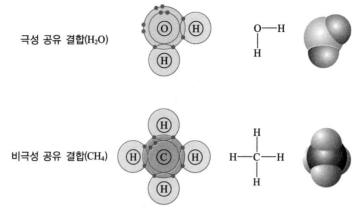

극성 공유 결합(H₂O)

비극성 공유 결합(CH₄)

▲ 극성 공유 결합과 비극성 공유 결합

② 이온 결합

  ⊙ 반대 전하를 띠는 이온들의 전기적 인력(두 원자 간 전기음성도 차가 2 이상일 때)

    → 이온 화합물을 형성하며, 양이온과 음이온이 일정 비율로 뭉쳐진 결정 상태로 존재

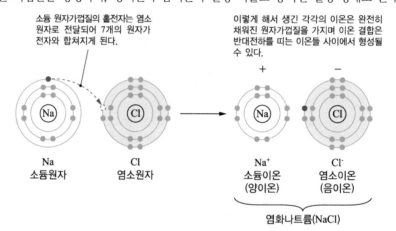

소듐 원자가껍질의 홀전자는 염소 원자로 전달되어 7개의 원자가 전자와 합쳐지게 된다.

이렇게 해서 생긴 각각의 이온은 완전히 채워진 원자가껍질을 가지며 이온 결합은 반대전하를 띠는 이온들 사이에서 형성될 수 있다.

Na
소듐원자

Cl
염소원자

Na⁺
소듐이온
(양이온)

Cl⁻
염소이온
(음이온)

염화나트륨(NaCl)

▲ NaCl에서의 이온 결합 형성 과정

▲ NaCl 결정

③ 수소 결합

    ㉠ 극성 분자들 사이에서 약한 양전하를 띠는 부위(H 원자 부위 ; δ+)와 약한 음전하를 띠는 부위
       (δ−) 간의 인력

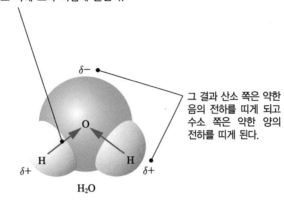

산소가 수소보다 전기음성도가 높기 때문에 공유되고 있는 전자는
산소 쪽에 보다 가깝게 끌린다.

그 결과 산소 쪽은 약한
음의 전하를 띠게 되고
수소 쪽은 약한 양의
전하를 띠게 된다.

▲ 물분자의 극성 공유 결합

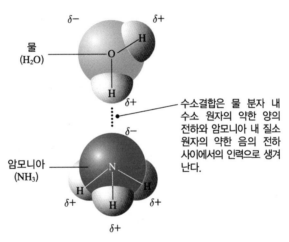

수소결합은 물 분자 내
수소 원자의 약한 양의
전하와 암모니아 내 질소
원자의 약한 음의 전하
사이에서의 인력으로 생겨
난다.

▲ 극성 분자 간의 수소 결합

④ 소수성 상호작용

    물과 같은 극성 용매에서 소수성 분자(비극성 분자)들이 극성 용매와의 접촉 면적을 최소화하기
    위해 약하게 뭉치는 현상

(1) 물 분자 사이의 수소 결합

물 분자는 극성이며 부분적으로 음전하를 띠는 부위(O)와 부분적으로 양전하를 띠는 부위(H)를 모두 지니고 있어, 이웃한 물 분자와 수소 결합 형성 가능

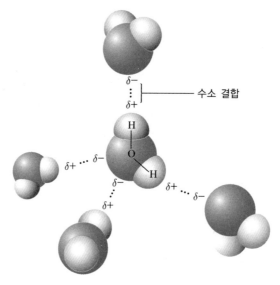

▲ 물 분자 사이의 수소 결합

(2) 물의 특성

① 응집력 : 물 분자들이 수소 결합에 의해 뭉치는 특성

㉠ 표면 장력 : 물의 표면에서의 응집

㉡ 모세관 현상 : 가는 관(모세관) 내부 표면으로의 물의 부착과 물 분자 사이의 응집력에 의해 모세관 내부의 물이 빨려 올라가는 현상. 식물에서 물관을 통한 물의 수직 수송(뿌리에서 꼭대기로의 방향)에 중요

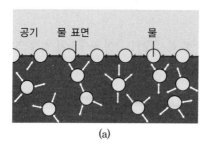
(a)

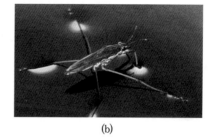
(b)

▲ 표면장력을 이용해 물 위를 걷는 소금쟁이

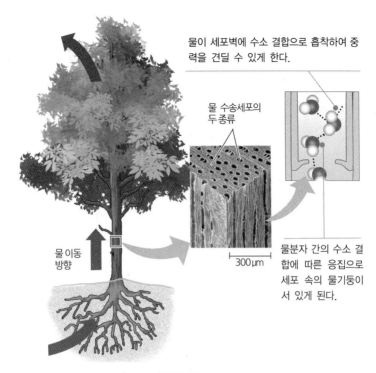

물이 세포벽에 수소 결합으로 흡착하여 중력을 견딜 수 있게 한다.

물 수송세포의 두종류

300μm

물분자 간의 수소 결합에 따른 응집으로 세포 속의 물기둥이 서 있게 된다.

물이동 방향

▲ 식물에서의 물 수송

② **높은 비열 및 기화열** : 온도 조절에 중요

  ㉠ 물의 비열 : 1 cal/g・℃ → 빨리 뜨거워지거나 식지 않아 생물체와 지구의 온도 유지에 유리

  ㉡ 물이 기화할 땐 주변의 열을 많이 빼앗음 → 체액이 증발될 때의 기화 냉각 현상으로 체온을 식힐 수 있음

③ **고체일 때 낮은 밀도** : 영하에서도 수중 생태계를 유지하는 데 중요

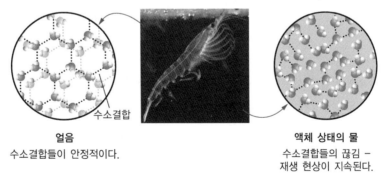

수소결합

얼음
수소결합들이 안정적이다.

액체 상태의 물
수소결합들의 끊김 − 재생 현상이 지속된다.

▲ 물에 뜨는 고체인 얼음의 결정 구조

④ 용매 역할

　　㉠ 생체 내에서 다양한 친수성 물질들을 용해시킴

　　㉡ 친수성 물질 : 물에 대해 친화도를 갖는 물질(극성, 이온성 물질)

　　㉢ 소수성 물질 : 물에 대해 친화도가 낮은 물질(비극성 물질)

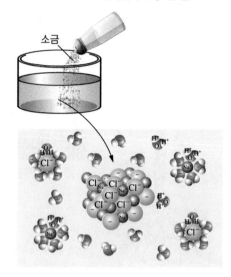

▲ 물에 용해되는 소금 결정

04　산과 염기

(1) 물의 이온화

　　$H_2O \leftrightarrow H^+ + OH^-$ → 이 두 이온은 생체 내 분자들과 반응성이 크므로, 생체 내에서 일정 농도를 유지

(2) 산, 염기

　　① 산 : 용액에 첨가 시 $[H^+]$를 증가시키는 물질

　　② 염기 : 용액에 첨가 시 $[H^+]$를 감소시키는 물질

(3) pH(Potential of Hydrogen ion) : 산도(H^+ 농도 척도)

　　① 정의 : $pH = -\log[H^+]$

　　　순수한 물에서 H^+와 OH^- 이온의 농도는 $10^{-7}M$로 같음 → $pH = 7$

　　　㉠ 25℃ 수용액에서 H^+와 OH^- 이온의 농도 곱은 $10^{-14}M$로 일정

　　　㉡ pH 척도 : 0(강산) $\leq$ pH $\leq$ 14(강염기)

03 | 유기화합물

01 탄소 원자와 분자

(1) 유기화합물의 특성

　　① 유기화합물 : 기본골격으로 탄소 원자를 갖는 생체 유래의 화합물

　　② 탄소의 화학적 특성 : 4가성(형성가능한 공유 결합의 개수 : 4개)

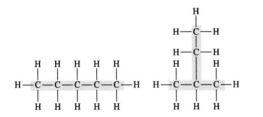

▲ 주요 원소들의 원자가

(2) 유기화합물의 이성질체

　　① 분자식은 같으나 구조가 달라 특성이 다른 화합물

　　② 구조, 기하, 광학(거울상) 이성질체 등

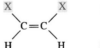

cis 이성질체
: 두 X가 같은 측에 있다.

trans 이성질체
: 두 X가 반대 측에 있다.

(a) 구조 이성질체는 펜탄의 두 이성질체에서 보는 것처럼 공유 결합 짝이 서로 다르다.

(b) 기하 이성질체는 이중결합 주위의 배열이 다르다. 이 그림에서는 X는 이중결합을 가진 탄소에 연결된 원자나 원자단을 나타낸다.

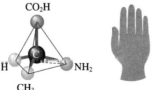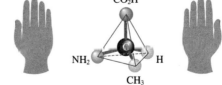

L 이성질체　　　　　　　　D 이성질체

(c) 거울상 이성질체는 비대칭탄소 주위의 공간적 배열이 달라 마치 왼손 오른손처럼 두 분자가 거울상을 이룬다. 두 이성질체는 라틴어의 왼쪽(levo)과 오른쪽(dextro)을 의미하는 L과 D 이성질체로 표기한다. 거울상 이성질체는 서로 포개어지지 않는다.

▲ 이성질체의 종류

(3) 작용기 : 화합물에서 화학반응에 참여하는 원자단

대부분 극성이며 반응성이 큼

[주요 작용기]

화학 그룹	수산기(하이드록시기)	카르보닐기	카르복실기
구 조	 [−HO로 쓸수도 있음] **수산기**(−OH)에서 수소 원자는 산소 원자에 결합되어 있고, 이는 다시 유기분자의 탄소골격에 결합되어 있다(이 기능 그룹을 수산화이온인 OH⁻와 혼동하지 말 것).	 **카르보닐기**(>CO)는 이중결합에 의해 산소와 연결된 탄소로 구성된다.	 탄소 원자에 산소 원자가 이중결합으로 연결되어 있고, 동시에 수산기(−OH)가 결합되어 있을 때 원자들의 전체 배열을 **카르복실기**(−COOH)라 한다.
화합물의 이름	**알코올**[이들의 이름은 대개 −올(−ol)로 끝난다]	**케톤**은 카르보닐기가 탄소골격 내에 있을 때를 말한다. **알데히드**는 카르보닐기가 탄소골격의 끝에 있을 때를 말한다.	**카르복실산** 혹은 유기산
보 기	 **에탄올**, 알코올 음료에 들어 있는 알코올	 **아세톤**은 가장 단순한 형태의 케톤이다. **프로파날**은 알데히드의 한 종류이다.	 **아세트산**, 식초의 신맛을 낸다.
기능적 특성	• 전기음성도가 커 전자를 잡아당기는 산소때문에 극성이다. • 물분자를 끌어당겨 당과 같은 유기화합물이 쉽게 녹게 한다.	• 케톤과 알데히드는 서로 다른 성질을 가진 구조 이성질체이다. 아세톤과 프로파날이 한 예이다. • 이 두 그룹은 당에서도 발견되어 두 주요 그룹, 알도오스(알데히드 포함)와 케토오스(케톤을 포함)로 나누는 기준이 된다.	• 산소와 수소 간의 공유결합이 극성을 띠기 때문에 산성(수소이온을 냄)이다. 이온화되지 않음　이온화됨 • 모든 세포에서 1−로 대전된 이온 형태로 발견되며, 카르복실레이트 이온이라고 한다.

아미노기	설프히드릴기	인산기	메틸기
아미노기(-NH₂)는 질소 원자가 두 개의 수소 원자와 탄소골격에 연결되어 있다.	**설프히드릴기**(-SH)는 황원자가 수소 원자에 결합된 형태로 모양은 수산기와 유사하다.	**인산기**에는 인원자가 네 개의 산소 원자에 결합되어 있다. 한 개의 산소는 탄소골격에 결합되어 있고 두 개의 산소는 음전하를 띤다. 인산기(-OPO₃²⁻, 약칭하여 ⓟ)는 인산 그룹(-OPO₃H₂, 두 개의 수소에 주목)이 이온화된 형태이다.	**메틸기**(-CH₃)는 탄소 하나에 3개의 수소 원자가 결합된 형태이다. 메틸기는 탄소나 다른 원자에 부착된다.
아 민	티 올	유기인산	메틸화합물
글리신은 카르복실기도 가지고 있기 때문에 아민이며 동시에 카르복실산이다. 양 그룹을 다 가지고 있는 화합물을 **아미노산**이라 한다.	**시스테인**은 황을 가진 중요한 아미노산이다.	**글리세롤 인산**은 세포 내 중요한 화학 반응에 가담할 뿐만 아니라 세포막의 주요 구성성분인 인지질의 뼈대를 구성한다.	**5-메틸 시스티딘**은 메틸기의 첨가에 의해 변형된 DNA 구성성분이다.
• 염기로 작용 : 주변 용액(생물에서는 물)에서 양성자를 줍는다. 이온화되지 않음 이온화됨 • 이온화되면 세포 내에서 1+ 전하를 가진다.	• 2개의 설프히드릴기가 반응하면 공유결합을 형성한다. 이 '상호연결'은 단백질 구조를 안정화시킨다. • 머리털 단백질에서 시스테인의 상호연결은 머리털의 곱슬 혹은 직모 상태를 유지한다. 직모는 긴데기이 모양을 따라 상호연결 결합을 끊고 새로운 결합을 형성함으로써 지속적으로(Permanently) 곱슬 형태를 유지할 수 있다.	• 분자의 한 부분을 구성하며 음성 전기를 제공한다(위 그림처럼 분자의 끝에 있으면 2-, 인산 고리의 내부에 있으면 1-로 대전) • 물과 반응하여 에너지를 방출할 수 있다.	• DNA나 DNA에 결합된 분자에 메틸기가 첨가되면 유전자 발현에 영향을 미친다. • 남성 혹은 여성 호르몬의 메틸기 배열은 그 형태와 기능에 영향을 미친다.

(4) 단량체와 중합체

① 탈수축합반응(중합반응) : 물 분자가 빠져나오며 단량체가 결합해 중합체를 형성

② 가수분해 : 단량체들로 분해됨

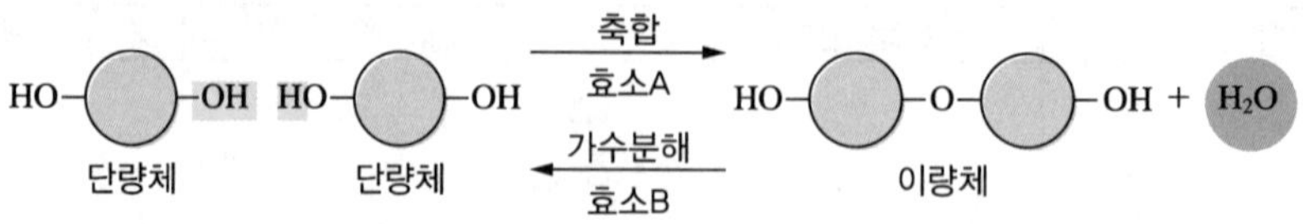

---

02 탄수화물

주로 C, H, O로 구성되어 있으며 에너지원, 구조 성분으로 사용된다.

(1) 단당류

① 생체 에너지원

② $(CH_2O)n$의 일반식, $n = 3 \sim 7$

③ 알도오스(알데히드 함유)와 케토오스(케톤 함유)로 분류

④ 수용액에서 고리 형태를 취해 화학구조 안정화

　예 고리형 포도당의 두 가지 이성질체(1번 탄소의 하이드록실기 위치 차이) : α-포도당, β-포도당

[몇 가지 단당류의 구조와 분류]

	3탄당($C_3H_6O_3$)	5탄당($C_5H_{10}O_5$)	6탄당($C_6H_{12}O_6$)	
알도오스	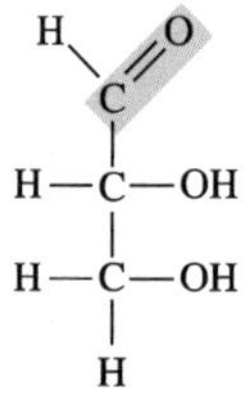 글리세르알데하이드	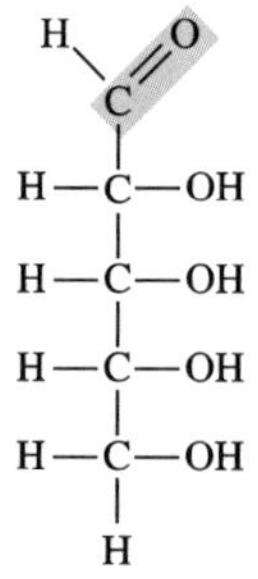 리보오스	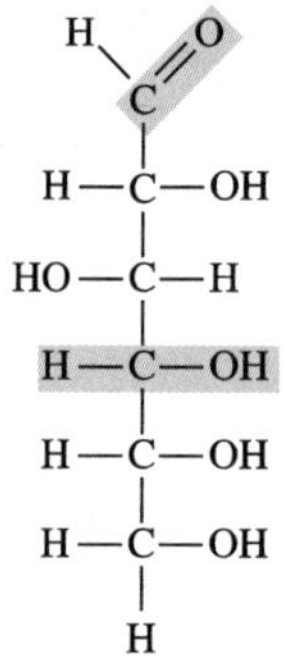 포도당	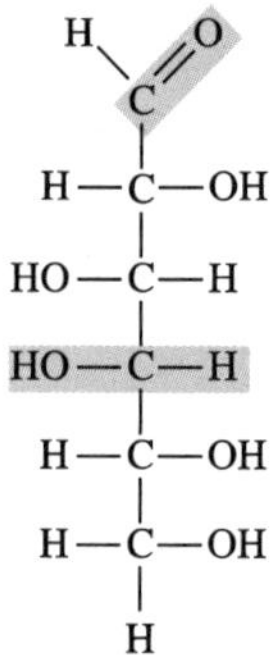 갈락토오스
케토오스	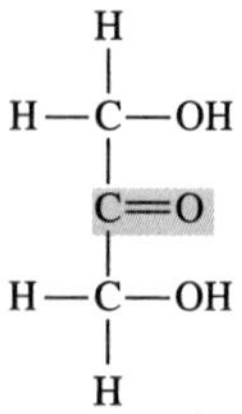 디하이드록시아세톤	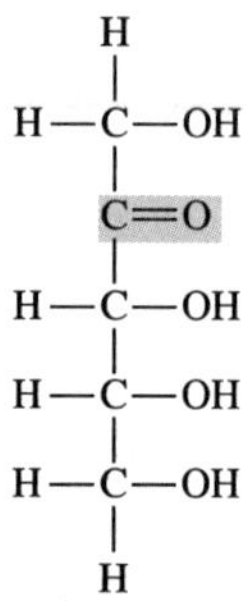 리불로오스	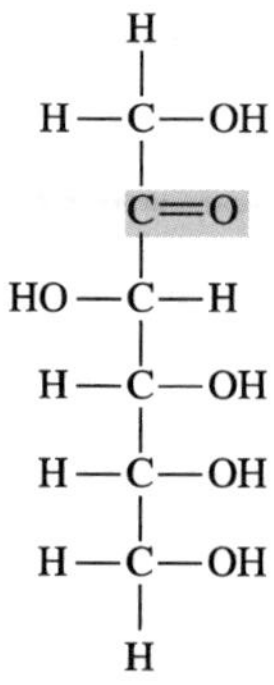 과당	

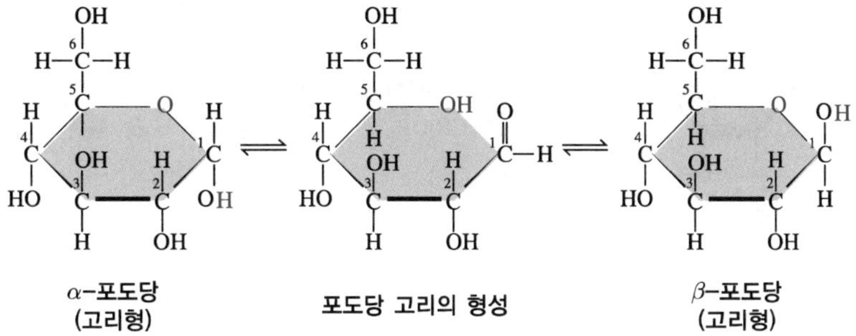

(a) 포도당은 물에 녹을 때 구성 원자들이 재배열되어 2개의 형성 가능한 고리구조(α-포도당, β-포도당) 중 한 가지를 형성하게 된다. 그림은 완전한 3차원적 구조를 보여주지는 못하지만, 고리구조에서 진하게 표시된 결합선은 평면 앞으로 돌출된 것이다.

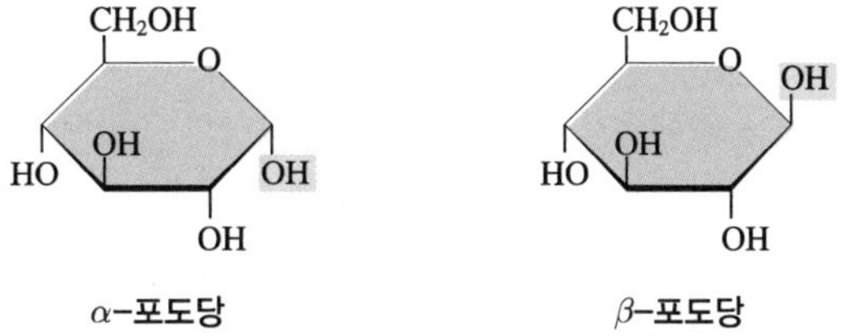

(b) α-포도당, β-포도당 사이의 중요한 차이점은 이 2가지를 단순화시켜 그린 구조에서 좀 더 분명하게 드러난다. 고리의 각 꼭짓점은 탄소 원자를 나타낸다. 탄소에 결합된 수소 원자는 생략되었다.

▲ 포도당의 고리형 구조

(2) 이당류

단당류 두 개가 글리코시드 결합으로 연결

① 맥아당(엿당) : α-포도당 + α-포도당

② 설탕 : α-포도당 + β-과당

③ 젖당 : β-갈락토오스 + β-포도당

→ 2개의 단당류로 가수분해되어 에너지원으로 사용될 수 있음

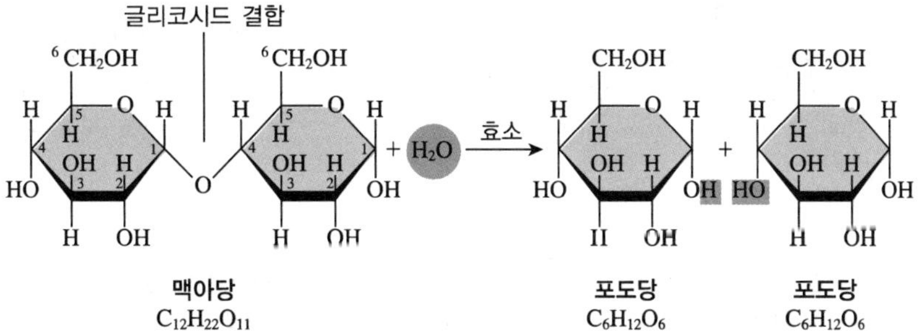

(a) 소화 과정에서 엿당은 포도당 2분자로 분해된다. 글리코시드 결합은 물이 첨가되어 일어나는 가수분해 반응에 의해 끊어진다.

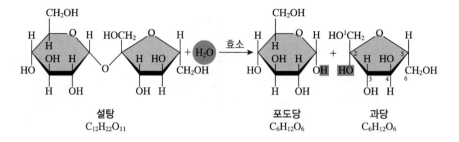

설탕
$C_{12}H_{22}O_{11}$

포도당
$C_6H_{12}O_6$

과당
$C_6H_{12}O_6$

(b) 설탕은 포도당 한 분자와 과당 한 분자로 가수분해 된다.

▲ 이당류의 가수분해

(3) 다당류

수백 개 이상의 단당류가 중합되어 형성

① 에너지 저장분자

    ㉠ 녹말(전분) : 식물의 에너지 저장 분자, α-포도당의 중합체

       • 아밀로오스 : α-포도당의 $\alpha(1 \rightarrow 4)$ 글리코시드 결합으로 연결

       • 아밀로펙틴 : 아밀로오스에서 $\alpha(1 \rightarrow 6)$ 글리코시드 결합으로 가지 친 형태

       • 저장 뿌리, 줄기 및 종자에 함유

    ㉡ 글리코겐 : 동물의 에너지 저장 분자

       • α-포도당의 중합체 : $\alpha(1 \rightarrow 4)$ 글리코시드 결합

       • 녹말보다 가지가 더 많고, 분자량이 큼

       • 동물의 간, 근육에 저장

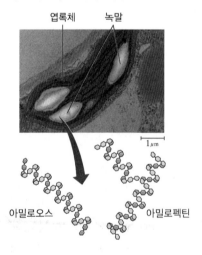

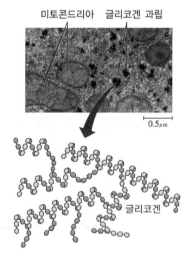

(a) **녹말** : 식물의 다당류. 녹말의 두 가지 형태는 가지가 없는 아밀로오스와 가지가 있는 아밀로펙틴이다. 현미경 사진에서 밝게 보이는 타원형은 식물세포의 엽록체에 있는 녹말 과립이다.

(b) **글리코겐** : 동물의 다당류. 글리코겐은 아밀로펙틴보다 더 많은 가지를 갖고 있다. 동물세포는 간과 근육세포에 조밀한 과립 덩어리로 글리코겐을 저장한다. 현미경 사진은 간세포의 일부를 보여주는데, 미토콘드리아는 당분해를 돕는 세포 소기관이다.

▲ 녹말과 글리코겐의 구조

② 구조 성분

　　㉠ 셀룰로오스(섬유소) : 식물 세포벽의 주 구성성분

　　　• β-포도당의 중합체 : $\beta(1 \rightarrow 4)$ 글리코시드 결합으로 연결됨

　　　• 일부 세균, 곰팡이만 분해효소(셀룰레이즈) 지님

　　㉡ 복합다당류 : 다른 분자들이 결합되어 변형된 단당류들로 구성된 다당류

　　　• 키틴 : 절지동물의 외골격, 균류의 세포벽 성분. 변형 포도당의 중합체

　　　• 프로테오글리칸 : 피부와 안구, 연골, 힘줄 등의 결합조직에 풍부. 산성점액성 다당류가 단백질과 결합된 형태

　　　• 펩티도글리칸 : 세균의 세포벽 성분

　　　• 당단백질 : 탄수화물과 단백질의 복합체

　　　• 당지질 : 탄수화물과 지질의 복합체

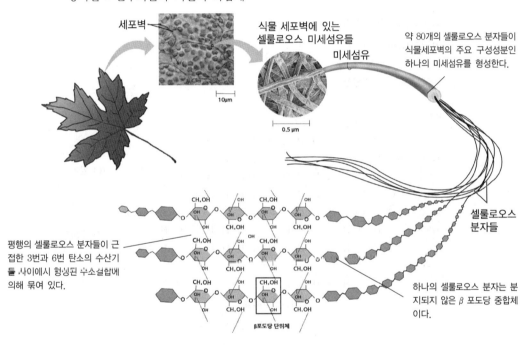

▲ 구조 다당류인 셀룰로오스와 식물 세포벽의 구조

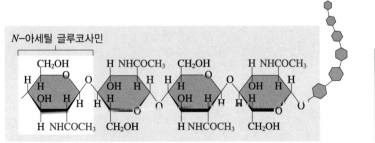

(a) 키틴은 N-아세틸 글루코사민(NAG)이라는 소단위체로 구성된 다량체이다.

(b) 키틴은 잠자리 외골격의 중요한 구성성분이다.

▲ 구조 다당류인 키틴

물에 녹지 않는 소수성 물질로서, 주로 C, H, O로 구성. 장기성 에너지 저장 물질, 세포막의 성분, 스테로이드 호르몬, 색소 성분, 생체 방수물질 등

(1) 지방(중성지방, 트리글리세리드, 트리아실글리세롤)

　① 장기 에너지 저장 분자

　② 글리세롤 + 3분자의 지방산 → 탈수축합반응에 의해 에스테르 결합으로 연결

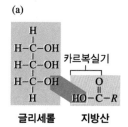

(a)

글리세롤　　지방산

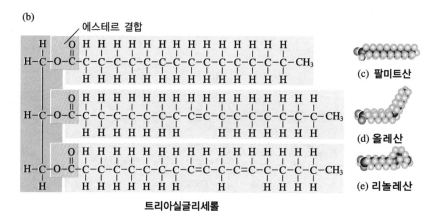

(b)

트리아실글리세롤

▲ 저장 지질인 지방

(c) 팔미트산

(d) 올레산

(e) 리놀레산

③ 지방산의 종류

    ⊙ 포화지방산 : 탄소사슬에 이중결합이 없어 수소 원자수를 최대로 가짐

       예 팔미트산(C_{16}), 스테아르산(C_{18})

    ⓛ 불포화지방산 : 이중결합이 한 개 이상 존재

       예 리놀렌산, EPA(EicosaPentanoic Acid), DHA(DocosaHexanoic Acid)

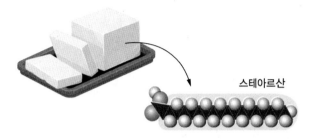

(a) **포화지방과 지방산.** 실온에서 버터와 같은 포화지방의 분자는 조밀하게 정돈되어 고체를 형성한다.

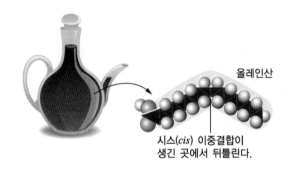

(b) **불포화지방과 지방산.** 실온에서 올리브기름과 같이 불포화지방의 분자는 지방산 꼬리의 꺾임 때문에 고체가 될 만큼 조밀하게 정돈되지 않는다.

▲ **포화지방산과 불포화지방산**

(2) 인지질

  ① 세포막의 주 구성성분

  ② 곁사슬(R, 콜린 등 몇 종류의 원자단)과 인산기가 결합된 글리세롤 + 2분자의 지방산

  ③ 양친매성(Amphipathic) 분자

  ④ 수성 환경에서 형성 가능한 인지질 구조물

    ⊙ 미셀(Micelle)

    ⓛ 리포솜

    ⓒ 2중층

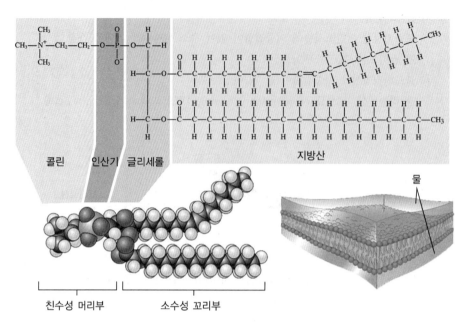

콜린 인산기 글리세롤 지방산

친수성 머리부 소수성 꼬리부

(a) **인지질(레시틴)** : 인지질은 소수성 꼬리와 친수성 머리로 구성되어 있다. 소수성 꼬리는 지방산 2분자로 구성되며, 친수성 머리는 인산기와 인산기에 결합된 글리세롤로 구성되어 있다. 인산기는 다양한 유기 분자단과도 결합한다. 콜린은 그림에 나타난 레시틴(또는 포스파티딜콜린)을 구성하고 있는 유기 분자단이다. 그림에서, 위쪽의 지방산은 단일 불포화지방산으로 사슬 구부림을 일으킨다.

(b) **인지질 이중층** : 인지질은 지질 이중층을 형성하는데, 친수성 머리는 물과 상호작용하고 소수성 꼬리는 이중층의 안쪽에 위치한다.

▲ **인지질과 인지질 이중층 구조**

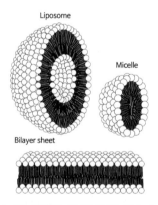

Liposome

Micelle

Bilayer sheet

▲ **물 속에서 형성가능한 인지질의 여러 가지 구조**

(3) 카로티노이드

모든 녹조류와 식물에서 발견되는 보조 색소

예 β-카로틴, 크산토필

(4) 스테로이드

4개의 합쳐진 고리로 구성된 탄소골격을 함유. 이소프렌 단위체로부터 유도됨

① **콜레스테롤** : 동물 세포막의 필수 성분

② **담즙산염** : 지방을 유화시켜 분해를 촉진

③ **성호르몬** : 에스트로겐, 안드로겐(예 테스토스테론)

④ **부신피질 호르몬** : 코르티솔

⑤ **비타민 D** : 소화 시 칼슘, 인산의 흡수에서 중요

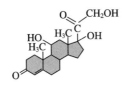

콜레스테롤은 막의 구성성분이며, 스테로이드 호르몬을 만들어 준다.

비타민 D_2는 피부에서 자외선이 콜레스테롤 유도체에 작용하여 만들어진다.

코르티솔은 아드레날린 내분비선에서 분비되는 호르몬이다.

테스토스테론은 남성 성호르몬이다.

▲ 스테로이드

04 단백질

(1) 단백질

① 하나 이상의 폴리펩티드(아미노산의 중합체)로 이루어진 기능 단위

② C, H, O, N, S로 구성

③ 생체 내에서 구조와 기능 다양

④ 유전자의 유전 정보에 의해 합성됨(유전자 발현)

(2) 아미노산 : 단백질의 단량체

① 기본 구조 : R 그룹(곁사슬, 측쇄, 측기) 20종류

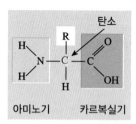

▲ 아미노산의 공통구조

② 아미노산의 종류 : R기에 따라 기본 20종

인체 필수 아미노산 : Ile, Leu, Lys, Met, Phe, Thr, Trp, Val, His(성장기에만)

(3) 펩티드 결합

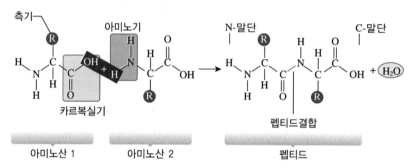

▲ 펩티드 결합의 형성 과정

비극성

글리신(Gly)	알라닌(Ala)	발린(Val)	류신(Leu)	이소류신(Ile)

메타오닌(Met)	페닐알라닌(Phe)	트립토판(Trp)	프롤린(Pro)

극 성

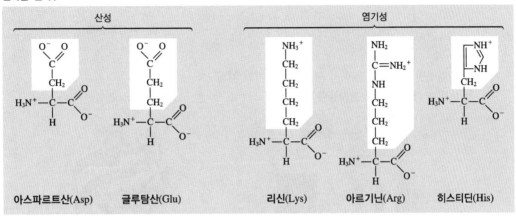

세린(Ser)　트레오닌(Thr)　시스테인(Cys)　타이로신(Tyr)　아스파라긴(Asn)　글루타민(Gln)

전하를 띤 것

산성　　　　　　　　　　　염기성

아스파르트산(Asp)　글루탐산(Glu)　리신(Lys)　아르기닌(Arg)　히스티딘(His)

▲ 20가지 기본 아미노산의 구조와 화학적 특성

(4) 단백질 구조의 4단계

단백질의 구조는 기능을 결정

① 1차 구조 : 폴리펩티드 사슬을 구성하는 아미노산의 종류와 순서

② 2차 구조 : 3차 구조 내의 부분적인 입체구조로서 펩티드 결합 사이의 수소결합에 의해 형성됨

　㉠ α-나선(Helix) 구조

　　• 폴리펩티드 사슬이 연속적으로 회전하는 나선구조로서, 나선구조 내 펩티드 결합 사이의 수소
　　　결합에 의해 안정화됨

　　• α-나선만으로 구성된 단백질은 섬유형 구조임(예 케라틴, 콜라겐)

　　• 세포막의 막 관통부위에서 발견됨

ⓛ β-병풍(Pleated Sheet) 구조

- 주름진 판구조로서, 폴리펩티드 사슬 사이 펩티드 결합 간에 수소 결합 형성
- 구형 단백질의 중심부위에 흔함

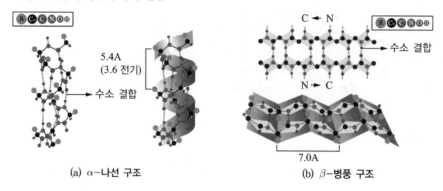

(a) α-나선 구조   (b) β-병풍 구조

③ 3차 구조

ⓐ 폴리펩티드 사슬이 접혀서 형성된 전체적인 입체구조

ⓛ R기 간의 다양한 상호작용에 의해 형성 : 수소, 이온, 소수성, 공유 결합(이황화 결합)

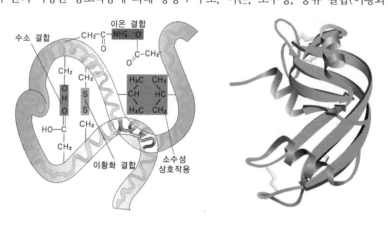

(a) R기 사이의 수소 결합, 이온 결합, 소수성 상호작용, 이황화 결합 등이 분자의 특정 형태를 유지해 준다.

(b) R기의 상호작용들이 전체적 구조(3차 구조)를 안정화시킨다. 이 단백질은 소의 리보뉴클레아제 a이다.

④ 4차 구조 : 2개 이상의 폴리펩티드 사슬이 상호작용하여 형성된 구조

3차 구조 간 상호작용에 의해 형성 : 수소, 이온, 소수성, 이황화 결합

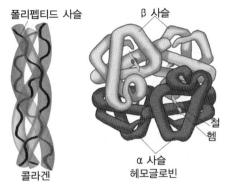

▲ 단백질의 4차 구조

(5) 단백질의 접힘과 변성

① 접힘(Folding) : 폴리펩티드 사슬이 기능을 할 수 있는 입체 구조를 형성하는 과정으로 단백질 발현 직후 일어남

② 변성(Denaturation) : 2차 구조 이상이 풀리는 과정으로 고유의 구조와 기능을 잃게 됨

(6) 단백질의 변성 요인

① 열 : 비공유결합 파괴

② pH, 염 농도 변화 : 정전기적 인력, 수소 결합 파괴

③ 환원제 : 이황화 결합 파괴

④ 유기용매, 계면활성제 : 소수성 상호작용 파괴

⑤ 요소 : 수소 결합, 소수성 상호작용 파괴

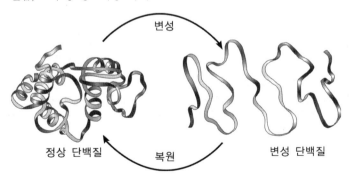

▲ 단백질의 변성과 복원

유전물질로서, DNA(DeoxyriboNucleic Acid)와 RNA(RiboNucleic Acid)의 두 종류가 존재하며 C, H, O, N, P로 구성되어 있다. 뉴클레오티드 단량체의 중합체이다.

(1) 뉴클레오티드 : 질소염기 + 5탄당 + 인산
  ① 질소염기
    ㉠ 아데닌(A), 구아닌(G), 시토신(C), 티민(T), 우라실(U)
    ㉡ 피리미딘(단일고리 구조 ; C, T, U)과 퓨린(이중고리 구조 ; A, G)으로 분류
  ② 5탄당 : 리보오스(RNA 내 함유)와 디옥시리보오스(DNA 내 함유)
  ③ 뉴클레오티드의 구조

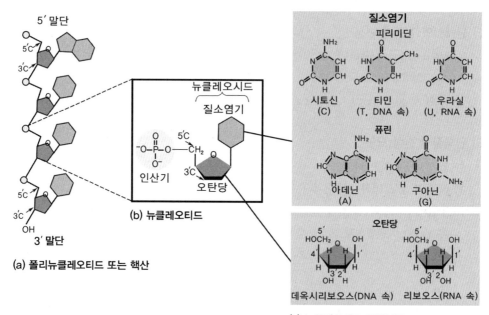

핵산의 구성성분. (a) 폴리뉴클레오티드는 변할 수 있는 부속물, 즉 질소염기를 갖고 있고 질서 있는 당-인산 골격을 갖고 있다. (b) 뉴클레오티드 단위체는 질소염기, 당, 인산기의 세 가지 성분으로 구성되어 있다. 인산기가 없는 구조를 뉴클레오시드라고 부른다. (c) 뉴클레오시드 구성성분은 퓨린 또는 피리미딘의 질소염기와 데옥시리보오스 또는 리보오스의 오탄당이다.

▲ 뉴클레오티드와 핵산의 구조

  ④ 뉴클레오티드의 다양한 기능
    ㉠ ATP(Adenosine Triphosphate) : 세포의 에너지 전달 분자
    ㉡ cAMP(Cyclic Adenosine Monophosphate) : 신호전달, 호르몬의 조절
    ㉢ NAD(Nicotineamide Adenosine Dinucleotide) : 산화, 환원반응의 전자운반체

(2) DNA의 구조

① 인산이에스테르 결합(Phosphodiester Bond) : 뉴클레오티드가 중합될 때 형성 → 간단히 당-인산 공유결합으로 부름

　　㉠ 5′ 말단 : 당의 5번 탄소에 연결된 인산기가 당-인산 공유결합에 참여하지 않고 자유롭게 끝난 말단

　　㉡ 3′ 말단 : 당의 3번 탄소에 연결된 OH기가 당-인산 공유결합에 참여하지 않고 자유롭게 끝난 말단

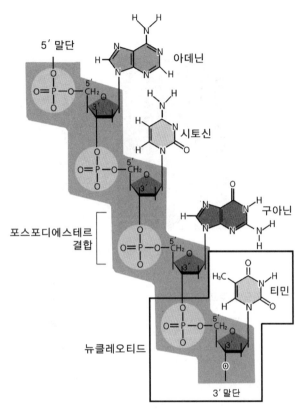

▲ DNA 한 가닥 내의 인산이에스테르 결합

② DNA와 RNA의 구조

　　㉠ RNA는 주로 단일 가닥 상태로, DNA는 이중 나선 상태로 존재

　　㉡ 이중 나선 형성 시 양 가닥의 염기 간에 상보적인 수소결합이 형성됨 : A = T(이중 수소 결합), C ≡ G(삼중 수소 결합)

　　㉢ 샤가프의 법칙(Chargaff's Law) : 이중가닥 DNA 내에서 [A] = [T], [C] = [G], [A+G] = [C+T]

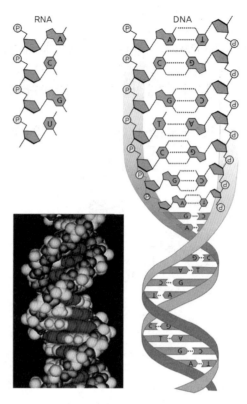

▲ RNA와 DNA의 구조

(3) DNA의 변성 : 단일 가닥으로의 분리

① 변성 요인

㉠ 가 열

- 열에 의한 DNA의 변성 : 융해(Melting) → 질소 염기가 최대로 흡수하는 A_{260}(260nm에서의 흡광도) 측정으로 관찰 가능
- A_{260} : 자유 염기 > 단일 가닥 핵산 > 이중 가닥 핵산
- 융해점(T_m) : 이중나선 DNA의 절반이 변성되는 온도

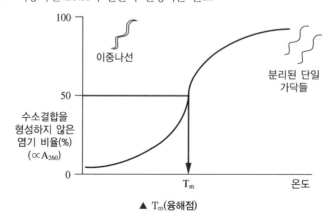

▲ T_m(융해점)

ⓛ 낮은 염 농도

ⓒ 높은 pH, 유기용매

[생체 내 거대분자 요약]

분 자	구 조	기 능	예
탄수화물	당과 당의 중합체	에너지 저장, 구조, 정체성	포도당, 설탕, 녹말, 셀룰로오스
지 질	지방산, 트리글리세리드, 스테롤	막, 에너지 저장, 방수, 호르몬	지방, 기름, 왁스, 콜레스테롤, 테스토스테론
단백질	아미노산의 중합체	효소, 구조, 교신, 인식, 수송	헤모글로빈, 효소, 케라틴
핵 산	뉴클레오티드의 중합체	유전정보, 에너지	DNA, RNA, ATP

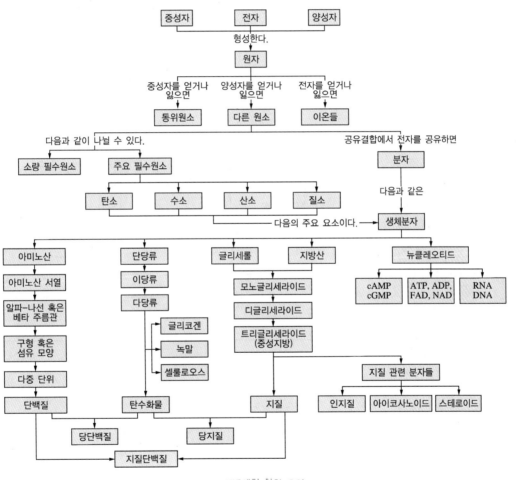

▲ 생냉제의 화학 요약

04 | 세포의 구성

01 세포의 구성 및 크기

(1) 세포의 구성

모든 세포는 DNA(유전 물질), 원형질막(세포막, 내부와 외부의 경계막), 세포질(세포막 내부의 물질로 채워진 부위), 리보솜(단백질 합성 기구)을 지님

(2) 세포의 크기

세포의 크기가 작은 것은 부피에 대한 표면적 비율을 넓혀 세포 표면을 통한 물질 교환 효율을 높이기 위해서임

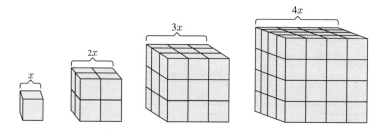

전체 표면적	$6x^2$	$6(2x)^2 = 24x^2$	$6(3x)^2 = 54x^2$	$6(4x)^2 = 96x^2$
전체 부피	x^3	$(2x)^3 = 8x^3$	$(3x)^3 = 27x^3$	$(4x)^3 = 64x^3$
표면적과 부피의 비율	6:1	3:1	2:1	1.5:1

▲ 표면적과 부피의 상관관계

(3) 세포의 종류

지구상의 모든 생명체를 구성하는 세포는 원핵세포와 진핵세포로 나뉨

① **원핵세포** : 작고 단순한 구조로서, 지구상에 먼저 나타났으며 핵을 비롯한 막으로 둘러싸인 세포 소기관을 지니지 않음

② **진핵세포** : 크고 복잡한 구조이며, 원핵세포로부터 진화되어 나온 세포로서 핵을 비롯한 막성 세포 소기관을 함유

02 세포의 연구방법

(1) 세포의 관찰

① 광학 현미경

    ㉠ 가시광선(370~750nm 범위)을 광원으로 이용하며, 0.2㎛까지 관찰 가능

    ㉡ 살아있는 세포의 관찰에 이용 가능

    ㉢ 현미경의 상을 결정짓는 특성

- 확대율 : 현미경으로 보이는 상의 크기/실제 크기
- 현미경의 배율 = 접안렌즈 배율 × 대물렌즈 배율
- 분해능(해상력) : 분리되어 보이는 두 점 사이의 최단 거리(이 값이 작을수록 분해능이 좋은데, 빛의 파장이 짧을수록, 공기보다는 매개 물질로 Immersion Oil을 사용할수록 분해능이 좋아짐)

    ㉣ 예 시

- 명시야 현미경(Bright-field Microscope) : 표본을 통과한 빛에 의해 상이 형성
- 암시야 현미경(Dark-field Microscope) : 측면에서 들어온 빛의 산란을 이용
- 위상차 현미경(Phase Contrast Microscope) : 세포 내 밀도 차이를 이용해 생세포를 뚜렷이 관찰 가능
- 형광 현미경 : 형광 물질을 표지하여 특정 분자의 조직 및 세포 내 위치 확인 가능

② 전자 현미경

    ㉠ 전자빔을 이용하며, 2nm까지 관찰 가능

    ㉡ 죽은 세포의 내부 구조물이나 표면을 관찰하는 데 이용

    ㉢ 예 시

- TEM(투과 전자 현미경, Transmission Electron Microscope)
  - 얇게 자른 시료에 전자빔을 투과시키면 투과 전자에 의해 상이 맺힘
  - 내부 미세구조 관찰 가능
- SEM(주사 전자 현미경, Scanning Electron Microscope)
  - 시료를 금 등으로 코팅한 후 전자빔을 쏘면 반사된 전자에 의해 상이 형성
  - 표면의 입체 구조에 대한 상을 제공

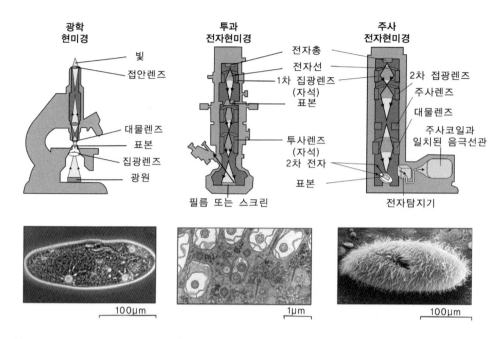

광학 현미경	투과 전자현미경	주사 전자현미경
빛 접안렌즈 대물렌즈 표본 집광렌즈 광원	전자총 전자선 1차 집광렌즈 (자석) 표본 투사렌즈 (자석) 2차 전자 표본 필름 또는 스크린	2차 접광렌즈 주사렌즈 대물렌즈 주사코일과 일치된 음극선관 전자탐지기

(a) 위상차 현미경은 염색된 세포 또는 살아있는 세포들을 관찰할 수 있지만, 비교적 낮은 해상력을 가진다.

(b) 투과전자현미경(TEM)은 높은 해상력을 가진 상을 만들며 아주 크게 확대가 가능하다. 높은 배율로 확대하였기 때문에, 짚신벌레의 일부분만이 사진에 보인다.

(c) 주사전자현미경(SEM)은 표면형태의 선명한 관찰에 이용된다.

▲ 광학현미경과 전자현미경의 비교

(2) 세포의 분쇄 및 분리

① 세포 분쇄법

　㉠ 화학적 방법 : 세제, 리소자임(세균 세포벽 분해 효소) 등을 이용

　㉡ 물리적 방법 : 초음파, 압착기(압력 이용), 구슬 분쇄기(물리적 파쇄) 등을 이용

② 세포 분획법

　㉠ 분별(차등) 원심분리

　　• 원심분리

　　　– 원심력을 이용해 크기, 모양, 밀도 차에 의해 물질들을 분리

　　　– 밀도가 큰 물질부터 원심분리에 의해 원심분리관 바닥에 침전됨

　　　– 상층액을 분리해 원심력을 높여 더 오랜 시간 원심분리 시 밀도가 낮은 물질을 침전시킬 수 있음

　　　– 같은 과정을 반복하면 밀도가 큰 세포 소기관부터 밀도가 작은 순서대로 차례로 분리할 수 있음

• 세포 분쇄액 원심분리 시 침전 순서

핵, 세포벽 조각(식물 세포의 경우) → 엽록체 → 미토콘드리아, 리소좀 → 소포체, 골지체 및 세포막 조각 → 리보솜

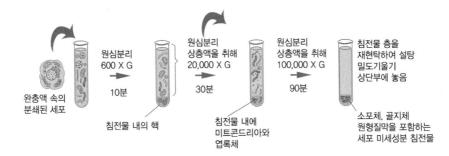

(a) **원심분리** : 원심력에 의해 크거나 밀도가 큰 입자들은 원심분리관의 바닥에 가라앉으면서 침전물을 형성한다.

(b) **차등원심분리** : 세포구조물들이 혼합되어 있는 현탁액을 분당 회전수를 증가시켜가며 원심분리함으로써 다양한 그 세포구조물들로부터 다양한 독립적 분획으로 분리가 가능하다. 현탁된 침전물에 있는 막성분과 세포소기관들은 밀도 기울기구배 원심분리에 의해 더 정제될 수 있다. G는 중력을, ER은 소포체를 의미한다.

▲ **분별 원심분리에 의한 세포 분획화**

ⓛ 밀도구배 원심분리

• CsCl 또는 설탕 용액으로 농도구배를 형성시킨 후 시료를 첨가해 원심분리

• 시료의 각 성분들은 원심력에 의해 밀도에 따라 이동하다 자신의 밀도와 일치하는 층에서 멈추어 밴드 형태로 분리됨

• 일반 원심분리보다 세밀한 분리가 가능

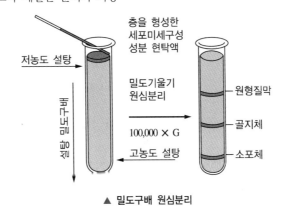

▲ **밀도구배 원심분리**

(1) 원핵세포

① 진정세균, 고세균의 세포

② 1~10㎛ 크기

③ 환형의 단일 염색체 DNA가 뭉쳐 핵양체(뉴클레오이드)를 형성

④ 70s 리보솜 함유 → 30s(작은 소단위체) + 50s(큰 소단위체)

※ s : Svedberg coefficient의 약자로서, 초고속 원심분리 시 침강계수임. 앞의 숫자가 클수록
원심분리 시 침강 속도가 큼을 의미하며, 밀도에 비례함

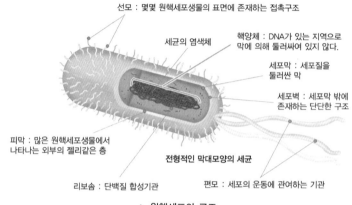

▲ 원핵세포의 구조

(2) 세포벽

① 삼투압에 의해 세포가 터지지 않도록 보호해주며, 세포 구조를 지지

② 펩티도글리칸으로 구성

③ 세포벽의 구조에 따라 진정세균을 2그룹으로 분류

㉠ Gram 양성(+) 세균

• 세포막 밖에 두꺼운 펩티도글리칸층을 보유

• 극한 환경에서 내생포자(Endospre)를 형성해 수년간 휴면 가능

예 바실러스(Bacillus)속, 클로스트리디움(Clostridium)속 세균

㉡ Gram 음성(−) 세균

• 세포막 밖에 얇은 펩티도글리칸층을 지니며 그 바깥에 인지질 이중층으로 구성된 외막을 추가
로 지님 → 외막에 존재하는 LPS(Lipopolysaccharide ; 지질다당류)는 동물에 독성을 나타
내 구토, 설사, 복통 등을 유발하기도 함

예 에스케리챠(Escherichia)속, 살모넬라(Salmonella)속 세균

(3) 피막(협막, Capsule)

① 일부 세균이 세포벽 외부에 추가로 지니는 다당류와 단백질로 구성된 층

② 고체 표면으로의 부착을 돕고, 표면의 수분을 유지시킴

③ 동물에 감염 시 피막을 지니는 세균은 피막이 세포벽을 가려 면역세포에 의해 인식, 제거되는 것을 막아 질병을 유발시킬 수 있음

④ 구조가 단단하지 않고 세포벽에 느슨하게 부착된 경우엔 점질층이라 함

(4) 편 모

① 플라젤린(Flagellin) 단백질로 구성된, 세균의 운동 기관

② H^+ 농도 기울기를 직접적인 에너지원으로 이용

(5) 선 모

① 단백질로 구성된 짧은 실 같은 구조물로서, 부착에 이용

② **성 선모** : 특수한 타입의 선모로서, 세균 사이에서 접합(15장 참조)이라는 유전 물질 전달 과정 중에 접합할 세균을 잡아당기는 데 사용

04 진핵세포(Eukaryotic Cell)

(1) 진핵세포

① 원생생물(원생동물, 조류), 균류(곰팡이, 효모, 버섯), 식물, 동물의 세포

② 10~100μm 직경

③ 막으로 둘러싸인 소기관(막성 소기관)과 세포 골격을 지님

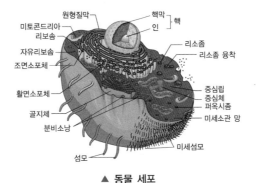

▲ 동물 세포

▲ 식물 세포

(2) 핵

　① DNA

　　다수의 선형 DNA가 히스톤 등의 단백질과 결합된 복합체 구조의 염색질(염색사) 형태로 퍼져 있음
　　→ 세포분열 시 염색체 형태로 응축됨(10장 참조)

　② 핵 막

　　㉠ 인지질 이중층의 이중막 구조(외막 + 내막)로, 세포질로부터 DNA를 분리, 보호
　　㉡ 수천 개의 핵공이 막에 존재하여 물질 출입을 조절

　③ 인

　　핵 내부의 염색 시 진하게 염색되는 부위로서, rRNA(리보솜 RNA)의 전사, 리보솜 소단위체들의
　　조립이 일어남

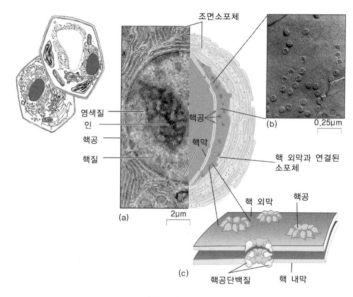

▲ 핵과 핵막의 구조

(3) 리보솜

　① 단백질 합성 기구

　② 수 개의 RNA와 수십여 개 단백질의 복합체

　③ 작은 소단위체와 큰 소단위체로 구성 : 40s + 60s → 80s(번역 과정에서 두 소단위체의 합체가 일
　　어남)

　④ 세포질에 존재하거나[자유(유리) 리보솜], 조면 소포체 표면에 존재(결합 리보솜)

　⑤ 자유 리보솜 : 세포질, 핵, 미토콘드리아 및 엽록체 등에서 사용될 단백질을 합성

　⑥ 결합 리보솜 : 소포체, 골지체, 세포막 단백질 및 세포 밖으로 분비될 단백질을 합성

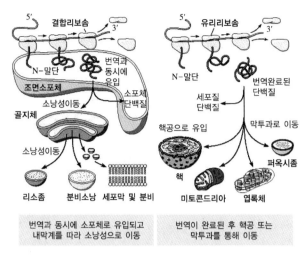

▲ 결합 리보솜과 자유(유리) 리보솜

(4) 소포체(Endoplasmic Reticulum ; ER)

핵막 및 세포막과 연결된 망상 구조물

① 조면 소포체(rough ER ; rER)

    ㉠ 납작하게 접힌 막 구조(시스테나)로서, 리보솜이 부착되어 단백질 합성에 관여

    ㉡ 소포체 내강으로 유입된 폴리펩티드 사슬은 3차 구조로 접힌 후 당사슬 등이 부착되는 화학적 변형이 일어남

    ㉢ 합성된 단백질은 소낭(막으로 둘러싸인 작은 주머니) 형태로 포장하여 골지체로 보냄

② 활면 소포체(smooth ER ; sER)

    ㉠ 연결된 관 구조로서, 리보솜이 부착되지 않음

    ㉡ 인지질, 스테로이드 등의 지질 합성

    ㉢ 글리코겐의 합성, 분해 등의 탄수화물 대사

    ㉣ 독성 물질, 약 성분 등의 해독

    ㉤ Ca^{2+}의 저장

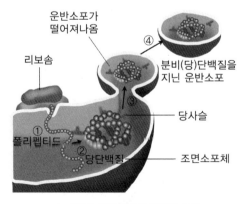

▲ rER에 의한 단백질 합성과 분비

(5) 골지 복합체(Golgi Complex)

① 납작한 주머니(시스테나, Cisternae)가 여러 개 쌓인 형태 → ER을 향한 쪽 면을 시스(Cis)면, 세포막 쪽 면을 트랜스(Trans)면이라 함

② 당 사슬의 부착 및 편집과 같은 화학적 변형을 유발하고, 최종 목적지별로 물질을 분류해 소낭 형태로 포장

③ 소낭 내에 가수분해효소를 포장한 경우 리소좀이 되어 세포질에 머물며, 세포 밖으로 분비될 분비 단백질을 포장한 분비 소낭은 세포막과 융합되어 단백질이 세포 밖으로 분비됨

❶ 단백질이 리보솜에서 합성되어 소포체 내로 이동
❷ 당성분이 첨가되어 당단백질이 된다.
❸ 수송소낭이 당단백질을 골지체의 시스면으로 나른다.
❹ 당단백질이 골지체에서 추가적으로 더 변형된다.
❺ 당단백질이 트랜스면으로 이동하여 다시 수송소낭에 내포된다.
❻ 당단백질이 원형질막 쪽으로(또는 다른 세포소기관으로) 수송된다.
❼ 수송소낭의 내용물이 세포 바깥으로 분비된다.

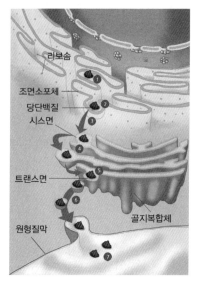

▲ 분비 단백질의 합성, 수송 및 분비 경로

(6) 리소좀

① 골지체에서 유래된 단일 막으로 둘러싸인 소낭 형태의 소기관

② 내부 pH가 5.0 부근의 산성으로 유지됨

③ 수십 종의 가수분해 효소(리소좀 내부와 같은 pH 5 이하에서 활성 나타냄) 함유

④ 자가 식포와 융합하여 큰 소낭을 형성 후 내부에서 가수분해효소들이 오래되고 손상된 세포소기관을 분해하거나, 식포와 융합하여 세포 밖에서 유래한 먹이 입자(단세포 진핵생물의 경우) 및 세균 등을 분해

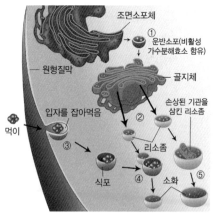

▲ 리소좀의 형성과 기능

⑤ 유전자의 돌연변이로 인한 리소좀의 효소 결핍 시, 분해되어야 할 물질이 분해되지 못하고 리소좀 내에 축적되는 다양한 유전성 리소좀 축적 질환(Lysosome Storage Disease)이 유발됨

　예 폼페병(Pompe's Disease) : 글리코겐 분해효소 결핍
　　 테이-삭 병(Tay-Sach's Disease) : 지질 분해효소 결핍

(7) 액 포

① 보통 소낭보다 크기가 큰 단일 막으로 둘러싸인 소기관

② 크기, 모양 및 기능이 다양

⊙ 식물의 중심 액포(Central Vacuole) : 골지체 유래의 소낭이 융합하여 형성되며 물, 무기질, 양분, 노폐물 및 독성 물질의 저장, 분해를 담당하고 팽압(세포벽을 미는 압력)을 형성

ⓛ 원생동물의 수축포 : 담수에 서식하는 원생동물 내로 삼투압에 의해 유입되는 여분의 물을 세포 외로 배출하는 기능을 수행

ⓒ 동물 및 원생동물의 식포 : 병원체나 먹이를 식세포 작용으로 섭취해 형성된 주머니

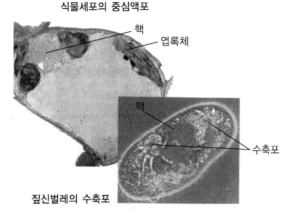

식물세포의 중심액포

짚신벌레의 수축포

▲ 중심 액포와 수축포

※ 내막계(Endomembrane System) : 물질의 합성, 변형, 저장, 수송, 분해 및 분비를 위해 협력하는 막성 소기관들의 집합으로서 핵, 소포체, 골지체, 리소좀, 액포, 원형질막이 포함됨

(8) 미토콘드리아

① 세포 호흡을 수행하여 ATP 합성

② 이중막(외막 + 내막)을 지니며 내막은 접힌 막 형태의 크리스테 구조로서 표면적이 확장됨

③ 내막 안쪽의 기질 부위에 세균처럼 환형의 DNA, RNA 및 70s 리보솜 보유

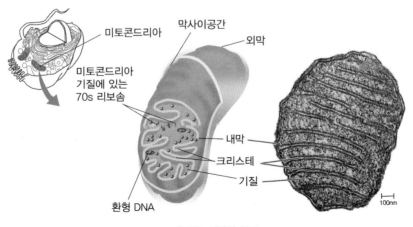

▲ 미토콘드리아의 구조

(9) 엽록체

① 광합성을 수행하여 포도당 같은 유기물을 합성

② 이중막 구조이며 내막 안쪽의 액체로 채워진 공간인 스트로마에 환형의 DNA, RNA, 70s 리보솜 보유

③ 얇은 칩과 같은 구조인 틸라코이드(전체 덩어리는 그라나로 불림)의 막에 엽록체 및 카로티노이드와 같은 색소 함유

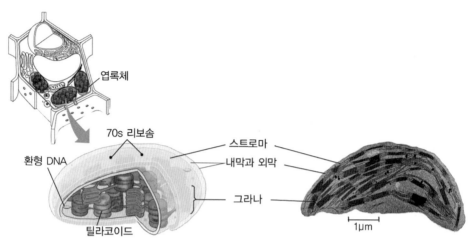

▲ 엽록체의 구조

④ 연속 내부공생설(Serial Endosymbiosis Theory) : 진핵세포의 진화 과정을 설명하는 이론으로서 진핵세포 내의 엽록체와 미토콘드리아는 더 큰 세포 내에 공생하게 된 작은 원핵세포로부터 유래됨을 밝힘

   ㉠ 미토콘드리아 : 다른 세포 내에 식세포 작용으로 섭취된 호기성 종속영양 세균(산소 호흡으로 ATP를 생성하고, 유기물을 스스로 생성하지 못하고 섭취해야 함)에서 유래

   ㉡ 엽록체 : 호기성 세균을 섭취한 세포 중 일부가 추가로 섭취한 독립영양 세균(광합성에 의해 CO_2로부터 유기물을 합성 가능)에서 유래

   ㉢ 뒷받침 증거(미토콘드리아와 엽록체)

- 이중막 구조이며 내막 성분이 세균과 유사
- 환형의 DNA 보유
- 70s 리보솜 보유
- 이분법으로 자체 증식

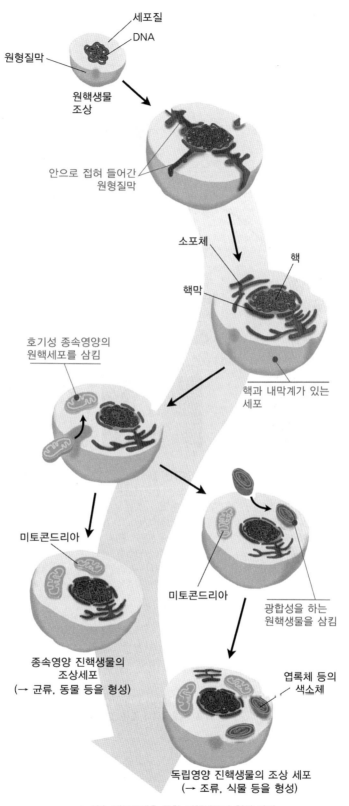

세포질

DNA

원형질막

원핵생물
조상

안으로 접혀 들어간
원형질막

소포체

핵

핵막

호기성 종속영양의
원핵세포를 삼킴

핵과 내막계가 있는
세포

미토콘드리아

미토콘드리아

광합성을 하는
원핵생물을 삼킴

종속영양 진핵생물의
조상세포
(→ 균류, 동물 등을 형성)

엽록체 등의
색소체

독립영양 진핵생물의 조상 세포
(→ 조류, 식물 등을 형성)

▲ 연속 내부공생을 통한 진핵생물의 형성 과정

(10) 세포골격(Cytoskeleton)

단백질 섬유로 이루어진 그물모양의 구조체로서, 세포 구조의 지지, 세포 운동, 소기관의 고정 및 이동, 세포 내 물질 수송에 관여

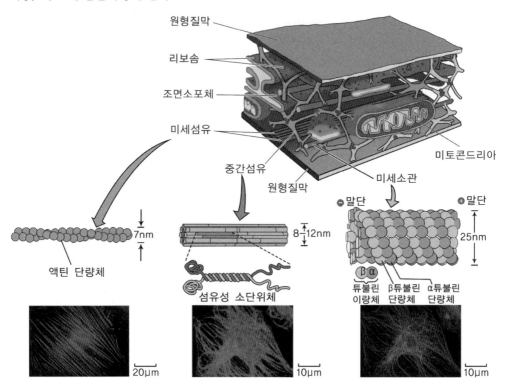

미세섬유는 단백질인 액틴으로 된 가닥으로 이루어져 있으며, 가끔은 다른 단백질의 가닥과 상호작용을 하기도 한다. 미세섬유는 세포의 모양을 변경시키고, 운동의 동력이 되기도 한다. 이 세포의 운동에는 수축, 세포질유동, 세포분열 시에 일어나는 '가운데가 잘록한' 모양으로의 변화 등이 있다. 미세섬유와 미오신의 가닥은 근수축작용을 일으킨다.

중간섬유는 질긴 밧줄 모양으로 꼬인 섬유성 단백질로 만들어져 있다. 이는 세포의 구조를 안정화시키고, 세포의 모양을 유지하게 한다. 어떤 중간섬유는 인접한 세포들을 서로 결집시키고, 또다른 중간섬유는 핵층을 구성하고 있다.

미세소관은 단백질인 튜불린 분자로 만들어진, 속이 비어 있는 긴 원통 구조이다. 튜불린은 α튜불린, β튜불린 소단위체로 구성되어 있다. 미세소관은 튜불린 이량체를 첨가시키거나 떼어 냄으로써 길어지거나 짧아지게 된다. 미세소관의 길이가 짧아지게 되면 염색체는 이동된다. 미세소관들 간의 상호작용이 세포의 움직임을 이룩한다. 미세소관은 소낭 수송 시에 '선로'로 쓰인다.

▲ 세포골격의 종류 및 특성

① 미세소관(25nm)

    ㉠ α, β 튜불린(Tubulin)으로 구성된 속이 빈 관 구조

    ㉡ 기 능

- 세포 및 세포 소기관의 구조 유지
- 소기관과 소낭의 세포 내 이동에 관여
- 방추사를 형성하여 염색체 이동에 관여
- 편모(세포 운동에 관여)와 섬모(세포 운동, 표면 액체의 이동에 관여)를 구성
- 중심체 : 동물 세포에서 미세소관을 형성시키는 미세소관-조직화 중심(Microtubule-organizing center ; MTDC)으로서, 미세소관으로 이루어진 중심립(중심소체) 두 개와 그 주변 물질로 구성됨

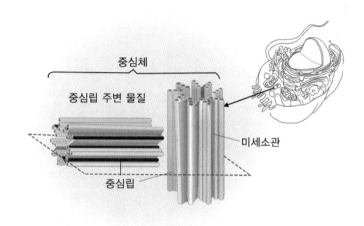

▲ 동물 세포의 중심체

② 중간섬유(10nm)

    ㉠ 폴리펩티드 사슬 2개가 꼬여서 형성된 기본 단위들이 모여 구성한 더 두꺼운 케이블 구조

    ㉡ 조직 및 세포의 종류에 따라 기본 성분이 다양(⑩ 피부에선 케라틴 단백질이 사용됨)

    ㉢ 기 능

- 세포 및 세포 소기관의 구조 유지
- 기계적 강도(장력)를 부여하며, 세포 구조를 안정화
- 세포 소기관을 세포 내 특정 부위에 고정
- 데스모좀(부착연접의 일종)의 성분으로, 세포 사이의 고정에 관여

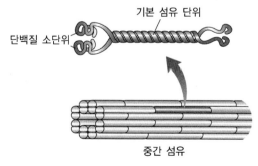

▲ 중간섬유의 구조

③ 미세섬유(Microfilament, 7nm)

  ㉠ 액틴으로 구성된 사슬 2개가 꼬인 구조

  ㉡ 기 능

    • 세포 및 세포 소기관의 구조 유지

    • 세포막 바로 아래 피층에서 그물망을 형성하며 세포 모양의 변경 및 이동에 관여

    • 근원섬유의 성분으로서 근육 수축에 관여

(11) 세포 표면 구조

① 세포외기질(Extracellular matrix ; ECM)

  ㉠ 동물의 피부 및 뼈, 연골, 인대, 안구 등의 결합조직에서 세포 사이를 메우고 있는 다당류와
     당단백질로 구성된 기질

  ㉡ 동물 조직에 힘과 유연성 제공

  ㉢ 프로테오글리칸(탄수화물과 단백질의 복합체), 콜라겐, 엘라스틴 등 다양한 성분 포함

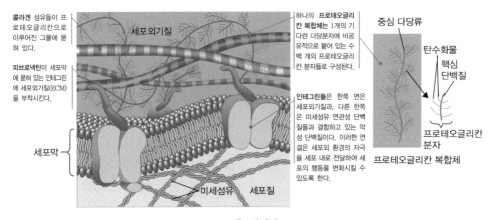

▲ 세포외기질

② 세포벽(Cell Wall)

  ㉠ 조류, 식물 세포, 균류에서 형성됨
     세포가 삼투압에 의해 터지지 않도록 보호하고 세포 구조를 지지

  ㉡ 녹조류 및 식물의 세포벽 : 섬유소(Cellulose) 및 헤미셀룰로오스(섬유소 사이에 교차결합을 형
     성) 등의 기타 다당류, 당단백질로 구성됨

    • 1차 세포벽 : 성장 중인 세포가 형성하는 비교적 얇고 유연한 세포벽으로 펙틴을 함유

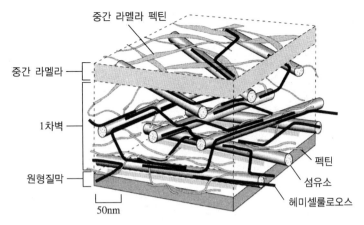

▲ 식물의 1차 세포벽

중간 라멜라 펙틴
중간 라멜라
1차벽
원형질막
펙틴
섬유소
헤미셀룰로오스
50nm

- 2차 세포벽 : 성장이 끝난 일부 식물 세포의 세포막과 1차 세포벽 사이에 형성되는 두껍고
  단단한 세포벽
  - 펙틴이 없고 섬유소 함량이 더 높음
  - 추가 성분이 침착되어 특정 기능이 강화되기도 함
  - 리그닌 침착(목질화) : 물관부 등에서 방수, 지지 기능 강화
  - 슈베린 침착(코르크화) : 나무 껍질에서 방수, 보호 기능 강화
  - 큐틴 침착(큐티클화) : 줄기 및 잎의 표면에서 방수, 보호 기능 강화
- 중간 라멜라(박막층) : 두 식물 세포의 1차 세포벽 사이에 존재하는 펙틴으로 구성된 끈적한
  점착층

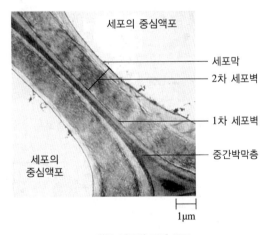

세포의 중심액포
세포막
2차 세포벽
1차 세포벽
중간박막층
세포의
중심액포
1μm

▲ 식물 세포의 표면 구조

③ 세포 연접(Cell Junction) : 세포와 세포 사이의 접합 부위
　㉠ 동물세포
　　• 밀착연접 : 세포 사이를 밀착시켜 세포 틈새의 물질 이동을 막는 구조
　　• 부착연접(Anchoring Junction) : 세포골격들과 연결되어 세포들을 강하게 부착시킴
　　　예 데스모좀(Desmosome) : 세포 내 중간섬유망에 부착하여 이웃한 세포들을 물리적으로 강
　　　　하게 고정시키며, 조직에 기계적인 힘을 부여

• 간극연접 : 세포 간에 물질을 전달하기 위한 통로 역할

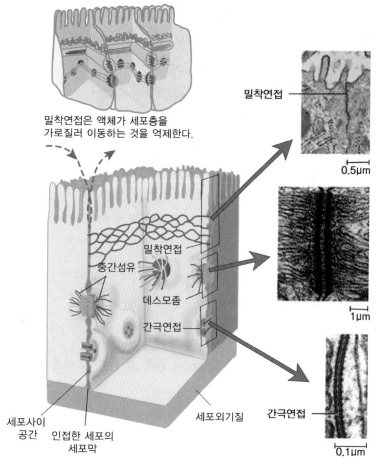

밀착연접은 액체가 세포층을
가로질러 이동하는 것을 억제한다.

중간섬유

데스모좀

간극연접

세포사이
공간

인접한 세포의
세포막

세포외기질

밀착연접

데스모좀

간극연접

밀착연접

밀착연접에서는, 이웃하는 세포들의 막이 밀착해서 단단하게 붙어 있으며, 또한 특정 단백질도 함께 붙어 있다(자주색). 세포 주변을 연속적으로 밀봉함으로써 밀착연접은 세포의 용액이 표피세포를 가로질러 빠져나가는 것을 막는다. 예를 들어, 피부세포 사이의 밀착연접은 땀구멍에 있는 세포 사이에서 용액이 빠져나가는 것을 억제함으로써 방수되도록 한다.

0.5μm

데스모좀

데스모좀은 고정시키는 못처럼 작용하여 세포를 조인다. 중간섬유는 단단한 케라틴 단백질로 되어있으며, 세포질에서 데스모좀을 붙고 있다. 데스모좀은 서로서로 근육세포에 붙어 있다. 어떤 근육 파열은 데스모좀이 찢어진 것이다.

1μm

간극연접

간극연접은 교신연접이라고도 하며, 인접한 세포 간에 세포질 통로를 제공해준다. 간극연접은 구멍을 둘러싸고 있는 특정 막단백질로 구성되며, 이 구멍을 통해 이온, 당, 아미노산 및 다른 작은 분자들이 통과한다. 간극연접은 심장근육이나 배아에서의 많은 세포들 간의 교신 과정에 필요하다.

0.1μm

▲ 동물 소장 상피세포 사이의 연접

ⓒ 식물세포

• 원형질연락사(플라스모데스마타) : 세포벽을 관통하는 식물 세포 사이의 물질 이동 통로

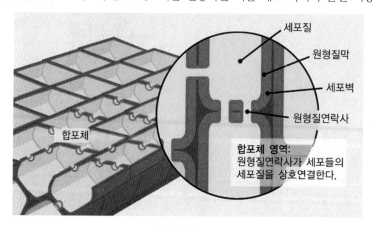

합포체

세포질

원형질막

세포벽

원형질연락사

합포체 영역:
원형질연락사가 세포들의
세포질을 상호연결한다.

▲ 식물의 원형질연락사

05 | 생체막

01 생체막의 성분 및 구조

(1) 인지질

① 구조 : 인산이 결합된 글리세롤(친수성 부위) + 2개의 지방산(소수성 부위) → 양친매성

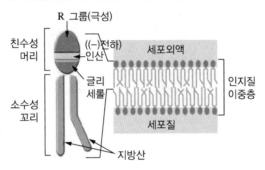

▲ 인지질과 인지질 이중층의 구조

② 인지질 이중층의 특성

    ㉠ 작은 소수성 분자와 기체들은 자유롭게 확산으로 투과 가능하나 친수성 물질들은 투과되지 못하는 선택적 투과성을 나타냄

    ㉡ 이중층의 외층(세포 외부쪽)과 내층(세포질쪽)에 각각 다른 종류의 인지질이 비대칭적으로 분포

    ㉢ 이중층 내에서 막 평면을 따라 좌우이동(측면 확산) 가능

    ㉣ 드물게 이중층의 상하층 사이에서 뒤집기(Flip-Flop)도 가능 → 비대칭 분포를 위해 인지질 전위효소(Flippase)가 작용해 빠르게 일어나기도 함

③ 유동모자이크 모델(Fluid Mosaic Model) : Singer & Nicolson, 1972

유동성 있는 인지질 이중층에 단백질이 결합되거나 파묻힌 구조

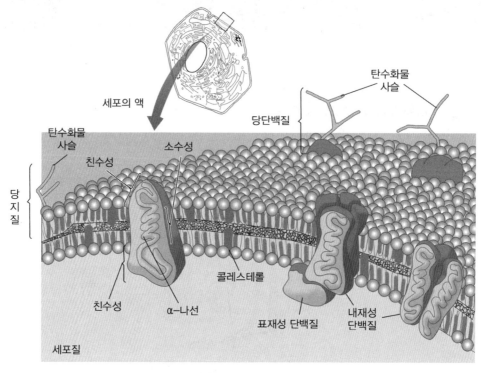

▲ 원형질막의 상세 구조

※ 원형질막 : 내부 구조물을 외부와 격리시키며, 선택적 투과성을 지녀 물질 출입을 조절할 수 있음

(2) 콜레스테롤

동물의 세포막에서 인지질 사이에 위치하며 막의 유동성을 일정하게 유지시켜 원형질막을 안정화시킴

(3) 단백질

① 원형질 막 내부의 위치에 따른 종류

㉠ 표재성 단백질(외재성, 주변부 단백질)

막의 표면에 약한 비공유 결합으로 인지질의 머리 부분이나 내재성 단백질과 부착되어 있음

㉡ 내재성 단백질

• 막에 부분적으로 파묻히거나 막을 완전히 관통(이 경우 막관통 단백질이라 부름)

• 양친매성 : 친수성 부위(막 표면으로 돌출된 부위) + 소수성 부위(막 내에서 인지질 소수성 꼬리와 닿아있는 부위)

• 막관통 단백질의 관통 부위는 α-나선이나 β-원통(Barrel) 등의 2차 구조를 나타냄

② 특 성

　　㉠ 일부 막단백질은 인지질 이중층 내에서 측면 확산 가능

　　㉡ 막에 비대칭적으로 위치

　　㉢ 당단백질의 경우 당 사슬은 세포막의 바깥쪽 표면에만 존재(원형질막의 상세 구조 그림 참조)

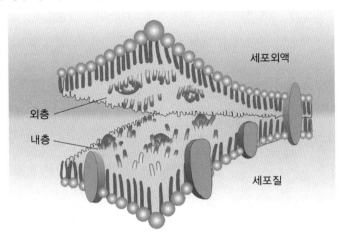

세포외액

외층

내층

세포질

▲ 원형질막 내 막단백질의 비대칭 분포

③ 기능 : 세포 간 연접(밀착연접, 데스모솜 등의 성분), 물질 수송(수송 단백질), 효소 작용, 신호 전달(수용체), 세포 인식(특정 세포 표면에만 있는 당단백질) 등 다양한 기능을 수행

(4) 당

① 수십여 개의 당으로 이루어진 사슬 구조로, 세포막 외부에서 단백질과 결합되거나(당단백질) 지질과 결합되어(당지질) 있음

② 막을 안정화시키고 세포 간 인식(당단백질 형태로)에 기여

(1) 세포막의 선택적 투과성

인지질 이중층 : 작은 소수성 분자와 기체에 대해 투과적이나, 이온과 큰 극성 분자에 대해 비투과적

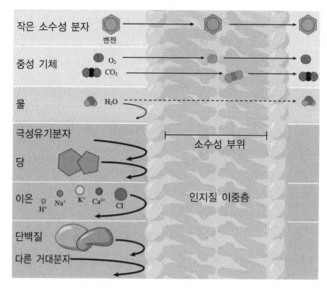

▲ 세포막의 물질 투과도

(2) 막의 수송 단백질

① 친수성 물질의 막 수송에 관여 → 각 수송 단백질이 특정 물질만 특이적으로, 단순 확산보다 빠르게 수송

② 모두 막관통 단백질임

③ 운반체(Carrier) 단백질

    ㉠ 이온이나 극성 분자가 결합하면 형태가 변환되며 이동시킴

    ㉡ 촉진 확산과 능동 수송 모두에서 사용됨

④ 통로(Channel) 단백질

    ㉠ 특정 이온 또는 극성 분자가 통과할 수 있는 통로 역할

    ㉡ 특정 조건에서 개폐가 조절되는 통로도 있음(개폐성 통로)

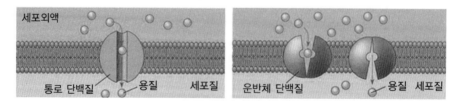

(a) 통로 단백질   (b) 운반체 단백질

▲ 통로 단백질과 운반체 단백질

(1) 수동 수송

추가적인 에너지 소모 없이 물질이 농도 기울기를 따라 고농도 부위에서 저농도 부위로 이동

① 확산(단순 확산)

　㉠ 용질 입자의 농도가 높은 곳에서 낮은 곳으로 이동하는 현상

　㉡ 작은 소수성 분자와 기체 분자들은 원형질막을 확산에 의해 투과 가능

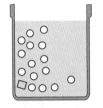
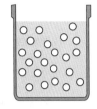

| ① 각설탕 1개를 물에 떨어뜨리면 설탕 분자는 물에 녹기 시작한다. | ② 설탕 분자들은 녹으면서 물 전체로 확산된다. | ③ 확산 결과로 설탕분자들은 물 속에 균등하게 분포된다. |

▲ 단순 확산

② 삼투(Osmosis)

　㉠ 원형질막처럼 선택적 투과성을 지닌 막을 가로질러 물 분자가 고농도에서 저농도 부위로 이동하는 확산의 특수한 형태 → 저농도 용질 부위로부터 고농도 용질 부위로 물이 이동하여, 막을 통과하지 못하는 용질의 농도가 조절됨

　㉡ 삼투압 : 선택적 투과성 막을 가로지르는 물의 확산을 유발하는 힘의 세기 → 온도, 용질 농도 및 이온화 시의 이온 개수에 비례

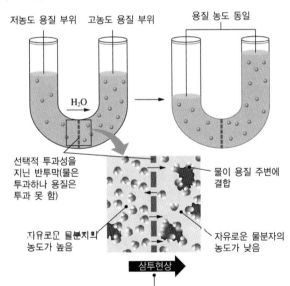

▲ 삼투현상

ⓒ 삼투압에 대한 세포의 반응

삼투용어			
용액 A의 상대적 농도	용액 B의 상대적 농도	표 현	물의 순이동 방향
크 다	작 다	A가 B에 대한 고장성, B가 A에 대한 저장성	B에서 A로
작 다	크 다	B가 A에 대한 고장성, A가 B에 대한 저장성	A에서 B로
같 다	같 다	A와 B는 서로 등장성	순이동 없음

(a) **동물세포** : 삼투에 의한 물의 흡수와 배출을 조절할 수 있는 특수한 적응이 없는 한, 등장성 환경에서 가장 정상 상태

(b) **식물세포** : 탄력성 있는 세포벽이 후방 압력을 형성하여 물의 흡수가 평형에 도달하는 저장성 환경에서 대체로 가장 팽만하고 단단하여 건강한 상태

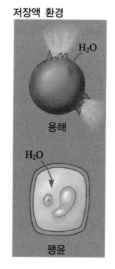
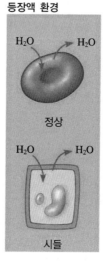
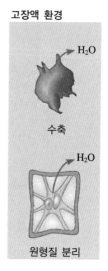

▲ 삼투압에 대한 세포의 반응

③ 촉진 확산(Facilitated Diffusion)

ⓐ 막에 존재하는 수송 단백질의 도움을 받아 용질이 확산됨

ⓑ 단순 확산보다 속도가 빠르고, 세포막에 비투과적인 친수성 용질을 이동시키며, 용질 종류에 따라 선택적인 수송 가능

ⓒ 통로(채널) 단백질 : 용질 수송 중 구조의 변화 없이 특정 분자, 이온의 확산 통로로 작용

• 비개폐성 통로 : 늘 열린 상태의 통로

　예 늘열린(Leak) K^+ 통로, 아쿠아포린(Aquaporin, 물 수송 통로)

• 개폐성 통로

　– 특정 전압, 특정 화학물질 결합, 기계적 자극 등에 의해 개폐됨

　– 열린 상태에서는 농도 기울기를 따라 용질이 이동

　예 전압-개폐성 Na^+ 통로, 아세틸콜린-개폐성 양이온 통로(아세틸콜린 수용체)

ⓔ 운반체 단백질 : 용질 수송 시 구조가 변화됨

　예 포도당 운반체(Glucose Transporter ; GLUT)

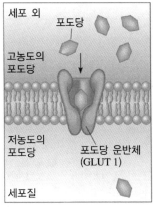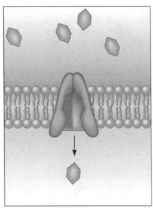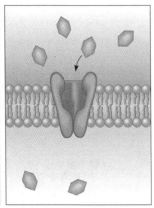

❶ 포도당이 GLUT 1에 결합한다.　❷ GLUT 1은 구조 변화가 일어나고　❸ GLUT 1은 원래의 형태로 회복
　　　　　　　　　　　　　　　　　　포도당은 세포 안으로 들어온다.　　　된다.

▲ 포도당의 촉진확산

(2) **능동 수송(Active Transport)**

① 에너지를 사용하여 저농도 용질 부위에서 고농도 부위로 용질을 이동시키는 수송 방식

② 운반체 단백질만 이용됨

③ 1차(Primary) 능동 수송 : 직접 ATP 에너지를 소모하며 농도 기울기(농도 구배)를 역행하여 물질을 수송

　예 동물 세포 막의 Na^+-K^+(소듐-포타슘) 펌프 : 막 전위(Membrane Potential) 형성
　　식물 세포 막의 H^+(양성자) 펌프 : 세포막을 경계로 H^+의 농도 기울기 형성

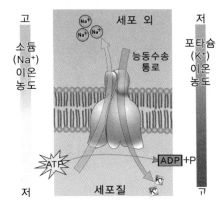

(a) **소듐-포타슘 펌프** ATP 한 분자를 사용하며 소듐 이온
3개를 세포 밖으로, 포타슘 이온 2개를 세포 내로 수송

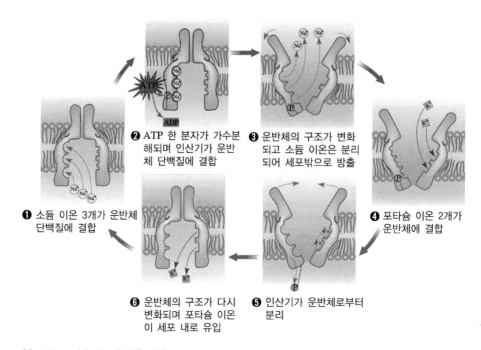

❷ ATP 한 분자가 가수분
해되며 인산기가 운반
체 단백질에 결합

❸ 운반체의 구조가 변화
되고 소듐 이온은 분리
되어 세포밖으로 방출

❶ 소듐 이온 3개가 운반체
단백질에 결합

❹ 포타슘 이온 2개가
운반체에 결합

❻ 운반체의 구조가 다시
변화되며 포타슘 이온
이 세포 내로 유입

❺ 인산기가 운반체로부터
분리

(b) 소듐-포타슘 펌프의 작용 기작

▲ Na$^+$-K$^+$ 펌프

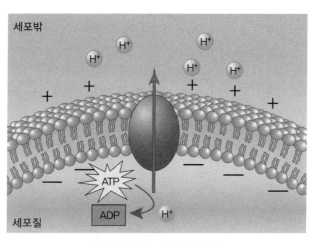

세포밖

세포질

▲ 식물 세포막의 양성자(H$^+$) 펌프

④ 2차(Secondary) 능동 수송(공동수송, Cotransport)

1차 능동 수송에 의해 형성된 이온 농도 기울기를 소모하며 다른 용질을 농도 구배에 역행하여 고농도 부위로 수송하는 과정

예 동물 소장 상피세포 막의 Na^+-포도당 공동수송체(동일방향수송체, Symporter) : 소화 시 Na^+-K^+ 펌프가 형성시켜 놓은(→ 1차 능동 수송) Na^+의 농도 구배를 이용하여 포도당을 저농도 부위에서 고농도 부위로 수송하며 흡수

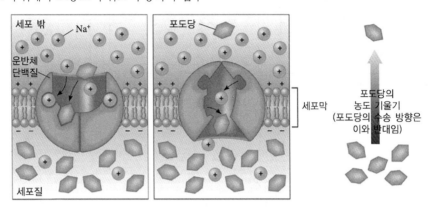

❶ 포도당과 소듐 이온이 운반체 단백질에 결합 ❷ 운반체의 구조가 변화되고 소듐 이온과 포도당이 세포 내로 유입

▲ 포도당과 Na^+의 공동수송

04 집단수송(세포 외 배출작용과 세포 내 섭취작용)

(1) 집단수송

에너지를 사용하여 먹이 입자나 병원체 등을 삼키거나 단백질 등의 고분자를 대량 수송

(2) 세포 외 배출작용(Exocytosis)

분비 소낭이 세포막과 융합하여 안에 있던 물질들을 세포 밖으로 분비, 배출

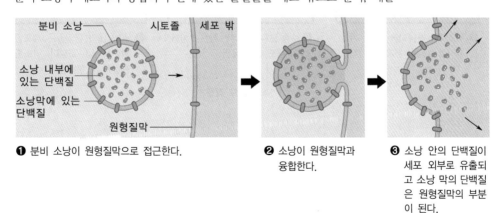

❶ 분비 소낭이 원형질막으로 접근한다. ❷ 소낭이 원형질막과 융합한다. ❸ 소낭 안의 단백질이 세포 외부로 유출되고 소낭 막의 단백질은 원형질막의 부분이 된다.

▲ 세포 외 배출작용

(2) 세포 내 섭취작용(Endocytosis)

① 식세포 작용(Phagocytosis) : 크기가 큰 고형 입자를 유입시키는 과정으로, 형성된 식포는 1차 리
  소좀과 융합하여 2차 리소좀을 형성하고 내부의 가수분해효소들의 작용으로 입자가 분해됨
  [예] 백혈구의 식균작용, 아메바 등 단세포 원생동물의 먹이 섭취

❶ 세포막이 변형되며 입자 주변을 둘러쌈

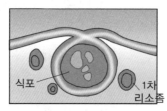

❷ 식포가 형성되면 세포막에서 분리되어 세포 내부로 유입

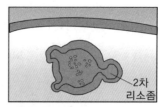

❸ 식포가 1차 리소좀과 융합되어 형성된 2차 리소좀 내부에서 가수분해효소들의 작용으로 입자 분해

▲ 식세포 작용

② 음세포 작용(Pinocytosis)

  ㉠ 식세포 작용보다 작은 용해성 물질을 세포 내로 유입하는 과정
  ㉡ 식포보다 작은 크기의 소낭이 형성됨
    [예] 모세혈관 벽 내피세포의 혈장단백질 흡수 과정

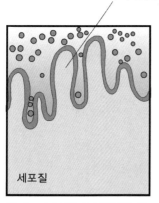

❶ 세포막이 변형되어 형성된 주름 사이에 수송할 분자들이 갇힘

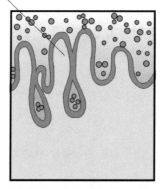

❷ 수송 분자를 둘러싼 작은 소낭들이 세포 내로 유입

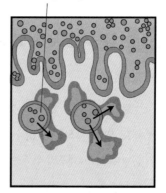

❸ 소낭 내의 물질들은 세포질로 확산되거나 소낭이 리소좀과 융합된 후 분해됨

▲ 음세포 작용

06 | 세포의 소통

01 세포 신호 전달

(1) 개 요

① 세포들 사이에서 신호가 전달되어 표적 세포에서 특정 반응을 유발하는 기작

② **신호의 종류** : 전기, 화학 및 물리적 신호

③ **표적 세포** : 신호를 받아들이는 세포

④ **신호 전달(Signal Transduction)** : 세포 내부에서 여러 신호 매개(중계) 물질들이 세포 외부로부터 온 신호의 형태를 전환하여 특정 세포 반응이 일어나도록 유발하는 일련의 다단계 과정

(2) 신호 전달의 종류

① 세포 간 직접 접촉

ㄱ 세포 연접을 통한 신호의 전달 : 간극연접(동물) 또는 원형질연락사(식물)를 통해서 인접 세포 간 세포질로 신호 물질 전달

ㄴ 세포-세포 인식 : 세포 표면 물질 간 결합에 의한 신호 전달

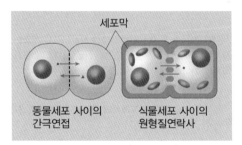

(a) **세포연접** : 동물과 식물 모두 세포연접에 의해 세포막을 통과하지 않고도 이웃한 세포 사이에 물질의 이동이 자유롭게 일어날 수 있다.

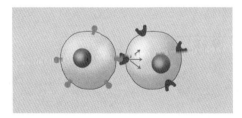

(b) **세포-세포 인식** : 두 동물세포는 세포 표면에 돌출된 물질들 사이의 상호 작용에 의해 신호를 전달할 수 있다.

▲ 세포 간 직접 접촉에 의한 신호전달

② 근거리 신호 전달
  ㉠ 국소 신호 전달 : 국소 조절자가 세포외액(세포사이액)으로 분비되어 근거리에 위치한 표적 세포들에게 작용(측분비 신호 전달)하거나 분비 세포 자체에 작용(자가분비 신호 전달)
    예 성장 인자(세포분열 촉진 신호), 히스타민(염증 매개물질) 등의 신호 전달
  ㉡ 시냅스 신호전달
    • 동물의 신경계에서 일어나는 신호 전달
    • 시냅스 : 신경 세포(뉴런)와 표적 세포(다른 뉴런이나 근육 세포, 분비샘 세포) 사이의 연결부
    • 뉴런에서 신경전달물질 신호를 방출하면, 이것이 시냅스 틈으로 확산되어 표적 세포에 작용
③ 원거리 신호 전달
  ㉠ 내분비 신호 전달
  ㉡ 내분비선(내분비샘)에서 분비된 화학 신호 물질인 호르몬이 혈관으로 유입되어 혈류를 타고 온몸을 돌며 표적 세포에 작용

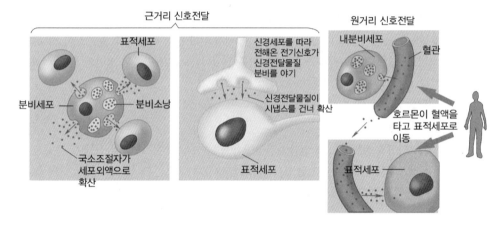

(a) **국소신호전달** : 분비세포는 국소 조절자(예 성장인자 등)를 세포 외액에 방출하여 가까이에 있는 표적세포에 작용

(b) **시냅스 신호전달** : 신경세포는 신경전달물질을 시냅스에 방출하여 표적세포를 자극

(c) **호르몬 신호전달** : 특수화된 내분비세포는 호르몬을 혈액 등의 체액에 분비

▲ **동물 세포에서의 근거리 및 원거리 신호전달**

(3) 신호전달의 세 단계

표적 세포에서 수용 → 전달 → 반응의 과정을 거침

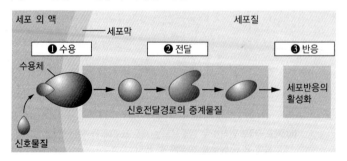

▲ **신호전달의 개요**

① 신호의 수용

　㉠ 신호 분자는 표적 세포에만 영향을 미침 → 수용체와의 특이적 결합 능력 이용

　㉡ 수용체 : 신호 물질과 결합하는 큰 단백질 분자 → 세포 표면 수용체 또는 세포 내 수용체 타입으로 나뉨

　㉢ 리간드(Ligand) : 수용체와 특이적으로 결합하는 물질로, 신호 물질이 리간드이며 수용체와 결합하면 수용체의 구조가 변화되며 활성화됨

　㉣ 세포의 종류에 따라 보유하는 수용체의 종류가 다르며, 하나의 세포에 여러 종류의 수용체가 존재하여 여러 신호 전달 경로의 복합적 상호작용에 의해 특정 세포 반응이 유발됨

② 세포 표면 수용체

　㉠ 표적 세포의 세포막에 위치하는 막관통 단백질

　㉡ 아미노산, 펩티드, 단백질처럼 세포막을 투과할 수 없는 친수성 신호 물질이 결합

　㉢ 핵 내에서 유전자 발현의 조절이나 세포질에서 특정 대사 반응 유발, 세포 분열 촉진 등의 다양한 세포 반응이 유발됨

③ 세포 내 수용체

　㉠ 표적 세포의 세포질이나 핵 내에 위치

　㉡ 신호 분자인 리간드들은 대부분 크기가 작은 소수성 분자임

　　예 스테로이드 호르몬, 갑상선 호르몬, 일산화질소(NO) 등

　㉢ 리간드와 수용체가 결합하여 형성된 복합체는 대부분 핵 내에서 유전자 발현을 조절하는 전사인자(Transcription Factor) 역할을 함

a. 세포 표면 수용체

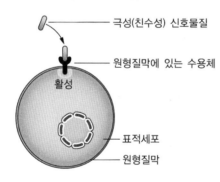

친수성 신호 물질은 세포막을 통과하지 못하므로 세포막에 있는 수용체에 결합

b. 세포 내 수용체

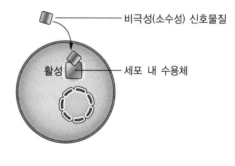

소수성 신호 물질은 세포막을 통과하여 세포질이나 핵 내에 있는 수용체에 결합

▲ 세포 표면과 세포 내에 위치한 수용체

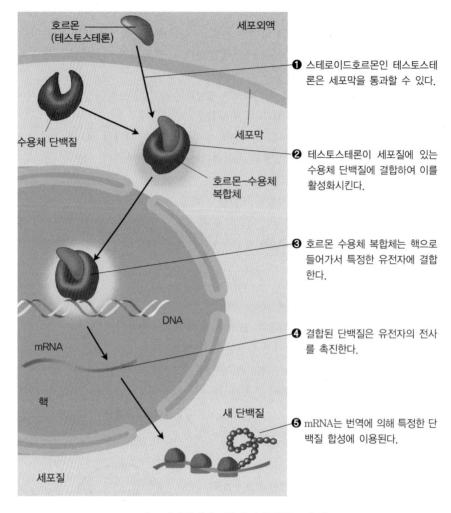

❶ 스테로이드호르몬인 테스토스테론은 세포막을 통과할 수 있다.

❷ 테스토스테론이 세포질에 있는 수용체 단백질에 결합하여 이를 활성화시킨다.

❸ 호르몬 수용체 복합체는 핵으로 들어가서 특정한 유전자에 결합한다.

❹ 결합된 단백질은 유전자의 전사를 촉진한다.

❺ mRNA는 번역에 의해 특정한 단백질 합성에 이용된다.

▲ 세포 내 수용체에 의한 유전자 발현 조절 예

(4) 신호 전달

① 세포막 수용체의 신호 전달은 다단계로 이루어짐

② 막 수용체의 활성화 → 다수의 신호 전달 분자 A의 활성화 → 다수의 신호 전달 분자 B의 활성화 → … → 세포 반응

 ㉠ 장점 : 여러 단계를 거치는 동안 신호가 증폭되어 소량의 신호 물질에 의해서도 반응이 유발될 수 있으며, 각 단계마다 조절이 가능하므로 조절 기회가 많아짐

 ㉡ 여러 단백질에 인산기가 첨가(인산화효소 이용) 또는 제거(탈인산화효소 이용)되면서 활성화되는 과정

 ㉢ 세포질에서 전달자 역할을 하는 작은 분자나 이온 등(2차 전령, Second Messenger)의 생성 또는 방출 과정을 이용

③ 단백질의 인산화 및 탈인산화 : 많은 단백질은 인산화 및 탈인산화에 의해 활성이 조절됨
　㉠ 단백질 인산화효소(키나아제 ; 카이네이스)
　　• ATP에서 인산기를 떼어 자신이나 다른 단백질로 옮겨주는 효소
　　• 많은 신호 전달 분자들은 단백질 인산화효소로서, 신호 전달 경로의 다른 인산화효소를 인산
　　　화시킴 → 인산화효소 연쇄반응
　㉡ 단백질 탈인산화효소
　　• 단백질에서 인산기를 제거하는 효소
　　• 인산화에 의해 활성화된 단백질은 탈인산화에 의해 불활성화됨
④ 2차 전령(2차 전달자)
　㉠ 세포의 내부 신호 전달에서 역할을 하는 비단백질성 작은 분자 또는 이온
　㉡ 작은 수용성 물질들로서, 1차 전달자(리간드)의 신호를 세포 내에서 확산시킴
　　예 cAMP(고리형 AMP), Ca^{2+} 이온, IP_3(이노시톨 3인산) 등
　㉢ cAMP, Ca^{2+}은 주로 특정 단백질 인산화효소들을 활성화시키며, IP_3는 소포체로부터 Ca^{2+}의
　　방출을 유발

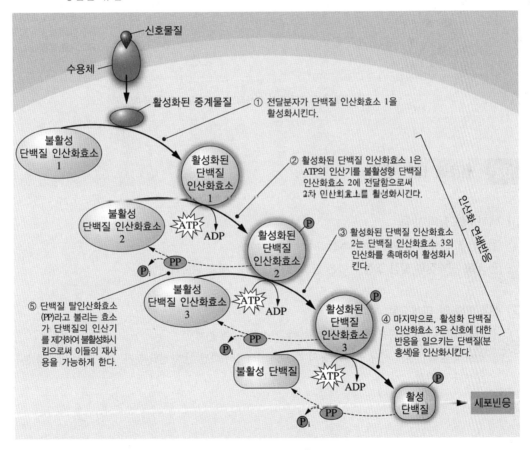

▲ 인산화 연쇄 반응

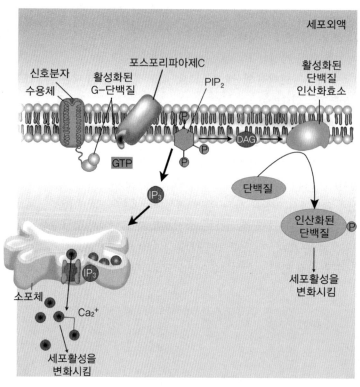

<table>
<tbody>
<tr><td>❶</td><td>신호분자가 G 단백질–연결 수용체에 결합하여 G 단백질을 활성화시킨다.</td></tr>
</tbody>
</table>

❶ 신호분자가 G 단백질–연결 수용체에 결합하여 G 단백질을 활성화시킨다.

❷ 신호분자–수용체 복합체가 포스포리파아제 C를 활성화시킨다.

❸ 포스포리파아제는 PIP_2를 분해하여 DAG와 IP_3를 생성한다.

❹ DAG가 2차 전달자로 작용하여 단백질 인산화효소 C를 활성화시킨다.

❺ IP_3는 소포체 표면의 칼슘채널에 결합한다. 세포질로 칼슘이 방출되고 2차 전달자로 작용한다.

▲ 신호 전달 과정에서 사용되는 2차 전달자의 작용 예

---

02 신호에 대한 반응

(1) 핵과 세포질의 반응

① 핵 내 특정 유전자의 발현 촉진 또는 억제

② 세포 단백질의 활성 조절 : 이온 통로의 개폐 또는 세포 대사의 변화

(2) 신호 반응의 미세조절

① 세포 반응이 유발되기 전에 조절 가능한 지점이 다수 존재

② **신호의 증폭** : 신호 전달 연쇄 반응의 각 단계에서 활성화된 신호 전달 분자 수는 이전 단계의 분자 수보다 증가됨

07 | 물질대사와 효소

01 에너지와 물질대사

(1) 물질대사(Metabolism)

① 동화작용(Catabolism) : 작은 분자들로부터 큰 분자를 합성하는 반응경로. 에너지 유입 필요

② 이화작용(Anabolism) : 큰 분자가 작은 분자들로 분해되는 반응경로. 에너지 방출

(2) 자유에너지(Free Energy ; G)

① 엔탈피(Enthalpy ; H) : 계의 총 포텐셜 에너지

② 자유에너지 : 일을 할 수 있는 유용한 에너지의 양

$$H = G + TS$$
H : 엔탈피, G : 자유에너지, T : 절대온도, S : 엔트로피

㉠ 화학 반응의 전과 후를 비교할 때

$$\triangle G = G_{생성물} - G_{반응물}$$

㉡ 자유에너지 감소 반응($\triangle G < 0$) : 발열 반응, 자발적 반응

㉢ 자유에너지 증가 반응($\triangle G > 0$) : 흡열 반응, 비자발적 반응

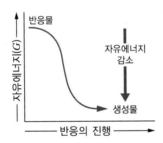 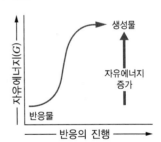

(a) **자유에너지 감소 반응**에는 자유에너지의 순 손실 (Net Loss)이 있다. 생성물은 반응물에 있던 것보다 적은 자유에너지를 가지게 되고, 이 반응은 지발적으로 진행된다.

(b) **자유에너지 증가 반응**에는 자유에너지의 순 증가(Net Gain)가 있다. 생성물은 반응물에 있던 것보다 많은 자유에너지를 갖게 된다.

▲ 자유에너지 감소 반응과 자유에너지 증가 반응

㉣ 에너지 짝물림(Energy Coupling) : 세포는 발열 반응의 에너지를 흡열 반응에 사용 → ATP가 에너지 전달자로 사용됨

02 ATP(세포의 에너지 화폐)

(1) ATP의 구조와 가수분해

    ① ATP(Adenosine Triphosphate) : 아데닌 + 리보오스 + 3개의 인산

    ② ATP의 가수분해 : $\Delta G = -7 \sim -12 kcal/mol$ → 발열 반응

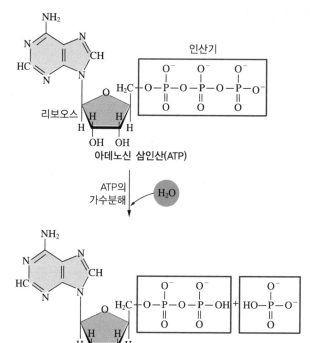

▲ ATP의 구조와 가수분해 반응

(2) 기타 고에너지 인산 결합 화합물

    ATP, ADP, GTP, GDP, CTP, CDP, UTP, UDP, PEP, 크레아틴 인산 등

03 산화 · 환원 반응에서의 에너지 전달

(1) 에너지 전달

    에너지는 전자에 의해서도 전달 가능

(2) 산화 · 환원 반응

① **산화**(Oxidation) : 전자, 수소를 잃는 반응, 산소를 얻는 반응($\triangle G < 0$)

② **환원**(Reduction) : 전자, 수소를 얻는 반응, 산소를 잃는 반응($\triangle G > 0$)

→ 산화 시 떨어져 나온 전자와 수소는 전자전달자(수소 전달자)를 통해 다른 산화 · 환원 반응에 사용됨

(3) 전자전달자(각각 분자당 2개의 전자를 운반)

① NAD^+(Nicotinamide Adenine Dinucleotide)

$$XH_2 + NAD^+ \rightarrow X + NADH + H^+$$

㉠ NADH는 다른 분자를 환원시킬 수 있음 : 환원제로 작용

㉡ 주로 세포호흡 과정에서 ATP 합성에 사용됨

② FAD(Flavin Adenine Dinucleotide) : 주로 세포호흡 과정에서 ATP 합성에 사용됨

$$XH_2 + FAD \rightarrow X + FADH_2$$

③ $NADP^+$(Nicotinamide Adenine Dinucleotide Phosphate) : 주로 광합성 등의 과정에서 유기물의 생합성에 사용됨

$$XH_2 + NADP^+ \rightarrow X + NADPH + H^+$$

04 효소(Enzyme)

(1) 효 소

자신은 소모되지 않으면서 화학 반응의 속도를 증가시키는 생체 촉매

(2) 효소의 구성

① **단순 단백질 효소** : 단백질로만 구성됨

② **복합 단백질 효소**(Holoenzyme ; **전효소**)

단백질(주효소) + 비단백질 성분(보조인자, Cofactor)

③ **보조인자의 종류**

㉠ 금속 보조인자

- Mg^{2+}, Ca^{2+}, Fe^{2+}, Cu^{2+}, Zn^{2+} 등의 금속이온
- 반응 중 발생하는 음전하를 안정화시키거나, 효소와 기질 사이의 다리 역할을 함

㉡ 조효소(Coenzyme)

- 비타민 및 그 유도체와 같은 유기화합물
- NAD^+, $NADP^+$, FAD, coenzyme A, 비오틴(Biotin), Vit C
- 특정 원자단 또는 전자의 운반체 역할
- 보결분자단(Prosthetic Group ; 보결족, 보결원자단) : 주효소의 활성부위에 공유 결합된 조효소

(3) 효소의 특성

① 활성화 에너지와 효소
  ㉠ 활성화 에너지(Activation Energy ; E_A) : 화학 반응이 일어나기 위해 필요한 에너지 장벽
  ㉡ 효소는 E_A를 낮추어 반응속도를 증가시킴

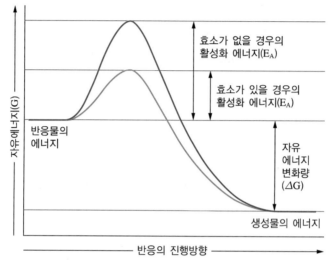

▲ 활성화 에너지와 효소

② 효소 반응
  ㉠ 기질 : 효소가 작용하는 특정 반응물
  ㉡ 활성부위(Active Site) : 기질과 결합하는 효소 내 특정 부위
  ㉢ 기질 특이성 : 각 효소는 특정 기질과만 결합
  ㉣ 유도적합 모델 : 특이성을 지닌 기질이 활성부위에 결합하면 활성부위의 구조가 변화하여 더 잘 맞게 됨

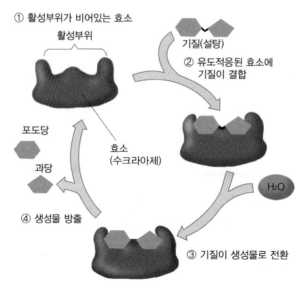

▲ 효소 주기와 유도 적합

③ 효소 활성에 영향을 주는 요인들(단백질 변성 요인)

㉠ 온 도

㉡ pH

㉢ 염 농도

→ 각각의 최적 조건에서 최적 활성을 나타냄

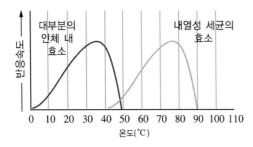 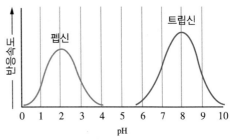

(a) 효소 활성에 대한 온도의 영향을 나타내는 전형적인 곡선. 온도가 올라가면 효소활성은 최적온도에 이를 때까지 증가한다. 최적온도를 넘어서게 되면 단백질인 효소가 변성되기 때문에 효소활성은 급격히 떨어진다.

(b) 효소 활성은 pH에 매우 민감하다. 펩신은 강산성인 위액 속에서 단백질을 소화하는 효소이다. 이자에서 약염기성인 소장으로 분비되는 트립신은 폴리펩티드를 소화한다.

▲ 효소 활성에 대한 온도와 pH의 영향

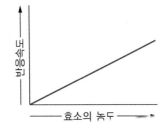 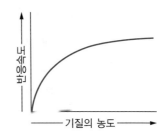

(a) 이 실험에서 반응속도는 과량의 기질이 늘 존재하는 상태에서 효소 농도를 달리하여 측정하였다(온도와 pH는 일정한 수준으로 유지시켰다). 반응속도는 효소농도에 비례한다.

(b) 이 실험에서 반응속도는 효소 농도, 온도, pH가 일정한 상태에서 기질 농도를 달리하여 측정하였다. 기질의 농도가 상대적으로 낮을 경우 반응속도는 기질의 농도에 비례한다. 그러나 더 높은 기질 농도에서는 효소분자가 기질로 포화되기 때문에 반응속도가 증가하지 않는다.

▲ 반응속도에 대한 효소 농도와 기질 농도의 영향

(4) 효소 활성의 조절

① 되먹임(피드백) 조절

　㉠ 대사 반응은 대부분 다단계로 일어남

　㉡ 음성 되먹임(음성 피드백 ; 되먹임 억제) : 대사 반응의 최종 생성물이 초기 단계 효소의 활성을
　　저해해 결국 최종 생성물의 생성이 감소하게 되는 과정 → 불필요한 에너지 및 자원 낭비를 막음

　㉢ 양성 되먹임(양성 피드백) : 대사 반응의 최종 생성물이 초기 단계의 효소 활성을 촉진 → 단시
　　간 내에 최종 생성물의 빠른 증가가 일어남

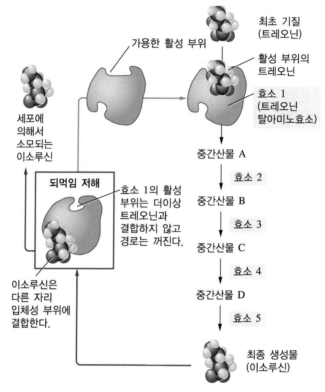

▲ 다단계 대사 반응에서 되먹임 조절의 예

② 다른자리입체성 조절(알로스테릭 조절)

　㉠ 알로스테릭 효소

　　• 다른자리입체성 조절 부위를 지녀, 이 부위에 다른자리입체성 조절자가 결합 가능

　　• 결합 시 효소의 입체구조가 변화해 활성에 영향 미침

　　• 보통 여러 개의 소단위로 구성되며, 기질 결합이 협동성(Cooperativity)을 나타냄 : 한 활성
　　　부위에 기질이 결합할 때마다 효소 구조가 바뀌어서 활성이 증가

ⓒ 다른자리입체성 조절자
- 다른자리입체성 저해제 : 효소에 결합 시 효소를 불활성화시킴
- 다른자리입체성 촉진제 : 효소에 결합 시 효소를 활성화시킴

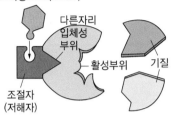
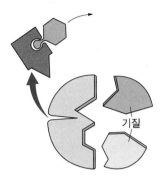
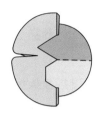

(a) **효소의 불활성형** : 단백질인산화효소는 이 효소의 다른자리입체성 부위(Allosteric site)에 가역적으로 결합하는 조절 단백질에 의해 저해된다. 효소가 이와 같이 불활성형태를 하고 있을 때는 활성부위의 모양이 변해서 기질이 효소에 결합할 수 있다.

(b) **효소의 활성형** : 고리형 AMP(cAMP)가 다른자리입체성 저해제를 제거하여 효소를 활성화시킨다.

(c) **효소-기질 복합체** : 그 다음 기질이 효소의 활성부위에 결합할 수 있다.

▲ 다른자리입체성 효소 : 다른자리입체성 저해제 작용의 예

③ 효소 반응의 저해
　㉠ 가역적 저해 : 저해제가 효소와 비공유 결합을 형성
- 경쟁적 저해제 : 기질과 구조가 유사해 활성 부위에 기질과 경쟁적으로 결합해 효소 활성을 저해
- 비경쟁적 저해제 : 효소나 효소-기질 복합체의 활성 부위가 아닌 다른 효소 부위에 결합하여 구조 변화를 유발해 생성물의 생성을 저해 → 다른자리입체성 저해가 비경쟁적 저해의 한 예임
　㉡ 비가역적 저해
- 주로 효소의 활성 부위에 공유 결합을 형성하여 저해
- 독극물, 약물
　예 청산가리(세포 호흡 과정의 전자전달계 내 효소를 저해), 사린 가스(아세틸콜린 분해효소를 저해), 페니실린(세균 세포벽 합성 과정의 효소를 저해), 아스피린(염증매개물질 생성 효소를 저해)

08 | 세포 호흡

01 세포 호흡의 개요

(1) 세포 호흡과 산화·환원 반응(Redox Reaction)

① 포도당의 호기성 호흡(산소 호흡)

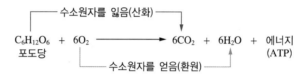

$$C_6H_{12}O_6 \ + \ 6O_2 \ \longrightarrow \ 6CO_2 \ + \ 6H_2O \ + \ \text{에너지}$$
포도당 ────────────────── (ATP)

(수소원자를 잃음(산화) / 수소원자를 얻음(환원))

② 세포 호흡의 전자전달자 : 산화·환원 반응에서 전자를 운반

ⓐ NAD⁺(Nicotinamide Adenine Dinucleotide)

ⓑ FAD(Flavin Adenine Dinucleotide)

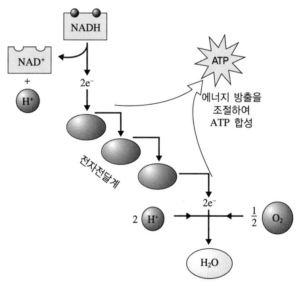

▲ 세포 호흡에서의 전자전달과 ATP 합성의 연계

(2) ATP 생성 기작

① **기질-수준 인산화** : 효소가 다른 유기물의 인산기를 ADP로 전달하여 ATP를 생성시킴

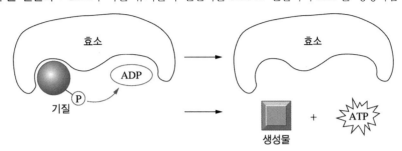

② **화학삼투적 인산화** : 전자전달계를 거치면서 방출된 전자의 위치에너지에 의해 생성된 H^+ 농도 기울기(양성자 구동력)를 이용하여 ATP 합성효소에 의해 ATP가 생성됨

  ㉠ 산화적 인산화 : 세포 호흡 과정에서 유기물의 산화 시 방출되는 전자의 위치 에너지를 이용하여 미토콘드리아 내막의 전자전달계와 ATP 합성효소에 의해 일어나는 ATP 합성

  ㉡ 광인산화 : 광합성 과정에서 빛 에너지를 흡수한 고에너지 전자를 이용하여 엽록체 틸라코이드 막의 전자전달계와 ATP 합성효소에 의해 일어나는 ATP 합성

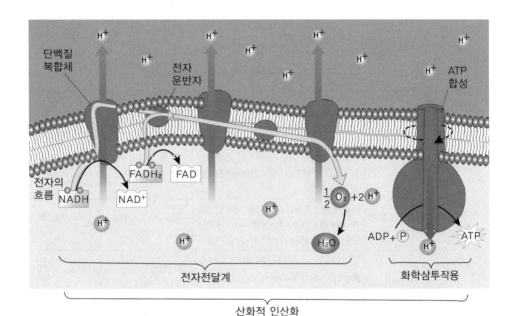

▲ 화학삼투적 인산화 : 세포 호흡에서의 산화적 인산화

(1) 호기성 호흡의 4단계

① 해당과정 : 포도당의 부분적 대사

② 아세틸 CoA의 생성

③ 시트르산 회로 : 아세틸 CoA의 완전 산화

④ 전자전달과 화학삼투적 인산화 : 전자전달과정 중 방출된 에너지로부터 ATP 생성

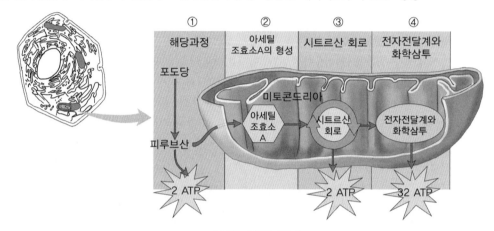

▲ 호기성 호흡의 4단계

호기성 호흡의 요약			
단 계	요 약	초기 반응물	최종 산물
1. 해당(세포질에서)	포도당이 피루브산으로 되는 일련이 반응과정. 2개의 ATP 순생산, 수소원자는 운반체로 전달된다. 염기성 호흡으로 진행될 수 있다.	포도당, ATP, NAD$^+$, ADP, P$_i$	Pyruvate, ATP, NADH
2. 아세틸조효소A의 형성 (미토콘드리아에서)	피루브산이 분해되고 조효소 A와 결합하여 아세틸조효소A를 형성. 수소원자는 운반체로 전달된다. CO$_2$가 방출된다.	피루브산, 조효소A, NAD$^+$	아세틸조효소A, CO$_2$, NADH
3. 시트르산 회로 (미토콘드리아에서)	아세틸조효소A의 아세틸 부분이 CO$_2$로 분해되는 일련의 반응과정. 수소원자는 운반체로 전달된다. ATP가 합성된다.	아세틸조효소A, H$_2$O, NAD$^+$, FAD, ADP, P$_i$	CO$_2$, NADH, FADH$_2$, ATP
4. 전자전달과 화학삼투 (미토콘드리아에서)	몇 개의 전자운반 분자로 구성된 사슬. 전자는 사슬을 따라 이동한다. 방출되는 에너지는 양성자 농도 구배를 만드는 데 사용된다. 양성자가 농도 구배를 따라 확산되면서 ATP가 합성된다. 산소는 최종 전자수용체이다.	NADH, FADH$_2$, O$_2$, ADP, P$_i$	ATP, H$_2$O, NAD$^+$, FAD

(2) 해당 과정

① 세포질에서 일어남

② 포도당 한 분자로부터의 생성물 : 2피루브산, 2ATP, 2NADH

③ ATP는 기질수준 인산화로 생성됨

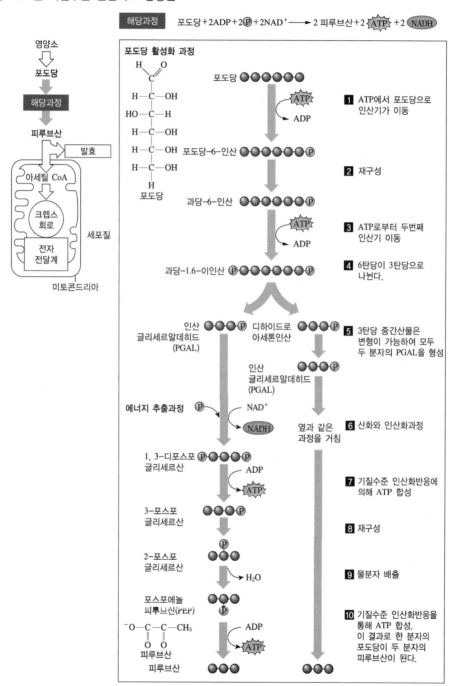

▲ 해당과정의 두 단계

(3) 아세틸 CoA 생성과정

① 피루브산의 산화

② 호기적 조건에서 피루브산은 수송체에 의해 미토콘드리아 기질로 운반된 후 반응성이 높은 상태인 아세틸 CoA로 전환됨

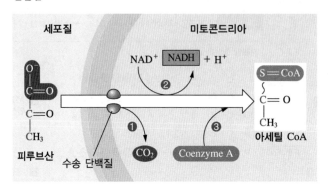

▲ 피루브산의 아세틸 CoA로의 전환

(4) 시트르산 회로(크렙스 회로, TCA 회로)

① 미토콘드리아 기질에서 일어남

② 아세틸 CoA가 CO_2로 완전히 산화되는 과정

③ **다량의 에너지가 추출됨** : 고에너지 전자형태로 NADH와 $FADH_2$에 운반, 저장됨

④ 기질수준인산화에 의해 ATP(포도당 1분자당 2분자)도 생성

⑤ 포도당 1분자에 의해 형성된 2분자의 아세틸 CoA로부터 총 2ATP, 6NADH, $2FADH_2$가 생성됨

⑥ 단식이 지속되는 경우 체내의 지방이 이용되면서 과량의 지방산이 분해되면 아세틸-CoA가 간에서 충분히 산화되지 못하고 축적되어 혈액과 소변에 케톤체(아세토아세트산, β-히드록시부티르산 등)의 농도가 증가 → 심하면 혈액의 pH가 산성화되는 산독증(Cidosis)이 유발될 수 있으나 뇌 등의 주요 기관에서 ATP 생성에 이용되기도 함

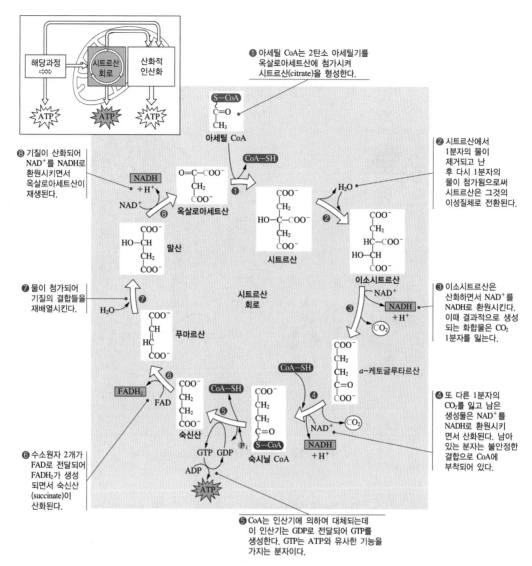

❶ 아세틸 CoA는 2탄소 아세틸기를 옥살로아세트산에 첨가시켜 시트르산(citrate)을 형성한다.

❽ 기질이 산화되어 NAD⁺를 NADH로 환원시키면서 옥살로아세트산이 재생된다.

❷ 시트르산에서 1분자의 물이 제거되고 난 후 다시 1분자의 물이 첨가됨으로써 시트르산은 그것의 이성질체로 전환된다.

❸ 이소시트르산은 산화하면서 NAD⁺를 NADH로 환원시킨다. 이때 결과적으로 생성되는 화합물은 CO_2 1분자를 잃는다.

❼ 물이 첨가되어 기질의 결합들을 재배열시킨다.

❹ 또 다른 1분자의 CO_2를 잃고 남은 생성물은 NAD⁺를 NADH로 환원시키면서 산화된다. 남아 있는 분자는 불안정한 결합으로 CoA에 부착되어 있다.

❻ 수소원자 2개가 FAD로 전달되어 FADH₂가 생성되면서 숙신산(succinate)이 산화된다.

❺ CoA는 인산기에 의하여 대체되는데 이 인산기는 GDP로 전달되어 GTP를 생성한다. GTP는 ATP와 유사한 기능을 가지는 분자이다.

▲ 시트르산 회로의 상세도

(5) 전자전달계와 화학삼투적 인산화

① **미토콘드리아 내막** : 전자전달계와 ATP 합성효소가 존재

② **전자전달계**(Electrontransport System ; ETS)

    ㉠ 단백질 복합체 형태의 전자운반체들이 존재 : 복합체 Ⅰ, Ⅱ, Ⅲ & Ⅳ

    ㉡ NADH, FADH₂의 고에너지 전자가 전자 운반체들에게 순차적으로 건네지며 최종적으로 O_2에게 전달되는 과정 중 전자의 위치 에너지가 감소

    ㉢ 감소된 전자의 위치에너지는 H⁺을 막사이공간(막간공간)으로 퍼내는 데 사용됨 : 양성자 구동력 형성

    ㉣ 양성자 구동력을 이용해 ATP 합성효소가 ATP를 생성

③ 화학삼투적 인산화

㉠ ATP 합성효소가 전자전달계로부터 형성된 H^+ 농도구배를 이용하여 ATP 생성

㉡ ATP 합성효소(ATP synthase) : 양성자가 농도 기울기를 이용해 회전자(Rotor) 부위의 양성자 통로로 유입되면서 회전자를 회전시키면 촉매 부위가 활성화되어 ADP와 P_i로부터 ATP를 생성

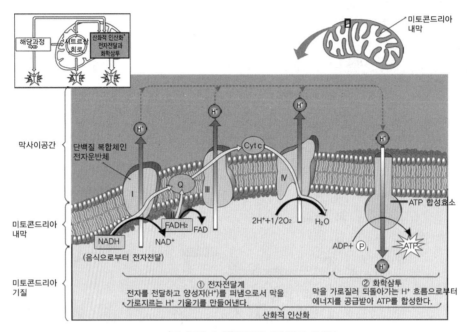

▲ 전자전달과 화학삼투적 인산화의 상세도

❶ 기울기에 따라서 흐르는 H^+ 이온들은 고정자(Stator)의 반쪽 채널(Half Channel)에 들어간다. 이때 고정자는 막에 부착되어 있다.

❷ H^+ 이온들은 회전자(Rotor) 안에 있는 결합 부위에 들어간다. 이때 각각 회전자 소단위들의 구조가 변화되어 막에서 회전자가 회전하게 된다.

❸ 각각의 H^+ 이온은 회전자를 한 바퀴 회전시킨 후 회전자에서 떨어져 나온다. 이때 H^+ 이온은 미토콘드리아 기질 쪽으로 향하고 있는 고정자의 반쪽 채널을 통과한다.

❹ 회전자의 회전은 축(Rod)을 회전하도록 한다. 이러한 막대기는 회전자 아래의 마디(Knob)까지 줄기와 같이 뻗어 있다. 이때 마디는 고정자의 일부분에 의해서 고정되어 있다.

❺ 축의 회전은 마디의 촉매자리를 활성화시켜 ADP와 Pi로부터 ATP를 생성한다.

▲ ATP 합성효소

④ 전자전달 및 화학삼투적 인산화 과정의 저해제(ATP 합성의 저해제)

    ㉠ 전자전달의 저해제 : 시안화물(청산가리), 일산화탄소

    ㉡ 짝풀림제 : DNP(다이니트로페놀)

    ㉢ ATP 합성효소 저해제 : 올리고마이신

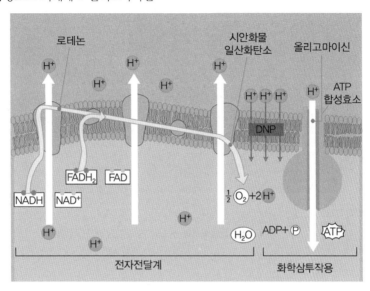

▲ 전자전달계와 화학삼투에 작용하는 독극물들의 효과

(6) 세포 호흡에서 생성되는 ATP

① NADH 및 FADH₂의 ATP 생성률

    ㉠ 전자전달계 및 화학삼투적 인산화를 통해

    ㉡ NADH 1분자 당 최대 3ATP 생성

    ㉢ FADH₂ 1분자 당 최대 2ATP 생성

② **전자 운반 셔틀** : 전자 왕복 기구로서, 세포질에서 해당과정으로 생성된 NADH의 전자를 미토콘드리아 내부로 전달하는 역할 수행

    ㉠ 글리세롤 3-인산 셔틀

      • 근육, 뇌 세포 등에서 이용

      • NADH의 전자가 미토콘드리아 막사이공간의 FAD로 전달됨

      • 세포 호흡으로부터 총 36ATP 생성

    ㉡ 말산-아스파르트산 셔틀

      • 간, 신장, 심장 세포 등에서 이용

      • NADH의 전자가 미토콘드리아 기질의 NAD^+로 전달됨

      • 세포 호흡으로부터 총 38ATP 생성

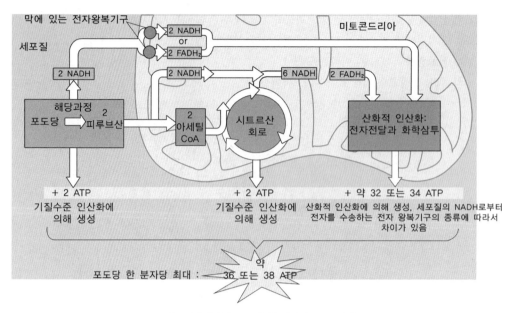

▲ 세포 호흡에서의 포도당 한 분자당 ATP 생성률

03 혐기성 호흡과 발효

(1) 혐기성 생물

① 절대 혐기성 생물 : 발효 등의 무산소 호흡을 통해서만 ATP 생성

② 조건부 혐기성 생물 : O_2의 존재 여부에 따라 발효 혹은 유산소 호흡을 통해 ATP 생성

　예 효모(에탄올 발효), 동물의 근육 세포(젖산 발효)

(2) 발효(Fermentation)

① 정 의

　㉠ 무산소 환경에서 포도당을 분해해 에너지를 얻는 과정으로, 포도당이 완전히 산화되지 못하고 다른 유기물로 전환되며 해당과정의 기질-수준 인산화 과정을 통해서만 ATP가 생성됨

　㉡ 해당과정과 NAD^+ 재생과정으로 구성

② 종 류

　㉠ 젖산 발효 : 젖산균, 운동 중 근육 세포

　㉡ 알코올 발효 : 효모, 일부 세균. 피루브산으로부터 두 단계를 거쳐 에탄올을 생성

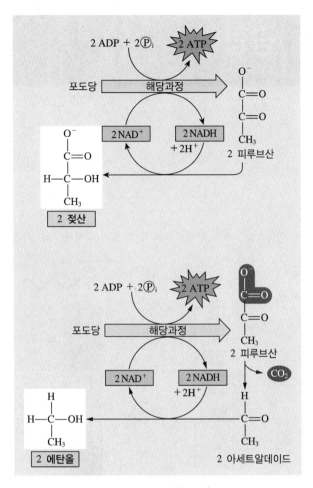

▲ 젖산 발효와 에탄올(알코올) 발효

※ 동일 양의 ATP를 생성하기 위해 발효에서는 호기성 호흡보다 더 많은 양의 포도당을 소모해야
   함 ⇒ ATP 생성에 있어 비효율적

09 | 광합성

01 빛

(1) 빛

전자기 에너지의 일종으로, 파동 형태로 이동하며 입자(광자)로서의 특성도 나타냄

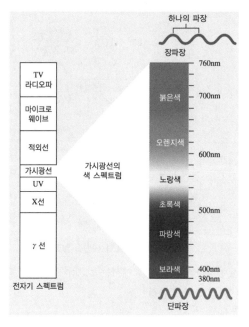

▲ 전자기 스펙트럼

(2) 모든 광합성 생물은 가시광선 영역의 파장을 이용

(3) 가시광선

380nm(보라색)~760nm(붉은색)

02 엽록체

(1) 엽록체의 분포

식물의 녹색 부분에 포함되어 있으며, 주로 잎의 엽육 조직 구성 세포에 집중됨

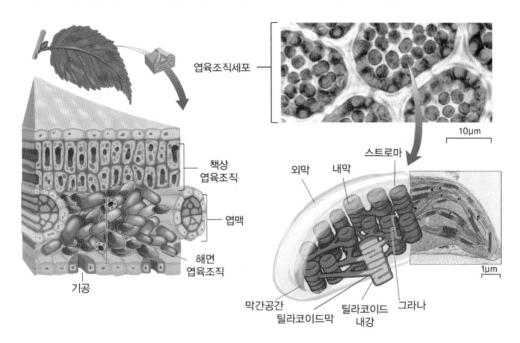

(a) 잎의 단면도가 엽육조직이 광합성조직임을 보여준다. 이산화탄소는 기공이라는 작은 구멍을 통해 잎의 내부로 들어가고 물은 엽맥을 통해 엽육조직에 운반된다.

(b) 많은 엽록체를 갖는 식물세포의 광학현미경 사진

(2) 식물의 광합성 색소

지질의 일종으로, 틸라코이드 막에 위치

① 엽록소

ㄱ 주 광합성 색소

ㄴ 붉은색, 보라색, 파란색 영역의 빛을 주로 흡수하며 녹색 영역의 빛은 반사, 투과시키므로 녹색으로 보임

ㄷ 포르피린 고리와 탄화수소 꼬리로 구성되며 포르피린 고리 부분의 Mg으로 빛이 흡수됨

• 엽록소 a : 명반응의 중심 색소로서, 파란색, 보라색, 붉은색 빛을 주로 흡수

• 엽록소 b : 보조 색소로서, 파란색, 주황색 빛을 주로 흡수

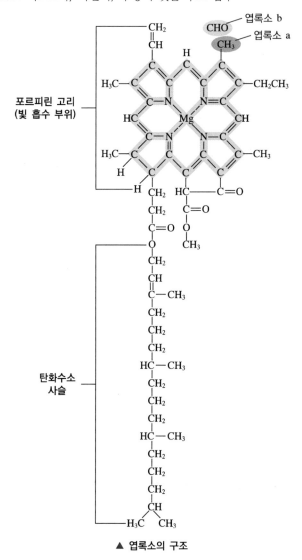

▲ 엽록소의 구조

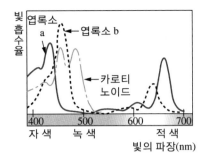

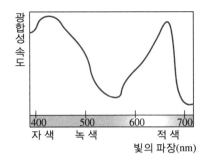

(a) **흡수 스펙트럼** : 세 곡선은 세 종류의 엽록체 색소에 의해서 가장 잘 흡수가 된 빛의 파장을 보여주고 있다.

(b) **작용 스펙트럼** : (a)와 비교할 때 이 그래프는 각 파장에 의한 광합성의 정도를 그린 것이다. 작성된 작용스펙트럼은 엽록소 a의 흡수 스펙트럼과 유사하지만 정확하게는 일치하지 않는다. 이런 현상의 부분적 원인은 엽록소 b나 카로티노이드와 같은 보조색소에 의한 빛 흡수 때문이다.

▲ 광합성 색소의 흡수 스펙트럼과 광합성 작용 스펙트럼

② 카로티노이드 : 보조 색소로서 보라색, 청록색 영역(460~550nm)의 빛을 흡수
예 카로틴, 크산토필

---

03 광합성의 개요

(1) 광합성에서의 원자들의 이동

① 동위원소 추적을 통해 광합성에서 반응물 원자들의 이동 경로를 밝힘
② 특히 생성물 중 산소는 물로부터 생성됨

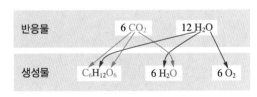

▲ 광합성 시 원자들의 이동

(2) 산화 · 환원 반응

광합성의 수소 전달자 : $NADP^+$(Nicotinamide Adenine Dinucleotide Phosphate)

(3) 명반응과 캘빈 회로

    ① 명반응 : 빛 에너지의 전환 과정(빛 에너지 → 화학 에너지 : ATP, NADPH)

       NADPH와 ATP 생성 → 캘빈 회로에서 사용됨

    ② 캘빈 회로 : 당 생성 과정

       ㉠ 탄소고정 : $CO_2 \xrightarrow[\text{NADPH, ATP}]{} $ 당

---

04   명반응(광-의존 반응)

(1) 광 계

    ① 집광 복합체 + 반응 중심 + 1차 전자수용체

    ② 집광 복합체(안테나 복합체)

       ㉠ 빛 에너지를 흡수해 반응 중심의 엽록소 a로 전달

       ㉡ 엽록소 a, b 및 카로티노이드 + 색소 결합 단백질

    ③ 반응 중심 : 한 쌍의 엽록소 a가 집광 복합체로부터 에너지를 전달받아 1차 전자수용체로 고에너지 상태의 전자를 전달

       ㉠ 광계Ⅰ : 반응 중심의 엽록소 a(P700)가 700nm의 빛을 최대로 흡수

       ㉡ 광계Ⅱ : 반응 중심의 엽록소 a(P680)가 680nm의 빛을 최대로 흡수

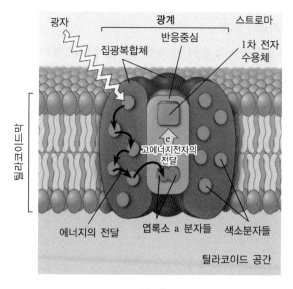

▲ 광 계

(2) 명반응(비순환적 광인산화)

① 광계 I, II 및 전자 전달계, ATP 합성효소가 관여

② ATP, NADPH 및 O_2를 생성

③ 전자 전달계의 전자 운반체

　㉠ PQ(플라스토퀴논), PC(플라스토시아닌) : 막의 이동성 전자운반체

　㉡ 시토크롬 복합체 : 전자를 PQ에게서 받아 PC로 전달하는 동안 양성자를 틸라코이드 공간으로
　　수송해 양성자 농도 기울기를 형성

　㉢ Fd(페레독신)

　　• 광계 I 으로부터 전자를 전달받아 $NADP^+$에게 제공하는 표재성 단백질

　　• $NADP^+$ 환원효소 : 틸라코이드 막의 효소로서 페레독신의 전자와 스트로마의 양성자를
　　　$NADP^+$에 이동시켜 NADPH를 생성시킴

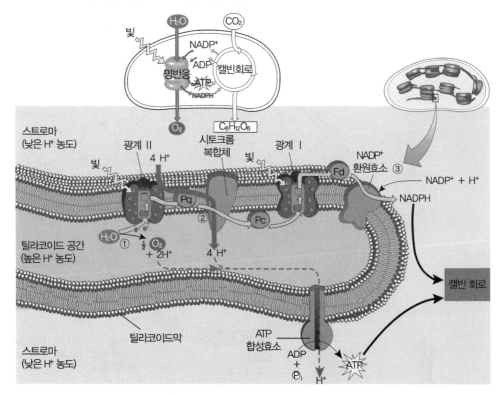

▲ 틸라코이드 막에서의 비순환적 전자전달과 화학삼투작용에 의한 ATP 생성

(1) 캘빈 회로

① CO_2 고정 단계 : 루비스코 효소에 의해 CO_2가 RuBP(리불로스 이인산)에 부착된 후 2분자의 3-PGA로 전환됨

② 탄소 환원 단계 : 2분자의 G3P(글리세르 알데히드 3-인산 ; PGAL)가 생성되어 포도당, 아미노산 등의 다른 유기물 합성에 이용됨

③ RuBP 재생단계

$$10G3P \xrightarrow{\text{6ATP 투입}} 6RuBP : 여러 효소들의 작용$$

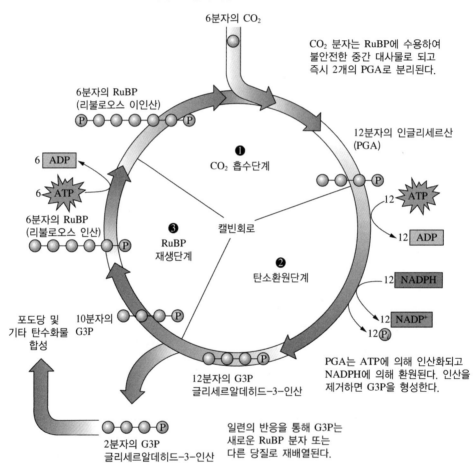

▲ 캘빈 회로의 상세도

(1) 광호흡

① 온대 C_3 식물(벼, 대두, 밀, 감자 등) : 덥고 건조한 날씨엔 기공을 닫음

② 루비스코(RuBP Carboxylase/Oxygenase)는 CO_2/O_2 비가 낮으면 O_2와 더 많이 반응하여 광호흡 수행 : 캘빈회로의 중간물질과 ATP를 소모하므로 광합성 효율을 낮춤

(2) C_4 식물과 CAM 식물

광호흡을 줄이기 위한 진화적 적응

① C_4 식물

㉠ 옥수수, 사탕수수 등

㉡ CO_2의 최초 고정(엽육세포)과 당 합성 과정(유관속초세포)의 장소를 분리

→ 탄소고정능이 뛰어난 효소(PEP Carboxylase)를 지녀 유관속초세포 내에서 CO_2를 고농도로 유지시킴

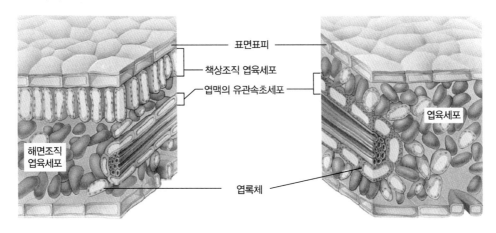

표면표피
책상조직 엽육세포
엽맥의 유관속초세포
엽육세포
해면조직 엽육세포
엽록체

(a) C_3식물에서는 캘빈회로가 엽육조직 세포에서 일어 나고 유관속초세포는 광합성을 하지 않는다.

(b) C_4식물에서는 이산화탄소를 4탄소화합물로 고정하는 반응이 엽육조직세포에서 일어난다. 4탄소화합물은 엽육조직세포에서 캘빈회로가 있으므로 광합성을 하는 유관속초세포로 옮겨진다.

▲ C_3와 C_4 식물 잎의 해부학적 구조 차이

② CAM(Ceassulacean Acid Metabolism)식물

　　㉠ 다육식물 : 선인장, 파인애플, 야생란 등

　　㉡ CO_2의 최초 고정과 당 합성 과정이 다른 시간대에 일어남

　　㉢ 엽육세포에서 밤에만 기공을 열어 탄소를 고정하고, 낮에는 기공이 닫힌 상태에서 당 합성을 수행

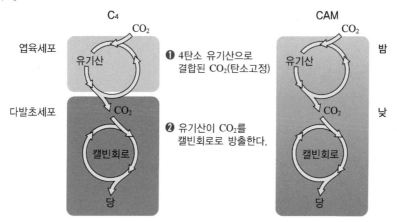

(a) **단계의 공간적 분리** : C_4식물에서는 다른 종류의 세포에서 탄소고정과 캘빈회로가 일어난다.

(b) **단계의 시간적 분리** : CAM식물에서는 동일한 세포에서 탄소고정과 캘빈회로가 서로 다른 시기에 일어난다.

▲ C_4 식물과 CAM 식물의 비교

10 | 염색체와 세포 분열

01 진핵세포의 염색체

(1) 유전체(지놈, Genome)

① Gene + Chromosome 합성어

② 한 세포 내에 존재하는 DNA 전체

③ 인간 유전체 : 30억개 염기 서열을 함유하는 23종류의 염색체 두 세트로 구성된 46개의 염색체로, 총 2만여 개의 유전자를 보유

(2) 염색체의 구조

① **염색질** : DNA + 히스톤 등의 단백질 → DNA 복제 후 세포 분열기에 더욱 응축되어 뚜렷한 염색체 구조 형성

② **염색체** : 복제로 형성된 자매염색분체 2개(DNA 서열 동일)가 동원체 부위에 부착

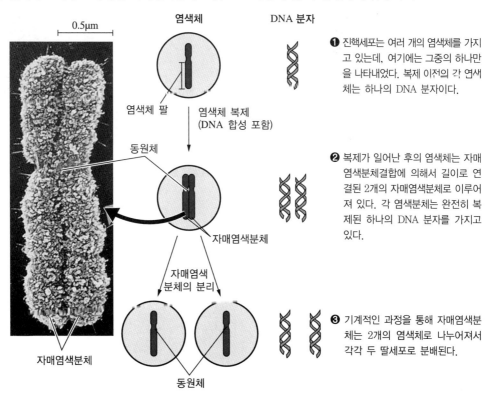

▲ 염색체 복제와 세포 분열 동안의 분배

③ 염색체의 응축 과정

2nm 이중나선 DNA → 10nm 염색사(뉴클레오솜 단위로 구성) → 30nm 염색사 → 300nm 염색사 → 1,400nm 폭의 염색체

그림의 모식도는 DNA의 코일링과 접힘에 대해서 현재까지 알려진 모형을 보여준다. DNA 분자에서 점차적으로 확대하여 광학현미경으로도 볼 수 있는 세포분열 중기 염색체 구조까지 보여주고 있다.

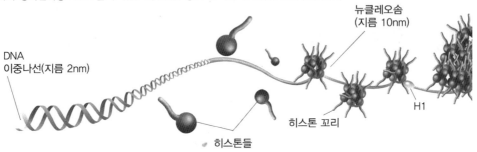

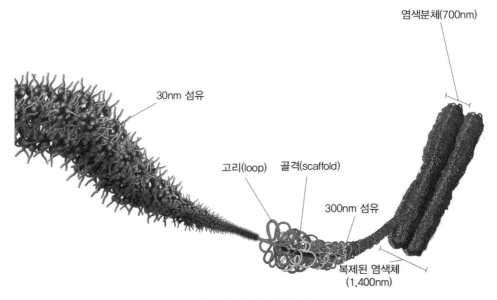

▲ 진핵 세포의 염색질 응축 과정

④ 10nm 염색사의 구조

　㉠ 뉴클레오솜 코어 + 연결 DNA

　㉡ 뉴클레오솜 : 히스톤 8분자 + 146 염기쌍 DNA

　㉢ 연결 DNA : 20~60 염기쌍

(3) 염색체의 구성

① 핵형 : 한 생물체가 가지는 염색체를 크기와 모양에 따라 나열한 사진 또는 염색체 구성 특성 그 자체를 의미

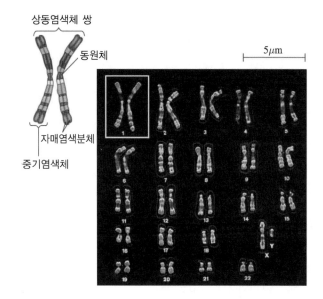

▲ 사람의 핵형

② 상염색체 : 남, 녀 사이에 공통으로 지니는 염색체

③ 성염색체 : 성별에 따라 다른 염색체 쌍 → 남 : XY, 여 : XX

④ 상동염색체

㉠ 쌍을 이루며, 동일한 특성과 관련된 유전자들이 동일 위치에 배열됨

㉡ 부모로부터 각각 한 개씩 물려받음

㉢ 상염색체는 상동염색체 쌍으로 존재

02 세포 주기와 체세포 분열

(1) 세포 주기

① 세포 주기

㉠ 세포가 분열 후 다시 분열하기까지의 한 주기

㉡ 체세포 분열 : 모세포와 DNA가 동일한 딸세포 2개가 형성되는 과정으로, 발생, 성장 및 소식 재생 등에서 일어남

② 간 기

㉠ G_1기 : 성장, 복제를 준비하는 물질 합성

㉡ S기 : DNA 복제, 히스톤 합성

㉢ G_2기 : 성장, 분열기를 준비하는 물질 합성

③ 분열기

　㉠ 핵 분열 : 염색체를 비롯한 세포의 내용물이 양극으로 이동됨(전기 → 중기 → 후기 → 말기)

　㉡ 세포질 분열 : 세포질과 세포막이 분리되어 딸세포 2개가 생성됨

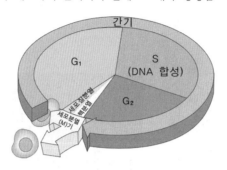

▲ 진핵세포의 세포 주기

(2) 체세포 분열기

① 전 기

　㉠ 염색체 등장 : 자매 염색분체들이 동원체 부위에 부착되어 있음

　㉡ 인이 소실되고, 핵막이 사라지기 시작

　㉢ 미세소관-조직화 중심(동물 세포에선 중심체라 함)으로부터 방추사가 형성됨

② 전중기(전기에 포함시키기도 함)

　㉠ 핵막이 완전히 파괴됨

　㉡ 방추사가 동원체 부위의 방추사 부착점(특수 단백질 복합체)에 부착

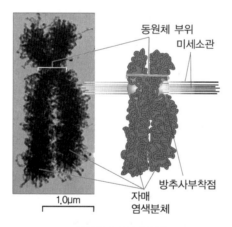

▲ 방추사의 동원체 부착

③ 중기 : 염색체가 적도판(중기판)에 배열됨

④ 후기 : 자매염색분체가 분리되어 양극으로 이동

⑤ 말기 : 방추사는 분해되고 염색체 응축은 풀리며 핵막과 인이 재구성됨

⑥ 세포질 분열

　㉠ 주로 말기에 시작됨

ⓛ 동물, 균류 세포 : 분할(수축환 형성). 여기서 수축환이란 액틴 미세섬유와 미오신 단백질로 구성된 고리 모양의 구조물로서, 수축하면서 분할구(분열구)가 형성되어 세포질을 분리시킴

ⓒ 식물 세포 : 세포판 형성(골지체 유래의 소포(소낭)들이 적도판에 모여 융합된 세포판이 확장되며 새로운 세포막과 세포벽 형성)

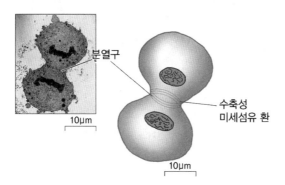

분열구

수축성
미세섬유 환

10μm

10μm

(a) 적도부위가 보이는 TEM 사진에서 세포질 분열이 일어나고 있는 배양 동물세포의 적도부위를 이루는 분열구를 보이고 있다.

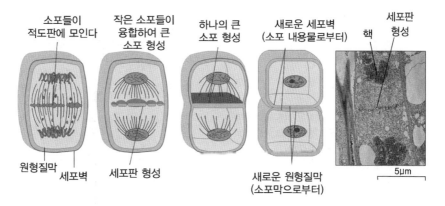

소포들이
적도판에 모인다

작은 소포들이
융합하여 큰
소포 형성

하나의 큰
소포 형성

새로운 세포벽
(소포 내용물로부터)

핵

세포판
형성

원형질막   세포벽

세포판 형성

새로운 원형질막
(소포막으로부터)

5μm

(b) 하나의 식물세포에서 세포질 분열 중의 세포판 형성. TEM 사진은 단풍나무(Acer Saccharinum) 잎에서의 세포질분열을 하는 것을 보여주고 있다.

▲ 동물 및 식물 세포의 세포질 분열

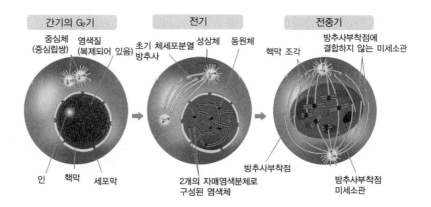

간기의 G₂기

중심체
(중심립쌍)

염색질
(복제되어 있음)

인   핵막   세포막

전기

초기 체세포분열
방추사

성상체   동원체

2개의 자매염색분체로
구성된 염색체

방추사부착점

전중기

방추사부착점에
결합하지 않는 미세소관

핵막 조각

방추사부착점
미세소관

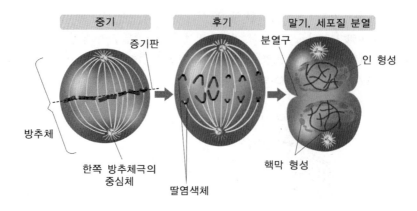

▲ 동물 세포의 간기와 체세포 분열 과정

(3) 원핵생물의 이분법

단일의 환형 DNA가 복제 시점(복제 원점)부터 복제된 후, 원형질막이 가운데 부위에서 안쪽으로 자라
나며 새로운 원형질막과 세포벽을 형성

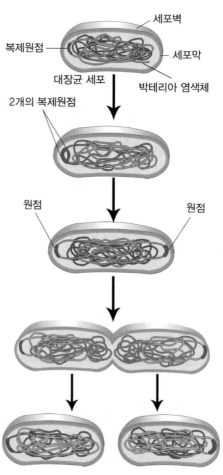

❶ 염색체 복제가 시작된 직후 하나의 복
제원점이 세포의 반대편 끝 쪽으로 빠
르게 이동한다. 현재까지 그 메커니즘
은 알려져 있지 않다.

❷ 복제가 계속 진행된다. 새롭게 복제된
복제원점 하나가 이제 세포의 반대편
끝 쪽에 위치한다. 세포는 계속 신장
한다.

❸ 복제가 끝난다. 세포막이 안쪽으로 자
라나기 시작하며, 새로운 세포벽이 형
성된다.

❹ 2개의 딸세포가 만들어진다.

▲ 원핵생물의 이분법

(1) 세포 주기의 주요 검문 지점

내부 신호와 외부 신호를 받아 세포 주기를 정지할 것인지 계속 진행할 것인지 결정하는 중요한 분기점

① G_1 검문 지점

ㄱ 제한 검문 지점

ㄴ 성장 인자 신호, 양분 등이 있는지, DNA 손상은 없는지, 세포 크기가 충분한지 등을 확인

→ 이런 진행 신호 부재 시 세포 주기를 벗어나 휴지기인 G_0기로 감

② G_2 검문 지점 : DNA 복제 완성 여부, 세포 크기가 충분한지 등을 확인

③ M 검문 지점 : 염색체의 적도판 배열, 방추사의 정상적 부착 등을 확인

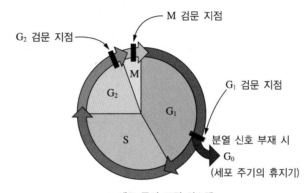

▲ 세포 주기 조절 시스템

(2) 암

① 종 양

ㄱ 세포 주기 조절계에 이상이 생겨 과도하게 증식하는 비정상적 세포 덩어리

ㄴ 양성 종양(Benign Tumor)과 달리 악성 종양(Malignant Tumor), 즉 암은 정상 조직을 침투해 혈관을 타고 다른 조직으로 전이되어 2차 암을 유발하여 숙주 생명을 위협할 수 있음

	증식 속도	분화 상태	국소침윤	전이(Metastasis)	생명에 위협
악성 종양	비교적 빠름	나 쁨	○	○	○
양성 종양	비교적 느림	좋 음	×	×	×

② 암세포의 특성

ㄱ 세포 주기 조절 관련 유전자의 돌연변이에 의해 세포 주기 조절 능력 상실

ㄴ 밀도-의존성 억제 능력 상실 → 주변이 다른 세포들로 모두 채워지면 세포 분열이 억제되는 정상 세포와 달리 암세포는 양분이 충분하면 계속 증식

ㄷ 부착의존성 상실 → 정상 세포는 체내에선 세포외기질(ECM), 그리고 배양 시에는 배양기 표면에 부착한 상태로만 생존 가능하나 암 세포는 따로 분리되어 나와 정상 조직을 침투해 전이 가능

ㄹ 추가로 돌연변이가 축적되어 혈관 신생 등의 능력들이 생겨나 생존력이 증가됨

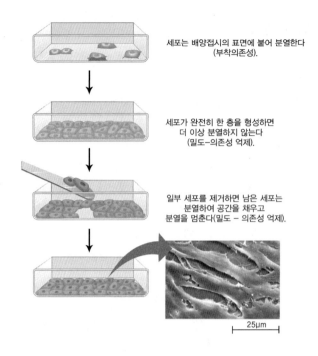

(a) **정상 포유동물세포** : 영양물질, 생장인자와 부착을 위한 기저층 등의 이용 가능성에 의해 세포가 한 층으로 제한된다.

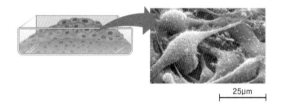

(b) **암세포** : 암세포는 한 층 이상으로 계속 분열하여 세포가 겹쳐진 덩어리를 형성한다. 암세포는 부착의존성이나 밀도-의존성 억제를 보이지 않는다.

▲ **부착 의존성과 밀도-의존성 억제**

③ 암의 발생 원인(발암원)

  ㉠ 돌연변이원에 의해 세포 주기 조절 유전자들에 돌연변이가 유발될 때 암이 발생

  ㉡ 발암원 : 화학적 돌연변이원(⑩ 자유 라디칼 등), 물리적 돌연변이원(⑩ X선, 자외선 등), 세균(⑩ 헬리코박터 파이로리 → 위암 유발 가능) 및 바이러스(⑩ 인간유두종 바이러스, HPV → 자궁경부암 등의 생식기암 유발 가능) 등

04 세포의 죽음

(1) 괴사(네크로시스)

① 회복이 불가능한 물리적인 손상, 산소 및 ATP 결핍 등에 의한 세포의 죽음

② DNA가 무작위로 절단되며 세포소기관과 세포가 부풀어 오르다 터지고 염증이 수반됨

(2) 예정세포사(어팝토시스, Apoptosis)

① 발생 과정 중 불필요한 세포들의 죽음

    예 척추동물 발생 과정에서 손가락, 발가락 형성 시 물갈퀴 부위의 제거

② 필수 성장 인자의 결핍, 돌연변이원에 의한 DNA의 손상, 열 충격 등의 다양한 스트레스에 의한 세포의 죽음

③ 암 세포나 바이러스 감염 세포의 제거

④ DNA의 규칙적 절단 및 염색질의 응축이 수반되고, 세포가 조각나 소낭 형태로 포장된 후 식세포 작용에 의해 주변 식세포로 포획, 흡수됨

⑤ 염증 반응은 수반되지 않음

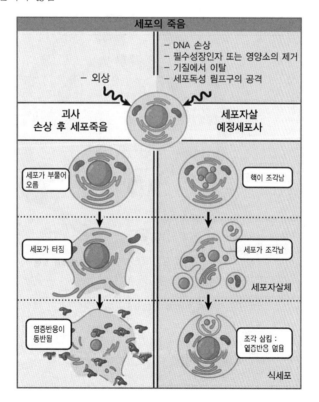

▲ 세포의 두 가지 죽음

(1) 무성 생식과 유성 생식

① 무성 생식 : 한쪽 부모의 DNA를 그대로 물려받는 생식 방식으로, 시간과 에너지의 낭비없이 짧은 시간 내에 많은 자손을 만들 수 있으나, 유전적 다양성이 없는 자손 집단을 형성해 환경 변화에 불리함

② 유성 생식 : 두 개의 배우자(정자 또는 난자)가 합쳐져 접합자를 형성함으로써 유전적으로 다양한 자손들을 형성해 환경 변화에 유리한 생식 방식

(2) 유성 생식의 생활사

① 이배체(2n) 세포 : 배우자를 통해 양쪽 부모로부터 물려받은 염색체 두 벌을 지니는 세포

　　예 접합자(수정란), 체세포

② 반수체(n) 세포 : 염색체 한 벌만 지니는 세포

　　예 배우자

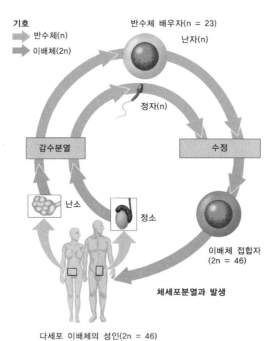

▲ 사람의 생활환

(3) 감수분열

① 배우자(생식 세포) 형성 과정

② DNA 복제 후 두 번의 연속적인 세포 분열(제1감수분열 및 제2감수분열)이 진행됨

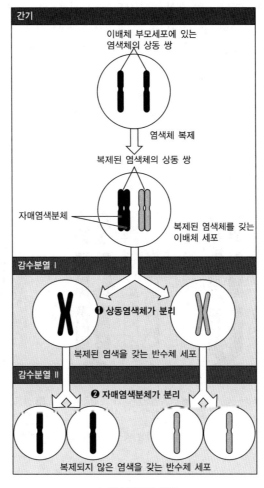

▲ 감수분열의 개요

③ 간기 : S기에 DNA 복제가 일어남

④ 제1감수분열 : 상동염색체의 분리 과정(염색체 수 반감 : 2n → n)

　　㉠ 전 기

　　　　• 염색체 출현, 핵막과 인 소실, 중심체의 양극 이동, 방추사 형성 및 부착

　　　　• 상동염색체 쌍끼리 접합하여 4분염색체(2가 염색체) 형성

　　　　• 교차 발생 : 4분염색체 내에서 두 상동염색체의 자매염색분체 사이의 DNA 절편의 교환 →
　　　　　유전자 재조합이 발생됨

　　㉡ 중기 : 4분염색체가 적도판에 배열됨

　　㉢ 후기 : 상동염색체 각각이 양극으로 이동

　　㉣ 말기 : 세포질 분열로 두 개의 반수체(n) 딸세포 생성

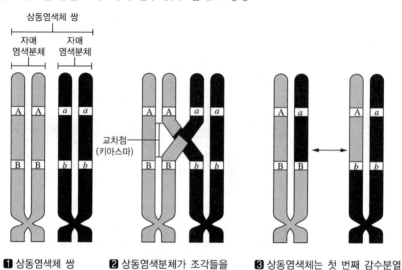

❶ 상동염색체 쌍　　❷ 상동염색분체가 조각들을
　　　　　　　　　　　교환한다.　　❸ 상동염색체는 첫 번째 감수분열
　　　　　　　　　　　　　　　　　　　때 분리된다.

▲ 교차에 의한 유전자 재조합의 효과

⑤ 제2감수분열(n → n) : 자매염색분체의 분리

　㉠ 체세포 분열 과정과 유사

　㉡ DNA 개수에는 변화가 없으나 DNA 양이 반감됨

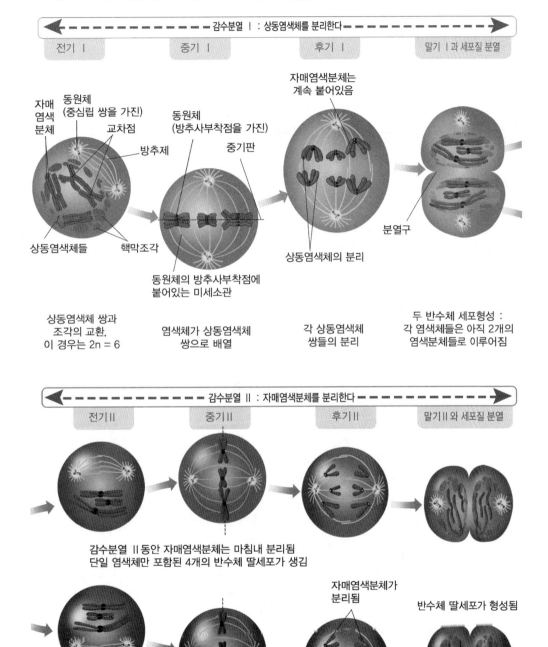

▲ 동물 세포의 감수분열

(4) 유전적 다양성의 증가 요인

① 제1감수분열 전기의 교차 : 유전적 재조합 유발

② 제1감수분열 중기에 상동염색체쌍의 무작위(독립적) 배열

    예 사람 : 이 과정을 통해 2^{23} 조합의 배우자 형성 가능

③ 배우자의 무작위 수정

    예 사람의 정자(2^{23} 다양성)와 난자(2^{23} 다양성)의 수정 : 2^{46}조합의 수정란 형성 가능

---

06 염색체의 수와 구조의 이상(염색체 돌연변이)

(1) 염색체의 수적 이상

감수분열 시 상동염색체나 자매염색분체의 비분리에 의해 발생

① 배수성 : 염색체의 한 조 전체가 많아짐(3n, 4n, …) → 동물에선 흔치 않으나 식물에선 보다 흔히 발생하며 종 다양성을 증가시키는 요인이 되기도 함

② 이수성 : 염색체 수 하나가 많거나 줄어듦(2n±1)

    ㉠ 상염색체의 이수성

       예 다운증후군(21번 삼염색체성)

    ㉡ 성염색체의 이수성

       예 클라인펠터증후군(XXY로 성염색체가 3개), 터너증후군(성염색체로 X 하나만 지님)

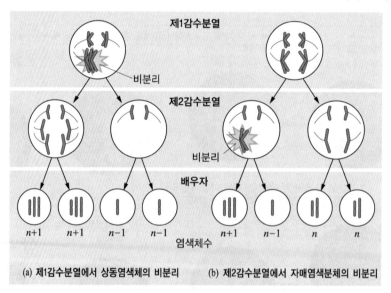

▲ 감수분열에서의 염색체 비분리

대표적인 염색체의 수적 이상		
핵 형	일반적 명칭	임상적 증상
13번 삼염색체성	파타우 증후군	다중 결함으로 보통 3개월 이전에 사망
18번 삼염색체성	에드워드 증후군	청각, 심장 이상, 경직 등의 다중결함으로 보통 생후 1년 이내에 사망하나 그 이상 생존하는 경우도 있음
21번 삼염색체성	다운 증후군	산모의 연령이 35세 이상인 경우에서 발생률이 크게 증가하며, 눈꺼풀의 피부가 겹쳐지며 처지고 지능 범위는 다양하며 심장병, 백혈병, 치매 등의 높은 발병률로 수명이 짧고 불임임
XO	터너 증후군	여성이나 2차 성징이 없고 불임, 작은 체구와 목뒤 주름, 경미한 정신 박약
XXY	클라인펠터 증후군	남성이나 2차 성징이 없고 불임, 가슴이 발달하기도 함
XYY	XYY 핵형	큰 키, 심한 여드름, 경미한 정신 박약, 불임인 경우가 흔함
XXX	트리플로-X	별다른 병증이 없으며 임신 가능, 클라인펠터 증후군 아들을 출산 가능

(2) 염색체의 구조적 이상

① 결실, 중복, 역위, 전좌

(a) **결실** : 염색체 조각을 없앤다.

(b) **중복** : 어느 조각을 반복한다.

(c) **역위** : 염색체 내의 조각을 뒤집는다.

(d) **전좌** : 한 염색체에서 비상동염색체로 조각을 옮긴다. 가장 흔한 형태인 상호 전좌에서 비상동염색체끼리 조각을 교환한다. 염색체가 조각을 전달하고 돌려받지 않는 비상호 전좌도 일어난다.

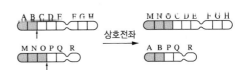

▲ 염색체의 구조적 이상

② 태아의 염색체 이상 진단

㉠ 임신 중 산모로부터 태아 세포를 채취하여 핵형 조사 시 염색체의 수적 이상 및 구조적 이상 파악 가능

㉡ 양수검사 : 임신 15~20주 사이에 시행 가능

㉢ 융모막 돌기 채취법(CVS ; Chorionic Villus Sampling) : 임신 10주경부터 가능

11 | 유전 양식

01 멘델의 유전원리

(1) 유전 용어

① P(Parent) 세대 : 어버이 세대

② F_1(First Filial) 세대 : 첫 자손 세대

③ F_2 세대 : F_1을 자가교배하여 생긴 자손 세대

④ 형질 : 꽃의 색, 완두 모양 등과 같은 특성들의 구체적인 종류

⑤ 대립인자(대립유전자) : 한 가지 특성을 결정하는 유전자의 변이체

⑥ 유전자 좌위 : 특정 유전자가 염색체 내에서 차지하는 위치

⑦ 유전자형 : 하나의 특성에 대한 대립인자 구성

⑧ 표현형 : 관찰되는 형질

⑨ 동형접합자(순종) : 두 개의 동일한 대립인자를 갖는 개체(예 PP, pp)

⑩ 이형접합자(잡종) : 서로 다른 대립인자를 갖는 개체(예 Pp)

⑪ 우성 대립인자 : 이형접합자에서 표현형을 결정하는 대립인자

⑫ 단성잡종 : 한 가지 특성에 대한 이형접합자(예 Rr)

⑬ 양성잡종 : 두 가지 특성에 대한 이형접합자(예 RrYy)

(2) 멘델의 완두 교배 실험

① 완두 : 재배가 쉽고, 세대 기간이 짧으며, 한 번의 교배로 많은 자손을 얻을 수 있고, 인위적 교배가 쉬우며, 우열이 뚜렷한 형질이 많음

② 멘델 유전학의 기본 모델

    ㉠ 한 가지 특성과 관련하여 유전인자의 변이가 존재 : 대립인자 개념

    ㉡ 개체는 각각의 특성과 관련해 양쪽 부모로부터 각각 한 개의 대립인자를 물려받아 총 2개를 보유

    ㉢ 이형접합자는 우성 대립인자의 표현형을 나타냄 → 우열의 법칙

(3) 분리의 법칙

① P세대에서 순종 보라색 꽃 완두(PP)와 순종 흰색 꽃 완두(pp)를 교배한다.

ⓒ F_1(Pp)은 모두 보라색 꽃 피움

ⓛ F_1의 자가교배(단성잡종 교배) 시 F_2세대에서는 보라색과 흰색 꽃 표현형의 비율이 3 :1로 나옴

② 한 가지 특성과 관련된 두 대립인자는 생식세포 형성 시 분리되어 하나씩 나뉘어 들어간다. 이때 수정 시 대립인자는 다시 두 개가 되는데 이를 분리의 법칙이라 한다.

부모 세대의 순종 식물은 각각 PP 또는 pp와 같은 똑같은 대립유전자를 가지고 있다.
배우자(원)는 꽃 색깔 유전자에 대한 대립유전자를 한 개만 갖는다. 이 경우, 한 부모에 의해 생산되는 모든 배우자는 똑같은 대립 유전자를 갖고 있다.

부모의 배우자들이 합쳐지면 Pp 조합을 가진 F_1 잡종 식물을 생산한다. 보라색 꽃에 대한 대립유전자가 우성이기 때문에 이 잡종 식물들은 모두 보라색 꽃을 갖게 된다.
이 잡종 식물들이 배우자를 만들 때, 두 대립 유전자는 분리된다. 배우자의 반은 P 대립유전자를 받게 되고 나머지 반은 p 대립유전자를 받게 된다.

이 상자는 퍼넷사각형으로 $F_1 \times F_1$(Pp $\times$ Pp) 교배로부터 생산되는 가능한 모든 대립 유전자의 조합을 보여준다. 각 네모는 확률적으로 동일한 수정의 결과물을 나타낸다. 예를 들어, 좌측 하단에 있는 상자는 p난자와 p정자가 수정되어 나오는 유전적 조합을 나타낸다.

무작위로 배우자의 조합이 일어나면 멘델이 F_2 세대에서 관찰했던 3:1 비율이 나온다.

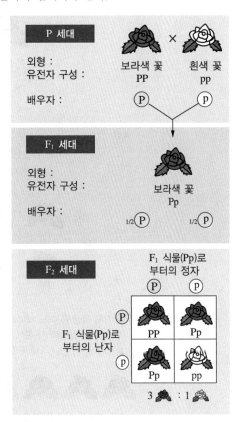

▲ 멘델의 분리의 법칙

※ 검정 교배(Test Cross) : 우성의 표현형을 나타내는 개체의 유전자형을 알아내기 위한 교배 실험으로, 열성 표현형 개체와 교배시킴

적용 완두 식물의 보라색 꽃처럼 우성 형질을 나타내는 생물체는 우성 대립유전자에 대해 동형이거나 이형일 수 있다. 생물체의 유전자형을 결정하기 위하여 유전학자는 검정 교배를 시행한다.

방법 검정교배에서 유전자형을 알지 못하는 개체를 열성 형질을 나타내는 동형 개체(이 경우 흰색 꽃)와 교배한다. 교배로부터 나온 자손의 표현형을 관찰하면 보라색 꽃을 가진 부모의 유전자형을 알 수 있다.

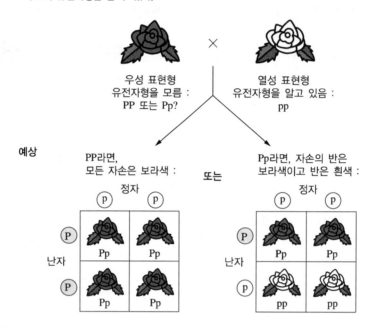

결과 두 가지 예상 중 어느 하나와 일치한다면 부모의 유전자형을 결정할 수 있다(PP 또는 Pp). 이 검정교배에서 흰색 꽃이 피는 식물의 화분을 보라색 꽃이 피는 식물의 심피에 옮겨 놓았다. 반대의 교배를 해도 동일한 결과가 나올 것이다.

모든 자손은 보라색 꽃을 가짐   자손 중 1/2은 보라색 꽃,
                                              1/2은 흰색 꽃을 가짐

▲ 검정교배

(4) 독립 분리의 법칙(독립의 법칙)

① 두 가지 특성과 관련된 두 유전자의 대립인자들은 생식 세포 형성 시 각각 독립적으로 하나씩 분리되어 생식 세포 내로 들어가고 자손에게 전달됨

② P세대에서 순종의 둥글고 노란 완두(RRYY)와 순종의 주름지고 녹색인 완두(rryy)를 교배

   ㉠ F₁(RrYy)은 모두 둥글고 노란 완두를 형성

   ㉡ F₁의 자가교배(양성잡종 교배)에서 정자와 난자 형성 시 완두 색과 모양 특성에 관련된 대립인자들은 서로 독립적으로 한 개씩 분리되어 각각 4가지 종류의 난자와 정자를 형성

   ㉢ 4종류 정자와 난자의 무작위 수정으로 F₂세대에서는 가능한 4가지 표현형이 9(둥글고 노란색) : 3(둥글고 녹색) : 3(주름지고 노란색) : 1(주름지고 녹색)의 비율로 나타남

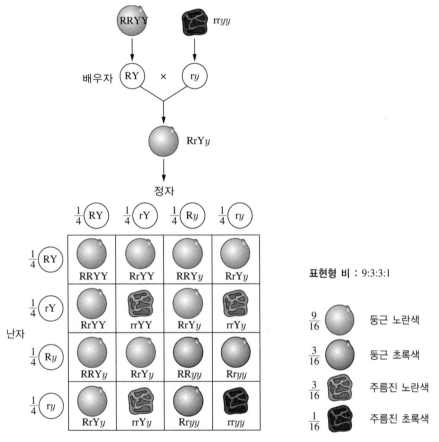

▲ 멘델의 독립 분리의 법칙

(1) 유전의 염색체설

유전자들은 염색체 상의 특정 위치(유전자 좌위)에 위치하며 감수분열 과정 중 분리되는 것은 이 염색체들임

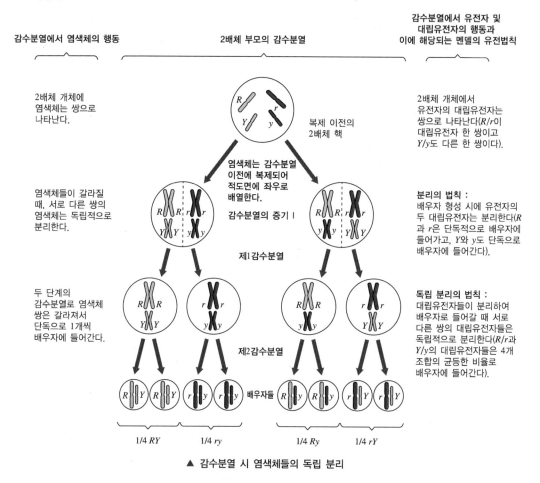

감수분열에서 염색체의 행동   2배체 부모의 감수분열   감수분열에서 유전자 및
                                                                              대립유전자의 행동과
                                                                              이에 해당되는 멘델의 유전법칙

2배체 개체에
염색체는 쌍으로
나타난다.

복제 이전의
2배체 핵

2배체 개체에서
유전자의 대립유전자는
쌍으로 나타난다(R/r이
대립유전자 한 쌍이고
Y/y도 다른 한 쌍이다).

염색체들이 갈라질
때, 서로 다른 쌍의
염색체는 독립적으로
분리한다.

염색체는 감수분열
이전에 복제되어
적도면에 좌우로
배열한다.

감수분열의 중기 I

제1감수분열

분리의 법칙 :
배우자 형성 시에 유전자의
두 대립유전자는 분리한다(R
과 r은 단독적으로 배우자에
들어가고, Y와 y도 단독으로
배우자에 들어간다).

두 단계의
감수분열로 염색체
쌍은 갈라져서
단독으로 1개씩
배우자에 들어간다.

제2감수분열

독립 분리의 법칙 :
대립유전자들이 분리하여
배우자로 들어갈 때 서로
다른 쌍의 대립유전자들은
독립적으로 분리한다(R/r과
Y/y의 대립유전자들은 4개
조합의 균등한 비율로
배우자에 들어간다).

배우자들

1/4 RY 1/4 ry 1/4 Ry 1/4 rY

▲ 감수분열 시 염색체들의 독립 분리

(2) 연관(Linkage)

① 한 염색체 상에 위치하는 유전자들이 함께 유전되는 현상 → 이 경우 멘델의 독립 분리의 법칙을 만족시키지 않음

② 모건(Morgan)과 동료들이 체계적으로 연구 → 초파리 교배 실험

③ 상인 연관 : 우성 대립인자들이 한 염색체 상에 존재

④ 상반 연관 : 우성 대립인자들이 상동염색체 쌍에 엇갈려 존재

⑤ 연관된 유전자들 사이는 교차로 인해 재조합이 발생할 수 있음

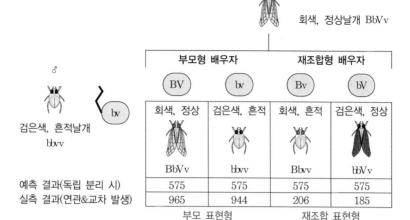

▲ 초파리에서 연관을 확인한 두 유전자-검정 교배

	부모형 배우자		재조합형 배우자	
	BV	bv	Bv	bV
	회색, 정상	검은색, 흔적	회색, 흔적	검은색, 정상
	BbVv	bbvv	Bbvv	bbVv
예측 결과(독립 분리 시)	575	575	575	575
실측 결과(연관&교차 발생)	965	944	206	185
	부모 표현형		재조합 표현형	

(3) 교차(Crossing-over)

① 연관된 유전자들은 감수분열 과정 중 재조합하여 부모와 다른 대립인자 조합을 생성시킴

② 한 염색체상에서 연관 유전자들의 교차 빈도는 유전자 간 거리에 비례함

③ 검정 교배 시, 재조합 빈도 계산 가능

재조합 빈도(%) = (재조합된 자손 수/전체 자손 수) × 100

④ **연관 지도** : 검정 교배 시 계산된 재조합 빈도를 이용해 한 염색체 상에 존재하는 유전자들의 위치를 상대적으로 나타낸 것

두 유전자-검정 교배에서 재조합 빈도 계산				
자손의 종류	검정 교배 결과			
	부모형		재조합형	
표현형	회색, 정상날개	검은색, 흔적날개	회색, 흔적날개	검은색, 정상날개
유전자형	BbVv	bbvv	Bbvv	bbVv
유전자형	965	944	206	185
재조합 빈도의 계산	1. 양친형 자손의 수 = 1909 2. 재조합 자손의 수 = 391 3. 전체 자손의 수 = 1909 + 391 = 2300 4. 재조합빈도 = 391/2300 × 100 = 17%			

(4) 성 염색체와 성-연관 유전

① **동물의 성 결정**

㉠ 정자가 성을 결정하는 체계

- XY형 : ♀ XX, ♂ XY(예 포유류, 초파리 등)
- XO형 : ♀ XX, ♂ XO(예 메뚜기 등의 곤충류)

ⓛ 난자가 성을 결정하는 체계
- ZW형
  - ♀ ZW, ♂ ZZ(⒨ 조류, 일부 어류 및 파충류)
  - 악어, 거북 등의 파충류는 성 결정 시기의 환경 온도에 의해 성 결정됨
- ZO형 : ♀ ZO, ♂ ZZ(⒨ 일부 곤충류)
- 반수체(n)-배수체(2n)형 : ♀-2n, ♂-n(⒨ 개미, 벌)

② 성-연관 유전
㉠ X-연관 유전(X-linked Inheritance ; 반성 유전)
- X 염색체 상에 존재하는 유전자에 의함
- 남성은 열성의 X-연관 유전자를 한 개만 지녀도 표현형으로 발현됨
- 여성은 동형접합일 때만 열성의 X-연관 유전자가 발현됨
  ⒨ 색맹(시색소 형성 결함), 혈우병(혈액 응고 결함)

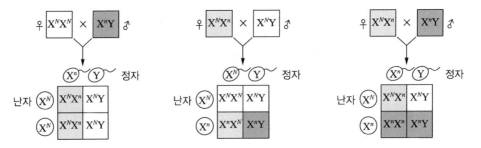

(a) 색맹인 아버지는 돌연변이 대립유전자를 모든 딸에게 전달하지만 아들에게는 전혀 물려주지 않는다. 어머니가 우성 동형접합성일 때 딸은 정상 표현형을 갖지만 돌연변이에 대한 보인자일 것이다.

(b) 보인자 여성이 정상 남성과 결혼한다면, 어머니처럼 딸이 보인자가 될 확률은 50%이며 아들이 색맹일 확률은 50%이다.

(c) 보인자 여성이 색맹인 남성과 결혼한다면, 그들 사이에서 태어나는 아이가 색맹일 확률은 성에 관계없이 50%이다. 정상 시각을 가진 딸은 보인자가 될 것이며, 반면에 정상 시각의 아들은 정상으로, 열성 대립유전자를 전혀 갖지 않을 것이다.

▲ X-연관 열성 형질인 색맹의 유전

㉡ Y-연관 유전(Y-linked Inheritance) : Y 염색체 상에 존재하는 유전자에 의함
  ⒨ 귀의 다모증
㉢ 한성 유전(Sex-limited Inheritance) : 어떤 형질이 한쪽 성에서만 나타나는 유전 현상으로, 상염색체 상의 유전자에 의함
  ⒨ 자궁 관련 질환 유전자(여성에서만 형질 발현), 정소 색깔 관련 유전자(남성에서만 형질 발현)
㉣ 종성 유전(Sex-controlled Inheritance) : 성에 따라 효과가 다르게 나타나는 유전 현상으로, 상염색체상의 유전자에 의함
  ⒨ 대머리의 유전

멘델의 유전 법칙으로 설명이 되지 않는 복잡한 유전 양상

(1) 단일 유전자에 대한 멘델 법칙의 확장

① 불완전 우성(중간 유전) : 대립인자 쌍 중 하나가 다른 대립인자에 대해 완전한 우성이 아님

　　예 분꽃, 금어초의 꽃 색깔

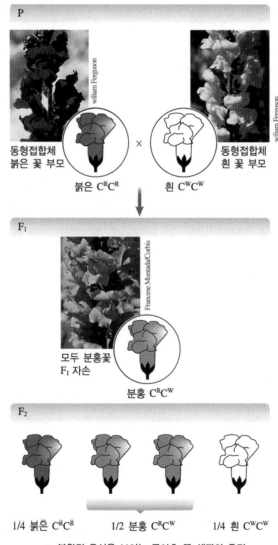

▲ 불완전 우성을 보이는 금어초 꽃 색깔의 유전

② **공동 우성(공우성)** : 이형접합자에서 두 가지 대립인자가 모두 표현형으로 나타나는 경우

　　例 사람의 ABO식 혈액형(적혈구 표면의 특정 당 분자 차이) : AB형(이형접합)은 I^AI^B 유전자형이
　　며, 두 대립인자가 모두 발현되어 형성된 두 종류의 효소에 의해 두 종류의 당분자가 적혈구
　　표면에 부착됨

③ **복대립 유전** : 한 개체군(동일 종 개체들의 집합) 내에 한 개의 유전자에 대해 3개 이상의 대립인자
가 존재하는 경우

　　例 사람의 ABO식 혈액형 : 3개의 대립인자

1. I^A(A), I^B(B), i(O) : 당 항원을 부착시키지 못하는 변이 효소 유전자
2. 적혈구 표면의 A, B 당 분자는 혈액형이 다른 사람의 몸 안에 유입 시 면역 반응을 유발하는
　항원(응집원)으로 작용
3. 각 사람은 자신이 보유하지 않은 적혈구 표면 당 항원에 대한 항체(응집소)를 보유 → α-응집소
　(A항원에 대한 항체), β-응집소(B항원에 대한 항체)
4. 부적합한 혈액형의 혈액을 수혈 받는 경우, 체내에서 응집 반응이 일어나 혈관이 막히고 생명에
　지장을 줄 수 있음

[ABO식 혈액형의 응집원과 응집소]

혈액형	A형	B형	AB형	O형
적혈구 표면	A	B	AB	O
응집소(항체)	β 응집소	α 응집소	없음	β 응집소 α 응집소
응집원(항원)	A 응집원	B 응집원	A 응집원 B 응집원	없음

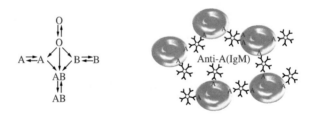

▲ 수혈 관계와 B형 사람에게 A형 혈액 수혈 시의 응집 반응

[ABO 혈액형의 응집 반응]

혈액형(표현형)	유전자형	혈액에 존재하는 항체의 종류	아래 적힌 혈액형의 피와 왼쪽에 적힌 혈액형의 항체를 섞은 경우 나타나는 반응			
			O	A	B	AB
O	ii	α-응집소 β-응집소				
A	$I^A I^A$ 또는 $I^A i$	β-응집소				
B	$I^B I^B$ 또는 $I^B i$	α-응집소				
AB	$I^A I^B$	-				

④ 다면발현(다면작용)

㉠ 한 유전자 좌위의 대립유전자가 2개 이상의 형질에 영향을 미치는 경우

㉡ 대부분의 유전병

㉘ 겸상(낫 모양) 적혈구 빈혈증 : 헤모글로빈 단백질을 구성하는 소단위 중 하나인 β-글로빈 폴리펩티드 유전자의 돌연변이로 발생하며, 비정상적인 헤모글로빈 단백질이 응집, 축적되어 적혈구 모양이 변화하고 산소 운반 능력이 낮아져 대기 산소 농도가 낮을 때 신체 여러 부위에 다양한 증상이 나타남

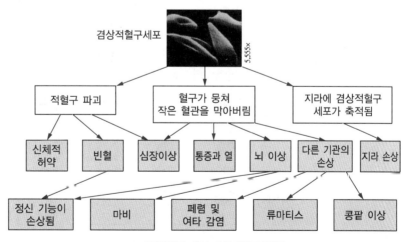

▲ 다면발현의 예인 겸상적혈구빈혈증

⑤ 치사 유전

    ㉠ 우성 치사 유전 : 치사 대립인자를 하나 이상 포함하는 자손은 병증이 유발되고 사망하는 경우

       例 헌팅턴병 : 신경계의 퇴행성 질환으로, 30~40대에 움직임 조절이 안 되는 증상이 나타나기 시작

         연골발육부전증(난장이병) : 동형접합의 경우는 발생 과정 중 치사되나, 이형접합 시 난장이

         표현형만 나타나고 치사는 일어나지 않음(불완전 우성)

    ㉡ 열성 치사 유전 : 열성동형접합의 경우 사망

       例 페닐케톤뇨증(PKU ; Phenyl Ketone Urea) : 페닐알라닌 아미노산의 대사 과정 효소 유전

         자의 돌연변이로 인해 페닐케톤이 축적되어 오줌으로도 배설되는 유전병으로, 정신 지체,

         다발성 장기 손상으로 사망할 수도 있음 → 영유아기에 페닐알라닌을 제한하는 식이요법으

         로 정신 지체 등의 증상 예방 가능

       例 갈락토스혈증 : 갈락토스 대사 과정 효소 유전자의 돌연변이로 발생하며, 심장, 간, 뇌 등의

         손상과 영양실조로 사망할 수도 있음 → 영유아기에 갈락토스 함유 음식을 제한하는 식이요

         법으로 증상 예방 가능

(2) 둘 이상의 유전자에 대한 멘델 법칙의 확장

① 상위성 : 하나의 유전자가 다른 유전자의 표현형에 영향을 미치는 경우

   例 포유류의 털색 유전

    • B : 검은색 색소 대립유전자, b : 갈색 색소 대립유전자

    • C : 색소를 털에 침착시키는 대립유전자, c : 변이 대립유전자

    → C 대립유전자가 반드시 한 개 이상 있어야 검은색 또는 갈색 색소가 털에 침착되어 색을 나타내며,

      cc를 지니는 경우 검은색이나 갈색 색소가 침착되지 못하여 흰색 털 표현형으로 나타냄

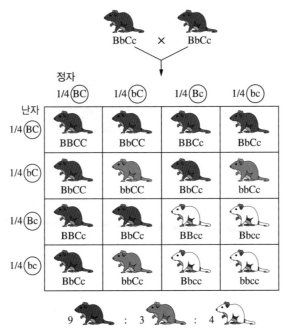

▲ 상위의 예

② 다인자유전(다유전자유전)
  ㉠ 한 가지 특성의 표현형 결정에 두 개 이상의 유전자가 누적적으로 영향을 미치는 경우
  ㉡ 각 유전자의 효과가 누적되어 조금씩 차이가 나는 등 다양한 표현형이 개체군 내에 나타남
    ㉖ 인간의 피부색, 머리카락 색, 눈의 홍채 색, 키 등

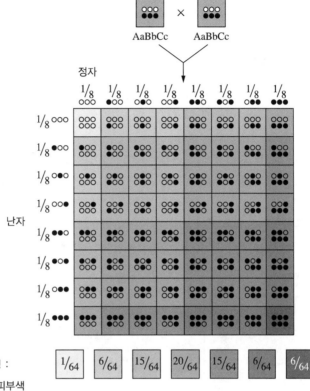

표현형 :

$1/64$	$6/64$	$15/64$	$20/64$	$15/64$	$6/64$	$6/64$

검은 피부색
대립유전자의 수 :   0   1   2   3   4   5   6

▲ 피부색 다인자 유전의 단순한 모델

미토콘드리아에 함유된 유전자에 의한 질병과 증상들	
질 병	증 상
컨스-세이어증후군 (Kearns-Sayre Syndrome)	근육 쇠약, 정신 장애, 비정상적인 심장박동, 작은 키
레버 유전성 시신경장애 (Leber Hereditary Optic Neuropathy)	시신경 퇴화로 시각 상실, 비정상적인 심장박동
사립체성 근육병증 (Mitochondrial Myopathy)과 사립체성 뇌근육병증 (Mitochondrial Encephalomyopathy)	발작, 긴장, 청각 상실, 신행성 치매, 비정상적인 심장박동, 작은 키
간대성 근경련증(Myoclonic Epilepsy)	시각과 청각 상실, 부자연스러운 움직임, 팔다리의 경련, 진행성 치매, 비정상적인 심장박동

12 | DNA의 복제

01 DNA의 구조

(1) 뉴클레오티드 : DNA, RNA의 단량체

    ① 질소 염기, 당, 인산으로 구성됨

    ② DNA 뉴클레오티드(dNTPs) : dATP, dGTP, dCTP, dTTP

    ③ RNA 뉴클레오티드(NTPs) : ATP, GTP, CTP, UTP

(2) DNA 이중나선 구조

    DNA 이중나선은 각 가닥이 반대 방향으로 배열됨 : 역평행 구조

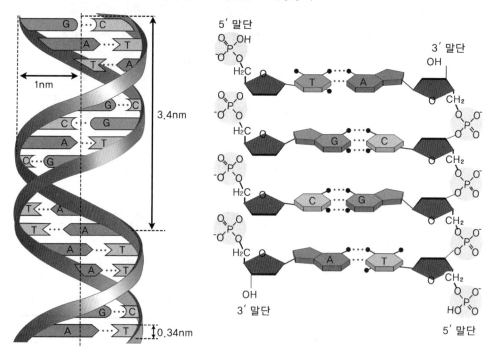

    (a) DNA 이중나선   (b) DNA의 평면 구조 : 역평행 이중 가닥으로 구성

▲ DNA 이중나선의 구조

(3) DNA가 유전물질이라는 증거

① 그리피스와 에이버리의 실험

㉠ 폐렴쌍구균(Streptococcus Pneumoniae)의 형질전환 현상을 관찰

㉡ 폐렴쌍구균

- S(Smooth)형 : 고체 배지에서 매끈한 세균 군락을 형성하며 폐렴을 유발하는 독성 균주
- R(Rough)형 : 고체 배지에서 거칠어 보이는 콜로니를 형성하며 독성이 없는 균주

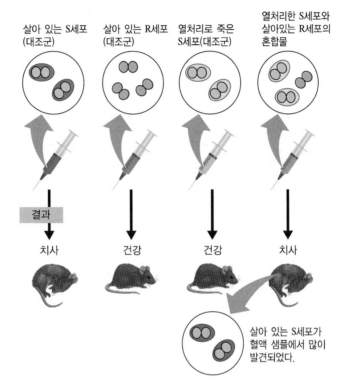

▲ 그리피스의 실험

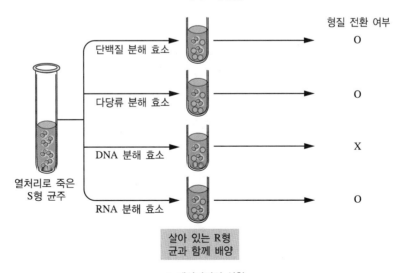

▲ 에이버리의 실험

② 허시와 체이스의 실험(1952)

　　㉠ 세균성 바이러스(박테리오파지)와 세균을 이용해 형질전환물질이 DNA임을 밝힘

　　㉡ 방사성 동위원소로 바이러스를 표지 : ^{35}S(단백질 표지), ^{32}P(DNA 표지)

❶ 방사성 동위원소로 표
지된 파지가 세균과 혼
합되었다. 파지는 세균
을 감염시켰다.

❷ 세균세포로부터 세균
의 외벽에 남아 있는
파지를 분리하기 위
해 믹서로 휘젓는다.

❸ 튜브 바닥에 세균을 침전시
키기 위하여 원심분리한다.
원심분리 후 상층액에는 내
부가 빈 상태로 있는 가벼운
파지가 존재한다.

❹ 침전물과 상층액의
방사능을 측정한다.

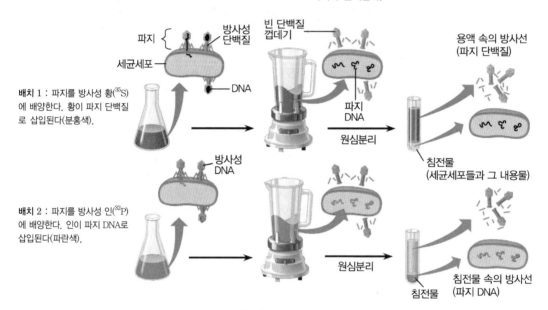

▲ 허시와 체이스의 실험

(1) DNA 복제 방식

반보존적 복제 : 모 DNA 이중 가닥이 분리된 후 각 가닥을 주형으로 상보적인 가닥들이 합성됨 → 딸 DNA 분자는 모 DNA 한 가닥에 새로 생성된 한 가닥이 합쳐짐

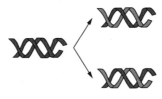

▲ 반보존적 DNA 복제

(2) 복제원점(복제 시점, Origin of Replication ; ORI)

원핵생물의 단일 환형 DNA는 한 군데의 복제원점을 지니며, 진핵생물은 선형 DNA의 여러 부위에 복제원점을 지님

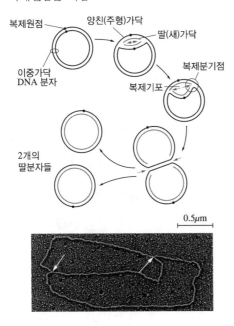

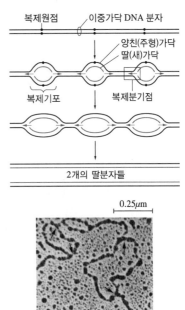

(a) 대장균과 다른 많은 세균들은 원형의 염색체를 가지고 있고 오직 한 개의 복제원점을 가지고 있다. 양친가닥이 이 복제원점에서 분리되고 2개의 복제분기점을 갖는 복제기포가 형성된다. 복제가 양방향으로 진행되어 결국 서로 다른 방향으로 진행된 복제분기점들은 서로 만나게 된다. 사진은 전자현미경(TEM)으로 세균 복제기포를 찍은 것이다.

(b) 진핵생물의 DNA 복제는 각 염색체의 거대한 DNA 분자를 따라 많은 부위에서 시작한다. 복제는 두 양친 가닥이 분리되어 복제기포가 형성되는 특정한 부위에서 시작한다. DNA 복제는 복제기포에서 양방향으로 진행되고 옆으로 확장한다. 최후에는 복제기포가 연결되고, 딸 DNA 가닥의 합성이 완성된다. 배양 중에 있는 중국 햄스터 세포에 대한 현미경(TEM) 사진으로, 네 군데의 복제기포가 있는 것을 볼 수 있다.

▲ 원핵 생물인 대장균과 진핵 생물의 복제원점

(3) 원핵 세균의 복제 과정

진핵 생물과 기본적인 과정은 유사

① 복제 관련 단백질

    ㉠ 헬리카아제(헬리케이스) : 복제 분기점에서 DNA 가닥 사이의 수소 결합을 끊어 이중나선을 풀어주는 효소

    ㉡ 단일가닥 결합 단백질(SSBs ; Single Strand Binding proteins) : 풀어진 단일 가닥 DNA에 결합해, 복제가 일어나기 전에 다시 이중 나선이 재형성되는 것을 막아주는 단백질

    ㉢ DNA 회전효소(위상이성질화효소) : 헬리케이스에 의해 복제 분기점 앞 부위에 과도한 꼬임이 축적되는 것을 완화시키는 효소로서, DNA를 끊고, 꼬임을 풀고, 재결합시킴

    ㉣ DNA 중합효소 : 뉴클레오티드 사이에 당-인산 공유결합을 형성해 중합하여 딸가닥을 합성하는 효소

        • 5´ → 3´ 방향으로 신장됨

        • DNA 중합효소가 결합하여 가닥 신장에 이용할 짧은 RNA 절편인 시발체(프라이머) 필요

    ㉤ 프리마아제(프리메이스) : RNA 프라이머(~10개의 RNA 뉴클레오티드)를 합성하는 효소

    ㉥ DNA 연결효소(DNA 리가아제) : DNA 절편 사이의 공유 결합이 비어있는 틈에 당-인산 공유결합을 형성하여 연결시키는 효소

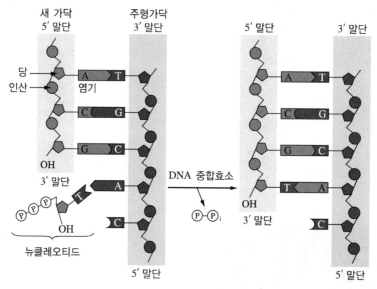

▲ 뉴클레오티드의 중합

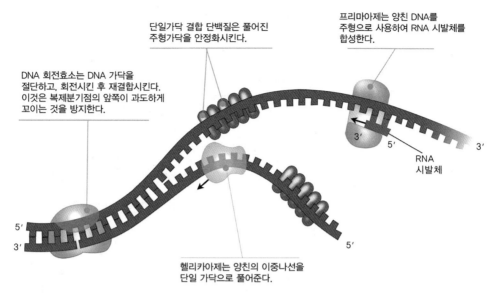

단일가닥 결합 단백질은 풀어진 주형가닥을 안정화시킨다.

프리마아제는 양친 DNA를 주형으로 사용하여 RNA 시발체를 합성한다.

DNA 회전효소는 DNA 가닥을 절단하고, 회전시킨 후 재결합시킨다. 이것은 복제분기점의 앞쪽이 과도하게 꼬이는 것을 방지한다.

RNA 시발체

헬리카아제는 양친의 이중나선을 단일 가닥으로 풀어준다.

▲ DNA 복제 개시에 관여하는 단백질들

② 복제 과정

  ㉠ 선도 가닥의 합성

   • 한 개의 프라이머만 형성 후 연속적으로 한번에 합성됨

   • 헬리카아제의 진행 방향을 따라서, DNA 중합효소가 주형 가닥에 상보적인 딸가닥을 5′ → 3′ 방향으로 합성

  ㉡ 지체 가닥(후발 가닥)의 합성

   • 여러 개의 프라이머가 형성되며 불연속적으로 나뉘어 여러 조각으로 합성됨

   • 헬리카아제의 진행 방향과 반대 방향으로 딸가닥 합성이 진행됨

   • DNA 중합효소는 5′ → 3′ 방향으로만 가닥 합성이 가능한데 DNA 이중 나선은 역평행하므로, 전체적으로 선도 가닥의 진행 방향과 반대 방향으로 가닥 합성이 진행되며 헬리카아제가 주형 가닥을 조금씩 열 때마다 여러 개의 조각(오카자키 절편)으로 합성됨

  ㉢ RNA 프라이머의 제거와 프라이머 제거 부위의 중합

ⓒ DNA 연결효소에 의한 절편의 연결

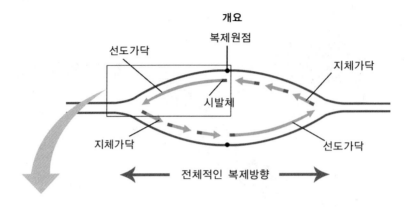

개요

선도가닥　복제원점　지체가닥

시발체

지체가닥　선도가닥

← 전체적인 복제방향 →

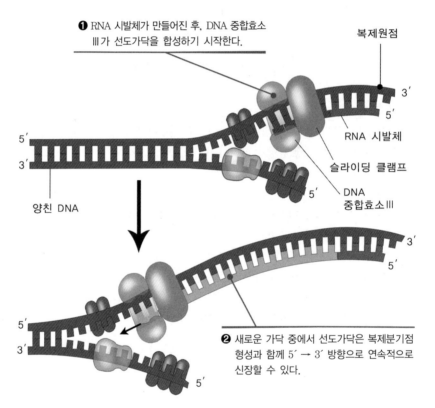

❶ RNA 시발체가 만들어진 후, DNA 중합효소 Ⅲ가 선도가닥을 합성하기 시작한다.

복제원점

3′
5′

RNA 시발체

슬라이딩 클램프

DNA 중합효소Ⅲ

5′
3′

양친 DNA

3′
5′

5′
3′

5′

❷ 새로운 가닥 중에서 선도가닥은 복제분기점 형성과 함께 5′ → 3′ 방향으로 연속적으로 신장할 수 있다.

▲ 선도가닥의 합성

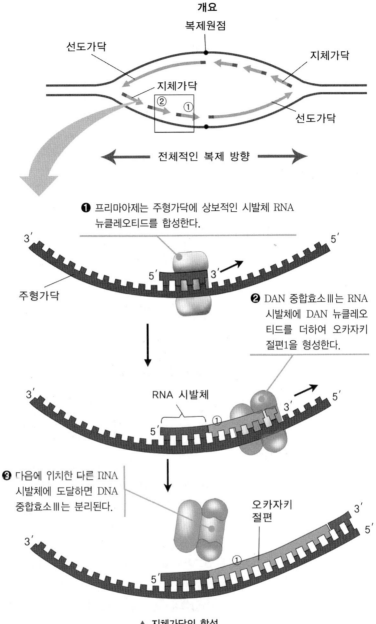

개요

복제원점

선도가닥

지체가닥

지체가닥

② ①

선도가닥

◄ 전체적인 복제 방향 ►

❶ 프라이마제는 주형가닥에 상보적인 시발체 RNA 뉴클레오티드를 합성한다.

3′

5′ 3′

주형가닥

5′

❷ DAN 중합효소Ⅲ는 RNA 시발체에 DAN 뉴클레오 티드를 더하여 오카자키 절편1을 형성한다.

3′

RNA 시발체

① 3′ 5′

5′

❸ 다음에 위치한 다른 RNA 시발체에 도달하면 DNA 중합효소Ⅲ는 분리된다.

오카자키 절편

3′

3′

① 5′

5′

▲ 지체가닥의 합성

(4) 진핵생물 선형 DNA 말단부위의 단축과 복원

① 텔로미어(말단소체, 말단소립)

　㉠ 선형 DNA 또는 응축된 염색체의 말단 부위로서, 유전자가 존재하지 않으며 특정 염기 서열이 반복됨

　　예 사람의 텔로미어 : 5′-TTAGGG-3′ 서열이 최대 2,000번까지 반복되어 있음

　　새로 합성된 딸가닥의 5′ 말단 부위는 프라이머 제거 후 메워지지 못해, 세포 주기를 거듭하면서 복제를 반복할수록 텔로미어의 길이는 단축됨

ⓛ 텔로미어가 DNA 말단 부위에 있어서, 반복된 복제로 인해 유전자가 함유된 DNA 부위가 손상을 입지 않도록 보호됨

　ⓒ 텔로미어의 길이가 많이 짧아지면 세포 노화와 예정세포사가 유발되어 세포는 죽음

② 텔로머라아제(텔로머레이스)

　ⓐ DNA 복제 후 짧아진 텔로미어의 길이를 다시 신장시켜주는 효소

　ⓛ 텔로미어 부위 DNA 합성을 위한 주형으로 사용되는 RNA와 역전사 효소 활성을 나타내는 단백질로 구성됨

　ⓒ 수명이 제한된 일반 세포에선 발현되지 않으나, 골수 줄기 세포 및 정자 형성 세포 등의 줄기 세포와 암세포에서 활성이 나타남

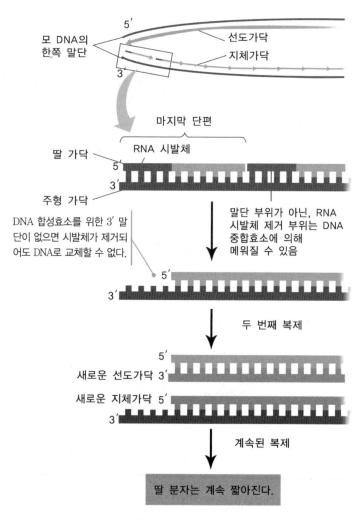

▲ 선형 DNA 말단 부위의 단축

13 | 유전자 발현

01 DNA에서 단백질로의 정보의 흐름

(1) 중심 원리(센트럴 도그마, Central Dogma)

DNA로부터 단백질로의 정보의 흐름을 의미하며, 전사와 번역의 두 단계로 이루어짐

(2) DNA로부터 RNA로의 유전 정보 복사 : 전사

유전 정보가 함유된 DNA 부위(유전자)의 한 가닥을 주형으로 삼아 상보적인 염기 서열의 RNA를 합성하는 과정

(3) RNA로부터의 폴리펩티드 사슬 합성과정 : 번역

mRNA로 복사된 유전 정보를 바탕으로 아미노산을 연결하여 폴리펩티드를 합성하는 과정

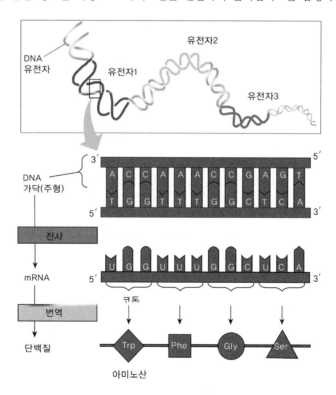

▲ 전사와 번역의 개요

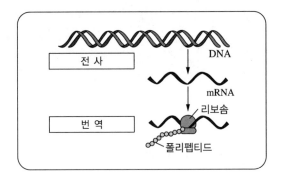

(a) **박테리아 세포** : 핵이 없는 세포에서 전사에 의해 생성된 mRNA
　　는 추가적인 가공없이 즉시 번역된다.

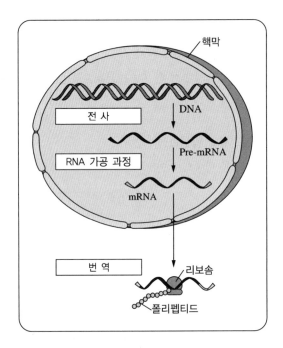

(b) **진핵세포** : 핵은 전사를 위한 별도의 구획을 제공한다. mRNA
　　전구체라고 불리는 처음 만들어진 RNA 전사물은 여러 방법으
　　로 가공된 다음 mRNA가 되어 핵을 떠난다.

▲ 원핵세포와 진핵세포의 유전 정보의 흐름 비교

(1) 프로모터

① 유전자 서열의 앞부분에 존재하며 전사를 조절하는 부위

② 전사 조절 단백질들이 붙어 RNA 중합효소의 결합을 촉진하고 전사를 개시하는 특이 DNA 서열

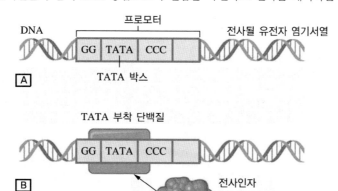

▲ 진핵생물 프로모터 부위의 개요도

(2) RNA 중합효소

① 세균 : 한 종류의 RNA 중합효소만 사용

② 진핵세포

　　㉠ RNA 중합효소 I : rRNA 합성

　　㉡ RNA 중합효소 II : mRNA 합성

　　㉢ RNA 중합효소 III : tRNA 합성

(3) 전사 과정

① 헬리카아제와 프라이머 필요 없음

② 프로모터 부위에 결합한 RNA 중합효소가 개시 시작점 부위에서 주형 가닥과 비주형 가닥(코딩 가닥)을 부분적으로 분리시킴

③ RNA 중합효소가 주형 가닥에 상보적인 RNA를 5′ → 3′ 방향으로 합성

④ RNA 중합효소가 전사 종결 부위에 도달하면 주형으로부터 분리되고, 합성된 RNA는 방출됨

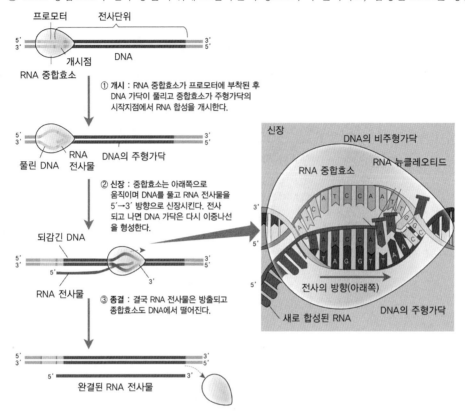

▲ 전사의 3단계

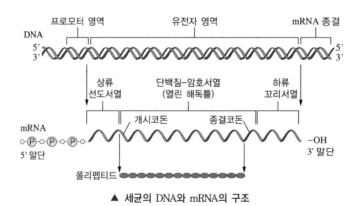

▲ 세균의 DNA와 mRNA의 구조

(4) 대표적인 RNA의 세 종류

① mRNA(messenger RNA, 전령 RNA) : 유전 정보를 리보솜으로 운반

② rRNA(ribosmal RNA, 리보솜 RNA) : 단백질과 함께 리보솜을 구성

③ tRNA(transfer RNA, 운반 RNA) : 리보솜으로 아미노산을 운반

03 진핵세포 mRNA의 전사 후 가공

(1) 전사를 마친 전구체 mRNA(pre-mRNA)는 핵 밖으로 수송되기 전에 몇 가지 가공 과정을 거쳐 성숙한 mRNA가 됨

① 5′-캡 첨가

mRNA의 5′ 말단에 메틸기가 부착된 변형된 구아닌(G) 뉴클레오티드가 부가됨

② 3′-폴리(A) 꼬리 첨가

전구체 mRNA의 3′ 말단에 50~250개의 A(아데닌) 뉴클레오티드가 부가됨

③ 5′-캡과 3′-폴리(A) 꼬리의 역할
- 핵 밖으로의 수송을 용이하게 함
- RNA 가수분해효소에 의한 분해로부터 mRNA를 보호
- 리보솜의 결합 부위로 작용해 번역 촉진

④ RNA 스플라이싱(RNA 이어 맞추기)
- 진핵세포의 유전자는 암호 서열 부위(엑손) 사이사이에 비암호 서열 부위(인트론)가 끼어있는 모자이크 형태임(→ 분절 유전자라고도 함)
- 엑손과 인트론이 모두 mRNA로 전사된 후 인트론 부위만 제거하는 과정이 스플라이싱 과정임
- 경우에 따라 RNA와 단백질의 복합체인 스플라이소좀(스플라이싱 효소 복합체)이나 인트론 자체가 스플라이싱을 수행

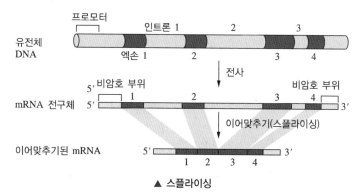

▲ 스플라이싱

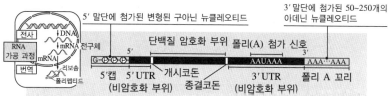

▲ 진핵세포 성숙 mRNA의 구조

(1) 번 역

① **유전 암호** : DNA 내의 트리플렛 코드(Triplet Code) → 전사 후 mRNA 상의 연속된 3개의 염기
(트리플렛 코돈)가 한 개의 아미노산을 지정

② tRNA와 리보솜이 중심 역할 수행

(2) 유전 암호

① 세 개의 연속된 염기 서열(4종류)로 이루어진 64가지 조합의 코돈 중 종결 서열 3가지를 제외한
61개 코돈이 특정 아미노산(총 20가지)을 지정하는 암호로 사용됨

② 몇몇 코돈을 제외하곤, 여러 개의 코돈이 중복적으로 동일한 아미노산을 지정

 ㉠ 코돈의 중복성(축퇴성)

 ㉡ 중복되는 코돈의 경우 세번째 염기 서열(3′ 말단 부위)만 다른 경우가 흔함

③ **시작(개시) 코돈** : AUG → 번역의 시작 지점으로 이용되며, 메티오닌 아미노산을 지정

④ **종결 코돈** : UAA, UAG, UGA → 아미노산은 지정하지 않으며 번역의 종결 신호로만 사용됨

⑤ 유전 암호는 세균부터 인간까지 모든 진핵세포에서 공통으로 사용됨

 ㉠ 모든 생물은 공통 조상에서 유래했음을 증명하는 증거임

 ㉡ 일부 진핵세포의 소기관(미토콘드리아, 색소체)에선 예외적인 코돈 사용이 발견됨

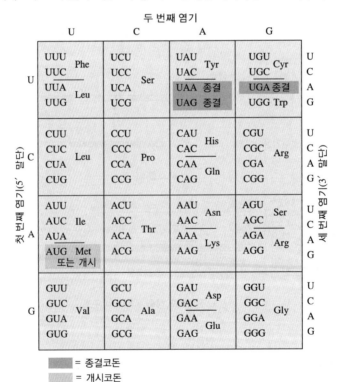

▲ 유전 암호 해독표(mRNA 서열 기준)

(3) tRNA의 구조와 기능

① 약 70~80nt 길이의 단일 가닥 RNA

② 가닥 내에 서로 수소 결합 형성이 가능한 상보적인 염기 서열 부위가 있어 스스로 접혀 클로버 잎 모양의 2차 구조를 형성

③ mRNA상의 코돈과 결합하는 부위(안티코돈)와 아미노산 결합 부위(3′ 말단)를 모두 지녀 번역 과정을 매개하는 어댑터 역할을 수행

④ 아미노아실-tRNA 합성효소에 의해 tRNA에 안티코돈 서열에 따라 특이적인 아미노산이 부착(ATP 에너지 이용)된 후 리보솜으로 이동하여 암호가 해독됨

⑤ 아미노아실-tRNA : 3′ 말단에 아미노산 한 개가 부착된 상태의 tRNA

⑥ 펩티딜-tRNA : 리보솜에서 신장 중인 폴리펩티드 사슬이 결합되어 있는 tRNA

⑦ 세포질에서 자신이 운반할 아미노산과 결합하고 이를 리보솜으로 가서 내어놓는 과정을 반복하며 재사용됨

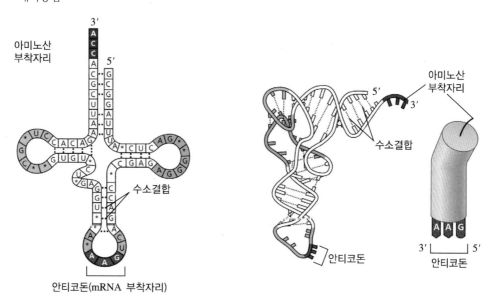

(a) 2차원 구조
3′ 말단부위의 CCA 서열은 모든 tRNA에 공통이며, mRNA의 특정 코돈에 상보적인 염기쌍을 형성해 결합하는 안티코돈 서열은 tRNA마다 다르다. 안티코돈 서열에 따라 3′ 말단에 결합하는 아미노산의 종류가 결정된다.

(b) 3차 구조

(c) 간략화한 모식도

▲ tRNA의 구조

(4) 리보솜

번역 과정 중 mRNA와 tRNA를 붙잡아주는 역할과 아미노산 사이에 펩티드 결합을 형성하는 역할을 수행

① 구성 성분

　　㉠ rRNA와 단백질 수십 개로 이루어진 두 개의 소단위체로 구성

　　㉡ 세포질에 분리되어 있던 두 소단위체가 폴리펩티드 합성 시에 mRNA상에서 합쳐져 기능적 리보솜을 구성

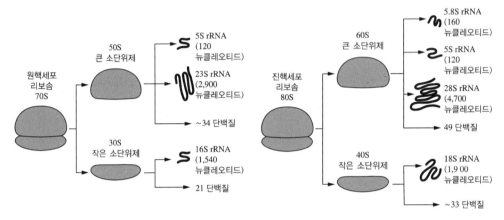

▲ 원핵세포와 진핵세포 리보솜의 구성

② 구조 : 세 군데의 tRNA 결합부위 지님

　　㉠ A 자리 : 아미노아실-tRNA 결합자리

　　㉡ P 자리 : 펩티딜-tRNA 결합자리

　　㉢ E 자리 : 아미노산 전달을 마친 tRNA가 결합하는 자리

　　※ 번역 과정 중 펩티딜-tRNA에 부착된 펩티드 사슬이 아미노아실-tRNA에 부착된 아미노산으로 전달되며 펩티드 결합으로 연결됨

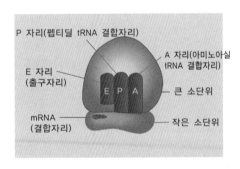

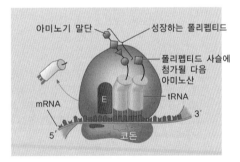

(a) **결합자리를 보여주는 도식적인 모델** : 리보솜은 mRNA 결합자리와 세 개의 tRNA 결합자리를 갖고 있는데 A, P, E 자리로 알려져 있다. 이 도식적인 리보솜은 뒤에 여러 모식도에서도 나올 것이다.

(b) **mRNA와 tRNA를 포함한 도식적인 모델** : tRNA는 안티코돈이 mRNA의 코돈과 염기쌍을 이루면 결합자리에 딱 맞는다. P 자리는 성장하는 폴리펩티드에 부착된 tRNA를 붙들고 있다. A 자리는 폴리펩티드 사슬에 첨가될 다음 아미노산을 가진 tRNA를 붙잡고 있다. 아미노산이 떨어져 나간 tRNA는 E 자리에서 떨어져 나간다.

▲ 리보솜의 기능적인 구조

(5) 세균의 번역 과정

① 개시 단계
  ㉠ mRNA의 5´ 말단에서 가까운 개시 코돈 부근에서 개시 tRNA, 2개의 리보솜 소단위체들이 결합하여 개시 복합체를 형성
  ㉡ 세균의 개시 tRNA : 메티오닌 아미노산에 포밀(Formyl)기가 부착된 f(포밀)Met-tRNA가 폴리펩티드 사슬 합성의 첫 번째 아미노산으로 이용됨
  ㉢ 진핵세포의 개시 tRNA : Met-tRNA

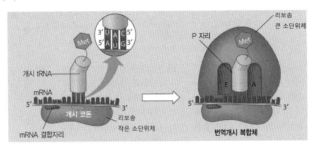

▲ 번역의 개시

② 신장 단계 : 새로운 아미노아실-tRNA가 A자리에 들어와 mRNA 코돈과 결합하며 P자리의 펩티딜-tRNA로부터 아미노아실-tRNA의 아미노산으로 펩티드 사슬을 전달하며 펩티드 결합이 형성됨
  ㉠ 리보솜이 mRNA의 5´에서 3´ 방향으로 한 코돈 단위만큼 이동
  ㉡ A자리에 있던 tRNA는 P자리에 있게 되고, P자리에 있던 tRNA는 E 자리로 이동 후 방출됨
  ㉢ 같은 과정을 종결 코돈까지 반복

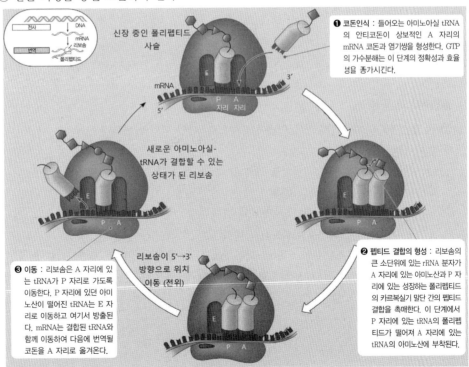

▲ 번역의 신장 주기

③ 종결 단계 : 리보솜의 A자리가 종결 코돈에 위치하게 되면, 방출 인자 단백질이 A자리로 들어와 종결 코돈 부위에 결합하고 펩티딜-tRNA로부터 폴리펩티드를 분리, 방출시킴

❶ 리보솜이 mRNA상의 종결코돈에 도달하면 리보솜의 A 자리는 아미노아실 tRNA 대신에 tRNA와 구조가 유사한 방출인자라고 불리는 단백질을 받아들인다.

❷ 방출인자는 P 자리에 있는 tRNA와 폴리펩티드의 마지막 아미노산 사이의 결합을 가수분해한다. 그러므로 폴리펩티드는 리보솜으로부터 방출된다.

❸ 리보솜의 두 소단위와 번역기구의 다른 구성 요소들은 분리된다.

▲ 번역의 종결

④ 폴리리보솜(폴리솜)

　　㉠ 원핵세포와 진핵세포 모두에서 발견됨

　　㉡ 한 분자의 mRNA에 연속적으로 부착되어 동일한 폴리펩티드를 합성하는 다수의 리보솜 → 단시간에 다수의 폴리펩티드 사본이 생성될 수 있음

05 돌연변이

(1) 돌연변이의 종류

① 점 돌연변이 : 가장 단순한 돌연변이 유형으로, 단일 염기의 변화

② 염기 치환

　　㉠ 염기 서열 하나가 다른 염기로 대체됨

　　㉡ 염기 치환의 결과에 따른 종류

　　　• 미스센스 돌연변이(과오 돌연변이)

　　　　– 염기 서열 변화 → 아미노산의 변화

　　　　– 단백질의 구조 변화로 인해 기능 상실이 초래되어 질병을 유발하기도 하나, 기능에는 아무 영향이 없는 경우(중립 돌연변이라 함)도 있고 드물게 단백질의 원래 기능이 더 강화되기도 함

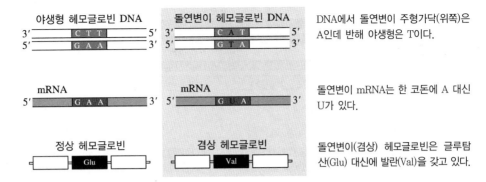

| 야생형 헤모글로빈 DNA | 돌연변이 헤모글로빈 DNA | DNA에서 돌연변이 주형가닥(위쪽)은 A인데 반해 야생형은 T이다. |

▲ 미스센스 돌연변이의 예 : 유전병인 겸상적혈구 빈혈증

- 사일런트 돌연변이(침묵 돌연변이)
  - 아미노산 변화를 일으키지 않음
  - 중복으로 사용되는 코돈의 세 번째 염기 서열(3′ 말단 부위)에 변화가 일어난 경우로, 동일한 아미노산을 지정
- 난센스 돌연변이(종결 돌연변이)
  - 종결 서열을 형성
  - 원래 길이보다 짧은 폴리펩티드가 형성됨
③ 염기 결실 및 삽입 : 염기 서열이 당겨지거나 밀리는 틀-변경으로 인해 난센스 돌연변이가 유발되기도 하고, 돌연변이 부위부터 다수의 아미노산 서열이 변화되는 광범위한 미스센스 돌연변이가 유발하기도 함

(2) 돌연변이원

① 화학적 돌연변이원
  ㉠ 염기유사물질 : 복제 시 DNA 사슬에 염기 대신 끼어듦
     예 5-브로모우라실(티민 유사체)
  ㉡ 염기변형물질 : 반응성이 강해 염기에 화학적 변화 유도
     예 질산염($-HNO_2$), 활성 산소 등의 자유 라디칼
  ㉢ 삽입성 물질 : 구조가 납작한 분자로서, DNA 뉴클레오티드 사이에 삽입 가능
     예 EtBr(Ethidium Bromide) : DNA 내에 삽입되어 분홍색 형광을 나타내므로 DNA염색약으로 사용됨

② 물리적 돌연변이원
  ㉠ 이온화 방사선 : 직접 DNA 절단을 유도하거나 자유라디칼을 형성
     예 X선, γ선
  ㉡ 자외선(UV) : DNA를 절단하거나, 피리미딘(주로 티민) 사이에 비정상적인 공유결합을 형성시켜 티민-이량체 형성

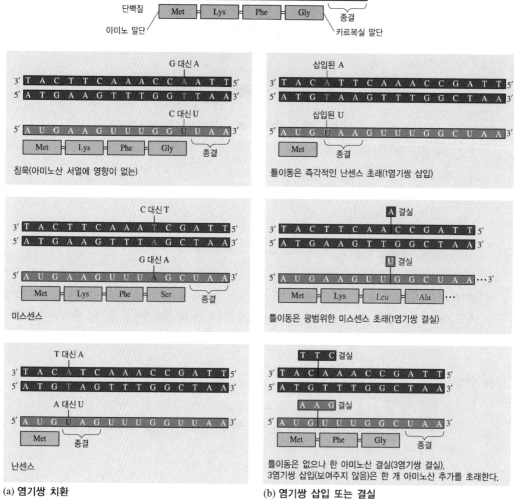

야생형

DNA 주형가닥 3′ T A C T T C A A A C C G A T T 5′
5′ A T G A A G T T T G G C T A A 3′

mRNA 5′ A U G A A G U U U G G C U A A 3′

단백질 Met Lys Phe Gly 종결

아미노 말단 카르복실 말단

G 대신 A

3′ T A C T T C A A A C C A A T T 5′
5′ A T G A A G T T T G G T T A A 3′

C 대신 U

5′ A U G A A G U U U G G U U A A 3′

Met Lys Phe Gly 종결

침묵(아미노산 서열에 영향이 없는)

삽입된 A

3′ T A C A T T C A A A C C G A T T 5′
5′ A T G T A A G T T T G G C T A A 3′

삽입된 U

5′ A U G U A A G U U U G G C U A A 3′

Met 종결

틀이동은 즉각적인 난센스 초래(1염기쌍 삽입)

C 대신 T

3′ T A C T T C A A A T C G A T T 5′
5′ A T G A A G T T T A G C T A A 3′

G 대신 A

5′ A U G A A G U U U A G C U A A 3′

Met Lys Phe Ser 종결

미스센스

A 결실

3′ T A C T T C A A C C G A T T 5′
5′ A T G A A G T T G G C T A A 3′

U 결실

5′ A U G A A G U U G G C U A A …3′

Met Lys Leu Ala …

틀이동은 광범위한 미스센스 초래(1염기쌍 결실)

T 대신 A

3′ T A C A T C A A A C C G A T T 5′
5′ A T G T A G T T T G G C T A A 3′

A 대신 U

5′ A U G U A G U U U G G U U A A 3′

Met 종결

난센스

(a) 염기쌍 치환

T T C 결실

3′ T A C A A A C C G A T T 5′
5′ A T G T T T G G C T A A 3′

A A G 결실

5′ A U G U U U G G C U A A 3′

Met Phe Gly 종결

틀이동은 없으나 한 아미노산 결실(3염기쌍 결실).
3염기쌍 삽입(보여주지 않음)은 한 개 아미노산 추가를 초래한다.

(b) 염기쌍 삽입 또는 결실

▲ 점 돌연변이의 종류

14 | 유전자 발현의 조절

01　세균과 진핵세포의 유전자 조절

(1) 원핵세포의 유전자 발현 조절

　① 전사 수준의 조절이 대부분임

　② 관련 유전자들이 오페론 단위로 그룹화되어 있고, 한 번에 조절이 이루어짐

(2) 진핵세포의 유전자 발현 조절

　① 전사 수준의 조절을 비롯해 여러 단계에서 복합적으로 조절됨

　② 원핵세포와의 차이점

　　㉠ 염색질 구조에 의한 조절

　　㉡ DNA 내에 프로모터 외에도 다양한 전사 조절자리가 존재하며, 유전자로부터 원거리에 위치하기도 함

　　㉢ DNA의 메틸화에 의한 전사 조절

　　㉣ mRNA 가공과정에서의 조절

02　세균의 유전자 조절

(1) 전사 수준의 조절

　① 여러 유전자들이 한꺼번에 전사 조절되는 단위인 오페론이 있어, 환경 변화에 빠르게 대응할 수 있음

　② 오페론

　　㉠ 동일한 대사 반응에 사용되는, 기능적으로 연관된 유전자 집단의 조절 단위

　　㉡ 오페론의 구조 : 프로모터 + 작동자 + 구조 유전자

　　　• 프로모터 : 활성자와 RNA 중합효소가 결합하는 부위로, 이 부위에 활성자 결합 시 RNA 중합효소의 결합을 촉진해 전사가 촉진됨

　　　• 작동자 : 억제자가 결합하는 부위로, 이 부위에 억제자 결합 시 RNA 중합효소의 결합이나 진행이 저해되어 전사가 억제됨

　　　• 구조 유전자 : 하나의 오페론 단위 안에 묶여있는 유전자들로서 특정 대사 반응과 관련된 단백질들을 생성시킴

　③ 음성 조절

　　㉠ 억제자가 작동자 부위에 결합 시 구조 유전자들의 전사가 억제되는 조절 기작

ⓛ 억제자는 오페론 밖에 위치하며 항시 발현되는 조절 유전자에 의해 발현됨

ⓒ lac(lactose, 젖당) 오페론

- 에너지원인 젖당의 가수분해와 관련된 오페론
- 구조 유전자 : 젖당의 분해 및 이용과 관련된 효소들의 유전자
  - *lacZ* 유전자 : β-갈락토시데이스(젖당 가수분해 효소)를 암호화
  - *lacY* 유전자 : 젖당 투과효소(세포막의 젖당 수송 단백질)를 암호화
  - *lacA* 유전자 : 갈락토시드-아세틸기 전이효소를 암호화
- *lacI* 유전자 : 오페론 밖에 있는 유전자로서 억제자를 발현시키며, 처음 발현된 억제자는 활성 형이어서 작동자에 결합해 RNA 중합효소의 결합 및 진행을 방해해 전사를 억제할 수 있음
- 젖당 부재 시 : 억제자가 활성 상태여서 작동자에 결합해 구조 유전자들이 발현되지 않음 (전사 억제)
- 젖당 존재 시 : 젖당이 이성질체인 알로락토스(Allolactose)로 전환된 후 억제자와 결합해 억 제자의 구조를 변화시켜 불활성화를 유발하여 구조 유전자들의 전사가 유도됨(전사 촉진)

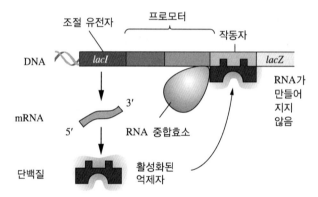

(a) **젖당이 없으면, 억제자는 활성화되고, 오페론은 불활성화된다.**
lac 억제자는 원래부터 활성 상태를 나타내며 젖당이 없으면 작동자에 결합하여 오페론의 작동을 소멸시킨다.

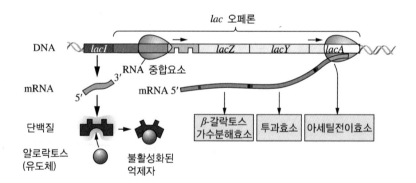

(b) **젖당이 존재하면, 억제자는 불활성화되고, 오페론은 활성화된다.**
젖당의 이성질체인 알로락토스는 억제자를 불활성화시켜 오페론의 발현억제를 풀어 준다. 이와 같은 방식으로 젖당 이용에 필요한 효소들이 유도된다.

▲ lac 오페론의 조절

(2) 전사 후 조절

　① 번역 조절 : 리보솜의 부착 또는 진행에 영향을 미쳐 번역 속도를 조절

　　예 안티센스 RNA : 특정 mRNA에 상보적 염기 서열을 갖는 작은 단일 가닥 RNA로서, 그 mRNA
　　　에 결합하여 주로 번역을 억제

　　　번역 억제자 단백질 : 특정 mRNA의 개시코돈 부근에 결합하여 리보솜의 결합을 막아 번역을 억제

　② 번역 후 조절

　　　예 효소 활성의 되먹임 조절

03　진핵세포의 유전자 조절

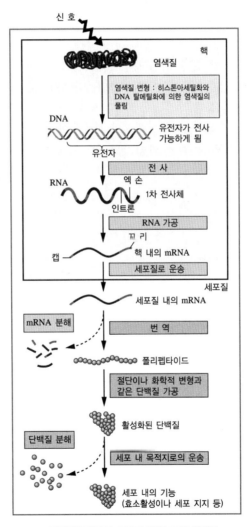

▲ 진핵생물에서의 유전자 발현 조절 단계들

(1) 염색질(크로마틴)의 구조 변화

① 염색질

　ⓐ 염색질은 부위별로 필요에 따라 가역적으로 이질염색질에서 진정염색질 구조로 변환될 수 있음

　ⓑ 이질염색질

　　• 강하게 응축되어 간기에도 DNA 염색약에 의해 진하게 염색되는 부위

　　• 불활성 상태로서, 유전자 발현이 억제됨

　ⓒ 진정염색질 : 보다 덜 응축되어 전사 활성을 나타내는 부위

② 염색질 구조의 변형

　ⓐ 히스톤 아세틸화

　　• 히스톤 단백질의 N 말단 부위는 (+)전하를 띠는 염기성 아미노산인 라이신이 여러 개 위치하여 (−)전하를 띠는 DNA와 이온 결합을 형성해 뉴클레오솜 구조가 안정화됨

　　• 히스톤의 아세틸화는 라이신 아미노산의 양전하를 상쇄시켜 DNA와의 이온 결합 형성을 저해함 ⇒ 진정 염색질화

　ⓑ DNA 메틸화

　　• 척추 동물 등의 진핵생물은 DNA 가닥 내 연속된 CG 염기 서열의 시토신 염기 부위에 메틸화가 일어나며, 유전자 조절 부위에 일어난 DNA 메틸화는 주로 이질 염색질화를 유발하여 유전자의 전사 억제를 초래

　　• 후성 유전(후생 유전) : DNA 염기 서열 정보가 아닌, DNA 메틸화 등의 유전자 발현 조절 기작에 의한 표현형의 변화 → 연령, 영양 상태, 운동 여부 등의 다양한 인자들이 DNA 메틸화에 영향을 미칠 수 있음

(2) 전사 수준의 조절

① 프로모터의 서열 : 모든 유전자의 발현에 공통적으로 요구되는 '보편(일반) 전사인자'들이 결합할 수 있는 공통 서열이 존재

② 조절 서열(조절 요소)

　ⓐ 효율적인 전사에 필요한 프로모터 이외의 DNA 서열 부위들로서, 증폭자(인핸서)와 침묵자(사일렌서) 같은 요소들이 존재

　ⓑ 다세포 생물에서 조절 서열은 프로모터로부터 수천 염기쌍 떨어져 존재할 수 있음

③ 특이 전사인자

　ⓐ 보편 전사인자 이외에 추가로 사용되는 전사 조절 단백질로서, 증폭자, 침묵자와 같은 전사 조절 서열에 결합 가능

　ⓑ 매개자 역할을 하는 보조 활성자를 통해 보편 전사 인자들과 RNA 중합효소를 프로모터 부위에 집결시키거나 상호작용하여, 전사를 더욱 촉진하거나 억제함

　　• 활성자 : 증폭자 부위에 결합하여 전사 촉진을 유발하는 단백질

　　• 억제자 : 침묵자 부위에 결합하여 전사 억제를 유발하는 단백질

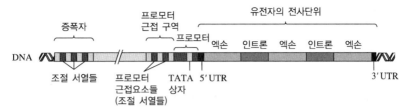

▲ 진핵 세포 유전자와 그 조절 관련 부위

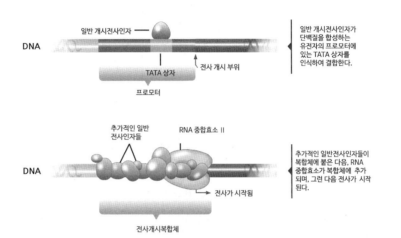

▲ 보편(일반) 전사인자에 의한 전사개시복합체의 형성

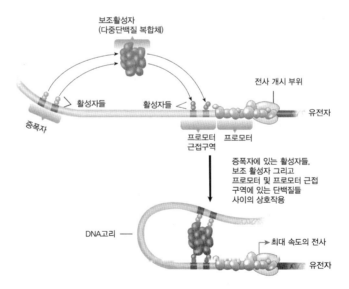

▲ 활성자, 보조 활성자 그리고 보편 전사인자들의 상호작용에 의한 최대 활성의 전사 유발 기작

(3) 전사 후 조절

① 대체적 RNA 스플라이싱

　㉠ 다양한 엑손의 조합을 형성하는 스플라이싱을 통해 하나의 유전자로부터 다양한 폴리펩티드가 형성됨

　㉡ 유전자 하나가 한 종류의 폴리펩티드 생성에 관여한다는 '1 유전자 -1 폴리펩티드설'의 예외

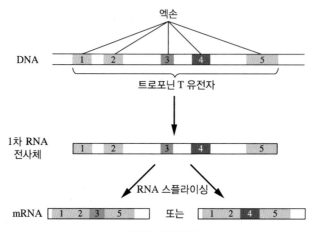

▲ 대체적 스플라이싱

② RNA의 수명 조절 : 호르몬 등이 RNA의 발현이나 수명에 영향을 미치기도 함

③ 비암호성 RNA에 의한 유전자 발현의 조절

　㉠ RNA 간섭(RNAi ; RNA interference) : 단일 가닥 RNA와 단백질의 복합체인 RISC(RNA-유도성 전사 침묵 복합체)에 의해 특정 mRNA가 분해되거나 번역 억제되는 현상으로, 진핵생물의 발달, 성장, 행동 등의 조절에 관여

　　• miRNA나 siRNA가 사용됨

　　• miRNA(마이크로 RNA) : 다양한 진핵생물에서 RNAi에 사용되는 20여 뉴클레오타이드 길이의 작은 단일 가닥 RNA로, 핵 내에서 전구체 RNA로부터 절단된 헤어핀 구조 하나가 세포질로 나와 Dicer라는 RNA 가수분해효소에 의해 가공되어 형성됨. 이후 특정 단백질과 결합해 RISC를 형성하면 상보적인 염기 서열을 지니는 mRNA의 분해나 번역 억제 유발

　　• siRNA(소형 간섭 RNA) : miRNA와는 달리 헤어핀이 아닌 긴 이중 가닥 RNA 전구체가 Dicer에 의해 가공되어 형성되며, 이후 miRNA와 유사한 방식으로 특정 mRNA의 발현을 억제. 생명공학 분야에서 RNAi에 사용하는 인공적인 이중 가닥 RNA도 siRNA로 불림

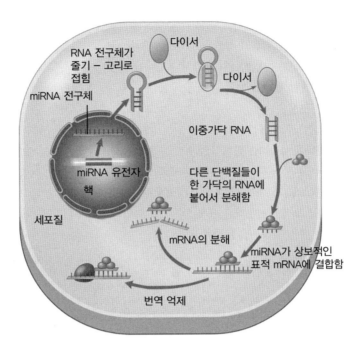

▲ miRNA에 의한 표적 mRNA의 발현 억제

④ 번역 개시 단계에서의 조절 : 5′-UTR(비암호화 부위)에 존재하는 특정 서열을 인지하는 조절 단백질들에 의해 번역 개시가 활성화되거나 저해될 수 있음

(4) 번역 후 조절

① 화학적 변형

㉠ 단백질 절단 가공 : 일부 단백질은 불활성형의 전구체 폴리펩티드 사슬의 일부가 제거됨으로써 활성형 단백질로 전환됨

예 인슐린

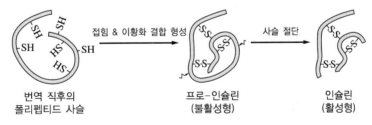

▲ 인슐린 단백질의 활성화

ⓒ 화학적 수식
- 당화를 통한 당단백질의 생성
- 막단백질이나 분비 단백질의 수송이나 활성을 조절
- 인산화를 통한 단백질의 활성 조절

② 단백질의 수명 조절

　ⓐ 선별적인 단백질 분해

　　예 대사 변화를 유발하는 단백질의 수명은 짧으나, 포유류 적혈구의 헤모글로빈 단백질은 세포가 살아있는 동안(약 12주) 분해되지 않고 유지됨

　ⓑ 프로테아좀(프로테오좀) : 진핵세포 세포질에 존재하는 단백질 분해 기구로, 유비퀴틴이라는 작은 단백질 꼬리표가 부착된 표적 단백질이 유입되면 내부의 프로테이스(단백질 가수분해효소)에 의해 작은 펩티드로 분해됨

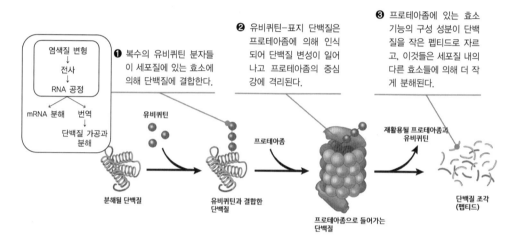

▲ 유비퀴틴-프로테아솜에 의한 단백질의 분해

04　발생의 유전적 조절

(1) 발 생

수정란으로부터 태아가 되기까지의 형태 형성 과정

(2) 세포의 분화

① 분 화

　ⓐ 세포들의 구조와 기능이 특성화되는 과정

　ⓑ 한 개체에 존재하는 생식 세포를 제외한 모든 세포(체세포)들은 동일한 DNA를 지니며, 각 세포에서는 특정 세포 특성을 나타내는데 관여하는 유전자만 발현되는 '선택적 유전자 발현'이 일어나 그 세포의 특성이 나타나게 됨

② 발생 과정 중 세포의 분화에서 중요한 신호 물질
  ㉠ 세포질 결정인자 : 초기 발생 과정을 조절하는 모계 기원(어머니 유전자로부터 발현) 물질로서,
    난자의 세포질에 존재하는 mRNA와 단백질임 → 세포질에 불균등하게 분포되어 있어, 딸세포
    각각이 어떤 세포질 결정인자를 받았는가에 따라 세포들의 운명이 달라짐
  ㉡ 유도자(유도 신호) : 발생 과정 중 배아 내에서 특정 조직으로의 분화를 촉진하는 이웃 세포
    유래의 신호 물질
③ 결정 : 세포의 분화 운명이 비가역적으로 결정된 상태 → 조직 특이적 단백질의 발현을 유도하는
  전사 인자들이 지배자(Master) 유전자로부터 발현됨
④ 형태 형성
  ㉠ 한 개체의 형태가 만들어지는 물리적 과정
  ㉡ 패턴형성 : 형태 형성의 기본 과정으로, 조직과 기관이 각각 특정 위치에 놓이게 되는 공간적
    배열의 형성
  ㉢ 세포질 결정인자와 유도자가 관여

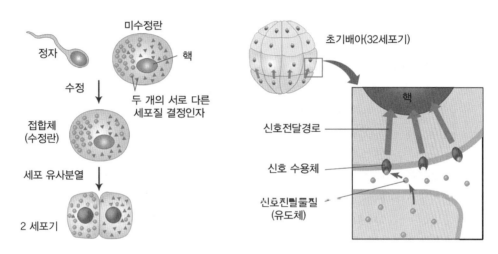

(a) **난자에 존재하는 세포질 결정인자** : 미수정란의 세포질 내부에는 어미의 유전자로부터 기원한 발생에 영향을 미치는 물질들이 축적되어 있다. 이러한 세포질 결정인자들은 여기에 나타난 2개의 인자와 같이 난자에 불균등하게 분포한다. 배아의 세포핵은 수정과 유사분열 후에 서로 다른 세포질 결정인자 군들에 노출되어 결국 서로 다른 유전자들을 발현시킨다.

(b) **이웃세포에 의한 유도** : 여기에서는 초기 배아의 밑에 존재하는 것으로 묘사된 세포는 이웃한 세포들의 유전자 발현을 변화시킬 수 있는 화학물질을 방출한다.

▲ 배아 발생에서 세포질 결정인자와 유도자의 역할

(3) 호메오 유전자

① 발생 과정 중 기본적인 몸의 형태를 결정짓는 지배자 유전자로서, 특정 유전자들의 발현을 촉진하
  는 전사 인자 단백질을 발현시킴
② 호메오 상자(Homeo Box) : 여러 생물 종의 호메오 유전자에서 공통으로 발견되는 180개 염기 서
  열로서, 이 부위로부터 발현되는 60개 아미노산은 전사 인자의 DNA 결합 부위로 이용됨

15 | 바이러스, 세균 및 기타 병원체

01 바이러스(Virus)

(1) 바이러스

① Virus : 라틴어로 '독'을 의미

② 생물체 내에서만 대사, 증식할 수 있는 세포 내 기생체로서 생물체가 생겨난 이후에 나타난 것으로 추정됨

③ 생물체는 아니나 유전 물질의 변이로 인해 숙주 특이성이 변화되는 등 진화 가능

(2) 바이러스의 구조

① 핵산과 단백질 껍질(캡시드)로 구성되며 다양한 구조를 나타냄

② 비리온(Virion) : 숙주 밖에 존재하는 무생물 입자 상태의 바이러스

③ **바이러스의 핵산(유전 물질)** : 이중 가닥이나 단일 가닥의 DNA 또는 RNA 중 한 가지를 보유

④ **캡시드**

    ㉠ 바이러스 핵산을 둘러싼 단백질 껍질로서, 캡소미어라는 단백질 소단위체로 구성

    ㉡ 모양 : 막대형(예 담배 모자이크 바이러스 ; TMV), 다면체형(예 아데노바이러스), 복합형 (예 박테리오파지) 등

    ㉢ 일부 바이러스는 캡시드 밖에 추가로 외피를 보유

    ㉣ 이전에 감염된 숙주 세포의 세포막 성분으로서 바이러스 유전 물질로부터 생성된 당단백질도 함유됨

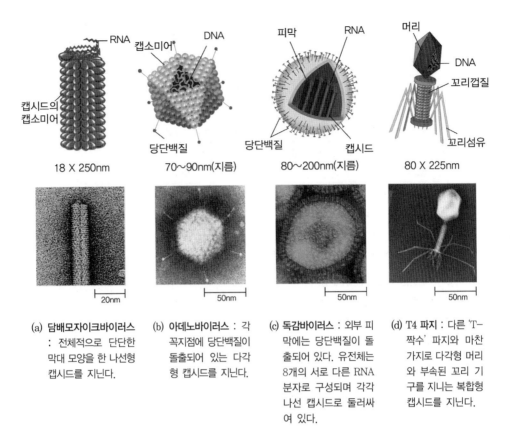

18 X 250nm	70~90nm(지름)	80~200nm(지름)	80 X 225nm

(a) **담배모자이크바이러스** : 전체적으로 단단한 막대 모양을 한 나선형 캡시드를 지닌다.

(b) **아데노바이러스** : 각 꼭지점에 당단백질이 돌출되어 있는 다각형 캡시드를 지닌다.

(c) **독감바이러스** : 외부 피막에는 당단백질이 돌출되어 있다. 유전체는 8개의 서로 다른 RNA 분자로 구성되며 각각 나선 캡시드로 둘러싸여 있다.

(d) **T4 파지** : 다른 'T-짝수' 파지와 마찬가지로 다각형 머리와 부속된 꼬리 기구를 지니는 복합형 캡시드를 지닌다.

▲ 다양한 바이러스의 구조

(3) 바이러스의 분류

① 핵산의 종류에 따른 분류 : 6군(Class)

[동물 바이러스의 핵산에 따른 분류]

분류군/과	피 막	예/질병
Ⅰ. 이중가닥 DNA(dsDNA)		
아데노바이러스(Adenovirus)	없 음	호흡기 질환, 동물종양
파포바바이러스(Papovavirus)	없 음	파필로마바이러스[양성종양(사마귀), 자궁경부암], 폴리오마바이러스(동물종양)
허피스바이러스(Herpesvirus)	있 음	단순허피스바이러스 1형과 2형[단순포진, 생식기포진바이러스(대상포진, 수두)], 엡스타인-바 바이러스(전염성 단핵구증가증, 버킷림프종)
폭스바이러스(Poxvirus)	있 음	투칭바이러스, 무누 바이러스
Ⅱ. 단일가닥 DNA(dsDNA)		
파보바이러스(Parvovirus)	없 음	B19 파보바이러스(심하지 않은 발진)
Ⅲ. 이중가닥 RNA(dsRNA)		
레오바이러스(Reovirus)	없 음	로타바이러스(설사), 콜로라도 진드기열바이러스

Ⅳ. 단일가닥 RNA(ssRNA, mRNA로 작용)

피코나바이러스(Picornavirus)	없 음	리노바이러스(일반 감기), 소아마비바이러스, A형간염 바이러스 및 그 밖의 장내 바이러스
코로나바이러스(Coronavirus)	있 음	SARS(Sereve Actue Respiratory Syndrome)
플라비바이러스(Flavivirus)	있 음	황열병바이러스, 웨스트나일바이러스, C형간염바이러스
토가바이러스(Togavirus)	있 음	루벨라바이러스, 말뇌염바이러스

Ⅴ. ssRNA(mRNA가 합성될 때 주형으로 작용)

필로바이러스(Filovirus)	있 음	에볼라바이러스(출혈열)
오소믹소바이러스(Orthomyxovirus)	있 음	독감바이러스
파라믹소바이러스(Paramyxovirus)	있 음	홍역바이러스, 유행성이하선염바이러스
랍도바이러스(Rhabdovirus)	있 음	광견병바이러스

Ⅵ. ssRNA(DNA가 합성될 때 주형으로 작용)

레트로바이러스(Retrovirus)	있 음	인간면역결핍바이러스(Human Immunodeficiency Virus, HIV), RNA 종양바이러스(백혈병)

② 외피 존재 유무에 따른 분류

  ㉠ 외피 바이러스 : 캡시드 밖에 외피 보유

  ㉡ 나출 바이러스 : 외피를 지니지 않는 바이러스

③ 숙주에 따른 분류

  ㉠ 세균 바이러스(박테리오파지)

  ㉡ 식물 바이러스

  ㉢ 동물 바이러스

    • 숙주 범위 : 바이러스가 침투하여 증식할 수 있는 숙주의 종류

    • 인수공통전염병(주노시스) : 동물과 인간에게 모두 감염 가능한 감염원에 의한 전염성 질병

(4) 바이러스의 증식 주기

① 용균성 주기(Lytic Cycle)

ㄱ 모든 바이러스에게서 공통적으로 나타나는 감염 경로로서, 바이러스가 결국 숙주 세포를 용해 (파괴)하는 과정

ㄴ 독성 바이러스(Virulent Virus) : 용균성 주기로만 증식하는 바이러스

ㄷ 증식 단계

- 부착 : 바이러스가 숙주 세포 표면의 특이 분자를 수용체 삼아 결합 → 바이러스와 숙주 세포 표면 분자들의 상호작용으로 숙주 특이성이 나타남
- 침투 : 숙주의 세포질로 유입
- 합성 및 조립 : 숙주의 복제, 단백질 합성 기구 및 에너지 등을 이용해 바이러스의 핵산을 복제하고 캡소미어 단백질을 합성 → 합성한 핵산 밖으로 캡시드를 형성해 둘러싸며 새로운 바이러스 입자가 조립됨
- 방출 : 숙주의 세포막 또는 세포벽을 터뜨리고 바이러스 입자들이 방출됨

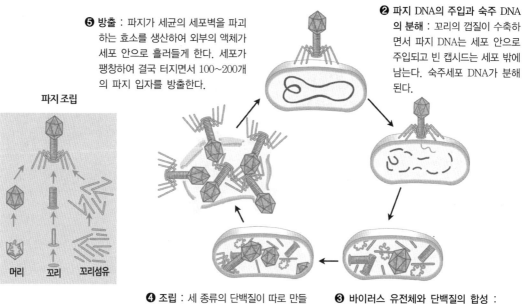

❶ 부착 : T4 파지는 꼬리섬유를 이용하여 대장균 세포의 외부 표면에 있는 특수한 수용체에 결합한다.

❷ 파지 DNA의 주입과 숙주 DNA의 분해 : 꼬리의 껍질이 수축하면서 파지 DNA는 세포 안으로 주입되고 빈 캡시드는 세포 밖에 남는다. 숙주세포 DNA가 분해된다.

❺ 방출 : 파지가 세균의 세포벽을 파괴하는 효소를 생산하여 외부의 액체가 세포 안으로 흘러들게 한다. 세포가 팽창하여 결국 터지면서 100~200개의 파지 입자를 방출한다.

파지 조립

머리 꼬리 꼬리섬유

❹ 조립 : 세 종류의 단백질이 따로 만들어진 다음 파지의 머리, 꼬리, 꼬리섬유로 자가 조립된다. 파지의 유전체는 머리가 만들어질 때 캡시드 안쪽으로 들어간다.

❸ 바이러스 유전체와 단백질의 합성 : 파지 DNA가 숙주의 효소와 숙주의 구성요소를 이용해서 파지 단백질의 합성과 파지 유전체의 복제를 지시한다.

▲ 박테리오파지 T4의 용균성 주기

② 용원성 주기(Lysogenic Cycle)

㉠ 숙주 세포를 파괴시키지 않고 바이러스의 유전체가 숙주 DNA에 삽입된 후 숙주 DNA와 함께 복제되어 딸세포에게 전달됨

㉡ 프로파지 : 숙주 DNA에 삽입된 파지 DNA

㉢ 온건성(Temperate) 바이러스 : 용균성 주기와 용원성 주기를 모두 갖는 바이러스 → 환경 조건 (양분 부족, 유해 물질, 자외선 등)에 따라 용원성 주기에서 용균성 주기로 전환 가능

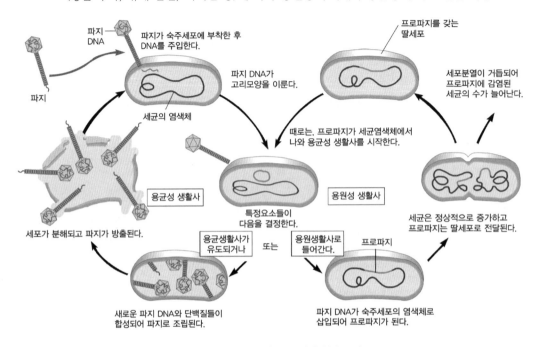

▲ 온건성 파지 λ의 용균성 및 용원성 주기

(5) 레트로바이러스의 증식 주기

단일 가닥 RNA를 유전 물질로 지니며 역전사효소를 보유하여 자체 RNA를 주형으로 상보적 DNA를 합성해 숙주 염색체 내로 삽입시킴

예 HIV(인간 면역결핍 바이러스) : 인체 내의 면역 세포에 감염되어 AIDS(후천성 면역결핍증)를 유발할 수 있음

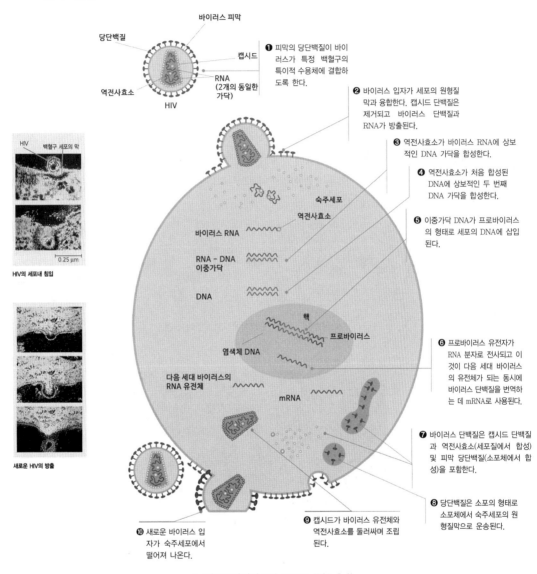

▲ 레트로바이러스인 HIV의 증식 수기

(1) 비로이드(Viroid)

① 식물을 감염시키는 짧은 감염성 단일 가닥 RNA(200~400개 뉴클레오티드)

② 숙주 세포 내에서 숙주의 효소를 이용해 복제되며 숙주 식물에 비정상적 발달과 성장저해를 초래

(2) 프리온(Prion)

① 단백질성 감염 입자

② 포유류 신경세포의 세포막 단백질로서 기능은 정확히 밝혀지지 않음

③ 여러 형태의 3차 구조로 존재 가능하며, 그 중 최소 한 가지 구조가 프리온성 질병(전염성 해면상 뇌증, TSE)을 유발함

④ 질병형 프리온 단백질(PrPS)이 세포질 내로 들어오면, 그것이 정상 프리온 단백질(PrPC)의 구조를 질병형으로 전환시키는 연쇄 반응이 일어나 모두 질병형으로 바뀌고 응집, 축적되어 뇌에 구멍이 형성되고 숙주는 죽게 됨

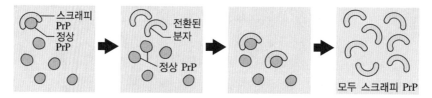

▲ 질병형 프리온 단백질에 의한 연쇄 반응

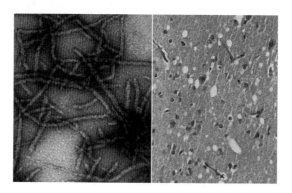

▲ 프리온 단백질 섬유 응집체와 TSE에 걸린 소의 뇌단면

⑤ 전염성 해면상 뇌증(Transmissible Spongiform Encephalopathies ; TSEs) : 뇌에 단백질성 섬유가 축적되고 구멍이 생겨 뇌 손상으로 죽음에 이르게 되는 프리온성 질병

　　㉠ 스크래피(Scrapie) : 최초로 알려진 전염성-해면상 뇌증으로, 영국에서 양과 염소에 발생하였으며 몸을 극심하게 긁는 것이 특징임

　　㉡ 쿠루(Kuru) : 파푸아뉴기니의 포레(Fore)족에게서 발견된 질병으로서 식인 풍습에 의해 발생한 것으로 보임

ⓒ 크로이츠펠트-야콥병(Creutzfeldt-Jakob Disease ; CJD) : 매년 백만 명 중에 한 명의 비율로 60세 이상에서 무작위로 나타나거나(산발형 CJD), 수술이나 조직이식을 통해 나타나기도 하고(의원형 CJD), 유전적으로 나타나는 경우도 있음(유전형 CJD)

ⓔ 소 해면상 뇌증(Bovine Spongiform Encephalopathies ; BSE, 광우병) : 1980년대에 영국에서 가축을 도축하고 남은 잔여물로 만든 사료를 먹은 소에게서 처음 발생하였으며, 갑자기 난폭해지고 거동 불안, 기립 불능 등의 행동을 보이는 것이 특징임

ⓜ 변종 CJD(variant CJD ; vCJD, 인간 광우병) : CJD의 변종으로, 광우병에 걸린 소의 신경조직을 먹은 사람에서 발병하는 것으로 보이며, CJD에 비해 잠복기가 길고 우울증 등의 정서적 변화가 먼저 나타나는 차이가 있음

⑥ 100℃ 이상의 열, 방사선, 화학 물질 및 동물의 면역체계도 질병형 프리온을 파괴시키지 못함

03 원핵생물(세균과 고세균)

(1) 원핵생물의 형태

① 구형 : 구균
  [예] Streptococcus 속(Genus) 세균

② 막대형 : 간균(바실러스)
  [예] Bacillus 속 세균

③ 나선형 : 나선균
  [예] Vibrio 속 세균

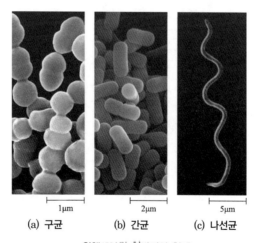

⊢1μm⊣	⊢2μm⊣	⊢5μm⊣
(a) 구균	(b) 간균	(c) 나선균

▲ 원핵생불의 일반적인 형태

(2) 세균의 유전 정보 전달 방식

세균은 무성 생식의 단점을 보완하기 위해, 추가적인 수평적 유전자 전달 기작을 보유

① 형질전환 : 외래 DNA가 유입되어 유전형이 바뀌는 현상. 유전적으로 가까운 세균 사이에서 자연적으로 일어나며 유전 공학 기술에서 인간이 인위적으로 유발하기도 함

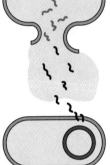
❶ 세균이 죽으면 DNA가 방출된다.

❷ 외부 DNA 조각이 세균 표면의 단백질에 붙는다.

❸ DNA가 세포 안으로 들어가고 재조합에 의해 숙주세포 DNA와 교환된다.

교환된 DNA

▲ 형질전환

② **형질도입** : 세균의 DNA가 박테리오파지에 의해 다른 세균에게로 전달되는 현상

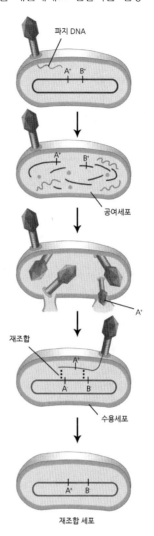

❶ 파지가 대립유전자 A^+와 B^+를 지니는 세균세포를 감염시킨다.

파지 DNA

A^+ B^+

❷ 숙주 DNA가 분절되고 파지 DNA와 단백질이 합성된다. 이 세균이 공여세포가 된다.

A^+ B^+

공여세포

❸ 세균 DNA 조각(이 경우에는 A^+ 대립유전자를 지니는 조각)이 파지의 캡시드 안에 포장되기도 한다.

A^+

❹ A^+ 대립유전자를 지니는 파지가 A^-B^- 수용체 세포를 감염시키면, 공여 DNA와 수용체 DNA 사이에 두 군데에서 재조합이 일어난다.

재조합

A^+

A^- B^-

수용세포

❺ 그 결과 재조합세포(A^+B^-)의 유전형은 공여체(A^+B^+)나 수용체(A^-B^-)와 다른 형태로 나타날 수 있다.

A^+ B^-

재조합 세포

▲ 형질도입

③ **접합** : 두 세균이 서로 직접적으로 접촉하여 DNA를 전달하는 기작

　㉠ 접합 과정에서의 두 가지 교배형

　　• F^+ 균주(웅성) : F 인자를 지녀 DNA를 공여하는 세포

　　• F^- 균주(자성) : F 인자가 없으며 F^+ 균주로부터 DNA를 전달받는 세포

　㉡ F(Fertility) 인자

　　• 성선모 형성, 접합 통로 형성 등의 접합 과정과 관련된 단백질을 암호화하는 유전자를 함유하는 DNA로서, 세균의 기본 염색체 내에 삽입된 형태이거나 플라스미드 형태로 세균 세포질에 존재

- 플라스미드 DNA : 기본 염색체 외에 부가적으로 존재하는 작은 환형의 DNA로서, 별도의 복제 시점을 지녀 자체 복제가 가능하며 생존에 필수적이지 않은 몇 가지 유전자를 함유 → 일부 세균에 존재하며, 드물게 일부 균류 및 식물 세포에서도 발견됨

　　例 F 플라스미드 : 접합 관련 유전자 함유

　　　R(Resistance) 플라스미드 : 항생제(Antibiotic) 저항성을 유발하는 유전자 함유

ⓒ 접합 과정
- F⁺ 세포가 부근에서 F⁻ 세포를 발견하면 성선모를 형성하여 F⁻ 세포에 부착시켜 끌어당김
- 두 세포가 접촉하면 F⁺ 세포가 접합 통로(접합 다리)를 형성
- 통로를 통해 F 인자 DNA의 한가닥이 절단, 분리되어 전달됨
- 남아있는 F 인자 한 가닥과 F⁻ 세포로 전달된 한 가닥을 각각 주형으로 삼아 새로운 가닥들을 형성
- F 인자 DNA를 모두 전달받은 F⁻ 세포는 F⁺ 세포로 전환됨

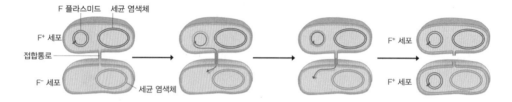

❶ F 플라스미드를 지니는 F⁺ 세포는 접합통로를 형성하여 F⁻ 세포로 F 플라스미드를 전달할 수 있다.

❷ F 플라스미드의 특정한 위치에서(화살표 머리지점) 한 가닥의 DNA가 잘라져서 수용세포로 이동하기 시작한다. DNA가 전달되면서 공여세포의 플라스미드는 계속 회전한다(화살표). DNA가 복제되기 시작한다.

❸ 공여세포와 수용세포에서 각각 F 플라스미드의 단일 가닥 DNA를 주형으로 DNA가 복제되면서 상대 가닥을 합성한다.

❹ 수용세포의 플라스미드가 원형으로 연결된다. 접합이 일어나는 동안 F 플라스미드의 전달과 복제가 끝나면 각각의 세포에 모두 완전한 F 플라스미드가 생긴다. 이제 두 세포 모두 F⁺ 세포가 되었다.

▲ 접합을 통한 F 플라스미드의 전달

16 | 생명공학 기술

01 재조합 DNA 기술과 PCR

(1) 정 의

① 재조합 DNA 기술(Recombinant DNA Technique) : 시험관에서(in vitro) 유래가 다른 두 DNA 절편을 한 분자로 조합하는 기술

② 형질전환 기술 : 한 생물체가 원래 지니지 않는 유전자를 외래에서 도입시키는 기술

(2) 제한 효소

① 박테리오파지 등 외부로부터 침입한 다른 생물체의 DNA를 절단하는 세균의 내부핵산가수분해효소(Endonuclease)

② DNA상의 특정 염기 서열(제한효소 부위)을 인지하여 당-인산 공유결합 절단. 대부분 4~8개 염기 서열로서 회문 구조(역반복서열)를 나타내며, 제한효소로 절단 시 단일가닥으로 늘어진 점착 말단이 형성됨

  예 EcoR I

  Escherichia coli RY13 균주에서 첫 번째 발견된 제한 효소로서, 5′-GAATTC-3′ 서열을 인지해 G와 A 사이의 공유 결합을 절단함 → 수소 결합은 쉽게 분리됨

5′-G A A T T C-3′
3′-C T T A A G-5′

EcoR I의 제한효소절단위치

DNA 5′   GAATTC   3′
3′   CTTAAG   5′

■ EcoR I의 제한효소를
사용하여 화살표로
표시한 위치에 당-인산
사이의 결합을 절단한다.

점착성 말단

5′   G 3′   5′ AATTC   3′
3′   CTTAA 5′   3′G   5′

점착성 말단

EcoR I 처리에 의해 생성된
또 다른 DNA 절편
AATTC   G
G   CTTAA

② 동일한 점착성 말단을
가진 DNA 절편은 서로
자연스럽게 연결된다.
이를 이용하면 외래
DNA 절편을 세균성
플라스미드의 절단된
DNA 사이에 삽입할
수 있다.

당-인산 사이의 틈새

5′   GAATTC   GAATTC   3′
3′   CTTAAG   CTTAAG   5′

③ 당-인산 사이에 있는
틈새는 DNA 연결효소로
결합시킨다.

5′   GAATTC   GAATTC   3′
3′   CTTAAG   CTTAAG   5′

재조합 DNA 분자

▲ 제한 효소 EcoR I과 DNA 연결효소를 이용한 재조합 DNA 생성과정

(3) DNA 클로닝

① 원하는 유전자를 포함하는 DNA 조각을 다량 생성시키는 기술

② DNA 자체의 대량 생산이 목적이거나 클론된 DNA로부터 생성되는 단백질의 대량 생산이 목적

③ 벡 터

    ㉠ 목표 유전자의 운반체

      • 벡터의 요건

        – 자체 복제 가능해 딸세포에 전달 가능

        – 제한 효소 부위(목표 유전자의 도입 부위)를 여러 개 지녀야 함

        – 목표 유전자의 재조합 여부 선별 가능

        – 증식할 세포 내로 재조합 DNA가 도입되었는지 선별 가능

      • 벡터의 종류 : 플라스미드, 바이러스 등

④ 세균 플라스미드를 이용한 DNA 클로닝 과정과 용도

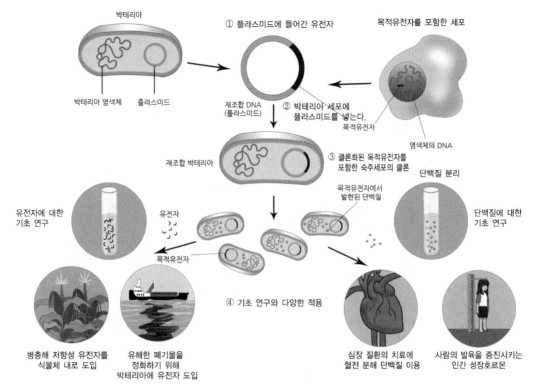

▲ 세균 플라스미드를 이용한 유전자 클로닝 과정의 개요

㉠ 플라스미드와 목표 유전자의 확보

- 플라스미드 : 자체 복제 시점을 지녀 복제 가능하고, 선별 마커를 지님

  예 암피실린 내성 유전자(ampR 유전자, 형질전환 여부 확인 마커)

  β-갈락토시데이스 유전자(lacZ 유전자, 유전자 재조합 여부 확인 마커)

- 목표 유전자 : 진핵 세포의 유전자를 원핵 세포에서 단백질로 발현시키려는 경우 인트론이 없어야 하므로, 성숙 mRNA로부터 역전사효소를 이용하여 cDNA(상보성 DNA)를 제작하여 사용

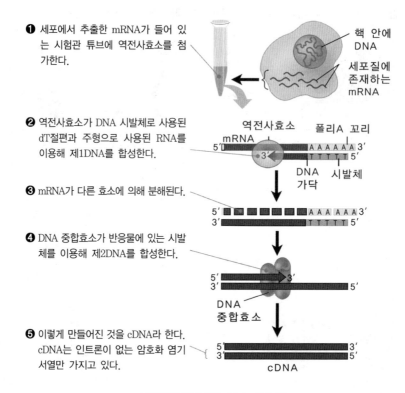

❶ 세포에서 추출한 mRNA가 들어 있는 시험관 튜브에 역전사효소를 첨가한다.

핵 안에 DNA

세포질에 존재하는 mRNA

❷ 역전사효소가 DNA 시발체로 사용된 dT절편과 주형으로 사용된 RNA를 이용해 제1DNA를 합성한다.

역전사효소 폴리A 꼬리
mRNA
5′ AAAAA 3′
3′ TTTTT 5′
DNA 시발체
가닥

❸ mRNA가 다른 효소에 의해 분해된다.

5′ AAAAA 3′
3′ TTTTT 5′

❹ DNA 중합효소가 반응물에 있는 시발체를 이용해 제2DNA를 합성한다.

5′ 3′
3′ 5′
DNA 중합효소

❺ 이렇게 만들어진 것을 cDNA라 한다. cDNA는 인트론이 없는 암호화 염기 서열만 가지고 있다.

5′ 3′
3′ 5′
cDNA

▲ 진핵생물 유전자의 cDNA 제작과정

ⓛ 유전자 재조합 : 플라스미드의 삽입 부위와 목표 유전자의 양 말단을 동일한 제한효소로 자르고, DNA 연결효소로 연결

ⓒ 세균 내로 재조합 DNA 도입
  • 형질전환
  • 염화칼슘($CaCl_2$)법, 전기천공법

ⓔ 선 별
  • 재조합 벡터를 세균에 형질전환 시도한 후 선별 배지에서 배양하며 재조합과 형질전환에 성공한 세균만 선별
  • 대량 배양하여 목표 DNA를 얻거나, 목표 단백질을 분리, 정제

플라스미드 벡터를 이용한 DNA 클로닝 예시 – 벌새의 유전체 DNA 클로닝

적용 클로닝은 유전자의 서열화, 단백질의 생성, 유전자 치료, 혹은 기초 연구 등에 사용하기 위한 목적유전자를 대량으로 확보하기 위하여 사용된다.

방법 이 예에서 벌새의 유전자가 E. coli의 플라스미드에 클로닝된다. 그림에서 세 개의 플라스미드와 세 개의 DNA 절편만을 보여주지만, 실제로는 수많은 플라스미드와 DNA 절편조각이 혼합물의 시료 내에 존재한다.

❶ 박테리아 세포에서 플라스미드를, 벌새에서 DNA를 분리한다. 벌새는 목적유전자 DNA를 포함하고 있다.

❷ 동일한 제한효소로 두 DNA를 자르면 *lacZ* 유전자 내에서는 하나의 단일 절단이 생성되고, 벌새 DNA 내에서는 여러 개의 절단이 생성된다.

❸ 절단된 플라스미드와 DNA 절편의 혼합, 염기쌍에 의한 결합, 그들을 연결해 주기 위해서 DNA 연결효소를 넣어준다. 생성물은 재조합 플라스미드와 많은 비재조합 플라스미드로 구성된다.

❹ *lacZ* 유전자가 돌연변이된 박테리아 세포로 재조합 DNA를 도입한다. 적합한 환경에서, 세포는 재조합 플라스미드나 비재조합 플라스미드를 받아들인다.

❺ 암피실린과 X-gal을 포함한 한천배지에 박테리아가 콜로니로 자랄 때까지 배양한다.

결과 amp^R 유전자를 가진 플라스미드를 받아들인 세포만이 자라서 콜로니(집합체)를 형성한다. 비재조합 플라스미드를 가진 콜로니들은 푸른색인데, 그들이 X-gal을 가수분해할 수 있기 때문이다. 재조합 플라스미드를 가진 콜로니들에서 *lacZ* 유전자는 망가졌으므로 이들은 X-gal을 가수분해할 수 없으며 콜로니의 색이 하얗다.

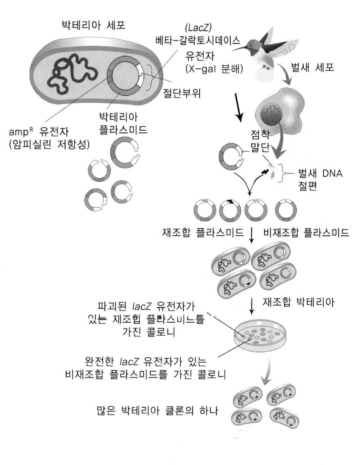

박테리아 세포

(LacZ) 베타-갈락토시데이스 유전자 (X-gal 분해)

절단부위

벌새 세포

amp^R 유전자 (암피실린 저항성)

박테리아 플라스미드

점착 말단

벌새 DNA 절편

재조합 플라스미드　비재조합 플라스미드

재조합 박테리아

파괴된 *lacZ* 유전자가 있는 재조합 플라스미드를 가진 콜로니

완전한 *lacZ* 유전자가 있는 비재조합 플라스미드를 가진 콜로니

많은 박테리아 클론의 하나

▲ 세균 플라스미드를 이용한 DNA 클로닝의 예

(4) DNA 도서관(DNA Library)

DNA 절편들의 집합체

① 유전체 도서관(Genome Library)
    ㉠ 유전체 DNA 단편이 들어있는 클론들의 집합체
    ㉡ 유전체를 제한효소로 처리해 생성된 모든 DNA 절편 중 하나를 지니는 클론들의 집합
    ㉢ 플라스미드, 파지, BAC(박테리아 인공 염색체), YAC(효모 인공 염색체) 등의 벡터를 이용

② cDNA 도서관(cDNA Library)
    ㉠ 특정 세포로부터 분리한 모든 mRNA를 역전사하여 얻은 cDNA를 포함하는 클론들의 집합체
    ㉡ 특정 세포의 특정 기능과 관련된 유전자를 연구하는 데 유용

(5) PCR(Polymerase Chain Reaction, 중합효소 연쇄 반응)

① 숙주에 클로닝하지 않고, 시험관 내에서 DNA를 복제시켜 특정 DNA 서열을 대량으로 증폭시키는 기법

② 용도 : 범죄 현장의 한 개의 모근이나 소량의 체액에 존재하는 DNA, 미라, 유골 및 화석의 DNA를 증폭, 태아의 유전병 진단, HIV 등의 감염원 감염 여부 진단

③ 증폭하고자 하는 DNA 서열에 상보적인 두 개의 DNA 프라이머와 내열성 DNA 중합효소
    예 Taq 중합효소(온천 세균인(Thermus aquaticus)로부터 분리) dNTP(디옥시뉴클레오티드)를 처리해 증폭

④ 과 정
    ㉠ 변성 : 가열(95℃)하여 이중 가닥 DNA를 단일 가닥으로 분리
    ㉡ 프라이머 부착 : 냉각(37~65℃)하여 각 DNA 사슬의 3′ 말단에 프라이머를 부착시킴
    ㉢ 신장 : 가열(72℃)하여 내열성 DNA 중합효소에 의해 프라이머 뒷부분을 중합
    ㉣ ㉠~㉢을 수십회 반복해 프라이머가 경계 부위에 부착된 특정 DNA 구간을 증폭

중합효소연쇄반응(PCR)

적용 PCR을 사용하여 DNA 샘플 내의 특정한 부분(표적 서열)을 생체 밖에서 완벽하게 여러 번 복제할 수 있다.

방법 PCR의 시작물질에는 복제되는 표적 염기서열을 포함하는 두 가닥의 DNA, 열 저항성 DNA 중합효소, 네 가지 뉴클레오티드, 그리고 시발체로 사용되는 두 개의 짧은 단일가닥의 DNA 분자가 존재한다. 하나의 시발체는 대상 서열의 한쪽 말단의 하나의 가닥과 상보적이다. 다른 하나는 다른 가닥의 말단 서열과 상보적이다.

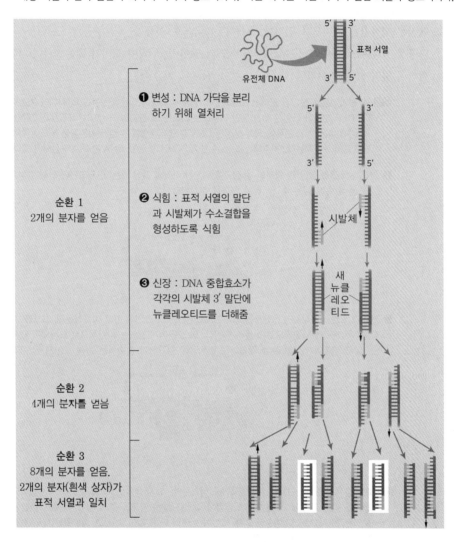

결과 세 번째 순환의 끝에서 1/4의 분자가(흰색 상자) 정확히 표적 서열과 일치한다. 30번째 순환반응 후에는, 99.99% 분자들이 표적 서열분자와 일치한다.

▲ PCR 과정

(1) 젤(겔) 전기영동(Gel Electrophoresis)

① 홍조류 우뭇가사리에서 분리한 다당류인 한천(Agar)으로 만든 젤을 이용해 DNA, RNA 및 단백질을 크기와 모양에 따라 분리하는 방법

② 핵산은 인산기를 지니므로 전기장 내에서 (+)극으로 이동함

③ 다공성 젤 내에서 길이가 긴 핵산은 저항을 더 많이 받게 되어 길이가 짧은 핵산보다 느리게 이동

④ 핵산이 길이에 따라 분리됨

> **방법** 겔 전기영동은 전기장 안에서 고분자들이 젤을 통과하여 이동하는 속도의 차이에 기초한다. DNA 분자가 동일한 시간 동안 이동하는 거리는 그 분자의 크기에 반비례한다. 제한효소 분해 혹은 PCR 증폭에 의해 생성된 DNA 절편의 혼합물은 겔 전기영동을 통하여 여러 밴드로 나누어지는데, 각각의 밴드는 수천 개의 크기가 같은 DNA 분자로 구성되어 있다.

❶ DNA 시료들을 얇은 판 형태의 젤 상단에 위치한 각각의 홈에 넣는다. 유리판에 의해 고정된 젤을 용액 속에 넣은 후 양 끝에 전극을 부착한다.

❷ 전류가 흐르기 시작하면 음전하를 띠는 DNA 분자는 그 크기에 따라 이동하는데, 그 크기가 작을수록 빠르게 양전극으로 이동하게 된다. 이 그림에서 밴드는 파란색으로 묘사되어 있지만, 실제 겔상에서는 DNA에 결합하는 염색약을 첨가하기 전까지는 눈에 보이지 않는다.

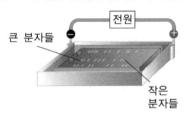

> **결과** 전류를 차단한 후, DNA 결합 염색약을 첨가한다. 이 염색약은 UV를 조사하면 분홍색의 형광을 띠기 때문에 이 염색약과 결합한 각 밴드들은 형광을 띠게 된다. 실제로 겔상에 보이는 밴드들은 전기영동에 의해 나누어진 여러 다른 길이의 DNA 절편들을 나타낸다. 모든 시료를 같은 제한효소로 절단했을 때, 겔상에 나타난 밴드의 위치와 수가 다르다면 사용된 시료들이 서로 다른 것임을 알 수 있다.

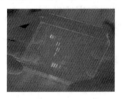

▲ 겔 전기영동법

(2) 제한 효소 절편 분석법

① 전기영동을 이용한 RFLP 분석

② RFLP(Restriction Fragment Length Polymorphism, 제한 효소 절편 길이 다형성) : 제한효소 처리로 생성되는 DNA 절편의 개인차

③ 개인 간 유전적 차이로 인해 동일한 제한 효소 처리를 해도 생성되는 절편의 개수와 길이가 다르게 나타남

④ 유전병의 진단, 개인 식별(DNA 지문법) 등에 이용

⑤ 제한 효소로 특정 DNA 분자를 처리한 후 겔 전기영동으로 분석

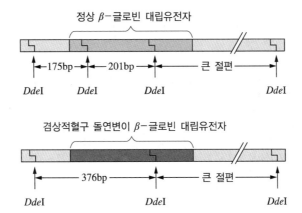

(a) β-글로빈의 정상 대립유전자와 겸상적혈구 대립유전자의 DdeI 제한효소 자리 : 이 그림에 묘사된 클로닝된 대립유전자는 벡터 DNA로부터 분리된 것이며 암호화 서열 다음에 일부 벡터 DNA를 포함하고 있다. 정상 대립유전자는 암호화 서열 내에 DdeI 제한효소에 의해 인식되는 두 개의 자리를 가지고 있다. 그러나 겸상적혈구 돌연변이 대립유전자는 그 중 하나의 자리가 결핍되어 있다.

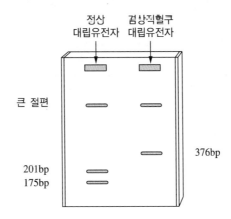

(b) **정상 대립유전자와 겸상적혈구 대립유전자의 제한효소절편의 전기영동** : 각각의 정제된 대립유전자 시료를 DdeI 제한효소로 자른 후 겔 전기영동하면 정상 대립유전자의 경우 3개의 밴드가 형성되며 겸상적혈구 대립유전자의 경우 두 개의 밴드가 형성된다(두 DNA 분자의 끝에 위치한 작은 절편은 동일하며 이 그림에서는 보이지 않는다).

▲ 대립유전자 차이를 비교하기 위한 제한 효소 절편 분석

(3) 서던 블로팅(Southern Blotting)

① 젤 전기영동, 블로팅 기법 및 핵산 탐침을 이용한 혼성화를 통해 특정 DNA의 존재 및 양을 확인하는 방법

② 블로팅 : 젤 내의 DNA를 확산 등을 이용해 나일론이나 니트로셀룰로오스 성분의 막 표면으로 이동시키는 기법

③ 혼성화(Hybridization)

　㉠ 유래가 다른 두 단일 가닥 핵산이 상보적인 염기 서열에 의해 수소 결합을 형성해 이중 가닥이 되는 과정

　㉡ 알고 있는 서열의 단일 가닥 핵산(탐침)에 방사능이나 형광 표지를 한 후 DNA 혼합물에 처리해 혼성화를 유발하면 표적 DNA 분자가 혼합물 내에 있는지 확인 가능

DNA 절편의 서던 블로팅

적용 연구자는 이 방법으로 DNA 시료 내의 특정 뉴클레오티드 서열을 찾을 수 있다. 특별히 서던 블로팅은 서로 다른 유전체 DNA의 제한효소절편 차이를 비교하기에 유용하다.

방법 이 예제에서 우리는 다음의 세 명의 유전체 DNA 시료를 비교할 것이다. (Ⅰ) 정상 β-글로빈 대립유전자의 동형접합자, (Ⅱ) 겸상적혈구 돌연변이 대립유전자의 동형접합자, (Ⅲ) 이 두 대립유전자의 이형접합자. 방사성 동위원소로 표지된 탐침이 사용된다. 그러나 다른 방법으로 표지된 탐침이 사용될 수 있다.

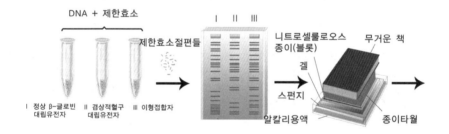

❶ 제한효소절편의 준비 : 각각의 DNA 시료를 같은 종류의 제한효소와 함께 섞는다. 이번 예제에서는 DdeI 제한효소를 사용한다. 각 시료들은 DdeI 제한효소에 의해 절단되어 수천 개의 제한효소 절편을 만들어 낸다.

❷ 젤 전기영동법 : 각 시료의 제한효소절편들은 전기영동에 의하여 분리되고, 시료에 따라 독특한 밴드 패턴을 형성한다(실제로 이 그림보다 매우 많은 밴드가 형성되고 이들은 염색을 하지 않으면 보이지 않는다).

❸ DNA 트랜스퍼(블로팅) : 위 그림에 보이는 순서대로 젤을 놓으면 모세관 현상에 의해 염기용액이 젤을 통과하여 위쪽으로 빨려 올라가게 되는데, 이때 DNA는 염기용액을 따라 니트로셀룰로오스 종이로 이동된다. 이 과정에서 이중 나선가닥 형태의 DNA가 변성되어 단일가닥의 DNA가 된다. 종이블롯에 붙은 DNA의 단일가닥은 겔상의 이들의 위치와 동일한 곳에 위치하게 된다.

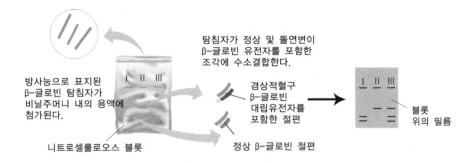

방사능으로 표지된
β−글로빈 탐침자가
비닐주머니 내의 용액에
첨가된다.

탐침자가 정상 및 돌연변이
β−글로빈 유전자를 포함한
조각에 수소결합한다.

니트로셀룰로오스 블롯

겸상적혈구
β−글로빈
대립유전자를
포함한 절편

정상 β−글로빈 절편

블롯
위의 필름

❹ **방사선 탐침과의 혼성화** : 니트로셀룰로오스 블롯은 방사능으로 표지된 탐침을 포함하는 용액에 노출된다. 이 예제에서 사용될 탐침은 β−글로빈 유전자에 상보적인 서열을 갖는 단일가닥 DNA이다. β−글로빈 유전자의 일부분을 포함하는 제한효소절편과 이들 탐침분자들은 서로 염기쌍을 형성하여 붙게 된다(그 밴드는 아직 볼 수 없다).

❺ **자동방사선사진법** : 포토그 래픽 필름을 블롯 위에 덮는다. 탐침에 표지된 방사선에 노출된 필름은 탐침과 염기쌍을 형성하고 있는 DNA를 포함하는 밴드와 동일한 위치에 이미지를 형성하게 된다.

결과 세 시료 사이에 밴드 패턴이 분명히 다르기 때문에, 이 방법은 겸상적혈구 대립유전자의 이형접합 보인자(Ⅲ)와 두 대립유전자 모두 돌연변이를 가지는 환자(Ⅱ) 그리고 두 대립유전자 모두 정상인 사람(Ⅰ)을 구별하는 데 사용할 수 있다. 시료 Ⅰ과 Ⅱ의 밴드패턴은 순수한 정상 대립유전자와 돌연변이 대립유전자에서 관찰되는 밴드 패턴과 유사하다. 이형접합자(Ⅲ)의 시료에서 보이는 밴드 패턴은 두 동형 접합자(Ⅰ과 Ⅱ)의 밴드 패턴이 결합된 형태와 유사하다.

▲ 서던 블로팅의 예 : 겸상적혈구 관련 유전자형의 파악

(4) DNA 지문(DNA Fingerprinting) 분석법

① 유전적 마커(Genetic Marker)를 이용해 개인의 신분을 확인하는 분석법

② 유전적 마커

ㄱ SNP(단일 염기 다형성, Single Nucleotide Polymorphism) : 전체 인간 유전체 내에서 개인 간 0.3~0.5%의 염기 서열 차이

ㄴ STR(단순 반복 서열, Short Tandem Repeat) : 마이크로 세틀라이트(Microsatellite)라고도 하며, 인간 유전체 내에서 흔히 발견되는 2~10개 염기 서열 반복 → 반복 횟수가 인종, 민족, 가족 간에 차이남

③ PCR, 제한 효소 절편 분석법, 서던 블로팅 등의 기법을 이용해 개인 식별

(5) DNA 염기서열 분석

① 생어(Sanger)가 개발한 방법에 기반한 자동화 분석기를 주로 사용

② 생어의 ddNTP−사슬 종결법(Dideoxynucleotide Chain Termination Method)

ㄱ 표적 DNA 단일 가닥에 한 개의 프라이머, DNA 중합효소, dNTP, ddNTP를 처리

ㄴ ddNTP

• 정상적인 DNA 뉴클레오티드의 3′−OH 대신 3′−H기를 지녀, 딸 가닥에 dNTP 대신 첨가되면 사슬 신장이 종결됨

• 네 종류의 ddNTPs 각각을 다른 색의 형광으로 표지

ⓒ DNA 중합 반응 후 폴리아크릴아미드(Polyacrylamide) 젤 전기영동을 수행할 때 레이저 형광
분석기로 젤 내에서 이동하는 DNA 절편들의 형광색을 확인

ⓓ 각 DNA 절편의 색 : 각 절편 3′ 말단의 뉴클레오티드(ddNTP 삽입 부위) 서열을 알려줌

DNA 서열화를 위한 디데옥시 사슬 종결법

적용 약 800염기쌍 정도의 길이를 갖는 클로닝된 DNA 절편을 염기서열화 반응시킨 후, 길이에 따라 분리할 수 있는 기계를
사용하여 빠르게 염기서열 분석을 할 수 있다.

방법 이 방법은 서열화하려는 DNA 절편에 상보적인 다양한 길이의 DNA 가닥들을 합성하는 반응을 기초로 한다. DNA 가닥들
의 합성은 같은 서열의 시발체로부터 시작되어 변형된 뉴클레오티드인 디데옥시리보뉴클레오티드(ddNTP)에서 끝난다.
ddNTP는 기존의 DNA 가닥에 다음 뉴클레오티드가 결합되는 부위인 3′-OH 작용기를 가지고 있지 않기 때문에 이들이
합성 중인 DNA 가닥에 결합하게 되면 더 이상의 DNA 합성이 일어나지 않는다. 서열화하려는 DNA에 포함된 각 뉴클레
오티드의 순서는 길이에 따라 나열된 새로 합성된 다양한 길이의 DNA 가닥들의 마지막에 위치하는 ddNTP를 통하여
알 수 있다. ddNTP의 각 유형은 다른 형광 표지를 갖기 때문에 새로 합성된 DNA 가닥들의 끝 부위의 뉴클레오티드
종류를 알 수 있고, 최종적으로 원래의 서열 전체를 결정할 수 있다.

❶ 서열을 알고자 하는 DNA 절편은 단일가닥으로
풀어지고, DNA 합성을 위해 필수적인 다음의 성분
들을 포함하는 시험관에서 반응된다. 주형이 되는
DNA 가닥의 3′ 말단과 염기쌍을 형성하도록 제작
된 시발체, DNA 중합효소, 4종류의 디옥시리보뉴
클레오티드, 서로 구별이 가능한 형광 표지를 가지
고 있는 4종류의 디데옥시리보뉴클레오티드

❷ 새로운 DNA 가닥의 합성은 시발체의 3′ 말단에
서 시작되어 디옥시리보뉴클레오티드가 순서대
로 중합된다. 이러한 과정 중에 디옥시리보뉴클
레오티드 대신 디데옥시리보뉴클레오티드가 합
성 중인 DNA 가닥에 중합되면 DNA 합성이 종료
된다. 이러한 결과로 다양한 길이를 갖는 DNA 가
닥들이 합성된다. 새로 합성된 DNA 가닥의 마지
막 뉴클레오티드 자리에는 뉴클레오티드별로 색
깔이 다른 표지를 갖는 디데옥시리보뉴클레오티
드가 위치하게 된다.

❸ 새로 합성된 DNA 가닥들은 폴리아크릴아마이드
겔을 통과하면서 길이에 따라 나뉘어진다. 길이가
작은 가닥일수록 빨리 움직인다. 염기서열화에서
는 평면 겔보다는 오른쪽에 보인 것과 같은 원통형
관 겔이 이용된다. 형광 검출기는 각각의 가닥들
이 검출기를 통과할 때 각 형광 표지를 인지한다.
이러한 방법을 통하여 DNA 가닥들 사이에 한 개
의 뉴클레오티드의 차이도 구별할 수 있다.

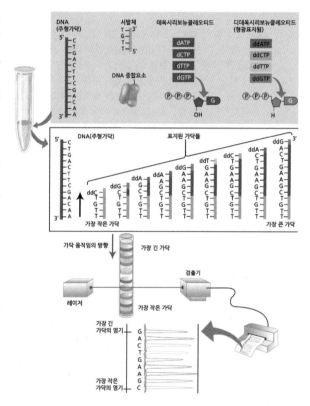

결과 각 DNA 가닥의 형광 표지 색은 그 DNA 가닥의 끝에 위치한 뉴클레오티드의 종류를 나타낸다. 형광 검출기를 통하여
얻어진 결과는 분광 사진으로 출력되는데, 출력된 결과는 주형이 되는 DNA 가닥과 상보적인 서열로 표시된다(그 서열은
시발체 이후부터 시작되는 것에 유의하라).

▲ 디데옥시 사슬 종결법을 이용한 DNA 서열 분석 과정

(6) 유전자의 발현 분석법

① 노던 블로팅(Northern Blotting)

    ⊙ RNA를 재료로 서던 블로팅과 동일한 과정을 수행해 RNA 혼합물 내에서 특정 RNA의 존재 유무나 양을 확인하는 기법

    ⓛ mRNA를 이용해 수행하면 특정 유전자의 발현 여부 확인 가능

② RT(역전사 ; Reverse Transcription)-PCR

    ⊙ mRNA를 추출하여 역전사효소로 cDNA를 합성 후 PCR로 증폭하는 방법

    ⓛ 특정 유전자 서열에 특이적인 프라이머를 사용해 그 유전자의 발현 여부 확인 가능

특정 유전자의 발현을 점검할 수 있는 RT-PCR

적용 RT-PCR은 PCR과 전기영동뿐만 아니라 역전사효소(RT)도 사용한다. RT-PCR을 사용하여 배 발생의 서로 다른 단계 간에, 조직들 간에, 혹은 다른 조건 아래에 있는 세포들 사이에서 특정 유전자의 발현량의 정도를 비교할 수 있다.

방법 벌새의 발생 과정에 있는 6개 단계의 배에서 mRNA를 추출하여 아래 과정의 실험을 진행하였다(한 개 단계의 mRNA만 보여준다).

❶ mRNA, 역전사효소, 다른 필요한 것들을 섞어 cDNA를 합성한다.

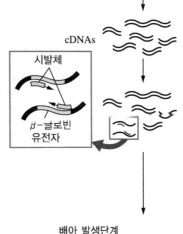

❷ 벌새 β-글로빈 유전자의 일부분을 시발체로 하여 PCR 증폭 실험을 수행한다.

❸ 겔 전기영동을 수행하여 β-글로빈 mRNA를 발현하는 시료를 발견한다.

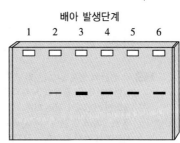

결과 전기영동 결과는 배아 발생 2번째 단계에서 β-글로빈 유전자가 발현되기 시작하여 6번째 단계까지 계속 발현된다. 증폭된 DNA 크기는 β-글로빈 어느 부위의 시발체를 사용했는가에 달려 있다.

▲ RT-PCR의 예

③ DNA 마이크로어레이(DNA 칩 ; DNA chip)

      ⊙ DNA 칩 : 작은 크기의 실리콘 또는 유리판 위에 알려진 서열의 단일가닥 DNA 절편들(탐침)을 부착시켜 놓은 것 → 칩을 여러 구획으로 나누어 여러 종류의 DNA를 부착시켜 놓고 한꺼번에 분석 가능

      ⓒ 탐침과의 혼성화 여부를 확인하여 시료 내에 특정 DNA 서열이 존재하는지 혹은 특정 DNA가 발현되는지를 확인 가능

      ⓒ 발현 양상을 보기 위해서는 mRNA 추출 후 cDNA를 합성하여 형광 표지 후 칩 상의 탐침 DNA 와 혼성화시킴

      ⓔ 유전자의 발현 양상 분석, 유전병 및 암의 진단, 감염성 질환의 진단 등에 이용 가능

❶ mRNA를 분리한다.

❷ 형광표지된 뉴클레오티드를 사용하여 역전 사 과정을 통해 cDNA 합성한다.

❸ cDNA 혼합물을 마이크로어레이에 부어 혼 성화시킨다. 마이크로어레이는 현미경 슬 라이드 크기의 유리에 특정 생물의 유전자 들을 단일가닥 DNA 조각으로 부착시킨 것 이다. 각 점들은 서로 다른 유전자들을 나 타낸다. cDNA는 마이크로어레이상의 상 보적인 서열에 혼성화된다.

❹ 과량의 cDNA를 닦아내고 마이크로어레이 의 형광을 분석한다. 각 형광성 점(노란색) 들은 이 조직 시료에서 발현된 유전자들을 나타낸다.

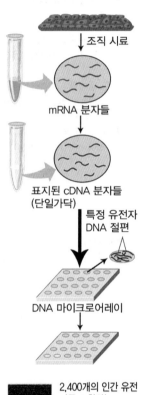

조직 시료

mRNA 분자들

표지된 cDNA 분자들 (단일가닥)

특정 유전자 DNA 절편

DNA 마이크로어레이

2,400개의 인간 유전 자를 포함하는 DNA 마이크로어레이

 각 점들의 형광 강도는 이 조직에서 그 점들의 유전자가 발현된 정도를 나타내준다. 일반적으로 두 종류의 서로 다른 조직이 동시에 검사되는데, 이때에는 두 조직에서 만 들어진 cDNA가 서로 다른 색의 형광물질로 표지된다. 여기서 얻어진 각 점의 색깔은 두 조직에서 그 점의 유전자들이 발현된 상대량을 나타낸다. 초록색과 빨간색은 각각의 시료에서 각자 발현되는 유전자들을 나타내고 노란색은 양쪽 시료에서 모두 발현되는 유전자를 나타낸다. 검은색은 양쪽 시료에서 모두 발현되지 않은 유전자이다.

▲ 유전자 발현 여부 확인을 위한 DNA 마이크로어레이 분석 예

(1) 진핵생물의 형질전환

① 형질전환 식물(Transgenic Plant)

　㉠ Ti-플라스미드법

- 식물에 근두암종을 유발하는 아그로박테리움(Agrobacterium Tumefaciens)의 Ti-플라스미드를 벡터로 이용
- Ti-플라스미드의 T-DNA 부위는 식물에 감염 시 식물 염색체 내로 삽입되어 종양(근두암종)을 발생시킴
- T-DNA부위에서 근두암종 형성과 관련된 유전자를 제거한 후, 제한효소로 절단하고 목표 유전자 삽입
- 제조된 재조합 플라스미드를 다시 아그로박테리움에 삽입한 후 식물 잎을 감염시키면 목표 유전자가 삽입된 T-DNA 부위가 식물 염색체 내로 이동함
- 감염된 식물 잎의 조직배양을 통해 형질전환 식물(GMO)을 얻음

　㉡ GMO(Genetically Modified Organism) 작물의 예 : 해충 저항성 작물, 제초제 저항성 작물, 영양성분이 강화된 작물, 의약품을 생산하는 작물 등

형질전환식물 제조를 위해 Ti-플라스미드를 사용하는 실험방법

적용 해충이나 제초제에 대한 저항력을 가지고 있거나, 익어가는 것을 늦추거나, 영양학적인 가치를 높이는 것과 같은 유용 유전자들을 Ti-플라스미드 벡터를 사용해서 식물에 삽입시켜 적용할 수 있다.

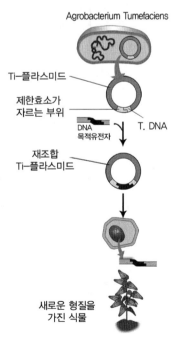

Agrobacterium Tumefaciens

Ti-플라스미드

제한효소가 자르는 부위

DNA 목적유전자

T. DNA

재조합 Ti-플라스미드

새로운 형질을 가진 식물

방법

❶ Ti-플라스미드는 Agrobacterium Tumefaciens이라고 명명된 세균으로부터 분리된다. 숙주세포의 유전체로 삽입되는 플라스미드 절편을 T-DNA라고 한다.

❷ 목적유전자를 포함하고 있는 외부 DNA를 T-DNA에 삽입한다.

❸ 재조합 플라스미드를 전기천공법에 의해 식물세포로 삽입하거나, 혹은 재조합 플라스미드를 Agrobacterium으로 삽입하고 이 세균으로 식물이나 식물세포를 감염시켜 Ti-플라스미드를 식물세포 안으로 유입시킨다. 플라스미드가 세포 안으로 들어가면 T-DNA는 세포 염색체로 삽입된다.

결과 목적유전자로 형질전환된 식물세포는 재생되어 목적유전자의 특성을 나타내는 새로운 식물로 자라게 된다.

▲ Ti-플라스미드법을 이용한 식물의 형질전환

② 형질전환 동물(Transgenic Animal)

    ㉠ 수정란 미세주입법을 이용 : 정자의 핵 침입 직후, 두 핵의 융합 이전에 실행

    ㉡ 축산분야, 기초의학, 유용물질 생산에 이용

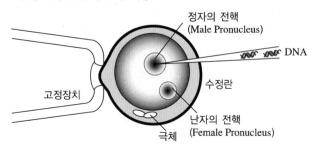

▲ 수정란 미세주입법

(2) 유전자 치료(Gene Therapy)

① 결함이 있는 유전자(변이 대립인자)를 정상 대립인자로 교체하는 방법

    리포솜 등으로 플라스미드 벡터를 포장하거나, 바이러스 벡터 등을 이용해 치료제 유전자를 전달

② 유전병, 암 등의 치료뿐만 아니라 감염성 질환에까지 응용 가능

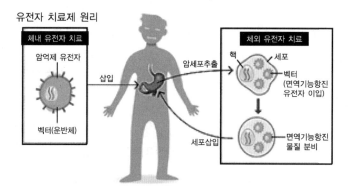

▲ 생체 내(in vivo) 유전자 치료와 생체 외(ex vivo) 유전자 치료 예

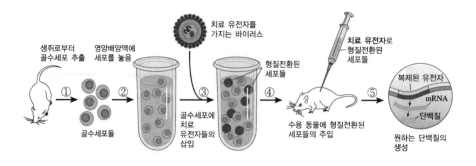

▲ 바이러스 벡터를 이용한 생쥐 골수세포의 생체 외 유전자 치료 예

04 동물 복제 및 줄기 세포 치료

(1) 동물 복제(Animal Cloning)

① 수정란 분할법 : 4~8세포기의 할구를 화학적, 물리적 방법으로 분리하여 포배기까지 배양한 후 대리모의 자궁에 이식하는 방법

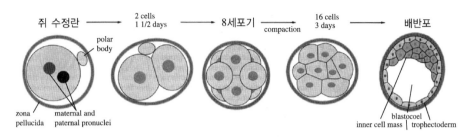

▲ 수정란의 난할 과정

② 체세포 핵 이식법(Somatic Cell Transplantation)

- ㉠ 성체의 체세포를 체외로 분리하여 배양한 후 핵이 제거된 난자에 미세주입하고, 포배기까지 배양한 것을 대리모의 자궁에 착상시켜 체세포를 제공한 개체와 유전적으로 동일한 2세를 탄생시키는 방법
- ㉡ 과 정
  - 성체로부터 체세포를 분리(돌리의 경우, 젖샘 상피세포를 이용)
  - 분리한 체세포를 배양하면서 재프로그래밍 하고, 세포주기를 G_0기로 맞춤
  - 암컷 성체로부터 난자를 채취하여 핵을 제거 → 난자의 세포질에는 발생 초기에 필요한 물질들이 함유됨
  - 핵을 제거한 무핵난자에 미세주입법을 이용해 재프로그래밍된 G_0기의 체세포를 통째로 이식
  - 전기충격 : 난자와 체세포의 세포막을 융합시키고, 복제란의 분열을 촉진
  - 분열 시작 후 5~7일경에 이르러 배반포가 형성되면 대리모의 자궁에 이식
  - 임신 기간을 거쳐 새끼 출산
- ㉢ 형질전환 체세포 핵 이식법 : 외래 유전자가 도입되어 형질전환된 체세포만 미리 선별하여 체세포 핵 이식법에 의해 복제하는 방법
  - 형질전환과 복제의 장점을 모두 나타내는 방법으로, 유용 유전자를 우량가축에서 얻은 체세포에 주입하여 복제해 더 우수한 새로운 가축을 만들 수 있음
  - 장기를 사람에게 이식 시 거부반응을 나타내지 않는 형질전환 복제 돼지 개발이 각국에서 시도되고 있음

핵 이식에 의한 포유동물의 생식적 클로닝

적용 이 방법은 핵을 제공하는 공여 동물과 핵의 유전자가 동일한 복제 동물을 생산하는 데 이용된다.

방법 분화된 세포의 핵을 이용하여 클로닝된 것으로 보고된 최초의 사례인 돌리를 만들었던 과정을 보여주고 있다.

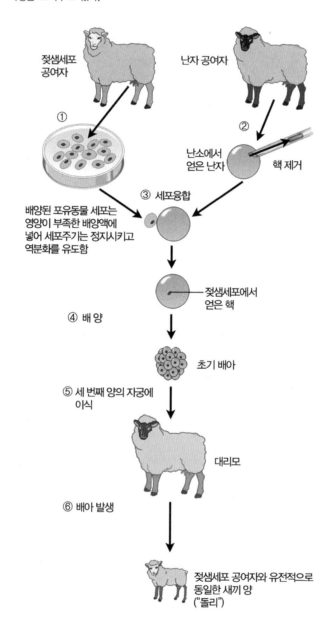

클로닝된 동물은 외관이나 유전적으로 핵을 제공한 공여 동물과 동일하지만, 난자 공여 양이나 대리모 양과는 다르다(난자 공여 양과 대리모 양은 검은 얼굴을 가진 스코틀랜드산 양이다).

▲ 최초의 복제 동물인 돌리의 탄생 과정(체세포 핵 이식법)

(2) 치료용 줄기 세포(Stem Cell) 획득 기술

① 줄기 세포의 종류

ⓐ 만능 줄기 세포(Totipotent Stem Cell) : 하나의 완전한 개체로 발생해 나갈 수 있는 능력을 지니는 세포로서, 이 시기의 세포를 각각 분리하여 자궁에 이식하면 하나의 온전한 개체로 발생 가능

ⓑ 전분화능 줄기 세포(Pluripotent Stem Cell) : 체내의 모든 세포와 조직으로 발생할 수 있는 세포로서 수정 후 5~7일경에 형성되는 배반포(Blastocyst)의 안쪽에 위치한 내세포괴(Inner Cell Mass, 태아로 발달하는 부위)에서 얻을 수 있음. 일반적으로 '배아줄기세포(Embryonic Stem Cell)'라 칭하는 세포가 여기에 속하며, 생체의 모든 조직세포로 분화할 수 있으나 온전한 하나의 생명체를 형성하지는 못함

ⓒ 다능성 줄기 세포(Multipotent Stem Cell) : 그 세포가 포함되어 있는 조직 및 기관에 특이적인 세포로만 분화할 수 있는 줄기세포로서, 태아기, 신생아기 및 성체기의 각 조직 및 장기의 성장과 발달은 물론 성체조직의 항상성 유지와 조직 손상 시 재생을 유도하는 기능에 관여

• 혈액 줄기 세포(조혈모세포)는 적혈구, 백혈구, 혈소판 등의 혈액 세포를 주로 생성시키는 등 제한적인 종류의 세포로만 분화됨

• '성체줄기세포'라고도 함

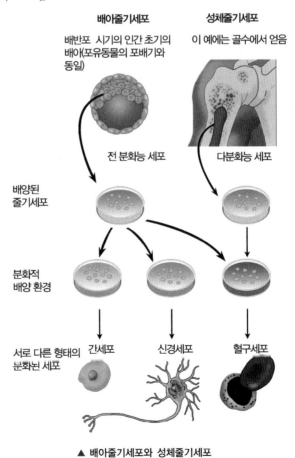

▲ 배아줄기세포와 성체줄기세포

② 줄기 세포의 획득 방법

   ⑦ 체세포 핵 이식법에 의해 만들어진 복제 배아의 배반포로부터 얻는 방법(배아줄기세포)

   ⓒ 인공 수정 시술 후 남은 수정란의 배반포로부터 얻는 방법(배아줄기세포)

   ⓒ 성체줄기세포의 채취

   ⓔ 피부세포나 머리카락 세포를 형질전환시켜 유도 다기능 줄기세포(iPS ; induced Pluripotent Stem cell, 역분화줄기세포) 형성

   → 윤리 문제를 유발하지 않으면서 배아줄기세포의 능력을 지니는 세포를 형성시킬 수 있음

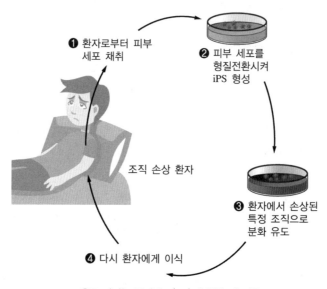

▲ 유도 다기능 줄기세포(iPS)의 형성 및 이용

17 | 동물의 구조와 기능의 통합

- 동물의 구조는 고도로 조직화 되어 있으며 기능에 적합화되어 있음
- 동물의 세포, 조직, 기관은 서로 협동하여 체내 조건을 일정하게 유지

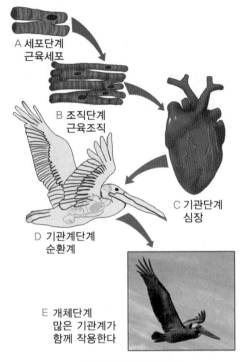

A 세포단계
근육세포

B 조직단계
근육조직

C 기관단계
심장

D 기관계단계
순환계

E 개체단계
많은 기관계가
함께 작용한다

▲ 펠리컨의 구조의 조직화

01 조직(Tissue)

척추동물의 조직 : 상피조직, 결합조직, 근육조직 및 신경조직

(1) **상피조직(Epithelial Tissue)**

① 체표면이나 기관 내벽을 싸고 있는 얇은 세포층

② 한쪽 면(정단면)은 보통 공기나 체액에 노출되어 있고 다른 쪽 면(기저면)은 기저막(두꺼운 세포외 기질 층)에 결합된 상태

③ **기능** : 보호, 영양분의 흡수, 액체나 기체의 교환, 분비 및 감각 등

④ 분비를 위해 특수화된 상피조직

    ㉠ 샘(선, Gland) : 분비를 위해 특수화된 상피조직으로서 땀, 젖, 점액, 침, 호르몬 또는 효소를 생성, 분비

    ㉡ 배상세포(Goblet Cell) : 단세포성 샘으로서 체강과 몸의 통로를 덮는 상피조직 내에 분산되어 있으면서 점액을 분비

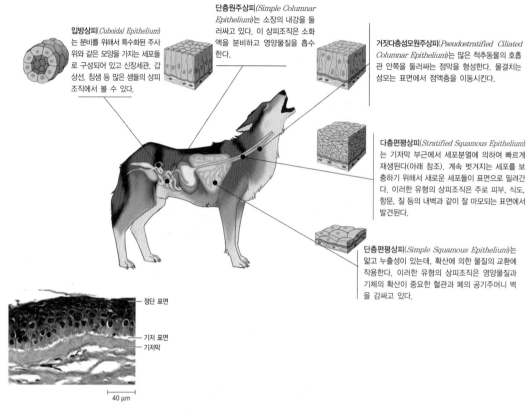

입방상피(*Cuboidal Epithelium*)는 분비를 위해서 특수화된 주사 위와 같은 모양을 가지는 세포들로 구성되어 있고 신장세관, 갑상선, 침샘 등 많은 샘들의 상피조직에서 볼 수 있다.

단층원주상피(*Simple Columnar Epithelium*)는 소장의 내강을 둘러싸고 있다. 이 상피조직은 소화액을 분비하고 영양물질을 흡수한다.

거짓다층섬모원주상피(*Pseudostratified Ciliated Columnar Epithelium*)는 많은 척추동물의 호흡관 안쪽을 둘러싸는 점막을 형성한다. 물결치는 섬모는 표면에서 점액층을 이동시킨다.

다층편평상피(*Stratified Squamous Epithelium*)는 기저막 부근에서 세포분열에 의하여 빠르게 재생된다(아래 참조). 계속 벗겨지는 세포를 보충하기 위해서 새로운 세포들이 표면으로 밀려간다. 이러한 유형의 상피조직은 주로 피부, 식도, 항문, 질 등의 내벽과 같이 잘 마모되는 표면에서 발견된다.

단층편평상피(*Simple Squamous Epithelium*)는 얇고 누출성이 있는데, 확산에 의한 물질의 교환에 작용한다. 이러한 유형의 상피조직은 영양물질과 기체의 확산이 중요한 혈관과 폐의 공기주머니 벽을 감싸고 있다.

정단 표면
기저 표면
기저막

40 μm

▲ 여러 가지 상피 조직

(2) 결합 조직(Connective Tissue)

① 세포외기질(ECM)에 듬성듬성 퍼져 있는 세포들로 구성

② 기능 : 다른 조직들 간의 결합, 지지, 기관 보호

③ 종 류

    ㉠ 성긴결합조직(소성결합조직) : 체내에 가장 많이 분포된 결합조직으로서 상피조직 아래에 위치하며 지지해 주고, 기관을 고정하며 표면의 마찰을 줄임

    ㉡ 섬유성결합조직(치밀결합조직) : 콜라겐이 주성분인 강한 결합조직으로, 힘줄(근육을 뼈에 연결시킴)과 인대(뼈와 뼈를 연결), 눈의 각막 및 공막(안구 지지)이 있음

ⓒ 연골(물렁뼈)조직
- 척추동물 배아 시기에는 주 지지골격이나, 발생이 진행되면서 대부분 골조직으로 전환되고 뼈 말단에만 남아 마찰로부터 뼈 끝을 보호
- 단단하나 유연성 지님
- 살아있는 연골세포들이 기질과 콜라겐 섬유를 분비하여 형성됨

ⓓ 골(뼈)조직
- 치밀골(바깥쪽), 해면골(안쪽) 및 골수로 채워진 골수강(뼈대 중심부)으로 구성
- 치밀골 : 동심원 구조가 겹쳐진 골단위(Osteon)들로 구성
- 골단위 : 모세혈관과 신경이 지나가는 하버스관(중심관)을 중심으로 여러 개의 동심원상 골층 판이 배열되어 있으며, 골층판 사이사이의 골소강 내에 골세포가 위치
- 조골세포 : 골 생성 세포로서 콜라겐 기질을 분비하여 뼈 기질을 생성시킴 → 이 기질 내에서 콜라겐에 칼슘, 마그네슘 아연, 구리 등이 부착되어 경화되는 광물화가 일어남

ⓔ 지방조직 : 장기 에너지 분자인 지방의 저장, 단열 기능을 하는 피하 지방층 구성, 내부 기관의 충격 완화

ⓕ 혈액 및 림프조직
- 액체성 기질로 구성된 순환성 조직
- 혈액 : 세포 성분(적혈구, 백혈구 및 혈소판)과 비세포성 액체인 혈장(Plasma)으로 구성

a. 성긴결합조직	b. 섬유성 결합조직	c. 연골조직	d. 뼈조직	e. 지방조직	f. 혈액조직

설명 : 당단백질 기질을 형성하는 아교질과 탄력성 섬유들로 둘러싸인 섬유모세포와 다른세포들
일반적 위치 : 피부와 대부분의 상피의 아래쪽
기능 : 지지, 탄력, 확산

설명 : 밀집된 세포외기질과 평행한 다발인 아교질과 탄력성 섬유로 둘러싸인 섬유모세포의 긴 줄
일반적 위치 : 힘줄, 인대
기능 : 강도, 탄력

설명 : 아교질과 콘드로이틴황산염의 유연한 고체성의 기질에 박혀 있는 연골세포
일반적 위치 : 긴 뼈의 말단, 코, 기도의 일부, 척추동물 배아의 골격
기능 : 지지, 유연성, 관절의 움직임을 위한 적은 마찰의 퓨면

설명 : 아교질과 수산화인회석으로 굳어진 당단백질의 기질에 존재하는 골세포
일반적 위치 : 척추동물 골격의 뼈
기능 : 움직임, 지지, 보호

설명 : 세포외기질이 적은 크고 조밀하게 쌓인 지방세포
일반적 위치 : 피부의 아래, 심장 주변, 신장
기능 : 에너지 보존, 단열, 패딩

설명 : 혈장 기질에 부유하는 백혈구, 적혈구, 혈소판
일반적 위치 : 순환계
기능 : 물질 이동

▲ 결합조직

(3) 근육조직(Muscle Tissue)

　① 동물의 몸체 운동 기능을 담당

　② 척추동물의 3가지 근육조직

　　㉠ 골격근(뼈대근육)

　　　• 힘줄에 의해 뼈에 부착된 근육조직

　　　• 골격근 섬유 : 배아 시기의 근육원세포가 융합하여 이루어진 다핵성의 거대 단세포

　　　• 의지에 따라 조절할 수 있는 수의근이며, 규칙적인 섬유 무늬가 나타나는 가로무늬근임

　　㉡ 심근(심장근육)

　　　• 심장의 수축성 벽을 형성

　　　• 가지를 친 구조이며, 한두 개의 핵을 지니는 심근 세포들은 간극연접이 잘 발달된 특수한 세포 연접 구조인 개재판(세포사이원반)에 의해 서로 접합되어 있음

　　　• 불수의근이며 가로무늬근임

　　㉢ 평활근(민무늬근)

　　　• 기도, 소화관, 자궁, 굵은 혈관 및 많은 내부 기관들의 벽에 분포

　　　• 방추형으로 한 개의 핵을 지님

　　　• 불수의근이며 규칙적인 가로 무늬가 없음

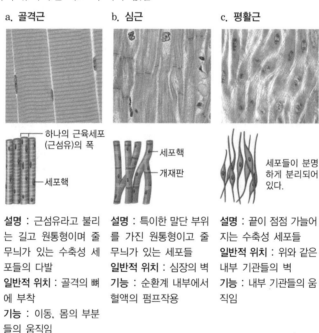

▲ 근육조직

(4) 신경조직(Nervous Tissue)

　① 특수화된 구조의 신경 세포인 뉴런(신경계의 기본 단위)과 보조, 구조 지지 및 영양 공급 등의 보조 기능을 담당하는 신경교세포(Glial Cell)로 구성

　② 뉴런은 외부 및 내부의 신호를 받아 뇌와 척수로 전달하며(감각 신경), 뇌와 척수에서 신호를 통합하고(연합 신경), 새로운 신호를 받아 근육과 분비선으로 전달(운동 신경) ⇒ 신체 조절 역할

③ 뉴런의 구조

　　㉠ 수상돌기(Dendrite) : 특수화된 세포막 돌기로, 자극을 수용

　　㉡ 세포체(Cell Body) : 핵과 세포 소기관을 보유하며 물질대사와 신호의 통합이 일어남

　　㉢ 축삭돌기(축색돌기, Axon) : 세포체로부터 신호를 받아 다른 뉴런 또는 효과기(근육 및 분비샘)
　　　세포로 전달

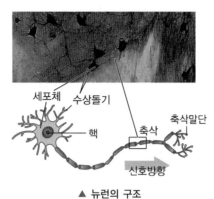

▲ 뉴런의 구조

02　기관 및 기관계의 구조와 기능

포유동물은 11가지 주요 기관계를 보유하고 있으며 조직, 기관, 기관계의 통합과 조절은 내분비계와 신경계가 담당하고 있다.

기관계	주요 구성요소	주요 기능
소화계	입, 인두, 식도, 위장, 소장, 간, 췌장, 항문	음식가공(섭취, 소화, 흡수, 제거)
순환계	심장, 혈관, 혈액	물질의 내부 배분
호흡계	허파, 기관(Trachea), 폐에 관련된 호흡관	기체 교환(산소 흡입, 이산화탄소 방출)
면역계와 림프계	골수, 림프절, 흉선, 비장, 림프관, 백혈구	신체방어(감염 및 암과의 싸움)
배설계	신장, 요관, 방광, 요도	물질대사 노폐물 배출, 혈액의 삼투 평형조절
내분비계	뇌하수체, 갑상선, 췌장, 부신 및 여러 호르몬 분비샘들	소화와 물질대사와 같은 몸 활동의 조정
생식계	난소, 정소 및 관련기관들	생 식
신경계	뇌, 척수, 신경, 감각기관들	몸 활동의 조정, 자극의 감지와 자극에 대한 반응 생성
피부계	피부와 피부 유도체들(털, 손발톱, 피부샘)	기계적 손상, 감염, 거주에 대한 부호, 체온조절
골격계	골격(뼈, 인대, 힘줄, 연골)	몸지지, 내부기관의 보호, 운동
근육계	골격근	운동, 이동

18 | 소화계

01 소화계

(1) 영양(Nutrition)

동물의 먹이섭취 및 사용과정

(2) 먹이 처리 과정

섭취, 소화, 흡수, 배설의 4단계

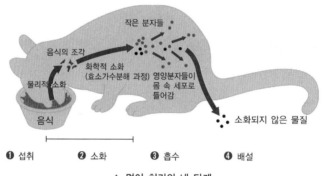

▲ 먹이 처리의 네 단계

(3) 소화구획

먹이의 소화가 일어나는 특화된 구획

① 세포 내 소화(Intracellular Digestion) : 세포가 먹이입자를 식세포 작용이나 음세포 작용을 통하여 삼킨 후 리소좀 내의 가수분해효소를 이용해 분해하는 과정

[예] 해면동물, 자포동물이 수행

② 세포 외 소화(Extracellular Digestion) : 동물의 외부와 연속적으로 연결된 특정 구역에서 일어나는 소화 과정

[예] 자포, 편형, 선형, 연체, 환형, 절지, 극피 및 척삭동물이 수행

(1) 소화관과 부속 분비 기관으로 이루어짐

① 부속 분비 기관(소화액의 생성 및 저장) : 침샘, 췌장(이자), 간, 담낭(쓸개)

② 연동운동(꿈틀운동) : 소화관벽 평활근이 규칙적으로 수축하여, 소화관을 따라 음식물을 미는 작용

③ 괄약근 : 특수화된 몇몇 소화 구역의 출입구에 존재한 고리형의 평활근 조직으로, 졸라매는 끈처럼 작용해 소화물질의 이동을 조절

④ 음식물의 이동 순서 : 구강 → 인두 → 식도 → 위 → 소장 → 대장 → 항문

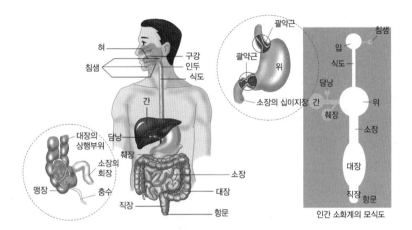

사람의 소화계 : 음식물을 씹고 삼킨 후 식도를 통과하고 위에 도달하는 데 5~10초밖에 걸리지 않는다. 위에 도달한 음식물은 2~6시간 정도 머무르면서 부분적으로 소화된다. 최종적인 소화와 흡수는 소장에서 일어나며 5~6시간 정도 걸린다. 소화되지 않은 물질들은 12~24시간 정도 대장을 통과하며, 찌꺼기는 항문을 통해서 배설된다.

▲ 사람의 소화계

(2) 구 강

① 섭취와 탄수화물 소화가 이루어지는 장소

② 기계적 소화 : 크기와 모양이 다른 여러 개의 치아가 음식물을 끊고(앞니), 찢고(송곳니), 부숨(어금니)

③ 화학적 소화

㉠ 3쌍의 침샘(귀밑, 혀밑, 턱밑) : 신경 반사에 의해 음식물 섭취 전부터 침을 분비

㉡ 아밀레이스(아밀라아제) : 침에 포함되어 있으며 녹말과 글리코겐을 덱스트린(올리고당 혼합물)과 엿당(말토오스)으로 분해하는 효소

(3) 인두 및 식도

① 인두 : 식도와 기도를 열어주는 목구멍 부위

② 후두개 : 성문을 막아주는 연골로 이루어진 덮개로서, 위로 젖혀진 상태일 때 기도를 열어주며 음식물 덩어리를 삼킬 때는 아래로 내려오며 기도를 닫음

③ 식도 : 양 끝 부위에 존재하는 괄약근이 식도로의 음식물 덩어리 유입과 유출을 조절하며, 소화 작용은 일어나지 않고 평활근에 의한 연동 운동으로 음식물 덩어리를 위로 내려보내는 역할을 수행

(4) 위(Stomach)

① 복강 윗부분에 위치하며 산성(pH 2) 위액을 생성하여 단백질을 소화함

② 위벽 표면의 상피 세포들은 점액을 분비하며, 위벽은 작은 구멍 형태의 위샘이 잘 발달되어 있음

③ 주로 음식물의 저장과 소화가 이루어지며, 영양소의 흡수는 제한적임

④ **음식물과 소화액의 혼합물인 산성 유미즙을 생성**

    ㉠ 화학적 소화

      • HCl(염산)과 펩신이 화학적 소화 작용을 유발

      • 위샘 세포

        – 주세포 : 펩신의 불활성형 전구체인 펩시노젠(펩시노겐)을 분비

        – 부세포(벽세포) : HCl을 분비

        – 점액 세포(배상세포) : 알칼리성 점액을 분비하여, 주변 위 상피 세포를 보호

      • 위산 : 음식물과 함께 유입되는 미생물을 살균하며, 단백질을 변성시켜 소화를 촉진하고, 펩시노젠을 펩신으로 활성화시켜 줌

    ㉡ 위의 운동성

      • 연속적인 근육의 수축과 이완에 의해 내용물을 주기적으로 혼합하며 산성 유미즙을 생성

      • 위 아래쪽 출구인 유문 괄약근을 통해 산성 유미즙을 소장으로 보냄

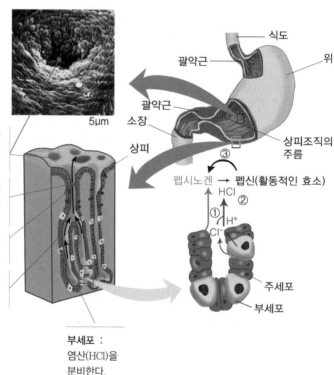

위의 안쪽 표면 : 위벽의 안쪽 표면은 극도로 접혀 있고 관 모양의 위샘 도입부인 구멍들이 점점이 분포한다.

위샘 : 위샘은 어떠한 위액의 성분물질을 분비하느냐에 따라 점액세포, 주세포, 부세포의 세 가지 유형으로 나누어 진다.

점액세포 : 위 안쪽에 있는 세포들을 매끄럽게 하고 보호해주는 점액을 분비한다.

주세포 : 소화효소 펩신의 불활성화 형태인 펩시노겐을 분비한다.

부세포 : 염산(HCl)을 분비한다.

① 펩시노겐과 HCl이 위의 내강으로 분비된다.
② HCl은 펩시노겐을 펩신으로 바꾼다.
③ 펩신은 펩시노겐을 더 활성화시키고, 연쇄반응이 시작된다. 펩신은 단백질의 화학적 소화를 시작한다.

▲ 위의 구조, 위샘의 분비와 펩시노겐의 활성화

(5) 소장(Small Intestine)

① 지름 2.5cm에 길이 6m에 달하는 긴 부위로, 대부분의 화학적 소화와 영양분의 흡수를 담당

② 십이지장(샘창자 ; Duodenum), 공장(Jejunum), 회장(Ileum)의 세 부위로 구분됨

③ **십이지장** : 소장의 첫 25cm 부위를 지칭하며, 위에서 내려온 산성 유미즙, 췌장액(이자액), 담즙(쓸개즙), 장액이 혼합되어 대부분의 소화가 완료되고 양분 및 물의 흡수가 일어남

④ **공장 및 회장** : 공장 부분까지 양분 및 물의 흡수가 일어나며, 회장에서는 비타민 B_{12}의 흡수와 담즙산염의 재흡수 정도만 일어남

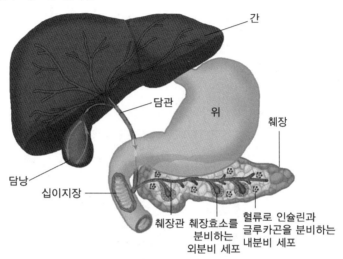

▲ 십이지장과 그 주변 부속 분비샘들

(6) 췌 장

① 췌장의 효소작용

    ㉠ 췌장(이자) : 다양한 가수분해 효소들과 탄산수소나트륨($NaHCO_3$)이 포함된 알칼리성 액체를 분비 → 산성 유미즙을 중화시키고, 대부분의 영양소들의 소화를 유발

    ㉡ 췌장의 가수분해 효소

      • 불활성 상태인 트립시노젠, 키모트립시노젠 : 십이지장 내강에서 트립신, 키모트립신으로 활성화되어 폴리펩티드를 짧은 올리고펩티드로 분해

      • 불활성 상태인 프로펩티데이스 : 십이지장 내강에서 활성화되어 올리고펩티드를 트리펩티드, 디펩티드, 아미노산으로 분해

      • 라이페이스(리파아제, Lipase) : 지방을 지방산과 모노글리세리드(Monoglyceride)로 분해

      • 아밀레이스 : 다당류를 엿당 등의 이당류로 분해

      • 핵산 가수분해 효소(Ribonuclease, Deoxyribonuclease) : DNA, RNA를 뉴클레오티드로 분해

② 간에서의 담즙 생성

   ㉠ 담즙은 담낭(쓸개)에 저장, 농축된 후 필요시 십이지장으로 분비됨

   ㉡ 담즙(쓸개즙) : 물, 담즙산염(담즙염), 담즙 색소, 콜레스테롤, 염류, 인지질(예 레시틴) 등을 포함

   ㉢ 양친매성인 담즙산염이 지방을 유화시켜 라이페이스에 의한 지방 소화 속도를 높임

   ㉣ 소화에서의 간의 기능

     • 담즙을 생성

     • 혈액 내 영양분 농도 조절

     • 여분의 포도당을 글리코겐으로 전환

     • 아미노산 분해 산물인 암모니아를 요소로 전환(요소 회로)

     • 철분과 지용성 비타민의 저장

   ㉤ 알코올 및 독성 물질의 분해

   ㉥ 담즙산염의 지질 유화작용(Emulsification)

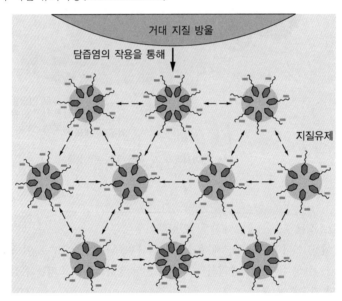

▲ 담즙산염에 의한 지질 유화

③ 소장의 효소 작용

   ㉠ 다양한 소화효소를 포함하는데, 이들 중 일부는 십이지장으로 분비되나 대부분은 십이지장 상피막에 붙어있는 형태임

   ㉡ 영양소 소화의 마지막 단계를 수행하는 효소들이 작용

     • 이당류 분해효소

       – 말테이스(말타아제) : 엿당(말토오스) → 포도당 + 포도당

       – 락테이스(락타아제) : 젖당(락토오스) → 포도당 + 갈락토오스

       – 수크레이스(수크라아제) : 설탕(수크로오스) → 포도당 + 과당

     • 펩티데이스 : 올리고펩티드 → 아미노산

ⓒ 작은 창자 내벽의 주름 표면에 있는 융모(Villi)와 융모 표면의 상피 세포 막의 미세융모 (Microvilli)가 영양분 흡수를 위한 표면적을 넓혀줌

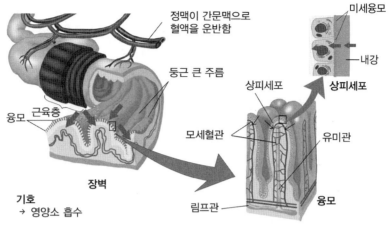

▲ 소장의 구조

ⓔ 소장 상피 세포 내로의 영양분 흡수 : 수동 수송(지용성 양분), 능동 수송(수용성 양분)
ⓜ 영양분의 수송
- 수용성 영양분(아미노산, 포도당 등) : 소장 상피 세포 → 융모 모세혈관 → 간문맥 → 간 → 간정맥 → 하대정맥 → 심장 → 온몸
- 지용성 영양분(지방산, 글리세롤) : 지방산과 모노글리세리드가 소장 상피 세포 내부에서 다시 지방으로 전환된 후 인지질, 단백질, 콜레스테롤로 구성된 막으로 포장한 유미입자(킬로미크론) 형태의 지질단백질로 조립 후 융모의 유미 림프관으로 유입
- 소장 상피 세포 → 융모 림프관 → 림프관(가슴관) → 쇄골하정맥 → 상대정맥 → 심장 → 온몸

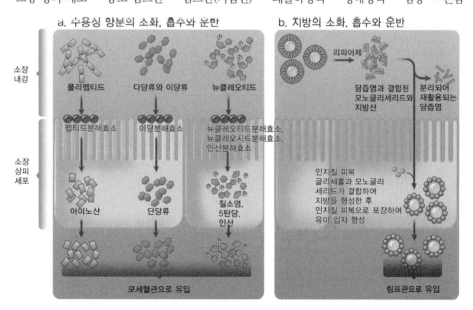

▲ 소장 미세융모세포에 의한 양분의 흡수와 운반

(7) 대장(Large Intestine, 주름 창자)

① 맹장, 결장, 직장으로 구분되며, 결장이 대부분임

② 여분의 물과 미네랄의 흡수, 소화관에서 흡수되지 않은 소화 노폐물의 제거 기능

③ 장내 세균이 가장 많이 서식하며 비오틴, 엽산, Vit. K 등의 추가 양분을 생성

④ 직장의 두 가지 괄약근이 수의적(외부 항문 괄약근) 혹은 불수의적(내부 항문 괄약근)으로 항문의 열림을 조절

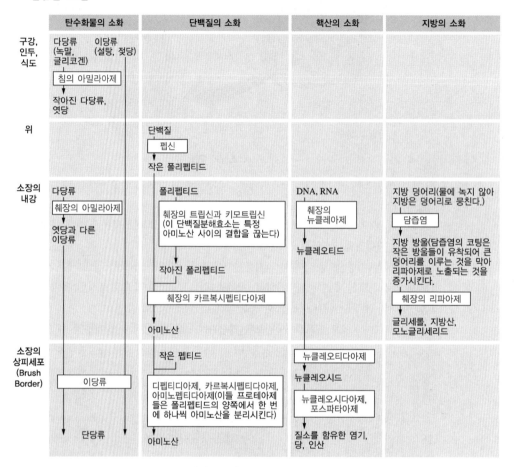

▲ 사람 소화계에서 화학적 소화 요약

(8) 소화의 호르몬 조절

① 위 : 가스트린을 분비하여 위액 생산을 촉진

② 십이지장 : 세크레틴과 콜레시스토키닌을 분비해 위에서의 소화는 억제(십이지장에서 지방 소화를 위한 시간을 벌기 위함)하고 췌장액과 담즙 분비를 촉진시킴

  ㉠ 세크레틴(Secretin) : 췌장의 탄산수소나트륨 분비를 촉진

  ㉡ 콜레시스토키닌(Cholecystokinin ; CCK) : 췌장의 소화효소 분비와 담낭에서의 담즙 분비를 촉진

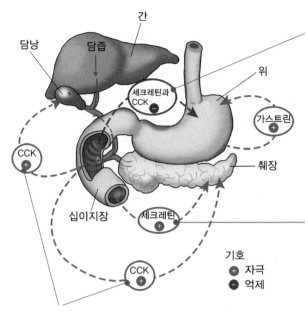

지방이 풍부한 유미즙이 십이지장으로 들어오면, **세크레틴**과 **CCK**가 위의 연동운동과 산 분비를 저해하고 따라서 소화가 늦어진다.

가스트린은 혈류를 따라 순환하여 다시 위로 돌아오는데 이는 위액의 생성을 촉진한다.

세크레틴은 췌장에서 탄산수소나트륨 분비를 자극한다. 탄산수소나트륨은 위에서 온 산성 유미즙을 중화시킨다.

기호
● 자극
● 억제

아미노산과 지방산은 **콜레시스토키닌**(CCK)을 분비시킨다. 콜레시스토키닌은 췌장에서 소화효소와 쓸개에서 담즙을 분비하도록 자극한다.

▲ 소화의 호르몬 조절

03 영양소

(1) 기초 대사율(BMR ; Basal Metabolic Rate)

① 휴식 중인 동물이 세포 유지, 호흡, 심장 박동 등의 필수 과정을 위해 단위 시간당 사용하는 에너지 → 남성, 어린이, 고체중일수록 높음

② 몸에서 필요한 것보다 더 많은 열량을 섭취하는 영양 과다는 비만을 유발할 수 있음

③ 몇몇 호르몬들이 뇌의 포만중추에 작용하여 장기, 단기적으로 식욕을 조절해 정상 체중 유지에 기여
　예 렙틴 : 지방 조직에서 분비되는 식욕 억제 호르몬

(2) 필수 영양소

① 체내에서 합성되지 못하므로 반드시 섭취해야 함

② **필수 아미노산** : 류신, 이소류신, 리신, 메티오닌, 페닐알라닌, 트레오닌, 트립토판, 발린

③ **필수 지방산** : 리놀렌산(Linolenic Acid)

④ **비타민(Vitamin)** : 정상적인 생리기능을 위해 미량 요구되는 유기 화합물로서, 주로 효소의 작용을 돕는 조효소로 작용

⑤ **무기질(미네랄, Mineral)** : 음식과 물에 녹아있는 형태로 섭취된 후 체내에서 조절 작용을 수행

[비타민의 종류와 기능]

인간에게 필요한 비타민			
비타민	주요 음식 원천	몸에서의 주된 기능	결핍과 과잉에 의한 증상
수용성 비타민			
비타민 B_1(티아민)	돼지고기, 콩류, 땅콩, 모든 곡물류	유기물질로부터 생기는 CO_2 제거에 사용되는 조효소	각기병(신경 장애, 쇠약, 빈혈)
비타민 B_2(리보플라빈)	유제품, 고기, 곡류에 풍부함, 채소	조효소 FAD와 FMN의 성분	입가의 갈라짐과 같은 피부병변
니코틴산	견과류, 고기, 곡류	조효소 NAD^+와 $NADP^+$의 성분	피부와 위장 병변, 신경 장애, 간 손상
비타민 B_6(피리독신)	고기, 채소, 모든 곡류	아미노산 대사에 사용되는 조효소	자극 과민성, 경련, 근육 경련, 빈혈, 불안정한 걸음걸이, 마비된 발, 근육의 운동협조 부족
판토텐산(B_5)	대부분의 음식 : 고기, 유제품, 모든 곡류 등	조효소 A의 성분	피로, 마비, 손과 발이 쑤심
엽산(B_9)	녹색 채소, 오렌지, 견과류, 콩류, 모든 곡류	핵산과 아미노산 대사의 조효소	빈혈, 위장 장애, 비타민 B_{12} 결핍현상을 가림
비타민 B_{12}	고기, 달걀, 유제품	핵산 대사의 조효소 ; 적혈구의 성숙	빈혈, 신경계 장애
비오틴	콩류, 다른 채소, 고기	지방, 클리코겐, 아미노산 합성의 조효소	비늘 모양의 피부 염증, 신경근 장애
비타민 C(아스코르브산)	과일과 채소, 특히 감귤류의 과일, 브로콜리, 양배추, 토마토, 피망	콜라겐 합성(뼈, 연골, 잇몸을 위한)에 사용됨. 산화 방지제 ; 해독을 도와줌, 철 흡수 향상	괴혈병(피부, 치아, 혈관의 퇴화), 허약, 상처치유의 지연, 면역 약화, 위장 불편
지용성 비타민			
비타민 A(레티놀)	진한 녹색과 오렌지색의 채소와 과일 속의 프로비타민 A(베타카로틴), 유제품 속의 레티놀	시각 색소의 성분, 상피 조직의 유지, 산화방지제, 세포막의 손상을 막는 데 도와줌	시력 상실, 사망률 증가, 두통, 자극 과민성, 구토, 탈모, 흐릿한 시력, 간과 뼈의 손상
비타민 D	유제품, 달걀 난황(사람의 피부에서 햇빛에 의해 합성되기도 함)	칼슘과 인의 흡수와 사용을 도움 ; 뼈 형성 촉진	어린이의 구루병(뼈 기형), 어른의 골연화증, 뇌, 심장혈관, 신장의 손상
비타민 E(토코페롤)	채소 기름, 견과류, 씨앗	산화 방지제 ; 세포막의 손상을 막는 데 도와줌	신경계의 퇴화
비타민 K(필로퀴논)	녹색 채소, 차(대장균에 의해 만들어지기도 함)	혈액 응고에 중요	혈액 응고 결함, 간 손상과 빈혈

[무기질의 종류와 기능]

인간에게 필요한 무기질			
무기질	주요 음식 원천	몸에서의 주된 기능	결핍과 과잉에 의한 증상*
하루에 200mg 이상 필요함 · 칼슘(Ca)	유제품, 짙은 녹색 채소, 콩류	뼈와 치아 형성, 혈액 응고, 신경과 근육 기능	성장 지연, 뼈 양의 감소
인(P)	유제품, 고기, 곡류	뼈와 치아 형성, 산-염기 균형, 뉴클레오티드 합성	허약, 뼈로부터 무기질 유실, 칼슘 유실
황(S)	많은 원료로부터의 단백질	아미노산의 성분	단백질 결핍의 증상
포타슘(K)	고기, 유제품, 많은 과일과 채소, 곡류	산-염기 균형, 수분 균형, 신경 기능	근육 허약, 마비, 메스꺼움, 심부전
염소(Cl)	식탁용 소금	산-염기 균형형, 위액의 형성, 신경 기능, 삼투압 균형	근육 경련, 식욕 저하
소듐(Na)	식탁용 소금	산-염기 균형, 수분 균형, 신경 기능	근육 경련, 식욕 저하
마그네슘(Mg)	모든 곡류, 녹색 잎의 채소	보조인자 ; ATP 생물에너지학	신경계 교란
철(Fe)	고기, 계란, 콩류, 모든 곡류, 녹색 잎의 채소	헤모글로빈과 에너지 대사에서 전자 전달	철분 결핍성 빈혈, 허약, 면역약화
플루오르(F)	마시는 물, 차, 해산물	치아(그리고 뼈)의 구조 유지	충치의 높은 빈도
아연(Zn)	고기, 해산물, 곡류	어떤 소화효소와 다른 단백질의 성분	성장 부진, 비늘 피부 염증 반응, 생식 부진, 면역 약화
구리(Cu)	해산물, 견과류, 콩류, 장기 고기	철 대사, 멜라닌 합성, 전자 전달에서 효소의 보조인자	빈혈, 심장 혈관의 변화
망간(Mn)	견과류, 곡류, 채소, 과일, 차	효소 보조인자	비정상적인 뼈와 연골
요오드(I)	해산물, 유제품, 이온화된 소금	갑상선호르몬의 성분	갑상선종(갑상선이 커진 것)
코발트(Co)	고기와 유제품	비타민 B_{12}의 성분	없음. 비타민 B_{12} 결핍은 제외
셀레늄(Se)	해산물, 고기, 모든 곡류	효소 보조인자 ; 비타민 E와 연합하여 산화 방지제 기능을 함	근육 통증, 심근의 악화
크롬(Cr)	맥주 효모, 간, 해산물, 고기, 몇몇의 채소	포도당과 에너지 대사에 관여	포도당 대사 약화
몰리브덴(Mo)	콩류, 곡류, 몇몇의 채소	효소 보조인자	질소 함유 화합물의 배설 장애

*이 모든 무기질을 과량 섭취했을 때는 오히려 해가 된다.

19 | 호흡계

01 기체 교환

환경으로부터 O_2를 받아들이고 CO_2를 방출하는 과정으로서, 특수화된 호흡 표면에서 일어남

02 호흡 표면

(1) 호흡 표면(Respiratory Surface)

기체 교환이 일어나는 동물 신체 부위로, 축축함

(2) 호흡 표면에서 기체 교환의 원리 : 단순 확산

① 호흡 표면의 두께가 얇을수록, 표면적이 넓을수록, 분압차가 클수록 기체 교환 효율이 높음

② 분압(Partial Pressure) : 혼합 기체 속에서 특정 기체가 차지하는 압력 → 기체는 분압이 높은 지역에서 낮은 부위로 확산됨

예 대기 중 O_2(약 21%) 분압 : 760mmHg × 0.21 = 160mmHg

대기 중 CO_2(0.03%) 분압 : 0.29mmHg

③ 호흡 매개체(공기나 액체)의 흐름을 증가시키기 위한 다양한 적응이 일어남

03 인간의 호흡계

(1) 인간의 호흡계

① 가지를 뻗은 관 구조들을 통해 흉강(폐와 심장이 들어있는 가슴 속 공간)에 있는 폐까지 공기가 운반됨

② 폐 : 큰 해면 모양의 한 쌍의 기관

(2) 폐로의 공기 전달

① 흡식 → 비공 → 비강(콧속 공간) → 인두 → 후두 → 기관(기도) → 기관지 → 기관세지 → 폐포(허파 꽈리)

② 기체는 폐포벽으로 확산된 후 폐포를 둘러싼 모세혈관으로 유입됨

③ 폐포의 표면에서는 계면활성제가 분비되어 점액의 표면 장력을 제거해 폐의 확장에 필요한 에너지
를 줄여줌

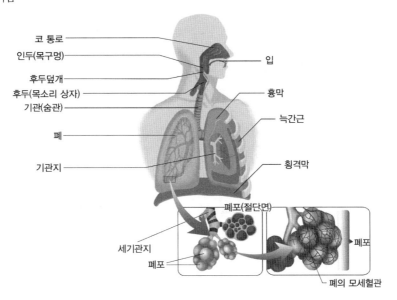

코 통로 : 공기가 축축해지면서 따뜻해지고 여과되며 소리가 공명되는 방
인두(목구멍) : 코 통로와 입을 후두로 연결시키는 공기통로. 소리를 내게 하고 식도와 연결된다.
후두덮개 : 삼키는 동안 후두를 닫게 한다.
후두(목소리 상자) : 소리가 생성되는 공기통로. 삼키는 동안 닫힌다.
기관(숨관) : 후두를 2개의 기관지와 연결시키는 공기통로. 이때 기관지는 폐로 연결된다.
폐 : 호흡을 위한 잎 모양의 탄력적인 이 기관은 내부환경과 바깥공기 사이에서 기체를 교환한다.
기관지 : 폐조직의 폐포에 이를 때까지 점점 더 가지를 치는 공기통로
입 : 추가적인 공기통로
흉막 : 폐를 흉강의 벽으로부터 분리시키는 이중층의 막. 두 층 사이의 액체는 호흡운동에 있어서 윤활유 역할을 한다.
늑간근 : 폐에 공기를 채우고 비우게 하는 갈비 사이의 골격근
횡격막 : 폐에 공기를 채우게 하기 위해서 수축되는 흉곽과 복강 사이의 근육층

▲ 인간의 호흡계 구조

(3) 호흡 기작

① **포유류의 호흡 기작** : 음압호흡(Negative Pressure Breathing)

ㄱ 공기가 폐로 들어갈 때 공기를 밀어서 보내는 것이 아니라, 음압에 의해 빨아들이는 것임

ㄴ 특정 근육을 수축해 흉강의 부피를 늘려 폐포 내부의 기압을 대기보다 낮추어 빨아들이는 방식

ㄷ 흡식은 근수축에 능동적으로 에너지를 소비해야 하고, 호식은 수동적으로 일어남

② 폐의 부피는 흉강의 바닥에 있는 아치 모양의 횡격막(Diaphragm)과 바깥쪽 갈비뼈 사이 근육(외
늑간근 ; Intercostals Muscle)을 수축할 때 증가함

③ **흡기와 호기 유발 기작**

ㄱ 흡기 : 외늑간근과 횡격막 수축 → 흉강 부피 증가 → 폐 부피 증가 ⇒ 폐포 내압 감소

ㄴ 호기 : 외늑간근과 횡격막 이완 → 흉강 부피 감소 → 폐 부피 감소 ⇒ 폐포 내압 증가

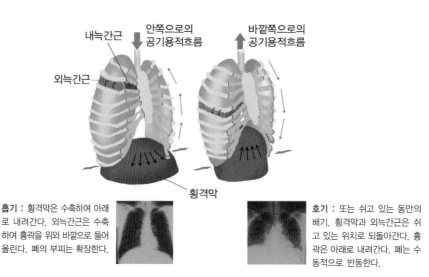

흡기 : 횡격막은 수축하여 아래로 내려간다. 외늑간근은 수축하여 흉곽을 위와 바깥으로 들어올린다. 폐의 부피는 확장한다.

호기 : 또는 쉬고 있는 동안의 배기. 횡격막과 외늑간근은 쉬고 있는 위치로 되돌아간다. 흉곽은 아래로 내려간다. 폐는 수동적으로 반동한다.

▲ 인간의 음압 호흡

(4) 호흡 조절

① 호흡은 수의적인 조절이 가능하나, 대부분의 경우 자율적으로 조절됨

② 인간의 호흡 조절 중추

ㄱ 연수 : 기본적인 속도와 리듬을 조절 → 늑간근과 횡격막에 수축 신호를 보내 흡식을 유도

ㄴ 뇌교 : 연수를 도와 호흡 속도를 조절하며, 흡식과 호식의 전환을 부드럽게 함

③ 호흡 조절의 화학 수용기 : 주로 CO_2 농도, 즉 혈액 pH에 민감

ㄱ 연수의 화학 수용기 : 주변 뇌척수액의 pH 변화를 감지

ㄴ 대동맥과 경동맥의 화학 수용기

• 혈액 pH 변화를 감지하여 연수로 정보를 보냄

• O_2 농도를 감지(너무 낮을 때, 연수에게 호흡 촉진 신호를 보냄)

④ 대사 활동의 증가 → 혈액 내 CO_2 분압 증가 → 탄산의 생성으로 pH 저하 → 연수가 횡격막과 외늑간근의 수축 속도를 증가시킴. 따라서 과다한 CO_2의 배출을 통해 pH를 정상 범위로 되돌림

❶ 연수의 호흡조절중추가 기본적인 리듬을 결정하고, 뇌교의 중추는 이를 조정하여 들숨과 날숨의 전환을 부드럽게 한다.

❷ 연수중추의 신경에서 갈비뼈 근육과 횡격막에 신호를 보내 수축하도록 하여, 들숨이 유발된다.

❸ 이 신경신호는 보통 사람이 쉬고 있을 때 분당 10~14회의 들숨이 유도된다. 들숨과 들숨 사이에는 호흡 관련 근육들이 이완되어 날숨이 유발된다.

❹ 연수에 있는 감지기는 혈액과 뇌가 담긴 뇌척수액의 pH 변화(혈액 내 CO_2 농도를 반영)를 감지한다.

❺ 대동맥과 목동맥(경동맥)의 혈관 내벽에 있는 감지기는 혈액의 pH를 감지하여 연수로 신경 정보를 보낸다. 여기에 반응하여 연수가 호흡의 깊이와 속도를 조절하는데 CO_2 농도가 높으면 모두 증가시키고, CO_2 농도가 낮으면 둘 다 감소시킨다.

❻ 대동맥과 목동맥의 감지기는 산소의 농도도 감지한다. 산소의 농도가 매우 낮을 때 호흡을 촉진하라는 신호를 연수에 보낸다.

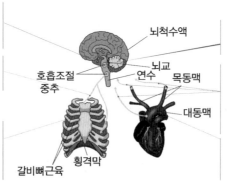

▲ 연수에 의한 호흡 조절

(5) 순환과 기체 교환의 조화

① 외부와 기체 교환이 이루어지는 폐와 체조직 사이를 순환계가 연결시킴

② 순환계의 각 지점별 O_2 및 CO_2 분압은 다름 : 각 기체의 분압 기울기에 따라 각각의 확산 방향이 결정됨

　㉠ 폐 모세혈관 내 혈액 : 폐포 내 공기보다 O_2 분압은 낮고, CO_2 분압은 높음

　　→ 혈액으로 O_2 유입, 혈액에서 CO_2 방출

　㉡ 체조직 모세혈관 내 혈액 : 세포사이액보다 O_2 분압은 높고, CO_2 분압은 낮음

　　→ 혈액에서 O_2 방출, 혈액으로 CO_2 유입

(6) 호흡 색소(혈색소)

① O_2는 물에 대한 용해도가 낮아, 모든 동물은 O_2 운반에 특수 단백질인 호흡 색소를 이용

② 호흡 색소의 종류

　㉠ 헤모시아닌(Hemocyanin)

　　• 절지동물, 연체동물의 호흡색소

　　• 산소 결합 성분으로 구리를 포함하며, 푸른색을 띰

　㉡ 헤모글로빈(Hemoglobin)

　　• 많은 무척추동물 및 대다수 척추동물의 호흡 색소

　　• 4개의 소단위로 구성($\alpha_2\beta_2$)

　　• 각 소단위는 철 이온을 포함한 헴(Heme)그룹을 보결분자로 한 개씩 지니며 철 부위에 산소가 결합됨

　　• CO_2와 H^+ 결합 부위를 지녀 O_2 운반 외에, CO_2 운송 및 혈액 pH 완충의 역할도 담당

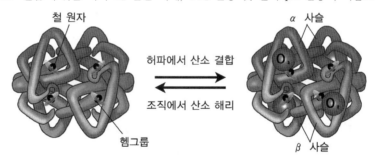

▲ 헤모글로빈의 산소 결합과 해리

　㉢ 헤모글로빈의 해리 곡선

　　• S자형(O_2의 결합은 협동적 양상을 띰)

　　• 높은 CO_2 농도, 낮은 pH, 높은 체온에서는 헤모글로빈의 산소 친화도가 낮아져서 더 많은 산소를 체조식에 내놓을 수 있음 ⇒ 해리 곡선이 오른쪽으로 이동('보어 효과')

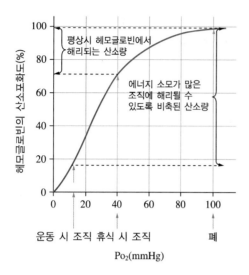

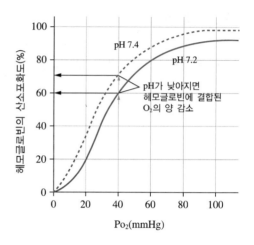

(a) **pH 7.4에서의 Po2와 헤모글로빈 해리도** : 이 곡선은 Po2에 따라 헤모글로빈에 결합한 O_2의 양을 비율로 나타낸 것이다. Po2가 100mmHg 정도인 폐에서는 헤모글로빈의 산소포화도가 98%에 이른다. 한편 Po2가 40mmHg 정도인 조직에서는 산소포화도가 70%이므로 그 차이만큼 산소를 방출할 수 있다. 운동을 많이 한 조직에서는 훨씬 많은 양을 방출할 수 있다.

(b) **pH 변화와 해리 곡선** : 수소이온의 농도가 헤모글로빈의 구조에 영향을 미치며, pH가 낮아지면 곡선이 오른쪽으로 이동한다. 즉, pH가 낮으면 O_2를 잘 방출하게 된다. 예를 들어, Po2가 40mmHg일 때 사람 혈액의 정상 pH인 7.4일 때보다는 7.2일 때 헤모글로빈이 더 많은 O_2를 방출한다. 에너지 소모가 많은 조직에서는 세포호흡을 통해 생성된 이산화탄소가 물과 결합하여 탄산을 만들기 때문에 pH가 약간 낮아진다. 그 결과로 헤모글로빈으로부터 많은 양의 O_2가 방출되어 산소 소비가 많이 일어나는 조직에 보다 많은 O_2를 공급할 수 있게 된다.

▲ 헤모글로빈의 해리 곡선(37℃)

(7) 이산화탄소의 운송

① CO_2는 혈장에 용해된 상태(7%), 헤모글로빈에 결합한 상태(23%), 중탄산이온(HCO_3^-) 형태(70%)로 운반됨

② **탄산 탈수효소(탄산 무수화효소, Carbonic Anhydrase)** : 적혈구 내에서 용해된 CO_2를 H_2O와 결합시켜 탄산(H_2CO_3)으로 전환시키는 효소

③ 이 탄산의 해리로 생성된 HCO_3^-는 혈장으로 확산되고, H^+는 대부분 헤모글로빈을 비롯한 단백질에 결합한 상태로 존재

20 | 순환계

01 순환계

체내에서 흐르는 액체를 이용하여 각 세포들과 호흡계, 소화계 그리고 배설계를 연결시킴

02 순환계의 유형

(1) 위수강(Gastrovascular Cavity)

① 특수화된 순환계를 갖지 못한 자포동물, 편형동물 등에서 소화계 및 순환계의 역할을 담당하는 몸 내부의 공간

② 위수강 주변의 세포들은 확산에 의해 직접 물질 교환함

(2) 개방 순환계와 폐쇄 순환계

① 순환계의 공통 요소

㉠ 혈액 : 순환하는 액체

㉡ 심장 : 근육성 펌프

㉢ 혈관 : 혈액이 순환하는 연결관

② 개방 순환계(Open Circulatory System)

㉠ 절지동물과 연체동물의 순환계

㉡ 한 개 혹은 여러 개의 심장이 끝이 열린 혈관을 통해 주변의 체강으로 혈액을 밀어냄

→ 혈액과 세포사이액을 통틀어 혈림프(Hemolymph)라 함

㉢ 체강에서 세포와 물질 교환을 마친 혈림프는 심장이 이완될 때 심문(Ostia)이라는 작은 구멍을 통해서 심장으로 돌아옴

㉣ 동물이 움직일 때 혈림프의 순환율이 증가됨

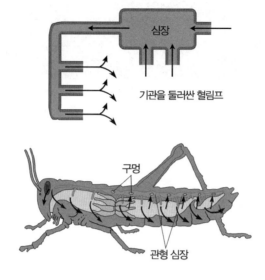

개방 순환계 : 메뚜기와 같이 개방 순환계를 가진 경우 혈액과 세포 사이액은 같은 성분이며, 이를 혈림프라 부른다. 심장은 혈림프를 실제로 세포와 혈림프 사이에 물질 교환이 일어나는 체강으로 밀어 낸다. 혈림프는 작은 구멍을 통해 다시 심장으로 들어가는데, 이 구멍에는 판막이 있어 심장 수축 시 닫힌다.

▲ 개방 순환계

③ 폐쇄 순환계(Closed Circulatory System)

   ㉠ 모든 혈액은 혈관 내에만 존재하며 세포간질액과 구분됨

   ㉡ 한 개 혹은 여러 개의 심장이 혈액을 굵은 혈관으로 펌프하고, 이 굵은 혈관은 각 기관으로 향하는 가는 혈관으로 나뉘어짐

   ㉢ 척추동물과 일부 무척추동물(환형, 일부 연체 및 극피동물)의 순환계

   ㉣ 척추동물의 폐쇄 순환계

     • 심혈관계(Cardiovascular System)라 함

     • 근육질의 심장을 지니며, 복잡한 혈관계로 혈액이 펌프됨

(3) 순환계의 기능

   ① 소화계나 저장소로부터 세포로 영양분을 운반

   ② 호흡계로부터 세포로 O_2를 운반

   ③ 세포로부터 대사 노폐물을 배설계로 운반

   ④ 내분비샘으로부터 표적 기관으로 호르몬을 운반

   ⑤ 체액의 균형 유지

   ⑥ 체온 조절(체표면 혈관의 수축이나 이완 이용)

   ⑦ 미생물 침입에 대한 방어(백혈구 기능)

(1) 혈장(Plasma)

① 혈액 부피의 약 55%

② 물(92%), 단백질(7%), 무기염류, 기체, 영양소, 호르몬, 노폐물 등을 함유

③ 일부 단백질을 제외한 나머지 물질들은 모세혈관벽을 통해 끊임없이 이동

    ㉠ 단백질 : 삼투 조절 및 pH 완충, 면역 방어(항체), 혈액 응고(피브리노젠) 등의 기능

    ㉡ 무기염류 : 혈액 전해질로서, 삼투조절 및 pH 완충작용

    ㉢ 호흡 기체 및 양분

    ㉣ 호르몬

(2) 세포 성분

① 적색 골수에서 생성되며 간과 지라(비장)에 의해 파괴됨

② 적혈구(Erythrocyte ; Red Blood Cell)

    ㉠ 혈액에서 가장 수가 많은 세포(세포 성분의 99% 차지)

    ㉡ O_2 운반 효율을 넓히기 위해 표면적을 증가시킨 원반 모양의 특수화된 세포

    → 포유류의 적혈구는 핵과 세포소기관이 없으며, 다량의 헤모글로빈을 함유

    ㉢ 사람 적혈구의 수명은 4개월로 혈구 중 가장 긺

③ 백혈구(Leukocyte ; White Blood Cell)

    ㉠ 병원체에 대한 방어기능을 담당

    ㉡ 사람 혈액에서 그 수가 가장 적으며 병원체 감염 시 수가 급격히 증가됨

④ 혈소판(Platelet, Thrombocyte)

    ㉠ 핵이 없는, 세포질 조각으로서 골수의 특수 세포(거핵세포)로부터 생성됨

    ㉡ 혈액 응고 작용 및 면역 기능의 조절

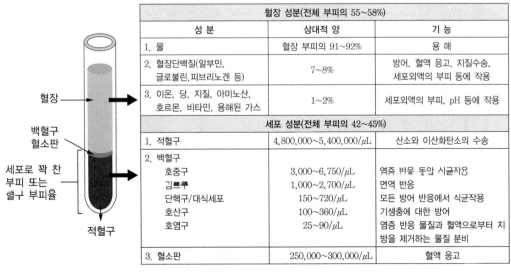

혈장 성분(전체 부피의 55~58%)		
성분	상대적 양	기능
1. 물	혈장 부피의 91~92%	용매
2. 혈장단백질(알부민, 글로불린, 피브리노겐 등)	7~8%	방어, 혈액 응고, 지질수송, 세포외액의 부피 등에 작용
3. 이온, 당, 지질, 아미노산, 호르몬, 비타민, 용해된 가스	1~2%	세포외액의 부피, pH 등에 작용
세포 성분(전체 부피의 42~45%)		
1. 적혈구	4,800,000~5,400,000/μL	산소와 이산화탄소의 수송
2. 백혈구 호중구 김프구 단핵구/대식세포 호산구 호염구	3,000~6,750/μL 1,000~2,700/μL 150~720/μL 100~360/μL 25~90/μL	염증 반응 동안 식균작용 면역 반응 모든 방어 반응에서 식균작용 기생충에 대한 방어 염증 반응 물질과 혈액으로부터 지방을 제거하는 물질 분비
3. 혈소판	250,000~300,000/μL	혈액 응고

▲ 인간 혈액의 구성 성분들

(3) 지혈(Hemostasis)

① 손상당한 혈관으로부터의 출혈이 멈추는 과정

② 지혈 기작

　㉠ 혈관 강직(Vascular Spasm)

　　• 손상 혈관 자체의 성분 또는 교감 신경의 작용에 의한 혈관 수축

　　• 혈관 손상 부위로의 혈류를 감소시킴

　㉡ 혈소판 응집 : 손상된 혈관 부위에 부착되어 활성화된 혈소판 내의 과립이 방출되면서 혈소판이 응집하여 손상된 혈관 입구를 막는 혈소판 마개(Platelet Plug)를 형성해 혈액 유출을 막음

　㉢ 혈액 응고(혈전 형성, Clotting) : 액체 상태인 혈액을 젤(혈전) 형태로 전환시켜, 혈관 손상으로 인한 혈액 손실을 비가역적으로 방지하는 가장 강력한 지혈 기작

　　• 혈전 형성 과정 : 혈장 내에 용해된 피브리노겐이 피브린으로 전환되는 다단계 과정

　　• 혈전(혈병, Clot) : 손상된 혈관에 부착된 그물망 형태의 피브린 단백질에 적혈구를 포함한 혈구 세포들이 엉겨 붙어 생긴 덩어리

　　　－ 10여 개의 응고 인자가 관여

　　　－ 응고 인자들이 순차적으로 활성화되는 연쇄반응의 마지막 단계에서 트롬빈에 의해 불활성형 피브리노겐이 피브린으로 활성화될 때 혈전이 형성됨

❶ 내피에 손상이 생겨 안쪽 결합조직이 노출되면서 혈액 응고가 시작된다. 혈소판이 결합조직의 콜라겐에 흡착되어 부근 혈소판들을 더 잘 붙게 만드는 물질들을 분비한다.

❷ 혈소판이 마개를 형성하여 혈액이 빠져나가는 것을 방지한다.

❸ 손상이 심할 경우 임시로 생긴 마개는 다시 피브린 응결체로 강화된다. 피브린 응결체는 여러 단계를 거쳐 생성된다. 먼저 눌러붙은 혈소판이나 손상된 세포에서 나오는 응고 인자들과 혈장 내 인자들의 반응에 의해 프로트롬빈이 트롬빈으로 된다. 트롬빈은 피브리노겐을 피브린으로 만들어, 결국 피브린 섬유가 엉기면서 응결체가 형성되는 것이다.

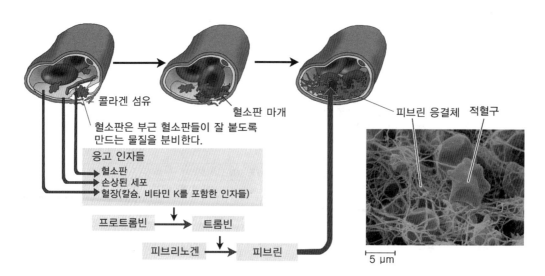

▲ 지혈 과정(피브린 마개 생성과 혈전 형성 과정)

(1) 동맥(Artery)

① 심장으로부터 다른 조직으로 혈액을 운반

② 다수의 가는 소동맥으로 분지됨 → 소동맥벽 평활근의 수축과 이완을 통해 지름을 변화시켜 혈압과 혈류를 조절

③ 세층(내부의 상피, 평활근, 결합조직)의 벽으로 구성 → 혈관 중 벽 두께가 가장 두꺼우며 엘라스틴이 함유되어 탄성이 높음

(2) 정맥(Vein)

① 심장으로 돌아오는 혈액을 운반

② 각 기관의 모세혈관들에 연결된 소정맥들이 모여 정맥을 이룸

③ 세 층의 벽으로 구성

④ 혈관 내부 직경이 가장 굵으며, 혈압이 낮아 혈액의 역류를 방지하는 판막(Valve)이 존재

(3) 모세혈관(Capillary)

① 조직 내 소동맥과 소정맥 사이에서 혈액을 운반

② 단층으로 구성된 얇은 모세혈관 벽을 통해 혈액과 조직액 사이의 물질 교환이 일어남

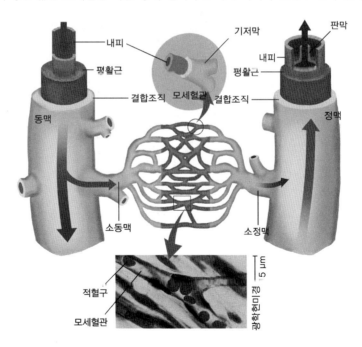

▲ 혈관을 통한 혈액의 이동

(1) 심장의 구조

① 흉골 아래 흉곽에 위치한 속이 빈 근육성 기관

② 심방과 심실이 모두 격벽에 의해 완전히 좌우 분리됨

③ 심방과 심실 사이의 판막

  ㉠ 심실에서 심방으로의 혈액 역류를 막음

  ㉡ 삼첨판(Tricuspid Valve) : 우심방과 우심실 사이의 판막

  ㉢ 이첨판(Bicuspid Valve) : 좌심방과 좌심실 사이의 판막

④ 심실과 동맥 사이의 판막(반월판, Semilunar Valve)

  ㉠ 동맥에서 심실로의 혈액 역류를 막음

  ㉡ 대동맥 판막(Aortic Valve) : 좌심실과 대동맥 사이의 판막

  ㉢ 폐동맥 판막(Pulmonary Valve) : 우심실과 폐동맥 사이의 판막

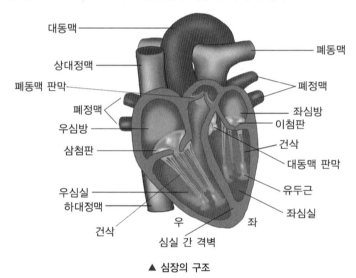

▲ 심장의 구조

(2) 심장 박동

① **자동조율성(Autorhythmicity)** : 심장 수축은 자체적으로 발생하는 전기 신호(활동 전위, Action Potential)에 의함

② **개재판(세포사이원판)** : 이웃한 심근 세포 사이를 연결시키는 특수한 연접 구조로서, 간극연접과 데스모좀이 발달되어 있어 전기 신호가 세포 사이에 빠르게 전파되며 규칙적인 수축을 발생시킴

③ 심근세포의 2종류

   ㉠ 수축 세포 : 심장 근세포의 99%에 해당되며, 혈액을 펌프하는 기계적 일을 담당

   ㉡ 자동조율 세포(Autorythmic Cell)

- 특수화된 세포로서, 수축은 하지 않으나 활동 전위를 생성, 전달하여 수축 세포의 수축을 유도
- 특정 지역에서만 발견됨
- 동방 결절(Sinoartrial Node ; SA Node) : 우심방벽 상단에 위치하며, 전기 신호를 최초로 생성시키고 심방 수축을 유발
- 방실 결절(Atrioventricular Node ; AV Node) : 우심방의 격벽 하단부에 위치하며, 동방 결절이 발생시킨 전기 신호를 히스속으로 전달
- 히스속(히스색, Bundle of His) : 심실 간 격벽 내에 퍼져있는 특수 세포들의 섬유 다발로서, 푸르키네 섬유로 전기 신호를 전달
- 푸르키네 섬유(Purkinje Fiber) : 히스속으로부터 연장되어 심실 근육 전체에 퍼져있는 말단 섬유로서 심실의 수축을 유발

     ※ 활동 전위의 생성과 전파

     동방 결절 → 심방 수축 → 방실 결절 → 히스속 → 푸르키네 섬유 → 심실 수축

④ 심전도(Electrocardiogram ; ECG ; EKG)

   ㉠ 동방 결절에서 시작된 전기 충격이 심방과 심실로 퍼져나가면서 체액을 통해 체표로 전달됨

   ㉡ 이 전류를 기록한 그래프 패턴은 전형적인 형태를 나타내므로 ECG로 심장 이상을 파악 가능

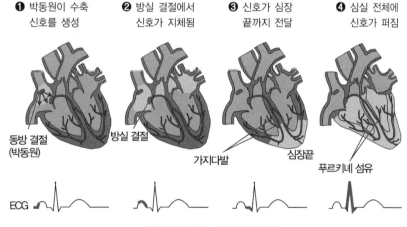

▲ 심장 전기 신호의 전파와 심전도

⑤ 심장 주기(Cardiac Cycle)

   ㉠ 심장 박동은 리드믹하게 규칙적으로 반복됨

   ㉡ 심장 수축 시 심장으로부터 혈액이 나가고, 심장 이완 시 심장으로 혈액이 들어옴

ⓒ 심장 주기
- 1회의 심장 박동으로서 약 0.8초가 소요되며, 수축기와 이완기로 구성
- 수축기(Systole)
  - 심방이 빠르게 수축하는 시기(0.1초) + 심실이 수축하는 시기(0.3초)
  - 방실 판막이 닫히고, 반월 판막은 열림
- 이완기(Diastole) : 0.4초
  - 두 개의 심방과 심실 모두에 혈액이 들어오는 시기
  - 반월 판막이 닫히고, 방실 판막은 열림

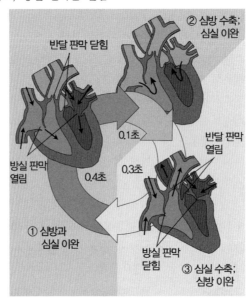

▲ 심장 주기

ⓡ 심박출량(Cardiac Output ; CO)
- 심장이 1분 동안 체순환계로 보내는 혈액의 양
- 심장 박동수(분당 약 72회) × 1회 박출량(약 70ml) = 분당 약 5L

(1) 폐순환

　① 혈액을 산소화시키는 과정

　② **폐순환** : 우심실 → 폐동맥 → 폐 모세혈관(O_2 유입, CO_2 배출) → 폐정맥 → 좌심방

(2) 체순환

　① 혈액을 조직으로 운반하는 과정

　② **체순환** : 좌심실 → 대동맥 → 체모세혈관(CO_2 유입, O_2 배출) → 상대정맥 및 하대정맥 → 우심방

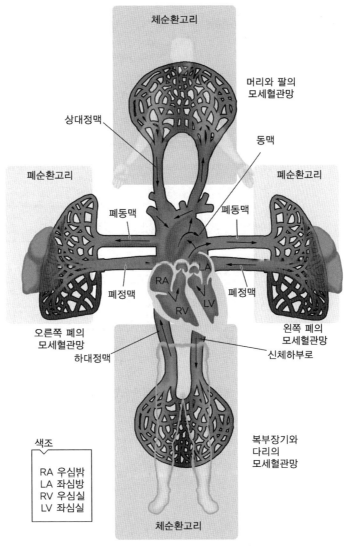

▲ 인간의 폐순환고리와 체순환고리

(1) 혈압과 혈류의 변화 양상은 혈관의 구조와 배열을 반영

(2) 혈관 종류에 따른 혈류 속도와 혈압의 변화

   ① 혈관 총 단면적 : 모세혈관 > 정맥 > 동맥

   ② 혈류 속도 : 동맥 > 정맥 > 모세혈관

   ③ 혈압 : 동맥 > 모세혈관 > 정맥

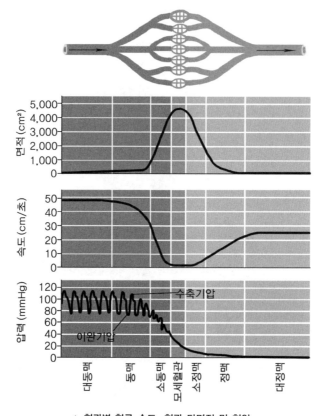

▲ 혈관별 혈류 속도, 혈관 단면적 및 혈압

21 | 배설계

01 배설계

삼투압, pH, 무기 염류의 농도 등에 대한 항상성 유지와 대사 노폐물의 배설을 담당

02 체액 유지와 전해질 균형

(1) 체 액

세포내액(Intracellular Fluid) + 세포외액(Extracellular Fluid)

(2) 세포외액

세포간질액(세포사이액), 림프액 및 혈장

(3) 삼투농도(Osmolarity)

1L 용액 내의 용질의 총 몰수(Osmol/L)

(4) 삼투조절

체액이 너무 희석되거나 농축되지 않도록 체내 물과 용질의 농도를 조정하는 과정

03 대사노폐물

(1) 동물의 대사 노폐물

물, CO_2 및 질소를 함유하는 질소 노폐물 등임. CO_2는 주로 호흡에 의해 배출되며, 물과 질소노폐물은 신장과 같은 배설기관을 통해 제거됨

(2) 질소 노폐물의 종류

① 암모니아(Ammonia ; NH_3)
ⓐ 아미노산과 핵산의 분해 과정에서 생성됨
ⓑ 독성이 매우 강하여, 다량의 물로 희석해 배설
ⓒ 대부분의 수생동물의 질소 노폐물 형태

② 요소(Urea ; H₂N-CO-NH₂)

　㉠ 척추동물의 간에서 요소회로를 통해 암모니아에 CO_2를 결합시켜 합성됨

　㉡ 독성이 약하며, 농축된 형태로 배설이 가능하여 수분 손실 적음

　㉢ 합성 과정에서 에너지 소모

　㉣ 포유류, 대부분의 양서류 성체, 연골 어류

③ 요산(Uric Acid)

　㉠ 암모니아로부터 생성되거나, 뉴클레오티드의 분해로 생성

　㉡ 독성이 약하고, 물에 거의 녹지 않아 결정형 반죽 상태로 배설하므로 물 소모가 적음

　㉢ 합성 과정에 가장 많은 에너지가 소모됨

　㉣ 조류, 곤충류, 파충류

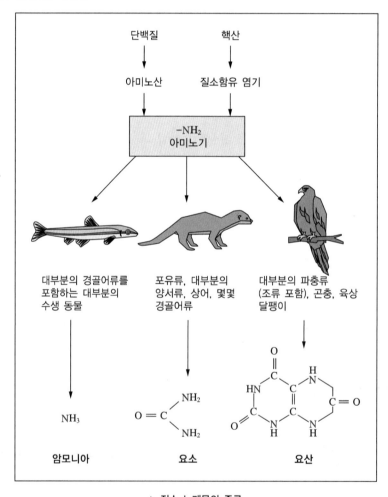

▲ 질소 노폐물의 종류

(1) 신 장

척추동물의 삼투조절 및 배설 기관으로, 질소 노폐물을 배설하고 체액 평형을 유지

(2) 폐, 아가미, 소화계 등이 대사 노폐물의 처리와 체액 평형 유지에서 협력 작용

(3) 육상 포유류

① 폐, 피부, 소화계 등이 삼투조절과 노폐물 제거에서 배설계와 협력 작용

② 폐 : 호기 시 수증기를 통해 물이 유실됨

③ 땀샘 : 체온 조절뿐만 아니라 대사 노폐물의 5~10%를 배설

④ 간 : 요소와 요산을 생성 → 혈액을 통해 신장으로 수송

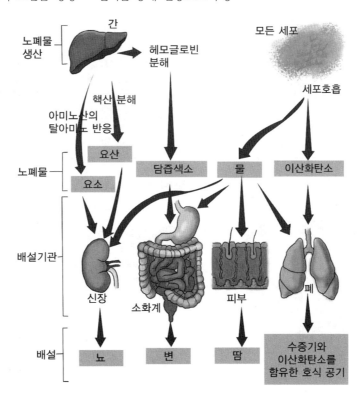

▲ 육상 포유류의 노폐물 제거

(1) 한 쌍의 신장, 방광 및 관련 도관으로 구성

  ① 신장 : 길이 10cm 정도의 어두운 적색을 띠는 기관으로, 바깥 부분인 신장피질(Renal Cortex), 안쪽 부분인 신장수질(Renal Medulla), 그리고 깔때기 모양의 구조인 신우(콩팥 깔때기)로 구성됨

    ㉠ 신동맥을 통해 혈액이 신장으로 유입되고 걸러진 혈액은 신정맥을 통해 빠져나감

    ㉡ 미세한 세관(세뇨관)과 모세혈관으로 차있음

  ② 수뇨관(요관) : 신장의 신우로부터 오줌을 전달받아 방광으로 운반

  ③ 방광 : 오줌을 담아두는 기관

  ④ 요도 : 방광으로부터 몸 밖으로 연결된 관

  ⑤ 요의 이동 : 신장 → 수뇨관 → 방광 → 요도

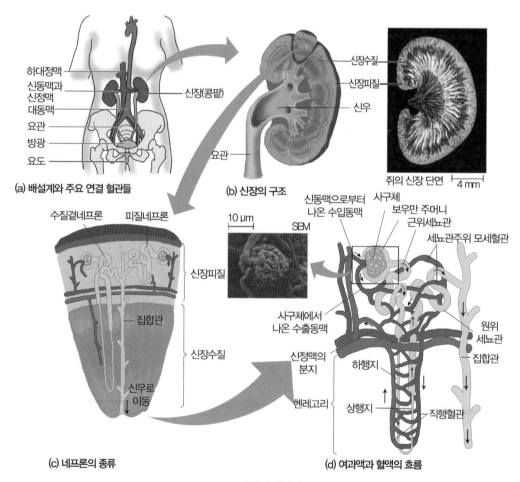

▲ 포유류의 배설계

(2) 네프론(Nephron)

배설의 기본단위로, 각 신장에 약 100만개 이상이 존재

① 구성 : 사구체(Glomerulus) + 보우만 주머니(Bowman's Capsule) + 세뇨관(Tubule)

    ⊙ 사구체 : 모세혈관 뭉치로 혈액의 여과가 일어남

    ⓛ 보우만 주머니 : 세뇨관의 막힌 끝부분이 컵모양으로 부풀어 생긴 것으로, 사구체로부터 걸러진 여액을 받는 부위

    ⓒ 세뇨관

        • 여액을 집합관으로 운반하며, 주변 모세혈관과의 사이에서 재흡수와 분비가 일어남

        • 근위 세뇨관(Proximal Tubule), 긴 머리핀 모양의 헨레 고리(Loop of Henle), 원위 세뇨관 (Distal Convoluted Tubule)으로 구성

    ⓔ 신장에서의 여과액 이동 : 보우만 주머니 → 근위 세뇨관 → 헨레 고리(하행지 → 상행지) → 원위 세뇨관 → 집합관 → 신우

② 혈액의 이동 : 신동맥 → 수입 소동맥(Afferent Arteriole) → 사구체 모세혈관(여과) → 수출 소동맥(Efferent Arteriole) → 세뇨관 주변 모세혈관 → 소정맥 → 신정맥

(3) 오줌의 생성 과정

① 오줌은 여과, 재흡수 및 분비 과정을 통해 생성됨

② 오줌의 성분 : 물 96%, 질소노폐물 2.5%, 염분 1.5% 외 담즙색소 등의 기타 물질로 구성

③ 여 과

    ⊙ 혈액이 사구체 모세혈관을 흘러가는 동안 10% 이상의 혈액이 보우만 주머니로 여과됨

    ⓛ 여과에 기여하는 사구체 모세혈관의 특성 : 높은 혈압, 넓은 표면적, 높은 투과도

    ⓒ 혈액 속의 물과 작은 분자들이 비선택적으로 여과됨 : 포도당, 아미노산 등의 영양성분, 질소노폐물, 염류 등

④ 재흡수

    ⊙ 여과액의 약 99% 이상이 혈액으로 재흡수되는 과정에서 혈액 성분의 조성이 조절됨

    ⓛ 포도당, 아미노산, 비타민 등의 영양성분과 Na^+, Cl^-, K^+, HCO_3^- 등의 이온 일부가 재흡수됨

        • H_2O의 재흡수(여과량의 99%)

            – 근위 세뇨관, 헨레 고리의 하행지, 원위 세뇨관, 집합관에서 재흡수됨. 호르몬(ADH)에 의해 집합관의 물 투과도와 수송이 조절되어 오줌의 농도와 양이 결정됨

        • NaCl의 재흡수(여과량의 99%)

            – 대부분 능동 수송으로 재흡수됨

            – 근위 세뇨관, 헨레 고리의 상행지, 원위 세뇨관, 집합관에서 재흡수됨

        • 요소의 재흡수(여과량의 50%)

            – 집합관의 수질 안쪽 부위에서 능동적으로 재흡수되어, NaCl과 함께 신장 수질 부위의 높은 삼투압 형성에 기여(체액보다 삼투압이 높은 소량의 오줌을 배설할 수 있게 해줌)

⑤ 분비

ㄱ 일부 독성물질은 인근 조직에서 여과액에 의해 능동적으로 분비됨

ㄴ 여분의 H^+가 여과액으로 분비되어 체액의 pH가 조절됨

ㄷ 여분의 K^+가 여과액으로 분비되어 고농도의 K^+에 의해 신경 및 근육이 과다 흥분되는 것을 방지

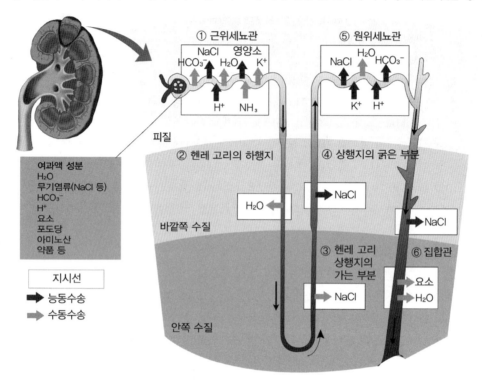

▲ 네프론과 집합관 : 부위별 기능

(4) 호르몬의 신장 기능 조절 : 호르몬이 신장 기능, 물의 균형과 혈압을 조절

① 항이뇨호르몬(ADH : Antidiuretic Hormone, 바소프레신 : Vasopressin)

　㉠ 시상하부에서 합성되어 뇌하수체 후엽에 저장되었다가 분비됨

　㉡ 혈중 염류 농도가 높을 때 분비되며 집합관 벽세포 막의 아쿠아포린 발현을 늘려 H_2O 투과성을 증가시켜 물의 재흡수를 촉진

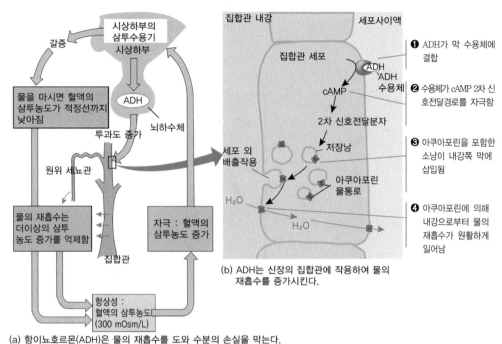

(a) 항이뇨호르몬(ADH)은 물의 재흡수를 도와 수분의 손실을 막는다.

(b) ADH는 신장의 집합관에 작용하여 물의 재흡수를 증가시킨다.

▲ 항이뇨호르몬(ADH)에 의한 체내 삼투농도의 음성 되먹임 조절

② 레닌-안지오텐신-알도스테론계(RAAS : Renin-Angiotensin-Aldosterone System)
　㉠ 곁사구체기구(JGA : Juxtaglomerular Apparatus) : 수입 소동맥에 붙어있는 특수한 조직으로, 혈압이 낮아지면(출혈, 염류 섭취 부족 시) 레닌을 분비
　㉡ 레닌 : 안지오텐시노젠을 안지오텐신 I 으로 전환시킴 → ACE(안지오텐신 전환효소 : Angiotensin Converting Enzyme)에 의해 안지오텐신 II 로 전환됨
　㉢ 안지오텐신 II : 부신피질을 자극해 알도스테론(Aldosterone) 분비를 촉진
　㉣ 알도스테론 : 원위 세뇨관에서 Na^+와 H_2O의 재흡수를 증가시켜 혈액의 부피를 늘리고 혈압을 상승시킴

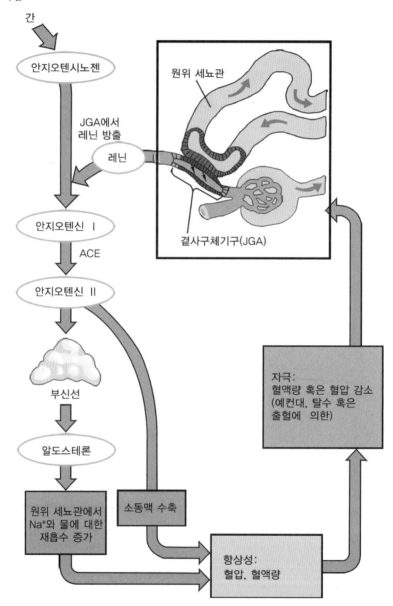

▲ 레닌-안지오텐신-알도스테론계(RAAS)에 의한 혈액량과 혈압의 조절

22 | 면역계

01 면역계

질병을 유발할 수 있는 바이러스, 세균, 균류, 원생생물 및 일부 동물 등의 병원체 감염에 대항하는 기관계

02 면역 반응의 개요

(1) 면역 반응의 2가지 유형

① 비특이적 면역 반응

ⓧ 모든 동물이 지님

ⓛ 선천 면역(Innate Immunity)

ⓒ 감염 이전에 존재하는 생화학적 및 세포성 방어 기작에 의하며, 감염에 대한 1차적이고 빠른 반응임

ⓔ 외래 감염 입자의 공통 구조를 인지

ⓜ 구성성분 : 외부장벽 + 내부방어

• 피부 및 상피 표면의 물리적, 화학적 장벽

• 식세포 등의 세포 성분

• 사이토카인 등의 면역 조절 단백질

• 혈장 단백질 그룹인 보체계

• 염증 반응

② 특이적 면역 반응

ⓧ 척추동물만 지님

ⓛ 적응 면역(Adaptive Immunity), 후천 면역(Acquired Immunity)

ⓒ 감염 입자에 노출됨으로써 활성화되는 비교적 느린 방어 기작으로서, 기억 능력은 지녀 감염 입자에 대한 연속적인 노출에 의해 반응 속도 및 반응 능력이 증가됨

ⓔ 특이성이 매우 높아 병원체의 특정 구성 분자 각각 인식 가능

• 체액성 면역 : B 림프구(B Lymphocyte, B 세포)가 생성한 항체가 매개성

• 세포성 면역 : 세포독성 T 림프구(TC Lymphocyte, TC 세포)가 바이러스 감염 세포와 종양 세포를 제거

(1) 물리적&화학적 장벽

① **물리적 장벽** : 피부, 위장관 점막, 호흡기 점막, 비뇨생식기 점막 및 그 분비액

② **화학적 장벽**

㉠ 라이소자임(리소자임, Lysozyme) : 땀, 침, 눈물, 점액 등의 분비액에 존재하는 효소로서, 세균의 세포벽을 분해

㉡ 항균 펩티드
점막 상피 세포 및 백혈구에서 분비하며, 병원균 막에 구멍을 형성하여 직접 죽이거나 염증을 유발

(2) 식세포와 자연 살해 세포

① **식세포(Phagocyte)** : 식세포 작용 및 염증 반응 유발

㉠ 호중구(Neutrophil)

- 혈액 내에 가장 많이 존재하는 식세포 유형
- 세균 감염에 대한 급성 염증 반응을 매개하는 주요 세포

㉡ 대식세포(Macrophage)

- 단핵구(Monocyte)로부터 분화하여 주로 조직 내에 상주하는 가장 효과적인 식세포
- 림프절(Lymph Node)에서 림프구에게 항원 제시(Antigen-Presenting)
- 선천 면역과 후천 면역을 연결시킴

㉢ 수지상 세포(Dendritic Cell)

- 상피 및 림프 기관에 존재하며, 막상의 돌기를 특징으로 하는 식세포
- 대식세포와 더불어 림프절에서 림프구에게 항원 제시

㉣ 호산구(Eosinophil) : 식세포 활성도 보이나, 기생충 감염에 대한 방어에서 주로 역할을 함

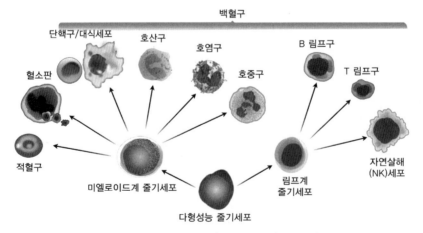

▲ 백혈구를 포함한, 골수 조혈모세포(혈액 줄기세포) 유래의 모든 세포들

② 자연 살해 세포(NK 세포, Natural Killer Cell)
　　㉠ 인간의 말초 혈액 내에 존재하는 림프구의 약 10%를 차지하는 큰 과립형 림프구
　　㉡ 퍼포린과 그랜자임을 분비하여 특정 바이러스에 감염된 세포나 암세포를 파괴
　　　• 그랜자임(Granzyme) : 단백질분해효소의 일종으로, 표적 세포 내로 유입 시 표적 세포의 예
　　　　정세포사를 유도해 죽임
　　　• 퍼포린(Perforin) : 표적 세포의 원형질막에 그랜자임과 복합체를 형성해 구멍을 형성하여 표
　　　　적 세포 내로 그랜자임의 유입을 촉진

(3) 사이토카인(Cytokine)

한 세포에서 분비되어 분비 세포 자체나 다른 세포의 특성 및 작용을 변화시킬 수 있는 작은 용해성
단백질 성분의 신호 물질로, 선천 면역 및 적응 면역에서 면역 세포의 분화와 활성, 면역의 강도 등을
조절

　예 인터페론(Interferon : 항바이러스성), TNF(Tumor Necrosis Factor : 종양괴사인자, 염증 촉진),
　　 IL-2(인터루킨-2, T 세포의 성장·생존·분화 등 조절)

(4) 보체계(Complement System)

① 혈장 및 기타 체액에 존재하는 30여 종의 열-불안정성 단백질들로 구성
② 선천 면역 및 후천(체액성) 면역에서 중요 역할
③ 보체의 기능
　　㉠ 병원체의 용해 : 세포막에 구멍을 만드는 막공격 복합체(MAC ; Membrane-Attack Complex)를
　　　병원체 세포막에 형성
　　㉡ 옵소닌화(Opsonization)
　　　• 병원체 표면을 보체 단백질들이 둘러쌈
　　　• 식세포 작용 촉진
　　㉢ 백혈구의 유인과 염증 촉진
　　㉣ 항원-항체 복합체의 제거 : 식세포 작용에 의해 분해되도록 함

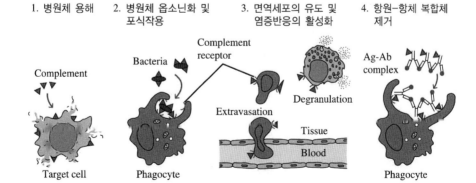

▲ 보체의 기능

(5) 염증 반응(Inflammation)

① 감염, 독소 노출 또는 상처에 대한 혈관 및 조직의 복합 반응

② **임상적 특징** : 발열(Heat), 발적(Redness), 부종(Edema) 및 통증(Pain)

③ **기 능**

ㄱ 감염 및 손상 부위에 백혈구와 혈장 단백질을 보충시킴

ㄴ 국부적인 혈액 응고를 통해 감염의 전파를 막는 물리적 장벽 제공

ㄷ 손상된 조직의 치유 촉진

④ **급성 염증 반응의 주요 과정**

ㄱ 감염 및 손상 부위의 대식세포와 비만세포(Mast Cell)가 활성화되어 히스타민, 프로스타글란딘 등의 염증 매개 물질과 사이토카인을 분비

ㄴ 히스타민에 의한 모세혈관 확장 및 혈관 투과성 증가

ㄷ 더 많은 백혈구 및 혈장 단백질의 유입

ㄹ 감염 미생물과 손상 세포들이 제거되고 조직 손상이 치유됨

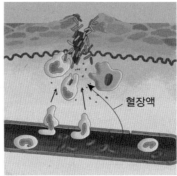

❶ 상처 부위에서 활성화 대식세포와 비만 세포는 근처 모세혈관에 영향을 주는 화학신호를 분비한다.

❷ 모세혈관이 확장되고 물질 투과성이 증진됨으로써 항미생물펩티드를 포함하는 혈장액이 조직으로 스며든다. 면역세포에서 나오는 신호물질이 식세포 유인을 한층 더 고조시킨다.

❸ 식세포가 상처 부위에서 병원균 또는 세포 잔재를 흡입하고, 상처조직이 복구된다.

▲ 염증 반응

04 특이적 면역 반응(적응 면역, 후천 면역)

(1) 적응 면역

　① 특 징

　　㉠ 병원체에 노출 후 활성화됨

　　㉡ 기억 능력

　　㉢ 항원 특이적

　　㉣ B 세포, T 세포 및 대식세포, 수지상 세포 등의 항원 제시 세포(APC : Antigen Presenting Cell)가 주로 작용

　② B 세포 및 T 세포의 항원 인식

　　㉠ 세포 표면 수용체를 이용해 특이적인 항원 분자를 인식하고 결합

　　㉡ 체내에는 각기 다른 항원 수용체를 보유한 수백만 종 이상의 림프구들이 존재

　　㉢ 항원-수용체 결합으로 활성화된 림프구는 세포 분열을 통해 다수의 동일한 딸세포를 형성, 증식하여 감염의 확산을 막고, 기억 세포를 형성하여 재감염 시 대응

(2) 림프구에 의한 항원 인식

　① 항원(Antigen)

　　㉠ 림프구 수용체에게 특이적으로 인식·결합되어 면역 반응을 유발하는 외래 분자

　　㉡ 주로 단백질, 다당류 등의 거대 분자임

　　㉢ 항원 결정기(Antigenic Determinant), 에피토프(Epitope) : 거대 항원 분자 내에서 림프구의 항원 수용체(또는 항체)가 인식해 결합하는 부위

　　㉣ 각 림프구는 수용체를 이용해 특정 에피토프에 대해 특이적으로 결합함

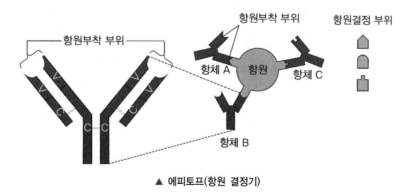

▲ 에피토프(항원 결정기)

② B 세포와 T 세포의 항원 수용체

　㉠ B 세포 수용체

　　• 4개의 폴리펩티드 사슬로 구성(Y자형)

　　　– 두 개의 동일한 중쇄와 두 개의 동일한 경쇄가 이황화결합으로 연결됨

　　　– 불변영역(Constant Region ; C Region) : 중쇄 및 경쇄 내에서 수용체 간 아미노산 서열
　　　　이 거의 동일한 부위

　　　– 변이영역(Variable Region ; V Region) : 중쇄 및 경쇄 내에서 수용체 간 아미노산이 서
　　　　열이 매우 다른 부위

　　• 중쇄와 경쇄의 V 영역이 합쳐져 두 개의 항원 부착 부위를 형성

　　• 중쇄의 막 관통 부위를 통해 막에 부착됨

　　• 형질 세포(Plasma cell) : 항원의 자극에 의해 분화된 B세포의 작동 세포(Effector cell)로서
　　　항원 수용체의 수용성 형태인 항체를 분비하는 전문 세포

　㉡ T 세포 수용체

　　• 두 개의 폴리펩티드 사슬, 즉 α 및 β 측쇄가 이황화결합으로 연결됨

　　• α와 β 사슬의 V 영역이 한 개의 항원 부착 부위를 형성하고, 나머지 부분인 C 영역을 통해
　　　막에 부착됨

　　• B 세포 수용체와 달리 항원 제시 세포에 의해 제시된 항원 조각에만 결합

　　• 항원 제시 세포의 막 단백질인 주조직적합성 복합체(MHC) 단백질이 T 세포 수용체에 항원을
　　　제시

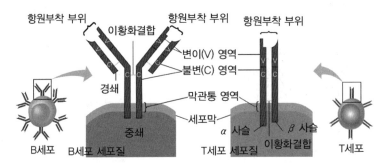

(a) B세포 수용체는 두 개의 동일 중쇄와 두 개의 동일 경쇄
　　로 구성되어 있으며 이들은 여러 개의 이황화결합으로 연
　　결되어 있다.

(b) T세포 수용체는 α 및 β 사슬로 구성되어 있
　　으며 이황화결합으로 연결되어 있다.

▲ 림프구의 항원 수용체

③ MHC(주조직적합성 복합체 : Major Histocompatibility Complex)

　　㉠ 적응면역에서 자기(Self)와 비자기(Non-Self)를 구분하게 해주는 세포막 단백질군

　　㉡ MHC 유전자의 다양성에 의해 각 개체는 서로 다른 MHC 분자를 보유하게 됨

　　　• Ⅰ군 MHC(MHC Ⅰ)

　　　　- 핵을 지니는 모든 세포에서 발현됨

　　　　- 바이러스 감염 세포나 암세포의 내부에서 항원의 펩티드 조각과 결합해 막에 배열되어 세포독성 T 세포(TC 세포)에게 항원을 제시

　　　　- T 세포 수용체는 항원을 인식해 결합하고 보조 수용체인 CD8 분자가 MHC Ⅰ과 결합

　　　• Ⅱ군 MHC(MHC Ⅱ)

　　　　- 전문적인 항원 제시 세포(APC)인 대식세포, 수지상 세포 및 B 세포에서만 추가로 발현됨

　　　　- 식세포 작용이나 세포 내 섭취작용으로 유입된 항원의 분해로 생성된 펩티드 조각을 도움 T 세포(TH 세포)에게 제시

　　　　- T 세포 수용체는 항원을 인식해 결합하고 보조 수용체인 CD4 분자가 MHC Ⅱ와 결합

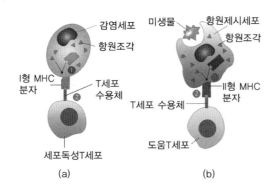

❶ 세포 내에서 외래 단백질(항원) 조각은 MHC 분자와 결합하여 세포표면으로 수송된다.

❷ MHC 분자와 항원이 결합된 복합체는 T 세포에게 인식되어 T 세포에게 감염되었음을 알리는 신호를 준다.

▲ MHC 분자와 T 세포의 상호작용 개요

(3) 림프구의 발달과 활성화

① 림프구 수용체의 다양성 확보 기작

　　㉠ 수용체 유전자의 재조합 : V(D)J 재조합. 림프구의 발달 과정 중 V 영역 발현 부위에서 일어남

　　㉡ B 세포 수용체 유전자의 다양성 확보

　　　• 경쇄 유전자 : V(Variable) 유전자 조각과 J(Joining) 유전자 조각의 다양한 재조합에 의해 형성됨

　　　• 중쇄 유전자 : V 유전자 조각, D(Diversity) 유전자 조각 및 J 유전자 조각의 다양한 재조합에 의해 형성됨

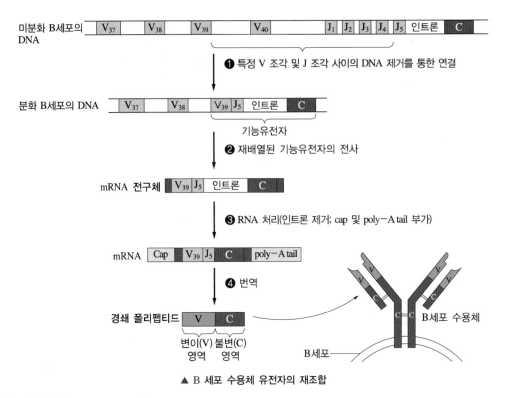

▲ B 세포 수용체 유전자의 재조합

② 자기관용(Self-Tolerance)
  ㉠ 자기 항원에 대해 반응하지 않는 현상
  ㉡ 림프구 성숙 과정 중 자기 항원에 대한 반응성을 점검해 자기 항원에 특이적인 수용체를 지니는 림프구는 제거되거나, 무반응 상태가 됨
  ㉢ 자기관용에 실패 시 자가면역질환 발생
③ 림프구의 활성화에 의한 증폭과 분화
  ㉠ 클론 선택(Clonal Selection) : 항원 수용체에 특이적으로 결합하는 항원에 의해 활성화된 특정 림프구가 다량 증식하는 과정
  ㉡ 증식, 분화 과정을 통해 두 종류의 림프구 클론을 형성 : 작동 세포 및 기억 세포
    예 B 세포의 클론 선택 : 클론 증식 과정 중 항체를 분비하는 작동 세포인 형질 세포와 기억 세포로 분화됨

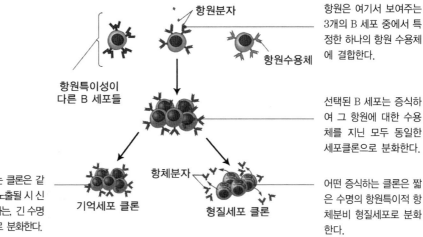

항원은 여기서 보여주는 3개의 B 세포 중에서 특정한 하나의 항원 수용체에 결합한다.

선택된 B 세포는 증식하여 그 항원에 대한 수용체를 지닌 모두 동일한 세포클론으로 분화한다.

어떤 증식하는 클론은 짧은 수명의 항원특이적 항체분비 형질세포로 분화한다.

어떤 증식하는 클론은 같은 항원에 재노출될 시 신속하게 반응하는, 긴 수명의 기억세포로 분화한다.

▲ B 세포의 클론 선택 및 분화

④ 면역 기억

저장되어 있던 기억 세포는 자체 표면 수용체에 특이적인 에피토프를 지니는 항원의 재유입 시 빠르게 다시 증식, 분화되어 1차 반응보다 더 빠르고, 강하고, 오래 지속되는 2차 반응을 에피토프 특이적으로 유발

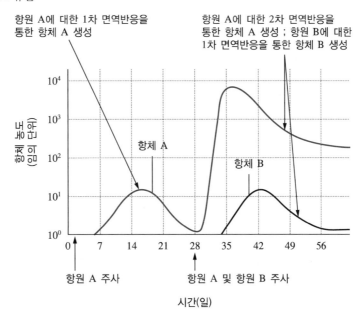

▲ 면역 기억의 특이성

(4) 적응 면역 기작

① 세포성 면역 반응

㉠ 세포독성 T 세포(TC 세포 ; CTL : Cytotoxic T Lymphocyte)

• 세포성 면역 반응의 작동 세포

• 바이러스나 세포 내 기생 세균에 감염된 세포 및 암세포를 제거함

- MHC I 를 인식하는 보조 수용체인 CD8과 T 세포 수용체를 이용해 항원을 제시하는 표적 세포와 상호작용함
- 퍼포린과 그랜자임을 분비해 표적 세포의 예정세포사 유도

❶ 활성화된 세포독성 T 세포는 CD8 분자의 도움으로 TCR을 통하여 표적 세포 I형 MHC-항원 복합체에 결합한다.

❷ T 세포는 표적 세포의 세포막에 구멍을 내는 퍼포린 분자와 가수분해효소인 그랜자임을 분비한다. 그랜자임은 세포 내 섭취작용을 통하여 표적 세포 내로 들어간다.

❸ 그랜자임은 표적 세포 내에서 아폽토시스를 유도하여, 핵과 세포질을 조각내어 세포를 죽인다. 세포독성 T 세포는 떨어져 나와 다른 표적 세포를 공격할 수 있다.

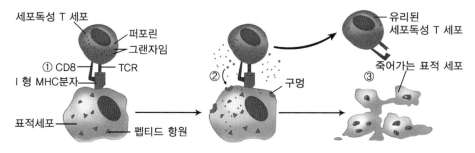

▲ 세포독성 T 세포의 활성화와 표적 세포 사멸

ⓛ 도움 T 세포(T_H 세포)

- 세포성 및 체액성 면역 반응 모두를 촉진시키는 역할
- MHC II 를 인식하는 보조 수용체인 CD4과 TCR을 이용해 항원을 제시하는 대식세포, 수지상세포 및 B 세포 등의 전문 항원 제시 세포와 상호작용해 활성화됨
- 항원을 제시받아 활성화되면 여러 종류의 사이토카인을 분비해 T_C 세포, 대식세포 및 B 세포를 활성화시킴

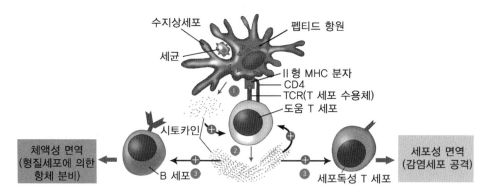

❶ 항원 제시 세포가 세균을 섭취하여 분해한 후에, II 형 MHC와 결합된 세균 항원 조각(펩티드)을 그 표면에 전시한다. 특이적인 도움 T 세포는 CD4 분자의 도움을 받아 TCR을 통하여 전시되어 있는 복합체를 인식한다. 이러한 상호결합은 항원 제시 세포로부터 시토카인을 분비하도록 한다.
❷ 항원 제시 세포와 도움 T 세포 자체에서 분비된 시토카인에 의해 T 세포가 증식하고 활성화된 도움 T 세포 클론으로 분화한다(그림 예 없음). 활성화 도움 T 세포는 MHC-항원 복합체에 대한 모두 같은 수용체를 가지고 있다.
❸ 증식 후 도움 T 세포 클론은 다른 종류의 시토카인들을 분비하여 B 세포 및 세포독성 T 세포의 활성화를 돕는다.

▲ 체액성 및 세포성 면역 반응에서 도움 T 세포의 중심적 역할

② 체액성 면역 반응(Humoral Immune Response) : 항체 매개 반응

    ㉠ B 세포의 활성화 및 클론 선택을 통해 혈액이나 림프를 순환하는 항체 생성

    ㉡ 도움 T 세포에 의해 활성화됨

    ㉢ 항체의 기능

       • 중화작용 : 항원을 둘러싸 표적 세포로의 부착, 감염을 저해

       • 옵소닌화 : 항원을 둘러싸 식세포 작용 촉진

       • 보체계의 활성화

바이러스 중화	옵소닌화	보체계 활성화와 막공격복합체 형성
항체는 바이러스 표면 항원에 결합함으로써 바이러스가 숙주 세포에 결합하지 못하게 중화 한다.	세균 표면 항원에 항체의 결합 도 대식세포의 식세포활성을 증진시킨다.	항체는 외래세포 표면에 있는 항원과 결합하여 보체계를 활성화한다. / 보체계가 활성화되면, 막공격복합체가 형성되어 외래세포의 세포막에 구멍을 낸다. 물이나 이온이 세포 내로 유입되어 부풀게 되고 결국 용해된다.

▲ 항체의 기능

    ㉣ 항체(면역글로불린 : Immunoglobulin : Ig)의 종류

       • 중쇄 불변 영역(C region)의 차이에 따라 IgG, IgM, IgA, IgE 및 IgD로 분류

[5가지 타입의 항체]

면역글로불린(항체)형	분 포	기 능
IgM (5중합체) J 사슬	초기 항원 접촉 시 첫 번째로 만들어지는 Ig형 : 그 후 혈액 내 농도는 떨어짐	항원의 중화 및 응집 반응을 촉진, 보체 활성화에 가장 효과적임
IgG (단량체)	혈액 중에 가장 많은 Ig형 : 조직액에도 존재	• 항원의 옵소닌작용, 중화 및 응집반응을 촉진 : 보체를 활성화하는 능력에 있어서 IgM보다는 덜 효과적임 • 태반을 통과하는 유일한 항체로서 태아에게 수동면역을 부여함

IgA (이합체)	눈물, 침, 점액 및 모유 같은 분비물에 존재	• 항원의 응집 및 중화를 통하여 점막의 국소 방어에 기여 • 모유에 존재하기 때문에 유아에게 수동 면역을 부여함
IgE (단량체)	혈액에 낮은 농도로 존재	비만세포와 호염구로부터 알레르기 반응을 유발하는 히스타민을 포함한 다양한 화학물질을 분비하게 함
IgD (단량체)	항원에 노출된 적이 없는 미경험 B 세포 표면에 존재	항원자극에 의한 B 세포의 증식 및 분화 과정(클론 선택)에서 항원 수용체로 작동

05 면역계의 질병 및 유해한 면역 반응

(1) 면역결핍증(Immunodeficiency)

면역 기능의 구성 요소 일부가 없거나 기능을 하지 못하여 감염에 대한 감수성이 증가한 상태

예 후천성 면역결핍증(AIDS ; Acquired Immunodeficiency Syndrome) : 주로 TH 세포를 숙주로 삼는 HIV(Human Immunodeficiency Virus)의 감염에 의해 TH 세포 수가 줄면 면역력이 감소하여 기회 감염과 암에 취약해짐

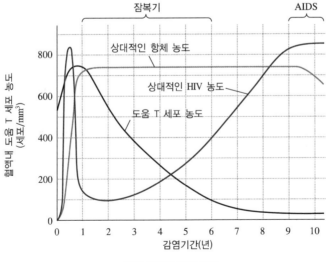

▲ HIV 감염의 진행 과정

(2) 적아세포증(Erythroblastosis Fetalis)

① 적혈구 표면의 단백질인 RH(Rhesus Monkey) 항원에 의해 유발됨

② 첫 아이 임신 시 RH⁻형(RH 항원 미보유) 산모와 RH⁺형(RH 항원 보유) 태아의 RH 항원의 불일치로 인해 산모에서 RH 항원-특이적 항체가 형성될 수 있음

③ RH⁺형의 둘째 아이를 임신 시 태반을 통해 항체가 태아로 건너가 응집 반응을 유발하여 태아가 사망에 이를 수 있음

④ 첫 아이 출산 시 산모에게 RH 항원-특이적 항체를 주사해 태아 적혈구 RH 항원을 중화시키면 둘째 임신 시 적아세포증을 막을 수 있음

(3) 알러지(알레르기 : Allergy)

① 흔히 접하는 평범한 항원(알러젠 : Allergen)에 대한 항체(IgE 타입)를 생성하여 발생하는 과민증

② 비만세포가 주요 작용 세포임. 표면에 IgE 수용체를 발현하여 IgE와 결합되어 있다가, 알러젠이 IgE에 결합 시 활성화되면 알러지 매개 물질들을 분비하여 알러지 특유의 증상들을 유발

⑩ 비염, 아토피성 피부염, 천식 등

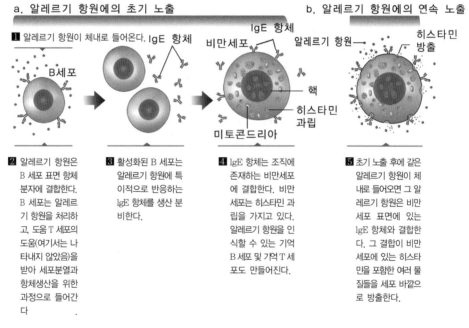

▲ 알러지 반응

(4) 자가면역질환(Autoimmune Disease)

면역계가 자기관용을 나타내지 못해 자기 분자에 대해 면역 반응을 개시하여 발생

⑩ 루프스(Lupus), 류마티스성 관절염(Rheumatoid Arthritis), 다발성경화증(Multiple Sclerosis) 등

(1) 림프계

림프관, 림프절(Lymph Node), 림프 기관(골수, 흉선, 비장, 편도선 등) 및 액체 성분인 림프로 구성

(2) 림프계의 기능

① 모세혈관 벽을 통해 빠져나온 액체와 작은 용질들을 다시 순환계로 돌려보냄
② 백혈구들이 존재하며 질병에 대한 방어

(3) 림프관

좌측 어깨의 가슴관(흉관)과 우측 림프관으로 합쳐진 후 쇄골 부위에서 빗장밑정맥(쇄골하동맥)으로 연결되어 순환계와 합쳐짐

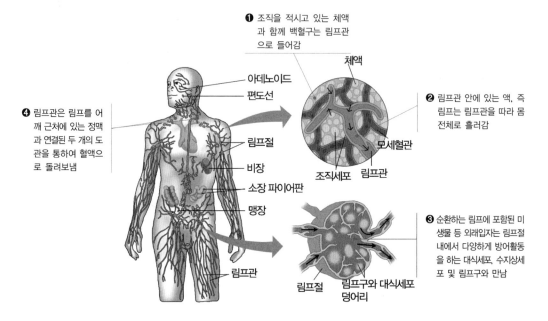

❶ 조직을 적시고 있는 체액과 함께 백혈구는 림프관으로 들어감

❷ 림프관 안에 있는 액, 즉 림프는 림프관을 따라 몸 전체로 흘러감

❸ 순환하는 림프에 포함된 미생물 등 외래입자는 림프절 내에서 다양하게 방어활동을 하는 대식세포, 수지상세포 및 림프구와 만남

❹ 림프관은 림프를 어깨 근처에 있는 정맥과 연결된 두 개의 도관을 통하여 혈액으로 돌려보냄

아데노이드
편도선
림프절
비장
소장 파이어판
맹장
림프관

체액
모세혈관
조직세포
림프관

림프절
림프구와 대식세포 덩어리

▲ 인간 림프계의 구조

23 | 내분비계

01 내분비계

내분비계(Endocrine System)란 생리 및 대사과정, 체액 평형 등의 항상성 유지, 성장 및 생식 등에서 조절작용을 담당하는 기관계를 뜻한다. 내분비 조절은 대부분 음성 되먹임 기작에 의한다.

02 내분비 신호

(1) 화학 신호의 종류

① 호르몬(Hormone)
  ㉠ 내분비 신호
  ㉡ 순환계로 분비되어 멀리 떨어져 있는 몸 전체의 표적 세포에 정보를 전달
  ㉢ 내분비 세포 또는 신경내분비 세포(Neuroendocrine Cell)에서 분비
② 신경전달물질(Neurotransmitter) : 한 신경 세포에서 다른 신경 세포 혹은 근육 세포, 내분비 세포 같은 다른 세포들로 정보를 전달
③ 국소조절자(Local Regulator) : 세포사이액으로 분비되어 근거리 세포에만 영향을 미침
④ 페로몬(Pheromone) : 짝짓기 등에서처럼 동일 종의 개체 간에 정보를 전달

(2) 내분비샘과 외분비샘

① 내분비샘(Endocrine Gland)
  ㉠ 내분비 세포가 호르몬을 세포사이액으로 분비
  ㉡ 혈관으로 유입되어 혈액을 타고 몸 전체의 표적 세포로 이동 가능
② 외분비샘(Exocrine Gland) : 도관(Duct)의 벽을 구성하는 세포가 도관 안으로 분비 → 도관을 타고 피부나 점막 표면으로 분비액이 흘러나감
  예 땀, 침, 젖, 소화액 등의 분비샘

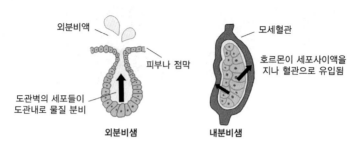

▲ 외분비샘과 내분비샘 비교

(3) 호르몬의 작용기작

① 수용성 호르몬

ⓐ 단백질, 펩티드, 아민 호르몬

ⓑ 분비 세포 내부에서 미리 합성되어 소낭 형태로 포장되어 있다가 특정 조건에서 분비되기도 함

ⓒ 표적 세포 원형질막에 있는 수용체와 결합 시 내부로 신호가 전달되어 다양한 반응 유발

② 지용성 호르몬

ⓐ 스테로이드 호르몬(성호르몬, 부신피질 호르몬), 갑상선 호르몬

ⓑ 표적 세포 내에 있는 수용체와 결합해 주로 유전자 발현을 유발

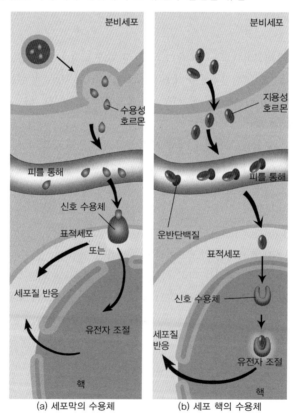

▲ 수용성 호르몬과 지용성 호르몬의 작용 기작

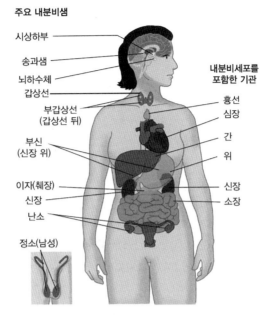

주요 내분비샘

- 시상하부
- 송과샘
- 뇌하수체
- 갑상선
- 부갑상선
  (갑상선 뒤)
- 부신
  (신장 위)
- 이자(췌장)
- 신장
- 난소
- 정소(남성)

내분비세포를
포함한 기관

- 흉선
- 심장
- 간
- 위
- 신장
- 소장

▲ 사람의 주요 내분비샘

(1) 시상하부(Hypothalamus)

① 신경을 통해 체내 상태와 외부 환경의 정보를 받아 항상성 조절

② 내분비계의 주요 조절 중추로서 뇌하수체를 통해 다른 내분비샘을 지배

③ 뇌하수체 전엽의 호르몬 분비를 조절하는 방출 호르몬 또는 억제 호르몬을 분비

　　㉠ 방출 호르몬(Releasing Hormone) : 뇌하수체 전엽을 자극하여 호르몬 분비를 촉진

　　㉡ 억제 호르몬(Inhibiting Hormone) : 뇌하수체 전엽의 호르몬 분비를 억제

④ ADH(항이뇨호르몬, Antidiuretic Hormone), 옥시토신(Oxytocin)을 생성해 뇌하수체 후엽으로
　보내줌

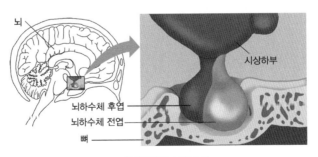

뇌

시상하부

뇌하수체 후엽

뇌하수체 전엽

뼈

▲ 시상하부와 뇌하수체

(2) 뇌하수체(Pituitary Gland)

① 뇌하수체 전엽(Anterior Pituitary) : 내분비 세포로 이루어졌으며, 호르몬을 합성하여 혈액으로 직접 분비

㉠ 갑상선자극 호르몬(Thyroid-Stimulating Hormone ; TSH) : 갑상선으로부터 갑상선 호르몬 분비를 자극

㉡ 부신피질자극 호르몬(Adrenocorticotropic Hormone ; ACTH) : 부신피질로부터의 호르몬 분비를 자극

㉢ 여포 자극 호르몬(Follicle-Stimulating Hormone ; FSH) : 여성의 난소에서 여포를 자극하여 여포 성장을 촉진, 남성의 정소에서 세르톨리 세포를 활성화시킴

㉣ 황체형성 호르몬(Luteinizing Hormone ; LH) : 여성의 난소에서 파열된 여포를 황체로 전환, 남성의 정소에서 레이디 세포를 통해 테스토스테론 분비를 촉진

㉤ 성장호르몬(Growth Hormone ; GH) : 전신에서 근육, 뼈 연골의 성장을 촉진

㉥ 프로락틴(Prolactin ; PRL) : 젖샘에서 젖 분비를 촉진

㉦ 엔돌핀(Endorphin) : 행복감을 느끼게 하고 진통 효과를 나타냄

② 뇌하수체 후엽(Posterior Pituitary) : 시상하부가 확장된 신경조직으로서, 시상하부에서 생성해 보내준 호르몬인 ADH(항이뇨호르몬)과 옥시토신을 저장하였다가 분비

(3) 갑상선(Thyroid Gland)

① 두 가지 그룹의 호르몬을 생성·분비

② 아민 호르몬 : 티록신(Thyroxine ; T_4), 트리요오드티로닌(Triiodothyronine ; T_3)

㉠ 타이로신(Tyr) + 아이오딘(요오드 : I)(T_3) 또는 4개(T_4)

㉡ 아이오딘 때문에 소수성을 나타냄

㉢ 전신 세포들이 모두 표적이 될 수 있음

㉣ 성장기에 발달 및 성숙에 관여하고, 대사율을 증가시킴

㉤ 혈중 갑상선 호르몬의 농도는 음성 되먹임에 의해 조절됨

㉥ 아이오딘 결핍 시 음성 되먹임이 일어나지 않아 갑상선이 비대해지는 갑상샘종(고이터, Goiter)이 유발될 수 있음

㉦ 과다나 부족 시 질병이 유발됨 : 갑상선 기능항진증(과다 분비), 갑상선 기능저하증(과소 분비), 크레틴병(선천성 갑상선 과소 분비)

③ 칼시토닌(Calcitonin)

    ㉠ 혈중 칼슘 농도를 저하시켜 칼슘 이온 농도의 항상성 유지

    ㉡ 뼈에 칼슘을 저장하고 콩팥에서의 칼슘 흡수를 감소시킴

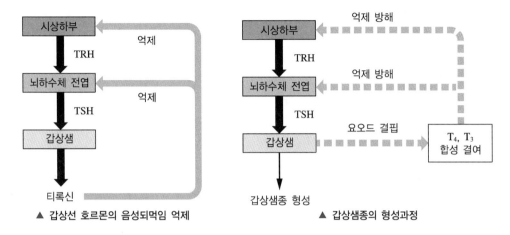

▲ 갑상선 호르몬의 음성되먹임 억제   ▲ 갑상샘종의 형성과정

(4) 부갑상선(Parathyroid Gland)

  ① 부갑상선 호르몬(PTH ; Parathyroid Hormone) 분비

  ② PTH

    ㉠ 혈중 칼슘 이온 농도가 낮을 때 분비 촉진되어 칼슘 이온의 농도를 높임

    ㉡ 포유류에선 주로 PTH의 혈중 농도를 변화시켜 체내 칼슘 이온의 항상성 유지

    ㉢ 뼈에서 칼슘 방출을 촉진하고 신장에서는 칼슘의 재흡수 촉진과 Vit. D의 활성화를 촉진

    ㉣ Vit. D는 소장에서 칼슘 흡수를 촉진

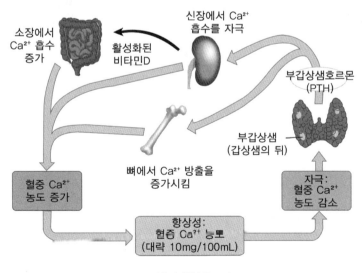

▲ 칼슘의 항상성 조절

(5) 이자(췌장, Pancreas)

① 랑게르한스섬이라는 내분비 세포들의 집단이 흩어져 있음 → 알파(α) 및 베타(β) 세포 집단

② 신체 에너지 공급을 관장하는 두 가지 호르몬을 생성

    ㉠ 인슐린(Insulin) : β 세포 집단에서 분비되며 간에서 글리코젠 합성을 촉진하고 체세포에서 세포 호흡을 증가시켜 혈당량을 낮춤

    ㉡ 글루카곤(Glucagon) : α 세포 집단에서 분비되며 간에서 글리코젠 분해를 촉진하여 혈당량을 높임

③ 당뇨(Diabetes) : 인슐린에 의한 혈당 조절이 일어나지 않아, 혈중 포도당 농도가 정상 범위를 크게 초과하여 요로로 배설되는 상태. 높은 혈당으로 인해 혈액의 점도가 증가하여 혈액 순환이 저해되고 여러 기관이 손상되는 합병증을 유발

    ㉠ Ⅰ형 당뇨(소아 당뇨) : 자가면역 질환의 일종으로, 췌장의 β 세포가 파괴되어 인슐린 분비가 정상적으로 일어나지 않아 발생

    ㉡ Ⅱ형 당뇨(성인 당뇨) : 대사 관련 질환의 일종(비만이 주 원인)으로서 췌장에서 인슐린은 분비되지만, 체내 균형이 깨져 인슐린 수용체 발현 등이 감소하여 혈당 저하가 정상적으로 일어나지 않아 발생

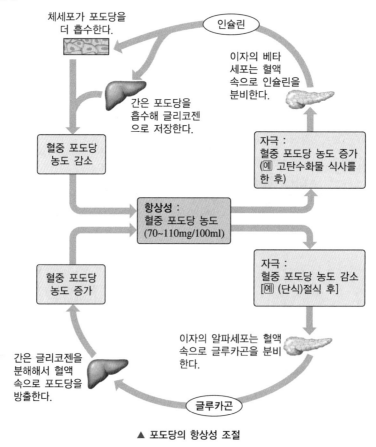

▲ 포도당의 항상성 조절

(6) 부신샘(Adrenal Gland)

스트레스에 대항할 수 있도록 해주는 호르몬을 분비

① 부신 피질(Adrenal Cortex)

　㉠ 스트레스에 대항해 느리고 오래 지속되는 반응을 관장

　㉡ 뇌하수체 전엽에서 분비되는 ACTH의 자극에 의해 스테로이드 호르몬(코르티코이드 계열)을
　　분비

　　• 무기질코르티코이드(Mineralocorticoid)

　　　㉢ 알도스테론 : 신장에서 Na^+, 물의 재흡수 촉진

　　• 당질코르티코이드(Glucocorticoid)

　　　㉢ 코르티솔(Cortisol) : 단백질, 지방을 분해해 혈당을 높여 스트레스에 장기적으로 대항할
　　　　수 있게 하며 면역 억제 기능도 나타냄

② 부신 수질(Adrenal Medulla)

　㉠ 스트레스에 대항해 짧은 기간 반응할 수 있도록 해주는 '격투-도주' 호르몬을 생성

　㉡ 에피네프린(Epinephrine, 아드레날린), 노르에피네프린(Norepinephrine, 노르아드레날린) :
　　간 글리코겐을 분해해 혈당을 높이며, 혈관을 수축시켜 혈압을 높이고 호흡률을 증가시켜 뇌와
　　근육 등으로의 산소와 포도당 운반을 증가시켜 단기 스트레스에 대항할 수 있게 해줌

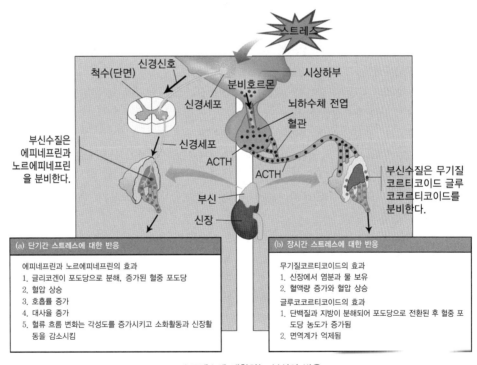

▲ 스트레스에 대항하는 부신의 반응

24 | 신경계

01 신경계(Nervous system)

뉴런과 신경교세포들로 구성되어 내, 외부로부터의 자극을 수용, 통합하고 그에 대한 반응을 매개하여 신체를 조절

02 신경계의 구조와 기능 개요

(1) **척추동물의 신경계** : 중추 신경계와 말초 신경계로 이루어짐

    ① 중추 신경계(Central Nervous System ; CNS)

        ㉠ 뇌와 척수로 구성되며, 자극의 통합이 일어나는 부위

        ㉡ 연합 뉴런(Interneuron)을 포함

        말초의 감각 뉴런으로부터 정보를 받아 통합하며, 운동 뉴런으로 명령을 전달

    ② 말초 신경계(Peripheral Nervous System ; PNS)

        ㉠ 신경(신경 축삭 다발)과 신경절(신경 세포체들의 집합)로 구성되며, 중추 신경계와 말초 감각기나 작용기 사이에서 정보를 전달

        ㉡ 감각 수용기, 구심성 뉴런, 원심성 뉴런이 포함됨

        ㉢ 구심성 뉴런(Afferent Neuron) : 말초의 감각 수용기로부터 중추 신경계로 정보를 전달 → 감각 뉴런

        ㉣ 원심성 뉴런(Efferent Neuron) : 중추 신경계의 명령을 말초의 작용기(효과기 : 근육 또는 분비샘)로 전달 → 운동 뉴런

(2) **신경계의 정보전달과정**

    ① 감각 입력(Sensory Input) : 감각 수용기에서 CNS로 신호 전달

    ② 통합(Integration) : CNS에서 감각 신호를 분석하여 반응을 계획

    ③ 운동 출력(Motor Output) : CNS로부터 작용기로 신호를 전달하여 반응을 실행하게 함

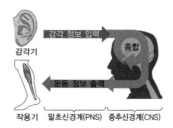

▲ 신경계에 의한 정보 전달의 개요

(1) 뉴런(신경세포, Neuron)

① 정보를 주고받기 위해 특수화된 세포

② 자극을 수용하고 활동 전위(Action Potential, 신경 충격 ; Nerve Impulse)라는 전기적 신호를 생성, 전달하기 위해 고도로 특수화됨

③ 일반적인 뉴런의 구조 : 다극 뉴런(Multipolar Neuron)

두 개 이상의 수상 돌기, 세포체, 한 개의 축삭돌기로 구성

　㉠ 수상돌기(가지돌기, Dendrite) : 짧고 가지가 많으며, 자극을 수용하여 세포체 내로 전달

　㉡ 세포체(Cell Body) : 핵, 세포질, 세포 소기관을 포함하여 물질대사가 일어나고, 수상돌기에서 유입된 신호들을 통합함

　㉢ 축삭(축색돌기 : Axon) : 다른 뉴런이나 작용기 세포에 신호를 전달하는 긴 돌기

　　•축삭 둔덕 : 축삭과 세포체가 연결되는 부위로, 축삭으로 전달될 전기 신호(활동 전위)가 최초로 생성되는 부위

　　•축삭의 말단은 말단 가지로 나뉘며, 이들의 끝부분을 시냅스 말단이라 함

　　　– 시냅스(Synapse) : 시냅스 말단과 다른 뉴런(또는 작용기 세포) 사이의 좁은 틈

　　•전기적 절연 피복인 지질 성분의 수초(Myelin Sheath)로 둘러싸인 축삭을 유수 축삭이라 하고, 그렇지 않은 축삭을 무수 축삭이라 함

　　　– 신경교세포가 축삭을 둘러싸 수초를 형성

　　　– 랑비에 결절(Node of Ranvier) : 수초 사이사이의 틈(절연되지 않는 부위)

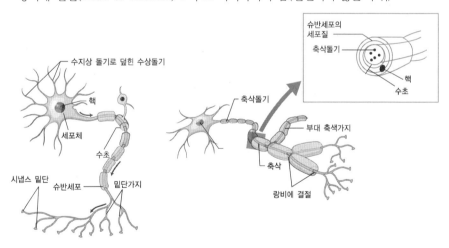

▲ **다극 뉴런의 구조**

④ **신경과 신경절** : 말초 신경계를 구성

　㉠ 신경(Nerve) : 수백에서 수천 개의 축삭이 결합 조직에 의해 싸여있는 단위

　㉡ 신경절(Ganglion) : 신경 세포체가 모여 있는 부위

(2) 신경교세포(Glial Cell)

① 뉴런을 지지하고 보호함

② 뇌 부피의 50%를 차지

③ 뉴런의 지지, 보호, 영양공급, 조절 등 다양한 기능을 수행

④ 척추동물의 주요 신경교세포

　　㉠ 성상세포(Astrocyte)

　　　• CNS의 주요 교세포로서, 물리적으로 뉴런을 지지

　　　• 시냅스 형성을 상승시키고, 시냅스의 전달을 강화

　　　• 세포외액의 K^+농도를 조절하여 뉴런 활성을 조절

　　　• 혈액-뇌 장벽(BBB ; Blood-Brain Barrier)의 형성과 유지에 중심 역할 함. 필수영양 물질
　　　　과 산소는 뇌 안으로 자유롭게 들어갈 수 있으나 대사 노폐물 등은 들어가지 못함

　　㉡ 미세아교세포(Microglia)

　　　• CNS의 면역 세포로서 방어 기능 수행

　　　• 신경 성장 인자(Nerve Growth Factor)를 분비

　　㉢ 희소돌기아교세포(Oligodendrocyte)

　　　• CNS에서 축삭 주변에 절연 수초를 형성

　　㉣ 뇌실막 세포(Ependymal Cell)

　　　• CNS에서 뇌실벽을 형성하며, 뇌척수액(중추신경계의 순환액)을 생성

　　　• 신경줄기세포로 작용

　　㉤ 슈반세포(Schwann Cell)

　　　• PNS에서 축삭 주변에 절연 수초를 형성

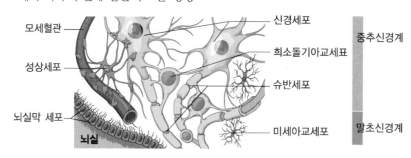

▲ 척추동물의 신경교세포

04 뉴런을 통한 정보 전달

(1) 휴지 전위(Resting Potential)

① 막전위 : 세포막을 가로지르는 전위차(막 안팎의 이온 농도 차이)

② 주로 Na^+-K^+ 펌프와 늘 열린 K^+ 채널(통로)의 작용으로 형성. 세포질은 K^+ 농도가 높고 Na^+ 농도
가 낮은 반면, 세포 밖은 K^+ 농도가 낮고 Na^+ 농도가 높게 유지

③ **휴지 전위** : 흥분되지 않은 휴지 상태의 뉴런 또는 근육 세포의 막전위

  ㉠ 포유류에서 −60~−80mV

  ㉡ 세포 내부가 외부에 비해 상대적으로 전압이 낮은 '분극(Polarized)' 상태

④ 외부로부터 자극이 입력되면 뉴런의 막전위가 변화하며(활동 전위 생성), 이러한 변화가 정보 전달의 신호로 작용

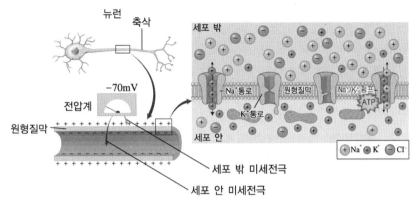

▲ 뉴런의 휴지 전위 측정 방법 및 휴지 전위 유지 기작

(2) 활동 전위(Action Potential)의 생성

① 신경 세포가 자극을 받아 흥분하면 이온 통로들이 열리고 닫히면서 막전위가 변화함

② 탈분극(Depolarization) : 세포 안쪽이 바깥쪽보다 휴지기에 비해 전압이 상승한 상태

③ 과분극(Hyperpolarization) : 세포 안쪽이 바깥쪽보다 휴지기에 비해 전압이 더 하강한 상태

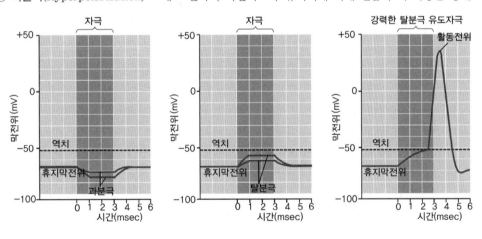

(a) K^+에 대한 막투과성의 증가를 야기하는 두 자극에 의해서 막전위의 단계적인 과분극이 이루어진다. 큰 자극은 큰 과분극을 야기한다.

(b) Na^+에 대한 막투과성의 증가를 야기하는 두 자극에 의해서 단계적인 탈분극이 이루어진다. 큰 자극은 큰 탈분극을 유도한다.

(c) 탈분극이 역치값에 도달하면 활동 전위를 생성한다.

▲ 과분극, 탈분극 및 활동 전위

④ 활동 전위(신경 충격)

  ㉠ 충분한 자극이 주어졌을 때 발생하는 특정 수준의 탈분극으로, 축삭 둔덕에서 최초로 생성되면
    축삭을 따라 빠른 속도로 이동하여 시냅스 말단으로 전파됨

  ㉡ 뉴런과 근육 세포를 비롯한 일부 세포들만이 활동 전위를 발생시킬 수 있음

  ㉢ 역치(Threshold)

    • 활동 전위를 형성할 수 있는 최소 크기의 막전위

    • 포유류 신경 세포의 경우 약 -55mV

    • 활동 전위는 실무율 반응임(All-or None Response) : 활동 전위의 발생에서는 역치를 넘기
      는가의 여부만이 중요하며, 자극의 세기와 상관없이 발생되는 활동 전위의 크기는 일정함

    • 자극의 세기가 커지면 활동 전위의 발생 빈도가 증가됨

    • 특정 세기의 전압에 의해 열림이 조절되는 전압-의존성(전압-개폐성) 이온 채널들에 의함

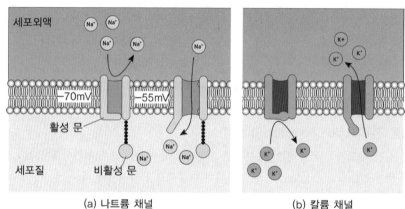

(a) 나트륨 채널   (b) 칼륨 채널

▲ 활동 전위를 생성시키는 전압-의존성 이온 채널들

⑤ 활동 전위의 형성 과정 : 전압-의존성 Na^+ 채널과 전압-의존성 K^+ 채널의 순차적 개폐에 의함

  ㉠ 상승기 : 자극에 의해 일부 전압-의존성 Na^+ 채널이 열리면 농도 기울기에 의해 Na^+가 유입되
    며 탈분극 발생. 막전위가 역치를 넘으면 주변의 많은 전압-의존성 Na^+ 채널이 열리면서 더
    많은 Na^+가 유입되어 빠른 속도로 막전위가 정점(약 +35mV)에 이름. 전압-의존성 Na^+ 채널
    은 불활성문이 닫히며 불활성화되고 Na^+ 유입은 중단됨

  ㉡ 하강기(재분극기) : 전압의 정점에서 전압-의존성 K^+ 채널이 열리며 K^+가 농도 차에 의해 급속
    히 세포 밖으로 확산되어 전압이 하강

  ㉢ 과분극기 : 전압-의존성 K^+ 채널은 천천히 닫히므로 잠시 동안 휴지기 전위 아래로 막전위가
    내려감. 결국에는 전압-의존성 K^+ 채널이 모두 닫히면 막전위는 휴지기 전위로 돌아감

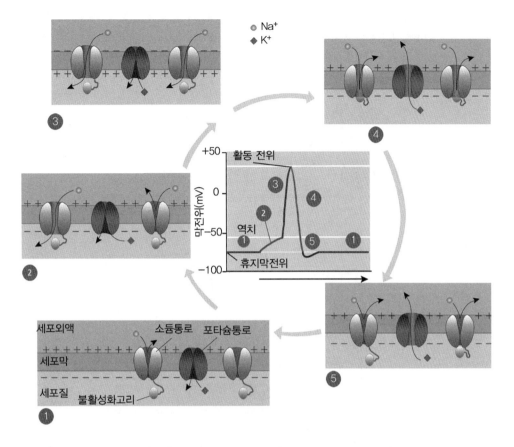

❶ 휴지 상태 : 전압의존성 Na^+, K^+ 통로가 닫혀 있고 휴지막전위는 전압비의존성 통로(그림에 표시되지 않음)에 의해서 유지된다.

❷ 탈분극 : 자극을 받아 일부 소듐통로가 열리고 Na^+의 유입이 일어나 막이 탈분극된다. 탈분극의 정도가 역치값에 이르면 활동 전위가 생성된다.

❸ 활동 전위의 상승기 : 탈분극에 의해 대부분의 소듐통로가 열리고 포타슘통로는 닫혀 있는 상태가 된다. Na^+의 유입은 막 안쪽의 상대적 전위를 상승시킨다.

❹ 활동 전위의 하강기 : 대부분의 소듐통로가 불활성화되어 Na^+의 유입이 멈춘다. 대부분의 포타슘통로가 열려서 K^+의 유출이 일어나 세포 안쪽의 막전위가 다시 내려간다.

❺ 과분극기 : 소듐통로가 닫힌 상태에서 일부 포타슘통로는 여전히 열려 있다. 이제 대부분의 포타슘통로가 닫히고 소듐통로의 불활성화가 풀리면서 막전위는 휴지막 상태로 되돌아간다.

▲ 활동 전위의 생성과 전압-의존성 이온 통로들의 역할

⑥ **불응기(Refractory Period)** : 활동 전위 발생 직후라 잠시 활동 전위를 재생성할 수 없는 시기. 전압-의존성 Na^+ 채널이 활동 전위 상승기 이후에 잠시 불활성화되므로 발생

⑦ **활동 전위의 전도**

　㉠ 활동 전위는 축삭을 따라 재생성을 반복함으로써 시냅스 말단까지 신호 크기의 손실 없이 전달됨

　㉡ Na^+ 채널의 불활성화에 의한 불응기 때문에 활동 전위는 시냅스 말단 방향으로만 전도됨

ⓒ 유수 축삭 : 수초 부위에는 전압-의존성 Na⁺ 채널과 전압-의존성 K⁺ 채널이 존재하지 않으며, 랑비에 결절 부위에만 집중되어 있음. 도약 전도(Saltatory Conduction)가 유발되어 전도 속도가 무수 축삭보다 빠름

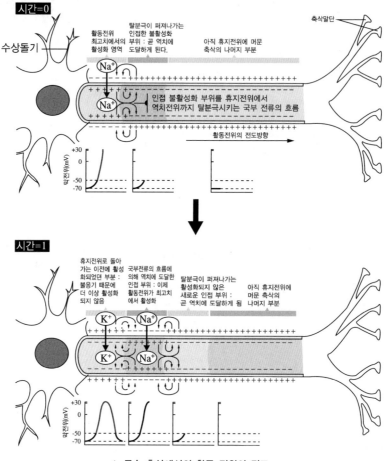

▲ 무수 축삭에서의 활동 전위의 전도

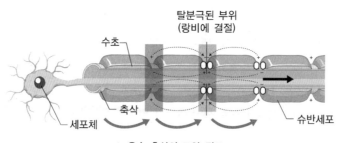

▲ 유수 축삭의 도약 전도

(1) 시냅스전 뉴런(Presynaptic Neuron)

특정 시냅스에서 신호를 보내는 뉴런

(2) 시냅스후 뉴런(Postsynaptic Neuron)

특정 시냅스에서 신호를 전달받는 뉴런

(3) 시냅스를 통해 전달되는 신호의 종류

① 전기적 시냅스

ㄱ 간극 연접을 통해 이온 흐름이 직접적으로 세포에서 세포로 전달됨

ㄴ 빠르고 전형적인 반응 유발

ㄷ 사람의 심장과 소화관에 존재하며 규칙적이고 율동적인 근수축을 유지

② 화학적 시냅스

ㄱ 시냅스전 뉴런의 시냅스 말단에서 신경전달물질을 방출

ㄴ 신경계 전반에서 사용됨

ㄷ 미리 합성된 신경전달물질은 소낭형의 시냅스 소포(Synaptic Vesicle) 안에 저장되어 있다가, 활동 전위가 시냅스 말단에 도달하면 시냅스 틈(시냅스 간극)으로 방출, 확산됨. 시냅스후 뉴런 막의 특정 수용체에 특이적으로 결합하면 특정 이온에 대한 막투과성이 변화되며 시냅스후 전위 발생

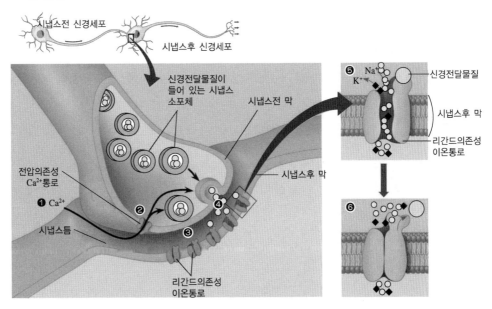

▲ 화학적 시냅스의 예

(4) 대표적인 신경전달물질의 종류

① 아세틸콜린(Acetylcholine)

운동 뉴런 말단에서 분비 시 골격근 세포막의 수용체에 결합하여 근수축을 유발

② 아민 계열

㉠ 노르에피네프린 : 수면, 기분, 학습 등에 영향. 부족하면 우울증 유발

㉡ 세로토닌(Serotonin) : 수면, 기분, 학습 등에 영향. 부족하면 우울증 유발

㉢ 도파민(Dopamine) : 수면, 학습 등에 영향. 과다 시 정신분열증 유발

③ 아미노산 계열

㉠ 아스파르트(Asp) : 기억 및 학습 등에 영향

㉡ 글루탐산(Glu) : 감각, 기억 및 학습 등에 영향

㉢ GABA(γ-aminobutyric Acid) : 억제성

④ 펩티드 계열

㉠ 물질 P(서브스턴스 P) : 통증 유발

㉡ 엔돌핀(Endorphin) : 물질 P 방출을 저해해 진통 효과 나타냄. 행복감, 쾌감 유발

⑤ 용해성 기체

일산화 질소(NO) : 시냅스후 뉴런에서 생성, 확산되어 시냅스전 뉴런을 조절하기도 함. 역행 조절자로 불림

---

06 척추동물 신경계의 조직화

(1) 중추 신경계(CNS)

① 뇌와 척수로 구성

② 연합신경 세포가 집중되어 뇌를 구성하고 있으며, 등뼈 내에 있는 세로 방향의 척수와 연결됨

(2) 말초 신경계(PNS)

① 신경과 신경절로 구성

② 말초와 중추 신경계 사이에 정보를 전달하며, 움직임과 생체 내 환경을 조절

③ 기능에 따라 체성 신경계와 자율 신경계로 구분

㉠ 체성 신경계 : 자극을 수용하고 움직임을 조절. 감각·운동 신경 포함

㉡ 자율 신경계 : 내부 환경을 조절. 교감·부교감 신경 포함

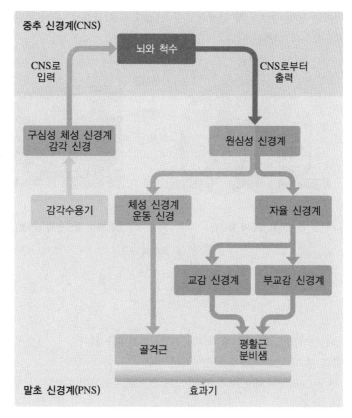

▲ 인간 신경계의 구성 체계

07 인간의 중추 신경계

(1) 뇌와 척수는 뼈로 둘러싸여 있으며 표면은 결합 조직으로 덮여 있음

(2) 척수(Spinal Cord)
　① 뇌의 기저로부터 두 번째 요추까지 뻗어 있음
　② 뇌와 말초 사이에 정보를 전달하며, 독립적으로 반사 활동을 조절
　　반사 작용(Reflex Action) : 간단한 자극에 대한, 비교적 고정화된 반응
　　예 무릎 반사, 손, 발의 움츠림 반사
　③ 백질, 회백질, 중심관으로 구성
　　㉠ 백질(White Matter) : 바깥 부분을 구성하며, 백색의 유수 축삭으로 이루어짐
　　㉡ 회백질(Gray Matter) : 색이 어두우며 다량의 세포체, 수상돌기 및 신경교세포로 구성
　　㉢ 중심관 : 주변과 물질 교환하는 뇌척수액이 지나감
　④ 척수의 등쪽 부위에서는 감각 신경들이 빠져나와 상행로(배근)를 형성해 뇌로 신호를 전달하며, 배
　　쪽 부위에서는 운동 신경들이 빠져나와 하행로(복근)를 형성해 근육 등의 작용기로 신호를 전달

⑤ 척수를 거치는 동안 일부 감각 신경과 운동 신경이 좌우 교차됨. 우뇌는 왼쪽 신체의 운동과 감각을, 좌뇌는 오른쪽 신체를 담당

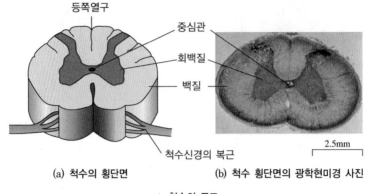

(a) 척수의 횡단면   (b) 척수 횡단면의 광학현미경 사진

▲ 척수의 구조

(3) 뇌

① 대뇌

㉠ 다른 뇌 부위를 덮고 있으며 뇌에서 가장 큰 부피를 차지

㉡ 포유류의 주요 정보 처리가 이루어지는 부위

㉢ 좌우 반구(Cerebral Hemisphere)는 기능적으로 분화되어 있으며, 뇌량(굵은 축삭 다발)을 통해 상호 소통

• 좌반구 : 언어, 논리적 추리, 수리 능력과 관련

• 우반구 : 형태 및 얼굴 인식, 공간 감각, 창의성과 관련

㉣ 단면은 회백질, 백질, 기저핵(Basal Nucleus)으로 구성

• 회백질

- 대뇌 피질(Cerebral Cortex)로서 바깥 부분을 구성

- 회색을 나타내며 세포체와 수상돌기들로 이루어짐. 포유류의 대뇌 피질은 특히 표면적이 넓으며, 인지, 수의적 운동 및 학습을 주관

• 백질

- 뇌의 여러 부분을 연결하는 유수 축삭으로 이루어져 백색을 나타냄

- 학습, 감정, 감각정보의 가공, 명령 정보 생성 등을 위한 신경 세포들 간의 연결에 관여

• 기저핵(Basal Nucleus) : 백질 중앙에 한 쌍의 핵으로 이루어져 있으며, 움직임 조절에 중요한 역할함

㉤ 대뇌 피질은 네 개의 엽으로 구성 : 전두엽, 두정엽, 측두엽, 후두엽

㉥ 각 엽들은 기능적인 세부영역으로 나뉨

• 감각영역(감각령) : 감각 기관으로부터의 신호를 수용하는 부위

• 운동영역(운동령) : 수의적 움직임을 조절

• 연합영역(연합령) : 감각 영역과 운동 영역을 연결하며, 사고, 학습, 언어, 기억, 판단 및 성격을 담당

ⓐ 대뇌 피질에서의 정보 처리의 예 : 감각 정보 → 감각 영역 → 주변의 연합 영역에서 통합, 처리 → 운동 영역 → 운동 신경을 흥분 → 골격근 수축

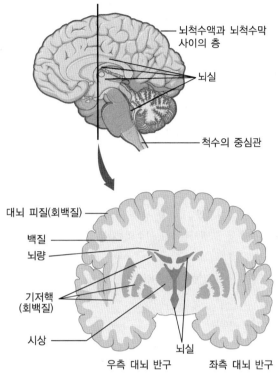

뇌척수액과 뇌척수막 사이의 층

뇌실

척수의 중심관

대뇌 피질(회백질)

백질

뇌량

기저핵 (회백질)

시상

뇌실

우측 대뇌 반구   좌측 대뇌 반구

▲ 사람의 뇌 단면 구조

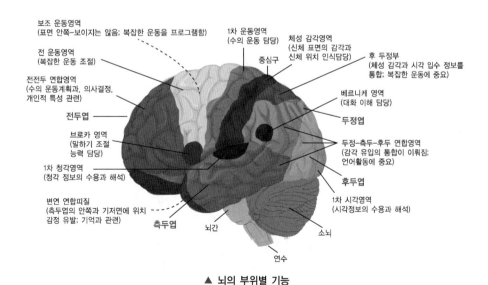

보조 운동영역
(표면 안쪽-보이지는 않음; 복잡한 운동을 프로그램함)

전 운동영역
(복잡한 운동 조절)

전전두 연합영역
(수의 운동계획과, 의사결정, 개인적 특성 관련)

전두엽

브로카 영역
(말하기 조절 능력 담당)

1차 청각영역
(청각 정보의 수용과 해석)

변연 연합피질
(측두엽의 안쪽과 기저면에 위치 감정 유발; 기억과 관련)

측두엽

1차 운동영역
(수의 운동 담당)

중심구

체성 감각영역
(신체 표면의 감각과 신체 위치 인식담당)

후 두정부
(체성 감각과 시각 입수 정보를 통합; 복잡한 운동에 중요)

베르니케 영역
(대화 이해 담당)

두정엽

두정-측두-후두 연합영역
(감각 유입의 통합이 이뤄짐; 언어활동에 중요)

후두엽

1차 시각영역
(시각정보의 수용과 해석)

뇌간

연수

소뇌

▲ 뇌의 부위별 기능

② 뇌간(Brain Stem)

    ㉠ 중뇌, 뇌교, 연수로 구성

    ㉡ 항상성 유지, 운동의 조절, 말초와 뇌의 고등 정신작용 부위 사이에서 정보 전달

    ㉢ 중뇌(Midbrain)

        • 다양한 감각 정보를 수용, 종합하여 대뇌의 특정 지역으로 전달

        • 안구 관련 반사에 관여

    ㉣ 연수(Medulla Oblongata ; Medulla)

        • 뇌의 가장 아래쪽에 위치하여 척수와 연결됨

        • 호흡, 심장 박동, 혈압의 조절과 삼키기, 구토, 소화 등 내장기관의 자율적이고 항상적인 기능을 조절

        • 일부 감각 신경과 운동 신경이 교차

    ㉤ 뇌교(Pons)

        • 뇌간의 돌출부로, 연수와 척수를 상부 뇌와 연결시키는 교량

        • 연수의 호흡중추를 조절하는 등 연수의 일부 기능에 관여

③ 소뇌(Cerebellum)

    운동 기능, 근육 활동을 조절하며, 근육 긴장, 자세, 평형을 주관함

④ 간뇌(Diencephalon)

    • 시상하부(Hypothalamus)

    신경계와 내분비계를 연결하며 항상성 조절의 중추로 작용 → 체온, 식욕, 수분 균형, pH, 혈당 등의 조절

    • 시상상부(Epithalamus)

    송과샘(Pineal Gland)을 포함하여 수면을 유도하는 멜라토닌(Melatonin)을 분비해 24시간 일주기를 조절

(4) 대뇌변연계(Limbic System)

• 모든 포유류에 존재하며 감정, 동기 유발, 행동과 기억, 후각 기능 등을 수행

• 대뇌변연계의 발달은 생후 첫 몇 해 동안 돌보아준 사람과의 긴밀한 애정관계에 기초함

• 해마(장기 기억 형성) 및 편도체(감정 기억의 저장), 시상하부, 중뇌 부위 일부 등을 포함

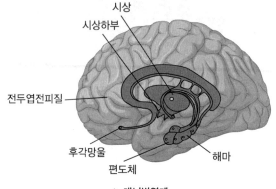

▲ 대뇌변연계

(1) 기능적으로 체성부와 자율부로 구분

항상성 유지를 위해 서로 협력

(2) 체성부(Somatic Division)

① 내, 외부의 자극을 CNS로 전달하고 뇌로부터 수축 신호를 골격근으로 전달

② 한 개의 원심성 뉴런을 사용

(3) 자율부(Autonomic Division)

① 평활근과 심장근의 활성을 조절하여, 소화계, 심혈관계, 배설계, 내분비계 등을 통제하여 체내 환경을 조절

② 반대 기능을 수행하는 부교감 신경과 교감 신경이 길항적으로 작용

　㉠ 부교감 신경계

　　• 휴식과 소화를 관장

　　• 아세틸콜린을 신호 물질로 사용

　㉡ 교감 신경계

　　• 각성과 에너지를 소비하는 강한 활동을 관장 → 격투-도주 반응

　　• 노르에피네프린, 에피네프린을 신호 물질로 사용

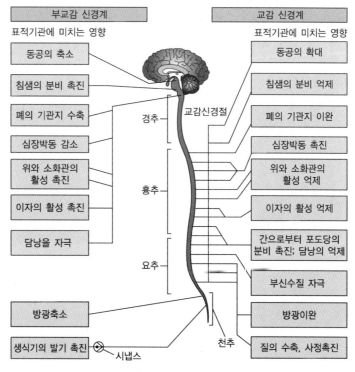

▲ 교감 및 부교감 신경계의 작용

25 | 감각계

01 감각 수용기의 작용 기작

(1) 감각 수용기

내, 외부의 특정 자극에 반응하는 감각세포 구조물, 감각세포, 혹은 감각기관

(2) 감각 경로

① **감각 경로** : 감각 수용 → 감각 변환 → 전달 → 인지

② **감각 수용** : 감각 수용기가 자극을 감지하는 과정

③ **감각 변환** : 물리적 또는 화학적 자극이 감각 수용기의 막전위(수용기 전위)로 변환되는 과정. 수용기 전위는 자극의 세기에 비례해 점진적으로 증가

④ **전달** : 수용기 전위를 감각 신경을 통해 활동 전위의 형태로 신경계에 전달하는 과정

⑤ **인 지**

　㉠ 뇌에서의 감각 신호 해석 과정

　㉡ 뇌에서 각각의 자극을 다르게 인지할 수 있는 것은, 특정 감각을 수용하는 수용기로부터의 신호가 뇌의 특정 감각 영역으로 입력되기 때문

(3) 감각 수용기의 유형

동물은 온도, 전자기 에너지(전기, 적외선 등), 기계적 자극(압력, 섬모의 휘어짐 등), 화학 물질(냄새 및 맛 분자 등) 등을 감지하는 수용기를 보유

(1) 청각(Hearing)

① 성대와 같이 진동하는 물체는 주변의 공기에 충격을 가해 파동을 생성

② 기계적 수용기의 일종인 털세포(유모세포 : Hair Cell)를 감각 수용기로 이용하며, 파동을 증폭하고 전달하는 여러 가지 부속 구조물들을 사용

③ 사람 귀의 전체적 구조

  ㉠ 외 이

    귓바퀴와 귓속 통로로 구성되며, 음파를 모아 고막(Tympanic Membrane)으로 보냄

  ㉡ 중 이

    • 세 개의 뼈(청소골 ; 이소골)로 구성 : 망치뼈(Malleus), 모루뼈(Incus), 등자뼈(Stapes)

    • 음파의 진동을 증폭하여 난원창(타원창 ; Oval Window)을 통해 내이로 전달

    • 유스타키오관(Eustachian Tube) : 인두와 중이를 연결하는 관으로, 귀와 대기 사이의 기압을 일치시킴

  ㉢ 내 이

    • 체액이 채워져 있는 통로

    • 달팽이관(Cochlea) : 길게 돌돌 말려 있는 관으로, 가운데 통로(와우관)의 코르티 기관(Organ of Corti)에 털세포가 존재하여 청각 기능을 수행

    • 세 개의 반고리관(Semicircular Canal) : 털세포가 회전 기능을 담당

    • 난형낭과 구형낭 : 털세포를 이용해 중력과 선형 움직임에 대한 위치를 파악

1. **귀의 전체적인 구조** : 외이(Outer Ear)는 귓바퀴와 청관으로 구성되며 음파를 모아 고막에 전달하는 역할을 한다. 고막(Tympanic Membrance)은 외이와 중이의 경계를 이룬다. 중이(Middle Ear)에는 망치뼈(Malleus), 모루뼈(Incus), 등자뼈(Stapes) 등 세 개의 청소골이 있다. 이 작은 뼈들은 진동을 난원창(Oval Window)에 전달한다. 난원창은 등자뼈와 맞닿아 있는 막구조이다. 유스타키오관(Eustachian Tube)은 인두와 중이를 연결하는 관이며 외부와 내이의 기압을 일치시키는 역할을 한다. 내이(Inner Ear)는 체액으로 차 있는 미로로서 두개골의 관자뼈 내에 있다. 이 미로는 달팽이관(Cochlea, 라틴어로 '달팽이'의 뜻)과 반고리관(Semicircular Canal)으로서 각각 청각과 평형감각을 맡고 있다.

2. **달팽이관** : 달팽이관에는 위 통로인 전정계와 아래 통로인 고실계의 두 큰 관이 있고 그 사이에 작은 통로인 와우관이 있다. 전정계와 고실계는 외림프액으로, 와우관은 내림프액으로 차 있다.

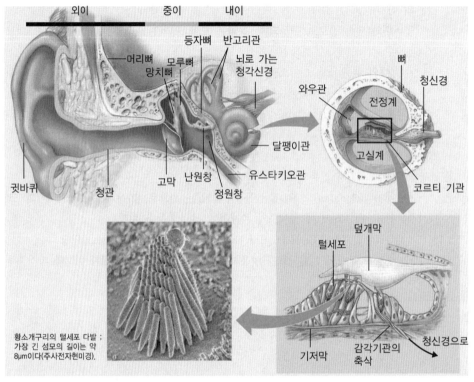

4. **털세포** : 각 털세포에서 돌출된 간상형의 털이 다발을 이루고 있으며 그 중심부에는 액틴미세소관이 있다. 소리에 반응하여 기저막이 진동하면 털세포가 위아래로 진동하게 되고 주변의 체액과 덮개막에 의해 구부러지게 된다. 털이 다발로 구부러지게 되면 기계적수용기를 활성화시켜 털세포의 막전위가 변화한다.

3. **코르티 기관** : 와우관의 바닥인 기저막은 코르티 기관(Organ of Corti)을 가지고 있다. 코르티 기관은 기계수용기인 털세포를 가지고 있으며 털의 방향은 와우관을 향한다. 많은 털세포가 덮개막과 맞닿아 있다. 압력파가 기저막을 진동시키면 털세포의 탈분극이 일어난다.

▲ 사람 귀의 구조

④ 음파의 전달 경로

음파 → 고막 진동 → 청소골 진동 → 난원창 진동 → 달팽이관 내의 체액에 압력파 생성 → 전정계를 통해 전달되는 압력파가 와우관과 기저막을 눌러 진동시킴 → 기저막에 결합한 코르티 기관의 털세포 진동 → 털세포의 진동하는 섬모들이 덮개막에 닿아 구부러짐

⑤ 코르티 기관에서의 청각 형성

섬모의 구부러짐으로 인해 털세포 원형질막의 이온 채널이 열리고 수용기 전위가 생성됨 → 신경전달물질 방출 → 청신경에 활동 전위 생성 → CNS의 청각령(대외 측두엽 부위)으로 신호 입력

⑥ 소리의 높낮이 구분

　㉠ 와우관 기저 부위에 있는 기저막의 물리적 특성 차이에 따라 높낮이가 다른 음파가 진동시키는
　　 부위가 차이남. 기저막의 부위별로 입력되는 신호를 뇌에서 다른 높낮이로 구분

　㉡ 고음은 난원창 부근의 기저막(좁고 딱딱)을 진동시키고, 저음은 난원창의 반대쪽 끝 부분의 기
　　 저막(넓고 유연)을 진동시킴. 사람은 20~20,000Hz(20kHz) 범위의 높낮이를 구분

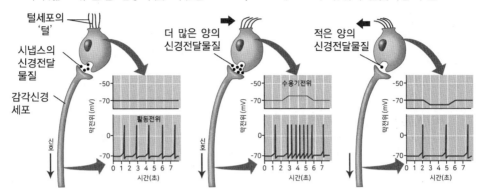

(a) 털이 구부러지지 않을 때　　　(b) 털이 한 방향으로 구부러질 때　　　(c) 털이 반대 방향으로 구부러질 때

▲ 털세포에 의한 감각 수용과 전달

세 개의 반고리관은 서로 직각으로 배치되어
있어서 머리의 각운동을 감지한다. 각 관은
기저 부위에 팽배한 융기부(Ampulla)가 있고
이곳에 털세포들이 분포한다.

털세포의 털은 정이라 불리는 젤라틴성 물질
속으로 돌출되어있다. 머리 회전을 시작하거나
멈추면 반고리관 내의 액체는 정을 압박하고
털의 구부러짐을 유발한다.

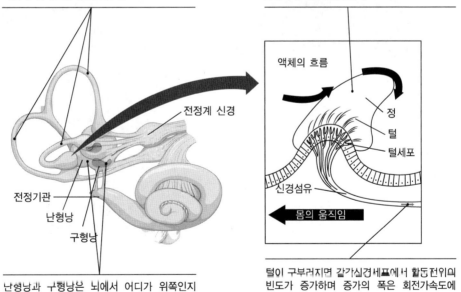

난형낭과 구형낭은 뇌에서 어디가 위쪽인지
분간할 수 있게 해주며, 신체의 위치나 선형
움직임의 가속을 판달할 수 있게 해준다.

털이 구부러지면 감각신경세포에서 활동전위의
빈도가 증가하며 증가의 폭은 회전가속도에
비례한다.

▲ 반고리관의 털세포에 의한 회전 감각 수용

(1) 미각과 후각의 특징

체액에 용해된 특정 화학 물질(맛 분자와 냄새 분자)과 결합하는 화학 수용기에 의존

(2) 미각(Gustation)

① 맛봉오리(미뢰 ; Taste Bud)에 있는 미각 수용기 세포에 의해 일어나며 단맛, 짠맛, 쓴맛, 신맛 및 우마미맛(Umami : 일본어로 '맛있다'는 뜻)을 감지. 각각의 맛 분자에 특이적인 수용체를 지니는 수용기 세포들이 혀 표면에 골고루 분산되어 있음

② 서로 다른 맛을 구분하는 방법 : 맛(자극)의 종류에 따라 감각 뉴런이 연결된 사이뉴런(연합뉴런)의 종류와 뇌 내부 존재 위치가 달라 뇌에서 서로 다른 맛으로 구분 가능

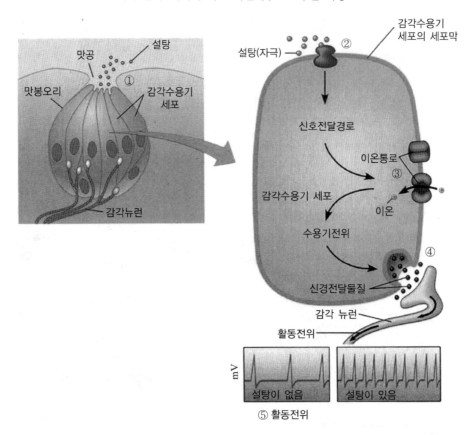

▲ 단맛 수용기 세포에 의한 감각 전달 경로

(3) 후각(Olfaction)

① 공기 중에 있는 냄새 물질(Odorants)이 비강 내의 점액에 용해됨

② 후각 수용기에서 뻗어 나온 섬모 표면의 특정 단백질 수용체에 냄새 분자가 결합

③ 후각 수용기 세포는 비강의 위쪽 부위에 줄지어 존재하는 감각 뉴런으로서 직접 뇌의 후각망울(후각구)에 활동전위를 전달 → 후각구로부터 대뇌변연계의 후각 피질로 정보 전달 및 입력

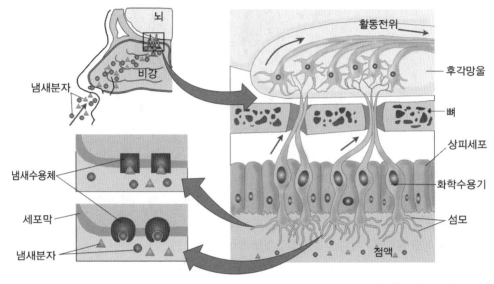

▲ 사람의 후각 신호 전달

04 사람의 시각

(1) 사람 눈의 구조

① 공막(Sclera) : 안구의 겉표면을 둘러싼 불투명한 결합 조직으로, 안구를 보호

② 맥락막(Choroid) : 공막 바로 안쪽에 존재하는 얇은 멜라닌 색소층이며 여분의 빛을 흡수하고, 혈관이 분포해 주변으로 산소와 양분을 공급

③ 각막(Cornea) : 눈 앞쪽의 투명한 막으로, 빛이 눈 안으로 들어오게 하며 초점을 맞추게 도움

④ 홍채(Iris) : 색소가 침착된 근육으로, 동공(Pupil)의 크기를 변화시켜 빛의 양 조절

⑤ 수정체(Lens) : 두께 변화에 의해 원근 조절

⑥ 모양체(Ciliary Body) : 안구방수를 분비

⑦ 안구 방수(Aqueous Humor) : 수정체와 각막 사이의 공간을 채우고 있는 액체로, 수정체, 각막, 홍체에 영양분과 산소를 공급하고 노폐물을 제거

⑧ 유리체 방수(Vitreous Humor) : 수정체 뒤 큰 공간을 채우고 있는 젤라틴성 액체

⑨ 망막(Retina) : 맥락막 안쪽 층으로, 광수용기가 존재하여 상이 맺힘

　　㉠ 중심오목(Fovea) : 망막에서 광수용기 세포(원추 세포)가 모여있는 초점 중심

　　㉡ 맹점(Blind Spot) : 시신경이 눈 뒤로 통과하는 망막부위로, 광수용기 세포가 없음

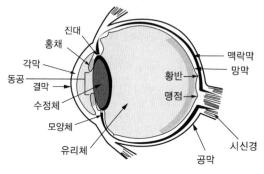

▲ 사람 눈의 구조

(2) 동공 크기 변화에 의한 빛의 양 조절

① 홍채를 구성하며 자율 신경계의 조절을 받는 한 쌍의 평활근에 의해 조절됨

② 부교감 신경 활성화 : 환상근 수축으로 인해 동공 축소

③ 교감 신경 활성화 : 방사근 수축으로 인해 동공 이완

(3) 사람의 광수용기 세포

① 시색소 보유 : 옵신 단백질과 레티날(Vit. A 유도체)로 구성

② 간상 세포(막대 세포 : Rod Cell)

　　㉠ 약한 빛을 감지하며, 망막의 바깥쪽에 고밀도로 존재

　　㉡ 로돕신(Rhodopsin)이라는 시색소를 지니며, 어두운 빛에서 형체와 움직임을 탐지하게 해줌

③ 원추 세포(원뿔 세포 : Cone Cell)

　　㉠ 강한 빛에 반응하며, 안와(Fovea ; 중심오목)에 집중적으로 존재

　　㉡ 포톱신(Photopsin)이라는 시색소를 지녀, 색깔을 인지하게 해줌. 빨간색, 초록색, 파란색에 최
　　　대로 반응하는 서로 다른 포톱신이 존재

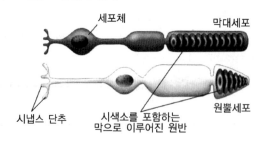

▲ 두 가지 광수용기 세포

(4) 망막의 구조

① 광수용기 세포층 + 신경 세포층

ㄱ 광수용기 세포층

ㄴ 신경 세포층

- 쌍극 세포(Bipolar Cell) : 광수용기, 신경절 세포들과 시냅스 형성
- 신경절 세포(Ganglion Cell) : 쌍극 세포로부터 받은 신호를 시신경으로 전달하는 세포
- 수평 세포(Horizontal Cell) 및 무축삭 세포(아마크린세포 ; Amacrine Cell) : 신호의 통합과 증폭의 역할

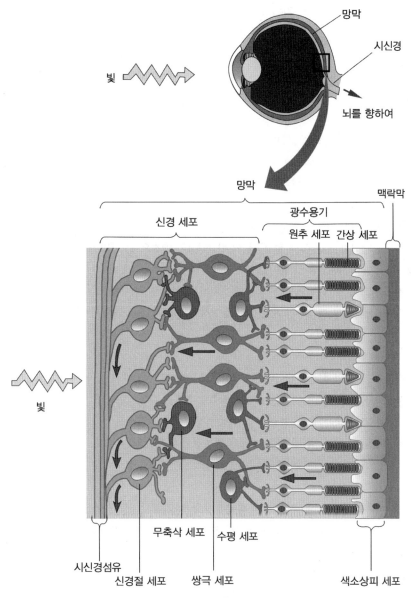

▲ 척추동물 망막의 구조

26 | 근골격계

01 골격계(Skeletal System)

(1) 몸의 뼈대로서 지지, 보호 및 움직임에 관여

(2) 정수골격(Hydrostatic Skeleton)
① 부드러운 몸을 지닌 많은 무척추동물(자포, 편형, 선형 및 환형동물)의 골격으로, 힘을 전달하여 움직임에 관여
② 액체로 채워진 구획으로 구성
   예 히드라 및 그 외 자포동물 : 표피의 종주 수축성 섬유와 내층의 환상 수축성 섬유들이 위수관강에 있는 액체에 길항적으로 작용하여 형태를 바꿈으로써 몸 길이를 변형시킴

(3) 외골격(Exoskeleton)
① 연체동물(탄산칼슘 성분)과 절지동물(키틴 성분)의 골격으로, 단단한 침착물이 체표면을 싸고 있는 형태로써 보호 및 힘을 전달하는 역할
② 죽은 조직으로 구성된 단단한 외골격을 지니므로 성장 시 변태(Molt) 과정을 거침
   예 탈피(Ecdysis) : 기존의 외골격이 떨어져 나가고 더 큰 새로운 외골격으로 대체되는 과정

(4) 내골격(Internal Skeleton)
① 부드러운 체조직 사이에 단단한 구조물이 파묻혀 있는 형태
② 칼슘이 함유된 조직(연골 또는 뼈)의 판이나 축으로 구성
   살아있는 조직으로, 몸의 성장과 더불어 성장됨
   예 극피동물의 피부 밑 골편(Ossicle), 척추동물의 연골과 뼈

(5) 사람의 골격계
중심축과 부속지 골격의 두 부분으로 나뉨
① **중축 골격** : 몸의 중심축을 따라 위치한 두개골, 척주, 늑골(갈비뼈) 및 흉골(가슴뼈). 몸체 지지 및 주요 기관들의 보호
② **부속지 골격** : 사지(팔과 다리) 뼈와 연결뼈
   ㉠ 뼈에 부착된 근육을 이용해 움직임 유발
   ㉡ 뼈와 뼈 사이는 관절에서 인대로 연결되어 유연성과 움직임이 용이해짐

(1) 근육 조직(Muscular System)

기계적 힘과 더불어 물체 다루기, 혈액의 순환, 소화관을 통한 먹이의 이동 등 생명에 필수적인 움직임을 발생

(2) 액 틴

모든 진핵세포 미세섬유의 주 구성 성분인 수축 단백질로서, 세포의 이동 및 모양 변화, 표면으로의 부착 등 많은 세포 과정에서 중요 역할

(3) 척추 동물의 근육

① 골격근 : 골격에 붙어 힘줄(건)을 당김으로써 움직임을 형성

② 근육은 수축만 할 수 있으므로 뼈를 당기기만 하고 밀지는 못함

③ 뼈의 양쪽에 붙어있는 근육 세트가 길항적으로 작용

⠀⠀예 위팔의 이두근(굴근)과 삼두근(신근) : 이두근 수축 시 팔을 구부릴 수 있고, 삼두근 수축 시 팔을 펴게 됨

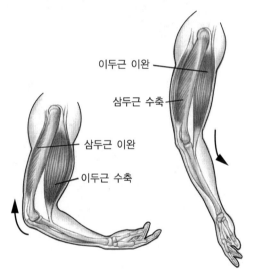

⠀⠀이두근 이완

⠀⠀삼두근 수축

⠀⠀삼두근 이완

⠀⠀이두근 수축

a. 구부리기 : 이두근 수축 시⠀⠀⠀b. 펴기 : 삼두근 수축 시

▲ 길항근의 작용

(4) 근섬유(Muscle Fiber)

① 골격근의 근섬유

⠀⠀㉠ 골격근은 근육의 길이 방향으로 평행한 근섬유다발(근속)로 구성

⠀⠀㉡ 근섬유 : 배아시기의 근원세포가 서로 융합하여 형성된 다핵성의 거대 단세포로서, 근원섬유(Myofibril) 다발로 구성

ⓒ 근원섬유 : 근 필라멘트로 구성
 • 가는 필라멘트(액틴 필라멘트) : 두 가닥의 액틴 사슬이 꼬여 있는 미세섬유
 • 굵은 필라멘트(미오신 필라멘트) : 미오신 분자들이 서로 어긋나며 포개진 구조
  – 미오신 : 머리와 꼬리 부분으로 구성되며, 머리 부위는 ATP와 결합하여 ADP와 P_i로 가수
   분해할 수 있어 근육수축과정에서 중심 역할을 함

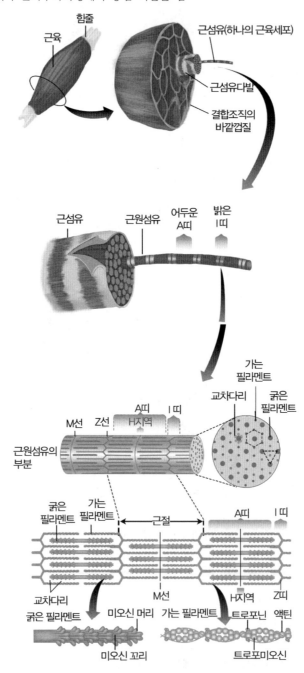

▲ 골격근과 근섬유의 구조

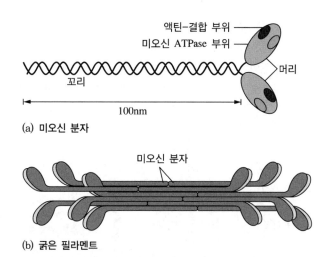

(a) 미오신 분자

(b) 굵은 필라멘트

▲ 굵은 필라멘트 내 미오신 분자의 구성 및 구조

② 근절(Sarcomere) : 가는 필라멘트와 굵은 필라멘트가 반복적인 구조 단위를 형성한 것으로, 근육 수축의 기본 단위

⊙ 골격근의 가로무늬를 형성

ⓛ 가는 필라멘트는 Z선에 결합되어 근절의 중심방향으로 뻗어 있음

ⓒ 굵은 필라멘트는 근절부의 중심에 있는 M선에 결합되어 있음

ⓡ I대(I Band) : 액틴 섬유로만 구성되며, Z선에 바로 인접한 근절의 양 끝에 위치하는 부위

ⓜ A대(A Band) : 미오신과 액틴 섬유가 함께 위치하는 넓고 어두운 부위

ⓑ H 영역(H Zone) : 미오신 펠라멘트만으로 이루어진 중심부의 좁고 밝은 부위

(5) 근육 수축의 활주설(Sliding Filament Theory)

① 근수축은 가는 필라멘트가 M선을 향해서 굵은 필라멘트 사이사이로 미끄러져 들어가며, 근절이 동시에 짧아지면서 일어남

② 액틴과 미오신 필라멘트 자체의 길이는 변화하지 않으나(A대 길이는 변화되지 않음), I대와 H 영역의 길이가 감소

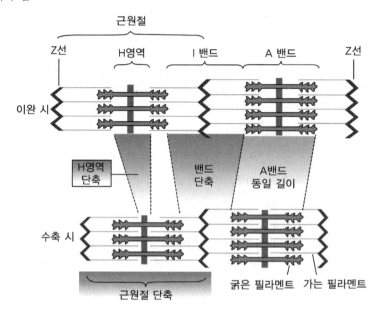

▲ 근육 수축 동안의 밴드 양상 변화

③ 근수축의 활주 과정

㉠ 새로운 ATP가 미오신 머리에 결합하면 미오신 머리는 액틴으로부터 떨어져 나옴

㉡ 미오신 머리가 ATP를 ADP와 P_i로 분해하면 높은 에너지 상태가 되어 머리를 젖히며 액틴 결합 부위에 결합(교차다리 형성)

㉢ ADP와 P_i가 방출되면 미오신 머리는 낮은 에너지 상태가 되어 원위치로 구부러지며, 가는 필라멘트가 근절 중앙 부위로 활주함(파워 스트로크 ; Power Stroke). 운동신경으로부터 자극이 오고, ATP와 칼슘이 충분하면 이 수축 과정이 반복됨

27 | 생식 및 발생

01 무성 생식과 유성 생식

(1) 무성 생식(Asexual Reproduction)
　① 한 부모의 유전자를 그대로 물려받음
　　例 세균의 분열법(이분법 ; Binary Fission), 효모, 자포동물의 출아(Budding), 균류의 분절생식
　　　(Fragmentation), 꿀벌의 단위생식(Parthenogenesis) 등
　② 장 점
　　㉠ 이동하지 못하거나, 고립된 생물의 경우에도 자손 번식가능
　　㉡ 시간과 에너지의 낭비 없이 짧은 시간 내에 많은 자손을 만들 수 있음
　③ 단 점
　　유전적으로 동일한 개체군을 형성해 환경이 불리한 경우 개체군이 전멸할 수 있음

(2) 유성 생식(Sexual Reproduction)
　① 두 개의 반수체 배우자가 합쳐져 이배체 접합자를 형성함으로써 자손 번식
　② 장 점
　　자손의 유전적 다양성이 증가되어 환경에 더 잘 적응
　③ 단 점
　　㉠ 움직이지 못하거나 고립되어 사는 동물의 경우 생식 불가능
　　㉡ 시간과 에너지가 많이 소모됨
　④ 수정 기작
　　㉠ 체내 수정(Internal Fertilization) : 정자를 암컷의 생식기 안으로 방출하거나 접근시켜 암컷
　　　의 몸 안에서 배우자가 합쳐짐
　　　例 육상동물
　　㉡ 체외 수정(External Fertilization) : 배우자를 몸 밖으로 배출하여 물에서 수정이 일어남
　　　例 수생 무척추동물, 어류, 양서류

02 사람의 생식

(1) 남성의 정소에서 형성된 정자(n)와 여성의 난소에서 형성된 난자(n)가 수정되어 형성된 수정란
　(2n)의 발생으로 태아가 형성

(2) 정소(Testes)

정소의 세정관(Seminiferous Tubule) 내에서 정자 형성 과정(Spermatogenesis)이 발생

① 정자 형성 과정

생식 줄기세포인 정원세포(Spermatogonium. 2n)의 체세포 분열로 형성된 제1정모세포(Primary Spermatocytes. 2n)가 감수분열을 수행하여 정세포(Spermatid) 4개가 형성된 후 성숙 과정을 거쳐 정자(n) 4개가 형성됨

② 정자의 구조

머리, 중편, 꼬리(편모)로 구성

㉠ 머리 : 끝 부위에 난자의 젤리막을 분해하는 효소를 함유하는 첨체(Acrosome)를 지니며 DNA 가 농축된 핵을 보유

㉡ 중편 : 미토콘드리아를 함유하여 편모에 ATP를 제공

㉢ 꼬리 : 미세소관이 함유된 편모

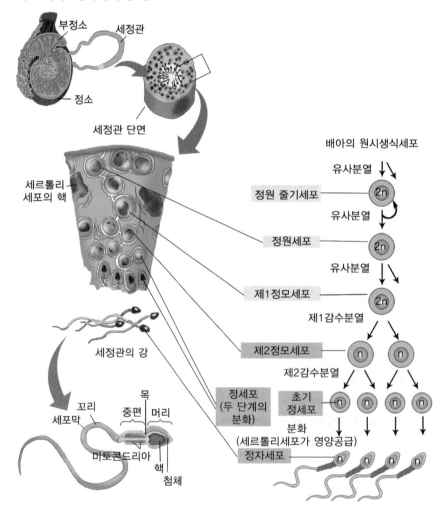

▲ 정자 형성 과정

(3) 정자의 저장과 수송

① **부정소(Epididymis)** : 긴 코일성의 관으로, 정자의 성숙과 저장이 일어남

② **정관(Sperm Duct ; Vas Deferens)** : 사정 시 정자의 이동관으로, 음낭의 부정소로부터 골반강까지 뻗어 있음

③ **사정관(Ejaculatory Duct)** : 정관의 연장과 정낭 유래의 관이 만나 형성된 짧은 관으로, 요도로 이어짐

④ **요도(Urethra)** : 음경을 관통하는 관으로, 몸 밖으로 열림

(4) 부속샘

① 정액(Semen)의 성분을 생성

② **정낭(Seminal Vesicle)** : 한 쌍이며 점액, 과당, 응고효소, 아스코르브산, 프로스타글란딘을 함유하는 노란색의 알칼리성 액체를 생성(정액의 60%를 차지)

③ **전립선(Prostate Gland)** : 항응고효소, 시트르산을 함유하는 유백색의 알칼리성 액체를 생성

④ **요도구선(Bulbourethral Gland)** : 요도 양쪽에 쌍으로 위치하며, 소변의 산을 중화시키는 알칼리성의 점액성 분비물을 방출

(5) 난소(Ovary)

① 난자와 성호르몬을 생산

② 부분적으로 성숙한 난자인 난모세포(Oocyte)가 지지세포층(결합조직 + 여포세포)으로 둘러싸여 있는 여포(Follicle)들이 난소의 외부 층에 존재

(6) 난자 형성 과정(Oogenesis)

① 난자 형성 과정은 출생 전 자궁에서 시작되며, 출생 시 100만~200만개의 제1난모세포(Primary Oocyte)가 난소 내에 존재

② 출생 후 제1감수분열 전기에 들어간 뒤 휴지기 상태로 존재하다가, 사춘기 이후부터 매달 몇 개의 여포가 성숙을 시작

③ 제1감수분열로 형성된 두 개의 딸세포 중 한 개가 모세포의 세포질 대부분을 가져가며(→ 제2난모세포) 나머지 딸세포는 극체(퇴화될 세포)가 됨

④ 제2난모세포가 제2감수분열을 완료하면 1개의 난자와 극체(퇴화됨)가 형성됨

⑤ **배란(Ovulation)** : 매달 성숙한 여포 내부에서 형성된 제2난모세포 1개가 인접한 난소벽을 뚫고 골반강으로 방출되는 과정. 이 제2난모세포는 수란관(나팔관)으로 유입되어 수란관에 도달한 정자 핵 침입 시 제2감수분열이 완료됨 난자 핵이 정자 핵이 융합되면 발생이 시작됨

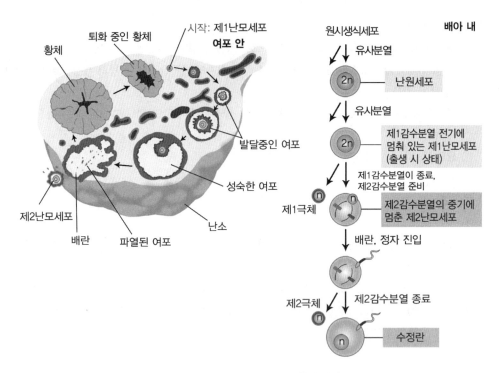

▲ 난소에서의 여포 발달과 난자 형성 과정

---

03 초기 발생과 임신

(1) 발생과 임신

① 수정(Fertilization) : 정자와 난자의 융합 과정

② 난할(Cleavage) : 수정 후 약 24시간이 지난 뒤부터 시작되는 수정란의 분열 과정

③ 배반포(Blastocyst) : 난할에 의해 수정 후 1주일이 지난 뒤 형성되는, 중앙에 액체로 채워진 공간을 지니는 세포 덩어리로서, 이 시기 무렵에 자궁 내막에 착상함

④ 착상된 배아는 인간융모막성 생식샘 자극호르몬(Human Chorionic Gonadotropin ; HCG)을 분비하여 임신 초기 몇 주 동안 황체의 프로게스테론과 에스트로겐 분비를 유지시켜 자궁 내막의 발달이 유지됨. 모체 혈액 내에 Hcg 농도가 높게 유지되며 일부가 소변으로 배출되므로, 소변 내 Hcg의 검출을 임신 진단에 이용

⑤ 임신(Pregnancy) : 하나 이상의 배아가 자궁에 있는 상태로, 임신 기간은 난자의 수정으로부터 평균 38주, 혹은 마지막 월경주기로부터 40주

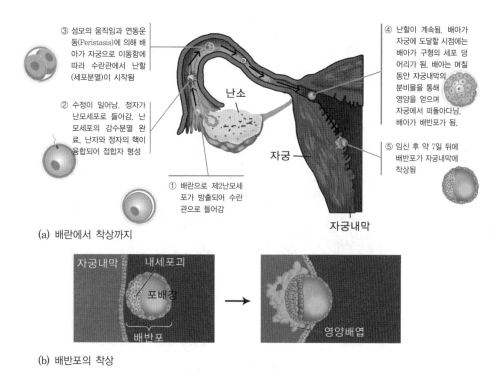

③ 섬모의 움직임과 연동운동(Peristasis)에 의해 배아가 자궁으로 이동함에 따라 수란관에서 난할(세포분열)이 시작됨

② 수정이 일어남. 정자가 난모세포로 들어감. 난모세포의 감수분열 완료. 난자와 정자의 핵이 융합되어 접합자 형성

① 배란으로 제2난모세포가 방출되어 수란관으로 들어감

④ 난할이 계속됨. 배아가 자궁에 도달할 시점에는 배아가 구형의 세포 덩어리가 됨. 배아는 며칠 동안 자궁내막의 분비물을 통해 영양을 얻으며 자궁에서 떠돌아다님. 배아가 배반포가 됨.

⑤ 임신 후 약 7일 뒤에 배반포가 자궁내막에 착상됨

난소

자궁

자궁내막

(a) 배란에서 착상까지

자궁내막   내세포괴   포배강   배반포   영양배엽

(b) 배반포의 착상

▲ 수정란의 형성과 수정 후의 초기 과정

(2) 태반(Placenta)

① 태아 조직과 모체 조직으로 이루어지며 임신 3개월경 형성됨

② 기 능

　㉠ 태아에 영양 물질과 산소 공급

　㉡ 태아의 노폐물을 받아냄

　㉢ 태아에 항체 전달 : 크기가 작은 IgG만 전달 가능

　㉣ 호르몬 분비 : 임신 3개월 이후부터 태반 자체에서 에스트로겐과 프로게스테론을 분비해 태반을 유지시키고 유산을 방지

(3) 출산(분만 ; Parturition)

① 진통(Labor) : 일련의 강하고 규칙적인 자궁의 수축

② 출산 관련 호르몬

　㉠ 에스트로겐 : 자궁의 옥시토신 수용체를 증가시켜 옥시토신에 대한 감수성을 증가시킴

　㉡ 옥시토신

　　• 자궁 수축 유도, 프로스타글란딘을 분비시킴

　　• 프로스타글란딘도 자궁 수축을 촉진

　　• 자궁 수축은 더 많은 옥시토신의 분비를 촉진하여 자궁 수축이 극대화되며 신생아 배출이 유발됨(양성 되먹임 조절)

③ 출산의 3단계

    ㉠ 자궁 경부(자궁목)의 확장

    ㉡ 신생아의 배출(해산 ; Delivery)

    ㉢ 태반의 배출

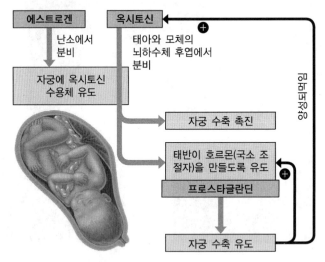

▲ 호르몬에 의한 출산 유도 모형

04   동물의 발생

(1) 발생(Development)

  ① 한 개체의 일생 동안 일어나는 모든 변화

  ② 주로 배아의 형태 형성 과정(Morphogenesis)을 의미

  ③ 수정 후 난할, 낭배 형성기, 기관 형성기를 거침

  ④ 세포 분화(Differentiation) : 세포의 구조와 기능의 특성화 과정

(2) 난할(Cleavage)

  ① 하나의 수정란으로부터 다세포의 배아(Embryo)를 만들어내는 빠르고 연속적인 세포 분열. 난할로 형성된 세포를 할구(Blastomere)라 함

  ② Dna 복제, 체세포 분열, 세포질 분열은 빠르게 일어나나 새로운 단백질 합성은 거의 일어나지 않음. S기, M기만 거치고, G_1기, G_2기가 없음

  ③ 난할이 진행됨에 따라 액체가 들어찬 할강(포배강 ; Blastocoel)이 배의 중앙에 형성되면서 속이 빈 세포구인 포배(Blastula ; 포유류에선 배반포라 함)가 됨

(3) 낭배 형성 과정(Gastrulation)

① 세포 그룹들이 후에 조직이나 기관형성이 일어날 새로운 위치로 대대적으로 이동하면서 낭배 (Gastrula)를 형성

② 해면, 자포동물을 제외한 동물에서 세 배엽층(Germ Layers)을 형성

원시창자(원장 ; Archenteron)와 외배엽(Ectoderm), 내배엽(Endoderm), 중배엽(Mesoderm)이 형성됨

③ 극피동물과 척삭동물 : 입보다 항문이 먼저 생기는 후구동물(Deuterostome)임

[동물의 삼배엽과 그 유래 성체 조직들]

외배엽	중배엽	내배엽
• 피부의 상피와 그 유도체(땀샘, 모낭)	• 척 삭	• 소화관 상피
• 입과 직장의 상피 세포	• 골격계	• 호흡계 상피
• 눈의 각막과 수정체	• 근육계	• 요도, 방광, 생식계벽
• 신경계	• 위, 장 등의 근육층	• 간
• 상피 감각 수용체	• 배설계	• 이자(췌장)
• 부신수질	• 순환계와 림프계	• 가슴샘(흉선)
• 치아 에나멜	• 생식계(생식세포는 제외)	• 갑상샘과 부갑상샘
• 상피 또는 송과샘 그리고 뇌하수체	• 피부의 진피	
	• 체강벽	
	• 부신피질	

(4) 기관 형성 과정(Organogenesis)

① 척삭(Notochord)과 신경관(Neural Tube)을 시작으로, 각 기관들의 원기가 형성됨

② 척삭 : 연골성 막대로서, 척추동물은 퇴화되며 척주로 대체됨

③ 신경관 : 중추신경계로 발달

28 | 생 태

01 개체군 생태학

(1) 개체군(Population)

특정 시간에 지리적으로 같은 지역 내에 서식하고 있는 한 종의 집단

(2) 개체군의 기본적인 세 가지 특징 : 밀도, 분포 및 개체군 통계

① 밀도와 분포

ㄱ 밀도의 종류

- 조밀도(Density) : 전체 면적에 대한 개체 수나 생체량(서식 공간이 아닌 곳도 포함)
- 생태밀도(Ecological Density) : 실제 그 종의 서식에 적합한 실제 서식지 면적당 개체 수

ㄴ 밀도 측정 방법

- 총계법(Total Counts Method) : 조사 지역의 총 개체 수 조사
- 표본법(Sampling Method) : 다양한 표본추출법을 이용

　예 방형구법(조사구법)

- 밀도(Density) : 단위 면적당 특정 종의 개체 수(개체 수/단위면적)
- 빈도(Frquency) : 군집 내에서의 종의 분포도(특정 종이 나타난 방형구 수/조사한 전체 방형구 수)
- 피도(Coverage) : 단위 면적당 특정 종이 차지하는 면적의 비율(특정 종 점유 면적/총 면적)

　예 표식-재포획법(Mark-recapture Method)

- 개체군 크기 : N
- 첫 번째 포획 시 개체 수(표식 개체 수 전체) : m
- 두 번째 포획 시 개체 수 : n
- 두 번째 포획 시 표식된 개체 수 : x

개체군의 크기를 결정하기 위해 표식-재포획법을 쓴다.

<u>적용</u> 생태학자는 개체군 내의 모든 개체를 셀 수가 없다. 왜냐하면 생물종은 매우 빠르게 움직이며 시야에서 사라지는 경우가 많기 때문이다. 이러한 이유로, 연구자는 표식-재포획법을 사용하여 개체군의 크기를 측정한다. 온타고 대학의 앤드류 고믈리와 동료들은 이 방법을 이용하여 뉴질랜드의 뱅크반도 근처에 서식하는 멸종위기종인 헥터 돌고래(*Cephalorhynchus hectori*)의 개체 수를 연구해 왔다.

<u>방법</u> 과학자들은 개체군에서 임의로 종을 포획한다. 잡힌 종은 표식을 하고 다시 돌려보낸다. 경우에 따라서는 연구자들은 표식을 하지 않고도 종을 구별할 수 있다. 고믈리 연구팀은 180마리의 돌고래를 표식하지 않고 배에서 돌고래의 등 지느러미로 구별해 낼 수 있다. 보통 표식되거나 식별이 가능한 종들은 수일 혹은 수주 내 다른 개체들과 섞이게 되며, 학자들은 두 번째로 종들을 포획하게 된다. 뱅크반도의 고믈리 팀은 두 번

헥터 돌고래

째 포획 결과 44마리를 포획하였으며 그 중 7마리는 이전에 식별된 개체들이었다. 두 번째 포획에 의해 식별된 개체는 x로 표시하며, 전체 개체군을 n으로 놓고, 첫 번째 포획된 개체는 m으로 놓으며 전체 개체군은 N으로 놓는다. 이들의 관계식은

$$\frac{x}{n} = \frac{m}{N}$$ 이를 전체 개체군을 추정하는 식으로 표현하면, $N = \frac{mn}{x}$

위위 방법은 표식되거나 표식되지 않은 개체는 동일한 포획확률을 가지며, 표식된 개체는 개체군에 편입되는 것을 의미한다. 또한 개체는 사망, 출생, 유입 및 유출이 연구기간 중 없는 것으로 가정한다.

<u>결과</u> 초기자료에 의해 뱅크반도의 헥터 돌고래의 크기는 180 × 44/7 = 1,131마리로 추정된다. 고믈리 팀의 반복적인 연구에 의해 총 개체군은 대략 1,100마리로 추산되었다.

▲ 표식-재포획법

② 개체군의 분포(분산) 유형

ㄱ 군생(Clumped) 분산 : 환경 조건이 적합한 장소에 무리지어 분포. 자원이 군데군데 집중되어 있는 경우로, 가장 흔한 분포 유형

ㄴ 균일(Uniform) 분산 : 균일하게 일정 공간을 차지하며 이웃들과 상호작용. 경쟁이 치열한 경우
  예 텃세권(세력권)을 형성하는 경우, 한 식물이 다른 식물의 성장이나 생존을 억제하는 물질을 주변으로 분비하는 경우 등

ㄷ 무작위(Random) 분산 : 마구잡이로 분산. 개체들 간에 강한 끌림이나 반발과 같은 상호작용이 없고, 생존에 필수적인 요인들이 상대적으로 균일한 경우

(a) **군생** : 많은 동물들은 이 불가사리처럼 무리를 이루며 생활하여 먹이
자원이 풍부한 곳에 모이게 된다.

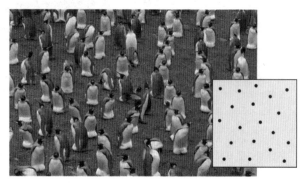

(b) **균일** : 남대서양의 남조지아섬(South Georgia Island)에 사는 이 킹
펭귄들(King Penguin)처럼 새들은 작은 섬에 둥지를 틀고, 때로 균
일하게 공간을 차지하며 이웃들과 밀접한 상호작용을 한다.

(c) **무작위** : 민들레는 바람에 의해 흩어진 씨가 땅 위에 마구잡이로 분산
된 뒤에 싹이 튼다.

▲ 개체군의 분포 유형들

(3) 개체군 통계

① **생명표(Life Table)** : 개체군의 생존 유형을 연령별로 종합하여 나타낸 것. 동 연령군의 암수 비율이나, 평균적으로 얼마나 더 생존가능한지 등의 정보를 알려줌

② **생존 곡선(Survival Curve)** : 생명표를 도표화한 것으로, 한 동령군의 각 연령에서 아직 살아있는 개체의 비율 또는 수를 곡선으로 그림

    ㉠ Ⅰ형 : 노년층에 이르러 급격히 사망률이 높아지는 유형 : 인간 등의 대형 포유류

    ㉡ Ⅱ형 : 일생동안 비교적 일정한 사망률을 나타내는 유형 : 설치류, 여러 무척추동물, 일년생 식물

    ㉢ Ⅲ형 : 초기에 매우 높은 사망률을 나타내다가, 일정 연령까지 살아남은 적은 수의 개체들이 최대수명까지 잘 생존 – 다년생 식물, 물고기, 해산 무척추동물

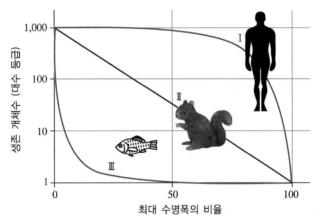

▲ 생존 곡선의 유형 : Ⅰ, Ⅱ, Ⅲ형

(4) 개체군의 성장모형

① **지수적 성장(Exponential Growth)**

    먹이가 풍부하고 생리적인 제약이 없는 환경에서의 개체군 성장

② **로지스트형 성장(Logistic Growth)**

    ㉠ 특정 서식지에서 개체군 밀도가 증가함에 따라 자원이 부족하게 되어 개체 수가 한계치에 이름

    ⇒ 환경수용력(K ; Carrying Capacity) : 제한된 자원을 갖는 환경이 수용할 수 있는 개체 수의 최대값

    ㉡ 개체군의 크기(N)가 환경수용력에 근접함에 따라 개체군의 성장률이 감소하여 성장 곡선이 S자형으로 나타남

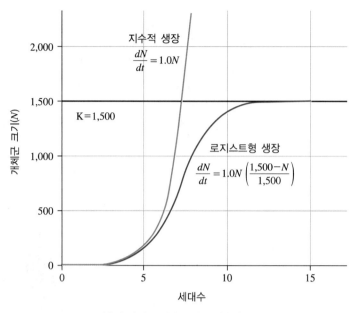

$$\frac{dN}{dt} = 1.0N$$

지수적 생장

K=1,500

로지스트형 생장

$$\frac{dN}{dt} = 1.0N\left(\frac{1,500-N}{1,500}\right)$$

▲ 지수적 성장 곡선과 로지스트형 성장 곡선

(5) 개체군의 번식 전략

① 번식 방법, 생존 및 수명 길이 특성, 서식지 타입, 경쟁 능력과 관련된 생리 및 행동 특징 등에 의해 결정됨

② r-선택(밀도-비의존적 선택)

㉠ 밀집되지 않은 환경에서 생식적 성공(개체당 증가율 r)을 극대화하는 선택

㉡ 개체 간의 경쟁이 드물거나, 교란(자연 재해, 인간 활동 등 개체군 수를 크게 줄일 수 있는 사건)에 의해 개체군 밀도가 자주 변하는 환경에서 나타남

㉢ 한 번에 많은 자손을 낳으며, 몸집이 작고, 수명이 짧고, 일회 번식, 개체군 크기가 다양함

③ K-선택(밀도-의존적 선택)

㉠ 환경수용력 K에 근접한 밀도를 유지

㉡ 한 번에 적은 수의 자손을 생산하며, 몸집이 크고, 수명이 길며, 일생을 거쳐 반복된 생식

㉢ 제한된 자원을 갖는 환경에서 경쟁이 치열한 경우의 개체군 성장

(6) 인간 개체군

지수적으로 성장하고 있으나 그 증가 속도는 점차 느려지고 있음

(1) 군집(Community)

특정 지역 내에 서식하는 모든 종들의 개체 집단

(2) 종간 상호작용(Interspecific Interaction) : 경쟁, 포식, 초식, 공생

  ① 경쟁(Competition)

    ㉠ 경쟁배타원리 : 군집 내 두 종이 제한된 동일 자원을 놓고 경쟁하면 유리한 측과 불리한 측이 존재하게 되는데, 불리한 경쟁자가 그 지역에서 사라지게 되는 것을 경쟁적 배제(경쟁 배타 ; Competitive Exclusion)라 함

    ㉡ 생태적 지위(Niche) : 어떤 환경에서 한 종이 이용하는 생물적 자원과 비생물적 자원의 총 합

    ㉢ 형질 치환(Character Displacement) : 동일 지역 내에 서식하는(동소적) 개체군들이 지리적으로 분리된(이소적) 개체군보다 형태적으로나 자원 이용에 있어 형질 분화가 더 일어나는 현상 → 경쟁을 피하기 위함

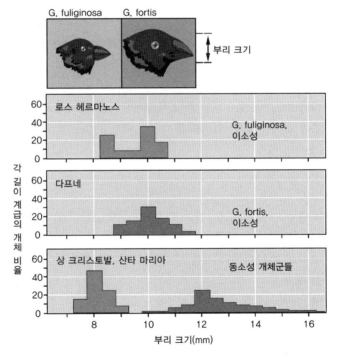

▲ 형질 치환

  ② 포식(Predation) : 포식자인 한 종이 피식자인 다른 종을 죽이고 잡아먹는 상호작용

    ㉠ 피식자는 보호색(Cryptic Coloration), 경고색(Aposematic Coloration), 의태(Mimicry) 등을 이용해 대항

    ㉡ 베이츠 의태 : 독이 없고 맛이 있는 종이 독이 있고 맛이 없는 종의 외모를 닮는 현상

③ 초식(Herbivory) : 초식동물이 식물이나 조류를 먹는 상호작용
식물은 침, 가시를 보유하며 화학적 독성 물질(니코틴, 탄닌, 시나몬, 페퍼민트 등)을 저장하여 대항
④ 공생(Symbiosis) : 서로 다른 두 생물이 직접적으로 접촉하며 함께 살아가는 현상
    ㉠ 기생(Parasitism) : 다른 생물체인 숙주(Host)로부터 영양분을 공급받으며, 숙주에게 해를 끼치는 공생 관계
    ㉡ 상리공생(Mutualism) : 양쪽 모두에게 유익한 상호작용을 하는 공생 관계
    ㉢ 편리공생(Commensalism) : 한쪽은 이익을 얻지만, 다른 한쪽에서는 아무런 이익이나 손해가 없는 공생 관계

(3) 종 다양성(Species Diversity)

① 종 풍부도 : 군집 내의 모든 종의 수
② 상대 수도(Relative Abundance) : 군집 내에 출현하는 각 종의 비율
    → 종 풍부도가 높을수록, 각 종들의 상대 수도가 균일할수록 종 다양성이 높다 함

(4) 우점종과 핵심종

① 우점종(Dominant Species) : 군집 내에서 가장 수가 많거나 총 생물량이 가장 많은 종
② 핵심종(Keystone Species) : 군집 내에서 수적인 힘뿐만 아니라 중추적인 생태적 역할과 생태적 지위를 지녀 강력한 지배력을 발휘하는 종. 생태계에서 핵심종의 수가 감소하면 먹이 사슬의 다른 종 개체수가 급감하며 군집 구조가 파괴될 수 있음
③ 창시종(Foundation Species) : 군집구조에 영향을 주는 물리적 환경을 바꾸는 종. 군집 내 다른 종들의 생존과 생식에 긍정적인 영향을 미치는 촉진종(Facilitator)으로 행동
    예 댐을 건설하는 비버

(5) 교란과 천이

① 교란(Disturbance) : 태풍, 홍수, 가뭄, 화재 및 인간의 활동처럼 군집을 변화시켜 개체 수를 줄이고, 자원의 이용 가능성을 바꾸게 하는 사건
② 천이(Succession) : 교란된 지역에서 점진적으로 다양한 종의 집락이 형성되며, 다른 종으로 차례로 대체되는 현상
    ㉠ 1차 천이 : 새로운 화산 지역 등의 생명체가 없어진 지역에서 토양층이 없는 상태에서 시작되는 천이
    지의류(균류 및 조류의 공생체) → 이끼류 → 초본류 → 관목류 → 양수림 → 혼합림 → 음수림 (극상)
    ㉡ 2차 천이 : 교란에 의해 기존의 군집이 청소되고 토양은 남겨진 지역에서 발생하는 천이
    초본류 → 관목류 → 양수림 → 혼합림 → 음수림(극상)

03 　생태계(Ecosystem)의 요소

(1) 생태계

특정 지역에 존재하는 모든 생물적 요소(군집)와 무생물적 요소(주변 환경)의 총체적 집합

① 에너지원 : 태양 에너지 → 매일 10^{22}J을 지구로 받아들임

② 에너지 흐름과 화학적 순환이 일어남

(2) 생물적 요소

① 생산자(Producer) : 무기물을 이용하여 유기물을 합성 가능한 독립영양생물

② 소비자(Consumer) : 유기물을 이용하여 살아가는 종속영양생물

　　㉠ 1차 소비자 : 생산자를 먹이로 생활하는 동물성 플랑크톤 및 초식동물

　　㉡ 2차 소비자 : 1차 소비자를 먹이로 하는 육식동물

　　㉢ 최종 소비자 : 먹이관계의 최상위 동물

③ 분해자(Decomposer) : 유기물을 분해하여 생산자가 재사용할 수 있도록 순환시킴

　　예 세균, 균류, 지렁이, 곤충의 유생, 독수리

(3) 비생물적 요소

빛, 물, 온도, 토양, 바람, CO_2 등

04 　생태계의 에너지 흐름

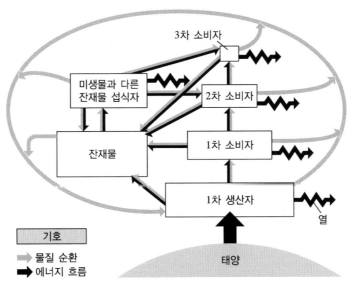

▲ 생태계에서 에너지와 양분의 변화 과정

(1) 영양 단계(Trophic Level) : 영양 구조(군집 내 생물 간의 먹이 관계) 내의 각 단계

먹이 사슬(Food Chain) : 한 영양 단계에서 다른 영양 단계로 먹이(에너지와 양분)가 이동되는 순서.
실제 생태계에선 여러 먹이 사슬이 복잡하게 얽혀 먹이 그물(Food Web)을 형성

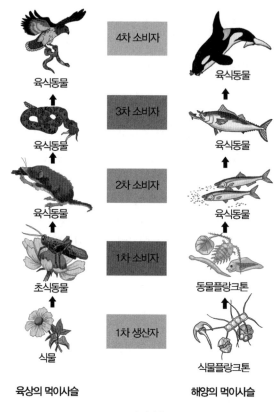

▲ 먹이사슬

(2) 생태계의 에너지 수지

① 1차 생산(Primary Production) : 일정 기간 동안 독립영양생물이 빛 에너지를 화학 에너지로 바꾼
양. 전체 생태계의 에너지 수지를 결정

② 총 1차 생산(Gross Primary Production ; GPP) : 일정 기간 동안 광합성에 의해 화학 에너지로
전환되는 빛에너지의 양

③ 순 1차 생산(Net Primary Production ; NPP) : 총 1차 생산에서 1차 생산자의 호흡에 사용된 에
너지(R)를 뺀 양

$$NPP = GPP - R$$

(3) 영양 단계 사이의 에너지 전달

① **2차 생산(Secondary Production)** : 일정 시간 동안 소비자의 몸을 구성하는 생체량으로 전환된 식량 속의 화학 에너지 양

② **생산 효율(Production Efficiency)** : 호흡으로 사용되지 않고 생체에 저장된 에너지 비율

생산 효율 = (순 2차 생산량/흡수된 1차 생산물의 양) × 100(%)

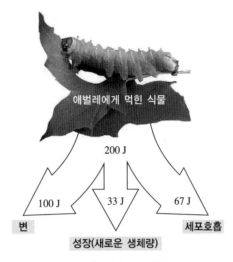

▲ 애벌레의 2차 생산

③ **영양 효율(Trophic Efficiency)** : 한 영양 단계에서 다음 영양 단계로 전달되는 에너지 비율 → 이 상적인 생태계에서 영양 효율은 10%

영양 효율 = (특정 단계의 생산량/이전 영양 단계의 생산량) × 100(%)

④ **생태피라미드**

㉠ 개체수 피라미드 : 각 영양 단계의 개체 수를 단계별로 나타낸 것

㉡ 생체량 피라미드

생체량(생물량 ; Biomass) : 단위면적 당 생물 무게(g/㎡ 또는 kg/㎡). 주로 건조 중량

㉢ 에너지 피라미드(순생산량 피라미드) : 한 영양 단계에서 다음 영양 단계까지의 에너지 흐름과 각 전달 과정에서의 에너지의 손실을 나타낸 피라미드. 영양 효율을 나타내줌

영양 단계		건조량 (g/m²)
3차 소비자		1.5
2차 소비자		11
1차 소비자		37
1차 생산자		809

영양 단계		건조량 (g/m²)
1차 소비자(동물성 플랑크톤)		21
1차 생산자(식물성 플랑크톤)		4

(a) 대부분의 생체량 피라미드는 영양 단계가 증가함에 따라 급격히 줄어드는 모습으로 나타난다. 이 그림은 플로리다의 습지의 결과를 바탕으로 만든 것이다.

(b) 영국 해협과 같은 어떤 수생 생태계에서는 1차 생산자(식물성 플랑크톤)의 적은 현존량이 훨씬 더 많은 1차 소비자(동물성 플랑크톤)를 부양한다.

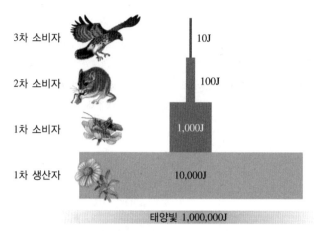

▲ 순생산량의 이상적인 피라미드

(4) 생물 농축(Biomagnification)

먹이 사슬의 상위 단계로 갈수록 특정 화학 물질이 축적되고 증가되는 현상

예 DDT(Dichlorodiphenyltrichloroethane)와 PCB(Polychlorinated Biphenyl)의 생물농축

05 생물 지구화학적 순환

(1) 생물적 요소와 비생물적 요소를 모두 포함한 양분의 순환

(2) 물 순환

① 물은 육상 생태계에서 1차 생산량과 분해율에 영향을 미침

② 최대 저장고 : 97%의 물이 해양에 포함됨

③ 주요 과정 : 증발, 육상식물에 의한 증산, 응축, 강수

(3) 탄소 순환

① 탄소는 생물의 주요 구성 성분

② 최대 저장고 : 석회석 등의 퇴적암

③ 주요 과정 : 광합성, 먹이 사슬, 세포 호흡, 화산 활동, 화석 연료의 연소

(4) 질소 순환

① 질소는 생물에서 단백질, 핵산 같은 중요 물질의 구성 성분임

② 식물이 흡수할 수 있는 형태는 NH_4^+와 NO_3^-이며, 동물은 먹이 섭취를 통해 얻음

③ 최대 저장고 : 질소가 대기의 80%를 차지

④ 주요 과정
- ㉠ 질소 고정(Nitrogen Fixation) : 세균에 의한 기체 질소(N_2)의 암모니아로의 전환(Nh_3) → H^+와 결합해 암모늄 이온(NH_4^+)을 형성해 식물로 흡수 가능
- ㉡ 암모니아화(Ammonification) : 분해자(세균, 균류 등)에 의한 생물 사체 분해 과정 중의 암모니아의 생성 → H^+와 결합해 암모늄 이온(NH_4^+)을 형성해 식물로 흡수 가능
- ㉢ 질산화(Nitrification) : 질산균에 의한 암모늄 이온(NH_4^+)의 질산(NO_3^-)으로의 전환 → 식물로 흡수 가능
- ㉣ 탈질산화(Denitrification) : 탈질산균에 의한 질산(NO_3^-)의 기체 질소로의 전환 → 대기로 돌아감

(5) 인 순환

① 생물체에서 인은 ATP, 인지질, 핵산 등을 형성하며 뼈와 이를 구성
② 인산(PO_4^{3-})이 생물이 이용할 수 있는 유일한 형태임
③ 최대 저장고 : 바다 기원의 퇴적암
④ 주요 과정 : 퇴적암의 융기, 풍화, 식물의 흡수, 먹이 사슬

06 생물군계(Biome)

(1) 육지나 해양의 지리적으로 넓은 지역을 점유한 주요 생물 군집 유형

(2) 수 생물군계

① 태양으로부터의 열에너지는 빛이 투과하는 물의 표면 부분만 데울 수 있으므로, 해양과 대부분의 호수에서는 급격한 온도 변화가 일어나는 얇은 층이 형성됨. 수온약층(Thermocline)이라 하며, 호수는 겨울과 여름에는 온도에 따른 뚜렷한 층상 구조를 보이다가 기온이 변화하는 봄, 가을에는 위층과 아래층이 서로 섞이는 전도현상이 나타남
② 주요 수질 오염 지표
- ㉠ DO(용존 산소량 ; Dissolved Oxygen) : 물 속에 용해되어 있는 산소의 양. ppm 단위 사용
- ㉡ BOD(생화학적 산소 요구량 ; Biochemical Oxygen Demand) : 물 속의 유기 물질을 호기성 미생물들이 분해하는 과정 중 소모되는 산소의 양. 오염 물질의 양에 비례. DO가 높고, BOD가 낮을수록 맑고 깨끗한 물임
③ 호 수
- ㉠ 호수에 따라 염분량, DO, 영양물질 농도 등의 편차가 크며, 계절에 따라서도 변화함
- ㉡ 빈영양호(좁고 깊은 형태)는 영양물질이 적고 DO가 높으며, 부영양호(넓고 얕은 형태)는 영양물질이 풍부하며 수심이 깊은 곳에선 종종 Do가 매우 낮아지기도 함

ⓒ 부영양화(Eutrophication) : 농지의 비료나 도시의 생활 하수가 호수로 흘러들어 인산염(Phosphate)과 질산염(Nitrate) 등이 풍부해지는 현상 → 풍부한 인산염과 질산염으로 인해 식물성 플랑크톤이 급격히 증가하는 녹조(Green-tide ; Algal Bloom)가 발생하여 그로 인한 BOD 증가와 심각한 DO 감소가 유발되고 호수의 다른 생물들이 산소 결핍을 겪고 떼죽음을 당하기도 함

④ 하천과 강

　　　㉠ 상류의 물은 차갑고 DO가 높으며 유속이 빠르나, 하류로 갈수록 따뜻하고 침전물이 많이 유입되어 혼탁하고 DO가 낮으며 유속이 느림

　　　㉡ 양분과 염류의 양이 하류로 갈수록 증가

　　　ⓒ 오염되지 않은 강과 하천에는 다양한 종류의 어류와 무척추동물들이 수직적 분포를 나타냄

⑤ 하구(Estuary)

　　　㉠ 강과 바다의 교차 지점으로, 만조와 간조 시에 따라 바닷물이 유입, 유출됨

　　　㉡ 밀도가 높은 바닷물이 바닥 층을 이루고, 밀도가 낮은 강물이 수면 부근에 층을 형성하여 서로 섞이지 않기도 함

　　　ⓒ 염성 습지의 풀과 식물성 플라크톤이 주요 생산자이며, 많은 해양 무척추동물들과 어류들이 서식

　　　㉣ 강 상류로부터의 오염과 매립, 준설 등이 강 하류를 교란시킬 수 있음

⑥ 산호초(Coral Reef)

　　　㉠ 18~30℃ 사이의 따뜻하고 얕고 맑은 바다에 주로 서식하는 자포동물(Cnidaria)인 산호가 분비한 탄산칼슘 골격으로 형성

　　　㉡ 산호초 형성 과정 : 근래에 형성된 높이 솟은 섬을 둘러싼 형태의 거초(Fringing Reef) → 해안 보초(Barrier Reef) → 환초(Coral Atoll)

　　　ⓒ 산호초 내 공생 관계 : 산호초 내에 서식하는 단세포 및 다세포성 조류가 광합성을 통해 유기물을 생성하여 산호에게 공급하면서 상리공생하고, 다양한 무척추동물과 어류들도 서식 → 수생 물군계 중 생물다양성 최대

　　　㉣ 어류 남획, 산호초 골격 수집 등의 인간 활동과 지구 온난화 및 해양의 오염 등이 산호를 감소시키고 있음

⑦ 해양 저생대(Marine Benthic Zone)

　　　㉠ 해안 근처의 천해대(Neritic Zone)와 원양대 표층수 아래의 해저로 구성

　　　㉡ 매우 깊은 해저나 심해대(Abyssal Zone)의 생물들은 저온과 높은 수압에 적응이 일어남

　　　ⓒ 유기물 농도가 매우 높은 몇몇 지역 이외엔 DO가 높은 편임

　　　㉣ 해양 화산과 연관된 심해 열수구(Deep Sea Hydrothermal Vent) 지역 : 빛이 없는 고온의 저산소 환경에서 물 속의 황산염(SO_4^{2-})과 반응하여 생성된 황화수소(H_2S)를 산화시켜 유기물을 생성하는 화학독립영양 원핵생물(Chemoautotrophic Prokaryotes)들이 생산자 역할을 하는 먹이 사슬이 형성되어 있음

(3) 육상 생물군계(Terrestrial Biomes)

① **열대 우림(Tropical Rain Forest)**

  ㉠ 적도 및 아적도대에 분포하여 연중 기온이 25~29℃로 항상 높은 지역으로서, 연중 강수량이 일정하게 높은 열대 우림 지역과 계절에 따라 변화 폭이 큰 열대 건조림 지역으로 나뉨

  ㉡ 열대 우림의 식생은 빛을 차지하기 위해 치열하게 경쟁하며 층상 구조를 형성 : 아래로부터 초본 → 관목 → 아수관 나무 → 수관 나무(Canopy Tree) → 수관 위 나무(Emergent Tree) 등의 층을 형성

  ㉢ 열대 우림은 활엽 상록수가, 열대 건조림은 건기 동안 낙엽을 형성하는 활엽수가 우점

  ㉣ 열대 우림에서는 덩굴 등의 형태로 다른 나무 표면을 덮고 있는 난초 등의 착생식물(Epiphyte)들이 흔하며, 토양의 유기물 함유량이 낮고, 일부 열대 건조림에선 가시를 지니는 관목과 선인장 등의 다육식물들이 흔함

  ㉤ 다양한 양서류, 조류, 파충류, 포유류 및 절지동물들이 서식하며 육상 생물군계 중 최대의 동물 다양성을 나타냄

  ㉥ 열대 우림의 인구가 급격히 증가하면서, 경작과 개발 등에 의해 교란되고 있음

② **사 막**

  ㉠ 남북으로 위도 30도 부근 지역, 또는 대륙의 내부에 분포

  ㉡ 강수량이 매우 적고(연평균 30cm 이하) 변동이 심함

  ㉢ -30~50℃로 일교차 및 계절에 따른 온도 변이가 매우 심함

  ㉣ 식물은 건조와 고온에 대한 내성, 뛰어난 물 저장 능력, 잎의 변형을 통한 표면적 감소 등 사막 환경에 대한 적응이 일어나 있으며, 다육식물, 뿌리 깊은 관목 및 초본이 우점 → 대부분은 C4 및 CAM 광합성을 수행

  ㉤ 곤충, 파충류, 조류 및 씨를 먹는 설치류 등이 흔하며 대부분 야행성이고 수분 유지 능력이 뛰어남

  ㉥ 인간의 관개 농업과 도시화에 의해 생물 다양성이 감소하였음

③ **지중해성 관목지대**

  ㉠ 여러 대륙의 중위도 해안 지역에서 나타나며, 북미의 쉐퍼럴(Chaparral), 스페인과 칠레의 마토랄(Matorral), 남부 프랑스의 가리그(Garigue) 등이 대표적

  ㉡ 강수량의 계절 변동이 심하여, 겨울에는 비가 많이 내리고 여름은 길고 건조

  ㉢ 다양한 초본과 관목, 키 작은 나무들이 우점하며 식물 다양성이 높은 편임 → 가뭄에 대한 적응이 일어난 질긴 잎을 지니는 상록수가 흔하며, 불에 대한 적응도 일어나 화재 이후에 발아하는 씨를 형성하고 불에 저항성이 있고 양분을 저장하는 뿌리를 지니는 관목들도 있음

  ㉣ 어린잎과 나뭇가지를 먹는 작은 포유류들과 다양한 곤충, 양서류, 파충류 및 조류들이 서식

  ㉤ 인간의 농업화와 도시화로 인해 감소 추세에 있음

④ 온대 초원(Temperate Grassland)

　㉠ 남아프리카 대초원, 헝가리의 푸차(Puszta), 아르헨티나의 팜파스(Pampas), 러시아의 스텝 (Steppe), 북미의 대초원 등이 포함됨

　㉡ 건조하고 추운 겨울과 덥고 습한 여름이 나타나며, 주기적인 가뭄이 발생하여 연평균 강수량은 30~100cm 정도임

　㉢ 다양한 풀과 활엽 초본이 우점하며, 긴 가뭄과 불에 대한 적응이 일어남

　㉣ 풀을 뜯어 먹는 들소, 야생말과 북미의 프레리도그(Prairie Dog) 같은 토착 포유류가 서식

　㉤ 두텁고 비옥한 토양을 지녀 주로 농경지로 이용됨

⑤ 북부 침엽수림(타이가 ; Taiga)

　㉠ 북미와 유라시아의 북부에서 극지방 툰드라와의 경계까지를 포함하는 지역으로서 지구에서 가장 큰 군계임

　㉡ 연간 강수량은 30~70cm이며 주기적으로 가뭄이 흔하게 일어나고, -50~20℃로 기온 범위가 넓음

　㉢ 솔방울(구과)을 형성하는 침엽수가 우점종이며, 관목과 초본의 다양성은 온대 활엽수림보다 낮은 편임

　㉣ 많은 철새들이 이 지역에 둥지를 틀며, 큰 사슴, 불곰, 호랑이 등의 다양한 포유류가 서식하고, 주기적인 곤충의 대발생에 의해 침엽수들이 피해를 입기도 함

　㉤ 인간의 벌채에 의한 침엽수림의 손실이 심각한 수준임

⑥ 온대 활엽수림

　㉠ 북반구 중위도 지역과 뉴질랜드 및 호주를 포함

　㉡ 연평균 강수량은 70~200cm 이상으로, 모든 계절에서 높음

　㉢ 겨울 평균 기온은 0℃ 정도이며, 여름은 최고 30℃ 이상으로 덥고 습함

　㉣ 다양한 식물들의 층상 구조가 나타나나 착생식물은 거의 없음

　㉤ 북반구에선 낙엽성 목본이 우점종이나 오스트레일리아에선 상록수인 유칼립투스가 우점종임

　㉥ 북반구의 많은 포유류가 겨울엔 겨울잠을 자며 조류들은 따뜻한 지역으로 이주함

　㉦ 모든 대륙의 온대 활엽수림에 많은 사람들이 정착하여 살고 있음

⑦ 툰드라(Tundra)

　㉠ 넓은 북극지방을 덮고 있는 지역이며, 모든 위도의 높은 산 꼭대기에도 고산 툰드라(Alpine Tundra)라 불리는 툰드라와 유사한 식물 군집이 형성됨

　㉡ 겨울은 길고 추워 평균 기온이 -30℃인 지역도 있으며, 여름은 짧고 시원함

　㉢ 초본류가 우점종이며 지의류, 이끼, 활엽 초본과 작은 관목과 나무들도 서식

　㉣ 항상 얼어있는 토양층인 영구동토층(Permafrost)은 물의 투과를 막으며, 깊이 뿌리내리는 목본들이 서식하지 못하는 원인이 됨

　㉤ 순록, 사향소 등의 초식동물과 곰, 늑대 등의 육식동물이 서식하며 여름엔 철새들이 이 지역에서 번식함

　㉥ 상당량의 광물과 석유가 매장되어 있음

29 | 진화 및 생물 다양성

01 진화론

(1) 라마르크(Lamarck)의 용불용설(Use and Disuse Theory)

① 생물은 최대 한계로까지 몸의 크기를 크게 하려 하며 복잡해지려는 경향이 있음

② 새로운 기관은 필요성이 생길 때에만 생성됨

③ 기관의 발달과 기능은 필요성에 따라 그것을 사용하는 정도에 의해 달라지며 개체가 일생 동안 획득한 모든 특성(획득 형질)이 자손에게 전달됨

④ 단점 : 획득 형질의 유전을 당시에는 증명하지 못함

(2) 다윈(Darwin)의 자연 선택설(Natural Selection Theory)

저서 "종의 기원"을 통해 '자연 선택'이라는 개념으로 진화를 설명함으로써 진화생물학의 토대 마련

① 생물체는 환경이 수용할 수 있는 것보다 더 많은 자손을 번식 → 경쟁 초래

② 무작위로 태어난 각 자손들은 구조나 특성에서 다양한 변이를 나타냄(유전적 변이 포함)

③ 이 자손들 사이에 생존경쟁이 일어날 때 환경에 가장 적합한 변이를 가진 개체들만 살아남을 수 있음 → 적자 생존(Survival of The Fittest)

④ 생존한 최적자들이 자신들을 닮고 생식력이 있는 자손을 번식

⑤ 이러한 최적자가 생존하는 자연선택의 반복으로 특정 환경에 유리한 변이를 가진 개체들의 형질이 발전하여 새로운 종이 형성됨

⑥ 단 점

    ㉠ 변이에 대한 유전적 기초가 뒷받침되지 못함

    ㉡ 유전적 변이와 비유전적 변이를 구별하지 못함

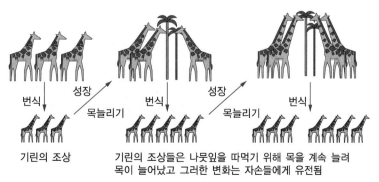

(a) 라마르크의 용불용설

기린의 조상   기린의 조상들은 나뭇잎을 따먹기 위해 목을 계속 늘려 목이 늘어났고 그러한 변화는 자손들에게 유전됨

(b) 다윈의 자연선택설

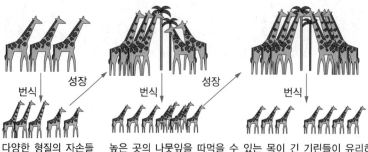

| 번식 | 성장 | 번식 | 성장 | 번식 |

다양한 형질의 자손들

높은 곳의 나뭇잎을 따먹을 수 있는 목이 긴 기린들이 유리하여 더
많이 생존하고 번식하면서 같은 형질을 지니는 자손들이 늘어남

▲ 용불용설과 자연선택설

01   진화의 증거

(1) 화석상의 증거

   ① 현존하는 가장 오래된 화석 : 35억년 전의 원핵생물 화석인 스트로마톨라이트(Stromatolite) →
     원시 남세균(시아노박테리아)의 퇴적물 화석

   ② 화석을 통해 그 생물이 살았던 시기, 생존 당시의 환경 및 진화 경로를 알 수 있음

(2) 생물지리학(Biogeography)상의 증거

   생물 집단이 바다, 산맥, 사막 등에 의해 지리적으로 격리되면, 생식적인 격리가 일어나 원래 집단과는
   다른 방향으로의 진화가 일어남

   예 갈라파고스 군도의 핀치 새 : 본토에서 유래된 소수의 조상 종이 각 섬의 다양한 환경에 적응하며
     다양한 자손 종으로 분지됨

(a) 선인장을 먹는 핀치 : 선인장
    땅핀치(*Geospiza Scandens*)
    의 길고 뾰족한 부리는 선인
    장 꽃과 과육을 찢어 먹는 데
    에 도움이 된다.

(c) 씨앗을 먹는 핀치 : 큰땅핀치
    (*Geospiza Magnirostris*)는
    식물체로부터 땅으로 떨어진
    씨앗들을 깨는 데에 알맞은
    큰 부리를 가지고 있다.

(b) 곤충을 잡아먹는 핀치 : 초록와블러핀치(*Certhidea Olivacea*)
    는 가늘고 뾰족한 부리로 곤충을 잡는다.

▲ 갈라파고스 핀치 새 부리의 변이

(3) 발생학상의 증거

① **비교발생학** : 배아(Embryo)가 발생하는 동안 나타나는 구조의 변화를 비교분석하는 학문

② 척추동물의 발생 초기 배아의 구조 비교 결과는 이들이 공통 조상으로부터 진화해 왔다는 것을 알려줌 → 척삭, 인두낭(인두열 ; 아가미 틈새), 항문 뒤쪽 꼬리, 등 쪽 신경다발이 공통적으로 나타남

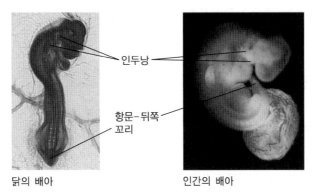

인두낭

항문-뒤쪽
꼬리

닭의 배아   인간의 배아

▲ 척추동물 배아의 발생적 유사성

(4) 비교해부학상의 증거

서로 다른 종의 기관과 구조의 기능을 비교하여 공통 조상을 파악

① **상동 기관(Homologous Organs)** : 최근의 공통 조상을 공유하여 발생 및 해부학적 기원은 같으나, 다른 환경에 각각 적응하며 기능과 외형이 달라진 후손들의 기관(적응 방산 : Adaptive Radiation)

〔예〕 포유류 앞발 : 사람의 팔, 고양이의 앞 다리, 고래의 가슴지느러미, 박쥐의 날개로 특화됨

② **상사 기관(Analogous Organ)** : 최근의 공통 조상을 공유하지는 않아 해부학적 기원은 다르나, 유사한 환경에 적응하면서 기능과 외형이 비슷해진 기관(수렴 진화 : Convergent Evolution)

〔예〕 새의 날개와 곤충의 날개, 고래의 지느러미와 상어의 지느러미

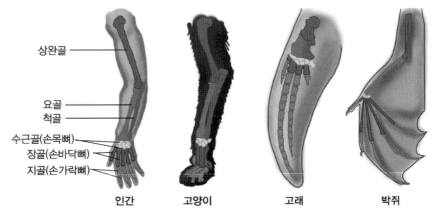

상완골

요골
척골

수근골(손목뼈)
장골(손바닥뼈)
지골(손가락뼈)

인간   고양이   고래   박쥐

▲ 상동기관(포유류 앞다리)

(5) 비교생화학상의 증거

　　DNA나 단백질 수준에서 유연관계를 파악하는 방법으로, 유연관계가 가까울수록 DNA 염기 서열이나 단백질의 아미노산 서열이 유사할 것이라는 개념을 전제로 함

　　예　16s rRNA 분석(Ribotyping) : 리보솜의 돌연변이는 매우 느린 속도로 축적되며, 모든 생물들은 공통적으로 70s 리보솜(진핵생물은 미토콘드리아에 존재)을 지니므로, 16s rRNA 분석을 통해 유연관계를 파악 → 생물을 3영역으로 구분하게 된 방법

03　집단의 진화

(1) 유전자 풀과 대립유전자 빈도

　　① 개체군 : 진화의 가장 작은 단위

　　② 유전자 풀(Gene Pool) : 특정 시기에 한 개체군 내 모든 개체가 지니는 유전자의 대립유전자들 전체

　　③ 대립유전자(대립인자) 빈도 : 개체군 내에서 한 형질에 대해 나타나는 유전적 변이를 파악하게 해줌

(2) 하디-바인베르그(Hardy-Weinberg) 평형

　　① 여러 세대에 걸쳐 대립인자의 빈도와 유전자형의 비가 바뀌지 않는 개체군을 하디-바인베르그 평형 상태에 있다고 함 → 유전자 풀의 변화가 없는 상태

　　② 멘델의 유전 법칙을 따라 유전이 일어나는 멘델 집단에만 적용됨

　　③ 하디-바인베르그 평형의 조건

　　　　㉠ 개체군의 크기가 매우 커야 함

　　　　㉡ 교배는 무작위적이어야 함

　　　　㉢ 개체군 간의 개체 이동(유전자 흐름 : 유전자의 유입/유출)이 없어야 함

　　　　㉣ 돌연변이가 일어나지 않아야 함

　　　　㉤ 자연 선택이 작용하지 않아야 함

　　④ 하디-바인베르그 평형 조건이 유지되면, 한 유전자 좌위의 대립인자 빈도는 세대를 거듭해 일정하게 유지됨

　　　　㉠ 한 유전자 좌위의 A 대립인자 빈도를 p, 다른 대립인자 a의 빈도를 q라 하고($p + q = 1$) 무작위 교배가 이루어지면, 다음 세대에서 AA, Aa, aa 유전자형의 빈도는 각각 p^2, $2pq$, q^2으로 일정하게 유지됨

　　　　㉡ 각 유전자형 빈도의 합은 1임 : $p^2 + 2pq + q^2 = 1$ (하디-바인베르그 방정식)

　　　　㉢ p, q는 세대를 거듭해도 변화하지 않음

매 세대의 배우자들은 이전 세대의 유전자 풀로부터 무작위적으로 추출된다.

$80\%\ C^R(p = 0.8)$　　　　　$20\%\ C^W(q = 0.2)$

⇩

	정자	
	C^R (80%)	C^W (20%)
난자　C^R (80%)	$64\%(p^2)$ $C^R C^R$	$16\%(pq)$ $C^R C^W$
C^W (20%)	$16\%(qp)$ $C^R C^W$	$4\%(q^2)$ $C^W C^W$

배우자들이 무작위로 결합한다면, 이 세대에서 유전자형 빈도는
하디–바인베르그 평형 상태이다.

$64\%\ C^R C^R$, $32\%\ C^R C^W$, 그리고 $4\%\ C^W C^W$

⇩

이 세대의 배우자들

$64\%\ C^R$　　+　　$16\%\ C^R$　　$= 80\%\ C^R = 0.8 = p$
($C^R C^R$ 식물로부터)　($C^R C^W$ 식물로부터)

$4\%\ C^W$　　+　　$16\%\ C^W$　　$= 20\%\ C^W = 0.2 = q$
($C^W C^W$ 식물로부터)　($C^R C^W$ 식물로부터)

무작위 교배에 의해서 이 배우자들은 다음 세대에서
똑같은 유전자형 빈도를 만들 것이다.

⇩

$64\%\ C^R C^R$, $32\%\ C^R C^W$ 그리고 $4\%\ C^W C^W$ 식물들

▲ 하디–바인베르그 원리

(3) 소진화(Microevolution)

① 개체군의 유전자 풀의 변화

② 소진화의 요인

    ⊙ 새로운 유전적 변이의 도입

      • 돌연변이에 의한 새로운 대립인자의 생성

      • 유전자 중복(Gene Duplication)

      • 엑손의 복제 및 재배열(Shuffling)

      • 수평적 유전자 전달

    ⓒ 유전적 부동(Genetic Drift) : 우연한 사건에 의한 작은 개체군 내 유전자 풀의 변화

      • 병목효과(Bottleneck Effect) : 교란(지진, 홍수, 화재 등의 자연 재해와 인간 활동)에 의해 개체군의 크기가 갑자기 감소하면서 유전자 풀이 무작위적으로 변화하는 현상

      • 창시자 효과(Founder Effect) : 한 개체군의 일부가 원래 개체군에서 떨어져 나와 다른 지역에 새로 집단을 이룰 때 유전자 풀이 모집단과 달라지는 현상

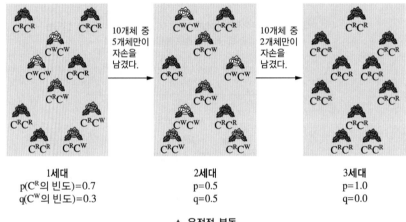

1세대	2세대	3세대
p(C^{R}의 빈도)=0.7	p=0.5	p=1.0
q(C^{W}의 빈도)=0.3	q=0.5	q=0.0

▲ 유전적 부동

③ 유전자 흐름(Gene Flow) : 다른 개체군으로 이동한 개체(식물의 경우는 꽃가루나 종자)가 새 개체군에서 번식하면서 유전자 풀이 변화하는 현상

④ 자연 선택

    ⊙ 특정 환경에서 특정 유전 형질을 가진 개체들이 더 잘 생존하고 번식함

    ⓒ 선택의 3가지 방식

      • 안정화 선택(Stabilizing Selection) : 중간 정도의 형질을 나타내는 개체가 주로 선택, 보존되는 경우로, 평균값을 변화시키지 않음

        예 사람 신생아의 평균 체중

      • 방향성 선택(Directional Selection) : 환경 변화에 의해 한쪽 극단 형질을 지니는 개체가 많아지는 경우로, 집단의 전반적 조성이 이동

        예 세균의 항생제 저항성, 곤충의 살충제 저항성

• 분단성 선택(Disruptive Selection) : 중간 형질이 도태되고, 양쪽 두 극단의 형질을 지니는 개체들이 많아지는 경우

囲 동물의 성적 이형, 형질 치환에 의한 갈라파고스 핀치새의 부리 크기 양극화

선택의 방식. 이 사례들은 유전되는 털 색깔 변이를 가지고 있는 가상의 흰발 생쥐 한 집단이 진화할 수 있는 세 가지 방식을 설명한다. 털 색깔은 밝은 것에서부터 검은 것까지의 범위를 가진다. 그림은 다른 털 색깔을 가진 개체들의 빈도가 시간에 따라 어떻게 변하는지를 보여준다. 큰 검은색 화살표는 특정 표현형들에 불리하게 작용하는 선택 압력을 상징한다.

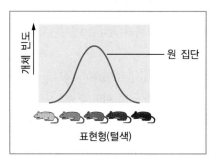

⇩

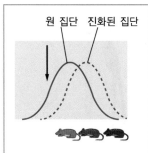

(a) **방향성 선택** : 분포의 한쪽 끝에 있는 변이체들을 선호함으로써 집단의 전반적 조성을 이동시킨다. 이 경우 진한 생쥐들이 유리해지는데 이는 그들이 진한 바위들에 살고 있어서 털 색깔이 진할수록 포식자로부터 잘 은폐되기 때문이다.

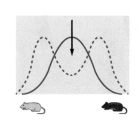

(b) **분단성 선택** : 분포의 양 끝에 있는 변이체들을 선호한다. 이 생쥐들은 밝고 진한 바위들이 섞인 고르지 못한 서식지에 이주하였는데, 중간형 색깔을 가지는 생쥐들은 불리해진 결과를 맞았다.

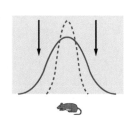

(c) **안정화 선택** : 집단으로부터 극단의 변이체들을 제거하고 중간형들을 보존한다. 만약 중간 색깔의 바위로 이루어진 환경이라면 밝거나 진한 털 색깔을 가진 생쥐들은 선택적으로 제거될 것이다.

▲ **자연 선택의 방식**

ⓒ 성적 선택(Sexual Selection) : 자연 선택의 한 유형으로, 특정 유전 형질을 지니는 개체들이 그렇지 않은 개체들에 비해 짝을 얻을 가능성이 높아짐

(1) 향상진화(Anagenesis)

한 종이 여러 세대를 거치면서 다른 종으로 바뀌는 현상

(2) 분기진화(Cladogenesis)

① 한 종이 둘 이상의 종으로 나누어지는 현상

② **적응 방산(Adaptive Radiation)** : 조상 종이 새로운 지역에서 새로운 환경에 적응하며 다양한 후손 종으로 분화하면서 부채 모양의 분지 양상을 나타냄

향상진화   분기진화

▲ 향상진화와 분기진화

(3) 기타 진화 양상

① **수렴진화(Convergence Evolution)** : 서로 다른 종이 오랜 세월 동안 비슷한 환경에서 서식하면서 유사하게 적응이 일어난 것(상사 기관의 형성)

② **공동진화(Coevolution)** : 서로 상호 의존 관계에 있는 두 종, 또는 동일종의 암수 사이에서 서로의 진화 방향에 영향을 미치는 경우
예 포식자와 피식자 사이, 공생생물체 사이

③ **역진화(Evolutionary Reversal)** : 파생 형질이 원래의 조상 형질로 되돌아가는 현상
예 뱀의 다리 유실

④ **유형진화(Paedomorphosis)** : 성체가 되어서도 조상의 유체기 기관을 지니는 현상
예 도롱뇽의 외부 아가미

종 분화(Speciation) : 한 종이 두 종 이상으로 갈라지는 과정

→ 소진화(Microevolution)와 대진화(Macroevolution)를 연결시키는 교량 역할

(1) 종(Species)의 개념

　① 형태학적 종(Morphological Species)

　　㉠ 몸의 형태 및 구조적 특징으로 규정된 종

　　㉡ 유성 생식 및 무성 생식 생물에게 모두 적용 가능하나 주관적인 기준이 적용됨

　② 생물학적 종(Biological Species)

　　㉠ 자연에서 서로 교배하여 생식 능력이 있는 자손을 낳을 수 있는 개체들의 집단

　　㉡ 한 종의 여러 집단들은 '유전자 흐름'으로 서로 연결되어 유전자 풀이 하나로 유지됨

　③ 생태학적 종(Ecological Species)

　　생태적 지위(Niche)로 규정된 종

　④ 계통발생학적 종(Phylogenetic Species)

　　공통 조상을 지니는 개체들의 가장 작은 무리

(2) 종 분화 메커니즘

　① 이지역성 종분화(이소 종분화 : Allopatric Speciation)

　　하나의 개체군이 지리적으로 격리된 두 집단으로 분리되면서 유전자 흐름이 차단되어 두 종으로
　　분화한 것

　② 동지역성 종분화(동소 종분화 : Sympatric Speciation)

　　같은 지역에서 서식하는 개체군의 종분화

　　㉠ 배수체(4n, 6n, …)형성 : 생식 세포 형성과정 중 염색체 비분리에 의해 일어나며, 속씨식물의
　　　종 다양성에 기여

　　㉡ 서식지 분화 : 모개체군에서 사용하지 않는 서식지로 이동하거나 먹이 공급원을 바꿔 다른 서식
　　　지로 이동하면서 일부 집단이 생식적으로 격리된 경우

　　㉢ 성적 선택 : 특정 유전 형질을 지닌 개체들이 더 많은 짝을 얻는 자연 선택에 의해 발생

(3) 생식적 격리 기작

　종이 본래의 특성을 유지하고 잡종(Hybrid) 형성을 피할 수 있는 메커니즘

　① 수정(접합) 전 장벽(Prezygotic Barrier)

　　㉠ 서식지 격리 : 종 간에 서식지나 교배 장소가 다름

　　㉡ 시간적 격리 : 짝짓기의 시기, 개화 시기들이 다름

　　㉢ 행동적 격리 : 종 특이적인 구애 행동 사용

　　㉣ 기계적 격리 : 형태의 차이로 인한 짝짓기 불가능

　　㉤ 배우자 격리 : 한 종의 정자가 다른 종의 난자에 수정 불가능

② 수정(접합) 후 장벽(Postzygotic Barrier)
  ㉠ 잡종 생존력 약화(Hybrid Inviability) : 잡종 개체가 발생 과정이나 생식 능력 획득 전에 죽음
  ㉡ 잡종 생식력 약화(Hybrid Sterility) : 잡종 개체가 수정 가능한 배우자 생산을 못함
  ㉢ 잡종 와해(잡종 약세 ; Hybrid Breakdown) : 잡종 개체가 생식 가능하나, 세대를 거듭할수록
     생식 능력을 잃음

06 지구 생물의 역사

(1) 생명의 기원
  ① 지구 초기 생명의 증거 : 약 35억년 전의 미생물 화석에 남아 있음
  ② 단순 원시세포(Protocell)의 생성 과정 가설
     ㉠ 작은 유기 분자의 무생물적 합성
     ㉡ 거대분자의 중합
     ㉢ 외부와 경계 짓는 막으로 봉입
     ㉣ 유전 물질의 등장
  ③ 지구 생명의 역사
     ㉠ 유기물과 원시세포 형성
     ㉡ 단세포 생물의 출현
     ㉢ 광합성 세균의 출현
     ㉣ 진핵생물의 출현
     ㉤ 생물의 육지로의 이주

(2) 단순 원시세포의 생성 과정
  ① 초기 지구에서의 유기물 합성
     최초의 유기물 합성에 대한 가설
     ㉠ 오파린(Oparin)과 홀데인(Haldane)의 환원 대기 가설
       • 환원적 환경의 초기 대기에 번개와 자외선 등의 에너지가 가해지면서 생성된 유기 분자들이
         초기 바다에 풍부 → 원시 수프(Primordial Soup) 형성
       • 초기 지구의 대기 조성 : 수증기, 질산화물, 이산화탄소, 메탄, 암모니아, 수소, 황화수소 등
       • 밀러(Miller)와 유리(Urey)가 실험적으로 오파린-홀데인의 가설을 검증
     ㉡ 배히터스호이저(Wachterhauser)의 심해분출구 가설
       금속 이온과 이황화 수소가 풍부하며 매우 뜨거운 물과 차가운 해수가 만나는 심해분출구(지구
       표면의 갈라진 틈)에서 중요한 유기 분자들이 생성

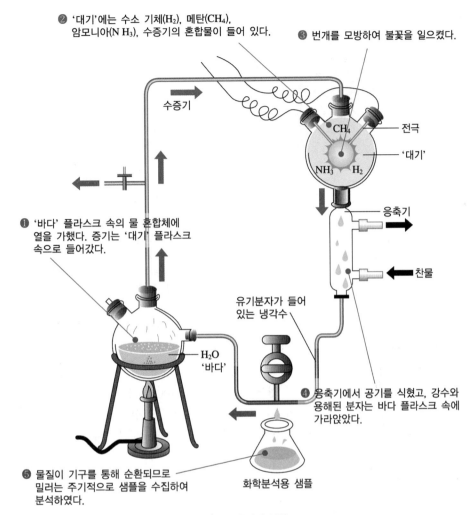

❷ '대기'에는 수소 기체(H₂), 메탄(CH₄), 암모니아(N H₃), 수증기의 혼합물이 들어 있다.

❸ 번개를 모방하여 불꽃을 일으켰다.

수증기

CH₄

전극

'대기'

NH₃   H₂

❶ '바다' 플라스크 속의 물 혼합체에 열을 가했다. 증기는 '대기' 플라스크 속으로 들어갔다.

응축기

찬물

유기분자가 들어 있는 냉각수

H₂O '바다'

❹ 응축기에서 공기를 식혔고, 강수와 용해된 분자는 바다 플라스크 속에 가라앉았다.

❺ 물질이 기구를 통해 순환되므로 밀러는 주기적으로 샘플을 수집하여 분석하였다.

화학분석용 샘플

▲ 밀러-유리의 실험

② 거대 분자의 무생물적 합성

효소나 리보솜의 도움 없이도 아미노산의 중합체는 자발적으로 형성될 수 있음

③ 원시 세포(원시 생물 ; Protobiont)

㉠ 무생물적으로 합성된 유기물이 자발적으로 막과 유사한 구조로 둘러싸이며 원시 생물을 형성 가능하다는 것이 실험적으로 증명됨 → 단순 증식과 간단한 물질대사 등이 가능하였을 것으로 보임

㉡ 가능 모델

• 코아세르베이트(Coacervate) : 단백질, 핵산 등의 고분자 표면을 물이 둘러싼 구조

• 미소구(Microsphere) : 아미노산 중합체인 프로티노이드로 형성된 이중층 구조

• 리포솜(Liposome) : 양친매성의 지질 이중층막으로 둘러싸인 구조 → 실제 세포 구조와 유사

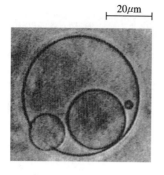

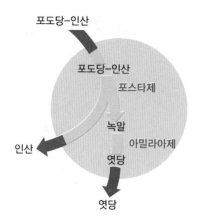

포도당–인산

포도당–인산
포스타제

녹말
아밀라아제

인산

엿당

엿당

(a) **단순한 생식** : 이 리포솜은 더 작은 리포
솜들(LM)을 출산하고 있다.

(b) **단순한 물질대사** : 효소, 이 경우는 포스
타제와 아밀라아제가 자가–조립을 하는
작은 방울이 형성되는 용액에 들어 있다
면, 일부 리포솜은 단순한 물질대사반응
을 하고 생성물을 내보낼 수 있다.

▲ **실험실에서 형성된 원시 생물(리포솜)**

④ 자기 복제가 가능한 RNA의 등장과 자연 선택의 시작

　㉠ 최초의 유전 물질은 RNA이었을 것으로 추정됨

　㉡ RNA는 다양한 3차원 구조를 형성할 수 있으며, 촉매 기능을 지님

　　• 자기 복제를 하는 촉매 RNA를 지닌 원시 생물이 자연 선택되어 그 수가 증가됨

　　• 복제 오류로 서열이 변화되어 복제기능이 더 뛰어나거나 다른 촉매 기능을 지니는 RNA들도
　　 생겨나며, 역시 자연 선택됨

　　• 더 안정한 이중 가닥 DNA가 나타나 RNA의 기능을 대신

　　• 유전자 중복 등의 과정에 의해 유전체 크기가 증가됨

　㉢ 증거 : 현재에도 촉매 기능을 하는 RNA들이 남아 있음 → 리보자임(Ribozyme)

07 생물의 다양성

(1) 생물의 3영역(Domains)

70s 리보솜의 성분인 rRNA 유전자 서열에 근거해 분류됨

[세 가지 생물 영역의 비교]

특 성	영 역		
	진정세균	고세균	진핵생물
핵 막	없 다	없 다	있 다
막으로 둘러싸인 소기관	없 다	없 다	있 다
세포벽의 펩티도글리칸 성분	있 다	없 다	없 다
막지질	곁가지가 없는 탄화수소	일부 가지 달린 탄화수소	곁가지가 없는 탄화수소
RNA 중합효소	한 종류	한 종류	여러 종류
단백질 합성에 사용되는 개시 아미노산	포밀메티오닌	메티오닌	메티오닌
인트론 (유전자의 비암호화 부위)	매우 드물다	일부 유전자에 있다	있 다
스트렙토마이신 및 클로람페니콜에 대한 반응	생장이 억제된다	생장이 억제되지 않는다	생장이 억제되지 않는다
히스톤과 결합된 DNA	없 다	일부 존재한다	있 다
원형 염색체	있 다	있 다	없 다
100℃ 이상에서 자랄 수 있는 능력	없 다	일부 존재한다	없 다

(2) 영양 방식에 따른 생물의 분류

① ATP 합성의 에너지원에 따라 광영양생물(Phototroph)과 화학영양생물(Chemotroph)로 분류

② 유기물을 스스로 합성할 수 있는지 여부에 따라 독립영양생물(Autotroph : 스스로 생성)과 종속영양생물(Heterotroph : 유기물을 섭취)로 분류

[영양 방식에 따른 생물의 분류]

주요 영양 방식			
영양 방식	에너지원	탄소원	생물종
독립영양생물			
광독립영양생물	빛	CO_2	광합성 세균(시아노박테리아), 식물, 일부 원생생물(조류)
화학독립영양생물	무기물	CO_2	원핵생물(Sulfolobus 등)
종속영양생물			
광종속영양생물	빛	유기화합물	일부 원핵생물(Rhodobacter, Chloroflexus)
화학종속영양생물	유기화합물	유기화합물	다수의 원핵생물(Clostridium 등), 원생생물, 진균류, 동물, 일부 식물

30 | 식 물

01 식물의 구성 체계

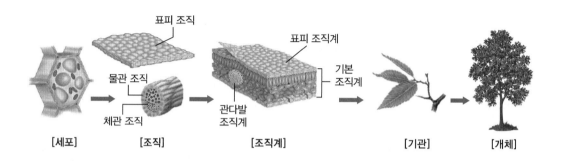

[세포]   [조직]   [조직계]   [기관]   [개체]

표피 조직
물관 조직
체관 조직
관다발 조직계
표피 조직계
기본 조직계

02 식물의 진화 및 분류

현재의 육상 식물은 4억 7천 5백만년 이전에 녹조류 (차축조식물)로부터 진화됨

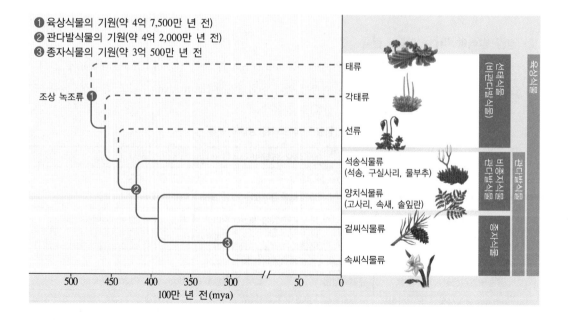

❶ 육상식물의 기원(약 4억 7,500만 년 전)
❷ 관다발식물의 기원(약 4억 2,000만 년 전)
❸ 종자식물의 기원(약 3억 500만 년 전

조상 녹조류 ❶

태류
각태류
선류
석송식물류
(석송, 구실사리, 물부추)
양치식물류
(고사리, 속새, 솔잎란)
겉씨식물류
속씨식물류

선태식물
(비관다발식물)
관다발식물
종자식물
육상식물

500 450 400 350 300 // 50 0
100만 년 전(mya)

세대교번 : 두 개의 다세포성 세대인 배우체 세대와 포자체 세대 사이를 순환

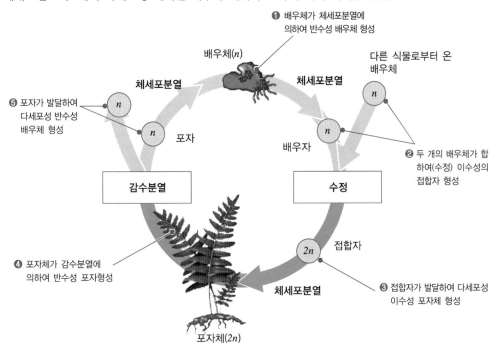

❶ 배우체가 체세포분열에
의하여 반수성 배우체 형성

다른 식물로부터 온
배우체

배우체(n)

체세포분열

체세포분열

❺ 포자가 발달하여
다세포성 반수성
배우체 형성

포자

배우자

❷ 두 개의 배우체가 합
하여(수정) 이수성의
접합자 형성

감수분열

수정

접합자

❹ 포자체가 감수분열에
의하여 반수성 포자형성

체세포분열

❸ 접합자가 발달하여 다세포성
이수성 포자체 형성

포자체(2n)

▲ 식물 세대교번의 일반적인 과정

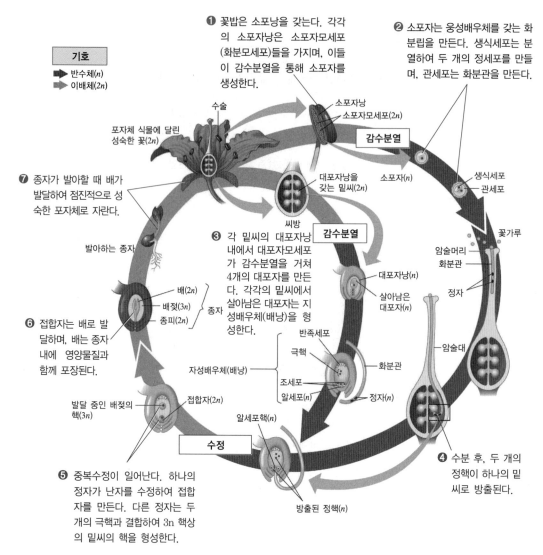

기호
➡ 반수체(*n*)
➡ 이배체(2*n*)

❶ 꽃밥은 소포낭을 갖는다. 각각의 소포자낭은 소포자모세포(화분모세포)들을 가지며, 이들이 감수분열을 통해 소포자를 생성한다.

❷ 소포자는 웅성배우체를 갖는 화분립을 만든다. 생식세포는 분열하여 두 개의 정세포를 만들며, 관세포는 화분관을 만든다.

포자체 식물에 달린 성숙한 꽃(2*n*)

수술

소포자낭
소포자모세포(2*n*)

감수분열

소포자(*n*)

생식세포
관세포

대포자낭을 갖는 밑씨(2*n*)

씨방

감수분열

꽃가루

암술머리
화분관

정자

❼ 종자가 발아할 때 배가 발달하여 점진적으로 성숙한 포자체로 자란다.

❸ 각 밑씨의 대포자낭 내에서 대포자모세포가 감수분열을 거쳐 4개의 대포자를 만든다. 각각의 밑씨에서 살아남은 대포자는 자성배우체(배낭)을 형성한다.

발아하는 종자

대포자낭(*n*)
살아남은 대포자(*n*)

암술대

배(2*n*)
배젖(3*n*)   } 종자
종피(2*n*)

반족세포
극핵

자성배우체(배낭)
조세포
알세포(*n*)

화분관
정자(*n*)

❻ 접합자는 배로 발달하며, 배는 종자 내에 영양물질과 함께 포장된다.

발달 중인 배젖의 핵(3*n*)

접합자(2*n*)

알세포핵(*n*)

수정

방출된 정핵(*n*)

❹ 수분 후, 두 개의 정핵이 하나의 밑씨로 방출된다.

❺ 중복수정이 일어난다. 하나의 정자가 난자를 수정하여 접합자를 만든다. 다른 정자는 두 개의 극핵과 결합하여 3n 핵상의 밑씨의 핵을 형성한다.

▲ 종자식물의 중복 수정

04 식물의 호르몬

호르몬	합성 혹은 분포하는 곳	주요 기능
옥신(IAA)	줄기정단분열조직과 어린 잎에서 주로 합성된다. 뿌리에서 필요한 옥신의 대부분을 줄기에서 만들어지는 옥신에 의존하지만 뿌리분열조직에서도 합성은 된다. 발달 중인 종자와 열매에서 많은 양의 옥신이 발견되지만 이곳에서 합성된 것인지 아니면 모계조직에서 이동된 것인지는 확실치 않다.	줄기의 신장 촉진(낮은 농도에서), 곁뿌리와 부정근 형성 촉진, 열매의 발달 조절, 정단우성 유도, 굴광성과 굴중성에 관여, 물관형성 촉진, 잎의 탈리를 지연
시토키닌	여러 곳에서 조금씩 합성이 되긴 하지만 주로 뿌리에서 합성되어 다른 기관으로 이동한다.	뿌리와 줄기에서 세포분열 조절, 정단우성을 조절하고 곁눈의 생장 촉진, 양분의 수용조직으로의 이동 촉진, 발아 촉진, 잎의 노화 지연
지베렐린	끝눈과 뿌리의 분열조직, 어린 잎, 발달중인 종자에서 주로 합성된다.	줄기 신장, 꽃가루 발달, 꽃가루관 생장, 열매의 생장, 종자의 발달과 발아 촉진, 성결정과 유식물기에서 성체기로의 전이에 관여
브라시노스테로이드	식물의 모든 조직에서 발견되며 기관에 따라 특정 형태의 중간물질이 주를 이룬다. 식물체에서 합성된 브라시노스테로이드는 합성된 장소 근처에서 작용한다.	줄기에서 세포의 신장과 분열 촉진, 저농도에서 뿌리 생장 억제, 물관형성 촉진과 체관형성 억제, 종자의 발아와 꽃가루관 신장 촉진
앱시스산	거의 모든 식물세포들이 앱시스산을 합성할 수 있는 능력을 가지고 있으며 모든 주요 기관과 살아 있는 조직에서 발견된다. 체관과 물관을 통해 이동되는 것으로 생각된다.	생장억제, 수분 부족 시 기공 닫음, 종자의 휴면을 유도하고 미성숙 발아를 억제, 잎의 노화 촉진, 건조에 대한 저항성 증진
에틸렌	기체 상태의 호르몬으로서 식물의 거의 모든 부분에서 합성될 수 있다. 노화와 잎의 탈리, 일부 과일의 성숙 시 고농도로 합성된다. 상처와 스트레스에 의해서도 합성이 촉진된다.	여러 종류 과일의 성숙과 잎의 탈리, 유식물에서 삼중반응(줄기신장의 억제와 비후생장 촉진, 수평으로 생장)을 촉진, 노화 속도의 촉진, 뿌리와 뿌리털 형성 촉진, 파인애플과의 식물에서 개화 촉진

2024년 기출문제

01 곤충의 외골격과 갑각류의 껍질 및 곰팡이 세포벽에서 공통적으로 발견되는 다당류 구성 성분으로 옳은 것은?

① 큐 틴

② 키 틴

③ 펙 틴

④ 리그닌

⑤ 셀룰로오스

> **해설** ① 큐틴은 식물의 표피세포 2차 세포벽에 추가로 침착(큐티클화)되는 성분으로, 방수, 보호 효과를 강화시킨다.
> ③ 펙틴은 끈적한 산성다당류로서 식물의 1차 세포벽과 식물세포 사이의 라멜라(박막층)에서 발견된다.
> ④ 리그닌은 식물의 물관세포나 섬유세포의 2차 세포벽에 침착(리그닌)되는 성분으로, 방수, 지지 효과를 강화시킨다.
> ⑤ 셀룰로오스는 베타-포도당의 중합체로서, 식물 세포벽의 주 구성성분이다.

02 식물의 광합성에 관한 설명으로 옳은 것만을 〈보기〉에서 있는 대로 고른 것은?

───── **| 보기 |** ─────

ㄱ. C_4 식물은 C_3 식물에 비해 광호흡에 의한 손실을 최소화한다.

ㄴ. C_3 식물은 유관속초세포(Bundle-sheath Cell)에서 CO_2를 고정한다.

ㄷ. CAM 식물은 밤에 CO_2를 흡수하여 고정한다.

① ㄱ

② ㄴ

③ ㄱ, ㄷ

④ ㄴ, ㄷ

⑤ ㄱ, ㄴ, ㄷ

> **해설** ㄱ. C_4 식물과 CAM 식물은 덥고 건조한 지역에서 광호흡에 의한 광합성 효율 저하를 최소화하는 진화적 적응이 일어난 식물들로서, 둘 모두 캘빈 회로의 탄소고정 효소인 Rubisco와는 달리 O_2에는 결합하지 않고 CO_2에만 결합하여 높은 효율로 탄소를 고정하는 PEP(Phosphoenolpyruvate) 카르복시화효소(Carboxylase)를 보유한다.
> ㄷ. C_4 식물의 경우는 PEP-카르복시화효소를 이용한 탄소의 최초 고정과정은 엽육세포에서 일어나고 캘빈 회로는 유관속초세포에서 일어나는 탄소고정과 캘빈 회로의 '장소의 분리'가 일어났다. 뜨겁고 건조한 사막에서 주로 서식하는 CAM 식물의 경우는 엽육세포에서 밤에만 기공을 열어 탄소고정을 수행하고, 명반응이 일어나는 낮에 캘빈 회로가 일어나 당이 합성되는 '시간의 분리'가 일어나있다.
> ㄴ. C_3 식물은 주로 온대지역에 서식하며 PEP 카르복시화효소를 생성하는 진화적 적응은 일어나지 않았으므로, 뜨거운 한여름에는 광호흡에 의한 광합성 효율의 저하가 일어난다. C_3 식물에서는 탄소고정이 캘빈 회로의 Rubisco에 의해서만 일어나며, 명반응과 캘빈 회로 모두 엽육세포에서 수행된다.

03 진핵세포에서 포도당이 피루브산으로 분해되는 과정에 관한 설명으로 옳은 것만을 〈보기〉에서 있는 대로 고른 것은?

──────────────┤ 보기 ├──────────────

ㄱ. 세포질에서 일어난다.
ㄴ. 산소가 없어도 일어난다.
ㄷ. 사용되는 ATP 분자보다 더 많은 ATP 분자가 방출된다.

① ㄱ
② ㄴ
③ ㄱ, ㄷ
④ ㄴ, ㄷ
⑤ ㄱ, ㄴ, ㄷ

해설 호기성 호흡

포도당이 피루브산으로 분해되는 과정은 해당과정(Glycolysis)이며, 유기호흡과 무기호흡 모두에서 첫 단계에 산소없이 세포질에서 일어난다. 해당과정의 앞 단계에서 포도당 한분자당 2ATP의 에너지 소모가 있지만, 뒷 단계에서 4ATP 합성이 일어나 결과적으로 +2ATP가 생성된다. 해당과정을 요약하면, 포도당(6탄소 화합물) 한 분자가 부분적으로 산화되면서 2ATP, 2NADH가 생성되며 두 분자의 피루브산(3탄소 화합물)으로 쪼개지는 과정이다.

04 골수에서 자가반응성을 가진 미성숙 B세포가 죽게 되는 과정으로 옳은 것은?

① 동형전환(Isotype Switching)
② 세포괴사(Necrosis)
③ 양성선택(Positive Selection)
④ 보체활성화(Complement Activation)
⑤ 세포자멸사(Apoptosis)

해설 ⑤ B세포는 골수에서 생성, 성숙되며, 성숙과정 중 자기(Self) 분자들과 강하게 결합하는 BCR(B세포 수용체)를 지니는 B세포(B림프구)는 세포자멸사(세포예정사)에 의해 제거되는 음성선택(Negative Selection)이 일어나 자기 분자(자기 항원)에 대한 반응성을 나타내지 않는 자기관용(Self-tolerance) 상태가 된다. 알 수 없는 이유로 자기관용에 실패한 경우 면역세포가 숙주 자체의 자기분자 또는 자기세포를 공격해 조직이나 기관이 파괴되는 1형 당뇨 등의 자가면역질환(Autoimmune Diseases)에 걸리게 된다.

① 동형전환이란 B세포가 특이적인 항원에 노출, 결합한 후 최초로 생성, 분비되는 IgM이 동일한 항원에 부착가능한 IgG, IgA 등의 다른 타입의 항체로 전환되는 과정이다. 이 과정은 B세포 핵 내에서 항체 유전자의 비가역적 재조합에 의해 중쇄 불변부위 내 특정부위가 변경되어 일어난다.

② 괴사는 예정세포사와 구분되는 세포 죽음의 또 다른 타입으로, 세포가 물리적 자극을 받거나 생존에 필수적인 O_2, ATP 등의 결핍이 있을 때 나타난다. 괴사 과정 중 DNA는 무작위로 절단되며, 미토콘드리아 등의 세포소기관과 세포가 부풀다 터져 죽게되며, 염증이 수반된다.

③ 양성선택은 T세포(T림프구)가 골수에서 생성된 후 흉선(Thymus)으로 이동해 성숙하는 과정 중 음성선택 이전에 나타나는데, 자기(Self) MHC(주조직적합성복합체; Major Histocompatibility Complex)를 인식해 결합할 수 있는 T세포만 살아남는 과정이다. 이후 T세포는 음성선택도 일어나 자기 항원에 강하게 결합하는 TCR(T세포 수용체)를 지니는 T세포는 예정세포사로 제거되며, 자기 MHC가 제시한 외래(Foreign) 항원을 인식하는 T세포만 몸에 남게 된다.

④ 보체계(Complement System)는 30여종의 혈장단백질 그룹으로, 보체(Complement) 단백질이 병원체 표면에 결합하여 둘러싸(옵소닌화; Opsonization) 단독으로(선천면역에서), 또는 항체의 도움을 받아(후천면역에서) 활성화되면 막공격복합체(MAC; Membrane Attack Complex)를 형성해 병원체를 용해시켜 죽이거나 염증을 촉진한다.

05 세균의 DNA 복제에 관한 설명으로 옳은 것만을 〈보기〉에서 있는 대로 고른 것은?

───────────── | 보기 | ─────────────

ㄱ. 반보존적 복제 방식을 따른다.
ㄴ. RNA 프라이머는 프리메이스(Primase)에 의해 합성된다.
ㄷ. 선도가닥(Leading Strand)에서 오카자키 절편이 발견된다.

① ㄱ   ② ㄷ
③ ㄱ, ㄴ   ④ ㄴ, ㄷ
⑤ ㄱ, ㄴ, ㄷ

해설 ㄱ. 세균과 진핵생물의 전반적인 복제기작은 유사하다. 모(Mother) DNA 내의 복제시점(Origin of Replication)에서 시작되어 양방향으로 진행되며, 반보존적 방식(Semi-Conservative Mode)으로 일어나 복제로 생성된 두 딸(Daughter) DNA는 모 DNA의 한가닥(주형으로 사용됨)과 새로 합성된 한가닥이 합쳐진 이중가닥이 된다.

ㄴ. 복제 시 헬리케이스(Helicase)가 복제시점 부위부터 이중가닥을 풀면 프리메이스가 주형가닥에 상보적인 RNA 단편인 RNA 프라이머를 합성하여 DNA 폴리머레이스(중합효소)에 3′ 말단을 제공하고, 이후 DNA 폴리머레이스에 의해 프라이머의 3′ 말단부터 딸가닥 신장이 5′→ 3′ 방향으로 일어난다. 복제가 어느 정도 진행되면 RNA 프라이머는 제거되고, DNA 폴리머레이스가 프라이머 제거부위를 메운 후 DNA 라이게이스(연결효소)가 DNA 절편들을 공유결합으로 연결하며 복제가 마무리된다.

ㄷ. 오카자키 절편이 발견되는 것은 후발가닥(지연가닥; Lagging Strand)이다. 새로 합성되는 딸가닥 중 선도가닥은 DNA 폴리머레이스의 진행 방향과 헬리케이스의 진행 방향이 동일하여 연속적으로 합성된다. 반면 후발가닥은 DNA 폴리머레이스의 진행 방향과 헬리케이스의 진행 방향이 반대여서 헬리케이스가 모 DNA 가닥을 어느 정도 풀면 부분적으로 딸가닥 합성이 일어나는 불연속적 복제가 일어나는데, 이 때 딸가닥 내의 절편들을 오카자키 절편이라 한다.

06 특정 단백질을 분석하는 방법으로 옳지 않은 것은?

① 노던 블롯팅(Northern Blotting)

② 에드만 분해법(Edman Degradation)

③ 등전점 전기영동(Isoelectric Focusing)

④ 2차원 전기영동(2D-electrophoresis)

⑤ 효소결합면역흡착측정법(ELISA)

> **해설** ① 노던 블로팅은 젤 전기영동(Electrophoresis), 블로팅, 혼성화(Hybridization) 기법을 이용해 RNA 혼합물에서 특정 RNA의 존재 유무를 확인하고 양도 알아낼 수 있는 RNA의 정성, 정량 분석법이다.
> ② 에드만 분해법은 단백질 및 펩타이드의 아미노산 서열을 분석하는 실험기법이다.
> ③ 등전점 전기영동은 단백질의 총전하(Net Charge)가 0이되는 pH인 pI(등전점)을 알아내는 분석법이다.
> ④ 2차원 전기영동은 분자량과 pI 차이를 이용하여 단백질 혼합물 내의 단백질들을 젤(Gel) 내에서 전기영동을 이용해 분리하는 기법이다.
> ⑤ 효소결합면역흡착측정법(ELISA)은 발색효소가 부착된 항체를 이용하여 주로 특정 단백질 항원의 존재유무와 양을 항원-항체 특이성을 이용해 알아내는 단백질의 정성, 정량 분석법이다.

07 동물세포의 핵에 있는 유전자가 발현되어 단백질을 합성하는 과정에 관한 설명으로 옳은 것은?

① 유전자의 전사(Transcription)와 번역(Translation) 과정이 같은 세포소기관에서 일어난다.

② 번역에는 tRNA와 리보솜(Ribosome)의 역할이 필요하다.

③ 전사는 세포질에서 일어난다.

④ 엑손(Exon) 부위는 전사되지만 인트론(Intron) 부위는 전사되지 않는다.

⑤ 코돈(Codon)의 변화는 반드시 아미노산 잔기의 변화로 이어진다.

> **해설** ② tRNA는 번역과정 중 mRNA의 특정 코돈 부위로 적합한 아미노산을 운반해오며, 리보솜은 번역이 진행되는 동안 mRNA, tRNA 및 펩티드 사슬을 제 위치에 붙잡아주는 역할과 신장 중인 펩티드 사슬에 새로 운반해 온 아미노산을 펩티드결합으로 연결해주는 역할도 수행한다.
> ①·③ 진핵생물 유전자의 전사는 핵 내에서 일어나며, 번역은 세포질에서 일어난다.
> ④ 핵 내에서 엑손과 인트론은 모두 하나의 pre-mRNA 분자로 전사된 후 스플라이싱(Splicing) 과정을 통해 인트론들이 제거되고 엑손들만이 연결된 성숙한 mRNA가 형성된 이후에 핵 밖으로 수송되어 번역된다.
> ⑤ 3종류의 종결코돈을 제외한 61개의 코돈이 20종류의 아미노산을 암호화하므로 코돈 여러 개가 한 종류의 아미노산을 암호화하는 경우가 있는데 (코돈의 풍부성 ; 중복성), 이 때 중복으로 사용되는 코돈들은 세 번째(3′ 말단) 염기서열만 차이가 나는 경우가 흔하다. 그러므로 돌연변이에 의해 코돈의 세 번째 염기부위가 변화되어도 단백질 내 아미노산 서열은 변화되지 않는 경우가 많다.

08 동물세포의 체세포분열과 감수분열에 관한 설명으로 옳은 것은?

① 감수분열은 4개의 딸세포를 만든다.

② 체세포분열의 전기에서 염색체가 복제된다.

③ 체세포분열의 중기에서 상동염색체의 접합이 일어난다.

④ 체세포분열과 감수분열의 세포분열 횟수는 동일하다.

⑤ 감수분열은 유전적으로 동일한 딸세포를 만든다.

> **해설** ① 감수분열은 연속적인 두 번의 분열(감수 제1분열 및 제2분열)로 구성되며 최종적으로 4개의 딸세포가 생성되는 과정이다.
> ② DNA(복제 이후 염색체로 응축)의 복제는 간기(Interphase)의 S기에 일어난다.
> ③ 상동염색체의 접합(4분체 형성) 과정은 오로지 감수 제1분열 전기에서만 볼 수 있다.
> ④ 체세포분열은 1회, 감수분열에선 연속 2회 분열한다.
> ⑤ 감수분열 과정 중 4분체 형성 시 상동염색체 사이의 교차로 인한 재조합이 일어나며 감수 제1분열 후기에 상동염색체 각각이 분리되어 딸세포로 나뉘어 들어갈 때 모계 및 부계의 염색체가 무작위로 분배되므로, 결과로 생성된 네 개의 딸세포는 DNA가 모두 다르다.

09 속씨식물에 관한 설명으로 옳지 않은 것은?

① 꽃이라는 생식기관을 가진 종자식물이다.

② 식물계 중에서 현재 가장 다양하고 널리 분포한다.

③ 타가수분을 통해 유전적 다양성을 증가시킨다.

④ 중복수정은 속씨식물에만 존재하는 특징이다.

⑤ 외떡잎식물은 속씨식물에 속하지 않는다.

> **해설** ⑤ 속씨식물을 종자 내 떡잎의 개수에 따라 외떡잎식물과 쌍떡잎식물로 분류한다.

10 열대우림의 특징에 관한 설명으로 옳은 것만을 〈보기〉에서 있는 대로 고른 것은?

————————————| 보기 |————————————

ㄱ. 토양은 산성이다.
ㄴ. 일교차가 크다.
ㄷ. 단위 면적당 식물 종의 다양성이 육상생태계 중 가장 높다.

① ㄱ   ② ㄴ
③ ㄱ, ㄷ   ④ ㄴ, ㄷ
⑤ ㄱ, ㄴ, ㄷ

해설 ㄱ · ㄷ. 열대우림은 연중 높은 강수량과 높은 기온에 의한 급속한 분해작용에 의해 토양이 산성이며, 육상생
물군계 중 식물 종다양성이 최대로서 복잡한 군집을 이루고 있다.
ㄴ. 연중 기온은 25~29℃로 계절적 변화가 적다.

2023년 기출문제

01 세포소기관에 관한 설명으로 옳은 것은?

① 세포골격을 구성하는 중간섬유, 미세섬유, 미세소관 중 미세소관이 가장 굵다.

② 리소좀 내의 효소들은 중성 환경에서만 작용한다.

③ 골지체의 트랜스(Trans)면 쪽은 소포체로부터 떨어져 나온 소낭(Vesicle)을 받는 쪽이다.

④ 글리옥시좀(Glyoxysome)은 동물세포에서만 발견된다.

⑤ 활면소포체는 칼륨이온(K^+)을 저장한다.

> **해설** ② 리소좀 내부는 산성(pH 5 이하)으로 유지되며, 리소좀의 효소들은 산성 환경에서 최대 활성을 나타낸다.
> ③ 소포체로부터 오는 소낭을 받아들이는 쪽은 골지체의 시스(Cis)면이다.
> ④ 글리옥시좀은 퍼옥시좀의 변형체로써 식물의 종자에서 발견된다.
> ⑤ 활면소포체에선 칼슘이온(Ca^{2+})을 저장한다.

02 세포호흡과 광합성에 관한 설명으로 옳은 것만을 〈보기〉에서 있는 대로 고른 것은?

| 보기 |

ㄱ. 광인산화와 산화적 인산화는 화학삼투를 통하여 ATP를 생성한다.

ㄴ. C_3 식물과 C_4 식물의 탄소고정 경로는 다르나 캘빈회로는 같다.

ㄷ. C_3 식물의 캘빈회로로부터 직접 생성되는 탄수화물은 포도당이다.

---

① ㄱ   ② ㄴ

③ ㄷ   ④ ㄱ, ㄴ

⑤ ㄴ, ㄷ

> **해설** ㄷ. 캘빈회로의 생성물은 3탄소화합물인 G3P(PGAL : 글리세르알데히드-3인산)이며, 식물은 이를 이용해 포도당, 아미노산 등의 유기물을 만든다.

03 사람의 신호전달과정에 관한 설명으로 옳은 것은?

① 국소분비 신호전달(Paracrine Signaling)은 분비된 분자가 국소적으로 확산되어 분비한 세포 자신의 반응을 유도한다.

② 신경전달물질(Neurotransmitter)은 신경세포의 말단에서 혈류로 확산된다.

③ 수용성 호르몬은 세포 표면의 신호 수용체에 결합하면 세포반응이 유도된다.

④ 에피네프린은 세포질 내의 수용체 단백질과 결합하여 호르몬–수용체 복합체를 형성한다.

⑤ 내분비 신호전달(Endocrine Signaling)은 짧은 거리의 표적세포에 신호를 전달한다.

해설　① 신호물질이 국소적으로 확산되어 분비한 분자가 세포자체에서 반응을 유도하는 것은 자가분비 신호전달 (Autocrine Signaling)이다.
② 신경전달물질은 혈류로 유입되지 않으며, 신경세포의 말단에서 분비되어 시냅스 틈으로 확산되어 시냅스 후 세포에서 반응을 유발한다.
④ 에피네프린 같은 아민계열의 친수성 신호물질은 세포표면의 막 수용체와 결합하며 세포질로 유입되지 않는다.
⑤ 내분비 신호전달에선 호르몬이 혈류로 유입되어 먼 거리의 표적세포에게까지 신호를 전달한다.

04 사람의 적응면역에 관한 설명으로 옳은 것만을 〈보기〉에서 있는 대로 고른 것은?

─────── | 보기 | ───────

ㄱ. 항원제시세포는 Ⅰ형 MHC 분자만을 가진다.
ㄴ. 세포독성 T세포는 감염된 세포를 죽인다.
ㄷ. T세포는 골수에서 성숙한다.
ㄹ. B세포 항원수용체와 항체는 항원표면의 항원결정부(Epitope)를 인식한다.

① ㄱ, ㄴ　　　　　　　　　　　② ㄱ, ㄷ
③ ㄴ, ㄷ　　　　　　　　　　　④ ㄴ, ㄹ
⑤ ㄷ, ㄹ

해설　ㄱ. 전문 항원제시세포는 Ⅰ형 및 Ⅱ형 MHC 분자를 모두 표면에 지닌다.
ㄷ. T세포는 골수에서 생성되어 흉선에서 성숙한다.

05 동물의 난할(Cleavage)에 관한 설명으로 옳은 것만을 〈보기〉에서 있는 대로 고른 것은?

─────| 보기 |─────

ㄱ. 난자 내에서 난황이 집중되어 있는 쪽을 동물극이라 한다.
ㄴ. 난할 중인 세포들의 세포분열주기는 주로 S기와 M기만으로 구성된다.
ㄷ. 개구리의 난할 패턴은 전할(Holoblastic)이다.

① ㄱ   ② ㄴ
③ ㄷ   ④ ㄱ, ㄴ
⑤ ㄴ, ㄷ

해설   ㄱ. 난자 내에서 난황이 집중되어 있는 쪽은 식물극이다.

06 꽃의 색은 대립유전자 R(빨간색)과 r(분홍색)에 의해, 크기는 대립유전자 L(큰 꽃)과 l(작은 꽃)에 의해 결정되며, 이 두 유전자좌위는 동일한 염색체상에 위치한다. R은 r에 대해, L은 l에 대해 각각 완전 우성이다. 표는 유전자형이 RrLl인 식물(P)을 자가교배하여 얻은 F₁식물의 표현형 비율에 관한 자료이다. 이 결과에 관한 설명으로 옳은 것만을 〈보기〉에서 있는 대로 고른 것은?

표현형	빨간색 큰 꽃	분홍색 큰 꽃	빨간색 작은 꽃	분홍색 작은 꽃
비 율	0.51	0.24	0.24	0.01

─────| 보기 |─────

ㄱ. 재조합형 염색체가 감수분열 I 전기 동안 만들어졌다.
ㄴ. 빨간색 큰 꽃 F₁ 식물들 모두가 재조합 자손이다.
ㄷ. 유전자형이 RrLl인 식물(P)은 대립유전자 R과 L이 함께 위치한 염색체를 지녔다.

① ㄱ   ② ㄴ
③ ㄷ   ④ ㄱ, ㄴ
⑤ ㄴ, ㄷ

해설   ㄴ. 재조합이 일어나지 않은 Rl 배우자와 rL 배우자의 수정으로도 빨간색 큰 꽃이 형성될 수 있다.
        ㄷ. 양성잡종 교배에서 2:1:1:0에 가까운 비율이 나온 것으로 보아 R과 l 대립인자가 동일한 염색체에, 그리고 r과 L 대립인자가 같은 염색체에 연관(상반)되어 있다.

07 다음은 세균 오페론의 전사 조절 인자들에 관한 자료이다. 이에 관한 설명으로 옳은 것은?

> • 전사인자에는 활성인자와 억제인자가 있다.
> • 작은 크기의 공동조절자에는 유도자(Inducer), 공동활성자(Coactivator)와 공동억제자(Corepressor)가 있다.

① 트립토판(Trp) 오페론의 전사는 양성 조절과 음성 조절을 모두 받는다.
② 젖당(Lac) 오페론의 양성 조절에서 공동조절자가 결합한 전사인자는 전사를 활성화시킨다.
③ 공동조절자에 의한 트립토판 오페론 전사 감쇠(Attenuation) 조절 방식은 진핵세포에서도 일어날 수 있다.
④ 젖당 오페론의 음성 조절에서 공동조절자가 결합한 전사인자는 작동자에 결합한다.
⑤ 트립토판 오페론에서 공동조절자 없이 전사인자만으로 전사가 억제된다.

해설 ① 트립토판 오페론은 억제인자를 사용하는 음성 조절과 감쇠 조절만 일어난다.
③ 오페론의 전사 감쇠 조절 방식은 원핵세포에서만 일어난다.
④ 젖당 오페론의 음성 조절에서 유도자가 결합한 억제인자는 불활성화되어 작동자에 결합하지 못한다.
⑤ 트립토판 오페론에서는 공동억제자인 트립토판이 억제인자에 결합해야 활성형이 되어 전사가 억제된다.

08 진핵생물의 염색질 구조에 관한 설명으로 옳은 것은?

① 염색질 변형은 복원될 수 없다.
② 히스톤 C-말단 꼬리의 아세틸화는 염색질 구조를 느슨하게 한다.
③ DNA의 메틸화는 전사를 촉진한다.
④ 뉴클레오솜(Nucleosome)의 직경은 약 30nm 정도이다.
⑤ 양전하를 띤 히스톤 단백질과 음전하를 띤 DNA가 결합하여 뉴클레오솜을 형성한다.

해설 ① 염색질 변형은 가역적으로 일어나므로 복원된다.
② 아세틸화가 일어나 염색질 구조를 느슨하게 하는 부위는 히스톤의 N-말단 꼬리부위이다.
③ DNA의 메틸화는 주로 전사 억제를 유발한다.
④ 뉴클레오솜의 직경은 약 10nm이다.

09 CRISPR-Cas9 시스템에 관한 설명으로 옳지 않은 것은?

① Cas9는 DNA 이중가닥을 절단하는 단백질 효소이다.

② Cas9 단독으로 특정 DNA 서열을 자를 수 있다.

③ 세균은 박테리오파지 감염 방어에 CRISPR-Cas9 시스템을 이용한다.

④ 세균 염색체상에 CRISPR 영역이 위치한다.

⑤ CRISPR-Cas9 시스템을 이용한 유전자 편집으로 돌연변이의 복구가 가능하다.

해설 ② Cas9 내부핵산가수분해효소(Endonuclease)는 Guide RNA와 결합된 상태로 Guide RNA가 상보적으로 결합하는 특정 DNA 서열만 자른다.

10 좌우대칭동물에 관한 설명으로 옳지 않은 것은?

① 연체동물은 촉수담륜동물문이다.

② 후구동물은 원구(Blastopore)에서 입이 발달된다.

③ 좌우대칭동물은 삼배엽성동물이다.

④ 환형동물은 진체강동물이다.

⑤ 탈피동물은 외골격을 가지고 있다.

해설 ② 후구동물은 원구에서 항문이 발달된다.

2022년 기출문제

01 포화지방에 관한 설명으로 옳은 것은?

① 주로 식물의 종자에 존재한다.
② 트랜스지방(Trans Fat)은 포화지방이다.
③ 포화지방은 불포화지방보다 녹는점이 높다.
④ 포화지방산은 탄소와 탄소 사이에 이중결합이 있다.
⑤ 포화지방산은 펩티드결합으로 글리세롤에 연결되어 있다.

> **해설** ①·④ 불포화지방 설명이다.
> ② 트랜스지방은 트랜스 이중결합을 지니는 불포화지방이다.
> ⑤ 포화지방산은 글리세롤에 에스터(Ester) 결합으로 연결된다.

02 C_4 식물에 관한 설명으로 옳은 것만을 〈보기〉에서 있는 대로 고른 것은?

┌─────────────── | 보기 | ───────────────┐
ㄱ. 옥수수는 C_4 식물에 속한다.
ㄴ. 캘빈 회로는 유관속초세포에서 일어난다.
ㄷ. 대기 중에 있는 CO_2는 엽육세포에서 고정된다.
└───┘

① ㄱ   ② ㄷ
③ ㄱ, ㄴ   ④ ㄴ, ㄷ
⑤ ㄱ, ㄴ, ㄷ

> **해설** ㄱ. C_4 식물에는 옥수수, 사탕수수 등이 있다.
> ㄴ·ㄷ. C_4 광합성에서 CO_2는 엽육세포에서 PEP 카르복시화 효소에 의해 C_4 유기산 형태로 최초 고정되며,
> C_4 유기산이 유관속초세포로 전달된 후 캘빈회로에 CO_2를 공급하여 당합성이 일어난다.

03 (가)는 미토콘드리아의 산화적 인산화 과정에서 작용하는 전자전달 사슬의 최종 전자 수용체이고, (나)는 광합성의 명반응에서 작용하는 전자전달 사슬의 최종 전자 수용체이다. (가)와 (나)로 옳은 것은?

① (가) O_2 – (나) NADPH

② (가) O_2 – (나) $NADP^+$

③ (가) H_2O – (나) NADPH

④ (가) H_2O – (나) $NADP^+$

⑤ (가) H_2O – (나) NADH

04 IgM에 관한 설명으로 옳은 것만을 〈보기〉에서 있는 대로 고른 것은?

────── | 보기 | ──────

ㄱ. 1차 면역반응에서 B세포로부터 처음 배출되는 항체이다.
ㄴ. 눈물과 호흡기 점막 같은 외분비액에 존재하며 국소방어에 기여한다.
ㄷ. 알레르기 반응에 관여한다.

① ㄱ   ② ㄴ

③ ㄷ   ④ ㄱ, ㄴ

⑤ ㄱ, ㄷ

해설   ㄴ. 점막의 점액 등 외분비액에 존재하며 국소방어에 기여하는 것은 IgA이다.
         ㄷ. 알레르기 반응에 관여하는 것은 IgE이다.

05 대장균의 유전자 발현에 관한 설명으로 옳지 않은 것은?

① RNA 중합효소 I, II, III이 세포질에 존재한다.

② 70S 리보솜이 세포질에서 단백질을 합성한다.

③ DNA 복제과정에서 에너지가 사용된다.

④ 오페론 구조를 통해 전사가 조절된다.

⑤ 단백질 합성의 개시 아미노산은 포밀메티오닌이다.

해설   ① 대장균은 한 종류의 RNA 중합효소만 사용한다.

06 세균의 세포벽에 관한 설명으로 옳지 않은 것은?

① 그람음성균의 지질다당체의 지질 성분은 동물에 독성을 나타낸다.

② 페니실린은 펩티도글리칸의 교차연결 형성을 저해한다.

③ 곰팡이의 세포벽과 조성이 다르다.

④ 분자 이동의 주된 선택적 장벽이다.

⑤ 세균의 형태를 유지한다.

> **해설** ④ 분자 이동의 주된 선택적 장벽은 '세포막'이다.
> ① 그람음성균의 지질다당체(LPS)는 동물에 설사, 복통, 구토 등을 유발한다.
> ② 페니실린은 펩티도글리칸 사슬 사이의 펩티드 교차결합을 저해하는 항생제이다.
> ③ 곰팡이의 세포벽은 키틴 성분으로 이루어졌다.
> ⑤ 세포벽은 세균 세포의 형태를 유지시키고, 삼투압에 의한 용해로부터 보호한다.

07 다음 염기서열로 이루어진 DNA 단편을 PCR로 증폭하고자 한다. 한 쌍의 프라이머 서열로 옳은 것은? (단, 주형 DNA는 한 가닥만 표시한다)

> 5'–ATGTTCGAGAGGCTGGCTAAC−−−−− ∫∫ −−−−−−CCTTTATCGGAATTGGATTAA–3'

① 5'–ATGTTCGAGAGGCTGGCT–3'
　5'–TTAATCCAATTCCGATAA–3'

② 5'–ATGTTCGAGAGGCTGGCT–3'
　5'–GGAAATAGCCTTAACCTA–3'

③ 5'–ATGTTCGAGAGGCTGGCT–3'
　5'–CCTTTATCGGAATTGGAT–3'

④ 5'–TACAAGCTCTCCGACCGA–3'
　5'–GGAAATAGCCTTAACCTA–3'

⑤ 5'–TACAAGCTCTCCGACCGA–3'
　5'–CCTTTATCGGAATTGGAT–3'

> **해설** ① 증폭할 DNA 이중가닥의 양 말단(3')에 상보적인 두 서열을 양방향 프라이머로 제작한다.

08 전기영동을 이용한 노던블롯(Northern Blot) 실험에 관한 설명으로 옳은 것만을 〈보기〉에서 있는 대로 고른 것은?

> **| 보기 |**
>
> ㄱ. RNA 길이에 관한 상대적 정보를 나타낸다.
> ㄴ. 발현된 RNA양의 증감에 대해 알 수 있다.
> ㄷ. 단백질의 구조를 확인할 수 있다.

① ㄱ   ② ㄷ
③ ㄱ, ㄴ   ④ ㄴ, ㄷ
⑤ ㄱ, ㄴ, ㄷ

해설   ㄱ·ㄴ. 노던 블로팅은 전기영동, 블로팅, 혼성화 기법을 순차적으로 수행하는 분석기법으로, 시료 내의 특정 RNA 서열 존재 유무, RNA 분자들의 길이에 대한 정보, mRNA의 band 굵기 비교를 통해 발현량 증감 도 알 수 있다.
      ㄷ. 노던블롯으로 단백질의 구조는 확인할 수 없다.

09 그림은 파생 형질을 포함하는 식물 계통수의 일부를 나타낸 것이다. (가)는 '꽃'과 '종자' 중 하나 이다.

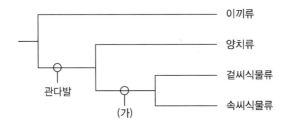

이에 관한 설명으로 옳은 것만을 〈보기〉에서 있는 대로 고른 것은?

> **| 보기 |**
>
> ㄱ. (가)는 '꽃'이다.
> ㄴ. 겉씨식물류의 생활사에서 세대 교번이 일어난다.
> ㄷ. 중복 수정은 속씨식물류의 특징이다.

① ㄱ   ② ㄴ
③ ㄱ, ㄷ   ④ ㄴ, ㄷ
⑤ ㄱ, ㄴ, ㄷ

해설   ㄴ. 세대 교번은 모든 육상식물에서 일어난다.
      ㄷ. 중복 수정은 속씨식물에서만 일어난다.
      ㄱ. (가)는 '종자'이다.

10 유전자 부동에 관한 설명으로 옳은 것만을 〈보기〉에서 있는 대로 고른 것은?

| 보기 |

ㄱ. 병목 효과는 유전적 부동의 한 유형이다.
ㄴ. 유전적 부동은 대립유전자 빈도를 임의로 변화시킬 수 있다.
ㄷ. 유전적 부동은 크기가 큰 집단보다 작은 집단에서 대립유전자 빈도를 크게 변경시킬 수 있다.

① ㄱ
② ㄷ
③ ㄱ, ㄷ
④ ㄴ, ㄷ
⑤ ㄱ, ㄴ, ㄷ

해설 유전적 부동은 우연한 사건에 의해 집단의 대립유전자 빈도가 임의로 변화되는 현상으로서, 병목 효과와 창시자 효과의 두 가지 유형이 있으며 크기가 작은 집단에서 그 효과가 크게 나타난다.

2021년 기출문제

01 식물에서 일어나는 광합성에 관한 설명으로 옳은 것만을 〈보기〉에서 있는 대로 고른 것은?

| 보기 |

ㄱ. NAD^+가 전자운반체 역할을 한다.
ㄴ. 암반응에서 탄소고정이 일어난다.
ㄷ. 배출되는 O_2는 CO_2에서 유래된 것이다.
ㄹ. 광계 II에서 얻은 에너지는 ATP 생성에 이용된다.

① ㄱ, ㄴ ② ㄱ, ㄷ
③ ㄴ, ㄷ ④ ㄴ, ㄹ
⑤ ㄷ, ㄹ

해설 ㄱ. 광합성 과정의 전자운반체는 $NADP^+$이다.
ㄷ. O_2는 물 분자로부터 유래한다.
ㄹ. 광계 II에서 흡수한 빛에너지는 ATP 합성에 이용되고, 광계 I에서 흡수한 빛에너지는 NADPH 생성에
이용된다.

02 그림은 분열 중인 동물세포를 나타낸 것이다. (가)는 중심체로부터 뻗어 나온 섬유이다.

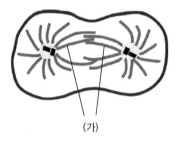

(가)

(가)의 단량체는?

① 액 틴 ② 튜불린
③ 라미닌 ④ 미오신
⑤ 케라틴

해설 방추사는 세포골격 중 하나인 미세소관으로 구성되며, 미세소관의 단량체는 튜불린 단백질이다.

03 포유동물의 동맥, 정맥, 모세혈관에 관한 설명으로 옳은 것만을 〈보기〉에서 있는 대로 고른 것은?

───── | 보기 | ─────

ㄱ. 혈압은 동맥에서 가장 높다.
ㄴ. 혈류의 속도는 정맥에서 가장 느리다.
ㄷ. 총 단면적은 모세혈관에서 가장 크다.

① ㄱ   ② ㄴ
③ ㄱ, ㄷ   ④ ㄴ, ㄷ
⑤ ㄱ, ㄴ, ㄷ

해설 ㄱ. 혈압 : 동맥 > 모세혈관 > 정맥
ㄷ. 혈관 총 단면적 : 모세혈관 > 정맥 > 동맥
ㄴ. 혈류 속도 : 동맥 > 정맥 > 모세혈관

04 다음은 그레이브스병(Graves' Disease)과 그레이브스병을 가진 여성 A에 대한 자료이다.

• 그림은 갑상샘호르몬의 분비가 유도되는 과정을 나타낸 것이다.

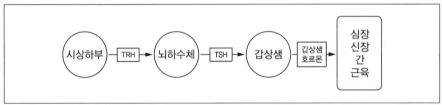

TRH : 갑상샘자극호르몬 방출호르몬
TSH : 갑상샘자극호르몬
• 그레이브스병은 수용체 작동제(Receptor Agonist)로 작용하는 항-TSH 수용체 항체를 생성하는 자가면역질환이며, A는 갑상샘 항진증을 갖고 있다.
• A가 출산한 B는 태어난 직후 항-TSH 수용체 항체를 가지고 있었고, 시간이 지난 후 B에서 더 이상 이 항체가 발견되지 않았다.

이에 관한 설명으로 옳은 것만을 〈보기〉에서 있는 대로 고른 것은?

───── | 보기 | ─────

ㄱ. A에서 갑상샘호르몬의 양이 증가해도 갑상샘으로부터 지속적으로 호르몬이 분비된다.
ㄴ. A에서 갑상샘호르몬은 뇌하수체 전엽에 작용하여 TSH의 분비를 촉진한다.
ㄷ. B가 가지고 있던 항-TSH 수용체 항체의 유형은 IgG이다.

① ㄱ   ② ㄴ
③ ㄷ   ④ ㄱ, ㄴ
⑤ ㄱ, ㄷ

해설 ㄱ. A에서는 수용체의 작동제(agonist → 수용체를 활성화시키는 리간드로 작용)로 작용하는 항-TSH 수용체 특이적 항체가 생성되므로, 높은 갑상선 호르몬 농도에 의한 음성 조절에 의해 TSH 분비가 감소되어도(ㄴ 설명 참조) 수용체가 항체에 의해 계속 활성화되므로 지속적으로 갑상샘 호르몬이 분비된다.
ㄷ. B에서 항-TSH 수용체 항체는 출생 일정 시간이 흐른 후 사라진 것으로 보아, 임신 중 산모로부터 항체를 전달받은 것이다(수동 면역 형성). 산모에서 태반을 통해 태아로 전달될 수 있는 항체 유형은 가장 크기가 작은 IgG뿐이다.
ㄴ. 정상 상태에선 갑상샘 호르몬의 농도가 증가하면 시상하부와 뇌하수체 전엽에 작용하여 TRH와 TSH 분비를 감소시키는 음성 피드백 조절이 일어나 갑상샘 호르몬의 농도가 일정하게 유지된다. 그레이브씨 병에서도 이러한 음성 조절은 일어나 TRH와 TSH의 분비는 감소하지만, 항체에 의한 TSH 수용체의 자극으로 갑상샘 호르몬의 분비가 조절 없이 지속된다.

05 감수분열에 관한 설명으로 옳은 것만을 〈보기〉에서 있는 대로 고른 것은?

| 보기 |

ㄱ. 감수분열 I 에서 교차가 일어난다.
ㄴ. 감수분열 II 에서 자매염색분체가 서로 분리된다.
ㄷ. 감수분열 전체 과정을 통해 DNA 복제가 두 번 일어난다.

① ㄱ
② ㄴ
③ ㄷ
④ ㄱ, ㄴ
⑤ ㄱ, ㄷ

해설 ㄱ·ㄴ. 감수분열 I 에서 상동염색체의 접합과 교차가 일어나고, 감수분열이 완료될 때 상동염색체의 분리가 일어난다.
ㄷ. 감수분열 I 직전의 간기에 DNA 복제가 한 번만 일어난다.

06 유전자형이 AaBbDd인 어떤 식물에서 대립유전자 A와 d는 같은 염색체에, B는 다른 염색체에 있다. 이 식물을 자가교배하여 자손을 얻을 때, 자손의 유전자형이 AaBbDd일 확률은? (단, 생식 세포 형성 시 교차는 고려하지 않는다)

① $\frac{1}{2}$
② $\frac{1}{4}$
③ $\frac{1}{8}$
④ $\frac{1}{9}$
⑤ $\frac{1}{16}$

해설 A-d, a-D 방식으로 연관(상반연관)되어 있으므로, AaBbDd × AaBbDd 교배에서 각각의 부모로부터 형성되는 배우자는 ABd, Abd, aBD, abD의 4종류이다. 이들 배우자의 무작위 수정(4 × 4 = 16가지 조합) 중 AaBbDd 자손이 나오는 경우는 ABd(정자)와 abD(난자)의 수정, Abd(정자)와 aBD(난자)의 수정, ABd(난자)와 abD(정자)의 수정, Abd(난자)와 aBD(정자)의 수정 시의 4가지 경우이므로 4/16 = 1/4이다.

07 진핵세포의 유전자발현에 관한 설명으로 옳은 것은?

① 오페론을 통해 전사가 조절된다.

② mRNA 가공은 세포질에서 일어난다.

③ 인핸서(Enhancer)는 전사를 촉진하는 단백질이다.

④ 히스톤 꼬리의 아세틸화는 염색질 구조변화를 유도한다.

⑤ 마이크로 RNA(miRNA)는 짧은 폴리펩티드에 대한 정보를 담고 있다.

> **해설** ④ 히스톤 단백질의 N말단 꼬리 부분의 Lys같은 염기성 아미노산(양전하를 나타냄)에 아세틸화가 일어나면 양전하가 상쇄되어 음전하를 띠는 DNA와의 상호작용이 약화되어 염색질 구조가 풀리며 전사가 촉진될 수 있다.
> ① 오페론 구조는 원핵세포 DNA에만 존재한다.
> ② mRNA의 가공(5′-capping, 3′-tailing, 스플라이싱)은 핵 내에서 일어난다.
> ③ 인핸서는 DNA 내에서 전사를 촉진하는 조절 요소(Control Element) 염기 서열 부위이다. 활성자 (Activator) 단백질이 이 부위에 결합하여 전사를 촉진한다.
> ⑤ miRNA는 폴리펩티드로 번역되지 않으며, 단백질과 복합체(RISC)를 형성해 특정 mRNA의 분해나 번역 억제를 유도하는 RNAi(RNA 간섭)에 작용한다.

08 그림 (가)~(라)는 생물분류군 A~E의 유연관계를 나타낸 계통수이다.

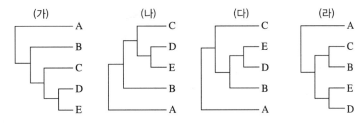

A~E의 진화적 관계가 동일한 계통수를 옳게 짝지은 것은?

① (가) - (나) ② (가) - (다)

③ (나) - (다) ④ (나) - (라)

⑤ (다) - (라)

> **해설** (가)와 (나) 계통수는 모두 A가 나머지 생물들과 유연관계가 가장 멀고 그다음이 B, C 순이며, D와 E가 가장 가까운 자매종으로 묶여있다.

09 코로나 바이러스(SARS-CoV-2)의 감염 여부를 역전사 중합효소연쇄반응(RT-PCR)을 이용하여 진단하고자 한다. 이 진단 방법에서 필요한 시료가 아닌 것은?

① 역전사효소

② 열안정성 DNA 중합효소

③ 디옥시뉴클레오티드(dNTP)

④ SARS-CoV-2 바이러스 특이적 IgM

⑤ SARS-CoV-2 유전자 특이적 프라이머

> **해설** RT(역전사)-PCR은 PCR 전에 역전사 과정을 수행해 RNA로부터 cDNA(상보성 DNA)를 합성하는 단계가 추가된 것이다. RT-PCR로 RNA 바이러스의 감염 여부를 진단하려면, 시료에서 RNA를 분리한 후 역전사 효소와 디옥시뉴클레오티드(dNTP)를 이용해 cDNA를 생성시킨 후 코로나 바이러스에 특이적인 서열로 프라이머를 제작한 후 dNTP(4종류 DNA 뉴클레오티드)와 열안정성 DNA 중합효소를 혼합하여 PCR을 수행해 증폭되는 서열이 있는지 확인한다. 증폭되는 서열이 있는 경우 감염된 것이다.

10 다음 중 어떤 생물이 세균(Bacteria) 영역에 속하는 생물이라고 판단한 근거로 가장 적절한 것은?

① RNA 중합효소는 한 종류만 있다.

② 히스톤과 결합한 DNA가 있다.

③ 세포 표면에 섬모가 있다.

④ 셀룰로오스로 구성된 세포벽이 있다.

⑤ 막으로 둘러싸인 세포 소기관이 세포질에 있다.

> **해설** ① 세균은 한 종류의 RNA 중합효소를 지닌다.
> ② 세균의 DNA에는 히스톤 단백질이 결합되어 있지 않다.
> ③ 섬모는 진핵세포 표면에 존재하는 짧은 털 구조물로서 표면의 액체를 이동시킨다.
> ④ 셀룰로오스 함유 세포벽은 식물과 녹조류가 지닌다.
> ⑤ 막으로 둘러싸인 세포 소기관은 진핵세포만 지닌다.

2020년 기출문제

01 동물세포의 생체막에 관한 설명으로 옳지 않은 것은?

① 유동모자이크 모형으로 설명된다.

② 선택적 투과성을 갖는다.

③ 인지질은 친수성 머리와 소수성 꼬리로 구성된다.

④ 인지질 이중층은 비대칭적 구조이다.

⑤ 포화지방산의 '꺾임(Kink)'은 느슨하고 유동적인 막을 만든다.

> 해설 ⑤ '꺾임' 구조를 나타내고, 생체막의 유동성을 높이는 지방산은 '불포화 지방산'이다.
> ④ 인지질 이중층은 막의 내층(세포질 쪽)과 외층(세포외액 쪽)에 막단백질, 스테롤 등이 비대칭적으로 분포
> 되어 있으며, 내층과 외층을 구성하는 인지질의 종류도 차이가 난다.

02 리보솜에 관한 설명으로 옳은 것만을 〈보기〉에서 있는 대로 고른 것은?

| 보기 |

ㄱ. RNA와 단백질로 이루어져 있다.

ㄴ. 단백질 합성이 일어나는 장소이다.

ㄷ. 거대 분자를 단량체로 가수분해시킨다.

---

① ㄱ   ② ㄴ

③ ㄱ, ㄴ   ④ ㄱ, ㄷ

⑤ ㄴ, ㄷ

> 해설 ㄷ. 리보솜은 아미노산 단량체를 거대 분자인 폴리펩티드로 중합(탈수축합)한다.

03 질소순환에 관한 설명으로 옳은 것은?

① 식물은 질소(N_2)를 직접 흡수한다.

② 질산화(Nitrification)는 질산 이온(NO_3^-)을 질소(N_2)로 환원시키는 과정이다.

③ 질소고정(Nitrogen Fixation)은 토양의 암모늄 이온(NH_4^+)을 아질산 이온(NO_2^-)으로 전환시키는 과정이다.

④ 식물의 뿌리는 질산 이온(NO_3^-)과 암모늄 이온(NH_4^+) 형태로 흡수한다.

⑤ 암모니아화(Ammonification)는 공기 중의 질소(N_2)를 암모니아(NH_3)와 암모늄이온(NH_4^+)으로 전환하는 과정이다.

해설 ① 식물은 기체 질소(N_2)를 직접 흡수하지 못하며, 암모늄 이온(NH_4^+)과 질산 이온(NO_3^-) 형태로 흡수한다.
② 질산 이온(NO_3^-)을 질소(N_2)로 환원시키는 과정은 탈질산화(Denitrification)이다.
③ 암모늄 이온(NH_4^+)을 아질산 이온(NO_2^-)으로 전환시키는 과정은 질산화(Nitrification)이다.
⑤ 암모니아화(Ammonification)는 미생물이 생물 사체 등을 분해하는 과정 중 아민이나 아마이드기를 함유하는 아미노산, 뉴클레오티드 등의 유기물을 분해하여 암모늄 이온을 생성시키는 과정이다.

04 교감 신경계의 작용에 관한 설명으로 옳지 않은 것은?

① 기관지가 수축된다.

② '싸움-도피 반응(Fight or Flight Response)'이다.

③ 심장박동이 촉진된다.

④ 신경절후에서 노르에피네프린이 분비된다.

⑤ 동공이 확대된다.

해설 교감 신경계는 위험 상황이나 강한 활동 시의 '격투-도주(Fight or Flight) 반응'을 관장한다. 즉 혈당 증가, 심장 박동 및 호흡 증가와 기관지 이완, 혈압 상승 등을 유발하며 소화와 배설 기능은 억제한다. 또한 동공 주변의 홍채 방사근을 수축시켜 동공을 확장시키는 기능도 한다. 이러한 교감 신경의 작용은 신경절 뒷부분 신경(절후신경)의 축삭 말단에서 분비되는 신경전달물질인 노르에피네프린(Norepinephrine)에 의해 주로 유발된다.

05 세균의 플라스미드(Plasmid)에 관한 설명으로 옳은 것만을 〈보기〉에서 있는 대로 고른 것은?

──────────────── | 보기 | ────────────────

ㄱ. 염색체와 별도로 존재하는 DNA이다.
ㄴ. 플라스미드 DNA의 복제는 염색체 DNA의 복제와 독립적으로 조절된다.
ㄷ. 세균의 증식에 필수적인 유전정보를 보유한다.

① ㄱ

② ㄴ

③ ㄱ, ㄴ

④ ㄴ, ㄷ

⑤ ㄱ, ㄴ, ㄷ

해설 ㄱ. 플라스미드는 일부 세균, 효모 등에서 발견되는 작은 환형의 DNA로, 기본 염색체와는 별도로 세포질에 보통 한 개 이상 존재한다.
ㄴ. 플라스미드는 자체 복제 시점(Origin of Replication)을 지녀 기본 염색체와는 독립적으로 자체 복제된다.
ㄷ. 플라스미드는 평상시 생존에는 필수적이지 않은 항생제 저항성, 접합(Conjugation) 및 색소 생성 관련 유전자 등을 함유한다.

06 광합성에 관한 설명으로 옳은 것은?

① 광계 Ⅰ의 반응중심 색소는 스트로마에 있다.
② 광계 Ⅱ의 반응중심에 있는 엽록소는 700nm 파장의 빛을 최대로 흡수한다.
③ 틸라코이드에서 $NADP^+$의 환원이 일어난다.
④ 캘빈 회로는 엽록체의 틸라코이드에서 일어난다.
⑤ 스트로마에서 명반응 산물을 이용하여 포도당이 합성된다.

해설 ④·⑤ 캘빈 회로는 스트로마에서 일어나며, 명반응의 산물을 이용해 포도당을 생성시킨다.
① 광계는 엽록체의 틸라코이드 막에 위치하는 색소와 단백질의 복합체 구조이다.
② 광계 Ⅰ의 반응중심 엽록소 a는 700nm를, 광계 Ⅱ의 반응중심 엽록소 a는 680nm를 최대로 흡수한다.
③ 수소(전자) 운반체인 $NADP^+$는 틸라코이드 막으로부터 고에너지 전자를 전달받아 스트로마 부위에서 환원된다.

07 세균의 유전자 발현에 관한 설명으로 옳은 것은?

① DNA 복제는 보존적 방식으로 진행된다.

② mRNA의 반감기는 진핵세포의 반감기보다 길다.

③ 세포질에 RNA 중합효소 Ⅰ, Ⅱ, Ⅲ이 존재한다.

④ 전사와 번역과정이 세포질에서 일어난다.

⑤ mRNA의 3′-말단에 poly A 꼬리가 첨가된다.

해설 ① DNA는 반보존적 방식으로 복제되어, 모 DNA로부터 가져온 한 가닥과 새로 합성된 가닥이 이중 가닥을 구성한다.
② 원핵 세균의 mRNA 반감기는 진핵세포 mRNA보다 비교적 짧다.
③ 세균은 한 종류의 RNA 중합효소를 지닌다.
⑤ 세균의 mRNA는 5′-capping과 3′-poly A 꼬리, 스플라이싱 같은 mRNA 가공과정(mRNA Processing)이 일어나지 않는다.

08 겔 전기영동(Gel Electrophoresis)에 의한 DNA 절편의 분리에 관한 설명으로 옳은 것만을 〈보기〉에서 있는 대로 고른 것은?

──────┤ 보기 ├──────
ㄱ. DNA 절편은 겔에서 음극으로 이동한다.
ㄴ. 긴 DNA 절편은 짧은 DNA 절편보다 겔에서 빨리 이동한다.
ㄷ. DNA 양에 대한 정보를 준다.

① ㄱ   ② ㄴ
③ ㄷ   ④ ㄱ, ㄴ
⑤ ㄱ, ㄷ

해설 ㄷ. 전기영동 후 겔 염색 시 나타나는 DNA 밴드(Band)의 굵기는 DNA의 양에 비례하므로 정량 분석도 할 수 있다.
ㄱ. DNA는 인산기를 보유해 음전하를 나타내므로, 전기영동 시 양극으로 이동한다.
ㄴ. 다공성의 겔 내에서는 짧은 DNA 절편이 저항이 적어 긴 DNA보다 더 빨리 이동한다.

09 동물의 적응면역(Aquired Immunity)에 관한 설명으로 옳은 것은?

① 항체 IgG는 5량체를 형성한다.

② T 세포는 체액성 면역 반응이다.

③ B 세포는 감염된 세포를 죽인다.

④ 항원 제시 세포는 Ⅰ형 및 Ⅱ형 MHC 분자를 모두 가지고 있다.

⑤ T세포는 항체를 분비한다.

해설 ④ 전문적인 항원 제시 세포(APC)인 대식세포, 수지상세포, B 세포는 표면에 Ⅰ, Ⅱ형 MHC 분자를 모두 지닌다. 전문 APC를 제외한, 핵을 지니는 모든 세포들(적혈구 제외)은 표면에 Ⅰ형 MHC만 보유한다.
① IgG는 단량체형으로만 존재하며, 5량체를 형성하는 것은 IgM 타입이다.
② T 세포 중 TC 세포가 세포성 면역 반응을 매개하며, 감염 세포나 암세포를 사멸시킨다.
③, ⑤ B 세포는 항체를 분비하여 체액성 면역 반응을 매개한다.

10 세균의 세포벽에 관한 설명으로 옳은 것만을 〈보기〉에서 있는 대로 고른 것은?

────────── | 보기 | ──────────

ㄱ. 펩티도글리칸(Peptidoglycan)으로 이루어진 그물망구조를 가지고 있다.

ㄴ. 섬유소(Cellulose)로 이루어진 다당류로 구성되어 있다.

ㄷ. 분자 이동의 주된 선택적 장벽이다.

① ㄱ   ② ㄴ

③ ㄷ   ④ ㄱ, ㄴ

⑤ ㄴ, ㄷ

해설 ㄴ. 섬유소 다당류로 이루어진 것은 식물과 녹조류의 세포벽이다.
ㄷ. 분자 이동의 주된 선택적 장벽은, 반투과성이며 특이 수송 단백질들을 함유하는 세포막(원형질막)이다.

2019년 기출문제

01 표는 발생이 정상적으로 이루어지는 어느 생물 집단의 1세대와 10세대에서 유전자형에 따른 개체 수를 나타낸 것이다.

유전자형	1세대의 개체 수	10세대의 개체 수
RR	100	400
Rr	600	100
rr	300	500

이에 관한 설명으로 옳은 것만을 〈보기〉에서 있는 대로 고른 것은?

| 보기 |

ㄱ. 1세대에서 대립유전자 R의 빈도는 0.35이다.
ㄴ. 10세대에서 대립유전자 r의 빈도는 0.55이다.
ㄷ. 이 집단은 하디-바인베르크 평형이 유지되었다.

① ㄱ ② ㄴ
③ ㄱ, ㄷ ④ ㄴ, ㄷ
⑤ ㄱ, ㄴ, ㄷ

 해설 ㄴ. 10세대에서 RR 빈도 = 0.4, Rr 빈도 = 0.1, rr 빈도 = 0.5이고, r빈도 = rr 빈도 + 1/2(Rr 빈도)이므로 0.5 + 0.05 = 0.55이다.
ㄱ. 1세대에서 RR 빈도 = 0.1, Rr 빈도 = 0.6, rr 빈도 = 0.3이고, R빈도 = RR 빈도 + 1/2(Rr 빈도)이므로 0.1 + 0.3 = 0.4이다.
ㄷ. 대립유전자의 빈도가 변화되었으므로, 하디-바인베르크 평형이 유지되고 있지 않다.

02 표는 세포 A~C의 특징을 나타낸 것이다. A~C는 각각 진정세균, 고세균, 식물 세포 중 하나이다.

세 포	클로람페니콜(Chloramphenicol) 감수성	미토콘드리아
A	없 음	있 음
B	있 음	없 음
C	없 음	없 음

이에 관한 설명으로 옳은 것만을 〈보기〉에서 있는 대로 고른 것은?

──────────┤ 보기 ├──────────

ㄱ. A의 염색체 DNA에는 히스톤이 결합되어 있다.

ㄴ. B의 세포질에는 70S 리보솜이 존재한다.

ㄷ. C의 단백질 합성에서 개시 아미노산은 포밀메티오닌(Formylmethionine)이다.

① ㄱ   ② ㄷ

③ ㄱ, ㄴ   ④ ㄴ, ㄷ

⑤ ㄱ, ㄴ, ㄷ

> **해설** 미토콘드리아는 진핵생물만 지니고, 클로람페니콜은 세균의 70S 리보솜의 펩티드 결합 형성을 저해하는 항
> 생제이므로, A는 진핵생물인 식물 세포, B는 진정세균, C는 고세균이다.
> ㄱ. 모든 진핵생물과 일부 고세균의 DNA에는 히스톤 단백질이 결합되어 있다.
> ㄴ. 세균은 세포질에 70S 리보솜을 지닌다.
> ㄷ. 번역 과정 중 개시 아미노산이 포밀메티오닌인 것은 진정세균이다. 고세균과 진핵생물은 포밀기(Formyl
> Group)가 부착되지 않은 메티오닌이 개시 아미노산이다.

03 친부모의 혈액형이 둘 다 A형, 첫째 아이는 O형, 둘째 아이는 A형인 가정이 있다. 이 부모가 셋째
아이를 낳을 경우 그 아이가 O형 여자일 확률은? (단, 유전적 상호작용은 없는 것으로 가정한다)

① $\frac{1}{8}$ ② $\frac{1}{4}$

③ $\frac{3}{8}$ ④ $\frac{1}{2}$

⑤ $\frac{3}{4}$

> **해설** 부모가 모두 A형인 집안에서 첫째 아이가 O형이므로, 부모는 둘다 AO(I^Ai) 유전자형인 것을 알 수 있다. 이
> 부모한테서 O형 여자아이가 태어날 확률은 O형일 확률($1/2 \times 1/2$) × 여자일 확률($1/2$) = 1/8이다.

04 세포호흡과 광합성에 관한 설명으로 옳은 것만을 〈보기〉에서 있는 대로 고른 것은?

---------------| 보기 |---------------

ㄱ. 광합성은 ATP를 생성하지 않는다.
ㄴ. 광합성의 명반응은 포도당을 합성하지 않는다.
ㄷ. 세포호흡에서 산소는 전자전달계의 최종 전자수용체(Electron Acceptor)로 작용한다.
ㄹ. 광합성의 부산물인 산소(O_2)는 탄소고정 과정에서 이산화탄소(CO_2)로부터 방출된 것이다.

① ㄱ, ㄴ ② ㄱ, ㄷ
③ ㄴ, ㄷ ④ ㄴ, ㄹ
⑤ ㄷ, ㄹ

해설 ㄴ. 광합성에서 명반응은 빛 에너지를 화학 에너지인 ATP와 NADPH로 전환하는 과정이고, 캘빈 회로에서 이 ATP와 NADPH를 이용해 CO_2를 환원시켜 또 다른 화학 에너지 형태인 유기물(포도당)을 합성한다. 이 유기물은 식물에서 다양한 생명 활동을 수행하는데 필요한 ATP 생성 과정, 즉 세포 호흡에 쓰인다.
ㄱ. 광합성도 명반응에서 ATP가 생성된다.
ㄹ. 명반응에서 생성되는 산소는 전자공여체인 물로부터 전자가 빠져나올 때 수소 이온과 함께 생성된다.

05 신경 세포에서 활동 전위(Action Potential)에 관한 설명으로 옳은 것만을 〈보기〉에서 있는 대로 고른 것은?

---------------| 보기 |---------------

ㄱ. K^+ 이온의 투과도는 휴지상태에 비해 활동 전위의 하강기에 더 작다.
ㄴ. 활동 전위의 상승기에는 Na^+ 이온의 투과도가 K^+ 이온의 투과도보다 크다.
ㄷ. 전압개폐성 이온통로(Voltage-gated Ion Channel)의 작용을 막을 경우 활동 전위는 생성되지 않는다.

① ㄱ ② ㄴ
③ ㄱ, ㄷ ④ ㄴ, ㄷ
⑤ ㄱ, ㄴ, ㄷ

해설 ㄴ. 활동 전위의 상승기는 역치 이상의 자극에 의해 전압개폐성 Na^+ 통로가 열리면서 Na^+ 이온의 투과도가 높아질 때 발생한다. 휴지기에 Na^+-K^+ 펌프의 작용으로 세포 바깥쪽에 고농도로 유지되던 Na^+가 통로를 통해 농도기울기를 따라 유입되면서 전압이 상승하는 것이다. 활동 전위의 상승기엔 전압개폐성 K^+ 통로는 열리지 않으므로, 이 시기엔 K^+의 투과도가 Na^+의 투과도보다 낮다.
ㄷ. 활동 전위는 전압개폐성 Na^+ 통로와 전압개폐성 K^+ 통로의 작용으로 발생하므로, 이들의 작용을 막을 경우 활동 전위는 생성되지 않는다.
ㄱ. 활동 전위의 하강기는 활동 전위의 정점에서 전압개폐성 K^+ 통로가 열리면서 K^+ 이온의 투과도가 높아질 때 발생한다. 즉, 휴지기에 Na^+-K^+펌프의 작용으로 세포 안쪽에 고농도로 유지되던 K^+가 통로를 통해 농도기울기를 따라 빠져나가면서 전압이 하강하는 것이다.

06 포유동물의 순환계 및 호흡계와 관련된 설명으로 옳은 것만을 〈보기〉에서 있는 대로 고른 것은?

───── | 보기 | ─────

ㄱ. 헤모글로빈은 효율적 산소 운반을 돕는다.
ㄴ. 폐순환 고리(Pulmonary Circuit)의 경우 동맥보다 정맥의 혈액이 산소포화도가 더 높다.
ㄷ. 동맥, 정맥, 모세혈관 중 모세혈관에서 혈압이 가장 낮다.

① ㄱ   ② ㄴ
③ ㄷ   ④ ㄱ, ㄴ
⑤ ㄱ, ㄴ, ㄷ

해설 ㄱ. 산소는 물에 대한 용해도가 낮아서, 척추동물에서는 산소와 결합할 수 있는 특수 혈색소인 헤모글로빈을 사용하여 산소 운반 효율을 높인다.
ㄴ. 폐순환 고리는 심장에서 폐동맥을 통해 저산소 혈액을 폐로 펌프하여, 혈액이 산소를 충전하고 이산화탄소를 배출한 후 산소 포화도가 높은 고산소 혈액이 되어 폐정맥을 타고 심장으로 돌아오는 과정이다.
ㄷ. 혈압은 심장에서 멀어질수록 낮아지는데, 즉 동맥 > 모세혈관 > 정맥 순이다. 모세혈관은 체조직과 물질 교환을 하는 부위이므로, 그에 적합하게 혈관 총 단면적이 가장 넓고, 혈류 속도는 가장 느리다.

07 어떤 유전자의 엑손(Exon)부위에서 한 개의 염기쌍이 다른 염기쌍으로 바뀌는 돌연변이가 일어났다. 이런 종류의 돌연변이 유전자가 번역될 경우 예상할 수 있는 결과가 아닌 것은?

① 정상보다 길이가 짧은 폴리펩티드 생성
② 단일 아미노산이 치환된 비정상 폴리펩티드 생성
③ 아미노산 서열이 정상과 동일한 폴리펩티드 생성
④ 정상에 비해 아미노산 서열은 다르지만 기능 차이는 없는 폴리펩티드 생성
⑤ 해독틀이동(Frameshift)이 일어나서 여러 아미노산 서열이 바뀐 폴리펩티드 생성

해설 염기 한 개가 다른 염기로 대체되는 돌연변이는 점 돌연변이(Point Mutation : 염기 한 개의 변화) 중 치환(Substitution) 돌연변이이다.
⑤ 해독틀이동은 염기가 삽입되거나 결실된 경우에 일어나며, 염기 한 개의 치환에 의해서는 발생하지 않는다.
① 난센스(Nonsense ; 종결) 돌연변이로, 염기 치환으로 인해 새로운 종결 서열이 생성되었을 때 발생할 수 있다.
② 미스센스(Missense ; 과오) 돌연변이로, 염기 치환에 의해 코돈이 변화되어 아미노산 치환으로 연결될 수 있으며 단백질의 구조에 영향을 미쳐 비정상 폴리펩티드가 생성될 수 있다.
③ 여러 코돈이 한 개의 아미노산을 지정할 수 있는데(코돈의 중복성), 이때 그런 코돈들은 세 번째(3´쪽) 염기 서열만 차이가 나는 경우가 대부분이다. 그러므로 코돈의 세 번째 염기 서열을 변화시키는 치환 돌연변이는 대부분 아미노산 변화를 유발하지 않는다. 이러한 돌연변이를 침묵(Silent) 돌연변이라 한다.
④ 염기 치환에 의해 한 아미노산이 화학적 특성이 유사한 아미노산으로 변화되거나, 단백질의 구조와 기능에 크게 영향을 미치지 않는 부위에 아미노산 변화가 일어난 경우 단백질의 기능에 해로운 영향도, 이로운 영향도 미치지 않게 된다. 이러한 돌연변이는 중립(Neutral) 돌연변이라 한다.

08 생물군계(Biome)의 우점 식물에 관한 설명으로 옳은 것만을 〈보기〉에서 있는 대로 고른 것은?

─────── | 보기 | ───────

ㄱ. 사바나에서는 지의류, 이끼류가 지표종이면서 우점한다.
ㄴ. 열대우림에서는 활엽상록수가 우점한다.
ㄷ. 온대활엽수림에서는 겨울 전에 잎을 떨어뜨리는 낙엽성 목본들이 우점한다.

① ㄱ   ② ㄴ
③ ㄷ   ④ ㄱ, ㄴ
⑤ ㄴ, ㄷ

해설 ㄱ. 사바나는 열대 및 아열대 지역에서 발달하는 거대 초원(Grass Land)으로, 초본류(풀)가 우점한다.

09 병원체가 바이러스인 질병이 아닌 것은?

① 황열병   ② 광견병
③ 홍 역   ④ 광우병
⑤ 구제역

해설 ④ 광우병(Mad Cow Disease)을 유발하는 병원체는 단백질성 감염 입자인 프리온(Prion)이다. 프리온 단백질은 포유류 신경 세포의 원형질막에 존재하는 단백질로서 여러 가지 3차 구조를 나타내는데, 이 중 질병형(PrP^S) 구조가 되면 뇌 조직에 단백질 응집체를 축적시키고 구멍을 형성하여 죽음을 초래하는, 전염성 해면상 뇌증(TSEs ; Transmissible Spongiform Encephalopathies)이 유발된다. 질병형(PrP^S) 프리온이 체내로 유입되면 정상형 프리온 단백질(PrP^C)을 질병형으로 전환시키는 연쇄 반응이 유발되며 TSEs가 발생한다. 질병형 프리온 단백질은 동물의 면역계에 의해 제거되지 않으며, 열, 방사선 및 화학 물질에 의해서도 파괴되지 않는다.

10 생태계의 질소 순환에 관한 설명으로 옳은 것만을 〈보기〉에서 있는 대로 고른 것은?

─────── | 보기 | ───────

ㄱ. 질소고정(Nitrogen Fixation) 박테리아는 대기 중의 질소(N_2)를 암모니아(NH_3) 형태로 고정한다.
ㄴ. 탈질산화(Denitrification) 박테리아는 암모니아(NH_3)를 질산이온(NO_3^-)으로 산화시킨다.
ㄷ. 질산화(Nitrification) 박테리아는 질산이온(NO_3^-)을 질소(N_2)로 환원시킨다.

① ㄱ   ② ㄷ
③ ㄱ, ㄴ   ④ ㄴ, ㄷ
⑤ ㄱ, ㄴ, ㄷ

해설 ㄴ. 탈질산화 박테리아는 질산 이온(NO_3^-)을 질소 기체(N_2)로 전환하며, 이 질소 기체는 대기로 다시 유입된다.
ㄷ. 질산화 박테리아는 암모늄 이온(NH_4^+)을 질산 이온(NO_3^-)으로 전환하며, 이 질산 이온은 암모늄 이온과 더불어 식물 내로 흡수되어 질소 화합물의 생성 과정에 이용될 수 있다.

2018년 기출문제

01 완두콩에서 종자의 모양은 대립유전자 R(둥근 모양)와 r(주름진 모양)에 의해, 종자의 색은 대립유전자 Y(노란색)와 y(녹색)에 의해 결정된다. R는 r에 대해, Y는 y에 대해 각각 완전 우성이다. 유전자형이 RrYy와 rryy인 종자를 교배 하였을 때, F_1에서 표현형이 둥글고 노란색인 종자와 주름지고 녹색인 종자가 나타나는 비율은?

① 1 : 1　　　　　　　　　　　② 1 : 2

③ 1 : 3　　　　　　　　　　　④ 2 : 1

⑤ 3 : 1

> **해설** RrYy와 rryy의 검정교배 시 R 유전자와 Y 유전자가 독립(다른 염색체 상에 위치)이거나 연관(동일한 염색체 상에 위치)이거나 상관없이, 둥글고 노란 종자와 주름지고 녹색인 종자는 1:1로 나타난다.

02 정상인과 비교하여 치료받지 않은 제1형 당뇨병(인슐린 의존성 당뇨병)을 가진 환자에서 나타나는 현상으로 옳지 않은 것은?

① 간에서 케톤체(Ketone Body) 생성이 증가한다.

② 혈액의 pH가 증가한다.

③ 물의 배설이 증가한다.

④ 지방 분해가 증가한다.

⑤ Na^+의 배설이 증가한다.

> **해설** 인슐린은 음식으로 섭취된 일당 포노닝, 아미노산, 지방산이 세포직으로 흡수되이 고분지인 글리코겐, 단백질, 지방 형태로 저장되도록 하며, 포도당 신생합성과 지방 분해를 억제하고 세포 호흡을 촉진한다. 제1형 당뇨에선 인슐린이 분비되지 않아 지방 분해가 증가하고, 혈중 지방산이 지방으로 전환되어 저장되지 못하므로 높은 농도의 지방산이 분해되면서 생성된 아세틸-CoA가 시트르산 회로에서 모두 대사되지 못하고 축적된다. 이 경우 아세틸-CoA는 산성의 케톤체(아세토아세트산, 하이드록시 부티르산 등)로 전환되며 혈액의 pH가 낮아질 수 있다(당뇨병성 케토산증). 그리고 인슐린은 신장에서 Na^+의 재흡수를 촉진하기도 하므로, 인슐린 농도가 저하된 당뇨에서는 Na^+의 배설, 물의 배설이 증가한다. 또한 포도당이 요로 배설되면서 요의 삼투압이 증가하여 물의 배설이 증가하기도 한다.

03 식물의 광합성 특징에 관한 설명으로 옳은 것만을 〈보기〉에서 있는 대로 고른 것은?

┌─────────────── | 보기 | ───────────────┐
ㄱ. 명반응이 진행될 때 캘빈 회로 반응은 일어난다.
ㄴ. RuBP의 재생 반응은 스트로마에서 일어난다.
ㄷ. 틸라코이드 막을 따라 전자전달이 일어날 때, 틸라코이드 공간(Lumen)의 pH는 증가한다.
└──────────────────────────────────────┘

① ㄱ   ② ㄴ
③ ㄷ   ④ ㄱ, ㄴ
⑤ ㄴ, ㄷ

해설 ㄱ. 캘빈 회로는 명반응의 산물인 ATP와 NADPH를 소모하며 일어나므로, 명반응이 진행되는 낮에만 일어난다.
ㄴ. RuBP의 재생 반응은 캘빈 회로의 일부이므로 스트로마에서 일어난다.
ㄷ. 틸라코이드 막의 전자전달 과정 중 H^+는 틸라코이드 공간 쪽으로 펌프되므로, 틸라코이드 공간의 pH는 감소한다.

04 유전적 부동의 원인이 되는 현상으로 옳은 것만을 〈보기〉에서 있는 대로 고른 것은?

┌─────────────── | 보기 | ───────────────┐
ㄱ. 창시자 효과
ㄴ. 병목 현상
ㄷ. 수렴진화
└──────────────────────────────────────┘

① ㄱ   ② ㄷ
③ ㄱ, ㄴ   ④ ㄴ, ㄷ
⑤ ㄱ, ㄴ, ㄷ

해설 ㄷ. 수렴진화는 계통이 다른 생물들이 서로 비슷한 환경에 적응하면서 외형과 기능이 유사한 구조(상사 구조)를 발달시키는 현상이다.

05 그림은 지방이 소화되는 과정의 일부(A~D)를 나타낸 것이다.

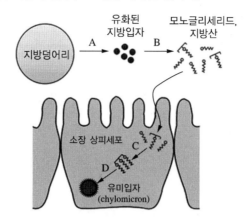

이에 관한 설명으로 옳지 않은 것은?

① A에서 담즙이 작용한다.

② A와 B는 위(Stomach)에서 일어난다.

③ C에서 모노글리세리드와 지방산은 다시 트리글리세리드로 합성된다.

④ D 이후 형성된 유미입자(Chylomicron)는 단백질을 포함한다.

⑤ 유미입자는 소장 상피 세포를 빠져나와 유미관(암죽관)으로 들어간다.

해설 ② A와 B는 소장 내강에서 일어난다.
     A. 담즙에 의한 지방 유화
     B. 리파아제에 의한 지방의 가수분해
     C. 지방의 재형성
     D. 유미입자의 형성 → 크기가 커서 융모 내부의 모세혈관으로 유입되지 못하고, 유미림프관으로 유입되어 림프계를 거쳐 순환계로 들어간다.

06 진핵세포의 세포골격에 관한 설명으로 옳은 것만을 〈보기〉에서 있는 대로 고른 것은?

| 보기 |

ㄱ. 동물세포가 분열할 때 세포질 분열과정에서 형성되는 수축환(Contractilering)의 주요 구성 성분은 미세섬유이다.
ㄴ. 유사분열 M기에서 염색체를 이동시키는 방추사는 미세소관으로 구성된다.
ㄷ. 핵막을 지지하는 핵막층(Nuclear Lamina)의 구성 성분은 중간섬유이다.

① ㄴ
② ㄷ
③ ㄱ, ㄴ
④ ㄱ, ㄷ
⑤ ㄱ, ㄴ, ㄷ

해설 ㄱ. 액틴 미세섬유와 미오신 섬유가 수축환을 형성시킨다.
ㄴ. 튜불린으로 구성된 미세소관이 방추사를 형성시킨다.
ㄷ. 라민 단백질로 구성된 중간섬유가 핵막층(핵 라미나)을 구성한다.

07 그림 (가)는 사람의 체세포에 있는 14번과 21번 염색체를, (나)는 (가)에서 돌연변이가 일어난 염색체를 나타낸 것이다.

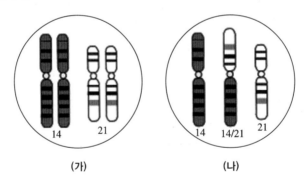

(가)   (나)

(나)의 돌연변이가 일어난 염색체에 관한 설명으로 옳은 것은?

① 14번 염색체에서 중복이 일어났다.
② 21번 염색체에서 중복이 일어났다.
③ 14번과 21번의 비상동염색체 사이에 전좌가 일어났다.
④ 14번 염색체 안에서 일부분이 서로 위치가 교환되었다.
⑤ 21번 각 상동염색체에 있는 대립유전자가 서로 분리되지 않았다.

해설 염색체 돌연변이 중 비상동염색체 사이의 DNA 절편 교환을 전좌라 한다.

08 그림은 진핵세포 DNA의 복제 원점(Replication Origin) ㉠으로부터 복제되고 있는 DNA의 일부를 나타낸 것이다. A와 B는 주형가닥이며 (가)는 복제 원점의 왼쪽 DNA, (나)는 오른쪽 DNA이다.

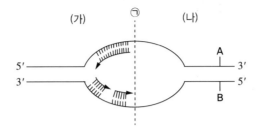

이에 관한 설명으로 옳은 것만을 〈보기〉에서 있는 대로 고른 것은?

| 보기 |

ㄱ. DNA 헬리카제는 (가)와 (나)에서 모두 작용한다.
ㄴ. DNA 복제가 개시된 후 DNA 회전효소(DNA Topoisomerase)는 ㉠에서 작용한다.
ㄷ. (나)에서 A가 복제될 때 오카자키 절편이 생성된다.

① ㄱ
② ㄴ
③ ㄱ, ㄷ
④ ㄴ, ㄷ
⑤ ㄱ, ㄴ, ㄷ

해설 ㄱ. 헬리카제를 비롯한 복제 관련 단백질들은 복제 원점으로부터 양방향으로 2세트가 사용되어 양방향 복제가 이루어진다.
　　　ㄷ. DNA 중합효소는 복제 시 딸가닥을 5′ → 3′ 방향으로 중합하므로, (나)에서 A를 주형으로 합성되는 딸가닥은 복제 분기점의 진행 방향(→ 헬리카제 진행 방향임)과 반대 방향으로 합성된다. 이런 경우 헬리카제가 주형 가닥을 조금씩 풀 때마다 조각조각으로 딸가닥 합성이 이루어지는데, 이런 방식으로 합성되는 딸가닥을 후발 가닥(지연 가닥)이라 하며 각 조각들은 오카자키 절편이라 한다.
　　　ㄴ. DNA 회전효소(DNA 위상이성질화효소)는 ㉠의 복제 시점(Origin of Replication)이 아닌, 헬리카제의 앞, 즉 복제 분기점(Replication Fork)의 앞쪽에서 작용하며 과도한 꼬임을 방지해준다.

09 사람의 인슐린 유전자를 플라스미드에 클로닝하여 재조합 DNA를 얻은 후, 이 재조합 DNA를 이용하여 박테리아에서 인슐린을 생산하려고 한다. 이 재조합 DNA에 포함된 DNA 서열로 옳은 것만을 〈보기〉에서 있는 대로 고른 것은?

보기
ㄱ. 제한효소 자리 서열 ㄴ. 인슐린 유전자의 인트론 서열 ㄷ. 선별표지자로 사용되는 항생제 저항성 유전자 서열

① ㄱ
② ㄴ
③ ㄷ
④ ㄱ, ㄷ
⑤ ㄴ, ㄷ

해설 ㄱ. 제한효소 자리를 제한효소로 절단하고 인슐린 유전자(cDNA 서열)를 삽입한다.
ㄷ. 플라스미드의 항생제 저항성 유전자를 이용하여 플라스미드가 제대로 삽입된 세균을 항생제 저항성으로 쉽게 선별할 수 있다.
ㄴ. 세균은 스플라이싱을 할 수 없으므로, 진핵세포 유전자를 세균에서 단백질로 발현시키는 경우엔 성숙한 mRNA로부터 역전사로 합성된 cDNA(상보성 DNA : complement DNA)를 사용한다. 이 cDNA는 유전자 내의 비암호 부위인 인트론은 제거되고, 암호 부위인 엑손만을 함유한 상태이다.

10 표는 세 종류의 생물 A~C를 특성의 유무에 따라 구분한 것이다. A~C는 효모, 대장균, 메탄생성균을 순서없이 나타낸 것이다.

특성 \ 생물	A	B	C
미토콘드리아	없 다	없 다	있 다
스트렙토마이신에 대한 감수성	있 다	없 다	없 다
리보솜	있 다	있 다	있 다

A, B, C로 옳은 것은?

	A	B	C
①	대장균	메탄생성균	효 모
②	대장균	효 모	메탄생성균
③	효 모	대장균	메탄생성균
④	메탄생성균	대장균	효 모
⑤	메탄생성균	효 모	대장균

해설 A. 미토콘드리아가 없으므로 원핵생물이고, 세균 70S 리보솜을 저해하는 스트렙토마이신에 감수성이 있으므로 세균인 대장균이다.
B. 원핵생물인데 세균 70S 리보솜을 저해하는 스트렙토마이신에 감수성이 없으므로, 고세균(원시세균)인 메탄생성균이다.
C. 미토콘드리아가 있으므로 진핵생물인 효모이다.

09 ④ 10 ① 정답

2017년 기출문제

01 그림은 형질이 서로 다른 부모의 교배를 통하여 얻은 자손들의 형질과 개체수를 표시한 것이다.
재조합 비율은 얼마인가? (단, A와 B는 각각 a와 b에 대하여 우성이다)

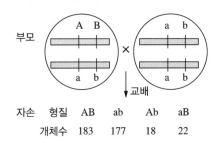

자손 형질	AB	ab	Ab	aB
개체수	183	177	18	22

① 0.1% ② 1%

③ 5% ④ 10%

⑤ 20%

해설 재조합 빈도 = {(재조합형 자손 수)/(전체 자손 수)} × 100(%) (검정교배 시)
재조합형 : Ab, aB
∴ {(18 + 22)/(183 + 177 + 18 + 22)} × 100 = 10%

02 그림은 신장의 네프론과 집합관을 나타낸 것이다. 이에 관한 설명으로 옳은 것은?

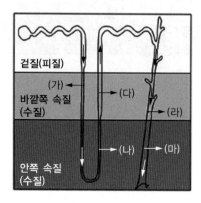

① (가)에서 아쿠아포린을 통해 H_2O가 흡수된다.

② 오줌 여과액의 농도는 (나)보다 (다)에서 더 높다.

③ (라)에서 NaCl이 확산에 의하여 재흡수된다.

④ 뇌하수체 전엽에서 분비되는 항이뇨호르몬(ADH)에 의해 (마)에서 H_2O의 재흡수가 촉진된다.

⑤ (가)~(마) 중에서 NaCl의 재흡수가 일어나지 않는 곳은 (가)와 (나)이고, 재흡수가 일어나는 곳은 (다)~(마)이다.

> **해설** ① 신장에서 물의 재흡수는 세포막의 물 통로인 아쿠아포린을 이용한 촉진 확산에 의해 주로 일어난다.
> ② 헨레 고리 상행지의 피질 부위로 올라갈수록 NaCl이 재흡수되면서 여액의 삼투농도는 감소하므로 (나)쪽이 더 높다.
> ③ 집합관에서 NaCl의 재흡수는 능동 수송에 의해 이루어진다.
> ④ ADH는 시상하부에서 생성된 후 뇌하수체 후엽에서 분비되어 원위 세뇨관과 집합관에서 아쿠아포린의 발현을 촉진하여 수분 재흡수를 증가시킨다.
> ⑤ (가)~(마)에서 NaCl의 재흡수가 일어나지 않는 곳은 (가) 부위뿐이다.

03 세포분열에 관한 설명으로 옳지 않은 것은?

① 감수분열은 생식세포에서 일어난다.

② 상처는 체세포 분열을 통해서 재생이 가능하다.

③ 유성 생식의 유전적 다양성은 감수분열 I 전기에서 발생할 수 있다.

④ 배아줄기세포는 수정란이 세포분열을 거친 낭배상태에서 추출할 수 있다.

⑤ 2n = 8인 생물의 체세포 분열 중기 단계의 세포와 2n = 16인 생물의 감수분열 II 중기 단계의 세포에서 관찰되는 염색체의 수는 동일하다.

> **해설** ④ 배아줄기세포는 포배(배반포) 단계의 내부세포괴(안세포 덩어리)에서 추출할 수 있으며, 체내 모든 종류의 세포로 분화가 가능하다.
> ⑤ 2n = 8(체세포 분열), n = 8(감수분열)로 동일하다.

04 그림은 자연선택의 3가지 유형을 나타낸 것이다. 화살표는 선택압을 나타낸다.

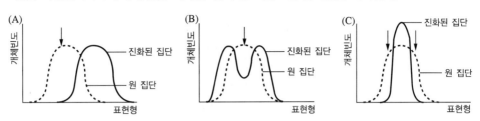

이에 관한 설명으로 옳은 것만을 〈보기〉에서 있는 대로 고른 것은?

---| 보기 |---

ㄱ. (A)에서는 대립유전자 빈도(Allele Frequency)가 변화한다.
ㄴ. (B)는 야생 개체군들에서 살충제에 대한 해충의 저항성 증가를 설명해 주는 적응 유형이다.
ㄷ. (C)는 '개체군의 평균값은 변하지 않는다.'는 것을 설명해 주는 적응 유형이다.

① ㄱ
② ㄴ
③ ㄱ, ㄷ
④ ㄴ, ㄷ
⑤ ㄱ, ㄴ, ㄷ

해설 ㄱ. (A)는 방향성 선택으로, 대립유전자 빈도가 변화한다.
ㄷ. (C)는 안정화 선택이며 개체군의 평균은 변화하지 않는다.
ㄴ. (B)는 분단성 선택이며, 살충제에 대한 저항성 증가는 방향성 선택이다.

05 그림은 인체 소화기관의 구조를 나타낸 것이다.

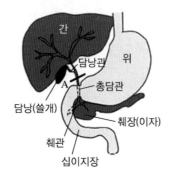

A 지점을 묶었을 때 직접적으로 영향을 받는 것은?

① 지방의 소화 효율이 떨어진다.
② 녹말의 소화 효율이 떨어진다.
③ 핵산의 소화 효율이 떨어진다.
④ 수용성 비타민의 흡수가 감소한다.
⑤ 단백질의 소화 효율이 떨어진다.

> **해설** A 지점을 묶으면 십이지장으로의 담즙 분비가 일어나지 않아, 담즙산염의 지방 유화가 일어나지 못하므로 리파아제에 의한 지방 분해의 속도가 느려진다.

06 다음 설명 중 옳지 않은 것은?

① 지구 생태계 내에서 물질은 순환한다.
② 감자와 고구마는 상사기관(Analogous Structure)이다.
③ 지리적 격리에 의해 이소적 종분화(Allopatric Speciation)가 일어난다.
④ 고래에 붙어사는 따개비는 편리공생의 예이다.
⑤ 한 집단에서 무작위 교배가 일어나면 대립유전자 빈도가 변한다.

> **해설** ⑤ 개체군 크기가 매우 크고, 무작위 교배가 일어나며, 자연선택이나 유전자 흐름이 없다면 개체군의 대립유전자 빈도는 변화하지 않는다(하디-바인베르그 평형).
> ② 감자와 고구마는 형태가 비슷하나 감자는 줄기, 고구마는 뿌리로서 그 해부학적 구조도 다르고 계통도 달라 상사기관으로 볼 수 있다.
> ④ 따개비는 고래 몸 표면을 서식지로 삼으며 고래가 이동할 때 먹이를 얻지만, 고래는 따개비로 인해 아무런 이득도 해도 없으므로 편리공생이다.

07 그림은 대립유전자 A와 B의 빈도가 동일한 집단의 유전자풀(Gene Pool)이 우연한 환경의 변화에 의해 집단의 크기가 감소한 이후, 살아남은 집단의 유전자풀을 나타낸 것이다.

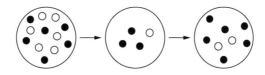

● : 대립유전자 A
○ : 대립유전자 B

이와 같은 진화요인에 의해 나타난 현상으로 옳은 것은?

① 다른 지역 물개들의 유전적 변이와 비교하여, 북태평양 물개들의 유전적 변이가 적다.

② 갈라파고스 군도에서 각각의 섬에 사는 핀치새의 먹이와 부리 모양은 조금씩 다르다.

③ 말라리아가 번성하는 지역에서는 낫 모양 적혈구 유전자의 빈도가 높게 나타난다.

④ 다양한 항생제에 내성을 가진 슈퍼박테리아 집단이 출현하였다.

⑤ 흰 민들레가 노란 민들레 군락지에서 출현하였다.

> **해설** 그림은 우연에 의해 유전자 풀이 변화하는 유전적 부동(Genetic Drift) 중, 특히 교란(자연재해 및 인간 활동) 등에 의해 개체 수가 급감하면서 생존자 집단에서의 대립유전자 빈도(유전자 풀)가 원래 집단과 달라지게 되는 병목 효과(Bottle Neck Effect)를 나타낸 것이다.
> ① 북태평양 물개는 남획(교란)에 의해 그 수가 급감하였고 그로 인해 유전자 풀이 변화된 것이므로 병목 효과가 나타난 예이다.
> ② 지리적 격리에 의한 이소종분화의 예이다.
> ③ 집단 내에 변이를 유지시키는 기작 중 이형접합자(잡종) 우세(균형 선택의 한 종류)의 예이다.
> ④ 방향성 자연선택의 예이다.
> ⑤ 흰 민들레가 출현한 것은 새로운 변이의 발생에 의한 것일 수도 있고, 유전자 흐름(흰색 민들레 꽃씨의 유입)에 의한 것일 수도 있다.

08 세포 내에서 합성되어 분비되는 항체의 이동경로를 순서대로 옳게 나열한 것은?

① 핵 → 활면소포체 → 골지체 → 수송낭

② 핵 → 조면소포체 → 리소좀 → 수송낭

③ 조면소포체 → 골지체 → 수송낭

④ 조면소포체 → 리소좀 → 수송낭

⑤ 활면소포체 → 리보솜 → 리소좀 → 수송낭

해설 분비 단백질은 조면소포체 상의 리보솜에 의해 합성된 후 소포체 내강에서 당화 등의 변형이 일어난 후 골지체로 보내진다. 골지체에선 단백질이 추가 변형된 후 목적지별로 분류되어 분비 소낭으로 포장된다. 이 분비 소낭은 세포막과 융합되어 세포외배출작용에 의해 단백질이 세포 밖으로 분비된다.

09 광합성에 관한 설명으로 옳은 것만을 〈보기〉에서 있는 대로 고른 것은?

───── | 보기 | ─────

ㄱ. 진핵생물에서 광합성은 엽록체에서 일어난다.
ㄴ. 광합성의 최종 전자 수용체는 H_2O이다.
ㄷ. 남세균은 세균이지만 광합성에 의해 산소를 발생시킨다.
ㄹ. 식물은 명반응을 통해서 이산화 탄소를 고정한다.
ㅁ. 식물세포도 광합성 세균과 같이 근적외선을 주로 이용한다.

① ㄱ, ㄴ   ② ㄱ, ㄷ
③ ㄴ, ㄷ   ④ ㄱ, ㄷ, ㅁ
⑤ ㄱ, ㄹ, ㅁ

해설 ㄹ. 탄소가 고정되는 과정은 캘빈 회로(암반응)이다.
　　　 ㅁ. 광합성 생물들은 모두 가시광선(379~750nm)을 주로 이용한다.

10 생장을 위해 물질 X를 필요로 하는 곰팡이에 방사선을 조사하여 물질 X를 합성하는 효소를 만드는 유전자들 중 한 유전자에만 돌연변이가 일어난 돌연변이체 Ⅰ, Ⅱ, Ⅲ을 얻었다. 물질 X 합성 과정의 중간산물인 A, B, C를 최소배지에 각각 첨가하였을 때, 곰팡이의 생장 결과를 표로 나타내었다.

구 분	최소배지	중간산물			물 질
		A	B	C	X
야생형	+	+	+	+	+
Ⅰ	−	−	−	−	+
Ⅱ	−	+	+	−	+
Ⅲ	−	+	−	−	+

(+ : 생장함, − : 생장하지 못함)

이에 관한 설명으로 옳은 것만을 〈보기〉에서 있는 대로 고른 것은?

─────── | 보기 | ───────

ㄱ. 돌연변이체 Ⅰ은 A, B, C를 이용하여 X를 합성할 수 있다.
ㄴ. 돌연변이체 Ⅱ는 B를 기질로 이용한다.
ㄷ. 물질 X의 합성은 C → B → A → X의 순으로 진행된다.

① ㄱ   ② ㄴ
③ ㄷ   ④ ㄱ, ㄴ
⑤ ㄴ, ㄷ

해설 물질대사는 다단계 효소 반응으로 일어난다. 최소 배지에 중간산물(전구물질) C를 첨가한 경우는 야생형(정상형)만 생존하므로 C가 A, B, C 중 가장 앞 단계의 중간산물이며, 세 종류의 돌연변이체들은 이 물질의 뒷 단계에서 사용되는 효소 유전자에 돌연변이가 일어났음을 알 수 있다. 최소 배지에 B를 추가하였을 때 돌연변이체 Ⅱ가 최초로 생존을 시작하였으므로, Ⅱ는 C로부터 B를 합성하는 단계의 효소 유전자에 변이가 일어나 B 합성을 못해 최소배지에서 생존 못하는 돌연변이체임을 알 수 있다. 최소 배지에 A를 추가하였을 때 생존하기 시작한 Ⅲ은 B로부터 A를 합성하는 단계의 효소 유전자에 변이가 일어나 A합성을 못해 최소배지에서 생존하지 못하는 돌연변이체임을 알 수 있다. 돌연변이체 Ⅰ은 X를 추가하였을 때에만 생존하므로, A가 X로 전환되는 가장 마지막 단계의 효소 유전자에 돌연변이가 일어난 것이다. 즉, X 합성의 대사 경로는 C → B → A → X 순서이다.

ㄴ. 돌연변이체 Ⅱ은 C → B 단계의 효소가 정상적으로 생성되지 못하는 돌연변이가 일어난 경우이고 뒷 단계의 효소들은 정상(한 유전자에만 돌연변이가 일어났다 하였으므로)이므로 B를 기질로 이용해 X를 합성할 수 있다.

ㄱ. 돌연변이체 Ⅰ은 X 합성의 마지막 단계인 A → X 과정의 효소가 정상적으로 생성되지 못하는 돌연변이가 일어난 경우이므로 A, B, C 중 어느 것을 첨가해도 X를 합성하지 못한다.

2016년 기출문제

01 다음 중 진핵세포의 세포골격을 구성하는 단백질은?

① 콜라겐

② 미오신

③ 디네인

④ 키네신

⑤ 액 틴

> **해설** ⑤ 액틴은 세포골격 중 미세섬유의 구성 성분이다.
> ① 콜라겐은 피부와 결합 조직에서 세포외기질(ECM)의 주 구성 성분이다.
> ② 미오신은 근육 세포 내에서 근원섬유의 구성 성분으로도 쓰이고, 동물 세포의 세포질 분열 시 수축환의 성분 등으로 사용된다.
> ③ 디네인은 미세소관에 부착되어 작용하는 운동 단백질이다.
> ④ 키네신은 미세소관에 부착되어 작용하는 운동 단백질이다.

02 세포에서의 물질 수송에 관한 설명으로 옳은 것만을 〈보기〉에서 있는 대로 고른 것은?

―――――| 보기 |――――――

ㄱ. 삼투는 세포막을 통한 용질의 확산이다.

ㄴ. 폐포로부터 대기로의 CO_2 이동은 세포막을 통한 능동수송에 의해 일어난다.

ㄷ. 세포 안의 물질을 막으로 싸서 세포 밖으로 내보내는 작용을 세포외배출작용(Exocytosis)이라고 한다.

① ㄱ

② ㄷ

③ ㄱ, ㄴ

④ ㄴ, ㄷ

⑤ ㄱ, ㄴ, ㄷ

> **해설** ㄱ. 삼투는 반투막을 통한 물의 확산이다.
> ㄴ. 폐포와 대기 사이의 CO_2, O_2의 기체 교환은 기체의 분압 차에 의한 확산에 의해 일어난다.

03 항체는 IgM, IgG, IgA, IgE, IgD의 다섯 종류로 구분된다. 각 항체의 특성으로 옳지 않은 것은?

① IgM은 1차 면역 반응에서 B 세포로부터 가장 먼저 배출되는 항체이다.

② IgG는 5합체를 형성하며 태반을 통과하지 못한다.

③ IgA는 눈물, 침, 점액 같은 분비물에 존재하며 점막의 국소방어에 기여한다.

④ IgE는 혈액에 낮은 농도로 존재하며 알레르기 반응 유발에 관여한다.

⑤ IgD는 항원에 노출된 적이 없는 성숙 B 세포 표면에 IgM과 함께 존재한다.

해설 ② 5합체를 형성하여 크기가 커 태반을 통과하지 못하는 항체는 IgM이며, IgG는 크기가 가장 작은 항체로서 태반을 통과해 태아에게 전달되어 수동 면역을 형성시킬 수 있다.

04 세포호흡이 일어나고 있는 진핵세포에서 포도당이 분해되어 ATP가 합성되는 과정에 관한 설명으로 옳은 것은?

① 해당과정의 최종 산물은 피루브산이다.

② 전자전달계에서 최종 전자수용체는 H_2O이다.

③ 전자전달계에서 기질수준 인산화과정을 통해 ATP가 합성된다.

④ 시트르산회로에서 숙신산이 숙시닐-CoA로 전환될 때 GTP가 합성된다.

⑤ 미토콘드리아에서 ATP 합성효소는 막간 공간에 비해 기질의 pH가 낮을 때 ATP를 합성한다.

해설 ② 전자전달계의 최종 전자수용체는 O_2이다.
③ 전자전달계를 이용한 ATP 합성 과정은 화학삼투적(산화적) 인산화이다.
④ 시트르산 회로에서 GTP는 숙시닐-CoA가 숙신산으로 전환될 때 일어난다.
⑤ 미토콘드리아에서 ATP 합성효소는 전자전달계가 H^+를 막간 공간으로 퍼내어 막간 공간의 pH가 기질보다 낮을 때 ATP를 합성한다.

05 사람에서 하나의 체세포가 분열하여 2개의 딸세포를 형성하는 세포분열기(M기)에 관한 설명으로 옳은 것만을 〈보기〉에서 있는 대로 고른 것은?

─────── | 보기 | ───────

ㄱ. 세포질 분열 과정 동안 세포판이 형성된다.

ㄴ. 핵막의 붕괴는 중기에 일어난다.

ㄷ. 중심체가 관찰된다.

① ㄱ   ② ㄴ

③ ㄷ   ④ ㄱ, ㄴ

⑤ ㄴ, ㄷ

해설 ㄷ. 동물 세포의 분열 과정 중 중심체로부터 방추사가 형성된다.
　　　ㄱ. 동물 세포에서 세포질 분열은 수축환을 형성하여 일어난다. 세포판은 식물 세포의 세포질 분열 과정에서
　　　　 형성된다.
　　　ㄴ. 핵막의 붕괴는 전기에 일어난다.

06 다음 중 사람의 결합조직을 구성하는 세포가 아닌 것은?

① 섬유 아세포(Fibroblast)　　　　　② 지방 세포(Adipocyte)

③ 연골 세포(Chondrocyte)　　　　　④ 대식 세포(Macrophage)

⑤ 상피 세포(Epithelial Cell)

해설 ⑤ 상피 세포는 상피조직을 구성한다.

07 그림은 세포에서 유전정보의 흐름을 나타낸 것이다. (가), (나), (다)는 복제, 전사, 번역 중 하나이다.

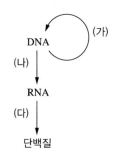

이에 관한 설명으로 옳은 것만을 〈보기〉에서 있는 대로 고른 것은?

─────── | 보기 | ───────
ㄱ. (가) 과정에서 에너지가 사용된다.
ㄴ. (나) 과정에서 효소가 작용한다.
ㄷ. rRNA가 (다) 과정을 통해 리보솜 단백질로 발현된다.

① ㄱ　　　　　　　　　　　　　　② ㄴ

③ ㄷ　　　　　　　　　　　　　　④ ㄱ, ㄴ

⑤ ㄴ, ㄷ

해설 (가)는 복제, (나)는 전사, (다)는 번역 과정이다.
　　　ㄱ. 복제, 전사 및 번역 과정은 모두 에너지가 소모된다.
　　　ㄴ. 복제, 전사 및 번역 과정은 모두 효소가 작용한다.
　　　ㄷ. rRNA는 단백질 발현에 이용되지 않으며, 리보솜의 구성 성분으로 사용되며 mRNA로의 부착과 펩티드
　　　　 결합 형성 등의 기능을 수행한다.

08 중합효소연쇄반응(PCR)과 디데옥시 DNA 염기서열분석법(Dideoxy DNA Sequencing)을 이용하여 이중 가닥 DNA를 분석하고자 한다. 이때 두 분석 방법의 공통점으로 옳은 것만을 〈보기〉에서 있는 대로 고른 것은?

─────────────| 보기 |─────────────

ㄱ. DNA 중합효소가 사용된다.
ㄴ. 프라이머(Primer)가 필요하다.
ㄷ. 수소결합이 끊어지는 과정이 일어난다.
ㄹ. 새롭게 합성되는 DNA 가닥은 $3' \rightarrow 5'$ 방향으로 신장한다.

① ㄱ, ㄴ ② ㄴ, ㄷ
③ ㄷ, ㄹ ④ ㄱ, ㄴ, ㄷ
⑤ ㄱ, ㄷ, ㄹ

> **해설** PCR과 디데옥시 사슬 종결법은 모두 DNA 복제를 이용하므로 프라이머와 DNA 중합효소가 사용되며, DNA 중합효소에 의한 새로운 가닥의 합성은 $5' \rightarrow 3'$ 방향으로 일어난다. PCR은 변성 단계에서 가열에 의해 두 주형 가닥이 분리될 때 수소 결합이 끊어지며, 디데옥시 사슬 종결법에서도 복제 후 딸가닥을 길이에 따라 분석하기 전에 주형 가닥으로부터 딸가닥을 분리시키는 변성을 유발할 때 수소 결합이 끊어진다.

09 생태계와 생태계의 구성요소에 관한 설명으로 옳은 것만을 〈보기〉에서 있는 대로 고른 것은?

─────────────| 보기 |─────────────

ㄱ. 생태계는 한 지역에 서식하는 모든 생물과 이들의 주변 환경을 말한다.
ㄴ. 개체군은 주어진 한 지역에 서식하는 서로 다른 종들이 모여 이루어진 집단이다.
ㄷ. 군집은 지리적으로 동일한 지역 내에 서식하고 있는 같은 종으로 이루어진 집단이다.

① ㄱ ② ㄴ
③ ㄷ ④ ㄱ, ㄴ
⑤ ㄴ, ㄷ

> **해설** ㄱ. 생태계는 생물적 요소인 군집과 무생물적 요소인 그 주변 환경으로 구성된다.
> ㄴ. 한 지역에 서식하는 서로 다른 종(개체군)들이 모여 이루어진 집단은 군집이다.
> ㄷ. 동일 지역에 서식하는 동일 종 개체들의 집단은 개체군이다.

10 다음은 생물권 내에서 생물과 생물, 생물과 비생물 환경 사이의 관계를 설명한 것이다.

> • 작용 : 비생물 환경이 생물에 영향을 끼치는 것
> • 반작용 : 생물이 비생물 환경에 영향을 끼치는 것
> • 상호작용 : 한 생물과 다른 생물 사이에서 서로 영향을 주고받는 것

다음 중 생물권 내 상호작용의 예로 가장 적절한 것은?

① 곰이 겨울잠을 잔다.
② 나방이 불빛 주위로 모여든다.
③ 나비의 몸 크기가 계절에 따라 변한다.
④ 진딧물이 많은 곳에 개미가 많이 모인다.
⑤ 일조량과 강수량이 적절한 환경에서 벼의 수확량이 증가한다.

해설 ④ 개미는 당이 함유된 진딧물의 배설물을 먹이로 이용하며, 대신 천적으로부터 진딧물을 보호해주는 상리공
생 관계이다('상호작용').
① 동면은 환경이 생물에 영향을 미치는 '작용'이다.
② 광주성(Phototaxis ; 방향성 움직임)이다('작용').
③ '작용'이다.
⑤ '작용'이다.

2015년 기출문제

01 세포에서 일어나는 삼투현상에 관한 설명으로 옳은 것만을 〈보기〉에서 있는 대로 고른 것은?

| 보기 |

ㄱ. 세포막을 통한 물의 확산 현상이다.
ㄴ. 용질이 세포막을 통과하면서 일어난다.
ㄷ. 삼투에 의해 용질의 농도기울기가 커진다.
ㄹ. 막의 선택적 투과성과 용질의 농도기울기 때문에 생긴다.

① ㄱ, ㄷ   ② ㄱ, ㄹ

③ ㄴ, ㄹ   ④ ㄱ, ㄴ, ㄷ

⑤ ㄴ, ㄷ, ㄹ

해설 ㄴ. 용질이 투과할 수 없는 반투과성막을 통해 물이 확산되는 현상이다.
ㄷ. 삼투 시 고농도 용질 부위로 물이 확산되므로 막을 가로지르는 용질 농도기울기는 감소한다.

02 진핵세포의 세포호흡에 관한 설명으로 옳지 않은 것은?

① 최종 전자수용체는 O_2이다.

② O_2 공급이 중단되면 ATP 생산이 감소한다.

③ 시트르산의 농도가 높아지면 해당작용이 억제된다.

④ 해당과정에서 나온 ATP는 산화적 인산화에 의해서 생성된 것이다.

⑤ 포도당에 들어있는 에너지의 일부는 ATP에 저장되고, 나머지는 열로 발산된다.

해설 ④ 해당과정의 ATP는 기질수준 인산화로 생성된다.
③ 세포 호흡의 중간 산물인 시트르산 농도가 증가하면 해당작용의 PFK(인산과당 인산화효소) 등의 주요 효소들이 음성 되먹임에 의해 억제되어 해당작용이 감소한다.

03 호르몬 수용체(Receptor)에 관한 설명으로 옳지 않은 것은?

① 단백질 분자이다.

② 호르몬과 결합하면 세포 내에서 특정 화학 반응이 유도된다.

③ 어떤 호르몬 수용체는 세포질에 존재한다.

④ 호르몬의 크기와 형태를 인식하여 결합한다.

⑤ 세포막에서 호르몬을 세포 안으로 수송한다.

해설 ⑤ 수용성 호르몬은 세포막 수용체에 특이적으로 결합된 후 세포 내로 유입되지 않고 수용체를 활성화시켜 내부 신호전달이 일어나도록 하며, 지용성 호르몬은 세포 내부로 확산되어 수용체와 복합체를 형성하면 핵 내에서 특정 유전자의 발현을 조절한다.

04 다음은 갑상선 호르몬의 분비 조절 과정을 나타낸 것이다.

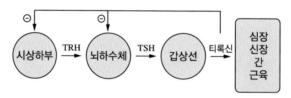

이에 관한 설명으로 옳은 것만을 〈보기〉에서 있는 대로 고른 것은?

─────── | 보기 | ───────

ㄱ. 체온이 떨어지면 TRH 분비가 증가한다.

ㄴ. 티록신의 과다 분비는 TSH 분비를 촉진한다.

ㄷ. TSH 분비가 증가되면 물질대사가 활발해진다.

ㄹ. 티록신이 과다 분비되면 갑상선 비대증이 생긴다.

① ㄱ, ㄷ   ② ㄱ, ㄹ

③ ㄴ, ㄷ   ④ ㄴ, ㄹ

⑤ ㄷ, ㄹ

해설 ㄱ·ㄷ. 체온이 떨어지면 TRH, TSH의 분비가 증가하여 티록신의 분비가 촉진되고, 전신의 세포에 작용하여 물질대사를 촉진시켜 체온을 상승시킨다.

ㄴ. 티록신의 과다분비로 농도가 증가하면 시상하부와 뇌하수체 전엽의 TRH, TSH 분비를 음성되먹임하여 감소시키므로 티록신의 농도가 점차 감소하게 된다.

ㄹ. 갑상선 비대증은 요오드 결핍 등으로 티록신 농도가 감소될 때 TSH 분비가 증가하여 갑상선이 과도하게 자극받으면서 나타난다.

05 무거운 질소(^{15}N)로 표지된 이중나선 DNA 1분자(^{15}N–^{15}N)를 보통질소(^{14}N) 조건에서 5회 연속 복제를 시켰다. 복제된 32분자의 DNA 중 ^{15}N–^{14}N 인 DNA 분자 수는?

① 2

② 4

③ 8

④ 16

⑤ 32

> **해설** DNA가 반보존적으로 복제되면서 딸 DNA는 모 DNA로부터 가져온 한 가닥과 새로 합성된 한 가닥이 이중가닥을 형성하므로, 처음에 모 DNA를 구성하던 ^{15}N를 함유한 두 가닥이 32분자의 딸 DNA 중 두 분자 내에 각각 한 가닥씩 포함되어 있다.

06 유전자(Gene)에 관한 설명으로 옳은 것만을 〈보기〉에서 있는 대로 고른 것은?

---| 보기 |---

ㄱ. 핵산과 단백질로 이루어져 있다.
ㄴ. 단백질의 아미노산 서열에 대한 정보는 유전자에 담겨 있다.
ㄷ. 단백질 합성을 하는 번역(Translation) 과정에 직접 관여한다.

① ㄱ

② ㄴ

③ ㄱ, ㄴ

④ ㄴ, ㄷ

⑤ ㄱ, ㄴ, ㄷ

> **해설** ㄱ. 유전자는 DNA 내에서 특정 폴리펩티드 합성을 위한 유전 정보가 몰려있는 부위로, 수백개 이상의 뉴클레오티드로 구성된다.
> ㄷ. 번역 과정에 직접 관여하는 것은 유전자 부위로부터 전사로 형성된 mRNA이다.

07 초파리에서 다리가 될 운명의 세포군에 ey(eyeless) 유전자를 배아단계부터 인위적으로 발현시켰더니 성체의 다리에 눈 구조가 만들어졌다. 이에 관한 설명으로 옳은 것만을 〈보기〉에서 있는 대로 고른 것은?

─────────────── | 보기 | ───────────────

ㄱ. ey 유전자는 초파리 눈 형성의 핵심 조절 유전자이다.

ㄴ. 초파리에서 눈 형성 세포군과 다리 형성 세포군의 유전체는 서로 다르다.

ㄷ. 배 발생 과정에서 유전자의 비정상적인 발현에 의해 형질의 변이가 일어날 수 있다.

① ㄱ　　　　　　　　　　　　　　　　② ㄷ

③ ㄱ, ㄷ　　　　　　　　　　　　　　④ ㄴ, ㄷ

⑤ ㄱ, ㄴ, ㄷ

해설　ㄴ. 배아 내의 모든 세포는 수정란 하나에서 유래되었으므로 동일한 유전체를 지니나, 각기 다른 유전자들이 발현되어 분화(세포의 구조와 기능의 특수화)가 일어난다.

08 왓슨과 크릭이 DNA 이중나선 구조 모델에서 제안한 DNA의 특징을 〈보기〉에서 있는 대로 고른 것은?

─────────────── | 보기 | ───────────────

ㄱ. 유전 물질이다.

ㄴ. 반보존적 복제가 가능하다.

ㄷ. 복제는 스스로 일어날 수 있다.

ㄹ. 퓨린과 피리미딘 염기는 상보적으로 결합한다.

① ㄱ, ㄷ　　　　　　　　　　　　　　② ㄱ, ㄹ

③ ㄴ, ㄹ　　　　　　　　　　　　　　④ ㄱ, ㄴ, ㄷ

⑤ ㄴ, ㄷ, ㄹ

해설　왓슨과 크릭의 DNA의 분자적 구조를 밝힌 논문에선 DNA가 뉴클레오티드로 구성된 핵산 두 가닥이 꼬여있는 이중 나선 구조이며 이 두 가닥은 서로 역평행하고, 퓨린 염기와 피리미딘 염기가 상보적으로 수소 결합을 형성(A-T, G-C)하고 있음을 밝혔다. 또한 염기 간 상보성을 이용한 반보존적 복제 방식도 제안했다.

09 다음은 환경적응의 예이다.

> 온대 지방의 낙엽수는 가을이 되면 낙엽을 만든다.

위의 환경적응 원리와 다른 것은?

① 곰은 겨울잠을 잔다.
② 사철 푸른 상록수는 겨울에 잎의 삼투압을 증가시킨다.
③ 보리는 가을에 씨를 뿌려야 이듬해 봄에 수확할 수 있다.
④ 붓꽃은 늦은 봄에 꽃이 피고, 국화는 가을에 꽃이 핀다.
⑤ 추운 지방에 사는 포유류는 몸집에 비해 상대적으로 말단부위가 작다.

> **해설** ④ 개화는 빛을 감지하는 광수용체를 이용해 연속된 밤의 길이 변화를 파악하여 일어난다.

10 그림은 동물 계통수의 일부이다.

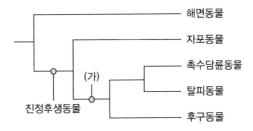

이에 관한 설명으로 옳은 것만을 〈보기〉에서 있는 대로 고른 것은?

> ──── **보기** ────
>
> ㄱ. (가)는 좌우대칭동물이다.
> ㄴ. 해면동물은 진정한 조직이 없다.
> ㄷ. 자포동물−탈피동물 사이의 진화적 유연관계는 해면동물−자포동물 사이보다 더 가깝다.

① ㄱ　　　　　　　　　　　　② ㄷ
③ ㄱ, ㄴ　　　　　　　　　　④ ㄴ, ㄷ
⑤ ㄱ, ㄴ, ㄷ

> **해설** ㄱ. 자포동물(방사대칭) 이후에 나타난 촉수담륜동물(편형, 윤형, 환형 및 연체동물)과 탈피동물(선형 및 절지동물), 그리고 후구동물(극피 및 척삭동물)은 좌우대칭이다.
> ㄴ. 진정한 조직은 자포동물부터 나타난다.
> ㄷ. 진정한 조직으로 분화가 일어나는 등 파생 형질(후손 생물에서 나타나는 형질)을 더 많이 공유하는 자포동물−탈피동물 사이가 유연관계가 더 가깝다.

2014년 기출문제

01 인간 염색체가 복제될 때 필요한 단백질이 아닌 것은?

① RNA Primase

② Single Strand Binding Protein

③ Restriction Endonuclease

④ DNA Helicase

⑤ DNA Polymerase

> **해설** ③ 세균의 방어 효소인 제한효소(Restriction Endonuclease)는 특정 염기 서열을 인식해 당-인산 공유결합을 절단하여 바이러스 등의 감염에 대항한다.
> ① Primase는 복제 시 DNA Polymerase(중합효소)에 3′-OH 말단을 제공하는 RNA 단편인 프라이머를 합성한다.
> ② SSB(단일 가닥 결합 단백질)는 복제 시 Helicase가 풀어놓은 이중 가닥의 각 단일 가닥에 결합하여 재꼬임을 방지해준다.
> ④ Helicase는 복제 시 수소 결합을 절단하여 이중 가닥을 푼다.
> ⑤ 복제 시 DNA Polymerase는 프라이머의 3′-OH 말단에 DNA 뉴클레오티드를 중합하여 딸가닥을 합성한다.

02 광합성에 대한 설명으로 옳은 것은?

① 자색세균(Purple Bacteria)은 이산화탄소와 물을 이용하여 포도당과 산소를 생성한다.

② 남조류(Cyanobacteria)는 광합성을 할 때 물을 분해하여 산소를 발생시킨다.

③ 암반응에서 NADPH와 ATP가 합성된다.

④ 캘빈 회로에서 사용되는 Rubisco는 이산화탄소보다 산소에 대해 기질친화력이 더 크다.

⑤ 산화적 인산화 과정에 의해 ATP가 생성된다.

> **해설** ② 남조류(남세균 ; 시아노박테리아)는 광합성 산물로 산소를 발생시키는 세균이다.
> ① 자색세균 광합성의 명반응에서는 물을 전자공여체로 이용하지 않고 종에 따라 황, 수소, 황화수소, 철 이온 등을 전자공여체로 이용하므로 산소는 발생하지 않는다.
> ③ NADPH와 ATP는 명반응의 산물이다.
> ④ Rubisco는 같은 농도에선 산소보다 이산화탄소에 대한 친화도가 더 높으나, 기공이 닫혀 이산화탄소의 유입이 적어 산소 농도가 상대적으로 높아지면 산소와 결합해 광호흡을 유발하기도 한다.
> ⑤ 광합성에서는 광인산화 과정에 의해 ATP가 생성된다.

03 다음 중 진핵세포는 갖고 있으나 고세균은 갖고 있지 않은 것은?

> ㄱ. 미토콘드리아 ㄴ. 리보솜
> ㄷ. 히스톤 ㄹ. 핵
> ㅁ. RNA 중합효소

① ㄱ, ㄴ, ㄹ ② ㄱ, ㄷ
③ ㄱ, ㄹ ④ ㄴ, ㄹ
⑤ ㄹ, ㅁ

해설 고세균은 핵과 막성 소기관이 없는 원핵생물이나, 진핵생물처럼 히스톤, 인트론을 지니기도 한다.

04 최근 유행하고 있는 조류독감(AI) 바이러스에 대한 설명으로 옳은 것만을 〈보기〉에서 모두 고른 것은?

── | 보기 | ──

> ㄱ. AI 바이러스는 DNA를 유전물질로 가지고 있어 돌연변이가 많이 일어난다.
> ㄴ. 바이러스가 증식할 때 표면 단백질의 형태가 변하므로 AI 바이러스가 감염된 숙주세포에서 항체가 만들어지지 않는다.
> ㄷ. AI 바이러스는 역전사과정에 의해 핵산이 복제되므로 이 때 돌연변이가 일어날 가능성이 높아진다.

① ㄱ ② ㄱ, ㄴ
③ ㄴ ④ ㄴ, ㄷ
⑤ ㄷ

해설 ※ 시행처 답은 ⑤, 그러나 정답오류(답 없음)

ㄱ. AI(Avian Influenza) 바이러스는 단일 가닥 RNA 바이러스이고 유전적 변이가 많이 발생한다.

ㄴ. 바이러스 증식 과정 중의 변이로 표면 단백질이 변화될 수는 있으나, 항체 생성은 원래 감염된 숙주세포에서 일어나는 것이 아니라 B세포가 수행한다(이유가 틀림).

ㄷ. AI 바이러스는 역전사효소(Reverse Transcriptase)가 아닌, RNA-의존성 RNA 중합효소(RDRP ; RNA-Dependent RNA Polymerase)를 보유하여 숙주 감염 후 이 효소를 이용해 RNA 핵산을 주형으로 mRNA와 다음 세대 핵산을 합성하며, 이 과정 중 잘못된 염기서열을 삽입하여도 교정을 하지 않으므로 돌연변이 축적률이 높다.

05 다음 중 siRNA(small interfering RNA)에 대한 설명으로 옳은 것만을 〈보기〉에서 모두 고른 것은?

─────────────┤ 보기 ├─────────────

ㄱ. 특정 유전자의 발현을 억제하기 위해 사용될 수 있다.
ㄴ. 동물에서만 발견되는 RNA의 일종이다.
ㄷ. 20~25개 정도 되는 뉴클레오티드로 이루어진 단일가닥 RNA분자이다.

① ㄱ   ② ㄱ, ㄷ
③ ㄴ   ④ ㄴ, ㄷ
⑤ ㄷ

해설   ㄴ. siRNA는 식물에서도 발견된다.
              ㄷ. siRNA는 20여 뉴클레오티드 길이의 이중 가닥 RNA 분자이며, 단일 가닥이 된 후 miRNA와 유사한 방식으로 표적 mRNA의 발현을 억제한다.

06 사람 장내세균에 대한 설명으로 옳은 것만을 〈보기〉에서 모두 고른 것은?

─────────────┤ 보기 ├─────────────

ㄱ. 장내세균은 섬유소(Cellulose)를 분해하여 인간의 소화를 돕는다.
ㄴ. 대장균 O157(*E. coli* O157)은 장내세균 중 유해한 균이다.
ㄷ. 장내세균은 토양에서는 발견되지 않는다.

① ㄱ   ② ㄱ, ㄴ
③ ㄱ, ㄴ, ㄷ   ④ ㄴ
⑤ ㄷ

해설   ㄴ. 대장균 중 O157 혈청형(Serotype)은 면역세포에 의해 파괴 시 LPS(지질다당류) 같은 내독소를 방출하여 숙주에 구토, 설사, 복통 등을 발생시킨다.
              ㄱ. 사람의 장내세균은 섬유소를 분해하지 못한다. 섬유소 분해효소를 분비하는 미생물은 주로 초식동물 소화관에서 발견된다.
              ㄷ. 장내세균은 토양에서도 발견된다.

07 갑자기 독사를 보고 위험을 느끼게 되면, 호르몬이 분비되어 심장 박동이 빨라지며 소화관에 있는 혈관들이 수축하고 근육으로 더 많은 혈액이 흐르게 되며 간에서 글리코겐이 빠르게 포도당으로 전환된다. 이 호르몬이 분비되는 곳은?

① 갑상선

② 뇌하수체

③ 부갑상선

④ 부신피질

⑤ 부신수질

> **해설** 위험을 느끼게 되면 교감 신경의 활성화에 의해 부신수질에서 에피네프린(아드레날린)의 분비가 촉진되어서 격투-도주 반응이 유발되어 강한 활동을 할 수 있는 신체 상태를 만들어준다.

08 아래 그림은 인공막에서 일어나는 ATP 합성을 위한 모식도이다. 인공막에 세균에서 분리한 양성 자펌프, C-P-Q(carotene-porphyrin-naphthoquinone)와 시금치의 엽록체에서 분리한 ATP 합성효소를 삽입하였다. 이 인공막에서 일어나는 ATP 합성에 관한 설명으로 옳은 것만을 〈보기〉에서 모두 고른 것은?

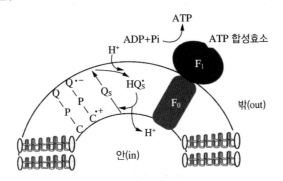

---| 보기 |---

ㄱ. ATP 합성효소의 F_0부위로 양성자가 통과하면서 F_0가 회전되어야만 ATP가 생성된다.

ㄴ. C-P-Q는 엽록소 관련 안테나시스템을 모방한 것이다.

ㄷ. ATP 합성효소의 F_1 부위가 인공막 안으로 향하게 반대방향으로 뒤집어 삽입하면 ATP가 생성되지 않는다.

① ㄱ, ㄴ

② ㄱ, ㄴ, ㄷ

③ ㄱ, ㄷ

④ ㄴ

⑤ ㄴ, ㄷ

> **해설** ㄱ. ATP 합성효소의 F_0 소단위체는 양성자 채널(통로)로서 H^+가 농도 기울기를 따라 수송될 때 회전하며, 이때 중심축도 회전하면서 촉매부위를 활성화시켜 ATP 합성이 일어난다.
> ㄴ. C-P-Q는 빛에너지를 흡수하여 흥분 상태가 되면 양성자 운반체인 Q_S가 H^+를 리포솜 내부로 펌프하도록 도우므로, 안테나시스템을 모방한 것이라고 볼 수 있다. 이렇게 빛에너지를 이용해 형성된 H^+ 농도기울기가 ATP 합성에 쓰인다.
> ㄷ. H^+(양성자) 농도가 높은 쪽으로 F_0 소단위체가 위치해야 ATP 합성이 일어날 수 있다.

09 다음 설명 중 옳은 것은?

① 생산자에 의해 생태계로 유입된 에너지의 일부는 광합성에 의해 열에너지가 되어 생태계 밖으로 방출된다.

② 생태계의 먹이사슬에서 한 영양 단계에 유입된 에너지는 다음 영양 단계로 전달될 때마다 그 양이 증가한다.

③ 생물학적 산소요구량(BOD)은 물 1L 속에 녹아 있는 산소의 양을 ppm 단위로 나타낸 것이다.

④ 질소고정세균은 질산염이 부족한 토양에서 콩과식물과 공생을 하면서 자랄 수 있기 때문에 개척 군집에서 많이 관찰된다.

⑤ 물생태계에 질산염과 인산염이 과다 유입되면 부영양화가 일어나며 이때 자란 조류는 물 속으로 산소를 공급한다.

> **해설** ① 대사 과정 중 유기물의 에너지 일부가 열에너지로 전환되어 생태계로 방출되는 반응은 이화과정인 세포 호흡이다.
> ② 먹이 사슬에서 한 영양 단계의 에너지가 다음 영양 단계로 전달될 때 그 양은 감소한다.
> ③ 생물학적 산소요구량(BOD ; Biochemical Oxygen Demand)은 물 속의 유기물을 호기성 세균이 분해할 때 요구되는(소모되는) 산소의 양을 mg/L 또는 ppm 단위로 나타낸 것이다. 물에 녹아 있는 산소 양을 나타낸 것은 DO(용존 산소량)이다.
> ⑤ 질산염과 인산염의 과다유입으로 인한 부영양화는 조류와 광합성 세균의 과도한 증식을 유발하며 DO(용존 산소량)를 낮춰 수중 생태계를 위협할 수 있다.

10 다음 중 진핵생물의 생식세포와 체세포의 분열과정에 대한 설명으로 옳지 않은 것은?

① 체세포 분열은 핵분열과 세포질 분열로 나누어진다.

② 전기에는 염색사가 염색체로 되며 염색체의 동원체는 적도판에 배열된다.

③ G_1기의 세포에서는 RNA, 리보솜, 효소 등 세포분열에 필요한 세포함유물이 거의 2배로 증가된다.

④ S기는 DNA복제가 일어나는 시기이다.

⑤ 생식세포의 핵분열은 2회 연속 일어나며 2번째 분열을 할 때 염색체 복제가 일어나지 않는다.

> **해설** ② 염색체가 적도판에 배열되는 것은 중기이다.
> ① 체세포 분열기(M기)는 DNA를 비롯한 내용물들이 양극으로 분리되는 핵분열과 세포막과 세포질이 갈라지는 세포질 분열로 나뉜다.
> ⑤ 제1감수분열이 시작되기 전 간기에만 염색체(DNA) 복제가 일어난다.

2013년 기출문제

01 인슐린과 관련된 설명으로 옳은 것만을 〈보기〉에서 있는 대로 고른 것은?

│ 보기 │

ㄱ. 인슐린의 주요 표적세포는 이자에 있다.
ㄴ. 인슐린은 글루카곤과의 길항작용을 통해 혈당을 조절한다.
ㄷ. 인슐린 수용체에 기능 결손 돌연변이가 생기면 돌연변이 발생 이전보다 오줌의 양이 증가한다.

---

① ㄱ   ② ㄱ, ㄴ, ㄷ
③ ㄱ, ㄷ   ④ ㄴ
⑤ ㄴ, ㄷ

해설 ㄷ. 인슐린 수용체에 기능 결손 돌연변이가 발생하면 혈당 조절이 이루어지지 않아 당뇨가 발생하고, 당뇨 시 요의 삼투압이 증가하여 물이 함께 많이 배설되므로 오줌의 양이 증가한다.
ㄱ. 인슐린의 주요 표적은 간(Liver)세포이며, 간세포 내로 흡수된 포도당은 글리코겐 형태로 중합되어 저장된다. 이자(췌장)는 인슐린을 분비하는 장소이다.

02 어느 환자의 심전도에서 심방의 수축은 규칙적이지만, 심방수축 후의 심실수축은 불규칙한 것이 관찰되었다. 이 환자는 심장주기(Cardiac Cycle) 동안 심장의 전기신호 전도 과정에 이상이 생긴 것으로 확인되었다. 다음 중 이 환자에서 기능에 이상이 생긴 것으로 판단되는 부위로 가장 적절한 것은?

① 방실결절   ② 반월판
③ 관상동맥   ④ 동방결절
⑤ 폐정맥

해설 심방 수축은 규칙적이나 심실 수축이 불규칙한 것은 심방에서 심실로의 전기 신호 전도 과정에 이상이 발생한 것이므로, 그 과정과 관련된 부위인 방실결절 이상일 가능성이 높다.

03 다음은 어떤 유전질환을 가진 집안의 가계도이다.

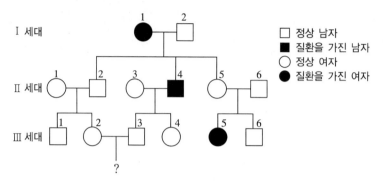

이 유전질환에 대한 설명으로 옳은 것만을 〈보기〉에서 있는 대로 고른 것은?

┤ 보기 ├

ㄱ. 이 유전질환 유전자는 성염색체에 있다.

ㄴ. II-6은 이 유전질환 유전자에 대해 이형접합체이다.

ㄷ. III-2와 III-3 사이에서 아이가 태어날 때 이 아이가 유전질환을 가질 확률은 $\frac{1}{8}$이다.

① ㄱ
② ㄱ, ㄴ
③ ㄴ
④ ㄴ, ㄷ
⑤ ㄷ

해설 ㄱ·ㄴ. III세대의 딸 5가 유전병이 없는 부모에게서 나왔으므로 이 질환은 열성으로 유전되며, 열성 질환을 앓는 딸이 정상 아버지에게서 나왔으므로 성염색체 상의 유전자가 아닌 상염색체상의 유전자에 의해 유전됨을 알 수 있다. 그리고 II세대 5와 6은 이형접합자임도 알 수 있다.

ㄷ. III세대의 3은 열성 아버지에게서 나왔으므로 이형접합자이며, III세대의 2와 3 사이에서 열성 유전질환 아이가 태어나려면 III세대의 2도 이형접합자여야 한다. I세대의 1이 질환자이므로 II세대 2는 이형접합자인데, II세대의 1은 동형접합자일 수도 이형접합자일 수도 있다. II세대의 1이 동형접합자이거나 이형접합자인 경우 모두 III세대의 2가 이형접합자일 확률은 1/2이 나오므로, III세대의 2와 3 사이에서 열성 유전질환 아이가 태어날 확률은 III세대의 2가 이형접합자일 확률(1/2) × 이형접합자 부모에게서 열성 동형접합자가 나올 확률은 (1/4) = 1/8이다.

04 다음 중 세포막에 대한 설명으로 옳지 않은 것은?

① 세포막의 유동성은 불포화 지방산이 많아질수록 커진다.

② 세포막을 구성하는 인지질은 수평 이동을 하지 않는다.

③ 세포막 외부로 돌출된 일부 당단백질은 세포 간 인식에 관여한다.

④ 세포막의 인지질은 양친매성 분자(Amphipathic Molecule)이다.

⑤ 지질 이중층 내부와의 친화력은 내재성 막단백질(Integral Membrane Protein)이 표재성 막단백질(Peripheral Membrane Protein)보다 크다.

해설 ② 세포막의 인지질은 수평 이동(Lateral Drift)이 가능하며, 드물게 막의 내층과 외층 사이에서 자발적으로 뒤집기도 일어난다.

05 다음 중 엽록체와 미토콘드리아에서 공통적으로 일어나는 것은?

① 빛에너지의 화학 에너지로의 전환

② H_2O를 분해하여 O_2를 방출하는 과정

③ 막을 통한 H^+의 이동

④ CO_2로부터 당이 합성되는 과정

⑤ $NADP^+$의 환원반응

해설 ③ 화학삼투이며 엽록체의 광인산화와 미토콘드리아의 산화적 인산화에서 모두 일어난다.
① 엽록체에서만 일어난다.
② 엽록체(명반응)에서만 일어난다.
④ 엽록체(캘빈 회로)에서만 일어난다.
⑤ 엽록체(명반응)에서만 일어난다.

06 2n = 6인 세포가 분열할 때 아래와 같은 염색체 배열이 나타나는 시기는?

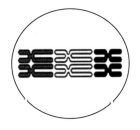

① 체세포 분열 중기

② 제1감수분열 중기

③ 제2감수분열 중기

④ 감수분열이 끝난 직후

⑤ 체세포 분열이 끝난 직후

해설 사분체(2가 염색체)가 형성되어 중기판에 배열되었으므로 제1감수분열 중기이다.

07 진핵세포 RNA에 대한 설명으로 옳은 것은?

① 진핵세포 RNA는 한 가지 RNA 중합효소에 의해 합성된다.

② 전사된 mRNA에 poly(A)가 첨가될 때 주형 DNA(template DNA)가 필요하다.

③ 5′-capping이 일어나는 장소는 세포질이다.

④ 스플라이싱에 의해 3′-UTR(untranslated region) 부위가 제거된다.

⑤ 스플라이싱 복합체(Spliceosome)에는 snRNP가 포함되어 있다.

해설 ⑤ 스플라이싱 복합체(스플라이소좀)은 snRNP(소형 핵 리보단백질)에 추가 단백질들이 결합해 형성된다.

① 진핵세포 RNA 합성에는 최소 3가지 이상의 RNA 중합효소가 사용된다.

② poly(A) 꼬리 첨가는 mRNA 상에 poly(A) 합성 신호가 나타나면 수십 뉴클레오티드 뒤에서 poly(A) 합성 효소에 의해 일어나며, 주형 DNA는 필요하지 않다.

③ 5′-capping은 핵 내에서 일어난다.

④ 스플라이싱 이후에도 5′-UTR(비암호화 부위)과 3′-UTR은 남는다.

08 진핵세포의 유전자 발현에 대한 설명으로 옳은 것만을 〈보기〉에서 있는 대로 고른 것은?

───────── | 보기 | ─────────

ㄱ. 염색질 응축여부와 유전자 발현은 관련성이 없다.

ㄴ. DNA 메틸화에 의해 유전자 발현이 조절될 수 있다.

ㄷ. 인핸서(Enhancer)는 표적유전자의 내부에 있을 수 없다.

ㄹ. miRNA(마이크로 RNA)는 표적 mRNA를 분해시킬 수 있다.

① ㄱ, ㄴ

② ㄱ, ㄷ

③ ㄱ, ㄷ, ㄹ

④ ㄴ, ㄷ, ㄹ

⑤ ㄴ, ㄹ

해설 ㄴ. DNA 메틸화는 염색질 응축에 영향을 미쳐 유전자 발현을 조절한다.

ㄹ. miRNA는 표적 mRNA의 번역을 억제하거나 분해를 유발할 수 있다.

ㄱ. 염색질이 응축되어 있으면(이질 염색질 상태) 유전자 발현이 억제되며, 염색질이 풀려 있으면(진정 염색 질 상태) 유전자 발현이 촉진된다.

ㄷ. 인핸서는 유전자 내부의 인트론에도 위치할 수 있다.

09 종(Species)의 상호작용에 대한 설명으로 옳은 것만을 〈보기〉에서 있는 대로 고른 것은?

———————— | 보기 | ————————

ㄱ. 각 종의 생태적 지위(Ecological Niche)를 결정하는 요인에는 생물학적 요인과 비생물학적 요인이 있다.

ㄴ. 두 종의 생태적 지위가 비슷할수록 두 종은 사이 좋게 공존할 수 있다.

ㄷ. 경쟁배타(Competitive Exclusion)는 두 종이 한정된 자원을 같이 필요로 할 때 일어난다.

① ㄱ   ② ㄱ, ㄴ

③ ㄱ, ㄷ   ④ ㄴ

⑤ ㄴ, ㄷ

> **해설** ㄱ. 생태적 지위는 어떤 생물이 이용할 수 있는 생물적 자원과 비생물적 자원의 합이다.
> ㄴ. 생태적 지위가 겹치는 두 종 사이엔 치열한 경쟁이 발생하여 공존하기 힘들어진다.

10 (가)~(다)는 지금까지 발견된 화석을 근거로 하여 명명된 사람류(Hominins) 종의 일부이다.

(가) 호모 하빌리스(Homo Habilis)
(나) 오스트랄로피테쿠스 아파렌시스(Australopithecus Afarensis)
(다) 호모 에렉투스(Homo Erectus)

(가), (나), (다)를 과거로부터 현존하는 호모 사피엔스(Homo Sapiens) 이전까지 시간에 따라 옳게 나열한 깃은?

① (가) – (나) – (다)   ② (가) – (다) – (나)

③ (나) – (가) – (다)   ④ (나) – (다) – (가)

⑤ (다) – (나) – (가)

> **해설** 오스트랄로피테쿠스('남쪽의 원숭이') 아파렌시스 → 호모 하빌리스('손을 쓰는 사람') → 호모 에렉투스('곧게 서는 사람') 순서로 진화한 것으로 알려졌다.

2012년 기출문제

01 다음은 생체 내의 항상성 조절에 대한 설명이다. 설명이 옳은 것만을 〈보기〉에서 있는 대로 고른 것은?

―――――――――――――――― | 보기 | ――――――――――――――――

ㄱ. 분자량이 작은 물의 비열이 높은 이유는 물 분자 사이의 공유결합을 끊는데 에너지가 많이 소비되기 때문이다.
ㄴ. 생체 내 활성형 비타민인 디히드록시 비타민 D는 소화관에서 Ca^{2+}흡수를 촉진한다.
ㄷ. 콩팥의 네프론에서 Na^+ 및 물의 재흡수는 각각 알도스테론 및 항이뇨호르몬(ADH)에 의하여 조절된다.
ㄹ. 동물의 신체활동조절에 관여하는 티록신은 원형질막에 있는 수용체와 결합하여 신호전달을 수행한다.

① ㄱ, ㄷ   ② ㄱ, ㄹ
③ ㄴ, ㄷ   ④ ㄴ, ㄷ, ㄹ
⑤ ㄴ, ㄹ

해설   ㄱ. 물의 비열이 높은 이유는 물 분자 사이의 수소결합을 끊는데 에너지가 소비되기 때문이다.
       ㄹ. 티록신은 타이로신 아미노산에 요오드(I)가 결합하여 소수성을 나타내므로 세포막을 투과하여 세포질에 있는 수용체와 결합하여 작용한다.

02 마이크로RNA(miRNA)와 miRNA전구체에 관한 설명으로 옳은 것만을 〈보기〉에서 있는 대로 고른 것은?

―――――――――――――――― | 보기 | ――――――――――――――――

ㄱ. miRNA전구체는 다이서(Dicer)에 의해 절단된다.
ㄴ. miRNA는 헤어핀 구조를 갖고 있는 3차 구조이다.
ㄷ. miRNA전구체는 핵 내에서 가공이 완료되어 miRNA가 만들어진다.
ㄹ. miRNA는 세포질에서 표적 RNA와 결합하여 번역(Translation)을 차단한다.

① ㄱ, ㄴ   ② ㄱ, ㄷ, ㄹ
③ ㄱ, ㄹ   ④ ㄴ, ㄷ
⑤ ㄷ, ㄹ

해설 miRNA는 식물, 동물 등에서 발견되어 RNAi(RNA 간섭)를 유발하는 RNA 분자이다. 단일 가닥으로 최종 가공된 후 단백질과 복합체(RISC ; RNA 유도성 침묵 복합체)를 형성하여 상보적인 염기서열을 지니는 표적 mRNA의 번역 억제나 분해를 유발하여 단백질로의 발현을 억제한다.

ㄴ. miRNA는 헤어핀 구조의 전구체로부터 형성된 20여 뉴클레오티드 길이의 단일 가닥 RNA이다.

ㄷ. miRNA의 가공은 세포질에서 완성된다.

03 식물이 ATP를 합성하는 방법으로 옳은 것만을 〈보기〉에서 있는 대로 고른 것은?

| 보기 |

ㄱ. 기질수준의 인산화　　　　　　　　　ㄴ. 산화적 인산화
ㄷ. 광인산화　　　　　　　　　　　　　ㄹ. 캘빈 회로에서의 인산화

① ㄱ, ㄴ, ㄷ　　　　　　　　　　　　② ㄱ, ㄴ, ㄹ
③ ㄱ, ㄷ　　　　　　　　　　　　　　④ ㄴ, ㄷ
⑤ ㄷ, ㄹ

해설 ㄱ. 식물세포의 세포 호흡 과정 중 세포질의 해당과정, 그리고 미토콘드리아의 TCA 회로(크렙스 회로 ; 시트르산 회로)에서 기질수준 인산화로 ATP 합성이 일어난다.

ㄴ. 식물세포의 세포 호흡 과정 중 미토콘드리아 내막 전자전달계에서 산화적 인산화로 ATP 합성이 일어난다.

ㄷ. 식물세포의 광합성 과정 중 엽록체 내 틸라코이드 막에서 명반응이 일어날 때 광인산화로 ATP 합성이 일어난다.

04 자연선택에 대한 설명으로 옳은 것만을 〈보기〉에서 있는 대로 고른 것은?

| 보기 |

ㄱ. 자연선택이 안정화 선택(Stabilizing Selection)의 방향으로 일어나면, 대부분의 종에서 진화 속도가 느려진다.
ㄴ. 방향성 선택(Directional Selection)의 결과로 집단 내 어떤 형질의 평균값은 극단을 향해 이동한다.
ㄷ. 분단성 선택(Disruptive Selection)이 일어나는 집단에서는 변이가 증가된다.

① ㄱ　　　　　　　　　　　　　　　　② ㄱ, ㄴ, ㄷ
③ ㄱ, ㄷ　　　　　　　　　　　　　　④ ㄴ, ㄷ
⑤ ㄷ

해설 ㄱ. 안정화 선택은 중간 형질의 개체들이 늘어나는 자연선택으로, 집단의 변이를 감소시키므로 진화 속도를 늦출 수 있다.

ㄴ. 방향성 선택은 한쪽 극단 형질의 개체들이 늘어나는 자연선택으로, 형질의 평균값이 극단으로 이동한다.

ㄷ. 분단성 선택은 양쪽 극단 형질의 개체들이 늘어나는 자연선택으로, 집단의 변이가 증가한다.

05 마이크로어레이(Microarray) 분석법에 대한 설명으로 옳은 것만을 〈보기〉에서 있는 대로 고른 것은?

─────────────── | 보기 | ───────────────

ㄱ. 여러 유전자 발현을 동시에 검출할 수 있다.
ㄴ. 미생물의 종 동정에는 사용되지 않는다.
ㄷ. 적은 양의 DNA와 mRNA도 증폭한 후 형광 염색하여 탐침으로 사용할 수 있다.
ㄹ. 슬라이드 표면에 여러 개의 이중나선 DNA 조각들을 붙여 분석에 사용한다.

① ㄱ, ㄴ, ㄷ   ② ㄱ, ㄷ
③ ㄱ, ㄷ, ㄹ   ④ ㄱ, ㄹ
⑤ ㄷ, ㄹ

해설   ㄴ. 미생물의 종 특이적 서열이 포함된 핵산 가닥이 부착된 칩(Chip)을 사용하면 종 동정에 이용할 수 있다.
        ㄹ. 마이크로어레이는 혼성화(Hybridization) 원리를 이용하므로, 단일 가닥 핵산들을 분석에 사용해야 한다.

06 여성의 난자형성에 관한 설명으로 옳은 것만을 〈보기〉에서 있는 대로 고른 것은?

─────────────── | 보기 | ───────────────

ㄱ. 출생 시 생식세포는 제1감수분열이 완료된 상태이다.
ㄴ. 제1난모세포는 제1감수분열이 종료되면서 2개의 제2난모세포를 만든다.
ㄷ. 배란 시 황체형성호르몬(LH)에 의해 여포 파열이 촉진되어 제2난모세포가 방출된다.
ㄹ. 제2난모세포가 정자를 만난 후 제2감수분열이 완성된다.

① ㄱ, ㄴ, ㄷ   ② ㄱ, ㄷ
③ ㄴ, ㄷ   ④ ㄴ, ㄹ
⑤ ㄷ, ㄹ

해설   ㄱ. 여성은 제1감수분열 전기에 멈춘 난모세포를 지니고 태어난다.
        ㄴ. 제1난모세포가 제1감수분열을 종료하면 제2난모세포 1개와 제1극체 1개가 형성된다.

07 세포호흡과정을 알아보기 위하여, 박테리아를 모든 탄소가 ^{14}C으로 표지된 포도당 배지에서 진탕 배양하였다. 다음의 (가), (나), (다)에 들어갈 용어를 순서대로 옳게 나열한 것은?

> 포도당이 해당과정을 거치면 (가)에서 ^{14}C가 최초로 발견되고 이후, TCA 회로가 시작되면서 생성되는 (나)에서 ^{14}C가 처음 발견된다. TCA 회로가 끝나면 포도당이 가지고 있던 에너지는 대부분 (다)에 저장된다.

① 피루브산, acetyl-CoA, ATP
② 피루브산, 옥살아세트산, ATP
③ 피루브산, 시트르산, NADH
④ 포도당-6-인산, 시트르산, NADH
⑤ 포도당-6-인산, 옥살아세트산, ATP

해설 ^{14}C는 각 단계의 첫 번째 산물에서 최초로 발견된다.
　　(가) 해당과정의 첫 번째 산물인 포도당-6-인산에서 ^{14}C가 최초로 발견된다.
　　(나) TCA 회로의 첫 번째 산물인 시트르산에서 ^{14}C가 최초로 발견된다.
　　(다) 아세틸기에 함유되어 있던 고에너지 전자는 TCA 회로에서 주로 NADH 상태로 저장되어 미토콘드리아 내막의 전자전달계로 전달된다.

08 다음은 심장 박동에 따른 전기 활성도를 측정한 것이다. 심방의 수축 시기와 심실의 수축 시기를 순서대로 옳게 나열한 것은?

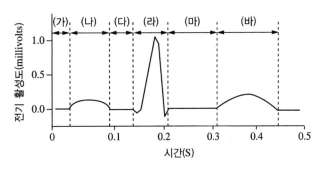

① (가), (다)
② (가), (라)
③ (나), (라)
④ (나), (바)
⑤ (라), (바)

해설 (나) P파 : 심방 수축 시 전기 신호가 체표면으로 전달되어 형성된다.
　　(라) QRS파 : 심실 수축, 심방 이완 시 전기 신호가 체표면으로 전달되어 형성된다.
　　(바) T파 : 심실 이완 시 전기 신호가 체표면으로 전달되어 형성된다.

09 폐렴균에는 S형과 R형이 있다. 살아있는 S형의 폐렴균을 주입한 쥐는 폐렴에 걸려 죽으나, 살아있는 R형의 폐렴균을 주입한 쥐는 살게 된다. 다음 중 쥐가 폐렴에 걸리지 않아 살게 되는 경우를 〈보기〉에서 있는 대로 고른 것은? (단, 실험에 사용된 쥐는 다른 요인에 의해 죽지 않는다고 가정한다)

─────────┤ 보기 ├─────────

ㄱ. 죽은 S형과 살아있는 R형 폐렴균이 존재하는 용액에 DNase를 처리한 후 쥐에 주사한다.
ㄴ. 죽은 S형과 살아있는 R형 폐렴균이 존재하는 용액에 Proteinase를 처리한 후 쥐에 주사한다.
ㄷ. 죽은 S형 폐렴균을 100℃로 30분간 가열한 후 식혀서 살아있는 R형 폐렴균 용액과 섞은 후 쥐에 주사한다.
ㄹ. 죽은 S형 폐렴균을 NaOH를 처리하여 완전히 용해시킨 후 살아있는 R형 폐렴균이 존재하는 용액과 섞은 후 쥐에 주사한다.
ㅁ. 죽은 S형과 살아있는 R형 폐렴균이 섞여 있는 용액을 120℃로 30분간 가열한 후 식혀서 쥐에 주사한다.

① ㄱ, ㄴ   ② ㄱ, ㄹ
③ ㄱ, ㅁ   ④ ㄴ, ㅁ
⑤ ㄷ, ㄹ

해설   ㄱ. DNase 처리 시 죽은 S형 폐렴균(폐렴 유발형)의 DNA가 분해되어 R형 폐렴균(폐렴 비유발형)이 S형 폐렴균으로 형질전환되지 않는다. → 쥐는 폐렴에 걸리지 않고 생존한다.
       ㅁ. 120℃로 30분간 가열하면 R형 폐렴균도 죽고 형질전환은 일어나지 않는다. → 쥐는 폐렴에 걸리지 않고 생존한다.
       ㄴ. proteinase 처리 시 죽은 S형 폐렴균의 DNA는 분해되지 않아 R형 폐렴균이 S형 폐렴균으로 형질전환된다. → 쥐는 폐렴에 걸려 죽는다.
       ㄷ. 죽은 S형 폐렴균의 DNA는 가열해도 변성되기만 할 뿐 분해되지 않아 살아있는 R형 폐렴균이 S형 폐렴균으로 형질전환된다. → 쥐는 폐렴에 걸려 죽는다.
       ㄹ. 죽은 S형 폐렴균의 DNA는 NaOH를 처리해도 변성되기만 할 뿐 분해되지 않아 살아있는 R형 폐렴균이 S형 폐렴균으로 형질전환된다. → 쥐는 폐렴에 걸려 죽는다.

10 종의 상호작용에 관한 설명으로 옳은 것만을 〈보기〉에서 있는 대로 고른 것은?

─────────┤ 보기 ├─────────

ㄱ. 군집 내 두 종은 동일한 시기에 같은 생태적 지위(Niche)를 공유할 수 없다.
ㄴ. 밤나무 위에 서식하고 광합성을 하는 겨우살이와 밤나무 간의 상호작용은 편리공생에 속한다.
ㄷ. 기생파리는 숙주인 무당벌레에 대해 기생 및 포식의 두 가지 상호작용을 한다.
ㄹ. 토끼풀과 뿌리혹 박테리아 간의 상호작용은 상리공생의 대표적인 예이다.

① ㄱ, ㄴ, ㄷ   ② ㄱ, ㄷ
③ ㄱ, ㄷ, ㄹ   ④ ㄴ, ㄹ
⑤ ㄷ, ㄹ

해설   ㄱ. 생태적 지위가 같은 두 종은 동일 공간에 공존할 수 없다(경쟁배타의 원리).
       ㄷ. 기생파리는 양분 섭취 과정에서 무당벌레를 죽이므로 포식 기생자이다.
       ㄹ. 토끼풀은 유기물을, 뿌리혹 박테리아는 질소고정 산물을 상대방에게 제공한다.
       ㄴ. 겨우살이는 광합성을 통해 유기물을 합성하지만, 부족한 다른 양분을 숙주로부터 얻는 반 기생 생물이다.

2011년 기출문제

01 다음 문장에서 A, B, C에 들어갈 적합한 단어를 순서대로 나열한 것은?

> 해당과정과 시트르산 회로에서 운반체와 결합한 형태로 생성된 (A)은/는 미토콘드리아 내막에 위치한 시토크롬 단백질의 작용을 받아 산화-환원 과정을 반복하다가, 전자전달계의 마지막 전자 수용체인 (B)와/과 반응하여 (C)로 된다.

① 물, 수소, 산소   ② 산소, 물, 수소

③ 산소, 수소, 물   ④ 수소, 물, 산소

⑤ 수소, 산소, 물

02 호흡과 관련된 설명으로 옳은 것만을 〈보기〉에서 있는 대로 고른 것은?

> ─── | 보기 | ───
>
> ㄱ. 흡기 동안 횡격막이 이완한다.
> ㄴ. 산소와 이산화탄소의 교환은 각 기체의 분압 차에 따른 확산에 의해 일어난다.
> ㄷ. 세포호흡은 조직세포에서 유기물을 산화시켜 에너지를 얻는 과정으로, 세포 내 미토콘드리아에서 일어난다.
> ㄹ. 폐포에서 기체 교환을 마치고 빠져나온 혈액은 심장의 우심방으로 간다.

① ㄱ, ㄴ   ② ㄴ, ㄷ

③ ㄷ, ㄹ   ④ ㄱ, ㄴ, ㄷ

⑤ ㄴ, ㄷ, ㄹ

해설 ㄱ. 흡기 시 횡격막과 외늑간근(바깥 갈비 사이 근육) 수축이 일어나 흉강이 부피가 확장된다.
ㄹ. 기체 교환을 마치고 폐로부터 빠져나온 혈액은 좌심방으로 유입된다.

03 세포주기 중 간기에 대한 설명으로 옳은 것만을 〈보기〉에서 있는 대로 고른 것은?

─────────| 보기 |─────────

ㄱ. 세포주기의 대부분을 차지한다.   ㄴ. G_1 시기에는 세포생장에 필요한 단백질이 합성된다.
ㄷ. 전기, 중기, 후기, 말기로 구분한다.   ㄹ. 유전물질인 DNA가 복제되는 시기이다.

① ㄱ, ㄴ   ② ㄱ, ㄹ
③ ㄷ, ㄹ   ④ ㄱ, ㄴ, ㄹ
⑤ ㄱ, ㄷ, ㄹ

해설   ㄷ. 전기, 중기, 후기, 말기 등으로 구분하는 것은 분열기(M기)이다.

04 남성 생식기의 구조와 기능에 대한 설명으로 옳지 않은 것은?

① 꼬불꼬불한 관으로 되어 있는 부정소는 정소에서 만들어진 정자가 일시적으로 보관되는 곳으로, 이곳을 지나면서 정자가 성숙된다.
② 한 쌍의 정낭은 정자가 사용하는 대부분의 에너지를 제공하는 과당을 포함한 진한 액체를 분비한다.
③ 사정관은 정낭에서 나온 관, 전립선에서 나온 관, 요도구선에서 나온 관과 하나로 합쳐진 후 요도와 연결된다.
④ 전립선은 정자에게 영양이 되는 묽은 액체를 분비하여 정자의 활동을 활발하게 한다.
⑤ 요도구선은 알칼리성 점액을 분비하여 요도에 남아 있을 수 있는 오줌의 산성을 중화시킨다.

해설   ③ 사정관은 요도로 연결되기는 하나, 정관의 연장과 정낭 유래의 관이 만나 형성된 짧은 관이다.

05 헤모글로빈의 특성에 대한 설명으로 옳은 것만을 〈보기〉에서 있는 대로 고른 것은?

─────────| 보기 |─────────

ㄱ. 산소 분압이 증가하면 산소해리도가 감소한다.
ㄴ. 산소가 순차적으로 결합할수록 다음 산소에 대한 친화력은 점차 감소한다.
ㄷ. 혈액의 pH가 증가하면 산소해리도가 증가한다.

① ㄱ   ② ㄴ
③ ㄷ   ④ ㄱ, ㄴ
⑤ ㄱ, ㄷ

해설   ㄴ. 산소가 헤모글로빈의 소단위에 결합할수록 나머지 소단위의 산소 친화도는 증가한다(협동성).
              ㄷ. 혈액의 pH가 낮아질 때 헤모글로빈의 산소 친화도가 낮아지며 해리도가 증가한다(보어 효과).

06 진핵세포와 원핵세포에서 공통적으로 존재하는 유전자발현 조절 단계는?

① mRNA에서 인트론이 제거되는 단계
② 오페론에 의한 조절이 일어나는 단계
③ DNA에서 mRNA가 만들어지는 전사(Transcription) 단계
④ mRNA의 모자형성(Capping)과 꼬리첨가(Tailing) 단계
⑤ 해독(Translation)된 폴리펩티드가 당화(Glycosylation)되는 단계

> **해설** ① 인트론이 제거되는 스플라이싱은 진핵세포에서만 일어난다.
> ② 오페론 구조는 원핵세포 DNA에만 존재한다.
> ④ 5′-capping과 3′-tailing은 진핵세포의 mRNA에만 일어난다.
> ⑤ 단백질의 당화와 같은 번역 후 변형(Post-Translational Modification)은 진핵세포에서만 일어난다.

07 유성 생식을 하는 생물체는 무성 생식을 하는 생물체에 비해 생식의 빈도가 매우 낮은 편이지만, 적응도(Fitness)는 더 높다. 그 이유가 되는 유성 생식 생물체의 특징으로 가장 적합한 것은?

① 성장에 더 많은 시간을 필요로 하기 때문이다.
② 세포 크기가 크기 때문이다.
③ 제놈(Genome) 크기가 크기 때문이다.
④ 자손의 유전적 변이가 다양하기 때문이다.
⑤ 많은 개체 수를 생산할 수 있기 때문이다.

08 군집에 대한 설명으로 옳은 것만을 〈보기〉에서 있는 대로 고른 것은?

─────── | 보기 | ───────
ㄱ. 군집이란 같은 지역을 점유하고 있는 모든 종의 개체군을 말한다.
ㄴ. 토양이나 식물이 없었던 새롭게 노출된 지역에서 일어나는 천이를 2차 천이라 한다.
ㄷ. 생체총량이 높거나 개체 수가 많아 군집의 주요 효과를 갖는 종을 지표종(Indicator Species)이라 한다.
ㄹ. 군집 안에서 개체 수에 비례하지 않고 주요 역할을 하는 종을 중심종(Keystone Species)이라 한다.

① ㄱ, ㄴ   ② ㄱ, ㄹ
③ ㄴ, ㄷ   ④ ㄷ, ㄹ
⑤ ㄱ, ㄷ, ㄹ

> **해설** ㄴ. 토양이나 식물이 없는 지역에서 일어나는 천이는 1차 천이이다.
> ㄷ. 생체량이나 개체 수가 많아 군집에서 주요 효과를 나타내는 종은 우점종(Dominant Species)이다.

09 한 분자의 포도당이 해당과정을 거쳐 시트르산 회로를 마쳤을 때, 최종적으로 생성되는 ATP, NADH, FADH₂의 분자수는?

① ATP : 1, NADH : 4, FADH$_2$: 4
② ATP : 2, NADH : 8, FADH$_2$: 2
③ ATP : 3, NADH : 6, FADH$_2$: 4
④ ATP : 4, NADH : 8, FADH$_2$: 2
⑤ ATP : 4, NADH : 10, FADH$_2$: 2

> **해설** ATP : 해당과정에서 2분자, 시트르산 회로(2번의 회로)에서 2분자 → 4ATP
> NADH : 해당과정에서 2분자, 시트르산 회로(2번의 회로)에서 6분자 → 10NADH
> FADH$_2$: 시트르산 회로(2번의 회로)에서 2분자 → 2FADH$_2$

10 다음은 유전자 내 단일염기변이를 검출하기 위해 자주 사용하는 제한효소 단편분석(RFLP ; Restriction Fragment Length Polymorphism) 과정을 순서 없이 기술한 것이다. 실험 과정을 순서대로 올바르게 나열한 것은?

> 가. 대상자의 백혈구에서 DNA를 추출하고, 제한효소를 처리하여 제한효소단편 조각을 만든다.
> 나. 이중 가닥으로 된 DNA를 단일 가닥으로 만들고, 특수한 필터 종이에 블롯팅(Blotting)한다.
> 다. 제한효소단편 혼합물을 전기영동한다.
> 라. X-선 필름을 종이 필터 위에 올려놓고 방사능을 검출한다.
> 마. 시료를 알아보고자 하는 유전자와 상보적인 염기 서열을 가진 단일가닥 방사성 DNA 탐지자가 들어 있는 용액과 반응시킨다.

① 가 → 나 → 다 → 마 → 라
② 가 → 다 → 나 → 마 → 라
③ 가 → 마 → 나 → 다 → 라
④ 나 → 가 → 라 → 마 → 다
⑤ 마 → 다 → 나 → 라 → 가

4과목

지구과학

우리가 해야 할 일은 끊임없이 호기심을 갖고
새로운 생각을 시험해 보고 새로운 인상을 받는 것이다.

- 월터 페이터 -

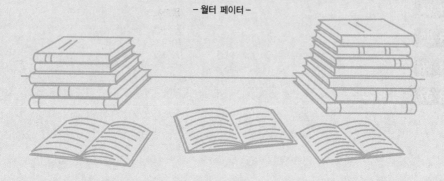

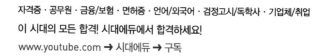

자격증 · 공무원 · 금융/보험 · 면허증 · 언어/외국어 · 검정고시/독학사 · 기업체/취업
이 시대의 모든 합격! 시대에듀에서 합격하세요!
www.youtube.com → 시대에듀 → 구독

01 | 지구의 구조와 지각의 물질

01 지구의 구조

(1) 지진파

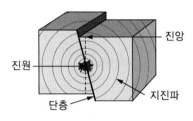

▲ 지진파의 발생

① 정의 : 암석에 가해진 힘이 탄성 한계를 넘으면 단층이 발생하면서 암석에 응축된 에너지가 사방으로 전달된다. 파동의 형태로 탄성 에너지가 전달되는 현상을 지진이라고 하고, 이때 발생하는 파동을 지진파라 한다. 또한 탄성 에너지가 최초로 방출되는 지점을 진원, 이 진원을 수직 방향으로 올렸을 때 지표면과 만나는 점을 진앙이라고 한다. 따라서 진원은 주로 지하에 위치하고 진앙은 항상 지표면에 위치한다.

② 발생원인 : 규모가 큰 지진은 주로 단층에 의해 발생하지만, 화산이 폭발하거나 지하의 공동이 붕괴할 때도 지진이 발생할 수 있다.

③ 규모와 진도

　㉠ 규모 : 지진의 세기를 나타내는 단위로, 지진에 의해 방출되는 에너지양에 의해 결정된다. 방출되는 에너지양이 많을수록 큰 값을 가지며, 같은 지진이라면 관측하는 지점에 상관없이 지진의 규모는 항상 같다.

　㉡ 진도 : 지진이 발생했을 때 사람이 느끼는 강도, 물체의 흔들림, 피해 정도 등을 수치화한 것으로 지진에 의한 피해가 클수록 진도 값이 커진다. 또한 같은 지진이더라도 진원으로부터의 거리, 지하 내부 물질의 종류, 구조물의 형태 등에 따라서 그 값이 달라진다.

④ 지진파의 성질과 종류

　㉠ 지진파는 성질이 다른 매질을 만나면 매질의 경계면에서 반사되거나 굴절하며, 대개 같은 상태의 매질에서 매질의 밀도가 커지면 지진파의 전파 속력도 빨라진다.

　㉡ 실체파와 표면파 : 실체파는 진원에서 시작해 지구 내부를 통과하여 진행하는 지진파이고, 표면파는 진원에서 시작해 지표면을 따라 진행하는 지진파이다.

지진파	파동의 종류		성질	전파속력	진폭	피해	통과물질
P파	실체파	종파	매질의 진동방향과 파의 진행방향이 평행	5~8km/s	작음	작음	고체, 액체, 기체
S파		횡파	매질의 진동방향과 파의 진행방향이 수직	3~4km/s	중간	큼	고체
L파	표면파		지표면을 따라 전파	2~3km/s	큼	매우 큼	지표면의 고체

⑤ 지진의 기록 : 지진 기록을 분석하면 진원으로부터의 거리, 진도, 지구 내부 구조 등을 알 수 있다.

　㉠ PS시 : S파가 도착한 시간에서 P파가 도착한 시간을 뺀 값으로, 진원으로부터의 거리가 멀어질수록 PS시가 커진다.

　㉡ 지진 관측 기록에서의 진폭은 지표면의 흔들림 정도를 나타내므로 진폭이 클수록 진도 값이 크다.

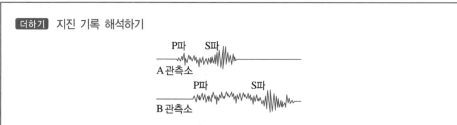

더하기 지진 기록 해석하기

- PS시는 A 관측소보다 B 관측소에서 더 크다.
  ⇒ 진원으로부터의 거리는 A 관측소보다 B 관측소가 더 멀다.
- 진원에서 가까운 관측소일수록 P파가 먼저 도착한다.
- 지진 기록의 진폭은 지진의 세기를 나타낸다. 따라서 지진의 세기는 P파보다 S파가 더 강하다.

(2) 지구 내부 탐사

① 지구 내부 구조와 구성 물질

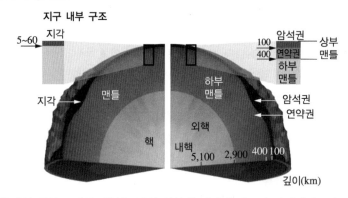

지구 내부 구조

　㉠ 화학 성분에 따른 구분 : 지구 내부는 구성 성분에 따라서 밀도가 달라진다. 밀도가 급변하는 지점을 기준으로 지구 내부를 구분하면 지각, 맨틀, 핵의 3부분으로 나눌 수 있으며 지구 중심부로 갈수록 밀도가 커진다.

　　• 지각 : 주로 규산염 광물로 이루어진 단단한 암석으로, 지구의 표면에 해당하며 대륙 지각과 해양 지각으로 구분할 수 있다. 지각을 구성하는 암석은 대부분(약 95%) 화성암과 변성암이며, 퇴적암의 비율은 매우 작다(약 5%).

대륙 지각은 해양 지각보다 평균 두께가 두껍고 평균 밀도가 작다.

종 류	대륙 지각	해양 지각
주요 구성 암석	화강암질 암석	현무암질 암석
밀 도	$2.7g/cm^3$	$3.0g/cm^3$
두 께	35km	10km

- 맨틀 : 감람암질 암석으로 이루어져 있으며, 지구 내부 부피의 약 80%를 차지한다. 고체 상태 이지만 일부 유동성이 있는 연약권이 위치하며 부분용융이 일어난다.
- 핵 : 철과 니켈로 이루어져 있으며, 액체 상태인 외핵과 고체 상태인 내핵으로 구분된다.

더하기 지구의 구성 원소와 지각의 구성 원소

지구는 철 35%, 산소 30%, 규소 15%, 마그네슘 13% 등으로 구성되어 있다. 지구가 형성되는 과정에서 마그마 바다 상태(액체 상태)를 거치면서 무거운 원소인 철과 니켈은 지구 중심부로 가라앉아 핵을 형성하고, 상대적으로 가벼운 원소인 산소와 규소는 지구 표면으로 떠오르면서 지각과 맨틀을 형성하였다. 따라서 지각은 산소 46.6%, 규소 27.7%와 그 밖의 원소로 이루어져 있으며, 핵은 약 80%가 철로 이루어져 있다.

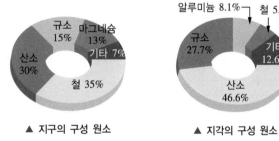

▲ 지구의 구성 원소 　　▲ 지각의 구성 원소

ⓒ 물리적 상태에 따른 구분 : 지구 내부의 물리적 상태에 따라 지진파의 속도가 달라지는데, 지진 파 속도 변화를 이용하여 지구 내부를 구분하면 암석권, 연약권, 외핵, 내핵 4부분으로 나눌 수 있다.

- 암석권(판) : 지각과 상부 맨틀의 최상부층으로 구성되어 있으며, 단단한 암석 상태이다.
- 연약권 : 지구 내부 깊이 100~400km에 해당하고, 지진파 전파 속도가 느려지는 저속도 층이 다. 지하 온도가 거의 맨틀의 용융 온도에 도달하여 암석 일부가 살짝 녹아 있는 상태이다.
- 하부 맨틀 : 연약권과 핵 사이에 위치하며, 가장 큰 부피를 차지한다.
- 외핵 : 철과 니켈로 이루어져 있으며 용융 온도보다 내부 온도가 높은 액체 상태이다. 액체 상태의 철과 니켈이 대류를 하면서 지구에 자기장을 형성하고, 지구의 자기장이 태양으로부터 오는 해로운 우주선을 막아 지구의 생명체를 보호하는 역할을 한다.
- 내핵 : 철과 니켈로 이루어져 있으며, 온도가 매우 높으나 압력 또한 매우 높아 용융 온도가 내부 온도보다 높은 고체 상태이다.

② 지진파를 활용한 지구 내부 탐사

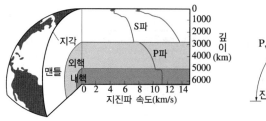

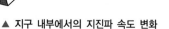

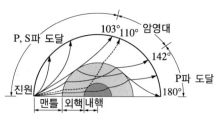

▲ 지구 내부에서의 지진파 속도 변화   ▲ 지구 내부에서의 지진파 도달 경로

㉠ 지진파의 속도는 매질의 상태나 밀도에 따라서 달라지므로, 이를 이용하여 지구 내부의 층상 구조를 파악할 수 있다.

㉡ 지구 내부의 경계면에서는 물질의 상태와 종류가 달라지므로 지진파의 전파 속도가 급격하게 변하는데, 지각과 맨틀의 경계면을 모호로비치치 불연속면(모호면), 맨틀과 외핵의 경계면을 구텐베르크 불연속면, 외핵과 내핵의 경계면을 레만 불연속면이라고 한다.

㉢ 지각과 맨틀은 고체 상태이기 때문에 P파와 S파가 모두 전파되나, 액체 상태인 외핵에서는 P파만 전파되고 S파는 전파되지 않는다.

㉣ 암영대란 지진이 관측되지 않는 지역을 말하며, 지진파가 지구 내부의 불연속면을 지날 때 굴절하거나 반사하기 때문에 형성된다. P파가 관측되지 않는 P파 암영대(각거리 103~142°)와 S파가 도착하지 않는 S파 암영대(각거리 103~180°)가 있다. 암영대의 존재를 통해 외핵이 액체 상태라는 것을 알 수 있다.

㉤ 진원에서의 각거리가 110°인 지점에서 약한 P파가 관측되는데, 이를 통해 내핵이 고체 상태라는 것을 알 수 있다.

02 지구의 물질

(1) 광 물

① 정의 : 광물이란 암석을 이루고 있는 알갱이로, 자연에서 생성된 고체 상태의 무기물이다. 광물마다 고유한 결정 구조와 일정한 화학 조성을 가지고 있기 때문에 광물은 서로 다른 고유한 특성을 가진다. 광물은 한 종류의 원소로만 구성된 경우도 있지만 대부분 여러 가지의 원소로 이루어진 화합물이다.

② 성 질

㉠ 물리적 성질

• 색과 조흔색 : 광물의 색은 결정 상태의 광물을 관찰했을 때의 색을 의미하며, 광물의 화학 조성과 결정 구조 등의 영향을 받는다. 반면 조흔색은 광물 가루의 색으로, 광물을 조흔판에 그었을 때 묻어 나오는 가루의 색으로 확인할 수 있다.

• 굳기 : 광물의 단단한 정도를 나타내는 특성으로, 광물을 서로 긁어봄으로써 상대적인 굳기를 측정할 수 있다. 주로 모스 굳기계를 이용하여 굳기를 숫자로 나타내며 숫자가 클수록 단단한 것을 뜻한다.

- 광택 : 광물의 표면에서 반사되는 빛이 우리 눈에 도달하는 느낌으로, 주로 금속 광물에 의한 금속 광택과 비금속 광물에 의한 비금속 광택으로 나뉜다.
- 깨짐과 쪼개짐 : 광물의 결합 구조에 영향을 받는 특성으로, 광물에 힘이 가해졌을 때 일정한 방향으로 갈라지면 쪼개짐이고, 불규칙하게 부서지면 깨짐이라 한다. 광물 결합력이 모든 방향으로 같으면 깨짐이 나타나고 광물의 결합력에 약한 방향이 있으면 그 방향을 따라 쪼개짐이 나타난다. 장석의 경우 망상 구조를 가지지만 다른 이온과 결합하고 있으므로 광물의 결합력이 약한 방향이 존재하여 쪼개짐이 나타난다.

구조 명칭	독립형 구조	단사슬 구조	복사슬 구조	판상 구조	망상 구조
깨짐과 쪼개짐	깨 짐	두 방향 쪼개짐	두 방향 쪼개짐	한 방향 쪼개짐	깨 짐

ⓛ 화학적 성질
- 동질이상 : 화학 조성은 같지만, 생성 당시의 조건이 달라 결정 구조가 다른 광물을 말한다. 이 광물끼리는 결정 구조가 다르므로 물리적, 광학적 성질이 서로 다르다.
  - 방해석과 아라고나이트($CaCO_3$)
  - 남정석과 황주석, 규선석(Al_2SiO_5)
  - 황철석과 백철석(FeS_2)
  - 흑연과 금강석(C)
- 유질동상 : 화학 조성은 다르나 일부 화학 성분이 일치해 결정 구조가 같은 광물을 말한다. 이 광물끼리는 결정 구조가 같으므로 물리적, 광학적 성질이 서로 비슷하다.
  - 방해석($CaCO_3$), 마그네사이트($MgCO_3$), 능철석($FeCO_3$)은 탄산 이온(CO_3^{2-})을 공통으로 가지고 있는 유질동상이다.
- 고용체 : 광물이 생성되는 조건에 따라 결정 구조가 변하지 않으면서 일정 범위 내에서 화학 조성이 변하는 광물로, 화학 조성이 달라지기 때문에 비중을 한 값으로 나타내지 않고 범위로 나타낸다.
  - 감람석 : 화학식은 $(Mg, Fe)_2SiO_4$이며, Mg과 Fe이 서로 치환될 수 있다. 비중은 3.2(Mg_2SiO_4일 때)~4.4(Fe_2SiO_4일 때)이다.
  - 사장석 : Ca과 Na이 서로 치환되며, Ca과 Na의 전하 차이가 있기 때문에 Al과 Si가 함께 치환되어 $CaAl_2Si_2O_8$ – $NaAlSi_3O_8$ 사이의 화학식을 갖는다. 비중은 2.6~2.8이다.

③ **조암 광물** : 암석을 구성하고 있는 주된 광물을 조암 광물이라고 한다. 조암 광물 대부분은 규소와 산소가 주성분인 규산염 광물이며 탄산염 광물, 산화 광물 등의 비규산염 광물도 존재한다.

ⓛ 규산염 광물 : 규산염 광물이란 규소(Si)와 산소(O)가 결합된 SiO_4 사면체를 기본 구조로 가지는 광물로서, 지구를 구성하는 조암 광물의 대부분을 차지하고 있다. SiO_4 사면체가 어떻게 결합되어 있는지, 어떤 이온과 결합되어 있는지에 따라 광물의 종류가 달라진다.

[규산염 광물의 구조]

구조 명칭	독립형 구조	단사슬 구조	복사슬 구조	판상 구조	망상 구조
Si : O	1 : 4	1 : 3	4 : 11	2 : 5	1 : 2
공유 산소 수	적음	←———→			많음
풍화에 강한 정도	약함	←———→			강함

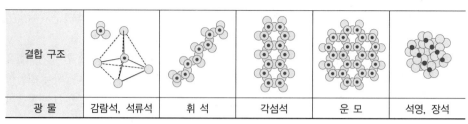

결합 구조					
광물	감람석, 석류석	휘 석	각섬석	운 모	석영, 장석

ⓛ 비규산염 광물

- 탄산염 광물 : 방해석($CaCO_3$)
- 산화 광물 : 강옥(Al_2O_3)
- 황화 광물 : 황철석(FeS_2)

(2) 암 석

① 화성암

㉠ 마그마의 분류 : 마그마의 SiO_2 함량에 따라 현무암질 마그마, 안산암질 마그마, 유문암질 마그마로 분류할 수 있다. 현무암질 마그마의 SiO_2 함량은 52% 이하이고, 안산암질 마그마의 SiO_2 함량은 52~63%, 유문암질 마그마의 SiO_2 함량은 63%이다. 마그마의 SiO_2 함량이 높을수록 생성 온도가 낮으며, 점성도가 높다. 또한, 마그마의 SiO_2 함량이 높을수록 수분의 함량이 많아 더욱 폭발적으로 분출되며, 화산체의 경사가 급하다.

마그마의 분류	현무암질	안산암질	유문암질
SiO_2 함량	52% 이하	52~63%	63% 이상
생성 온도	높다	⟷	낮다
점성도	낮다	⟷	높다
수분의 함량	적다	⟷	많다
폭발력	약하다	⟷	강하다

> **더하기** 형태에 따른 현무암질 용암의 종류
> - 파호이호이 용암 : 현무암질 용암이 빠르게 흐르면서 형성되며, 표면이 매끄럽고 밧줄과 비슷한 형태를 보인다.
> - 아아 용암 : 파호이호이 용암보다 점성이 큰 용암으로, 겉부분의 용암이 파쇄되어 표면이 날카롭고 거칠다.
> - 베개 용암 : 용암이 물속에서 분출하여 급속히 식으면서 형성되며, 마치 치약을 짠 것과 같은 형태를 가지고 있다.

㉡ 화성암의 분류 : 화성암은 마그마가 굳어져서 만들어진 암석으로, SiO_2 함량에 따라 염기성암, 중성암, 산성암으로 분류할 수 있다. 또한, 암석을 구성하는 광물의 결정 크기에 따라 화산암(분출암)과 심성암(관입암)으로 분류할 수 있다.

- 화학 조성에 따른 분류
  - 염기성암 : SiO_2 함량이 52% 이하이며, 주요 구성 광물은 유색광물인 감람석 또는 각섬석, 휘석, 무색광물인 사장석이다. 유색광물의 비율이 높아 어두운색을 띠며, FeO와 MgO, CaO 함량이 높으며 SiO_2와 Na_2O 함량이 낮아 밀도가 높다.
  - 중성암 : SiO_2 함량이 52~63%이며, 주요 구성 광물은 유색광물인 각섬석, 흑운모와 무색광물인 사장석, 정장석이다. 색은 염기성암보다 밝고 산성암보다 어두우며, 밀도는 염기성암보다 작고 산성암보다 크다.
  - 산성암 : SiO_2 함량이 63% 이상이며, 주요 구성 광물은 유색광물인 흑운모, 무색광물인 사장석, 정장석, 석영이다. 무색광물의 비율이 높아 밝은색을 띠며 FeO와 MgO, CaO 함량이 낮고 SiO_2와 Na_2O 함량이 높아 밀도가 낮다.

화학 조성에 따른 분류			염기성암	중성암	산성암
조직에 따른 분류	특 징	SiO_2(%)	적다 ◄── 52 ──── 63 ──► 많다		
		색	어둡다 ◄──────────► 밝다		
	조 직 / 냉각속도	밀 도	크다 ◄──────────► 작다		
화산암	세립질	빠르다	현무암	안산암	유문암
심성암	조립질	느리다	반려암	섬록암	화강암
조암 광물의 함량 ☐ 무색광물 ▨ 유색광물			휘석 / 감람석	사장석 / 각섬석	정장석 / 석영 / 흑운모

- 조직에 따른 분류
  - 화산암(분출암) : 마그마가 지표 부근에서 빠르게 냉각되면서 생성된 화성암으로, 결정의 크기가 작아 맨눈으로 식별할 수 없는 세립질 조직 또는 결정을 형성하지 못한 유리질 조직이 발달한다.
    예 현무암, 안산암, 유문암
  - 심성암(관입암) : 마그마가 지하 깊은 곳에서 느리게 냉각되면서 생성된 화성암으로, 결정의 크기가 큰 조립질 조직이 발달한다.
    예 반려암, 섬록암, 화강암
ⓒ 화성암 지형
- 화산암 지형 : 화산 활동으로 분출된 용암에 의해 형성된 지형으로, 우리나라에는 제주도, 백두산, 울릉도, 독도, 철원군, 연천군 등이 있다.
  - 제주도 : 우리나라 남해에 있는 신생대 화산 활동으로 형성된 화산섬으로 대부분 현무암질 용암으로 이루어져 있으며, 응회암이나 조면암질 암석도 일부 분포한다. 지표의 틈으로 용암이 분출하여 수많은 오름이 분포하며, 용암이 흐르면서 대기와 맞닿은 표면은 굳어지고 내부는 용암이 계속 흐르면서 만들어진 용암 동굴의 수 또한 많다. 가장 대표적인 용암 동굴로는 만장굴이 있다.
  - 백두산 : 신생대 화산 분출로 형성되었으며, 여러 번의 화산 분출로 여러 층을 이루고 있는 성층 화산이다. 백두산 정상에는 분화구 안쪽이 함몰되어 형성된 칼데라호인 천지가 있다.

- 울릉도 : 신생대에 SiO$_2$ 함량이 높아 유동성이 작은 용암이 분출하여 만들어진 화산으로, 화산체의 경사가 비교적 급하다.
- 독도 : 우리나라에 존재하는 화산섬 중 가장 오래된 화산섬으로, 해수의 침식작용으로 서도와 동도로 나누어졌다.
- 철원군~연천군 : 신생대 화산 분출로 형성된 용암 대지가 분포하는 곳으로, 한탄강에는 주상절리가 발달해 있다.
- 심성암 지형 : 마그마가 지하 깊은 곳에서 천천히 식어 형성된 심성암이 지표의 풍화·침식작용으로 융기하여 지표면으로 드러난 지형으로, 우리나라에는 북한산, 불암산, 설악산, 금강산 등이 있다.
  - 북한산과 불암산 : 중생대 때 관입한 화강암이 지표의 침식작용으로 인해 융기하여 지표면으로 드러나 형성된 암산으로, 압력 감소로 형성된 판상절리가 형성되어 있다.

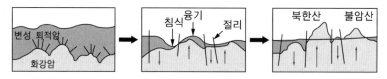

▲ 북한산과 불암산의 형성 과정

② 퇴적암(분류, 퇴적구조, 퇴적 환경)
  ㉠ 퇴적암의 분류 : 퇴적암은 퇴적물의 기원에 따라 쇄설성 퇴적암, 화학적 퇴적암, 유기적 퇴적암으로 구분된다.
    - 쇄설성 퇴적암 : 암석이 풍화·침식을 받아 생성된 퇴적물이나 화산의 분출물이 쌓여 형성된 퇴적암으로, 퇴적물의 종류와 입자의 크기에 따라 세분된다.
    - 화학적 퇴적암 : 물에 녹아 있던 물질이 침전되면서 형성되거나 물이 증발하면서 형성되는 퇴적암이다.
    - 유기적 퇴적암 : 동식물의 유해·사체가 쌓여 만들어지는 퇴적암이다.

구 분		주요 퇴적물	퇴적암
쇄설성 퇴적암	풍화·침식 작용	자갈(2mm 이상)	역 암
		모래($\frac{1}{16}$~2mm)	사 암
		점토($\frac{1}{16}$mm 이하)	이암, 셰일
	화산 분출	화산탄, 화산암괴(64mm 이상)	집괴암
		화산력(2~64mm)	라필리 응회암
		화산재(2mm 이하)	응회암
화학적 퇴적암	침전 작용	CaCO$_3$	석회암
		SiO$_2$	처 트
		NaCl	암 염
유기적 퇴적암	동식물의 유해나 골격 퇴적	석회질 생물체(산호, 유공충 등)	석회암
		규질 생물체(방산충 등)	처트, 규조토
		식 물	석 탄

ⓒ 퇴적구조 : 퇴적암에서 발견되는 특징적인 구조를 퇴적구조라고 하며, 퇴적구조를 통해 퇴적 당시의 환경을 유추할 수 있다.

- 층리 : 퇴적암에서 입자의 크기와 색, 모양 등이 다른 퇴적물이 층층이 쌓이면서 줄무늬 형태를 만든 것을 층리라고 한다. 층리는 수평면에 평행하게 형성된다.

- 사층리 : 층리가 수평면에 평행하지 않고 기울어진 것으로, 바람이 불거나 얕은 물이 흐르는 환경에서 형성된다. 사층리는 사질 퇴적물에서 잘 발달하며 사층리를 통해 입자의 공급 방향을 알 수 있다.

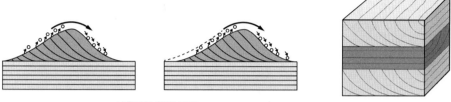

▲ 사층리의 형성 과정   ▲ 사층리

- 점이 층리 : 크기가 다양한 입자가 한꺼번에 퇴적될 때 형성되는 퇴적구조로, 입자의 크기에 따른 침강 속도 차이 때문에 형성된다. 점이 층리는 수심이 깊은 대륙대나 호수에서 발견되며, 하층에서 상층으로 갈수록 입자의 크기가 감소한다.

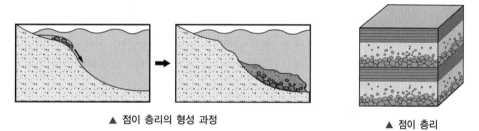

▲ 점이 층리의 형성 과정   ▲ 점이 층리

- 연흔 : 층리면에 물결무늬가 나타나는 퇴적구조로, 얕은 물 밑에서 퇴적물이 퇴적되면서 물결의 영향을 받거나 사막에서 바람의 영향을 받아 형성된다. 연흔은 사질 퇴적물에서 주로 나타난다.

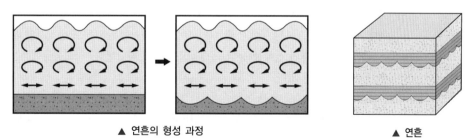

▲ 연흔의 형성 과정   ▲ 연흔

- 건열 : 층리면에 쐐기 모양으로 갈라진 부분이 나타나는 퇴적구조로, 얕은 물 밑에 쌓인 점토층이 대기에 노출되어 수분이 증발하면서 표면이 말라서 형성된다. 따라서 건열이 발견되는 곳은 퇴적 당시에 건조한 환경이었다는 것을 알 수 있다.

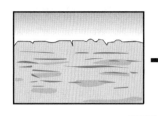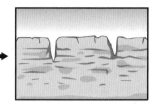

▲ 건열의 형성 과정

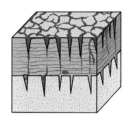

▲ 건열

ⓒ 퇴적 환경

- 육상 환경 : 육지에서 퇴적이 일어나는 환경으로 선상지, 사막, 호수, 하천, 빙하 등이 있다.
  - 선상지 : 경사가 급한 산지에서 평지로 퇴적물이 이동할 때 형성되는 지형으로 자갈이나 모래 등이 쌓인다.
  - 사막 : 바람에 의해 운반된 모래가 퇴적되어 사암이 형성되며, 사층리가 잘 발달한다.
  - 호수 : 육지에서 형성되는 물속 환경으로 연흔, 건열, 점이 층리 등이 형성될 수 있다.
  - 빙하 : 상대적으로 크기가 다양한 입자들이 한 번에 퇴적되므로 분급도가 좋지 않으며, 역 암이 생성된다.
- 연안 환경 : 육지와 해양을 잇는 곳에서 퇴적이 일어나는 환경으로 삼각주, 해빈, 조간대 등이 있다.
  - 삼각주 : 하천이 바다로 흘러 들어가면서 형성되는 지형으로 사층리가 형성된다.
  - 해빈 : 바닷가에서 사암이 퇴적되며, 연흔이 발견될 수 있다.
  - 조간대 : 만조일 때는 해수면 아래에, 간조일 때는 해수면 위에 위치하는 지형이다.
- 해양 환경 : 바다 밑에서 퇴적이 일어나는 환경으로 대륙붕, 대륙 사면, 대륙대, 심해저평원 등이 있다.
  - 대륙붕 : 수심이 얕은 곳으로, 연흔이 형성될 수 있다.
  - 대륙대 : 대륙 사면을 타고 이동한 저탁류가 쌓이는 곳으로, 점이 층리가 형성된다.

ⓓ 우리나라의 퇴적 지형

- 강원도 태백 구문소 : 고생대의 따뜻하고 수심이 얕은 바다에서 퇴적되었으며 석회암, 셰일 등으로 구성되어 있고 연흔, 건열 등이 발견된다. 발견되는 화석으로는 삼엽충, 완족류가 있다.
- 카르스트 지형 : 석회암이 지하수에 의해 화학적 풍화 작용을 받으면서 형성되는 지형으로, 고생대 석회암이 분포하는 곳에서 잘 나타나며 우리나라에는 강원도 삼척시의 환선굴, 영월군 의 고씨동굴, 울진군의 성류굴 등의 석회동굴이 이에 해당한다. 석회동굴에는 종유석, 석주, 석순 등이 발달하여 있다.
- 경남 고성 덕명리 : 중생대 호숫가 주변이나 해안가에서 형성된 지형으로, 사암과 셰일로 구성 되어 있으며 연흔과 건열이 발견된다. 발견되는 화석으로는 공룡 발자국, 새 발자국이 있다.
- 전북 부안 채석강 : 층리가 잘 발달하여 있는 대표적인 퇴적암 지형으로, 중생대 호수에서 퇴 적되었으며 층리와 연흔 등이 발달해 있다. 해수의 침식작용과 지각의 융기로 인해 형성된 해 식 절벽과 해식 동굴, 해식 대지가 발달해 있다.
- 전북 진안 마이산 : 중생대 호수에서 쌓인 역암, 사암, 셰일 등이 융기하면서 형성된 산으로, 민물조개, 고동의 화석이 발견된다. 태양을 바라보고 있는 암석의 표면에는 풍화 작용으로 인 해 형성된 타포니가 발달해 있다.

- 제주도 수월봉 : 신생대 화산 분출로 인해 응회암이 쌓이면서 형성된 지형으로, 층리가 잘 발달해 있으며, 화산탄에 의해 퇴적층이 눌린 구조가 나타나기도 한다. 또한, 해안에는 해수의 침식작용과 지각의 융기로 인해 형성된 해식 절벽이 발달해 있다.
- 경기도 화성시 시화호 : 중생대 호수에서 퇴적된 지형으로, 역암과 사암 등으로 구성되어 있으며 공룡알 화석과 공룡 뼈 화석이 발견된다.

③ 변성암

㉠ 변성 작용 : 기존 암석이 생성 조건보다 높은 열과 압력에 노출되면 암석이 재결정 작용을 받으면서 암석의 광물 조성과 조직에 변화가 생긴다. 변성 작용은 주요 원인에 따라 광역 변성 작용과 접촉 변성 작용으로 나눌 수 있다.

- 광역 변성 작용 : 열과 압력에 의해 넓은 지역에 걸쳐 일어나는 변성 작용으로 주로 대규모 판구조 운동으로 조산 운동이 일어날 때 발생한다. 광역 변성 작용의 경우 재결정 작용으로 압력 방향의 직각 방향으로 엽리가 발달한다. 엽리는 광물 입자크기에 따라 편리와 편마구조로 나눌 수 있다. 셰일이 광역 변성 작용을 받으면 변성 정도에 따라 점판암, 천매암, 편암, 편마암이 된다.
- 접촉 변성 작용 : 열에 의해 일어나는 변성 작용으로 마그마가 관입할 때 마그마의 접촉부를 따라 발생하며 상대적으로 좁은 지역에 영향을 미친다. 접촉 변성 작용으로 셰일은 혼펠스, 사암은 규암, 석회암은 대리암으로 변성된다. 이때 규암과 대리암은 접촉 변성 작용뿐만 아니라 광역 변성 작용에서도 생성될 수 있다.

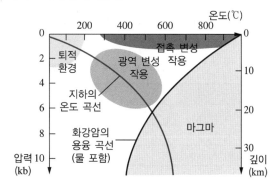

▲ 범위에 따른 변성 작용의 종류

㉡ 변성 지형

- 인천광역시 옹진군 대이작도 : 약 25억 년 전 암석이 분포하고 있으며, 편마암이 심하게 변성 작용을 받아 부분적으로 녹았다가 새로이 굳어져 만들어진 화성암과 변성암이 혼합되어 있는 혼성암(미그마타이트)이 발견된다.
- 전북 군산시 고군산군도 : 사암층이 변성 작용을 받아 형성된 규암으로 이루어져 있으며, 횡압력을 받아 형성된 습곡구조가 관찰된다.
- 인천광역시 백령도 두무진 : 사암층이 변성 작용을 받아 형성된 규암으로 이루어져 있으며, 해파의 침식작용을 받아 형성된 해식절벽, 해식동굴 등이 분포한다.

02 | 지구의 변동과 역사

01 지구의 변동

(1) 지구 내부 에너지와 지각의 변동

① **지구 내부 에너지** : 지구 내부에 존재하는 에너지로서 판의 운동, 조산 활동, 화성 활동 등의 지구 변동을 일으키는 에너지이다. 지구 내부 에너지의 근원은 지구 내부의 방사성 붕괴열과 지구 생성 당시의 미행성체 충돌열, 중력 수축에 의한 열이 있다.

  ㉠ 방사성 원소의 붕괴열

   • U, Th, K 등의 방사성 원소가 방사선을 내뿜으며 더 안정된 상태의 원소로 변할 때 방출하는 에너지를 말한다.

   • 방사성 원소는 규산염 마그마에 농집되는 성질이 있으므로 단위 질량당 방사성 원소의 함량은 암석의 종류마다 다르며, 지각에서 가장 크고, 맨틀, 핵 순으로 작아진다.

   • 현무암보다 화강암이 더 많은 방사성 원소를 포함하고 있으므로 대륙 지각이 해양 지각보다 방사성 원소에 의한 발열량이 많다.

[방사성 원소에 의한 암석별 발열량 비교]

암 석	발열량(10^{-12}W/kg)	주요 해당 위치
화강암	940	대륙 지각
현무암	170	해양 지각
감람암	2.7	맨 틀

② **지각 열류량** : 지구 내부 에너지가 지표 바깥으로 방출되는 양을 말한다.

  ㉠ 지각 변동과 지각 열류량 : 조산 운동이나 화산 활동 등의 지각 변동이 많이 일어나는 지역은 지각 열류량이 많고, 지각 변동이 적게 일어나는 지역은 지각 열류량이 적다.

  ㉡ 마그마의 대류와 지각 열류량 : 마그마가 상승하는 해령이나 호상 열도에서는 지각 열류량이 많고, 해양판이 침강하는 해구에서는 지각 열류량이 적다.

  ㉢ 암석의 종류와 지각 열류량 : 암석에 포함된 방사성 원소의 양은 대륙 지각이 해양 지각보다 많기 때문에 방사성 원소에 의한 열량은 대륙 지각이 해양 지각보다 많다. 하지만 맨틀 대류에 의한 열 공급량은 해양 지각이 대륙 지각보다 훨씬 많기 때문에 결과적으로 평균 지각 열류량은 해양 지각이 대륙 지각보다 많다.

③ 지구 내부에서의 에너지 전달 : 연약권과 외핵에서는 주로 대류에 의해, 암석권에서는 주로 전도에 의해 지구 내부의 열에너지가 전달된다.

[해양 지각과 대륙 지각의 열류량 분포]

지각 열류량	높은 곳	낮은 곳
해양 지각	해령, 호상열도	해 구
대륙 지각	화산대	순상지

(2) 판 구조론과 지각 변동

① 판 구조론 : 지구의 표면은 지각과 상부 맨틀의 최상부로 이루어진 암석권으로 덮여 있으며, 암석권은 약 20여 개의 판으로 쪼개져 있다. 암석권 아래에는 유동성이 있는 연약권이 있어 맨틀 대류가 일어난다. 판에는 섭입하는 판이 잡아당기는 힘, 맨틀 대류에 의한 힘 등이 작용해 판의 상대적인 이동이 생긴다. 따라서 판의 경계에서 화산 활동, 지진, 조산운동 등의 지질 현상이 발생한다. 판의 경계는 판의 상대적인 운동에 따라 발산형 경계, 수렴형 경계, 보존형 경계로 나뉜다.

② 판의 경계

　㉠ 발산형 경계 : 맨틀의 상승부로, 판과 판이 멀어지면서 새로운 판이 생성되는 경계이다. 화산 활동이 일어나며, 천발지진이 발생한다. 해양판과 해양판의 발산형 경계에서는 해령과 열곡이 발달하고, 대륙판과 대륙판의 발산형 경계에서는 열곡대가 발달한다.

　　• 해령 : 깊은 바다에서 주변보다 수심이 얕은 지점이 산맥처럼 연결되어 있는 지형으로, 해령을 중심으로 해양판이 양쪽으로 확장된다. 따라서 해령에서 멀어질수록 해양 지각의 열류량이 감소하며, 해양판의 두께와 밀도가 증가하고 수심 또한 깊어진다.

　　• 열곡 : 판과 판이 멀어지는 경계에서 정단층이 발달하면서 형성되는 V자 형태의 골짜기이다.

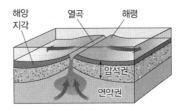
▲ 발산형 경계(해양판-해양판)

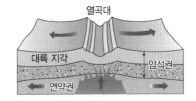
▲ 발산형 경계(대륙판-대륙판)

　㉡ 수렴형 경계 : 맨틀의 하강부에 위치하며, 판과 판이 충돌하거나 섭입하여 소멸하는 경계이다. 판이 섭입하여 소멸되는 섭입형 경계에서는 화산 활동이 일어나며, 천발지진, 중발지진, 심발지진이 모두 발생한다. 또한 섭입형 경계에서는 해구가 발달하며, 밀도가 더 작은 판에서 호상열도 또는 습곡산맥, 대륙 화산호가 발달한다. 대륙판과 대륙판이 충돌하는 충돌형 경계에서는 화산 활동이 거의 일어나지 않으며, 천발지진, 중발지진이 발생한다. 이 경우에는 판이 섭입되지 않고 충돌만 일어나므로 습곡산맥만 발달한다.

　　• 해구 : 판이 섭입하면서 생기는 좁고 깊은 골짜기이다.

　　• 호상열도 : 섭입형 경계에서 해양 지각 위에 화산 활동이 일어나 섬들이 호의 형태로 배열된 것이다.

- 습곡산맥 : 수렴형 경계에서 대륙판에 형성된 습곡구조가 발달된 산맥이다.
- 대륙 화산호 : 섭입형 경계에서 대륙 지각 위에 화산 활동이 일어나 화산이 대륙에 호의 형태로 배열된 것이다.

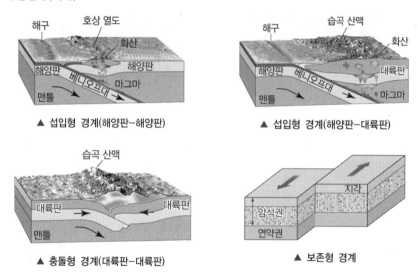

▲ 섭입형 경계(해양판-해양판) ▲ 섭입형 경계(해양판-대륙판)

▲ 충돌형 경계(대륙판-대륙판) ▲ 보존형 경계

ⓒ 보존형 경계 : 판과 판이 어긋나게 이동하는 곳으로, 맨틀이 수평으로 이동하며 판이 생성되거나 소멸되지 않는다. 화산 활동이 일어나지 않으며, 천발지진만 발생한다. 주로 해령과 해령 사이에 발달하며 이때 발생하는 주향이동단층을 변환 단층이라고 한다.

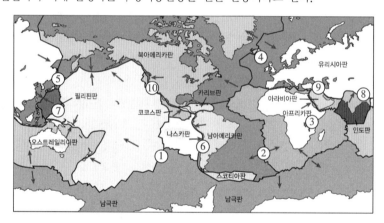

▲ 판의 경계와 이동 방향

구 분	발산형 경계		수렴형 경계			보존형 경계
정 의	판과 판이 멀어지는 경계		판과 판이 충돌하거나 섭입하는 경계			판과 판이 어긋나는 경계
맨틀의 운동	맨틀의 상승부		맨틀의 하강부			맨틀의 수평 이동
판의 변화	판의 생성		판의 소멸		판의 충돌	생성과 소멸이 일어나지 않음
종 류	해양판– 해양판	대륙판– 대륙판	섭입형 경계		충돌형 경계	• 해양판–해양판 • 대륙판–대륙판
			해양판– 해양판	해양판–대륙판	대륙판–대륙판	
화산 활동	○		○		거의 × (화강암 관입)	×
지 진	천발지진		천발~심발지진		천발~중발지진	천발지진
지질구조	정단층		역단층, 습곡			주향이동단층
발달 지형	• 해령 • 열곡	열곡대	해구–호상열도	• 해구–화산호 • 해구–습곡 산맥	습곡 산맥	변환 단층
예 시	• 동태평양 해령 • 대서양중앙 해령	• 동아프리카 열곡대 • 아이슬란드 열곡대	마리아나 해구	• 일본 열도 • 안데스 산맥	• 히말라야 산맥 • 알프스 산맥	산안드레아스 단층

(3) 플룸 구조론

① 플룸 구조론 : 지진파를 이용하여 지구 내부 구조를 알아내는 기술을 토모그래피라고 한다. 지진파의 속도는 맨틀의 온도가 높을수록 느리므로 지진파의 속도를 조사하면 맨틀 내에서의 온도 분포를 알 수 있다. 조사 결과, 판이 섭입하는 곳에서 생성되는 차가운 하강류와 맨틀과 외핵의 경계에서 생성되는 뜨거운 상승류가 발견되었으며, 각각을 차가운 플룸과 뜨거운 플룸이라고 부른다. 섭입하는 판이 낙하하면서 차가운 플룸이 형성되고, 그에 대한 반작용으로 뜨거운 플룸이 형성되며 뜨거운 플룸에 의해 발산형 경계와 열점이 생성된다.

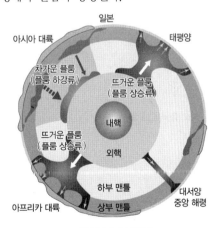

▲ 플룸 구조 모식도

② **열점** : 뜨거운 플룸에 의해 연약권 아래 고정된 위치에서 마그마가 상승하는 곳을 열점이라고 한다. 열점은 해양판과 대륙판 내부에 위치하기도 하며, 때로는 판의 경계 부근에 위치하기도 한다. 판이 이동하더라도 열점의 위치는 변하지 않으므로 열점에서 생성된 해산을 이용하여 판의 이동 방향과 속도를 구할 수 있다.

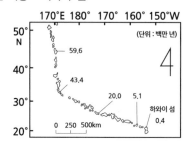

더하기 열점에 의해 생성된 지형 - 하와이 열도

- 현재 열점은 하와이 섬 아래에 위치한다.
- 열점에서 멀어질수록 해산의 나이가 많아진다.
- 하와이 열도가 위치하는 태평양판의 이동 방향은 북북서 방향에서 북서서 방향으로 변하였다.

(4) 지질 구조

① **습곡** : 횡압력에 의해 지층이 휘어진 지질 구조를 말하며, 비교적 암석의 온도가 높은 지하 깊은 곳에서 생성된다. 위로 볼록하게 솟은 부분을 배사, 아래로 오목하게 내려간 부분을 향사라고 한다. 향사와 배사를 관통하는 축을 습곡축이라고 한다.

② **단층** : 지층이 어떠한 힘에 의해 끊어져서 생성된 지질 구조를 단층이라고 한다. 단층이 일어난 면을 단층면이라고 하며, 단층면을 기준으로 위에 있는 지반을 상반, 아래에 있는 지반을 하반이라고 한다. 단층은 지층이 받은 힘의 종류와 상반과 하반의 상대적인 이동을 기준으로 정단층, 역단층, 주향이동단층으로 나눌 수 있다.

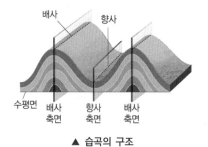

▲ 습곡의 구조

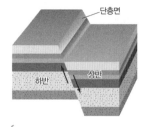

▲ 단층의 구조

단층 종류	정단층	역단층	주향이동단층
그 림			
작용하는 힘	장력(당기는 힘)	횡압력(미는 힘)	수평 방향으로 어긋난 힘
상반과 하반의 이동	상반이 내려가고 하반이 올라감	상반이 올라가고 하반이 내려감	상반과 하반이 단층면에 대해 수평으로 이동

> **더하기** 판의 운동과 지질 구조
>
> 판의 경계에 따라 다른 종류의 힘이 작용하며, 작용하는 힘의 종류에 따라 판의 경계에 발달하는 지질 구조가 달라진다.
>
> | 구 분 | 발산형 경계 | 수렴형 경계 | 보존형 경계 |
> |---|---|---|---|
> | 작용하는 힘 | 장력(당기는 힘) | 횡압력(미는 힘) | 수평 방향으로 어긋난 힘 |
> | 지질 구조 | 정단층 | 역단층, 습곡 | 주향이동단층 |
> | 예 시 | • 동아프리카 열곡대
• 아이슬란드 열곡대 | • 히말라야 산맥
• 안데스 산맥 | 산안드레아스 단층 |

③ **절리** : 지층의 상대적인 이동이 없이 암석의 부피 변화에 의해 암석에 틈이 생긴 것을 절리라고 한다. 절리는 암석의 온도나 압력이 급격하게 변하여 암석의 부피가 변하는 경우에 형성된다.

　㉠ **주상절리** : 지표로 분출된 용암이 급격히 냉각되는 과정에서 암석이 수축하면서 오각형이나 육각형의 긴 기둥 형태로 형성된 절리를 말한다. 주상절리는 분출된 용암이 식으면서 형성되므로 화산암에서 관찰된다.

　㉡ **판상절리** : 지하 깊은 곳에서 만들어진 심성암 위에 있는 지층이 풍화·침식을 받아 심성암이 지표로 드러나면서 압력이 감소하게 되고 이때 암석의 부피가 커지면서 암석이 판 모양으로 쪼개지는 절리이다. 판상절리가 잘 발달한 암석의 표면에서는 암석이 양파 껍질처럼 벗겨지는 박리 현상이 일어날 수 있다.

구 분	주상절리	판상절리
절리 형태	다각형의 긴 기둥 모양	판 모양
화성암 생성 깊이	얕 음	깊 음
화성암의 종류	화산암	심성암
절리 생성 원인	급격한 온도 하강	외부 압력의 감소

▲ 주상절리

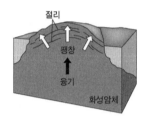

▲ 판상절리

④ **부정합** : 상하 지층 사이에 긴 시간이 간격이 있는 경우를 부정합이라고 한다. 부정합은 물속에서 퇴적이 일어나는 지층이 융기하여 풍화와 침식작용을 받은 뒤에 다시 침강하여 새로운 지층이 퇴적되면서 형성된다. 부정합면 위에는 하부 지층이 풍화·침식 작용을 받아 떨어져 나온 조각이 쌓여 형성된 기저역암이 나타나기도 한다. 이 기저역암을 통해 부정합면의 존재를 확인할 수 있다.

> 퇴적 ⇨ 융기 ⇨ 풍화·침식 ⇨ 침강 ⇨ 퇴적

⑤ **관입과 포획**

  ㉠ **관입** : 마그마가 기존 암석의 틈에 들어가 지하 깊은 곳에서 화성암으로 굳어지는 현상을 관입이라고 하고, 이때 형성된 암석을 관입암이라고 한다. 따라서 관입암은 기존 암석보다 늦게 생성된 암석이며, 기존 암석은 관입한 마그마에 의해 변성되기도 한다.

  ㉡ **포획** : 마그마가 관입될 때 기존 암석 조각이 떼어져 관입암에 포함될 수 있는데, 이를 포획이라고 하고, 이때 포획된 암석을 포획암이라고 한다. 따라서 포획암은 관입암보다 오래된 암석이다.

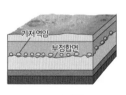

▲ 부정합

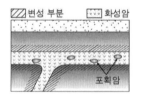

▲ 관입과 포획

(5) 풍화 작용

① **정의** : 지표 부근의 암석이 공기나 물, 생물 등의 작용으로 오랜 시간에 걸쳐 잘게 부서지거나 성분이 변하는 현상을 풍화라고 하며, 풍화를 일으키는 모든 작용을 풍화 작용이라고 한다.

② **역할** : 지표면에 있는 암석을 잘게 부수어 암석의 순환이 일어나게 하거나 토양을 만든다. 또한 풍화 과정에서 인간에게 유용한 광물이 생성될 수 있다.

③ **종 류**

　㉠ 기계적 풍화 작용 : 압력 변화 등의 물리적인 환경 변화에 의해 암석이 잘게 부서지는 작용으로, 주로 화학 활동이 활발하지 않은 극지방이나 고산 지대, 사막 지역에서 우세하게 일어난다.

　　• 압력 변화로 인한 풍화 작용 : 지하 깊은 곳에서 생성된 심성암이 지표면에 노출되게 되면 압력이 감소하면서 암석의 부피가 팽창하여 판상절리가 형성되는데, 그 틈을 따라 풍화가 일어난다.

　　• 물의 동결 작용 : 암석의 틈새로 스며든 물이 얼게 되면, 물의 부피가 팽창하면서 암석의 균열을 더 크게 만든다.

　㉡ 화학적 풍화 작용 : 암석이 산 등의 외부 물질과 반응하여 용해되거나 성분이 변하는 작용으로, 주로 화학 활동이 활발하게 일어나는 열대 지방에서 우세하게 일어난다.

　　• 용해 작용 : 암석을 구성하는 성분이 물에 용해되는 작용이다.

　　　예 석회암이 이산화탄소가 용해되어 있는 지하수에 녹아 석회동굴이 형성되는 과정

$$CaCO_3 + H_2O + CO_2 \rightarrow Ca^{2+} + 2HCO_3^-$$

　　• 산화 작용 : 암석이나 광물이 물이나 대기 중의 산소와 반응하여 성분이 변하는 작용이다.

　　　예 철이 산소를 만나 산화되어 적철석이 생성되는 과정

$$4Fe + 3O_2 \rightarrow 2Fe_2O_3$$

　　• 가수분해 작용 : 암석이나 광물이 물을 만나, 광물을 구성하는 이온이 수소나 수산화이온과 치환하는 작용이다.

　　　예 정장석이 이산화탄소가 용해되어 있는 물과 만나 고령토가 되는 과정

$$2KAlSi_3O_8 + 2H_2O + CO_2 \rightarrow Al_2Si_2O_5(OH)_4 + K_2CO_3 + 4SiO_2$$

　　　예 고령토가 물을 만나 보크사이트가 되는 과정

$$Al_2Si_2O_5(OH)_4 + H_2O \rightarrow 2Al(OH)_3 + 2SiO_2$$

　㉢ 생물학적 풍화 작용 : 생물의 다양한 활동은 기계적 풍화 작용을 일으키기도 하고, 화학적 풍화 작용을 일으키기도 한다.

　　• 기계적 풍화 작용 : 식물이 암석의 틈에 뿌리를 내려 암석을 부수는 경우

　　• 화학적 풍화 작용 : 생물이 분비하는 물질이 광물의 성분을 변화시키는 경우

02 지구의 역사

(1) 지층과 화석

① **동일 과정의 원리** : 현재 지구에서 일어나고 있는 일은 과거에도 지구에서 동일하게 일어났기 때문에 현재 일어나고 있는 자연 현상을 이해하면 과거 지구에서 일어났던 일들도 이해할 수 있다는 것으로, 지사학의 기본 원리이다.

② **지사학의 법칙**

ㄱ **수평 퇴적의 법칙** : 퇴적물이 퇴적될 때에는 수평면에 평행한 방향으로 퇴적된다는 법칙이다. 따라서 지층이 휘어져 있거나 기울어져 있으면 이 지층은 지각 변동을 받았다는 것을 나타낸다.

ㄴ **지층 누중의 법칙** : 아래에 있는 지층이 위에 있는 지층보다 오래전에 퇴적되었다는 법칙으로, 지층의 역전이 일어나지 않았을 때 적용할 수 있다. 지층의 역전 여부를 확인하는 방법으로는 지층 속의 표준화석을 이용하는 방법과 퇴적 구조의 형태를 확인하는 방법이 있다.

ㄷ **동물군 천이의 법칙** : 최근의 지층으로 갈수록 더욱 진화된 생물의 화석이 산출된다는 법칙이다. 동물군 천이 법칙을 활용하면 멀리 떨어진 지층들의 선후 관계도 파악할 수 있다.

ㄹ **부정합의 법칙** : 부정합이 발견되면, 부정합면을 기준으로 하부 지층과 상부 지층 사이에 큰 시간의 간격이 있다는 법칙이다. 부정합을 기준으로 암석의 조성이나 지질 구조, 발견되는 화석의 종류 등이 달라지며, 부정합면 위의 지층에서 기저역암이 발견되기도 한다.

ㅁ **관입의 법칙** : 관입한 암석은 관입 당한 암석보다 나중에 생성되었다는 법칙이다. 관입암을 기준으로 상하부 지층이 모두 변성되었으면 관입암은 상하부 지층보다 나중에 생성된 암석이며, 관입암을 기준으로 하부 지층은 변성되었으나 상부 지층은 변성되지 않았다면 관입암은 하부 지층보다는 나중에, 상부 지층보다는 먼저 생성된 암석이다.

③ **화석** : 화석은 지질 시대 생물의 유해나 흔적이 지층에 남아있는 것으로, 화석이 되기 위해선 생물의 유해에 단단한 부분이 있거나 빨리 묻힐수록 유리하며, 화석이 묻힌 후에 심각한 지각 변동을 받지 않아야 한다. 화석은 그 특성과 역할에 따라 표준화석과 시상화석으로 구분할 수 있다.

ㄱ **표준화석** : 지질 시대 중 일정 기간에만 번성하였다가 멸종한 화석으로, 지질 시대를 결정하고 지층을 대비하는 데 이용된다.

ㄴ **시상화석** : 오랜 기간 동안 생존하면서 환경에 민감하여 특정한 환경에서만 서식하는 생물의 화석으로, 생물의 퇴적 환경을 추정하고 과거 지구의 기후를 판별하는 데 이용된다.

구 분	표준화석	시상화석
정 의	지질 시대 중 특정 시기에만 번성했다가 멸종한 생물의 화석	특정 환경에서만 서식하는 생물의 화석
조 건	1. 생존 기간이 짧아야 한다. 2. 분포 면적이 넓어야 한다. 3. 개체 수가 많아야 한다.	1. 생존 기간이 길어야 한다. 2. 분포 면적이 좁아야 한다. 3. 환경 변화에 민감해야 한다.
역 할	지층의 생성 시기 확인, 지질 시대 구분	생물이 살았던 환경 추정
예 시	• 고생대 : 삼엽충, 방추충 • 중생대 : 암모나이트, 공룡 • 신생대 : 화폐석, 매머드	• 고사리 : 따뜻하고 습한 육지 • 산호 : 얕고 따뜻한 바다

④ 지층과 암석의 연령 측정

㉠ 상대 연령 : 단층이나 습곡, 관입 등과 같은 지질학적 사건의 발생 시기나 지층과 암석의 생성 시기를 상대적으로 나타낸 것을 상대 연령이라고 한다. 지사학의 법칙을 이용하면 상대 연령을 비교할 수 있다.

㉡ 절대 연령 : 암석의 생성 시기나 단층, 습곡 등과 같은 지질학적 사건의 발생 시기를 절대적인 수치로 나타낸 것을 절대 연령이라고 한다. 절대 연령은 암석에 포함된 방사성 원소의 동위 원소를 측정하여 알아낼 수 있다.

• 방사성 동위 원소 : 자연 상태에서 불안정하여 방사선을 방출하면서 안정된 원소로 변하는 동위 원소를 말하며, 일정한 반감기를 가지고 붕괴한다.

• 반감기 : 방사성 동위 원소가 처음 양의 절반으로 줄어드는 데 걸리는 시간이다.

• 모원소와 자원소 : 붕괴되기 전의 불안정한 상태의 동위 원소를 모원소라고 하며, 붕괴된 후의 안정한 상태의 동위 원소를 자원소라고 한다. 시간이 지날수록 모원소의 양은 감소하고 자원소의 양은 증가한다.

• 모원소와 자원소의 비율과 반감기를 알면 암석의 생성 시기를 알 수 있다.

– 반감기가 1회 지났을 때 : 모원소의 양은 처음의 $\frac{1}{2}$, 모원소와 자원소의 비율은 1:1

– 반감기가 2회 지났을 때 : 모원소의 양은 처음의 $\frac{1}{4}$, 모원소와 자원소의 비율은 1:3

– 반감기가 3회 지났을 때 : 모원소의 양은 처음의 $\frac{1}{8}$, 모원소와 자원소의 비율은 1:7

$$t = n \times T \ (t : \text{절대 연령}, \ n : \text{반감기 경과 횟수}, \ T : \text{반감기})$$

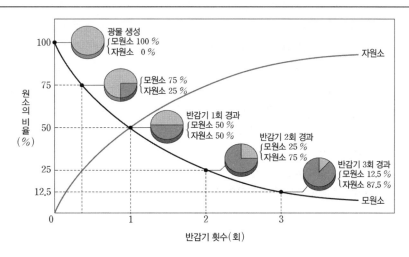

▲ 방사성 동위 원소의 붕괴 곡선

(2) 지질 시대

① 지구가 탄생한 46억 년 전부터 현재까지를 지질 시대라 한다. 지질 시대는 지구 환경과 생물계의 변화를 기준으로 선캄브리아 시대, 고생대, 중생대, 신생대로 나뉜다.

▲ 지질 시대의 상대적 길이

㉠ 선캄브리아 시대 : 46억 년 전부터 5.41억 년 전까지를 말하며, 생물의 수가 적고 지각 변동을 받아 남은 기록이 드물다.
- 초기~중기 : 육지에 자외선이 도달했기 때문에 바다에서 최초의 생명체가 출현하였으며, 남세균이 출현하여 광합성을 통해 바다와 대기에 산소를 공급하였다. ⇒ 스트로마톨라이트 형성
- 말기 : 대기 중 산소의 양이 증가하였으며, 바다 속에서 최초의 다세포 생명체가 출현하였다.

㉡ 고생대 : 5.41억 년 전부터 2.52억 년 전까지를 고생대라고 하며, 고생대부터 생물의 양이 급증하였다.
- 초기 : 삼엽충, 필석, 어류 등의 해양 생물이 급증하였다.
- 중기 : 대기 중 산소의 양이 충분히 많아져 대기에 오존층이 형성되었고, 이로 인해 우주에서 들어오는 자외선을 차단하였다. 그 결과 생물의 육상 진출이 가능해져 고사리 같은 양치식물과 양서류가 출현하였다.
- 말기 : 초대륙인 판게아(Pangaea)가 형성되어 많은 해양 생물이 멸종하는 대멸종이 일어났다.

㉢ 중생대 : 2.52억 년 전부터 0.66억 년 전까지를 중생대라고 하며, 이 시기에 화산 활동이 활발하게 일어나 대기 중 온실기체의 증가로 온난한 기후가 유지되었다. 중생대 초부터 판게아가 분리되면서 대서양, 인도양이 형성되기 시작하였고, 로키 산맥과 안데스 산맥이 만들어졌다.
- 초기~중기 : 온난한 날씨로 인해 공룡 등의 파충류가 번성하였다.
- 말기 : 운석이 충돌하여 지구의 기온이 급격하게 낮아지면서 공룡과 암모나이트 등이 멸종하는 대멸종이 일어났다.

㉣ 신생대 : 0.66억 년 전부터 현재까지를 신생대라고 하며, 히말라야 산맥, 알프스 산맥이 형성되고 홍해가 형성되는 등 오늘날과 비슷한 수륙분포가 완성된 시기이다.
- 전반기 : 비교적 온난한 기후였으며, 이 시기 대표적인 표준화석으로는 화폐석이 있다.
- 후반기 : 빙하기와 간빙기가 반복되었으며, 이 시기 대표적인 표준화석으로는 매머드가 있다. 또한, 인류의 조상이 출현하였다.

(1) 지질 조사와 지질도

① 지질도 용어

㉠ 주향 : 지층면과 수평면이 만나는 교선을 주향선이라 하며, 주향선이 가리키는 방향을 주향이라한다. 만약 주향이 N45°W라면 주향선이 가리키는 방향은 자북을 기준으로 서쪽으로 45° 회전한 방향이다. 또한, 주향이 EW라면 이 지층은 동서 방향으로 뻗어있는 주향선을 갖는다.

㉡ 경사 : 지층면과 수평면이 이루는 각을 경사라고 하며, 지층면이 기울어진 방향을 경사 방향이라고 한다. 따라서 만약 경사가 30°SE라면 지층이 남동쪽 방향으로 30°의 각도를 가지고 기울어져 있음을 의미한다. 만약 지층이 수평층이라면 경사는 0°이며, 지층이 수직층이라면 경사는 90°이다. 또한 경사 방향과 주향은 서로 수직이다.

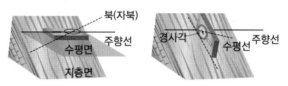

▲ 지층의 주향과 경사 측정 방법

② 지질도 해석

㉠ 지층의 종류

- 수평층 : 지층 경계선과 등고선이 나란하다.
- 수직층 : 지층 경계선이 직선이다.
- 경사층 : 지층 경계선과 등고선이 교차한다.

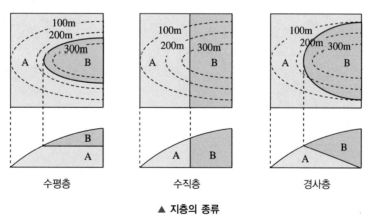

▲ 지층의 종류

ⓛ 주향과 경사 방향 판별법
- 주향 : 지질도에서 지층 경계선과 한 등고선이 만나는 두 교점을 잇는 선이 주향선이고, 이 주향선이 가리키는 방향이 주향이다.
- 경사 방향 : 지질도에서 고도가 다른 두 등고선과 지층 경계선의 교점을 이용하여 주향선을 그리고 고도가 높은 주향선에서 고도가 낮은 주향선의 방향으로 두 선에 수직인 직선을 그었을 때 이 직선이 가리키는 방향이 경사 방향이다.

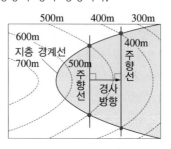

▲ 주향과 경사 방향

ⓒ 지질 구조
- 단층 : 단층선을 경계로 지층 경계선이 끊어져 있으며 같은 지층이 반복된다.
- 습곡 : 습곡축을 중심으로 지층이 대칭적으로 분포하며 양쪽 지층의 경사 방향은 반대이다. 습곡축을 기준으로 경사 방향이 바깥을 향하면 배사, 습곡축을 기준으로 경사 방향이 안쪽을 향하면 향사이다. 또한, 같은 고도일 때 배사 구조에선 배사축에 가까운 지층일수록 오래된 지층이며 향사 구조에선 향사축에 가까운 지층일수록 젊은 지층이다.
- 부정합 : 지층 경계선이 다른 지층 경계선에 의해 끊어지고 덮여 있다.

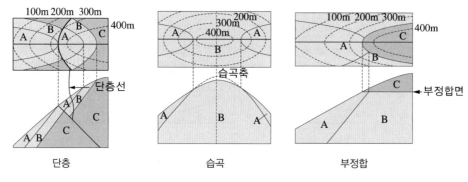

▲ 지질 구조에 따른 지질도

[지질도 기호]

주향/경사	기 호	주향/경사	기 호	주향/경사	기 호
수평층	⊕ 또는 ┼	EW/50°S	┬ 50	NS/30°E	┤ 30
EW/90° (수직층)	┼	N30°E/45°NW	45 30°	N60°E/20°SE	60° 20

(2) 시대별 한반도의 지사

① 선캄브리아 시대
ㄱ 한반도 전체 면적의 40%를 차지하는 변성암 중 대부분이 형성된 시기이다.
ㄴ 오랜 시간 동안 변성 작용을 받았기 때문에 화석이 거의 산출되지 않는다.

② 고생대
ㄱ 이 시기에 형성된 암석은 대부분 퇴적암이며, 주로 강원도 태백 주변과 평안남도 부근에 분포한다.
ㄴ 고생대 초기에는 조선 누층군이 형성되었으며, 고생대 후기에는 평안 누층군이 형성되었다.
ㄷ 초기 고생대 지층으로는 강원도 태백에 대규모로 형성된 석회암층이 있으며, 이곳에서 삼엽충과 완족류, 필석의 화석이 발견된다.
ㄹ 후기 고생대 지층은 육성층으로, 한반도에 대규모의 석탄층을 형성하였다.

③ 중생대
ㄱ 이 시기에 형성된 퇴적암은 모두 육성층이다. 따라서 중생대 퇴적암층에서는 육상 생물의 화석이 발견되며, 특히 중생대 후기에 형성된 경상 누층군에서는 공룡 발자국 화석이 발견된다.
ㄴ 조산 운동과 화성 활동이 가장 활발했던 시기로, 이 시기에 대보 화강암, 불국사 화강암이 관입하였다.
ㄷ 중생대 초기에서 중기에는 대동 누층군이 형성되었으며, 그 뒤에 대보 조산 운동으로 인해 대보 화강암이 관입하였다.
ㄹ 중생대 후기에는 경상 누층군이 형성되었으며 화산 활동으로 인해 화산암과 응회암이 형성되었다. 또한, 그 뒤에 불국사 변동으로 인해 불국사 화강암이 관입하였다.

④ 신생대
ㄱ 약 2,300만~1,500만 년 전에 태평양판이 유라시아판 아래로 섭입하면서 일본이 한반도에서 멀어져 동해가 형성되었다.
ㄴ 퇴적층은 육성층과 해성층이 모두 발견되며, 육성층에서는 단풍 나뭇잎 화석이, 해성층에서는 유공충 화석이 발견된다.
ㄷ 제3기 말(약 260만 년 전) 화산 활동으로 백두산 성층화산체와 울릉도가 형성되었다.
ㄹ 제4기(약 200만 년 전~현재)에 제주도와 철원-전곡 일대에 화산 활동이 있었다.

03 | 대기의 운동과 순환

01 대기의 안정도와 구름

(1) 대기권

지구를 둘러싸고 있는 높이 약 1,000km의 대기층을 대기권이라고 한다. 중력의 영향으로 대기의 약 99%는 지표면으로부터의 높이 약 30km 이내에 분포한다.

열 권	• 대기가 희박하게 분포하므로 낮과 밤의 기온차가 심하다. • 높이가 높아질수록 기온이 높아지므로 안정한 층이다. • 고위도에서는 오로라가 나타날 수 있다.
중간권	• 높이가 높아질수록 기온이 낮아지므로 불안정한 층이다. • 기층이 불안정하여 대류가 일어나지만 수증기가 희박하여 기상 현상은 나타나지 않는다.
성층권	• 높이가 높아질수록 기온이 높아지므로 안정한 층이다. • 높이 25~30km 사이에 오존층이 존재해 태양으로부터 오는 자외선을 차단한다.
대류권	• 높이가 높아질수록 기온이 낮아지므로 불안정한 층이다. • 기층이 불안정하여 대류 현상이 일어나며, 수증기의 양이 많기 때문에 기상 현상이 일어난다. • 대류권의 두께는 기온이 낮은 고위도에서 기온이 높은 저위도로 갈수록 두꺼워지며, 겨울보다 여름이 두껍다.

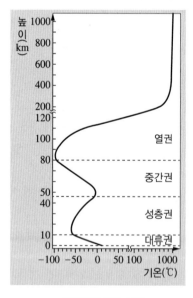

▲ 대기권의 기온 분포

(2) 단열 변화

① **단열 변화** : 외부와의 열 교환 없이 공기 덩어리가 상승하고 하강할 때 공기에는 기압 변화가 발생한다. 이때 발생한 기압 변화에 의해 부피 변화가 일어나고 이로 인해 결과적으로 공기 덩어리의 온도가 변하게 된다. 이처럼 외부와의 열 교환이 없는 상태에서 공기 덩어리가 상승하거나 하강하여 기온이 변화하는 것을 단열 변화라 한다.

㉠ 단열 팽창 : 공기 덩어리가 상승하여 주변 기압이 낮아지게 되면 공기 덩어리는 팽창한다. 이때 공기 분자의 운동 에너지가 팽창 에너지로 쓰여 공기 덩어리 내부 에너지가 감소하게 되고 공기 덩어리의 온도가 감소한다.

㉡ 단열 압축 : 공기 덩어리가 하강하여 주변 기압이 높아지게 되면 공기 덩어리는 압축한다. 이때 공기 덩어리의 내부 에너지가 증가하게 되어 공기 덩어리의 온도가 증가한다.

② **단열 감률** : 단열 감률이란, 단열 상태에서 공기 덩어리가 상승하거나 하강할 때 고도에 따라 온도가 변화하는 비율을 뜻한다.

㉠ 건조 단열 감률 : 불포화 상태인 공기의 단열 감률로서 약 10℃/km(1℃/100m)이다. 즉, 공기가 1km 상승할 때마다 기온은 약 10℃씩 하강하며 공기 덩어리가 1km 하강할 때마다 기온은 약 10℃씩 상승한다.

㉡ 습윤 단열 감률 : 포화 상태인 공기의 단열 감률로서 수증기가 응결할 때 방출되는 숨은열을 공급받기 때문에 건조 단열 감률보다 작은 값을 가지며 그 값은 약 5℃/km(0.5℃/100m)이다. 즉, 공기 덩어리가 1km 상승할 때마다 기온은 약 5℃씩 하강하며 공기 덩어리가 1km 하강할 때마다 기온은 약 5℃씩 상승한다.

㉢ 이슬점 감률 : 이슬점이란 공기가 포화되어 수증기가 응결되기 시작하는 온도를 의미한다. 따라서 이슬점 감률이란 단열 상태에서 공기 덩어리가 상승하거나 하강할 때 발생하는 이슬점의 변화율을 뜻한다. 불포화 상태인 공기의 이슬점 감률은 약 2℃/km(0.2℃/100m), 포화 상태인 공기의 이슬점 감률은 습윤 단열 감률과 같은 약 5℃/km(0.5℃/100m)이다.

(3) 상승 응결 고도와 푄 현상

① **상승 응결 고도** : 불포화 상태인 공기 덩어리가 상승하면서 단열 팽창할 때 어느 특정 고도에 도달하면 공기 덩어리의 온도가 이슬점과 같아져 수증기가 응결하게 되고 구름이 생성된다. 구름이 생성되기 시작하는 고도를 상승 응결 고도라 한다. 불포화 상태인 공기 덩어리가 상승할 때 공기 덩어리의 온도(T)는 건조 단열 감률에 따라 약 10℃/km(1℃/100m)씩 하강하며 이슬점(T_d)은 불포화 상태인 공기의 이슬점 감률에 따라 약 2℃/km(0.2℃/100m)씩 하강한다. 이를 수식으로 나타내어 정리하면 상승 응결 고도(H)는 $H(\text{km}) = \frac{1}{8}(T - T_d)$ 또는 $H(\text{m}) = 125(T - T_d)$ 이다.

② **푄 현상** : 공기가 산을 넘으면 공기의 성질이 고온 건조해지는 현상을 푄 현상이라 한다. 불포화 상태인 공기가 산의 경사면을 타고 상승할 때 공기 덩어리의 온도는 건조 단열 감률에 따라 약 10℃/km씩 하강하며 공기 중 수증기의 양은 일정하게 유지된다. 그러다 공기 덩어리가 상승 응결 고도에 도달하면 공기 덩어리가 포화되어 구름을 형성하고 비를 내리기 시작한다. 이때 공기 덩어리의 온도는 습윤 단열 감률을 따라 약 5℃/km씩 하강하며, 수증기가 응결하여 비가 내렸기 때문에 공기 중 수증기의 양은 감소한다. 이후 산 정상을 넘어 공기 덩어리가 하강하게 되면 건조 단열

감률에 따라 공기 덩어리의 온도가 약 10℃/km씩 상승하며, 공기 중 수증기의 양이 일정하게 유지된다. 따라서 공기는 산을 넘기 전에 비하여 고온 건조한 상태가 된다.

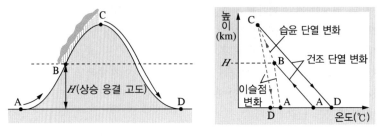

▲ 푄 현상

(4) 대기 안정도와 구름의 발생

① 대기 안정도 : 어떤 높이에 위치한 공기 덩어리를 상승 또는 하강시켰을 때 이 공기 덩어리가 원래 자신의 위치로 돌아가려고 하는 정도를 대기 안정도라고 한다. 연직 운동을 하는 공기는 단열선을 따라 움직이므로 대기 안정도는 기온 감률과 단열 감률의 관계에 의해 결정된다.

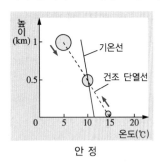 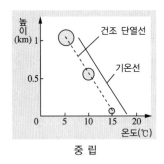 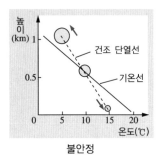

⊙ 안정한 상태 : 기온 감률 < 단열 감률

안정한 상태인 기층에서 공기를 상승시키면 상승한 공기의 온도가 주변 기온보다 낮아져 다시 원래 위치로 하강한다. 또한, 안정한 상태인 기층에서 공기를 하강시키면 하강한 공기의 온도가 주변 기온보다 높아져 다시 원래 위치로 상승한다. 그러므로 안정한 상태의 기층에서는 대류가 잘 일어나지 않으며, 공기의 연직 운동이 활발하지 않아 두께가 얇은 층운형 구름이 형성된다.

ⓒ 중립 상태 : 기온 감률 = 단열 감률

중립 상태인 기층에서 공기를 상승 또는 하강시키면 그 공기 덩어리의 기온이 주변 기온과 같아져 이동한 높이에서 머무르게 된다. 중립 상태의 기층에서는 대류가 활발하게 일어나지 않는다.

ⓒ 불안정한 상태 : 기온 감률 > 단열 감률

불안정한 상태인 기층에서 공기를 상승시키면 상승한 공기의 온도가 주변 기온보다 높아져 계속해서 위로 상승한다. 또한, 불안정한 상태인 기층에서 공기를 하강시키면 하강한 공기의 온도가 주변 기온보다 낮아져 계속해서 아래로 하강한다. 그러므로 불안정한 상태의 기층에서는 대류가 잘 일어나며, 공기의 연직 운동이 활발하여 두께가 두꺼운 적운형 구름이 형성된다.

② 공기의 포화 상태와 대기의 안정도 : 불포화 상태의 공기는 건조 단열 변화를 하고, 포화 상태의
공기는 습윤 단열 변화를 한다. 따라서 공기의 포화 상태에 따라 대기의 안정도가 달라질 수 있다.

㉠ 절대 안정 : 기온 감률 < 습윤 단열 감률
공기의 포화 상태에 상관없이 대기가 항상 안정하다.

㉡ 조건부 불안정 : 습윤 단열 감률 < 기온 감률 < 건조 단열 감률
불포화 상태의 공기는 안정하지만 포화 상태의 공기는 불안정하다.

㉢ 절대 불안정 : 건조 단열 감률 < 기온 감률
공기의 포화 상태에 상관없이 대기가 항상 불안정하다.

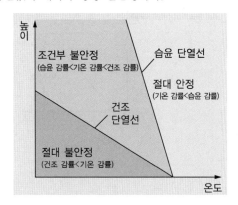

③ 대기의 안정도와 구름의 형태 : 구름은 상승 기류가 발달해 공기 덩어리가 단열 팽창하는 경우에
형성된다. 대기가 안정한 상태이면 두께가 얇은 층운형 구름이, 대기가 불안정한 상태이면 두께가
두꺼운 적운형 구름이 형성된다.

㉠ 적란운 : 상승 기류가 강하게 발달하고
대기가 불안정할 때 생성되는 구름으로,
태풍이나 뇌우에 동반되며, 강한 소나기
를 내린다.

㉡ 난층운 : 비교적 고도가 낮은 곳에서 형
성된 하층운이며, 비나 눈을 동반하는
경우가 많다.

㉢ 적운 : 태양복사로 인해 지표면이 가열될
때 상승 기류가 발달하면서 형성되며,
맑은 날씨에 쉽게 발생한다.

㉣ 권층운 : 고도가 높은 곳에서 형성되는
상층운이며, 물 입자가 얼어있는 빙정의
형태로 존재하여 햇무리와 달무리를 만
들 수 있다

(5) 기온 역전층

① **역전층** : 고도가 높아질수록 온도가 높아지는 대기층으로, 대류가 일어나지 않는 매우 안정적인
층이다. 따라서 대기 오염 물질이 잘 퍼지지 않아 대기 오염 물질의 농도가 높게 나타나는 경우가
많으며, 공기의 냉각으로 인해 안개가 쉽게 발생한다.

② **역전층의 형성 원인**

　　㉠ 지표면이 복사 냉각되었을 때

　　㉡ 찬 공기와 따뜻한 공기가 만나 전선면이 형성될 때

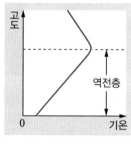

▲ 역전층

02　바람의 발생

(1) 공기를 움직이는 힘

① 기압 경도력

　　㉠ 기압 : 단위 면적당 대기가 지면을 누르는 힘으로 공기의 밀도가 ρ, 중력 가속도가 g, 공기 기
둥의 높이가 h인 공기의 기압(P)은 $P = \rho g h$이다. 고도가 높을수록 공기의 밀도가 감소하고 공
기 기둥의 높이가 낮아지므로 기압 또한 낮아진다.

> 기압의 단위 : $1hPa = 100 N/\text{m}^2 (1기압 \approx 1013 hPa)$

　　㉡ 기압 경도력 : 어느 두 지점 사이의 기압 차로 인해 생기는 힘을 기압 경도력이라고 하며, 고기
압에서 저기압 방향으로 작용한다. 기압 경도력은 기압 차가 클수록, 등압면의 간격이 좁을수록
커지며 공기의 밀도가 ρ, 기압 차가 $\triangle P$, 등압선의 간격이 $\triangle z$인 단위 질량의 공기에 작용하는
기압 경도력은 $\dfrac{1}{\rho} \times \dfrac{\triangle P}{\triangle z}$이다.

　　㉢ 정역학 평형 : 공기에 작용하는 연직 기압 경도력이 중력과 평형을 이루는 상태를 정역학 평형
이라고 한다. 연직 기압 경도력의 방향은 항상 기압이 높은 하층에서 기압이 낮은 상층으로 작
용하므로 중력과 연직 기압 경도력의 작용 방향은 서로 반대이다. 따라서 공기의 밀도가 ρ, 중
력 가속도가 g, 고도차가 $\triangle z$일 때 정역학 평형 식은 $\dfrac{\triangle P}{\triangle z} = -\rho g$ 이며, 정역학 평형 상태인
공기의 운동은 수평방향의 기압 경도력에 의해서 발생한다.

② **전향력** : 전향력이란 지구가 자전하기 때문에 발생하는 겉보기 힘으로, 북반구에서는 물체 진행 방향의 오른쪽으로, 남반구에서는 물체 진행 방향의 왼쪽으로 작용한다. 공기의 운동 속력이 v, 지구의 회전 각속도가 Ω, 위도가 ϕ일 때 전향력은 $C = 2v\Omega\sin\phi$이다. 따라서 전향력은 공기의 운동 속력이 빠를수록, 위도가 높을수록 커지며 적도에서나 속력이 0인 물체에는 전향력이 작용하지 않는다.

③ **원심력** : 구심력과 크기는 같지만 방향은 반대인 힘으로, 회전하는 물체의 관성에 의해 회전 중심에서 멀어지는 방향으로 작용하는 가상적인 힘이다. 따라서 원심력은 곡선 운동을 하는 공기에만 작용하는 힘이며, 운동 속도가 v, 회전 반경이 r, 각속도가 ω인 물체의 원심력(C_F)은 $C_F = \dfrac{v^2}{r} = r\omega^2$이므로, 원심력의 크기는 운동 속도 또는 각속도가 클수록 크다.

④ **마찰력** : 지표면 가까이에서 운동하는 공기는 지면의 마찰을 받기 때문에 운동에 방해를 받는다. 이처럼 지면의 마찰이 운동을 방해하는 힘을 마찰력이라 하며, 마찰력은 공기의 이동 방향에 반대 방향으로 작용한다. 마찰력의 크기는 공기가 지표면에 가까울수록, 지표면의 거칠기가 거칠수록, 풍속이 클수록 커진다.

(2) 바람의 종류

① **상층 바람** : 지면의 마찰을 받지 않는 높이 약 1km 이상의 자유 대기에서 부는 바람으로, 등압선과 나란하게 분다.

　㉠ **지균풍** : 등압선이 직선 형태일 때 부는 바람으로, 기압 경도력과 전향력이 평형을 이루며, 풍속은 기압 경도력이 클수록, 저위도일수록 빠르다. 북반구에서 전향력은 물체의 진행 방향에 대해 오른쪽으로 작용하므로 전향력의 방향은 풍향의 오른쪽 직각 방향이다. 반면 기압 경도력은 전향력과 평형을 이루고 있으므로 풍향의 왼쪽 직각 방향으로 작용한다. 따라서 풍향의 왼편은 항상 저기압이다.

$$\text{지균풍의 풍속 } v = \frac{1}{2\rho\Omega\sin\phi} \cdot \frac{\Delta P}{\Delta z}$$

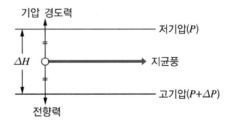

▲ **북반구에서의 지균풍**

ⓛ 경도풍 : 등압선이 곡선 형태일 때 부는 바람으로, 기압 경도력과 전향력, 원심력이 평형을 이룬다. 기압 경도력과 전향력은 항상 반대 방향으로 작용하며 원심력은 항상 중심부의 바깥 방향으로 작용한다. 또한 기압 경도력이 같은 경우, 전향력은 풍속에 비례하므로 저기압보다 고기압에서 경도풍의 풍속이 더 빠르다.

북반구에서 중심부가 저기압일 때	북반구에서 중심부가 고기압일 때
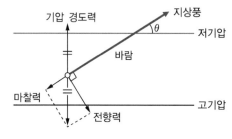	
• 전향력 = 기압 경도력 − 원심력 • 바람의 회전 방향 ⇒ 시계 반대 방향	• 전향력 = 기압 경도력 + 원심력 • 바람의 이동 방향 ⇒ 시계 방향

② 하층 바람 : 지면의 마찰을 받는 높이 약 1km 이하의 대기 경계층 안에서 부는 바람으로, 등압선과 비스듬하게 고기압에서 저기압 쪽으로 분다. 전향력의 방향은 풍향의 오른쪽 직각 방향이며, 마찰력의 방향은 풍향과 반대 방향이다. 또한, 마찰력이 클수록 풍향과 등압선이 이루는 각(θ)이 커진다.

▲ 북반구에서의 지상풍

㉠ 등압선이 직선일 때의 지상풍
- 전향력과 마찰력의 합력이 기압 경도력과 평형을 이룬다.
- 마찰력을 받으므로 풍속은 지균풍일 때보다 느려진다.
- 저기압을 향해 등압선과 비스듬하게 분다.

ⓛ 등압선이 원형일 때의 지상풍
- 기압 경도력과 전향력, 원심력(또는 구심력), 마찰력이 평형을 이룬다.
- 마찰력을 받으므로 풍속은 경도풍일 때보다 느려진다.
- 중심이 저기압일 때는 공기가 중심을 향해 불어 들어가 중심에서 상승 기류가 발달하고, 중심이 고기압일 때에는 공기가 중심에서 바깥 방향으로 불어나와 중심에 하강 기류가 발달한다.
- 중심이 저기압인 경우에는 시계 반대 방향 회전을, 중심이 고기압인 경우에는 시계 방향 회전을 한다.

(1) 지구의 에너지와 복사 평형

① 복사 평형 : 지구는 지구가 흡수하는 태양 복사 에너지와 지구가 방출하는 지구 복사 에너지의 양이 같아 온도가 일정하게 유지되는데, 이를 복사 평형 상태라고 한다. 지구는 전체적으로 복사 평형을 이루고 있지만 둥근 구의 형태이기 때문에 위도별 에너지 불균형이 생긴다.

② 위도별 에너지 불균형과 에너지의 이동 : 둥근 구의 형태인 지구에 태양 빛이 나란하게 들어오기 때문에 지구에서는 위도별 에너지 불균형이 생긴다. 저위도는 태양 복사 에너지 흡수량이 지구 복사 에너지 방출량보다 많은 에너지 과잉 상태이고, 고위도는 태양 복사 에너지 흡수량이 지구 복사 에너지 방출량보다 적은 에너지 부족 상태이다. 따라서 지구는 대기와 해수의 순환을 통해 위도별 에너지 불균형을 해소한다.

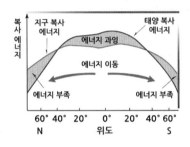

▲ 지구의 복사 평형과 에너지 수송

(2) 대기순환의 규모와 종류

대기의 운동은 공간 규모와 시간 규모에 따라 미규모, 중규모, 종관 규모, 지구 규모 등으로 구분할 수 있다. 공간 규모는 대기의 운동이 영향을 미치는 범위를 나타내며 시간 규모는 대기의 운동이 지속되는 시간을 나타낸다. 대기순환에서 공간 규모가 커지면 시간 규모 또한 커진다. 종관 규모부터 일기도에 나타내며 지구의 자전에 의한 전향력을 고려해야 한다.

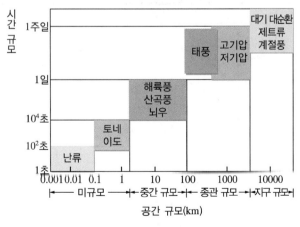

▲ 대기 운동의 규모

① 미규모의 순환

  ⊙ 난류 : 지표의 마찰을 받는 대기 경계층(높이 1km 이하)에서 발생하는 복잡하고 불규칙적인 대기의 흐름이다.

  ⓛ 토네이도 : 매우 빠른 풍속을 동반하는 깔때기 형태의 회오리바람이다.

② 중간 규모의 순환

  ⊙ 해륙풍 : 육지와 바다의 비열 차로 인해 발생하는 바람으로, 낮에는 빠르게 가열되어 온도가 높아진 육지에서 상승 기류가 발생해 해풍이 불고, 밤에는 느리게 냉각되어 온도가 높은 바다에서 상승 기류가 발생해 육풍이 분다.

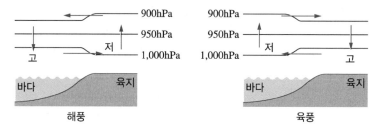

  ⓛ 산곡풍 : 산 정상과 골짜기의 온도 차이로 인해 발생하는 바람으로, 낮에는 산 정상이 골짜기보다 빠르게 가열되므로 곡풍이 불고, 밤에는 골짜기가 산 정상보다 느리게 냉각되므로 산풍이 분다.

  ⓒ 뇌우 : 지면이 국지적으로 가열될 때 생성되는 적란운에 의해 천둥과 번개를 동반한 강한 소나기가 내리는 현상이다.

③ 종관 규모의 순환

  ⊙ 온난 고기압 : 대기 대순환에 의해 위도 30° 부근에서 생기는 고기압으로, 상층에서의 공기 수렴에 의해 발생한다. 온난 고기압의 경우 중심부의 온도가 주변보다 높아 상공에서도 고기압이 나타난다. 이러한 성질 때문에 온난 고기압을 키 큰 고기압이라고도 한다.

  ⓛ 한랭 고기압 : 극지방에서 냉각된 공기가 하강하며 형성되는 고기압으로, 중심부의 온도가 주변보다 낮아 상공에서는 저기압이 나타난다. 이러한 성질 때문에 한랭 고기압을 키 작은 고기압이라고도 한다.

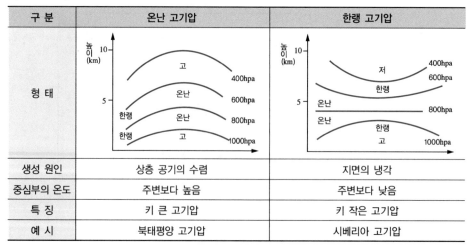

구 분	온난 고기압	한랭 고기압
형 태		
생성 원인	상층 공기의 수렴	지면의 냉각
중심부의 온도	주변보다 높음	주변보다 낮음
특 징	키 큰 고기압	키 작은 고기압
예 시	북태평양 고기압	시베리아 고기압

ⓒ 온대 저기압 : 위도 60° 한대 전선대 부근에서 고위도 지역의 남하하는 찬 공기와 저위도 지역
  에서 북상하는 따뜻한 공기가 만나 형성되는 저기압으로, 찬 공기와 따뜻한 공기가 만날 때 형
  성되는 전선을 동반하며 편서풍을 타고 서에서 동으로 이동한다.

ⓓ 열대 저기압(태풍) : 최대 풍속이 17m/s 이상인 열대 저기압으로, 강한 상승 기류로 인해 많은
  비와 강풍을 동반한다. 수온 약 26℃ 이상의 열대 해상에서 발생하며, 전향력이 0인 적도에서
  는 발생하지 않는다.

  • 태풍의 구조 : 반지름이 약 500km이며, 중심부로 갈수록 두꺼운 적운형 구름이 형성되고 풍
    속이 강해진다. 잘 발달된 태풍의 중심에는 약한 하강 기류가 나타나 날씨가 맑고 바람의 세기
    가 약해지는 태풍의 눈이 형성된다.

  • 태풍의 진로와 피해 : 대기 대순환(무역풍과 편서풍)과 기압 배치(북태평양 고기압)의 영향을
    받아 포물선 궤도로 북진한다.

  • 위험반원과 안전반원 : 태풍은 저기압이기 때문에 북반구에서 시계 반대 방향으로 바람이 불
    어 들어온다. 이때 진행 방향의 오른쪽은 태풍의 진행 방향과 태풍의 회전 방향이 일치해 풍속
    이 강한 위험반원이라고 하고, 진행 방향의 왼쪽은 태풍의 진행 방향과 태풍의 회전 방향이
    반대가 되어 풍속이 약한 안전반원이라고 한다.

  • 소멸 : 수온이 낮은 바다 위로 이동하거나 육지에 상륙하여 해수로부터 열과 에너지를 공급받
    지 못하게 되면 소멸한다.

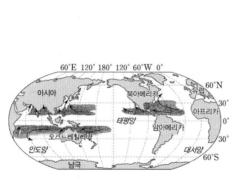

▲ 태풍의 발생 지역과 이동 경로

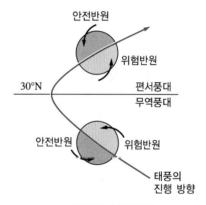

▲ 위험반원과 안전반원

구 분	온대 저기압	태풍(열대 저기압)
일기도		
발생 지역	한대 전선대(위도 60° 부근)	위도 5~20°의 열대 해상(수온 26℃ 이상)
전선의 유무	전선 동반	전선을 동반하지 않음
등압선의 형태	등압선의 간격이 열대 저기압보다 넓으며 전선을 따라 일그러져 있음	등압선의 간격이 온대 저기압보다 좁으며 거의 원형에 가까움
풍 속	열대 저기압보다 약함	17m/s 이상이며 중심 부근으로 갈수록 풍속이 급격히 증가함
강수 지역	온난 전선 전면(약하고 지속적인 비)과 한랭 전선 후면(소나기)	태풍의 눈을 둘러싼 사방의 지역
이동 경로	편서풍을 타고 서에서 동으로 이동	대기 대순환(무역풍, 편서풍)과 기압 배치(북태평양 고기압)의 영향을 받아 포물선 형태로 이동
에너지원	기단의 위치 에너지와 수증기의 잠열	수증기가 응결하며 방출하는 잠열

④ 지구 규모의 순환

　㉠ 계절풍 : 바다와 육지의 비열 차에 의해 발생하는 바람이다. 여름에는 육지가 바다보다 빠르게 가열되어서 상승 기류가 발달하기 때문에 바다에서 육지로 바람이 불며, 겨울에는 육지가 바다보다 빠르게 냉각되어서 하강 기류가 발달하기 때문에 육지에서 바다로 바람이 분다.

　㉡ 제트류 : 대류권의 상부나 성층권의 편서풍 영역에서 부는 좁고 강한 공기의 수평 흐름이다. 제트류는 고위도의 찬 공기와 저위도의 따뜻한 공기가 만나 생기는 큰 기압차로 인해 발생한다. 극순환과 페렐 순환이 만나는 한대 전선대에서 형성되는 한대 제트류와 해들리 순환과 페렐 순환이 만나는 아열대 고압대에서 형성되는 아열대 제트류 등이 있다. 제트류는 남북 간의 온도차가 커지는 겨울철에 여름철보다 더 뚜렷하게 나타나며, 여름철에는 저위도의 따뜻한 공기 세력이 강해져 제트류의 위치가 위도가 높아지는 방향으로 이동하고, 겨울철에는 고위도의 찬 공기 세력이 강해져 제트류의 위치가 위도가 낮아지는 방향으로 이동한다.

　㉢ 대기 대순환 : 위도별 에너지 불균형과 지구 자전에 의한 전향력으로 인해 발생한 대기 전체의 흐름을 말하며, 각 반구에 세 개의 순환 세포가 형성된다.

(3) 대기 대순환 모형

① 발생원인 및 역할

　㉠ 지구는 구형에 가까운 회전 타원체이므로 위도 간 에너지 불균형이 발생한다.

　　• 저위도 : 태양 복사 에너지 흡수량 > 지구 복사 에너지 방출량 ⇒ 에너지 과잉 상태

　　• 위도 약 38° : 태양 복사 에너지 흡수량 = 지구 복사 에너지 방출량 ⇒ 에너지 수송량 최대

　　• 고위도 : 태양 복사 에너지 흡수량 < 지구 복사 에너지 방출량 ⇒ 에너지 부족 상태

- 지구가 복사 평형 상태일 때, 에너지 부족량과 에너지 과잉량은 같다.
- 대기와 해수의 순환을 통해 저위도의 남는 에너지를 고위도로 수송함으로써 위도 간의 에너지 불균형을 해소한다.

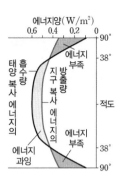

② 대기 대순환

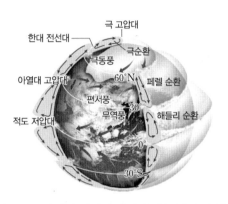

㉠ 해들리 순환 : 적도~위도 30° 사이에 형성된 직접 순환(열대류 순환)으로, 적도에서 가열된 공기가 상승하여서 고위도 쪽으로 이동하다가 위도 30°에서 하강하면서 지표 부근에서 다시 저위도 쪽으로 이동하며 생기는 순환이다. 해들리 순환이 위치하는 지상에서는 전향력의 영향으로 무역풍이 분다.

㉡ 페렐 순환 : 위도 30~60° 사이에 형성된 간접 순환으로, 해들리 순환에 의해 위도 30° 부근에서 하강한 공기가 지표면에서 고위도 방향으로 이동하고, 극순환에 의해 위도 60° 부근에서 상승한 공기가 상공에서 저위도 방향으로 이동하면서 형성되는 순환이다. 페렐 순환이 위치하는 지상에서는 전향력의 영향으로 편서풍이 분다.

㉢ 극순환 : 위도 60°~극지방 사이에 형성된 직접 순환(열대류 순환)으로, 극지방에서 냉각된 공기가 하강하여서 저위도 쪽으로 이동하다가 위도 60°에서 상승하면서 상공에서 다시 고위도 쪽으로 이동하며 생기는 순환이다. 극순환이 위치하는 지상에서는 전향력의 영향으로 극동풍이 분다.

③ 고압대와 저압대의 형성

㉠ 적도 저압대 : 적도 지역에서 해들리 순환에 의해 공기가 수렴하여 상승 기류가 발달하는 지역으로, 적도에 동서 방향의 띠 형태로 분포하며 강수량이 많다.

㉡ 아열대 고압대 : 위도 30° 부근에서 해들리 순환이 하강하면서 하강 기류가 발달하여 고기압이 형성되는데, 이를 아열대 고압대라고 한다. 아열대 고압대에서는 강수량이 적고 증발량이 많아 자연적이 사막이 형성된다.

㉢ 한대 전선대 : 위도 60° 부근에서 극순환에 의한 찬 공기(극동풍)와 페렐 순환에 의한 따뜻한 공기(편서풍)가 만나 전선이 형성되는 지역으로, 강수량이 많고 상승 기류가 발달한다.

㉢ 극 고압대 : 극지방에서 냉각된 공기가 하강하여 생성되는 고압대로, 하강 기류가 발달한다.

04 | 해수의 운동과 순환

01 해수와 해저 지형

(1) 해 수

① **정의** : 염분이 약 35psu로 높은 물을 해수(바닷물)라고 하며, 지구에 존재하는 물 중 97% 이상이 해수에 속한다.

② **성분** : 해수의 염분은 약 35psu인데, 이는 해수 1kg에 염류가 약 35g만큼 녹아있음을 뜻한다. 그 중 약 80%를 차지하는 것은 염화나트륨이며, 그 외에 염화마그네슘, 황산마그네슘 등이 있다.

③ **염분비 일정의 법칙** : 해수가 위치하는 지역의 특성에 따라 그 염분은 다를지라도 염분을 구성하는 염류의 비율은 일정하게 유지되는데, 이를 염분비 일정의 법칙이라고 한다. 염분비 일정의 법칙을 활용하면 한 가지 염류의 질량만 알아도 다른 염류의 질량을 구할 수 있다.

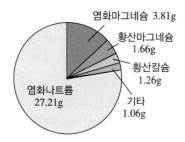

▲ 염분이 35psu인 해수 1kg에 녹아 있는 염류와 그 비율

(2) 해저 지형

① **대륙 주변부** : 대륙 지각과 해양 지각의 경계 부분으로 대륙 연변부라고도 하며, 능동형 대륙 주변 부와 수동형 대륙 주변부로 나뉜다. 능동형 대륙 주변부에서는 대륙붕, 대륙사면, 해구가 형성되며, 수동형 대륙 주변부에서는 대륙붕, 대륙사면, 대륙대가 형성된다. 대륙붕에서 대륙사면, 해구 또는 대륙대로 갈수록 수심이 깊어진다.

  ㉠ **대륙붕** : 대륙 주변부에 있는 수심이 얕은 지형으로, 암석학적으로는 대륙 지각에 속하나 해양 환경으로 분류된다. 대륙붕에서는 해저면의 경사가 완만하다.

  ㉡ **대륙사면** : 대륙붕의 끝에서 먼 바다 방향으로 경사가 급해지는 지형을 대륙사면이라고 한다. 대륙붕에 쌓여 있던 퇴적물이 어떠한 힘을 받으면 대륙사면을 따라 크기가 다양한 입자들을 포함한 물의 흐름이 생기는데, 이를 저탁류라고 한다.

  ㉢ **대륙대** : 대륙사면의 끝에서 경사가 다시 완만해지는 지점으로, 수심이 약 3,000~4,000m로 깊다. 대륙대에는 저탁류로 인해 운반된 퇴적물이 쌓인다.

  ② 해구 : 판이 다른 판 아래로 섭입하면서 생기는 깊은 골짜기로, 경사가 매우 급하며 수심이 6,000m 이상이다.

② **심해분지** : 심해저는 대륙 주변부보다 육지로부터 멀리 떨어진 곳에 위치하며 심해저평원, 해령, 해산 등이 존재한다.

  ⊙ 심해저평원 : 대륙대보다 육지와 멀리 떨어진 곳에서는 경사가 거의 없는 평탄한 퇴적면이 형성되는데, 이를 심해저평원이라고 하며 평균 수심이 약 4,500~6,000m이다.

  ⓒ 해령(해저산맥) : 판과 판이 멀어지는 발산형 경계를 따라 형성된 해저 지형으로, 주변보다 고도가 약 2.5km 높은 곳이 산맥처럼 연결되어 있는 곳을 해령이라고 한다. 해령에서는 마그마가 분출하며, 해령과 해령 사이에 V자 형태로 움푹 파인 골짜기인 열곡이 발달한다.

  ⓔ 해산 및 화산섬 : 심해저평원에서 화산 활동이 일어나면 심해저평원에서 솟아 올라있는 화산 봉우리가 형성되는데, 이 화산 봉우리가 해수면 아래에 있으면 해산, 해수면 위로 솟아올라 있으면 화산섬이라고 한다.

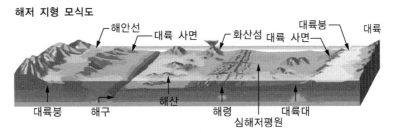

▲ 해저 지형 모식도

02　해 류

(1) 해수의 표층 순환

① 해류의 형성

  ⊙ 동서 방향의 해류 : 동서 방향의 해류는 주로 대기 대순환의 영향을 받으며, 무역풍 지대(적도~위도 30°)와 극동풍 지대(위도 60°~극지방)에서는 해류가 동쪽에서 서쪽으로, 편서풍 지대(위도 30~60°)에서는 해류가 서쪽에서 동쪽으로 흐른다. 남반구의 극동풍 지대에는 남극 대륙이 위치하기 때문에 남반구에서는 극동풍에 의해 형성되는 해류가 뚜렷하게 관측되지 않는다.

표층 해류 원인	북반구	남반구
무역풍	북적도 해류	남적도 해류
편서풍	북태평양 해류, 북대서양 해류	남극 순환 해류
극동풍	알래스카 해류	–

• 남극 순환 해류는 북태평양 해류와 북대서양 해류보다 대륙의 방해를 덜 받기 때문에 남북 방향으로 휘어지지 않고 지구 둘레 전체를 순환할 수 있다.

• 적도 반류는 바람이 거의 불지 않는 적도 무풍대(약 위도 3~10°)에서 형성되는 해류로, 적도 해류와 반대 방향인 서쪽에서 동쪽으로 흐른다.

ⓛ 남북 방향의 해류 : 대기 대순환에 의해 동서 방향으로 흐르던 해류가 대륙을 만나면 남북 방향으로 갈라져 흐르게 된다. 이때 저위도에서 고위도로 이동하는 해류를 난류, 고위도에서 저위도로 이동하는 해류를 한류라고 한다.

② **표층 순환의 형성** : 표층 해류는 대기 대순환과 대륙의 영향을 받아 흐르며 몇 개의 거대한 순환류를 이루고 있다. 또한 표층 해류는 적도 부근을 경계로 북반구와 남반구가 대칭적인 형태를 보이고 있다.

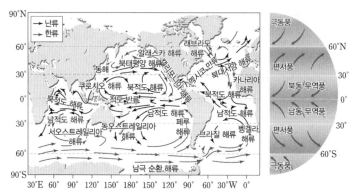

▲ 전 세계 표층 해류의 분포와 대기 대순환

㉠ 아열대 순환 : 무역풍과 편서풍, 대륙의 영향으로 인해 형성된 순환으로, 북반구에서는 시계 방향, 남반구에서는 시계 반대 방향의 순환이 일어난다.

ⓛ 아한대 순환 : 편서풍과 극동풍, 대륙의 영향으로 인해 형성된 순환으로, 남반구에서는 극동풍으로 인해 부는 동서 방향의 해류가 형성되지 않으므로 북반구에서만 형성되며 시계 반대 방향으로 순환한다.

구 분	아열대 환류의 종류	환류를 이루는 해류
북반구	북태평양 환류	북적도 해류, 쿠로시오 해류, 북태평양 해류, 캘리포니아 해류
	북대서양 환류	북적도 해류, 멕시코 만류, 북대서양 해류, 카나리아 해류
남반구	남태평양 환류	남적도 해류, 동오스트레일리아 해류, 페루 해류
	남대서양 환류	남적도 해류, 브라질 해류, 벵겔라 해류
	인도양 환류	남적도 해류, 서오스트레일리아 해류

③ **해류의 역할**

㉠ 위도별 에너지 불균형 해소 : 난류는 저위도의 남는 에너지를 고위도로 전달하고, 한류는 고위도의 찬 해수로 저위도의 열을 흡수하며, 이 과정에서 위도별 에너지 불균형을 해소한다.

ⓛ 기후 및 해양 환경에 대한 영향 : 난류가 흐르는 지역은 위도가 같은 다른 해역보다 수온이 높아 기후가 온난해지는 반면, 한류가 흐르는 지역은 위도가 같은 다른 해역보다 수온이 낮아 기후가 서늘해진다. 그리고 한류가 흐르는 지역은 영양염과 용존 산소량이 많아 플랑크톤이 많다. 또한, 한류와 난류가 만나는 곳을 조경 수역이라고 하며, 조경 수역에는 좋은 어장이 형성된다.

구 분	난 류	한 류
흐름 방향	저위도 ⇨ 고위도	고위도 ⇨ 저위도
특 징	수온과 염분이 높고, 영양염과 용존 산소량이 적어 플랑크톤이 적다.	수온과 염분이 낮고, 영양염과 용존 산소량이 많아 플랑크톤이 많다.
예 시	쿠로시오 해류, 멕시코 만류, 동오스트레일리아 해류, 브라질 해류	캘리포니아 해류, 카나리아 해류, 페루 해류, 서오스트레일리아 해류, 벵겔라 해류

(2) 해수의 심층 순환

① **정의** : 심층 순환이란 심층에서 일어나는 해류로, 바람에 의해 형성되는 표층 순환과는 다르게 해수의 밀도 차이로 인해 발생하며, 열염 순환이라고도 한다. 표층 순환에 비해 매우 느린 유속을 가지고 있으므로 수온과 염분을 조사하여 해수의 흐름을 유추한다.

② **형성** : 해수의 밀도는 주로 수온과 염분의 영향을 받는데, 수온이 낮을수록, 염분이 높을수록 해수의 밀도가 커진다. 표층 해수가 냉각되어 수온이 낮아지거나 결빙이 일어나 염분이 높아지면 해수의 밀도가 증가해 침강하면서 심층 순환이 형성된다.

   ⊙ **남극 저층수** : 남극 주변 웨델해에서 결빙이 일어나 해수의 염분이 높아지면 밀도가 커진 해수가 침강하여 남극 저층수가 형성된다. 남극 저층수는 밀도가 가장 큰 해수로, 북반구 위도 30° 부근에서도 발견된다.

   ⊙ **북대서양 심층수** : 북대서양 그린란드 해역에서 냉각된 표층 해수가 침강하면서 형성되는 심층수이다. 남극 저층수보다는 밀도가 작아서 남극 저층수 위에서 흐른다.

   ⊙ **남극 중층수** : 남위 50~60° 부근에서 냉각된 해수가 침강하면서 만들어지며, 북대서양 심층수보다는 밀도가 작고 표층수보다는 밀도가 커서 그 사이를 흐른다.

③ **심층 순환의 역할**

   ⊙ **위도별 에너지 불균형 해소** : 심층 순환과 표층 순환은 하나로 연결되어 있기 때문에 심층 순환이 원활해야 표층 순환도 원활하게 이어질 수 있다. 만약 심층 순환이 약해지면 표층 순환 또한 약해져 위도별 에너지 불균형이 심화될 가능성이 있다.

   ⊙ **심해에 산소 공급** : 극지방의 표층 해수는 용존 산소량이 많다. 따라서 극지방에서 침강한 표층 해수가 심해로 유입되면 심해에서의 용존 산소량이 많아진다.

03 해 파

(1) 해파의 요소

① **마루와 골** : 마루는 해파에서 수면이 가장 높은 곳을 가리키며 골은 해파에서 수면이 가장 낮은 곳을 가리킨다.

② **파장** : 마루에서 마루, 골에서 골까지의 거리

③ **파고** : 마루에서 골까지의 길이

④ 주기 : 한 파장이 지나갈 때까지 걸리는 시간

⑤ 전파 속도 : 해파가 전달되는 속도로, 해파의 파장을 주기로 나누면 해파의 전파 속도를 구할 수 있다.

$$전파 \ 속도 = \frac{파장}{주기}$$

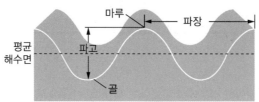

▲ 해파의 요소

(2) 해파의 발생과 전파

① 해파의 분류

ㄱ 풍랑 : 바람에 의해 발생한 해파로, 마루가 뾰족하며 파장과 주기가 짧다.

ㄴ 너울 : 풍랑에서의 에너지가 전달되어 발생하는 해파로, 바람이 불지 않는 곳에서 관측된다. 너울은 마루가 둥글고 파장과 주기가 긴 특징이 있다.

ㄷ 연안 쇄파 : 너울이 해안에 접근하면 수심이 얕아지면서 해저면의 마찰을 받게 되는데, 이 마찰에 의해 파의 전파 속도는 줄어들고 파장은 짧아지며 파고는 높아진다. 파고가 파장에 비해 일정 이상 높아지면 파가 해안 쪽으로 넘어지며 부서지는데 이를 연안 쇄파라고 한다.

② 해파에서의 물 입자 운동 : 해파에서 에너지는 해파의 진행 방향을 따라 이동하지만 물 입자는 에너지만 전달할 뿐 거의 움직이지 않고 일정한 위치에서 타원 궤도를 따라 운동한다.

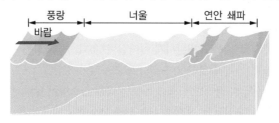

▲ 해파의 분류

(3) 심해파와 천해파

해파는 수심과 파장의 관계에 따라 심해파, 전이파, 천해파로 분류한다. 수심이 파장의 $\frac{1}{2}$ 보다 깊은 해역에서 진행되는 해파를 심해파, 수심이 파장의 $\frac{1}{20}$ 보다 깊고 $\frac{1}{2}$ 보다 짧은 해역에서 진행되는 해파를 전이파, 수심이 파장의 $\frac{1}{20}$ 보다 얕은 해역에서 진행되는 해파를 천해파라고 한다.

① 심해파

  ㉠ 수심이 파장의 $\dfrac{1}{2}$ 보다 깊은 해역에서 진행되는 해파이며, 해저면의 영향을 받지 않는다.

  ㉡ 해저의 마찰을 받지 않기 때문에 물 입자는 원운동을 한다.

  ㉢ 원의 크기는 수심이 깊어질수록 작아진다.

  ㉣ 해파의 전파 속도는 파장의 제곱근에 비례하며 수심에는 영향을 받지 않는다.

$$v = \sqrt{\frac{gL}{2\pi}} \ (v : \text{전파속도}, \ L : \text{파장})$$

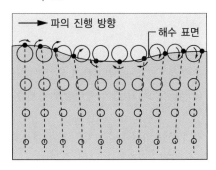

▲ 심해파

② 천해파

  ㉠ 수심이 파장의 $\dfrac{1}{20}$ 보다 얕은 해역에서 진행되는 해파이며, 해저면의 영향을 받는다.

  ㉡ 해저의 마찰을 받기 때문에 수평 방향이 긴 타원운동을 한다.

  ㉢ 수심이 깊어질수록 타원의 수평 길이는 변하지 않으나 수직 길이는 점점 짧아지면서 타원이 납
     작해진다. 해저면에 가까워지면 물 입자는 거의 수평 왕복 운동을 한다.

  ㉣ 해파의 전파 속도는 수심의 제곱근에 비례한다.

$$v = \sqrt{gh} \ (v : \text{전파 속도}, \ h : \text{수심})$$

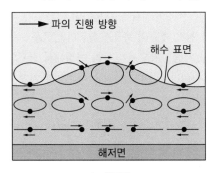

▲ 천해파

(4) 해파의 굴절

천해파의 전파 속도는 수심의 제곱근에 비례하므로 해파가 해안으로 접근할수록 해파의 속도는 느려
진다. 따라서 만에서 해파의 속도가 빠르게 유지되고 곶에서 해파의 속도가 급격히 느려지면서 해파의
굴절이 발생한다. 이 굴절로 인해 해파의 진행은 대체로 해안선과 수직이 된다.

05 | 천체 관측

01 별자리와 지구의 운동

(1) 천구와 별자리

① **천구** : 천구란 관측자를 중심으로 하는 반지름이 무한한 가상의 구로서, 천체들의 겉보기 운동을 나타내는 데 쓰인다. 지구와의 거리가 가까운 태양계 천체를 제외한 나머지 천체는 천구에 고정되어 있다.

② **천구의 명칭** : 천구의 점과 선을 나타내는 명칭은 크게 관측자의 위치와 상관없이 정해지는 명칭과 관측자의 위치에 따라 정해지는 명칭으로 나눌 수 있다.

　㉠ 관측자의 위치와 상관없이 정해지는 명칭

　　• 천구의 북극과 남극 : 지구의 자전축을 연장하면 자전축과 천구와의 교점이 두 개가 생기는데, 이 중 북극성이 있는 곳이 천구의 북극, 그 반대편이 천구의 남극이다.

　　• 천구의 적도 : 지구의 적도를 연장하였을 때 천구와 만나는 대원이다.

　　• 시간권 : 천구의 북극과 천구의 남극을 지나는 대원이며, 그 수가 무수히 많다.

　㉡ 관측자의 위치에 따라 정해지는 명칭

　　• 천정과 천저 : 관측자를 관통하는 연직선과 천구와의 교점 중 위쪽의 교점이 천정, 아래쪽의 교점이 천저이다.

　　• 지평선 : 지표면을 연장하였을 때 천구와 만나는 대원이다.

　　• 수직권 : 천정과 천저를 지나는 대원이며, 그 수가 무수히 많다.

　　• 자오선 : 천정과 천저, 천구의 북극과 천구의 남극을 모두 지나는 대원이며, 오직 하나만 생긴다.

　　• 북점/동점/남점/서점 : 자오선을 따라 천정에서 천구의 북극을 지나는 선이 지평선과 만나게 되는 교점을 북점이라고 한다. 북점을 기준으로 지평선을 따라 시계 방향으로 90°마다 동점, 남점, 서점이 있다.

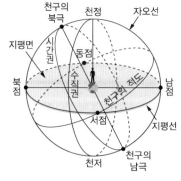

▲ 천구의 명칭

(2) 지구의 자전

① **지구의 자전과 천체의 일주운동** : 지구의 자전은 지구가 자전축을 중심으로 하루(24시간) 동안 시계 반대 방향(서에서 동)으로 스스로 한 바퀴(360°) 회전하는 운동이다. 이로 인해 천체는 천구의 자전축을 중심으로 시계 방향(동에서 서)으로 하루에 한 바퀴 회전하는 겉보기 운동을 한다. 지구는 자전축을 중심으로 회전하므로 천체의 일주권은 천구의 적도와 항상 나란하다. 또한 하루(24시간) 동안 360°를 회전하기 때문에 천체는 1시간에 15°씩 이동한다.

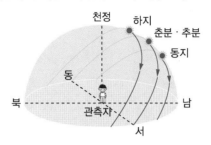

▲ **태양의 위치에 따른 일주권 변화**

㉠ **태양의 일주운동** : 태양은 1년을 주기로 연주운동하기 때문에 천구에서의 태양의 위치에 따라 태양의 남중고도와 관측 시간이 달라진다. 다음은 우리나라($\phi=37.5°$)를 기준으로 하였을 때 태양의 위치에 따른 일주운동 변화를 나타낸 표이다.

[태양의 위치에 따른 태양의 일주 운동 변화]

구 분	시 기	태양의 적경	태양의 적위	태양의 남중고도	태양이 뜨는 위치	태양이 지는 위치	낮과 밤 길이
춘 분	3월 21일경	0h	0°	52.5°	동	서	낮 = 밤
하 지	6월 22일경	6h	23.5°	76°	북 동	북 서	낮 > 밤
추 분	9월 23일경	12h	0°	52.5°	동	서	낮 = 밤
동 지	12월 22일경	18h	−23.5°	29°	남 동	남 서	낮 < 밤

㉡ 천체의 일주운동

• 주극성, 출몰성, 전몰성 : 천체의 적위에 따라 달라지는 일주 경로를 기준으로 천체를 주극성, 출몰성, 전몰성으로 구분할 수 있다.

[주극성, 출몰성, 전몰성의 적위 범위]

구 분	정 의	적위(δ) 범위
주극성	지평선 아래로 지지 않는 별	$(90°-\varphi) \sim 90°$
출몰성	지평선 위로 뜨고 지는 별	$-(90°-\varphi) \sim (90°-\varphi)$
전몰성	지평선 위로 뜨지 않는 별	$-90° \sim -(90°-\varphi)$

• 관측자의 위도와 천체의 일주권 : 천체의 적경과 적위, 관측자의 위치에 따라 천체의 일주 운동과 관측 시간이 다르게 나타난다.
  − 적도 지방 : 지평선과 일주권이 수직을 이루므로 모든 천체가 출몰성이며 12시간 동안 지평선 위에 떠 있다. 북극성의 고도는 0°이다.

- 중위도 지방(북반구 기준) : 지평선과 일주권이 이루는 각이 $(90° - \phi)$이며, 천체의 적위가 클수록 지평선 위에 떠 있는 시간이 길어진다. 주극성과 출몰성, 전몰성이 모두 나타나며 북극성의 고도는 그 지역의 위도(ϕ)와 같다.
- 북극 지방 : 지평선과 일주권이 평행하므로 주극성과 전몰성이 나타나며, 적위가 (+)인 별은 주극성, 적위가 (-)인 별은 전몰성이다. 북극성의 고도는 90°이다.

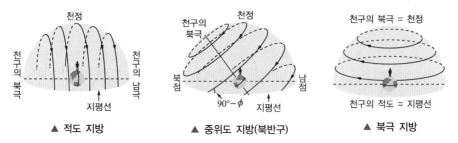

▲ 적도 지방　　　　　▲ 중위도 지방(북반구)　　　　　▲ 북극 지방

- 북반구 중위도에서의 천체의 일주 운동 : 북반구 중위도에서는 바라보는 하늘 방향에 따라 천체의 일주 운동이 다르게 나타난다.
  - 동쪽 하늘 : 왼쪽 아래에서 오른쪽 위로 떠오르는 방향으로 운동
  - 남쪽 하늘 : 왼쪽에서 오른쪽으로 이동하는 방향으로 운동
  - 서쪽 하늘 : 왼쪽 위에서 오른쪽 아래로 지는 방향으로 운동
  - 북쪽 하늘 : 북극성을 중심으로 시계 반대 방향으로 회전하는 운동

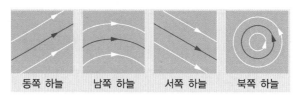

▲ 중위도(북반구)에서의 천체의 일주 운동 방향

(3) 지구의 공전

① **지구의 공전과 천체의 연주운동** : 지구의 공전은 지구가 1년을 주기로 태양 주위를 시계 반대 방향(서에서 동)으로 한 바퀴(360°) 도는 운동이다. 이로 인해 1년을 주기로 하는 천체의 겉보기 운동이 관측된다.

㉠ 태양의 연주운동 : 태양은 지구와 가까이에 위치하기 때문에 천구에 고정되어 있지 않고 1년을 주기로 황도를 따라 시계 반대 방향(서에서 동)으로 회전하는데, 이 운동을 태양의 연주운동이라고 한다. 지구의 자전축은 23.5° 기울어져 있으므로 태양이 연주운동하는 경로인 황도 역시 천구의 적도와 23.5° 기울어져 있다.

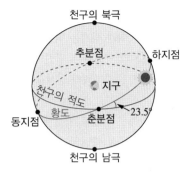

▲ 천구의 적도와 황도

- 춘분점과 추분점 : 천구의 적도와 황도가 만나는 교점 중 태양이 천구의 남반구에서 북반구로 이동할 때 만나는 점을 춘분점, 천구의 북반구에서 남반구로 이동할 때 만나는 점을 추분점이라고 한다.
- 하지점과 동지점 : 태양이 황도를 따라 연주운동할 때 태양의 적위가 가장 큰 지점을 하지점, 적위가 가장 작은 지점을 동지점이라고 한다.
- 태양의 위치 : 춘분점 → 하지점 → 추분점 → 동지점 → 춘분점의 순서로 달라진다.
- 황도 12궁 : 태양이 황도를 따라 이동하는 동안 지나는 12개의 별자리를 황도 12궁이라고 한다.

ⓒ 천체의 연주운동 : 태양이 연주운동을 함에 따라 같은 시간에 별자리를 관측했을 때 별자리가 매일 약 1°만큼 동에서 서로 이동하는데, 이를 천체의 연주운동이라고 한다. 천체의 연주운동은 실제로 천구에서 천체의 위치가 변하는 것은 아니나 시간은 태양을 기준으로 결정되기 때문에 마치 천체가 운동하는 것처럼 느껴지는 시운동이며, 이로 인해 계절마다 관측되는 별자리가 달라진다.

② 지구의 공전 운동 변화 : 지구가 태양을 공전하는 동안 지구의 자전축 경사각과 경사 방향, 이심률은 각각의 특정한 주기를 가지고 변한다. 이로 인해 지구에 기후 변화가 일어나는데, 이 이론을 밀란코비치 이론이라고 한다.

더하기 계절 판별하기

지구의 자전축은 23.5° 기울어져 있는데, 이 때문에 지구에 계절 변화가 일어난다.

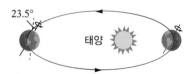

- 지구의 계절은 북극과 남극이 기울어져 있는 방향을 통해 알 수 있다. 북극이 태양을 향해 기울어져 있으면 북반구가 여름, 남극이 태양을 향해 기울어져 있으면 남반구가 여름이 된다. 반대로 북극이 태양 반대편으로 기울어져 있으면 북반구가 겨울, 남극이 태양 반대편으로 기울어져 있으면 남반구가 겨울이 된다.
- 지구의 자전축이 태양을 향하는 방향과 수직을 이루면 그때의 계절은 봄 또는 가을이 된다.
- 북극과 남극은 서로 기울어진 방향이 반대이기 때문에 북반구와 남반구의 계절은 항상 반대이다.

ⓒ 지구 자전축의 경사각 변화 : 지구 자전축의 경사각은 41,000년을 기준으로 21.5~24.5° 사이에서 변한다. 지구에 계절 변화가 생기는 원인은 지구 자전축이 기울어져 있기 때문이므로 경사각이 커질수록 지구의 기온의 연교차가 커진다.

• 다른 조건이 일정할 때, 지구 자전축의 경사각이 커지면 북반구와 남반구 상관없이 모두 기온의 연교차가 커진다.

• 다른 조건이 일정할 때, 지구 자전축의 경사각이 커지면 여름철 태양의 남중고도가 높아지고 낮의 길이가 증가하며, 겨울철 태양의 남중고도가 낮아지고 낮의 길이가 짧아진다.

• 다른 조건이 일정할 때, 지구 자전축의 경사각이 작아지면 여름철 태양의 남중고도가 낮아지고 낮의 길이가 짧아지며, 겨울철 태양의 남중고도가 높아지고 낮의 길이가 길어진다.

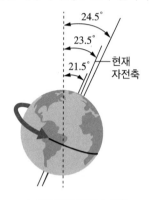

▲ 자전축의 기울기 변화

ⓛ 세차 운동 : 지구의 자전축 경사 방향이 26,000년을 기준으로 시계 방향으로 회전하는 운동으로, 13,000년 뒤에는 지구 자전축의 경사 방향이 반대가 된다.

• 지구는 타원 궤도를 공전하므로 태양과의 거리가 가장 가까운 근일점에서는 태양 복사 에너지를 가장 많이 받고 태양과의 거리가 가장 먼 원일점에서는 태양 복사 에너지를 가장 적게 받는다.

• 다른 조건이 일정할 때, 지구의 자전축 경사 방향이 현재와 같으면 근일점에서 북반구는 겨울, 남반구는 여름이며, 원일점에서 북반구는 여름, 남반구는 겨울이다. 따라서 북반구는 시원한 여름, 따뜻한 겨울이 되어 기온의 연교차가 작으며, 남반구는 더운 여름, 추운 겨울이 되어 기온의 연교차가 크다.

• 다른 조건이 일정할 때, 지구의 자전축 경사 방향이 현재와 반대가 되면 근일점에서 북반구는 여름, 남반구는 겨울이며, 원일점에서 북반구는 겨울, 남반구는 여름이다. 따라서 북반구는 더운 여름, 추운 겨울이 되어 기온의 연교차가 크며, 남반구는 시원한 여름, 따뜻한 겨울이 되어 기온의 연교차가 작다.

• 다른 조건이 일정할 때, 현재는 북반구보다 남반구의 기온 연교차가 크며, 13,000년 뒤에는 북반구의 기온 연교차가 남반구보다 클 것이다.

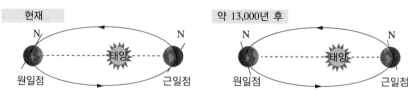

ⓒ 이심률 변화 : 지구의 공전 궤도 이심률은 약 10만 년을 주기로 변한다. 현재는 지구의 공전 궤도 이심률로 인한 근일점과 원일점에서의 일사량 차이가 약 7%로 작으며, 거의 원에 가까운 타원 궤도를 공전하지만 이심률이 최대로 커지는 시기에는 근일점과 원일점에서의 일사량 차이가 약 23%까지 증가할 수 있다.

- 이심률이 작을수록 공전 궤도가 원에 가깝고 이심률이 클수록 공전 궤도가 찌그러진 타원의 형태가 된다.
- 지구의 공전 궤도 이심률이 현재보다 커지면 근일점까지의 거리는 가까워져 근일점에서 태양으로부터 받는 에너지의 양이 증가한다. 반면 원일점까지의 거리는 멀어져 원일점에서 태양으로부터 받는 에너지의 양이 감소한다.
- 다른 조건이 일정할 때, 이심률이 커지면 북반구는 더 시원한 여름, 더 따뜻한 겨울이 되어 기온의 연교차가 더 작아지며, 남반구는 더 더운 여름, 더 추운 겨울이 되어 기온의 연교차가 더 커진다.
- 다른 조건이 일정할 때, 이심률이 작아지면 북반구는 덜 시원한 여름, 덜 따뜻한 겨울이 되어 기온의 연교차가 커지며, 남반구는 덜 더운 여름, 덜 추운 겨울이 되어 기온의 연교차가 작아진다.

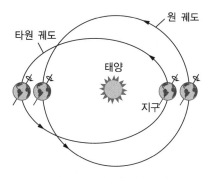

▲ 지구 공전 궤도의 이심률 변화

02 천체의 위치와 좌표계

(1) 지구 좌표계

① 위도 : 적도를 기준으로 북쪽이나 남쪽으로 얼마나 떨어져 있는지를 나타낸 값으로, 북위(N)나 남위(S)로 표시한다. 적도에서는 위도가 0°이며, 극에서는 위도가 90°이다. 위도가 높아질수록 흡수하는 태양 복사 에너지양과 방출하는 지구 복사 에너지양이 적어지기 때문에 위도를 기준으로 대략적인 기후대를 유추할 수 있다.

② 경도 : 본초 자오선을 기준으로 서쪽이나 동쪽으로 얼마나 떨어져 있는지를 나타낸 값으로, 서경(W)이나 동경(E)을 사용한다. 경도선은 등시선이라고도 하며, 같은 시각에 정오가 되는 지점을 연결한 선이다. 경도 0°가 되는 기준선은 영국 그리니치 천문대를 지나는 경도선이다. 태양은 동쪽에서 떠서 서쪽으로 지므로 그리니치 천문대를 기준으로 동쪽에 위치하는 지역은 15°마다 1시간씩 빠르며, 그리니치 천문대를 기준으로 서쪽에 위치하는 지역은 15°마다 1시간씩 느리다. 따라서 경도 180° 부근에서는 날짜 변경선이 존재한다.

(2) 천체 좌표계

① **지평 좌표계** : 관측자를 기준으로 하는 좌표계이며, 방위각과 고도를 사용하여 천체의 위치를 나타 낸다. 지평 좌표계는 현재 하늘에서의 천체의 위치를 나타내는 것으로, 지구가 자전하고 공전함에 따라 천체의 방위각과 고도 역시 달라진다.

  ㉠ 방위각(A) : 북점이나 남점을 기준으로 지평선을 따라 천체를 지나는 수직권까지의 각도를 잰 값으로, 0~360° 사이의 값을 갖는다. 기준이 되는 점이 0°이며 시계 방향으로 갈수록 값이 증 가한다.

  ㉡ 고도(h)와 천정거리(Z) : 고도(h)는 지평선을 기준으로 수직권을 따라 천체가 얼마나 높이 떠 있는지를 나타내며 0~90° 사이의 값을 갖는다. 지평선에서의 고도는 0°이며 천정으로 갈수록 값이 증가한다. 천정거리(Z)는 (90°−고도)이다.

  • 천체의 남중고도 : 위도가 ϕ, 적위가 δ일 때 천체의 남중고도(h)는 $h = 90° - \phi + \delta$이다.

  • 북극성의 고도 : 북극성의 고도는 항상 그 지역의 위도와 같다.

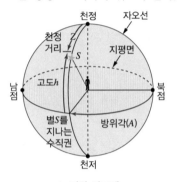

▲ 지평 좌표계

② **적도 좌표계** : 적도 좌표계란 관측자와 상관없이 정해지는 좌표계이며, 적경과 적위를 이용하여 천체의 위치를 나타낸다. 태양계 천체를 제외한 천체들의 적경과 적위는 변하지 않는다.

  ㉠ 적경(α) : 춘분점을 기준으로 천구의 적도를 따라 천체를 지나는 시간권까지의 각도를 잰 값으로, 15°를 1^h로 환산하여 0~24^h 사이의 값을 갖는다. 춘분점이 0^h이며 시계 방향으로 갈수록 값이 증가한다. 적경이 작은 천체일수록 먼저 남중한다(남중 시간이 빠르다).

  ㉡ 적위(δ) : 천구의 적도를 기준으로 시간권을 따라 천체가 얼마나 천구의 극에 가까이 위치하는 지를 나타내며 −90~+90° 사이의 값을 갖는다. 천구의 적도에서의 적위는 0°이며, 천구의 적 도를 기준으로 북쪽은 (+), 남쪽은 (−)값을 갖는다.

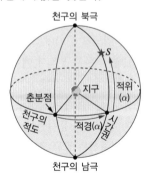

▲ 적도 좌표계

06 | 우주 탐사

01 태양계 구성원

(1) 태 양

① 태양의 내부

    ㉠ 핵 : 수소 핵융합 반응이 일어나는 곳으로, 에너지를 생산한다.

    ㉡ 복사층 : 핵을 감싸고 있는 층으로, 주로 복사를 통해 핵에서 생성된 에너지를 바깥으로 전달한다.

    ㉢ 대류층 : 복사층을 감싸고 있으며, 주로 대류를 통해 내부 에너지를 광구로 전달한다.

② 태양의 표면

    ㉠ 광구 : 태양의 표면에 해당하는 곳으로, 온도는 약 5,800K이며 황백색이다.

    ㉡ 쌀알무늬 : 대류층에서 일어나는 열대류에 의해 광구에서 나타나는 쌀알 모양의 무늬이다. 뜨거운 물질이 상승하는 곳에서는 물질의 온도가 더 높아 밝게 보이고, 냉각된 물질이 하강하는 지점에서는 온도가 더 낮아 어둡게 보인다. 쌀알무늬의 지름은 약 1,000km이다.

    ㉢ 흑점 : 광구에서 주변보다 어둡게 보이는 지점으로, 주변에 비해 온도가 낮은 곳이다. 흑점이 주변보다 온도가 낮은 이유는 태양 표면의 강한 자기 활동으로 인해 대류 활동이 방해를 받기 때문이다. 흑점의 온도는 약 3,000~4,500K이다.

      • 흑점의 이동 : 태양이 자전함에 따라 흑점 또한 이동하는데, 이를 통해 위도별 태양의 자전 속도 차이를 알 수 있다.

      • 흑점 수 변화 : 흑점 수는 약 11년을 주기로 증감하는데, 이는 태양의 활동량 변화와 관련이 깊다. 태양의 활동이 활발할수록 흑점 수가 많다. 따라서 흑점 수의 증감에 따라 홍염 또는 플레어의 발생 횟수, 코로나의 형태, 태양풍의 세기 등이 달라진다.

> **더하기** 흑점의 이동과 태양의 자전
>
> 태양이 자전함에 따라 흑점도 이동하는데, 이를 통해 태양 자전 운동의 특징을 알 수 있다.
>
> • 흑점의 이동 방향 : 지구에서 태양의 흑점을 관측했을 때 태양의 흑점은 동에서 서로 이동하는 것처럼 보인다. 이는 태양이 서에서 동(시계 반대 방향)으로 자전하기 때문이다.
>
> • 흑점의 이동 속도 : 흑점의 이동 속도는 위도에 따라 다르게 나타나는데, 적도에서는 약 25일, 중위도에서는 약 28일, 고위도에서는 약 35일로, 고위도로 갈수록 흑점의 이동 속도가 느려진다. 이는 태양이 기체 상태이기 때문에 저위도에서 고위도로 갈수록 태양의 자전 속도가 느려지기 때문이다.
>
> ⇒ 태양의 자전 주기는 저위도일수록 짧다.

---

③ 태양의 대기

　ⓐ 채층 : 광구 바로 바깥에 붉은 색을 띠는 얇은 대기층으로, 온도가 약 4,500~수만K이며, 두께는 약 10,000km이다.

　ⓑ 코로나 : 태양의 가장 바깥쪽 대기로, 온도가 100만K으로 매우 높지만 대기의 밀도가 너무 낮아 매우 어둡기 때문에 평소에는 관측할 수 없다. 밝은 광구가 가려지는 개기일식 때 코로나를 관측할 수 있으며 태양의 활동이 활발한 흑점 수의 극대기에 더 크고 밝다.

④ 태양의 활동

　ⓐ 스피큘 : 태양 채층의 가장자리를 자세히 보면 바늘 모양의 가느다란 불꽃 기둥이 보이는데, 이를 스피큘이라고 한다.

　ⓑ 홍염 : 광구의 바깥쪽이나 채층에서부터 태양의 가장 바깥쪽 대기인 코로나까지 솟아오른 불꽃 또는 루프 형태의 붉은색 가스 분출물이다. 홍염은 태양이 달에 의해 완전히 가려지는 개기일식이 시작될 때와 끝날 때 가장 잘 관측된다.

　ⓒ 플레어 : 흑점 부근에서 축적되어 있던 태양의 자기 에너지가 급격하게 방출되면서 발생하는 폭발 현상이다. 플레어는 태양 활동이 활발할 때 더욱 강하게, 자주 발생하며, 플레어에 의해 방출된 전자기파로 인해 지구에서 무선 통신 두절 현상(델린저 현상)이 일어날 수 있다.

(2) 달

① 달의 지형

　ⓐ 달의 바다 : 달의 표면에서 주변보다 어두운 지역을 달의 바다라고 한다. 이 지역은 어두운 색을 띠는 현무암으로 이루어져 있으며, 주변보다 고도가 낮고 편평하다.

　ⓑ 달의 고지 : 달의 표면에서 주변보다 밝은 지역을 달의 고지라고 한다. 이 지역은 밝은 색 광물로 이루어져 있으며, 주변보다 고도가 높다.

　ⓒ 크레이터(운석 구덩이) : 운석 충돌로 생긴 구덩이로, 달에는 대기와 물이 존재하지 않아 운석 구덩이가 오래 보존될 수 있다. 운석 구덩이는 달의 앞면보다 달의 뒷면에 더 많으며, 달의 바다보다 달의 고지에 더 많다.

② 달의 운동

　ⓐ 동주기 자전 : 달은 공전 주기와 자전 주기가 약 27.3일로 같은 동주기 자전을 하며, 자전 방향과 공전 방향은 시계 반대 방향으로 같다. 따라서 지구에서는 항상 달의 한쪽 면(달의 앞면)만 관측할 수 있다.

　ⓑ 달의 공전과 위상 변화 : 달은 스스로 빛을 내지 못하므로 태양 빛을 반사하는 부분만 지구에서 관측할 수 있다. 그러므로 달의 위상은 지구와 달과 태양의 상대적인 위치에 따라 달라진다. 달은 하루에 약 13°씩 서에서 동으로 공전하므로 하루에 약 13°씩 동쪽으로 이동한다. 따라서 달이 뜨고 지는 시각은 매일 약 50분씩 늦어진다.

　　• 지구에 있는 관측자를 기준으로 달이 태양보다 동쪽에 위치하면 달은 태양보다 먼저 떠서 새벽까지 관측된다. 반면, 달이 태양보다 서쪽에 위치하면 달이 태양보다 나중에 뜨기 때문에 초저녁부터 달이 지평선 아래로 질 때까지 달을 관측할 수 있다.

　　• 달−지구−태양이 이루는 각이 클수록 달을 관측할 수 있는 시간이 길어진다. 관측 가능한 시간은 15°당 약 1시간이다.

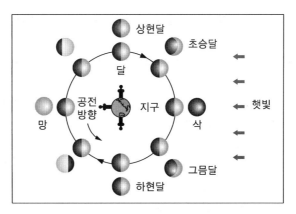

▲ 달의 위상 변화

위 상	음력 날짜	뜨는 시각	지는 시각	관측 가능한 시각	관측 하늘
삭	1일경	약 6시	약 18시	관측 불가	
초승달	2~3일경	약 9시	약 21시	초저녁부터 달이 질 때까지	남서쪽
상현달	7~8일경	약 12시	약 24시		남~서쪽
망(보름)	15일경	약 18시	약 6시	달이 떠 있는 동안	동~남쪽(18~24시) 남~서쪽(0~6시)
하현달	22~23일경	약 24시	약 12시	달이 뜬 뒤부터 새벽까지	동~남쪽
그믐달	27~28일경	약 3시	약 15시		남동쪽

ⓒ 항성월과 삭망월

- 항성월 : 천구에 고정된 천체를 기준으로 달이 지구 주위를 한 바퀴 공전하는 데 걸리는 시간으로, 약 27.3일이다.
- 삭망월 : 달의 위상이 삭에서 삭, 망에서 망이 될 때까지 걸리는 시간으로 약 29.5일이다. 달이 지구 주위를 한 바퀴 공전하는 동안 지구 역시 태양 주위를 공전하기 때문에 삭망월이 항성월보다 약 2.2일 더 길다.

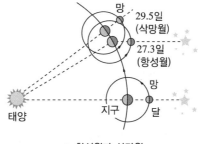

▲ 항성월과 삭망월

③ 월식과 일식

ⓐ 월식 : 달의 위상이 망(태양-지구-달 순서로 일직선)일 때 달이 지구의 그림자에 의해 가려지는 현상이다. 널리 지구의 반그림자에 위치할 땐 달의 밝기가 어두워지지만 식현상이 일어나지는 않는다. 하지만 달이 지구의 본그림자로 들어가게 되면 달의 왼쪽(동쪽)부터 식현상이 일어나 부분 일식이 일어나다가 달 전체가 지구의 본그림자로 들어가면 개기 월식이 일어난다. 월식은 달이 관측되는 지역이면 어느 곳에서든지 관측될 수 있다.

- 개기 월식 : 달 전체가 지구의 본그림자에 위치할 때 일어나며, 달이 매우 어둡게 관측되며 붉은색을 띤다.
- 부분 월식 : 달의 일부가 지구의 본그림자에 위치할 때 일어나며, 달의 왼쪽(동쪽)부터 가려지기 시작한다.

ⓛ 일식 : 달의 위상이 삭(태양-달-지구 순서로 일직선)일 때 태양이 달에 의해 가려지는 현상으로, 태양 전체가 가려지는 개기 일식과 태양의 일부가 가려지는 부분 일식, 태양의 가장자리만 관측되는 금환 일식이 있다. 달은 시계 반대 방향(서에서 동)으로 지구 주위를 공전하기 때문에 북반구에서는 태양의 오른쪽(서쪽)부터 식현상이 일어난다. 일식은 달의 본그림자에 해당하는 곳에서만 관측될 수 있다.
- 개기 일식 : 태양 전체가 달에 의해 가려지는 현상으로, 달의 본그림자 영역에서 일어난다. 개기 일식이 일어나면 맨눈으로 채층과 코로나를 관측할 수 있다.
- 부분 일식 : 태양의 일부가 달에 의해 가려지는 현상으로, 달의 반그림자 영역에서 일어난다.
- 금환 일식 : 달의 시직경이 태양의 시직경보다 작을 때에는 일식이 일어나도 달이 태양을 완전히 가리지 못해 태양의 가장자리만 고리의 형태로 관측되는데, 이를 금환식이라고 한다.

ⓒ 월식과 일식이 매달 일어나지 않는 이유 : 지구의 공전 궤도면과 달의 공전 궤도면이 일치한다면 달의 위상이 망일 때마다 달이 지구의 그림자에 위치해 월식이 일어나고, 달의 위상이 삭일 때마다 지구에 달의 그림자가 생겨 일식이 일어날 것이다. 하지만 실제로 지구의 공전 궤도면과 달의 공전 궤도면은 약 5° 기울어져 있다. 그러므로 실제로 태양과 지구와 달이 완전한 일직선에 놓이는 현상은 드물게 일어나며, 이때에만 월식이나 일식이 일어날 수 있다.

(3) 태양계 행성

① **지구형 행성** : 지구와 같이 질량과 반지름이 작으며, 주로 규산염 물질로 이루어져 있어 밀도가 큰 행성을 지구형 행성이라고 한다. 지구형 행성에서는 수성과 금성, 화성이 있다. 지구형 행성은 위성이 없거나 그 수가 적으며, 공전 궤도 반지름이 작은 편이기 때문에 공전 속도가 빠르고 공전 주기가 짧다.

ⓛ 수 성
- 태양과의 거리가 가장 가까우며 크기가 가장 작은 행성이다.
- 대기가 거의 없어 표면 온도의 일교차가 매우 심하며, 표면에 많은 운석 구덩이가 있다.
- 태양과의 거리가 너무 가까워 공전 주기와 자전 주기가 같아 밤낮의 변화가 일어나지 않는 동주기 자전을 한다.

ⓛ 금 성
- 대기가 매우 두꺼우며(약 95기압) 대기의 대부분이 이산화탄소로 이루어져 있다.
- 이산화탄소로 인한 온실 효과로 표면 온도가 약 470℃이며, 태양계 행성 중 표면 온도가 가장 높다.
- 자전 방향이 공전 방향과 반대인 시계(동에서 서) 방향이다.
- 대기에서 번개 현상이 일어나며, 남반구 대기에는 거대한 소용돌이 현상이 일어난다.

ⓒ 화 성
- 토양에 산화철을 포함하고 있어 붉게 보인다.
- 극지방에 드라이아이스와 얼음으로 이루어진 극관이 있으며, 여름철에 드라이아이스가 승화하면 극관의 크기가 작아지고, 겨울철에는 다시 커진다.
- 올림포스 화산 등의 거대한 화산들이 존재하며 마리네리스라는 대규모의 계곡(대협곡)이 존재한다. 또한, 과거에 물이 존재했던 흔적이 발견된다.
- 대기의 95%가 이산화탄소로 이루어져 있지만, 대기압이 약 0.01기압이기 때문에 온실 효과는 매우 작아 표면 온도의 일교차가 매우 심하다.
- 포보스와 데이모스라는 위성이 화성 주위를 공전하고 있다.

② **목성형 행성** : 목성과 같이 질량과 반지름이 크고, 주로 수소와 헬륨으로 이루어져 있어 밀도가 작으며 단단한 지각이 없다. 목성형 행성에는 목성과 토성, 천왕성, 해왕성이 있다. 목성형 행성은 많은 위성을 가지고 있으며, 공전 궤도 반지름이 길어 공전 속도가 느리고 공전 주기가 길다.

ⓐ 목 성
- 태양계 행성 중 가장 질량과 반지름이 큰 행성이다.
- 자전 속도가 빨라 적도와 나란하게 밝고 어두운 줄무늬가 나타난다.
- 강한 자기장에 의해 오로라가 나타나기도 하며, 남반구에는 거대한 대기의 고기압성 소용돌이가 있고, 붉은색을 띠는 대적점이 있다.
- 이오, 유로파, 가니메데, 칼리스토 등 60여 개의 위성을 가지고 있으며, 이오에서는 화산 활동이 활발하고, 유로파의 표면은 얼음으로 덮여 있다. 또한 가니메데는 태양계 위성 중에 가장 크다.

ⓑ 토 성
- 태양계 행성 중 밀도가 가장 작으며 자전 속도가 빨라 편평도가 가장 큰 행성이다.
- 자전 속도가 빨라 목성과 같이 적도와 나란한 줄무늬가 나타난다.
- 암석과 얼음으로 구성된 고리가 뚜렷하게 관측된다.
- 미마스, 엔셀라두스, 타이탄 등 60여 개의 위성을 가지고 있으며, 타이탄은 태양계에서 두 번째로 큰 위성이다. 타이탄에는 질소와 메테인으로 이루어진 대기가 있고, 액체 상태의 메테인으로 이루어진 바다가 존재한다.

ⓒ 천왕성
- 대기 중에 소량의 메테인을 포함하고 있어 청록색을 띤다.
- 자전축이 약 98° 기울어져 있어 자전축이 공전 궤도면과 거의 나란한 상태로 공전한다.
- 희미한 고리를 가지고 있으며, 20여 개의 위성을 가지고 있다.

ⓓ 해왕성
- 천왕성과 특징이 비슷하며, 거대한 대기의 고기압성 소용돌이가 있고 주위에 비해 어두운 대흑점이 있다.
- 천왕성과 같이 희미한 고리를 가지고 있으며, 10여 개의 위성이 있다.

(1) 천체 망원경의 종류

① **광학 망원경** : 지구에서 천체로부터 오는 가시광선을 관측하는 망원경으로, 굴절 망원경과 반사 망원경이 이에 속한다.

② **전파 망원경** : 지구에서 천체로부터 오는 전파를 관측하는 망원경으로, 주로 온도가 낮은 천체나 전파를 방출하는 은하를 관측할 때 사용된다. 전파는 파장이 길어 상대적으로 대기의 영향을 덜 받는다는 장점이 있다.

③ **우주 망원경** : 기권 밖 우주 공간에 설치하여 천체를 관측하는 망원경으로, 대기의 영향을 받지 않는다는 장점이 있다.

(2) 광학 망원경의 종류

① **굴절 망원경** : 두 개의 렌즈를 이용하여 빛을 굴절시켜 천체를 관측하는 망원경으로, 빛을 모으는 대물렌즈와 상을 확대하는 접안렌즈로 구성된다. 대물렌즈로는 볼록렌즈를 사용하며 접안렌즈의 종류는 망원경의 종류에 따라 달라진다.

ㄱ 갈릴레이식 망원경 : 접안렌즈로 오목렌즈를 이용하는 굴절 망원경이다. 상하좌우가 반전되지 않지만 시야가 좁다는 단점이 있다.

ㄴ 케플러식 망원경 : 접안렌즈로 볼록렌즈를 이용하는 굴절 망원경이다. 상하좌우가 반전되지만 시야가 넓다는 장점이 있다.

② **반사 망원경** : 빛을 반사시켜 천체를 관측하는 망원경으로, 빛을 모으는 주경과 상을 확대하는 접안렌즈로 구성된다. 주경으로는 오목 거울을 사용하며 부경의 종류는 망원경의 종류에 따라 달라진다.

ㄱ 뉴턴식 망원경 : 부경으로 평면거울을 이용하는 반사 망원경이다. 주경으로부터 반사되어 모인 빛을 부경인 평면거울이 반사시켜 접안렌즈로 들어오게 하는 방식이며, 접안부와 경통으로 빛이 들어오는 방향이 수직이다.

ㄴ 카세그레인식 망원경 : 부경으로 볼록 거울을 사용하는 반사 망원경이다. 주경으로부터 반사되어 모인 빛을 부경인 볼록 거울이 다시 반사시키면 빛이 주경 중앙의 작은 구멍으로 나가게 된다. 이때 그 구멍을 통해 접안렌즈로 빛을 관측할 수 있다. 카세그레인식은 초점 길이에 비해 경통 길이가 짧으며, 빛이 들어오는 방향과 관측하는 방향이 일치해 천체를 관측하는 것이 편리하다.

③ 굴절 망원경과 반사 망원경 비교

굴절 망원경	반사 망원경
• 빛의 파장에 따른 굴절률 차이로 인해 발생하는 색수차가 있다. • 경통의 내부가 밀폐되어 있어 공기의 영향을 덜 받아 상이 안정적이다. • 구경을 크게 제작하는 것이 어렵다. • 밝은 천체를 관측하기에 적합하다.	• 빛을 반사시켜 모으므로 색수차가 없다. • 경통 내부가 개방되어 있어 공기의 영향을 받아 상이 불안정하다. • 구경을 크게 제작하는 것이 가능하다. • 어두운 천체를 관측하기에 적합하다.

굴절 망원경(갈릴레이식)　　　　　　굴절 망원경(케플러식)

▲ 굴절 망원경의 종류

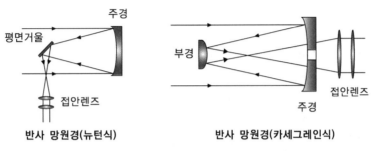

반사 망원경(뉴턴식)　　　　　　반사 망원경(카세그레인식)

▲ 반사 망원경의 종류

(3) 천체 망원경의 성능

① **집광력** : 망원경이 빛을 모으는 능력으로, 망원경 구경의 제곱에 비례한다. 따라서 크기가 큰 망원 경일수록 빛을 모으는 능력이 좋아 더 어두운 천체도 관측할 수 있다.

$$집광력 \propto D^2 (D : 대물렌즈의 구경)$$

② **배율(확대능)** : 물체를 확대하는 능력으로, 망원경의 초점거리를 접안렌즈의 초점거리로 나누어 구할 수 있다. 배율이 높으면 물체가 크게 확대되므로 하늘의 좁은 영역만 관측할 수 있고, 배율이 낮으면 좀 더 넓은 영역을 관측할 수 있다.

$$배율 = \frac{대물렌즈의 \ 초점거리}{접안렌즈의 \ 초점거리}$$

③ **분해능** : 서로 떨어져 있는 두 물체를 구분하는 능력으로, 두 점을 구분할 수 있는 최소 각거리를 말하며 단위는 초(")를 사용한다. 망원경의 구경이 클수록 분해능이 좋다.

07 | 별과 우주

01 별의 특성

(1) 천체까지의 거리

① **연주 시차를 이용한 거리 측정** : 지구와의 거리가 비교적 가까운 별은 지구의 공전에 의해 천구에서 시차가 발생한다. 연주 시차란 이때 생기는 시차의 절반을 말한다. 별까지의 거리가 짧을수록 연주 시차 값은 커지므로 연주 시차와 별까지의 거리는 반비례 관계이다. 지구와의 거리가 매우 먼 천체는 연주 시차 값이 매우 작아 거의 측정이 불가능하므로 연주 시차를 이용한 거리 측정은 비교적 가까운 별에만 적용할 수 있다. 연주 시차는 매우 작은 각이므로 초(")단위로 표시하며, 연주 치사가 1″인 별까지의 거리를 1pc(파섹)이라 한다.

$$d[pc] = \frac{1}{p[\,''\,]}$$

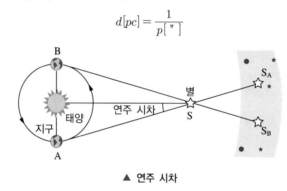

▲ 연주 시차

② **별의 등급을 이용한 거리 측정**

　㉠ **별의 등급** : 별의 등급이란 별의 밝기를 나타내는 척도로, 밝은 별일수록 등급 값이 작다. 1등급의 별은 6등급의 별보다 100배 밝으므로 별의 밝기는 5등급에 100배만큼 차이가 나며, 1등급 간의 밝기 차이는 약 2.5배이다.

　　• **겉보기 등급** : 지구에서 관측하였을 때 별의 밝기를 등급으로 나타낸 것을 겉보기 등급이라고 한다. 실제 밝기가 같은 별이더라도 지구와의 거리가 가까우면 겉보기 등급이 작으며, 지구와의 거리가 멀면 겉보기 등급이 크다.

　　• **절대 등급** : 별까지의 거리가 10pc이라고 가정하였을 때의 별의 등급을 절대 등급이라고 한다. 절대 등급은 거리의 영향을 받지 않으며 광도로 결정되는 값이다.

　㉡ **포그슨 방정식** : 특정 별의 절대 등급은 거리에 관계없이 항상 같은 값을 갖지만 겉보기 등급은 별까지의 거리가 가까울수록 작아진다. 두 별의 등급(m_1, m_2)과 밝기(l_1, l_2) 간의 관계를 식으로 나타낸 것을 포그슨 방정식이라고 한다.

$$포그슨\ 방정식 : m_2 - m_1 = 2.5\log\frac{l_1}{l_2}$$

ⓒ 별의 밝기와 거리 : 같은 양의 빛이 퍼지는 면적은 별까지의 거리의 제곱에 비례하므로 별의 밝기는 거리의 제곱에 반비례한다. 이를 포그슨 방정식에 대입하면 별의 등급과 거리 간의 관계식을 알 수 있다.

$$별의 \ 등급과 \ 거리 \ 관계식 : m_2 - m_1 = 5\log\frac{r_2}{r_1}$$

만약 어떤 별의 절대 등급(M)과 겉보기 등급(m)을 알고 있다면 절대 등급의 기준이 되는 거리가 $10pc$이라는 것을 이용하여 별까지의 거리(r)를 구할 수 있다. 이때 r의 단위 역시 pc이며, $m-M$을 거리 지수라고 한다. 천체까지의 거리가 멀수록 거리 지수가 크다.

$$거리 \ 지수 : m - M = 5\log r - 5$$

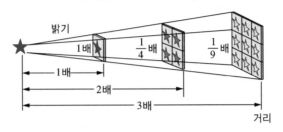

▲ 별의 밝기와 거리

③ 변광성을 이용한 거리 측정

ⓐ 세페이드 변광성 : 주기적인 팽창과 수축에 의해 밝기가 주기적으로 변하는 별을 맥동 변광성이라고 한다. 세페이드 변광성이란 세페이드 자리에서 처음 발견된 맥동 변광성을 말하며, 변광 주기가 약 1~50일이다.

ⓑ 세페이드 변광성의 주기-광도 관계를 이용한 거리 측정 : 세페이드 변광성은 변광 주기가 길수록 절대 등급이 낮다. 따라서 세페이드 변광성의 절대 등급은 별의 변광 주기에 의해 결정되고, 별의 겉보기 등급과 거리 지수 공식에 의해 별까지의 거리를 구할 수 있으므로 세페이드 변광성의 주기-광도 관계를 이용하여 별까지의 거리를 알 수 있다.

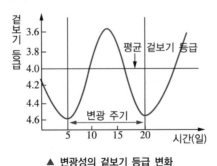

▲ 변광성의 겉보기 등급 변화

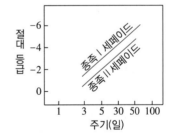

▲ 변광성의 주기-광도 관계

더하기 변광성의 종류

변광성은 별의 광도가 변하는 별을 말한다. 변광성은 별의 밝기가 변하는 이유에 따라 세페이드 변광성과 식변광성, 폭발 변광성으로 구분할 수 있다.

- 세페이드 변광성(맥동 변광성) : 별의 주기적인 팽창과 수축에 의해 밝기가 변하는 변광성으로, 별의 절대 등급에 따라 일정한 주기를 가지고 맥동하면서 밝기가 변하는 별이다.
- 식변광성 : 두 개의 별이 서로 중력으로 묶여 있는 쌍성계에서 두 별의 공전 궤도가 관측자의 시선 방향과 거의 나란할 때 공전하는 동안 한 별이 다른 별의 일부 또는 전체를 가리면서 관측되는 밝기가 변하는데, 이를 식변광성이라고 한다. 변광이 일어나는 동안 온도가 낮은 별이 온도가 높은 별을 가려 변광성의 밝기가 가장 어두워질 때를 주극소, 온도가 높은 별이 온도가 낮은 별을 가려 변광성의 밝기가 덜 어두워질 때를 부극소라고 한다. 식변광성 역시 변광이 주기적으로 일어나며, 변광 주기는 두 별의 공전 주기와 같다.

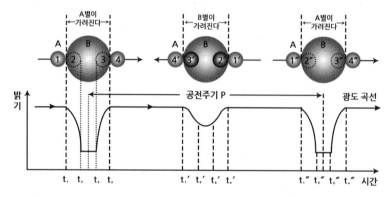

▲ 식변광성의 밝기 변화

- 폭발 변광성 : 별의 밝기가 급격하게 증가하는 변광성으로, 신성, 초신성 등이 폭발 변광성에 해당한다.

④ 성단의 색등급도(C-M도)와 주계열 맞추기를 이용한 거리 측정

㉠ 성단의 색등급도(C-M도) : 색등급도는 가로축을 색지수(B-V), 세로축을 등급으로 한 좌표계에 별들의 분포를 나타낸 그래프를 말한다. 색등급도를 통해 별의 분포를 알 수 있으며 별의 분포 양상은 별이 속한 성단의 종류에 따라 달라진다.

- 산개 성단의 색등급도 : 산개 성단은 비교적 나이가 적은 성단이다. 따라서 대부분의 별이 주계열성에 속하며 표면 온도가 높고 광도가 높은 별들이 많다. 적색 거성은 거의 분포하지 않는다.
- 구상 성단의 색등급도 : 구상 성단은 나이가 많은 성단이다. 따라서 표면 온도가 높은 주계열성은 거의 존재하지 않으며 남아있는 주계열성은 표면 온도가 낮고 광도가 작다. 또한 적색 거성 가지, 수평 가지, 점근 거성 가지에 나이가 많은 별들이 분포한다.

㉡ 성단의 색등급도(C-M도)를 이용한 주계열 맞추기 : 성단을 이루고 있는 별들은 거의 동시에 형성되었으며 중력에 의해 서로 묶여있다. 그러므로 한 성단 내에 존재하는 별들의 나이와 지구로부터의 거리는 거의 같다. 따라서 성단의 색등급도와 주계열성의 색등급도를 비교하면 거리 지수를 통해 성단까지의 거리를 측정할 수 있다.

⑤ 허블 법칙을 이용한 외부 은하까지의 거리 측정

　㉠ 외부 은하 스펙트럼에서의 적색 편이 : 우리 은하로부터 멀리 떨어진 외부 은하의 스펙트럼을 관측하면 흡수선의 파장이 실제 파장보다 더 길게 관측되는 적색 편이 현상이 일어난다. 이는 대부분의 외부 은하들이 지구로부터 멀어지고 있음을 나타내며, 결과적으로 우주가 팽창하고 있음을 시사한다.

> **더하기** 도플러 효과
>
> 파원이 관측자로부터 가까워지거나 멀어지면서 파장이 짧아지거나 길어지는 현상을 도플러 효과라고 한다. 전자기파를 방출하는 광원이 관측자로부터 가까워지면서 파장이 짧아지는 현상을 청색 편이라고 하고, 광원이 관측자로부터 멀어지면서 파장이 길어지는 현상을 적색 편이라고 한다.

　㉡ 외부 은하의 적색 편이와 후퇴 속도 : 우리 은하로부터의 거리가 먼 은하일수록 적색 편이 값이 크게 나타나는데, 이는 멀리 떨어져 있는 은하일수록 우리 은하로부터 빠르게 멀어지고 있다는 것을 뜻한다. 이를 다음과 같은 관계식으로 나타낼 수 있다.

$$v = \frac{\Delta\lambda}{\lambda_0} \times c$$

(v : 외부 은하의 후퇴 속도, λ_0 : 원래 흡수선의 파장, $\Delta\lambda$: 흡수선의 파장 변화량, c : 빛의 속도)

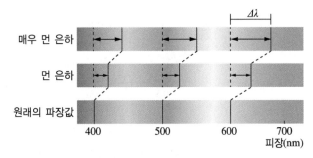

▲ 외부 은하의 적색 편이

　㉢ 허블 법칙 : 허블은 멀리 떨어진 은하일수록 후퇴 속도가 빠르다는 것을 알아냈으며, 이를 관계식으로 나타내었는데, 이를 허블 법칙이라고 한다.

$$v = H \times r \ (v : 은하의\ 후퇴\ 속도,\ H : 허블\ 상수,\ r : 은하까지의\ 거리)$$

이 식에서 H는 허블 상수이며, 단위는 km/s/Mpc이다. 즉, 허블 상수는 1Mpc당 은하가 몇의 속도로 멀어지는지를 나타낸다.

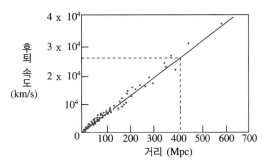

▲ 외부 은하들의 거리에 따른 후퇴 속도

(2) 별의 표면 온도

① 별의 표면 온도와 색깔

ㄱ 흑체 복사 : 입사한 모든 에너지를 흡수하고 흡수한 에너지를 모두 방출하는 물체를 흑체라고 한다. 별은 완전한 흑체는 아니지만 흑체로 가정할 수 있다.

ㄴ 플랑크 곡선 : 흑체는 구성 물질의 종류에 관계없이 오직 온도에 의해서만 특성이 정해지는데, 흑체의 온도에 따라 각 파장에서 방출되는 복사 에너지의 상대적 세기를 나타낸 곡선을 플랑크 곡선이라고 한다.

• 흑체의 온도가 높을수록 모든 파장에서 방출하는 복사 에너지의 양이 많아진다.

• 빈의 변위 법칙 : 흑체의 온도가 높을수록 최대 에너지를 방출하는 파장(λ_{max})이 짧아진다.

$$\Rightarrow \lambda_{max} = \frac{a}{T} (a = 2.898 \times 10^3 \mu m \cdot K)$$

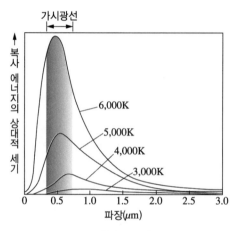

▲ 플랑크 곡선

ㄷ 별의 표면 온도와 색깔 : 별의 표면 온도가 높을수록 파장이 짧은 빛을 많이 방출하므로 표면 온도가 높은 별은 푸른색을 띠고, 표면 온도가 낮은 별은 붉은색을 띤다.

30,000K 이상	10,000~30,000K	7,500~10,000K	6,000~7,000K	5,200~6,000K	3,700~5,200K	3,700K 이하
청 색	청백색	백 색	황백색	황 색	주황색	적 색

② 별의 표면 온도와 색지수

ㄱ U, B, V필터 : 필터는 특정한 파장 영역의 빛만 통과시키는 역할을 한다. U필터는 자외선 부근의 빛을, B필터는 푸른색 영역의 빛을, V필터는 노란색 영역의 빛을 통과시킨다. 각각의 필터를 통해 천체를 관측하였을 때의 밝기를 겉보기 등급으로 나타내는데 이것을 U등급, B등급, V등급이라고 하며, '(B − V) = B등급 − V등급'을 주로 색지수로 이용한다.

ㄴ 별의 표면 온도와 색지수 : 표면 온도가 높은 별은 긴 파장에서보다 짧은 파장에서 더 많은 에너지를 방출하므로 B등급이 V등급보다 낮다. 따라서 색지수 (B − V)값이 음수이다. 반면에 표면 온도가 낮은 별은 짧은 파장에서보다 긴 파장에서 더 많은 에너지를 방출하므로 B등급이 V등급보다 높다. 따라서 색지수 (B − V)값이 양수이다. 즉, 별의 표면 온도가 높을수록 (B − V)값은 작아진다. 표면 온도가 10,000K인 별의 색지수 (B − V)는 0이다.

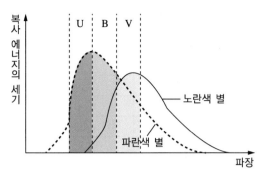

▲ **별의 표면 온도와 U, B, V 등급**

③ 별의 표면 온도와 분광형(스펙트럼형)

　㉠ 스펙트럼의 종류

　　• 연속 스펙트럼 : 고체, 액체, 또는 불투명한 기체 상태인 광원에서 나오는 빛을 프리즘에 통과시켰을 때 관측되는 스펙트럼으로, 모든 파장에서 연속적으로 복사 에너지를 방출한다.

　　• 흡수 스펙트럼 : 연속 스펙트럼을 가지는 광원의 빛이 저온의 기체를 통과하면 저온의 기체가 특정 파장의 빛을 흡수하면서 연속 스펙트럼 위에 검은선(흡수선)이 나타나는데, 이를 흡수 스펙트럼이라고 한다.

　　• 방출 스펙트럼 : 고온으로 가열된 기체가 내뿜는 빛을 프리즘에 통과시키면 특정 파장에서만 밝은 선(방출선)이 관측되는데, 이를 방출 스펙트럼이라고 한다.

　㉡ 별의 표면 온도와 분광형(스펙트럼형) : 별 자체는 불투명한 고체이기 때문에 연속 스펙트럼을 방출하나, 상대적으로 저온의 기체인 별의 대기를 통과하면서 연속 스펙트럼에 검은색 흡수선이 생겨 실제 별의 스펙트럼은 흡수 스펙트럼의 형태로 관측된다. 별의 대기를 구성하는 성분은 대부분 비슷한데 실제로 별을 관측했을 때 관측되는 흡수 스펙트럼은 별의 표면 온도에 따라 달라진다. 이는 별의 표면 온도에 따라 나타나는 흡수선의 종류와 세기가 달라지기 때문이다. 따라서 별의 스펙트럼을 분석하면 별의 표면 온도를 알 수 있으며, 별의 표면 온도에 따라 스펙트럼을 O, B, A, F, G, K, M형의 7개의 분광형으로 분류한다. O형별에서 M형별로 갈수록 별의 표면 온도는 감소하며, 각각의 분광형은 다시 고온의 0에서 저온의 9까지 10등급으로 나눈다.

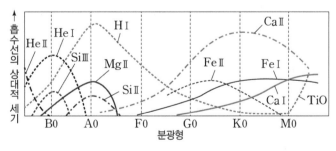

▲ **분광형과 흡수선의 상대적 세기**

분광형	색 깔	표면 온도(K)	예 시
O	파란색	28,000 이상	세페우스
B	청백색	10,000~28,000	리 겔
A	흰 색	7,500~10,000	시리우스
F	황백색	6,000~7,500	프로키온
G	노란색	5,000~6,000	태양(G2)
K	주황색	3,500~5,000	알데바란
M	붉은색	3,500 이하	안타레스

(3) 별의 광도와 크기

① 슈테판-볼츠만 법칙 : 흑체가 단위 시간 동안 단위 면적에서 방출하는 에너지의 양은 표면 온도(T)의 네제곱에 비례한다.

$$E = \sigma T^4 (\sigma = 5.670 \times 10^{-8} W \cdot m^{-2} \cdot K^{-4})$$

② 별의 광도 : 흑체가 단위 시간 동안 방출하는 총 에너지를 광도(L)라고 하며, 광도는 흑체가 단위 시간 동안 단위 면적에서 방출하는 에너지의 양에 별의 표면적을 곱하여 구할 수 있다.

$$L = 4\pi R^2 \cdot \sigma T^4$$

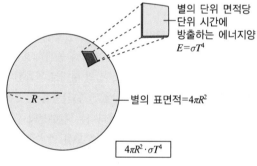

별의 단위 면적당 단위 시간에 방출하는 에너지양 $E = \sigma T^4$

별의 표면적$= 4\pi R^2$

$4\pi R^2 \cdot \sigma T^4$

▲ 별의 광도

③ 별의 반지름 : 별의 반지름(R)은 별의 표면 온도(T)의 제곱에 반비례하고 별의 광도(L)의 제곱근에 비례한다. 따라서 별의 표면 온도와 광도를 알면 별의 반지름을 구할 수 있다.

$$R \propto \frac{\sqrt{L}}{T^2}$$

㉠ 두 별의 표면 온도가 같다면, 별의 광도가 클수록 반지름이 크다.
㉡ 두 별의 광도가 같다면, 별의 표면 온도가 클수록 반지름이 작다.

02 별의 분류와 진화

(1) 별의 분류

① H-R도 : 가로축을 표면 온도, 분광형 또는 색지수로 하고 세로축을 절대 등급이나 광도로 하는 그래프로, 별들을 이 그래프에 표시하면 몇 개의 집단으로 구분할 수 있다.

○ 표면 온도 : 가로축은 표면 온도를 나타내는 축으로, 오른쪽에서 왼쪽으로 갈수록 표면 온도가 높아진다.

○ 광도 : 세로축은 별의 광도를 나타내는 축으로, 아래에서 위로 갈수록 광도가 높아진다(절대 등급이 낮아진다).

○ 반지름 : 별의 반지름은 광도가 크고 표면 온도가 낮을수록 커지므로 그래프의 왼쪽 아래에서 오른쪽 위로 갈수록 증가한다.

○ 밀도 : 별의 밀도는 반지름과 반대로 그래프의 오른쪽 위에서 왼쪽 아래로 갈수록 증가한다.

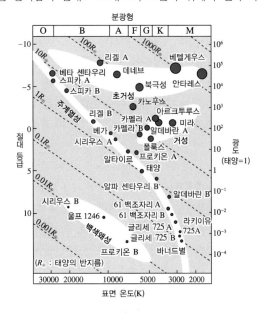

② 별의 종류

　○ 주계열성

　　• H-R도에서 왼쪽 위에서 오른쪽 아래에 분포하며, 별의 80~90%가 주계열성에 속한다.

　　• 별의 일생 중에서 90% 이상을 주계열성에서 보낸다.

　　• 표면 온도가 큰 주계열성일수록 별의 반지름과 질량, 광도가 크며, 수명은 짧다. 또한 별의 밀도는 태양과 비슷하다.

　　• 대표적인 주계열성에는 태양, 스피카 등이 있다.

　○ (적색)거성

　　• H-R도에서 주계열성의 오른쪽 위에 위치한다.

　　• 표면 온도가 낮아 붉은색을 띤다.

　　• 반지름과 광도는 태양의 10~100배이며 밀도는 태양에 비해 매우 작다.

　　• 대표적인 거성에는 알데바란 A가 있다.

　○ 초거성

　　• H-R도에서 거성보다 위에 위치한다.

　　• 반지름이 태양의 수백~1,000배 이상으로 매우 크며 광도 또한 태양의 수만~수십만 배이다. 반면 밀도는 매우 작다.

　　• 대표적인 초거성에는 베텔게우스, 안타레스 등이 있다.

ⓔ 백색 왜성
- H-R도에서 주계열성의 왼쪽 아래에 위치한다.
- 표면 온도가 상대적으로 높아 거의 백색을 띤다.
- 크기가 지구만하며 광도 또한 매우 작은 반면, 밀도는 태양의 약 100만 배로 매우 크다.
- 대표적인 백색 왜성에는 시리우스 B가 있다.

(2) 별의 진화

① 원시별

ⓐ 성운의 중력 수축과 원시별의 탄생 : 원시별은 온도가 낮고 밀도가 높은 성운에서 탄생한다. 성운 내에서의 밀도 차로 인해 성운이 중력 수축하면서 점점 밀도가 커지고 온도가 높아지게 되는데, 이 중심부에서 원시별이 탄생한다.

ⓑ 원시별 단계 : 원시별은 내부 기체 압력 차로 인해 생기는 힘보다 중력이 더 크기 때문에 계속해서 중력 수축을 하며 별의 반지름은 점점 작아진다. 이 과정에서 별의 밀도와 온도는 계속 증가한다.

ⓒ 원시별 단계의 특징
- 에너지원 : 원시별 단계에서는 내부 기체 압력 차에 의한 힘보다 중력이 더 크기 때문에 별이 중력 수축한다. 이 과정에서 중력 수축 에너지로 인해 별의 위치 에너지가 감소하고, 별의 위치 에너지 중 일부는 별을 밝히는 복사 에너지로, 일부는 별을 가열하는 열에너지로 전환된다.
- 원시별 단계의 진화 속도 : 별의 질량이 클수록 중력 수축 속도가 빠르므로 주계열성에 빠르게 도달한다.

② 주계열성

ⓐ 주계열 단계 : 중력 수축하던 원시별의 중심부 온도가 1,000만K이 되면 중심부에서 수소 핵융합 반응이 일어나 에너지를 생산하는데, 이러한 별을 주계열성이라고 한다. 주계열 단계는 중심부의 수소를 모두 소모할 때까지 지속되며, 별의 일생 중 90% 이상을 차지한다.

ⓑ 주계열 단계의 특징
- 에너지원 : 주계열성의 에너지원은 수소 핵융합 반응으로, 중심부의 온도가 1,000만K이 되면 수소 원자 4개가 결합하여 헬륨 원자 1개를 만드는 반응이 일어난다. 이 과정에서 질량 손실이 일어나며, 손실된 질량만큼의 에너지를 생산한다($E = \triangle mc^2$).

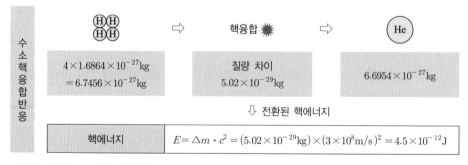

- 정역학 평형 : 주계열 단계에서는 바깥으로 팽창하려는 내부 기체의 압력 차에 의한 힘과 중심 방향으로 수축하려는 중력이 평행을 이뤄 반지름이 거의 변하지 않는다.

- 별의 질량과 반지름, 광도와의 관계 : 주계열성의 질량은 매우 다양하며, 별의 질량이 클수록 반지름과 광도가 크다.
- 별의 질량과 수명과의 관계 : 주계열성의 질량이 클수록 중심부의 온도가 높아 수소를 더 빠른 속도로 소모한다. 따라서 질량이 큰 별일수록 주계열 단계에 머무는 시간이 짧다.

③ 주계열성 이후의 단계

   ㉠ 질량이 태양과 비슷한 별의 진화

- (적색)거성 단계 : 주계열 단계에서 중심부의 수소를 모두 소모하고 나면 헬륨으로 이루어진 핵이 수축하게 된다. 이 과정에서 중심부의 온도는 상승하고, 이로 인해 수소 껍질에서 수소 핵융합 반응이 일어난다. 수소 껍질의 연소로 발생한 열에너지로 인해 별의 바깥쪽이 팽창하면서 별의 표면 온도가 감소하게 된다. 결과적으로 별의 크기는 커지고 표면 온도는 감소하여 붉게 보이는 (적색)거성이 된다. 적색 거성 단계에서 중심핵이 계속 수축하다가 온도가 높아지면 3개의 헬륨 원자가 1개의 탄소 원자가 되는 헬륨 핵융합 반응이 일어날 수 있다.
- 변광성 단계 : 적색 거성 단계에서 중심부의 헬륨이 모두 탄소로 융합되면 탄소로 이루어진 중심부는 수축하고 외곽의 헬륨 껍질과 수소 껍질은 계속 연소하는데, 이 과정에서 별이 불안정해져 별의 반지름과 표면 온도, 광도가 주기적으로 변하는 맥동 변광성이 된다.
- 행성상 성운과 백색 왜성 : 별이 맥동하는 과정에서 별의 바깥층 물질이 우주 공간으로 방출되고 중심부에는 탄소와 산소로만 이루어진 중심핵만 남게 되는데, 우주 공간으로 방출되는 물질을 행성상 성운, 탄소와 산소로 이루어진 중심핵을 백색 왜성이라고 한다.

   ㉡ 질량이 매우 큰 별의 진화

- 초거성 단계 : 주계열 단계에서 중심부의 수소를 모두 소모하고 나면 헬륨핵이 수축하면서 적색 거성보다 크기와 광도가 큰 초거성이 된다. 이때 중심부의 온도는 계속 높아지면서 차례대로 헬륨, 탄소, 산소, 규소 등을 연소시켜 탄소, 산소, 규소, 철 등의 무거운 원소를 만든다.
- 초신성 폭발 : 중심부에 철이 생성되면 철로 이루어진 중심핵이 급격히 수축하면서 엄청난 에너지가 발생해 폭발이 일어나며 별을 이루던 물질들이 우주 공간으로 방출된다. 이를 초신성 폭발이라고 하며, 초신성 폭발이 일어날 때 방출된 에너지로 인해 금, 은, 우라늄 등 철보다 무거운 원소가 생성된다.
- 중성자별과 블랙홀 : 초신성 폭발 후에도 별의 중심부는 계속 수축하는데, 이때 밀도가 매우 커져 양성자와 전자가 결합된 상태인 중성자별이 만들어진다. 이보다 더 별의 질량이 큰 경우에는 밀도와 중력이 매우 커져 빛조차 빠져나올 수 없는 블랙홀이 만들어진다.

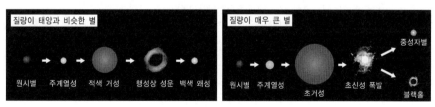

▲ 질량에 따른 별의 진화 과정

④ 별의 죽음과 새로운 별의 탄생 : 행성상 성운 단계와 초신성 폭발로 인해 별을 구성하고 있던 물질이 우주 공간으로 방출되면, 그 물질들은 새로운 성운을 이루게 되고 그 안에서 새로운 별이 탄생한다. 새롭게 탄생한 별은 별 내부와 초신성 폭발 단계에서 형성된 무거운 원소를 포함하고 있기 때문에 이전 별에서보다 무거운 원소의 비율이 높게 나타난다.

2024년 기출문제

01 그림은 지구 내부 모식도이다. 영역 A~D에 관한 설명으로 옳은 것은?

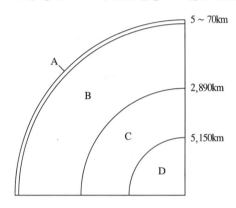

① B는 주로 규장질 성분으로 이루어져 있다.

② B와 C의 경계는 구텐베르그면이며, C에서 지진파 S파는 소멸한다.

③ C와 D는 화학 조성은 다르나, 물리적 성질은 같다.

④ A, B, C는 고체, D는 액체로 구성되어 있다.

⑤ C와 D의 경계면에서 지진파 P파의 속도가 갑자기 줄어든다.

해설 ② B 맨틀과 C 외핵의 경계를 구텐베르그면이라고 하며, 고체 상태인 맨틀에서는 P파와 S파가 모두 전파되
나 액체 상태인 외핵에서는 S파가 전파되지 않는다.

① B는 맨틀로, SiO_2 함량이 작은 감람암질 암석으로 이루어져 있다. 규장질은 SiO_2 함량이 큰 화강암질 암
석을 의미한다.

③ C 외핵과 D 내핵은 모두 철, 니켈과 같은 금속 성분으로 이루어져 있어 화학 조성은 같으나, 외핵은 액체
상태, 내핵은 고체 상태이므로 물리적 성질은 서로 다르다.

④ A, B, D는 고체, C는 액체로 구성되어 있다.

⑤ C 외핵은 액체, D 내핵은 고체이기 때문에 경계면에서 지진파 P파의 속도는 증가한다.

02 보웬의 반응계열(Bowen's Reaction Series)에 따른 광물의 정출 및 용융에 관한 설명으로 옳지 않은 것은?

① 염기성 화성암은 온도가 높아짐에 따라 각섬석 → 휘석 → 감람석 순으로 용융된다.

② 녹는점(Melting Point)이 낮은 광물일수록 광물 내 칼슘(Ca)의 함량은 높아진다.

③ 불연속 계열에서 온도가 높아질수록 마그마에서 정출되는 광물 내 마그네슘(Mg)의 함량은 높아진다.

④ 낮은 온도에서 정출되는 광물들로 구성된 화성암은 주로 밝은 색을 띈다.

⑤ 연속 계열에서 형성되는 사장석은 고용체를 형성한다.

해설 ② 보웬의 반응계열은 마그마가 냉각되면서 광물이 정출되는 과정을 보여주는 모델이다. 마그마의 온도가 높을 때에는 녹는점이 높은 광물이 먼저 정출되고 마그마가 냉각됨에 따라 점차 녹는점이 낮은 광물이 정출된다. 따라서 아래 그림을 보면 광물의 녹는점은 감람석에서 가장 높고 휘석, 각섬석, 흑운모로 갈수록 낮아지며, Ca 비율이 높은 사장석이 Na 비율이 높은 사장석보다 녹는점이 높은 것을 알 수 있다.

① 염기성 화성암의 온도가 높아지면 녹는점이 낮은 물질부터 용융되므로 각섬석 → 휘석 → 감람석 순으로 용융된다.

③ 광물 내 마그네슘(Mg)의 함량은 감람석에서 가장 높고 휘석, 각섬석, 흑운모로 갈수록 낮아지므로 온도가 높아질수록 마그마에서 정출되는 광물 내 마그네슘(Mg)의 함량은 높아진다.

④ 낮은 온도에서 정출되는 광물들로 구성된 화성암은 유문암질 암석으로, 철(Fe)과 마그네슘(Mg)을 포함한 유색 광물의 비율이 적고 무색 광물인 장석류와 석영 등의 비율이 높기 때문에 주로 밝은 색을 띈다.

⑤ 감람석, 휘석, 각섬석, 흑운모는 광물이 단계적으로 정출되는 불연속 계열이지만 사장성은 광물조성이 연속적으로 변하는 연속 계열이다. 사장석처럼 일정한 화학 성분을 가지고 있지 않고 어떤 범위 내에서 성분에 변화가 있는 광물을 고용체광물이라고 한다.

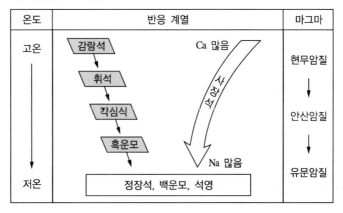

03 마그마의 식는 속도 차이에 의해 결정되는 화성암의 물리화학적 성질은?

① 암석의 광물조합

② 암석을 구성하는 결정 입자의 크기

③ 암석의 색깔

④ 암석의 밀도

⑤ 암석의 쪼개짐

해설 ② 화성암은 화학 조성과 조직에 따라 분류할 수 있는데, 마그마의 식는 속도 차이는 암석의 조직과 관련이 있다. 마그마의 식는 속도가 빠를수록 결정 입자가 성장할 시간이 부족하므로 암석을 구성하는 결정 입자의 크기는 작아진다.

①·③·④·⑤ 암석의 광물 조합, 암석의 색깔, 암석의 밀도, 암석의 쪼개짐은 모두 화학 조성과 관련이 있는 물리화학적 성질이다.

04 다음 중 SiO_2의 함량(무게 %)이 가장 낮은 화성암은?

① 유문암 ② 안산암

③ 반려암 ④ 감람암

⑤ 섬록암

해설 ④ 암석의 SiO_2 함량에 따라 SiO_2 함량의 45~52%인 염기성암, 52~63%인 중성암, 63% 이상인 산성암으로 분류할 수 있다. 이때 염기성암에는 현무암과 반려암이, 중성암에는 안산암과 섬록암이, 산성암에는 유문암과 화강암이 있다. 이때 염기성암보다 SiO_2 함량이 낮은 암석을 초염기성암이라고 하는데, 대표적인 암석으로는 주 구성 광물이 감람석인 감람암이 있다. 따라서 보기 중 SiO_2 함량이 가장 낮은 화성암은 감람암이다.

05 그림은 현생이언 동안 일어난 5대 대량멸종(Mass Extinction) 사건을 시대 순으로 나타낸 것이다.

$$\underset{542\text{Ma}}{\vdash} \quad \underset{}{\text{A} \quad \text{B} \quad \text{C} \quad \text{D} \quad \quad \text{E}} \quad \underset{\text{현재}}{\dashv}$$

이에 관한 설명으로 옳은 것만을 〈보기〉에서 있는 대로 고른 것은? (단, Ma는 백만 년 전이다)

─────── | 보기 | ───────

ㄱ. C는 가장 규모가 큰 멸종 사건이다.
ㄴ. D 시기에 삼엽충이 멸종되었다.
ㄷ. A는 운석 충돌 때문이다.

① ㄱ   ② ㄷ
③ ㄱ, ㄴ   ④ ㄴ, ㄷ
⑤ ㄱ, ㄴ, ㄷ

해설 ㄱ. 그림은 현생이언(고생대~현재) 동안 일어난 5대 대량멸종 사건이다. 이때 가장 규모가 큰 멸종 사건은 판게아 형성으로 인해 발생한 3차 대멸종 C이며, 이 대멸종으로 인해 삼엽충, 방추충 등의 고생대 대표 생물이 멸종하였다.
ㄴ. D 시기는 중생대 초기에 일어난 4차 대멸종이며, 삼엽충은 고생대 말인 C 시기에 멸종되었다.
ㄷ. 운석 충돌로 인해 멸종이 일어난 시기는 5차 대멸종에 해당하는 E 시기이며, 운석 충돌로 인해 중생대 대표 생물인 공룡과 암모나이트가 멸종하면서 신생대가 시작되었다.

06 우리나라(남한) 지층에 관한 설명으로 옳지 않은 것은?

① 석회암이 가장 많이 분포하는 지층은 조선누층군이다.
② 데본기 지층은 강원도 지역에 넓게 분포한다.
③ 경상누층군은 중생대에 형성된 육상퇴적층이다.
④ 석탄의 함량이 가장 높은 지층은 평안누층군이다.
⑤ 조선누층군과 평안누층군은 부정합 관계이다.

해설 ② 우리나라는 데본기에 퇴적이 중단되었으므로 결층이었다.
① 조선누층군은 고생대 초기에 형성된 지층으로, 강원도 태백에 대규모의 석회암층의 형태로 존재하며 삼엽충과 완족류, 필석의 화석이 발견된다.
③ 우리나라 중생대 퇴적층은 모두 육성층이며, 중생대 후기에 경상 누층군이 형성되었다.
④ 평안누층군은 우리나라에 형성된 후기 고생대 육성층으로, 대규모의 석탄층이 존재한다.
⑤ 조선누층군과 평안누층군 사이에 결층이 존재하므로 두 누층군은 부정합 관계이다.

07 지구 대기권에 관한 설명으로 옳은 것만을 〈보기〉에서 있는 대로 고른 것은?

─────────── | 보기 | ───────────

ㄱ. 대기권은 고도에 따른 온도 분포에 의해 4개의 층으로 구분된다.
ㄴ. 대류권의 두께는 적도지방이 극지방보다 두껍다.
ㄷ. 성층권에서는 고도가 상승함에 따라 온도는 감소한다.

① ㄱ   ② ㄴ
③ ㄷ   ④ ㄱ, ㄴ
⑤ ㄴ, ㄷ

해설 ㄱ. 대기권은 고도에 따른 온도 분포에 따라 지표면에서부터 고도가 높아질수록 온도가 하강하는 대류권, 고도가 높아질수록 온도가 상승하는 성층권, 고도가 높아질수록 온도가 하강하는 중간권, 고도가 높아질수록 온도가 상승하는 열권으로 구분된다.

ㄴ. 대류권의 두께는 대류권의 평균 기온에 따라 결정된다. 평균 기온이 높을수록 공기의 밀도가 작기 때문에 두께가 두꺼워진다. 따라서 대류권의 두께는 평균 기온이 높은 적도 지방이 평균 기온이 낮은 극지방보다 두껍다.

ㄷ. 성층권은 오존층이 존재하는 층으로, 오존층의 자외선 흡수로 인해 고도가 높아짐에 따라 온도가 상승한다.

08 해수의 순환에 관한 설명으로 옳은 것만을 〈보기〉에서 있는 대로 고른 것은?

─────────── | 보기 | ───────────

ㄱ. 표층수의 흐름은 해양 표면과 해양 표면을 따라 부는 바람의 마찰에 의해 만들어 진다.
ㄴ. 심층수의 순환을 열염순환(Thermohaline Circulation)이라고 하며, 심해의 해수가 섞이는 원인이 된다.
ㄷ. 아열대 환류는 북반구에서는 반시계 방향, 남반구에서는 시계 방향으로 회전한다.

① ㄱ   ② ㄷ
③ ㄱ, ㄴ   ④ ㄴ, ㄷ
⑤ ㄱ, ㄴ, ㄷ

해설 ㄱ. 표층 해류는 크게 대기 대순환과 대륙의 분포의 영향을 받아 형성된다.

ㄴ. 심층수는 표층에 있는 해수가 침강하면서 형성되는데, 해수가 침강되기 위해선 해수의 밀도가 증가해야 한다. 해수의 밀도가 증가하는 경우는 수온이 낮아지거나 염분이 높아지는 경우이다. 따라서 심층수의 순환을 열과 염분에 의해 일어나는 순환이라고 하여 열염순환이라고도 한다.

ㄷ. 아열대 환류는 무역풍과 편서풍, 대륙의 분포에 의해 형성되는데, 북반구를 기준으로 저위도(남)에서는 동풍 계열인 무역풍, 중위도(북)에서는 서풍 계열인 편서풍이 불기 때문에 시계 방향의 순환이 형성되며, 남반구를 기준으로 저위도(북)에서는 동풍 계열인 무역풍, 중위도(남)에서는 서풍 계열인 편서풍이 불기 때문에 시계 반대 방향의 순환이 형성된다. 따라서 북반구와 남반구의 표층 순환은 대칭적인 형태를 보인다.

09 태양에 관한 설명으로 옳은 것만을 〈보기〉에서 있는 대로 고른 것은?

---- | 보기 | ----

ㄱ. 태양에는 이온화된 기체인 플라스마(Plasma)가 존재한다.
ㄴ. 태양 내부는 깊이에 따라 온도와 밀도가 다르기 때문에 층상 구조가 나타난다.
ㄷ. 태양의 핵에서는 핵융합 반응이 일어난다.

① ㄱ   ② ㄷ
③ ㄱ, ㄴ   ④ ㄴ, ㄷ
⑤ ㄱ, ㄴ, ㄷ

해설 ㄱ. 태양은 온도가 매우 높기 때문에 기체가 이온화되어 플라스마가 존재한다.
ㄴ. 태양의 내부는 에너지를 생산하는 핵과 에너지를 전달하는 핵을 둘러싼 층으로 이루어져 있으며, 에너지를 주로 전달하는 방식에 따라 복사층과 대류층으로 구분된다. 충분히 온도가 높은 핵의 바로 바깥층에서는 복사층이 형성되며, 온도 변화가 표면 부근에서는 대류층이 형성된다.
ㄷ. 태양의 중심부에 위치한 핵에서는 수소 핵융합 반응이 일어나며, 에너지를 생산한다.

10 목성형 행성에 관한 설명으로 옳지 않은 것은?

① 수소, 헬륨, 수소 화합물 등이 주요 구성 성분이다.
② 목성형 행성 중 질량이 가장 큰 것은 목성이다.
③ 목성형 행성 중 밀도가 가장 작은 것은 토성이다.
④ 천왕성과 해왕성이 푸르게 보이는 이유는 메탄 가스 때문이다.
⑤ 자기장의 세기가 가장 큰 것은 해왕성이다.

해설 목성형 행성
목성과 같이 질량과 반지름이 크고, 주로 수소와 헬륨으로 이루어져 있어 밀도가 작으며 단단한 지각이 없는 행성을 말한다. 태양계에 존재하는 목성형 행성 중 자기장의 세기가 가장 큰 것은 목성으로, 강한 자기장에 의한 오로라가 나타나기도 한다.

2023년 기출문제

01 지진파와 관련된 설명으로 옳은 것만을 〈보기〉에서 있는 대로 고른 것은?

───── | 보기 | ─────
ㄱ. 지진파의 속도는 매질의 상태나 밀도에 따라 달라진다.
ㄴ. 지각과 외핵은 고체 상태이기 때문에 P파와 S파 모두 전파된다.
ㄷ. 한 지진에 의한 P파 암영대는 S파 암영대보다 좁다.

① ㄱ   ② ㄴ
③ ㄷ   ④ ㄱ, ㄷ
⑤ ㄱ, ㄴ, ㄷ

해설   ㄱ. 지진파의 속도는 매질의 상태는 밀도에 따라 달라진다.
ㄷ. P파 암영대는 각거리 103°~143°이며, S파 암영대는 각거리 103°~180°이고, P파 암영대는 S파 암영대보다 좁다.
ㄴ. 외핵은 액체 상태이기 때문에 S파가 전달되지 않는다.

02 베게너가 대륙 이동설의 증거로 제시한 것으로 옳은 것만을 〈보기〉에서 있는 대로 고른 것은?

───── | 보기 | ─────
ㄱ. 대서양을 사이에 두고 있는 남아메리카 대륙과 아프리카 대륙은 해안선 모양이 잘 들어맞는다.
ㄴ. 남극 대륙의 빙하 흔적은 북극의 빙하와 연결된다.
ㄷ. 북아메리카 대륙과 유럽에 있는 산맥의 지질구조가 연속적이다.

① ㄱ   ② ㄴ
③ ㄷ   ④ ㄱ, ㄷ
⑤ ㄱ, ㄴ, ㄷ

해설 판 구조론과 지각 변동
남극 대륙의 빙하 흔적은 북극의 빙하가 아닌 호주, 남아메리카, 아프리카, 인도 대륙의 빙하 흔적과 연결된다. (ㄴ)

베게너가 제시한 대륙 이동설의 증거
• 남아메리카 동쪽 해안선과 아프리카 서쪽 해안선의 유사성
• 남극, 호주, 남아메리카, 아프리카, 인도 대륙에서의 빙하의 연속성
• 북아메리카와 유럽 산맥의 지질구조 연속성
• 고생물 화석 분포의 연속성

03 판의 경계 중 발산형 경계에서 생성된 지형으로 옳은 것은?

① 마리아나 해구

② 산안드레아스 단층

③ 알프스 산맥

④ 히말라야 산맥

⑤ 동아프리카 열곡대

해설 ⑤ 판의 경계에서는 해령이나 열곡대가 발달한다.
①·③·④ 해구와 습곡 산맥은 수렴형 경계에 발달하는 지형이다.
② 산안드레아스 단층과 같은 변환 단층은 보존형 경계에 발달하는 지형이다.

04 표준화석의 조건과 특성에 관한 설명으로 옳지 않은 것은?

① 생물의 생존기간이 짧아야 한다.

② 생물이 살았던 환경을 추정하는데 이용된다.

③ 생물의 개체수가 많아야 한다.

④ 생물의 분포면적이 넓어야 한다.

⑤ 지층의 생성시기를 알 수 있다.

해설 ② 생물이 살았던 환경을 추정하는데 이용되는 화석은 시상화석이다. 표준화석은 지질 시대 중 특정 시기에만 번성했다가 멸종한 생물의 화석으로, 생존기간이 짧아야 하며, 분포면적이 넓고, 개체수가 많아야 한다. 표준화석은 지층의 생성시기를 지시하며, 지질시대를 구분하는 기준이 된다.

05 대양에서 나타나는 시계 방향의 환류에 속하지 않는 해류는?

① 멕시코 만류

② 페루 해류

③ 쿠로시오 해류

④ 캘리포니아 해류

⑤ 카나리아 해류

해설 해수의 표층 순환

아열대 순환은 북반구에서는 시계 방향, 남반구에서는 시계 반대 방향으로 순환한다. 멕시코 만류와 쿠로시오 해류, 캘리포니아 해류, 카나리아 해류는 모두 북반구에서 아열대 순환을 이루는 환류이고, 페루 해류는 남반구에서 아열대 순환을 이루는 해류이다.

06 그림은 북반구에서 지균풍이 불 때, 마찰이 없는 상층의 기압경도력, 전향력, 바람의 방향을 모식적으로 나타낸 것이다. 이에 관한 설명으로 옳은 것은? (단, 점선은 등압선이다)

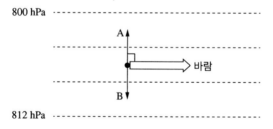

① A는 전향력이다.

② A는 등압선 간격이 넓을수록 커진다.

③ B는 풍속이 강할수록 커진다.

④ B는 중위도보다 적도에서 크다.

⑤ 지표에서 마찰이 발생한다면 B의 크기가 A의 크기보다 커진다.

해설 바람의 종류

지균풍은 기압경도력과 전향력이 평형을 이루며 부는 바람으로, 풍속은 기압경도력이 클수록, 저위도일수록 빠르다. 북반구에서 전향력은 물체의 진행 방향에 대해 오른쪽으로 작용하므로 전향력의 방향은 풍향의 오른쪽 직각 방향이다. 따라서 A는 기압경도력, B는 전향력이며, 기압경도력의 크기는 등압선의 간격이 좁을수록 크며, 전향력의 크기는 풍속이 클수록, 위도가 높을수록 크고, 적도에서는 작용하지 않는다. 마찰력은 운동을 방해하는 힘이기 때문에 지표에서 마찰이 발생한다면 풍속이 감소해 전향력의 크기가 기압경도력의 크기보다 작아진다.

07 그림은 온도에 따른 포화수증기량곡선 중 일부를 나타낸 것이다. 이에 관한 설명으로 옳지 않은 것은?

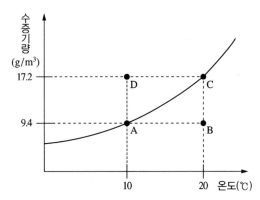

① A는 포화상태이다.
② B는 불포화상태이다.
③ B의 이슬점은 20℃이다.
④ C의 상대습도는 100%이다.
⑤ D상태에서는 응결이 일어난다.

해설 ③ 이슬점은 공기가 포화되어 수증기가 응결되기 시작하는 온도를 의미한다. 현재 B의 수증기량은 $9.4g/m^3$ 이므로 포화 수증기량이 $9.4g/m^3$인 온도는 10℃이다. 따라서 B의 이슬점은 10℃이다.
① A는 포화수증기량과 현재 포함하고 있는 수증기량이 같으므로 포화상태이다.
② B는 포화수증기량이 현재 포함하고 있는 수증기량보다 많으므로 불포화상태이다.
④ C는 포화수증기량과 현재 포함하고 있는 수증기량이 같은 포화상태이므로 상대습도는 100%이다.
⑤ D는 현재 포함하고 있는 수증기량이 포화수증기량보다 많으므로 과포화상태이므로 응결이 일어난다.

08 그림은 어느 날 지구에서 관측한 금성과 달의 위치를 공전궤도에 모식적으로 나타낸 것이다. 이에 관한 설명으로 옳은 것만을 〈보기〉에서 있는 대로 고른 것은?

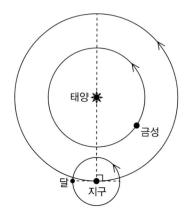

| 보기 |

ㄱ. 금성은 초저녁에 동쪽하늘에서 관측된다.

ㄴ. 초저녁에 달은 상현달로 관측된다.

ㄷ. 며칠 후 자정에 금성을 관측할 수 있다.

① ㄴ

② ㄷ

③ ㄱ, ㄴ

④ ㄱ, ㄷ

⑤ ㄴ, ㄷ

해설 ㄴ. 달은 지구를 기준으로 태양에서 시계 반대 방향으로 90°만큼 떨어져 있으므로 달의 오른쪽 절반이 밝게 보이는 상현달로 관측되며 초저녁부터 달이 질 때까지 관측가능하다.

ㄱ·ㄷ. 지구를 기준으로 금성은 태양보다 서쪽에 위치하므로 태양보다 먼저 뜨고 먼저 진다. 따라서 금성은 초저녁에 관측되는 것이 아닌 해 뜨기 전 새벽에 동쪽하늘에서 관측된다. 또한 금성을 자정에 관측하기 위해선 지구를 기준으로 금성과 태양이 이루는 각도가 90° 이상 커져야 한다. 하지만 금성은 내행성이기 때문에 금성과 태양이 이루는 각도가 90° 이상 커질 수 없다. 그러므로 금성은 자정에 관측될 수 없다.

09 표는 별 A, B, C의 겉보기 등급과 연주시차를 나타낸 것이다. 이에 관한 설명으로 옳은 것만을 〈보기〉에서 있는 대로 고른 것은?

별	겉보기 등급	연주시차($''$)
A	0	1
B	5	0.5
C	2	0.1

─────── | 보기 | ───────

ㄱ. A~C 중 가장 가까운 별은 A이다.
ㄴ. A의 절대 등급은 −5이다.
ㄷ. C의 절대 등급은 2이다.

① ㄱ
② ㄷ
③ ㄱ, ㄴ
④ ㄱ, ㄷ
⑤ ㄱ, ㄴ, ㄷ

해설 ㄱ. 연주시차는 $d[pc] = \dfrac{1}{p['']}$ 공식을 만족한다. 따라서 연주시차는 별까지의 거리에 반비례한다. 따라서 A~C 중 가장 가까운 별은 연주시차가 가장 큰 A이다. 값을 대입하면 A까지의 거리는 1pc, B까지의 거리는 2pc, C까지의 거리는 10pc이다.
ㄴ·ㄷ. 각 별까지의 거리와 겉보기 등급을 알기 때문에 거리지수 공식 $m - M = 5\log r - 5$에 대입하면 각 별의 절대 등급을 구할 수 있다. 이렇게 구한 별의 절대 등급은 A는 5등급, C는 2등급이다.

10 우리은하에 관한 설명으로 옳은 것은?

① 타원 은하이다.
② 은하의 중심 방향은 황소자리 부근에 위치한다.
③ 태양은 우리은하의 나선 팔에 위치한다.
④ 헤일로(Halo)는 주로 젊은 별들로 구성되어 있다.
⑤ 나선 팔에는 나이 많은 별들로 구성된 구상성단이 주로 분포한다.

해설 ① 우리은하는 막대 나선 은하이다.
② 은하핵이 존재하는 중앙 팽대부, 나선 팔이 존재하는 은하 원반, 헤일로로 이루어져 있다.
④ 헤일로에는 주로 나이가 많은 별들로 구성된 구상성단이 분포하고 있다.
⑤ 나선 팔에는 주로 젊은 별이 분포한다.

2022년 기출문제

01 판 경계부에 위치한 여러 지역에서 일어나는 지진활동에 관한 설명으로 옳은 것만을 〈보기〉에서 있는 대로 고른 것은?

─────── | 보기 | ───────

ㄱ. 동아프리카 열곡대는 수렴경계이다.
ㄴ. 산안드레아스 단층은 보존경계로 천발지진이 일어난다.
ㄷ. 히말라야 산맥은 대륙판과 해양판의 수렴경계로 화산활동이 활발하다.

① ㄱ   ② ㄴ
③ ㄱ, ㄷ   ④ ㄴ, ㄷ
⑤ ㄱ, ㄴ, ㄷ

해설 ㄴ. 산안드레아스 단층은 보존경계로 천발지진이 일어나며 중발지진이나 심발지진 또는 화산활동은 일어나지 않는다.
ㄱ. 동아프리카 열곡대는 맨틀의 상승부에 해당하는 발산경계이다.
ㄷ. 히말라야 산맥은 대륙판인 인도판과 대륙판인 유라시아 판의 수렴경계로 화산활동이 일어나지 않으며 마그마의 관입이 일어날 수 있다.

02 지진과 지진파에 관한 설명으로 옳지 않은 것은?

① P파와 S파는 모두 실체파(Body Wave)이다.
② 탄성에너지가 최초로 방출된 지점은 진원이다.
③ P파의 속도가 S파의 속도보다 빠르다.
④ S파는 고체, 기체, 액체인 매질을 모두 통과한다.
⑤ P파는 파의 진행 방향이 매질 입자의 진동 방향과 평행한 종파이다.

해설 P파와 S파는 모두 지구 내부를 통과하는 실체파이며, P파의 속도가 S파보다 빨라 관측 지점에 더 먼저 도착한다. P파는 파의 진행 방향이 매질 입자의 진동 방향과 평행한 종파이기 때문에 고체, 기체, 액체인 매질을 모두 통과할 수 있으나, S파는 파의 진행 방향과 매질 입자의 진동 방향이 수직인 횡파이기 때문에 고체인 매질만 통과할 수 있다.

03 그림 (가)는 어느 지역의 지질 단면도를, (나)는 방사성 원소 X의 붕괴 곡선을 나타낸 것이다. A와 B에 들어 있는 방사성 원소 X의 양은 붕괴 후 각각 처음 함량의 50%, 25%이다.

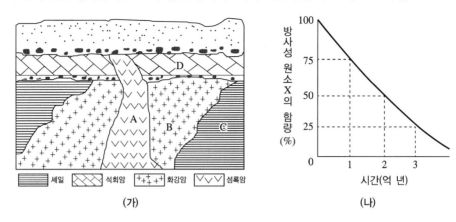

(가)   (나)

지층 A~D에 관한 설명으로 옳은 것만을 〈보기〉에서 있는 대로 고른 것은?

┌──────────────────── 보기 ────────────────────┐
ㄱ. A의 절대연령은 2억 년이다.
ㄴ. D는 신생대 제4기의 지층으로 화폐석 화석이 산출된다.
ㄷ. 지층의 생성순서는 C → B → D → A이다.
└──┘

① ㄱ   ② ㄷ
③ ㄱ, ㄴ   ④ ㄴ, ㄷ
⑤ ㄱ, ㄴ, ㄷ

해설 ㄷ. (가)에서 암석의 생성순서는 C − B − D − A이다. C는 화강암 B가 관입한 뒤 부정합이 일어났고 그 뒤에 D가 퇴적되었다. 후에 A가 관입하였으며 다시 부정합이 일어났다.

ㄱ. (나)에서 X의 함량이 50%가 되는 데 걸리는 시간이 1억 년이므로 방사성 원소 X의 반감기는 1억 년이다. A는 반감기가 1회 지났으므로 A의 절대연령은 1억 년이고, B는 반감기가 2회 지났으므로 B의 절대연령은 2억 년이다.

ㄴ. D는 B 이후에 생성되었으며 A 이전에 생성되었다. 따라서 D의 절대 연령은 1억 년~2억 년이다. 1억 년 전~2억 년 전은 중생대에 해당하므로 D는 신생대 제4기의 지층이 아니며 신생대 표준화석인 화폐석이 산출될 수 없다.

04 한반도의 중생대 지층에 관한 설명으로 옳은 것만을 〈보기〉에서 있는 대로 고른 것은?

| 보기 |

ㄱ. 대보 조산 운동 이후에 경상누층군이 퇴적되었다.
ㄴ. 경상누층군에서는 공룡 발자국 화석이 발견된다.
ㄷ. 평안누층군 이후에 화강암류의 관입이 일어나지 않았다.

① ㄱ ② ㄷ
③ ㄱ, ㄴ ④ ㄴ, ㄷ
⑤ ㄱ, ㄴ, ㄷ

해설 ㄱ. 경상누층군은 대보 조산 운동 이후에, 불국사 운동 이전에 퇴적되었다.
ㄴ. 경상누층군은 육성층이므로 공룡 발자국 화석이 발견된다.
ㄷ. 평안누층군은 고생대 후기에 퇴적되었다. 우리나라는 중생대에 대보 화강암, 불국사 화강암 등이 관입되었으므로 평안누층군 이후에 화강암류의 관입이 일어났다.

05 어떤 별 A의 겉보기 등급이 3등급이고, 지구에서 A까지의 거리가 100pc일 때, A의 절대 등급은?

① −2 ② −1
③ 2 ④ 3
⑤ 5

해설 절대 등급이란 별까지의 거리를 10pc로 가정하였을 때의 겉보기 등급이며, 별의 겉보기 밝기는 거리의 제곱에 반비례한다. 현재 지구와의 거리가 100pc인 별의 거리를 10pc로 가정하면 거리가 1/10이 된다. 따라서 겉보기 밝기는 100배 밝아진다. 별은 100배 밝아질 때마다 등급이 5등급 낮아지므로 별 A의 절대 등급은 $3 - 5 = -2$등급이다.

06 그림은 온도 변화에 따른 대기권의 연직 구조를 나타낸 것이다.

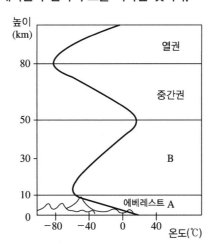

이에 관한 설명으로 옳은 것만을 〈보기〉에서 있는 대로 고른 것은?

┤ **보기** ├

ㄱ. 대류권계면의 높이는 적도에서 낮고, 극에서 높다.
ㄴ. 기상현상은 A에서 일어난다.
ㄷ. B에서는 오존층이 자외선을 흡수하여 온도가 상승한다.

① ㄱ ② ㄴ
③ ㄱ, ㄷ ④ ㄴ, ㄷ
⑤ ㄱ, ㄴ, ㄷ

해설 A는 대류권, B는 성층권이며, 대류권계면은 대류권과 성층권의 경계면이다. 대류권계면의 높이는 대류권의 평균 기온이 높을수록 높으므로 적도에서 높고 극에서 낮다. 대류권에서는 대류현상과 기상현상이 일어나며 성층권은 오존층을 포함하고 있어 자외선을 흡수하기 때문에 상층으로 갈수록 온도가 높아진다.

07 그림은 굴뚝의 연기가 원추형(Coning)으로 퍼져나가는 모습을 나타낸 것이다.

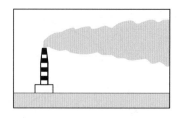

이 지역의 대기 상태를 옳게 나타낸 것은? (단, 실선은 기온선, 점선은 건조단열선이다)

①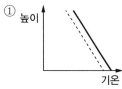

②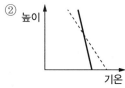

③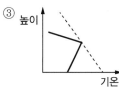

④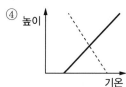

⑤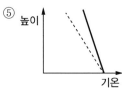

> **해설** 원추형은 대기가 중립 상태일 때 발생한다. 중립 상태의 대기에서는 기온 감률과 건조 단열 감률이 같다.

08 지구 내부의 구조 및 구성 물질의 상태에 관한 설명으로 옳지 않은 것은?

① 모호면은 지각과 맨틀의 경계이다.
② 맨틀은 지구 내부에서 가장 큰 부피를 차지한다.
③ 내핵은 높은 온도로 인해 액체 상태로 존재한다.
④ 외핵은 액체 상태로 존재한다.
⑤ 상부맨틀에는 지진파의 속도가 느려지는 저속도층이 존재한다.

> **해설** ③ 내핵은 온도가 매우 높고 압력 또한 매우 높아 고체 상태로 존재한다.
> ①·② 모호면은 지각과 맨틀의 경계이며 맨틀은 지구 내부에서 가장 큰 부피를 차지한다.
> ④ 외핵은 액체 상태로 존재하며 상부맨틀에는 맨틀의 온도가 거의 용융점에 도달해 부분 용융이 일어나는 연약권이 존재한다.
> ⑤ 연약권은 지진파의 속도가 느려지는 저속도층이다.

09 그림은 위도 37.5°N인 어느 지역의 사계절 태양의 일주운동을 나타낸 것이다.

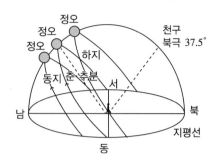

이에 관한 설명으로 옳지 않은 것은?

① 이 지역의 북극성 고도는 37.5°이다.

② 태양이 동지점에 있을 때, 태양의 적위는 −23.5°이다.

③ 태양이 춘·추분점에 있을 때, 태양은 정동쪽에서 떠서 정서쪽으로 진다.

④ 겨울에 이 지역의 낮의 길이는 밤의 길이에 비해 더 짧다.

⑤ 여름에 이 지역의 태양의 남중고도는 52°이다.

> **해설** ⑤ 여름에는 태양의 적위가 + 값을 갖는다. 태양의 남중고도(h)는 $h = 90° − \phi + \delta$ 이므로 이 지역에서 여름철 태양의 남중고도는 52.5°보다 높다.
> ① 북극성의 고도는 그 지역의 위도와 같기 때문에 이 지역의 북극성 고도는 37.5°이다.
> ③ 태양이 춘·추분점에 있을 때 태양의 적위는 0°이므로 태양은 정동쪽에서 떠서 정서쪽으로 진다.
> ④ 겨울에는 태양의 적위가 −값을 가지므로 남동쪽에서 떠서 남서쪽으로 진다. 그러므로 낮의 길이는 밤의 길이에 비해 더 짧다.

10 그림은 달의 공전을 나타낸 모식도이다. 어느 날 서울에서 새벽 5시경에 지구 관측자가 그믐달을 관측하였다. 이 달이 떠 있는 하늘의 방향과 그림의 달의 위치로 옳은 것은?

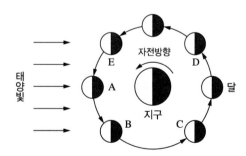

① 남서쪽, A

② 남동쪽, B

③ 북서쪽, C

④ 남서쪽, D

⑤ 남동쪽, E

> **해설** 그믐달은 달의 왼쪽 면이 둥근 눈썹 모양의 달이다. 따라서 그믐달이 관측될 때 달의 위치는 E이다. 또한 그믐달은 달이 뜬 뒤부터 해가 뜨기 직전까지 남동쪽 하늘에서 관측된다.

2021년 기출문제

01 탄산염 광물에 해당하는 것은?

① 암 염

② 황동석

③ 각섬석

④ 금강석

⑤ 돌로마이트

> **해설** ⑤ 탄산염 광물이란, 음이온으로 탄산 이온(CO_3^{2-})을 가지고 있는 광물이다. 돌로마이트의 화학식은 $CaMg(CO_3)_2$이다.
>
> ①·②·③·④ 암염의 화학식은 $NaCl$, 황동석의 화학식은 $CuFeS_2$이다. 각섬석은 SiO_4 사면체를 기본 단위로 하는 규산염 광물이며, 금강석은 C로만 이루어진 원소 광물이다.

02 고생대의 화석과 지질에 관한 설명으로 옳지 않은 것은?

① 석탄층이 발견된다.

② 석회암층이 발견된다.

③ 삼엽충 화석이 산출된다.

④ 화폐석 화석이 산출된다.

⑤ 초대륙인 판게아(Pangaea)가 형성되었다.

> **해설** 우리나라 고생대 조선 누층군과 평안 누층군의 석회암층에서는 삼엽충 화석이 발견된다. 또한, 우리나라 평안 누층군의 상부에서는 석탄층이 발견된다. 고생대 후기에는 초대륙인 판게아가 형성되어 많은 해양 생물이 멸종하였다. 화폐석은 신생대 표준화석이기 때문에 고생대 지층에서는 산출되지 않는다.

03 온대 저기압에 관한 설명으로 옳은 것만을 〈보기〉에서 있는 대로 고른 것은?

┤ 보기 ├

ㄱ. 성질이 다른 두 기단이 만나서 형성된다.
ㄴ. 온난 전선의 전선면에서는 적란운이 발달한다.
ㄷ. 온난 전선면의 기울기가 한랭 전선면의 기울기보다 작다.

① ㄱ
② ㄴ
③ ㄱ, ㄷ
④ ㄴ, ㄷ
⑤ ㄱ, ㄴ, ㄷ

해설 온대 저기압은 성질이 다른 두 기단이 만나서 형성되기 때문에 전선을 동반한다. 이때, 온난 전선면의 기울기가 한랭 전선면의 기울기보다 작기 때문에 온난 전선의 전선면에서는 층운형 구름이, 한랭 전선의 전선면에서는 적란운이 발달한다.

04 지진과 지진파에 관한 설명으로 옳은 것만을 〈보기〉에서 있는 대로 고른 것은?

┤ 보기 ├

ㄱ. 진앙은 탄성 에너지가 최초로 방출된 지점이다.
ㄴ. P파와 S파는 모두 실체파이다.
ㄷ. S파는 파의 진행 방향이 매질 입자의 진동 방향과 평행한 종파이다.

① ㄱ
② ㄴ
③ ㄷ
④ ㄱ, ㄴ
⑤ ㄴ, ㄷ

해설 ㄴ. P파와 S파는 모두 지구 내부를 통과하여 진행하는 실체파이다.
ㄱ. 탄성 에너지가 최초로 방출된 지점은 진원이다. 진앙은 진원을 연직 방향으로 올렸을 때 지표면과 만나는 지점이다.
ㄷ. S파는 파의 진행 방향이 매질 입자의 진동 방향과 수직인 횡파이다.

05 지구 내부의 구성 물질에 관한 설명으로 옳은 것만을 〈보기〉에서 있는 대로 고른 것은?

┌──────────────── 보기 ────────────────┐
ㄱ. 내핵의 물질은 고체 상태로 존재한다.
ㄴ. 상부 맨틀의 암석은 유문암으로 구성되어 있다.
ㄷ. 해양 지각의 SiO_2 구성 성분비는 대륙 지각의 SiO_2 구성 성분비보다 크다.
└──────────────────────────────────────┘

① ㄱ   ② ㄴ
③ ㄷ   ④ ㄱ, ㄴ
⑤ ㄴ, ㄷ

해설 ㄱ. 내핵의 물질은 고체 상태로 존재한다. 지구 내부에서 액체 상태로 존재하는 곳은 외핵이다.
ㄴ. 상부 맨틀의 암석은 감람암질 암석으로 구성되어 있다. 유문암질 암석은 대륙 지각을 구성하는 암석이다.
ㄷ. 대륙 지각은 화강암질 암석, 해양 지각은 현무암질 암석으로 구성되어 있기 때문에 지각의 SiO_2 구성 성분비는 해양 지각이 대륙 지각보다 작다.

06 그림은 A 지점에서 기온이 18℃, 이슬점이 10℃인 공기 덩어리가 산을 타고 올라가다가 B 지점부터 정상인 C 지점까지 구름을 만든 후 산을 넘어 D 지점까지 가는 과정을 나타낸 것이다.

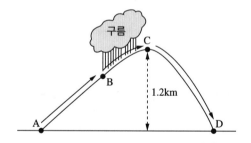

이에 관한 설명으로 옳은 것만을 〈보기〉에서 있는 대로 고른 것은? (단, 건조단열 감률은 10℃/km, 이슬점 감률은 2℃/km이며, A와 D의 해발고도는 0km이다)

┌──────────────── 보기 ────────────────┐
ㄱ. B 지점의 고도는 1km이다.
ㄴ. C 지점에서 기온은 이슬점보다 낮다.
ㄷ. D 지점에서는 A 지점보다 기온이 높다.
└──────────────────────────────────────┘

① ㄱ   ② ㄴ
③ ㄱ, ㄷ   ④ ㄴ, ㄷ
⑤ ㄱ, ㄴ, ㄷ

해설 ㄱ. 공기 덩어리는 A에서 B까지는 건조 단열 변화, B에서 C까지는 습윤 단열 변화를 한다. 따라서 B는 상승 응결 고도이다. 따라서 B 지점의 고도는 $H(\text{km}) = \frac{1}{8}(T - T_d)$ 식에 의해 1km이다.

ㄷ. 공기 덩어리가 C에서 D로 내려오면서 건조 단열 변화를 한다. 이렇게 산을 넘은 공기는 성질이 고온 건조해지고, 이러한 현상을 푄 현상이라고 한다.

ㄴ. C 지점에서 공기는 포화상태이므로 이 지점에서 공기의 기온과 이슬점은 같다.

07 지진해일(Tsunami)에 관한 설명으로 옳지 않은 것은?

① 심해파의 특성을 갖는다.
② 속도는 수심과 관련된다.
③ 해안으로 다가오면서 파고가 높아진다.
④ 우리나라 동해안에서 피해가 보고되었다.
⑤ 해저에서 발생하는 지진에 의해 일어난다.

해설 지진해일은 해저에서 발생하는 지진에 의해 일어나는 해일로서, 파장이 매우 길기 때문에 항상 천해파의 특성을 갖는다. 따라서 해파의 전파 속도는 수심의 제곱근에 비례한다. 해안으로 해파가 다가오면 해저면의 마찰을 받아 파의 전파 속도가 줄어들면서 파장은 짧아지고 파고는 높아진다.

08 다음 그래프는 외부 은하들의 거리와 시선속도의 관계를 나타낸 것이다.

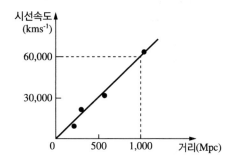

이에 관한 설명으로 옳은 것만을 〈보기〉에서 있는 대로 고른 것은?

─────| 보기 |─────

ㄱ. 우주는 팽창하고 있다.
ㄴ. 허블 상수는 $60\text{kms}^{-1}\ \text{Mpc}^{-1}$이다.
ㄷ. 멀리 있는 은하일수록 청색 편이가 크게 나타난다.

① ㄱ   ② ㄴ
③ ㄱ, ㄴ   ④ ㄴ, ㄷ
⑤ ㄱ, ㄴ, ㄷ

해설 ㄱ·ㄴ. 허블은 외부 은하의 스펙트럼을 관측하여 멀리 떨어진 은하일수록 우리은하로부터 빠르게 멀어진다는 것을 발견하였으며, 이는 우주가 팽창하고 있음을 시사한다. 이때 허블 법칙은 $v = H \times r$이므로 허블상수는 $60 \mathrm{kms}^{-1} \mathrm{Mpc}^{-1}$이다.

ㄷ. 멀리 있는 은하일수록 우리은하로부터 빠르게 멀어지므로 적색 편이가 크게 나타난다.

09 지구 대기권에 관한 설명으로 옳지 않은 것은?

① 대류권에서는 기상 현상이 나타난다.
② 대류권의 높이는 위도에 따라 다르다.
③ 성층권에서는 오존층에서 기온이 가장 높다.
④ 중간권에서는 대류작용이 일어난다.
⑤ 열권에서는 전리층이 존재한다.

해설 대류권은 불안정하기 때문에 기상 현상이 나타나며, 고위도로 갈수록 두께가 얇아진다. 성층권은 높이가 높아질수록 기온이 높아지므로 오존층보다 높은 곳에서 기온이 가장 높다.

10 표는 별 A, B의 절대 등급과 겉보기 등급을 나타낸 것이다.

구 분	A	B
절대 등급(M)	0	0
겉보기 등급(m)	5	7

별 A, B에 관한 설명으로 옳은 것은?

① A의 연주 시차는 0.1″이다.
② A가 B보다 지구에서 가까운 거리에 있다.
③ 100pc에 위치한 A의 겉보기 등급은 0이다.
④ 육안으로 관측할 때 B가 A보다 10배 밝다.
⑤ A, B의 거리 지수(m-M)로 별의 화학조성을 알 수 있다.

해설 ② 거리 지수 공식 $m - M = 5\log r - 5$을 이용하여 구한 A까지의 거리는 $r = 100 \mathrm{pc}$이고, B까지의 거리는 $r = 10^{\frac{12}{5}} pc$이다.

① 별의 연주 시차는 별까지의 거리와 반비례 관계이며 $d[pc] = \dfrac{1}{p[″]}$ 을 만족한다. 따라서 A의 연주 시차는 0.01″이다.

④ 육안으로 관측할 때 두 별의 겉보기 등급은 A가 B보다 2등급 낮으므로, A가 B보다 약 6.25배 더 밝다.

2020년 기출문제

01 판의 경계 중에서 발산 경계에 관한 설명으로 옳지 않은 것은?

① 해령에서는 맨틀물질이 상승하여 새로운 해양판을 만든다.
② 해령에서는 V자형 열곡이 발달한다.
③ 육지에도 발산 경계가 분포한다.
④ 해령에서는 지각 열류량이 주변 해저에 비해 높다.
⑤ 산안드레아스 단층은 발산 경계 중 하나이다.

> **해설** ⑤ 산안드레아스 단층은 보존형 경계 중 하나이다.
> ① · ② · ③ · ④ 해령에서는 맨틀물질이 상승하여 새로운 해양판이 만들어지므로 지각 열류량이 주변 해저에 비해 높다. 해령과 해령 사이에는 판이 확장되면서 형성된 V자형의 열곡이 발달한다. 육지에 발달된 발산 경계로는 동아프리카 열곡대, 아이슬란드 열곡대가 있다.

02 지구의 내부 구조와 구성 물질에 관한 설명으로 옳은 것만을 〈보기〉에서 있는 대로 고른 것은?

| 보기 |

ㄱ. 모호면을 기준으로 상부는 지각, 하부는 맨틀이다.
ㄴ. 외핵은 고체 상태로 존재한다.
ㄷ. 맨틀은 주로 감람암질 암석으로 구성되어 있다.
ㄹ. 지각을 이루는 암석은 퇴적암이 50%, 화성암이 40%, 변성암이 10%를 차지한다.

---

① ㄱ
② ㄴ
③ ㄱ, ㄷ
④ ㄱ, ㄴ, ㄷ
⑤ ㄴ, ㄷ, ㄹ

> **해설** ㄴ. 외핵은 액체 상태로 존재한다.
> ㄹ. 지각을 이루는 암석은 화성암과 변성암이 약 95%를 차지하고 퇴적암은 약 5%에 불과하다.

03 규산염 광물만을 〈보기〉에서 있는 대로 고른 것은?

┌─────────────────── | 보기 | ───────────────────┐
│ ㄱ. 황철석   ㄴ. 감람석   │
│ ㄷ. 방해석   ㄹ. 흑운모   │
│ ㅁ. 강 옥   │
└──┘

① ㄱ, ㄴ   ② ㄱ, ㄷ
③ ㄴ, ㄷ   ④ ㄴ, ㄹ
⑤ ㄷ, ㄹ, ㅁ

해설　ㄴ·ㄹ. 감람석과 흑운모는 규산염 사면체를 기본 구조로 가지는 규산염 광물이다.
　　　　ㄱ·ㄷ·ㅁ. 황철석(FeS_2)은 황화 광물, 방해석($CaCO_3$)은 탄산염 광물, 강옥(Al_2O_3)은 산화 광물이다.

04 우리나라의 지질과 화석에 관한 설명으로 옳지 않은 것은?

① 석탄은 고생대 지층에서 주로 산출된다.
② 공룡 발자국은 중생대 지층에서 산출된다.
③ 고생대 지층은 주로 강원도에 분포한다.
④ 고생대에는 석회암층이 산출되지 않는다.
⑤ 삼엽충은 고생대 지층에서 산출된다.

해설　④ 고생대 지층은 주로 강원도에 분포하고 있는 석회암이다.
　　　　① 석탄은 고생대 후기 지층인 평안 누층군에서 주로 산출된다.
　　　　② 공룡 발자국 화석은 중생대 후기 지층인 경상 누층군에서 산출된다.
　　　　⑤ 삼엽충은 고생대 지층에서 산출되는 대표적인 고생대 표준화석이다.

05 성층권과 중간권에 관한 설명으로 옳지 않은 것은?

① 중간권에서는 고도가 상승할수록 온도가 감소한다.
② 중간권에서는 대류권에서와 같은 기상 현상이 일어난다.
③ 성층권의 대기는 안정하여 대류 현상이 일어나지 않는다.
④ 성층권에 존재하는 오존층은 태양으로부터 오는 자외선을 흡수한다.
⑤ 대류권계면부터 일정 고도까지 온도가 거의 일정하다가 성층권계면까지 점차적으로 상승한다.

해설 ①·② 중간권은 고도가 상승할수록 온도가 감소하므로 기층이 불안정해 대류 현상이 일어난다. 하지만 중간권에는 수증기량이 매우 적어 대류권에서와 같은 기상 현상은 일어나지 않는다.

③·④ 성층권은 오존의 농도가 높기 때문에 태양으로부터 오는 자외선을 흡수해 고도가 높을수록 기온이 높다. 따라서 성층권은 대기가 안정하여 대류 현상이 일어나지 않는다.

⑤ 대류권계면과 같은 권계면에서 등온층이 나타나는 이유는 열관성 때문이다. 열관성이란 물체가 원래 가지고 있던 열을 유지하려는 성질이다.

※ 성층권에서 오존의 농도는 오존층(고도 약 25~30km 부근)에서 가장 높게 나타나지만 실제로 태양의 자외선을 가장 많이 흡수하는 곳은 성층권의 윗부분이다. 따라서 성층권의 온도는 아랫부분보다 윗부분에서 더 높게 나타난다.

06 다음은 A 지점에서 기온이 20℃, 이슬점이 12℃인 공기 덩어리가 산을 타고 올라가다가 B 지점부터 정상인 C 지점까지 구름을 만든 후 산을 넘어 D 지점까지 가는 모습을 나타낸 것이다.

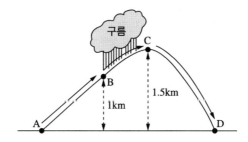

이에 관한 설명으로 옳은 것은?

① B 지점에서는 기온이 이슬점보다 낮다.

② C 지점에서는 기온이 이슬점보다 높다.

③ C 지점에서는 기온이 0℃ 아래로 떨어진다.

④ D 지점에서는 A 지점보다 기온이 높다.

⑤ D 지점에서는 이슬점이 12℃이다.

해설 공기가 불포화 상태일 때에는 기온이 이슬점보다 높고, 공기가 포화 상태일 때에는 기온과 이슬점이 같다. 상승 응결 고도(H)는 H(m) = 125(T − T_d)이며, T = 20℃, T_d = 12℃이므로 H = 1,000m이다. 따라서 A−B 구간에서는 공기가 건조 단열 변화를 하므로 B 지점에서의 기온과 이슬점은 모두 10℃이다. B−C 구간에서 공기는 습윤 단열 변화를 하므로 습윤 단열 감률이 0.5℃/100m일 때, C 지점에서 기온과 이슬점은 모두 7.5℃이다. C−D 구간에서 공기는 건조 단열 변화를 하므로 D 지점에서의 기온은 22.5℃이며, 이슬점은 10.5℃이다. 따라서 산을 타고 넘어온 공기가 있는 D 지점에서는 A 지점보다 기온이 높다. B 지점과 C 지점에서는 모두 공기가 포화 상태이므로 기온과 이슬점이 같다.

07 해저 지형에 관한 설명으로 옳은 것은?

① 저탁류는 대륙사면에서 주로 나타난다.

② 해저 지형에서 가장 깊은 지역은 해령이다.

③ 대륙붕은 심해저평원보다 깊은 곳에 위치한다.

④ 우리나라의 황해에는 심해저평원이 발달되어 있다.

⑤ 해저에서 가장 넓은 영역을 차지하는 지역은 해구이다.

해설 ① 저탁류는 대륙주변부 중 대륙붕에 쌓여 있던 퇴적물을 포함한 물이 대륙사면을 따라 흐르는 것이므로 대륙사면에서 주로 나타난다.

② 해저 지형에서 가장 깊은 지역은 수심이 6,000m 이상인 해구이다.

③·④·⑤ 대륙붕은 암석학적으로는 대륙 지각에 속하는 수심이 얕은 지형이다. 반면 심해저평원은 수심이 약 4,500~6,000m이며 해저에서 가장 넓은 영역을 차지한다. 따라서 평균 수심이 약 44m인 우리나라의 황해에는 심해저평원이 아닌 대륙붕이 발달되어 있다.

08 태양계의 행성에 관한 설명으로 옳지 않은 것은?

① 수성은 내행성이다.　② 금성에는 위성이 있다.

③ 화성의 공전 주기는 지구보다 길다.　④ 목성은 태양계에서 질량이 가장 큰 행성이다.

⑤ 토성은 지구보다 밀도가 작다.

해설 ② 수성과 금성은 위성을 가지고 있지 않다.

① 수성은 지구보다 공전 궤도 반지름이 작은 내행성이다.

③ 공전 주기는 태양으로부터 멀어질수록 길어지므로 화성의 공전 주기는 지구보다 길다.

⑤ 토성은 태양계 행성 중 가장 밀도가 작은 행성이다.

09 그림은 지구 주변을 도는 달의 공전을 나타낸 모식도이다.

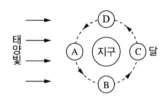

이에 관한 설명으로 옳은 것은?

① 달이 B의 위치에 있을 때는 자정에 떠오른다.

② B에 위치한 달은 상현달이다.

③ 달이 C의 위치에 있을 때는 일식이 일어난다.

④ 달이 D의 위치에 있을 때는 초저녁에 관측된다.

⑤ 달이 A에 위치하면 다른 위치보다 가장 오랜 시간 동안 관측된다.

해설 ② 달의 위상은 A에서 삭, B에서 상현달, C에서 망, D에서 하현달이다.

① 달이 B의 위치에 있을 때는 정오에 떠오른다.

③ 달이 C의 위치에 있을 때는 달이 지구의 그림자에 가려지는 월식이 일어날 수 있다.

④ 달이 D의 위치에 있을 때는 새벽에 관측된다.

⑤ 달이 A에 위치하면 달을 관측할 수 없다.

10 표는 별의 절대 등급과 지구에서 별까지의 거리를 나타낸 것이다.

별	절대 등급	지구에서 별까지의 거리(단위 : pc)
A	3	10
B	3	5
C	0	20

이에 관한 설명으로 옳은 것만을 〈보기〉에서 있는 대로 고른 것은?

─────── | 보기 | ───────

ㄱ. A의 겉보기 등급은 3등급이다.

ㄴ. 맨눈으로 볼 때 A가 B보다 밝다.

ㄷ. C의 겉보기 등급은 절대 등급보다 작아 실제보다 밝게 보인다.

① ㄱ   ② ㄱ, ㄴ

③ ㄱ, ㄷ   ④ ㄴ, ㄷ

⑤ ㄱ, ㄴ, ㄷ

해설 ㄱ. A는 지구에서 별까지의 거리가 10pc이므로 절대 등급과 겉보기 등급이 같다. 따라서 A의 겉보기 등급은 3등급이다.

ㄴ. A와 B의 절대 등급이 같으므로 두 별의 실제 밝기는 같다. 그런데 별까지의 거리는 B가 더 짧으므로 맨눈으로 볼 때 A가 B보다 어둡다.

ㄷ. C는 지구에서 별까지의 거리가 20pc으로, 10pc보다 멀기 때문에 겉보기 등급이 절대 등급보다 크고, 실제보다 어둡게 보인다.

2019년 기출문제

01 다음은 화석 A, B, C의 특징을 조사한 것이다.

화 석	지리적 분포	화석의 수	화석종의 생존시간
A	넓은 지역	많 다	짧 다
B	넓은 지역	적 다	길 다
C	좁은 지역	많 다	길 다

이들 화석에 대한 추론으로 옳은 것만을 〈보기〉에서 있는 대로 고른 것은?

― | 보기 | ―――

ㄱ. 표준화석으로 가장 적합한 화석은 A이다.
ㄴ. 시상화석으로 가장 적합한 화석은 C이다.
ㄷ. A는 B보다 더 긴 지질 시대의 지층에 걸쳐 산출된다.

① ㄱ
② ㄷ
③ ㄱ, ㄴ
④ ㄴ, ㄷ
⑤ ㄱ, ㄴ, ㄷ

해설 ㄷ. A는 B보다 화석종의 생존시간이 짧다. 따라서 A보다 B가 더 긴 지질 시대의 지층에 걸쳐 산출된다.

02 민수가 A 지역(34.2°N, 135°E)에서 B 지역(34.2°N, 120°W)으로 여행을 떠나고자 한다. 민수가 A 지역에 위치한 공항에서 비행기를 1월 26일, 00:20 AM에 탑승하여, 손목시계에 B 지역의 날짜와 시간을 입력하였다. 민수가 손목시계에 입력한 B 지역의 날짜와 시간으로 옳은 것은?

① 1월 25일, 00:20 AM
② 1월 25일, 07:20 AM
③ 1월 25일, 07:20 PM
④ 1월 26일, 07:20 AM
⑤ 1월 26일, 07:20 PM

해설 시간은 경도의 영향을 받으며, 동쪽으로 갈수록 15°마다 1시간씩 빨라진다. A 지역의 경도는 135°E이므로 경도선의 기준이 되는 그리니치 천문대보다 9시간 더 빠를 것이다. 반면 B 지역의 경도는 120°W이므로 그리니치 천문대보다 8시간 더 느릴 것이다. 따라서 B 지역은 현재 A 지역보다 총 17시간 더 느린 1월 25일, 07:20 AM이다.

03 판의 경계부에서 일어나는 지질활동에 관한 설명으로 옳지 않은 것은?

① 해양판과 대륙판이 수렴하는 경계에서는 화산호가 발달한다.

② 해양의 발산경계에서는 해양지각이 생성된다.

③ 해양판과 해양판이 수렴하는 경계에서는 호상열도가 발달한다.

④ 대륙판과 대륙판이 수렴하는 경계에서는 화산 활동이 활발하다.

⑤ 보존경계에서는 천발지진이 빈번히 일어난다.

> 해설 ④ 대륙판과 대륙판이 수렴하는 경계에서는 화산 활동이 일어나지 않으며, 천발지진과 중발지진이 일어난다.
> ① · ③ 해양판과 대륙판이 수렴하는 경계에서는 해구와 화산호가, 해양판과 해양판이 수렴하는 경계에서는 해구와 호상열도가 발달한다.
> ⑤ 보존경계에서는 천발지진이 활발하게 일어나며, 화산 활동은 일어나지 않는다.

04 한반도의 중생대와 관련된 설명으로 옳은 것만을 〈보기〉에서 있는 대로 고른 것은?

┌─────────── ㅣ 보기 ㅣ ───────────┐
ㄱ. 화강암류의 관입이 일어나지 않았다.
ㄴ. 경상 누층군에서는 공룡화석들이 발견된다.
ㄷ. 화산 활동은 전 기간에 걸쳐서 거의 일정하게 일어났다.
└──────────────────────────────┘

① ㄱ 　　　　　　　　　　　② ㄴ

③ ㄱ, ㄷ 　　　　　　　　　④ ㄴ, ㄷ

⑤ ㄱ, ㄴ, ㄷ

> 해설 ㄴ. 경상 누층군은 중생대 후기에 형성된 육성층으로, 공룡 발자국 화석이 발견된다.
> ㄱ. 중생대에는 대보 화강암과 불국사 화강암의 관입이 일어났다.
> ㄷ. 중생대의 화산 활동은 중생대 후기에 집중적으로 일어났다.

05 어느 퇴적층에서 발견된 식물화석의 ^{14}C의 양을 조사한 결과, 처음 양의 25%가 남아 있었다. 이 지층의 퇴적 시기는 지금으로부터 약 몇 년 전인가? (단, ^{14}C → ^{14}N 반감기는 5,730년이다)

① 2,865년 　　　　　　　　② 5,730년

③ 11,460년 　　　　　　　④ 17,190년

⑤ 22,920년

> 해설 ^{14}C는 방사성 동위 원소이다. ^{14}C가 처음 양의 1/4만큼 남아있었으므로 반감기는 2회 지났다. 따라서 이 지층의 퇴적 시기는 지금으로부터 약 5,730년 × 2 = 11,460년이다.

06 그림 (가)와 (나)는 굴뚝에서 연기가 퍼져나가는 모습을 나타낸 것이다.

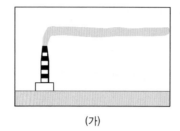 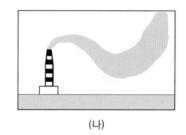

(가)　　　　　　　　　　　　　(나)

이에 관한 설명으로 옳은 것만을 〈보기〉에서 있는 대로 고른 것은?

┌─────────────── | 보기 | ───────────────┐

ㄱ. 기층이 불안정한 날의 모습은 (가)이다.
ㄴ. (나)는 기온 감률이 건조 단열 감률보다 크다.
ㄷ. (나)에서 공기 연직 운동의 열 수송으로 지표면의 기온은 높아진다.

└──────────────────────────────────────┘

① ㄱ　　　　　　　　　　　　　② ㄴ
③ ㄷ　　　　　　　　　　　　　④ ㄱ, ㄴ
⑤ ㄴ, ㄷ

해설 ㄱ·ㄴ. 그림 (가)는 연기가 위아래로 퍼져나가지 않는 것으로 보아 기층이 안정한 경우이고, 그림 (나)는 연기가 위아래로 활발하게 퍼져나가는 것으로 보아 기층이 불안정한 경우이다. 따라서 (가)는 기온 감률이 건조 단열 감률보다 작고, (나)는 기온 감률이 건조 단열 감률보다 크다.
　　　　ㄷ. 기층이 불안정한 경우에는 아래로 하강한 공기의 온도가 주변 기온보다 낮으므로 (나)에서 공기 연직 운동의 열 수송으로 지표면의 기온이 높아지지는 않는다.

07 다음 내용에 모두 부합하는 태양계의 행성은?

┌──────────────────────────────────────┐

• 가장 밝게 보인다.
• 자전 주기는 243일이다.
• 대기는 주로 이산화탄소로 구성되어 있다.

└──────────────────────────────────────┘

① 수 성　　　　　　　　　　　② 금 성
③ 화 성　　　　　　　　　　　④ 목 성
⑤ 토 성

해설 금성은 우리 지구로부터 가장 가깝기 때문에 가장 밝게 보인다. 금성의 대기는 주로 이산화탄소로 구성되어 있고 대기압이 약 95기압으로 매우 크기 때문에 온실 효과가 크게 일어나 표면 온도가 매우 높다.

08 지구 대기권에 관한 설명으로 옳은 것만을 〈보기〉에서 있는 대로 고른 것은?

─────── ┤ 보기 ├ ───────

ㄱ. 대류권계면은 적도에서 높고, 극에서 낮다.
ㄴ. 기상 현상은 대류권에서 주로 일어난다.
ㄷ. 성층권에서 오존층은 자외선을 흡수하여 가열된다.

① ㄱ   ② ㄴ
③ ㄱ, ㄷ   ④ ㄴ, ㄷ
⑤ ㄱ, ㄴ, ㄷ

해설   ㄱ. 대류권계면은 기온이 높은 적도에서 높고, 기온이 낮은 극에서 낮다.
        ㄴ. 기상 현상은 기층이 불안정하고 수증기량이 많은 대류권에서 주로 일어난다. 중간권은 기층은 불안정하
            지만 수증기량이 많지 않아 대류현상만 일어나고 기상 현상은 일어나지 않는다.

09 그림은 바람이 부는 해역에서 풍파가 발생하여 해안으로 진행하는 과정을 나타낸 모식도이다.

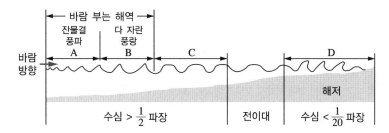

이에 관한 설명으로 옳은 것만을 〈보기〉에서 있는 대로 고른 것은?

─────── ┤ 보기 ├ ───────

ㄱ. A, B의 해파는 심해파에 속한다.
ㄴ. B, C에서 해파의 속도는 파장이 길수록 빠르다.
ㄷ. D에서 물 입자는 원형의 궤도를 이룬다.

① ㄱ   ② ㄷ
③ ㄱ, ㄴ   ④ ㄱ, ㄷ
⑤ ㄴ, ㄷ

해설   ㄱ · ㄴ. A~B는 풍랑, C는 너울이며 D는 연안 쇄파이다. A~C는 수심이 파장의 $\frac{1}{2}$보다 깊으므로 심해파에

            속하며, D는 수심이 파장의 $\frac{1}{20}$보다 얕으므로 천해파에 속한다. 심해파의 전파 속도는 파장의 제곱근에

            비례하므로 B, C에서 해파의 속도는 파장이 길수록 빠르다.
        ㄷ. D는 천해파이므로 해저의 마찰을 받기 때문에 물 입자는 수평 방향이 긴 타원 운동을 한다.

10 그림 (가)는 별들의 절대 등급과 분광형을 나타낸 것이고, (나)는 겉보기 등급을 나타낸 것이다.

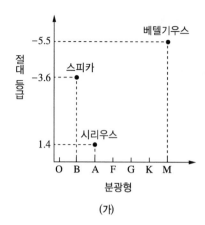

별	겉보기 등급
스피카	0.4
베텔기우스	0.9
시리우스	−1.4

(가)   (나)

이에 관한 설명으로 옳은 것만을 〈보기〉에서 있는 대로 고른 것은?

| 보기 |

ㄱ. 지구로부터 거리가 가장 가까운 별은 시리우스이다.
ㄴ. 표면 온도가 가장 낮은 별은 베텔기우스이다.
ㄷ. 반지름이 가장 큰 별은 스피카이다.

① ㄱ
② ㄷ
③ ㄱ, ㄴ
④ ㄴ, ㄷ
⑤ ㄱ, ㄴ, ㄷ

해설 ㄱ. 각 별의 절대 등급과 겉보기 등급을 알기 때문에 거리지수 공식을 이용하여 지구로부터의 거리를 구할 수 있다. $m - M = 5\log r - 5$이므로 스피카의 거리지수는 4, 베텔기우스는 6.4, 시리우스는 −2.8이다. 그러므로 지구로부터 거리가 가장 가까운 별은 시리우스이다.

ㄴ. 표면 온도는 분광형으로 알 수 있으며 O형에서 M형으로 갈수록 표면 온도가 낮아진다. 그러므로 표면 온도가 가장 낮은 별은 베텔기우스이다.

ㄷ. 반지름은 표면 온도가 낮을수록, 광도가 클수록 크다. 그러므로 반지름이 가장 큰 별은 표면 온도가 가장 낮고 광도가 가장 큰 베텔기우스이다.

2018년 기출문제

01 그림은 서로 다른 세 관측소 A, B, C에서 동일한 지진에 의해 기록된 지진파의 모습을 각각 나타낸 것이다.

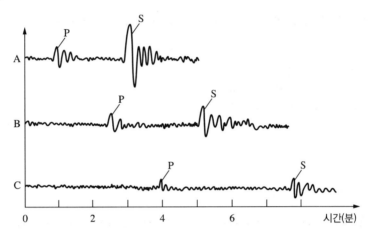

이에 관한 설명으로 옳은 것만을 〈보기〉에서 있는 대로 고른 것은?

| 보기 |

ㄱ. 지진의 규모(Magnitude)는 A에서 가장 크다.
ㄴ. B에 도달한 지진파는 외핵을 통과하였다.
ㄷ. C는 진원에서 가장 먼 관측소이다.

① ㄱ
② ㄴ
③ ㄷ
④ ㄱ, ㄴ
⑤ ㄴ, ㄷ

해설 ㄷ. C에서 PS시 값이 가장 큰 것으로 보아 C는 진원에서 가장 먼 관측소이다.
ㄱ. 그림은 A, B, C에서 동일한 지진에 의해 기록된 지진파의 모습이므로 지진의 규모는 A, B, C 모두 같다.
ㄴ. B에 기록된 지진파에 S파가 존재한다. S파는 액체 상태인 외핵을 통과하지 못하므로 B에 도달한 지진파는 외핵을 통과하지 않았다.

02 그림 A, B, C는 현무암질, 유문암질, 안산암질 마그마의 화학조성을 순서 없이 나타낸 것이다.

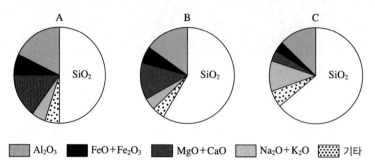

이에 관한 설명으로 옳은 것만을 〈보기〉에서 있는 대로 고른 것은?

─────────┤ 보기 ├─────────

ㄱ. A 마그마의 온도가 가장 낮다.
ㄴ. B 마그마는 안산암질 마그마이다.
ㄷ. C 마그마의 점성이 가장 높다.

① ㄱ   ② ㄴ
③ ㄷ   ④ ㄱ, ㄴ
⑤ ㄴ, ㄷ

해설 현무암질 마그마는 SiO_2 함량이 52% 이하이며, 유문암질 마그마는 SiO_2 함량이 63% 이상, 안산암질 마그마는 SiO_2 함량이 52~63%이다. 따라서 A는 현무암질 마그마, B는 안산암질 마그마, C는 유문암질 마그마이다. 그러므로 A 마그마의 온도가 가장 높고, C 마그마의 점성이 가장 높다.

03 그림은 주요 판과 판의 경계부를 나타낸 것이다.

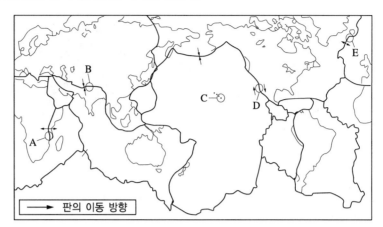

이에 관한 설명으로 옳지 않은 것은?

① A는 발산경계로서 열곡이 발달한다.

② B는 수렴경계로서 습곡산맥이 발달한다.

③ C는 판 내부 환경으로 열점에 의한 화산 활동이 활발하다.

④ D는 보존경계로 심발지진이 많이 발생한다.

⑤ E는 발산경계로 화산 활동이 활발하다.

해설　④ D는 보존경계로 천발지진만 발생한다.
　　　① A는 동아프리카 열곡대로 열곡이 발달한다.
　　　② B는 히말라야 산맥이 발달한 곳으로 대륙판과 대륙판의 수렴경계이다.
　　　③ C는 열점에 의한 화산 활동으로 인해 형성된 하와이 열도이다.
　　　⑤ E는 아이슬란드 열곡대로 화산 활동이 활발하다.

04 그림은 우리나라 어느 지역의 동일 지층에서 발견된 화석이다.

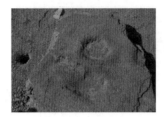
〈공룡 발자국〉

〈공룡 알〉

이에 관한 설명으로 옳은 것만을 〈보기〉에서 있는 대로 고른 것은?

───── | 보기 | ─────

ㄱ. 이 지층은 육성기원의 퇴적층이다.
ㄴ. 이 지층의 생성 시기에 제주도와 울릉도가 형성되었다.
ㄷ. 이 지층에서는 필석과 고사리 화석이 산출된다.

① ㄱ   ② ㄴ
③ ㄷ   ④ ㄱ, ㄴ
⑤ ㄴ, ㄷ

 ㄱ. 공룡 화석이 발견되는 것으로 보아 이 지층은 육성기원의 중생대 퇴적층인 경상 누층군에 해당한다.
ㄴ. 이 지층은 중생대 때 생성되었다. 제주도와 울릉도가 형성된 시기는 신생대이다.
ㄷ. 필석은 고생대 표준화석이다.

05 바람에 영향을 미치는 힘에 관한 설명으로 옳은 것만을 〈보기〉에서 있는 대로 고른 것은?

───── | 보기 | ─────

ㄱ. 기압 경도력은 등압선의 간격이 좁아질수록 커진다.
ㄴ. 전향력은 풍속이 증가할수록 커진다.
ㄷ. 기압 경도력은 고기압에서 저기압 쪽으로 작용한다.

① ㄱ   ② ㄷ
③ ㄱ, ㄴ   ④ ㄴ, ㄷ
⑤ ㄱ, ㄴ, ㄷ

해설 기압 경도력의 식은 $\dfrac{1}{\rho} \times \dfrac{\Delta P}{\Delta z}$ 로, 등압선의 간격이 좁아질수록 커지며, 고기압에서 저기압 쪽으로 작용한다.
전향력의 식은 $C = 2v\Omega\sin\phi$ 로, 풍속이 증가할수록 커진다.

06 태양에 관한 설명으로 옳지 않은 것은?

① 태양의 핵에서 핵융합 반응이 일어난다.
② 흑점수의 극대 또는 극소 주기는 평균 23년이다.
③ 흑점의 이동을 통해 태양의 자전 주기를 알 수 있다.
④ 태양의 자전 방향은 지구의 자전 방향과 같다.
⑤ 태양의 자전 속도는 고위도보다 적도에서 빠르다.

해설　② 흑점의 극대 또는 극소 주기는 평균 11년이다.
　　　④ 태양의 자전 방향은 서에서 동(시계 반대 방향)으로, 지구의 자전 방향과 같다.
　　　⑤ 태양의 자전 주기와 자전 속도는 흑점의 이동 속도를 통해 알 수 있다. 이를 통해 구한 태양의 자전 주기는
　　　　저위도일수록 짧다. 그러므로 태양의 자전 속도는 고위도보다 적도에서 빠르다.

07 태풍에 관한 설명으로 옳은 것만을 〈보기〉에서 있는 대로 고른 것은?

─────────────| 보기 |─────────────
ㄱ. 전선을 동반한다.
ㄴ. 풍속은 태풍의 눈 중심에서 최대이다.
ㄷ. 북반구에서 위험반원은 태풍의 진행방향을 기준으로 오른쪽에 위치한다.

① ㄱ　　　　　　　　　　　　　　② ㄷ
③ ㄱ, ㄴ　　　　　　　　　　　　④ ㄴ, ㄷ
⑤ ㄱ, ㄴ, ㄷ

해설　ㄷ. 북반구에서 태풍의 진행방향을 기준으로 오른쪽은 태풍의 회전 방향과 진행 방향이 일치하므로 피해가
　　　　더 심한 위험반원이고, 왼쪽은 태풍의 회전 방향과 진행 방향이 반대이므로 피해가 덜한 안전반원이다.
　　　　따라서 북반구에서 위험반원은 태풍의 진행방향을 기준으로 오른쪽에 위치한다.
　　　ㄱ. 태풍은 찬 공기와 따뜻한 공기가 만나서 생기는 것이 아니라 따뜻한 열대 해상에서 발달하므로 전선을
　　　　동반하지 않는다.
　　　ㄴ. 태풍의 눈은 바람이 불어 들어오지 않아 풍속이 급격히 감소하는 지점이다.

08 지구형 행성이 목성형 행성보다 큰 값을 갖는 물리량은?

① 질 량　　　　　　　　　　　　② 밀 도
③ 반지름　　　　　　　　　　　　④ 위성의 수
⑤ 공전 주기

해설　지구형 행성은 목성형 행성보다 질량과 반지름이 작다. 반면 지구형 행성은 주로 규산염 물질로, 목성형 행성
　　　은 주로 수소와 헬륨으로 이루어져 있으므로 밀도는 지구형 행성이 목성형 행성보다 크다. 위성의 수는 지구
　　　형 행성에 비해 목성형 행성이 많으며, 공전 주기는 태양으로부터의 거리가 먼 목성형 행성이 더 길다.

09 다음은 별 A와 별 B의 겉보기 등급과 절대 등급을 나타낸 것이다.

> • 별 A의 겉보기 등급은 6등급이고, 별 B의 겉보기 등급은 1등급이다.
> • 별 A와 별 B의 절대 등급은 같다.

지구로부터 A, B까지의 거리를 각각 r_A, r_B라 할 때, 이에 관한 설명으로 옳은 것만을 〈보기〉에서 있는 대로 고른 것은?

─── | 보기 | ───

ㄱ. r_A가 r_B보다 크다.

ㄴ. A의 절대 등급이 8등급이면 $r_A = 10^{\frac{7}{5}} pc$이다.

ㄷ. $r_A = 100pc$이면 B의 절대 등급은 1등급이다.

① ㄱ
② ㄴ
③ ㄱ, ㄷ
④ ㄴ, ㄷ
⑤ ㄱ, ㄴ, ㄷ

해설 ㄱ. 별 A의 겉보기 등급은 6등급이고 별 B의 겉보기 등급은 1등급이므로 지구에서 관측된 별의 밝기는 B가 A보다 100배 밝다. 이때 별 A와 별 B의 절대 등급은 같으므로 별 A까지의 거리는 별 B까지의 거리보다 10배 멀다. 그러므로 r_A가 r_B보다 크다.

ㄷ. 별 A까지의 거리는 별 B까지의 거리보다 10배 멀기 때문에 $r_A = 100pc$이면 $r_B = 10pc$이다. 그러므로 B의 절대 등급은 겉보기 등급과 같은 1등급이다.

ㄴ. A의 절대 등급이 8등급이면 거리 지수 공식 $m - M = 5 \log r - 5$에 의해 $-2 = 5 \log r - 5$이므로 $r_A = 10^{\frac{3}{5}} pc$이다.

10 그림은 외부 은하들의 거리와 시선속도를 나타낸 것이다.

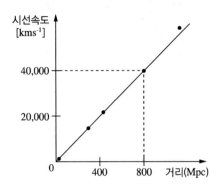

이에 관한 설명으로 옳지 않은 것은?

① 우주는 팽창하고 있다.

② 허블 법칙에 해당한다.

③ 은하들의 시선속도가 거리에 비례하여 증가한다.

④ 허블 상수는 $40 \text{kms}^{-1}\text{Mpc}^{-1}$이다.

⑤ 멀리 있는 은하일수록 적색 편이가 크게 나타난다.

해설　④ 허블 상수는 $v = H \times r$ 식을 만족한다. 따라서 위의 그래프로 구한 허블 상수는 $50 \text{kms}^{-1}\text{Mpc}^{-1}$이다.

　　　⑤ 멀리 있는 은하일수록 시선속도가 빠르다. 따라서 $v = \dfrac{\triangle \lambda}{\lambda_0} \times c$ 식에 의해 적색 편이가 크게 나타난다.

2017년 기출문제

01 지구 내부의 열과 온도에 관한 설명으로 옳은 것만을 〈보기〉에서 있는 대로 고른 것은?

---- | 보기 | ----

ㄱ. 지각에서는 전도에 의해 열이 전달된다.
ㄴ. 중앙해령의 암석권은 심해저의 암석권보다 온도가 낮고 두께가 두껍다.
ㄷ. 외핵에서는 전도에 의해 열이 대부분 전달된다.

① ㄱ
② ㄴ
③ ㄷ
④ ㄱ, ㄴ
⑤ ㄴ, ㄷ

해설　ㄱ. 지각은 고체 상태이기 때문에 전도로 열이 전달된다.
ㄴ. 중앙해령은 새로운 해양 지각이 형성되는 곳이므로 지각 열류량이 많아 암석권 온도가 높다. 또한, 해양 지각의 두께는 중앙해령으로부터의 거리가 멀어질수록 두꺼워진다.
ㄷ. 외핵은 액체 상태이므로 대류에 의해 대부분의 열이 전달된다.

02 점토광물에 관한 설명으로 옳은 것만을 〈보기〉에서 있는 대로 고른 것은?

---- | 보기 | ----

ㄱ. 미립의 층상구조를 가진 규산염 광물이다.
ㄴ. 고령토는 점토 광물이다.
ㄷ. 물을 흡수하면 가소성(Plasticity)이 있고, 물을 제거하면 단단해지는 성질이 있다.

① ㄱ
② ㄴ
③ ㄱ, ㄷ
④ ㄴ, ㄷ
⑤ ㄱ, ㄴ, ㄷ

해설　점토 광물은 규산염 광물의 일종으로 층상구조를 가지고 있다. 고령토는 점토 광물의 대표적인 예시로 도자기의 원료가 된다. 이러한 점토 광물은 물을 흡수하면 가소성이 있고 물을 제거하면 단단해지는 성질이 있는데, 이는 도자기를 빚고 구워 제작하는 과정을 떠올리면 이해하기 쉽다.

03 다음 중 정장석의 풍화를 나타내는 화학 반응식은?

① $CaCO_3 + H_2O + CO_2 \rightarrow Ca^{2+} + 2HCO_3^-$

② $Fe_2O_3 + nH_2O \rightarrow Fe_2O_3 \cdot nH_2O$

③ $Al_2Si_2O_5(OH)_4 + H_2O \rightarrow 2Al(OH)_3 + 2SiO_2$

④ $(Mg, Fe)_2SiO_4 + 4H_2O \rightarrow Fe_2O_3 + 2Mg + H_4SiO_4$

⑤ $2KAlSi_3O_8 + 2H_2O + CO_2 \rightarrow Al_2Si_2O_5(OH)_4 + K_2CO_3 + 4SiO_2$

> **해설** ① 용해 작용으로, 석회암이 이산화탄소가 용해되어 있는 지하수에 녹아 석회 동굴이 형성되는 과정이다.
> ② 분자와 물이 결합하여 수화물이 되는 작용으로, 적철석이 갈철석이 되는 과정이다.
> ③ 가수분해 작용으로, 정장석이 이산화탄소가 용해되어 있는 물과 만나 고령토가 되는 과정이다.
> ④ 감람석이 물을 만나 적철석과 마그네슘이 되는 산화 환원 반응이다.

04 다음 중 $SiO_2(\%)$ 함량이 가장 적은 것과 가장 많은 심성암으로 짝지어진 것은?

① 감람암 – 화강암

② 섬록암 – 반려암

③ 화강암 – 반려암

④ 반려암 – 섬록암

⑤ 섬록암 – 감람암

> **해설** SiO_2 함량이 45% 이하인 심성암을 감람암이라고 한다. 심성암에는 반려암, 섬록암, 화강암이 있으며, 반려암의 SiO_2 함량이 가장 낮고, 화강암의 SiO_2 함량이 가장 높다.

05 바람에 영향을 미치는 힘에 관한 설명으로 옳은 것은?

① 등압선 간격이 좁을수록 기압 경도력은 작아진다.

② 기압 경도력은 저기압에서 고기압 쪽으로 작용한다.

③ 북반구에서 전향력은 진행해가는 방향의 왼쪽으로 바람을 전향하게 한다.

④ 전향력은 풍속이 증가할수록 커진다.

⑤ 전향력은 풍속이 동일하면 고위도 지역으로 갈수록 감소한다.

> **해설** ④ · ⑤ 전향력의 식은 $C = 2v\Omega\sin\phi$이므로 풍속이 증가할수록 전향력이 커지며, 풍속이 동일하면 고위도 지역으로 갈수록 전향력이 증가한다.
> ① · ② 기압 경도력은 등압선 간격이 좁을수록 커지며, 고기압에서 저기압 쪽으로 작용한다.
> ③ 전향력은 북반구에서 진행해가는 방향의 오른쪽으로 바람을 전향하게 한다.

06 다음 그림은 연기가 상하로 활발하게 퍼져나가는 모습을 나타낸 것이다.

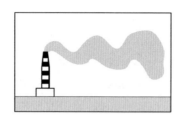

연기가 퍼져나가는 모양으로 볼 때, 이 지역의 대기 상태를 잘 나타낸 것은? (단, 실선은 기온선, 점선은 건조 단열선이다)

①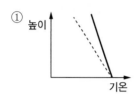
②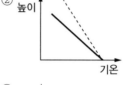
③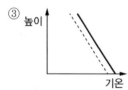
④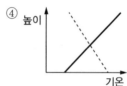
⑤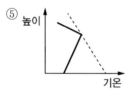

해설 그림에서 연기는 상하로 활발하게 퍼져나가고 있다. 따라서 이 기층은 불안정하다. 불안정한 상태의 기층에서는 기온 감률이 단열 감률보다 크므로 ②가 이 지역의 대기 상태를 가장 잘 나타낸 것이다.

07 대기권에 관한 설명으로 옳지 않은 것은?

① 대류권에서 기온은 1km 상승할 때마다 약 6.5℃ 감소한다.
② 대류권계면에서부터 고도 약 80km까지를 성층권이라 한다.
③ 중간권에서는 높이가 올라갈수록 기온이 감소한다.
④ 대류권의 두께는 계절과 위도에 따라 다르다.
⑤ 열권은 고도가 높아짐에 따라 기온이 상승한다.

해설 ② 대류권계면에서부터 고도 약 45km까지를 성층권, 고도 약 45km부터 고도 약 80km까지를 중간권이라고 한다.
① · ③ · ④ 대류권과 중간권은 높이가 올라갈수록 기온이 감소하는 불안정한 층이며, 대류권의 두께는 기층의 온도가 높을수록 두껍다.
⑤ 열권은 고도가 높아짐에 따라 기온이 상승하는 안정한 층이다.

08 두 별의 겉보기 등급의 차이가 5일 때, 겉보기 밝기는 약 몇 배 차이가 나는가?

① 10배   ② 50배

③ 100배   ④ 500배

⑤ 1,000배

> **해설** 별의 밝기는 5등급에 100배만큼 차이난다. 따라서 겉보기 등급의 차이가 5인 두 별의 겉보기 밝기는 약 100배 차이난다.

09 다음은 위도 37°N 인 지역의 사계절 태양 일주운동에 관한 그림이다.

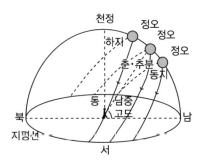

이에 관한 설명으로 옳은 것만을 보기에서 있는 대로 고른 것은?

> ㄱ. 봄에 태양의 남중고도는 76°이다.
> ㄴ. 태양이 하지점에 있을 때, 태양의 적위는 23.5°이다.
> ㄷ. 겨울에 태양은 남동쪽에서 떠서 남서쪽으로 진다.

① ㄱ   ② ㄷ

③ ㄱ, ㄴ   ④ ㄴ, ㄷ

⑤ ㄱ, ㄴ, ㄷ

> **해설** ㄴ. 태양이 하지점에 있을 때 태양의 적위는 23.5°이다.
> ㄷ. 적위가 0°인 천체는 정동에서 떠서 정서로 지며, 적위가 0°보다 큰 천체는 북동쪽에서 북서쪽으로, 적위가 0°보다 작은 천체는 남동쪽에서 남서쪽으로 이동한다. 겨울에 태양의 적위는 0°보다 작으므로 태양은 남동쪽에서 떠서 남서쪽으로 진다.
> ㄱ. 남중고도를 구하는 식은 $h = 90° - \phi + \delta$이므로 적위가 0°인 봄에 태양의 남중고도는 53°이다.

10 다음 H-R도에 표시된 별들의 종류가 옳게 제시된 것은?

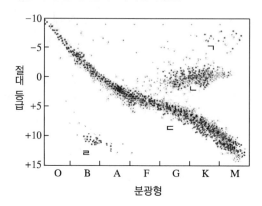

① ㄱ : 초거성,　　ㄴ : 주계열성,　ㄷ : 거성,　　　ㄹ : 백색 왜성
② ㄱ : 초거성,　　ㄴ : 거성,　　　ㄷ : 주계열성,　ㄹ : 백색 왜성
③ ㄱ : 백색 왜성,　ㄴ : 거성,　　　ㄷ : 주계열성,　ㄹ : 초거성
④ ㄱ : 백색 왜성,　ㄴ : 초거성,　　ㄷ : 거성,　　　ㄹ : 주계열성
⑤ ㄱ : 주계열성,　ㄴ : 백색 왜성,　ㄷ : 거성,　　　ㄹ : 초거성

해설　ㄱ은 거성 위에 분포하는 초거성, ㄴ은 주계열성 오른쪽 위에 분포하는 거성, ㄷ은 왼쪽 위에서 오른쪽 아래에 분포하는 주계열성, ㄹ은 주계열성의 왼쪽 아래에 분포하는 백색 왜성이다.

2016년 기출문제

01 지진과 지진파에 관한 설명으로 옳은 것은?

① S파와 P파는 모두 표면파이다.

② S파의 속도가 P파의 속도보다 빠르다.

③ 진원은 탄성 에너지가 최초로 방출된 지점이다.

④ 지진은 판의 경계부에서만 발생한다.

⑤ 동일한 지진의 경우 진도는 모든 지역에서 같다.

> **해설** ③ 진원은 탄성 에너지가 최초로 방출된 지점으로, 주로 지구 내부에 위치한다.
> ① S파와 P파는 모두 지구 내부를 통과하여 진행하는 실체파이다.
> ② S파의 속도가 P파의 속도보다 느리다.
> ④ 지진은 단층이 발생하는 경우 외에도 화산이 폭발하거나 지하의 공동이 붕괴하는 경우에 발생할 수 있다.
> ⑤ 같은 지진이라고 하더라도 진도는 진원으로부터의 거리, 지하 내부 물질의 종류, 구조물의 형태 등에 따라 그 값이 달라진다. 같은 지진의 경우 모든 지역에서 값이 같은 것은 규모이다.

02 광물에 관한 설명으로 옳은 것만을 〈보기〉에서 있는 대로 고른 것은?

───── | **보기** | ─────

ㄱ. 지각에 가장 많은 광물은 산화 광물이다.

ㄴ. 방해석과 마그네사이트는 유질동상이다.

ㄷ. 규산염 광물의 기본구조는 SiO_4 사면체구조이다.

① ㄱ

② ㄴ

③ ㄱ, ㄷ

④ ㄴ, ㄷ

⑤ ㄱ, ㄴ, ㄷ

> **해설** ㄴ. 방해석($CaCO_3$)과 마그네사이트($MgCO_3$)는 화학조성은 다르지만 결정 구조가 같은 유질동상이다.
> ㄷ. 규산염 광물은 SiO_4 사면체를 기본구조로 가진다.
> ㄱ. 지각에 가장 많은 광물은 규산염 광물이다.

03 화성암에 관한 설명으로 옳지 않은 것은?

① 반려암과 현무암은 염기성암이다.

② 화강암은 지하 심부에서 형성된 심성암이다.

③ 안산암과 유문암은 화산암의 일종이다.

④ 유색광물의 함량(%)은 현무암이 화강암보다 높다.

⑤ 응회암은 용암이 식어서 생성된 화산암이다.

해설 ⑤ 응회암은 용암이 식어서 생성된 화산암이 아니라 화산재가 쌓여 생성된 퇴적암의 일종이다.

04 우리나라의 중생대 지층에 관한 설명으로 옳은 것만을 〈보기〉에서 있는 대로 고른 것은?

───── | 보기 | ─────

ㄱ. 중생대 초기에 조선 누층군이 퇴적되었다.

ㄴ. 경상 누층군에서는 공룡 발자국 화석이 다량으로 발견된다.

ㄷ. 불국사 화강암이 관입한 후 경상 누층군이 퇴적되었다.

① ㄱ

② ㄴ

③ ㄷ

④ ㄱ, ㄴ

⑤ ㄱ, ㄴ, ㄷ

해설 ㄴ. 중생대 후기에 형성된 경상 누층군은 육성층으로, 공룡 발자국 화석이 다량으로 발견된다.
ㄱ. 조선 누층군은 고생대 초기에 퇴적되었다.
ㄷ. 불국사 화강암은 경상 누층군이 퇴적된 이후인 중생대 후기에 관입하였다.

05 (가)는 어느 지역의 지질 단면도이고, (나)는 방사성 원소 X의 붕괴 곡선을 나타낸 것이다. (가)의 A와 C에 포함된 방사성 원소 X의 양은 붕괴 후 각각 처음 양의 1/8과 1/4로 감소하였다.

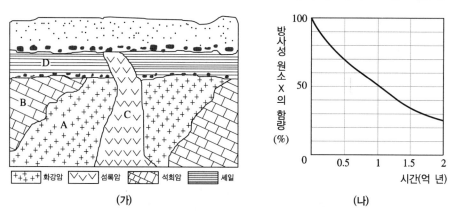

(가)   (나)

지층 A~D에 관한 설명으로 옳은 것만을 〈보기〉에서 있는 대로 고른 것은?

─────────────| 보기 |─────────────

ㄱ. A의 절대연령은 3억 년이다.

ㄴ. 가장 오래된 지층은 B이다.

ㄷ. D는 신생대 제3기에 퇴적된 지층이다.

① ㄱ

② ㄷ

③ ㄱ, ㄴ

④ ㄴ, ㄷ

⑤ ㄱ, ㄴ, ㄷ

해설 (나)에서 방사성 원소 X의 양이 50%로 줄어드는 데 걸리는 시간(반감기)은 1억 년이다. A에 포함된 방사성 원소 X의 양은 처음 양의 1/8이므로 반감기가 3회 지났다. 따라서 A의 절대 연령은 3억 년이다. C에 포함된 방사선 원소 X의 양은 처음 양의 1/4이므로 반감기가 2회 지났다. 따라서 C의 절대 연령은 2억 년이다. 관입의 법칙에 의해 B 지층은 A와 C보다 먼저, D 지층은 C보다 먼저 형성되었다. 또한, 부정합의 법칙에 의해 D 지층은 A보다 나중에 형성되었다. 따라서 암석과 지층의 생성 순서는 B → A → D → C이다. 그러므로 가장 오래된 지층은 B이고, D는 3억 년 전~2억 년 전에 생성되었으므로 고생대 말기에서 중생대 초기에 퇴적된 지층이다.

06 해저 지형에 관한 설명으로 옳은 것만을 〈보기〉에서 있는 대로 고른 것은?

──────── | 보기 | ────────

ㄱ. 지각 열류량은 해구보다 해령에서 크다.
ㄴ. 해저 지형에서 가장 깊은 곳은 해구이다.
ㄷ. 저탁류는 심해저 평원에서 가장 많이 관찰된다.

① ㄱ　　　　　　　　　　　　　　② ㄴ
③ ㄷ　　　　　　　　　　　　　　④ ㄱ, ㄴ
⑤ ㄱ, ㄴ, ㄷ

해설　ㄱ. 지각 열류량은 맨틀 대류의 하강부인 해구보다 맨틀 대류의 상승부인 해령에서 더 크다.
　　　　ㄴ. 해저 지형에서 가장 깊은 곳은 수심이 6,000m 이상인 해구이다.
　　　　ㄷ. 저탁류는 대륙주변부 중 경사가 급해지는 대륙 사면에서 주로 나타난다.

07 그림은 30℃인 공기가 A 지점에서 상승하여 800m에서 구름을 형성한 후, 산을 넘어가는 과정을 나타낸 것이다. B 지점에 도달하였을 때 이 공기의 온도는? (단, 건조 단열 감률은 1℃/100m, 습윤 단열 감률은 0.5℃/100m, 이슬점 감률은 0.2℃/100m이다)

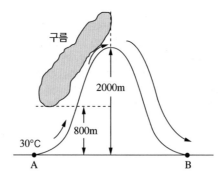

① 30℃　　　　　　　　　　　　② 32℃
③ 34℃　　　　　　　　　　　　④ 36℃
⑤ 38℃

해설　상승 응결 고도(H)는 H(m) = 125(T−T_d)이며, T = 30℃, H = 800m이므로 지표면에서의 이슬점은 T_d = 23.6℃이다. 건조 단열 감률이 1℃/100m이므로 고도가 800m인 지점에서 공기의 온도는 22℃이다. 또한 800~2,000m 구간에서 공기는 습윤 단열 변화를 하므로 산꼭대기에서 공기의 온도는 16℃이다. 그리고 다시 산꼭대기에서 B 지점으로 오는 동안 공기는 건조 단열 변화를 하므로 B 지점에서 공기의 온도는 36℃이다.

08 태양에 관한 설명으로 옳은 것은?

① 코로나는 개기일식 때 관찰할 수 없다.

② 태양의 자전 속도는 적도보다 고위도에서 빠르다.

③ 광구는 핵과 복사층 사이에 존재하는 가스층이다.

④ 흑점수의 극대 또는 극소 주기는 평균 21년이다.

⑤ 태양의 핵에서 핵융합이 일어난다.

해설 ⑤ 태양은 주계열성이다. 주계열 단계에서는 중심핵에서 수소 핵융합 반응이 일어난다.
　　① 코로나는 태양의 가장 바깥쪽 대기로, 광구에 비해 어두워서 태양이 가려지는 개기일식 때 관찰할 수 있다.
　　② 태양의 자전 속도는 흑점의 이동 속도를 통해 알 수 있다. 흑점의 이동 속도를 통해 구한 태양의 자전 주기는 적도에서는 약 25일, 중위도에서는 약 28일, 고위도에서는 약 35일이다. 그러므로 태양의 자전 속도는 적도보다 고위도에서 느리다.
　　③ 광구는 태양 표면에 해당하는 부분이다.
　　④ 흑점수의 극대 또는 극소 주기는 평균 11년이다.

09 표는 별 A, B, C의 겉보기 등급과 절대 등급을 나타낸 것이다.

구 분	A	B	C
겉보기 등급(m)	4	3	2
절대 등급(M)	−1	3	4

별 A, B, C에 관한 설명으로 옳은 것만을 〈보기〉에서 있는 대로 고른 것은?

── | 보기 | ──

ㄱ. A의 연주 시차는 0.01"이다.

ㄴ. 겉보기 밝기가 가장 밝은 별은 B이다.

ㄷ. 가장 멀리 있는 별은 C이다.

① ㄱ　　　　　　　　　　　　　　② ㄴ

③ ㄱ, ㄷ　　　　　　　　　　　　④ ㄴ, ㄷ

⑤ ㄱ, ㄴ, ㄷ

해설 ㄱ. 세 별의 겉보기 등급과 절대 등급이 나와 있으므로 거리 지수 공식 $m - M = 5\log r - 5$에 대입하면 별까지의 거리를 구할 수 있다. 이렇게 구한 별까지의 거리는 A는 100pc, B는 10pc, C는 $10^{\frac{3}{5}}$pc이다. A까지의 거리는 100pc이므로 연주 시차 공식 $d[pc] = \dfrac{1}{p['']}$에 대입하면 A의 연주 시차는 0.01"이다.
　　ㄴ. 밝기가 밝을수록 등급 값이 작으므로 겉보기 밝기가 가장 밝은 별은 C이다.
　　ㄷ. 거리 지수 값이 클수록 멀리 떨어진 별이므로 가장 멀리 있는 별은 A이다.

10 지구의 자전 때문에 나타나는 현상으로 옳은 것만을 〈보기〉에서 있는 대로 고른 것은?

───────────────── | 보기 | ─────────────────

ㄱ. 별의 일주운동
ㄴ. 별의 연주 시차
ㄷ. 태양의 연주운동

① ㄱ   ② ㄴ
③ ㄱ, ㄷ   ④ ㄴ, ㄷ
⑤ ㄱ, ㄴ, ㄷ

해설 ㄱ. 지구의 자전은 지구가 자전축을 중심으로 하루 동안 시계 반대 방향으로 스스로 한 바퀴 회전하는 운동이
다. 따라서 지구 자전 때문에 일어나는 현상은 하루를 주기로 하는 별의 일주운동이다.
ㄴ・ㄷ. 별의 연주 시차와 태양의 연주 운동은 1년을 주기로 하는 운동이므로 지구의 공전 때문에 나타나는
현상이다.

2015년 기출문제

01 해양판과 대륙판이 만나는 수렴경계에 관한 설명으로 옳지 않은 것은?

① 천발지진은 발생하지 않는다.
② 해구가 생성된다.
③ 맨틀의 부분용융에 의해 화산 활동이 일어난다.
④ 나츠카판과 남미판의 관계가 그 예에 해당한다.
⑤ 화산호(Volcanic Arc)가 발달한다.

> **해설** 해양판과 대륙판의 수렴경계에서는 천발지진과 중발지진, 심발지진이 발생하며, 판이 섭입되므로 해구가 생성된다. 또한 화산 활동이 일어나므로 대륙판 위에 화산호가 발달한다. 해양판과 대륙판의 수렴경계에서 발달한 지형의 예시로는 나츠카판과 남미판의 경계에 발달한 안데스 산맥이 있다.

02 신생대에 일어난 지질학적 사건으로 옳은 것만을 〈보기〉에서 있는 대로 고른 것은?

| 보기 |

ㄱ. 초대륙인 판게아(Pangaea)의 분리가 시작되었다.
ㄴ. 한반도에 대규모의 석탄층이 형성되었다.
ㄷ. 아프리카로부터 아라비아가 분리되면서 홍해가 형성되었다.
ㄹ. 한반도에서는 대보조산운동이 일어났다.
ㅁ. 한반도에서 백두산, 제주도, 철원-전곡 일대에 화산 활동이 있었다.

---

① ㄱ, ㄴ ② ㄴ, ㄷ
③ ㄱ, ㄹ ④ ㄷ, ㅁ
⑤ ㄹ, ㅁ

> **해설** ㄷ·ㅁ. 신생대는 히말라야 산맥과 알프스 산맥이 형성되고 홍해가 형성되는 등 오늘날과 비슷한 수륙분포가 완성된 시기이다. 또한 이 시기에 한반도에서는 백두산, 제주도, 철원-전곡 일대에서 화산 활동이 일어났다.
> ㄱ·ㄴ. 판게아의 분리가 시작된 시기는 중생대 초반이며, 한반도에 대규모의 석탄층이 형성된 시기는 고생대이다.

03 강원도 지역에 대규모로 분포하는 석회암층에 관한 설명으로 옳은 것만을 〈보기〉에서 있는 대로 고른 것은?

┤ 보기 ├

ㄱ. 고생대 지층에 해당한다.
ㄴ. 석회암은 시멘트의 원료로 많이 사용된다.
ㄷ. 석회암층 생성 당시 이 지역은 수심 4~5km 이상의 깊은 바다 환경이었다.

---

① ㄱ
② ㄴ
③ ㄱ, ㄴ
④ ㄴ, ㄷ
⑤ ㄱ, ㄴ, ㄷ

해설 ㄱ. 강원도 지역에 대규모로 분포하는 석회암층은 고생대 지층에 해당한다.
ㄴ. 석회암은 시멘트의 원료로 많이 이용된다.
ㄷ. 석회암을 구성하는 탄산칼슘은 낮은 수온, 높은 수압에서 물에 잘 녹는 특성을 가지고 있다. 따라서 수심이 4~5km 이상인 곳에서는 석회암 퇴적층을 발견할 수 없다. 그러므로 석회암층이 발견되면 이 지역은 당시에 수심이 얕은 바다였다는 것을 알 수 있다.

04 지구 내부의 구조 및 구성 물질에 관한 설명으로 옳지 않은 것은?

① 대륙 지각은 해양 지각보다 젊다.
② 맨틀은 초염기성암으로 구성되어 있다.
③ 내핵은 높은 온도에도 불구하고 높은 압력 때문에 고체 상태로 존재한다.
④ 상부맨틀에는 지진파의 속도가 느려지는 저속도층(Low Velocity Layer)이 존재한다.
⑤ 암석권(Lithosphere)은 지각과 상부맨틀의 최상부층으로 딱딱한 부분이다.

해설 ① 대륙 지각은 40억 년이 넘는 지각도 발견되는 반면, 해양 지각은 약 2억 년 이상 된 지각이 존재하지 않는다. 해양 지각의 나이가 약 2억 년 이상이 되면, 해양 지각의 밀도가 커져 지구 내부로 섭입하여 소멸된다. 따라서 대륙 지각은 해양 지각보다 나이가 많다.
② 맨틀은 SiO_2의 비율이 45% 이하인 감람암으로 구성되어 있다. 감람암은 초염기성암의 한 종류이다.

05 다음은 화성암 분류 모델을 간단히 나타낸 것이다.

구 분	산성암	중성암	염기성암
관입암	화강암	섬록암	반려암
분출암	유문암	안산암	현무암

이에 관한 설명으로 옳은 것은?

① 분출암은 관입암보다 천천히 냉각되었다.
② 염기성마그마는 산성마그마보다 점성이 높다.
③ 염기성마그마는 산성마그마보다 온도가 높다.
④ 염기성암에서 산성암으로 갈수록 SiO_2, Na_2O 및 CaO 함량은 증가한다.
⑤ 염기성암에서 산성암으로 갈수록 FeO와 MgO 함량은 증가한다.

> **해설** ② · ③ 염기성마그마는 산성마그마보다 점성이 낮으며 온도가 높다.
> ① 분출암은 관입암보다 빠르게 냉각되어 세립질 조직 또는 유리질 조직을 가진다.
> ④ 염기성암에 존재하는 사장석은 Ca를 많이 포함하고 있고, 산성암에 존재하는 사장석은 Na를 많이 포함하고 있으므로 염기성암에서 산성암으로 갈수록 SiO_2, Na_2O 함량은 증가하며 CaO 함량은 감소한다.
> ⑤ 염기성암은 유색 광물의 비율이 높으므로 염기성암에서 산성암으로 갈수록 FeO와 MgO 함량은 감소한다.

06 기온이 30℃, 이슬점이 20℃인 공기 덩어리가 500m 수직 상승했을 때, 이 공기 덩어리의 기온과 이슬점은? [순서대로 기온(℃), 이슬점(℃)]

① 20, 15
② 21, 15
③ 22, 19
④ 24, 19
⑤ 25, 19

> **해설** 상승 응결 고도(H)는 H(m) = 125(T－T_d)이며, T = 30℃, T_d = 20℃이므로 H = 1,250m이다. 따라서 0~500m 구간에서 공기는 건조 단열 변화를 한다. 그러므로 기온 감률은 1℃/100m이며, 이슬점 감률은 0.2℃/100m이다. 따라서 고도 500m인 지점에서의 기온은 25℃, 이슬점은 19℃이다.

07 그림은 기권의 수직구조를 나타낸 모식도이다.

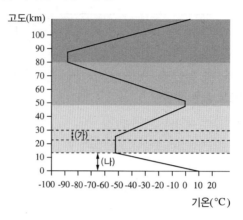

(가)와 (나)에 관한 설명으로 옳은 것만을 〈보기〉에서 있는 대로 고른 것은?

┤ 보기 ├
ㄱ. (가)는 중간권의 초입에 해당한다.
ㄴ. (가)에서 기온이 상승하는 이유는 태양 복사에너지 중 자외선을 흡수하는 층이 존재하기 때문이다.
ㄷ. (나)의 높이는 위도에 따라 달라진다.
ㄹ. (나)에서 기압은 고도가 높아질수록 높아진다.

① ㄱ, ㄴ
② ㄱ, ㄷ
③ ㄴ, ㄷ
④ ㄴ, ㄹ
⑤ ㄷ, ㄹ

해설 ㄴ. (가)는 성층권에서 오존층이 있는 구역으로, (가)에서 기온이 상승하는 이유는 태양 복사 에너지 중 자외선을 흡수하는 오존층이 존재하기 때문이다.
ㄷ. (나)는 대류권으로, 대류권의 높이는 저위도에서 높고, 고위도로 갈수록 낮아진다.
ㄱ. (가)는 성층권의 초입에 해당한다.
ㄹ. (나)에서 기압은 고도가 높아질수록 낮아진다.

07 ③

08 그림 (가)는 오리온자리의 천체 사진이고, (나)는 별 A(베텔게우스)와 별 B(리겔)의 단위 면적에서 단위 시간당 방출되는 파장별 빛의 세기를 나타낸 것이다.

(가)

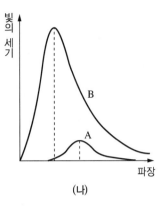

(나)

별 A가 별 B보다 큰 값을 갖는 물리량을 〈보기〉에서 있는 대로 고른 것은?

| 보기 |
ㄱ. 색지수
ㄴ. 표면 온도
ㄷ. 최대 에너지를 방출하는 파장

① ㄴ   ② ㄷ
③ ㄱ, ㄴ   ④ ㄱ, ㄷ
⑤ ㄱ, ㄴ, ㄷ

해설 (나)에서 최대 에너지를 방출하는 파장(λ_{max})은 A가 B보다 길다. λ_{max}는 별의 표면 온도에 반비례하므로 표면 온도는 B가 A보다 크다. 색지수는 별의 표면 온도가 작을수록 큰 값을 가지므로 색지수는 별 A가 별 B보다 크다.

09 절대 등급이 5등급인 별 10,000개로 이루어진 구상성단이 있다. 이 성단까지의 거리가 100pc일 때, 이 성단의 겉보기 등급은? (단, 성간물질에 의한 흡수 효과는 무시한다)

① -1등급   ② 0등급
③ 1등급   ④ 5등급
⑤ 10등급

해설 절대 등급이 5등급인 별 10,000개로 이루어진 구상성단은 절대 등급이 5등급인 별 1개보다 10,000배 밝다. 별의 밝기는 5등급에 100배만큼 차이가 나므로 별 10,000개로 이루어진 구상성단의 절대 등급은 -5등급이다. 이때 이 성단까지의 거리는 100pc이므로 실제 구상성단의 겉보기 등급은 별까지의 거리를 10pc으로 가정한 절대 등급보다 100배 어둡다. 그러므로 이 성단의 겉보기 등급은 0등급이다.

10 그림 (가)는 황도 12궁과 공전 궤도상 지구의 위치를, (나)는 동짓날 자정의 쌍둥이자리와 달을 나타낸 것이다.

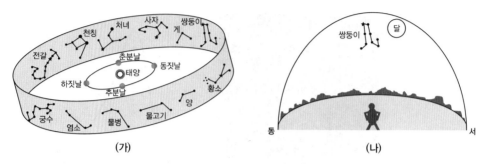

(가)   (나)

이에 관한 설명으로 옳은 것만을 〈보기〉에서 있는 대로 고른 것은?

─────────────┤ 보기 ├─────────────

ㄱ. 이날 달의 모습은 상현달이다.
ㄴ. 쌍둥이자리의 적경은 약 6^h이다.
ㄷ. 1개월 후에는 게자리가 자정에 남중하게 된다.

① ㄱ   ② ㄴ
③ ㄱ, ㄴ   ④ ㄴ, ㄷ
⑤ ㄱ, ㄴ, ㄷ

해설 ㄴ. 동짓날 태양의 적경은 18^h이며, 쌍둥이자리가 자정에 남중하였으므로 쌍둥이자리와 태양의 적경 차이는 12^h이다. 따라서 쌍둥이자리의 적경은 약 6^h이다.

ㄷ. 1개월 후에는 태양의 적경이 1^h만큼 증가하므로 1개월 후 자정에 남중하는 별자리는 쌍둥이자리보다 적경이 1^h만큼 큰 게자리이다.

ㄱ. 이날 달은 자정에 거의 남중하고 있으므로 달의 모습은 보름달에 가깝다.

2014년 기출문제

01 지구 내부 구조에 대한 설명으로 옳은 것은?

① 지진파가 통과하지 못하는 외핵을 암영대라 한다.
② 해양 지각의 평균 두께가 대륙 지각의 평균 두께보다 두껍다.
③ 지구 내부의 여러 층상구조 중 철 성분이 가장 풍부한 층은 핵이다.
④ 암석권은 연약권 하부에 존재한다.
⑤ 지구 내부의 여러 층상구조 중 밀도가 가장 높은 층은 맨틀이다.

> **해설** ③ 핵은 약 80%가 철로 이루어져 있다.
> ① 암영대란 지진파가 관측되지 않는 지역을 말한다.
> ② 해양 지각의 평균 두께는 10km이며, 대륙 지각의 평균 두께는 35km이다.
> ④ 암석권은 지각과 상부 맨틀의 최상부로 구성되어 있으며, 연약권 상부에 존재한다.
> ⑤ 지구 내부의 밀도는 지구 중심 방향으로 갈수록 증가하므로 지구 내부의 여러 층상구조 중 밀도가 가장 높은 층은 내핵이다.

02 그림은 퇴적물의 입도분포를 통하여 각 퇴적물 분급도(입자크기의 균질도)를 보여주고 있다. 그림에 관한 설명으로 옳지 않은 것은?

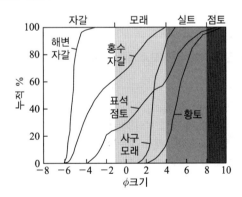

① 해변 자갈의 분급도가 가장 낮다.
② 홍수 자갈은 사구 모래보다 분급도가 낮다.
③ 표석점토는 자갈, 모래, 실트 및 점토로 구성되어 있다.
④ 사구 모래는 자갈을 포함하고 있지 않다.
⑤ 황토는 대부분 실트로 구성되어 있다.

> **해설** 그림에서 입자의 평균 크기는 해변 자갈이 가장 작고, 황토가 가장 크다. 또한 분급도(입자크기의 균질도)는 입자의 크기가 거의 비슷한 해변 자갈이 가장 높고 입자의 크기가 가장 다양한 표석점토가 가장 낮다.

03 표는 산성암질 마그마와 염기성암질 마그마 특성을 서로 비교해 놓은 것이다. 아래 ㄱ~ㄹ에 대해 옳게 기재된 것은?

마그마 \ 특 성	점성도	폭발력
산성암질	ㄱ	ㄷ
염기성암질	ㄴ	ㄹ

① ㄱ : 높다, ㄴ : 낮다, ㄷ : 약하다, ㄹ : 강하다
② ㄱ : 높다, ㄴ : 낮다, ㄷ : 강하다, ㄹ : 약하다
③ ㄱ : 낮다, ㄴ : 높다, ㄷ : 약하다, ㄹ : 강하다
④ ㄱ : 낮다, ㄴ : 높다, ㄷ : 강하다, ㄹ : 약하다
⑤ ㄱ : 같다, ㄴ : 같다, ㄷ : 약하다, ㄹ : 강하다

해설 SiO_2 함량이 63% 이상인 마그마를 산성암질 마그마, SiO_2 함량이 52% 이하인 마그마를 염기성암질 마그마라고 한다. SiO_2 함량이 높을수록 점성이 높고 수분의 함량이 많아 폭발력이 강하다.

04 고도에 따른 기권에 대한 설명으로 옳은 것만을 〈보기〉에서 모두 고른 것은?

── | 보기 | ──
ㄱ. 오존은 성층권에서만 존재한다.
ㄴ. 중간권에서 상부의 기온이 하부의 기온보다 낮다.
ㄷ. 성층권에 비해 대류권의 두께가 더 두껍다.

① ㄱ
② ㄱ, ㄷ
③ ㄴ
④ ㄴ, ㄷ
⑤ ㄷ

해설 ㄴ. 중간권은 높이가 높아질수록 기온이 낮아지는 층이다. 따라서 중간권에서 상부의 기온이 하부의 기온보다 낮다.
ㄱ. 오존은 주로(약 90%) 성층권 내에 존재하지만, 대류권에 존재하기도 한다. 대류권 오존은 스모그를 일으켜 인간의 건강에 악영향을 줄 수 있으며 식물에게도 피해를 줄 수 있다.
ㄷ. 대류권의 두께는 약 10km인 반면, 성층권의 두께는 약 35km이다. 따라서 성층권에 비해 대류권의 두께가 더 얇다.

05 그림은 어느 지역의 지층 순서와 각 지층 A~C에서 관찰되는 화석과 퇴적구조를 나타낸 것이다.

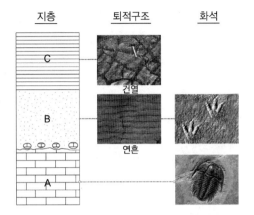

지층 A~C에 대한 설명으로 옳은 것만을 〈보기〉에서 모두 고른 것은?

┌─────────────────────── ｜ 보기 ｜ ───────────────────────┐
│ ㄱ. A 지층은 고생대 해성퇴적층이다.   │
│ ㄴ. B 지층 생성 전에 A 지층은 대기 중에 노출된 적이 없다.   │
│ ㄷ. C 지층은 건조한 환경에서 퇴적된 지층이다.   │
└───┘

① ㄱ   ② ㄱ, ㄷ
③ ㄴ   ④ ㄴ, ㄷ
⑤ ㄷ

해설 ㄱ. A는 삼엽충이 발견되므로 고생대 해성퇴적층이다.
   ㄷ. C는 건열이 발견되는 것으로 보아 건조한 환경에서 퇴적되었다.
   ㄴ. A와 B 사이에 부정합면이 발견되므로 A 지층이 퇴적된 이후에 이 지층은 융기와 침강이 일어났다. 따라
   서 B 지층 생성 이전에 A 지층은 대기에 노출된 적이 있다.

06 구름에 대한 설명으로 옳지 않은 것은?

① 권적운은 상층운의 일종이다.
② 해무리와 달무리를 만드는 구름은 권층운이다.
③ 적운은 상승하는 공기에 의해 연직으로 발달하여 탑 형태를 띤다.
④ 층운과 난층운은 하층운에 속한다.
⑤ 구름은 수증기량으로 구분한다.

해설 구름은 수증기량이 아닌 구름의 두께와 생성 고도로 구분한다. 구름의 명칭에 '적' 자가 들어가면 비교적 두께
   가 두꺼운 적운형 구름을, 구름의 명칭에 '층' 자가 들어가면 비교적 두께가 얇은 층운형 구름을 나타낸다.
   또한 구름의 명칭에 '고' 자가 들어가면 중층에서 형성된 구름을, 구름의 명칭에 '권' 자가 들어가면 고층에서
   형성된 구름을 의미한다.

07 그림은 어느 지역의 지질도이다. 이에 대한 설명으로 옳은 것만을 〈보기〉에서 모두 고른 것은?

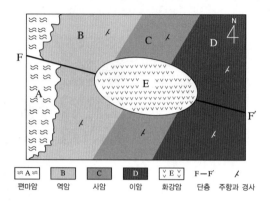

⋈A⋈	B	C	D	⋁E⋁	F—F′	⋌
편마암	역암	사암	이암	화강암	단층	주향과 경사

─── | 보기 | ───

ㄱ. 지층 B, C, D의 경사는 남동 방향이다.
ㄴ. 화강암이 관입한 후 단층이 형성되었다.
ㄷ. E가 가장 젊은 암석이다.
ㄹ. D층이 가장 오래된 지층이다.

① ㄱ, ㄴ, ㄹ   ② ㄱ, ㄷ
③ ㄱ, ㄹ   ④ ㄴ, ㄷ
⑤ ㄷ, ㄹ

해설 지층 B, C, D의 지질 기호를 보면 경사는 남동 방향이다. 따라서 B~D 지층 중에서는 B가 가장 먼저 퇴적되었다. 편마암 A는 B 지층을 관통하고 있으므로 B 지층에 관입된 관입암이었을 것이다. 따라서 F는 B 지층이 퇴적된 이후에 생성되어 변성 작용을 받았다. A, B, C, D 모두 단층 F-F′에 의해 끊겨있는 반면, E는 단층에 의해 끊겨있지 않다. 따라서 화강암 E는 단층이 생긴 이후에 관입된 암석이다. 그러므로 E가 가장 젊은 암석이다.

08 해수의 흐름에 대한 설명으로 옳은 것만을 〈보기〉에서 모두 고른 것은?

─── | 보기 | ───

ㄱ. 멕시코 만류는 한류이다.
ㄴ. 표층해류를 흐르게 하는 가장 큰 원인은 해수의 밀도 차이이다.
ㄷ. 북극해에서 생성된 높은 밀도의 해수는 대부분 북대서양으로 흐른다.

① ㄱ   ② ㄱ, ㄷ
③ ㄴ   ④ ㄴ, ㄷ
⑤ ㄷ

해설 ㄱ. 멕시코 만류는 대서양의 서쪽에서 저위도에서 고위도로 흐르는 난류이다.
ㄴ. 표층 해류를 흐르게 하는 가장 큰 원인은 대기 대순환과 대륙이며, 해수의 밀도 차이에 의해 생기는 흐름은 심층에서 일어나는 심층 순환이다.

09 별의 스펙트럼을 관찰할 때 스펙트럼선이 종종 청색 쪽으로나 적색 쪽으로 이동한다. 청색과 적색 쪽으로의 이동은 각각 별이 가까워지고 멀어짐을 나타낸다. 이것은 다음 중 어느 것과 연관이 있는가?

① 도플러 효과
② 케플러의 법칙
③ 제만 효과
④ 빈의 변위법칙
⑤ 스테판−볼쯔만 법칙

해설 광원이 관측자로부터 가까워지면 파장이 짧아져 청색 편이가 일어나고 관측자로부터 멀어지면 파장이 길어져 적색 편이가 일어나는 현상은 도플러 효과로 설명할 수 있다.

10 그림 (가)와 (나)는 태양, 지구, 달이 특정한 위치에 있을 때 북반구에서 나타나는 식 현상 진행 과정을 나타낸 것이다.

(가)   (나)

이에 대한 설명으로 옳은 것만을 〈보기〉에서 모두 고른 것은?

┌──────────────── | 보기 | ────────────────┐
ㄱ. (가)는 개기 일식, (나)는 개기 월식의 진행 모습이다.
ㄴ. (가)와 (나) 모두 달의 위상이 보름달일 경우에 일어난다.
ㄷ. (가)는 지구의 특정 지역에서만 관찰되나, (나)는 달이 보이는 모든 지역에 관찰 가능하다.
└──┘

① ㄱ   ② ㄱ, ㄴ, ㄷ
③ ㄱ, ㄷ   ④ ㄴ
⑤ ㄴ, ㄷ

해설 ㄱ. (가)는 태양−달−지구 순으로 천체가 일직선에 위치할 때 일어나는 개기 일식이며, (나)는 태양−지구−달 순으로 천체가 일직선에 위치할 때 일어나는 개기 월식이다.
ㄷ. 일식은 달의 그림자에 위치하는 지역에서만 관찰되나, (나)는 달이 보이는 모든 지역에서 관찰 가능하다.
ㄴ. (가)는 달의 위상이 삭일 때, (나)는 달의 위상이 망(보름달)일 때 일어난다.

2013년 기출문제

01 방사성원소 A와 B의 반감기는 각각 2억 년과 3억 년이다. 어떤 지층 속에 A의 양이 처음보다 1/8의 양으로 감소하였고, B의 양은 처음보다 1/4의 양으로 감소하였다. A와 B의 절대 연령은 각각 얼마인가?

① 8억년, 9억년

② 8억년, 6억년

③ 8억년, 4억년

④ 6억년, 9억년

⑤ 6억년, 6억년

 A의 양이 처음보다 1/8의 양으로 감소하였으므로 반감기가 3회 지났다. 따라서 A를 포함한 지층의 절대 연령은 6억 년이다. B의 양은 처음보다 1/4의 양으로 감소하였으므로 반감기가 2회 지났다. 따라서 B를 포함한 지층의 절대 연령 또한 6억 년이다.

02 일부 암석은 지하수 등 물의 용해작용에 의해 특이한 모양으로 만들어진다. 이와 같이 물의 용해 작용으로 만들어진 것을 〈보기〉에서 고른 것은?

─────────── | 보기 | ───────────

ㄱ. 울진 성류굴
ㄴ. 카르스트 지형
ㄷ. 삼릉석
ㄹ. 제주도 만장굴

① ㄱ, ㄴ   ② ㄱ, ㄷ

③ ㄱ, ㄹ   ④ ㄴ, ㄷ

⑤ ㄴ, ㄹ

해설 ㄱ·ㄴ. 카르스트 지형은 석회암이 지하수에 의해 화학적 풍화 작용을 받으면서 형성된 지형이다. 카르스트 지형에는 석회동굴이 속하며, 우리나라의 대표적인 석회동굴 중 하나는 울진군의 성류굴이다.
ㄷ. 삼릉석은 사막에서 바람의 작용에 의해 형성되는 암석이다.
ㄹ. 제주도 만장굴은 용암동굴이다.

03 해륙풍의 원리에 대한 설명으로 옳은 것만을 〈보기〉에서 있는 대로 고른 것은?

─────┤ 보기 ├─────

ㄱ. 물은 비열이 지표면보다 작기 때문에 같은 온도를 상승시키는 데 더 많은 열을 필요로 한다.

ㄴ. 낮에는 육지가 바다보다 빨리 가열되어 지표면 위의 공기가 상승하므로 바다에서 육지 쪽으로 바람이 불게 된다.

ㄷ. 밤에는 지표면에서 수증기의 증발이 해수면보다 활발하다.

① ㄱ

② ㄱ, ㄴ, ㄷ

③ ㄱ, ㄷ

④ ㄴ

⑤ ㄴ, ㄷ

해설 ㄴ. 낮에는 비열이 작은 육지가 비열이 높은 바다보다 빨리 가열되어 지표면 위의 공기가 상승하므로 바다에서 육지 쪽으로 바람이 불게 된다.

ㄱ. 비열이란 1g의 물질을 1℃ 올리는 데 필요한 열량이다. 물은 비열이 지표면보다 크기 때문에 같은 온도를 상승시키는 데 더 많은 열을 필요로 한다.

ㄷ. 수증기의 증발은 온도가 높을수록 활발하다. 따라서 밤에는 상대적으로 온도가 높은 해수면에서 수증기의 증발이 지표면보다 활발하다.

04 다음 중에서 지각변동의 증거로 볼 수 없는 것은?

① 융기해빈

② 습곡과 단층

③ 암석풍화

④ 해안단구

⑤ 침강해안

해설 융기해빈, 해안단구, 침강해안은 지각의 조륙운동에 의해 형성된다. 습곡과 단층은 지각의 조산 운동이나 판의 경계에서 형성될 수 있다. 반면 암석풍화는 지각변동이 일어나지 않는 곳에서도 물이나 바람의 작용에 의해 지속적으로 일어난다.

05 판구조론에 의하면 지각은 여러 개의 판들로 구성되어 있으며, 이 판들의 상호작용에 의해 다양한 지질구조가 형성된다. 다음 중 이와 관련된 설명으로 옳은 것을 〈보기〉에서 고른 것은?

───── | **보기** | ─────

ㄱ. 히말라야 산맥과 알프스 산맥은 대륙판과 대륙판이 충돌하는 수렴경계에서 형성된 조산대이다.
ㄴ. 북미 캘리포니아 샌 안드레아스 단층은 해양판과 해양판이 서로 멀어지는 발산경계에서 형성되었다.
ㄷ. 대서양 중앙해령에서는 해령으로부터 멀어질수록 암석의 절대 연령이 더 오래된 지각이 관찰된다.
ㄹ. 대륙 연변부(Continental Margin)는 과거 열곡의 증거가 보존되어 있는 보존경계이다.

① ㄱ, ㄴ
② ㄱ, ㄷ
③ ㄱ, ㄹ
④ ㄴ, ㄷ
⑤ ㄷ, ㄹ

해설 ㄱ. 히말라야 산맥과 알프스 산맥은 대륙판과 대륙판의 충돌형 경계에서 형성된 조산대이다.
ㄷ. 대서양 중앙해령에서는 새로운 해양 지각이 형성되므로 해령으로부터 멀어질수록 암석의 절대 연령이 더 오래된 지각이 관찰된다.
ㄴ. 샌 안드레아스 단층은 보존형 경계가 대륙판 위에 발달한 대표적인 지형이다.
ㄹ. 대륙 연변부는 판의 경계가 아닌 내부에 위치한다.

06 그림은 지구 대기 대순환을 나타낸 모식도이다.

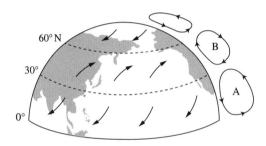

이에 대한 설명으로 옳지 않은 것은?

① 대기 대순환은 위도별 에너지의 불균형에 의해 일어난다.
② 위도 0°~30°N 사이에는 무역풍이 분다.
③ 위도 60°N 부근보다 위도 30°N 부근에서 저기압이 잘 형성된다.
④ A는 해들리 순환(Hadley Cell), B는 페렐 순환(Ferrell Cell)이다.
⑤ 중위도 상층에서 기압 경도력에 의해 형성된 바람은 편서풍으로 분다.

해설 ③ 위도 60°N 부근은 상승 기류가 발달하는 한대 전선대이며 위도 30°N 부근은 하강 기류가 발달하는 아열대 고압대이다. 따라서 위도 30°N 부근보다 위도 60°N 부근에서 저기압이 잘 형성된다.
①·⑤ 위도별 에너지 불균형으로 인해 대류권의 상층에서는 항상 기온이 높은 저위도의 기압이 기온이 낮은 고위도의 기압보다 높다. 따라서 위도에 관계없이 상층에서는 항상 편서풍이 분다.
② 해들리 순환은 지상에 무역풍을 형성하고 페렐 순환은 지상에 편서풍을 형성한다.
④ A는 위도 0°와 30° 사이에 형성되는 해들리 순환이며 B는 위도 30°와 60° 사이에 형성되는 페렐 순환이다.

07 다음 그림 (가)와 (나)는 등압선 P_1과 등압선 P_2 사이의 간격이 서로 다른 북반구 어느 지역의 지상풍을 나타낸 것이다.

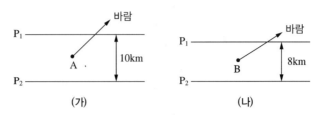

(가)   (나)

이에 대한 설명으로 옳은 것은? (단, 화살표는 바람의 방향만을 나타내며 바람의 세기와는 무관하다)

① 풍속은 A 지점보다 B 지점이 크다.

② 기압은 P_1이 P_2보다 높다.

③ A 지점의 전향력은 B 지점의 전향력보다 크다.

④ (가)의 기압 경도력과 전향력은 같다.

⑤ P_1과 P_2 사이의 기압 경도력은 (가)와 (나)가 같다.

해설 ① 등압선의 간격은 A 지점보다 B 지점이 좁다. 따라서 기압 경도력은 A 지점보다 B 지점이 크다. 그런데 지상풍의 풍속은 기압 경도력이 클수록 크므로, 풍속은 A 지점보다 B 지점이 크다.
② 지상풍은 저기압을 향해 등압선과 비스듬하게 분다. 따라서 기압은 P_1이 P_2보다 낮다.
③ 전향력의 식은 $C = 2v\Omega \sin\phi$ 이므로 위도가 같을 때 전향력은 풍속에 비례한다. 따라서 전향력은 풍속이 큰 B 지점이 풍속이 작은 A 지점보다 크다.
④ · ⑤ 기압 경도력과 전향력이 평형을 이루면서 부는 바람은 상층에서 부는 지균풍이다. 지상풍의 경우, 전향력과 마찰력의 합력이 기압 경도력과 평형을 이룬다.

08 그림은 달의 공전을 나타내는 모식도이다.

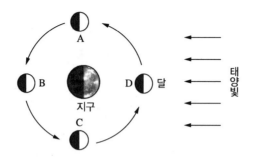

어느 날 서울에서 새벽 4시경에 반달이 떠 있는 모습을 보았다. 이 달이 떠 있는 하늘의 방향과 그림에서 달의 위치로 옳은 것은?

① 남동쪽 하늘, A

② 북서쪽 하늘, A

③ 남동쪽 하늘, B

④ 남동쪽 하늘, C

⑤ 남서쪽 하늘, D

[해설] ④ 반달이 해뜨기 전 새벽에 관측되었다. 따라서 이때 달의 위상은 달이 뜬 뒤부터 새벽까지 관측되는 하현달이다. A~D 중 하현달의 위상을 가지는 것은 C이다. 하현달은 자정에 동쪽 하늘에 떠올라서 오전 6시에 남중한다. 그러므로 새벽 4시경에 남동쪽 하늘에서 관측된다. A는 상현달, B는 망(보름), D는 삭이다.

09 그림 (가)는 현재의 지구 자전축의 경사각과 경사방향을, (나)는 미래의 지구 자전축의 경사각과 경사방향을 나타낸 것이다. 아래 그림에 관한 설명으로 옳지 않은 것은? (단, 공전 궤도 이심률의 변화는 없다)

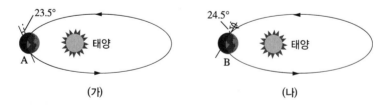

(가)   (나)

① (가)에서 지구가 A에 위치할 때 북반구는 겨울철이다.

② (나)는 약 13,000년 후의 모습이다.

③ (나)에서 지구가 B에 위치할 때 우리나라는 여름철에 해당한다.

④ 세차운동 때문에 춘분점은 1년에 각으로 약 50″씩 황도를 따라 이동한다.

⑤ 자전축의 경사각만을 고려한다면 기온의 연교차는 (가)보다 (나)에서 더 작을 것이다.

해설 ⑤ 자전축의 경사각이 커질수록 기온의 연교차는 증가하므로 자전축의 경사각만을 고려한다면 기온의 연교
차는 (가)보다 (나)에서 더 클 것이다.

① (가)와 (나)는 자전축의 경사방향이 서로 반대이며 자전축의 경사각은 (가)보다 (나)가 크다. 또한 A, B
모두 지구가 근일점에 위치한다. (가)에서 지구가 A에 위치할 때 북극은 태양의 반대편을 향하고 있으므로
북반구는 겨울철이다.

② (나)는 자전축의 경사 방향이 현재와 정반대가 되었으므로 세차운동 주기의 절반이 지난 시기이다. 따라서
(나)는 약 13,000년 후의 모습이다.

③ (나)에서 지구가 B에 위치할 때 북극은 태양 쪽으로 기울어져 있으므로 우리나라는 여름철에 해당한다.

④ 세차운동의 주기는 26,000년이므로 1년 동안 세차운동은 약 0.014°만큼 일어난다. 이때 1° = 3600″이므
로 0.014° ≈ 50″이다. 그러므로 세차운동 때문에 춘분점은 1년에 각으로 약 50″씩 황도를 이동한다.

10 (가)와 (나)는 특성이 서로 다른 변광성의 밝기 변화를 나타낸 것이다.

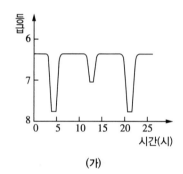

(가)

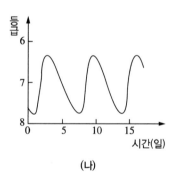

(나)

자료에 대한 설명으로 옳은 것만을 〈보기〉에서 있는 대로 고른 것은?

---| 보기 |---

ㄱ. (가)를 이용하여 별의 크기를 구할 수 있다.
ㄴ. 별까지의 거리를 구하기 위해 (나)를 이용할 수 있다.
ㄷ. (나)와 같은 밝기 변화는 주계열성에서 잘 나타난다.

① ㄱ

② ㄱ, ㄴ

③ ㄱ, ㄴ, ㄷ

④ ㄱ, ㄷ

⑤ ㄴ

해설 ㄱ. (가)는 식변광성, (나)는 세페이드 변광성(맥동 변광성)이다. (가)에서 별의 공전 속도를 알고 식현상이
일어나는 시간을 알면 별의 크기를 구할 수 있다.

ㄴ. (나)는 변광 주기가 길수록 절대 등급이 낮으므로 이 관계를 이용하여 별까지의 거리를 구할 수 있다.

ㄷ. (나)와 같은 밝기 변화는 주계열성 이후의 단계인 거성 또는 초거성 단계에서 잘 나타난다.

2012년 기출문제

01 다음 〈보기〉의 광물 중 망상구조의 규산염 광물을 있는 대로 고른 것은?

─────────| 보기 |─────────

ㄱ. 백운모 　　　　　　　　　　ㄴ. 정장석
ㄷ. 석 영 　　　　　　　　　　ㄹ. 감람석
ㅁ. 각섬석

① ㄱ, ㄴ 　　　　　　　　　② ㄱ, ㄹ
③ ㄴ, ㄷ 　　　　　　　　　④ ㄷ, ㅁ
⑤ ㄹ, ㅁ

해설 ③ 망상구조의 규산염 광물은 정장석과 석영이다. 백운모는 판상 구조, 감람석은 독립상 구조, 각섬석은 복쇄상 구조의 규산염 광물이다.

02 다음 내용에 모두 부합되는 태양계 행성은?

• 표면온도의 일교차가 매우 심하다.
• 거대한 화산들이 존재하며 대규모 계곡이 형성되어 있다.
• 대기는 주로 이산화탄소로 구성되어 있으며, 약간의 질소가 포함되어 있다.
• 데이모스(Deimos)는 이 행성의 위성이다.

① 화 성 　　　　　　　　　② 수 성
③ 금 성 　　　　　　　　　④ 목 성
⑤ 토 성

해설 화성의 대기는 주로 이산화탄소로 구성되어 있지만, 대기압이 0.01기압밖에 되지 않으므로 온실효과가 거의 없어 표면 온도의 일교차가 매우 심하다. 화성에는 올림포스 화산이라는 거대한 화산이 존재하며, 마리네리스라는 대규모 계곡이 형성되어 있다. 화성의 위성으로는 포보스와 데이모스가 있다.

03 마그마와 관련된 설명으로 옳은 것은?

① 현무암질 마그마의 SiO_2 함량은 68% 이상이다.

② 점성과 H_2O의 함량이 낮은 마그마는 폭발성 분출을 일으킨다.

③ 지표에 분출된 용암류 중에서 가장 많은 양을 차지하는 것은 안산암질 용암이다.

④ 파호이호이(Pahoehoe) 용암류는 아아(aa) 용암류와 달리 표면이 매끈하고 주름진 형태를 보여준다.

⑤ 유문암질 마그마는 현무암질 마그마보다 온도와 점성이 높다.

> **해설** ④ 파호이호이 용암류는 아아 용암류보다 점성이 작으며 표면이 매끄러운 특징이 있다.
> ① 현무암질 마그마의 SiO_2 함량은 52% 이하다.
> ② 점성과 H_2O의 함량이 낮은 마그마는 비폭발성 분출을 일으킨다.
> ③ 지표에 분출된 용암류 중에서 가장 많은 양을 차지하는 것은 현무암질 용암으로, 전체 용암류의 90% 이상을 차지한다.
> ⑤ 유문암질 마그마는 현무암질 마그마보다 온도는 낮고, 점성은 높다.

04 다음 내용에 모두 부합되는 별은?

> • H-R도에서 왼쪽 하부에 분포한다.
> • 시리우스 A의 동반성(짝별)인 시리우스 B가 대표적인 예이다.

① 백색 왜성

② 적색 거성

③ 초거성

④ 주계열성

⑤ 거 성

> **해설** H-R도에서 왼쪽 하부에 분포하는 별은 표면 온도가 높고 반지름이 작고 광도가 작은 백색 왜성이다.

05 열대 저기압의 발생에 관한 설명으로 옳은 것만을 〈보기〉에서 있는 대로 고른 것은?

―――――――――――――― | 보기 | ――――――――――――――

ㄱ. 주로 대양의 동부에서 발생한다.
ㄴ. 대략 위도 5°~20° 사이에서 발생한다.
ㄷ. 북반구보다 남반구에서 많이 발생한다.
ㄹ. 해수면 온도가 약 26℃ 이상이며 대기 하층의 온도가 높고 습윤할 때 발생한다.

① ㄱ
② ㄱ, ㄴ, ㄹ
③ ㄱ, ㄷ
④ ㄴ, ㄷ, ㄹ
⑤ ㄴ, ㄹ

해설 열대 저기압은 수온이 26℃ 이상인 열대 해상에서 발생하므로 저위도에서 발생한다. 하지만 적도 지역은 전향력이 작용하지 않아 열대 저기압이 발달할 수 없다. 따라서 열대 저기압은 대략 위도 5°~20° 사이에서 발생하며, 대기 하층의 온도가 높고 습윤할 때 발생한다. 열대 지방에서 대양의 동부는 무역풍의 영향으로 인해 대양의 서부보다 수온이 낮다. 따라서 열대 저기압은 주로 대양의 서부에서 발생한다.

06 해수 속에 들어 있는 이온 중 평균 농도(‰)가 가장 높은 것은?

① Na^+
② Mg^{2+}
③ SO_4^{2-}
④ K^+
⑤ Cl^-

해설 해수에 들어 있는 염류 중 가장 많은 양을 차지하는 것은 염화나트륨($NaCl$)이며, 그 다음으로 많은 양을 차지하는 것은 염화마그네슘($MgCl_2$)이다. 두 염류 모두 Cl^-을 포함하고 있으므로 해수 속에 들어 있는 이온 중 평균 농도가 가장 높은 것은 Cl^-이다.

07 대기권에 관한 설명으로 옳은 것만을 〈보기〉에서 있는 대로 고른 것은?

| 보기 |

ㄱ. 열권에서는 고도가 올라갈수록 기온이 내려간다.
ㄴ. 오존층이 존재하는 성층권의 오존농도는 평균 체적기준으로 0.1~0.2%이다.
ㄷ. 대류권의 두께는 위도와 계절에 따라 변한다.

① ㄱ

② ㄱ, ㄴ

③ ㄴ

④ ㄴ, ㄷ

⑤ ㄷ

해설 ㄷ. 대류권의 두께는 기온이 높을수록 두꺼워지므로 위도와 계절에 따라 변한다.
ㄱ. 열권에서는 고도가 올라갈수록 기온이 높아진다.
ㄴ. 오존의 약 90%는 성층권에 존재하는데, 성층권에서의 오존의 농도는 약 2~8ppm 정도로 매우 낮다.

08 다음 중 화산폭발 후 칼데라 형성 시 생성되는 주요 지질구조는?

① 습 곡

② 역단층

③ 부정합

④ 정단층

⑤ 주향이동단층

해설 칼데라란 화산이 분출된 후 빈 마그마방의 일부가 함몰되면서 형성되는 분지이며, 정단층을 수반한다.

정답 07 ⑤ 08 ④

09 다음 〈보기〉의 지질학적 사건들을 시대 순으로 옳게 나열한 것은?

┤ 보기 ├

ㄱ. 삼엽충의 출현
ㄴ. 판게아(Pangaea)의 형성
ㄷ. 백두산 성층화산체 형성
ㄹ. 경상분지 형성
ㅁ. 동해의 형성

① ㄱ - ㄴ - ㄹ - ㅁ - ㄷ
② ㄱ - ㄴ - ㅁ - ㄹ - ㄷ
③ ㄱ - ㄹ - ㄴ - ㄷ - ㅁ
④ ㄴ - ㄱ - ㄹ - ㅁ - ㄷ
⑤ ㄴ - ㅁ - ㄱ - ㄹ - ㄷ

> **해설** 고생대 초에 삼엽충이 출현하였으며, 고생대 말에 판게아가 형성되면서 대멸종이 일어났다. 중생대 한반도에는 경상분지가 형성되었고, 신생대 중기(약 2,300만~1,500만 년 전)에는 태평양판이 유라시아판 아래로 섭입하면서 일본이 한반도에서 멀어져 동해가 형성되었다. 그리고 약 260만 년 전 화산 활동으로 백두산 성층화산체가 형성되었다.

10 아래 그림은 어느 지역의 지질단면을 나타낸 것이다. 지층, 단층 등의 생성순서를 옳게 배열한 것은? (단, 지층은 형성 이후 역전되지 않았다고 가정한다)

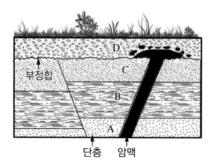

① A층 → B층 → C층 → 단층 → 부정합 → 암맥 → D층
② A층 → B층 → C층 → 암맥 → 단층 → 부정합 → D층
③ A층 → B층 → C층 → D층 → 부정합 → 단층 → 암맥
④ A층 → B층 → C층 → 단층 → 부정합 → D층 → 암맥
⑤ A층 → 단층 → B층 → C층 → 부정합 → 암맥 → D층

> **해설** 지층 누중의 법칙에 의해 상부에 위치한 층일수록 젊은 층이다. 또한 관입의 법칙에 의해 관입 당한 암석은 관입한 암석보다 먼저 생성되었다. C 지층과 D 지층의 경계면에 부정합면이 발견되므로 이 사이에 긴 시간의 간격이 있다. 단층은 부정합에 의해 끊겼으므로 단층 이후에 부정합이 생겼다. 그런데 암맥은 부정합면을 관통하였으므로 암맥은 부정합 이후에 생성된 것이다. 그리고 암맥 위에 분출된 화성암의 조각이 발견되는 것으로 보아 D 지층은 암맥 이후에 형성된 것이다. 따라서 지층, 단층 등의 생성순서를 옳게 배열하면 'A층 → B층 → C층 → 단층 → 부정합 → 암맥 → D층'이다.

2011년 기출문제

01 그림은 어느 지역의 지질단면도이다.

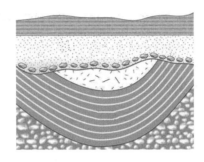

이 지역의 지질구조에 대한 설명으로 옳지 않은 것은?

① 습곡이 있음
② 융기 현상이 있었음
③ 침식 작용을 받았음
④ 시간적으로 불연속적인 지층이 있음
⑤ 배사 구조를 보임

해설 이 지역에서는 향사 구조를 보이는 습곡이 있으며, 부정합이 있는 것으로 보아 지층이 융기한 뒤 침식 작용을 받았다가 다시 침강하여 지층이 퇴적되었다.

02 그림은 지표상의 기온이 20℃, 이슬점이 12℃인 공기가 해발고도 0m에서 a, b, c를 거쳐 산의 반대편 해발고도 0m인 지점에 도달하는 과정을 나타낸 것이다. a는 상승 응결 고도 H와 높이가 같은 산의 한 지점, b는 해발고도 2,000m인 산의 정상, c는 해발고도 300m인 산의 한 지점이다. (단, 이슬점 감률은 0.2℃/100m, 건조 단열 감률은 1℃/100m, 습윤 단열 감률은 0.5℃/100m이다)

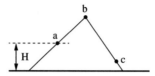

이에 대한 설명으로 옳은 것만을 〈보기〉에서 있는 대로 고른 것은?

| 보기 |
ㄱ. 상승 응결 고도 H는 1,000m이다.
ㄴ. a-b 구간에서는 이슬점이 0.2℃/100m로 하강한다.
ㄷ. c점의 기온은 30℃이다.

① ㄱ
② ㄴ
③ ㄱ, ㄴ
④ ㄴ, ㄷ
⑤ ㄱ, ㄴ, ㄷ

해설 ㄱ. 상승 응결 고도(H)는 H(m) = 125(T−T_d)이며, T = 20℃, T_d = 12℃이므로 H = 1,000m이다.
ㄴ. a는 상승 응결 고도이므로 a-b 구간에서 공기는 포화 상태이다. 따라서 a-b 구간에서는 이슬점이 습윤 단열 감률과 같은 0.5℃/100m로 하강한다.
ㄷ. a까지 공기는 건조 단열 변화를 하므로 a 지점에서 공기의 온도는 10℃이며, a-b 구간(1,000m)에서 공기는 습윤 단열 변화를 하므로 b 지점에서 공기의 온도는 5℃이다. 또한 b-c 구간(1,700m)에서 공기는 건조 단열 변화를 하므로 c 지점에서의 기온은 22℃이다.

03 지구의 내부에 대한 설명으로 옳은 것만을 〈보기〉에서 있는 대로 고른 것은?

| 보기 |
ㄱ. 맨틀이 차지하는 부피가 가장 크다.
ㄴ. 지각에서는 원소 중 철이 가장 많은 함량비를 갖는다.
ㄷ. 내핵은 액체 상태로 존재한다.
ㄹ. 맨틀에는 맨틀 대류가 일어나는 부분이 있다.

① ㄱ, ㄴ
② ㄱ, ㄷ
③ ㄱ, ㄹ
④ ㄴ, ㄹ
⑤ ㄷ, ㄹ

해설 ㄱ, ㄹ. 맨틀은 지구 내부 부피의 80% 이상을 차지하며, 유동성을 가지고 있어 맨틀 대류가 일어난다.
ㄴ. 지각에서는 산소가 가장 많은 함량비를 가진다.
ㄷ. 내핵은 지하 온도보다 용융 온도가 높으므로 고체 상태로 존재한다. 지구 내부에서 액체 상태로 존재하는 곳은 외핵이다.

04 그림은 어느 날 높이가 15m인 굴뚝에서 나온 연기가 퍼져 나가는 모습을 나타낸 것이다. (단, 연기의 온도는 고려하지 않는다)

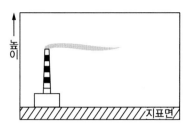

연기가 퍼져 나가는 모양으로 볼 때, 이 지역의 높이에 따른 기온 분포로 가장 적절한 것은?

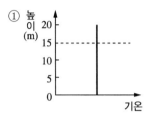

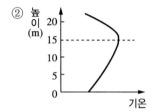

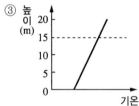

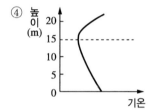

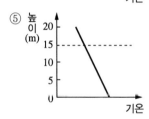

해설 연기가 위아래로 퍼져나가지 않는 것으로 보아 이 기층은 매우 안정적인 역전층이다. 역전층은 높이가 높아짐에 따라 기온이 높아지는 층이므로 이 지역의 높이에 따른 기온 분포로 가장 적절한 것은 ③이다.

05 지구에서 어떤 별을 관측하였는데, 겉보기 등급과 절대 등급이 각각 2등급으로 같았다. 지구에서 이 별까지의 거리는 얼마인가?

① 1pc
② 10pc
③ 100pc
④ 1kpc
⑤ 10kpc

> **해설** 겉보기 등급은 지구에서 관측하였을 때 별의 밝기를 등급으로 나타낸 것이며, 절대 등급은 별까지의 거리가 10pc이라고 가정하였을 때의 별의 겉보기 등급을 말한다. 이 별의 겉보기 등급과 절대 등급은 2등급으로 같으므로 지구에서 이 별까지의 거리는 10pc이다.

06 다음은 여러 성단의 H−R도이다.

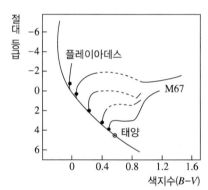

이 H−R도에 대한 설명으로 옳은 것만을 〈보기〉에서 있는 대로 고른 것은?

─────┤ **보기** ├─────

ㄱ. 플레이아데스는 M67보다 나이가 젊다.
ㄴ. 색지수 값이 큰 별은 색지수 값이 작은 별보다 온도가 높다.
ㄷ. 플레이아데스는 태양보다 무거운 별들로 구성되어 있다.

① ㄱ
② ㄴ
③ ㄱ, ㄴ
④ ㄱ, ㄷ
⑤ ㄴ, ㄷ

> **해설** ㄱ. 주계열성의 질량이 클수록 수소를 소모하는 속도가 빠르므로, 주계열성의 질량이 클수록 수명이 짧다. 주계열성에서는 별의 질량이 클수록 표면 온도가 높으므로 색지수가 값이 작을수록 질량이 큰 별이다. 따라서 플레이아데스 성단은 상대적으로 질량이 큰 주계열성을 포함하고 있으며 M67 성단은 상대적으로 질량이 큰 주계열성을 포함하고 있지 않다. 즉, M67 성단에서는 질량이 큰 별은 이미 주계열 단계를 벗어났으므로 성단의 나이는 M67이 플레이아데스보다 많다.
> ㄷ. 플레이아데스는 표면 온도가 높은 주계열성을 많이 포함하고 있다. 주계열성은 표면 온도가 높을수록 질량이 크기 때문에 플레이아데스는 태양보다 무거운 별들로 구성되어 있다.
> ㄴ. 색지수 값이 큰 별은 짧은 파장보다 긴 파장에서 더 많은 에너지를 방출하는 별이므로 색지수 값이 작은 별보다 표면 온도가 낮다.

07

일정한 결정구조를 가지면서 화학조성의 차이를 나타내는 고용체 광물만을 〈보기〉에서 있는 대로 고른 것은?

---| 보기 |---

ㄱ. 감람석   ㄴ. 방해석
ㄷ. 사장석   ㄹ. 황철석

① ㄱ, ㄴ   ② ㄱ, ㄷ
③ ㄴ, ㄷ   ④ ㄴ, ㄹ
⑤ ㄷ, ㄹ

해설
ㄱ. 감람석의 화학식은 $(Mg, Fe)_2SiO_4$이며, Mg과 Fe이 서로 치환될 수 있다.
ㄷ. 사장석은 Ca와 Na가 서로 치환되어 $CaAl_2Si_2O_8$–$NaAlSi_3O_8$ 사이의 화학식을 갖는다.
ㄴ. 방해석의 화학식은 $CaCO_3$이다.
ㄹ. 황철석의 화학식은 FeS_2이다.

08 그림 (가), (나)는 서로 다른 두 천체 망원경의 내부 구조와 빛의 경로를 나타낸 것이다.

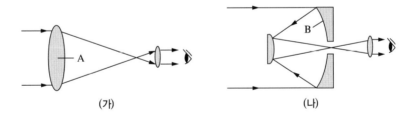

(가)   (나)

이 두 망원경에 대한 설명으로 옳지 않은 것은?

① (가)는 물체의 상을 도립상으로 보이게 한다.
② (가)는 반사 망원경이고, (나)는 굴절 망원경이다.
③ (나)는 (가)에 비해 색수차의 영향을 덜 받는다.
④ A, B의 구경이 클수록 어두운 천체를 더 잘 관찰할 수 있다.
⑤ 일반적으로 (가)는 소형망원경, (나)는 대형망원경으로 적합하다.

해설
② (가)는 두 개의 볼록 렌즈를 사용하는 케플러식 굴절 망원경, (나)는 오목 거울을 주경으로, 볼록 거울을 부경으로 사용하는 카세그레인식 반사 망원경이다.
① (가)에서 상이 뒤집혀 보이므로 (가)는 물체의 상을 도립상으로 보이게 한다.
③ (나)는 빛의 반사를 이용하므로 빛의 굴절로 인해 발생하는 색수차의 영향을 덜 받는다.
④ 구경이 클수록 빛을 모으는 능력인 집광력이 증가하므로 어두운 천체를 더 잘 관찰할 수 있다.

09 **해령과 관련된 내용으로 옳은 것은?**

① 열류량은 해령에서 멀어질수록 증가한다.

② 해양판의 두께는 중앙해령에서 멀어지더라도 일정하다.

③ 해양판의 밀도는 중앙해령에서 멀어질수록 감소한다.

④ 해양의 수심은 해령에서 멀어지더라도 일정하다.

⑤ 해양판의 한 지점은 시간이 지남에 따라 해령에서 점차 멀어진다.

해설 ⑤ 해령은 발산형 경계에서 생성되는 지형이며, 해령 부근에서 새로운 해양 지각이 형성되고 해령을 중심으로 해양 지각이 확장된다. 따라서 해양판의 한 지점은 시간이 지남에 따라 해령에서 점차 멀어진다.

①·②·③·④ 해령에서 멀어질수록 열류량은 감소하며, 해양판의 두께와 밀도는 증가하고 수심은 깊어진다.

10 **다음 중 공기의 단열 팽창에 따른 구름 생성의 원인이 아닌 것은?**

① 지표면 공기의 국지적인 가열

② 지표면에서 공기의 수렴

③ 지표면에서 공기에 작용하는 마찰력

④ 전선상에서 공기의 상승 운동

⑤ 지형에 의한 공기의 강제 상승

해설 공기의 단열 팽창에 의해 구름이 생성되기 위해선 공기 덩어리가 상승하여 주변 기압이 낮아져야 한다. 공기 덩어리가 상승하는 경우는 지표면이 국지적으로 가열되어 밀도가 낮아진 공기가 상승하는 경우, 지표면에서 수렴한 공기가 위로 상승하는 경우, 전선면에서 따뜻한 공기가 찬 공기 위를 타고 올라가는 경우, 산 등의 지형으로 인해 공기가 강제 상승하는 경우가 있다.

변리사 자연과학개론 한권으로 끝내기

개정3판1쇄 발행	2024년 07월 15일(인쇄 2024년 05월 31일)
초 판 발 행	2021년 08월 05일(인쇄 2021년 06월 18일)
발 행 인	박영일
책 임 편 집	이해욱
저 자	김학균 · 박상일 · 조효진 · 이윤희
편 집 진 행	노윤재 · 호은지
표지디자인	박수영
편집디자인	하한우 · 장하늬
발 행 처	(주)시대고시기획
출 판 등 록	제10-1521호
주 소	서울시 마포구 큰우물로 75 [도화동 538 성지 B/D] 9F
전 화	1600-3600
팩 스	02-701-8823
홈 페 이 지	www.sdedu.co.kr
I S B N	979-11-383-7172-8(13360)
정 가	50,000원

※ 이 책은 저작권법의 보호를 받는 저작물이므로 동영상 제작 및 무단전재와 배포를 금합니다.
※ 잘못된 책은 구입하신 서점에서 바꾸어 드립니다.